陕西地方志丛书

陕西省志

第三卷·经济（一）

林业志

（1990~2010年）

陕西省地方志编纂委员会　编

中国林業出版社

图书在版编目(CIP)数据

陕西省志·林业志 / 陕西省地方志编纂委员会编. -- 北京:
中国林业出版社, 2020.12
ISBN 978-7-5219-0823-7

Ⅰ. ①陕… Ⅱ. ①陕… Ⅲ. ①林业史－陕西 Ⅳ.
①F326.274.1

中国版本图书馆CIP数据核字(2020)第186642号

审图号:陕S(2020)060号

中国林业出版社·林业分社
责任编辑: 于界芬

出版发行	中国林业出版社 (100009 北京西城区德内大街刘海胡同7号)
网　址	http://www.forestry.gov.cn/lycb.html
电　话	(010) 83143542
印　刷	北京雅昌艺术印刷有限公司
版　次	2020年12月第1版
印　次	2020年12月第1次
开　本	787mm×1092mm 1/16
印　张	72.25 **彩插** 32面
字　数	1631千字
定　价	288.00元

陕西省地方志编纂委员会

《陕西省志·林业志》(1990~2010年)
编纂委员会

《陕西省志·林业志》(1990~2010年)
编纂委员会办公室

《陕西省志·林业志》(1990~2010年)
编纂人员

主　　编　贾　冰　何晓光

副 主 编　樊伯庸　魏保飞　李平民　杨宏藩　王燕蛾

编写人员（按姓氏笔画排序）

王怀智　王华青　王俊明　王海燕　吕江鱼
吕旭东　刘　毅　李红娟　华志军　杜　军
辛　娟　宋柄轩　周　媛　杨　锋　杨瑞峰
封苏平　高　伟　高根虎　袁　伟　郭馥灵
党学军　黄　刚　董剑锋　龚立群　蔡永胜
焦国锋　葛安新　魏佳谊　窦延光

审　　稿　史世元　王　心　高卫民　马安平　支林魁
王培新　陈　辉　楚龙飞　周灵国　张霁霄
谢君朝　温　臻　辛占良　罗　琦　卢从祥
房西文　范　彪　晏正明　党景中　王华青
葛安新　赵彦斌　刘胜军

《陕西省志·林业志》(1990~2010年)
审定单位

初　　审　陕西省林业局

终　　审　陕西省地方志统纂委员会

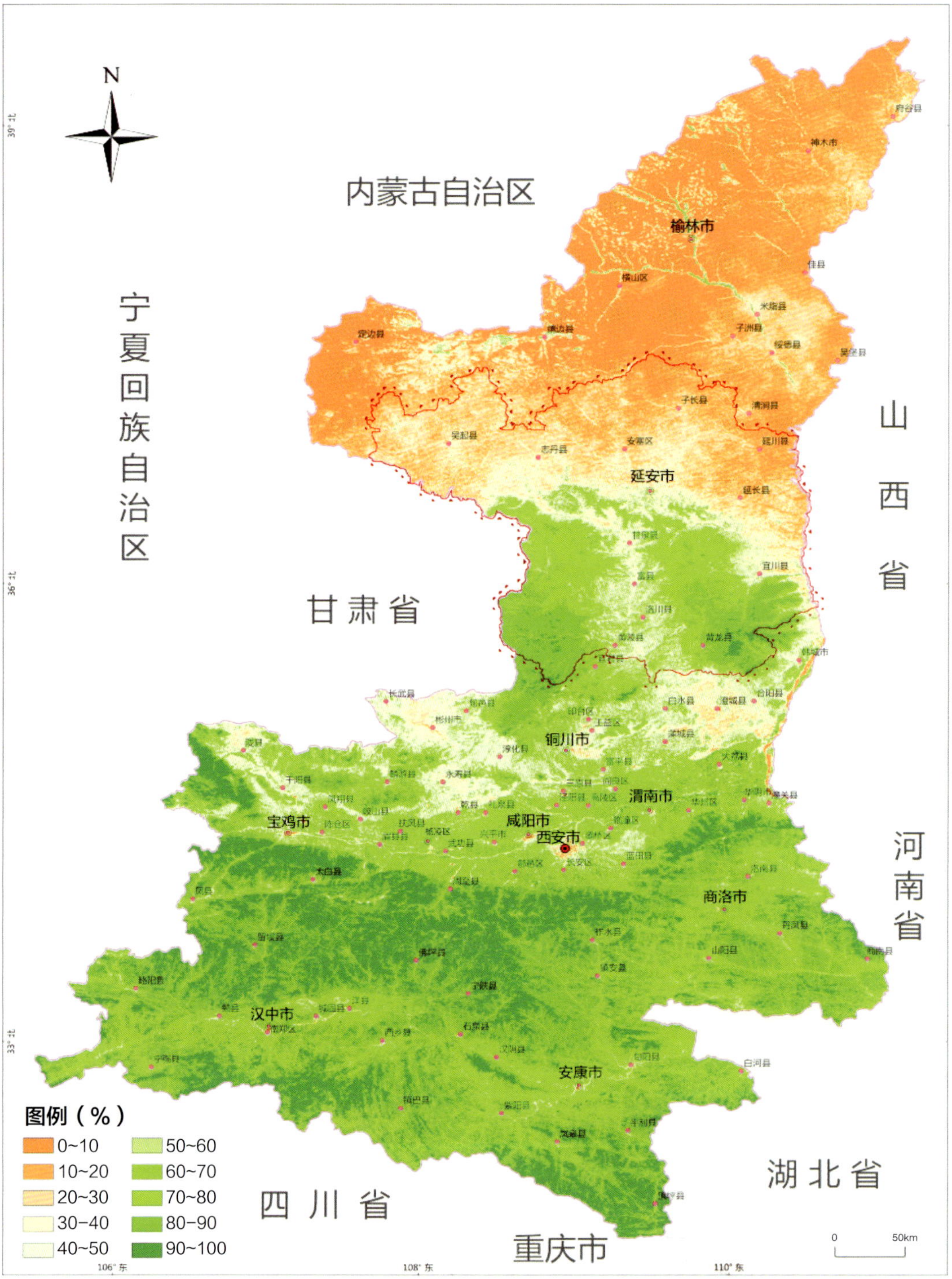

2000年陕西省植被覆盖

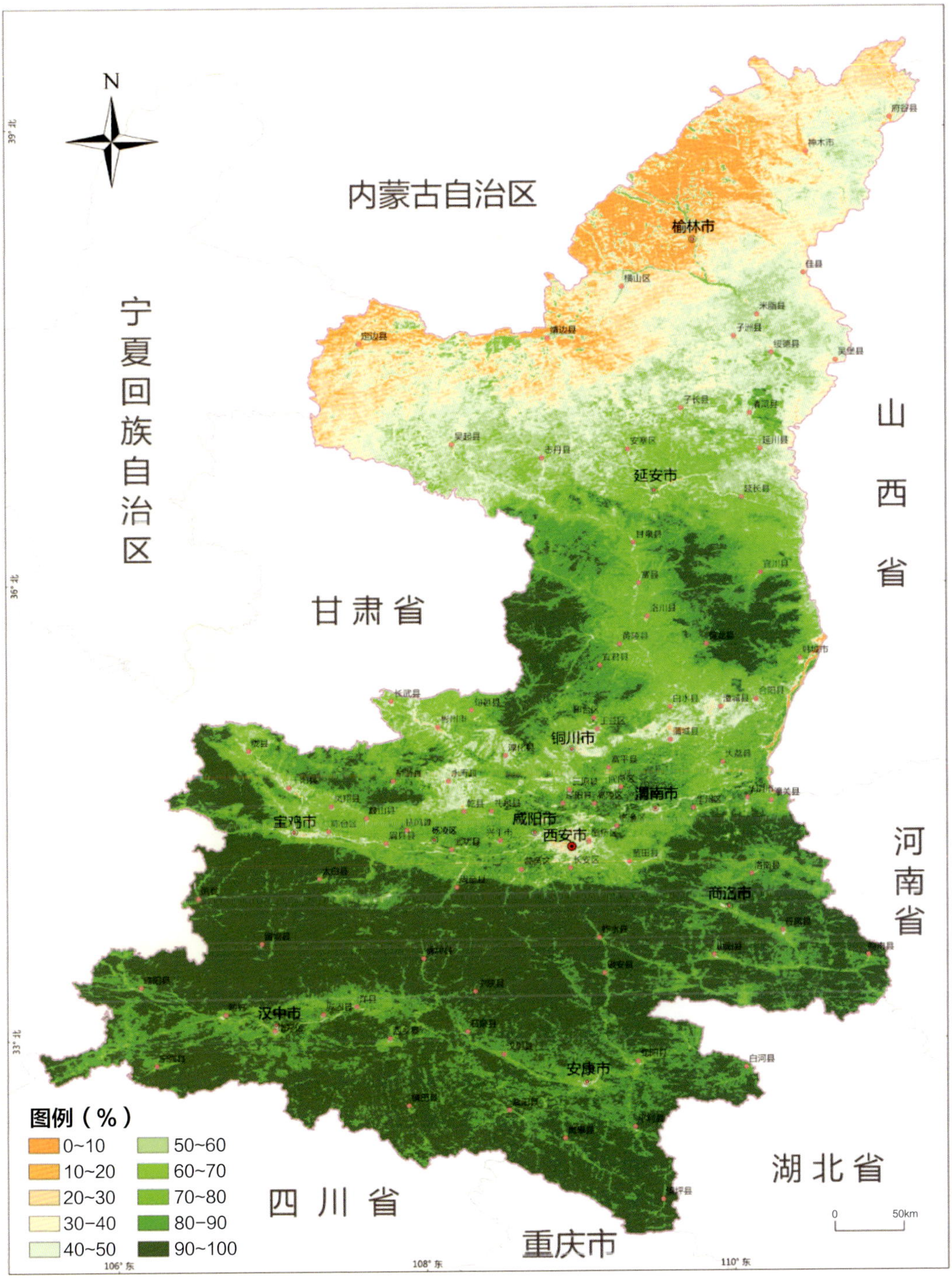

2010 年陕西省植被覆盖

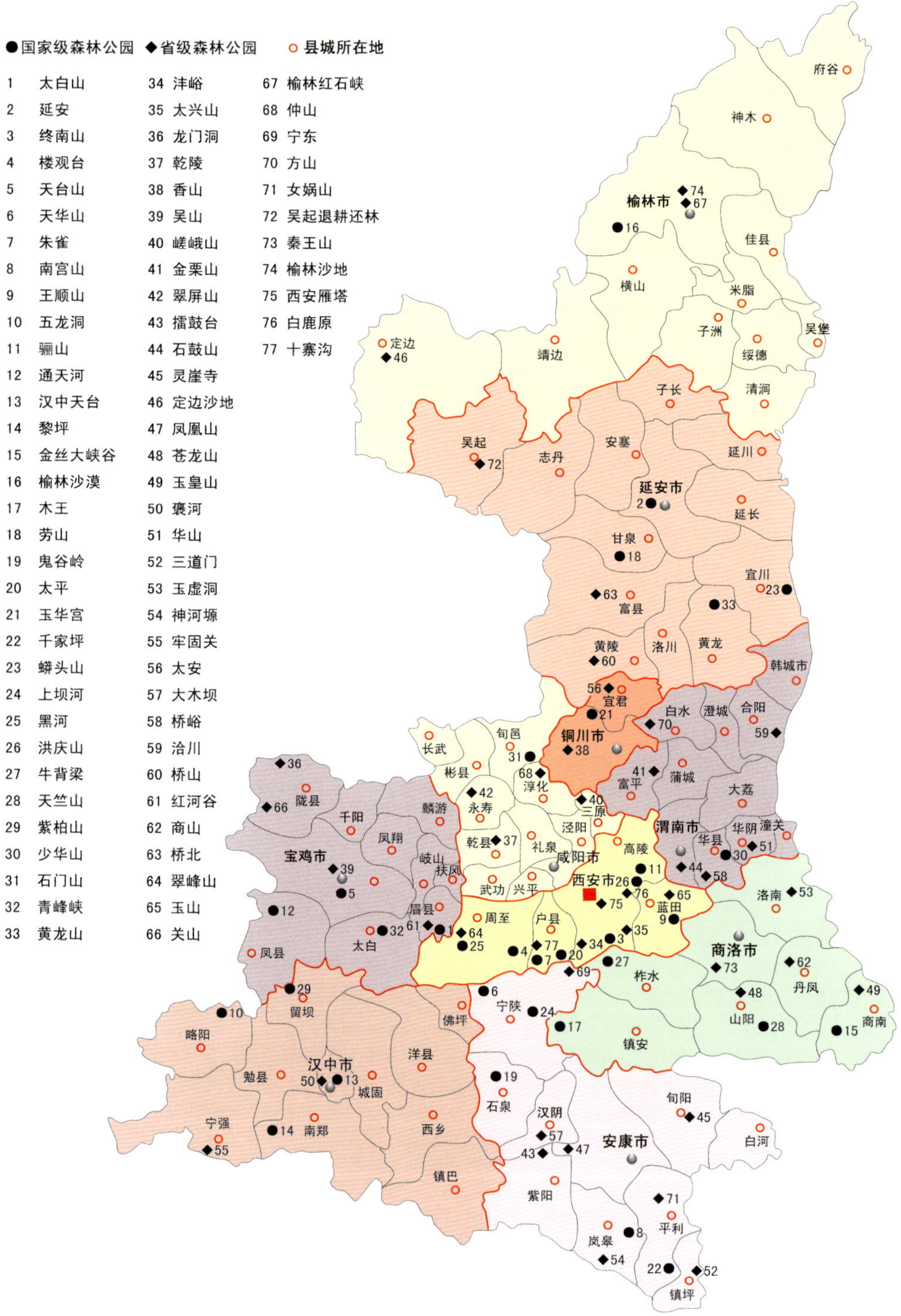

2009年陕西省森林公园分布

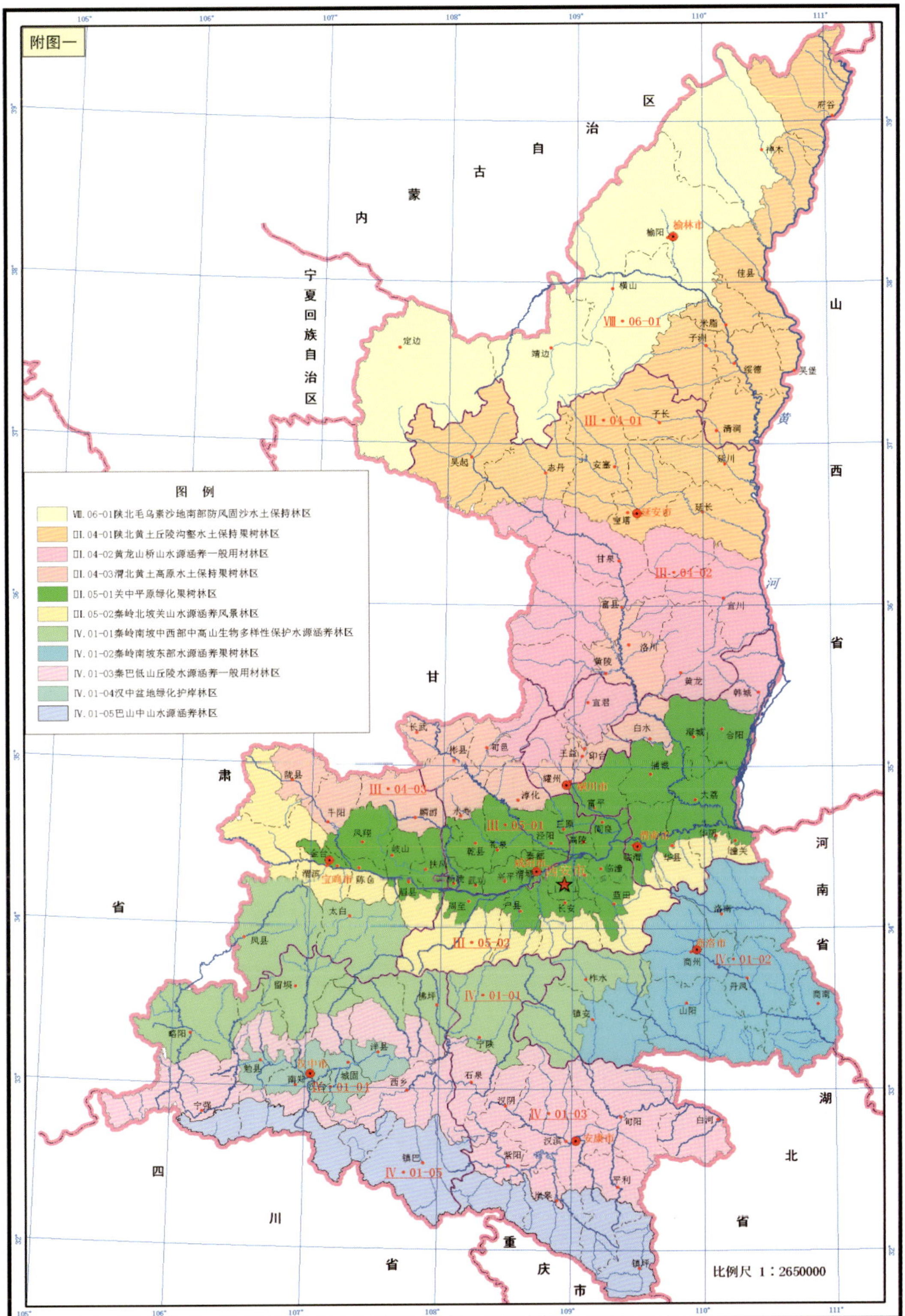

2008年1月编绘

2008年陕西省林业发展三级区划

从 1998 年全面禁止天然林采伐后，秦岭生态环境持续好转，秦岭高山冰斗湖水质维持优良状态（图为太白山大爷海，2006 年摄）

陕西省第一个自然保护区——太白山自然保护区 1965 年建立以来，保护区内的野生动植物资源、地质地貌、第四纪冰川等得到很好保护（图为秦岭主峰——太白山拔仙台，海拔 3771.2 米，2005 年摄）

陕西省实施天然林资源保护工程后，秦岭生态环境不断好转，天然林得到全面保护（图为秦岭西太白—鳌山高山草甸，2008 年摄）

安康市汉阴县铁佛寺镇集中村实施退耕还林政策后，村民在自留山上植树造林，初步实现了山变绿，树成荫（2009 年摄）

陕西省从 1998 年实施天然林资源保护工程后，五大林区的天然林得到很好保护，森林恢复迅速（图为陕西省太白林业局天然冷杉林，2009 年摄）

陕西省各森工企业、林场在采伐林木同时，开展人工造林，实现青山常在，永续利用（图为陕西省汉西林业局营造的人工落叶松林，2009 年摄）

陕西省延安市延长县安河康家山实施退耕还林工程前状况（1991年摄）

陕西省延安市延长县安河康家山实施退耕还林工程后状况（2010年摄）

陕西省安康市镇坪县实施天然林资源保护工程后，初步实现了山清水秀（2009年摄）

陕西省延安市吴起县成为全国退耕还林第一县（2010年摄）

陕西省延安市吴起县昔日的荒山秃岭，现今山川秀美（2010年摄）

陕西省延安市延长县张家滩镇谭家河村实施退耕还林工程后新貌（2010年摄）

陕西省榆林市实施退耕还林工程后，昔日的沙漠，变成了绿海（2010年摄）

陕西省商洛市镇安县实施退耕还林工程后山清水秀（2010年摄）

1990~2010 年是陕西省自然保护区快速发展阶段，建立于 2001 年，陕西最南端的化龙山自然保护郁郁葱葱，层峦叠嶂，景观绝伦（2011 年摄）

秦岭箭竹是秦岭大熊猫的主食竹，陕西省从 20 世纪 80 年代起，对秦岭箭竹进行了人工移植、扩繁等复壮措施，截至 2010 年秦岭箭竹种群稳定，生长良好（图为陕西周至老县城保护区竹秦岭箭竹，2010 年摄）

秦岭主峰太白山集中连片分布着秦岭特有的国家Ⅱ级保护野生植物——太白红杉，深秋时节的太白红杉林，气势磅礴，蔚为壮观（2009 年摄）

陕西省安康市瀛湖是西北地区最大的绿色淡水人工湖，通过实施封山育林、禁牧等措施，水面辽阔，水质清澈，是旅游度假的理想地（图为瀛湖的翠屏岛，2012 年摄）

陕西省榆林市实施退耕还林工程后，营造的沙棘已是硕果累累，成为农民增收致富的一大产业（2010年摄）

陕西省汉中市城固县实施退耕还林工程后，营造的柑橘林成为当地农民增收致富的拳头产品（2009年摄）

陕西省商洛市镇安县实施退耕还林工程后，农民大力营造板栗林，板栗已成为村民致富的一大支柱产业（2010 年摄）

陕西省韩城市实施退耕还林工程后，村民因地制宜，大力发展花椒栽植，如今花椒已成为当地村民致富产业（2008 年摄）

陕西省商洛市实施退耕还林工程后，林业部门扶持、鼓励农民发展核桃栽植，如今核桃已成为农民增收致富的重要产业（2007 年摄）

陕西省渭南市实施退耕还林工程后，林业部门因地制宜鼓励、引导村民大力栽植冬枣，如今冬枣已成为当地农民的致富产业（2010 年摄）

陕西省榆林市实施退耕还林工程以来，林业部门因地制宜引导农民发展山杏栽植，如今山杏在部分地区已成为农民致富产业（2009 年摄）

陕西省宁东林业局在实施全面禁伐后，组织林业职工大力发展多种经营产业（图为林业职工温室培育的蝴蝶兰，2006 年摄）

陕西省严格保护大熊猫等野生动物，先后建立了佛坪、长青等大熊猫保护区，使大熊猫栖息地得到很好保护，全国第四次大熊猫调查结果显示，陕西省有野生大熊猫345只，种群密度为全国最大（1993年摄）

陕西省严格执行野生动物保护法，经过林业部门的大力保护，金丝猴的种群数量不断扩大（2006年摄）

陕西省通过严格保护，羚牛等野生动物的栖息地得到很好保护，种群数量不断扩大（图为牛背梁自然保护区羚牛，2010 年摄）

陕西省自 1982 年首次在汉中洋县发现仅存的 7 只濒临灭绝的朱鹮后，通过建立朱鹮保护区等措施，大力保护朱鹮的栖息地，截止到 2010 年朱鹮种群数量不断扩大（2009 年摄）

陕西省经过不懈的植树造林，治沙防沙，成效显著，野生动植物种群数量不断扩大（图为榆林神木红碱淖湿地保护区遗鸥，2010 年摄）

陕西省实施严格的生态保护，城市生态环境持续好转（图为西安市泾渭湿地中各种鸟类悠闲遨游，2009 年摄）

陕西省太白林业局修建的木材运输公路（1995年摄）

陕西省宁东林业局棚户区改造工程——旬阳坝职工住宅楼（2010年摄）

陕西省林业厅机关大门一角（2012年摄）

2007 年 6 月，陕西省在安康市宁陕县寨沟村进行了朱鹮首次野外放飞实验，经过人工繁育的 26 只朱鹮被异地放归大自然。国家林业局局长贾治邦（前左三）在省林业厅厅长张社年陪同下出席放飞仪式

2013 年 7 月 1 日，国家林业局局长赵树丛（右二）、陕西省副省长祝列克、省林业厅厅长李三原在延安宝塔山参加植树活动

陕西省宁东林业局森林防火演练场景（2008年摄）

陕西省龙草坪林业局森林防火演练（2009年摄）

治沙女英雄——牛玉琴（右一）

治沙英雄——石光银（左一）

治沙达人——张应龙

榆林治沙英雄女子民兵连（20世纪50年代摄）

大山之子——杨文洲

《陕西省志·林业志》（1990~2010年）初审会议（2020年摄）

《陕西省志·林业志》（1990~2010年）终审会议（2020年摄）

序 言

20世纪以来，在中国先后爆发了两场具有世界影响的“绿色革命”。一场是发生在农业空间上的绿色革命，以生物技术革命为核心，推进农作物产量、食物供给大幅度增长。另一场是发生在生态空间上的绿色革命，以国家生态保护修复重点工程为支撑，增加了野生动物的食物来源，扩大了生物群落的栖息地面积，为生物体系重建、生态系统恢复、生态产品增产、生态服务供给构建了基础。我曾在农口工作多年，2011年起，到林业部门，有幸成为这两场绿色革命的参与者和见证者。作为一名新时代林业人，一名生态绿军战士，“奉绿水青山之命，举生态空间之治”，在此不揣愚陋，且谈几句一得之见，以致敬既往者，勉励后来人。

1990~2010年，是陕西生态空间绿色革命波澜壮阔的20年，全省绿色版图向北推进400多千米，向美丽中国贡献了“陕西绿”。进入20世纪90年代，退耕还林还草在陕西率先开展，天然林资源保护工程、京津风沙源治理工程、野生动植物保护及自然保护区建设工程在全省相继实施，至此，国家六大生态保护修复重点工程全部在陕西持续实施，成就了陕西生态空间绿色革命的宏阔景象。延安以北400千米的生态空间上，发生了由“黄”变“绿”的革命，子午岭–黄龙山生态空间发生了“浅绿色”向“深绿色”的跨越，全省森林面积增长了近一半，860万亩流动沙地得到固定或半固定，毛乌素沙地即将从陕西版图“消失”，以陕北为核心的黄土高原成为全国连片增绿幅度最大的地区。建成黄龙子午岭和秦岭两个自然保护地群，各类保护地达到271处，初步展露出中国顶级生态空间的绝世风采。全省陆栖脊椎野生动物791种、种子植物近4000种，秦岭大熊猫由20世纪80年代109只增加到345只，增幅、野外种群密度居全国之首。东方红宝石朱鹮种群数量由最初7只发展到3000多只，被誉为“世界拯救濒危物种的成功典范”。核桃、红枣、花椒等林业特色经济林提速发展，总面积达到2325万亩，总产量166万吨，产值达到1450亿元。经过多年的奋斗，在生态保护修复上陕西已经探索出秦岭保护模式、延安增绿模式、榆林治沙模式，“陕西绿”为陕西增加了“生态自信”。但是，当下的“陕西绿”是“浅绿”而非“深绿”，特别是在陕北长城岭，关中北山，秦岭坡脚，还存在明显的绿色断裂带，森林草原火灾、松材线虫病、美国白蛾依然是心头之患，“陕西绿”还不是“陕西美”，推动陕西生态空间由“浅绿色”向“深绿色”转变，由“陕西绿”向“陕西美”跨越，还需要持之以恒、久久为功。

潜心著史册，漫卷务林情。《陕西省志·林业志》(1990~2010 年)，以志书的方式，客观公正，实事求是，全面翔实记述了陕西林业 20 年的发展历程，是一部经得起历史检验、无愧当今、有益后世的良志。如果说要给《陕西省志·林业志》(1990~2010 年)作序，我愿把这个序看成是一把冲锋号，吹响新时代陕西生态空间绿色革命号角，加快推进生态空间治理体系和治理能力现代化，奋力谱写陕西生态空间山清水秀新篇章，为建设美丽陕西贡献林业力量，为建设美丽中国贡献陕西力量，诚如是，以为序！

2020 年 9 月

凡　例

一、第二轮《陕西省志·林业志》(以下简称本志)以马克思列宁主义、毛泽东思想、邓小平理论、"三个代表"重要思想、科学发展观、习近平新时代中国特色社会主义思想为指导，运用辩证唯物主义和历史唯物主义的立场、观点、方法，客观、翔实地记述了断限内陕西林业20年的发展历程，力求达到思想性、科学性和资料性统一。

二、本志记述自1990年起至2010年年底。为准确完整记述某一事物，个别事件适当上溯或下沿。

三、本志除人物篇外，均采用篇、章、节架构，内容繁杂者，节下设目。

四、本志除引文外，一律用语体文、记述体，只记事实，不加评论，力求言简意赅。

五、本志除引文外，使用国家公布的标准简化字。标点符号按国家标准(GB/T15834-2011)《标点符号用法》执行。

六、本志大事记采用编年体的写法，按时间先后顺序，简要予以记述，原则上要求事件要素齐全，点到为止。

七、本志图、表、照片，选择要精，制作规范，要素齐全。书前的图、照片为插页，其余的图、表、照片可随正文，与文字内容互相照应，表格中无数字或未统计的均以空格方式表示。

八、本志坚持生不立传的原则，对于林业人物采取以事系人、以时为序的方式记述，分人物简略和人物表。人物简略主要收录断限内对行业有特别贡献的陕西籍或在陕工作的逝世人物，以及对行业有重点贡献的陕西籍或在陕工作人物。人物表主要收录中央部委、省委及省政府表彰的劳动模范和先进工作者，以及各类先进集体等。

九、本志时间表述采用公元纪年月日，用阿拉伯数字书写。记述单位、机构均采用当时名称。单位、机构首次出现时用全称，并注明简称，再次出现时用简称。

十、本志行文遵守国家有关规定和《陕西省第二轮三级志书行文规范》。

十一、本志所用林业科学技术名词、术语等，以科学出版社出版的《简明林业辞典》为准。植物、动物、矿物等名称，运用标准学名，并标注拉丁名。

十二、本志资料主要来源于有关单位和部门的档案、图书、报刊、专著，有关综合年鉴、文献、官方网站等。

目　录

第一篇　森林资源

第二篇　森林资源保护管理

第三篇 造林绿化

第四篇 国有林场

第五篇 森林工业

第六篇　林业产业

第七篇　林业调查规划

第八篇　林业投资与管理

第九篇 林业法制建设与教育培训

第十篇 林业科技与外事活动

第十一篇 林业宣传与信息化建设

第十二篇 林业机构

第十三篇 人 物

概　述

一

陕西省位于中国内陆腹地，地处东经105°29′~111°15′、北纬31°42′~39°35′之间，土地总面积为20.59万平方千米。全省地域南北狭长，南北长约870千米，东西宽200~500千米。地势南北高、中间低，从北到南依次分为陕北高原、关中平原、秦巴山地三个大的地貌区。主要山脉有秦岭、大巴山、桥山、黄龙山、关山等，秦岭山脉作为中国南北气候分界线横贯全省东西，秦岭以北为黄河水系，秦岭以南属长江水系。秦岭主峰太白山海拔3771.2米，为中国大陆东经105°以东的最高峰。全省南北横跨三个气候带，气候差异较大，陕南地区属北亚热带气候，关中地区及陕北大部分地区属暖温带气候，陕北北部长城沿线属中温带气候。陕西因其东西过渡、南北兼有的地理位置和气候条件，加之全省土地面积的75%为山地、丘陵，相对而言森林资源比较丰富，为生态环境建设和林业发展奠定了良好的物质基础。

陕西是全国林业重点省份之一。根据《陕西省第八次森林资源清查主要成果数据》(2010年)，全省林地面积1228.47万公顷，占全省土地总面积的59.64%；森林面积853.24万公顷，森林覆盖率41.42%，活立木总蓄积量42416.05万立方米；森林面积列全国第10位，森林覆盖率和森林蓄积量均列全国第11位。全省森林生态服务功能价值量2010年为2680亿元，居全国第14位。

陕西省野生动植物资源十分丰富。全省共有种子植物171科、1143属、3754种，其中红豆杉、银杏等国家Ⅰ、Ⅱ级保护野生植物32种；陆生野生脊椎动物791种，其中大熊猫、朱鹮、金丝猴、羚牛等国家Ⅰ级保护野生动物18种，国家Ⅱ级保护野生动物85种。大熊猫、朱鹮分别被誉为“中华国宝”和“东方宝石”，受到世人的极大关注和仰慕。秦岭区域是陕西野生动植物的集中分布区，共有哺乳动物94种，占全国哺乳动物总种数的18.5%；鸟类338种，占全国鸟类总种数的28.4%；两栖爬行类68种，占全国两栖爬行类动物总种数的8%。秦岭区域共有种子植物3451种。在这些植物中，纤维、淀粉、糖类、油脂、树脂、橡胶、鞣料、药用等用途的种类就有2300多种，其中药用植物1407种，被誉为天然中草药库。由于野生植物资源丰富，并且具有很强的代表性，所以，秦岭又是研究我国和欧亚大陆植物区系及其起源的重要区域，历来受到世界各国植物学家的高度关注。

森林是陆地生态系统的主体，不仅为经济建设和人民生活直接提供需的物质产品，更重要的是在涵养水源、保持水土、净化水质、防风固沙、调节气候、维持生物多样性等方面，发挥着非常重要和不可替代的作用。所以说，林业是一项重要的公益事业和基础产业，承担着生态建设和林产品供给的重要任务，具有生态效益、社会效益和经济效益等多重功能。林业在贯彻可持续发展战略中具有重要地位，在生态建设中具有首要地位，在西部大开发中具有基础地位，在应对气候变化中具有特殊地位。

陕西林业对经济社会发展的贡献，首要的是在国土治理、维护生态、涵养水源及保障农牧业稳产上的生态效能。陕西位居黄河中游与长江上游，生态地位非常重要。1990年以来，陕西林业建设快速发展，生态建设成效显著。在此期间，全省相继实施了天然林资源保护、退耕还林、三北防护林、防沙治沙、野生动植物保护及自然保护区建设、“三化一片林”绿色家园建设、重点区域绿化、干杂果经济林等一批林业重点生态工程，林业建设取得长足发展，全省生态环境明显改善。截至2010年，全省累计完成营造林810.53万公顷，全省森林资源得到了有效保护，林业产业得到快速发展。全省森林覆盖率由第四次森林资源清查(1989年)的24.15%提高到41.42%(2010年)；活立木总蓄积量由32056.34万立方米提高到42416.05万立方米。自然保护区面积占到全省国土面积的5.19%，自然湿地的49%得到有效保护。全省生态环境变化尤以1998年西部大开发以来最为明显，在此期间，全省停止天然林的商品性采伐，实施天然林保护工程后，使735.64万公顷的森林资源得到有效保护，十余年间累计减少森林资源消耗5500多万立方米。野生动物种群数量有恢复性增长，一些珍稀野生动物得到有效保护，朱鹮由1981年发现时的7只，发展到2010年的1600多只。秦岭大熊猫种群和栖息地得到较好的保护，到2010年大熊猫种群数量达到273只，大熊猫人工繁育取得成功，在国内外颇具影响。全省治沙造林保存面积124.6万公顷，固定流沙46.67万公顷，陕北林草覆盖率达到33.5%，荒漠化、沙化土地面积分别减少12.6万公顷和2.07万公顷，重度、极重度荒漠化面积比例由54.8%下降到13.4%，陕北地区实现了由“沙进人退”到“人进沙退”的根本性转变。特别是从2005年开始，全省在继续抓好远山绿化、巩固建设成果的同时，按照整合资金、统筹安排、板块推进的思路，加快道路河流两边、直观坡面、村庄、城镇、工矿区、重点出入境口及旅游景点等重点区域绿化，努力改善人居生态环境，让绿色走近人们的身边。全省累计完成重点区域绿化12.03万公顷，605个村建成农村“三化一片林”绿色家园。陕西绿色版图向北推进400千米，全省“主色调”由“黄”变“绿”，生态环境初步实现由“总体恶化，局部好转”向“总体好转，局部良性循环”的历史性转变。21年来，全民参加义务植树累计18.91亿株。截至2010年，创建国家级绿化模范城市1个，绿化模范县10个；省级绿化模范城市6个，绿化模范县40个；生态文明教育基地6个，建立森林公园77个。全社会已逐渐形成了造林、爱林、护林的良好社会风尚。林业的快速发展极大地改善了全省生态环境，为陕西经济发展、社会进步、自然环境和谐发展和民生改善做出应有的贡献。

陕西是华夏文明的发祥地。西安是十三朝古都，延安是革命圣地，古代文明与现代文明交相辉映，不仅人文历史荟萃，而且古树名木众多，承载着厚重的历史和文化，具有丰富的内涵。据统计，陕西共有古树名木600390株，位居全国同期普查范围数量之首，占全国同期普查285万株的21.1%，因其数量大、种类多、内涵深、形态美而闻名于世。

林业的经济效益，一方面体现在其自身的林地和林木资产，另一方面，林业作为一项基础性产业，是国民经济的重要组成部分。据北京中林资产评估公司对陕西森林资源价值的评估，截至2009年年底，陕西林地资产总价值为9292.16亿元，林木资产(包括林木、立竹资产，灌木林和经济林资产)为5526.24亿元。2010年，全省林业总产值达到 261 亿元，林业产业已为林农增收致富的重要途径。

21 年来，陕西林业建设取得巨大成就，但全省生态整体脆弱的问题仍然没有得到根本解决。陕北水土流失严重、关中缺林少绿、陕南林分质量不高的问题依然突出；大资源小产业的现状仍未从根本上改变，林业产业发展滞后，森林旅游、康养产业发展水平不高，森林文化底蕴深厚，但引领带动作用尚未充分发挥。林业投入相对偏低，省级财政对林业的投入预算占省级地方财政收入的比例不足 1%。2005 年之后，国家对林业先后出台了一系列优惠政策，减免了国有林场企事业单位的多项税费负担；启动实施国有林区棚户区改造(国有林场危旧房改造)和国有林区水、电、路、通讯等基础设施建设。2007 年起，陕西开展了集体林权制度改革，到 2010 年年底，主体改革任务基本完成，全省 987.3 万公顷集体林全部完成勘界确权；在经济林发展方面，全省实施干杂果经济林建设项目，对林农在发展核桃等干杂果经济林方面给予资金和政策扶持，有力地促进林业产业的发展。

二

1990~2010 年，从总体上看陕西林业进入一个快速发展阶段，但从陕西林业发展实际历程看，这 21 年的发展历程又大致可分为两个阶段，即 1990~1997 年相对平缓发展阶段；1998~2010 年快速发展阶段。

1990~1997 年，陕西林业整体处于一个相对平缓的发展阶段。国家投资的林业重点工程相对较少，林业产业也刚刚起步。全省林业发展：围绕保护、发展和合理利用森林资源，搞好治理整顿，深化改革，抓好森林保护、造林绿化、综合利用、多种经营，重点在提升造林质量、林业“三防”体系和科技兴林上有新突破，使林业经济效益有新的提高，实现林业建设持续、稳定、协调发展。林业建设投入总体偏低，年均不足 1 亿元。植树造林方面，各级党委、政府领导重视，把林业建设列入重要议事日程，充分发动群众，实行全社会办林业，重点抓好三北二期和“长防”一期工程，实现平原绿化达标。1995 年，省委、省政府又做出了《关于奋战四年实现全省绿化灭荒任务的决定》，全省开展了大规模的灭荒造林绿化工作，有力地推动了全省林业建设。这一阶段，全省累计造林 168.67 万公顷。其中，人工造林 143.4 万公顷，飞播造林 25.27 万公顷。义务植树 14.9 亿株。林业重点工程方面，启动实施长江中上游防护林体系工程建设，经国家批准，陕西汉中、安康、商洛、宝鸡、西安 5 地市的 31 个县(市)，纳入工程建设规划；三北防护林二期工程建设进展顺利，累计完成造林 133.9 万公顷，超额完成任务。陕西省青年营造黄河防护林二期工程造林 4 万公顷，在提高黄河沿岸森林覆盖率的同时，带动当地群众脱贫致富，受到团中央、林业部、水利部高度评价。在科技兴林方面，“八五”期间，启动实施林业“281”工程计划，至“八五”末，全省林业科技贡献率达到 22.7%，较“七五”末上升 5 个百分点。“九五”期间又启动了“4151 富山工程”，到“九五”末，林业科技贡献率达到 29.2%。林业产业有了初步发展，全省年均林业产业总产值 15 亿元左右，主要林副产品包括生漆、油桐籽、油茶籽、核桃、板栗等，年产量 4 万~5 万吨。由于这一时期全省还没有实行天然林禁伐政策，全省年均生产木材 95 万立方米，锯材 3.7 万立方米，胶合板、刨花板和纤维板 4.5 万立方米。经济林建设开始起步，全省年均新造经济林 10 万~12 万亩，陕北以红枣、山桃、山杏为主，渭北旱塬和关中以花椒、苹果、梨、柿子、石榴、桃为主，陕南以柑橘、银杏、茶、蚕桑、油桐、生漆为主。森林旅游发展较快，年森林旅游收入近 2000 万元，森林旅游成为国有林场脱贫致富的新路子。林业“三防”工作比较平稳，林业有害生物成灾率和火灾受害率基本控制在国家规定的控制范围之内，全省美国白蛾疫情基本被扑灭，杨树天牛、松毛虫及经济林病虫害得到有效控制，年均查处各类破坏森林案件 3000 余起，为国家挽回经济损失 600 余万元。在国有林场管理方面，省林业厅出台了一系列优惠政策，推动林场脱贫致富。主要包括：国有林场、苗圃育苗土地不缴纳农业税；倡导和帮助林场与单位、厂矿、个人、外商搞联营、合作转让、租赁，发展商品生产；鼓励和支持林场利用技术、设备优势，发展交通、通讯、旅游、技术咨询等服务；改革林场内部的劳动、人事、工资制度，公开招聘场长，推行经营承包责任制；对林场范围内的森林资源、林地资源、矿产资源和动物资源实行有偿使用等，这些政策和措施对国有林场的改革与发展起到了积极的推动作用。这一期间，涌现出牛玉琴、石光银、张淑珍等一批林业建设典型先进人物，他们在治沙造林和推动林业经济发展方面，为全省乃至全国林业建设与发展起到很好的典型示范带动作用。

1998~2010 年，陕西林业进入一个快速发展的时期，国家对林业的投入大幅增加，林业重点工程相继启动实施，林业产业发展迅猛，全省生态环境得到明显改善。按照工作重心划分，这一时间又可细分为两个阶段：即 1998~2005 年，全省林业建设的重心集中在大力实施天然林资源保护、退耕还林等林业重点工程上，以远山造林绿化为中心；2006~2010 年，全省林业在实施林业重点工程的同时，工作重心逐渐转移到重点区域绿化上，着重开展“身边增绿”。

1998~2005 年，陕西林业建设年均投入达到 30 亿元。全面实施天然林保护和退耕还林工程是这一阶段全省林业建设的重要标志。从 2000 年开始，陕西天然林资源保护工程(以下简称天保工程)全面启动。省委省政府高度重视，先后 8 次听取省林业厅有关天保工程建设的汇报，专题研究天保工程建设的重大问题，有力地推动了天保工程健康有序实施。10 年来，陕西天保工程累计投入 532271.65 万元，造林总规模 187.64 万公顷。其中，人工造林 26.43 万公顷，飞播造林 83.8 万公顷，封山育林 73.01 万公顷，完成 75 项种苗基础设施建设项目和 933.24 万公顷森林管护任务，分流安置林场职工 26169 人。中国银行业监督管理委员会和国家林业局联合发文，累计免除陕西木材采伐企业债务 20309 万元；中央财政共转移支付陕西 9.88 亿元，全部使用于天保工程项目县(区)地方财政补贴。工程实施期间，为 18778 名国有林业单位职工缴纳社会养老保险，为 20111 人缴纳基本医疗保险，同时，为部分职工缴纳工伤、失业保险，为 534 人办理“低保”，初步解决职工的后顾之忧，维护了林区社会秩序的稳定。通过实施天保工程，全省森林资源得到休养生息，天然林资源呈恢复性增长，林地面积增加 156.67 万公顷，到 2010 年，累计减少森林资源消耗 5500 多万立方米，净增森林蓄积量 6170 万立方米，森林资源质量逐步提高，森林群落结构趋于稳定，水源涵养能力明显增强，水土流失强度逐年降低，面积不断减少，风沙危害强度和范围减小，生物物种丰富度不断增强，数量不断增加，森林的生态、社会、经济效益凸显出来，人居环境得到有效改善。

从1998年实施退耕还林工程起，陕西在全国率先开展大规模的退耕还林试点。2000年，全省34个县(区)列入试点范围。2001年，试点范围进一步扩大到43个县(区)，2002年退耕还林工程全面启动，工程涉及全省10个市的102个县级单位，累计完成退耕还林238.3万公顷。其中，退耕地造林101.92万公顷，荒山造林124.51万公顷，封山育林12.87万公顷。截至2010年年底，国家累计投入陕西退耕还林补助资金261.6亿元，惠及230万退耕户915万农民，工程投资额度和建设规模位居全国前列。在实施主体工程的同时，陕西还开展了巩固退耕还林成果后续产业建设工作，累计投资13.4亿元，实施特色经济林、生物质能源林、培植业原料林等后续林业产业项目128个。

通过实施退耕还林、天然林保护等林业重点工程的实施，首先使全省生态环境明显得到改善。1998~2010年，森林覆盖率净增10.5个百分点，治理水土流失面积9.08万平方千米，黄土高原区年均输入黄河泥沙量由1990年的8.3亿吨减少到2010年的4亿吨。陕北沙区每年沙尘暴天数由过去的60天左右下降为16天，昔日“黄土高坡”，如今变得天蓝了、山绿了、水清了、人富了。全国退耕还林第一县——吴起县，通过退耕还林还草，全县林草覆盖率由退耕前1998年19.2%提高到2010年62.9%，土壤年侵蚀模数由1.53万吨/平方千米下降到0.54万吨/平方千米，年均降水量由478.3毫米增至582毫米，区域小气候正在形成，重点治理区水土流失明显减轻。其次，是农民得到实惠。退耕还林后，粮食生产由广种薄收向精耕细作、少种高产转变；畜牧业生产由自由放牧向舍饲养畜转变；生产结构由以粮为主向多种经营转变；生产方式由小农经济向规模经营和市场为导向的转变。

林业科技方面，“十五”期间，组织实施各类林业技术推广项目71项，累计完成技术推广面积126.67万公顷，林业科技贡献率达到33.5%。森林资源保护管理方面，陕西省开展“三号行动”“天保行动”“猎鹰行动”“春雷行动”等活动，严惩了一批违法犯罪分子，保护了森林资源安全；森林防火和林业有害生物防治进一步加强。

立法方面，2000年，陕西省地方林业立法取得突破性进展，12月2日，《陕西省森林管理条例》经陕西省第九届人民代表大会常务委员会第十九次会议修订通过，条例在森林经营管理、森林保护、植树造林、森林采伐与木材运输、法律责任等方面做了明确的规定，为保护和发展森林资源提供有力的法律保障。规章制度和林业行业标准方面，制定出台《陕西省天然林保护工程资金管理实施细则》《陕西省飞机播种造林(治沙)工程管理办法》《陕西省种苗工程建设资金管理暂行办法》《陕西省实施(退耕还林条例)细则》《陕西省野生动植物保护办法》《陕西省封山(沙)育林技术标准》《陕西省林木种苗基地建设技术标准》等，进一步规范了林业建设。

2006~2010年，全省林业建设投资大幅提升，5年累计投入213.1亿元，年均超过40亿元，为林业发展提供了有力的资金保证。这一阶段，陕西省林业在抓好天然林保护、三北防护林、退耕还林等远山林业重点工程的同时，把造林绿化与改善人居环境结合起来，组织实施以“身边增绿”为主的八大重点区域绿化工程，加快村镇周围、道路两旁、河流两岸、旅游景点、出入境口、大中城市等人口密集区域绿化。累计完成营造林153.09万公顷，重点区域绿化完成造林绿化1.07亿株。西安市实施了城区大绿化工程，沿渭河各市县，实施了近堤绿化工程，潼关东大门和渭南南塬绿化基本完成，宝鸡成功创建国家森林城市，榆林百万亩樟子松基地建设成效明显，陕西西大门和汉江两岸绿化相继启动，全省有37个县城建成环城林带或森林游憩小区。605个村完成“三化一片林”绿色家园建设。全民义务植树深入开展，累计参加人数达7000余万人次，植树4亿多株。榆林能源企业出资造林绿化，渭南、咸阳等市积极创新造林形式，探索出全民参与造林绿化的新路子。这一时期，陕西省建立完善市、县、乡(镇)、村四级森林管护体系，森林资源得到有效保护，总量持续增长，累计减少森林资源消耗2700万立方米，活立木蓄积量净增6300万立方米，森林火灾受害率降到0.0125‰，远低于国家控制指标，连续3年被国家森林防火指挥部、国家林业局评为先进单位。珍稀濒危物种的拯救繁育工作取得新的进展，林麝养殖数量占全国一半，大熊猫、金丝猴、羚牛、朱鹮种群数量不断扩大，防沙治沙力度加大，沙区生态屏障初步形成。治理沙化土地58万公顷，建成陕蒙交界、长城沿线、白于山北麓、榆定公路、黄河沿岸总长2000多千米的5条大型防风固沙林带，实现由“沙进人退”到“人进沙退”的历史性转变。在林业改革方面，陕西从2007年先行开展了以“明晰产权”为核心内容的集体林权制度改革试点，2009年，全面铺开，到2010年年底，主体改革任务基本完成，陕西省987.3万公顷集体林，全部完成勘界确权工作，签订承包合同348.6万份，发放林权证233万本，涉及面积715.4万公顷，发证率达72.5%，承包到户率达83.2%。全省林改工作排列全国第三。通过改革，山林经营主体落实到户，农民资产性收益大幅增加，全省林农户均承包林地1.09公顷、增加林木资产性收益1.2万元，广大林农造林、护林、育林的积极性空前高涨，社会资本要素开始进入林业领域。陕西省集体林权改革先后被《人民日报》《新华社内参》和中央电视台等媒体宣传报道，并被评为2010年陕西十大新闻。林业产业取得长足发展，2006年和2010年，省政府先后出台《陕西省林业产业发展规划纲要》《陕西省人民政府关于加快推进核桃等干杂果经济林产业发展的意见》，支持发展林业产业。陕西省核桃、红枣、花椒等五大干杂果经济林总面积达到115万公顷。其中，花椒和核桃基地面积、产量、产值分列全国第一、二位，干杂果经济林已成为陕西省广大山区林农增收的重要途径。种苗花卉业发展较快，年生产各类苗木15亿株以上、花卉2840万株；积极发展林下经济，林麝养殖和猪苓种植走在全国前列。陕西省林业产业呈现出以市场为导向、基地为依托、精深加工带动、多元化发展的新趋势。

林业科技和林业立法取得新进展，5年取得林业科技成果56项，27项获省科学技术进步奖和省农业技术推广成果奖，林业科技贡献率从1990年33.5%提高到2010年40%。颁布5部涉林地方性法规，封山禁牧、湿地保护、古树名木保护、野生植物保护和秦岭生态保护等立法工作走在全国前列。生态文化建设稳步推进，秦岭国家植物园建设全面启动，牛背梁、太白山自然保护区等4个单位被授予省级生态文明教育基地，全国退耕还林展览馆、石光银治沙展馆等一批生态文化宣传阵地建成并对外开放，生态文化及生态文明观念进一步普及。林区基础设施得到有效改善，国家将国有林区棚户区(危旧房)改造纳入保障性住房建设，12632户林业职工的居住条件得到改善。同时，国有林场的饮水安全、供电保障、广电网络覆盖和林区道路等基础设施也相继启动，林区基础设施明显改善。

林业体制改革方面，省林业厅先后 3 次在陕西省范围内开展国有林场改革调研，研究分析国有林场存在管理体制和经营机制等方面的问题，提出改革的对策与建议。部分国有林场积极开展人事、劳动和分配制度改革，进一步提高林场职工工作积极性，推动国有林场改革与发展。

到 2010 年，陕西林业已形成一个在资源保护、营林造林、规划设计、宣传教育、科学研究、产业开发等方面功能齐备、服务机构健全的主要行业。陕西省各类林业单位 1647 个，林业职工 36050 余人。陕西省省属林业单位 40 个，职工 4969 名。其中，省林业厅直接管理的单位 28 个，职工人数 1349 名；由省森林资源管理局管理的单位 12 个，职工 3530 名。各市、县（区）均设有林业行政主管部门，所辖 1607 个单位，31081 人。陕西省有森林公安机构（局、科、派出所）265 个，森林病虫害防治检疫站 119 个，林木种苗站 58 个，野生动植物保护管理机构 124 个，木材检查站 170 个，国有林场（局）257 个，森林公园 77 处，林业调查设计院（队）131 个，市、县、乡林业站 1148 个，国有苗圃 241 个。

三

陕西林业在 21 年的建设过程中，积累了许多宝贵的建设经验，但也存在着失误与教训。

林业建设和林业工作指导思想的转变是林业发展的根本保证。1998 年之前，全省林业的建设重点是生产更多的木材，支援国家经济建设，采伐销售木材是林业行业的一下重要职责，全省年均采伐生产各类木材达 100 万立方米以上，因木材生产，致使秦巴山区和黄乔林区的天然林资源临近枯竭，个别区域已到了无林可采的地步。1998 年之后，陕西全面停止一切天然林商品性采伐，实行天保工程，严格执行生态保护优先，全省生态环境和人居条件得到明显改善。在此基础上，全省林业系统通过多渠道，发展林业产业，取得了较好的经济效益，推动了山区群众增收致富，真正实现了生态、经济、社会三大效益和谐统一。由此可见，没有良好的生态环境，就无法保证经济社会的可持续发展。林业建设只有坚持生态效益、经济效益和社会效益相统一，生态效益优先的方针，才能满足改善生态状况、保障国土生态安全的需要，满足社会对林产品多样化的需求，实现社会效益最大化，实现人与自然的和谐发展。实践证明，必须在坚持生态优先的前提下，正确处理资源保护与利用的关系，走生态、经济、社会协调发展的路子。陕西整体生态状况脆弱、水土流失严重、自然灾害频繁的局面还未从根本上得到改观，必须把生态效益作为林业建设的首要任务和目标，贯穿于林业工作的始终。同时，正确处理森林资源保护与利用的关系，管好现有林，管严天然林，增加新造林，放活商品林，积极培育和壮大林业产业，不断满足经济社会发展对林产品的需求。

抓住机遇，加大资金投入是林业发展的物质基础。林业生态建设是一项公益性事业，需要大量的资金投入。21 年来，陕西林业建设，投入不断增加，从 20 世纪 90 年代初年投入不到 5000 万元，增加到 2010 年年均投入超过 40 亿元，投入增幅近 100 倍。也正是因为有了资金保障，陕西林业建设才能逐步发展壮大，取得今天明显的建设发展成就。因此，对于生态整体脆弱、经济社会总体发展水平偏低的陕西来说，必须紧紧抓住国家加大西部地区生态环境和基础设施投资的历史机遇，积极争取项目，落实资金，加快发展。多年来，陕西在引导动员社会投入、千方百计增加省级投资的同时，省级林业、计划、财政等部门密切配合，积极争取国家林业局、发改委、财政部等部门的支持，为陕西省林业快速发展奠定了物质基础；同时，市、县地方财政的投入也为林业发展提供巨大支持，2010年，仅榆林市财政投入林业资金就达5亿元，有力地推动陕北防治治沙和造林绿化工作。

深化改革，创新机制是林业发展的不竭动力。集体林权制度改革是这21年里林业最大的改革。陕西通过集体林权制度改革，实现“山定权、树定根、人定心”。陕西省987.3万公顷集体林全部落实到户，农民资产性收益大幅增加，户均增加林木资产性收益1.2万元，有力地调动农民造林育林护林的积极性，极大地释放出林地蕴藏的巨大潜力，促进了森林资源增加、农民群众增收、林业经济增长，实现陕西省生态受保护，林农得实惠的良好发展局面。实践证明，只有不断深化林业经济体制改革，创新经营机制，把林业建设与发展县域经济、农村产业结构调整和增加农民收入紧密结合起来，把林业工作和群众切身利益紧密结合起来，才能充分调动广大群众的积极性，为社会各界参与林业建设创造良好的环境，为林业又好又快发展注入不竭的动力。

依法治林，建立健全林业法律政策体系是林业发展的根本保障。21年来，陕西林业法制建设逐步完善，陕西省人大常委会颁布多部涉林地方性法规，封山禁牧、湿地保护、古树名木保护、野生植物保护和秦岭生态保护等立法工作走在全国前列。森林资源破坏容易恢复难，必须坚持依法治林，规范管理，建立健全保障林业发展的法律政策体系，以规范化、制度化的管理机制，有效防范和严厉打击各种破坏森林资源的违法犯罪行为，切实保障各类林业经营主体的合法权益，才能为林业建设创造良好的法制环境和市场秩序，推动林业健康发展。

依靠科技，尊重客观规律是林业发展的重要支撑。林业既是一项自然科学，也是一项社会科学。只有充分尊重客观规律，严格按科学规律办事，不断提高林业科学技术水平和管理水平，才能大幅度提高生态建设和产业发展的质量和效益。21年来，全省林业通过实施“281”工程、“4151”富山工程等一系列林业科技推广项目，不断扩大和普及林业科技知识，推广林业生产建设经验，不断提高林业科技贡献率和科技成果转化率，提升林业生产力，有力促进林业建设与发展。

切实加强领导是林业发展的组织保证。历届陕西省委、省政府高度重视林业工作，先后出台《中共陕西省委、陕西省人民政府关于贯彻〈中共中央 国务院关于全面推进集体林权制度改革的意见〉的实施意见》《陕西省人民政府关于加快推进核桃等干杂果经济林产业发展的意见》等一系列林业建设政策措施，把以林业重点工程为主的生态建设作为全面建设小康社会、加快建设西部经济强省、实现可持续发展的战略措施来抓；编制《陕西省生态环境建设规划》《陕西省生态省建设规划》《陕西省林业产业发展规划纲要》等，加强对林业工作的指导，及时研究解决实际问题，对推动林业建设发挥重要作用。省人大、省政协关心支持林业建设，多次视察检查林业工作，积极建言献策。各市、县党委和政府把林业列入重要议事日程，采取得力措施，狠抓工作落实。各级有关部门紧密配合，各司其职。各级林业部门建立了责任目标考核制度，层层落实责任，各负其责，合力推动陕西林业又好又快发展。

21 年来，陕西林业建设取得显著成就，但林业生产中出现楼观台林场“二一五”特大伤亡事故和佛坪县“三二八”森林火灾等安全事故的惨痛教训时刻警示人们，林业生产安全重于泰山，必须做到防患于未然。

在取得建设成绩的同时，陕西林业发展仍面临诸多困难和问题：一是生态环境虽然有了明显改善，但幼林、纯林面积大，林分质量不高，生态效能发挥不够，整体脆弱的生态状况还没有从根本上改变，优化改造和抚育管理任务很重。二是造林绿化虽然成效显著，但还有 186.67 万公顷宜林荒山荒地需要绿化，而且造林难度越来越大，成本越来越高；重点区域绿化还没有形成完整的体系，与城乡居民日益增长的生态需求还有较大差距。三是林业产业虽然发展很快，特别是干杂果经济林发展势头良好，但由于基础差、底子薄、起步晚，大资源小产业的现状仍未得到根本性转变，提高林区职工收入的任务十分艰巨。四是集体林权主体改革虽然基本完成，但配套改革还处于起步阶段，林地的潜力还没有充分挖掘出来，需要不断完善林木采伐、生态效益补偿和林权抵押贷款等一系列制度措施，实现生态受保护、农民得实惠的目标。

随着社会进步和经济发展，全社会愈来愈重视林业建设与发展，林业发展潜力巨大，前景广阔。在新的历史时期，陕西林业要以科学发展观为指导，以转变发展方式为主线，以国土增绿、农民增收为目标，以城乡绿化、林业产业和森林保护为重点，坚持生态建设与农民增收相结合、造林绿化与改善人居环境相结合、扩大规模与巩固成果相结合，深化改革，创新机制，科技兴林，依法治林，推动全省林业全面、协调、可持续发展。根据陕西不同区域自然条件和生态状况的实际，陕西未来林业的发展，要按照省委、省政府赶超战略和“关中创新发展、陕北持续发展、陕南循环发展”的区域发展要求，确立林业区域发展战略和发展重点。在未来大关中发展战略中，林业必须服从和服务于城市建设，开展高水准、高质量植绿，建设园林式的宜居环境，采取城乡一体、山川统一、绿化美化亮化相结合的方式，全面实现城市森林化、城镇园林化、村庄林荫化、渠路林带化、农田林网化、河流湿地景观生态化、出入境口优美化、荒山荒坡全面绿化，提升绿化档次和品味，丰富景观效果，形成“城在林中、路在绿中、房在园中、人在景中”的新关中。在陕北黄土丘陵沟壑和沙区，林业建设当务之急是进一步加大造林绿化力度，构建与国家能源重化工基地相适应的生态环境，为经济社会可持续发展提供良好的生态保障。重点要依托三北防护林、退耕还林、京津风沙源治理等国家重点林业生态工程和地方建设项目，按照求速度实现跨越发展的理念，通过大规模造林绿化，使陕北大地尽快绿起来，建成“城镇生态文明、道路绿带相依、山坡绿衣相披、特色林果飘香”的新陕北。在陕南秦巴山区，加强抚育提高森林质量是林业建设的关键，重点要依托天然林保护、退耕还林、长江防护林等国家重点林业生态工程和地方林业建设项目，全面绿化宜林荒山荒地，优化森林结构，发展林业产业，实现林业可持续发展。

未来陕西林业建设，面临着诸多机遇与挑战，期待着陕西省各级党委、政府、社会各界和林业系统的广大干部职工的共同参与，共同奋斗，共同分享。一个充满生机、充满活力、与时俱进的全新陕西林业正在昂首迈向新时代。

第一篇　森林资源

陕西省森林资源比较丰富，全省林地面积 1228.47 万公顷，森林覆盖率 41.42%，秦岭、大巴山、桥山、黄龙山、关山 5 大林区有林地面积占全省有林地面积的 75.5%。森林蓄积量占全省森林蓄积量的 93.2%。野生动植物资源丰富，种类繁多，居全国前列，全省有种子植物 3754 种，其中，国家Ⅰ级保护野生植物 9 种、Ⅱ级保护野生植物 23 种；全省有陆生野生脊椎动物 791 种，其中国家Ⅰ级保护野生动物 16 种、Ⅱ级保护野生动物 64 种，省级重点保护野生动物 52 种。陕西历史文脉深厚，古今名人荟萃，全省古树名木居同期全国普查数量之首，以数量大、种类多、内涵深、形态美而闻名于世，成为陕西林业一张靓丽的名片。

第一章 森林概况

第一节 森林现状

据陕西省第八次森林资源清查结果(2009年),全省土地总面积2059.77万公顷,其中,林地面积1228.47万公顷,占59.64%。非林地面积831.30万公顷,占40.36%。森林面积853.24万公顷,森林覆盖率41.42%。

一、各类林地面积

林地面积中:有林地面积769.13万公顷,其中乔木林面积639.26万公顷,经济林面积127.31万公顷,竹林面积2.56万公顷。疏林地面积25.60万公顷。灌木林地面积192.24万公顷。未成林地面积32.62万公顷。苗圃地面积0.32万公顷。无立木林地面积62.71万公顷。宜林地面积145.85万公顷。

森林面积中:乔木林面积639.26万公顷,占森林面积的74.92%;经济林面积127.31万公顷,占森林面积的14.92%;竹林面积2.56万公顷,占森林面积的0.30%;国家特别规定的灌木林地面积84.11万公顷,占森林面积的9.86%。

经济林面积中:乔木经济林108.77万公顷,占经济林总面积的85.44%;灌木经济林18.54万公顷,占14.56%。

灌木林地中:国家特别规定的灌木林地面积84.11万公顷,占灌木林地总面积的43.75%;其他灌木林地面积108.13万公顷,占56.25%。

无立木林地中,采伐迹地面积1.60万公顷,占无立木林地总面积的2.55%;火烧迹地面积0.96万公顷,占1.53%;其他无立木林地面积60.51万公顷,占95.92%,其中延安、榆林两市的其他无立木林地面积占全省其他无立木林地面积的63.82%。

宜林地中,宜林荒山荒地面积113.54万公顷,占宜林地总面积的77.85%;宜林沙荒面积30.71万公顷,占21.05%;其他宜林地面积1.60万公顷,占1.10%。各类林地面积见表1-1-1。

2009年陕西省各类林地面积统计表

表1-1-1 单位:万公顷 %

林地类别	面积	占总林地比例
合计	1228.47	100.00
乔木林地	639.26	52.04
经济林地	127.31	10.36
竹林地	2.56	0.21
疏林地	25.6	2.08

续表

林地类别	面积	占总林地比例
灌木林地	192. 24	15. 65
未成林地	32. 62	2. 66
苗圃地	0. 32	0. 03
无立木林地	62. 71	5. 10
宜林地	145. 85	11. 87

二、各类林木蓄积量

全省林木总蓄积量 42416. 05 万立方米，其中：森林蓄积量 39592. 52 万立方米 ，疏林地林木蓄积量 333. 18 万立方米，散生木蓄积量 1641. 06 万立方米，四旁树蓄积量 849. 29 万立方米。

三、森林面积和蓄积量

全省森林面积 853. 24 万公顷，其中：乔木林面积 639. 26 万公顷 14. 92；经济林面积 127. 31 万公顷，占 14. 92%；竹林面积 2. 56 万公顷，占 0. 30%；国家特别规定的灌木林地面积 84. 11 万公顷，占 9. 86%。森林蓄积量 39592. 52 万立方米。

(一)乔木林资源

乔木林面积 639. 26 万公顷，乔木林蓄积量 39592. 52 万立方米。

1. 乔木林林种结构。防护林面积 478. 42 万公顷，蓄积量 28648. 60 万立方米，分别占乔木林面积、蓄积量的 74. 84%和 72. 36%；特用林面积 38. 06 万公顷，蓄积量 4955. 31 万立方米，分别占乔木林面积、蓄积量的 5. 95%和 12. 51%；用材林面积 94. 00 万公顷，蓄积量 5138. 19 万立方米，分别占乔木林面积、蓄积量的 14. 71%和 12. 98%；薪炭林面积 28. 78 万公顷，蓄积量 850. 42 万立方米，分别占乔木林面积、蓄积量的 4. 50%和 2. 15%。乔木林各林种面积蓄积量构成见表 1-1-2。

2009 年陕西省乔木林各林种面积、蓄积量构成表

表 1-1-2　　　　单位：万公顷、万立方米、%

林种	面积结构		蓄积量结构	
	面积	比例	蓄积量	比例
防护林	478. 42	74. 84	28648. 60	72. 36
特用林	38. 06	5. 95	4955. 31	12. 51
用材林	94. 00	14. 71	5138. 19	12. 98
薪炭林	28. 78	4. 50	850. 42	2. 15
合计	639. 26	100. 00	39592. 52	100. 00

2. 乔木林龄组结构。幼龄林面积 183. 54 万公顷，蓄积量 2981. 04 万立方米，分别占 28. 71%和 7. 53%；

中龄林面积 185. 45 万公顷，蓄积量 10564. 21 万立方米，分别占 29. 01%和 26. 68%；

近熟林面积98.83万公顷，蓄积量8281.13万立方米，分别占15.46%和20.92%；成熟林面积97.25万公顷，蓄积量9676.99万立方米，分别占15.21%和24.44%；过熟林面积74.19万公顷，蓄积量8089.15万立方米，分别占11.61%和20.43%。

乔木林各龄组中，以中龄林面积、蓄积量所占比重最大。乔木林各龄组面积、蓄积量构成见表1-1-3。

2009年陕西省乔木林各龄组面积、蓄积量构成表

表1-1-3　　单位：万公顷、万立方米、%

龄组	面积结构		蓄积量结构	
	面积	比例	蓄积量	比例
幼龄林	183.54	28.71	2981.04	7.53
中龄林	185..45	29.01	10564.21	26.68
近熟林	98.83	15.46	8281.13	20.92
成熟林	97.25	15.21	9676.99	24.44
过熟林	74.19	11.61	8089.15	20.43
合计	639.26	100.00	39592.52	100.00

3. 乔木林优势树种(组)结构。乔木林以阔叶林为主，面积520.27万公顷，蓄积量32880.43万立方米，分别占乔木林面积、蓄积量的81.39%和83.05%。其中栎类最多，其面积、蓄积量分别占阔叶林面积、蓄积量的50.78%和53.07%。

针叶林面积116.43万公顷，蓄积量6484.53万立方米，分别占乔木林面积、蓄积量的18.21%和16.38%(其中油松最多，其面积、蓄积量分别占针叶林面积、蓄积量的47.52%和43.37%)。

针阔混交林面积2.56万公顷，蓄积量227.56万立方米，分别占乔木林面积、蓄积量的0.40%和0.57%。乔木林优势树种(组)面积、蓄积量构成情况见表1-1-4。

2009年陕西省乔木林优势树种(组)面积、蓄积量构成表

表1-1-4　　单位：万公顷、万立方米、%

优势树种(组)		面积结构		蓄积量结构	
		面积	比例	蓄积量	比例
合计		639.26	100.00	39592.52	100.00
针叶林	小计	116.43	18.21	6484.53	16.38
	油松	55.33	8.66	2812.19	7.10
	柏木	15.36	2.40	412.71	1.04
	马尾松	14.71	2.30	762.29	1.93
	华山松	12.15	1.9	831.79	2.10
	杉木	10.24	1.60	491.12	1.25
	冷杉	3.84	0.60	648.34	1.64

续表

优势树种（组）		面积结构		蓄积量结构	
		面积	比例	蓄积量	比例
针叶林	铁杉	1.92	0.30	383.49	0.97
	落叶松	1.28	0.20	103.22	0.26
	云杉	0.64	0.10	13.82	0.03
	其他松类	0.96	0.15	25.56	0.06
阔叶林	小计	520.27	81.39	32880.43	83.05
	栎类	264.20	41.33	17448.59	44.07
	杨树	25.87	4.05	1471.69	3.72
	桦木	22.08	3.45	2102.58	5.31
	其他硬阔类	144.83	22.66	8157.20	20.61
	其他软阔类	56.58	8.85	3089.02	7.80
	阔叶混交类	6.71	1.05	611.35	1.54
针阔混交类		2.56	0.40	227.56	0.57

（二）经济林资源

经济林面积127.31万公顷，占森林面积的14.92%。其中乔木经济林108.77万公顷，占85.44%；灌木经济林18.54万公顷，占14.56%。

（三）竹林资源

竹林面积2.56万公顷。占森林面积的0.30%，全部为杂竹，株数1395866万株。

按起源分，天然和人工竹林面积均为1.28万公顷，各占50%。

按林种分，防护林面积1.60万公顷，占62.50%；用材林面积0.96万公顷，占37.50%。

（四）国家特别规定的灌木林地资源

全省国家特别规定的灌木林地面积84.11万公顷，占森林面积的9.86%，是森林资源的重要组成部分。

按起源分，国家特别规定的天然灌木林地资源面积17.27万公顷，占20.53%；人工国家特别规定的灌木林地面积66.84万公顷，占79.47%。

按林种分，防护林面积83.47万公顷，占99.24%；特用林面积0.64万公顷，占0.76%。

按优势树种（组）划分，灌木树种以沙柳和柠条所占面积比例较大，分别占29.65%和21.68%。

四、天然林资源

天然林总面积658.21万公顷，总蓄积量37007.48万立方米。其中：天然有林地面积532.16万公顷，蓄积量36780.38万立方米，分别占80.8%和99.4%；天然疏林地面积16.96万公顷，蓄积量227.10万立方米，分别占2.6%和0.6%；天然灌木林面积

109.09 万公顷，占 16.6%。

在天然有林地中，天然乔木林面积 520.64 万公顷，占天然有林地面积的 97.8 %；天然经济林面积 10.24 万公顷，占 1.9%；天然竹林面积 1.28 万公顷，占 0.3%。

（一）天然乔木林

1. 林种结构。天然乔木林种，防护林所占比重最高，其面积 396.25 万公顷，蓄积量 27179.49 万立方米，分别占天然乔木林面积、蓄积量的 76.11%和 73.89%，其次为用材林。天然乔木林各林种面积蓄积量构成见表 1-1-5。

2009 年陕西省天然乔木林各林种面积、蓄积量构成表

表 1-1-5　　单位：万公顷、万立方米、%

林种	面积结构		蓄积量结构	
	面积	比例	蓄积量	比例
合计	520.64	100.00	36780.38	100.00
防护林	396.25	76.11	27179.49	73.89
特用林	35.50	6.82	4818.25	13.10
用材林	61.07	11.73	3959.98	10.77
薪炭林	27.82	5.34	822.66	2.24

2. 龄组结构。天然乔木林各龄组中，中龄林面积最大，面积 145.49 万公顷，蓄积量 8930.25 万立方米，分别占天然乔木林面积、蓄积量的 27.94%和 24.28%。天然乔木林各龄组面积蓄积量构成见表 1-1-6。

2009 年陕西省天然乔木林各龄组面积、蓄积量构成表

表 1-1-6　　单位：万公顷、万立方米、%

龄组	面积结构		蓄积量结构	
	面积	比例	蓄积量	比例
合计	520.64	100.00	36780.38	100.00
幼龄林	120.88	23.22	2572.67	6.99
中龄林	145.49	27.94	8930.25	24.28
近熟林	93.07	17.88	7977.70	21.69
成熟林	91.81	17.63	9433.66	25.65
过熟林	69.39	13.33	7866.10	21.39

3. 优势树种（组）结构。天然乔木林中，天然阔叶林面积 449.95 万公顷，占 86.42%，蓄积量 31764.90 万立方米，占 86.36%；天然针叶林面积 68.45 万公顷，占 13.15%，蓄积量 4789.17 万立方米，占 13.02%；天然针阔混交林面积 2.24 万公顷，占 0.43%，蓄积量 226.31 万立方米，占 0.62%。天然乔木林各优势树种（组）面积蓄积量构成见表 1-1-7。

2009 年陕西省天然乔木林各优势树种(组)面积、蓄积量构成表

表 1-1-7　　单位：万公顷、万立方米、%

优势树种(组)		面积结构		蓄积量结构	
		面积	比例	蓄积量	比例
合计		520.64	100.00	36780.38	100.00
针叶林	小计	68.45	13.15	4789.17	13.02
	油松	30.38	44.38	1942.78	40.57
	柏木	10.88	15.89	395.60	8.26
	马尾松	8.32	12.15	451.36	9.42
	华山松	7.99	11.67	627.63	13.11
	杉木	4.48	6.54	276.67	5.78
	冷杉	3.58	5.15	631.81	13.19
	铁杉	1.92	2.81	383.49	8.01
	落叶松	0.32	0.47	54.27	1.13
	其他松类	0.64	0.94	25.56	0.53
阔叶林	小计	449.95	86.42	31764.90	86.36
	栎类	225.48	50.11	16511.09	51.98
	桦木	22.08	4.91	2102.58	6.62
	杨树	15.66	3.48	1076.85	3.39
	其他硬阔类	98.80	21.96	7557.51	23.79
	其他软阔类	81.22	18.05	3905.52	12.30
	阔叶混交类	6.71	1.49	611.35	1.92

(二)天然经济林

天然经济林面积 10.24 万公顷，占经济林面积的 8.04%。树种以栓皮栎和板栗为主。栓皮栎面积 4.48 万公顷，占天然经济林面积的 43.75%；板栗面积 2.56 万公顷，占天然经济林面积的 25.00%。

(三)天然灌木林

天然灌木林地面积 109.09 万公顷，占灌木林地面积的 56.75%，其中：

1. 国家特别规定的天然灌木林地。国家特别规定的天然灌木林地 17.27 万公顷，占天然灌木林地面积的 15.83%；占国家特别规定的灌木林地总面积的 20.53%。

按林种划分，防护林面积 16.95 万公顷，占国家特别规定的天然灌木林地面积的 98.15%，特用林面积 0.32 万公顷，占 1.85%。

2. 其他天然灌木林地。其他天然灌木林地面积 91.82 万公顷，占天然灌木林地面积的 84.17%。

按林种划分，防护林面积 83.50 万公顷，占其他天然灌木林地面积的 90.94%，特用林面积 0.96 万公顷，占 1.05%，用材林面积 0.32 万公顷，占 0.35%，薪炭林面积

7.04 万公顷，占 7.67%。

五、人工林资源

人工林总面积 361.39 万公顷，总蓄积量 2918.22 万立方米。其中：人工有林地面积 236.97 万公顷，蓄积量 2812.14 万立方米，分别占人工林总面积和总蓄积量的 65.6%和 96.4%；人工疏林地面积 8.64 万公顷，蓄积量 106.08 万立方米，分别占 2.4%和 3.6%；人工灌木林面积 83.15 万公顷，占人工林总面积的 23.0%；未成林造林地面积 32.63 万公顷，占人工林总面积的 9.0%。

在人工有林地中，其中人工乔木林面积 118.62 万公顷，占人工有林地面积的 50.06%；人工经济林面积 117.07 万公顷，占 49.4%；人工竹林面积 1.28 万公顷，占 0.5%。

（一）人工乔木林

1. 林种结构。人工乔木林中，防护林面积、蓄积量最大，分别为 82.17 万公顷、1469.11 万立方米，分别占人工乔木林面积、蓄积量的 69.27%和 52.24%。人工乔木林各林种面积、蓄积量构成见表 1-1-8。

2009 年陕西省人工乔木林各林种面积、蓄积量构成表

表 1-1-8 单位：万公顷、万立方米、%

林种	面积结构		蓄积量结构	
	面积	比例	蓄积量	比例
合计	118.62	100.00	2812.14	100.00
防护林	82.17	69.27	1469.11	52.24
特用林	2.56	2.16	137.06	4.87
用材林	32.93	27.76	1178.21	41.90
薪炭林	0.96	0.81	27.76	0.99

2. 龄组结构。人工乔木林中，幼、中龄林所占比重大，两者面积、蓄积量之和分别为 102.62 万公顷、2042.33 万立方米，分别占人工乔木林面积、蓄积量的 86.51%和 72.63%。人工乔木林各龄组面积、蓄积量构成见表 1-1-9。

2009 年陕西省人工乔木林各龄组面积、蓄积量构成表

表 1-1-9 单位：万公顷、万立方米、%

龄组	面积结构		蓄积量结构	
	面积	比例	蓄积量	比例
合计	118.62	100.00	2812.14	100.00
幼龄林	62.66	52.82	408.37	14.52
中龄林	39.96	33.69	1633.96	58.11
近熟林	5.76	4.85	303.43	10.79
成熟林	5.44	4.59	243.33	8.65
过熟林	4.80	4.05	223.05	7.93

3. 优势树种(组)结构。人工乔木林中，阔叶林所占比重较大，面积 70. 32 万公顷，蓄积量 1115. 53 万立方米，分别占人工乔木林面积和蓄积量的 59. 28%和 39. 67%；针叶林面积 47. 98 万公顷，蓄积量 1695. 36 万立方米，分别占人工乔木林面积和蓄积量的 40. 45%和 60. 29%。

人工阔叶林以杨树较多，其面积、蓄积量分别占人工阔叶林的 14. 52%和 35. 39%。人工针叶林以油松较多，其面积、蓄积量分别占人工针叶林的 52. 00%和 51. 28%。人工乔木林各优势树种(组)面积、蓄积量构成见表 1-1-10。

2009 年陕西省人工乔木林各优势树种(组)面积、蓄积量构成表

表 1-1-10　　单位：万公顷、万立方米、%

优势树种(组)		面积结构		蓄积量结构	
		面积	比例	蓄积量	比例
合计		118. 62	100. 00	2812. 14	100. 00
针叶林	小计	47. 98	40. 45	1695. 36	60. 29
	油松	24. 95	52. 00	869. 41	51. 82
	马尾松	6. 39	13. 32	310. 93	18. 34
	杉木	5. 76	12. 01	214. 45	12. 65
	柏木	4. 48	9. 34	17. 11	1. 01
	华山松	4. 16	8. 66	204. 16	12. 04
	落叶松	0. 96	2. 00	48. 95	2. 89
	铁杉	0. 64	1. 33	13. 82	0. 82
	冷杉	0. 32	0. 67	16. 53	0. 97
	其他松类	0. 32	0. 97	…	…
阔叶林	小计	70. 32	59. 28	1115. 53	39. 67
	杨树	10. 21	14. 52	394. 84	35. 39
	栎类	6. 08	8. 64	41. 34	3. 71
	其他硬阔类	46. 03	65. 46	599. 69	53. 76
	其他软阔类	8. 00	11. 38	79. 66	7. 14
针阔混交类		0. 32	0. 27	1. 25	0. 04

(二)人工经济林

人工经济林面积 117. 07 万公顷，占人工有林地面积的 49. 4%；占经济林面积的 91. 96%。主要树种有苹果、枣树和核桃。其中苹果面积 41. 58 万公顷，枣树面积 10. 56 万公顷，核桃面积 8. 95 万公顷，分别占人工经济林面积的 35. 52%、9. 02%和 7. 64%。

(三)人工灌木林

人工灌木林地面积 83. 15 万公顷，占灌木林地面积 43. 25%。

1. 国家特别规定的人工灌木林地。国家特别规定的人工灌木林地面积 66. 84 万公顷，占人工灌木林地面积的80.38%；占国家特别规定的人工灌木林地面积的79.47%。按林种划分，防护林面积66.52万公顷，占国家特别规定的人工灌木林地面积的99.52%，特用林面积0.32万公顷，占0.48%。

2. 人工其他灌木林地。人工其他灌木林地面积16.31万公顷，占人工灌木林地面积的19.62%，全部为防护林。

六、森林资源权属

（一）林地权属

全省林地面积按土地权属分为国有林地和集体林地2种。国有林地面积329.75万公顷，占林地面积的26.84%；集体林地面积898.72万公顷，占林地面积的73.16%。各地类按土地权属统计详见表1-1-11。

2009年陕西省各类林地按土地权属统计表

表1-1-11　　　　单位：万公顷、%

地类	合计	国有		集体	
	面积	面积	比例	面积	比例
合计	1228.47	329.75	26.84	898.72	73.16
森林	853.24	265.13	31.07	588.11	68.93
乔木林	639.26	252.66	39.52	386.60	60.48
竹林	2.56	0.64	25.00	1.92	75.00
经济林	127.31	0.96	0.75	126.35	99.25
疏林地	25.60	9.60	37.50	16.00	62.50
国家特灌	84.11	10.87	12.92	73.24	87.08
其他灌木林地	108.13	31.66	29.28	76.47	70.72
未成林地	32.62	0.96	2.94	31.66	97.06
苗圃地	0.32	0.32	100.00	…	…
无立木林地	62.71	4.48	7.14	58.23	92.86
宜林地	145.85	17.6	12.07	128.25	87.93

森林面积中，国有林面积与集体林面积的比重为31∶69。其中：乔木林中国有林与集体林面积比重为40∶60；经济林中国有林与集体林面积比重为1∶99；竹林中国有与集体面积比重为25∶75；国家特别规定的灌木林地中国有与集体面积比重为13∶87。

（二）林木权属

各类林地面积按林木权属分为国有、集体、个人和其他4种。

森林面积中，国有的262.57万公顷，占森林总面积的30.77%；集体的204.67万公顷，占23.99%；个人所有的378.96万公顷，占44.41%；其他所有制形式的7.04万公顷，占0.83%。各类林地面积按林木权属统计见表1-1-12。

2009 年陕西省各类林地面积按林木权属统计表

表 1-1-12　　单位：万公顷、%

林木权属		乔木林	竹林	经济林	疏林地	特灌林	其他灌木林地	未成林地
合计	面积	639.26	2.56	127.31	25.60	84.11	108.13	32.62
国有	面积	250.74	0.64	0.96	9.92	10.23	30.38	0.96
	比例	39.22	25.00	0.75	38.75	12.16	28.10	2.94
集体	面积	133.34	0.32	6.40	3.20	64.61	33.92	4.79
	比例	20.86	12.50	5.03	12.50	76.82	31.37	14.69
个人	面积	248.14	1.60	119.95	12.48	9.27	43.19	26.87
	比例	38.82	62.50	94.22	48.75	11.02	39.94	82.37
其他	面积	7.04					0.64	
	比例	1.10					0.59	

活立木蓄积量中，国有的 23154.58 万立方米，占全省活立木总蓄积量的 54.59%；集体的 8287.49 万立方米，占 19.54%；个人所有的 10349.20 万立方米，占 24.40%；其他所有制形式的占 1.47%。各类林木蓄积量权属结构详见表 1-1-13。

2009 年陕西省各类林木蓄积量分林木权属构成表

表 1-1-13　　单位：万立方米、%

林木权属		活立木	森林	疏林地	散生木	四旁树
合计		42416.05	39592.52	333.18	1641.06	849.29
国有	蓄积量	23154.58	22452.41	119.48	516.50	66.19
	比例	54.59	56.71	35.86	31.47	7.79
集体	蓄积量	8287.49	7720.56	32.46	370.39	164.08
	比例	19.54	19.50	9.74	22.57	19.32
个人	蓄积量	10349.20	8818.85	181.24	754.17	594.94
	比例	24.40	22.27	54.40	45.96	70.05
其他	蓄积量	624.78	600.70			24.08
	比例	1.47	1.52			2.84

七、森林资源质量

（一）单位面积蓄积量

乔木林每公顷蓄积量 61.93 立方米，其中：天然乔木林 70.64 立方米/公顷，人工乔木林 23.71 立方米/公顷。

1. 乔木林林种单位面积蓄积量。各林种单位面积蓄积量分别为：防护林 59.88 立方米/公顷；特用林 132.20 立方米/公顷；用材林 54.66 立方米/公顷；薪炭林 29.55 立方米/公顷。

2. 乔木林龄组单位面积蓄积量。各龄组单位面积蓄积量见表 1-1-14。

2009 年陕西省乔木林各龄组单位面积蓄积量表

表 1-1-14　　单位：立方米/公顷

林种	平均	幼龄林	中龄林	近熟林	成熟林	过熟林
合计	61.93	16.24	56.97	83.79	99.51	109.03
天然乔木林	70.64	21.28	61.38	85.72	102.75	113.36
人工乔木林	23.71	6.52	40.89	52.68	44.73	46.47

3. 乔木林蓄积量级的面积比重。乔木林蓄积量级的面积比重，每公顷蓄积量小于 50 立方米的乔木林所占面积比重最高，为 51.17%。天然林和人工林每公顷蓄积量小于 50 立方米的面积，分别占天然乔木林和人工乔木林面积的 43.8%和 83.54%。全省乔木林单位面积蓄积量仍处于较低水平。乔木林按蓄积量级面积比重见表 1-1-15。

2009 年陕西省乔木林按蓄积量级面积比重表

表 1-1-15　　单位：%

林种	小于 50 立方米/公顷	50~90 立方米/公顷	100~149 立方米/公顷	150~199 立方米/公顷	大于 200 立方米/公顷
合计	51.17	29.17	11.51	5.20	2.95
天然乔木林	43.80	32.55	13.70	6.33	3.62
人工乔木林	83.54	14.30	1.89	0.27	0

（二）单位面积株数

乔木林每公顷 710 株。其中，天然乔木林每公顷 750 株，人工乔木林每公顷 535 株。

（三）单位面积生长量

乔木林每公顷年均生长量 2.50 立方米。其中，天然乔木林的每公顷年均生长量 2.64 立方米，人工乔木林的每公顷年均生长量 1.90 立方米。

（四）郁闭度

乔木林平均郁闭度为 0.59。按照低（0.20~0.44）、中（0.45~0.74）、高（0.75~1.00）郁闭度级的面积比例为 21∶56∶23。其中：天然乔木林平均郁闭度 0.62，按低、中、高郁闭度级的面积比例为 14∶61∶25；人工乔木林平均郁闭度 0.47，按低、中、高郁闭度级的面积比例为 49∶35∶16。总体来看，乔木林郁闭度以中等为主，天然乔木林平均郁闭度略高于人工乔木林。

（五）平均胸径

乔木林平均胸径 13.8 厘米。其中：天然乔木林平均胸径 14.2 厘米，人工乔木林平均胸径 11.1 厘米。

（六）树高级面积结构

乔木林平均树高 9.4 米。其中，树高级在 5.0~9.9 米的面积最多，为 323.59 万公顷，占乔木林总面积的60.62%。其次为10~14.9米的乔木林，面积202.78万公顷，占31.72%。

天然乔木林平均树高9.9米，人工乔木林平均树高6.7米，天然乔木林和人工乔木林树高级均以5.0~9.9米的面积最多，分别占天然乔木林和人工乔木林的51.72%和45.80%。乔木林各高度级按起源面积比例见表1-1-16。

2009年陕西省乔木林各高度级按起源面积比例表

表1-1-16　　单位：米、万公顷、%

高度级	合计		天然林		人工林	
	面积	比例	面积	比例	面积	比例
合计	639.26	100.00	520.64	100.00	118.62	100.00
<5.0	64.90	10.15	22.68	4.35	42.22	35.59
5.0~9.9	323.59	50.62	269.26	51.72	54.33	45.8
10.0~14.9	202.78	31.72	182.95	35.14	19.83	16.72
15.0~19.9	43.83	6.86	41.59	7.99	2.24	1.89
20.0~24.9	3.84	0.60	3.84	0.74		
25.0~29.9	0.32	0.05	0.32	0.06		

第二节　森林资源消长

森林资源的消长是反映在一定时间间隔期内，森林资源蓄积量生长和消耗，林地面积的增减以及森林质量变化的重要指标。森林资源的消长依据1989年、1994年、1999年、2004年、2009年各期森林资源连续清查进行分析判断结果。

一、各期森林资源连续清查

1.“七五”时期(1989年清查)。根据林业部《关于落实森林资源连续清查任务及监测体系试生产》(林资调〔1988〕53号)的通知精神，1989年对1978~1979年建立的森林资源连续清查体系固定样地进行第二次全面复查。本次清查称为陕西省第四次森林资源清查，其清查结果是：

全省土地总面积2059.77万公顷。其中：林业用地1212.50万公顷，占58.87%；非林业用地847.27万公顷占41.13%。

林业用地中，有林地497.35万公顷，占41.0%；疏林地36.78万公顷，占3.0%；灌木林地102.01万公顷，占8.4%；未成林造林地14.07万公顷，占1.2%；苗圃地0.32万公顷，占0.03%；无林地561.97万公顷，占46.4%。

有林地中，乔木林433.70万公顷，占87.2%；经济林59.17万公顷，占11.9%；竹林4.48万公顷占0.9%。

无林地中，采伐迹地2.88万公顷，火烧迹地0.32万公顷，沙荒75.16万公顷，宜林荒山荒地466.97万公顷。

全省人工林资源 92.15 万公顷。其中：乔木林 35.84 万公顷，占 38.9%；经济林 31.04 万公顷，占 33.7%；竹林 0.32 万公顷，占 0.3%；疏林 10.88 万公顷，占 11.8%；未成林造林地 14.07 万公顷，占 15.3%。

人工乔木林中，用材林 25.92 万公顷，占 72.3%；防护林 8.00 万公顷，占 22.3%；薪炭林 1.60 万公顷，占 4.5%；特用林 0.32 万公顷，占 0.9%。幼龄林和中龄林面积所占比重较大，其中幼龄林占 55.4%，中龄林占 39.2%。

森林覆盖率 24.15%。

全省林木总蓄积量为 32056.34 万立方米。其中：森林蓄积量 27918.25 万立方米，占 87.1%；疏林地蓄积量 731.40 万立方米，占 2.3%；散生木蓄积量 2908.49 万立方米，占 9.1%；四旁树蓄积量 498.20 万立方米，占 1.5%。

2. “八五”时期(1994 年清查)。根据林业部《关于 1994 年开展森林资源连续清查工作有关要求的通知》(林资调〔1994〕14 号)，1994 年开展了全省森林资源连续清查固定样地第三次复查，并对 1989 年增设的地方级固定样地进行第一次复查，本次清查称为陕西省第五次森林资源清查，其清查结果是：

全省土地总面积 2059.77 万公顷。其中：林业用地 1197.49 万公顷，占 58.1%；非林业用地 862.28 万公顷占 41.9%。

林业用地中，有林地 592.03 万公顷，占 49.4%；疏林地 22.39 万公顷，占 1.9%；灌木林地 118.98 万公顷，占 9.9%；未成林造林地 24.63 万公顷，占 2.1%；苗圃地 0.32 万公顷，占 0.03%；无林地 439.14 万公顷，占 36.7%。

有林地中，乔木林 492.56 万公顷，占 83.2%；经济林 94.99 万公顷，占 16.0%；竹林 4.48 万公顷占 0.8%。

无林地中，采伐迹地 3.52 万公顷，火烧迹地 0.32 万公顷，沙荒 75.16 万公顷，宜林荒山荒地 360.14 万公顷。

全省人工林资源 162.83 万公顷。其中：乔木林 62.71 万公顷，占 38.5%；经济林 70.37 万公顷，占 43.2%；竹林 0.32 万公顷，占 0.2%；疏林 4.8 万公顷，占 3.0%；未成林造林地 24.63 万公顷，占 15.1%。

人工乔木林中，用材林 47.03 万公顷，占 75.0%；防护林 14.08 万公顷，占 22.5%；薪炭林 1.28 万公顷，占 2.0%；特用林 0.32 万公顷，占 0.5%。幼龄林和中龄林面积所占比重较大，其中幼龄林占 50.5%，中龄林占 36.3%。

森林覆盖率 28.74%。

全省林木总蓄积量为 33407.95 万立方米。其中：森林蓄积量 30265.74 万立方米，占 90.6%；疏林地蓄积量 348.25 万立方米，占 1.0%；散生木蓄积量 2228.14 万立方米，占 6.7%；四旁树蓄积量 565.82 万立方米，占 1.7%。

3. “九五”时期(1999 年清查)。根据《国家林业局关于部署 1999 年森林资源连续清查工作的通知》(林资发〔1999〕46 号)，1999 年开展了全省森林资源连续清查第四次复查，对地方样地进行第二次复查，本次清查称为陕西省第六次森林资源清查，其清查结果是：

全省土地总面积 2059.77 万公顷。其中：林业用地 1071.78 万公顷，占 52.03%；非林业用地987.99万公顷，占47.97%（由于在“绿化灭荒工程”中，把既是荒山荒地又是牧草地的这部分林业用地面积，在本次调查中划为非林业用地的牧草地，这样就使林业用地面积减少）。

林业用地中，有林地636.8万公顷，占59.4%；疏林地27.83万公顷，占2.6%；灌木林地146.16万公顷，占13.7%；未成林造林地10.56万公顷，占1.0%；苗圃地0.32万公顷，占0.0%；无林地250.11万公顷，占23.3%。

有林地中，乔木林508.55万公顷，占79.9%；经济林124.09万公顷，占19.5%；竹林4.16万公顷，占0.6%。

无林地中，采伐迹地4.48万公顷，火烧迹地0.32万公顷，沙荒74.52万公顷，宜林荒山荒地170.79万公顷。

全省人工林资源187.77万公顷。其中：乔木林68.46万公顷，占36.4%；经济林100.43万公顷，占53.5%；竹林0.32万公顷占0.2%；疏林8万公顷，占4.3%；未成林造林地10.56万公顷，占5.6%。

人工乔木林中，用材林53.1万公顷，占77.5%；防护林12.8万公顷，占18.7%；薪炭林1.28万公顷，占1.9%；特用林0.32万公顷，占1.9%。幼龄林和中龄林面积所占比重较大，其中幼龄林占50.5%，中龄林占29.9%。

森林覆盖率30.92%。

全省林木总蓄积量33422.35万立方米，其中，森林蓄积量30775.77万立方米，占92.1%，疏林地蓄积量430.12万立方米，占1.3%；散生木蓄积量1535.58万立方米，占4.6%；四旁树蓄积量680.88万立方米，占2.0%。

4.“十五”时期（2004年清查）。根据国家林业局的统一部署和《关于做好2004年连清前期准备工作的通知》（资调函〔2003〕62号）及《国家林业局森林资源管理司关于切实做好2004年全国森林资源连续清查工作的函》（资调函〔2004〕92号）的精神，2004年开展了全省森林资源连续清查第五次复查工作，对地方样地进行第三次复查，本次清查称为陕西省第七次森林资源清查，其清查结果是：

全省土地总面积2059.77万公顷。其中：林地1227.56万公顷，占59.6%；非林地832.21万公顷，占40.4%。

林地中，有林地667.47万公顷，占54.4%；疏林地28.75万公顷，占2.3%；灌木林地204.07万公顷，占16.6%；未成林地100.45万公顷，占8.2%；苗圃地0.96万公顷，占0.1%；无立木林地39.01万公顷，占3.2%，宜林地186.81万公顷，占15.2%。

有林地中，乔木林663.95万公顷，占99.47%。竹林3.52万公顷，占0.53%。

灌木林地中，国家特别规定的灌木林地100.09万公顷，其他灌木林地103.98万公顷。按起源分，天然灌木林112.29万公顷，占55.0%；人工灌木林91.78万公顷，占45.0%。

未成林地中，未成林造林地99.81万公顷，占99.4%；未成林封育地0.64万公顷，占0.6%。

无立木林地和宜林地中，采伐迹地2.56万公顷，火烧迹地0.96万公顷，其他无立木林地35.49万公顷，宜林荒山荒地148.42万公顷，宜林沙荒33.27万公顷，其他宜林地5.12万公顷。

全省人工林资源364.32万公顷。其中：乔木林164.09万公顷，占45.0%；竹林1.28万公顷，占0.4%；灌木林91.78万公顷，占25.2%；疏林地7.36万公顷，占2.0%；未成林造林地99.81万公顷，占27.4%。

人工乔木林中，用材林33.56万公顷，占20.4 %；防护林40.95万公顷，占25.0%；薪炭林0.64万公顷，占0.4%；特用林1.92万公顷，占1.2%；经济林87.02万公顷，占53.0%。幼龄林和中龄林面积所占比重较大，其中幼龄林占56.2%，中龄林占29.8%。

森林覆盖率(含国家特别规定的灌木林地面积)37.26%。

全省林木总蓄积量为36144.16万立方米。其中：森林蓄积量33820.54万立方米，占93.6%；疏林地蓄积量464.45万立方米，占1.3%；散生木蓄积量1164.72万立方米，占3.2%；四旁树蓄积量694.45万立方米，占1.9%。

5.“十一五”时期(2009年清查)。根据《国家林业局关于部署开展第八次全国森林资源清查和做好2009年清查工作的通知》(林资发〔2008〕250号)的要求，2009年开展了全省森林资源连续清查第六次复查工作，对地方样地进行第四次复查。本次清查称为陕西省第八次森林资源清查，其清查结果是：

全省土地总面积2059.77万公顷。其中：林地1228.47万公顷，占59.6%；非林地831.3万公顷，占40.4%。

林地中，有林地769.13万公顷，占62.6%；疏林地25.6万公顷，占2.1%；灌木林地192.24万公顷，占15.6%；未成林地32.62万公顷，占2.7%；苗圃地0.32万公顷，占0.0%；无立木林地62.71万公顷，占5.1%；宜林地145.85万公顷，占11.9%。

有林地中，乔木林面积639.26万公顷，经济林面积127.31万公顷，竹林2.56万公顷。

灌木林中，国家特别规定的灌木林地84.11万公顷，占43.8%；其他灌木林地108.13万公顷，占56.2%。

无立木林地中，采伐迹地1.6万公顷，火烧迹地0.96万公顷，其他无立木林地60.15万公顷；

宜林地中，宜林荒山荒地113.54万公顷，宜林沙荒30.71万公顷，其他宜林地1.6万公顷。

全省人工林资源361.38万公顷。其中：乔木林118.62万公顷，占32.8%；经济林117.07万公顷，占32.4%；竹林1.28万公顷，占0.4%；灌木林83.15万公顷，占23.0%；疏林地8.64万公顷，占2.4%；未成林造林地32.62万公顷，占9.0%。人工乔木林中，用材林32.93万公顷，占27.7%；防护林82.17万公顷，占69.3 %；薪炭林0.96万公顷，占0.8%；特用林2.56万公顷，占2.2%。幼龄林和中龄林面积所占比重较大，其中幼龄林占52.8%，中龄林占33.7%。

森林覆盖率(含国家特别规定的灌木林地面积)41.42%。

全省林木总蓄积量为42416.05万立方米。其中：森林蓄积量39592.52万立方米，占93.3%；疏林地蓄积量333.18万立方米，占0.8%；散生木蓄积量1641.06万立方米，占 3.9%；四旁树蓄积量 849.29 万立方米，占 2.0%。全省 1989～2009 年森林资源连续清查统计见表 1-1-17。

1989～2009 年陕西省森林资源连续清查统计表

表 1-1-17　　单位：万公顷、万立方米、%

项目		1989	1994	1999	2004	2009
土地总面积		2059.77	2059.77	2059.77	2059.77	2059.77
林地面积		1212.50	1197.49	1071.78	1227.56	1228.47
有林地面积	合计	497.35	592.03	636.80	667.47	769.13
	用材林	268.34	306.08	308.33	130.45	94.00
	防护林	113.22	128.58	135.93	381.25	478.42
	薪炭林	43.18	42.54	41.90	22.37	28.78
	经济林	59.17	94.99	124.09	96.93	127.31
	特用林	8.96	15.36	22.39	32.95	38.06
	竹林	4.48	4.48	4.16	3.52	2.56
灌木林面积		102.01	118.98	146.16	204.07	192.24
疏林地面积		36.78	22.39	27.83	28.79	25.60
未成林造林地面积		14.07	24.63	10.56	100.45	32.62
苗圃地面积		0.32	0.32	0.32	0.96	0.32
无林地面积		561.97	439.14	250.11		
无立木林地面积					39.01	62.71
宜林地					186.81	145.85
林木总蓄积量		32056.34	33407.95	33422.35	36144.16	42416.05
森林蓄积量		27918.25	30265.74	30775.77	33820.54	39592.52
森林覆盖率		24.15	28.74	30.92	37.26	41.42
生长率		4.80	4.26	3.97	4.06	4.41
年生长量		1634.04	1409.24	1327.09	1597.62	1791.09

注：2004 年以后无林地分解为无立木林地和宜林地，森林覆盖率含特灌林。

二、森林资源消长变化

1. 有林地面积变化。从历次调查结果可见，全省有林地面积处于持续增长状态，其中 2004～2009 年增加幅度最大。各调查年度有林地面积变化见表 1-1-18。

1989~2009年陕西省有林地面积变化表

表1-1-18 单位：万公顷

项目	1989	1994	1999	2004	2009
有林地面积	497.35	592.03	636.80	667.47	769.13
前后期净增量	26.54	94.68	44.77	30.67	101.66

2. 林木蓄积量变化。从历次调查结果可见，全省林木蓄积量处于持续增加状态，其中2004年到2009年期间增加幅度最大，1994年到1999年增加幅度最小。各调查年度林木蓄积量变化见表1-1-19。

1989~2009年陕西省林木蓄积量变化表

表1-1-19 单位：万立方米

项目	1989	1994	1999	2004	2009
林木蓄积量	32056.34	33407.95	33422.35	36144.16	42416.05
前后期净增量	2589.18	1351.61	14.40	2721.81	6271.89

3. 林木总生长量变化。全省林木总生长量在1989~1999年期间处于下降状态，1999~2009年期间处于上升状态。其中2004~2009年期间林木总生长量最大。各调查年度林木总生长量变化见表1-1-20。

1989~2009年陕西省林木总生长量变化表

表1-1-20 单位：万立方米

项目	1989	1994	1999	2004	2009
林木总生长量	1634.04	1409.24	1327.09	1597.62	1791.09
前后期变化量	583.24	-224.8	-82.15	270.53	193.47

4. 林木总消耗量变化。全省林木总消耗量在1989~1999年期间处于持续增加状态，1999~2009年期间逐步下降。其中1994~1999年期间林木总消耗量最大。各调查年度林木总消耗量变化见表1-1-21。

1989~2009年陕西省林木总消耗量变化表

表1-1-21 单位：万立方米

项目	1989	1994	1999	2004	2009
林木总消耗量	1053.16	1216.95	1533.74	1389.4	842.57
前后期变化量	323.13	163.79	316.79	-144.34	-546.83

5. 林木采伐量变化。全省林木采伐量 在1994~1999年期间林木采伐量最大。1999~2009年期间逐年下降。各调查年度林木采伐量变化见表1-1-22。

1989~2009 年陕西省林木采伐量变化表

表 1-1-22　　单位：万立方米

项目	1989	1994	1999	2004	2009
林木采伐量	908.91	896.94	1119.21	888.60	513.44
前后期变化量	205.70	−11.97	222.27	−230.61	−375.16

6. 森林覆盖率变化。全省森林覆盖率在 1989~2009 年期间持续增加。其中 1989~1994 年和 1999~2004 年期间增加幅度较大。1994 年增加幅度较大的原因之一是林分和疏林地划分标准变更，林分标准由原来郁闭度 0.3 以上(不含 0.3)变更为郁闭度 0.2 以上(含 0.2)，由此增加森林覆盖率约 1.33%，实际增加量应为 3.26%。2004 年增加幅度较大的原因之一是地类标准中增加了国家特别规定的灌木林，并参与森林覆盖率计算，由此增加森林覆盖率 4.86%，实际增加量应为 1.48%。由此可见森林覆盖率在 2004~2009 年期间增加最快。各调查年度森林覆盖率变化见表 1-1-23。

1989~2009 年陕西省森林覆盖率变化表

表 1-1-23　　单位：%

项目	1989	1994	1999	2004	2009
森林覆盖率	24.15	28.74	30.92	37.26	41.42
前后期净增量	1.29	4.59	2.18	6.34	4.16

7. 森林质量变化。从历次调查结果可以看出，全省乔木林平均胸径一直徘徊在 14 厘米左右；乔木林每公顷株数徘徊在 672~771 株之间；乔木林平均郁闭度一直稳定在 0.58 和 0.59，但处于上升趋势；每公顷蓄积量徘徊在 59.5~61.9 立方米之间；每公顷生长量徘徊在 1.48~2.20 之间。各调查年度森林质量变化见表 1-1-24。

1989~2009 年陕西省森林质量变化表

表 1-1-24　　单位：株、厘米、立方米

项目	1989	1994	1999	2004	2009
每公顷株数	771	684	672	683	710
平均胸径	13.7	14.6	13.9	13.8	13.8
平均郁闭度		0.58	0.58	0.59	0.59
每公顷蓄积量	64.4	61.4	60.5	59.6	61.9
每公顷生长量	1.57	2.2	1.73	1.72	2.0

第三节 森林分布

一、五大林区地理划分

陕西省森林资源主要分布在黄龙山、桥山、关山、秦岭、巴山五大林区。

黄龙山林区，位于黄河西岸、北洛河东侧的崂山，包括宝塔、甘泉、宜川、富县、洛川、黄龙、韩城等县(区)。

桥山林区，位于子午岭，处于陕甘交界，东以北洛河为界，西邻甘肃，包括志丹、安塞、宝塔、甘泉、富县、黄陵、宜君、印台、耀州、旬邑等县(区)。

关山林区，属六盘山南伸余脉陇山山系，位于渭北黄土高原西部，陕甘交界处的千河上游，包括陇县、陈仓、渭滨等县(区)。

秦岭林区，位于陕西省中南部，渭河与汉江之间，包括商洛市全部，宝鸡、西安、渭南、汉中、安康市的大部分或一部分。

巴山林区，位于汉江以南，以任河为界，西为米仓山，东为大巴山。

五大林区总面积占全省总面积的45.3%，有林地面积占全省有林地面积的75.5%，森林蓄积量占全省森林蓄积量的93.2%。

二、五大林区森林分布

五大林区森林资源随着1989年地方森林资源监测体系的建立，开始独立统计计算。五大林区界线最初在1989年划定，1999年对五大林区界线进行了修改，以后各次森林资源数据均按修改后的界线统计。以下依照2009年森林资源连续清查结果，介绍各林区的森林资源分布情况。

1. 各类林地面积。五大林区土地总面积933.3万公顷，占全省土地总面积的45.3%。其中：林地面积760.16万公顷，占81.5%。森林面积581.33万公顷，占全省森林面积的68.1%，森林覆盖率62.3%。有林地面积580.69万公顷，占全省有林地面积的75.5%。秦岭林区最大，占五大林区总面积的51.9%；依次为巴山林区占23.8%，桥山林区占12.1%，黄龙山林区占9.4%，关山林区占2.8%。五大林区各类林地面积情况见表1-1-25。

2009年陕西省五大林区各类林地面积表

表1-1-25 单位：万公顷、%

林区	合计	林业用地	有林地				疏林地	灌木林地		未成林造林地	苗圃地	无立木林地	宜林地	覆盖率
			小计	乔木林	经济林	竹林		特别灌木	其他灌木					
合计	933.3	760.16	580.69	539.09	39.04	2.56	17.92	0.64	64.61	7.68	0.32	19.20	69.10	62.3
黄龙山	87.96	75.52	54.72	49.60	5.12	0	1.92	0	9.28	2.56	0.32	3.84	2.88	62.2
桥山	112.58	92.78	71.98	69.74	2.24	0	5.76	0	7.68	2.24		3.20	1.92	63.9

续表

林区	合计	林业用地	有林地				疏林地	灌木林地		未成林造林地	苗圃地	无立木林地	宜林地	覆盖率
			小计	乔木林	经济林	竹林		特别灌木	其他灌木					
关山	25.91	19.84	14.40	14.40	0	0	0.96	0	2.56	0.32			1.60	55.6
秦岭	484.88	407.88	314.16	295.60	18.24	0.32	7.68	0.64	29.10	0.96		9.60	45.74	64.9
巴山	221.97	164.14	125.43	109.75	13.44	2.24	1.60	0	15.99	1.60		2.56	16.96	56.5

2. 各类林木蓄积量。五大林区林木总蓄积量 38599.16 万立方米，占全省林木总蓄积量 91.0%。森林蓄积量 36903.57 万立方米，占全省森林蓄积量 93.2%。林木蓄积量中，秦岭林区所占比重最大，占 60.7%；依次为巴山、桥山、黄龙山和关山林区，分别占 16.8%、11.1%、8.4%和 3.0%。五大林区各类林木蓄积量情况见表 1-1-26。

2009 年陕西省五大林区各类林木蓄积量表

表 1-1-26 单位：万立方米、%

林区	活立木		森林		疏林	散生木	四旁树
	蓄积量	比例	蓄积量	比例			
合计	38599.16	100	36903.57	100	214.66	1294.94	185.99
黄龙山	3227.65	8.4	3095.23	8.4	24.49	95.63	12.3
桥山	4295.16	11.1	4108.02	11.2	61.72	111.57	13.85
关山	1163.29	3.0	1116.47	3.0	18.34	23.35	5.13
秦岭	23430.71	60.7	22565.1	61.1	99.74	658.11	107.76
巴山	6482.35	16.8	6018.75	16.3	10.37	406.28	46.95

3. 森林面积和蓄积量。森林面积：五大林区森林面积 581.33 万公顷，其中：乔木林面积 539.09 万公顷，占 92.7%；经济林 39.04 万公顷，占 6.7%；竹林面积 2.56 万公顷，占 0.5%；国家特别规定的灌木林地面积 0.64 万公顷，占 0.1%。

森林面积中，秦岭林区所占比重最大，占 54.1%；依次为巴山、桥山、黄龙山和关山林区，分别 21.6%、12.4%、9.4%和 2.5%。

乔木林面积，秦岭林区乔木林面积所占比重最大，占 54.8%；其次是巴山林区，占 20.4%；桥山、黄龙山、关山林区乔木林所占比重稍高于各自森林面积所占比重。五大林区森林面积情况见表 1-1-27。

2009 年陕西省五大林区森林面积表

表 1-1-27　　单位：万公顷、%

林区	合计		乔木林		经济林		竹林		特别灌木林	
	面积	比例	面积	比例	面积	比例	面积	比例	面积	比例
合计	581.33	100	539.09	100	39.04	100	2.56	100	0.64	100
黄龙山	54.72	9.4	49.6	9.2	5.12	13.1				
桥山	71.98	12.4	69.74	12.9	2.24	5.7				
关山	14.4	2.5	14.4	2.7						
秦岭	314.8	54.1	295.6	54.8	18.24	46.8	0.32	12.5	0.64	100.00
巴山	125.43	21.6	109.75	20.4	13.44	34.4	2.24	87.5		

乔木林面积蓄积量：五大林区乔木林面积 539.09 万公顷，乔木林蓄积量 36903.57 万立方米。乔木林各龄组面积、蓄积量分布情况为：幼、中、近、成、过各龄组面积比重为：23∶30∶17∶17∶13；蓄积量比重为：6∶26∶22∶25∶21。五大林区乔木林各龄组面积蓄积量情况见表 1-1-28。

2009 年陕西省五大林区乔木林各龄组面积蓄积量结构表

表 1-1-28　　单位：万公顷、万立方米、%

林区		合计		幼龄林		中龄林		近熟林		成熟林		过熟林	
		面积	蓄积量	面积	蓄积量	面积	蓄积量	面积	蓄积量	面积	蓄积量	面积	蓄积量
合计	数量	539.09	36903.57	126.99	2313.23	160.61	9519.38	92.47	7922.98	90.53	9325.23	68.79	7822.75
	比例	100	100	23.5	6.3	29.8	25.7	17.1	21.5	16.8	25.3	12.8	21.2
黄龙山	数量	49.6	3095.23	2.56	15.99	11.52	469.33	10.24	654.47	14.4	1012.97	10.88	942.47
	比例	100	100	5.2	0.5	23.3	15.2	20.6	21.1	29.0	32.8	21.9	30.4
桥山	数量	69.74	4108.02	2.56	21.39	11.2	390.65	12.48	540.2	20.47	1319.12	23.03	1836.66
	比例	100	100	3.7	0.5	16.1	9.5	17.9	13.1	29.3	32.2	33.0	44.7
关山	数量	14.4	1116.47	2.24	39.18	2.24	157.58	3.52	321.79	4.8	399.52	1.6	198.4
	比例	100	100	15.6	3.5	15.6	14.1	24.4	28.8	33.3	35.8	11.1	17.8
秦岭	数量	295.6	22565.1	77.74	1523.03	99.17	6417.48	51.83	5429.57	39.02	5134.37	27.84	4060.65
	比例	100	100	26.4	6.7	33.5	28.4	17.5	24.1	13.2	22.8	9.4	18.0
巴山	数量	109.75	6018.75	41.59	713.64	36.48	2084.34	14.4	967.95	11.84	1459.25	5.44	784.57
	比例	100	100	37.9	11.9	33.2	34.6	13.1	16.2	10.8	243	5.0	13.0

乔木林各林种面积．蓄积量分布情况为：用材林、防护林、薪炭林、特用林面积比为：13∶76∶4∶7；蓄积量比为：11∶74∶2∶13。

五大林区均以防护林为主，防护林面积比重在 66%～93%之间，桥山林区防护林面积比重最大，占该林区乔木林面积的 92.6%；防护林蓄积量所占比重在 62%～94%之间，桥山林区防护林蓄积量比重最大，占该林区乔木林蓄积量的 93.8%；五大林区乔木林各林种面积、蓄积量情况详见表 1-1-29。

2009 年陕西省五大林区乔木林各林种面积、蓄积量结构表

表 1-1-29　　　　单位：万公顷、万立方米、%

林区		合计		用材林		防护林		薪炭林		特用林	
		面积	蓄积量	面积	蓄积量	面积	蓄积量	面积	蓄积量	面积	蓄积量
合计	数量	539.09	36903.57	71.67	4262.31	411.75	27106.31	18.56	643.41	37.11	4891.54
	比例	100	100	13.3	11.5	76.4	73.5	3.4	1.7	6.9	13.3
黄龙山	数量	49.6	3095.23	4.48	345.24	40.32	2408.7			4.8	341.29
	比例	100	100	9.0	11.2	81.3	77.8			9.7	11.0
桥山	数量	69.74	4108.02	1.92	62.01	64.62	3853.21			3.2	192.8
	比例	100	100	2.8	1.5	92.6	93.8			4.6	4.7
关山	数量	14.4	1116.47	3.84	353.48	9.6	695.75	0.64	43.24	0.32	24
	比例	100	100	26.7	31.7	66.7	62.3	4.4	3.9	2.2	2.1
秦岭	数量	295.6	22565.1	43.83	2458.86	218.82	15987.45	8.64	363.65	24.31	3755.14
	比例	100	100	14.8	10.9	74.1	70.9	2.9	1.6	8.2	16.6
巴山	数量	109.75	6018.75	17.6	1042.72	78.39	4161.2	9.28	236.52	4.48	578.31
	比例	100	100	16.0	17.3	71.4	69.2	8.5	3.9	4.1	9.6

天然林面积和蓄积量：五大林区天然林面积 477.97 万公顷，天然林蓄积量 35409.48 万立方米。五大林区天然林各龄组面积、蓄积量分布情况为：幼、中、近、成、过各龄组面积比重为：20∶28∶19∶19∶14；幼、中、近、成、过各龄组蓄积量比重为：6∶24∶22∶26∶22。五大林区天然林各龄组面积、蓄积量情况见表 1-1-30。

2009 年陕西省五大林区天然林各龄组面积、蓄积量结构表

表 1-1-30　　　　单位：万公顷、万立方米、%

林区		合计		幼龄林		中龄林		近熟林		成熟林		过熟林	
		面积	蓄积量	面积	蓄积量	面积	蓄积量	面积	蓄积量	面积	蓄积量	面积	蓄积量
合计	数量	477.97	35409.48	95.97	2097.43	133.41	8414.59	90.55	7807.82	89.57	9283.6	68.47	7806.04
	比例	100.0	100.0	20.1	5.9	27.9	23.8	18.9	22.1	18.8	26.2	14.3	22.0
黄龙山	数量	44.8	2967.65	0.64	10.62	8.64	347.12	10.24	654.47	14.4	1012.97	10.88	942.47
	比例	100	100	1.4	0.4	19.3	11.7	22.9	22.1	32.1	34.0	24.30	31.80
桥山	数量	64.94	4037.65	0.64	9.48	8.96	3404.48	12.16	535.15	20.15	1315.88	23.03	1836.66
	比例	100	100	1.0	0.2	13.8	8.4	18.7	13.3	31.0	32.6	35.5	45.5
关山	数量	12.8	1084.07	0.96	32.64	1.92	131.72	3.52	321.79	4.8	399.52	1.6	198.4
	比例	100	100	7.5	3.0	15.0	12.2	27.5	29.7	37.5	36.8	12.5	18.3

续表

林区		合计		幼龄林		中龄林		近熟林		成熟林		过熟林	
		面积	蓄积量	面积	蓄积量	面积	蓄积量	面积	蓄积量	面积	蓄积量	面积	蓄积量
秦岭	数量	265. 2	21932. 96	60. 14	1402. 45	87. 33	5954. 4	51. 19	5397. 8	39. 02	5134. 37	27. 52	4043. 94
	比例	100	100	22. 7	6. 4	32. 9	27. 1	19. 3	24. 6	14. 7	23. 5	10. 4	18. 4
巴山	数量	90. 23	5387. 15	33. 59	642. 24	26. 56	1640. 87	13. 44	898. 61	11. 2	1420. 86	5. 44	784. 57
	比例	100	100	37. 2	11. 9	29. 5	30. 4	14. 9	16. 7	12. 4	26. 4	6. 0	14. 6

五大林区天然林各林种面积、蓄积量分布情况为：用材林、防护林、薪炭林、特用林面积比重为：11∶78∶4∶7；用材林、防护林、薪炭林、特用林蓄积量比重为：10∶74∶2∶14。五大林区均以防护林为主，防护林面积比重在67%～95%之间。五大林区天然林各林种面积蓄积量情况见表1-1-31。

2009年陕西省五大林区天然林各林种面积、蓄积量结构表

表1-1-31　　单位：万公顷、万立方米、%

林区		合计		用材林		防护林		薪炭林		特用林	
		面积	蓄积量	面积	蓄积量	面积	蓄积量	面积	蓄积量	面积	蓄积量
合计	数量	477. 97	35409. 48	54. 71	3643. 02	370. 15	26331. 61	17. 6	616. 56	35. 51	4818. 29
	比例	100	100	11. 4	10. 3	77. 5	74. 4	3. 7	1. 7	7. 4	13. 6
黄龙山	数量	44. 8	2967. 65	3. 52	309. 98	37. 12	2327. 47			4. 16	330. 2
	比例	100	100	7. 9	10. 4	82. 8	78. 5			9. 3	11. 1
桥山	数量	64. 94	4037. 65	0. 64	36. 43	61. 42	3818. 19			2. 88	182. 31
	比例	100	100	1. 0	0. 9	94. 6	94. 6			4. 4	4. 5
关山	数量	12. 8	1084. 07	3. 2	348. 09	8. 64	668. 74	0. 64	43. 24	0. 32	24
	比例	100	100	25. 0	32. 1	67. 5	61. 7	5. 0	4. 0	2. 5	2. 2
秦岭	数量	265. 2	21932. 96	35. 19	2171. 62	198. 02	15693. 58	8	347. 09	23. 99	3720. 67
	比例	100	100	13. 3	9. 9	74. 7	71. 5	3. 0	1. 6	9. 0	17. 0
巴山	数量	90. 23	5387. 15	12. 16	776. 9	64. 95	3822. 91	8. 96	226. 23	4. 16	561. 11
	比例	100	100	13. 5	14. 4	72. 0	71. 0	9. 9	4. 2	4. 6	10. 4

人工林面积和蓄积量：五大林区人工林面积61. 12万公顷，人工林蓄积量1494. 09万立方米。五大林区人工林各龄组分布情况为：幼、中、近、成、过各龄组面积比重为：50∶44∶3∶2∶1；幼、中、近、成、过各龄组蓄积量比重为：14∶74∶8∶3∶1。五大林区各龄组面积、蓄积量均以幼、中龄林为主。各林区人工林各龄组面积、蓄积量情况见表1-1-32。

2009 年陕西省五大林区人工林各龄组面积、蓄积量结构表

表 1-1-32　　　　单位：万公顷、万立方米、%

林区		合计		幼龄林		中龄林		近熟林		成熟林		过熟林	
		面积	蓄积量	面积	蓄积量	面积	蓄积量	面积	蓄积量	面积	蓄积量	面积	蓄积量
合计	数量	61. 12	1494. 09	30. 72	215. 8	27. 2	1104. 79	1. 92	115. 16	0. 96	41. 63	0. 32	16. 71
	比例	100. 0	100. 0	50. 3	14. 5	44. 5	73. 9	3. 1	7. 7	1. 6	2. 8	0. 5	1. 1
黄龙山	数量	4. 8	127. 58	1. 92	5. 37	2. 88	122. 21						
	比例	100	100	40. 0	4. 2	60.	95. 8						
桥山	数量	4. 8	70. 37	1. 92	11. 91	2. 24	50. 17	0. 32	5. 05	0. 32	3. 24		
	比例	100	100	40. 0	16. 9	46. 6	71. 3	6. 7	7. 2	6. 7	4. 6		
关山	数量	1. 6	32. 4	1. 28	6. 54	0. 32	25. 86						
	比例	100	100	80. 0	20. 2	20. 0	79. 8						
秦岭	数量	30. 4	632. 14	17. 6	120. 58	11. 84	463. 08	0. 64	31. 77			0. 32	16. 71
	比例	100	100	57. 9	19. 1	38. 9	73. 3	2. 1	5. 0			1. 1	2. 6
巴山	数量	19. 52	631. 6	8	71. 4	9. 92	443. 47	0. 96	78. 34	0. 64	38. 39		
	比例	100	10041. 0	11. 3	50. 8	70. 2	4. 9	12. 4	3. 3	6. 1			

五大林区人工林各林种面积、蓄积量分布情况为：用材林、防护林、薪炭林、特用林面积比重为：28 ∶ 68 ∶ 1 ∶ 3；蓄积量比重为：41 ∶ 52 ∶ 2 ∶ 5。

五大林区均以防护林所占比重较大，防护林面积比重在 60%～69%之间；其次是用材林，各林区用材林面积所占比重在 20%～40%之间。除关山林区无特用林外，其他林区特用林所占比重在 1%～13%之间，其中黄龙山林区特用林面积相对较大，占该林区人工林面积 13. 3%；薪炭林所占比重最小。防护林蓄积量所占比重较大，在 46%～83%之间，关山林区防护林蓄积量比重最大，占该林区人工林蓄积量的 83. 4%；各林区用材林蓄积量所占比重在 16%～45%之间；除关山林区外，各林区特用林蓄积量所占比例在 2%～15%之间；薪炭林蓄积量所占比重最小。五大林区人工林各林种面积、蓄积量情况见表 1-1-33。

2009 年陕西省五大林区人工林各林种面积、蓄积量结构表

表 1-1-33　　　　单位：万公顷、万立方米、%

林区		合计		用材林		防护林		薪炭林		特用林	
		面积	蓄积量	面积	蓄积量	面积	蓄积量	面积	蓄积量	面积	蓄积量
合计	数量	61. 12	1494. 09	16. 96	619. 29	41. 6	774. 7	0. 96	26. 85	1. 6	73. 25
	比例	100	100	27. 7	41. 4	68. 1	51. 9	1. 6	1. 8	2. 6	4. 9
黄龙山	数量	4. 8	127. 58	0. 96	35. 26	3. 2	81. 23			0. 64	11. 09
	比例	100	100	20. 0	27. 6	66. 7	63. 7			13. 3	8. 7

续表

林区		合计		用材林		防护林		薪炭林		特用林	
		面积	蓄积量	面积	蓄积量	面积	蓄积量	面积	蓄积量	面积	蓄积量
桥山	数量	4.8	70.37	1.28	25.58	3.2	34.3			0.32	10.49
	比例	100	100	26.7	36.4	66.6	48.7			6.7	14.9
关山	数量	1.6	32.4	0.64	5.39	0.96	27.01				
	比例	100	100	40.0	16.6	60.0	83.4				
秦岭	数量	30.4	632.14	8.64	287.24	20.8	293.87	0.64	16.56	0.32	34.47
	比例	100	100	28.4	45.4	68.4	46.5	2.1	2.6	1.1	5.5
巴山	数量	19.52	631.6	5.44	265.82	13.44	338.29	0.32	10.29	0.32	17.2
	比例	100	100	27.9	42.1	68.9	53.6	1.6	1.6	1.6	2.7

三、陕西省各行政区域森林分布情况

全省设榆林、延安、铜川、宝鸡、咸阳、西安、渭南、汉中、安康、商洛10个市和一个杨凌农业高新技术产业示范区(以下简称杨凌示范区)。其中：陕西省林业厅直属管辖的陕西省宁西、太白山、宁东、汉西、龙草坪、长青6个林业局(以下简称：宁西局、太白局、宁东局、汉西局、龙草坪局、长青局)和太白、佛坪、长青、牛背梁4个国家级自然保护区(以下简称太白山保护区、佛坪保护区、长青保护区、牛背梁保护区)以及陕西省楼观台实验林场(以下简称楼观台林场)，分布在安康市、汉中市、宝鸡市和西安市。

全省各市森林资源分布以2009年森林资源连续清查结果为依据，森林资源按行政区域统计时，省直单位森林资源单列统计，未纳入其所在的行政辖区。杨凌农业高新技术产业示范区由于范围太小纳入咸阳市计算。

由于各市森林资源数据采用省级固定样地与各市加密后的固定样地一起计算，因此，各市统计数据合计值与省级样地计算的全省数据有一些出入。同时，由于各市森林资源差异较大，特别是榆林、咸阳、渭南属于少林地区，又没有加密样地，调查精度较低，但基本可以反映出该地区森林资源的状况。

1. 各类林地面积。林地面积中，延安市面积最大，占全省林地面积的20.4%；其次是汉中市、榆林市、安康市和商洛市所占比重较大，分别占全省林地面积的14.8%、14.5%、13.1%和12.3%；其他市所占比重均在8%以下。

有林地面积中，汉中市、延安市、安康市和商洛市在全省所占比重较大，分别占全省有林地面积的19.0%、18.5%、16.4%和12.8%；宝鸡市占8.6%、省直占6.3%、西安市占4.5%、渭南市占4.3%、咸阳市占4.2%、榆林市占3.9%、铜川市占1.5%。森林覆盖率省直系统最大，为93.39%；安康市、汉中市和商洛市，分别为58.39%、56.58%和50.64%；宝鸡市40.23%，延安市、西安市和咸阳市在30%以上，铜川市、榆林市和渭南市在25%以上。各市各类林地面积情况见表1-1-34。

2009 年陕西省全省各市各类林地面积表

表 1-1-34　　单位：万公顷、%

区域	总面积	林业用地面积	有林地				疏林地	灌木林地		未成林造林地	苗圃地	无立木林地	宜林地	覆盖率
			小计	乔木林	经济林	竹林		特别灌木	其他灌木					
榆林市	429.86	179.77	30.07	12.8	17.27		1.28	83.16	4.48	3.52		6.4	50.86	26.34
延安市	371.97	251.99	142.73	120.61	22.12		9.51	0.26	30.59	19.8	0.26	29.57	19.27	38.44
铜川市	38.06	21.12	11.33	9.27	2.06		0.26		5.66	0.52		1.55	1.8	29.77
宝鸡市	164.4	98.67	66.13	62.53	3.6		2.56		12.55	1.54		2.57	13.32	40.23
咸阳市	102.67	44.53	32.76	11.78	20.98		0.96		3.18	2.86		3.5	1.27	31.91
西安市	93.08	45.08	34.69	31.14	3.55		1.27	0.25	6.09	0.76		0.76	1.26	37.54
渭南市	132.73	47.67	33.59	11.2	22.39		0.32	0.32	7.68	1.28		2.88	1.6	25.55
汉中市	261.31	182.49	146.84	134.39	11.43	1.02	2.55	1.01	16.82	1.01		1.27	12.99	56.58
安康市	217.17	161.85	126.8	112.87	12.64	1.29	3.1		9.79	1.29		3.1	17.77	58.39
商洛市	195.74	152.37	99.12	90.41	8.45	0.26	3.33		11.52	0.77		5.13	32.5	50.64
省直	52.78	51.4	49.03	49.03				0.26	0.53			1.06	0.52	93.39

2. 各类林木蓄积量。林木蓄积量中，汉中市在全省所占比重最大，占全省林木总蓄积量的 21.0%；省直系统、延安市、安康市和宝鸡市，分别占 16.2%、15.7%、14.1% 和 12.1%；其他依次为商洛市、西安市、渭南市、咸阳市、铜川市和榆林市。各市各类林木蓄积量情况详见表 1-1-35。

2009 年陕西省全省各市各类林木蓄积量表

表 1-1-35　　单位：万立方米、%

区域	活立木		森林		疏林	散生木	四旁树
	蓄积量	比例	蓄积量	比例			
榆林市	518.95	1.2	302.41	0.7	28.6	87.81	100.13
延安市	6797.82	15.7	6454.27	15.9	123.91	202.2	17.44
铜川市	530.31	1.2	461.78	1.1	3.04	43.91	21.58
宝鸡市	5256.94	12.1	4802.79	11.8	55.34	268.8	130.01
咸阳市	571.69	1.3	521.08	1.3	1.34	9.4	39.87
西安市	3086.79	7.1	2822.37	7.0	29.12	34.26	201.04
渭南市	635.16	1.5	493.01	1.2	0.11	28.4	113.64
汉中市	9139	21.0	8740.9	21.6	45.83	299.66	52.61
安康市	6122.86	14.1	5607.9	13.8	28.87	379.58	106.51
商洛市	3730.37	8.6	3400.01	8.4	15.74	230.87	83.75
省直	7038.86	0.162	6989.31	0.172		48.45	1.1

3. 森林面积和蓄积量。森林面积：汉中市在全省所占比重最大，占 17.2%；其次是延安市、安康市、榆林市和商洛市，分别占 16.7%、14.8%、13.2%和 11.5%；依次为宝鸡市、省直系统、、西安市、渭南市、咸阳市和铜川市。乔木林面积中，汉中市在全省所占比重最大，占 20.8%；其次是延安市、安康市和商洛市，分别占 18.7%、17.5%和 14.0%；依次为宝鸡市、省直系统、西安市、榆林市、咸阳市、渭南市和铜川市。国家特别规定灌木林地面积中，榆林市在全省所占比重最大，占 97.8%；依次为汉中市、渭南市、延安市和西安市。各市森林面积情况详见表 1-1-36。

2009 年陕西省全省各市森林面积情况表

表 1-1-36　　单位：万公顷、%

区域	森林		乔木林		经济林		竹林		特别灌木林	
	面积	比例	面积	比例	面积	比例	面积	比例	面积	比例
榆林市	113.23	13.2	12.8	2.0	17.27	13.8			83.16	97.8
延安市	142.99	16.7	120.61	18.7	22.12	17.7			0.26	0.3
铜川市	11.33	1.3	9.27	1.4	2.06	1.7				
宝鸡市	66.13	7.7	62.53	9.7	3.6	2.9				
咸阳市	32.76	3.8	11.78	1.8	20.98	16.8				
西安市	34.94	4.1	31.14	4.8	3.55	2.9			0.25	0.3
渭南市	33.91	4.0	11.2	1.7	22.39	18.0			0.32	0.4
汉中市	147.85	17.2	134.39	20.8	11.43	9.2	1.02	36.0	1.01	1.2
安康市	126.8	14.8	112.87	17.5	12.64	10.2	1.29	45.6		
商洛市	99.12	11.5	90.41	14.0	8.45	6.8	0.26	9.2		
省直	49.29	5.7	49.03	7.6			0.26	9.2		

乔木林面积和蓄积量：各市乔木林各龄组面积、蓄积量，除省直系统、延安市和西安市外，其他市幼、中龄林面积均接近或大于 50%，其中：商洛市幼、中龄林面积所占比重最大，占 90.3%；延安市和省直系统成过熟林面积所占比重较大，分别占 51.6%和 50.0%；其次是西安市和咸阳市，成过熟林面积分别占 45.6%和 40.5%。

乔木林各龄组蓄积量中，省直系统以近、成、过熟林为主，占 83.3%；榆林市和延安市以成、过熟林为主，分别占 82.3%和 68.9%；铜川市、宝鸡市和西安市以成熟林与中龄林为主，铜川市成熟林与中龄林分别占 36.6%和 24.6%，宝鸡市成熟林与中龄林分别占 32.1%和 25.5%，西安市成熟林与中龄林分别占 37.7%和 22.6%；渭南市、汉中市和安康市以中龄林和近熟林为主，渭南市分别占 40.6%和 42.1%，汉中市分别占 36.5%和 23.3%，安康市分别占 43.5%和 22.0%；商洛市以中龄林和幼龄林为主，分别占 56.7%和 21.4%。各市乔木林各龄组面积蓄积量情况详见表 1-1-37。

2009 年陕西省各市乔木林各龄组面积、蓄积量结构表

表 1-1-37　　　　　　　　　　　　　　　　　　　　　　单位：万公顷、万立方米、%

区域	合计		幼龄林		中龄林		近熟林		成熟林		过熟林	
	面积	蓄积量	面积	蓄积量	面积	蓄积量	面积	蓄积量	面积	蓄积量	面积	蓄积量
榆林市	12.8	302.41	5.44	1.18	0.96	29.48	0.64	22.95	1.6	69.84	4.16	178.96
比例	100	100	42.5	0.4	7.5	9.7	5.0	7.6	12.5	23.1	32.5	59.2
延安市	120.61	6454.27	14.41	50.2	21.09	775.48	22.89	1178.19	33.43	2148.22	28.79	2302.18
比例	100	100	11.9	0.8	17.5	12.0	19.0	18.3	27.7	33.3	23.9	35.6
铜川市	9.27	461.78	2.06	23.41	3.09	113.82	1.55	91.86	2.06	169	0.51	63.69
比例	100	100	22.3	5.1	33.3	24.6	16.7	19.9	22.2	36.6	5.5	13.8
宝鸡市	62.53	4802.79	13.33	191.83	16.65	1225.67	11.28	948.01	13.84	1539.46	7.43	897.82
比例	100	100	21.4	4.0	26.6	25.5	18.0	19.7	22.1	32.1	11.9	18.7
咸阳市	11.78	521.08	1.9	13.08	3.83	111.79	1.28	68.57	1.27	84.3	3.5	243.34
比例	100	100	16.1	2.5	32.5	21.5	10.9	13.2	10.8	16.2	29.7	46.6
西安市	31.14	2822.37	4.53	92.57	8.87	638.58	3.54	420.44	9.12	1064.16	5.08	606.62
比例	100	100	14.5	3.3	28.5	22.6	11.4	14.9	29.3	37.7	16.3	21.5
渭南市	11.2	493.01	4.8	85.24	3.84	199.95	2.56	207.82	0	0	0	0
比例	100	100	42.8	17.3	34.3	40.6	22.9	42.1				
汉中市	134.39	8740.9	44.3	1075.37	49.14	3189.56	21.88	2037.01	10.68	1300.38	8.39	1138.58
比例	100	100	33.0	12.3	36.6	36.5	16.3	23.3	7.9	14.9	6.2	13.0
安康市	112.87	5607.9	51.5	824.64	38.14	2439.52	13.94	1235.57	8	918.07	1.29	190.1
比例	100	100	45.6	14.7	33.8	43.5	12.4	22.0	7.1	16.4	1.1	3.4
商洛市	90.41	3400.01	38.93	727.8	42.75	1928.7	6.67	452.01	1.54	202.4	0.52	89.1
比例	100	100	43.0	21.4	47.3	56.7	7.4	13.3	1.7	6.0	0.6	2.6
省直	49.03	6989.31	1.57	63.2	9.76	1104.47	13.18	1818.48	12.66	1907.54	11.86	2095.62
比例	100	100	3.2	0.9	19.9	15.8	26.9	26.0	25.8	27.3	24.2	30.0

各市乔木林各林种面积、蓄积量：乔木林各林种面积中，防护林所占比重大，均占到 62%以上，其中：咸阳市和渭南市占到 91%以上，延安市和铜川市占到 86%以上，商洛市、安康市和宝鸡市占到 71%以上。省直系统特用林面积最大。

乔木林各林种蓄积量中，除榆林市用材林蓄积量占 57.3%，稍大于防护林蓄积量 42.7%以外，其余各市均为防护林蓄积量所占比重大，均占到 60%以上。各市乔木林各林种面积、蓄积量情况见表 1-1-38。

2009年陕西省各市乔木林各林种面积、蓄积量结构表

表1-1-38　　　　单位：万公顷、万立方米、%

区域	合计		用材林		防护林		薪炭林		特用林	
	面积	蓄积量	面积	蓄积量	面积	蓄积量	面积	蓄积量	面积	蓄积量
榆林市	12.8	302.41	4.8	173.22	8	129.19				
比例	100	100	37.5	57.3	62.5	42.7				
延安市	120.61	6454.27	5.92	447.75	106.71	5424.76			7.98	581.76
比例	100	100	4.9	6.9	88.5	84.1			6.6	9.0
铜川市	9.27	461.78	1.29	29.59	7.98	432.19				
比例	100	100	13.9	6.4	86.1	93.6				
宝鸡市	62.53	4802.79	14.57	998.3	44.86	3452.04	1.29	147.82	1.81	204.63
比例	100	100	23.3	20.8	71.7	71.8	2.1	3.1	2.9	4.3
咸阳市	11.78	521.08			11.46	511.38			0.32	9.7
比例	100	100			97.3	98.1			2.7	1.9
西安市	31.14	2822.37	2.25	155.48	21.53	1706.53			7.36	960.36
比例	100	100	7.2	5.5	69.2	60.5			23.6	34.0
渭南市	11.2	493.01	0.96	19.42	10.24	473.59				
比例	100	100	8.6	3.9	91.4	96.1				
汉中市	134.39	8740.9	31.53	1582.9	90.7	6370.5	7.37	222.79	4.79	564.71
比例	100	100	23.5	18.1	67.4	72.9	5.5	2.5	3.6	6.5
安康市	112.87	5607.9	10.56	690.29	82.7	4102.26	17.02	443.67	2.59	371.68
比例	100	100	9.4	12.3	73.2	73.2	15.1	7.9	2.3	6.6
商洛市	90.41	3400.01	20.49	817.82	67.36	2481.1	2.3	82.99	0.26	18.1
比例	100	100	22.7	24.1	74.5	73.0	2.5	2.4	0.3	0.5
省直	49.03	6989.31	1.83	342.07	32.96	4242.92	0.26	12.18	13.98	2392.14
比例	100	100	3.7	4.9	67.3	60.7	0.5	0.2	28.5	34.2

天然乔木林面积和蓄积量。各市天然乔木林各龄组面积和蓄积量：天然乔木林各龄组面积中，商洛市、安康市、渭南市和汉中市幼、中龄林面积所占比重大；铜川市以中龄林为主；咸阳市以过熟林为主；西安市中龄林和成熟林所占比重较大；宝鸡市和省直系统各龄组分布比较均匀。

天然乔木林各龄组蓄积量中，商洛市幼、中龄林蓄积量所占比重大；渭南市、安康市和汉中市中龄林和近熟林蓄积量所占比重大；延安市和西安市成、过熟林蓄积量所占比重大；铜川市中龄林和成熟林所占比重较大；咸阳市以过熟林为主；宝鸡市和省直系统各龄组蓄积量分布比较均匀。各市天然乔木林各龄组面积蓄积量情况见表1-1-39。

2009 年陕西省各市天然乔木林各龄组面积、蓄积量结构表

表 1-1-39　　　　单位：万公顷、万立方米、%

区域	合计		幼龄林		中龄林		近熟林		成熟林		过熟林	
	面积	蓄积量	面积	蓄积量	面积	蓄积量	面积	蓄积量	面积	蓄积量	面积	蓄积量
榆林市	0.64	5.33	0.32						0.32	5.33		
比例	100	100	50.0						50.0	100.0		
延安市	98.74	6079.69	1.03	12.51	15.18	566.19	22.12	1118.48	31.88	2087.74	28.53	2294.77
比例	100	100	1.0	0.2	15.4	9.3	22.4	18.4	32.3	34.3	28.9	37.8
铜川市	5.66	347.71	0.77	14.29	2.32	93.59	0.52	48.49	1.54	127.65	0.51	63.69
比例	100	100	13.6	4.1	41.0	26.9	9.2	13.9	27.2	36.8	9.0	18.3
宝鸡市	48.96	4497.44	4.62	136.42	13.59	1070.49	10.25	905	13.33	1503.53	7.17	882
比例	100	100	9.4	3.0	27.9	23.8	20.9	20.1	27.2	33.5	14.6	19.6
咸阳市	6.05	400.84			1.28	69.59	0.64	39.96	0.95	75.15	3.18	216.14
比例	100	100			21.1	17.4	10.6	10.0	15.7	18.7	52.6	53.9
西安市	28.12	2707.71	3.28	68.45	7.86	582.18	3.29	406.62	8.61	1043.84	5.08	606.62
比例	100	100	11.7	2.5	28.0	21.5	11.7	15.0	30.5	38.6	18.1	22.4
渭南市	6.72	388.34	1.92	49.01	2.88	180.45	1.92	158.88				
比例	100	100	28.6	12.6	42.8	46.5	28.6	40.9				
汉中市	108.95	7908.07	31.83	916.44	36.42	2528.98	21.88	2037.01	10.68	1300.38	8.14	1125.26
比例	100	100	29.2	11.6	33.4	32.0	20.1	25.8	9.8	16.4	7.5	14.2
安康市	97.42	5191.82	43.28	747.83	32.21	2194.27	13.16	1172.47	7.48	887.15	1.29	190.1
比例	100	100	44.5	14.4	33.0	42.2	13.5	22.6	7.7	17.1	1.3	3.7
商洛市	75.02	3060.72	31.74	694.19	35.07	1655.38	6.15	419.65	1.54	202.4	0.52	89.1
比例	100	100	42.3	22.7	46.7	54.1	8.2	13.7	2.1	6.6	0.7	2.9
省直	48.51	6949.47	1.31	51.8	9.5	1076.03	13.18	1818.48	12.66	1907.54	11.86	2095.62
比例	100	100	2.7	0.7	19.6	15.5	27.2	26.2	26.1	27.4	24.4	30.2

各市天然乔木林各林种面积和蓄积量：天然乔木林各林种面积中，除榆林市防护林面积占 50%外，其余各市防护林面积所占比重均在 68%以上；特用林省直系统和西安市所占比重相对较大；用材林榆林市、商洛市、汉中市和宝鸡市所占比重相对较大。

天然乔木林各林种蓄积量中，各市防护林蓄积量所占比重都在 59%以上；特用林省直系统和西安市所占比重相对较大；用材林榆林市、商洛市、宝鸡市和汉中市所占比重相对较大。各市天然乔木林各林种面积、蓄积量情况见表 1-1-40。

2009 年陕西省各市天然乔木林各林种面积、蓄积量结构表

表 1-1-40　　　　单位：万公顷、万立方米、%

区域	合计		用材林		防护林		薪炭林		特用林	
	面积	蓄积量	面积	蓄积量	面积	蓄积量	面积	蓄积量	面积	蓄积量
榆林市	0.64	5.33	0.32	5.33	0.32					
比例	100	100	50.0	100.0	50.0					
延安市	98.74	6079.9	4.63	368.79	87.16	5176.32			6.95	534.58
比例	100	100	4.7	6.1	88.3	85.1			7.0	8.8
铜川市	5.66	347.71			5.66	347.71				
比例	100	100			100.0	100.0				
宝鸡市	48.96	4497.44	8.19	841.74	37.93	3315.02	1.29	147.82	1.55	192.86
比例	100	100	16.8	18.7	77.4	73.7	2.6	3.3	3.2	4.3
咸阳市	6.05	400.84			6.05	400.84				
比例	100	100			100.0	100.0				
西安市	28.12	2707.71	1.25	129.59	19.51	1617.76			7.36	960.36
比例	100	100	4.4	4.8	69.4	59.7			26.2	35.5
渭南市	6.72	388.34			6.72	388.34				
比例	100	100			100.0	100.0				
汉中市	108.95	7908.07	22.91	1164.57	74.63	6014.28	7.12	209.59	4.29	519.63
比例	100	100	21.1	14.7	68.5	76.0	6.5	2.7	3.9	6.6
安康市	97.42	5191.82	7.22	544.26	70.85	3840.5	16.76	435.38	2.59	371.68
比例	100	100	7.4	10.5	72.7	73.9	17.2	8.4	2.7	7.2
商洛市	75.02	3060.72	16.38	692.42	56.34	2267.21	2.04	82.99	0.26	18.1
比例	100	100	21.8	22.6	75.2	74.1	2.7	2.7	0.3	0.6
省直	48.51	6949.47	1.57	330.67	32.96	4242.92	0.26	12.18	13.72	2363.7
比例	100	100	3.2	4.8	68.0	61.0	0.5	0.2	28.3	34.0

各市人工乔木林面积和蓄积量：各市人工乔木林各龄组面积、蓄积量，人工乔木林各龄组面积中，以幼、中龄林为主；人工乔木林各龄组蓄积量中，商洛市、汉中市、省直系统、安康市、延安市、宝鸡市、西安市中龄林蓄积量所占比重较大，榆林市过熟林蓄积量比重较大，铜川市近、成熟林蓄积量所占比重较大，咸阳市中龄林和近熟林所占比重较大，渭南市幼龄林和近熟林所占比重较大，各市人工乔木林各龄组面积、蓄积量情况见表 1-1-41。

2009年陕西省各市人工乔木林各龄组面积、蓄积量结构表

表1-1-41　　　　单位：万公顷、万立方米、%

区域	合计		幼龄林		中龄林		近熟林		成熟林		过熟林	
	面积	蓄积量	面积	蓄积量	面积	蓄积量	面积	蓄积量	面积	蓄积量	面积	蓄积量
榆林市	12.16	297.08	5.12	1.18	0.96	29.48	0.64	22.95	1.28	64.51	4.16	178.96
比例	100	100	42.1	0.4	7.9	9.9	5.3	7.7	10.5	21.7	34.2	60.3
延安市	21.87	374.58	13.38	37.69	5.91	209.29	0.77	59.71	1.55	60.48	0.26	7.41
比例	100	100	61.2	10.1	27.0	55.9	3.5	15.9	7.1	16.1	1.2	2.0
铜川市	3.61	114.07	1.29	9.12	0.77	20.23	1.03	43.37	0.52	41.35		
比例	100	100	35.8	8.0	21.3	17.7	28.5	38.0	14.4	36.3		
宝鸡市	13.57	305.35	8.71	55.41	3.06	155.18	1.03	43.01	0.51	35.93	0.26	15.82
比例	100	100	64.2	18.1	22.5	50.8	7.6	14.1	3.8	11.8	1.9	5.2
咸阳市	5.73	120.24	1.9	13.08	2.55	42.2	0.64	28.61	0.32	9.15	0.32	27.2
比例	100	100	33.1	10.9	44.5	35.1	11.2	23.8	5.6	7.6	5.6	22.6
西安市	3.02	114.66	1.25	24.12	1.01	56.4	0.25	13.82	0.51	20.32		
比例	100	100	41.4	21.0	33.4	49.2	8.3	12.1	16.9	17.7		
渭南市	4.48	104.67	2.88	36.23	0.96	19.5	0.64	48.94				
比例	100	100	64.3	34.6	21.4	18.6	14.3	46.8				
汉中市	25.44	832.83	12.47	158.93	12.72	660.58					0.25	13.32
比例	100	100	49.0	19.1	50.0	79.3					1.0	1.6
安康市	15.45	416.08	8.22	76.81	5.93	245.25	0.78	63.1	0.52	30.92		
比例	100	100	53.2	18.5	38.4	58.9	5.0	15.2	3.4	7.4		
商洛市	15.39	339.29	7.19	33.61	7.68	273.32	0.52	32.36				
比例	100	100	46.7	9.9	49.9	80.6	3.4	9.5				
省直	0.52	39.84	0.26	11.4	0.26	28.44						
比例	100	100	50.0	28.6	50.0	71.4						

各市人工乔木林各林种面积、蓄积量：人工乔木林各林种面积和蓄积量中，总体上防护林所占比重较大，其次是用材林。省直系统特用林面积和蓄积量所占比重大。各市人工乔木林各林种面积、蓄积量情况见表1-1-42。

2009年陕西省各市人工乔木林各林种面积、蓄积量结构表

表1-1-42　　单位：万公顷、万立方米、%

区域	合计		用材林		防护林		薪炭林		特用林	
	面积	蓄积量	面积	蓄积量	面积	蓄积量	面积	蓄积量	面积	蓄积量
榆林市	12.16	297.08	4.48	167.89	7.68	129.19				
比例	100	100	36.8	56.5	63.2	43.5				
延安市	21.87	374.58	1.29	78.96	19.55	248.44			1.03	47.18
比例	100	100	5.9	21.1	89.4	66.3			4.7	12.6
铜川市	3.61	114.07	1.29	29.59	2.32	84.48				
比例	100	100	35.7	25.9	64.3	74.1				
宝鸡市	13.57	305.35	6.38	156.56	6.93	137.02			0.26	11.77
比例	100	100	47.0	51.3	51.1	44.8			1.9	3.9
咸阳市	5.73	120.24			5.41	110.54			0.32	9.7
比例	100	100			94.4	91.9			5.6	8.1
西安市	3.02	114.66	1	25.89	2.02	88.77				
比例	100	100	33.0	22.6	67.0	77.4				
渭南市	4.48	104.67	0.96	19.42	3.52	85.25				
比例	100	100	21.4	18.6	78.6	81.4				
汉中市	25.44	832.83	8.62	418.33	16.07	356.22	0.25	13.2	0.5	45.08
比例	100	100	33.9	50.2	63.1	42.8	1.0	1.6	2.0	5.4
安康市	15.45	416.08	3.34	146.03	11.85	261.76	0.26	8.29		
比例	100	100	21.6	35.1	76.7	62.9	1.7	2.0		
商洛市	15.39	339.29	4.11	125.4	11.02	213.89	0.26			
比例	100	100	26.7	37.0	71.6	63.0	1.7			
省直	0.52	39.84	0.26	11.4					0.26	28.44
比例	100	100	50.0	28.6					50.0	71.4

第四节　森林特点

一、森林资源相对丰富

陕西省森林资源相对丰富，森林覆盖率位于西北五省份之首。2009年，森林面积853.24万公顷，森林覆盖率41.42%，而位于西北地区的甘肃、青海、宁夏、新疆四省份，森林覆盖率均小于11%；全省林木总蓄积量42416.05万立方米，森林蓄积量39592.52万立方米，而位于西北地区的甘肃、青海、宁夏、新疆四省份中，属新疆自治区蓄积量最大，林木总蓄积量 33.9 万立方米，森林蓄积量仅 30.1 万立方米。根据第七次全国森林资源清查，陕西省森林面积居全国第 10 位，森林蓄积量居全国第 11 位。人均占有森林面积 0.226 公顷，高于全国人均 0.145 公顷的水平；人均占有蓄积量 10.496 立方米，与全国人均 10.151 立方米基本持平。但与世界人均面积 0.624 公顷、人均蓄积量 68.542 立方米相比，陕西省的水平还是比较低的。

二、森林资源分布不均

按地理区域分布：森林资源主要分布在桥山、黄龙山、关山、秦岭、巴山五大林区。五大林区总面积占全省 45.3%，有林地面积占全省 75.5%，森林蓄积量占全省 93.2%。按行政区域分布：有林地面积和蓄积量最大的 3 个市为：汉中、延安、安康。3 个市总面积约占全省总面积的 41%，有林地面积占全省的 53.9%，其中：汉中占 19.0%，延安占 18.5%，安康约占 16.4%；森林蓄积量约占全省的 51.3%，其中：汉中占 21.6%，延安占 15.9%，安康占 13.8%。

三、集体林面积比重大

陕西省集体林面积、蓄积量分别占全省森林面积、蓄积量的 68.9%和 43.3%，平均每公顷蓄积量 44.34 立方米；国有林面积、蓄积量分别占全省森林面积、蓄积量的 31.1%和 56.7%，平均每公顷蓄积量 88.86 立方米。国有林的森林质量好于集体的森林质量。

四、天然林比重大

全省乔木林面积 639.26 万公顷，乔木林蓄积量 39592.52 万立方米。其中：天然乔木林面积 520.64 万公顷，占 81.4%；天然乔木林蓄积量 36780.38 万立方米，占 92.9%。

五、阔叶林比重大

乔木林以阔叶林为主，面积、蓄积量分别占乔木林的 81.39%和 83.05%。其中栎类林最多，其面积、蓄积量分别占阔叶林的 50.78%和 53.07%。针叶林面积、蓄积量分别占乔木林的 18.21%和 16.38%。其中油松最多，其面积、蓄积量分别占针叶林的 47.52%和 43.37%。针阔混交林面积、蓄积量分别占乔木林的 0.40%和 0.57%。

六、生态公益林比重大

全省乔木林中，公益林面积占 80.8%，商品林面积占 19.2%；生态公益林蓄积量占 84.9%，商品林蓄积量占 15.1%。按照陕西林业发展的实际情况，公益林与商品林比重保待在 6∶4 左右比较合理，可见现有公益林面积过大。

七、宜林地面积较大

从 2009 的年统计结果可以看出，全省宜林地及无立木林地面积占到林地面积的 17%，也就是说，林地中尚有 17%的面积需要绿化，全省开展工程造林，扩大森林资源拥有比较允足的土地资源。

八、森林质量有待提高

全省乔木林每公顷蓄积量 61.93 立方米，低于全国每公顷 85.88 立方米的水平，仅相当于全国平均值的 72.1%。人工乔木林每公顷蓄积量 23.71 立方米，低于全国每公顷 49.01 立方米的水平，仅相当于全国平均值的 48.4%。全省乔木林平均胸径 13.8 厘米，略高于全国 13.3 厘米。可见，陕西省森林资源单位面积蓄积量小，胸径小，高度低，密度偏大，林地生产力低，林分质量有待提高。

虽然陕西省森林资源相对比较丰富，但总体上讲，全省森林资源还存在总量不足、分布不均、质量不高、结构不合理的实际现状。森林资源现状与改善生态环境、减少自然灾害、保护生物多样性、保障可持续发展的要求还很不适应，离实现生态良好还有很大距离。

第二章　野生植物资源

第一节　分布概况

一、陕北毛乌素沙地南部防风固沙区

1. 地理位置。本区位于陕西省最北部，毛乌素沙地南缘。地理坐标介于东经 107°15′00″~110°51′44″、北纬 36°48′52″~39°28′48″之间。西连宁夏、甘肃，东及南与陕北黄土丘陵沟壑区接壤，北靠内蒙古自治区。东西长约 295 千米，南北宽约 295 千米。

2. 界线走向。西界为陕宁、陕甘省界；北界为陕蒙省界；南界西起定边县与省界交点，向东沿定边县、靖边县、横山县、榆阳区南界，向东北方向至神木县西界，在神木县内沿乔岔乡、解家堡乡、神木镇南界至东边县界；东界：接南界沿神木、府谷县界北上至陕蒙省界。

3. 范围。本区涉及榆林市的 5 个县(区)和米脂县飞地，101 个乡(镇)。总面积 2865135 公顷。占全省土地总面积的 13.92%。具体行政范围见表 1-2-1。

陕西省陕北毛乌素沙地南部防风固沙区范围表

表 1-2-1

市	县(区)		
	完整县(区)	部分县(区)	部分县所含的乡(镇)
榆林市	定边县、靖边县、横山县、榆阳区	神木县	大柳塔镇、中鸡镇、尔林兔镇、锦界镇、孙家岔镇、店塔镇、麻家塔乡、神木镇、解家堡乡、高家堡镇、大保当镇、乔岔滩乡
		米脂县(飞地)	郭兴庄乡飞地

4. 植被。本区属温带草原植被带，温带典型草原亚带，沙生植被占主要地位。在固定、半固定沙地上，广泛分布着沙蒿、沙米、沙竹、甘草、苦参、大针茅、沙柳、乌柳、臭柏等草灌植被；在滩地和河道两旁有盐生和水生植被生长，如盐爪爪、盐蓬、芨芨草、芦草、水葱、香蒲等；在黄土埂梁地上生长有柠条、狗尾草、茵陈蒿、地椒、本氏羽茅、羊厌厌等。人工栽培的乔灌木有：旱柳、白榆、杨树、沙枣、柽柳、樟子松、紫穗槐、花棒、踏郎、沙柳、柠条、沙棘等；草本有沙打旺、草木犀等。

5. 重点保护野生植物。本区国家Ⅱ级保护野生植物有蒙古冰草、野大豆 2 种，陕西

省重点保护野生植物有臭柏等 3 种。详见表 1-2-2。

2010 年陕西省重点保护野生植物分布表

表 1-2-2

中文名	保护级别	核心分布区
蒙古冰草	国家Ⅱ级	横山县、靖边县、榆阳区
野大豆	国家Ⅱ级	榆阳区
臭柏	省重点	榆阳区、横山县、神木县
蒙古莶菊	省重点	靖边县、定边县
长梗扁桃	省重点	榆阳区、神木县

二、陕北黄土丘陵沟壑区

1. 地理位置。本区位于陕西省北部。地理坐标介于东经 107°40′12″~111°15′00″，北纬 36°16′30″~39°35′00″之间。西连甘肃，东临黄河与山西省为界，北靠毛乌素沙地南部防风固沙区，南与黄龙山桥山水源涵养区接壤，东西长约 310 千米，南北宽约 373 千米。

2. 界线走向。本区整个形状呈侧倒梯形，自西向东北斜上。界线走向：东、西分别以陕晋、陕甘省界为界；北界南起定边县、吴起县与省界交点，向东经定边县、靖边县、横山县、榆阳区，沿榆阳区南界向东北方向至神木县西界，在神木县内经花石崖镇、太和寨乡、和峁镇、栏杆堡镇西界至东边县界，然后沿神木县东界北上至陕蒙省界；南界西起志丹县，在志丹县境内穿过义正乡、永宁乡北界至安塞县界，沿安塞县南界至宝塔区界，宝塔区境内穿过南泥湾乡、松树林乡、麻洞川乡北界至延长县界，沿延长县南界直至省界为止。

3. 范围。本区共涉及榆林、延安 2 个市，15 个县（区），210 个乡（镇）。总面积 3217255 公顷。占全省土地总面积的 15.63%。具体行政范围见表 1-2-3。

陕西省陕北黄土丘陵沟壑水土保持范围表

表 1-2-3

市	县（区）		
	完整县（区）	部分县（区）	部分县所含的乡（镇）
榆林市	府谷县、佳县、米脂县、子洲县、绥德县、吴堡县、清涧县	神木县	栏杆堡镇、太和寨乡、沙峁镇、马镇、花石崖镇、贺家川镇、万镇
延安市	吴起县、安塞县、子长县、延川县、延长县	志丹县	张渠乡、杏河镇、顺宁镇、纸坊乡、保安镇、金鼎镇、吴堡乡、旦八镇、双河乡
		宝塔区	贯屯乡、蟠龙镇、梁村乡、青化砭镇、冯庄乡、元龙寺乡、甘谷驿镇、姚店镇、河庄坪镇、枣园镇、桥儿沟镇、李渠镇、川口乡、万花山乡、柳林镇

4. 植被。本区属温带草原植被带，温带森林草原植被亚带。历史上由于人为活动频繁，极度开垦，天然植被稀少。随着天保工程和退耕还林工程的实施，使本区森林草原植被向草原化方向转化的速度变缓。现在自然植被大多为耐寒、耐旱种属，主要草本植被为菊科、豆科及禾本科植物。天然灌木有沙棘、马蹄针、木瓜、白杞梢等。人工栽植的乔木有油松、侧柏、刺槐、水桐、杨类、杜梨、山杏、山桃、红枣、苹果等；灌木以柠条、紫穗槐最多；草本有沙打旺、苜蓿、草木犀等。

5. 重点保护野生植物。本区国家Ⅱ级保护野生植物有蒙古冰草等(米脂县)，陕西省重点保护野生植物有杜松等(府谷县)。

三、黄龙山桥山水源涵养区

1. 地理位置。本区位于陕北梁山山脉的崂山、黄龙山和子午岭的桥山地区，习惯上通称黄桥林区。地理坐标介于东经108°11′36″~110°36′20″、北纬34°56′00″~36°46′00″之间。西连甘肃省，东临黄河与山西省为界，北靠陕北黄土丘陵沟壑区，南与渭北黄土高原区、关中平原区接壤。东西长约201千米，南北宽约195千米。

2. 界线走向。西界为陕甘省界；东界为陕晋省界；北界：西起志丹县，在志丹县境内穿过义正乡、永宁乡北界至安塞县界，沿安塞县南界至宝塔区界，宝塔区境内穿过南泥湾乡、松树林乡、麻洞川乡北界至延长县界，沿延长县南界直至省界为止。南界：西起旬邑县，在旬邑县内穿过马栏镇、清源乡东界至耀州区界，再穿过耀州区、印台区北部至宜君县界，沿宜君县南界至黄陵县界后，穿越黄陵县东部、富县中南、洛川县旧县镇南界，然后沿黄龙县界、韩城市界至省界。

3. 范围。本区共涉及4个市，13个县(区、市)，82个乡(镇)，总面积2226192公顷。占全省土地总面积的10.82%。具体行政范围见表1-2-4。

陕西省黄龙山桥山水源涵养区范围表

表1-2-4

<table>
<tr><th rowspan="2">市</th><th colspan="3">县(市、区)</th></tr>
<tr><th>完整县(市、区)</th><th>部分县(市、区)</th><th>部分县所含的乡(镇)</th></tr>
<tr><td rowspan="5">延安市</td><td rowspan="5">甘泉县(含崂山林业局)、宜川县、黄龙县(含黄龙山林业局)</td><td>志丹县</td><td>义正乡、永宁乡</td></tr>
<tr><td>宝塔区</td><td>松树林乡、南泥湾乡、麻洞川乡、临镇、官庄乡</td></tr>
<tr><td>富县(含桥北林业局、子午岭保护区)</td><td>张家湾镇、直罗镇、北道德乡、张村驿镇、寺仙乡、茶房镇、牛武镇</td></tr>
<tr><td>黄陵县(含桥山林业局)</td><td>双龙镇、店头镇、仓村乡、腰坪乡</td></tr>
<tr><td>洛川县</td><td>菩提乡、旧县镇</td></tr>
<tr><td>咸阳市</td><td></td><td>旬邑县</td><td>马栏镇、清源乡</td></tr>
<tr><td rowspan="2">铜川市</td><td rowspan="2">宜君县</td><td>耀州区</td><td>庙湾镇、瑶曲镇、照金镇、柳林镇</td></tr>
<tr><td>印台区</td><td>玉华镇、金锁关镇</td></tr>
<tr><td>渭南市</td><td>韩城市</td><td></td><td></td></tr>
</table>

4. 植被。本区属暖温带落叶阔叶林带，暖温带耐寒落叶阔叶林亚带，是陕西省黄土高原植被保存较好的地区，现存的森林植被多为天然次生林，人工植被较少。天然植被的分布，分别以子午岭和黄龙山为中心向四周扩展，离中心越远覆盖率越低，被人们形象地称为陕西的两叶肺。构成林分的主要树种有：辽东栎、麻栎、白桦、山杨、油松、侧柏等。辽东栎多分布在海拔 1100～1400 米的阴坡、半阴坡，由于砍伐频繁，多次萌芽而呈灌木状，在子午岭、葫芦河中游山地分布有小片状的辽东栎纯林。在黄陵县的双龙、建庄及富县的月亮坪以南有较大面积的麻栎林。山杨分布较广，多分布于海拔 1000～1500 米的阴坡、半阴坡中、下部，块状或小块状分布。白桦分布于海拔 1000～1500 米的阴坡，坡度平缓处。油松分布于海拔 800～1600 之间的阴坡、半阴坡以及阳坡的上部，在桥山林业局建庄、双龙、上畛子林场及黄龙山林业局的蔡家川林场有面积较大、集中连片的分布。侧柏林面积较小，一般分布于海拔 1000～1300 米的石质山坡的陡峭坡面上，多小块状分布，生长不良。

呈小片状或散生状分布的树种主要有麻栎、栓皮栎、槲树、槲栎、核桃、白皮松等。主要经济树种有苹果、梨、桃、山杏、山桃、沙棘等。在阴坡林冠下分布的主要灌木有胡枝子、绣线菊、金银木、连翘、荚蒾、水栒子等；草本有唐松草、升麻、淫羊藿等。在阳坡、山脊分布的主要灌木有虎榛子、胡颓子、白刺花、沙棘、荆条、黄蔷薇等；草本有苦参、黄菅草、野棉花、蒿类、甘草、苍术、地榆等。在阴湿低洼处则分布有：卫矛、南蛇藤、鼠李、灯芯草等。

5. 重点保护野生植物。本区国家Ⅰ级保护野生植物有银杏；国家Ⅱ级保护野生植物有野大豆等 3 种；陕西省重点保护野生植物有杜松、刺榆 2 种。此外，区内分布在富县和尚塬大麦秸沟的柴松林是本省仅存的天然林分，分布在韩城市雷寺庄、黄龙县白马滩、峪柏的白皮松面积较小，天然更新困难，急待保护。详见表 1-2-5。

2010 年陕西省重点保护野生植物分布表

表 1-2-5

中文名	保护级别	核心分布区
银杏	国家Ⅰ级	区内各县(市、区)
翅果油树	国家Ⅱ级	韩城市
蒙古冰草	国家Ⅱ级	黄龙县
野大豆	国家Ⅱ级	黄陵县、黄龙县、洛川县
杜松	省重点	耀州区、宜川县、黄龙县
刺榆	省重点	宜川县、黄龙县

四、渭北黄土高原区

1. 地理位置。本区位于陕西省关中平原北部。地理坐标介于东经 106°47′50″～109°45′50″、北纬 34°33′30″～36°06′00″之间。西与秦岭北坡关山水源涵养区为界，东与黄龙县、澄城县相邻，北靠甘肃及黄龙山桥山水源涵养区，南与关中平原区接壤。东西长约 277 千米，南北宽约 167 千米。

2. 界线走向。本区北界：西起陕甘省界，旬邑县西北，沿马栏河镇南界向东北穿越耀州区、印台区，向北穿黄陵县、富县东部，斜向东南穿洛川县至洛川与黄龙县界；东界为洛川、白水县东界；南界东起白水、澄城县界，沿白水、铜川市、淳化、永寿、麟游、千阳南界至千阳、陈仓区交界处；西界沿千阳县西界向北沿千河至陕甘省界。

3. 范围。本区共涉及 5 个市，15 个县(区)，157 个乡(镇)，总面积 1258989 公顷。占全省土地总面积的 6.12%。具体行政范围见表 1-2-6。

陕西省渭北黄土高原区范围表

表 1-2-6

市	县(区)		
	完整县(区)	部分县(区)	部分县所含的乡(镇)
延安市		富县	甘二乡、富城镇、交道镇、羊泉镇、吉子现乡、南道德乡
		黄陵县	隆坊镇、阿党镇、太贤乡、桥山镇、侯庄乡、田庄镇
		洛川县	永乡乡、黄章乡、凤栖镇、京兆乡、交口镇、杨舒乡、老庙乡、槐柏镇、石泉乡、土基镇、秦关乡、白益乡、朱牛乡、石头镇
铜川市	王益区	耀州区	演池乡、石柱乡、小丘镇、关庄镇、坡头镇、寺沟镇、董家河镇、孙塬镇、铜川新区
		印台区	印台乡、红土镇、阿庄镇、广阳镇、高楼河乡、王石凹镇、陈炉镇
咸阳市	淳化县、彬县、永寿县(不含飞地——仪井镇、店头镇)、长武县	旬邑县	底庙镇、湫坡头镇、职田镇、太村镇、郑家镇、赤道乡、城关镇、原底乡、张洪镇、排厦乡、土桥镇、丈八寺镇
渭南市	白水县		
宝鸡市	麟游县、千阳县	陇县	火烧寨乡、李家河乡、河北乡、温水镇、城关镇、堎底下镇、东南镇、牙科乡、杜阳镇、东风镇

4. 植被。本区植被属暖温带落叶阔叶林带，暖温带典型落叶阔叶林亚带。由于长期人为活动及自然历史因素的影响，现存有为数不多的以辽东栎、山杨、白桦、侧柏为主的天然次生林植被，面积不大，由于砍伐频繁，多呈灌木状，块状或小块状分布，生长不良。取而代之的大部分为人工植被。主要树种有：刺槐、油松、侧柏、辽东栎、山杨、白桦等，其次有锐齿栎、鹅耳枥、槲树、槲栎等。人工栽培以刺槐林、油松林居多。刺槐是本区面积、蓄积量最大的树种，适生、生长快、根蘖性好、木材坚韧，是良好水土保持树种，同时又可作为饲料林、能源工业矿柱林。经济树种以苹果、梨为主，其次有核桃、枣、柿子、花椒、杏、桃等。天然灌木主要有：沙棘、白刺花、酸枣、虎榛子、黄荆、黄蔷薇、绣线菊、连翘、荚蒾等，草本主要有：蒿类、大油芒、白草等。

五、关中平原区

1. 地理位置。本区位于陕西省中部。地理坐标介于东经107°04′00″~110°24′00″、北纬34°00′00″~35°26′18″之间。西与宝鸡市陈仓区相邻，东与山西、河南省为界，北靠渭北黄土高原区、黄龙山桥山水源涵养区，南接秦岭北坡关山水源涵养区。东西长约316千米，南北宽约173千米。

2. 界线走向。本区西界：北起陈仓区桥镇西界，沿金台区西界、南界至陈仓区界；东界北段隔黄河与山西为邻，南段为陕豫省界；北界西起陈仓区桥镇北界，向东沿凤翔县、岐山县、扶风县、乾县、礼泉县、泾阳县、三原县、富平县、蒲城县、澄城县、合阳县北界至陕晋省界；南界：西起陈仓区与渭滨区北界交点，沿秦岭北坡山脚线向东穿陈仓区、眉县、周至县、户县、长安区、蓝田县、临渭区、华县、华阴市、潼关县至陕豫省界。

3. 范围。本区共涉及5个市(区)，37个县(区、市)，451个乡(镇)。总面积2161453公顷。占全省土地总面积的10.50%。具体行政范围见表1-2-7。

陕西省关中平原区范围表

表1-2-7

市(区)	县(市、区)		
	完整县(市、区)	部分县(市、区)	部分县所含的乡(镇)
宝鸡市	金台区、凤翔县、扶风县	陈仓区	桥镇、贾村、千河镇、周原镇、慕仪镇、虢镇、阳平镇
		眉县	马家镇、首善镇、常兴镇、齐镇、金渠镇、槐芽镇、青化乡
		岐山县	凤鸣镇、故郡乡、蒲村镇、祝家庄镇、京当乡、青化镇、大营乡、益店镇、雍川镇、枣林镇、蔡家坡镇、五丈原镇
咸阳市	武功县、乾县、礼泉县、兴平市、泾阳县、三原县、渭城区、秦都区	永寿县	飞地、仪井镇、店头镇
杨凌区	杨凌示范区		
渭南市	富平县、蒲城县、澄城县、合阳县、大荔县	潼关县	高桥乡、秦东镇、城关镇、南头乡、代子营乡
		华阴县	华西镇、北社乡、喂峪乡、太华街办
		华　县	赤水镇、辛庄乡、下庙镇、毕家乡、华州镇、瓜坡镇
		临渭区	官底镇、下吉镇、蔺店镇、凭信乡、官路镇、田市镇、官道乡、故市镇、南师乡、交斜镇、辛市镇、信义乡、孝义镇、双王街办、龙背乡、良田街办、杜桥街办、站南街办、人民街办、向阳街办、三张镇、阎村镇、河西乡、丰原镇、崇凝镇、阳郭镇、大王乡

续表

<table>
<tr><th rowspan="2">市(区)</th><th colspan="3">县(市、区)</th></tr>
<tr><th>完整县(市、区)</th><th>部分县(市、区)</th><th>部分县所含的乡(镇)</th></tr>
<tr><td rowspan="4">西安市</td><td rowspan="4">高陵县、临潼区、阎良区、未央区、灞桥区、雁塔区、莲湖区、新城区、碑林区</td><td>周至县</td><td>青化乡、哑柏镇、四屯乡、侯家村乡、二曲镇、辛家寨乡、司竹乡、富仁乡、终南镇、尚村镇、翠峰乡、广济镇、马召镇</td></tr>
<tr><td>户县</td><td>涝店镇、渭丰乡、大王镇、甘河镇、苍游乡、祖庵镇、玉蝉乡、甘亭镇、五竹乡、秦渡镇、天桥乡、石井镇、余下镇、庞光镇、草堂镇</td></tr>
<tr><td>长安区</td><td>高桥乡、王寺街办、马王街办、斗门街办、灵沼乡、细柳镇、郭杜街办、韦曲街办、大兆乡、炮里乡、鸣犊镇、魏寨乡、兴隆乡、五星乡、黄良乡、王曲镇、杜曲镇</td></tr>
<tr><td>蓝田县</td><td>华胥镇、金山乡、三官庙乡、洩湖镇、孟村乡、三里镇、蓝关镇、前卫镇、安村乡、小寨乡、史家寨乡、焦岱镇</td></tr>
</table>

4. 植被。本区属暖温带落叶阔叶林地带。由于人为活动频繁，多年的农业耕作，现存植被以人工栽培植被为主。主要乔木树种有杨树、柳树、刺槐、泡桐、臭椿、中槐、榆树、楸树及城市园林景观绿化树种。主要经济树种有苹果、梨、桃、杏、柿子、石榴、枣、花椒、猕猴桃、葡萄等。农作物有小麦、玉米、油菜、棉花、豆类、薯类、烤烟等。

5. 野生植物。本区国家Ⅰ级保护野生植物有银杏等，国家Ⅱ级保护野生植物有野大豆等。

六、秦岭北坡关山水源涵养区

1. 地理位置。本区位于陕西省关中平原南部。地理坐标介于东经106°18′50″~110°25′40″、北纬33°42′00″~35°06′06″之间。西邻甘肃，东接河南，北靠关中平原区，南依秦岭山脉，与秦岭南坡中西部中高山生物多样性保护水源涵养林区接壤，东西长约370千米，南北宽约161千米。

2. 界线走向。本区西界为陕甘省界；东界为陕豫省界；北界：西起陇县新集川乡东界与省界交点，经新集川乡、曹家湾镇、天城镇、八渡镇东界至陈仓区界，穿陈仓区桥镇至金台区西界、南界，沿秦岭北坡山脚线向东穿陈仓区、眉县、周至县、户县、长安区、蓝田县、临渭区、华县、华阴市、潼关县至陕豫省界；南界：西起陈仓、凤县与省界交点，沿陈仓区、渭滨区、眉县、周至县、户县、长安区、蓝田县、华县、华阴市、潼关县南界至陕豫省界。

3. 范围。本区共涉及3个市，13个县(区、市)，75个乡(镇)。总面积1212960公顷。占全省土地总面积的5.89%。具体行政范围见表1-2-8。

陕西省秦岭北坡关山水源涵养区范围表

表 1-2-8

市	县(市、区)		
	完整县(市、区)	部分县(市、区)	部分县所含的乡(镇)
宝鸡市	渭滨区	陇县	新集川乡、固关镇、曹家湾镇、天成镇、八渡镇
		陈仓区	风阁岭镇、拓石镇、赤沙镇、香泉镇、新街镇、县功镇、胡店乡、平头镇、蟠溪镇、天王镇、钓渭镇
		眉县	营头镇、汤峪镇、横渠镇
		岐山县	曹家镇、安乐镇
西安市		周至县	竹峪乡、骆峪乡、楼观镇、集贤镇、九峰乡、陈河乡、厚畛子镇、板房子乡、王家河乡
		户县	蒋村镇、涝峪管委会、太平管委会
		长安区	东大街办、滦镇街办、子午街办、五台乡、太已宫街办、王蟒乡、引镇街办、杨庄乡
		蓝田县	厚鎮乡、玉山镇、灞源乡、九间房乡、普化镇、蓝桥乡、辋川乡、汤峪镇、玉川乡、葛牌镇
渭南市		潼关县	安乐乡、太要镇、桐峪镇
		华阴市	敷水镇、桃下镇、五方乡、玉泉街办、岳庙街办、孟塬镇
		华县	东阳乡、高塘镇、大明镇、金惠乡、杏林镇、莲花寺镇、柳枝镇、金堆镇
		临渭区	桥南镇

4. 植被。秦岭北坡森林植被有比较明显的垂直分布规律。海拔 800 米以下，以侧柏林为主，呈片状分布，由于人为破坏严重，已不成带。海拔 780~2200 米为松栎林带。其中：海拔 780~1300 米，栓皮栎林占优势，以茅栗、槲树为优势的林分也有分布，其他树种主要有山杨、锐齿栎、枫杨等。海拔 1100~2200 米主要为松栎混交林带，主要树种为油松、华山松、山杨、锐齿栎等。海拔 2100~2600 米为桦木林带，主要为红桦和牛皮桦；海拔 2400~3500 米为冷杉林、落叶松林带。海拔 3400 米以上为高山灌木林带，主要分布有高山杯腺柳、头花杜鹃、高山绣线菊等。

关山林区的植被垂直分布没有秦岭明显。大体上在海拔 1600~2100 米为以辽东栎为优势的林分；华山松主要分布在海拔 1800~1900 米，山杨主要分布在海拔 1500~2000 米之间，面积较小，海拔 2000~2300 米为红桦林；海拔 2300 米以上为草甸和灌木林。

5. 野生植物。秦岭野生动植物资源丰富，种类繁多，素有“动植物王国”“生物基因库”“生物多样性富集区”“天然中草药库”等美称。本区野生动植物几乎涵盖秦岭山地所有物种。国家Ⅰ级保护野生植物有独叶草等 3 种，国家Ⅱ级保护野生植物有秦岭冷杉、水曲柳等8种，陕西省级重点保护野生植物有秦岭黄芪、秦岭蔷薇等31种。详见表1-2-9。

2010年陕西省重点保护野生植物分布表

表1-2-9

中文名	保护级别	核心分布区
独叶草	国家Ⅰ级	周至县
华山新麦草	国家Ⅰ级	华县
银杏	国家Ⅰ级	区内各县(市、区)
野大豆	国家Ⅱ级	陇县、眉县
秦岭冷杉	国家Ⅱ级	长安区、周至县
太白红杉	国家Ⅱ级	周至县、户县、眉县
大果青杆	国家Ⅱ级	周至县、户县
水青树	国家Ⅱ级	周至县、眉县、户县
连香树	国家Ⅱ级	周至县、眉县、陇县、户县
水曲柳	国家Ⅱ级	周至县、户县、长安区、眉县、渭滨区
翅果油树	国家Ⅱ级	户县
秦岭黄芪	省重点	华县、户县、长安区
华山脐鳞	省重点	华县
庙台槭	省重点	周至县、眉县
陕西鹅耳枥	省重点	眉县、长安区
秦岭沙参	省重点	周至县、眉县、户县
秦岭党参	省重点	周至县、眉县、户县
秦岭蔷薇	省重点	周至县、户县、长安区
猬实	省重点	华阴市
串果藤	省重点	周至县、户县、长安区
太白山黄芪	省重点	周至县、眉县、户县
太白贝母	省重点	周至县、眉县、户县
太白米	省重点	周至县、眉县、户县
太白岩黄芪	省重点	周至县、眉县、户县
华山马鞍树	省重点	华县
延龄草	省重点	周至县、眉县、长安区
多花木兰	省重点	户县
羽叶丁香	省重点	周至县、户县、长安区、眉县

续表

中文名	保护级别	核心分布区
光果五脉绿绒蒿	省重点	户县
陕西羽叶报春	省重点	周至县、户县、长安区、眉县
陕西报春	省重点	长安区
陕西乌头	省重点	周至县
秦岭乌头	省重点	周至县
太白乌头	省重点	周至县、户县、长安区、眉县
反萼银莲花	省重点	周至县、户县、长安区、眉县
鸡麻	省重点	周至县
秦岭花楸	省重点	周至县、户县、眉县
华山参	省重点	华阴市、长安区
刺榆	省重点	华县、长安区
太行阿魏	省重点	华县
秦岭岩白菜	省重点	长安区、眉县
星叶草	省重点	长安区

七、秦岭南坡中西部中高山生物多样性保护水源涵养区

1. 地理位置。本区位于秦岭南坡中西部中高山地区，北以秦岭主脊为界与秦岭北坡关山水源涵养区相连，东以柞水县东侧为界与秦岭南坡东部水源涵养区相接，南以镇安、宁陕、佛坪、留坝、略阳县界为界与秦巴低山丘陵水源涵养区为邻，西接甘肃。地理坐标介于东经106°25′~109°35′、北纬33°07′~34°48′之间，东西长约355千米，南北宽约136千米。

2. 界线走向。北界西起陕甘交界沿秦岭主脊向东延伸，经过玉皇山、冻山、鳌山、太白山、牛背梁止于柞水县东界；东界北起柞水县东界与秦岭主脊交界处向南经柞水县红岩寺镇、石瓮镇、镇安县云盖寺镇、龙胜乡至镇安与旬阳交界；南界东起镇安县达仁镇，沿镇安、宁陕、佛坪县南界向西，穿过洋县、城固北部，沿留坝县南界，经勉县北部、略阳县南界止陕甘交界；西界以陕甘交界为界。

3. 范围。本区行政上包括宝鸡、安康、汉中、商洛四市中的凤县、太白、略阳、留坝、佛坪、宁陕6县的全部，城固、洋县、勉县、镇安、柞水5县的部分，共101个乡、镇(林场)，总面积2136317公顷，占全省土地总面积的10.38%。具体行政范围详见表1-2-10。

陕西省秦岭南坡中西部中高山生物多样性保护水源涵养区范围表

表 1-2-10

市	县(市、区)		部分县所含乡镇
	完整县(市、区)	部分县(市、区)	
宝鸡市	凤县、太白县		
汉中市	略阳县 留坝县 佛坪县	城固县	小河镇、盘龙乡
		洋县	华阳镇、茅坪镇
		勉县	张家河乡
安康市	宁陕县		
商洛市		镇安县	东川镇、云盖寺镇、结子乡、月河乡、杨泗乡、庙沟乡、木王镇、余师乡、达仁镇、柴坪镇、龙胜乡、黄家湾乡
		柞水县	营盘镇、丰北河乡、曹坪镇、九间房乡、红岩寺镇、两河乡、乾佑镇、下梁镇、蔡玉窑镇、马家台乡、瓦房口乡

注：凤县含辛家山、马头滩林业局；太白县含太白局、太白山保护区；留坝县含汉西局部分；佛坪县含龙草坪局、佛坪保护区；洋县含长青局和长青保护区；勉县含汉西局部分；宁陕县含宁东局、宁西局、西北农林科技大学火地塘试验林场(以下简称农科大火地塘林场)；宁陕、柞水县含牛背梁保护区。

4. 植被。本区属暖温带落叶阔叶林带，具有暖温带向亚热带过渡的森林生态系统区域特征，植物区系构成复杂，种类多样，森林植被垂直分布比较明显。由于本区地处秦岭山地南坡中高山地，降水较多，植被比较繁茂，虽遭受过人为的破坏，但仍保持有原始自然景观的遗痕。植被类型主要有针阔混交林，夏绿落叶阔叶林、针叶林、灌木林、高山草甸等。乔木树种主要有：铁杉、冷杉、云杉、红桦、牛皮桦、华山松、油松、辽东栎、槲栎、锐齿栎、栓皮栎、麻栎、槲树、山杨、椴、槭、水曲柳等；灌木树种主要有：黄栌、忍冬、绣线菊、蔷薇、荚蒾、连翘、丁香、胡颓子、胡枝子、杭子梢、木姜子、栒子、榛子、悬钩子等；草本主要有：蕨类、白茅、白羊草、羊胡子草、黄背草、披针苔、异叶亚菊、细叶芨芨草、黄花葱、白花草木犀、蒿、紫菀、伞房草、平车前、草莓等。

5. 重点保护野生植物。本区有国家Ⅰ级保护野生植物 2 种，国家Ⅱ级保护野生植物 8 种，陕西省重点保护野生植物 31 种。详见表 1-2-11。

2010 年陕西省重点保护野生植物分布表

表 1-2-11

中文名	保护级别	核心分布区
独叶草	国家Ⅰ级	太白自然保护区
红豆杉	国家Ⅰ级	太白、留坝、略阳、宁陕、勉县

续表

中文名	保护级别	核心分布区
秦岭冷杉	国家Ⅱ级	太白山、宁陕、佛坪、留坝、略阳
太白红杉	国家Ⅱ级	太白山
大果青杆	国家Ⅱ级	太白山、凤县、佛坪、留坝
水青树	国家Ⅱ级	凤县、太白、佛坪
连香树	国家Ⅱ级	太白、宁陕、凤县、佛坪
水曲柳	国家Ⅱ级	太白、凤县、佛坪、宁陕
巴山榧树	国家Ⅱ级	宁陕、略阳、勉县
秦岭石蝴蝶	国家Ⅱ级	勉县
星叶草	省重点	太白山、佛坪、牛背梁
山白树	省重点	区内秦岭以南各县
狭叶瓶尔小草	省重点	太白山刘家崖
庙台槭	省重点	佛坪、太白、宁陕、留坝、凤县
秦岭党参	省重点	太白山
毛核木	省重点	勉县
串果藤	省重点	太白山、佛坪
秦岭黄芪	省重点	宁陕、柞水
太白山黄芪	省重点	太白山
太白岩黄芪	省重点	太白山
太白贝母	省重点	太白山
太白米	省重点	太白山、洋县
延龄草	省重点	太白、佛坪、洋县、宁陕
多花木兰	省重点	宁陕菜子坪
青皮木	省重点	佛坪
羽叶丁香	省重点	太白、宁陕
光果五脉绿绒蒿	省重点	宁陕菜子坪、秦岭梁
陕西羽叶报春	省重点	秦岭
陕西报春	省重点	太白山
秦岭乌头	省重点	太白山
太白乌头	省重点	太白山
反萼银莲花	省重点	太白山
朵椒	省重点	洋县茅坪
秦岭蔷薇	省重点	太白山

续表

中文名	保护级别	核心分布区
秦岭花楸	省重点	太白山
银鹊树	省重点	宁陕
白辛树	省重点	洋县、宁陕
陕西紫茎	省重点	宁陕(旬阳坝、宁西)、佛坪、洋县
假牛繁缕	省重点	宁陕旬阳坝
长圆叶椴	省重点	洋县茅坪
刺榆	省重点	凤县

八、秦岭南坡东部水源涵养区

1. 地理位置。本区位于秦岭南坡东段，北以小秦岭主脊为界与秦岭北坡关山水源涵养区相连，东与河南省为界，南与湖北省及镇安与旬阳县界为界，西南与秦巴低山丘陵水源涵养区为邻，西接秦岭南坡中西部中高山生物多样性保护水源涵养区。地理坐标介于东经 109°05′~111°02′、北纬 33°06′~34°26′之间，东西长约 183 千米，南北宽约 150 千米。

2. 界线走向。北界西起柞水县东界与秦岭主脊交界处，沿秦岭主脊向东北延伸至陕西、河南交界；东界以陕西、河南省界为界；南界以陕西、湖北省界向西沿镇安县南界至青铜关镇；西界南起镇安青铜关镇，向北经龙胜乡、云盖寺镇、柞水县石瓮镇、红岩寺镇、沿柞水县东部至柞水县东界与秦岭主脊交界处。

3. 范围。本区行政上包括商洛市的洛南、商州、丹凤、山阳、商南 5 县的全部，镇安、柞水 2 县的部分，共 136 个乡、镇(林场)，总面积 1573298 公顷，占全省土地总面积的 7.64%。具体行政范围见表 1-2-12。

秦岭南坡东部水源涵养区范围表

表 1-2-12

市	县(市、区)		部分县所含乡镇(办)
	完整县(市、区)	部分县(市、区)	
商洛市	洛南县、商州县、丹凤县、山阳县、商南县	镇安县	回龙镇、永乐镇、铁厂镇、大坪镇、灵龙乡、青铜关镇、高峰镇、张家乡、西口回族镇、米粮镇、西沟乡、关坪河乡、茅坪回族乡
		柞水县	石瓮镇、小岭镇、凤凰镇、杏坪镇、柴庄乡

4. 植被。本区植被属暖温带落叶阔叶林带。在丹江、洛河上游，中高山为红桦、华山松、槲栎、辽东栎、山杨等；低山丘陵和河谷盆地主要是油松、核桃、柿、杨、柳、榆、槐、泡桐、板栗、栓皮栎等；在谷坡和黄土梁垣有侧柏和松柏疏林；商南、山阳低山丘陵有成片的马尾松；金钱河和旬河谷地和山坡下部，生长有常绿阔叶树，如油樟、小叶青冈、苦槠等。常见灌木有：荆条、酸枣、绣线菊、蔷薇、马桑、黄栌、忍冬、胡

枝子、六道木、紫丁香、杭子梢等。草本主要有：针茅、羊胡子草、白花草木犀、蒿类、紫菀、伞房草、草莓等。经济植物主要有：核桃、板栗、柿子、油桐、漆树、桑、茶等。

5. 重点保护野生植物。全区有国家Ⅰ级保护野生植物 3 种，陕西省重点保护野生植物 5 种，详见表 1-2-13。

2010 年陕西省重点保护野生动植物分布表

表 1-2-13

中文名	保护级别	核心分布区
银杏	国家Ⅰ级	丹凤、山阳
水杉	国家Ⅰ级	洛南、山阳
红豆杉	国家Ⅰ级	山阳、柞水
秦岭黄芪	省重点	柞水
齿翅岩黄芪	省重点	商县牛头岸
星叶草	省重点	牛背梁
猬实	省重点	山阳
牛鼻栓	省重点	商州区

九、秦巴低山丘陵水源涵养区

1. 地理位置。本区位于秦岭南坡、巴山北坡低山丘陵地区，北接秦岭南坡中西部中高山生物多样性保护水源涵养区，东邻湖北，西连甘肃，南界大体沿巴山北坡海拔 900 米左右等高线与巴山中山水源涵养区相连。地理坐标介于东经 105°29′～110°12′、北纬 32°18′～33°20′之间，东西长约 433 千米，南北宽约 151 千米。

2. 界线走向。北界西起宁强县北界与陕甘交界处，向东经勉县小砭河乡、长沟河乡、二道河乡北界，汉台区北界，城固县水磑镇、双溪镇北界，洋县华阳镇、茅坪乡南界，佛坪县南界，石泉县、汉阴县、汉滨区、旬阳县北界止于省界；西界以陕甘交界为界；东界以陕鄂交界为界；南界东起平利县，向西经平利县长安镇、城关镇、三阳镇南界，岚皋县蔺河乡西界、石门镇北界、偃门乡东界，紫阳县洞河镇、芭蕉乡、红椿镇南界至镇巴县界，沿镇巴县界至西乡县南界，经西乡县左溪乡、大河镇北界、城固县南界、南郑县西河乡、喜神坝乡、魏家桥镇、元坝镇、宁强县二郎坝乡、巴山镇、黄坝驿乡北界止于省界。

3. 范围。本区行政上包括汉中、安康两市中的石泉、汉阴、汉滨、旬阳、白河 5 县(区)的全部，宁强、勉县、汉台、城固、洋县、西乡、南郑、平利、岚皋、紫阳 10 县(区)的部分，共 226 个乡、镇(林场)，总面积 2421773 公顷，占全省土地总面积的 11.77%。具体行政范围见表 1-2-14。

陕西省秦巴低山丘陵水源涵养区范围表

表 1-2-14

市	县(市、区)		部分县所含乡镇(办)
	完整县(市、区)	部分县(市、区)	
汉中市		宁强县	青木川镇、广坪镇、安乐河乡、燕子砭镇、苍社乡、太阳岭乡、巨亭乡、曾家河乡、庙坝乡、巩家河乡、东皇沟乡、大安镇、阳平关镇、代家坝镇、舒家坝乡、宽川乡、南屏乡、汉源镇、胡家坝镇、高寨子镇、铁锁关镇
		勉　县	小砭河乡、长沟河乡、同沟寺镇、二道河乡、茶店镇、青羊驿镇、新铺镇、漆树坝、小河庙乡
		汉台区	河东店镇
		城固县	老庄镇、水磑镇、双溪镇、橘园镇、大盘镇
		洋　县	窑坪乡、关帝乡、八里关乡、溢水镇、四郎乡、白石乡、长溪乡、桑溪乡、秧田乡、金水镇、槐树关镇、黄金峡镇
		西乡县	子午乡、三花石乡、白龙塘镇、桑园镇、私渡镇、沙河镇、峡口镇、柳树镇、城关镇、杨河镇、古城镇、白勉峡乡、堰口镇、罗镇乡、司上乡、马家湾乡、高川镇、五里坝镇、茶镇、骆家坝乡、两河口镇
		南郑县	两河乡、濂水镇、黄官镇、青树镇、红庙镇、高家岭乡、牟家坝镇、法镇、歇马乡
安康市	石泉县、汉阴县、汉滨区(含蒿坪镇的飞地)、旬阳县、白河县	平利县	老县镇、西河乡、女娲山乡、兴隆镇、三阳镇、大贵镇、城关镇、长安镇
		岚皋县	大道河镇、铁炉乡、民主镇、晓道乡、佐龙镇、城关镇
		紫阳县	汉王镇、燎原乡、东木乡、金川乡、焕古镇、双安乡、蒿坪镇(不含飞地)、红椿镇、向阳镇、城关镇、洞河镇、芭蕉乡、苗河乡

4. 植被。属亚热带常绿阔叶林带，北亚热带常绿与落叶阔叶混交林亚带，植被以含常绿阔叶树的针阔混交和阔叶混交林为主。代表树种有马尾松、杉木、棕榈、茶树、油茶、油桐、柑橘等；组成林分的主要乔木树种有油松、马尾松、栎类、桦类、柏类、漆树、椴树等；灌木树种主要有马桑、盐肤木、救兵粮、绣线菊、忍冬、荚蒾、连翘、丁香、胡枝子、木姜子等；草本主要有蕨类、白茅、白羊草、异叶亚菊、白花草木樨、紫菀、伞房草、草莓等。林特产品主要有：茶叶、核桃、板栗、柑橘、油桐、生漆、棕片、油茶、木耳等，其中西乡县生产的“午子仙毫”茶叶被评为全国名茶。本区内人为活动频繁，局部森林植被破坏严重。

5. 重点保护野生植物。本区野生植物资源丰富，其中：国家Ⅰ级保护野生植物 4 种，国家Ⅱ级保护野生植物 8 种，陕西省重点保护野生植物 17 种。详见表 1-2-15。

2010 年陕西省重点保护野生植物分布表

表 1-2-15

中文名	保护级别	核心分布区
银杏	国家Ⅰ级	勉县、石泉等
水杉	国家Ⅰ级	西乡、汉阴
珙桐	国家Ⅰ级	平利
光叶珙桐	国家Ⅰ级	平利、岚皋
厚朴	国家Ⅱ级	白河、旬阳、平利、岚皋、紫阳、宁强、勉县
巴山榧树	国家Ⅱ级	岚皋、宁陕、勉县、平利
水青树	国家Ⅱ级	岚皋、平利、石泉
鹅掌楸	国家Ⅱ级	岚皋、紫阳、平利
连香树	国家Ⅱ级	南郑、岚皋、平利、旬阳
秦岭石蝴蝶	国家Ⅱ级	勉县
野大豆	国家Ⅱ级	西乡、洋县、城固、南郑、勉县、宁强
红豆树	国家Ⅱ级	紫阳、岚皋、平利
麦吊云杉	省重点	岚皋、平利
庙台槭	省重点	平利、南郑
陕西鹅耳枥	省重点	平利
毛核木	省重点	勉县
有齿鞘柄木	省重点	平利
山白树	省重点	区内各县
青钱柳	省重点	岚皋、平利
串果藤	省重点	石泉、平利
川桂	省重点	平利
延龄草	省重点	洋县、平利、旬阳、岚皋
小勾儿茶	省重点	岚皋
风箱树	省重点	平利
大血藤	省重点	平利
银鹊树	省重点	宁强、平利、岚皋
白辛树	省重点	岚皋、宁强
紫茎	省重点	平利
陕西紫茎	省重点	洋县

十、汉中盆地区

1. 地理位置。本区位于汉江冲积平原，被秦巴低山丘陵水源涵养区环抱。地理坐标介于东经 106°25′~107°48′、北纬 32°42′~33°18′之间，东西长约 117 千米，南北宽约 56 千米。

2. 界线走向。西界以勉县土关铺乡与新铺镇、武侯镇与茶店镇交界为界；北界沿勉县武侯镇、周家山镇、新街子镇、金泉镇、褒城镇北界向东，穿汉台区河东店镇界、城固县老庄镇、橘园镇南界、洋县溢水镇、白石乡、槐树关镇南界至县界；东界及南界以洋县黄金峡镇、黄家营镇与县界交点为起点，沿洋县、城固县界向西南方向，穿城固县大盘乡北界、南郑县法镇乡、歇马乡、青树镇、两河乡北界，勉县阜川镇、元墩镇南界至于新铺镇界。

3. 范围。本区行政上包括汉中市的勉县、汉台、城固、洋县、南郑 5 县(区)的部分，共 67 个乡、镇(林场)，总面积 282454 公顷，占全省土地总面积的 1.37%。具体行政范围如表 1-2-16。

陕西省汉中盆地区范围表

表 1-2-16

市	部分县(区)	部分县所含乡镇(办)
汉中市	勉县	土关铺乡、武侯镇、勉阳镇、周家山镇、新街子镇、老道寺镇、褒城镇、定军山镇、温泉镇、黄沙镇、金泉镇、长林镇、镇川乡、元墩镇、阜川镇
	汉台区	武乡镇、汉王镇、宗营镇、徐家坡乡、龙江镇、鑫源街办、老君镇、望江乡、七里街办、铺镇、汉中路街办
	城固县	原公镇、文川镇、崔家山镇、柳林镇、龙头镇、沙河营镇、宝山镇、五郎庙乡、博望镇、上元观镇、董家营乡、三河乡、盐井乡、五堵镇、天明镇、孙坪镇、二里镇
	洋县	马畅镇、渭水镇、谢村镇、戚氏镇、洋州镇、贯溪镇、龙亭镇、磨子桥镇、草庙乡、黄安镇、石关镇、黄家营镇
	南郑县	忍水乡、新集镇、高台镇、阳春镇、梁山镇、郭滩乡、协税镇、城关镇、大河镇、胡家营乡、圣水镇、湘水镇

4. 植被。本区属亚热带常绿阔叶林带，北亚热带常绿与落叶阔叶混交林亚带，以人工植被为主。代表树种有马尾松、杉木、棕榈、茶树、油茶、油桐、柑橘等。组成林分的主要树种为马尾松，经济林以油桐、柑橘、桑树等为主，四旁树木有杉木、水杉、刺楸、红椿、棕榈等亚热带树种。

5. 重点保护野生植物。本区国家Ⅰ级保护野生植物 2 种，国家Ⅱ级保护野生植物 6 种，陕西省重点保护野生植物 4 种。详见表 1-2-17。

2010 年陕西省重点保护野生动植物分布表

表 1-2-17

中文名	保护级别	核心分布区
银杏	国家Ⅰ级	勉县
水杉	国家Ⅰ级	汉台
厚朴	国家Ⅱ级	勉县、城固、洋县、南郑
凹叶厚朴	国家Ⅱ级	城固、洋县
巴山榧树	国家Ⅱ级	勉县
连香树	国家Ⅱ级	南郑
秦岭石蝴蝶	国家Ⅱ级	勉县
水青树	国家Ⅱ级	南郑、洋县
庙台槭	省重点	南郑
毛核木	省重点	勉县
山白树	省重点	区内各县
陕西紫茎	省重点	洋县

十一、巴山中山水源涵养区

1. 地理位置。本区位于陕西省最南部，北接秦巴低山丘陵水源涵养区，西、南至省界与四川省、重庆市为邻，东与湖北省相连。地理坐标介于东经 106°13′~109°38′、北纬 31°42′~32°55′之间，东西长约 325 千米，南北宽约 140 千米。

2. 界线走向。西、北界即为秦巴低山丘陵水源涵养一般用材林区南界，界线走向东起平利县，向西经平利县长安镇、城关镇、三阳镇南界，岚皋县蔺河乡西界、石门镇北界、偃门乡东界，紫阳县洞河镇、芭蕉乡、红椿镇南界至镇巴县界，沿镇巴县界至西乡县南界，经西乡县左溪乡、大河镇北界、城固县南界、南郑县西河乡、喜神坝乡、魏家桥镇、元坝镇、宁强县二郎坝乡、巴山镇、黄坝驿乡北界止于省界；东界与湖北省交界；南界与四川省、重庆市交界。

3. 范围。本区行政上包括汉中、安康两市的镇巴、镇坪 2 县全部，宁强、西乡、南郑、平利、岚皋、紫阳 6 县的部分，共 77 个乡、镇(林场)，总面积 1223633 公顷，占全省土地总面积的 5. 95%。具体行政范围见表 1-2-18。

陕西省巴山中山水源涵养区范围表

表 1-2-18

市	县(区)		部分县所含乡镇(办)
	完整县	部分县	
汉中市	镇巴县	宁强县	黄坝驿乡、巴山镇、毛坝河镇、二郎坝乡、禅家岩乡
		西乡县	左溪乡、大河镇
		南郑县	元坝镇、魏家桥乡、塘口乡、西神坝乡、小南海镇、西河乡、碑坝镇、福成乡、白玉乡

续表

市	县(区)		部分县所含乡镇(办)
	完整县	部分县	
安康市	镇坪县	紫阳县	广城乡、瓦庙镇、高滩镇、高桥镇、麻柳镇、毛坝镇、联合乡、绕溪乡、双桥镇、斑桃镇、界岭乡、洄水镇
		岚皋县	堰门乡、官元镇、石门镇、横溪乡、四季乡、滔河镇、漳河乡、蔺河乡、溢河乡、花里镇、孟石岭乡
		平利县	洛河镇、广佛镇、八仙镇、正阳乡

注：镇坪、平利两县各含化龙山保护区部分。

4. 植被。本区属亚热带常绿阔叶林带，北亚热带常绿与落叶阔叶混交林亚带，植被以含常绿阔叶树的针阔混交和阔叶混交林为主，植被类型具有许多过渡类型，常绿阔叶树种较其他地区数量增加，亦有呈片状分布。森林多为次生林，建群种有华山松、栓皮栎、麻栎、巴山木竹等，常绿阔叶林主要分布于巴山南坡，其主要建群种有包石栎、星毛青冈等。其他常绿树种有：小枝青冈、滇青冈、巴东栎、黑壳楠、樟、苦槠、新津栎等。区内特有种为巴山松。局部高海拔地区，有红桦林、云杉和冷杉林。还有中国西部及南部地区的珍贵树种如珙桐、连香树、鹅掌楸、水青树等。竹林分布广泛，多形成纯林，主要有巴山木竹、松花竹、龙头竹等。灌木有蔷薇、悬钩子、胡枝子、马桑等。草本植物以蕨类、蒿类及禾本科杂草为主。

5. 重点保护野生植物。本区有国家Ⅰ级保护野生植物 4 种，国家Ⅱ级保护野生植物 13 种，陕西省重点保护野生植物 19 种。详见表 1-2-19。

2010 年陕西省重点保护野生植物分布表

表 1-2-19

中文名	保护级别	核心分布县
银杏	国家Ⅰ级	西乡县、岚皋县等
红豆杉	国家Ⅰ级	平利县、岚皋县
珙桐	国家Ⅰ级	镇坪县、平利县
光叶珙桐	国家Ⅰ级	镇坪县、平利县、岚皋县
鹅掌楸	国家Ⅱ级	岚皋县、平利县、镇巴县、镇坪县
水青树	国家Ⅱ级	岚皋县、南郑县、平利县、镇坪县
厚朴	国家Ⅱ级	宁强县、镇巴县、镇坪县、岚皋县、紫阳县、南郑县
凹叶厚朴	国家Ⅱ级	岚皋县、镇巴县、宁强县
秦岭冷杉	国家Ⅱ级	镇坪县、平利县
大果青杆	国家Ⅱ级	平利县
陕西黄杉	国家Ⅱ级	镇坪县

续表

中文名	保护级别	核心分布县
巴山榧树	国家Ⅱ级	平利县、岚皋县
连香树	国家Ⅱ级	南郑县、镇巴县、岚皋县、平利县、镇坪县
红豆树	国家Ⅱ级	紫阳县、镇巴县、岚皋县、平利县
野大豆	国家Ⅱ级	岚皋县、西乡县
长序榆	国家Ⅱ级	镇坪南江河
油樟	国家Ⅱ级	平利县
狭叶瓶尔小草	省重点	平利八仙乡
麦吊云杉	省重点	平利县、镇坪县
庙台槭	省重点	平利县、岚皋县、南郑县
陕西鹅耳枥	省重点	平利县
有齿鞘柄木	省重点	平利县
山白树	省重点	区内各县
青钱柳	省重点	平利县、镇坪县、岚皋县
串果藤	省重点	平利县、镇坪县
川桂	省重点	平利县
檫木	省重点	镇坪县
延龄草	省重点	平利县、镇坪县、岚皋县
小勾儿茶	省重点	岚皋县
风箱树	省重点	平利县
大血藤	省重点	平利县
叉叶蓝	省重点	镇坪县
银鹊树	省重点	宁强县、平利县、岚皋县
白辛树	省重点	平利县、岚皋县、宁强县
紫茎	省重点	平利县(千家坪、八道)
假牛繁缕	省重点	平利县

第二节 植物资源

陕西省植物资源丰富，有苔藓植物67科171属450种，约占全国科数的62%，属数的34.6%，种数的20.6%。维管束植物198科1185属3813种。其中蕨类和拟蕨类27科，占全国同类科数的51.9%。我国现有裸子植物11科中，除南洋杉科、买麻藤科外，陕西都有分布。被子植物162科，占全国同类科数的71.7%。按陕西省区系所包含种的数目，与东北、华北及西北各省区比较，居于前列，占全国总种数的 14.0%。植物种类以秦岭山区最为丰富，根据《秦岭植物志》(1~5)卷记载及近年新增补的资料，秦岭有种子植物 197 科 1007 属 3446 种，其中裸子植物共有 9 科 23 属 45 种，被子植物 188 科 984 属 3401 种。关中平原和陕北黄土高原植物区系较为贫乏。陕西植物种类丰富程度，还可以从科、属的大小或它们所含种属的多少表现出来，如我国种子植物中 4 个含千种以上的特大科，在陕西除兰科外，都含 200~300 种以上。陕西省有国家Ⅰ级保护野生植物苏铁、银杏、红豆杉、水杉、华山新麦草、珙桐、光叶珙桐、独叶草共 8 种，国家Ⅱ级保护野生植物 23 种，陕西省重点保护野生植物 58 种。

在陕西省引入栽培的树种中，有的历史悠久，有的已形成新的栽培分布区。例如银杏，传周至楼观台栽培有2000 多年生的古银杏树，长安南五台、留坝县的白果树村，岚皋县的樟树坪等地也有栽培，一些地区还有不少古树、大树。华北落叶松为中国特产树种，是华北地区高山针叶林带中的主要森林树种，天然分布于河北、山西等省，1958 年最先在黄龙山林区引种，以后陆续在桥山、秦岭林区进行引种试验和造林，已形成较大面积的华北落叶松人工用材林。水杉为中国特产的古老稀有的珍贵树种，陕西最早引种水杉的是原西北农学院林学系，陕南和关中栽培较为普遍。陕西引种刺槐，多集中栽培在秦岭以北、延安以南的地域内，已成为荒山造林和黄土丘陵沟壑区及浅山区营造水土保持林的主要树种。油橄榄在我国主要栽培在长江流域以南地区，陕西引种栽培油橄榄，于汉中市褒河林场；以后面积有所扩大，但因生态因素与原产地差异较大，效果不理想。

2009 年 7 月，陕西省林业厅实施国家 948“欧洲大粒樱桃良种、优质砧木及高效栽培技术引进”项目在西安通过了国家林业局组织的现场审定。11 月，该项目在河南郑州通过了国家林业局组织的验收。同年 11 月，陕西省林业厅受国家林业局委托“美国大扁桃良种及丰产栽培技术推广”项目通过国家林业局组织的会议验收。

陕西省主要树种详见名录。

陕西省主要树种名录*

中文名称	学名
1. 银杏科	Ginkgoaceae
银杏	*Ginkgo biloba* Linn.
2. 松科	Pinacaea
铁坚油杉	*Keteleeria davidiana* (Bertr.) Beissn.(常绿)
巴山冷杉	*Abies fargesii* Franch. (常绿)
秦岭冷杉	*Abies chensiensis* Van Tiegh. (常绿)
黄杉	*Pseudotsuga sinensis* Dode(常绿)
铁杉	*Tsuga chinensis* (Franch.)Prita(常绿)
云杉	*Picea asperata* Masters.(常绿)
青杆	*Picea wilsonii* Mast.(常绿)

* 乔木没有标记，落叶树种没有标记。

大果青杆	*Picea neoveitchii* Mast. (常绿)
雪松	*Cedrus deodara* (Roxb.) G. Don. (常绿)
太白红杉	*Larix chinensis* Beissn.
华北落叶松	*Larix principis-rupprechtii* Mayr
日本落叶松	*Larix kaempferi* Carr.
黄花落叶松	*Larix olgensis* Henry
马尾松	*Pinus massoniana* Lamb. (常绿)
巴山松	*Pinus henryi* Mast. (常绿)
油松	*Pinus tabulaeformis* Carr. (常绿)
白皮松	*Pinus bungeana* Zucc. ex Endl. (常绿)
华山松	*Pinus armandii* Franch. (常绿)
樟子松	*Pinus sylvestris* var. *mongolica* Litv. (常绿)
3. 杉科	Taxodiaceae
杉木	*Cunninghamia lanceonata* (Lamb.) Hook(常绿)
水杉	*Metasequoia glyptostroboides* Hu et Cheng
柳杉	*Cryptomeria fortunei* Hooibrenk ex Otto et Diert. (常绿)
4. 柏科	Cupressaceae
侧柏	*Platycladus orientalis*(L.)Franco(常绿)
千头柏(灌木)	*P1atycladus orientalis*(L.)Franco 'Sieboldii' (常绿)
柏木	*Cupressus funebris* Endl. (常绿)
香柏(爬柏)	*Sabina wilsonii* (Rehd.) Cheng et L. K. Fu(常绿)(灌木)
高山柏	*Sabina squamata* Ant. (常绿)
叉子圆柏(臭柏)	*Sabina vulgaria* Ant. (常绿)(灌木)
刺柏	*Juniperus formosana* Hayata (常绿)(小乔木)
杜松	*Juniperus rigida* Sieb. et Zucc. (常绿)(小乔木)
5. 三尖杉科	Cephalotaxace
三尖杉	*Cephalotaxus fortunei* Hook. f. (常绿)(灌木)
粗榧	*Cephalotaxus sinensis*(Rehd. et Wils.)Li(常绿)(灌木)
6. 红豆杉科	Taxacea
红豆杉	*Taxus chinensis* (Pilger)Rehd. (常绿)(小乔木)
7. 杨柳科	Salicaceae
山杨	*Populus davidiana* Dode
小叶杨	*Populus simonii* Carr.
青杨	*Populus cathayana* Rehd.
箭杆杨	*Populus usbekistanica* 'Afghanica Bugala'
毛白杨	*Populus tomentosa* Carr.
响叶杨	*Populus adenopoda* Maxim.

河北杨	*Populus hopeiensis* HU et Chow
新疆杨	*Populus alba* cv. Pyramidalis
太白杨(波氏杨)	*Populus purdomii* Rehd.
椅杨	*Populus wilsonii* Schneid
垂柳	*Salix babylonica* Linn.
旱柳	*Salix matsudana* KoidZ.
北沙柳(沙柳)	*Salix psammophila* C. Wang et Ch. Y. Yang(灌木)
8. 核桃科	Juglandaceae
核桃	*Juglans regia* Linn.
野核桃	*Juglans cathayensis* Dode
核桃楸	*Juglans mandshurica* Maxim.
枫杨	*Pterocarya stenoptera* C. DC.
湖北枫杨	*Pterocarya hupehensis* Skan
华西枫杨	*Pterocarya insignis* Rehd. et Wils.
甘肃枫杨	*Pterocarya macroptera* Batal.
化香	*Platycarya strobilacea* Sieb. et Zucc.
青钱柳	*Cyclocarya paliurus* (Batal.) Iljinsk
9. 桦木科	Betulaceae
光皮桦	*Betula luminifera* Winkl.
牛皮桦	*Betula utilis* D. Don.
红桦	*Betula albo-sinensis* Burk
香桦	*Betula insignis* Franch.
坚桦	*Betula chinensis* Maxim.
白桦	*Betula platyphylla* Suk.
桤木	*Alnus cremastogyne* Burk.
10. 榛科	Corylaceae
藏刺榛	*Corylus ferox* Wall. var. *thibetica* (Batal.) Franch.
榛	*Corylus heterophylla* Fisch. (小乔木)
华榛	*Corylus chinensis* Fraach.
披针叶榛	*Corylus fargesii* Schneid.
虎榛子	*Ostryopsis davidiana* (Ball.) Decne(灌木)
鹅耳枥	*Carpinus turczaninowii* Hance
千金榆	*Carpinus cordata* Bl.
陕西鹅耳枥	*Carpinus shensiensis* Hu
川陕鹅耳枥	*Carpinus fargesiana* H. Winkl.
铁木	*Ostrya japonica* Sarg.
11. 壳斗科	Fagaceae
水青冈	*Fagus longipetiolata* Seem.

米心水青冈	*Fagus engleriana* Seem.
巴山水青冈	*Fagus pashanica* C. C. Yang
茅栗	*Castanea sequinii* Dode
锥栗	*Castanea henryi* (Skan) Rehd. et Wils.
板栗	*Castanea mollissima* Bl.
青冈	*Cyclobalanopsis glauca* (Thunb.) Oerst.(常绿)
曼青冈	*Cyclobalanopsis oxyodon* (Miq.) Oerst. (常绿)
小叶青冈	*Cyclobalanopsis myrsinaefolia* (Bl.) Oerst.(常绿)
多脉青冈	*Cyclobalanopsis multinervis* Cheng et Hong(常绿)
刺橡	*Quercus spinosa* David. ex Fr. (常绿)
麻栎	*Quercus acutissima* Carr.
栓皮栎	*Quercus variabilis* B
槲树	*Quercus dentata* Thunb. (小乔木)
锐齿栎	*Quercus aliena* BI. var. *acuteserrata* Maxim.
槲栎	*Quercus aliena* Bl. (小乔木)
橿子栎	*Quercus baronii* Skan(常绿)
巴东栎	*Quercus engleriana* Seem. (常绿)
枹栎	*Quercus glandulifera* Bl.
短柄枹栎	*Quercus glandulifera* Bl. var. *brevipetiolata* (DC.)Nakai(小乔木)
匙叶栎	*Quercus spathulata* Seem. (常绿)(小乔木)
岩栎	*Quercus acrodonta* Seem.(常绿)
辽东栎	*Quercus liaotungensis* Koidz
12. 榆科	Ulmaceae
榆树	*Ulmus pumila* Linn.
旱榆	*Ulmus glaucescens* Franch.
大果榆	*Ulmus macrocarpa* Hance.
兴山榆	*Ulmus bergmanniana* Schneid.
青檀	*Pteroceltis tatarinowii* Maxim.
朴树	*Celtis tetrandra* Roxb. Subsp. *sinensis* (Pets.) Y. C. Tang.
黑弹朴	*Celtis bungeana* BI.
大叶朴	*Celtis koraiensis* Nakai
珊瑚朴	*Celtis julianae* Schneid.
小叶榉	*Zelkova sinica* Schneid.
光叶榉	*Zelkova serrata* (Thunb.) Mak.
刺榆	*Hemiptelea davidii* (Hance) Planch. (小乔木)
13. 桑科	Moraceae
无花果	*Ficus carica* Linn. (小乔木)
异叶榕	*Ficus heteromorpha* Hemsl. (灌木)

柘树	*Cudrania tricuspidata* (Carr.) Bureau ex Lavall.
桑	*Morus alba* Linn.
鸡桑	*Morus australis* Poir.
华桑	*Morus cathayana* Hemsley.
蒙桑	*Morus mongolica* Schneid.
山桑	*Morus mongolica* Schneid. var. *diabolica* Koidz.
构树	*Broussonetia papyifera* (Linn.) L'Herit. ex Vent.
14. 荨麻科	Urticaceae
水麻	*Debregeasia edulis* (Sieb. et Zcuu.) Wedd. (灌木)
长叶水麻	*Debregeasia longifolia* Wedd. (灌木)
15. 檀香科	Santalaceae
米面翁	*Buckleya lanceolata* Miq. (灌木)
秦岭米面翁	*Buckleya graebneriana* Diels(灌木)
16. 马兜铃科	Aristolochiaceae
异叶马兜铃	*Aristolochia heterophylla* Hemsl.(木质藤本)
木通马兜铃	*Aristolochia manshuriensis* Kom. (小乔木)
17. 领春木科	Eupteleaceae
领春木	*Euptelea pleiospermum* Hook. f. et Thoms.
18. 连香树科	Cercidiphyllaceae
连香树	*Cercidiphyllum japonicum* Sieb. et Zucc.
19. 毛茛科	Kanunculaceae
牡丹	*Paeonia suffmticosa* Andr. (灌木)
20. 木通科	Lardizabalaceae
猫儿屎	*Decaisnea fargesii* Franch. (灌木)
三叶木通	*Akebia trifoliata* (Thunb.) Koidz. (木质藤本)
串果藤	*Sinofranchetia chinensis* (Franch.) Hemsl.(木质藤本)
牛姆瓜	*Holboellia grandiflora* Reaub. (常绿)(木质藤本)
五角藤	*Holboellia fargesii* Reaub. (常绿)(木质藤本)
21. 大血藤科	Sargentodoxaceae
大血藤	*Sargentodoxa cuneata* Rehd. et Wils.(木质藤本)
22. 小檗科	Berberidaceae
南天竹	*Nandina domestica* Thunb. (常绿)(灌木)
阔叶十大功劳	*Mahonia bralii* (Fort.) Carr. (常绿)(灌木)
小檗	*Berberis amurensis* Rupr. (灌木)
假豪猪刺	*Berberis soulieana* Schneid. (常绿)(灌木)
秦岭小檗	*Berberis circumserrata* Schneid.(灌木)
毛脉小檗	*Berberis giraldii* Hesse.(灌木)
网脉小檗	*Berberis reticulata* Byhouw.(灌木)

直立小檗	*Berberis dasystachya* Maxim.（灌木）
川鄂小檗	*Berberis henryana* Schneid.（灌木）
异长穗檗	*Berberis feddeana* Schneid.（灌木）
长穗小檗	*Berberis dolichobotrys* Fedde（灌木）
23. 防己科	Menispermaceae
木防己	*Cocculus orbiculatus*（L.）DC.（木质藤本）
汉防己	*Sinomenium acutum* var. *cinereum*（Dels）Rehd. et W.（木质藤本）
24. 木兰科	Magnoliaceae
玉兰	*Magnolia denudata* Desr.
武当玉兰	*Magnolia sprengeri* Pamp.
望春玉兰	*Magnolia biondii* Pamp.
广玉兰	*Magnolia grandiflora* Linn.（常绿）
厚朴	*Magnolia officinalis* Rehd. et Wils.
凹叶厚朴	*Magnolia officinalis* ssp. *biloba*（Rehd. et Wils.）Law.
紫玉兰	*Magnolia liliflora* Desr.（灌木）
鹅掌楸	*Liriodendron chinensis* Sarg.
25. 五味子科	Schisandraceae
华中五味子	*Schisandra sphenanthera* Rehd. et Wils.（木质藤本）
狭叶五味子	*Schisandra lancifolia* A. C. Smith（木质藤本）
26. 八角科	Illiciaceae
红回香	*Illicium henryi* Diels.（常绿）
27. 蜡梅科	Calycanthaceae
蜡梅	*Chimonanthus praecox*（Linn.）Link（灌木）
28. 水青树科	Tetracentraceae
水青树	*Tetracentron sinense* Oliv.
29. 樟科	Lauraceae
湘楠	*Phoebe hunanensis* Hand. -Mazz.（常绿）
山楠	*Phoebe chinensis* Chun.（常绿）
油樟	*Cinnamomum longepaniculatum* N. Chao（常绿）
银木	*Cinnamomum septentrionale* Hand. -Mzt.（常绿）
川桂	*Cinnamomum wilsonii* Gamble（常绿）
檫木	*Sassafras tzumu*（Hemsl.）Hemsl.
木姜子	*Litsea pungens* Hemsl.（小乔木）
秦岭木姜子	*Litsea tsinlingensis* Ynag et P. H. Huang.（小乔木）
三桠乌药	*Lindera obtusiloba* BI.
山胡椒	*Lindera glauca*（Sieb. et Zucc.）BI.（小乔木）
30. 虎耳草科	Saxifragaceae
山梅花	*Philadelphus incanus* Koehne（灌木）

绢毛山梅花	*Philadelphus sericanthus* Koehne(灌木)
北京山梅花	*Philadelphus pekinensis* Rupr. (灌木)
异色溲疏	*Deutzia discolor* Hemsl. (灌木)
光叶大花溲疏	*Deutzia grandiflora* Bunge var. *glabrata* Maxim(灌木)
楔叶大花溲疏	*Deutzia grandiflora* Bunge. ver. *baroniana* Rehd. (灌木)
粉背溲疏	*Deutzia hypoglauca* Rehd. (灌木)
小花溲疏	*Deutzia parviflora* Bunge(灌木)
碎花溲疏	*Deutzia parviflora* Bunge var. *micrantha* (Engl.) Rehd. (灌木)
长梗溲疏	*Deutzia vilmorinae* Lem. et Bois(灌木)
东陵绣球	*Hydrangea bretschneideri* Dipp. (灌木)
圆锥绣球	*Hydrangea paniculata* Sieb. (灌木)
冠盖绣球	*Hydrangea anomala* D. Dom. (灌木)
长柄绣球	*Hydrangea longipes* Franch. (灌木)
挂苦绣球	*Hydrangea xanthoneura* Diels(灌木)
锈毛绣球	*Hydrangea fulvescens* Rehd. (灌木)
柔毛绣球	*Hydrangea villosa* Rehd. (灌木)
冰川茶藨	*Ribes glaciale* Wall. (灌木)
腺毛茶藨	*Ribes giraldii* Jancz. (灌木)
美丽茶藨	*Ribes pulchellum* Turcz. (灌木)
宝兴茶藨	*Ribes moupinense* Franch. (灌木)
糖茶藨	*Ribes emodense* Rehd. (灌木)
刺果茶鹿	*Ribes maximowiczii* Batal. (灌木)
细枝茶鹿	*Ribes tenue* Jancz. (灌木)
华茶藨	*Ribes fasciculatum* Sieb. et Zucc. var. *chinense* Maxim. (灌木)
31. 铁青树科	Olacaceae
青皮木	*Schoepfia jasminodora* Sieb. et Zucc.
32. 海桐花科	Pittosporaceae
海桐	*Pittosporum tobira* (Thunb.) Ait. (常绿)(灌木)
柄果海桐	*Pittosporum podocarpum* Gagnep. (常绿)(灌木)
33. 金缕梅科	Hamamelidaceae
枫香	*Liquidambar formosana* Hance
牛鼻栓	*Fortunearia sinensis* Rehd. et Wils.
山白树	*Sinowilsonia henryi* Hemsl.
34. 杜仲科	Eucommiaceae
杜仲	*Eucommia ulmoides* Oliv.
35. 悬铃木科	Platanaceae
法桐	*Platanus orientalis* L.
英桐	*Platanus acerifolia* (Ait) Willd.

美桐　*Platanus occidentalis* Linn.
36. 蔷薇科　Rosaceae
南梨　*Neillia sinensis* Oliv.（灌木）
川西南梨　*Neillia ribesoides* Rehd.（灌木）
华北绣线菊　*Spiraea fristchiana* Schneid.（灌木）
尖叶粉花绣线菊　*Spiraea japomica* L. f. var. *acuminata* Franch.（灌木）
大叶华北绣线菊　*Spiraea fritschana* var. *angulata*（Fritsch ex Schneid）Rehd.（灌木）
绣球绣线菊　*Spiraea blumei* G. Don.（灌木）
土庄绣线菊　*Spiraea pubescens* Turcz.（灌木）
圆叶硬毛绣线菊　*Spiraea hirsuta* var. *rotundifolia*（Hemsl.）Rehd.（灌木）
高山绣线菊　*Spiraea alpina* Pall.（灌木）
细枝绣线菊　*Spiraea myrtilloides* Rehd.（灌木）
蒙古绣线菊　*Spiraea mongolica* Maxim.（灌木）
华北珍珠梅　*Sorbaria kirilowii*（Regel）Maxim.（灌木）
光叶高丛珍珠梅　*Sorbaria arborea* Schneid. var. *glabrata* Rehd.（灌木）
毛叶灰栒子　*Cotoneaster acutifolia* Turcz. var. *villosulus* Rehd. et Wils.（灌木）
红柄白鹃梅　*Exochorda giraldii* Hesse（灌木）
西北栒子　*Cotoneaster zabeli* Schneid.（灌木）
水栒子　*Cotoneaster multifiora* Bge.（灌木）
灰栒子　*Cotoneaster acutifolia* Turcz.（灌木）
细弱栒子　*Cotoneaster gracilis* Rehd. et Wils.（灌木）
散枝栒子　*Cotoneaster divaricatus* Rehd. et Wils.（灌木）
麻核栒子　*Cotoneaster foveolatus* Rehd. et Wils.（灌木）
火棘　*Pyracantha fortuneana*（Maxim.）Li.（常绿）
山楂　*Crataegus pinnatifida* Bge.
湖北山楂　*Crataegus hupehensis* Sarg.
野山楂　*Crataegus cuneata* Sieb. et Zucc.
石楠　*Photinia serrulata* Lindl.（常绿）
椤木石楠　*Photinia davidsoniae* Rehd. et Wils.（常绿）
中华石楠　*Photinia beauverdiana* Schneid.
毛叶石楠　*Photinia villosa*（Thunb.）DC.
陕甘花楸　*Sorbus koehneana* Schneid.
水榆花楸　*Sorbus alnifolia* K. Koch.
秦岭花楸　*Sorbus tsinglingensis* C. L. Tang.
石灰花楸　*Sorbus folgneri* Rehd.
湖北花楸　*Sorbus hupehensis* Schneid.
枇杷　*Eriobotrya japonica*（常绿）
木瓜　*Chaenomeles sinensis*（Thouni）Koehne.

皱皮木瓜	*Chaenomeles speciosa* (Sweet) Nakai(灌木)
杜梨	*Pyrus betulaefolia* Bge.
白梨	*Pyrus bertschneideri* Rehd.
山荆子	*Malus baccata* (L.) Borkh.
毛山荆子	*Malus mandshurica* (Maxim.) Komar.
湖北海棠	*Malus hupehensis* Rehd.
三叶海棠	*Malus sieboldii* (Regel.) Rehd.
河南海棠	*Malus honanensis* Rehd.
滇池海棠	*Malus yunnanensis* (Fr.) Schneid.
苹果	*Malus pumila* Mill.
唐棣	*Amelanchier sinica* (Schneid.) Chun
锐齿臭樱	*Maddenia incisoserrata* Yu et Ku(小乔木)
蔷薇	*Rosa multiflora* Thunb. var. *cathayensis* Rehd. et Wils. (灌木)
秦岭蔷薇	*Rosa tsinglingensis* Pax(灌木)
伞房蔷薇	*Rosa corymbulosa* Rolf. (灌木)
陕西蔷薇	*Rosa giraldii* Crep. (灌木)
刺梨	*Rosa roxburghii* Tratt. (灌木)
玫瑰	*Rosa rugosa* Thunb. (灌木)
尾萼蔷薇	*Rosa caudat* Bak. (灌木)
软条七蔷薇	*Rosa henryi* Bouleng. (灌木)
木香花	*Rosa banksiae* Ait. (灌木)
棣棠花	*Kerria japonica* (Linn.) DC. (灌木)
喜阴悬钩子	*Rubus mesogaeus* Focke. (木质藤本)
弓茎悬钩子	*Rubus flosculosus* Focke(木质藤本)
白叶莓	*Rubus innominatus* S. Moore(木质藤本)
绵果悬钩子	*Rubus lasiostylus* Focke(木质藤本)
茅莓	*Rubus parvifolius* Linn. (木质藤本)
插田泡	*Rubus coreanus* Miq. (木质藤本)
美丽悬钩子	*Rubus amabilis* Focke(木质藤本)
高粱泡	*Rubus lambertianus* Ser. (木质藤本)
多腺悬钩子	*Rubus phoenicolasius* Maxim. (木质藤本)
山莓	*Rubus telepados* Focke(木质藤本)
红泡刺藤	*Rubus niveus* Thunb. (木质藤本)
华西银蜡梅	*Potentilla veitchii* Wils. (灌木)
杏树	*Prunus armeniaca* Linn.
山杏	*Prunus armeniaca* L. var. *ansu* Maxim.
李树	*Prunus salicina* Lindl.
麦李	*Prunus glandulosa* Thunb.

桃树	*Prunus persica* (L.) Batsch
山桃	*Prunus davidiana* (Carr.) Fr.
甘桃	*Prunus kansuensis* Rehd.
毛叶樱桃	*Prunus hirtifolia* Koehne
毛叶欧李	*Prunus dictyoneura* Diels.
毛山樱桃	*Prunus tomentosa* Thunb.
多毛樱桃	*Prunus polytricha* Koehne
锥腺樱桃	*Prunus conadenia* Koehne
毛山樱花	*Prunus serrulata* var. *pubescens* (Makino) Wils.
四川樱桃	*Prunus szechuanica* Batal
榆叶梅	*Prunus triloba* Lindl. (灌木)
稠李	*Prunus padus* Linn.
橉木稠李	*Prunus buergeriana* Miq.
细齿稠李	*Prunus vaniotii* Levl.
星毛稠李	*Prunus stellipila* Koehne
短梗稠李	*Prunus brachypodo* Batal.
扁核木	*Prinsepia uniflora* Batal. (灌木)
37. 含羞草科	Mimosaceae
合欢	*Albizia julibrissin* Durazz.
山合欢	*Albizia kalkora* (Roxb.) Prain
38. 云实科	Caesalpiniaceae
皂角	*Gleditsia sinensis* Lam.
紫荆	*Cercis chinensis* Bge. (小乔木)
云实	*Caesalpinia decapeyala* (Roth) Alston(灌木)
39. 蝶形花科	Papilionaceae
白刺花	*Sophora davidii*(Franch.) Kom ex Pav. (灌木)
苦参	*Sophora flavescens* Ait. (亚灌木)
中槐	*Sophora japonica* Linn.
龙爪槐	*Sophora japonica* Linn. f. pendula Lond.
红豆树	*Ormosia hosiei* Hemsl. et Wils.
香槐	*Cladrastis wilsonii* Takeda
马鞍树	*Maackia chinensis* Takeda
葛藤	*Pueraria lobata* (Willd) Ohwi. (木质藤本)
常春油麻藤	*Mucuna sempervirens* Hemsl. (木质藤本)
紫穗槐	*Amorpha fruticosa* Linn. (灌木)
刺槐	*Robinia pseudoacacia* L.
黄檀	*Dalbergia hupeana* Hance
花木蓝	*Indigofara kirilowii* Maxim. ex Palibin(灌木)

多花木蓝	*Indigofara amblyantha* Craib(灌木)
圆菱叶山蚂蝗	*Desmodium podocarpum* DC.（灌木）
圆锥山蚂蝗	*Desmodium elegans* Benth.（灌木）
锦鸡儿	*Caragana sinica* Rehd.（灌木）
毛条	*Caragana korshinskii* Kom.（灌木）
树锦鸡儿	*Caragana arborescens*（Amm.）Lam.（小乔木）
柄荚锦鸡儿	*Caragana stipitata* Kom.（灌木）
花棒	*Hedysarum scoparium* Fisch. et Mey.（灌木）
踏郎	*Hedysarum leave* Maxim.（灌木）
胡枝子	*Lespedeza bicolor* Turcz.（灌木）
绿叶胡枝子	*Lespedeza buergeri* Miq.（灌木）
美丽胡枝子	*Lespedeza formosa*(Vog.) Koehne(灌木)
太白杭子梢	*Campylotropis giraldii* Schindl.（灌木）
杭子梢	*Campylotropis macrocarpa*（Bge.）Rend.（灌木）
40. 芸香科	Rutaceae
秃叶黄皮树	*Phellodendron chinense* Schneid. var. *glabriusculum*
花椒	*Zanthoxylum bungeanum* Maxim.（灌木或小乔木）
朵椒	*Zanthoxylum molle* Rehd.
竹叶花椒	*Zanthoxylum armatum* DC.（小乔木）
吴茱萸	*Euodia rutaecarpa* Benth.
臭檀	*Euodia daniellii*（Benn.）Hemsl. ver. *henryi* Huang
湖北臭檀	*Euodia daniellii*（Benn.）Hemsl. var. *hupehensis* Hua
橙	*Citrus sinensis*（Linn.）Osbeck(常绿)
柚	*Citrus grandis*（L.）Osbeck（常绿）
41. 苦木科	Simarubaceae
苦木	*Picrasma quassioides* Benn.
臭椿	*Ailanthus altissima*（Mill.）Sw.
42. 楝科	Meliaceae
香椿	*Toona sinensis* Roem.
楝树	*Melia azedarach* Linn.（灌木）
43. 大戟科	Euphorbiaceae
重阳木	*Bischofia polycarpa*（Levl.）Airy
油桐	*Vernicia fordii*（Hemsl.）Airy
假奓包叶	*Discocleidion rufescens*（Fr.）Pax et Hoffm.(灌木)
软毛黑钩叶	*Leptopus chinensis*. var. *pubescens*（Hutch.）S. B. Ho.(灌木)
叶底珠	*Securinega suffruticosa*（Pall.）Rehd.(灌木)
白背叶	*Mallotus apelta*（Lour.）Muell.(灌木)
野桐	*Mallotus japonicus*（Thunb.）Muell.(小乔木)

乌桕　*Sapium sebiferum* (L.) Roxb.
山乌桕　*Sapium discolor* (Champ.) Muell.
44. 黄杨科　Buxaceae
黄杨　*Buxus sinica* (Rehd. et Wils.) Cheng(常绿)(灌木)
顶蕊三角米　*Pachysandra terminalis* Sieb. et Zucc.(常绿)(灌木)
45. 马桑科　Coriariaceae
马桑　*Coriaria nepalansis* Wall.(灌木)
46. 漆树科　Anacardiaceae
黄连木　*Pistacia chinensis* Bge.
粉背黄栌　*Cotinus coggygria* Scop. var. *glaucophylla* C. Y. Wa(小乔木)
盐肤木　*Rhus chinensis* Mill.
青麸杨　*Rhus potaninii* Maxim.
红麸杨　*Rhus punjabensis* Stewar. var. *sinica* Rehd. et Wils.
火炬树　*Rhus typhina* Linn.
漆树　*Toxicodendron vemicifluum* (Stokes) F. A. Barkl.
47. 冬青科　Aquifoliaceae
猫儿刺　*Ilex pernyi* Franch.(常绿)(小乔木)
48. 卫矛科　Celastraceae
白杜　*Euonymus bungeana* Maxim.
冬青卫矛　*uonymus japonica* Thunb.(常绿)(灌木)
卫矛　*Euonymus alatus* (Thunb.) Sieb.(灌木)
华东卫矛　*Euonymus hamiltoniana* Wall. var. *macckii* (Rupr.)(小乔木)
栓翅卫矛　*Euonymus phellomanus* Loes.(灌木)
交东卫矛　*Euonymus kiautschovica* Loes.(常绿)(小乔木)
小果卫矛　*Euonymus microcarpa* (Oily.) Sprague(灌木)
纤齿卫矛　*Euonymus giraldii* Loes.(灌木)
苦皮藤　*Celastrus angulatus* Maxim.(木质藤本)
南蛇藤　*Celastrus orbiculatus* Thunb.(木质藤本)
粉背南蛇藤　*Celastrus hypoleucus* (Oliy.) Warb. apud Loes.(木质藤本)
灰叶南蛇藤　*Celastrus glaucophyllus* Rehd. et Wils.(木质藤本)
49. 省沽油科　Staphyleaceae
膀胱果　*Staphylea holocarpa* Hemsl.
省沽油　*Staphylea bumalda* DC.
银雀树　*Tapiscia sinensis* Oliv.
野鸦椿　*Euscaphis japonica* (Thunb.) Kanitz
50. 槭树科　Aceracea
金钱槭　*Dipteronia sinensis* Oliv.
三角槭　*Acer buergerianum* Miq.

飞蛾树	*Acer oblongum* Wall. ex DC.（常绿）
庙台槭	*Acer miaotaiense* Tsoong
元宝枫	*Acer truneatum* Bunge
五角枫	*Acer mono* Maxim.
青榨槭	*Acer davidi* Fr.
葛萝槭	*Acer grosseri* Pax
槭	*Acer* spp.
四蕊槭	*Acer tetramerum* Pax
秦岭槭	*Acer tsinglingense* Fang et Hsieh
蒿坪四蕊槭	*Acer tetramerum* Pax var. *haopingense* Fang
杈叶槭	*Acer robustum* Pax
建始槭	*Acer henryi* Pax
陕西槭	*Acer shensiense* Fang
茶条槭	*Acer ginnala* Maxim.
五尖槭	*Acer maximowiczii* Pax
房县槭	*Acer franchetii* Pax
五裂槭	*Acer oliverianum* Pax
51. 七叶树科	Hippocastanaceae
七叶树	*Aesculus chinensis* Bge.
52. 无患子科	Sapindaceae
无患子	*Sapindus mukorossi* Gaert.
栾树	*Koelreuteria paniculata* Laxm.
文冠果	*Xanthoceras sorbifolia* Bge.（小乔木）
53. 清风藤科	Sabiaceae
清风藤	*Sabia japonica* Maxim.（木质藤本）
四川清风藤	*Sabia schumanniana* Diels（木质藤本）
泡花树	*Meliosma dilleniifolia* Walp. ssp. *cuneifolia* Beeus.
暖木	*Meliosma veitchiorum* Hemsl.
珂楠树	*Meliosma beaniana* Rehd. et Wils.
红枝柴	*Meliosma oldhamii* Miq.
54. 鼠李科	Rhamnaceae
铜钱树	*Paliurus hemsleyanus* Rehd.
鼠李	*Rhamnus davurca* Pall.（灌木）
小叶鼠李	*Rhamnus parvifolia* Bunge(灌木)
黑桦树	*Rhamnus maximovicziana* J. Vass.（灌木）
邹叶鼠李	*Rhamnus rugulosa* Hemsl.（灌木）
刺鼠李	*Rhamnus dumetorum* Schneid.（灌木）
冻绿	*Rhamnus utilis* Decne.（灌木）

甘青鼠李	*Rhamnus tangutica* J. Vass. （灌木）
对节刺	*Sageretia pycnophylla* Schneid. （灌木）
枣树	*Zizyphus jujuba* Mill.
酸枣	*Zizyphus jujuba* Mill, var. *spinosa*（Bunge）Hu ex H. F. Chow.（灌木）
北枳椇	*Hovenia dulcis* Thunb.
勾儿茶	*Berchemia sinica* Schneid. （灌木）
多叶勾儿茶	*Berchemia polyphylla* Wall. ex M. A. Laws. （灌木）
55. 葡萄科	Vitaceae
复叶葡萄	*Vitis piasezkii* Maxim. （木质藤本）
毛葡萄	*Vitis quinquangularis* Rehd. （木质藤本）
秋葡萄	*Vitis romanetii* Roman. du Caill. ex Planch. （木质藤本）
网脉葡萄	*Vitis wilsonae* Veitch. （木质藤本）
葡萄	*Vitis vinifera* Linn. （木质藤本）
爬山虎	*Parthenocissus tricuspidata*（Sieb. et Zucc.）Planch. （木质藤本）
律叶蛇葡萄	*Ampelopsis humulifolia* Bge. （木质藤本）
蛇葡萄	*Ampelopsis bodinieri* Rehd. （木质藤本）
大叶蛇葡萄	*Ampelopsis megalophylla* Diels et Gilg(木质藤本)
56. 椴树科	Tiliaceae
华椴	*Tilla chinensis* Maxim.
少脉椴	*Tilia paucicostata* Maxim.
宁陕少脉椴	*Tilia paucicostata* Maxim. var. *ningshanensis* P. H. Yang
红皮椴	*Tilia paucicostata* Maxim. var. *dictyoneura* Chang et Ma
粉椴	*Tilia oliveri* Szyszyl.
扁担杆	*Grewia biloba* G. Don(灌木)
57. 锦葵科	Malvaceae
木槿	*Hibiscus syriacus* Linn. （小乔木）
58. 梧桐科	Sterculiaceae
梧桐	*Firmiana platanifolia*（L. f.）Marsili
59. 猕猴桃科	Actinidiaceae
中华猕猴桃	*Actinidia chinensis* Planch. （木质藤本）
硬毛猕猴桃	*Actinidia chinensis* Planch. var. *hispida* C. F. Liang(木质藤本)
葛枣猕猴桃	*Actinidia polygama*（Sieb. et Zucc.）Maxim. （木质藤本）
软枣猕猴桃	*Actinidia arguta* Planch. ex Miq. （木质藤本）
黑蕊猕猴桃	*Actinidia melanandra* Franch. （木质藤本）
狗枣猕猴桃	*Actinidia kolomikta* Maxim. （木质藤本）
紫果猕猴桃	*Actinidia arguta* var. *purpurea*(Rehd.）C. F. Liang(木质藤本)
四萼猕猴桃	*Actinidia tetramera* Maxim. （木质藤本）
藤山柳	*Clematoclethra lasioclada* Maxim. （木质藤本）

绵毛藤山柳	*Clematoclethra lanosa* Rehd.（木质藤本）
60. 山茶科	Theaceae
茶	*Camellia sinensis*（L.）Kuntze(常绿)(灌木)
油茶	*Camellia oleifera* Abel.（常绿)(灌木)
短柱柃	*Eurya brevistyla* Kobuski(常绿)(灌木)
翅柃	*Eurya alata* Kobuski(常绿)(灌木)
陕西紫茎	*Stewartia shensiensis* chang
61. 藤黄科	Guttiferae
金丝桃	*Hypericum chinense* Linn.（灌木）
62. 柽柳科	Tamaricaceae
柽柳	*Tamarix chinensis* Lour.
多枝柽柳	*Tamarix ramosissima* Ledeb.
63. 大风子科	Flacourtiaceae
毛叶山桐子	*Idesia polycarpa* Maxim. var. *vestita* Diels
山拐枣	*Poliothyrsis sinensis* Oliv.
64. 旌节花科	Stachyuraceae
中国旌节花	*Stachyurus chinensis* Franch.（灌木）
65. 瑞香科	Thymelaeaceae
头状荛花	*Wikstroemia capitata* Rehd.（灌木）
芫花	*Daphne genkwa* Sieb. et Zucc.（灌木）
黄瑞香	*Daphne giraldii* Nitsche(灌木)
66. 胡颓子科	Elaeagnaceae
胡颓子	*Elaeagnus pungens* Thunb.（灌木）
披针叶胡颓子	*Elaeagnus lanceolata* Warb.(常绿)(灌木)
秋胡颓子	*Elaeagnus umbellata* Thunb.(灌木)
巴东胡颓子	*Elaeagnus difficilis* Serv.(常绿)(灌木)
翅果油树	*Elaeagnus mollis* Diels(小乔木)
沙枣	*Elaeagnus angustifolia* Linn.（小乔木）
中国沙棘	*Hippophae rhamnoides* Linn. ssp. *sinensis* Rousi(灌木)
67. 千屈菜科	Lythraceae
紫薇	*Lagerstroemia indica* Linn.（小乔木）
川黔紫薇	*Lagerstroemia excelsa*（Dode）Chun ex s. Lee et L. Lau
68. 石榴科	Punicaceae
石榴	*Punica granatum* Linn.（小乔木）
69. 蓝果树科	Nyssaceae
珙桐	*Davidia involucrate* Baill.
70. 八角枫科	Alangiaceae
八角枫	*Alangium chinense*（Aour.）Harms

瓜木	*Alangium platanifolium* (Sieb. et Zucc.) Harms.
71. 五加科	Araliaceae
常春藤	*Hedera nepalensis* K. Koch var. *sinensis* Rehd. (常绿)(木质藤本)
楤木	*Aralia chinensis* Linn. (小乔木)
五加	*Acanthopanax gracilistylus* W. W. Smith. (灌木)
柔毛五加	*Acanthopanax gracilistylus* W. W. Smith. var. *villosulus* (Harms) Li. (灌木)
糙叶五加	*Acanthopanax henryi* Harms(灌木)
狭叶五加	*Acanthopanax wilsonii* Harms(灌木)
蜀五加	*Acanthopanax serchuenensis* Harms ex Diels(灌木)
刺楸	*Kalopanax septemlobus* (Thunb.) Koidz.
通脱木	*Tetrapanax papyrifer* (Hook.) K. Koch(小乔木)
72. 山茱萸科	Comaceae
有齿鞘柄木	*Torricellia angulata* Olia. var. *intermedia*(Harms) Hu(灌木)
灯台树	*Bothrocaryum controversum* Pojark.
梾木	*Cornus macrophylla* Wall.
毛梾	*Cornus walteri* Wang
山茱萸	*Macrocarpium officinale* (Sieb. et Zucc.) Nakai
尖叶四照花	*Dendrobenthamia angustata* (Chun) Fang
青荚叶	*Helwingia japonica* (Thunb.) Dietr. (灌木)
中华青荚叶	*Helwingia chinensis* Batal. (灌木)
73. 杜鹃花科	Ericaceae
头状杜鹃	*Rhododendron capitatum* Maxim. (常绿)(灌木)
照山白	*Rhododendron micranthum* Turcz. (常绿)(小乔木)
金背杜鹃	*Rhododendron clementinae* ssp. *rcodorsalc* W. P. Fang(常绿)(小乔木)
秀雅杜鹃	*Rhododeron concinnun* Hemsl. (常绿)(小乔木)
太白杜鹃	*Rhododendron purdomii* Rehd. et Wils. (常绿小乔木)
74. 柿树科	Ebenaceae
柿树	*Diospyros kaki* L. f.
君迁子	*Diospyros latus* Linn.
75. 野茉莉科(安息香科) Styracaceae	
老鸹铃	*Styrax hemsleyanus* Diels
野茉莉	*Styrax japonicus* Sieb. et Zucc.
白辛树	*Pterostyrax psilophyllus* Diels ex Perk.
76. 木犀科	Oleaceae
白蜡树	*Fraxinus chinensis* Roxb.
陕西白蜡树	*Fraxinus chinensis* Roxb. var. *tomentosa* Lingelsh.

流苏树	*Chionanthus retusa* Lindl.
苦枥木	*Fraxinus retusa* Champ.
水曲柳	*Fraxinus mandshurica* Rupr.
连翘	*Forsythia suspensa* Vahl.（灌木）
黄素馨	*Jasminum floridum* Bge. ssp. *giraldii*（Diels）Miao（灌木）
秦连翘	*Forsythia giraldiana* Lingelsh.（灌木）
金钟花	*Forsythia viridissima* Lindl.（灌木）
白花丁香	*Syringa oblata* var. *alba* Hort. et Rehd.（灌木）
小叶丁香	*Syringa microphylla* Diels（灌木）
红丁香	*Syringa villosa* Vahl.（灌木）
秦岭丁香	*Syringa grialdiana* Schneid.（灌木）
女贞	*Ligustrum lucidum* Ait. f.（常绿）
小叶女贞	*Ligustrum quihoui* Carr.（常绿）（灌木）
小蜡	*Ligustrum sinense* Lour.（常绿）（灌木）
蜡子树	*Ligustrum acutissimum* Koehne（常绿）（灌木）
桂花	*Osmanthus fragrans* Lour.（常绿）（灌木或小乔木）
77. 马钱科	Loganiaceae
巴东醉鱼草	*Buddleja albiflora* Hemsl.（灌木）
周至醉鱼草	*Buddleja albiflora* Hemsl. var. *giraldii*（Diels）Rehd. et Wils（灌木）
78. 夹竹桃科	Apocynaceae
夹竹桃	*Nerium indicum* Mill.（常绿）（灌木）
络石	*Trachelospermum jasminoides*（Lindl.）Lem.（常绿）（木质藤本）
79. 萝藦科	Asclepiadaceae
杠柳	*Periploca sepium* Bunge（灌木）
秦岭藤	*Biondia chinensis* Schltr.（木质藤本）
峨眉牛皮消	*Cynanchum giraldii* Schltr.（木质藤本）
朱砂藤	*Cynanchum officinale*（Hemsl.）Tsiang et Zhang.（木质藤本）
80. 紫草科	Boraginaceae
粗糠树	*Ehretia macrophylla* Wall.
厚壳树	*Ehretia acuminata* R. Br. var. *obovata* Johnst.
81. 马鞭草科	Verbenaceae
荆条	*Vitex negundo* Linn. var. *heterophylla*（Franch.）Rehd.（灌木）
老鸦糊	*Callicarpa giraldii* Hesse ex Rehd.（灌木）
窄叶紫珠	*Callicarpa japonica* Thunb. var. *angustata* Rehd.（灌木）
三花莸	*Caryopteris temiflora* Maxim.（灌木）
海州常山	*Clerodendrum trichotomum* Thunb.（灌木）
82. 唇形科	Labiatae
木香薷	*Elsholtzia fruticosa*（D. Don.）Rehd.（灌木）

83. 茄科	Solanaceae
枸杞	*Lycium chinense* Mill.（灌木）
84. 玄参科	Scrophulariaceae
毛泡桐	*Paulownia tomentosa*（Thunb.）Steud.
光泡桐	*Paulownia tomentosa* var. *glabrata*（Rehd.）S. Z. Qu
兰考泡桐	*Paulownia elongata* S. Y. Hu
秋叶泡桐	*Paulownia catalpifolia* Gong Tong
白花泡桐	*Paulownia fortunei*（Seem.）Hemsl.
85. 紫葳科	Bignoniaceae
梓树	*Catalpa ovata* G. Don.
楸树	*Catalpa bungei* C. A. Mey.
灰楸	*Catalpa fargesii* Bur.
86. 茜草科	Rubiaceae
香果树	*Emmenopterys henryi* Oliv.
栀子	*Gardenia jasminoides*（L.）Ellis（常绿）（灌木）
87. 忍冬科	Caprifoliaceae
接骨木	*Sambucus williamsii* Hance（灌木）
荚蒾	*Viburnum dilatatum* Thunb.（灌木）
陕西荚蒾	*Viburnum schensianum* Maxim.（灌木）
皱叶荚蒾	*Viburnum rhytidophyllum* Hemsl.（灌木）
桦叶荚蒾	*Viburnum betulifolium* Batal.（灌木）
湖北荚蒾	*Viburnum hupehense* Rehd.（灌木）
啮蚀荚蒾	*Viburnum erosum* Thunb.（灌木）
合轴荚蒾	*Viburnum sympodiale* Graebn.（灌木）
蒙古荚蒾	*Viburnum mongolicum*（Pall.）Rehd.（灌木）
球花荚蒾	*Viburnum glomeraum* Maxim.（灌木）
猬实	*Kolkwitzia amabilis* Graebn.（灌木）
南方六道木	*Abelia dielsii*（Graebn.）Rehd.（灌木）
二翅六道木	*Abelia macrotera*（Graebn. et Buchw.）Rehd.（灌木）
忍冬	*Lonicera*
盘叶忍冬	*Lonicera tragophylla* Hemsl.（灌木）
郁香忍冬	*Lonicera fragrantissima*. ssp. *standishii*（Carr.）Hsu et H. J. Wang（灌木）
太白忍冬	*Lonicera taipeiensis* Hsu et H. J. Wang（灌木）
陇塞忍冬	*Lonicera tangutica* Maxim.（灌木）
袋花忍冬	*Lonicera saccata* Rehd.（灌木）
华西忍冬	*Lonicera webbiana* Wall. ex A. DC.（灌木）
蕊被忍冬	*Lonicera gynochlamydea* Hemsl.（灌木）

刚毛忍冬	*Lonicera hispida* Pall. ex Roem. et Schult.（灌木）
冠果忍冬	*Lonicera stephanocarpa* Franch.（灌木）
金花忍冬	*Lonicera chrysantha* Turcz.（灌木）
金银忍冬	*Lonicera maackii*（Rupr.）Maxim.（灌木）
须蕊忍冬	*Lonicera chrysantha* ssp. *koehneana*（Rehd.）Hsu et H. J. Wang（灌木）
双盾木	*Dipelta floribunda* Maxim.（灌木）
88. 菊科	Compositae
白沙蒿	*Artemisia sphaerocephala* Krasch.（亚灌木）
黑沙蒿	*Artemisia ordosica* Krasch.（亚灌木）
89. 禾本科	Gramineae
箭竹	*Sinarundinaria nitida*（Miff.）Nakai（常绿）
苦竹	*Pleioblastus amarus*（Keng）Keng f.（常绿）
巴山木竹	*Bashania fargessii* E. G. Camus）Keng f et Yi（常绿）
毛竹	*Phyllostachys pubescens* Mazel et H. de Lebaie（常绿）
刚竹	*Phyllostachys viridis*（Young）（常绿）
90. 棕榈科	Palmae
棕榈	*Trachycarpus fortunei* H. Wendl.（常绿）
91. 百合科	Liliaceae
菝葜	*Smilax*
心叶菝葜	*Smilax discotis* Warb.（灌木）
尖叶菝葜	*Smilax riparia* A. DC. var. *acuminata*（C. H. Wright）Wang et Tang（灌木）
长托菝葜	*Smilax farox* Wall. ex Kunth.（灌木）
防己叶菝葜	*Smilax menispermoidea* A. DC.（灌木）
短柄菝葜	*Smilax scobinicaulis* C. H. Wright.（灌木）
黑果菝葜	*Smilax glauco-china* Warb.（灌木）
糙柄菝葜	*Smilax trachypoda* Norton（灌木）
鞘柄菝葜	*Smilax stans* Maxim.（灌木）
红果菝葜	*Smilax polycolea* Warb.（灌木）

第三节 珍稀植物

1999 年 8 月 4 日国务院批准，1999 年 9 月 9 日国家林业局、农业部令第 4 号发布国家重点保护野生植物名录中，分布在陕西省的国家Ⅰ级保护野生植物有 9 种，国家Ⅱ级保护野生植物有 23 种，详见表 1-2-20、表 1-2-21。

1999 年分布在陕西省的国家 I 级保护野生植物一览表

表 1-2-20

序号	中文名	学名	科名	分布
1	苏铁	*Cycas revoluta*	Cycadaceae	秦岭
2	银杏	*Ginkgo biloba*	Ginkgoaceae	秦岭
3	水杉	*Metasequoia glyptostroboides*	Taxodiaceae	秦岭
4	红豆杉	*Taxsus chinensis*	Taxaceae	秦岭、巴山
5	南方红豆杉	*Taxsus chinensis* var. *mairei*	Taxaceae	秦岭、巴山
6	华山新麦草 *	*Psathyrostachys huashania*	Gramineae	秦岭
7	独叶草	*Kingdonia uniflora*	Ranunculaceae	秦岭
8	珙桐	*Davidia involucrata*	Nyssaceae	平利、镇坪
9	光叶珙桐	*Davidia involucrata* var. *vilmoriniana*	Nyssaceae	平利、镇坪、岚皋

注：* 为农业部门主管，其他为林业部门主管。下同

1999 年分布在陕西的国家 II 级保护野生植物名录

表 1-2-21

序号	中文名	学名	科名	分布
1	秦岭冷杉	*Abies chensinensis*	Pinaceae	秦巴山区
2	太白红杉	*Larix chinensis*	Pinaceae	秦岭
3	大果青杆	*Picea rieoveitchu*	Pinaceae	秦巴山区
4	黄杉	*Pseudotsuga sinensis*	Pinaceae	镇坪
5	巴山榧树	*Torreya fargesii*	Taxaceae	秦巴山区
6	沙芦草 *	*Agropyron mongolicum*	Gramineae	陕北北部
7	长序榆	*Ulmus elongata*	Ulmaceae	镇坪
8	榉树	*Zlcova schneideriana*	Ulmaceae	秦巴山区
9	金荞麦 *	*Fagopyrum dibotrys*	Polygonaceae	平利岚皋
10	连香树	*Cercidiphyllum japonicum*	Cercidiphyllaceae	秦巴山区
11	鹅掌楸	*Liriodentron chinensis*	Magnoliaceae	巴山
12	厚朴	*Magnolia officialis*	Magnoliaceae	巴山
13	凹叶厚朴	*Magnolia officialis* sub. *biloba*	Magnoliaceae	巴山
14	水青树	*Tetracentron sinensis*	Tetracentraceae	秦巴山区
15	油樟	*Cinnamomum longepaniculatum*	Lauraceae	平利
16	野大豆	*Glycine soja*	Leguminosae	全省
17	红豆树	*Ormocia hosiei*	Leguminosae	巴山
18	川黄檗	*Phellodendron chinensis*	Rutaceae	秦巴山区

续表

序号	中文名	学名	科名	分布
19	翅果油树	*Elaeagnus mollis*	Elaeagnaceae	户县涝峪
20	喜树	*Camptotheca acuminata*	Nyssaceae	巴山
21	水曲柳	*Fraxinus mandschurica*	Oleaceae	秦岭
22	秦岭石蝴蝶	*Petrocosmea qinlingensis*	Gesneriaceae	勉县
23	香果树	*Emmenopterys henryi*	Oleaceae	秦巴山区

第三章　野生动物资源

第一节　分布概况

陕西省地形南北狭长，地貌类型复杂多样，众多的河流分属于长江、黄河两大水系，南北气候条件差异巨大，植被类型多种多样，特别是秦岭山脉的屏障作用使其成为第四纪动物的自然庇护所，复杂多样的自然环境形成陕西省野生动物资源的多样性，特有种和珍稀种分布较多。

陕西省动物区系组成复杂。在动物地理区划上，陕西北部长城沿线鄂尔多斯风沙区属新蒙区的西部荒漠亚区，陕北黄土高原丘陵沟壑区和关中渭河谷地区属华北区的高原亚区，陕南秦岭山地区、汉江盆地区和大巴山区属华中区的西部山地高原亚区。

根据1996~2000年国家林业局组织的全国陆生野生动物资源调查结果：全省共有陆生野生脊椎动物604种，其中哺乳动物147种，鸟类380种，两栖动物28种，爬行动物49种，分别占全国总种数的28.9%，32.0%，12.7%，12.9%。其中国家Ⅰ级重点保护野生动物16种，国家Ⅱ级重点保护野生动物64种，省级重点保护野生动物52种。

根据自然条件，下面分类分区域叙述野生动物分布特点。

一、兽类(哺乳动物)

全省野生兽类种类(哺乳动物)共计7目30科147种，约占全国509种的28.9%。

1. 长城沿线风沙区共有哺乳动物33种，占全省哺乳动物总种数的22.4%。其中啮齿目种类16种，为本区的优势类群。食肉目中的荒漠猫、虎鼬、石貂、沙狐为本区的特有物种。黄羊是本区最富代表性的有蹄类动物，数量稀少。

2. 黄土高原沟壑区共有哺乳动物42种，占全省哺乳动物总种数的28.6%。其中仍以啮齿类为优势种群，多达21种。食肉目中的赤狐、黄鼬、青鼬、水獭、狗獾等广泛分布于各种生境中。南缘梢林区中残存少量金钱豹和豹猫。中型食草兽中的狍是本区传统的狩猎种类。西南部的陇山地区出现了东洋界西南区的成分，如花面狸、毛冠鹿、小麂、林麝、猪獾、斑羚、鬣羚等。

3. 渭河谷地区共有哺乳动物45种，占全省哺乳动物总数的30.6%。农田啮齿类达

22 种之多，为绝对优势类群；黄鼬是本区的主要毛皮兽，偶蹄目中的斑羚和食肉目中的花面狸在秦岭北麓的边缘地带零星分布。

4. 秦岭山地区共有哺乳动物 94 种(亚种)，占全省哺乳动物总种数的 64%，占全国兽类总种数的 18.5%。其中东洋界种 43 种(亚种)，占本区兽类总种数的 45.7%；古北界种(亚种)28 种，占本区兽类总种数的 29.8%，广布种(亚种)23 种，占本区兽类总种数的 24.5%。秦岭北坡：海拔 770～1280 米地带北小麝鼩等夜间或晨昏活动频繁；林下及林间岩石阳光充足处岩松鼠较多；岩洞中有豪猪昼伏夜出。海拔 1280～2210 米地带，阳坡的杂木林中栖息有黑熊、狍、普通刺猬等，阴坡则有中国特产的大长毛尾鼹。海拔 2200～3500 米地带，分布有鬣羚、斑羚和羚牛。3500～3650 米气候严寒，仅有藏鼠兔、黄鼬等存在。秦岭南坡：我国特产珍贵动物大熊猫主要栖息在海拔 2500 米左右的高山竹林中，金丝猴常栖息于 1500～3000 米的中山林区，本区的小熊猫是浣熊科在东半球的唯一代表，食肉目中的华南虎、云豹、豹猫等都是旧大陆热带和亚热带的典型动物。秦岭兽类区系具有华中区、西南区、华北区及青藏区等四大区系成分，是我国兽类区系的交汇地带。

5. 汉中盆地区共有哺乳动物 82 种，占全省哺乳动物总种数的 55.8%。其中仍以啮齿目种类如黄鼬、青鼬、貉等为优势类群，达 23 种之多。代表南方种类的食虫目和翼手目的种类明显多于秦岭以北地区，总数达到了 35 种。食肉目和偶蹄目中的大中型哺乳动物分别为 16 种和 5 种。豪猪、花面狸、猪獾、水獭、野猪等经济种类亦有活动。

6. 巴山山地区共有哺乳动物 55 种，占全省哺乳动物总数的 37.4%。其中山地森林灌丛中最繁盛的啮齿类有长吻松鼠、岩松鼠等。在竹林中栖息着亚热带地区的代表种而且经济价值较高的普通竹鼠。食肉目中广泛分布大灵猫、小灵猫、花面狸等。鼬獾是典型的东洋界种类，本区为其分布的最北限。此外，豹、狐、狼、貉、熊、猪獾、水獭等广泛分布。偶蹄目中的小麂、毛冠鹿、斑羚、鬣羚等均有分布。灵长类的猕猴是旧大陆热带和亚热带的典型代表种，区内主要分布于南郑、西乡、镇巴一带，种群数量约为 1000 只。

二、鸟类

陕西省现已知野生鸟类 17 目 54 科 380 种，约占全国 1189 种的 32.0%。

1. 陕北长城风沙区共有鸟类 132 种，占全省鸟类总种数的 34.7%。该区的鸟类优势类群以荒漠种类为主，有鸣禽类(百灵、云雀)、毛腿沙鸡、大鸨等。鸠鸽类(岩鸽、灰斑鸠、毛腿沙鸡)、石鸡和雉鸡为该区主要的经济鸟类。此外该区分布着面积较大的内陆湖泊，其中栖息着数量较大的雁鸭类(大天鹅、赤麻鸭为主)和鸥类(遗鸥、红嘴鸥)等。猛禽类有鸢、大鵟、金雕等。斑嘴鹈鹕、灰鹤、白琵鹭等国家重点保护鸟类也分布于该区。

2. 黄土高原区共有鸟类 106 种，占全省鸟类总数的 27.9%。在该区繁殖(留鸟和夏候鸟)的 76 种鸟类中，东洋界种类 12 种，占 15.8%；古北界种类 35 种，占 46.0%；广布种 29 种，占 38.2%。而且东洋界种类几乎集中分布在黄龙山以东的白马滩以及黄陵等地。正是秦岭北坡鸟类的延伸分布，使这里的鸟类区系出现过渡现象。黑鹳是本区的珍贵繁殖鸟类、褐马鸡是黄龙山林区发现的陕西鸟类新记录，猛禽类有金雕、白肩雕等。珍稀种类有丹顶鹤、灰鹤、大鸨、黑鹳和数量巨大的雁鸭类。

3. 渭河谷地区共有鸟类156种，占全省鸟类总种数的41.1%。渭、黄、洛三河交汇的三角洲地带，水禽种类达50多种，越冬个体数量达到40-50万只。珍稀种类有丹顶鹤、黑鹳、大鸨、大天鹅、灰鹤、白琵鹭等，其中丹顶鹤和白琶鹭是近年来发现的陕西省越冬水禽新纪录。越冬水禽以雁鸭类和鹭类为优势种群。农田分布的北方繁殖鸟类有环颈雉、灰椋鸟、麻雀等。

4. 秦岭山地区共有鸟类338种，占全省野生鸟类总数的88.9%，占全国鸟类总种数的28.4%。其中在本区繁殖的有233种，占本区鸟类总数的69%，非繁殖鸟类只占31%。在233种系列鸟类中，古北界种类110种，占47.2%，东洋界种类92种，占39.5%，广布种类31种，占13.3%。本区列为国家重点保护动物的种类有朱鹮、白冠长尾雉、血雉、红腹锦鸡、勺鸡、红腹角雉等，其中朱鹮仅分布于洋县1200米以下的低山丘陵地带，属国际级珍稀濒危动物。秦岭山地的特产鸣禽类分布广，种类多，数量大，共计109种，如蓝歌鸲、画眉、红胸啄花鸟、蓝喉太阳鸟、红胁绣眼鸟和红嘴相思鸟等。

5. 汉中谷地区共有鸟类203种，占全省鸟类总种数的53.4%，其中以平原种类居多，包括在汉江流域越冬的20种雁鸭类，在低山丘陵区繁殖的10余种鹭类等。雉类中的石鸡、灰胸竹鸡、雉鸡、白冠长尾雉等生活在低山灌丛中。世界珍禽朱鹮就生活在洋县汉江以北平川、丘陵和低中山区。

6. 巴山山地区共有鸟类164种，占全省鸟类总种数的43.2%。这里的繁殖鸟类以东洋界的亲缘种为主，极大多数种类的繁殖区不超越秦岭山地，如画眉亚科、太阳鸟科、啄花鸟科的大部分食虫鸟，而且均为农林益鸟。

三、爬行类

全省爬行类动物3目8科49种，占全国总种数的12.9%。秦岭南坡以及巴山地区分布的有38种，占全省总种数的77.6%。向北逐渐减少，秦岭北坡30种，关中平原11种，黄土高原13种，毛乌素沙漠地区10种。多疣壁虎、丽斑麻蜥、王锦蛇、黑眉锦蛇、乌梢蛇等为秦岭南坡及其以南地区的优势种类；太白壁虎、宁陕小头蛇、秦岭蝮蛇等为秦岭山区的特有种类，山瑞鳖是爬行动物中唯一的国家重点保护动物。关中平原和黄土高原地区，无蹼壁虎、丽斑麻蜥、棕黑锦蛇、黄脊游蛇等为优势种类。毛乌素沙漠地区草原沙蜥、密点麻蜥、虎斑颈槽蛇等为优势种类。陕西省分布的爬行动物数量较多的经济种类有王锦蛇、黑眉锦蛇、乌梢蛇、棕黑锦蛇等。

四、两栖类

全省两栖类动物2目9科28种，占全国总种数的12.7%。区系成分以东洋界华中区和西南区种类为主。从分布特点来看，由南至北随着纬度的增加，两栖动物种类逐渐减少，而种群数量却有明显增加。在秦巴山区分布的种类有26种，占全省总种数的92.9%。该区的优势种类有西藏山溪鲵、华西蟾蜍、秦岭树蟾、隆肛蛙、黑斑蛙、泽蛙等，其中隆肛蛙是该区较大型的经济蛙类和绝对优势种。宁陕齿突蟾是秦巴山区的特有种。关中平原分布的两栖动物仅有5种，常见种类有中华蟾蜍、花背蟾蜍、黑斑蛙等；黄土高原及其以北的毛乌素沙漠地区两栖动物种类较少，仅有中华蟾蜍、花背蟾蜍、黑斑蛙、黑龙江林蛙等 4 种。大鲵是陕西省两栖动物中唯一的国家重点保护野生动物，主要分布在秦岭主脊以南长江水系较大河溪中，主要经济种类有中华蟾蜍、黑斑蛙、隆肛蛙等。

第二节　珍稀动物

陕西野生动物资源丰富，但由于过去人为活动的影响，无限制地猎取利用和砍伐森林，致使野生动物趋于减少，有些种类已濒临灭绝，成为稀有物种，如朱鹮、大熊猫、金丝猴、羚牛、遗鸥、林麝、荒漠猫、中华虎凤蝶等。为加强对这些物种的保护，已分别被列为国家和省重点保护野生动物。近年来，随着经济、社会和生态文明建设的不断发展，一些濒危野生动物得到了有效保护，种群数量和栖息地质量得到了恢复和提高。

一、国家重点保护野生动物

1988 年 11 月 8 日，第七届全国人大常委会第四次会议通过的《中华人民共和国野生动物保护法》颁布后，国务院于 1988 年 12 月 10 日批准发布了《国家重点保护野生动物名录》。陕西省被列为国家重点保护的野生动物 79 种，其中国家Ⅰ级保护野生动物 12 种(金丝猴、大熊猫、云豹、豹、华南虎、羚牛、白鹳、黑鹳、朱鹮、金雕、白肩雕、大鸨)，国家Ⅱ级保护野生动物 67 种(小苇鳽、角䴙䴘、细痣疣螈、秦岭细鳞鲑*、川陕哲罗鲑*、虎纹蛙、大鲵*、山瑞鳖、斑嘴鹈鹕、白琵鹭、大天鹅、鸳鸯、鸢、蜂鹰、赤腹鹰、雀鹰、苍鹰、松雀鹰、大鵟、普通鵟、毛脚鵟、灰脸鵟鹰、短趾雕、秃鹫、白尾鹞、猎隼、燕隼、红脚隼、灰背隼、红隼、血雉、红腹角雉、勺鸡、白冠长尾雉、红腹锦鸡、灰鹤、蓑羽鹤、红翅绿鸠、红角鸮、领角鸮、普通雕鸮、毛脚鱼鸮、雪鸮、领鸺鹠、斑头鸺鹠、鹰鸮、纵纹腹小鸮、灰林鸮、长耳鸮、短耳鸮、猕猴、豺、黑熊、小熊猫、石貂、黄喉貂、水獭*、大灵猫、小灵猫、荒漠猫、猞猁、金猫、黄羊、鬣羚、斑羚、林麝、岩羊)。

2001 年 5 月，陕西省林业厅编印《陕西省陆生野生脊椎动物资源调查报告》一书，明确陕西省被列为国家重点保护野生动物 76 种，其中国家Ⅰ级保护野生动物 15 种(在原有 12 种基础上增加了丹顶鹤、褐马鸡、遗鸥 3 种)，国家Ⅱ级保护野生动物 61 种(在原有 67 种基础上减少了 7 种，有小苇鳽、角䴙䴘、细痣疣螈、秦岭细鳞鲑*、川陕哲罗鲑*、虎纹蛙、岩羊；增加了 1 种，小天鹅)。

2009 年 1 月，陕西省林业厅野生动植物保护处、陕西省自然保护区和野生动物管理站编印了《陕西省自然保护区和野生动植物管理工作技术指南》一书，明确了陕西省被列为国家重点保护的野生动物 80 种，其中国家Ⅰ级保护野生动物 16 种(在 2001 年统计的 15 种基础上增加了林麝)；国家Ⅱ级保护野生动物 64 种(在 2001 年统计的 61 种基础上增加了 4 种，秦岭细鳞鲑*、川陕哲罗鲑*、中华虎凤蝶、阿波罗绢蝶，减少了林麝)(标＊者由水利行政主管部门主管，未标＊者由林业行政主管部门主管)。

陕西省分布的国家重点保护野生动物名录见表 1-3-1。

2009 年陕西省分布的国家重点保护野生动物一览表

表 1-3-1

中文名	保护级别	学名	分布
东方白鹳	国家Ⅰ级	*Ciconia boyciana*	平利
黑鹳	国家Ⅰ级	*Ciconia nigra*	乔山、三河
朱鹮	国家Ⅰ级	*Nipponia nippon*	汉中、安康
金雕	国家Ⅰ级	*Aquila chrysaetos*	全省
白肩雕	国家Ⅰ级	*Aquila heliaca*	关中、陕北
褐马鸡	国家Ⅰ级	*Crossoptilon mantchuricum*	黄龙山区
丹顶鹤	国家Ⅰ级	*Grus japonensis*	三河湿地
大鸨	国家Ⅰ级	*Otis tarda*	关中、陕北
遗鸥	国家Ⅰ级	*Larus relictus*	红碱淖
金丝猴	国家Ⅰ级	*Rhinopithecus roxellanae*	秦岭
大熊猫	国家Ⅰ级	*Ailuropoda melanoleuca*	秦岭
华南虎	国家Ⅰ级	*Panthera tigris*	秦岭、巴山
云豹	国家Ⅰ级	*Neofelis nebulosa*	秦岭、巴山
豹	国家Ⅰ级	*Panthera pardus*	全省
羚牛	国家Ⅰ级	*Budorcas taxicolor*	秦岭
林麝	国家Ⅰ级	*Moschus berezovskii*	秦岭、巴山
中华虎凤蝶	国家Ⅱ级	*Luehdorfia chinensis*	
阿波罗绢蝶	国家Ⅱ级	*Parnassius apollinaris*	秦岭
秦岭细鳞鲑*	国家Ⅱ级	*Brachymystax lenok*	秦岭
(川陕)贝式哲罗鲑*	国家Ⅱ级	*Hucho bleekeri*	秦岭
大鲵*	国家Ⅱ级	*Andrias davidianus*	秦岭、巴山
山瑞鳖	国家Ⅱ级	*Trionyx steidachneri*	巴山
斑嘴鹈鹕	国家Ⅱ级	*Pelecanus crispus*	陕北、关中
白琵鹭	国家Ⅱ级	*Platalea leucorodia*	全省
大天鹅	国家Ⅱ级	*Cygnus cygnus*	关中、陕北
小天鹅	国家Ⅱ级	*Cygnus columbianus*	镇安
鸳鸯	国家Ⅱ级	*Aix galericulata*	关中、陕南
鸢	国家Ⅱ级	*Milvus korschun lineatus*	全省
凤头蜂鹰	国家Ⅱ级	*Pernis ptilorhyncus*	定边
赤腹鹰	国家Ⅱ级	*Accipiter soloensis*	关中、陕南
雀鹰	国家Ⅱ级	*Accipiter nisus*	全省

续表

中文名	保护级别	学名	分布
苍鹰	国家Ⅱ级	*Accipiter gentilis*	秦岭、巴山
松雀鹰	国家Ⅱ级	*Accipiter virgatus*	秦岭
大𫛭	国家Ⅱ级	*Buteo hemilasius*	关中、陕北
普通𫛭	国家Ⅱ级	*Buteo buteo*	陕北、陕南
毛脚𫛭	国家Ⅱ级	*Buteo lagopus*	关中
灰脸𫛭鹰	国家Ⅱ级	*Butastur indicus*	石泉、南郑
短趾雕	国家Ⅱ级	*Circaetus ferox*	定边
秃鹫	国家Ⅱ级	*Gyps fulvus*	关中、陕北
白尾鹞	国家Ⅱ级	*Circus aeruginosus*	关中、陕南
猎隼	国家Ⅱ级	*Falco cherrug*	武功
燕隼	国家Ⅱ级	*Falco subbuteo*	关中
红脚隼	国家Ⅱ级	*Falco vespertinus*	陕北、关中
灰背隼	国家Ⅱ级	*Falco columbarius*	关中、陕北
红隼	国家Ⅱ级	*Falco tinnunculus*	全省
血雉	国家Ⅱ级	*Ithaginis cruentus*	秦岭
红腹角雉	国家Ⅱ级	*Tragopan temminckii*	秦岭、巴山
勺鸡	国家Ⅱ级	*Pucrasia macrolopha*	秦岭、巴山
白冠长尾雉	国家Ⅱ级	*Syrmaticus reevesii*	秦岭、巴山
红腹锦鸡	国家Ⅱ级	*Chrysolophus pictus*	秦岭、巴山
灰鹤	国家Ⅱ级	*Grus grus*	全省
蓑羽鹤	国家Ⅱ级	*Anthropoides virgo*	城固
红翅绿鸠	国家Ⅱ级	*Treron sieboldii*	佛坪、太白
红角鸮	国家Ⅱ级	*Otus scops*	秦岭、巴山
领角鸮	国家Ⅱ级	*Otus bakkamoena*	留坝、宁陕
普通雕鸮	国家Ⅱ级	*Bubo bubo*	关中、陕南
毛脚鱼鸮	国家Ⅱ级	*Ketupa flavipes*	镇坪、周至
雪鸮	国家Ⅱ级	*Nyctea scandiaca*	户县
领鸺鹠	国家Ⅱ级	*Glaucidium brodiei*	周至
斑头鸺鹠	国家Ⅱ级	*Glaucidium cuculoides*	秦岭、巴山
鹰鸮	国家Ⅱ级	*Ninox scutulata*	秦岭、巴山
纵纹腹小鸮	国家Ⅱ级	*Athene noctuai*	全省
灰林鸮	国家Ⅱ级	*Strix aluco*	宁陕、南郑

续表

中文名	保护级别	学名	分布
长耳鸮	国家Ⅱ级	*Asio otus*	关中、陕南
短耳鸮	国家Ⅱ级	*Asio flammeus*	汉中、渭南
猕猴	国家Ⅱ级	*Macaca mulatta*	巴山
豺	国家Ⅱ级	*Cuon alpinus*	全省
黑熊	国家Ⅱ级	*Ursus thibetanus*	秦岭、巴山
小熊猫	国家Ⅱ级	*Ailurus fulgens*	宁陕、宁强
石貂	国家Ⅱ级	*Martes foina*	陕北
黄喉貂	国家Ⅱ级	*Martes flavigula*	全省
水獭*	国家Ⅱ级	*Lutra lutra*	全省
大灵猫	国家Ⅱ级	*Viverra zibetha*	秦岭、巴山
小灵猫	国家Ⅱ级	*Viverricula indica*	秦岭、巴山
荒漠猫	国家Ⅱ级	*Felis bieti*	榆林
猞猁	国家Ⅱ级	*Lynx lynx*	石泉
金猫	国家Ⅱ级	*Catopuma temminckii*	秦岭、巴山
黄羊	国家Ⅱ级	*Procapra gutturosa*	榆林
鬣羚	国家Ⅱ级	*Capricornis milneedwardsii*	秦岭、巴山
中华斑羚	国家Ⅱ级	*Naemorhedus griseus*	秦岭、巴山

注：标*者由水利行政主管部门主管，未标*者由林业行政主管部门主管。

二、国家Ⅰ级保护野生动物

1. 东方白鹳。东方白鹳为鹳科鹳属的大型涉水鸟。其羽毛以白色为主，翅膀具黑羽，成鸟具细长的红腿和细长的红喙。常单独或成小群在开阔谷底的沼泽、湖池的浅水区觅食，有时亦飞至树上栖息。巢通常筑在水域附近的高树上。

东方白鹳在我国数量极为稀少，繁殖于中国东北、内蒙古。陕西为旅鸟，1988年曾于平利县一鱼塘边见到2只，2001年调查时未发现。

2. 黑鹳。黑鹳是一种体态优美，体色鲜明，活动敏捷，性情机警的大型涉禽。成鸟的体长为1~1.2米，体重2~3千克；身上的羽毛除胸腹部为纯白色外，其余都是黑色，在不同角度的光线下，可以映出变幻多种颜色。黑鹳常集小群或单独活动于开阔平原的池塘、沼泽或湖边人迹罕至之处。繁殖期集群或单独营巢于森林岩隙或高大树上。

黑鹳在国内西北、华北、东北地区繁殖，冬季迁至长江以南越冬。陕西省的黑鹳繁殖地位于黄土南缘的乔山林区，合阳县黄河滩涂的沼泽湿地和周围的大片渔塘是黑鹳的重要越冬地。

陕西省黑鹳的分布包括黄陵、富县、铜川(繁殖地)和榆林、神木、长安、西安、临潼、周至、眉县、华阴、大荔、合阳、洛南(越冬地)，数量稀少。2000年4月在铜川耀县柳林发现了20余只的繁殖群体。在榆林、神木、渭河沿岸仅见到零星个体(旅鸟)。2001年调查中在合阳县黄河滩的芦苇沼泽中发现越冬群体的数量为57只。

3. 朱鹮。朱鹮又称红鹤、朱鹭，是目前世界上种群数量最少的一种鸟，为亚洲东部特产鸟类之一，被誉为“东方瑰宝”。历史上，朱鹮曾广泛分布于中国、朝鲜半岛、日本和西伯利亚东南部。陕西省北部的府谷、神木在明清时期也曾有朱鹮分布，20世纪50年代关中地区朱鹮的数量也较多。目前仅分布于陕西省洋县以及毗邻的西乡、城固、汉中、勉县、佛坪等地。汉江以北秦岭南坡海拔800~1600米的中低山区是朱鹮的主要营巢区，随着朱鹮种群数量的增长和亚成体的扩散，朱鹮的营巢区开始向低山丘陵区迁移。汉江谷地的浅滩、丘陵区的水库边缘、潮湿的山坡草地和低中山区的一季耕作水田等是朱鹮秋季游荡群体和越冬群体觅食的主要场所。

1963年、1980年在苏联和朝鲜境内先后绝迹；日本1981年有5只，后来只剩下2只，且失去繁殖能力；1981年在中国陕西洋县重新发现朱鹮时数量仅有7只。经过近30年来的研究和保护，我国已拥有朱鹮野外种群两处，人工繁育基地6处，种群数量增长至1617只，其中野外放养997只、人工饲养620只。朱鹮已由“极度濒危物种”转为“濒危物种”。

1981年5月中国专家在陕西洋县发现野生朱鹮种群后，立即开展拯救及保护措施，在洋县成立了朱鹮保护观察站，并设立了专门自然保护区。2005年，又成立了陕西汉中朱鹮国家级自然保护区管理局(以下简称朱鹮局)。从1991年开始，中国开始尝试通过人工繁育来保护朱鹮，并获得突破性进展。陕西汉中朱鹮保护区把人工繁育的朱鹮种群放归自然，让他们在异地恢复野外种群及其栖息地，目的就是减少单一野外种群风险。自2004年以来，国家林业局组织开展朱鹮野外放归研究以来，陕西省已成功放飞朱鹮58只。

20世纪80年代，中日两国开始合作共同保护朱鹮，解决朱鹮近亲繁殖问题。自1998年中国向日本赠送一对朱鹮以后，中方又于2000年、2007年先后两次向日方提供了3只朱鹮，并签署《中日朱鹮保护合作计划》，开展了积极有效的朱鹮繁育合作。日本朱鹮种群数量有所增长，目前日本野生朱鹮30余只，饲养朱鹮160只左右。记者了解到，在日本新潟县佐渡朱鹮保护中心共有106只朱鹮，全部是由中方赠送或其繁衍的后代。

4. 金雕。金雕属于鹰科，是北半球上一种广为人知的猛禽。金雕以其突出的外观和敏捷有力的飞行而著名；成鸟的翼展平均超过2米，体长则可达1米，其腿爪上全部都有羽毛覆盖着。以大中型的鸟类和兽类为食。通常生活在人迹罕至的高山草原、森林和湖泊、河流两岸的开阔原野中，喜欢停留在高山岩石峭壁之顶。巢多筑在高大的云杉、桦、杨树上或悬崖峭壁的石坎或岩洞中。

在陕西省为留鸟，几乎遍布全省，分布市县有西安、周至、武功、扶风、洋县、石泉、镇坪、延安、神木等地，数量较为稀少。2001年调查时全省的估计数量约5205只。

5. 白肩雕。白肩雕又名御雕。体型比金雕小。全身黑褐色，背部具有光泽，肩有白羽。头、颈为褐色，缀以黑斑。尾灰褐色，具有不规则的黑色横斑。飞翔时，缓慢地鼓动着翅膀，在空中滑翔。它有一个怪脾气，喜欢长时间蹲在一个地方不动，窥视猎物的到来，当黄鼠、跳鼠等出现时，突然飞起捕捉；也吃一些鸟类和动物尸体。栖息在森林草原地带，大多见于阔叶林和针阔混交林中，有时出现在平原、丘陵、河流的沙岸及湿地等处。单独活动，常长时间停留在岩石或电杆上。巢多营筑于密林或林缘的高大树木上，少数筑巢于悬崖峭壁之上。

在新疆西部的天山、阿勒泰等地繁殖。陕西为较罕见的旅鸟或冬候鸟，见于渭河平原和铜川、太白等地。目前种群数量显著减少。迁徙时多见单只，全省的估计数量约1978只。

6. 褐马鸡。褐马鸡是我国特产珍稀鸟类，身高约60厘米，体长1~1.2米，体重5千克，全身呈浓褐色，头和颈为灰黑色，头顶有似冠状的绒黑短羽，脸和两颊裸露无羽，呈艳红色，尾巴高高竖起。翅短，不善飞行，两腿粗壮，善于奔跑。

陕西省分布于黄龙、宜川、韩城境内的黄龙山林区，是2001年调查时最重大的发现。黄龙山林区褐马鸡的栖息地面积38920公顷，种群数量约1916只。褐马鸡是山区森林地带的栖息性鸟类，它主要栖息在以华北阔叶林、次生落叶阔叶林和松栎林为主的黄龙山林区中。它白天多活动于木草丛中，夜间栖宿在大树枝杈上，冬季多活动于1000~1500米高山地带，夏秋两季多在1500~1800米的山谷、山坡和有清泉的山坳里活动。

7. 丹顶鹤。丹顶鹤是鹤类中的一种，因头顶有“红肉冠”而得名。是东亚地区所特有的鸟种，因体态优雅、颜色分明，在这一地区的文化中具有吉祥、忠贞、长寿的象征。国内分布于东北、华北部分省份，越冬时南迁至华中地区，陕西省东部黄、渭、洛三河湿地广阔的滩涂、沼泽湿地和人工水面为丹顶鹤的越冬栖息提供了极为便利的条件，是该种分布的最西缘，为陕西省近年鸟类新纪录。1995年2月5日在大荔县越渡乡见到40只的群体；同年3月10日在合阳中雷村见到14只；同年3月在合阳新兴坝见到10余只；2000年1月8日在合阳东王见到1只。

8. 大鸨。大鸨是鹤形目鸨科的大型地栖鸟类。翅长超过400毫米。嘴短，头长、基部宽大于高。翅大而圆，第3枚初级飞羽最长。无冠羽或皱领，雄鸟在喉部两侧有刚毛状的须状羽，其上生有少量的羽瓣。跗蹠等于翅长的1/4。雄鸟的头、颈及前胸灰色，其余下体栗棕色，密布宽阔的黑色横斑。下体灰白色，颏下有细长向两侧伸出的须状纤羽。雌雄鸟的两翅覆羽均为白色，在翅上形成大的白斑，飞翔时十分明显。

陕西省分布于渭河流域的周至、西安、大荔、潼关、合阳和陕北的榆林、神木、定边，数量较少。大鸨栖息于广阔的草原、草滩稀疏的荒漠草地和近河流的农田中，常见于略有起伏的草岗或草滩以及低湿的洼地中。营巢于地面的凹坑内。2001年调查时分别在渭河沿岸、合阳黄河段农田中发现3个越冬群体，数量分别为5只、9只、80只。

9. 遗鸥。遗鸥是鸥科鸥属濒危候鸟，栖息于草原、沙漠和沙漠中的湖泊和沼泽地。分布区域极为有限，国内仅在内蒙古西部的鄂尔多斯高原有较大的繁殖群体，内蒙古中部新近也有繁殖记录。1929年4月曾在甘肃省额济那河流采到过标本。迁徙时途经河北、北京和香港。2001年野生动物资源调查中发现陕西省北部榆林市神木县的红碱淖是遗鸥新的迁徙途经地点，数量稀少。2000年9月在红碱淖发现当年幼鸟尸体2只，均为繁殖期在内蒙古东胜泊尔江海子的环志鸟。初步估计约有200只遗鸥迁徙途经红碱淖海子停歇。

10. 川金丝猴。川金丝猴为体型中等猴类。鼻孔向上仰，颜面部为蓝色，无颊囊。颊部及颈侧棕红，肩背具长毛，色泽金黄，尾与体等长或更长。成年雄体长平均为680毫米，尾长685毫米。用前肢攀缘，后肢极富弹力，四肢配合，动作快速敏捷，是逗人喜爱的观赏动物。国内分布于甘肃南部、四川西北部和湖北的神农架。陕西省分布于周至、太白、洋县、宁陕、佛坪。川金丝猴栖息于海拔1200~3000米的阔叶林、针阔混交林和针叶林3个林带中，尤以海拔1500~2800米的针阔混交林为其常年主要活动场所。陕西省林业厅2001年调查结果表明，全省约有川金丝猴3800~4400只，有2300~2700只分布于保护区之内。1600~1750只分布于保护区之外。陕西省人民政府于1982年划定了保护区，并建立了管理机构。

11. 大熊猫。大熊猫是中国特有珍稀动物，被誉为国宝。俗称花熊，体形似熊而略小，头较圆，嘴较短，身体大部为白色，眼圈、两耳、四肢和肩部为黑色。仅分布于陕西、四川、甘肃三省部分地区，陕西省的大熊猫主要分布在秦岭海拔1000~3100米的亚高山和中高山地带的天然次生林区。该区域内竹资源丰富，是大熊猫的主要栖息地。1975年陕西省大熊猫的调查数量为237只。1986年全省大熊猫调查结果约为242只。1999年6月至2003年年底国家林业局组织开展全国第三次大熊猫调查，全国野生大熊猫已达1596只，分布在秦岭陕西省境内的野生大熊猫有273只，占17.11%。从野外调查情况看，全省大熊猫主要分布在佛坪，洋县，宁陕，太白，周至，留坝，宁强等县。在第三次大熊猫调查中发现，留坝和宁强2个县均属于新发现的大熊猫分布。此外，秦岭北坡也首次被确认为是大熊猫的固定栖息地，尤其是在周至县厚畛子乡西老君岭发现的大熊猫活动踪迹，意味着陕西省大熊猫活动区整整向北扩移了40千米。

为保护这一物种，从1980年建立佛坪自然保护区之后，相继建立了老县城、长青两个以保护大熊猫为主的自然保护区(以下简称老县城保护区)。

21世纪开始，世界自然基金会中国项目对秦岭大熊猫保护区的巡护监测工作给予了极大的关注和支持，确定了佛坪保护区为中心，带动和指导其他保护区建立巡护监测体系，逐步完善大熊猫监测网络。监测中多处发现大熊猫活动痕迹，这说明从1998年停止天然林采伐、实施天保工程恢复了林区的宁静，大熊猫又回到了阔别多年的家园。

12. 虎。陕西省的虎属华南虎亚种，20世纪50年代的秦岭、巴山均有踪迹。1964年曾在佛坪龙草坪乡捕捉过1只，以后没有见过活体。

13. 云豹。云豹属于哺乳类的猫科动物，分布于亚洲的东南部。云豹名字由来是因为豹皮有云状斑点。云豹是现存猫科动物中比较原始的类型，是现存猫科动物中最长的。

云豹在陕西省见于汉中、安康、汉阴、宁陕、镇安等县，数量十分稀少，全省现存分布密度为0.006只/平方千米，栖息地总面积8155.6平方千米，估计数量不超过60只，以城固县数量最多，宁陕县、留坝县次之，镇安县数量最少。栖息于热带和亚热带的常绿林区，可见于海拔1600~3000米的山区。在秦巴山区生活在海拔1000~2000米的丘陵、低山、中山地区的针阔混 交林和常绿阔叶林内，多在树上活动。

14. 豹。豹在豹属的4种大型猫科动物(其余3种为狮、虎及美洲豹)中体积最小。肩高约0.9米，体长约0.9~1.9米，体重37~90千克。仅尾长就60厘米。豹的颜色鲜艳，密布许多圆形或椭圆形黑褐色斑点或斑环和金黄色的毛皮，故又名金钱豹；腹面白色，杂有黑色斑点。

豹栖息环境多种多样。低山、丘陵、中山及高原山地的森林、灌丛地带均有活动。栖息地海拔高度在800米以上，最高可达3600米，一般栖于森林茂盛的峭壁山洞、树叉或草丛中，极其隐蔽。

陕西省有2个亚种。华南亚种。分布于陕南秦巴山区各县，包括宁陕、石泉、汉阴、紫阳、安康、旬阳、白河、平利、镇坪、岚皋、镇巴、西乡、佛坪、镇安、柞水、山阳、丹凤等地。

华北亚种。分布于黄土高原和秦岭北坡的局部地区，包括吴旗、志丹、富县、黄陵、洛川、黄龙、宜川、安塞、甘泉、太白、陇县、麟游、千阳等县。

豹在陕西省曾经有一定数量。1979年的皮张收购量达140余张，由于森林采伐，栖息地锐减，全省的现存平均分布密度为0.008只/平方千米，栖息地总面积30948平方千米，全省数量250只。以黄龙山分布密度最高，其次为秦岭以南的秦巴山地，秦岭以北至黄土高原南缘密度最低。

15. 羚牛。羚牛别名金毛扭角羚、白羊。是一种大型牛科食草动物，头如马、角似鹿、蹄如牛、尾似驴，其体型介于牛和羊之间，但在牙齿、角、蹄子等更接近羊，可以说是超大型的野羊，活脱脱是个“六不像”。全身毛色为淡金黄色或棕褐色，颌下和颈下长着胡须状的长垂毛。羚牛常栖息于海拔2500米以上的高山森林、草甸地带，喜群栖，冬季为小群，夏季则聚10头以上的大群。共有4个亚种，秦岭亚种分布于陕西、甘肃。陕西羚牛分布于秦岭中、西段的长安、柞水、宁陕、周至、佛坪、洋县、勉县、太白、眉县等县。据1973年的调查，秦岭地区羚牛的总数量1300只左右，2001年调查结果表明，秦岭地区有羚牛4418~5720头。陕西省人民政府1982年划定羚牛自然保护区，并建立了管理机构。

16. 林麝。林麝是哺乳纲偶蹄目鹿科麝属的一种动物，体型较小，以分泌麝香而闻名，现已濒临灭绝。林麝喜独栖生活，栖息于海拔800~2900米的针叶林、针阔混交林、阔叶林及灌丛林带，一般具有固定的活动区域和活动路线，有季节性垂直迁移习性，夏季生活在气温凉爽的高山，秋冬季节气候渐冷时下迁至低山活动。

陕西省广布于秦岭南北坡和巴山地区。在20世纪50年代全国曾经大约有260万只，由于人为森林采伐和大肆捕杀，数量急剧下降。目前全国仅10万只左右。1979年陕西省共收购麝香5620两(1两=50克)，仅安康地区1960~1969年的麝香收购量就达6000两，1970~1979年增加到7600两，相当于数万只麝被捕杀。2001年调查结果显示，关山地区114~118只，秦岭山区2431~3689只，巴山地区1079~1363只，全省估计数量约4387~5166只。

三、陕西省重点保护野生动物

陕西省人民政府于1989年8月18日公布了《陕西省重点保护野生动物名录》，被列为省重点保护野生动物15种，其中森林野生动物13种。有豹猫、斑嘴鸭、斑头秋沙鸭、彩鹬、红翅凤头鹃、三趾鸦雀、蓝鹀、潘氏闭壳龟、太白壁虎、宁陕小头蛇、秦巴北鲵、小角蟾、宁陕齿突蟾、斑腿树蛙、中华虎凤蝶。除彩鹬、红翅凤头鹃为夏候鸟、斑头秋沙鸭为冬候鸟外，多分布在秦岭、巴山山地的局部地区，其中潘氏闭壳龟、太白壁虎、宁陕小头蛇为陕西特有种。由于分布范围狭窄，数量稀少，加之过度猎捕，数量急剧下降，被列为重点保护动物。

2001 年 5 月，陕西省林业厅编印《陕西省陆生野生脊椎动物资源调查报告》一书，将原来的省重点保护野生动物中华虎凤蝶列为国家Ⅱ级保护野生动物，省重点保护野生动物调整为 14 种。发布的《陕西省重点保护野生动物名录》，在 2001 年调整后的 14 种省重点保护野生动物基础上又新增了 38 种(狼、赤狐、沙狐、貉、猪獾、狗獾、鼬獾、花面狸、小麂、毛冠鹿、狍、苍鹭、草鹭、大白鹭、小白鹭、夜鹭、豆雁、斑头雁、赤麻鸭、翘鼻麻鸭、绿头鸭、赤嘴潜鸭、画眉、红嘴相思鸟、酒红朱雀、白眉朱雀、赤胸灰雀、黄喉鹀、王锦蛇、闪鳞蛇、秦岭蝮、中国林蛙、金裳凤蝶、玉带凤蝶、金凤蝶、宽尾凤蝶、枯叶蛱蝶、蟾眼蝶)，这样陕西省重点保护野生动物为 52 种。

陕西省重点保护的野生动物名录见表 1-3-2。

2001 年陕西省重点保护野生动物名录

表 1-3-2

中文名	保护级别	学名
狼	省级	*Canis lupus*
赤狐	省级	*Volpes vulpes*
沙狐	省级	*Volpes corsac*
貉	省级	*Nyctereutes procyonoides*
豹猫	省级	*Felidae bengalensis*
猪獾	省级	*Arctonyx collaris*
狗獾	省级	*Meles meles*
鼬獾	省级	*Melogale moschata*
花面狸	省级	*Paguma larvata*
小麂	省级	*Muntiacus reevesi*
毛冠鹿	省级	*Elaphodus cephalophus*
狍	省级	*Capreolus capreolus*
苍鹭	省级	*Ardea cinerea*
草鹭	省级	*Ardea purpurea*
大白鹭	省级	*Egretta alba*
中白鹭	省级	*Egretta intermedia*
夜鹭	省级	*Nycticorax nycticorax*
豆雁	省级	*Anser fabalis*

续表

中文名	保护级别	学名
斑头雁	省级	*Anser indicus*
赤麻鸭	省级	*Tadorna ferruginea*
翘鼻麻鸭	省级	*Tadorna tadorna*
斑嘴鸭	省级	*Anas poecilorhyncha*
绿头鸭	省级	*Anas platyrhynchos*
赤嘴潜鸭	省级	*Netta rufina*
斑头秋沙鸭	省级	*Mergus albellus*
彩鹬	省级	*Rostratula benghalensis*
红翅凤头鹃	省级	*Clamator coromandus*
画眉	省级	*Carrulax canorus*
红嘴相思鸟	省级	*Leiothrix lutea*
三趾鸦雀(太白亚种)	省级	*Paradoxornis paradoxus*
酒红朱雀	省级	*Carpodacus vinaceus*
白眉朱雀	省级	*Carpodacus thura*
赤胸灰雀	省级	*Pyrrhula erythaca*
蓝鹀	省级	*Emberiza siemsseni*
黄喉鹀	省级	*Emberiza elegans*
潘氏闭壳龟	省级	*Cuora pani*
太白壁虎	省级	*Gekko taibaiensis*
宁陕小头蛇	省级	*Oligodon ningshanensis*
王锦蛇	省级	*Elaphe carinata*
闪鳞蛇	省级	*Xenopeltis unicolor*
秦岭蝮	省级	*Agkistrodon qinlingensis*
秦巴北鲵	省级	*Ranodon tsinpaensis*
小角蟾	省级	*Megophrys minor*
宁陕齿突蟾	省级	*Scutiger ningshanensis*
中国林蛙	省级	*Rana chensinensis*
斑腿树蛙	省级	*Rhacophorus leucomysrax*
金裳凤蝶	省级	*Triodes aeacds*
玉带凤蝶	省级	*Papilio polytes*
金凤蝶	省级	*P. machano*
宽尾凤蝶	省级	*Agehana elwesi*
枯叶蛱蝶	省级	*Kallima inachus*
蟾眼蝶	省级	*Triphysa phryne*

第四章　古树名木

第一节　古树名木概况

1999 年 8 月，中国林业出版社出版、新华书店北京发行所发行了《陕西古树名木》一书。该书收录陕西古树名木 1313 株，共分为“古树名木范围及其价值”“孕育古树名木的环境”“古树名木的现状”“主要古树名木”和“古树名木的保护管理”五个部分。

2001 年 8 月 28 日，陕西省人民政府发出关于公布陕西古树名木的通告。通告中所列陕西古树名木 1304 条，共计 1654 株。通告要求，各地要对本地区的古树名木进行登记，建立档案，设立标志，划定保护范围，落实管护责任，认真做好保护管理工作。

2001 年 10 月，陕西省绿化委员会发出《关于开展古树名木普查建档工作的通知》，按照这个通知，全省开展了古树名木的普查建档工作。历时 2 年，全省普查出古树名木 600390 株，其中一级古树 1840 株、二级古树 581719 株、三级古树 16181 株，名木 650 株。陕西省的古树名木位居全国同期普查范围数量之首，占全国同期普查 285 万株的 21.1%，因其数量大，种类多，内涵深，形态美而闻名于世。

2010 年 7 月 29 日，省绿化委员会起草的《陕西省古树名木保护条例》经省第十一届人民代表大会常务委员会第十六次会议审议通过，公告于当年 10 月 1 日起施行。

12 月 17 日，延安市黄陵县阿党乡史家河村一株 4000 多年的古柏因修水库面临淹没，为抢救古柏树，省林业厅报请省政府《关于对延安黄陵县史家河村特级古柏进行保护性移植的请示》，省办批复：“同意，力保移植存活。”该树移植历时 3 年，采用浙江省绿化技术、上海宝钢运输设备，投资近千万元，将古柏树移植成活，成为奇迹。西安市投资 192 万元对 74 株古树进行抢救性保护等，标志着陕西省古树名木复壮、加固、移植等保护工作全面有序依法实施。

第二节　古树选录

陕西是中华民族重要发祥地之一，历史悠久，文化深厚，古树遗存众多，本志遴选了影响深远、树形奇异、知名度高、故事典型的 235 棵古树。

黄帝陵迎客柏

一、黄帝陵迎客柏

位于延安市黄陵县黄帝陵轩辕庙西院黄帝文化展室旁。树高 18 米，胸围 5.25 米，树龄约 3700 年。古柏朝北的一个分杈向大门方向伸展，似张开的臂膀欢迎来自海内外的游客，故名“迎客柏”。

名称：侧柏(柏树、扁柏)

学名：*Platycladus orientalis*

科属：柏科侧柏属

汉武帝挂甲柏

二、汉武帝挂甲柏

生长在延安市黄陵县的黄帝陵。树高 17 米，胸围 5.00 米，树龄约 2300 年。相传汉武帝征讨匈奴、得胜回朝时，登陵拜谒，并将征战铠甲挂于此树。

名称：侧柏(柏树、扁柏)

学名：*Platycladus orientalis*

科属：柏科侧柏属

黄帝陵碑林柏

三、黄帝陵碑林柏

黄帝陵轩辕庙祭碑林立，碑亭东侧生长着这棵古柏，故名“碑林柏”。

名称：侧柏(柏树、扁柏)

学名：*Platycladus orientalis*

科属：柏科侧柏属

护墓双桂

四、护墓双桂

汉中市勉县武侯墓博物馆院内生长的 2 株汉桂，为木犀科木犀属常绿灌木，位于武侯墓西头两侧，史称“护墓双桂”。高分别为 16 米和 15 米，胸围分别达 3.80 米和 3.39 米，树龄超过 1700 年。据《忠武侯祠墓志》载：两株丹桂为蜀汉炎兴元年(公元 263 年)栽植，为“蜀汉以来少见的结籽桂树”。每年 8 月桂花花开，花色金黄，香飘四野，沁人心脾，清可洗尘，香能溢远，故有“十里定军草木香”的美誉。

名称：汉桂(桂花树)

学名：*Osmanthus fragrans*

科属：木犀科木犀属

五、护王槐

西安市临潼区晏寨乡胡王小学院内生长的这棵粗壮的古槐。树高23.4米，胸围7.65米，树龄约2300年。树冠面积330多平方米，远望犹如一把浓郁葱绿的巨伞，擎天而立，雄伟壮丽。

名称：国槐

学名：*Sophora japonica*

科属：豆科槐属

护王槐

洛南古柏

六、洛南古柏

位于商洛市洛南县页山乡柏庵村。树高23.1米，胸围7.73米，树龄约2000年。古柏生长有2000年，该树是陕西省侧柏王之一，已被列为洛南八大景观之一。

名称：侧柏(柏树、扁柏)

学名：*Platycladus orientalis*

科属：柏科侧柏属

七、易平银杏

这棵银杏位于安康市岚皋县孟石岭乡易平村，海拔1000米。树高37米，胸围12.00米，冠幅30米，树龄约1400年。

名称：银杏(白果、公孙树、鸭脚树、蒲扇)

学名：*Gingko biloba*

科属：银杏科银杏属

易平银杏

八、陕西第一槐

陕西保存了众多的千年古槐，但唯有这株古槐最为古老奇特。该树生长在渭南市白水县云合乡冯家山村，树高15米，胸围12.20米，树冠覆盖面积约600平方米。古槐相传是汉代栽植，距今已2000多年。古槐前立一石碑这样描述：古槐形似苍龙，气势轩然。虽经风雨沧桑，仍枝繁叶茂，仪态万方。树身木质腐朽一空，树冠却葱绿旺盛。中裂木朽，皮如龙爪支撑树体，气势恢宏。状若孔雀开屏、雄鹰展翅，蔚为壮观。此树乃天地之灵气、日月之精华、星辰之奥妙所聚矣。一村人视此槐为先祖之神灵龙脉，祈其庇佑，亦对其珍爱有加，呵护至今，期盼长期保护使其免受侵损而福佑后世。1995 年，这棵古槐被国家林业部确定为“中国百棵奇树之一”。该树是陕西发现的国槐王之一，被当地人称为“天下第一槐”。

名称：国槐

学名：*Sophora japonica*

科属：豆科槐属

陕西第一槐

九、南沟七叶树

生长于宝鸡市凤县河口镇安河寺村南沟的这棵七叶树，树高 31 米，胸围 5.10 米，冠幅 36 米，树龄约 1400 年。是陕西省最为古老的七叶树之一，被当地人称为“神树”。该树树干粗壮有力，枝条分布均匀，树冠圆满自然，似巨伞自然伸展，经千年风雨，仍长势旺盛，枝繁叶茂。其树龄之长、树体之大，堪称“七叶树王”。

名称：七叶树（椤树、梭椤子、天师栗、开心果、猴板栗）

学名：*Aesculus chinensis*

科属：七叶树科七叶树属

南沟七叶树

十、陕西榔榆王

位于咸阳市永寿县甘井镇北五星村云寂寺内。寺院山门高耸，两边有钟楼、鼓楼对峙。这株榔榆树生长在海拔 1050 米，高近 20 米，胸围 6.71 米，树龄约 1610 年，树冠面积 240 平方米。树冠雄伟，树根凸露地面，盘根错节，似蛟龙卧地。更为神奇的是，树身表皮极似豹皮纹身，又称为豹榆树，四季色变，饶有趣味。据说，如此高大的榔榆，全国仅存 4 棵，被称为林木中的“活化石”。20 世纪 60 年代曾被邻村一王姓村民试图砍伐此树当柴禾，但在砍伐大树主干时，树身流出血色汁液。当地群众称神树在流“血”。事件发生后惊动当地政府，砍伐者受到公安机关的严惩。此树后经林业专家抢救，第二年奇迹般又发新枝，依然拔地参天，八面威风。

名称：榔榆（小叶榆、秋榆）

学名：*Ulmus parvifolia*

科属：榆科榆属

陕西榔榆王

十一、山阳古柏

生长于商洛市山阳县南宽坪镇窑沟口村，海拔 300 米。树高 16 米，胸围 7.10 米，冠幅 20.8 米，树龄约 2000 年。

名称：侧柏(柏树、扁柏)

学名：*Platycladus orientalis*

科属：柏科侧柏属

山阳古柏

十二、陕西文冠果王

位于渭南市合阳县皇甫庄乡河西坡村。树高 12 米，胸围 6.13 米，树龄约 1700 年。历史上人们采集文冠果种子榨油供点佛灯之用。文冠果原产中国北部干旱寒冷地区。这棵文冠果的主干从基部劈开而成两部分。如此古老高大的文冠果树，世所罕见，被村民称为“文冠果王”。

名称：文冠果(文冠木、文官果、土木瓜、木瓜、温旦革子)

学名：*Xanthoceras sorbifolia*

科属：无患子科文冠果属

陕西文冠果王

十三、焦家坡古槐

生长于宝鸡市陇县杜阳镇焦家坡。树高 15 米，胸围 7.24 米，冠幅 23 米，树龄约 1200 年。

名称：国槐

学名：*Sophora japonica*

科属：豆科槐属

焦家坡古槐

十四、广货街红豆杉

位于安康市宁陕县广货街镇广货街村，海拔 1200 米。树高 12 米，胸围 2.65 米，冠幅 7 米，树龄约 350 年。红豆杉是世界上公认的濒临灭绝的天然珍稀抗癌植物，是第四纪冰川遗留下来的古老树种，在地球上已有 250 万年的历史。红豆杉生长速度缓慢，再生能力差，所以世界范围内还没有形成大规模的红豆杉原料林基地。中国已将其列为Ⅰ级珍稀濒危保护植物，联合国也明令禁止采伐。

名称：红豆杉(紫杉、赤柏松)

学名：*Taxus chinensis* var. *mairei*

科属：红豆杉科红豆杉属

广货街红豆杉

十五、三湾铁坚杉

生长在汉中市镇巴县杨家河乡三湾村。树高45米，胸围5.60米，树龄约2000年。另有一株与其紧邻且树冠相衔。树下有一碑，系丁三阳等49人于清道光二十八年(1848年)捐资所立，上书：千年春主人将此树出售，丁等商议买回，永作"风脉古树"，望后人保护。

名称：铁坚杉(油杉、泡杉)

学名：*Keteleeria davidiana*

科属：松科油杉属

三湾铁坚杉

十六、瓦房坝铁橿树

生长于宝鸡市凤县南星镇瓦房坝村，海拔1200米。树高19米，胸围3.90米，树龄1500年。该树树冠繁茂苍劲，似一把张开的宝扇，引领远处的青山。数百条树枝向四周均匀放射伸展，翠绿的青苔布满枝条，生机盎然。此树木质如铁一样坚硬，俗称"铁匠木"。

名称：刺叶栎

学名：*Quercus spinosa*

科属：壳斗科栎属

瓦房坝铁橿树

十七、陕西冬青王

生长于商洛市镇安县西口镇青树村，海拔1000米。树高27米，胸围3.80米，树龄1100年。冬青是国家重点保护植物，四季长青，冬天仍枝繁叶茂。这株高大的冬青十分罕见，被称为陕西省冬青树王之一。

名称：冬青

学名：*Ilex purpurea*

科属：冬青科冬青属

陕西冬青王

十八、秦岭银杏王

生长在海拔990米的汉中市留坝县玉皇庙乡石窑坝村。树高26米，胸围13.80米，经测算树龄近4000年。当地年长者回忆，在20世纪20年代前，此古树枝繁叶茂，冠幅达50余米，年产干果5千余斤(1斤=500克)。1939年至1949年间，树干中下部的腐朽部分先后起火5次，原因不明，树心被烧成了一个约3米大小的空洞，洞里可装进12个成年人。留坝县林业局投资数万元，设立栏杆加以保护。该树是在陕西秦岭发现的1株银杏王之一。

秦岭银杏王

名称：银杏(白果、公孙树、鸭脚树、蒲扇)

学名：*Gingko biloba*

科属：银杏科银杏属

十九、陕西白皮松王

生长于商洛市洛南县李河乡肖湾村，据考为明代所植。树高30米，胸围5.10米，树冠面积为465平方米。树体高大，半边枯干，主干以上分为两股；树皮斑驳，洁白如雪。民国时期军阀部队曾多次企图砍伐，当地村民暗中将铁钉、马掌钉钉于树干，才将此树保护了下来。该树是陕西白皮松王之一。

陕西白皮松王

名称：白皮松(白骨松、三针松、白果松、虎皮松、蟠龙松)

学名：*Pinus bungeana*

科属：松科松属

二十、陕西红豆树王

生长在安康市岚皋县蔺河乡草垭村，海拔500米。树高30米，胸围2.44米，冠幅10米，树龄约500年。红豆树为中国特有的珍贵树种，木材坚重，富有光泽，切面光滑，花纹别致。红豆树又名相思树，所产果实红豆亦称“相思子”，晶莹红亮，古代青年男女把它作为珍贵聘物相互馈赠，被视为爱情的信物。唐代诗人王维写诗云：“红豆生南国，春来发几枝。愿君多采撷，此物最相思。”红豆作为爱情的象征广为流传。此树为陕西红豆树王之一。

陕西红豆树王

名称：红豆树

学名：*Ormosia hosiei*

科属：蝶形花科红豆树属

二十一、岚皋铁坚杉

位于安康市岚皋县花里镇桂花村，海拔 1000 米。树高 27 米，胸围 4.20 米，冠幅 25 米，树龄约 1200 年。

名称：铁坚杉(油杉、泡杉)

学名：*Keteleeria davidiana*

科属：松科油杉属

岚皋铁坚杉

二十二、太白山连香树

位于宝鸡市眉县太白山国家森林公园内，海拔 2100 米。树高 23 米，胸围 3.00 米，树冠面积 165 平方米，树龄约 1000 年。该树为 3 棵连体簇生，因其萌蘖性强，基部萌生出很多枝条，又称“母子树”。相传在唐代，太白山脚下的一对中年夫妇，结婚数年未得子，多方求医而无效，后经一位老人指点来到树下虔诚跪拜，竟喜得龙凤胎。从此，该树名声大振，被当地居民称为“神树”。现在每年都有许多年轻夫妇携手前来祭拜，在枝条上悬挂红色的平安带，希望得到神树的庇护，祈求多子多孙。此树虽历经千年，至今依然苍劲有力，枝繁叶茂。

名称：连香树

学名：*Cercidiphyllum japonicum*

科属：连香树科连香树属

太白山连香树

二十三、铁箍皂荚

生长于宝鸡市凤翔县南指挥镇南指挥村。树高 15 米，胸围 5.60 米，冠幅 17 米，树龄约 800 年。自 20 世纪 50 年代开始，此树就被人用铁箍缚住，以防止其主干开裂，因此得名“铁箍皂荚”。为了更好地保护此树，当地人于 1995 年 4 月 26 日用东西、南北两道钢筋焊接固定住主枝。此树为陕西皂荚树王之一。

名称：皂荚(皂角树)

学名：*Gleditsia sinensis*

科属：豆科皂荚属

铁箍皂荚

二十四、冲河栓皮栎

冲河栓皮栎

生长在安康市平利县城关镇冲河村，海拔632米。胸围4.00米，树高27米，冠幅23米，树龄约800年。

名称：栓皮栎

学名：*Quercus variabilis*

科属：壳斗科栎属

二十五、金山古槐

金山古槐

位于西安市蓝田县金山乡柴家村，海拔917米。树高17米，胸围7.70米，冠幅14米，树龄约1000年。拍摄时巧遇濛濛细雨，由于从柴家村通往该树只有土路，摄制组成员只得徒步前行。雨中的黄土沟坡，道路泥泞湿滑，大家每走几步脚下就粘满泥巴，不得不驻足甩泥。如此艰辛走过3000米，大家喜出望外，终于发现了这棵造型奇特的古槐。

名称：国槐

学名：*Sophora japonica*

科属：豆科槐属

二十六、秦岭玉兰王

秦岭玉兰王

在西安市周至县厚畛子镇八斗河村海拔1200米的河坝右边的田地与山林之间，生长着这株顶天立地的玉兰王。该树树干高大挺拔，枝繁叶茂，气势雄伟，高约21米，胸围4.50米，树冠约178平方米，树形如一把巨伞，26个大枝向四周伸展，绿荫能覆盖约2亩(1亩=0.0667公顷)地的范围。阳春三月，绿叶未绽，数万朵紫白色的玉兰花就怒放枝头，满树像白色蝴蝶随风起舞，悠悠的兰香洒满山谷。唐代白居易在拜过玉兰王后曾诗云：“紫粉笔含尖火焰，红脂胭染小莲花。芳情香思知多少，恼得山僧悔出家。”该树是中国玉兰中的花魁，堪称世界玉兰王。

名称：玉兰(白玉兰、木兰、玉兰花、玉树、望春、应春花、玉堂春、玉兰)

学名：*Magnolia denudata*

科属：木兰科木兰属

二十七、中原铁坚杉

生长于安康市汉滨区中原乡中原小学内，海拔755米。树高28米，胸围5.85米，树冠直径19.5米，树龄约800年。

名称：铁坚杉(油杉、泡杉)

学名：*Keteleeria davidiana*

科属：松科油杉属

中原铁坚杉

二十八、陕西红豆杉王

生长于商洛市山阳县葛条乡三合村。树高18米，胸围4.32米，树龄约1000年。2010年3月22日，该树南侧有四个碗口粗的树枝在夜间被大雪压断。秦岭南坡生长出如此大的红豆杉，极为罕见。该树是目前陕西发现的红豆杉王之一。

名称：红豆杉(紫杉、赤柏松)

学名：*Taxus chinensis* var. *mairei*

科属：红豆杉科红豆杉属

陕西红豆杉王

二十九、陕西重阳木王

生长在安康市汉滨区大同镇长胜小学的操场上。树高32米，胸围5.80米，树龄500年。树形高大挺拔，树干中部自然生长一株女贞树。根据北京著名松柏山水画家杨永安先生的仔细观察，树下部的南面形似并排的四只象脚，西边根部隆起一个大疙瘩，形似金蟾，他形象比喻为“宝象金蟾护重阳”。据村民讲，大树以前生长很茂盛，树根都长到500米以外的河里，后来村民在附近河里挖砂子，切断了一些树根，大树才出现了枯枝。该树是陕西目前发现的重阳木王之一。

名称：重阳木

学名：*Bischofia polycarpa*

科属：大戟科大戟属

陕西重阳木王

三十、厚畛子云杉

厚畛子云杉

云杉在秦岭海拔1600米以上的山地有零散分布。这棵巨大的云杉在海拔1790米的周至县厚畛子镇老县城村。树高28米，胸围3.50米，树龄约1200年。树干通直圆满，巍峨挺拔，树形宛如巨塔，高耸云霄，苍劲的枝干斜展下垂更显雄伟壮丽，被村民奉为“神树”。

名称：云杉(粗枝云杉、大果云杉、粗皮云杉)

学名：*Picea meyeri*

科属：松科云属

三十一、陕西柿子王

陕西柿子王

生长于咸阳市乾县阳峪镇冯市北村，海拔900米。树高12米，胸围2.40米，树龄约600年。据说这棵柿子树每年结1万多个柿子，村民称之为“猛一万”。该树是陕西柿子树王之一。

名称：柿子

学名：*Diospyros kaki*

科属：柿树科柿树属

三十二、中国核桃王

中国核桃王

生长于商洛市洛南县古城镇蒋河村。高31米，胸围4.84米，树冠面积109平方米，树龄约500年。仍云冠华盖，枝繁叶茂。历史最高年产核桃千斤。1980年产核桃167.8千克，为庾家几代“摇钱树”。1981年3月28日被国家林业部确定为中国“核桃王”。

名称：核桃

学名：*Juglans regia*

科属：胡桃科胡桃属

三十三、陕西枣树王

这棵被世人称为“枣树王”的古枣树，位于黄河与车汇河交汇处的榆林市佳县朱家洼乡泥河沟村，海拔700米。树高18米，胸围3.25米，树冠面积84平方米，树龄约1280年。泥河沟村是种植红枣条件最好的地区之一，也是世界上最早栽培枣树的地区之一。车汇河畔到处是枣林，红玛瑙般的大枣挂满枝头。据佳县林业部门的负责同志介绍说，这里仅千年以上的枣树就有100多棵，最早的栽植于唐朝。

名称：枣树

学名：*Zizyphus jujuba*

科属：鼠李科枣属

陕西枣树王

三十四、泥河沟枣树

生长在枣树王的北侧，树龄在1000年以上。

名称：枣树

学名：*Zizyphus jujuba*

科属：鼠李科枣属

泥河沟枣树

三十五、龙头柏

生长在延安市黄陵县田庄镇东石狮村，因树干的西南方向生出一个形态奇异、酷似龙头的分枝，故名“龙头柏”。该树胸围2.73米；龙头长4.7米，胸围2.18米，树龄约2100年。此地共有7棵柏树，以北斗七星方位栽植，此为其一。龙头指向因时而变，随四季推移而指向不同的方位。据说20年前，几个小孩在树下玩火不小心将“龙头”下的麦秸引燃，龙头流下了伤心的“泪水”。从此龙头逐渐干枯，十分可惜。柏树上生长如此奇特的“龙头”，世所罕见。

名称：侧柏(柏树、扁柏)

学名：*Platycladus orientalis*

科属：柏科侧柏属

龙头柏

三十六、三义柏

生长于渭南市白水县仓颉庙内。树高 23 米，胸围 3.7 米，冠幅 8 米，树龄约 4000 年。因其三大主干一白一黑一紫，似桃园三结义之刘、关、张，故称“三义柏”。

名称：侧柏(柏树、扁柏)

学名：*Platycladus orientalis*

科属：柏科侧柏属

三义柏

三十七、宝莲灯柏

生长于渭南市白水县仓颉庙内，海拔 870 米。树高 10 米，胸围 4.20 米，树冠面积 122 平方米，树龄 3400 年。传说仓颉是轩辕黄帝的史官。《说文解字》曰：“黄帝之史仓颉，见鸟兽蹄迒之迹，知分理之，可相别异也，初造书契。”后人尊称之为“字圣”。仓颉辞世后，葬于陕西省白水县史官乡武庄，墓地修建庙宇一座。宝莲灯柏生长在仓颉墓冢西门口，树干中间有一块树疱，形似一盏宝莲灯，故名“宝莲灯柏”。相传千余年前，每逢夜幕降临，宝莲灯会发出烁人之光，光亮如昼。

名称：侧柏(柏树、扁柏)

学名：*Platycladus orientalis*

科属：柏科侧柏属

宝莲灯柏

三十八、张骞墓柏

西汉时期伟大的外交家、“丝绸之路”的开拓者张骞之墓，位于汉中市城固县博望乡饶家营村。墓前这株柏树高 25 米，胸围 1.69 米，冠幅 7.5 米，树龄约 2100 年。陵区松柏参天，花木峥嵘，环绕着高大的墓丘。公元前 139 年，张骞奉汉武帝之命出使大月氏，相约共同夹攻匈奴，历时 13 年，于元朔三年(前 126 年)归汉。他曾先后 3 次出使西域，不仅加强了中原和西域少数民族的联系，进一步发展了汉朝与中亚各地人民的友好关系，还促进了中西方经济文化的交流和发展。

名称：侧柏(柏树、扁柏)

学名：*Platycladus orientalis*

科属：柏科侧柏属

张骞墓柏

三十九、爬柏凌霄

汉中市勉县武侯祠博物馆大殿前古侧柏上，攀附着1株凌霄。树高12米，胸围1.15米，树龄约480年，俗称“爬柏凌霄”。每年自夏至开花到立秋，花期长达百日之久。花虽繁而易谢，朝开暮落，遍地红英。繁花季节远望，只见那翠柏之中，点缀着朵朵红花，红绿相映，妖艳至极，蓦然一看，恰似古柏开花。故有“千年古柏开红花”之说。

爬柏凌霄

名称：侧柏(柏树、扁柏)

学名：*Platycladus orientalis*

科属：柏科侧柏属

四十、小雁塔唐槐

西安市区城南的荐福寺(即今小雁塔)，创建于唐文明元年(公元684年)，塔建于景龙年间(公元707~709年)。寺内有一大钟，每日黎明钟声响彻整个古城，即谓“雁塔晨钟”，为长安古八景之一。寺院内现有唐槐8株，最高达16米，胸围3.86米，树龄约1300年。这些古槐多数主干、主枝已空心，但枯木逢春，又发出新枝绿叶，显得格外生机盎然。寺内古景、古塔、古树构成一幅秀美典雅的画境，令人流连忘返。

小雁塔唐槐

名称：国槐

学名：*Sophora japonica*

科属：豆科槐属

四十一、太上槐

生长于咸阳市兴平市马嵬镇黄山宫。树高8.15米，胸围3.83米树，树龄约1500年。相传为唐玄宗李隆基所植。安史之乱后，唐玄宗来到黄山宫吊唁杨贵妃，以槐枝为杖登上山坡，后决定把槐枝植于马嵬坡，以代替自己常年陪伴贵妃。槐树无根本难活，但玄宗手植的槐枝却奇迹般成活了，后唐肃宗赐名“太上槐”。太上槐历经千年，树干中心已空，仅靠干部树皮支撑着树冠。在虬根盘绕的老槐树近根部，竟然长出了1棵亭亭玉立的楸树。两棵树根相抱，树干相依，形成神奇的“槐抱楸”现象。

太上槐

名称：国槐

学名：*Sophora japonica*

科属：豆科槐属

四十二、司马迁五龙柏

司马迁五龙柏

生长于渭南市韩城市芝川镇的汉司马迁祠墓上。树高9米，胸围3.20米，树龄约1600年。因主干分为五个枝杈，似五龙腾飞，故名“五龙柏”。

名称：侧柏(柏树、扁柏)

学名：*Platycladus orientalis*

科属：柏科侧柏属

四十三、金粟山抱榆树

金粟山抱榆树

生长于渭南市富平县金粟山寺的石阶上。树高16米，胸围2.80米，树龄约1500年。树冠庞大，枝干苍劲，树干周身长着形态各异的树瘤，有的如虎、狮、龙、龟、蛟、兔、鹰等动物，活脱脱一幅百兽图。据说触摸此树可以祈福，老人过寿、新人结婚、求财进仕等“祷者辄应”，因此该树又被称为“祈福树”。

名称：榆树(白榆、家榆、榆钱树、春榆、粘榔树)

学名：*Ulmus pumila*

科属：榆科榆属

四十四、智果寺古柏

智果寺古柏

位于汉中市洋县智果寺觉皇殿前。树高15米，胸围2.80米，树龄约1000年。智果寺自古号称“汉上古刹”，始建于唐仪凤年间，经五代、宋、元各朝屡次翻修增建，到明神宗万历14年(公元1586年)时规模空前宏大。明神宗朱翊钧的母亲，因该寺和尚智果为其治病有功，命工匠刊印大藏经678函、6780卷(今存4193卷)颁赐智果寺，并捐大笔金钱给寺里，又命太监会同汉中知府重新翻修寺院，专修“藏经楼”，使智果寺成为闻名遐迩的佛教圣地。

名称：侧柏(柏树、扁柏)

学名：*Platycladus orientalis*

科属：柏科侧柏属

四十五、老子系牛柏

老子系牛柏

周至县楼观台宗圣宫遗址上，屹立着6棵引人注目的古老柏树，其中著名的有2株。此树高14米，胸围3.60米，枝叶稀疏，主干中空，基部有两个洞，显得古朴幽雅。据《古楼观志》记载，此树曾系过老子入关时驾车的牛，人称“系牛柏”。《周至县林业志》云，现存系牛柏等6株古柏为元代更植。古柏旁有一巨石，卧状如牛，系后人雕琢，以示纪念。据载，“元至正十五年(公元1278年)，安西王曾遣人琢石牛于此树下，以示当年遗迹”。据此推算，这棵古柏至少已有700多年的历史。

名称：侧柏(柏树、扁柏)

学名：*Platycladus orientalis*

科属：柏科侧柏属

四十六、钓鱼台唐柏

钓鱼台唐柏

位于宝鸡市高新区天王镇钓鱼台姜太公庙。树高20多米，胸围3.77米，树冠面积84平方米，树龄约1300年。太公庙内山石突兀，风景秀丽，4株姿态各异的唐柏坐落于庙内：1株其冠如盖，亭亭玉立；1株巨臂凌空，宛若飞云；1株铁骨嶙峋，威武雄壮；1株盘曲纠缠，虎踞龙蟠。这4棵唐柏是宝鸡市内最古老、保护最好的古柏。古柏奇姿与太公庙出檐斗拱的三间大殿，构成一处肃穆幽静之所，人称“四百(柏)三间庙”，遂成为名人学士凭吊之地。北宋诗人苏东坡赞曰：“闻道潘溪石，犹存渭水头。苍崖虽有迹，大钓本无钩。”

名称：侧柏(柏树、扁柏)

学名：*Platycladus orientalis*

科属：柏科侧柏属

四十七、太白洞白楠

太白洞白楠

太白洞坐落于汉中市西乡县茶镇乡十二岭山麓下的太白谷，东侧断层绝壁下，14株三人合围的参天古楠枝桠婆娑，擎盖如伞。其中有株白楠位于洞的南侧，数年前曾遭雷击，劫后余生，顶部新生翠枝，更显老道古雅，苍劲挺秀。树高10米，胸围3.6米，冠幅13米，树龄约1200年。背后，百米断岩绝壁耸立，崖下一排溶洞错落有致，太白洞即是其中一眼，洞内泉水哗哗流出，右上方 10 米处有一干涸溶洞。攀岩入洞，探阶斜下，前约 20 米，与水洞相连，神秘空蒙。太白清泉出洞，汇溪穿台流出，铺开分流，一股从斜沟击石拍崖而下，一股散成水幕，台沿垂幕成无数条细流串珠，断断续续，轻盈落下，击石溅玉，薄雾从洞穴之处徐徐溢出，朦胧神奇。

名称：白楠(楠木、山楠、石楠)

学名：*Phoebe neurantha*

科属：樟科桢楠属

四十八、兴国寺银杏

生长于宝鸡市麟游县九成宫镇城关村兴国寺旧址内。树高 30 米，胸围 5.80 米，冠幅 17 米，树龄约 1300 年。史料记载，兴国寺始建于唐初，北宋末年损坏殆尽。至新中国成立前，仅存几处古碑和此千年银杏。传说很久以前，麟游、扶风、岐山三秀才赴西安赶考。路上扶风秀才说："扶风法门寺有个塔，离天只有七丈八。请问二位仁兄，贵县家乡可有什么名胜更比法门寺塔更高?"岐山秀才随即道："岐山青化玉皇阁，能摸老天一只脚，请问扶风仁兄，这可比法门寺塔高多了吧。"麟游秀才最后说道："麟游千年银杏树，把天磨得咯吱吱。"麟游兴国寺银杏遂名声大振。

兴国寺银杏

名称：银杏(白果、公孙树、鸭脚树、蒲扇)

学名：*Gingko biloba*

科属：银杏科银杏属

四十九、龙门槐

生长在宝鸡市陇县新集川龙门洞森林公园。传说为丘处机手植。悬崖峭壁之中，凌空飞出 1 株茁壮的古槐，树高 13 米，胸围 2.6 米，树龄约 800 年，不禁让人赞叹大自然造化无穷。龙门洞钟灵毓秀，凝祥聚瑞，因元代丘处机创建道教全真龙门派而誉满神州。园内宫观庙宇依山傍水，架于绝壁，楼阁悬空，栈道飞跃，铁索垂悬，奇特的道观建筑、深厚的文化积淀，使龙门洞丰富的人文景观与优美的自然景观相得益彰，交相辉映。

龙门槐

名称：国槐

学名：*Sophora japonica*

科属：豆科槐属

五十、张载论道柏

生长于宝鸡市眉县横渠镇张载祠。相传此树是宋金时代当地百姓为纪念张载讲学而植，故称“张载论道柏”。树高 17 米，胸围 3.18 米，冠幅 13 米，树龄约 800 年。张载(公元 1020～1078 年)，北宋哲学家、思想家、关学的创始人，理学的奠基者之一。他的著作一直被明清两朝视为哲学的代表，作为科举考试的必读之书。张载的“横渠四句”：“为天地立心，为生民立命，为往圣继绝学，为万世开太平”。

名称：侧柏(柏树、扁柏)

学名：*Platycladus orientalis*

科属：柏科侧柏属

张载论道柏

五十一、神木古柏

榆林市神木县解家堡乡柏林村远在元朝初期就生长着大量的柏树，现在仍然生长着 9 株古老苍劲的柏树。其中有株树高 20 米，胸围 5.35 米，树龄 2100 年，内部腐朽中空，枝叶依然浓郁。此树西边有一深崖陡壁，还生长着 12 株柏树，人不得靠近，只能远观之。东边约 2000 米外，是盛极一时的老爷庙，巨大的石基，半倒的庙宇，四边的断垣残壁，散落的残砖碎瓦，使人浮想此处曾经香火之旺盛！从这里极目西望，不远处就是解家堡古城。

神木古柏

名称：侧柏(柏树、扁柏)

学名：*Platycladus orientalis*

科属：柏科侧柏属

五十二、西岳庙情槐

在华阴市西岳庙三圣母殿院内，生长着这棵枝繁叶茂的古槐，被称之为“媒仙”，也叫“情槐”。树高 16 米，胸围 3.9 米，冠幅 8 米，树龄约 1200 年。古槐相传是天上的槐树精随着玉帝的三女儿三圣母来到了西岳庙，享受人间香火。有一进京赶考的秀才刘彦昌到雪映宫题诗，相识了三圣母。一仙、一凡由相识、相知到相爱，一直到结婚，老槐树都是知道的。结婚时，老槐树作为证婚人成就了这段天地姻缘。自此以后，这媒仙老槐树就出了名。

西岳庙情槐

名称：国槐

学名：*Sophora japonica*

科属：豆科槐属

五十三、龙形银杏

龙形银杏

这位于西安市户县庞光乡焦西村。树高 26 米，主干高 6 米，胸围 6.20 米，树冠面积 214 平方米，树龄约 1000 年。树枝分别在主干 6 米和 12 米处分为两轮，层次分明，枝叶葱茏，高大苍劲。其东北方斜生一大主枝，直耸高空，好像一具龙头；又有一主枝弯曲下伸，形似龙尾，惟妙惟肖，故人称“龙形银杏”。当地民谣有“先有银杏树，后有焦西村”之说。

名称：银杏(白果、公孙树、鸭脚树、蒲扇)

学名：*Gingko biloba*

科属：银杏科银杏属

五十四、扁鹊手植银杏

扁鹊手植银杏

生长在汉中市城固县老庄镇朱家坎村，海拔 580 米。树高 18 米，胸径 2.27 米，冠幅 15 米，树龄约 2200 年。此树相传为名医扁鹊手植。因年代久远，这株银杏的树体现分为两大枝，北面树枝生机盎然，南面的主枝已经干枯，急需加强保护。

名称：银杏(白果、公孙树、鸭脚树、蒲扇)

学名：*Gingko biloba*

科属：银杏科银杏属

五十五、周公庙唐柏

周公庙唐柏

在宝鸡市岐山县凤鸣镇周公庙风景区大门两侧，生长有 2 株古柏，树高分别 14 米、15 米，胸围均为 2.60 米，冠幅均为 8 米，树龄约 1200 年。这 2 株侧柏植于唐代，也称“唐柏”。据明嘉靖十三年(公元 1534 年)扶风知县杨瞻《揭周公庙碑记》载：“台西一柏，父老谓黄巢之乱，屯兵于庙，斩此以誓军令，斧痕犹在，半身已枯，而枝叶复荣。”有诗赞树曰：“生机不死总由天，一脉根蟠润德泉。古柏已枯还复茂，独留瑞物万斯年。”“枯柏复生”今为“周邸八景”之一。

名称：侧柏(柏树、扁柏)

学名：*Platycladus orientalis*

科属：柏科侧柏属

五十六、禹宫古桂

生长在汉中市宁强县烈金坝乡烈金村禹王宫后院。高 13.2 米，基部分 7 杈，基围 4.05 米，树龄约 1300 年。枝叶茂密，树势健壮。大禹是我国原始社会的最后一个部落领袖。相传尧舜时期，洪水泛滥，舜选择禹去治水。禹用 13 年时间终于制服了洪水，使百姓安居乐业。原禹王宫后的汉王山有一洞，洞中长年流水，水声回壁传出，大如殷雷。水洞前有一石碑，相传为夏禹治水时所刻，故名“禹王碑”。院中这棵古桂巨枝七出，形若华盖，金秋繁华，十里飘香。

禹宫古桂

名称：桂树(木犀、月桂、九里香、木犀、丹桂、金桂、岩桂)

学名：*Osmanthus fragrans*

科属：木犀科木犀属

五十七、文庙古柏

安康市旬阳县文庙创建于明洪武五年(公元 1372 年)，现为城关镇博物馆。该庙坐北朝南，分为上中下三个院落，中院西北角竖有名碑一通，此碑以石叩之，响声清细如铜。这棵古柏即坐落于文庙内，海拔 258 米。树高 13 米，胸围 2.82 米，冠幅 5 米，树龄约 1100 年。古柏毗邻铜碑，枝条直插云霄，合称“古树铜碑”，为旬阳名胜之一。

文庙古柏

名称：侧柏(柏树、扁柏)

学名：*Platycladus orientalis*

科属：柏科侧柏属

五十八、雀舌黄杨

生长于渭南市华县永庆寺。树高 3 米，胸围 1.5 米，冠幅 16 米，树龄约 2000 年。永庆寺内有山门照壁、千年黄杨、明代石碑和龙泉圣水四大景观，尤以千年黄杨最为著名。相传为东汉明帝时期修建寺院时所植。原植 2 株，东西相向，此为仅存的 1 株。此株冠若行龟，常年葱郁，生机盎然。此树有触一处而动全身之妙，洗耳静听，可闻游龙戏水之响。

雀舌黄杨

名称：雀舌黄杨(匙叶黄杨)

学名：*Buxus harlandii*

科属：黄杨科黄杨属

五十九、百塔寺银杏

百塔寺位于西安市长安区王庄天子峪口。该寺建于西晋，唐初寺内有塔百座。后因年久失修，地面建筑荡然无存，唯留这1棵银杏古树。该树为1雌株，树高24米，胸围10.40米，树冠18米，树龄约1500年。这棵古树自主干2.1米处分为两大主枝，其上又有多次分枝，形成了庞大的树冠，高耸云天，挺拔隽秀，每年秋季满树金黄，果实累累，远眺蔚然壮丽。据传说，唐代大将尉迟敬德领兵征战路经此地，曾在这棵树上拴马休憩。

名称：银杏(白果、公孙树、鸭脚树、蒲扇)

学名：*Gingko biloba*

科属：银杏科银杏属

百塔寺银杏

六十、庙坝银杏

位于汉中市宁强县庙坝乡白果树村，位于海拔790米处，生长着2株1000多年的古银杏，左边株高30米，胸围8.80米；右边株高33米，胸围8.20米。据碑文记载：清道光年间，2株银杏树为周姓一家所有，周姓户族因树的所有权发生纠纷，相持不下，拟砍伐此树。但当地村民不忍2株千载古树因私愤而被毁，便集资32千文，从周姓户族购买过来，作为村上的公树，永久保护，并在两树之间立碑记载。由于当地村民精心管护，这2棵古树至今伟岸挺拔，枝繁叶茂，绿荫铺地，金秋挂果。

名称：银杏(白果、公孙树、鸭脚树、蒲扇)

学名：*Gingko biloba*

科属：银杏科银杏属

庙坝银杏

六十一、四皓柏

生长于商洛市丹凤县商镇四皓墓，海拔615米。树高16.5米，胸围2.40米，树冠面积74平方米，树龄约2000年。四皓墓隔丹江与商山相望。“四皓”是秦末隐居商山的4位年皆80有余的高士，学识渊博，品行高尚，为避秦末之乱，隐居于商山，须发皆白，故名“四皓”。四皓墓古柏环绕，墓前有一大碑，上刻“商山四皓”4字。相传千余年间，凡经此地者，文官下轿，武将下马，向墓肃然致礼。“四皓古陵冲北斗”为旧时“商州八景”之一。

名称：侧柏(柏树、扁柏)

学名：*Platycladus orientalis*

科属：柏科侧柏属

四皓柏

六十二、烈马柏

宝鸡市陈仓区胡店镇林光村生长着1棵古柏。树高30米，胸围7.10米，冠幅27米，树龄约1000年。古柏从基部分为5大主枝，形似5根香柱，又称“五柱香”。相传宋金抗衡时期，民族英雄吴玠驻守此地，南宋丞相秦桧却令吴玠退兵。吴玠的白龙战马仰天咆哮，直奔最嚣张的一个金军使者，将其扑到踏死，然后向1棵高大柏树冲去，用头将盆口粗的柏树拦腰撞断，最后吐血而亡。吴玠在古柏旁将其掩埋，并令三军哀悼。这棵被白龙马撞断树干的柏树，此后又生出五个新枝。人们为了纪念殉节的白龙马，称此柏为“烈马柏”。

烈马柏

名称：侧柏(柏树、扁柏)

学名：*Platycladus orientalis*

科属：柏科侧柏属

六十三、天威咫尺柏

在渭南市华阴市西岳庙“天威咫尺”牌楼前，生长着这棵古柏，树龄900年。“天威咫尺”石牌楼，据说是明万历年间所建。石牌楼有3个门，上下共分3层，最上面一层为雄狮托宝瓶。石牌楼的雕刻十分精致，花草、行龙、仙人团座，应有尽有。牌楼上刻“敕建”二字，下有“尊严峻极”“天威咫尺”石匾各一方。石匾上的字体苍劲有力，相传是大明朝奸相严嵩的手笔。这石牌楼的正面有“八仙庆寿”图，背面有“帝后宫廷行乐图”等等。其精湛的雕刻艺术和巧妙的构思，是我国古代石牌楼艺术的珍宝。

天威咫尺柏

名称：侧柏(柏树、扁柏)

学名：*Platycladus orientalis*

科属：柏科侧柏属

六十四、少昊之都柏

生长于渭南市华阴市西岳庙“少昊之都”石牌楼前，树龄1040年。“少昊之都”石牌楼是明万历年间所建，四柱三开间三楼式青石牌楼。“少昊”为五帝之一即白帝。也是西岳华山之神。少昊之都意为西岳神在下届理政的地方。

少昊之都柏

名称：侧柏(柏树、扁柏)

学名：*Platycladus orientalis*

科属：柏科侧柏属

六十五、蔡伦桂花

生长于汉中市洋县蔡伦墓祠前。树高 10 米，胸围 1.90 米，树冠面积 100 平方米，树龄约 800 年。虽半面已腐，老态龙钟，但每年农历八月花开时节，满树金黄、香飘数里。

名称：桂花(月桂、木犀)

学名：*Osmanthus fragrans*

科属：木犀科木犀属

蔡伦桂花

六十六、蔡伦墓柏

举世闻名的中国古代四大发明之一造纸术，是东汉宦官蔡伦的发明。公元 97 年蔡伦被封为“龙亭侯”，死后葬于龙亭。后人在此栽树纪念，其中有柏树 17 株，此为最大者。古柏生长于汉中市洋县龙亭镇蔡伦墓文化管理所院内。树高 13 米，胸围 2.45 米，树龄约 1860 年。

名称：侧柏(柏树、扁柏)

学名：*Platycladus orientalis*

科属：柏科侧柏属

蔡伦墓柏

六十七、文昌柏

生长于铜川市耀州区药王山文昌阁边的古柏。树高 18 米，胸围 3.2 米，冠幅 6 米，树龄约 1500 年。文昌阁建于清康熙五年(公元 1666 年)，分为上下两层，上层塑魁星点斗像，下层塑百子菩萨像，故俗称“魁星楼”或“百子楼”。据说建文昌阁时就有这株柏树，挺拔的树干穿文昌阁一角而过，角楼与柏树相映成趣，形成一幅人与自然和谐相处的唯美画面。树随亭长，亭随树动，亭子需定期修葺，以适应树的长势。

名称：侧柏(柏树、扁柏)

学名：*Platycladus orientalis*

科属：柏科侧柏属

文昌柏

六十八、南宫刺叶栎

生长在安康市岚皋县蔺河乡南宫山森林公园，海拔2000米。树高35米，胸围3.70米，冠幅12米，树龄约800年。上了笔架山垭，沿山道西行，过南天门，便见到这棵扎根在万丈悬崖边上的千年铁橿古树。该树1966年枯死，1978年复生，已枯死10多年的千年古树，现在又奇迹般地复生，身上还寄生着10多种小树。此树遭过闪电雷击，树冠虽已谢顶，身上却如袋鼠般地护佑着十几种小树。千年古树死而复生，堪称“森林活化石”，是南宫山一景。

南宫刺叶栎

名称：刺叶栎

学名：*Quercus spinosa*

科属：壳斗科栎属

六十九、华阴晋柏

位于渭南华阴市云台观，海拔350米。树高15米，胸围4.50米，树龄1727年。相传晋武帝太康九年(公元288年)，弘农太守魏君实沿西岳庙至华山路两侧，植柏树数株，现仅存2株，人称“晋柏”。云台观是久负盛名的道教活动场所，相传宋隐士陈抟曾在此居住。原观现已无存，只留此古柏1棵。相传20世纪30年代，蒋介石、张学良一行华山游览，路遇这株晋柏，蒋问随行的华阴县长宁逊生晋柏的来历，宁支支吾吾答不上来，蒋大为不悦：“身为父母官，不了解当地风土人情，如何管好地方?”遂拂袖而去，事后宁被免职。

华阴晋柏

名称：侧柏(柏树、扁柏)

学名：*Platycladus orientalis*

科属：柏科侧柏属

七十、舍公柏

西安市长安区子午镇南豆角村南门外有2株古柏，其中，较大的1株，树高18米，胸围3.40米，树冠面积143平方米，树龄约1200年。这2棵巍峨古朴的老柏树，虽已逾千年，如今依然郁郁葱葱，生机盎然。树旁有一石碑：上书“洪山镇定风水”六个大字，并有一石人头像，传说乃一县官“舍公”的头像。舍公爱民如子，临终叮嘱死后，要将其头露出地面，以观察黎民百姓之苦乐。群众为纪念他，称此柏为“舍公柏”。

舍公柏

名称：侧柏(柏树、扁柏)

学名：*Platycladus orientalis*

科属：柏科侧柏属

七十一、温国寺白皮松

生长在西安市长安区黄良乡湖村小学原温国寺遗址。树高 24 米，胸围 3.60 米，树龄约 1000 年。是西安市目前较大的白皮松古树。树干北边有一道纵形裂沟，三大主枝，南边 1 枝已被风折。主干修直，树姿高俏，绮丽俊秀，显得格外飘逸潇洒。湖村小学校歌悠扬，传递出孩子们对古松树的热爱之情："我们的校园，有一棵白松，它是唐代温国寺留下的见证。高高的白松，千年不朽，讲述着一代一代的故事。湖村小学，你是白皮松爷爷的家园。"

温国寺白皮松

名称：白皮松（白骨松、三针松、白果松、虎皮松、蟠龙松）

学名：*Pinus bungeana*

科属：松科松属

七十二、柞水夫妻银杏

商洛市柞水县石瓮镇东甘沟村，村中有 2 株的古银杏树，生长在海拔 910 米。雄树高达 44 米，主干围 7.10 米，雌树高达 45 米，主干围 8.50 米，树龄 1330 年。树干基部中空，洞内可容下六七个成年人。相传，石瓮镇有东、西坡，东坡有一叫银生的小伙子由于家境贫寒，被雇到西坡一富户人家做工，却与富户家的女儿杏儿相爱。由于双方家长的反对，这对情侣不得不私奔。眼见要被人追赶上，两人跳崖殉情。多年后，在两人跳崖处长出了两棵银杏树，而数百年后生出的小树就是"夫妻树"的"孩子"。古树生长旺盛，枝繁叶茂，年产白果约 1000 千克。

柞水夫妻银杏

名称：银杏（白果、公孙树、鸭脚树、蒲扇）

学名：*Gingko biloba*

科属：银杏科银杏属

七十三、观音堂银杏

西安市长安区沣峪口西约 900 米处的观音堂小学院内，有 1 株高耸苍劲的银杏树。树高 29 米，胸围 7.23 米，树冠面积 416 平方米。据《长安县志》记载，这棵树已有 1400 多年的历史。为唐代建观音堂时所植，俗称唐白果树。树形奇特，主干 10 米以上有 10 个分枝，最粗的径围亦有 3 米多。该树高大雄伟，枝叶茂密，秀丽壮观。

观音堂银杏

名称：银杏（白果、公孙树、鸭脚树、蒲扇）

学名：*Gingko biloba*

科属：银杏科银杏属

七十四、楼观台古柏

生长于西安市周至县楼观台宗圣宫西侧。树高25米，胸围2.1米，冠幅8米，树龄约2000年。楼观台是我国古代著名哲学家老子李耳著书立说、传道讲经之地，已有3000余年历史，素有“天下第一福地”“洞天之冠”的美誉，道教史称“仙都”。楼观台得名于公元前11世纪的西周王朝。相传西周大夫函谷关令尹喜结草为楼，夜观天象，见紫气东来，知道将有真人从此经过。后来果然老子西游入关，被尹喜迎入草楼。老子在这里著《道德经》五千言，并在楼南高岗筑台授经，留下楼观台这一名称。

楼观台古柏

名称：侧柏(柏树、扁柏)

学名：*Platycladus orientalis*

科属：柏科侧柏属

七十五、说经台银杏

位于西安市周至县楼观台说经台前院。树高28米，胸围4.10米，树龄约800年。主干北侧1米高处有1桑树，相映成趣，人称“银杏抱桑”。深秋的银杏由绿变黄，在阳光照耀下金光灿烂，美不胜收。银杏树北面，是一尊老子坐像。说经台相传是当年老子在此讲授《道德经》之地，亦称“授经台”，是道教最古的圣迹。

说经台银杏

名称：银杏(白果、公孙树、鸭脚树、蒲扇)

学名：*Gingko biloba*

科属：银杏科银杏属

七十六、诸葛坟上珊瑚朴

汉中市勉县武侯墓博物馆院内诸葛亮的墓冢上，生长着这株高大繁茂的珊瑚朴。因为它结一种黄色的果实，当地人叫它黄果朴。高28米，胸围2.28米，冠幅19米，树龄超过400年。生长旺盛，树形优美。不知从何年何月起，人们将它和诸葛亮的妻子黄月英联系在一起，以追念对诸葛亮武侯的哀思之情。黄月英可称得上为一代才女，只因相貌不佳，人称“阿丑”，她一生为诸葛亮出谋划策，堪称贤内助。据说诸葛亮伐魏时所做的木牛流马就是在阿丑的帮助和启发下完成的。于是，这棵黄果树就成了阿丑的化身。传说诸

诸葛坟上珊瑚朴

葛亮死后，黄月英郁郁而终，死后灵魂不散，游荡着寻找诸葛先生的魂灵，找了整整几百年，终于在勉县定军山下的武侯墓找到了，变身为黄果朴屹立在先生的坟头，为他遮风挡雨，时刻陪伴着千古忠魂。

名称：珊瑚朴(棠壳子树)

学名：*Celtis julianae*

科属：榆科朴属

七十七、武侯墓生肖柏

汉中市勉县武侯墓博物馆院内"生肖柏"，是三国时期蜀汉忠武侯、丞相诸葛亮之墓——勉县武侯墓内最古老的古树群，高大粗壮，枝叶摩天。它庄重、幽雅，给整个墓区带来肃穆、清凉之感。据《忠武侯祠墓志》记载："武侯祠与墓多古柏，祠凡六十四株，墓凡五十四株，相传为蜀汉炎兴元年(公元263年)所植。"《祠墓古柏记》又载："诸葛亮终年五十四岁，故当时在其墓周围植翠柏五十四株，以喻诸葛亮在生之年"，更喻诸葛亮"生为兴刘尊汉，死犹护蜀边疆"的豪气。古柏木群现仅存22株，树龄约1700年。"生肖柏"平均树高达31米，平均胸围2.96米，最大的1棵胸围达4.12米，树高36米，平均冠幅17米。据史料记载，旧时凡来武侯墓拜谒诸葛亮者，都要带菜籽油，每隔三五年灌树一次，以滋补树之营养，故此柏仍高大挺拔，郁郁葱葱，生长旺盛。

武侯墓生肖柏

名称：侧柏(柏树、扁柏)

学名：*Platycladus orientalis*

科属：柏科侧柏属

七十八、姊妹情深

这2株并生的银杏，生长在海拔990米的汉中留坝县江口镇青岗坪村(小地名白果村)。经测算，2株树龄约为2000年，1株胸围5.00米，高30米，另1株胸围4.70米，高29米。系西汉朝末年所遗存。该姊妹树枝繁叶茂，丰年结实2000斤，主干上不断增长的树瘤(俗称倒桩)是古老沧桑的一种象征。2株银杏同根相拥，相互依存，共同见证着历史的沧桑巨变。距此100余米的河心，有一块巨大的镇江石，天长日久"痴情地守望着"姊妹树。

姊妹情深

名称：银杏(白果、公孙树、鸭脚树、蒲扇)

学名：*Gingko biloba*

科属：银杏科银杏属

七十九、渭华起义馆内的古槐

1928 年 6 月，渭华起义军粉碎敌人两次进攻后，刘志丹同志在此古槐下主持召开军委扩大会议，分析了当时的局势和敌我力量对比，决定部队撤往渭北，创建革命根据地。这棵古槐见证了这段光荣的革命历程。革命路程备尝艰辛，这棵古槐树高 26 米，胸围 3.9 米，冠幅 6 米，树龄约 1000 年。而今人去楼空，古槐仍在，苍翠不减当年，似乎向人们诉说着革命的艰辛。

名称：国槐

学名：*Sophora japonica*

科属：豆科槐属

渭华起义馆内的古槐

八十、清真寺皂荚

位于西安清真大寺院内。树高 27 米，胸围 3.5 米，冠幅 13 米，树龄约 1200 年。清真大寺是一座历史悠久、规模宏大的古建筑群。据寺内现存碑文记载，清真大寺创建于唐玄宗李隆基天宝元年(公元 742 年)，距今已有 1260 余年的历史，后历经宋、元，特别是明、清几次重修和扩建，逐步形成现在宏大壮观、楼台亭殿紧凑和谐、庄严肃穆的一组古建筑群。化觉巷清真寺是西安市现存规模最大、保护最完整的明代建筑群。自 1978 年对外开放以来，已接待来自世界五大洲 100 多个国家和地区的广大游客、穆斯林兄弟和我国港澳台同胞等共 100 多万人次。

清真寺皂荚

名称：皂荚(鸡栖子、皂角、大皂荚、长皂荚、悬刀、长皂角、大皂角、乌樨)

学名：*Gleditsia sinensis*

科属：豆科皂荚属

八十一、救命树

生长于安康市汉滨区老城办南正街清真北寺，海拔 250 米。树高 38 米，胸围 3.52 米，冠幅 21 米，树龄约 220 年。1983 年安康发生特大洪水，东堤被冲毁，当地被淹没，有 31 人爬上此树得救，当地人称为“救命树”。

名称：臭椿(臭椿皮、大果臭椿)

学名：*Ailanthus altissima*

科属：苦木科臭椿属

救命树

八十二、卧龙柏

卧龙柏

生长于宝鸡市扶风县城关镇小留村。树高 18 米，胸围 4.70 米，冠幅 19 米，树龄约 1100 年。卧龙柏原长在城墙墙缝隙中，主干 1.5 米处弯曲伏地生长，后来村民筑土将主干覆盖，又萌生出新根。此树因形似一条巨龙伏卧得名“卧龙柏”。传说唐哀帝李柷前往法门寺途经小留村时，有一名贴身侍卫突患急症而亡，皇帝念其跟随多年，就在此小息予以安葬，并采来柏树树苗亲自在侍卫墓地栽植，后长成今天的卧龙柏，该村因此得名“小息”，后演变为“小留”。

名称：侧柏（柏树、扁柏）

学名：*Platycladus orientalis*

科属：柏科侧柏属

八十三、旧堡油松

旧堡油松

生长在榆林市榆阳区麻黄粱乡旧堡村山神庙前，海拔 1200 米。树高 9.3 米，胸围 3.75 米，树冠面积 245 平方米，树龄约 1000 年。远远望去，它庄严而肃穆地矗立在山顶，俨然保护神一样，静静地守护着小庙。当我们置身树下，欣赏粗壮的树干、虬劲的枝条、翠绿的针叶、满地的松果，顿时觉得心旷神怡。据当地村民讲，旧堡村山神庙前曾有许多棵油松，但目前仅存 1 棵。

名称：油松（短叶松、短叶马尾松、红皮松、东北黑松）

学名：*Pinus tabuliformis*

科属：松科松属

八十四、柏抱枣

柏抱枣

延安市黄陵县桥山镇韩塬村生长一棵奇树，树高 16 米，胸围 3.1 米，树龄约 500 年。从下面看是 1 棵树，从上面看却是 2 棵树，一半是柏树，一半是枣树，村里人亲切的称它为“柏抱枣”。柏树和枣树相依生长，亲密无间，村里的年轻人结婚后，都来到树下，祈求百（柏）年好合，早（枣）生贵子。到树上摸一摸，就会带来好的运气。由于年代久远，“柏抱枣”有些倾斜，村民选用支柱将其支撑起来。他们相信，撑起这棵树，就是撑起全村人的生活和希望。

名称：侧柏（柏树、扁柏）

学名：*Platycladus orientalis*

科属：柏科侧柏属

八十五、孔屏柏

位于渭南市白水县仓颉庙内，海拔 870 米。树高 11 米，胸围 4.80 米，树冠面积 201 平方米，树龄约 2000 年。因其从东侧观望，可见三股主干成扇形排列，犹若孔雀开屏，故名“孔屏柏”。

名称：侧柏（柏树、扁柏）

学名：*Platycladus orientalis*

科属：柏科侧柏属

孔屏柏

八十六、飞檐走壁柏

渭南市白水县仓颉庙内生长这株柏树。树高 20 米，胸围 3.6 米，树龄约 2600 年。其两大主干，一枝顺房檐悬空飞过，一枝紧贴墙壁而走，故称为“飞檐走壁柏”。

名称：侧柏（柏树、扁柏）

学名：*Platycladus orientalis*

科属：柏科侧柏属

飞檐走壁柏

八十七、仓颉庙柏抱槐

仓颉庙位于渭南市白水县，庙内西南有 1 古柏，海拔 870 米。树高 15 米，胸围 6.70 米，树龄 2100 年。中空生槐，槐长柏劈，抱槐相长，两树枝粗叶茂，名“柏抱槐”。这棵树 1987 年被列为中华百棵名树之一。据林业专家们推测，不知是鸟还是风将槐籽“带”进了树洞，便长出了槐树，天长日久，槐长柏裂，便形成了这一奇特景象。

名称：国槐

学名：*Sophora japonica*

科属：豆科槐属

仓颉庙柏抱槐

八十八、蛇戏柏

位于渭南市白水县仓颉庙内，海拔 870 米。树高 9 米，胸围 2.20 米，树冠面积 113 平方米，树龄约 2200 年。因其身与皮，皆扭曲盘旋，状若巨蛇缠树，故名“蛇戏柏”。

名称：侧柏（柏树、扁柏）

学名：*Platycladus orientalis*

科属：柏科侧柏属

蛇戏柏

八十九、周公庙龙爪槐

生长于宝鸡市岐山县凤鸣镇周公庙风景区。树高5米，胸围2.10米，冠幅5米，树龄约480年。人们认为此树沾了周公庙400多年的灵气，抚摸它的树干便能带来福气，所以除了树枝被红带子缠满之外，树干的凸起部位也由于游人的抚摸而变得十分光滑。

名称：龙爪槐(垂槐、盘槐)

学名：*Sophora japonica* f. *pendula*

科属：豆科槐属

周公庙龙爪槐

九十、冬青抱柏

生长于商洛市商南县赵川镇的秦家沟，海拔700米。令人称奇的是冬青树干中部长出一株柏树，翠绿如墨，与冬青树连为一体，在万木凋零的冬季里，愈发显得生机勃勃，人称“冬青抱柏”。冬青树高15米，胸围3.10米，冠幅8米，树龄约500年；柏树树高10米，胸围1.10米，冠幅5米。“冬青抱柏”下有马槽和拴马桩，是北宋末年石刻，距今900余年，相传为秦桧家族遗物，1982年被商南县政府列为县级文物保护单位。

名称：侧柏(柏树、扁柏)

学名：*Platycladus orientalis*

科属：柏科侧柏属

冬青抱柏

九十一、侯庄古柏

生长在延安市黄陵县侯庄乡。树高27米，胸围4.20米，冠幅12米，树龄约300年。康熙元年，侯姓人家栽植，树下原为古城墙遗址。古代讲究东城墙，北水库，西槐树，南柏树，此树就是按照这种格局栽植。

名称：侧柏(柏树、扁柏)

学名：*Platycladus orientalis*

科属：柏科侧柏属

侯庄古柏

九十二、神树涧古旱柳

生长在榆林市靖边县红墩界镇的神树涧古柳，是神奇的大漠生灵。像这样的古柳大约有300棵，大都独具特色。古柳的主干大都劈开着，中间都是空的，能容下几个人，许多树的旁干倒伏在地上，有的四下裂开，形成开屏之状；而有的枝干好像只有树皮在连着，却依旧生长茂盛；有的似虬龙腾跃；有的像华盖擎天；也有一些被雷电击中，四散披开，视其木质已呈腐朽模样，然而顶端却依旧生机勃勃。每棵树似乎都有自己宽阔的领地，根在这儿，头却伸向三四米远的地方，一头扎进地里又生了根，上面又长出了新枝。古柳千奇百怪，各个不同。不同的角度有不同的模样，看什么像什么。但它们都有一个共同点：树干宽厚的质感，如铁铸的面具，如老人脸上放大的皱纹。从它们身上透露出罕见的灵气与气质，透露出一种坚韧不拔、无所畏惧、永不放弃的精神。据说这里土地贫瘠，柳树生长缓慢，能长到这样也应该有五六百年了，有的古柳已达上千年历史。

神树涧古旱柳

名称：旱柳（柳树、河柳、江柳、立柳、直柳）

学名：*Salix matsudana*

科属：杨柳科柳属

九十三、玉泉青檀

生长于渭南市华阴市华山镇玉泉院。海拔 400 米，树高 18 米，胸围 3.6 米，冠幅 19 米，树龄约 1000 年。树干中空，树皮支撑整个树体。

名称：青檀树

学名：*Pteroceltis tatarinowii*

科属：榆科青檀属

玉泉青檀

九十四、峪岭古槐

位于渭南市富平县峪岭乡三尺村。树高 10 米，胸围 6.10 米，冠幅 11 米，树龄约 800 年。遒劲的树干中间开裂，形成数枝嶙峋的小干，支撑庞大的树体，基部树干虽已干枯，但树干顶部及树枝茂密苍翠，展示出无穷的生命活力。此树被村民称为“护村槐”。

名称：国槐

学名：*Sophora japonica*

科属：豆科槐属

峪岭古槐

九十五、大雁塔柽柳

大雁塔始建于唐高宗永徽三年(公元652年)，是供奉玄奘法师从印度带回的佛像、舍利和梵文经典而建，塔身7层，为中国唐朝佛教建筑艺术杰作。大雁塔是西安市的标志性建筑和著名的名胜古迹，是古城西安的象征。在寺院东南和西南方向有5株百岁以上的柽柳，其中最大的1株高11米，胸围1.92米，树冠36平方米，树龄约250年。这些古树饱经风霜，年久不衰，清雅自然，翠绿如茵，充满生机。

名称：柽柳(垂丝柳、西河柳、西湖柳、红柳、阴柳)

学名：*Tamarix chinensis*

科属：柽柳科柽柳属

大雁塔柽柳

九十六、朝阳龙爪槐

生长于宝鸡市岐山县凤鸣镇朝阳村。树高5米，胸围2.40米，冠幅4米，树龄约400年。虽然主干的树皮多半剥落，露出嶙峋的内壳，但苍翠的树冠仍生机勃发。

名称：龙爪槐(垂槐、盘槐)

学名：*Sophora japonica* f. *pendula*

科属：豆科槐属

朝阳龙爪槐

九十七、三鹰柏

位于西安市周至县楼观台宗圣宫。树高9米，胸围3.40米，树龄约3000年。该树无枝无叶，树干顶端分三个枝杈，其上各有1个枯枝结藤，远远望去酷似3只苍鹰栖立枝头，姿态奇异，栩栩如生，故名“三鹰柏”。该树虽已枯死，但天然形成之树雕已成为楼观台一大奇观，赢得了游客的赞誉。

名称：侧柏(柏树、扁柏)

学名：*Platycladus orientalis*

科属：柏科侧柏属

三鹰柏

九十八、财神槐

生长于安康市旬阳县棕溪镇车家坡村，海拔692米。树高30米，胸围9.20米，冠幅28米，树龄约1500年。树干内有一个大洞，能安放一张大桌，可同时容纳4人。每年春季古槐花开满枝，香飘数里。老百姓相信此树能够带来财运，故名“财神槐”。当地百姓到此祈愿，希望能发财走运保一生平安。

财神槐

名称：国槐

学名：*Sophora japonica*

科属：豆科槐属

九十九、耀州龙爪槐

生长于铜川市耀州区柳林乡柏树塬村，海拔1011米。树高3米，胸围1.2米，冠幅6米，树龄约200年。该树枝叶繁茂，纤细的枝条向四周自然下垂，似灵巧的姑娘编织的一把绿伞。每逢重要的传统节日，常有当地村民到树下进香，祈求富贵平安。

耀州龙爪槐

名称：龙爪槐(垂槐、盘槐)

学名：*Sophora japonica* f. *pendula*

科属：豆科槐属

一〇〇、五毒皂荚

生长于宝鸡市凤翔县柳林镇屯头村，树高20米，胸围4.52米，冠幅16米，树龄约500年。该树树根及树干有状如毒蛇、蟾蜍、蝎子、壁虎和蜈蚣5种动物的造型，遂得名“五毒树”。干旱无雨时，当地老百姓虔诚朝拜五毒树，甘霖就会降于田野，百姓遂能丰衣足食。以前，这棵树从树干“蛇头”处源源不断地流出一滴滴黑色的液汁。因液汁能治百病，一时间来这里取“神药”的人络绎不绝。一日，一“恶道”途经此处，说“五毒树”向南饮尽了古雍城河之水，尾扫千阳塬头，是不祥之物。遂乘夜深人静之时，用刀砍断了倒挂的“蛇头”。从此，五毒树再也不吐汁液，树干也枯腐成了空洞。

五毒皂荚

名称：皂荚(鸡栖子、皂角、大皂荚、长皂荚、悬刀、长皂角、大皂角、乌犀)

学名：*Gleditsia sinensis*

科属：豆科皂荚属

一〇一、鸳鸯栓皮栎

生长于安康市镇坪县牛头店镇前进村，海拔 728 米，有 2 株古栓皮栎，树高分别为 14 米、18 米，胸围分别为 4.10 米、4.36 米，冠幅分别为 8 米、17 米，树龄约 450 年。因两树相依而生，似比翼鸳鸯，故名“鸳鸯栓皮栎”。

名称：栓皮栎

学名：*Quercus variabilis*

科属：壳斗科栎属

鸳鸯栓皮栎

一〇二、武申皂荚

生长于麟游县常丰乡武申村。树高 12 米，胸围 5.80 米，冠幅 11 米，树龄约 700 年。整个树体悬空于 3 米高的土坎上，树形怪异，树干高度腐化中空，只有三分之二的树干外皮顽强生长，其上萌发新枝，枝繁叶茂呈伞状，年年挂满皂角。

名称：皂荚(鸡栖子、皂角、大皂荚、长皂荚、悬刀、长皂角、大皂角、乌樨)

学名：*Gleditsia sinensis*

科属：豆科皂荚属

武申皂荚

一〇三、党家河药树

生长于宝鸡市陇县八渡镇党家河村。树高 19 米，胸围 5.30 米，冠幅 21 米，树龄约 600 年。该树从根部向上分为 3 株主干，独立生长互不相悖，最粗的一株中间开裂形成一处窟窿，但仍然枝繁叶茂，生机勃勃。黄连木俗称“药树”，相传此树是药王孙思邈为给当地百姓治病而引种栽植。唐朝时宝鸡一带曾流行一种怪病，患上就会不吃不喝，消瘦而死。药王在秦岭一带遍采中草药，均不对症，后从一位西域商人处得知一味名“楷树叶”的中草药对这种病有疗效，便远赴西域采集。药王寻得小楷树后，一路跋山涉水返回宝鸡并栽植成活，因此人们称之为“药树”。

名称：黄连木(楷木、惜木、孔木、鸡冠果等)

学名：*Pistacia chinensis*

科属：漆树科黄连木属

党家河药树

一〇四、周公庙枸橘

生长于宝鸡市岐山县凤鸣镇周公庙风景区。树高6米，胸围1.10米，冠幅9米，树龄约110年。金秋时节，硕果累累，映衬周公庙青砖绿瓦。院内还有1棵枸桔，位于爱国将领程潜抗战时期寓居周公庙的别墅里。《晏子春秋》云："桔生淮南则为桔，生于淮北则为枳，叶徒相似，其实味不同，所以然者何？水土异也。"其中枳即为枸橘。

名称：枸橘

学名：*Poncirus trifoliata*

科属：芸香科金橘属

周公庙枸橘

一〇五、皂荚抱槐

位于咸阳市乾县，整体树干几近干枯的皂荚中间生出1棵苍劲的槐树，树高18米，胸围3.8米，冠幅13米，树龄约1500年，故名"皂荚抱槐"。远观之，像一位慈祥的母亲十月怀胎一朝分娩，孩子茁壮成长终成参天大树，而母亲却日渐老去，不再年轻。"谁言寸草心，报得三春晖。"树犹如此，人何以堪？

名称：皂荚(鸡栖子、皂角、大皂荚、长皂荚、悬刀、长皂角、大皂角、乌犍)

学名：*Gleditsia sinensis*

科属：豆科皂荚属

皂荚抱槐

一〇六、房包皂荚树

位于安康市石泉县后柳镇居民郭中平屋中，海拔363米。树高16米，胸围4.50米，冠幅10米，树龄约500年。树冠伸出屋顶后枝繁叶茂，浓荫蔽日，甚为壮观。奇特的房包树景观吸引了南来北往的游客。清朝嘉庆皇帝曾亲书"房包树"三个大字。年过七旬的郭中平及老伴住在房包树里，悠然自得，并作对联一副，上联是：船行峰、峰行船，船船男女歌盛世；下联为：屋包树、树包屋，屋屋老少颂太平；横批：水天一色。

名称：皂荚(鸡栖子、皂角、大皂荚、长皂荚、悬刀、长皂角、大皂角、乌犍)

学名：*Gleditsia sinensis*

科属：豆科皂荚属

房包皂荚树

一〇七、段家塬龙爪槐

生长于宝鸡千阳县崔家头镇段家塬村。树高 3 米，胸围 2.15 米，冠幅 7 米，树龄约 270 年。该树相传是当地人建段公祠时所植。“千阳三贤”之一的段秀实，唐朝建中三年曾任检校礼部尚书，在朱泚反唐篡位时，段秀实当庭奋起，夺源休笏，扑泚唾面，大骂“狂贼”，以笏击额，终遭其奸党杀害。朝野赞曰：“自古殁身以为社稷者，无有以秀实之贤。”祠旁这棵龙爪槐翠绿挺拔，形似一匹昂首扬蹄的奔马，临景而追逝者，让人顿生敬意。

段家塬龙爪槐

名称：龙爪槐(垂槐、盘槐)

学名：*Sophora japonica* f. *pendula*

科属：豆科槐属

一〇八、盘龙松

松云寺位于商洛市商州区杨斜镇，院内有 1 棵形似浮云、状如苍龙的千年古松。树高 26.5 米，胸围 2.10 米，冠幅 9 米，树龄约 1000 年。古松枝皆曲折盘旋，笼罩如遮阴青棚，树干仿佛一条活生生的昂首苍龙，枝叶如云似伞，遮盖整个古寺禅院，故名“龙松”。相传当年王莽废汉称帝时追杀皇族刘秀，刘逃进商洛山，躲在此树下化险为夷。

盘龙松

名称：松树

学名：*Pinus tabuliformis*

科属：松科松属

一〇九、普化楸树

生长于西安市蓝田县普化乡张家坪。原树高 24 米，胸围 4.70 米，冠幅 6 米，树龄 1300 年。1991 年 5 月因雷击起火被烧，现在残留主干高仅有 5 米，树体内空，已濒临枯死。主干北边有宽约 0.40 米的槽，基部有几个洞，其树皮尚且完好，其上又萌发出新枝，少量开花结果。

普化楸树

名称：楸树(梓桐、金丝楸、旱楸蒜台、水桐)

学名：*Catalpa bungeii*

科属：紫薇科梓树属

一一〇、金水冬青

生长在汉中市洋县金水镇金水村。树高 10 米，胸围 2.1 米，冠幅 21 米，树龄约 800 年。这附近共有 4 株冬青一字形排开，神似老虎尾巴。

名称：冬青

学名：*Ilex purpurea*

科属：冬青科冬青属

金水冬青

一一一、万花山五龙柏

生长在延安市西南 16 千米的杜甫川万花山景区跑马梁边缘，海拔 1320 米。树高 13 米，胸围 2.80 米，冠幅 9 米，树龄约 400 年。五支主干同根连体而生，远看似五条小龙，故被称为“五龙柏”。五龙柏处在地势平缓的跑马梁上，形成一块特殊的小高原。一旦天气有变，五龙柏即随风而动，声如嘶裂，人们便能预知气候变化。五龙柏所在的万花山据说是我国古代巾帼英雄花木兰的居住地。1939 年后，毛泽东、朱德、周恩来、叶剑英、谢觉哉等中共中央领导人都曾来此游览，并留有不少名篇佳作。

名称：侧柏（柏树、扁柏）

学名：*Platycladus orientalis*

科属：柏科侧柏属

万花山五龙柏

一一二、西岳庙柏抱桐

生长于渭南市华阴市西岳庙内。树高 15 米，胸围 2.9 米，冠幅 7 米，树龄约 900 年。

名称：侧柏（柏树、扁柏）

学名：*Platycladus orientalis*

科属：柏科侧柏属

西岳庙柏抱桐

一一三、乾县纹柏

位于咸阳市乾县，堪称柏树中的奇树。树高29米，胸围3.0米，冠幅6米，树龄约1000年。挺拔的树干看不到斑驳的树皮，而是苍郁茂盛的枝叶缠绕其上，似无根之花木腾空而起，又如万只蜜蜂齐聚蜂巢，令人浮想联翩，趣味无穷。

名称：侧柏(柏树、扁柏)

学名：*Platycladus orientalis*

科属：柏科侧柏属

乾县纹柏

一一四、黄帝陵龙角柏

这棵无叶柏树，树形奇异。树高15米，胸围3.1米，冠幅5米，树龄2000年。树干盘旋而上，直入云霄，钟灵毓秀，造化无穷，堪称一绝，游人观之不禁惊叹叫绝。因此柏生长于盘龙岗，人们称之为“龙角柏”。

名称：侧柏(柏树、扁柏)

学名：*Platycladus orientalis*

科属：柏科侧柏属

黄帝陵龙角柏

一一五、圣水寺汉桂

位于汉中市南郑县圣水寺黑龙泉边，它的东侧生长着著名的萧何手植汉桂。树高11米，胸围2.6米，冠幅10米，树龄10米，树龄约2100年。圣水寺背依灵泉山，面对汉江，与历史文化名城汉中隔江相望。寺内龙泉镶嵌五彩，汉桂芳香四溢。据《续修南郑县志》记载：“圣水寺建于明代嘉靖年间，有青、白、黄、乌、黑五泉，黑泉从佛座下流出，余在寺东西。故以泉水盛之器中，见者即知某泉之水。中有桂株，大四五合抱，开花时，香达数里。”

名称：汉桂(桂树、月桂、金桂等)

学名：*Ligustrum Tucidum*

科属：木犀科木犀属

圣水寺汉桂

一一六、清涧龙爪槐

清涧龙爪槐

生长在榆林市清涧县下廿里铺镇下十里铺村庙院。树高 6 米，胸围 2. 85 米，冠幅 7 米，树龄约 1200 年。树干粗直，枝条浓密，蟠曲如龙，树叶青翠欲滴，树冠如伞，状态优美，奇特苍古。

名称：龙爪槐(垂槐、盘槐)

学名：*Sophora japonica* f. *pendula*

科属：豆科槐属

一一七、付家坪大果青杆

付家坪大果青杆

生长于宝鸡市陇县火烧寨乡粮食沟村付家坪龙王庙。树高 18 米，胸围 1. 37 米，冠幅 7 米，树龄约 400 年。大果青杆系濒危树种，国家Ⅱ级保护植物，主要分布于秦岭南坡部分山区，多数呈散分布。

名称：大果青杆

学名：*Picea neoveitchii*

科属：松科云杉属

一一八、石鼓峡古柏

石鼓峡古柏

生长于宝鸡市麟游县九成宫镇县北村石鼓峡。树高 10 米，胸围 3. 80 米，冠幅 18 米，树龄约 1100 年。此树盘踞在庙顶，茁壮生长，活力十足，蔚为壮观。据当地人讲，此树下面是尉迟恭的庙，当年他就是在这里去世的。

名称：侧柏(柏树、扁柏)

学名：*Platycladus orientalis*

科属：柏科侧柏属

一一九、潜龙寺“卧龙柏”

潜龙寺“卧龙柏”

在渭南市华县少华山森林公园，与“柏抱槐”相距4米远还有1棵千年古树“卧龙柏”。树高20米，胸围3.3米，冠幅4米，树龄约1200年。“卧龙柏”整个躯干向一侧倾斜，在倾斜的树干上，每个枝条都奋力向上生长。据寺院的居士说，前段时间，这棵“卧龙柏”已经低得压着屋顶，但不知什么原因，又自己慢慢向上升了起来，好像千年古树也有了灵气。现在，潜龙寺随着少华山森林公园的建设，千年古树也成为这里的一景，等待八方宾客的到来。

名称：侧柏(柏树、扁柏)

学名：*Platycladus orientalis*

科属：柏科侧柏属

一二〇、潜龙寺“柏抱槐”

潜龙寺“柏抱槐”

渭南市华县少华山森林公园潜龙寺内，生长着柏抱槐，海拔1300米。古柏树高25米，胸围3.00米，冠幅6米，树龄2100年。在柏树中寄生1株槐树，2棵树互相缠绕，根茎相连，仿佛母亲怀抱着孩子。古柏苍劲，充满灵气，吸引了游人的关注。潜龙寺居士称，这棵树又称为东府灵根，传说刘秀躲避王莽追杀时在这里住了将近有2个月的时间。

名称：侧柏(柏树、扁柏)

学名：*Platycladus orientalis*

科属：柏科侧柏属

一二一、西门外古槐

西门外古槐

位于西安古城西门外。树高14米，冠幅11米，胸径1.5米，树龄约500年。2004年，西关正街拓宽改造，莲湖区绿化队承担古树复壮保护工作。大树位于原民宅内，居民厨房压占部分树根，主干距房屋仅1.2米。施工期间，有80多岁原住居民告知，据传，原为富商王家大院，后传至夏家居住，在清末，树木冠幅约600平方米，早晨鸦雀齐聚，为西门古城墙外一景。

经园林和城建部门的持续保护，古槐在其主干及一级分支上，不断生发新枝，夏季落叶现象明显减少，恢复勃勃生机。

名称：国槐

学名：*Sophora japonica*

科属：豆科槐属

一二二、石抱黄连木

生长于汉中市洋县金水三里店。树高 14 米，胸围 4.40 米，冠幅 38 米，树龄约 800 年。该树植根于山岩中，让人们不禁想起清代著名书画家郑板桥的名句：“咬定青山不放松，立根原在破岩中。千磨万击还坚劲，任尔东西南北风。”

名称：黄连木(楷木、惜木、孔木、鸡冠果等)

学名：*Pistacia chinensis*

科属：漆树科黄连木属

石抱黄连木

一二三、酒铺槐抱松

生长于宝鸡市凤县三岔镇酒铺村。树高 26 米，胸围 4.00 米，冠幅 18 米，树龄 500 年。该树生长奇特，从基部看是 1 棵白皮松长在槐树干里。其实是槐树生长年久主干腐朽，慢慢出现空心，不知何时落下一粒白皮松种子，竟然在槐树里面生根发芽，多年后长成了参天大树，远远望去仿佛是一老一少紧紧抱在一起，槐树古老苍劲，松树生机勃勃。

名称：国槐

学名：*Sophora japonica*

科属：豆科槐属

酒铺槐抱松

一二四、灞桥木瓜

位于西安市灞桥区。树高 15 米，胸围 2.00 米，冠幅 19 米，树龄约 1300 年。木瓜系药用植物。木瓜有两大类，蔷薇科木瓜属植物木瓜与热带水果番木瓜科木瓜。木瓜从用途上也分为食用和药用木瓜。蔷薇科木瓜属植物木瓜原产中国的温带木本植物，其果实可供食用、药用，同时花色美丽，也供观赏；它们还是传统文化，如《诗经》中的名句“投我以木瓜，报之以琼琚”。热带水果番木瓜原产东南亚，大概 17 世纪明朝后期时传入中国，因外形与中国木瓜相似，故名“番木瓜”，同样可以食用和药用。

灞桥木瓜

名称：木瓜(木瓜海棠、光皮木瓜、木瓜花、木梨、木李、榠楂、文冠果、文官果)

学名：*Chaenomeles sinensis*

科属：蔷薇科木瓜属

一二五、靖边旱柳王

生长于榆林市靖边县红墩界镇尔德井村旱柳古树，海拔1232米。树高8米，胸围3.9米，冠幅11米，树龄约1280年。

名称：旱柳(柳树、河柳、江柳、立柳、直柳)

学名：*Salix matsudana*

科属：杨柳科柳属

靖边旱柳王

一二六、曙坪铁坚杉

生长于安康市镇坪县，在县城南约500米处。树冠12米，树高13米，胸围4.6米，树龄约750年。“大树村”因此树而得名。据说，这棵大树会流“血”。笔直的树干彰显出大树刚正不阿、嫉恶如仇的品格，当地百姓对此树十分敬畏。

名称：铁坚杉(油杉、泡杉)

学名：*Keteleeria davidiana*

科属：松科油杉属

曙坪铁坚杉

一二七、岚皋七叶树

位于安康市岚皋县溢河乡高桥村著名的南宫山景区，海拔700米。树高27米，胸围3.43米，冠幅30米，树龄约500年。金秋时节，树叶由绿转红，在阳光的照耀下，绚丽多彩。

名称：七叶树(椤树、梭椤子、天师栗、开心果、猴板栗)

学名：*Aesculus chinensis*

科属：七叶树科七叶树属

岚皋七叶树

一二八、抚韵柏

生长于渭南市白水县仓颉庙内。树高 21 米，胸围 2.4 米，冠幅 9 米，树龄约 3300 年。听戏舞枝叶，因其树形酷似一个醉汉，似醉又似醒。终岁不改容，常年固自守。

名称：侧柏(柏树、扁柏)

学名：*Platycladus orientalis*

科属：柏科侧柏属

抚韵柏

一二九、凤凰柏

生长于渭南市白水县仓颉庙内，海拔 870 米。树高 10 米，胸围 4.00 米，冠幅 12 米，树龄约 3200 年。因其顶部干枝，一若凤头，一若凤冠，故名“凤凰柏”。

名称：侧柏(柏树、扁柏)

学名：*Platycladus orientalis*

科属：柏科侧柏属

凤凰柏

一三〇、凌霜侯

生长于渭南市富平县曹村镇马坡村。树高 10 米，胸围 1.70 米，冠幅 10 米，树龄约 1000 年。“柿树封侯、柿叶临书”两个典故即与此树有关。其一，相传元朝末年朱元璋逃难至此，肠饥力衰，寺院僧侣为其采摘柿子奉食充饥，遂得以活命。朱元璋登基之后，寻得当年有救命之恩的柿子树，封之为“凌霜侯”，并建庙立碑，此为“柿树封侯”。其二，过去穷苦人家买不起纸，就在凌霜侯肥厚宽大的柿叶上写字，称之为“柿叶临书”。

名称：柿子树(朱果、猴枣)

学名：*Diospyros kaki*

科属：柿树科柿树属

凌霜侯

一三一、张王古槐

张王古槐

位于渭南市富平县南社乡张王村。树高 12 米，胸围 4.40 米，冠幅 10 米，树龄约 1000 年。该树主干在离地面约 2 米处分叉，形成“三杈鼎力”之形态，蔚为壮观。此槐是当年建村堡时的护庄树。

名称：国槐

学名：*Sophora japonica*

科属：豆科槐属

一三二、青峰峡红豆杉

青峰峡红豆杉

生长于宝鸡市太白县桃川镇杜家庄村青峰峡森林公园内。树高 18 米，胸围 1.20 米，冠幅 12 米，树龄约 1300 年。近年来红豆杉因可提炼一种国际上公认的防癌抗癌药剂——紫杉醇而备受关注，是国家Ⅰ级保护野生植物。

名称：红豆杉(紫杉、赤柏松)

学名：*Taxus Chinensis* var. *mairei*

科属：红豆杉科红豆杉属

一三三、兴坪榔榆

兴坪榔榆

生长于安康市石泉县两河镇兴坪村，海拔 602 米。树高 18 米，胸围 5.20 米，冠幅 8 米，树龄约 600 年。

名称：榔榆(小叶榆、秋榆)

学名：*Ulmus parvifolia*

科属：榆科榆属

一三四、瀛湖黄连木

生长在安康市汉滨区瀛湖镇湖心村，海拔 560 米。树高 23 米，胸围 4.00 米，冠幅 30 米，树龄约 600 年。

名称：黄连木(楷木、惜木、孔木、鸡冠果等)

学名：*Pistacia chinensis*

科属：漆树科黄连木属

瀛湖黄连木

一三五、皂角湾银杏

生长于宝鸡市太白县黄柏塬乡皂角湾村。树高 23 米，胸围 5.90 米，冠幅 21 米，树龄约 1400 年。相传隋朝末年，长江中下游地区连年遭受洪涝灾害，灾区百姓纷纷向长江上游寻找安身之处。部分灾民逃荒经过此处，发现这里山清水秀，气候、地貌等自然条件酷似自己的故乡，于是在此定居下来。为了不让天灾侵害新的家园，人们在这里栽上了一棵象征兴隆昌盛的银杏树，期望村里能风调雨顺，年年都有好收成。

名称：银杏(白果、公孙树、鸭脚树、蒲扇)

学名：*Gingko biloba*

科属：银杏科银杏属

皂角湾银杏

一三六、官庄古槐

生长在西安市周至县翠峰乡官庄村，相传为唐开元年间自然生出。树高 8 米，胸围 6.80 米，冠幅 13 米，树龄 1300 年。远望如绿云，近观似翠盖，号称“秦中首槐”。传说北宋名士赵瞻拜访在这一带隐居的大儒张载时，曾系马于槐。后赵瞻官至枢密院副使，又在村东临近官道处建庄，乡人敬称为“官庄”。村民对这棵古槐呵护备至，并凿池引水，润泽槐根，古槐得以茂盛生长。

名称：国槐

学名：*Sophora japonica*

科属：豆科槐属

官庄古槐

一三七、辋川榔榆

生长于西安市蓝田县辋川乡李家河村。树高 20 米，胸围 4.70 米，冠幅 14 米，树龄约 1000 年。这棵榔榆树体高大，两大主枝和 5 个粗大的侧枝构成庞大的树冠，古朴沧桑，枝繁叶茂，年年开花结实。

名称：榔榆(小叶榆、秋榆)

学名：*Ulmus parvifolia*

科属：榆科榆属

辋川榔榆

一三八、庙川白皮松

生长于宝鸡市陈仓区新街镇庙川村。树高 28 米，胸围 3.90 米，冠幅 17 米，树龄约 1300 年。在树干高 0.7 米处长成东、西两个主干。东侧树干较高，顶端呈蘑菇状，远眺如一把万民伞矗立；西侧树干较低，又长成三大枝，似一把巨扇张伸于西、南、北三方，在蓝天白云的映衬下，极为壮观。

名称：白皮松(白骨松、三针松、白果松、虎皮松、蟠龙松)

学名：*Pinus bungeana*

科属：松科松属

庙川白皮松

一三九、清华白皮松

西安市长安区海拔 710 米清华山上(原观音菩萨庙门前)的这棵白皮松，躯干洁白如玉，婀娜多姿，犹如仙女一般，人们冠名以“白仙松”。树高 21 米，胸围 3.40 米，冠幅 16 米，树龄约 400 年。主干上生长出 9 大枝，形成伞状，浓荫铺地。

名称：白皮松(白骨松、三针松、白果松、虎皮松、蟠龙松)

学名：*Pinus bungeana*

科属：松科松属

清华白皮松

一四〇、南五台古槐

南五台古槐

这2株古槐矗立在西安市长安区南五台山无佛殿门前，海拔810米。树高分别为21米和20米，胸围分别为5.70米和4.50米，树龄约1000年。虽已老态龙钟，但仍显得飘逸豪放。高大的树冠，耸入蓝天，犹如擎天巨伞，给大地洒下一片绿荫。

名称：国槐

学名：*Sophora japonica*

科属：豆科槐属

一四一、庙梁古柏

庙梁古柏

位于榆林市佳县李家庄村，海拔1200米。树高10米，胸围3.74米，冠幅7米，树龄约1063年。据说，从前这里是一片原始森林，生长着许多柏树，现在只剩下这棵。

名称：侧柏(柏树、扁柏)

学名：*Platycladus orientalis*

科属：柏科侧柏属

一四二、永兴寺白榆

永兴寺白榆

生长在榆林市横山县响水镇鲍寺卧龙山永兴寺，海拔984米。树高21米，胸围3.05米，冠幅8米，树龄约540年。该树虬枝四伸倒垂，如伞如盖，顶阔1000多平方米，将一座庙宇覆盖。

名称：榆树(白榆、家榆、榆钱树、春榆、粘榔树)

学名：*Ulmus pumila*

科属：榆科榆属

一四三、红祥村皂荚

生长于宝鸡市眉县横渠镇红祥村。树高 16 米，胸围 3.45 米，冠幅 14 米，树龄约 300 年。

名称：皂荚(鸡栖子、皂角、大皂荚、长皂荚、悬刀、长皂角、大皂角、乌樨)

学名：*Gleditsia sinensis*

科属：豆科皂荚属

红祥村皂荚

一四四、泉子头侧柏

位于西安市长安区滦镇泉子头村。树高 16 米，胸围 3.80 米，冠幅 7 米，树龄约 1000 年。

名称：侧柏(柏树、扁柏)

学名：*Platycladus orientalis*

科属：柏科侧柏属

泉子头侧柏

一四五、长河黄连木

生长于汉中市洋县长溪乡长河村朱鹮保护区内。树高 20 米，胸围 3.50 米，冠幅 12 米，树龄约 280 年。

名称：黄连木(楷木、惜木、孔木、鸡冠果等)

学名：*Pistacia chinensis*

科属：漆树科黄连木属

长河黄连木

一四六、观音山油松

观音山油松

生长在西安市长安区喂子坪乡海拔 2166 米的观音山顶部。树高 21 米，胸围 4.20 米，冠幅 15 米，树龄约 2000 年。古油松虽历经沧桑，依然葱茏苍翠，古朴矫健。游人至此，仰望参天古木，无不赞叹大自然之绝妙。

名称：油松(短叶松、短叶马尾松、红皮松、东北黑松)

学名：*Pinus tabuliformis*

科属：松科松属

一四七、惊贼柏

惊贼柏

位于渭南市白水县仓颉庙，海拔 870 米。树高 11 米，胸围 3.40 米，冠幅 17 米，树龄约 3900 年。相传，两贼进庙偷东西刚爬上门楼，听到古柏发出刺耳的怪异声音，看到耀眼的红光，吓得从山门上掉了下来，一个当场摔死在地；一个摔伤后爬了回去，回去逢人就说："莫去圣庙做盗贼，古柏保护有灵神，偷吃仓圣一粒米，祖祖辈辈还不起。"从此，人们便称此柏为"惊贼柏"。

名称：侧柏(柏树、扁柏)

学名：*Platycladus orientalis*

科属：柏科侧柏

一四八、小曙河白栎

小曙河白栎

生长在安康市镇坪县小曙河乡战斗村，海拔 1250 米。树高 15 米，胸围 4.68 米，冠幅 18 米，树龄约 380 年。

名称：白栎(栗子树、白紫蒲树)

学名：*Quercus fabri*

科属：壳斗科栎属

一四九、白坪油樟

生长于安康市镇坪县白家乡白坪村，海拔 868 米。树高 12 米，胸围 3. 57 米，冠幅 13 米，树龄约 260 年。当地人称之为“父母树”。据传说 1976 年毛主席去世的时候，父母树“悲痛欲绝”，也干枯了，第二年又奇迹般复活了，直到现在仍是四季常青。

名称：油樟

学名：*Cinnamomum longepaniculatum*

科属：樟科樟属

白坪油樟

一五〇、高寨侧柏

位于西安市长安区鸣犊街道高寨村，海拔 560 米。树高 16 米，胸围 4. 00 米，冠幅 6 米，树龄约 1200 年。

名称：侧柏(柏树、扁柏)

学名：*Platycladus orientalis*

科属：柏科侧柏属

高寨侧柏

一五一、千家坪铁甲树

生长于安康市平利县千家坪森林公园，海拔 2071 米。树高 13 米，胸围 3. 60 米，冠幅 16 米，树龄约 500 年。铁甲树生长缓慢，木质坚硬无比。该树树冠浑圆，浓郁如伞，树干虬劲，3 人方能合抱，当地人称之“仙树”。方圆百里的百姓，每到过节时纷纷到此烧香挂红，对其顶礼膜拜。

名称：刺叶栎

学名：*Quercus spinosa*

科属：壳斗科栎属

千家坪铁甲树

一五二、石牛青檀

位于安康市平利县长安镇石牛村，海拔 523 米。树高 11 米，胸围 2. 80 米，冠幅 14 米，树龄约 300 年。

名称：青檀(翼朴、檀树)

学名：*Pteroceltis tatarinowi*

科属：榆科青檀属

石牛青檀

一五三、良田毛柞木

生长于安康市石泉县池河镇良田村，海拔 448 米。树高 13 米，胸围 2. 50 米，冠幅 5 米，树龄约 600 年。

名称：毛柞木

学名：*Xylosma japonicum* var. *pubescens*

科属：大风子科柞木属

良田毛柞木

一五四、双龙青檀

古青檀矗立在安康市汉滨区双龙镇政府大门前，海拔 442 米。树高 19 米，胸围 3. 00 米，冠幅 15 米，树龄约 350 年。

名称：青檀(翼朴、檀树)

学名：*Pteroceltis tatarinowii*

科属：榆科青檀属

双龙青檀

一五五、内苑银杏

生长于西安市长安区滦镇内苑村。树高 20 米，胸围 4.40 米，冠幅 24 米，树龄约 600 年。

名称：银杏(白果、公孙树、鸭脚树、蒲扇)

学名：*Ginkgo bitoba*

科属：银杏科银杏属

内苑银杏

一五六、黑河铁甲树

生长在西安市周至县厚畛子黑河国家森林公园内。树高 16 米，胸围 2.27 米，冠幅 38 米，树龄约 500 年。自主干 3.7 米处，有九条大枝一并斜展四方，构成半球形树冠，足荫 300 平方米。树干圆满挺直，庞大的树冠常年披青挂翠，冠绿如茵，生机盎然。

名称：刺叶栎

学名：*Quercus spinosa*

科属：壳斗科栎属

黑河铁甲树

一五七、张坪古柏

生长于汉中市南郑县协税乡张坪村。树高 18 米，胸围 4.80 米，冠幅 17 米，树龄约 1000 年。村民把这棵树当作风水树，视为保护神。为使古树根深叶茂，每年春天，村里几十户人家自发集资，购买菜籽油向树根浇灌以作肥料。

名称：侧柏(柏树、扁柏)

学名：*Platycladus orientalis*

科属：柏科侧柏属

张坪古柏

一五八、留侯七叶树

留侯七叶树

汉中市留坝县留侯镇庙台子村生长这株七叶树，海拔1260米。树高35米，胸围4.60米，冠幅17米，树龄约300年。

名称：七叶树(桫树、梭椤子、天师栗、开心果、猴板栗)

学名：*Aesculus chinensis*

科属：七叶树科七叶树属

一五九、白家塬国槐

白家塬国槐

生长于延安市延川县贺家湾乡白家塬村，海拔1165米。树高18米，胸围6.30米，冠幅58米，树龄约1200年。据当地百姓讲，这棵千年古槐很有灵气，人们都把它当成神树敬奉着，即使树上的一个小枝，人们也不会随意妄动，据说谁若是动了，家里庄稼便会遭冰雹袭击。每逢节日，远近的百姓都会来此焚香祷告，祈求平安。

名称：国槐

学名：*Sophora japonica*

科属：豆科槐属

一六〇、龙王庙古柏

龙王庙古柏

生长于榆林市榆阳区刘家畔龙王庙，海拔1000米。树高10米，胸围7.60米，冠幅40米，树龄约1500年。

名称：侧柏(柏树、扁柏)

学名：*Platycladus orientalis*

科属：柏科侧柏属

一六一、张良庙七叶树

张良庙七叶树

生长于留坝县张良庙内，海拔1260米。树高30.5米，胸围3.27米，冠幅55米，树龄240年。

名称：七叶树(桫树、梭椤子、天师栗、开心果、猴板栗)

学名：*Aesculus chinensis*

科属：七叶树科七叶树属

一六二、兴胜紫荆

位于安康市岚皋县滔河镇兴胜村，海拔 1000 米。树高 35 米，胸围 5.76 米，冠幅 25 米，树龄约 500 年。树的北侧是一条小河，流水常年不断。为防止流水冲刷树根，村民自筹资金 2000 元修砌一道石坝以保护此树。

名称：紫荆(满条红、苏芳花、紫株、乌桑、箩筐树)

学名：*Cercis chinensis*

科属：豆科紫荆属

兴胜紫荆

一六三、庄房坝红豆杉

生长于宝鸡市凤县南星镇庄房坝村。树高 12 米，胸围 1.80 米，冠幅 10 米，树龄约 200 年。茂密的竹林拥抱着这棵姿势优美的红豆杉，似万千卫士虔诚地守卫着圣洁的少女。茂盛的枝条如飞絮乱舞，形成一种动态的美感，传递出灵动的气息。

名称：红豆杉(紫杉、赤柏松)

学名：*Taxus chinensis* var. *mairei*

科属：红豆杉科红豆杉属

庄房坝红豆杉

一六四、长坪秦岭冷杉

生长于宝鸡市凤县南星镇长坪村。树高 22 米，胸围 2.60 米，冠幅 12 米，树龄约 230 年。秦岭冷杉为我国特有珍稀濒危植物，多数呈散状分布。因生于阴坡及山谷溪旁的密林中，多数植株常不结果实，但有隔年结果现象。

名称：冷杉

学名：*Abies chensiensis*

科属：松科冷杉属

长坪秦岭冷杉

一六五、柞水红豆杉

生长于商洛市柞水县下梁镇马坪村，海拔 1050 米。树高 18 米，胸围 2.70 米，冠幅 9 米，树龄约 200 年。

名称：红豆杉(紫杉，赤柏松)

学名：*Taxus chinensis* var. *mairei*

科属：红豆杉科红豆杉属

柞水红豆杉

一六六、钗孔柏

生长于西安市广仁寺院内，又名挂衣柏。树高 25 米，胸围 4.2 米，冠幅 8 米，树龄约 1500 年。树身布满针眼状的小窝。传说当年慈禧太后来广仁寺拜佛时，把她的头钗扎在树上挂衣服，从此柏树身上就长满了无数小孔留存至今。

名称：侧柏(柏树、扁柏)

学名：*Platycladus orientalis*

科属：柏科侧柏属

钗孔柏

一六七、说经台青檀

生长于西安市周至县楼观台说经台，前左侧土石坎。树高 18 米，胸围 3.00 米，冠幅 12 米，树龄约 600 年。树体雄伟，五大主枝高耸挺拔，枝繁叶茂，蔚为壮观。尤其是三分之一根系裸露地面，盘根错节，形态各异，实为一大奇观。

名称：青檀(翼朴、檀树)

学名：*Pteroceltis tatarinowii*

科属：榆科青檀属

说经台青檀

一六八、楼观台黄连木

楼观台黄连木

西安市周至县楼观台说经台有 1 株巨大的黄连木。该树正对大门，形成自然的影壁，行人进门需绕行方得以通过。说经台院内还有 1 株粗细相近的黄连木，疏影横斜，生机勃勃。树高分别是 20 米、23 米，胸围分别是 2. 8 米、3. 1 米，冠幅分别是 10 米、11 米，树龄约 1100 年。

名称：黄连木(楷木、惜木、孔木、鸡冠果等)

学名：*Pistacia chinensis*

科属：漆树科黄连木属

一六九、楼观台榔榆

楼观台榔榆

西安市周至县楼观台说经台大院内有 10 余株合抱之粗的古榔榆。因在农历八月开花，当地群众称之为“八月榆”。其中，最大的 1 株，树高 25 米，胸围 4. 20 米，冠幅 50 米，树龄约 1200 年。树干粗壮苍劲，四大主枝斜伸四方，显得格外雄伟壮丽。

名称：榔榆(小叶榆、秋榆)

学名：*Ulmus parvifolia*

科属：榆科榆属

一七〇、青岗坪银杏

青岗坪银杏

生长在海拔 990 米的留坝县江口镇青岗坪村。树高 37 米，胸围 8. 50 米，冠幅 49 米，树龄约 2200 年。古树是西汉中期天然长成的。由于地势相对开阔，未受任何破坏，树体高大分支多，侧枝舒展。在正常年份产干果 800 千克，收入 1 万多元，1998 年仅凭该树干果收入，就架起了河边的铁索桥。

名称：银杏(白果、公孙树、鸭脚树、蒲扇)

学名：*Gingko biloba*

科属：银杏科银杏属

一七一、雀舌黄杨

位于渭南市华阴市华山镇玉泉院希夷祠前。树高26米，胸围2.8米，冠幅18米，树龄约210年。树形婆娑秀美、婀娜多姿，虽经风雨沧桑，依然枝繁叶茂，浓绿若翠盖，玉立祠前，为玉泉院平添一段景观。

名称：雀舌黄杨(匙叶黄杨)

学名：*Buxus harlandii*

科属：黄杨科木樨黄杨属

雀舌黄杨

一七二、干枝梅柏

生长于渭南市白水县仓颉庙内。树高11米，胸围3.6米，冠幅8米，树龄约3800年。树顶干枝，宛若梅枝横空，历数百年而不折不朽，故称“干枝梅柏”。

名称：侧柏(柏树、扁柏)

学名：*Platycladus orientalis*

科属：柏科侧柏属

干枝梅柏

一七三、二龙戏珠柏

生长于渭南市白水县史官乡仓颉庙内，海拔870米。树高11米，胸围3.50米，冠幅16米，树龄约2500年。古柏上有两条干枝，形若蛟龙；两枝中间，有一干状，形若圆珠，因而称为“二龙戏珠柏”。此树身上有树皮干裂，好像一片片揭起的“龙鳞”。据说，1948年冬，彭德怀带西北野战军驻扎史官乡，指挥部设在仓颉庙，炊事班有个战士取干柴时，将中间“珠子”锯掉。彭德怀知道后，非常生气，在庙内举行的军民联欢会上严厉批评了这个士兵，并亲笔题写了《仓颉庙古柏保护令》。

名称：侧柏(柏树、扁柏)

学名：*Platycladus orientalis*

科属：柏科侧柏属

二龙戏珠柏

一七四、将军树

位于汉中市宁强县汉源镇东门村。树高 18 米，胸径 0. 30 米，冠幅 10 米，树龄约 220 年。据《宁强县志》记载：1935 年，红四方面军发动了陕南战役，参加这次战役的有红四军、九军、三十军、三十一军，共 15 个团的兵力，徐向前任总指挥，当时指挥所就建在这个村里，徐向前的战马即拴在这株柏树上，因此称为“将军树”。

名称：侧柏（柏树、扁柏）

学名：*Platycladus orientalis*

科属：柏科侧柏属

将军树

一七五、申家山古槐

生长于宝鸡市陇县杜阳镇申家山村，又名龙槐。树高 19 米，胸围 5. 90 米，冠幅 28 米，树龄约 600 年。大树主干约 2 米处分为 8 个主枝，枝枝弯曲而上具龙形龙态，整个树冠似八龙腾飞。更为奇特的是，大树东面相隔 2 米宽的小路有一个七八米见方的涝池，在涝池岸边与大龙槐同一根上，生长出 1 棵小树，树龄已近百年，树干平卧，恰似一条由腾空而起的出水蛟龙，摇头摆尾，张牙舞爪，活灵活现。

名称：国槐

学名：*Sophora japonica*

科属：豆科槐属

申家山古槐

一七六、岚皋桂花

生长在安康市岚皋县花里镇桂花村，海拔 850 米。树高 21 米，胸围 2. 10 米，冠幅 15 米，树龄约 310 年。2003 年当地林业部门投资为此树修筑护坎。桂花村因此树而得名。

名称：汉桂（桂花树）

学名：*Osmanthus fragrans*

科属：木犀科木犀属

岚皋桂花

一七七、齐西古槐

齐西古槐

生长于眉县齐镇齐西村。树高 17 米，胸围 5.44 米，冠幅 23 米，树龄约 1000 年。六个枝桠向蓝天张开，仿佛一把雨伞，保护村民免受天灾。

名称：国槐

学名：*Sophora japonica*

科属：豆科槐属

一七八、火烧滩黄连木

火烧滩黄连木

生长于宝鸡市太白县鹦鸽镇火烧滩村。树高 15 米，胸围 4.26 米，冠幅 18 米，树龄约 800 年。

名称：黄连木(楷木、惜木、孔木、鸡冠果等)

学名：*Pistacia chinensis*

科属：漆树科黄连木属

一七九、鸳鸯青檀

鸳鸯青檀

生长于安康市旬阳县白柳镇老龙沟村原泰山庙门口，海拔 313 米。树高 15 米，胸围 3.50 米，冠幅 12 米，树龄约 400 年。1983 年此地阴雨连绵，低洼成涝，原本幸福的一对“情侣青檀”被无情地拆散。有人不忍看此青檀孤独落寞，打算将其移到别处，奇怪的是，它就像人一样，动一点皮就“流血”，最后人们再也不提此事，此树在此得以留存。后来人们将其称之为“鸳鸯青檀”，寓意该村夫妻和和睦睦。

名称：青檀(翼朴、檀树)

学名：*Pteroceltis tatarinowii*

科属：榆科青檀属

一八〇、十八槐

十八槐

生长于铜川市耀州区关庄镇墓坳村。原来生长于一处古城墙，18 棵树根系相连。后来城墙横遭破坏，许多槐树也受牵连，现仅存留 7 棵。最大的 1 棵，树高 23 米，胸围 3.9 米，冠幅 11 米，树龄约 1200 年。古槐如蟒蛇般缠绕的树根，粗壮有力，给人以生命力量的震撼。

名称：国槐

学名：*Sophora japonica*

科属：豆科槐属

一八一、千枝柏

位于铜川市耀州区坡头镇上楼村，海拔 798 米。树高 16 米，胸围 3.8 米，冠幅 15 米，树龄约 1000 年。此柏传说与孙思邈手植柏东西对应，因躯干多枝，号称“千枝柏”。千枝柏得到村民的庇护，至今仍生长繁茂，苍翠欲滴。

名称：侧柏(柏树、扁柏)

学名：*Platycladus orientalis*

科属：柏科侧柏属

千枝柏

一八二、千阳黄连木

生长于宝鸡市千阳县城关镇侯家坡。树高 21 米，胸围 3.40 米，冠幅 21 米，树龄约 500 年。这棵黄连木树姿雄伟，形如巨伞，枝繁叶茂，传说与孔子弟子“千阳三贤”之一的燕伋有关。燕伋在曲阜求学归来时，孔子送燕伋一株树苗，希望他能成为后辈的楷模。燕伋拜别恩师，回到故乡，亲手栽植小树，同时筑台望鲁设坛讲学，传播儒家思想。燕伋手植黄连木今虽不存，但是它分蘖而成的小树已然长成今日之参天大树。

名称：黄连木(楷木、惜木、孔木、鸡冠果等)

学名：*Pistacia chinensis*

科属：漆树科黄连木属

千阳黄连木

一八三、白家滩圆柏

生长于宝鸡市陇县温水镇白家滩村。树高 8 米，胸围 2.48 米，冠幅 16 米，树龄约 800 年。硕大的树冠像一把撑开的巨伞，树形雄伟壮丽，针叶密密层层、蓊蓊郁郁，冬夏长青，凌霜不凋。它被当地村民视为珍宝，尊为村庄平安的守护神，代代相传，爱护有加。

名称：侧柏(柏树、扁柏)

学名：*Platycladus orientalis*

科属：柏科侧柏属

白家滩圆柏

一八四、五云楼圆柏

生长于汉中市留坝县留侯镇张良祠五云楼前。树高9米，胸围1.76米，冠幅11米，树龄约430年。

名称：侧柏(柏树、扁柏)

学名：*Platycladus orientalis*

科属：柏科侧柏属

五云楼圆柏

一八五、张良庙刺柏

生长于汉中市留坝县留侯镇张良庙五云楼前。树高10米，胸围2.9米，冠幅14米，树龄约350年。张良庙依山傍水，四季风景如画，建筑众多，牌匾林立，古朴典雅；匾额对联，名言佳句，比比皆是。庙中碑石、摩崖石刻近百块。

名称：刺柏(缨络柏、台湾柏、桧柏、红柏、红心柏)

学名：*Juniperus formosana*

科属：柏科刺柏属

张良庙刺柏

一八六、禅觉寺白皮松

生长于汉中市略阳县马蹄湾乡禅觉寺村，海拔780米。树高28米，胸围2.37米，冠幅49米，树龄约980年。相传，此地原栽植白皮松近百株，1956年修建宝成铁路时遭砍伐，此树为仅存的1棵。

名称：白皮松(白骨松、三针松，白果松，虎皮松，蟠龙松)

学名：*Pinus bungeana*

科属：松科松属

禅觉寺白皮松

一八七、蓝田红豆杉

生长在西安市蓝田县葛牌乡浮沱村，海拔1158米。树高15米，胸围2.70米，冠幅11米，树龄约800年。

名称：红豆杉(紫杉，赤柏松)

学名：*Taxus chinensis* var. *mairei*

科属：红豆杉科红豆杉属

蓝田红豆杉

一八八、观音墩冬青

生长于安康市白河县麻虎乡金银村，海拔210米。树高10米，胸围2.40米，冠幅14米，树龄约410年。观音墩冬青树距麻虎沟口1500米，因传为南海观音移石置树而得名。观音墩，石质硬，色绿，高10多米，阔10余平方米。冬青树，质白腻，高10米，二人合抱，冠如伞，枝繁叶茂，四季常青，根虬盘于石上。

名称：冬青

学名：*Ilex purpurea*

科属：冬青科冬青属

观音墩冬青

一八九、智果黄连木

生长于汉中市洋县谢村镇智果村。树高30米，胸围1.56米，冠幅91米，树龄约300年。

名称：黄连木(楷木、惜木、孔木、鸡冠果等)

学名：*Pistacia chinensis*

科属：漆树科黄连木属

智果黄连木

一九〇、店上古槐

位于渭南市富平县峪岭乡店上村。树高15米，胸围3.60米，冠幅11米，树龄约600年。相传，此树是当地一户人家在其门前栽植，在房舍上盘延生长，像一条巨龙，多年来一直庇荫着四邻，却不伤及房屋，称为店上奇观。

名称：国槐

学名：*Sophora japonica*

科属：豆科槐属

店上古槐

一九一、武申古槐

生长于麟游县常丰乡武申村。树高 18 米，胸围 6.24 米，冠幅 18 米，树龄约 600 年。此树树干中间开裂，形似两株槐树独立生长。苍老的树皮与青翠的槐叶形成鲜明对比，透露出古槐生机勃勃而又饱经沧桑的独特韵味。

名称：国槐

学名：*Sophora japonica*

科属：豆科槐属

武申古槐

一九二、南上宜古槐

生长于咸阳市永寿县甘井镇南上宜村。树高 9.6 米，胸围 7.20 米，冠幅 21 米，树龄 1100 年。

名称：国槐

学名：*Sophora japonica*

科属：豆科槐属

南上宜古槐

一九三、北坳古槐

生长于咸阳市永寿县甘井镇北坳村，海拔 1050 米。树高 18.2 米，胸围 6.10 米，冠幅 43 米，树龄约 1800 年。据说，1929 年北坳古槐被永寿县国民政府选中用以建造名宅。北坳村民一致认为，该古槐已有上千年的历史，如遭砍伐将破坏村子的风水，又是对文物的破坏、历史的践踏。于是威望很高的周氏老祖发动全村 15 户群众，与县民国政府达成协议，用 150 块大洋换回大树。他们东奔西跑，或借或贷，终于凑齐 150 块大洋，北坳古槐得以存留。

名称：国槐

学名：*Sophora japonica*

科属：豆科槐属

北坳古槐

一九四、大坝桂花

位于安康市镇坪县上竹乡大坝村，海拔 1025 米。树高 9 米，胸围 3.60 米，冠幅 8 米，树龄约 450 年。

名称：汉桂(桂花树)

学名：*Osmanthus fragrans*

科属：木犀科木犀属

大坝桂花

一九五、马畅古柏

生长于汉中市洋县马畅镇安中小学院内。树高 17 米，胸围 3.80 米，冠幅 12 米，树龄约 1200 年。据记载，唐德宗兴元元年(784 年)，太尉李怀光谋反。德宗李适带着诸后妃离开长安，由傥骆道逃往梁州(今汉中)。走到马畅镇(当时属城固县)时，他最疼爱的大女儿唐安公主病死。因为兵荒马乱，只好匆匆就地安葬。到达梁州后，德宗下令给公主举行隆重葬礼，修建唐安寺，建造 13 级砖塔，让和尚日夜诵经为公主超度。现在其他建筑已毁，仅存古柏 1 株和唐安公主墓。

名称：侧柏(柏树、扁柏)

学名：*Platycladus orientalis*

科属：柏科侧柏属

马畅古柏

一九六、庙坝柿树

生长在安康市镇坪县上竹乡庙坝村，海拔 1250 米。树高 25 米，胸围 4.15 米，冠幅 18 米，树龄 520 年。

名称：柿子树(朱果、猴枣)

学名：*Diospyros kaki*

科属：柿树

庙坝柿树

一九七、太安黑弹朴

生长于宝鸡市陈仓区赤沙镇太安村。2 棵树长势相仿，树高 25 米，胸围 4.30 米，冠幅 9 米，树龄约 1000 年。相传唐朝末年，晋王李克用曾在其中 1 棵黑弹朴上挂甲。由于晋王身材高大，所穿戴的头盔和铠甲很重，竟然把树皮压出了许多酷似铠甲的花纹。随着时间的流逝，这些花纹不但没有消失，反而越来越清晰，因此附近的百姓将其称为“挂甲榆”。

名称：黑弹朴(小叶朴、朴树、棒棒木、白麻子)

学名：*Celtis bungeana*

科属：榆科朴属

太安黑弹朴

一九八、桃园白皮松

位于商洛市山阳县城关镇桃园村山坡上。树高 29 米，胸围 2.7 米，冠幅 18 米，树龄约 900 年。离地面 2 米处的树干被砍伐三分之二，只剩下三分之一支撑庞大的树体。据村民说，中华人民共和国成立前村里很穷，连油灯都烧不起，有村民砍伐树干，夜晚点燃以做照明之用。此树只剩余细小树干支撑茂盛的树冠，似乎岌岌可危，摇摇欲坠。这棵白皮松历经风吹雨打，仍顽强屹立不倒，不禁为其强大的生命力而赞叹。

名称：白皮松(白骨松、三针松、白果松、虎皮松、蟠龙松)

学名：*Pinus bungeana*

科属：松科松属

桃园白皮松

一九九、旱坝枫杨

位于安康市宁陕县城关镇旱坝村，海拔 800 米。树高 30 米，胸围 6.90 米，冠幅 25 米，树龄约 380 年。枫杨四五月份开花、结果，一颗颗果实连结成串，累累下垂，果实中间呈椭圆状，两翼微翘，像一只只元宝，人们称之为“元宝树”。

名称：枫杨(麻柳)

学名：*Pterocarya Stenoptera*

科属：胡桃科枫杨属

旱坝枫杨

二〇〇、龙形古槐

龙形古槐

生长于西安市长安区申店乡崔家营村。树高 15 米，胸围 5.77 米，冠幅 21 米，树龄约 1100 年。该树有 12 个大主枝，其中 4 个主枝已经枯死，在主干与几个大主枝分杈处，生长着一株高 5 米、粗 0.5 米的丝棉木，所以也叫“槐抱丝绵木”。这棵古槐原西北方向的主枝高耸入云，东南向曾有一主枝长达 10 多米，倾斜而下，远望宛如一条巨龙腾空欲起，苍劲奇秀，甚为壮观，当地群众称为“龙形古槐”。

名称：国槐

学名：*Sophora japonica*

科属：豆科槐属

二〇一、风水神柏

风水神柏

西安市长安区黄良乡立园村西北角土坎上，昂然耸立着这棵古柏。树高 19 米，胸围 4.60 米，冠幅 65 米，树龄约 1300 年。主干以上丛生 5 个大主枝，枝叶蓊郁，树势犹健，苍劲古朴，生机勃勃。相传有人曾欲伐此树，恰巧其家中死人，树未伐成，古树得以保存。1988 年，一场大风刮断了一大主枝，又巧遇村中死人，因此村民们便将此树奉为“风水神柏”，严加保护。

名称：侧柏(柏树、扁柏)

学名：*Platycladus orientalis*

科属：柏科侧柏属

二〇二、岩房坝古柏

岩房坝古柏

生长于汉中市略阳县大黄院乡岩房坝村。树高 32 米，胸围 3.96 米，冠幅 13 米，树龄约 1500 年。当地传清朝末年，略阳县洋烟局许以 200 吊铜钱欲伐去此树，遭到众多村民反对。后经众人集资 200 吊铜钱买回作为公树，并在树干基部钉入 100 余斤铧铁，以防砍伐，现仍生长健壮，枝叶繁茂。

名称：侧柏(柏树、扁柏)

学名：*Platycladus orientalis*

科属：柏科侧柏属

二〇三、大坝山楠

大坝山楠

位于汉中市略阳县城关镇大坝村，海拔 1008 米。树高 25 米，胸围 2.70 米，冠幅 42 米，树龄约 720 年。当地村民讲，当年为了保护这棵古树，将树干由北坡向南填土抬高 2 米，将其一半的主干埋于地下。山楠树干通直，树形美观，树叶常年不凋，为较好的绿化树种。木材结构细密，有香气。

名称：山楠(楠木)

学名：*Phoebe chinensis*

科属：樟科楠木属

二〇四、广场紫薇

广场紫薇

位于安康市平利县城关镇女娲广场，海拔 480 米。树高 15 米，胸围 3.10 米，冠幅 3 米，树龄约 500 年。这株紫薇曾被盗挖，幸亏林业部门及时发现予以追回，并于 2007 年年底将其移植于此，并追究了盗挖人员的刑事责任。茁壮生长的紫薇为广场带来清新的气息，成为广场的独特景观，也对后人起到教育和警示作用。

名称：紫薇(入惊儿树、百日红、满堂红、紫薇)

学名：*Lagerstroemia indica*

科属：千屈菜科紫薇属

二〇五、龚庄国槐

龚庄国槐

位于延安市黄陵县龚庄。树高 40 米，胸围 7.70 米，冠幅 65 米，树龄约 1300 年。这棵古槐树干曾遭雷击，从中间分裂为两段。

名称：国槐

学名：*Sophora japonica*

科属：豆科槐属

二〇六、合阳桧柏

合阳桧柏

渭南市合阳县城关镇合阳中学的这棵古柏，植于西魏大统三年(公元 537 年)建造太清观时。树高 25 米，胸围 3.80 米，冠幅 8 米，树龄约 1500 年。

该树虽历遭劫损，仍蟠鬓转腾，昂扬向上，如今已成为学校的一道风景。桧树，亦称刺柏，常绿乔木，幼树叶子针状，大树叶子鳞生状，果实球形，木质桃红色，有香气。

名称：侧柏(柏树、扁柏)

学名：*Platycladus orientalis*

科属：柏科侧柏属

二〇七、将军松

生长于华阴市华山中峰，海拔 2000 米。树高 26 米，胸围 4.28 米，冠幅 46 米，树龄约 1000 年。树种为云杉。

名称：云杉(粗枝云杉、大果云杉、粗皮云杉)

学名：*Picea meyeri*

科属：松科云杉属

将军松

二〇八、苍龙岭金刚松

生长在华山苍龙岭下，海拔 1600 米。树高 25 米，胸围 2.3 米，冠幅 36 米，树龄 300 年。苍龙岭下龙庙前地形低，风力极强，一般树木不易生长，但这里所生长的 4 棵油松如 4 根擎天柱巍然屹立，挺拔苍劲，气势宏伟，宛如威武护守岳神的将军，被称为“四大金刚”。苍龙岭为华山著名险道之一，因岭呈苍黑色，势若游龙而得名。明清时期，该岭开始修建台阶，并于民国时期结束，共建了 530 余级台阶，为游客安全，在苍龙岭东飞鱼岭又开凿了一条登山复道。

名称：油松(短叶松、短叶马尾松、红皮松、东北黑松)

学名：*Pinus tabuliformis*

科属：松科松属

苍龙岭金刚松

二〇九、武侯墓黄连木

生长于汉中市勉县武侯墓院内。树高 20 米，胸围 2.10 米，冠幅 12 米，树龄约 800 年。

名称：黄连木(楷木、惜木、孔木、鸡冠果等)

学名：*Pistacia chinensis*

科属：漆树科黄连木属

武侯墓黄连木

二一〇、色木

色木

生长于汉中市留坝县留侯镇庙台子林场。树高25米，胸围1.11米，冠幅54米，树龄约400年。色木树势优美，枝叶浓密，叶形秀丽，嫩叶红色，入秋变成橙黄或红色，甚为美观。

名称：色木(五角槭、色木槭)

学名：*Acer mono*

科属：槭树科槭属

二一一、关中书院槐

关中书院槐

关中书院位于西安古城内书院门，创建于明万历三十七年(公元1609年)，是一所地方性的官办学堂。当时工部尚书冯从吾，因反阉官被解职回长安。先在宝庆寺讲学(即今书院门小学)，因从学者众多，馆舍不敷使用，便在东寺小悉园修建了关中书院。当时书院树木森森，现院内保留200多年的古树11株，其中古槐8株，皂荚3株，古槐中最高的达19米，胸围最粗3.4米，冠幅最大67米，树龄约1100年。它们虽然饱经沧桑，有的主干已经空腐，但依然葱茏苍翠，古朴矫健。

名称：国槐

学名：*Sophora japonica*

科属：豆科槐属

二一二、古树群

古树群

古树群位于商洛市商南县十里坪镇(原白鲁础乡)大竹园村三岔组将石沟点将台，民间传说栽植于唐朝，有千年历史。该古树群有13株大树，占地面积0.16公顷，7个树种，即分别为榔榆、榆树、椴树、五角枫、三角枫、黄连木和栓皮栎，大树高22米，胸围3.50米；小树高15米，胸围1.60米，树龄约1000年，海拔1000米。该古树群生长旺盛，枝繁叶茂，13株树长在一起成为团状，由此民间称为古树群。相传在唐朝时，民间在此建有一土地庙(又说祖师庙)，当时村民在庙周栽了7种13株树保留至今，同时，村民在庙中供有一瓦制香炉，炉底刻有唐朝年号。据该村老人回忆说，当年李先念同志还在此组织召开了中原局第二次会议。

名称：榔榆(小叶榆、秋榆)

学名：*Ulmus parvifolia*

科属：榆科榆属

二一三、李家湾槲栎

位于商洛市商南县十里坪镇李家湾村李家湾组，海拔 800 米。树高 14 米，胸围 3.20 米，冠幅 48 米，树龄约 350 年。

名称：槲栎

学名：*Quercus aliena*

科属：壳斗科栎属

李家湾槲栎

二一四、母子榆

古树母子榆，生长在商洛市商南县十里坪镇李家湾村一组扁担铺，海拔 700 米。传说该古树已有 1000 年历史。大树高 25 米，胸围 4.20 米，冠幅 48 米；小树高 15 米，胸围 1.90 米，冠幅 21 米。该树生长旺盛，枝繁叶茂，两树连为一体，由此民间称为母子榆。据说，1919 年，赵川镇马蹄沟村有位长年在外收山货做生意的村民党永先，发现了该古树，觉得该古树树势高大，很有保护价值，为了确保该古树不被人砍伐，他托人从湖北购买了 400 斤毛铁，送到铁匠铺，让铁匠打制了 300 口铁钉，拉到李家湾村，请当地人在地径至地上 1.5 米范围内，沿树围将铁钉斜钉入树体内。由于保护措施有力，至今该古树生长旺盛。

母子榆

名称：榆树(白榆、家榆、榆钱树、春榆、粘榔树)

学名：*Ulmus pumila*

科属：榆科榆属

二一五、水沟七叶树(又叫娑罗树)

位于商洛市商南县水沟镇水沟村水沟街组，海拔 440 米。树高 29 米，胸围 4.50 米，冠幅 28 米，树龄 800 年。

名称：七叶树(椤树、梭椤子、天师栗、开心果、猴板栗)

学名：*Aesculus chinensis*

科属：七叶树科七叶树属

水沟七叶树

二一六、柞水刺叶栎

生长于商洛市柞水县蔡玉窑镇上窑村，海拔 950 米。树高 18 米，胸围 4.20 米，冠幅 49 米，树龄约 1000 年。刺叶栎四季常青，遍山干黄的枯草映衬着苍翠的刺叶栎，更显得刺叶栎生机盎然。

名称：刺叶栎

学名：*Quercus spinosa*

柞水刺叶栎

科属：壳斗科栎属

二一七、三合乡飞蛾槭

生长于城固县三合乡秦家坝村，海拔480米。树高21米，胸围2.20米，冠幅43米，龄300年。

名称：飞蛾槭

学名：*Acer oblongum*

科属：槭树科槭属

三合乡飞蛾槭

二一八、唐王饮酒柏

位于西安市长安区内苑乡酒务头村。树高16米，胸围3.50米，冠幅17米，树龄约1000年。主干部分已朽，原有三大主枝，南侧一主枝已风折多年，其他两大主枝长势健旺，枝叶茂密，满树挂翠。相传唐太宗李世民在终南山避暑回长安途中，曾在这棵树下饮酒休息，后来人们便将村名改为“酒务头村”，这棵树也因此得名“唐王饮酒柏”。

名称：侧柏(柏树、扁柏)

学名：*Platycladus orientalis*

科属：柏科侧柏属

唐王饮酒柏

二一九、弥陀寺白玉兰

西安市长安区五台乡境内弥陀寺，生长着2株玉兰，一白一紫。2株玉兰，树高13米，胸围1.47米，冠幅39米，树龄约350年。该寺在终南山麓五台山口，独居山麓，风景优美。不仅是佛教圣地，又为当今旅游佳境。弥陀寺创建于隋朝，兴盛于唐朝。后历经兵火祸乱，屡经修复。抗日战争期间，弥陀寺设有国民党中央军官学校第七分校。该寺成为禁区，专供西安事变时任西北剿总政治部主任的曾旷晴(黄埔一期)隐居休养之所。1943年，蒋介石在皇甫村召开西北军事会议时，曾到过此寺。1944年春，国民党派张治中、邵力子与中共代表林柏渠、吴玉章等，在此寺举行秘密谈判，商讨抗日战争胜利后的政治协商事宜，为《双十协定》作了筹备。

名称：白玉兰(玉兰、望春花、玉兰花)

学名：*Magnolia denudata*

科属：木兰科木兰属

弥陀寺白玉兰

二二〇、弥陀寺紫玉兰

位于西安市五台乡弥陀寺内。树高 13 米，胸围 1.56 米，冠幅 56 米，树龄约 400 年。阳春三月，朵朵兰花，挂满枝条，亭亭玉立，素雅大方，使古老弥陀寺更显肃穆典雅。

名称：紫玉兰(木兰、辛夷、木笔、望春)

学名：*Magnolia liliflora*

科属：木兰科木兰属

弥陀寺紫玉兰

二二一、武侯祠旱莲

汉中市勉县武侯祠院内，生长这株落叶乔木旱莲。树高 13.4 米，胸围 1.36 米，冠幅 36 米，树龄约 410 年。因其树花开之时，花朵酷似莲花，而生于旱地，故有旱地莲花之美誉。旱莲属木兰科，每年 3 月上旬开花，花期半个月。其树先花后叶，初春满树鲜花，十分喜人，花后枝叶繁茂，5 月长出来年花蕾。此花蕾要在树上孕育十个多月，经历夏、秋、冬，来年绽放，俗称之“十月怀胎”。夏至后，花树结籽，籽如红豆，碧光坚硬。旱莲开花时，武侯祠院内游人如织，争相观看。因花开在 3 月，又称其树为“应春树”。旱莲花于 2000 年被汉中市政府确定为汉中市“市花”。

名称：应春华(二乔玉兰、旱莲)

学名：*Magnolia soulangeana*

科属：木兰科木兰属

武侯祠旱莲

二二二、双叶柏

生长于西安市广仁寺院内，有侧柏和刺柏双叶茂密成长。树高 15 米，胸围 2.9 米，冠幅 32 米，树龄约 1200 年。一棵树长两种树叶，十分罕见，令植物专家震撼。该树被主持喇嘛命名为“和谐之树”“团结之树”。

名称：侧柏(柏树、扁柏)

学名：*Platycladus orientalis*

科属：柏科侧柏属

双叶柏

二二三、紫藤缠柏

生长在宝鸡市岐山县周公庙内。树高26米，胸围3.20米，冠幅9米，柏树树龄约1300年。在1960年前后，有一株粗大的紫藤缠绕着千年古柏，直达树顶，形成壮丽的“紫藤缠柏”。“紫藤缠柏”四季有景：春季形成枯柏树杆紫藤花；夏季为枯柏树杆紫藤叶；秋季为枯柏树杆紫藤枝；特别到了冬季，“干藤缠干柏”像虬龙盘空，很为壮观。

名称：侧柏（柏树、扁柏）

学名：*Platycladus orientalis*

科属：柏科侧柏属

紫藤缠柏

二二四、秦岭杜鹃王

西安市蓝田县王顺山国家森林公园内，在海拔2160米的马岗子景区，生长着数百亩野生高山杜鹃。这株被誉为秦岭杜鹃王的奇树，树高14米，胸围2.1米，冠幅70米，树龄约1200年。经省内3位权威专家鉴定，树种为太白杜鹃，属于秦岭山脉中少有的珍品。为了让广大游客观赏到这一神奇的美景，蓝田县每年4月中旬举行王顺山杜鹃花节。“天下名山此独奇，望中风景画中诗。”这是明朝诗人刘玑笔下的王顺山风光。

名称：杜鹃（红杜鹃、映山红、艳山红、山踯躅、红踯躅、山石榴、羊角花）

学名：*Rhododendron simsii*

科属：杜鹃花科杜鹃花属

秦岭杜鹃王

二二五、墓坳杜梨

生长于铜川市耀州区关庄镇墓坳村，海拔1108米。树高18米，胸围2.1米，冠幅9米，树龄约800年。

每年4月中下旬开花。洁白的杜梨花，在盛开的油菜花映衬下构成一幅绚丽多彩田园风光。据说，此树为观音菩萨娘家树。树下原有一碑塔，20世纪五六十年代被拆毁；石碑于2005年被文化馆收走。每年6月15日、10月15日有香客过会烧香，为香山的小会。香山有啥会，这里就有啥小会。墓坳后沟为菩萨爷娘家。

名称：杜梨（棠梨、海棠梨、野梨子、土梨）

学名：*Pyrus betulaefolia*

科属：蔷薇科梨属

墓坳杜梨

二二六、玉泉院蜡梅

玉泉院蜡梅

生长在渭南市华阴市华山玉泉院陈抟老祖殿前。树高 9.5 米，胸围 1.2 米，冠幅 15 米，树龄约 600 年。

初春二月，迎风傲雪，蜡梅盛开。此地曾为北宋著名道士陈抟隐居修真之处。陈抟仙逝后，他的弟子们在此建希夷祠以示纪念，时在北宋皇佑年间(公元 1049~1053 年)。清代曾多次扩建，并改称玉泉院。玉泉院之得名，是因院内有清泉一股，相传与山顶镇岳宫玉井潜通。中华人民共和国成立后曾多次维修并扩建长廊，如今亭台楼阁，金碧辉煌。玉泉院的建筑分东、中、西三部分。中部为主体建筑希夷祠，它是一座四合院式的庭堂，主殿为陈抟老祖殿，内奉陈抟坐像。东西两边为客堂和住房，青砖蓝瓦，古朴无华。

名称：蜡梅(黄金茶、黄梅、黄梅花、金梅、蜡花、蜡梅花、麻木紫、石凉茶、唐梅、香梅、香木)

学名：*Chimonanthus praecox*

科属：蜡梅科蜡梅属

二二七、广仁寺丁香

广仁寺丁香

生长于西安市西北一路广仁寺院内。树高 6 米，胸围 0.6 米，冠幅 9 米，树龄约 600 年。

每逢 4 月初，丁香盛开，满园香气，让人陶醉。广仁寺坐落在西安城内西北角，是西北和康藏一带大喇嘛进京路过陕西时的行宫，因此又称“喇嘛寺”。康熙皇帝巡视陕西时，拨专款敕建。广仁寺为全国唯一绿度母主道场。历史上多世达赖喇嘛和多世班禅都在此住过，并设有坐床。历史上起着凝聚、促进西北边陲多民族团结的作用。西安广仁寺是陕西省唯一的藏传佛教寺院，也是西安市重点文物保护单位。

名称：丁香

学名：*Syringa oblate*

科属：木犀科丁香属

二二八、兴庆宫紫藤

兴庆宫紫藤

生长在西安市兴庆宫公园。长度 8 米，胸围 1.40 米，冠幅 11 米，树龄约 90 年。

每年 3 月下旬开花，兴庆宫公园是在唐兴庆宫遗址上修建起来的文化遗址公园，占地面积 52 公顷，其中湖面 10 公顷，是西安市最大的城市公园。兴庆宫历经扩建，占地达 134.4 公顷，超过我国现存最大、最完整的建筑群——明清故宫的面积(72.5 公顷)。

名称：紫藤(朱藤、招藤、招豆藤、藤萝)

学名：*Wisteria sinensis*

科属：豆科紫藤属

二二九、西安城墙紫藤

位于西安南城墙永宁门与文昌门的环城公园内。长度6米，胸围1.12米，冠幅13米，树龄约110年。

每年3月下旬开花。西安城墙是明代初年所建。现存城墙建于明洪武三年到十一年（公元1374～1378年），至今已有600多年历史，是中国现存最完整的一座古代城垣建筑。

西安城墙紫藤

名称：紫藤(朱藤、招藤、招豆藤、藤萝)

学名：*Wisteria sinensis*

科属：豆科紫藤属

二三〇、太白鹅耳枥

生长于宝鸡市太白县王家塄乡中明村。树高18米，胸围2.10米，冠幅16米，树龄约160年。

鹅耳枥稍耐阴，喜肥沃湿润土壤，也耐干旱瘠薄。其中有些种类木材坚硬，纹理致密美观；有些种类叶形秀丽，果穗奇特，枝叶茂密，为著名园林观赏植物。

太白鹅耳枥

名称：鹅耳枥(穗子榆)

学名：*Carpinus turczaninowii*

科属：桦木科鹅耳枥属

二三一、杜公祠蜡梅

生长在西安市长安区杜公祠正殿院里。杜公祠是唐代著名诗人杜甫的祠堂。蜡梅分别由十几棵小树围拢而成，通高10米以上。进入小院，棵棵蜡梅挂满金花，暗香浮动，迎着寒风怒放，千枝万束金黄色花朵构成一幅美丽的画卷。据记载，西安市150年以上的蜡梅仅存4株。杜公祠这两株的树龄均在200年以上，为西安市“蜡梅之王”。

杜公祠蜡梅

名称：蜡梅(黄金茶、黄梅、黄梅花、金梅、蜡花、蜡梅花、麻木紫、石凉茶、唐梅、香梅、香木)

学名：*Chimonanthus praecox*

科属：蜡梅科蜡梅属

二三二、厚畛子山茱萸

西安市周至县厚畛子镇花耳坪村，在海拔 1200 米山坡上，大面积生长着山茱萸。其中最大的 1 株，树高 14 米，胸围 1.2 米，冠幅 32 米，树龄为 300 年。

厚畛子山茱萸

每年 3 月中下旬到 4 月上旬，山茱萸树上挂满了金色的黄花，绚丽多彩。秋天结成红色果实，鲜艳甘甜，俗称山萸肉，也叫枣皮，是上等的滋补品，也是六味地黄丸其中的一味药材。

山茱萸因唐代诗人王维《九月九日忆山东兄弟》中“遥知兄弟登高处，遍插茱萸少一人”诗句而闻名。

其实，此茱萸非彼茱萸，虽然两种茱萸均可入药。诗中所言是一种草本植物，是民间风俗中九月九重阳节人们插技佩囊、用来避邪的吉祥物。而后畛子花耳坪的山茱萸，却是木本植物。

名称：山茱萸(山萸肉、山芋肉、山于肉)

学名：*Cornus officinalis*

科属：山茱萸科山茱萸属

二三三、岚皋鸽子树

在安康市岚皋县四季乡苍水村的大山深处，生长着大面积的国家Ⅰ级保护植物珙桐。树高 23 米，胸围 2.6 米，冠幅 23 米，树龄约 800 年。因其花冠形酷似展翅飞翔的白鸽，珙桐被西方植物学家命名为“中国鸽子树”。初夏时节，珙桐洁白的花朵竞相绽放，在山风的吹拂下，树树银花飞舞，恰似群鸽展翅，在微风中翩翩欲飞。树形端正，花期一般在 4 月中下旬左右。珙桐是一千万年前新生代第三纪留下的孑遗植物，有“植物活化石”之称，是国家Ⅰ级重点保护植物中的珍品，为我国独有的珍稀名贵观赏植物。

岚皋鸽子树

名称：珙桐(水梨子、鸽子树、鸽子花树)

学名：*Davidia involucrata*

科属：珙桐科珙桐属

二三四、老爷岭白玉兰

生长于太白县桃川乡老爷岭村，海拔 1280 米。树高 15 米，胸围 4.05 米，冠幅 8 米，树龄约 500 年。玉兰下部树干中间开裂两段，根部紧紧地抓住北面的山坡。春日的树枝上挂满了粉红的玉兰花，顺着玉兰向北望去，远处是太白山残雪，玉兰花以其洁白与积雪远近相衬，构成了一幅玉兰映太白的山水画。

名称：玉兰(白玉兰、木兰、玉兰花、玉树、望

老爷岭白玉兰

春、应春花、玉堂春、玉兰)

学名：*Magnolia denudata*

科属：木兰科玉兰亚属

二三五、青峰峡水曲柳

青峰峡水曲柳

生长于青峰峡森林公园，属太白县桃川镇杜家庄村。树高 21 米，胸围 5.10 米，冠幅 16 米，树龄约 500 年。遒劲的水曲柳映照远处连绵起伏的苍翠青山，营造出美不胜收的意境。

名称：水曲柳

学名：*Fraxinus mandshurica*

科属：木犀科白蜡树属

第三节 名木集锦

陕西古今名人荟萃，从远古轩辕黄帝手植柏起，古今名人身体力行，积极植树造林，三秦大地名木众多，闻名遐迩，现筛选最具代表性的名木 20 棵，辑录于后。

一、轩辕黄帝手植柏

轩辕黄帝手植柏

这株举世闻名的古柏，生长在海拔 1050 米，位于延安市黄陵县黄帝陵轩辕庙院内，高 20 余米，胸围 7.60 米，冠幅 29 米。

相传它为轩辕黄帝亲手所植，故名为黄帝手植柏，距今 5000 多年。其树枝像虬龙在空中盘绕，苍劲挺拔、冠盖蔽空、层层密密，像个巨大的绿伞。1982 年，英国林业专家罗皮尔考察了 27 个国家的柏树后，认为唯有黄帝手植柏最粗壮、最古老。中华名树公选养护委员会将它评为“中华百棵名树之首”。世人誉之为“世界柏树之冠”。当地谚语这样描绘它的粗壮：“七搂八拃半，圪里圪瘩不上算。”就是说，七个人手拉着手合抱不拢树干，还剩八拃多。“黄帝手植柏”沐浴了五千年的风风雨雨，目睹了中华民族的荣辱兴衰，至今依然苍翠挺拔、枝繁叶茂，彰显出中华民族生生不息、国脉传承的强大生命力。

名称：侧柏(柏树、扁柏)

学名：*Platycladus orientalis*

科属：柏科侧柏属

二、仓颉手植柏

仓颉手植柏

生长于渭南市白水县史官乡仓颉庙内。树高17米，胸围7.28米，树龄约5000年。从树东南方向看，柏树的主干树纹恰似一股巨流倾泻而下，碰到形似石块的树杈后，卷起无数水花，所以又称为“瀑布柏”。仓颉墓位于仓颉庙内，相传当年仓颉选中此地作为墓地，便栽植了这棵柏树，人们称之为“仓颉手植柏”。此柏是庙内最大最古老的柏树，堪与“黄帝手植柏”相媲美。

名称：侧柏(柏树、扁柏)

学名：*Platycladus orientalis*

科属：柏科侧柏属

三、老子手植银杏

老子手植银杏

西安市周至县楼观台，系道教始祖老子说经传道之处。这里依山傍水、千峰叠翠，被誉为“天下第一福地”。这株古银杏树位于楼观台宗圣宫下院，相传是老子到楼观后亲手所植，树龄约2600余年。原树高24米，胸围15.00米，胸径4.8米。1972年遭火烧，树心已空，只剩下薄薄的外皮，但大树依然枝繁叶茂。现树高11米，胸围9.50米，因其古老，又系老子手植，当地百姓奉若神明，每逢初一、十五，当地百姓便到银杏树下焚香还愿，祈福延寿。

这株银杏树还有一则趣闻，1972年日本首相田中角荣访华，与周总理谈判国事，涉及中日历史上互有交往的话题。田中说，中日友好的标志之一就是唐代鉴真和尚把日本的银杏树种传到了中国。周总理则说，中日交流，源远流长，但银杏树应该是由鉴真和尚带回日本去的，中国的楼观台就有周代老子亲手栽植的古银杏树。日方表示怀疑，后来由中国外交部人员陪同日方，专程来楼观台勘察并得以证实。

名称：银杏(白果、公孙树、鸭脚树、蒲扇)

学名：*Ginkgo bitoba*

科属：银杏科银杏属

四、李靖手植柽柳

李靖手植柽柳

生长于咸阳市三原县鲁桥镇李靖故居。树高10米，胸围1.93米，冠幅9米，树龄约1300年。相传为李靖亲手所植。唐贞观年间，李靖在三原建造府第完工之时，于读书堂平台东西两侧各栽植柽柳一棵，此为其中一棵。李靖(公元571~649年)，字药师，陕西三原县人，是唐朝文武兼备的著名军事家。他善于用兵，长于谋略、治军、作战，可谓才兼文武，出将入相，为唐朝的统一与巩固立下了赫赫战功，同时也丰富和发展了我国的军事思想和理论。该树为陕西柽柳王之一。

名称：柽柳(垂丝柳、西河柳、西湖柳、红柳、阴柳)

学名：*Tamarix chinensis*

科属：柽柳科柽柳属

五、萧何手植干香柏

生长于汉中市城固县上元观镇四合村，海拔720米。树高15米，胸围1.80米，冠幅5.5米，树龄约2210年。

萧何手植干香柏

相传汉王刘邦建都汉中期间，以汉江为主线，沿汉中盆地南北两侧之秦巴浅山丘陵地带建烽火台。公元前208年，萧何与下属在烽火台栽植干香柏树苗6株。2000多年的漫长岁月中，虽饱经干旱、风冻、刀凿斧伤、火烧等灾害，6株干香柏仍昂然屹立于层林高端，展现出枝繁叶茂、青翠美观的风姿。

名称：侧柏(柏树、扁柏)

学名：*Platycladus orientalis*

科属：柏科侧柏属

六、并蒂皂荚

并蒂皂荚

相传此并蒂皂荚为唐明皇和杨贵妃合栽。唐代天宝十年(751年)七月七日夜，唐玄宗和杨贵妃到此避暑，二人凭栏仰望星空，双双跪倒在地，对天盟誓，渴望生生世世为夫妻，然后在此栽植双皂角树，以此体现夫妻恩爱情深。翌年，玄宗和贵妃栽植的皂角树生机勃勃，而且意外地结了并蒂皂角。玄宗得知此事后，即兴挥毫题写“双皂角”三字。“安史之乱”后，华清宫宏伟的建筑群几乎全被毁坏，唯独“并蒂皂荚”树奇迹般地保留。时至今日，并蒂皂荚仍是年轻伉俪山盟海誓的好去处。尤其是每年农历七月七日夜，这里灯火通明，朝拜者摩肩接踵，络绎不绝。每到皂角树果实成熟期，当地百姓及游人采集皂角以作沐浴之用，树高22米，胸围分别是18米、20米，胸围分别是3.0米、3.2米，冠幅分别是36米、38米，树龄约1300年。现在，当地政府在此设立护栏，限量采摘。

名称：皂荚(鸡栖子、皂角、大皂荚、长皂荚、悬刀、长皂角、大皂角、乌樨)

学名：*Gleditsia sinensis*

科属：豆科皂荚属

七、王维手植银杏

西安市蓝田县辋川乡白家坪生长这株银杏，海拔630米。树高20米，胸围5.20米，冠幅18米，树龄约1200年。此处原为鹿苑寺，树即生在寺内。据《蓝田县志》载，“文杏馆遗址在寺门东，今有银杏1株，相传摩诘手植。”“摩诘”乃唐代诗人王维的字。王维在其辋川别墅亲手栽植这棵银杏树后，即称别墅为“文杏馆”。原文杏馆附近山水如画，风光旖旎，是一个极为幽静清雅的地方。王维有诗云：“文杏栽为架，春茅结大宇。不知栋里云，去作人间雨。”

王维手植银杏

名称：银杏(白果、公孙树、鸭脚树、蒲扇)

学名：*Gingko biloba*

科属：银杏科银杏属

八、孙思邈手植柏

生长于铜川市药王山，传为孙思邈亲手所植。树高12.5米，胸围3.59米，冠幅18米，树龄约1400年，树干纹理扭转。孙思邈，陕西耀县人，为唐代著名道士、医药学家，后世尊称为“药王”。孙思邈自幼聪颖好学，年十八立志学医，是古今医德医术堪称一流的名家，尤其对医德的强调，为后世的习医者传为佳话。他在名著《千金方》中，把“大医精诚”的医德规范放在极其重要的位置上专门立题，重点讨论。而他本人，也是以德养性、以德养身、德艺双馨的代表人物之一，成为历代医家和百姓尊崇备至的药工。

孙思邈手植柏

名称：侧柏(柏树、扁柏)

学名：*Platycladus orientalis*

科属：柏科侧柏属

九、李白手植银杏王

这2株银杏树生长在汉中市略阳县青泥河乡琵琶寺前青泥河小学院内，一雌一雄，相传为唐代大诗人李白入蜀途经此地时亲手所植。该树海拔710米，距今约有1300多年。两株银杏树相距8米多，东边的1株雄银杏树高达28米，胸围7.20米；西边的1株雌银杏树高20米，胸围2.86米。据《略阳史话》记载：李白此行留下了千古诗作《蜀道难》传于后世，其中以浪漫主义笔调这样描绘青泥岭：“黄鹤之飞尚不得过，猿猱欲度愁攀援。青泥何盘盘，百步九折萦岩峦。扪参历井仰胁息，以手抚膺坐长叹。”李白不仅留下著名诗篇，而且沿途栽树。他从成州(今甘肃成县)开始，每10千米栽2株银杏树，一直栽到兴州(略阳古

李白手植银杏王

称)境内的青泥河，给后人留下片片绿荫。

名称：银杏(白果、公孙树、鸭脚树、蒲扇)

学名：*Gingko biloba*

科属：银杏科银杏属

十、丹阳真人手植银杏

西安市户县重阳宫，是中国著名道教宫观，全真道祖庭，是我国道教全真派的三大祖庭之首，是全真道祖师王重阳早年修道和葬骨之地。金庸小说《神雕侠侣》中多有艺术化描述。王重阳主张儒、释、道三教合一，以“三教圆通，识心见性，独全其真”为宗旨，故名其教为全真。全真教曾在元代兴盛一时。金大定七年(公元1165年)，重阳祖师羽化升仙。金大定十二年(公元1170年)，马丹阳、刘处玄、丘处机、谭处端四真人遵师遗嘱奉柩归葬刘蒋故庵(今重阳宫)，并守墓3年，期间丹阳真人于此植银杏，树高27米，胸围3.3米，冠幅41米，树龄约800年。20世纪五六十年代祖师墓遭毁，此树枯死，后复活，渐生枝叶，至重阳宫恢复道教活动以来，如获重生，枝繁叶茂。当地信众称其为“神仙树”，并将平安带拴石抛挂其上，以保子孙兴旺。

丹阳真人手植银杏

名称：银杏(白果、公孙树、鸭脚树、蒲扇)

学名：*Gingko biloba*

科属：银杏科银杏属

十一、丘处机手植银杏

生长于宝鸡市陈仓区磻溪宫镇杨家店磻溪宫遗址西侧。树高25米，胸围5.90米，冠幅17米，树龄约800年。相传此银杏是元朝大国师、道教全真道龙门派创始人丘处机悟性修道时亲手所植，故名“丘处机手植银杏”。

丘处机手植银杏

名称：银杏(白果、公孙树、鸭脚树、蒲扇)

学名：*Gingko biloba*

科属：银杏科银杏属

十二、毛主席手植丁香

此树位于延安市枣园革命旧址，海拔970米。树高4米，胸围0.8米，冠幅9米，树龄68年。枝叶浓密、树势苍健，备受人们的关心和喜爱。这棵丁香是1943年毛主席在枣园窑洞前栽植的，每年4月开花，花色艳丽，芳香宜人。

毛主席手植丁香

名称：丁香

学名：*Syringa oblate*

科属：木犀科丁香属

十三、林则徐手植柳

生长于凤翔县东湖公园内环湖东路。树高 13 米，胸围 2.50 米，冠幅 8 米，树龄约 150 年。相传为清代名臣林则徐手植。清道光二十年(公元 1842 年)，湖广总督林则徐虎门销烟以后，道光皇帝迫于英军压力，以林则徐对鸦片事宜办理不善为由将其流放新疆伊犁。林则徐赴伊犁途中，在东湖手植柳树数株，此为其中仅存的 1 株。

林则徐手植柳

名称：柳树(水柳、垂杨柳、清明柳)

学名：*Salix babylonica*

科属：杨柳科柳属

十四、左公柳

生长于凤翔县东湖公园内君子亭旁。树高 15 米，胸围 2.75 米，冠幅 13 米，树龄 210 年。据史料记载，苏轼曾在凤翔任上疏浚东湖，种莲植柳。虽然苏轼当年所植柳树已不复存在，但“东湖柳”却由此传为佳话。清代同治年间(公元 1863～1874 年)，左宗棠拓边进军新疆时，从陕西潼关至新疆乌鲁木齐，绵延数千里，令士兵沿途植柳，并张贴告示：“有毁树者，即以军法从事。”以此，世称“左公柳”。凤翔县东湖公园的古柳树，就是当年左宗棠由新疆回京途中在陕西凤翔府于东湖手植杨柳数株，现唯此株尚存。

左公柳

名称：柳树(水柳、垂杨柳、清明柳)

学名：*Salix babylonica*

科属：杨柳科柳属

十五、贵妃石榴

位于西安市临潼区骊山华清宫。树高 8 米，胸围 1.60 米，冠幅 6 米，树龄约 1200 年。由于武则天对石榴花的酷爱和极力推崇，唐代栽植石榴蔚然成风。传说杨贵妃就特别喜爱石榴，亲手栽植了不少石榴，现在仅存此株，称“贵妃石榴”。贵妃石榴树体完整，老干新叶，年年挂果，稀世少有。唐玄宗为此下令在华清宫、西绣岭、王母祠等地遍栽石榴。白居易诗曰：“闲折两枝持在手，细看人间不似有。花中此物是西施，芙蓉芍药皆嫫母。”如今，漫山遍野的石榴树装点骊山，已成为当地一景。

贵妃石榴

名称：石榴(安石榴、若榴、丹若、金罂、金庞、涂林 、天浆)

学名：*Punica granatum*

科属：石榴科石榴属

十六、秦岭紫荆王

西安市户县太平国家森林公园，位于秦岭北麓户县太平峪内。在海拔900~1500米处，生长着万亩天然紫荆，每年4月中旬漫山遍野，紫荆花盛开。树高33米，胸围1.80米，冠幅18米，树龄约500年，堪称秦岭紫荆王。一串串紫红花穗，挂满枝头。阳春4月，许多树木还没有绽放嫩叶之时，万紫千红的紫荆花儿最先绽放，在初春盎盎生机中尤显绮丽和壮观，被誉为“大秦岭天然绝景”。万亩天然“紫荆花海”在全国绝无仅有，为了充分开发“紫荆花海”的旅游价值，户县县政府围绕“走进自然，亲近紫荆”“天下紫荆，源系太平”等主题，连续举办了6届紫荆花节，备受社会关注和国内外游人称赞。

秦岭紫荆王

名称：紫荆(满条红、苏芳花、紫株、乌桑、箩筐树)

学名：*Cercis chinensis*

科属：豆科紫荆属

十七、广仁寺紫荆

生长在西安市广仁寺院内。树高5米，胸围0.6米，冠幅13米，树龄约600年。紫荆花开，鲜艳靓丽，万紫千红，花团锦簇。紫荆，又名“满条红”，顾名思义，每年3月初，粉红色的小花苞，星星点点地挂在枝头上；3月底，花苞竞先绽放；4月上旬，紫荆花缠绕枝条盛开，可与桃李媲美，可与百花斗奇。若是遇上风雨，花瓣随之飘落，这“紫荆雨”则又是一场美丽的盛宴。北方紫荆与香港的紫荆名字虽然一样，但它们是两个不同树种。香港紫荆实际叫洋紫荆，深秋开花，多分布在南方特别是岭南，且花叶同在，盛开的花直径几乎与叶相等，中间花瓣较大，其余4瓣两侧对称排列。

广仁寺紫荆

名称：紫荆(满条红、苏芳花、紫株、乌桑、箩筐树)

学名：*Cercis chinensis*

科属：豆科紫荆属

十八、博物馆海棠

这2株海棠生长于陕西历史博物馆南门东侧，最大1株，树高8米，胸围1.20米，冠幅11米，树龄约1000年。据说是建馆时移栽在此。每到春夏之交，迎风峭立，花姿明媚动人，楚楚有致，其花未开时，花蕾红艳，似胭脂点点，开后则渐变粉红，犹如晓天明霞，花姿潇洒，花开似锦。陕西历史博物馆是一座国家级综合性历史类大型博物馆，筹建于1983年，1991年6月20日落成开放。陕西历史博物馆以其丰富的文物藏品，成为展示陕西历史文化和中国古代文明的殿堂，被誉为“古都明珠”“华夏宝库”。三秦大地是中华民族生息、繁衍，华夏文明诞生、发展的重要地区之一，中国历史上最为辉煌的周、秦、汉、唐等13个王朝曾在这里建都。丰富的文化遗存，深厚的文化积淀，形成了陕西独特的历史文化风貌。

博物馆海棠

名称：海棠

学名：*Malus spectabilis*

科属：蔷薇科苹果属

十九、武侯祠绣球

生长于汉中市勉县武侯祠内。树高3米，胸围0.7米，冠幅11米，树龄约700年。相传此绣球树为三国时的诸葛亮亲手栽种。绣球为落叶灌木或小乔木，枝条开展，冬芽裸露。叶对生，夏季开花，花于枝顶集成大球状聚伞花序，边缘具白色中性花。花期4~5月，花径0.18米，全部为不孕花。花初开带绿色，后转为白色，具清香。因其形态像绣球，故名。

武侯祠绣球

名称：绣球(木绣球、八仙花、紫阳花、绣球荚蒾、粉团花)

学名：*Viburnum macrocephalum*

科属：忍冬科荚蒾属

二十、杨虎城纪念馆杜梨

生长于西安市杨虎城纪念馆内。树高6米，胸围0.9米，冠幅16米，树龄约110年。杜梨树因生长第的止园曾为杨虎城将军的别墅，20世纪80年代初改为杨虎城将军纪念馆，并被国务院列为国家重点保护文物单位。最初，杨虎城将军给别墅取名为“紫园”，有紫气东来之意。当时杨虎城正值胶东、豫东凯旋归来。后来为避免蒋介石猜疑，改名为“止园”，取之“止戈为武”，有“停止内战，团结抗日”和“止乎于此，别无政治野心”之意。

杨虎城纪念馆杜梨

名称：杜梨(棠梨、海棠梨、野梨子、土梨)

学名：*Pyrus betulaefolia*

科属：蔷薇科梨属

第二篇　森林资源保护管理

1990~2010 年是陕西森林资源保护管理发展较好的时期，这一时期大致分为两个阶段：1998 年以前，在注重木材生产的同时，森林资源保护管理工作进展顺利，1998 年以后，森林资源保护管理工作进入新阶段，首先是从法规政策方面得到加强，通过实施林业“三定”、实行天保工程等使天然林得到更好的保护，自然保护和湿地保护区建设取得较快发展，全省新建立 32 个自然保护区，建立了 10 个湿地保护区和 6 个湿地公园，天保工程居全国前茅，森林病虫害防治、野生动物疫源疫病监测、珍稀野生动物抢救等工作受全国瞩目，陕西森林资源保护工作成效显著。

第一章　林权林地管理

第一节　林地确权发证

进入20世纪90年代以后，随着法律法规的逐渐健全，林业立法不断完善，陕西林权林地管理逐步走上法制轨道。

1990年，全省开始建立健全林权林地管理档案，并开始处理林权林地定权发证工作中的遗留问题。1990年5月，省人民政府针对确权发证进度滞后、工作迟缓和发展不平衡的情况，先后召开了全省发证工作领导小组紧急会议和各地市发证工作小组办公室主任座谈会，要求确保质量按期完成。陕西省定权发证工作于8月底全部结束。在定权发证工作中，先后调处山林纠纷390余起，收回国有山林3万多公顷。由于“三定”中注重有林地的发证，对集体所有的部分宜林荒山荒地没有发放林权证。

1994年，一类清查，全省共有集体林业用地832.26万公顷，国有林业用地365.23万公顷。林业“三定”中，1990年集体山林已发证643.73万公顷，未发证面积189.26万公顷；国有山林已发证331.1万公顷，未发证面积34.13万公顷。1998年，陕西省林业厅对林权管理及林权证发放情况进行全面清理总结。林权证发放按照《中华人民共和国森林法》规定，全部由当地县级人民政府核发，集体山林权证式样由省上统一格式各县自行印刷，国有山林权证全省统一印刷。但林权登记和变更工作未纳入正常林权管理工作中。针对这种情况，陕西省林业厅将《关于上报林权管理及林权证发放情况的函》上报国家林业局资源和林政管理司。

2004年11月，陕西省林业厅转发《国家林业局关于启用新版全国统一式样林权证》。2004年，在林权证发放工作中，全面启用了新版林权证。在发证工作中，以现有林权为基础，稳定森林、林木、林地权属的原则，凡在林业“三定”中权属清楚并发了林权证的换发新版林权证；林业“三定”后，林权发生变更的予以变更登记并颁发新证；林业“三定”后权属清楚但尚未登记的，及时予以登记和发证；对原存在林权争议已调处的，明确了权属并予以登记和发证；因征占用林地等原因转为非林地的予以注销登记；一时难以明确权属的，要求加快确认步伐，力争尽快核发林权证。同年，全省完成退耕还林发证面积15.34万公顷。此后又下发了《关于进一步加强退耕还林登记发证工作》，对做好退耕还林确权发证工作进行了安排部署，并把退耕还林确权发证的进度和质量纳入各级林业行政主管部门的绩效考核内容，确保在2007年6月底前完成2006年，退耕还林的确权发证工作。

2007年年初，集体林权制度改革（以下简称“林改”）工作开始。7月，陕西省“林改”在户县、太白等10个县（市区）率先开展试点工作，2009年，全面推进。“林改”中全省完成987.3万公顷集体林明晰产权的主体改革任务，其中完成发证面积715.95万公顷，发放林权证233万本，发证率72.5%。陕西省集体林地承包到户率83.2%，居全国第三。其中，采取家庭承包方式的有 750.79 万公顷，占 76.1%；采取拍卖及大户承包的有 70.31 万公顷，占 7.1%；采取集体股份合作经营的有 141.47 万公顷，占 14.3%；仍然保留在村组集体的有 24.73 万公顷，占 2.5%。调处纠纷 2.37 万起，涉及林地 38.33 万公顷，调处率 97%。

统计显示，截至 2010 年 12 月 5 日，陕西省"林改"中铜川、渭南、西安、榆林、商洛、汉中、延安 7 个市的 45 个县区未调处纠纷 732 起，涉及林地 3.90 万公顷，未调处率 3%。历史上长期形成的林权纠纷在"林改"中基本上得到全面调处。至 2010 年年底，尚未发现新的林权纠纷(因部分县区林地面积较小，故此，各市"林改"情况统计时对面积以"亩"作为计算单位。详见表 2-1-1)。

2010 年陕西省各市"林改"情况统计表

表 2-1-1

市、县（区）	集体林总面积（万亩）	争议纠纷调处情况					林权证发放情况				发证率（%）
		发生纠纷		累计调处纠纷		纠纷调处率（%）	发证户数（户）	发证本数（本）	发证宗地数（宗）	发证面积	
		起数（起）	面积（万亩）	起数（起）	面积（万亩）						
咸阳市	481.53	422	6	422	6	100	203445	117548	116060	481.53	100
铜川市	155.697	351	7.042	343	6.822	98	66014	67693	73039	154.567	99
渭南市	448.84	1165	22.49	810	19.76	70	155156	164505	181098	427.17	95
西安市	400.8	432	45.36	421	42.22	97	97944	84574	149924	359.95	90
宝鸡市	1074.52	948	45.78	941	45.66	100	200134	223003	313211	937.84	87
榆林市	3143.05	5426	333.51	5151	288.17	95	495591	362250	162002	2274.01	72
商洛市	2297.33	4684	13.25	4660	13.1	99	357038	369380	1118810	1630.69	71
汉中市	2519.3	3541	67.546	3477	66.165	98	374400	389087	1193435	1768.98	70
延安市	2076.23	1205	65.58	1143	59.57	95	244579	302827	836123	1374.87	65
安康市	2211.55	6172	27.0	6105	26.8	100	209557.6	250942	755361	1329	52
杨凌区	0.6	5	0.04	5	0.04	100	48	48	51	0.6	100
全省合计	14809.5	24351	633.5	23748	575	97	2403858.6	2331809	4899063	10739.2	72.5

第二节　国有林业单位确权发证

1990 年 5 月，陕西省人民政府召开紧急电话会议。副省长王双锡在电话会议上对陕西省国有山林定权发证工作作了讲话，要求各级政府把国有山林定权发证工作列入日程，做好工作，6 月底完成发证任务。同时，陕西省林业厅对全省定权发证工作发展不平衡的情况，以省政府名义召开发证工作领导小组电话会议，后又召开了各地市发证工作领导小组办公室主任参加的座谈会。会议对定权发证工作明确了责任，提出了要求。

1990 年 4 月，省政府发文《批转关于宁陕县有争议的 19 个村民小组国家与集体林权属裁决意见》对宁陕发生争议的 3866.67 公顷林权进行裁决。5 月初，该县组织力量深入有林权争议的村组宣传贯彻省政府裁决意见，被裁决的 19 个村民小组中有 22 个集体林权单位不服裁决，陆续向安康地区中级人民法院、陕西省高级人民法院提出申诉，状告省政府。安康中级法院正式受理了这起案件之后，立即组织司法人员深入村民小组走访调查，宣传法律，做了大量工作。7 月 9 日，宁陕县政府牵头召开了有宁东、宁西局和有关单位参加的第一次工作例会，成立了林业确权发证工作领导小组，制定实施办法，明确工作任务和重点。经过 1 年多的工作，沙坪、江口 2 个乡镇辖区内的国有林完成确权发证工作，广货街、四亩地、新场乡 3 个乡镇完成确权、等待发证。江口回族乡高桥村大屋组首先与宁东局达成协议，按照省政府的裁决意见上界，并从安康中院撤回诉状。

1991 年，省林业厅就定权发证工作中遗留的关于处理宁陕县林业“三定”遗留问题的“三宁”(宁东、宁西、宁陕)林权纠纷问题专题报告省政府，请求尽快解决省属林业单位林地权属纠纷。

省属林业单位中，汉西局、楼观台林场、太白山保护区 3 个单位发了林权证。

1995 年 12 月，陕西省人民政府召开专题会议《关于长青林业局与洋县部分村组集体林权争议调处工作会议纪要》。1997 年 1 月，省人民政府按照 1995 年专题问题会议纪要精神和 1996 年 5 月 17 日，王寿森副省长在汉中召开，办公会议所确定的方针和原则，研究制定了《关于处理长青自然保护区与洋县部分村组集体林权争议问题的意见》。3 月，经省政府领导同意，下发《陕西省人民政府办公厅印发〈关于处理长青自然保护区与洋县部分村组集体林权争议问题的意见〉》，并要求遵照执行。同年，洋县人民政府下发《洋县人民政府关于严禁在长青自然保护区进行非法活动》。7 月，省、市、县组成联合工作小组进驻保护区进行区界认定。2005 年 6 月 24 日，洋县人民政府正式向陕西省长青自然保护区颁发 2.99 万公顷的林权证书。

2003 年，国家林业局《关于进一步加快林权登记发证工作的通知》下发后，陕西省林业厅按照“通知”精神，发动全省林业主管部门积极协助本级人民政府做好林权登记发证工作。同年，下发《陕西省林业厅关于 2003 年退耕还林林权登记发证工作进展情况的通报》，就全省退耕还林林权登记发证工作进展情况和没有上报退耕还林已发放林权证县区进行通报，并对发证工作进展缓慢的市县提出要求。

2007 年，按照国家林业局《关于进一步加强和规范林权登记发证管理工作及开展林权登记发证检查整顿工作》的通知，陕西省林业厅资源处制定了《陕西省林权登记发证检查整顿工作方案》，下发了《关于开展林权登记发证检查整顿工作》，对全省林权登记工作进行了安排部署。各市县结合实际，按要求认真开展了林权登记发证检查整顿工作。2008 年，省林业厅积极组织协调推动勘界确权，一是抽调技术员 300 多人，保证勘界力量。二是积极协调省财政，及时下拨了财政部的“林改”补助经费。三是加强培训和检查，累计培训勘界人员 700 多人次。

2009 年 12 月，省林业厅对各市主管林权登记发证管理工作的业务人员 50 多人进行专业培训。在培训中还邀请国家林业局中南林业勘测设计院就林权登记发证管理工作的相关政策、林权登记管理及步骤、林权登记填表及林权证信息管理系统操作程序等内容进行全面讲解，使培训人员能够熟练掌握林权登记发证工作。

省属宁西局林权问题：宁西局林地与周边宁陕、户县、周至三个县相邻，截至2010年，宁西局国有林已确权发证面积67569公顷，已确权未发证面积15368公顷，有争议未确权面积32096公顷。其中，宁陕县确权发证面积64542公顷；户县确权发证林地面积3027公顷。已确权未发证面积15368公顷。争议情况：①原陕西宁西局东峪河作业区林地面积14182公顷，经陕西省森林工业管理局(以下简称森工局)以文件(陕森生字〔79〕第14号)“暂由陕西省宁东局经营管护”。陕西省宁西局于2001年6月5日以西林局发〔2001〕11号文呈森工局，请求恢复东峪河作业区经营管护，截止到2010年年底，陕西省森林资源管理局(以下简称资源局)未作批复；②周至县未确权林地面积17914公顷。其中：陕西省林业厅1966年3月26日以〔66〕林工字第014号文通知：“已将楼观台林场金牛坪工区林地面积16288公顷划归陕西省宁西局经营；陕西省森林工业管理局革命委员会(〔69〕森革生字第30号)”将楼观台林场户莱路以上部分1188公顷划归宁西局经营；户莱路70~71千米以上为周至县小王涧林场部分原属宁西局经营，2006年二类计算面积为438公顷。

太白局林权问题：截至2010年年底，太白局国有林地总面积为114666.7公顷，其中颁发林权证108285.5公顷，已确权未发证面积6381.2公顷。

太白局始建于1963年，按照1967年林业部批准的总体设计方案，局属国有林区面积138646公顷(含禁伐区和水蒿川)，经营总面积为128444公顷。建局后共经历了1963年、1977年、1981年三次林地权属的清理整顿和确权发证工作，由于历史原因，遗留问题较多，一直与太白县存在着林地争议。为解决林地权属不清问题，2004~2006年，太白局积极与太白县开展了林地现场勘界、边界确定工作。2006年9月28日，太白县为太白局无争议的108285.5公顷国有林颁发了林权证。2007年8月至2008年6月，太白局与太白县林业局、各乡镇村组干部、村民代表对争议林地进一步确权认定。2008年7月17日，省太白局与太白县政府在林地确权工作专题会议上，经过充分讨论，共同协商，达成共识，确定了“尊重历史、顾全大局、让利于民、互让互谅、求同存异”的原则，对国有林地与集体林穿插交错地带，进行兑换；对职工、农民发展的经济林地，分别进行了权属划分，并对已发证林地进行适当调整。2009年5月18日，太白局确权工作再次启动，积极向村民宣传林地改革政策，探讨分析林业发展思路。并查阅村民承包合同，复核承包地四至及面积，制止了“手指为界”的现象。同年9月13日，省太白局确权工作在省林业厅、资源局和当地政府的大力支持和积极配合下，省太白局全面完成了林地外业勘界和四至认定的登记工作。先后同66个行政村签订林权认定表348份，认定图248张。经省太白局和太白县政府与陕西省林业调查规划院(以下简称规划院)共同对四至界限图进行核实、校对，最终认定陕西太白局国有林地面积为114666.7公顷。同年10月29日，太白局向太白县人民政府提交了《关于申请颁发国有林地林权证的报告》和颁发林权证所需的全部技术档案资料，要求颁发太白局在太白县行政区域内2009年9月最终核实的114666.7公顷国有林地中剩余的0.6381万公顷的权属证书。至2010年年底，林权证尚未颁发。

宁东局林权问题：1990 年 2 月 13 日，陕西省政府下发《陕西省人民政府批转关于对宁陕县有争议的 19 个村民小组国家与集体林权属裁决意见》(陕政发〔1990〕42 号)，对宁东局与宁陕县沙沟、江口、广货街 3 个乡 10 个村民小组有争议的林地作出具体裁决意见：9442.94 公顷林地划归国有，6070.53 公顷林地划归集体。2006 年 4 月 18 日，资源局发布《关于张家沟、溜石板沟等重新划归宁西局经营管理》(陕森发〔2006〕50 号)将宁东局代管的张家沟国有林 1915 公顷，溜石板沟、东鹿子沟、黄草坪、沙梁子国有林 1223 公顷划归宁西局。截至 2010 年，宁东局辖区实有 80876.6 公顷国有林地已全部取得林权证。

2010 年，全省完成定权发证的国有林业单位 562 个，发证面积 382.25 万公顷，分别占 100%和 99.5%；其中林业系统国有林业单位 452 个，发证面积 378.27 万公顷，非林业单位 110 个，发证面积 3.98 万公顷。省属 10 个国营林业单位中，宁东局、汉西局、龙草坪局、楼观台林场、太白山保护区、牛背梁保护区、长青保护区和佛坪保护区 8 个单位已完成林地确权发证工作。宁西局和太白局 2 个单位已确权未发证总面积 2.1781 万公顷，有争议未确权总面积 3.2096 万公顷。其中：宁西局已确权未发证面积 1.54 万公顷，有争议未确权面积 3.2096 万公顷；太白局已确权未发证面积 0.6381 万公顷林地。

第三节　征占用林地

1994 年，国务院在强化林地利用监督管理、施行有偿使用林地制度，颁发了《关于加强森林资源保护管理工作的通知》。通知规定，要提高认识，切实加强林地保护管理，严格征占用林地的审批管理，认真执行征占用林地的补偿制度，建立健全林地保护管理制度。陕西省人民政府发布实施《陕西省征用占用林地及补偿费征收管理办法》。1995 年，林业部《关于实行使用林地许可证制度》，决定从 1995 年起，全国实行使用林地许可证制度。1995 年，陕西省在全省林地管理中，建立了林地档案管理制度，对征占用林地进行了重点检查，制定了《林地有偿使用办法》。

1998 年，国务院颁发《关于保护森林资源制止毁林开垦和乱占林地》中指出，一些地方以各种名义毁林开垦或乱占滥用林地搞开发区、房地产和其他工程建设等，对林地化整为零，少批多占，不批也占，占而不补，造成林地大量流失和森林资源的严重破坏。国家林业局《关于认真落实〈国务院关于保护森林资源制止毁林开垦和乱占林地〉》，陕西省人民政府《陕西省人民政府关于制止毁林开垦和乱占林地切实加强森林资源保护工作》，省林业厅《关于贯彻落实国务院、国家林业局和陕西省人民政府关于保护森林资源制止毁林开垦和乱占林地通知精神有关问题》。就全省贯彻落实通知精神作出具体安排。并对榆林地区靖边、横山、神木、榆林 4 县市林地征占用情况进行督促检查。1999 年陕西省林业厅先后印发《关于贯彻国务院办公厅继续冻结各项建设工程征占林地的意见》和《关于冻结征占用林地期间严格征占用林地审批有关问题》要求全省贯彻执行。加强对冻结期间全省征占用林地审批管理、森林植被恢复费收缴管理。同年 5 月，向各地市转发国务院(国办发〔1999〕9 号)明传电报和省政府(陕政办发〔1999〕60 号)通知，要求各地市继续开展林地执法专项治理活动，对清理出来的各类非法征占用林地的案件要限期查处。同时对神延铁路征占用林地问题进行了调查处理，令其补办了征占用林地手续。

2000年，陕西省人民政府下发了《关于恢复征收征用占用林地林木四项费用有关问题》，其后陕西省林业厅下发《关于加强征占用林地林木四项费用征收管理有关的问题》《关于加强征占用林地审核管理工作等有关问题》，进一步规范征占用林地管理工作。同年，为了规范占用、征用林地的审核审批，国家林业局第3次局务会议审批通过国家林业局令第2号《占用征用林地审核审批管理办法》。3月，陕西省贯彻落实了国务院(国发明电〔1998〕8号)和(国办发明电〔1999〕9号)通知精神，配合各地市对清理出的各类工程建设非法征用林地案件进行了查处。

2001年，国家林业局对全国占用征用林地检查情况进行了通报，通报涉及陕西省9起未处理的违法占用征用林地项目。对此，王寿森副省长作出批示，要求严肃查处非法占地案件。省林业厅组成省、市联合专案组，逐一进行查处。2002年，陕西省对征占用林地起步较早的榆林、延安两市制定了进一步提高征占用林地审核率的工作目标。同年，省林业厅开发了林地审核管理软件，使办理征占用林地手续和建立林地占用台账融为一体，提高了工作效率，实现了林地网络化管理自动化。目前软件已正式投入使用。截至2008年，开始使用《全国建设项目使用林地审核审批管理系统》；组织林政稽查队集中进行了政治业务和法律法规学习，派员参加国家林业局举办的学习和培训；全省开展了每个市查处1~2起典型违法征占用林地案件活动。通过集中培训、典型推广、分类指导，全省共审核征占用林地建设项目260多项，收取森林植被恢复费2100多万元。省林政稽查队直接参与查处非法占用林地行政案件25起。

2003年，陕西省查处了被国家林业局通报的3起(商洛市商南县1起、汉中市西乡县2起)违法占用林地项目。省林业厅高度重视，及时下发了《关于限期整改违法占用林地项目》，安排部署查处、限期依法处理。截止到5月，3起违法占用林地案件全部依法处理，并将结果上报国家林业局。2004年，国家林业局下发《关于开展征占用林地清理整顿大检查》，5月22日，省林业厅转发《关于开展征占用林地清理整顿大检查的紧急通知》，制定了征占用林地清理整顿大检查工作方案，本次检查共清理违法占地建设项目8起，分别是铜川秀洛沟煤矿、宝兰铁路复线建设指挥部、长庆油田新区第二项目部、岚紫公路建设项目、宝汉公路、白界公路、骊山长生殿建设等项目。4月，根据国务院文件(国办发明电〔2004〕20号)规定从2004年4~10月开展土地市场清理整顿活动。陕西省林业厅及时暂停了建设项目征占用林地审核，要求各地市认真开展林地清理自查，实行林地用途管理，控制林地非法流失，保护国有林地和湿地安全。5月，省林业厅稽查队对榆林市榆阳区人民煤矿违法占用林地进行了督查，对非法侵占35公顷林地当事人处罚522.5万元，并责令限期补办林地手续。7月，对扶风县冀东水泥有限责任公司违法占用林地案进行督查。违法当事人被处罚311.135万元，并责令限期补办林地手续。9月，对蒲城县尧柏特种水泥有限公司违法占用林地案进行督查。违法当事人被处罚164万元，责令限期补办林地手续。全年先后为重点工程建设项目召开征占用林地协调会5次，举办林地法规培训班3期。简化办事程序，缩短了工作流程。2004年，全省共审核办理征占用林地项目241起，占用林地面积1836公顷(其中：国有537公顷)，收取森林植被恢复费6640万元，其中省林业厅直接收取1320万元。

2005年，省林业厅下发《关于进一步加强征占用林地审核管理工作》《关于执行国家林业局〈关于依法加强征占用林地审核、审批管理〉》，制定印发《陕西省使用林地可行性报告编写规范》。针对国家林业局通报的汉中市宁强县违法占用林地项目，省林业厅下发整顿通知，要求3月25日前将查处结果上报国家林业局。同年，根据国家林业局的要求，在宁陕县开展林地保护利用规划编制试点，根据试点经验，编制了全省林地保护利用规划。在林地征占用管理方面抽查了靖边县等8个县级单位。

2006年7~8月，中南林业调查规划院代表国家林业局对陕西省营造林、征占用林地审核以及采伐限额管理等执行情况进行综合核查，检查了全省16个县级单位。7月3日，省林业厅召开专题会议，安排部署核查工作，并下发配合检查的意见，要求相关部门和地市全力配合及时提供核查相关资料。同时，省林业厅抽调资源处、森林公安、纪检监察等8部门配合检查。8月，按照国家林业局对林地征占用实行定额管理、定额编制的要求，省林业厅编制了《陕西省"十一五"期间征占用林地定额》，经专家评审、省政府同意，上报国家林业局。按照国家林业局要求，对国家林业局2005年检查陕西省占用征用林地中发现问题进行认真整改，将查处结果上报国家林业局驻西安专员办。省林业厅成立了林地征占用定额编制工作领导小组和办公室，制定工作方案，抽调专人开展定额编制工作。定额通过专家评审，经省政府同意后上报国家林业局。全年审核征占用林地建设项目405起，面积3954公顷(其中国有林地1181公顷)，共收取森林植被恢复费1.32亿元。

2007年，省林业厅下发《关于对2006年占用征用林地检查中存在问题进行整改》，查处了国家林业局通报的2006年陕西省征占用林地中发现的宁棋高速公路违法占用林地问题，4月9日给国家林业局上报整改报告。依据国家林业局通报，下发了关于依法查处宁棋高速公路违法占用林地案件问题的文件，召开案件查处协调会，督促要求宁强县依法严肃查处。

2007年8月13日，国家林业局案件督导组副主任张松丹一行前往督办宁棋高速公路建设单位违法占用林地案件。省林业厅和西安专员办联合召开关于宁棋高速公路建设单位违法占用林地案件协调督办会，成立了由省、市、县森林公安、资源林政稽查、资源调查人员组成的联合案件督办组。经核查认定，宁棋高速公路建设工程中违法占用林地的主体是实施宁棋高速公路建设工程的宁夏路桥工程有限公司(第一合同段)、中铁十五局集团公司(第二合同段)、中交隧道工程局(第三合同段)、中国路桥有限责任公司(第四合同段)、中铁十八局(第五合同段)、中铁十五局集团公司第五工程公司(第六合同段)、中铁大桥局股份有限公司(第七合同段)共7个单位，违法占用林地68块(小班)共计30.97亩。宁强县林业局依据《中华人民共和国森林法实施条例》第43条规定，对宁夏路桥工程有限公司等7个建设单位违法占用林地行为下达了处罚决定书，责令建设单位停止施工，并处以20元/平方米的罚款。8月3日，宁夏路桥工程有限公司等7个违法占用林地单位已向宁强县林业局缴纳422251.5元罚款。8月6日，汉中市林业局上报宁棋高速公路建设项目占用林地的申报手续后，省林业厅于8月9日召开了陕西省征占用林地联席会议并同意用地申请。8月23日，省林业厅向国家林业局上报了查处结果。同年，下发《关于规范森林植被恢复费征收工作》，进一步规范森林植被恢复费征收标准。在全省范围开展了森林植被恢复费征收使用自查自纠工作，自查结果于4月17日上报国家林业局。2007年，共审核林地建设项目325起，面积2294公顷(国有550公顷)，收取森林植被恢复费1.6亿元。

2008年，省林业厅下发《关于认真落实国家林业局下达陕西省2008年度征占用林地》中指出：参照往年用地总量对林地定额进行分级细化下达各市，要求依法加强建设项目征占用林地的审核审批工作。落实了国家林业局下达陕西省2008年征占用林地定额4000公顷(不含临时占用和直接为林业生产服务工程设施占用林地)。省林业厅参照各市往年用地数量，对林地定额进行分解下达各市，并对林地定额实行核销制。同时要求各市合理分配使用林地定额，严禁隐瞒不报或将永久按临时审批。4月，根据国家林业局《关于依法查处陕西省横山县非法占用林地等问题》，召集榆林市、横山县等相关部门负责人，邀请国家林业局驻西安专员办，对横山县非法占用林地查处工作进行了部署安排，并上报了查处结果。召开征用林地协调会，分别为中石油兰-郑-长EPC项目部和太中银铁路建设指挥部提供法律法规和有关政策咨询服务，提高了办理效率。2008年，陕西省共清理出违法征占用林地案件273起，查处266起，查处率97.44%，非法占地21公顷，罚款394.05万元，补种树木23214株，行政处罚290人次。

2009年，贯彻执行国家林业局《关于建立征占用林地项目审核审批情况月报制度》精神，为了全面及时准确掌握建设项目征占用林地的有关情况，从2009年起，指定专人负责征占用林地项目审核、审批和统计工作，统计严格按照要求永久用地分四类项目，临时占用和直接为林业生产服务统计审核审批情况，每月2日前将上一个月统计汇总情况上报省林业厅，省林业厅汇总后统一报国家林业局，当月临时占地和直接为林业生产服务项目审批情况要在次月底前统计上报。省林业厅下发《关于进一步做好扩权强县改革试点工作的意见》(以下简称“修改意见”)。“修改意见”严格按照《中华人民共和国森林法实施条例》，进一步明确了建设项目征(占)用林地仍由省级以上林业行政主管部门审核，市县没有审核权利。扩权强县建设项目征占用林地的，应由县级林业部门直接上报省林业厅审核。

2010年，省林业厅下发《关于加强对行政许可被许可人监督检查》和《关于加强征占用林地审核工作的紧急通知》，举办林业规划设计单位可行性报告编制培训班；完善了联席会议制度，定期邀请西安专员办参加，并将申报材料供参会人员审阅；同时还组织各地进行了征占用林地管理情况交叉检查，有效促进了林地管理政策的落实。全年共审核征占用林地建设项目546起，面积3901公顷。按国家林业局要求编制了《陕西省“十二五”征占用林地定额》，每年4000公顷，获国家林业局批准。

1990~2010年，陕西省共审核征占用林地3288起，面积30361公顷，省级征收森林植被恢复费1.65亿元。

第四节　处理重大林权争议

一、省际之间林界权属争议

1990~2010年，陕西省与毗邻甘肃省、四川省的一些县的山林边界纠纷遗留问题，经过 20 年的工作，现已得到全部处理和解决。

(一)陕西省与甘肃省相邻的地区

①陇县与张家川回族自治区；②宝鸡县与清水县；③富县与合水县；④志丹县与合水县；⑤志丹县与华池县的林权争议。两省勘界工作领导小组从 1998 年起，组织沿线各级政府和有关部门进行了陕甘线的勘界工作。

1998 年 1 月 15~16 日，两省勘界工作领导小组办公室在四川成都就勘定陕甘线的有关步骤、原则和方案达成了一致意见。同时要求陕甘线涉及的有关地市、县(区)对所辖的行政区域进行了认真细致的调查了解。1998 年 4 月 6 日，两省勘界工作领导小组签订了《联合勘定陕西省与甘肃省行政区域界线实施方案》报国务院勘界工作领导小组批准。方案确定了陕甘线勘界的组织领导、定界原则和勘界用图规范等具体事宜，明确了勘界实施步骤及日程安排。1998 年 4 月 6~8 日，在甘肃省天水市；4 月 15~17 日，在陕西省延安市分别召开了两省联合勘界会议。会议按照实施方案的要求，以现实行政管辖为基础，结合土地利用现状调查资料，分段分片进行核定，对陕甘线勘界遗留问题的处理工作做出了安排。10 月 22~26 日，两省勘界工作领导小组办公室在陕西省西安市进行了协商，解决了张家川回族自治县与陇县的边界问题。

2000 年 7 月 11~14 日，民政部全国勘界办副主任(区划地名司副司长)、国家林业局森林资源管理司赵德明到会指导，两省在兰州进行了协商，解决了富县与合水、志丹与合水，志丹与华池的边界问题，实现了陕甘线全线贯通。

2001 年 2 月 25 日，陕西省人民政府代表(省长)贾治邦、甘肃省人民政府代表(省长)丁泽生签订《联合勘定的行政区域界线协议书》，并以陕西省人民政府、甘肃省人民政府《陕西省人民政府 甘肃省人民政府请求陕西省人民政府与甘肃省人民政府〈联合勘定的行政区域界线协议书〉的请示》报国务院。2001 年 10 月 6 日，国务院下发文件《关于同意〈陕西省人民政府与甘肃省人民政府 联合勘定的行政区域界线协议书〉的批复》。批复指出：请你们认真遵守协议书的各项规定，共同维护两省边界地区的稳定，促进经济与社会的发展。

2011 年 10 月 24~26 日，陕西省和甘肃省行政区域界线联检工作联席会议在甘肃省平凉市召开。陕西省民政厅山振兴巡视员、甘肃省民政厅阿布副厅长、两省民政厅区划地名处及毗邻市民政局有关同志参加了会议。联检工作成果符合要求。会议双方就陕甘线日常管理进行了意见交流，并就陕甘线司家河滩地林场移交工作时间及步骤进行了部署。会议起草并通过《陕西省人民政府甘肃省人民政府关于陕西省与甘肃省行政区域界线联合检查工作情况的报告(代拟稿)》，由山振兴巡视员、阿布副厅长共同签署《陕西省民政厅 甘肃省民政厅关于向国务院呈报〈关于陕西省与甘肃省行政区域界线联合检查工作情况的报告〉的意见》。

(二)陕西省与四川省行政区域界线勘定工作

于 1998 年 9~11 月进行调查摸底。1998 年 11 月 16~19 日，在民政部全国勘界办公室的指导下，川陕勘界办公室在西安举行“联合勘界工作协商会议”，就有关工作进行协商和部署。会议期间，两省勘界工作领导小组签订《联合勘定四川省与陕西省行政区域界线实施方案》并报民政部批准。

1998 年 12 月 14 日至 1999 年 3 月 25 日，川陕边界线沿线对口县(市、区)采取自上而下、分段核界的方式进行了联合核界。1999 年 3 月 30 日至 4 月 3 日，川陕两省勘界办公室在成都市联合召开“川陕两省核界定界工作会议”，会议邀请民政部区划地名司司长、全国勘办副主任靳尔刚等 3 人到会指导。陕西省参加会议的有省民政厅副厅长、省勘界领导小组副组长兼办公室主任李炳杰等 3 人、汉中市副市长邱军等 6 人、南郑县副县长牛玉汉等 4 人。会议期间，双方对边界线进行了复核，确定和标绘《四川省和陕西省联合勘定的行政区域界线工作图》，对口县(市、区)人民政府代表在工作图上署名签字。

1999 年 3 月 31 日，两省勘界办公室《关于川陕县界桩埋设工作》和《关于川陕线测绘工作的协议》，川陕线沿线共埋设单立双面型界桩 4 个。1999 年 4 月底，完成界桩、勘界测绘、测绘成果资料的自我检查。两省勘界办分别完成了测绘成果资料的检查验收。

1999 年 6 月 24 日，四川省、陕西省分别由人民政府代表(省长)签发的文件《四川省人民政府和陕西省人民政府联合勘定的行政区域界线协议书》报国务院。2000 年 2 月 29 日，国务院下发《国务院关于同意四川省人民政府和陕西省人民政府联合勘定的行政区域界线协议书的批复》。

陕西省南郑县黎坪林场与四川县旺苍川县古城山林场(现为四川米仓山国家级自然保护区，于 2006 年 4 月 25 日国务院批准)的林界纠纷，在川陕两省行政区域界线联合勘定的同时，林界争议问题得到解决。

二、省内林权争议及处理

1. 宁东、宁西局与当地乡村集体间林权争议。①截至 2010 年，争议消除，宁东局辖区 80876. 6 公顷国有林地已全部取得林权证；②截至 2010 年，宁西局已确权发证 67569 公顷，已确权未发证 15368 公顷，有争议未确权面积 32096 公顷。

2. 太白局与太白县乡村集体之间的林权争议。截至 2010 年，太白局与太白县乡村集体之间剩余 6381 公顷林地权属已经协商完毕，资料已经上报太白县人民政府，太白县人民政府尚未颁发林权证。

第二章　森林采伐管理

第一节　采伐规定

1990 年以来，森林法律法规逐步完善，森林采伐严格遵守《中华人民共和国森林法》《中华人民共和国森林法实施条例》和《陕西省森林管理条例》规定，凭证采伐。结合国家颁发的关于林木采伐管理规定严格执行。规定了商品林采伐必须纳入国家年度木材生产计划，但是，农民自留山、自留地及其房前屋后个人所有的零星树木除外。明确了林木采伐必须申请制度，由具有法律授权的审批单位按照法律规定审批、并核发采伐许可证后方能按照审批的采伐范围、树种、数量、采伐方式等进行采伐作业。单位采伐林木应当提交包括采伐林木的目的、地点、林种、林况、面积、蓄积量、方式和更新措施等内容的文件；个人还应当提交包括采伐林木的地点、面积、树种、株数、蓄积量、更新时间等内容的文件。同时规定，因扑救森林火灾、防洪抢险等紧急情况需要采伐林木的，组织抢险的单位或者部门应当自紧急情况结束之日起30日内，将采伐林木的情况报告当地县级以上林业主管部门。规定申请林木采伐许可证，除应当提交申请采伐林木的所有权证书或者使用权证书外，国有林业企业、事业单位还应当提交采伐区调查设计文件和上年度采伐更新验收证明。规定了不得核发林木采伐许可证的几种情况：①防护林和特种用途林进行非抚育或者非更新性质采伐的，或者在封山育林期，采伐封山育林区内林木的；②上年度采伐后未完成更新造林任务的；③上年度发生重大滥伐案件、森林火灾或者大面积森林病虫害，未采取预防和改进措施的。林木采伐许可证的样式由国务院林业主管部门规定，由省、自治区、直辖市人民政府林业主管部门印制。

《中华人民共和国森林法》明确规定了林木采伐许可证的核发程序是：①县属国有林场，由所在地的县级人民政府林业主管部门核发；②省、自治区、直辖市和设区的市、自治州所属的国有林业企事业单位，其他国有企事业单位由所在地的省、自治区、直辖市人民政府林业主管部门核发；③重点林区的国有林业企事业单位，由国务院林业主管部门核发。对利用外资营造的用材林达到一定规模需要采伐的，应当在国务院批准的年采伐限额内，由省、自治区、直辖市人民政府核发，并及时更新采伐迹地，恢复和扩大森林资源。

根据《中华人民共和国森林法》及有关规定，经国务院批准、林业部发布施行的《森林采伐更新管理办法》中指出，采伐森林和林木必须遵守的规定：①成熟的用材林应当根据不同情况，分别采取择伐、皆伐和间伐方式，皆伐应当严格控制，并在采伐的当年或者次年内完成更新造林；②防护林和特种用途林中的国防林、母树林、环境保护林、风景林，只准进行抚育和更新性质的采伐；③特种用途林中的名胜古迹和革命纪念地的林木、自然保护区的森林，严禁采伐。为严格采伐管理，《中华人民共和国森林法》第六章对无采伐证采伐林木和超出采伐证范围采伐林木的单位、个人的采伐行为、对管理者违反法律的滥用职权、渎职、玩忽职守、徇私舞弊行为都做了刑事和行政的处罚规定。

《陕西省森林管理条例》规定：采伐森林和林木，纳入年度森林采伐计划，年度森林采伐计划不得超过年采伐限额，不得超计划采伐。省林业行政主管部门在年森林采伐限额及其各项限额内，逐级下达年度森林采伐计划，年度森林采伐计划的执行期为每年1月1日至12月31日。明确规定，采伐林木应当申请采伐许可证。陕西省自1991年对采伐证管理实行地市、森工和非林业系统分别编号、统一发放、监督使用的管理办法。

《陕西省森林管理条例》明确陕西省水源涵养林、水土保持林、防风固沙林的界限范围，明确规定，防护林和特种用材林禁止经营性采伐，以确保生态安全。

1998年10月28日，陕西省人民政府发布《实施天然林保护工程立即停止省属森工采育企业采伐天然林的命令》（以下简称“省政府禁伐令”）。省属宁西、太白、宁东、汉西、龙草坪5个森工采育企业从1998年11月1日起，停止一切采伐活动，全部转入实施天保工程。对当年核发的林木采伐许可证不论是天然林还是人工林，是国有还是集体，尚未作业的一律作废。非禁伐区的木材生产由省林业厅重新核定，重新审批作业设计和申领木材采伐许可证。同年11月1日，省林业厅根据省长程安东关于立即停止采伐天然林的命令，组织督察落实领导小组，深入5个采育企业，举行封锯仪式，拉开全省天保工程的序幕。1999年，陕西省天保工程试点单位增加宝鸡市辛家山、马头滩两个林业局。同年，省林业厅决定将宁陕、太白、佛坪、留坝、勉县、户县6县的林木采伐许可证申领由省林业厅根据地市年度木材生产计划直接管理。2000年8月，陕西省人民政府下发《关于加强天然林保护管理工作的紧急通知》，陕西省林业厅8月21日下发《关于停止天然林商品性采伐》，发布《关于停止天然林商品性采伐的通告》。至此，陕西省天保工程全面启动，国家将全省104个县(市、区)和8个森工企业列入天保工程范围，全年已到位的天保工程建设资金达4.2679亿元。

2002年，全省除建设工程征占用林地经国家林业局批准进行采伐林木外，全省禁止了商品性采伐。2002年，国家林业局发布《关于调整人工用材林采伐管理政策》；2003年，国家林业局发出《关于完善人工商品林采伐管理的意见》，明确规定人工用材林和人工商品林采伐管理的政策。陕西省林业厅对全省的人工用材林按投资渠道、分龄组、分用途进行调查汇总形成报告报国家林业局，为陕西人工商品林采伐试点奠定基础。省林业厅向各市林业(林特)局、资源局等有关单位发出通知，要求各级林业主管部门严格执行国家林业局2003年木材生产计划，坚决禁止天然林商品性采伐，农民自用材和烧材做到持证采伐。

2003年，积极开展人工商品林采伐试点工作，汉阴、宁强、勉县、耀县进行人工商品林采伐试点工作，共完成采伐面积609.15公顷，采伐蓄积量8229.12立方米，出材量3813.9立方米。各试点单位实际采伐蓄积量和出材量均控制在国家林业局和省林业厅批准的指标之内。

2004年7月，国家林业局下发《关于同意陕西省开展人工商品林采伐试点的批复》文件，批准陕西省勉县、汉阴等16个县区(林场)开展人工商品林采伐利用试点工作。其后陕西省印发人工商品林采伐试点"实施意见"和"监管方案"，组织安排在汉阴等16个县区(林场)开展了人工商品林采伐利用试点工作。共下达采伐蓄积量计划62270立方米，生产商品材29270立方米，采伐试点完成后进行了总结验收。

2005年，在全面总结2003~2004年，人工商品林采伐试点的基础上，根据国家林业局《关于继续开展天保工程区2005年人工商品林采伐管理试点的批复》精神，制定采伐试点"实施方案"和"监管意见"，安排在平利、岚皋等16个县、区(林场)开展试点工作。当年下达采伐蓄积量42061立方米，出材量19721立方米。试点结束后，积极组织验收检查。

2006年4月~12月，省林业厅配合国家林业局驻西安专员办开展森林资源采伐管理年活动。按照国家林业局部署，结合生态区位、林区秩序、资源分布及地方部门意见等因素，省林业厅制定《陕西省2006年人工商品林采伐试点实施方案》，在宁强等35个单位开展人工商品林采伐管理试点工作，全年下达采伐试点计划32.18万立方米，出材量15.78万立方米。经省、市、县(区)检查核实，除洛川等6个县没有进行试点之外，其余各试点单位实际完成采伐蓄积量和商品出材分别占省下达计划的40.55%和43.98%，占国家林业局下达省计划的24.25%和26.30%。

2007年，全省安排在宁强等41个县区开展采伐试点工作。全年共下达采伐蓄积量35.08万立方米，生产商品材16.84万立方米。截至年底，除蓝田、西乡、镇坪县未进行采伐试点外，其余38个试点单位完成采伐蓄积量18.77万立方米，生产商品材9.39万立方米.

2008年，全省安排在蓝田县等49个县、区开展采伐试点工作。全年共下达木材生产计划32.73万立方米。截至年底，除丹凤、镇安、柞水未进行采伐试点外，其余46个试点单位正在组织实施中。

2009年3月，蓝田县、户县等51个县、区开展了人工商品林采伐试点管理工作，下达人工商品林采伐试点木材生产计划35.67万立方米。7月，国家林业局印发《关于改革和完善集体林采伐管理的意见》，省林业厅及时转发并提出贯彻落实要求。同年，在彬县开展森林采伐管理改革试点。总结出人工林采伐指标结构“一元化”，采伐计划“6∶4”分，采伐申请(审批)“一站式”，调查设计“一卡式”，指标控制“单项式”，监督管理“双线式”，实施采伐“透明式”等采伐管理新模式，优化了采伐限额管理机制，初步探索建立了与现代林权制度相适应的采伐管理新途径，全面提升森林经营管理水平。

2010年，全年共审批各类林木采伐申请46起，下达人工商品林采伐蓄积量16.99万立方米，出材量7.41万立方米；组织编印《陕西省2010年人工商品林采伐工作实施方案》，安排在蓝田、户县等61个县、区开展人工商品林采伐。当年共下达采伐蓄积量42.47万立方米，出材量21.04万立方米。10~11月，省林业厅配合西安专员办对全省2010年人工商品林采伐工作进行了检查。

1990~2010年，陕西省林木采伐规定分为两个时段。其中，1990~1998年，执行天然林商品性采伐指标；1999~2010年，全省全面停止天然林商品性采伐后，开展人工商品林采伐试点，完善采伐政策规定，进行采伐管理改革试点。

第二节　采伐审批

一、采伐审批条件

1990年以后，森林采伐审批依据《中华人民共和国森林法》《中华人民共和国森林法实施条例》《森林采伐更新管理办法》《陕西省森林管理条例》《陕西省国有林采伐更新的暂行规定》等法律法规执行，严格森林采伐审批。森林采伐审批的条件是：森林采伐更新作业设计内容齐全，包括林权证复印件、林木采伐申请，抚育伐生产责任书、采伐作业设计书；审报的森林采伐设计面积、蓄积量、出材量等符合《森林经营方案》中年度采伐限额的要求；审批现地情况与森林采伐设计的各项内容一致；设计采伐方式、强度、数量、更新的标准等均符合《森林采伐更新技术规程》。

所需材料包括森林采伐作业更新设计(林权证复印件、林木采伐申请、抚育伐生产责任书、采伐作业设计书)。上年度采伐更新验收证明。受理规定要求提交的审核申报材料齐全、符合申报主要条件的予以受理；申报材料不齐全或不符合有关要求的，应当当场或5个工作日内一次性告知项目申报单位需要修改补齐内容。不符合审批条件的不予受理，并出据书面不予受理书，说明不予受理的理由。采伐单位或个人申报的采伐作业设计书，必须由有资质的林业调查规划设计队完成。对审查符合条件的申报材料，应将材料立卷归档。将拟批准的审核和审核结果在网上或公示栏公告 7 个工作日。森林采伐更新作业设计现地审批时限为 5 个工作日；森林采伐更新作业审核时限为 10 个工作日。

二、实行凭证采伐制度

《中华人民共和国森林法》规定，采伐林木必须申请采伐证许可证。按许可证的规定进行采伐。农村居民采伐自留地和房前屋后个人所有的零星林木除外。1990 年以后，陕西省坚持凭证采伐制度，切实强化林木采伐的源头管理。1991 年，为加强采伐证件管理，陕西省林业厅林政资源处按照林业部统一规定的国营、集体两种林木采伐许可证样式，印制了一批林木采伐许可证，并分别按地市、森工和非森工系统进行编号。同时对发放采伐证人员进行资格认证，并发给证书。2002 年，对农民自用材要求做到全面持证采伐，对于群众薪材逐步推行持证采伐，规定农民自用材和薪材不得进入流通环节。

2003 年，《陕西省人工商品林采伐试点方案》规定：试点市、县各级林业主管部门审核发放采伐许可证时，严格依照审查合格的作业设计，经主管局长批准，由经省级林业主管部门培训的发证人员发放林木采伐许可证。经检查，各试点单位采伐发证率均达到 100%。

陕西省通过人工商品林采伐试点工作总结认为，科学合理采伐的评价依据是伐区调查设计。界定是否超界额和超范围采伐，其量化指标反映在林木采伐许可证上，而采伐证的发放仍然依据伐区调查设计。因此，高质量的伐区调查设计是避免出现乱砍滥伐的基础。采伐者持采伐证上山，并严格按照采伐证规定的内容实施采伐。坚持清山检尺，不仅监督了采伐实施全过程，而且有效地保证了面积、蓄积量、出材量三个重要指标不超过采伐证规定的标准。

2009 年，《人工商品林采伐管理试点实施方案》中规定：审核发放林木采伐许可证时，必须提交的材料包括采伐申请书、林权证明、采伐作业设计批复。承包经营的还需提供承包合同书或协议书。集体和个人的林木采伐许可证由县(区)林业主管部门审核发放；国有林场的林木采伐许可证由市级以上林业主管部门审核发放。

第三节　采伐限额

《中华人民共和国森林法》《中华人民共和国森林法实施条例》规定国家所有的森林和林木，以国有林业企、事业单位、农场、厂矿为单位；集体所有的森林和林木、个人所有的林木以县为单位制定年森林采伐限额，由省、自治区、直辖市人民政府林业主管部门汇总，平衡，经本级人民政府审核后，报国务院批准；其中，重点林区的年森林采伐限额，由国务院林业主管部门审核后，报国务院批准。国务院批准的年森林采伐限额，每 5 年核定一次

陕西省“八五”(1991~1995 年)期间，国务院下达陕西省年森林采伐限额 700 万立方米。1990 年，为了严格控制森林资源消耗，管好采伐限额，摸索森林资源消长规律，提供集体林资源监测办法及量化指标和技术参数，陕西省成立试点工作领导小组，制定了

方案。在凤县开展了森林采伐限额全额管理试点工作。编制1991~1995年，森林采伐限额。草拟《陕西省采伐限额管理办法(草案)》，并在全省资源林政会上进行充分研讨，修改后报请省人民政府发布。12月，省林业厅召开陕西省森林资源和林政管理工作会议。要求各地严格执行森林采伐限额，全面加强资源和林政管理，做到管严管全，把山下管严，把山上管住。

1991年3月，陕西省人民政府召开全省农口系统工作会议。副省长王双锡分别与各地市的专员、市长签订责任书。并就“八五”森林采伐限额作出具体分解：1991~1992年全省总采伐量控制指标为537.06万立方米，其中商品材采伐指标196.21万立方米，商品材木材产量88.644万立方米；1993年，全省总采伐量控制指标549.1万立方米，其中商品材采伐指标199.3万立方米，商品材木材产量90万立方米；1994年全省总采伐控制指标560.1万立方米。其中，商品材采伐指标203.81万立方米，商品材木材产量92.01万立方米；1995年，全省总采伐控制指标580.01万立方米，其中商品材采伐指标210.46万立方米，商品材木材产量95.02万立方米。随后各地市与所属各县也相继签订了责任状，使“八五”期间森林资源消耗控制指标得到全面落实。

按照林业部要求，各地对1991年森林采伐限额和年森林采伐量执行情况进行全面检查。同时，陕西省林业厅下发《陕西省森林采伐限额管理办法》，进一步加强森林采伐管理。1992年3月，陕西省开展一次全省采伐限额执行情况大检查，起草《陕西省森林采伐限额监督检查实施细则》。1994年，组织进行对陕西省“九五”森林采伐限额编制，研究制定了编制“九五”采伐限额初步方案，并进行了评审。

陕西省“九五”(1996~2000年)期间，国务院下达陕西省年采伐限额815.8万立方米。陕西省根据森林资源实际和建设需要，陕西省年森林采伐限额仍按700万立方米下达。其中商品材376.67万立方米，折合木材产量176.92万立方米，农民自用材57.07万立方米，培植业用材90.98万立方米，工副业用材175.28万立方米。按采伐类型产量限额：主伐265.52万立方米，抚育间伐161.24万立方米，林分改造119.04万立方米，更新采伐45.09万立方米，其他采伐109.11万立方米。

1995年，在继续加强“八五”限额管理的同时，完成“九五”采伐限额报批和分解下达工作。1996年，对全省1995年度森林采伐限额执行情况进行监督检查和核查，制定并上报《陕西省采伐限额落实管理办法》。同年，省林业厅对未超年度采伐量计划及分项计划指标的，综合考评在40分以上的地区，分别授予一等奖和二等奖。授予延安市、安康地区、铜川市1996年森林资源保护一等奖；授予西安市、咸阳市、商洛地区、汉中市1996年度，森林资源保护二等奖；对于森工局超商品材采伐计划予以通报批评。1997年，采取随机方式对全省采伐限额进行了监督检查。1999年，组织对陕西省1998年度采伐限额执行情况进行了检查，陕西省共抽查26个县、56个乡(镇)、31个国营林场、168个行政村、3797户、236块标准地，18个站、31个木材加工厂、12个经销公司(点)。经检查，陕西省1998年度共实际消耗立木蓄积量583.46万立方米，占陕西省下达限额的88.36%。

2000年，全面完成陕西省“十五”(2001~2005年)期间森林采伐限额编制工作，结合天保工程的实施，科学测算全省“十五”采伐限额，经陕西省人民政府同意后报国务院批准。2001 年，国务院下发文件(国发〔2001〕2 号)，批准陕西省“十五”(2001～2005 年)期间年森林采伐限额为 237.6 万立方米。按消耗渠道分项限额：商品材 35.1 万立方米(折合木材产量 16.5 万立方米)；农民自用材 90.1 万立方米，薪材 111.5 万立方米。按采伐类型分项限额：主伐 4.1 万立方米，抚育采伐 62 万立方米，其他采伐 171.5 万立方米。

2003 年，严格执行国家林业局下达的商品材零计划和省政府下达的“十五”期间森林采伐限额中农民自用材和薪材限额；坚持凭证采伐林木制度，积极探索农民自用材、薪柴发放采伐证的可行方法，提高了持证采伐率。2004 年，按照国家林业局要求，省林业厅制定《陕西省“十一五”期间年森林采伐限额编制实施细则》。2005 年，按照国家林业局《关于编制“十一五”年森林采伐限额》，制定了全省编制工作方案。省政府将“十一五”期间年森林采伐限额上报国务院审批。国务院批转核准陕西省“十一五”期间年森林采伐限额为 399.9 万立方米(蓄积量下同)。按消耗结构的分项限额：商品材 88.6 万立方米，非商品材 311.3 万立方米。按采伐类型分项限额：主伐 44.4 万立方米，抚育采伐 145.5 万立方米，更新采伐 173.5 万立方米，低产(效)林改造 2.3 万立方米，其他采伐 34.2 万立方米。

2006 年，陕西省人民政府下达《关于下达“十一五”期间年森林采伐限额》。同年，省林业厅对森林采伐限额执行情况进行检查。2009 年 8 月，陕西省组织开展“十二五”期间年森林采伐限额编制工作。2010 年 7 月，陕西省完成《陕西省“十二五”采伐限额》编制并获国务院正式批准。陕西省“十二五”期间年采伐限额为 631 万立方米。

第四节　制止毁林

1990 年以后，在依法查处毁林案件方面，由过去资源林政牵头查处，过渡到资源林政主要查处林业行政案件；森林公安主要查处林业刑事案件、治安案件及授权查处的林政案件。

1990 年，省林业厅组织草拟《陕西省林业行政处罚程序规定》《陕西省林地管理及林地林木权属管理行政处罚办法》《陕西省集体林资源监测办法》《陕西省森林资源档案管理办法》等规章(草案)，并在全省资源林政会上进行充分研讨，报请省政府发布。1991 年 5 月，陕西省第七届人大常委会第二十一次会议通过新的《陕西省森林管理条例》，条例自发布之日起施行。1992 年 5 月，陕西省对全省各地近年来占用征用林地情况进行 1 次全面检查。1994 年，陕西省政府办公厅发出《关于认真搞好调查研究切实加强森林资源保护管理》，要求各地市抓紧做好“四项”清理工作。各地要有目的地部署开展专项管理活动，重点打击那些哄抢盗伐林木、非法侵占林地、非法经营木材、乱捕滥猎、走私倒卖国家保护的野生动植物及其产品，伤害、殴打护林执法人员的犯罪行为。

1996 年 7 月，省林业厅在宝鸡县召开陕西省资源林政管理工作会议，林业部资源林政司司长旋斌祥到会讲话。会上副厅长陈东升作了报告，传达全国资源林政工作会议精神。厅长钟高适在总结时讲话强调，要求各级林业部门切实加强对资源林政工作的领导，把资源林政管理工作推向一个新阶段。1996 年 12 月 14 日，为加强林政管理，陕西省林业厅党组决定成立陕西省林业厅资源林政稽查队。地(市)、县两级相继建立资源林政稽查队近40个。

1998年,陕西省人民政府下发《陕西省人民政府关于制止毁林开垦和乱占林地切实加强森林资源保护工作》通知,在陕西省开展以制止毁林开垦和乱占林地,切实加强森林资源保护为主要内容的专项活动。6月,国家林业局下发《关于深入开展跨世纪保卫绿色行动》通知。省林业厅结合实际对陕西省深入开展跨世纪保卫绿色的主要范围及实施步骤做了具体安排,在陕西省全面开展打击破坏森林资源的违法犯罪活动。要求各地市在开展跨世纪保护绿色行动中,严厉打击乱批滥占林地、毁林开荒等违法犯罪活动。在跨世纪保护绿色行动期间,省林业厅停止了各类建设工程征占用林地的审批。1998年,省林业厅资源林政稽查队重点查处了华县金堆林场、旬邑县等10起影响较大的林政案件;对汉中、安康、商洛、渭南、西安等地市17个县320多个木炭窑进行依法取缔。

1999年8月,省林业厅发出《关于贯彻落实省政府加强土地转让管理严禁炒卖土地有关问题》,要求各地、市林业部门和林业厅直属单位严格林地管理,杜绝非法转让和炒卖林地现象。同年,全省共清理1994年以来毁林开垦案件21293起,非法征占用林地案件3121起,涉及面积5818.72公顷,依法收回处理的1324起,补办手续14起,追缴森林植被恢复费149.1万元,给予其他行政处罚的297起。通过开展跨世纪保卫绿色行动,全省共查处各类破坏森林资源案件1966起,其中刑事案件39起,治安案件821起,处理各类违法犯罪人员1547人,收缴木材7314立方米。

2000年7月,省林业厅根据国家林业局的安排部署,印发《陕西省保护森林资源三号行动具体实施方案》,同年11~12月,省林业厅派出5个督查组和1个综合协调组,赴全省林区开展保护森林资源"三号行动"督查活动,查处了一批破坏森林资源、乱砍滥伐、乱捕乱猎野生动植物资源的违法犯罪分子。2001年4月,省林业厅与省工商行政管理局联合发出《关于停止生产销售一次性木筷》,要求全省范围内立即停止一次性木筷的生产、销售;从6月1日起,全省饮食服务行业一律停止使用一次性木筷。5月,按照陕西省委书记李建国、省长程安东关于陕西省木炭管理工作的重要批示精神,副厅长何发理负责组织人员赴商洛、西安等地,对木炭生产、经营、管理情况进行专题调查研究,并将有关情况报告省政府。

2002年2月,根据国家林业局通知精神,省林业厅决定在全省范围内组织开展严厉打击破坏野生动植物资源违法犯罪"破案攻坚战",并挂牌督办了一批重特大案件,加大了对毁林案件的查处力度。2003年3月,陕西省人民政府发布《关于实行封山禁牧的命令》(以下简称"命令"),明确封山禁牧的区域:榆林市、延安市、铜川市、咸阳市各县区的全部行政区域;西安市、宝鸡市、渭南市各县区渭河以北地区以及渭河以南地区的林业用地;汉中市、安康市、商洛市各县区的林业用地(包括退耕还林还草),在封山禁牧区域内,严禁放牧,严禁毁林开荒,严禁砍伐林木、侵占林地,严禁毁林采种、非法采脂、剥皮、挖根和乱挖野生苗木,严禁非法狩猎和野外用火,严禁非法采石、采矿和取土,严禁损坏、移动生态建设标志和设施。4月1日,陕西省人民政府办公厅下发《关于认真做好封山禁牧工作》文件。同年5月,针对部分地区相继发生毁林案件,省林业厅组织人员赴有关市县督促案件查处工作。并与省公安厅联合开展严厉打击毁林违法犯罪专项治理行动(护绿行动)。

2004 年 1 月，省林业厅对中央、省广播电视报道的岐山毁林案件和铜川、延安公路建设违规占用林地案件进行查处；对群众举报的 41 起林业行政案件进行查处。6 月，省林业厅发出通知，对全省天保工程区开展严厉打击破坏森林资源违法犯罪活动进行了周密部署，要求各级林业主管部门高度重视，从源头上遏制破坏天然林的违法犯罪行为。

2005 年 5 月，根据国家林业局、公安部《关于开展打击破坏森林资源专项行动》和"全面打击破坏森林资源专项行动"电视电话会议精神，成立了陕西省打击破坏森林资源专项行动领导小组，制定实施方案，下发紧急通知，对全省专项行动进行了安排部署，要求各级林业主管部门采取切实措施，对乱砍滥伐林木等破坏森林资源违法犯罪行为进行严厉打击。5 月，省林业厅稽查队根据省委副书记杨永茂、副省长王寿森的批示，对"宝鸡市太白县发生破坏天然林事件"进行调查、督办。5 月，召开"全省打击破坏森林资源违法犯罪活动紧急会议"，通报了 2005 年发生的 11 起破坏森林资源案件，要求各地及时查处。同年底，对 30 起查结的案件上报了查处结果。据统计，全年清理整顿木材经营加工场所 1300 个，处理违法人员 100 多人，收缴作案工具 30 套，收缴木材 112.4 立方米，木材制品 142 件，野生动物及制品 17 只(件)，珍贵树木 1 株，薪材木炭 6.8 吨，行政罚款 40 多万元，补交植被恢复费 160 多万元。

2006 年，省林业厅下发《关于加强工业原料林经营管理》，对全省工业原料林经营管理提出了明确要求。9 月，省政府办公厅下发《关于切实加强森林资源保护管理工作的紧急通知》，要求全省全面落实保护管理责任，加大查处力度，严打各种林业违法犯罪活动；同时，组织查处举报的 40 起林业行政案件。2007 年 2 月，国家林业局局长周生贤在《推动跨越式发展要着力解决的几个问题》讲话中，充分肯定陕西省在保护森林资源方面所做的工作。2008 年，查处群众举报和媒体报道的 12 起林业行政案件。

2009 年 4 月，省林业厅下发《关于加强木炭生产经营管理工作的紧急通知》和《严厉打击非法木炭生产经营的紧急通知》，进一步规范全省木炭生产经营加工管理工作。

2010 年 7 月，省林业厅下发《关于尽快查处太中银铁路违法占用林地的函》告知榆林市林业局，太中银铁路工程建设项目违法占用吴堡、绥德、子洲、横山、靖边和定边 6 县 28 个乡镇林地 484.6064 公顷，擅自采伐林木 12156 立方米，已构成非法占用林地罪和滥伐林木罪，并须说明省林业厅多次督办未果的原因。太中银铁路有限责任公司为林地报批一事致函陕西省政府，副省长洪峰做了批示，省政府办公厅督办函也发至榆林市人民政府，要求涉事单位抓紧向市政府汇报，积极与司法机关沟通，认真查处，尽快上报结果。

第三章 木材经营管理

第一节 木材市场管理

陕西省经营加工木材的来源为省内自产材、外省调进材以及进口材三部分。省内自产材包括人工林商品材以及征占用林地、病虫害清理材、自留山、自留地及房前屋后零星林木、伐区剩余物、果树更新采伐以及其他。全省年自产材76.6万立方米，年外省调入12.89万立方米，年进口材12.88万立方米。

天保工程实施之前，陕西省在木材经营加工管理工作中，严格执行《中华人民共和国森林法》《中华人民共和国森林法实施条例》《中共中央 国务院关于加快林业发展的决定》《陕西省森林资源管理条例》等有关规定。

1990年9月，省林业厅按照林业部、国家工商行政管理《关于加强林区木材经营加工单位监督管理》的要求，与省工商行政管理局联合发出《关于转发国家林业部国家工商行政管理总局〈关于加强林区木材经营加工单位监督管理〉》，对全省清理整顿工作进行了部署，公布了56个重点产材县名单，明确了清理整顿的重点。省林业厅、省工商局、省木材加工行业管理办公室等单位3次深入基层检查指导。据9个地市57个县的统计，整顿前有木材经营单位676个，整顿后保留285个，减少了57.8%；整顿前有木材加工单位2548个，整顿后保留1691个，减少了33.6%。安康、汉中、商洛地区和渭南地区华县等29个县(市)，实行由林业部门发放木材经营、加工许可证制度，占全省重点产材县的51.8%。12月，陕西省第七届人大常委会议通过《陕西省城乡集市贸易管理条例》，就城乡集市协同管理以及国营林场、集体经济组织、农民自留山和个人承包集体等不同类型林木上市交易作出具体规定，并明令禁止私人倒卖贩运木材，禁止重点保护野生动植物及其制品上市交易。同年，在全国贮木场评比中，长青局花潭湾贮木场以96.7分的成绩被评为全国最佳贮木场，这是陕西省唯一获得最佳贮木场称号的单位。

1995年4月，省林业厅、省工商行政管理局联合发文《关于对林区和重点产材县的木材经营、加工单位实行木材经营、加工许可证》。1998年1月，林业部在北京召开的全国林业计划会议上宣布，从当年起，国家将全面实施以调减木材产量、保护资源、分流人员、提高效益为主要内容的国有林区天保工程。陕西省林业厅对天保工程实施区涉及到的“宁陕、太白、佛坪、留坝、勉县、户县”行政辖区内的5个省属森工采育企业作业范围内的产地木材交易市场立即关闭，并对木材经营加工单位进行清理整顿，取消一切山场经营与加工。2000年，制定《陕西省集体森林、林木经营管理办法》。全年查处非法经营、加工木材等林业案件25起。

2002年，开展全省木材经营加工单位清理整顿。根据国家林业局、国家经贸委、农业部、国家工商管理总局《关于开展木材经营加工单位清理整顿工作》要求，陕西省制定工作方案。通过清理整顿，全省关闭和取缔非法经营单位1177个，保留3031个，减少了28%。2003年，开展了木材经营加工单位管理，加大对木材经营单位木材来源的审查力度。2006年，省政府办公厅下发《关于切实加强森林资源保护管理工作的紧急通知》，加大木材流通领域的监管。

陕西省在实施天保工程中，停止山场经营加工活动，全省各市的木材产品经销分公司相继撤销。严格依法规范木材经营加工单位的审核审批，依据森林资源状况和木材供应能力等情况，对木材经营加工发展进行统筹规划，合理布局，加强对木材经营加工单位监督管理。建立木材经营加工监督管理制度、单位原料来源检查制度管理情况的报告制度，依法查处木材经营加工违法行为。停止新建扩建以消耗森林资源为主的大中型纸浆、人造板加工企业。对原有以消耗林木资源为主又无自己培育的原料林的加工企业，逐步实行"关停并转"。

在规范木材经营加工市场的监管工作中，充分发挥检查站、林政稽查队的作用，坚决杜绝非法木材进入市场流通，依法强化木材经营加工管理，科学制定发展规划，明确准入条件。坚决打击违法木材流通和经营加工行为，为合法经营加工木材创造良好的市场氛围。审查木材经营加工手续，签订守法经营加工保证书。坚决取缔非法设立的木材经营加工单位，对经营非法来源木材的单位严格依法查处。对新建扩建的木材经营加工单位，无原料来源并不能正常供给原料的一律不予批准。各地组织力量经常对建材市场、木材交易市场、车站等木材集散地进行突击检查，对发现的非法经营加工行为立即查处，从源头杜绝乱砍滥伐林木及违反经营加工行为的发生。

陕西省在木材经营加工管理中，为规范管理，严格制度，防止无证经营加工木材，省林业厅、省工商局根据《关于加强木材及其林副产品经营加工管理的有关问题》，制定木材经营(加工)许可证年审换证制度。年审时间是每年的5月，要求提供：①木材经营(加工)许可证换证申请表；②木材经营(加工)许可证正、副本(原件)；③木材经营加工企业(附木材来源证明材料)；④年度经营情况说明；⑤报送木材经营加工企业基本情况登记表等材料一式三份，在审批或核准同意后，市、区(县)、街办各有1份存查。

办理程序：①申请单位或个人携带申报资料向所在街办林业部门提出资格审验和现场查验申请，街办林业部门对所提交资料进行审验并组织2人以上进行现场查验并填写年度木材经营加工企业年审表(3份)；对审查合格的，提出审查意见报区县林业部门，对审查不合格的，告知不予受理的理由。②区县林业主管部门按权限复核审批并换发新证。

审批条件：①具有木材经营加工许可证、守法经营加工、自觉接受林业主管部门监督、无严重违法经营不良现象；②经营场所和范围与证件核发范围相符；③有与其生产经营规模相适应的从业人员；④经营范围符合国家和省有关法律、法规和政策规定；⑤根据国家现行林业方针政策的规定，在天保工程实施期内，仅限于经营加工外省调进木材或进口材。

2010年，陕西省共有木材经营加工单位2330家(竹筷加工企业一家)，批准年经营加工规模103.15万立方米，其中：批准年木材经营规模为30.19万立方米，批准年木材加工规模为72.96万立方米，实际年经营加工木材83.52万立方米，其中：年经营木材18.63万立方米，年加工木材64.89万立方米。

第二节　木材运输管理

一、木材运输管理情况

《中华人民共和国森林法》规定从林区运出木材必须持有林业主管部门发给的运输证，国家统一调拨的木材除外。《陕西省森林管理条例》中规定："木材及限制运输的林副产品包括：原木、锯材、竹材、木片、木(竹)制半成品；木浆、薪材、栓皮、栓皮粒、木炭、棍把、条笆、胶合板、纤维板、刨花板、各类细木工板、沙柳条、红柳条等"。

依法取得采伐许可证后，按照许可证的规定采伐的木材从林区运出时，必须凭林业主管部门发给的运输证件运输，从木材起运点到终点全程有效随货同行。没有木材运输证的，承运单位和个人不得承运。木材凭证运输制度和林木凭证采伐制度配合实施，是有效监督采伐计划的执行和保护森林资源的重要措施。为了规范木材运输管理制度，陕西省林业厅在《陕西省森林管理条例》有关规定的基础上，特别规定了木材运输证的办理，分别不同情况细化办理程序，严格把好木材运输证办理审核审批关口，防止木材运输违法违规行为的发生。

从1990年起，栓皮生产收购计划和价格列入省上管理，收购和调拨由县(市)的林产品经销公司负责，个别县(市)林产品经销公司不具备收购条件的，由县(市)林业主管部门委托供销社代购或经销。上调的栓皮一律由省林业厅栓皮工作队负责接收和调运，其他任何部门和单位不得参与。栓皮出省须持有省林业厅核发的准运证，铁路、交通部门方可承运。12月，陕西省第七届人大常委会第十八次会议通过的《陕西省城乡集市贸易管理条例》中规定，严禁私人进入林区倒卖和贩运木材。同年，按照林业部下达陕西省出省木材总量为18.74万立方米，截至年底，出省木材总计11万立方米，占部下达总量的59%。

1991年5月，转发了林业部、铁道部、交通部《关于贯彻执行国务院办公厅〈关于保护森林资源，加强松香运输管理的复函〉的联合通知》，进一步明确了松香运输由林业行政主管部门归口管理的规定。6月，省林业厅、郑州铁路局、省交通厅《转发林业部、铁道部、交通部〈关于实行凭证运输木材制度有关问题〉》，规定运输木材出省，必须有陕西省林业厅或其委托的地、市林业主管部门签发的加盖有"陕西省林业厅出省木材运输管理专用章"的出省木材运输证。省内运输，须持有起运地、县以上林业主管部门签发的"陕西省木材、竹子及成品、半成品运输证明"。没有运输证件的，铁路、交通、航运部门不得承运。进一步明确了凭证运输木材和归口管理以及外省在本省境内运输木材的管理等有关具体问题。同年，为了遏制超计划生产和大量栓皮外运出省，规定由陕西省林业厅栓皮工作队统一填开调拨单，否则不予办理出境证明，控制栓皮调运出境。从而超计划生产和大量外运出省的情况基本得到制止。全年共生产栓皮2500吨，调拨2100吨，不仅保护了栓皮资源，而且保障了省内林业工业企业的生产。截至12月，全省共运输出省木材16.2万立方米，占林业部批准本省总量17万立方米的95%。

1995年，制定《陕西省木材运输管理办法》。1996年，针对木材运输证件发放、管理和使用中存在的问题，重新印制了省内木材运输证件，从本年度1月1日起启用。为配合新证件的启用，省林业厅分别举办了“两证”发放管理及国、省道站长培训班，共100多人参训，为新证发放、管理及使用做了充分准备。1997年，采取随机方式对木材运输证发放管理进行了监督检查。

1998年，配合禁伐令的执行，对禁伐区木材运输等问题进行了及时规范，启用“陕西省天然林禁伐区林木清理运输专用章”，保证了天然林禁伐工作的实施和森工遗留问题的有序运作。同年，对全省木材凭证运输范围进行了调整，省林业厅下发《关于贯彻执行国家林业局〈关于进一步规范木材运输管理的有关问题〉》，进一步加强陕西省木材运输管理。

1998年11月10日起，省属太白、宁西、宁东、汉西、龙草坪林业局等采育企业，从山场运输经省林业厅核准的库存材，须凭盖有“陕西省天然林禁伐区木材清理运输管理专用章”的陕西省木材、林副产品省内运输证才能运输。1999年，按照实施天然林保护工程有关规定，清理库存材共141094立方米，截至6月底运出104553立方米，余36538立方米待运。2000年全部运出。同年，按照《国家林业局关于坚决制止超限额采伐森林的紧急通知》精神，陕西省抓紧健全和落实木材运输统计、报告和案件追溯制度。11月，“秦岭生态环境世纪行”记者梁忠学等报道：据周至、户县、长安、蓝田县有关林业检查站和林业公安派出所反映，近年秦岭林区一些不法分子偷运木材手段越来越多，不仅利用邮车、救护车、长途客车盗拉木材，更有大胆者利用军车不受检查，紧随其后，强行冲关。个别开矿者利用拉矿石、水泥、煤炭之际，在车底铺垫一层木材，上面堆满矿料、水泥、煤炭等，蒙混过关。此报道为全省木材运输监督管理提供了第一手资料。

2000年，研究制定《陕西省集体森林、林木经营管理办法》；出台《陕西省木材运输管理办法》；将铁路木材运输审批管理变更为省级林业行政主管部门审批。全年查处非法运输木材案件25起。

2001年，省林业厅下发《陕西省林业厅关于认真贯彻落实国家林业局〈关于严格依法执行木材运输证制度有关问题〉》《关于切实加强〈木材运输证〉发放管理工作》，认真贯彻落实国家林业局安排部署，针对凭证运输制度过程中“格式不统一、不规范，运输证的核发和管理审核不严，越权发证；违法倒卖、伪造、涂改运输证”等问题，提出了具体要求。2002年，开发木材运输管理软件，并投入使用。

2004年，陕西省林业厅制定下发《关于开发利用林副产品有关问题》，自2005年1月1日起，林副产品生产运输由市级林业主管部门管理。加强了木材及林副产品运输监督管理，全面停止了全省自产材的运输，对外省调进材、三板及林副产品严格审核，及时办理运输手续。全年共办理外省调进原木752立方米，板材7231立方米，三板20023立方米，竹子2601吨。

2005年，认真贯彻执行《中华人民共和国行政许可法》，进一步规范了木材运输的行政许可办事程序。同年，按照《中华人民共和国森林法》《中华人民共和国森林法实施条例》规定，进一步完善《办理火车整车运输木材手续须知》，明确了业务范围、提交材料和有关事项，上墙公示方便群众办事。

2006年，严把木材运输审核关。及时调整政策，将全省35个开展人工商品林地采伐试点县区的木材运输证核发权下发到县区，强化了试点县区林业主管部门的责任，方便了群众运输木材。同时，继续加强对木材及林副产品的运输管理，严格审核，及时办理运输手续。全年共核发出省木材运输证76本，陕西省内木材运输证10本，运输木材林副产品12.79万立方米(吨)。同年，省人民政府办公厅下发《关于切实加强森林资源保护管理工作的紧急通知》，要求全省各地提高认识，全面落实保护管理责任；加大查处力度，严打各种林业违法犯罪活动，加大木材流通领域的监管。

2007年，继续加强对木材及林副产品的运输管理，严格审核，及时办理运输手续。2008年，解决了商州区、宁陕县罚没木材销售运输问题；加强了对木材及林副产品的运输管理；全年共核发木材运输证95本，省内运输证9本。运输纤维板17.83万立方米，竹子640立方米，坑木6396.4立方米，扫把1344立方米，办理车皮计划2013车。

2009年，陕西省针对全省各地发生非法运输木材问题，下发《关于规范木材运输管理工作的紧急通知》，要求全省严格木材凭证运输制度，严格木材运输办理程序，加强木材运输证的查验工作，加强木材运输情况的巡查整治力度，抽调林政资源、森林公安、林政稽查及森防等执法人员组成联络执法组，对公路、车站、货场、木材交易市场等木材集散和流通环节实行流动巡查、专项整治。特别对跨省、跨市无证运输木材行为重点整治。对整治过程中发现的使用伪证、涂改证、过期证和无证运输木材等违法行为，依法追究责任。2010年，为加强木材运输电子政务管理，提高行政效率，按照《国家林业局森林资源管理司关于启用统一的全国木材运输证和木材运输管理系统有关问题》要求，省林业厅印制了全国统一样式的木材运输证，搭建了全国木材运输管理系统省级平台，该系统已于当年3月正式启用。9月，国家林业局森林资源管理司调研组在西安专员办陪同下，前往铜川市耀州区和宜君县，对木材收购、运输及站建设管理情况进行了调研。调研组充分肯定了各地木材收购、运输管理方面的成绩和经验，指出了存在的问题和不足，并提出了指导性意见。12月1日起，陕西省执行和采用全国统一的木材运输证和木材运输管理规定。全年共核发出省木材运输证3150份，省内木材运输证200份，运输木材、林副产品10.73万立方米(吨)。

二、木材运输管理的几种形式

(一)木材运输证管理

1. 种类。全省启用的木材运输证有3种，一是出省木材运输证由国家林业局统一印制，省林业厅和委托的10个地市林业局核发，严禁委托县级林业主管部门及其他部门办理；二是陕西省省内木材运输证，由省林业厅印制，市级以上林业行政主管部门和开展人工商品林采伐试点的县区林业主管部门办理；三是陕西省林副产品省内运输证由省林业厅印制，仅限于运输竹子、栓皮及其制品，条笆、棍把、陕北柳条等林副产品；运输木材及其成品、半成品无效。该证由县级以上林业行政主管部门办理，严禁委托林场、林业站及其他部门办理。

2. 火车运输管理。火车整车皮运输计划由省林业厅办理，并配发木材运输证；其他任何部门无权、也不准办理木材运输证；火车零担和汽车运输，由市级以上林业主管部门办理。火车零担办理1份木材运输证不得超过35立方米(整车皮运输量)；火车整车运输木材、林副产品由省林业厅统一办理，运输单位在省林业厅办理手续时须提供证明。

3. 材种分类管理。进口材、外省调进材须提供地市林业主管部门出具的陕西省办理木材运输证介绍信、陕西省运输进口、外省调进木材现场查验表和进口报关单(原调进材出省木材运输证或货运单)；本省自产材一律停办木材运输证，待人工林商品材计划下达后，运输单位凭地市林业主管部门出具的陕西省办理木材运输证介绍信办理；竹材及竹扫把等林副产品，运输单位凭地市林业主管部门出具的陕西省办理“木材运输证”介绍信办理。

对罚没木材(含限制运输的林副产品)、征占用林地依法采伐的木材等特殊情况需要运输的，必须由省林业厅或者经省林业厅授权的地市林业主管部门，严格审核其合法来源后办理运输证。

(二)木材运输检查体系建设

2009年，国家林业局《关于进一步加强木材运输管理工作》文件要求：对木材检查站的布局急需调整、检查方式急需改革、检查力量急需加强、检查装备急需改善、木材检查人员编制和经费急需解决、人员素质急需提高。各地要把加强木材运输管理作为巩固林业各项改革成果的主要措施，维护林区社会稳定的基础保障和推进林业建设的主要内容，切实加强领导，创新管理机制，优化管理程序，落实管理责任，把木材运输管理工作抓好抓出成效。

为切实贯彻落实国家林业局指示精神，加强木材运输管理工作，省林业厅下发《陕西省林业厅关于规范木材运输管理工作的紧急通知》要求各相关部门认真学习宣传《中华人民共和国森林法》《中华人民共和国森林法实施条例》《陕西省森林管理条例》，严格执行木材凭证运输制度；严格木材运输证办理程序，对无合法来源证明的木材，不得办理木材运输证，严禁无证非法运输；加强木材运输证的查验工作。各木材检查站要充分发挥检查监督作用，认真查验木材运输证。对无证运输、证货不符或承运无证木材等行为按法律程序进行严肃处理，严禁以罚代证；加强木材运输情况的巡查整治力度。要抽调林政资源、森林公安、林政稽查及森防等执法人员组成联合执法组，对铁路、车站、货场、木材交易市场等木材集散和流通环节实行巡查、专项整治。特别是对跨省、跨市无证运输木材行为要重点整治。对整治过程中发现的使用伪证、涂改证、过期证和无证运输木材等违法行为，要及时认真查处，并依法追究有关责任者的责任。

2009年，全国运输管理工作会议以后，陕西省就贯彻落实会议精神做了3件事：一是于12月18日，召开全省各市林业局负责人参加的资源管理工作座谈会，传达全国会议精神，安排部署了加强木材运输管理工作；二是开展调研活动，分别到延安、榆林2市3县和渭南市的韩城县就着装上岗和监控系统的应用管理进行了专题调研，并征求了有关市县负责同志的意见和建议；三是就着装上岗问题向省纠风办进行了专题汇报。

2010年，为加强木材运输电子政务管理，按照国家林业局要求，省林业厅印制全国统一样式的木材运输证，搭建全国木材运输管理系统省级平台，系统已正式启用。

第三节　木材检查站建设

1990年，陕西省政府发文批准同意《陕西省站工作暂行规定》。同年，林业部安排陕西省方向调节税6万元，省地县配套投资11.5万元，加强了长安县沣峪、南郑县大河坎、商南县富水及平利县关垭子等4个木材检查站的基础设施建设。在此基础上，制定陕西省67个重点站1991~1993年3年建设规划，使这些木材检查站建设逐步得到加强。12月，省林业厅转发林业部《木材运输检查监督办法》和《站管理办法》，规定站的设立，由县级以上林业行政主管部门提出，省级林业行政主管部门审核，报省人民政府批准。未经原批准机关同意，不得撤销；未经批准的检查站，一律撤销。

1991年4月，对商洛、安康8县(市)14个站进行执法检查，针对执法中存在乱罚款和以罚代证问题，制定《陕西省站人员工作守则》，交由林业厅纪检组统一下发，使站真正做到严守纪律，依法办事。5~6月，省林业厅抽调8名站员和1名林政管理人员，参加了林业部组织的站培训班。安排了长安县沣峪口、周至县金盆2个站的实习现场，为培训班顺利完成培训任务提供方便。10月，经陕西省政府批准下发《关于清理整顿道路检查站(卡)结果》，撤销了26个站，保留157个。其中，林业单独设立113个，林业、公安、交通等部门联合设立的44个。在检查项目上，有11个增加查验森林植物检疫证的任务，69个站增加查验运输野生动物及其产品证件的任务。另外，还批准新设4个季节性白蛾检疫站。

1992年，在陕西省木材检查站中确定5个检查站实施标准化建设。同年7月，省林业厅举办了陕西省木材检查站站长岗位培训班，50人参加了培训。1993年2月，省林业厅决定表彰先进木材检查站14个、先进个人11名。1994年，加强木材流通管理。调查搜集了各地市木材检查站的调整意见，并向省政府报送增设调整站的报告，提出了加强木材流通管理的意见和站分类管理的建议；继续加强木材出省总量控制的情况下，下达分解了31.3万立方米木材出省运输总量计划；协调和处理了户县涝峪站与省宁西林业局木材运输纠纷问题，并及时向省信访局等有关部门报送了处理情况。7月，陕西省人民政府发布《陕西省公路检查站管理暂行办法》，使公路检查站管理有法可依、有章可循。

1996年，配合省政府纠风办治理公路“三乱”中，将木材检查站作为林业系统治理“三乱”的窗口单位来抓，并制定《木材检查员守则》。同年，制定《陕西省标准化站划分标准》《陕西省标准化站建设达标规划》，全省站机构建设、制度建设、基础设施建设等标准化建设工作正式启动，本年度全省14个站达标。1997年，对站标准化建设及执法等情况监督检查，开展了创建文明窗口活动。全省14个站，经部、省验收达到1996年省上制订的标准。同年4月省林业厅对全省1993年达标的14个站进行了公开考评，决定推荐宝鸡市渭滨区天平庄站和长安县沣裕口站为木材运输执法文明窗口示范单位。

1998年3月，组织举办陕西省国省道检查站站长执法培训班，期间，先进检查站介绍了经验。10月，举办全省站人员林业行政执法知识竞赛，共收到有效答卷1096份，评出一等奖3名，二等奖7名，纪念奖100名。参加了省纠风办组织的治理公路“三乱”检查和“绿色通道”检查；通过明察暗访，检查了汉中、渭南、安康、商洛等地市的执法情况。同年对全省需要调整站址和需新设的站情况进行了实际考察，将需调整站址和需新增设的站名单上报省政府审批。省林业厅下发《关于对1997年申请达标站进行检查验收》和《陕西省站验收划分条件和建设标准》，对全省156个检查站(国道41个，省道16个、地方道路99个)进行了分批次检查验收。截至2000年，全省检查站全部达标。其中，一级站47个，1997年达标；二级站57个，1998年达标；三级站52个，2000年达标。

1999年，全省站实行过境木材分类统计月报制度，有效控制了木材运输总量。同年，加强站人员的上岗培训，对培训合格的875名站人员发给上岗证，站人员一律实行佩戴上岗证上岗。

2000年，完成部分站址调整工作，为实施全国站建设“十五”计划做好准备。同年，部省、地县共同投资609.3万元，新建站房2704平方米，装备汽车24辆，摩托车86辆，电话105部，新增职工2239人，全省156个站全部达到标准化站建设标准，使站从机构建设、制度建设和基础设施建设等方面都得到了提升和加强。

2001年3月，就全省林业系统治理公路“三乱”工作发出通知，要求各地自查自纠，搞好站及林业公安、林政稽查队的清理整顿工作，加强培训提高林业行政执法人员整体素质；建立健全木材检查站各项规章制度，实现林业系统基本无公路“三乱”目标。6月，陕西省人民政府常务会议明确“把站统一设为全额拨款事业单位，纳入所在县级政府预算管理”。

2002年，治理公路“三乱”工作通过国家检查验收，国务院11月公布的第三批基本无“三乱”省份，陕西省名列其中。7月，举办了一期国、省道站站长培训班，各市、县林业行政主管部门对其所属站人员也进行了短期培训，增强了治理公路三乱对地方经济发展的重要性认识，提高了依法检查自觉性。

2003年，加强了木材运输管理和监督工作。落实陕西省人民政府常务会议精神，积极与省编办、省财政厅联系争取将站人员纳入地方财政，解决人员工资经费问题，加大对检查站基础建设投资。继续加强林业系统治理公路“三乱”工作，重点对国省道上设立的站进行监督检查，严防公路“三乱”反弹。根据实际情况，建议省政府对少数站点进行适当调整，进一步适应了木材流通管理需要。

2004年10月22日，省林业厅《关于申报国家级站示范站的请示》报告国家林业局，将陕西省宝鸡市渭滨区太平庄站、宝鸡市凤县双石铺站、汉中市留坝县青桥驿木材站、安康市镇平县茅坪站4个木材检查站申报国家级站示范站。

2005年，下发《陕西省林业厅关于加强站建设工作的意见》，要求各地市努力理顺站编制问题和经费渠道，明确可以加挂天保工程森林资源管护站牌子，使用天保工程森林资源管护资金，履行天保工程森林资源管护职责和任务。同年，对秦岭北麓沿线重要出山口的8个站进行了检查，编制《陕西省重点站建设项目可行性研究报告》，对全省24个省界和重要出山口的建设进行了充分论证，编制了建设计划，调整了全省站布局。落实省政府办公厅批示，组织协调省纠风办、交通厅、公安厅前往韩城、宝鸡等市县，现地考察韩城市龙门站、宝鸡市4个站和省直林业局5个站站址。省政府同意设立宝鸡市4个木材检查站，同意韩城龙门站迁址。

2006年，组织协调省纠风办、交通厅、公安厅现地查看了咸阳礼泉县泔河站、淳化县方里站、三原县嵯峨3个新建站。按照省政府批示精神，组织相关部门考察渭南市请示设立的潼关县七亩角站，并形成意见上报省政府。

2007年，配合省纠风办等部门深入咸阳等3市9县区进行公路“三乱”明察暗访，就礼泉县森林公安派出所乱罚款、越界罚款问题进行严肃查处，引起该县有关部门的重视。同年，配合省纠风办完成了林业系统涉路人员经费基本情况摸底表。6~10月，陕西省人民政府批准设立商洛市蜂王、营镇、石镇等3个木材检查站。

2008年，根据《国家林业局发展计划与资金管理司关于组织申报2009年林业固定资产中央政府投资项目》要求，提出陕西省2009年一级站建设建议方案，拟申请547.6万元，用于将铜川市金锁站等8个站建成一级站。同年，对2006年、2007年、2008年三个年度站基础设施建设计划未到位单位进行协调，给商南富水等13个站安装了监控设备，电脑等设备也陆续发放到位。

2009年5~8月，省林业厅对全省40余个县(区)和厅直属单位的445名站林业执法人员进行了林业行政执法抽查考试。2010年，配合省纠风办、交通厅、公安厅对西安市申请设立的户县涝峪站纸坊分站和八里坪分站进行了现地考察；对延安市新建和迁建站进行了实地考察。同年，与纠风办、交通厅、公安厅、农业等部门协调配合，开展了治理公路"三乱"明察暗访大检查活动。并在全省开展了创建"人民群众满意基层站所"活动和"人民群众满意窗口单位"活动。6月，省林业厅印发《继续在全省站开展创建"人民群众满意基层单位"活动以及继续对基层单位开展民主评议活动的实施方案》，在全省170个站开展了学习教育、制度建设、改进作风等主要内容的创建活动，开展了民主评议和监督。同年，根据林区资源保护和木材运输管理实际需要，陕西省人民政府申请在宁东局设立老城临时站；宁西局设立麻房子和马家坪两个临时站；在龙草坪局设立长角坝临时站；在汉西局设立上南河临时站，其中3个在林区公路上，有2个在车流量较小的210和108国道上，为有效解决木材运输监管盲区，确保国有林区森林资源安全奠定基础。截至2010年，陕西省共有170个木材检查站，其中，有一级站113个，二级站57个。

第四节　资源林政稽查

一、省级林政稽查机构

1996年12月14日，省林业厅党组下发《陕西省林业厅关于组建"陕西省林业厅资源林政稽查队"的通知》。文件明确陕西省林业厅资源林政稽查队属临时机构，编制8人，人员由省林业厅林政资源处管理。资源处1名副处长担任队长。主要任务，代表省林业厅对全省资源林政管理方面的行政执法工作实施有效监督。

2006年2月13日，陕编办同意陕西省天保工程管理中心加挂陕西省森林资源管理稽查队牌子，为全额拨款事业单位，编制11名，增加1名领导职数，所需人员从省林业厅下属全额拨款事业单位中选调。工作职能：受理和督办全省森林采伐限额管理方面相关破坏森林资源林政举报案件；受理和督办全省林地管理方面的破坏森林资源林政举报案件；受理和督办全省木材运输、经营加工方面的破坏森林资源林政举报案件；对法律、法规规定由省林业厅管辖或上级交由省林业厅办理的，以及省林业厅认为需要直接查处的涉及森林资源管理方面的重大林业行政案件，直接进行查办。

二、市(区)林政稽查机构

全省林政稽查机构36个，其中行政编制独立设置2个，事业编制独立设置11个，其他为内设机构或挂靠其他单位委托执法23个，合计287人。

三、林政稽查情况

森林资源管理稽查队成立以来，共督办查处林政案件 789 起。主要从以下几种形式，参与森林资源管理工作。

1. 接受群众举报、媒体披露、上级部门或领导批转的涉及森林资源违法方面的案件，经林业厅主管领导批示后，实地调查案件是否存在，是什么性质的案件，初步调查结果，向行政领导汇报后，按性质交由当地林业部门查处，要求查处部门报告结果，或者会同当地林业行政部门共同调查，处罚则由当地林业行政部门出具行政处罚文书。

2002 年 3 月 26~29 日，资源处领导带领稽查队，对商州市王某等人非法收购木材案件进行督办。案发后，商州区委、区政府高度重视，当即召开专题会议，成立专案组，由 1 名副区长任组长。2002 年 4 月 11 日，省林业厅稽查队会同商洛市林特局组成洛南黑彰台林场盗伐案件督办组前往洛南县督办案件。督导查处了 1 起群体性盗伐案件，参与盗伐的人数达 283 人，涉及人工油松林面积 836. 79 亩，盗伐 19414 根，折合材积 481. 11 立方米。查封木材 13720 余根，折合材积 310 立方米。查处公职人员 16 人，查处非公职人员 74 人，对违法行为较轻的 78 名村民举办了为期 3 天的法治教育学习班，对上述 78 名人员中的 51 人进行了罚款处理。对涉及刑事违法的移交司法机关处理。

2002 年 4 月 25~28 日，林政稽查队会同宝鸡市林业局公安科、林政科，对陇县龙门洞风景林场盗伐林木案件进行督办，对查明盗伐国有林木 3531 根，折合蓄积量 204. 79 立方米案件的 3 名犯罪嫌疑人，报请检察机关批准逮捕。行政撤销职务处分 3 人。县委、县政府办下发关于对全县森林资源进行检查的紧急通知，安排部署抽调 40 人分 10 个组，由县领导带队赴 15 个乡(镇)，6 个国有林场及林区检查站进行拉网式检查。

2. 对资源林政管理较为混乱的地区进行稽查暗访，发现问题，督促当地林业部门处理。

2002 年 4 月 30 日至 5 月 1 日，省林业厅林政稽查队在 108 国道韩城段路查中发现西庄镇、龙门镇有 14 家个体经营户非法经营矿柱材，经查均未办理木材经营许可证或属于过期无效证件，初步统计以刺槐为主，共有 7. 7 万根，折合材积 2575 立方米，折合立木蓄积量 5144 立方米；另查获 4 车无证运输矿柱材车辆。稽查队即责成韩城市农林局查办，渭南市林业局督办。2002 年 6 月，林政稽查队会同榆林市林政稽查队通过明察暗访形式，对神木、府谷、横山、靖边 4 县征(占)用林地和木材经营加工市场进行了检查，经查神木县城周围的木材经营加工单位均没有办理经营加工许可证；府谷县对于林业用地权属不清，征(占)林地乱征滥占林地现象严重；靖边县存在少批多占、未批先占现象，稽查队要求榆林市林业局对全市征(占)用林地进行全面清查并加大法制宣传力度。

2008 年 1 月 31 日，稽查队会同国家林业局驻西安专员办和商洛市林业局、洛南县林业局组成联合调查组赴洛南县对景村镇油泉村 3 家采沙场违法占用林地展开调查，查明油泉大东沟采沙场少批多占林地 1. 78 亩；油泉宏亮采沙场少批多占林地 0. 16 亩；旺源采沙场未经审核同意，擅自违法占用林地 0. 57 亩。由洛南县林业局责令 3 家采沙场停止非法占用林地行为，停业整顿，接受处罚。并责令退还林地，恢复原状。

3. 联合查处案件。对上级领导、政府批示要求查处的案件，联合森林公安、资源林政部门共同查处。2000 年 8 月 28 日，按照林业厅领导批转的省政府批示，要求查处镇巴县巴山林场乱砍滥伐的上访信件，稽查队派员会同汉中市林业局公安科组成联合调查组三次赴镇巴巴山林场展开调查，经查巴山林场未经批准，无证采伐巴山云杉782.65立方米板材，折合原木1095.71立方米，折合立木蓄积量2191.42立方米，因构成刑事案件，专案组将其移送司法机关处理。

第四章 森林防火

第一节 组织机构

一、省级机构

1988年11月，经省人民政府批准，将原“陕西省护林防火指挥部”更名为“陕西省森林防火指挥部”。1993年9月，陕西省人民政府在机构改革中，撤销了省森林防火指挥部。1994年9月15日，恢复了陕西省森林防火指挥部，指挥部指挥由主管林业的副省长王双锡担任，副总指挥由省政府副秘书长黄广文、林业厅厅长钟高适、军区副参谋长杨科省、农业厅副厅长史志诚担任。成员单位有省交通厅、公安厅、财政厅、民政厅、林业厅、广播电视厅、卫生厅、商务厅、发改委、邮电管理局、气象局、环保局、无线电监测站、西北民航公司、西安铁路局。省森林防火指挥部办公室设在省林业厅，2000年8月机构改革，撤销林业厅防火办公室，与林业公安处合并，成立陕西省林业厅森林公安局、陕西省森林防火指挥部办公室。森林公安局(省森林防火指挥部办公室)为省林业厅的内设机构，合署办公，负责全省森林防火指挥机构的日常工作。

2002年9月30日，省编办向省林业厅下发《关于省林业厅森林公安局(省防火办)机构编制问题的批复》，同意将“陕西省林业厅森林公安局(陕西省森林防火指挥部办公室)”更名为“陕西省森林公安局”，其领导体制、隶属关系、机构规格不变；同意从省政府下达的全省企事业公安地方编制中给省森林公安局(防火办)调剂10名编制，增加1名处级领导职数。根据此文件，9月，陕西省林业厅森林公安局更名为“陕西省森林公安局”，编制16人，设4名领导职数，局长、政委各1名，副局长2名。森林公安局设政工科、办公室、防火科、刑警队，各设科长1人。

2008年3月4日，根据省编办《关于核定省级森林公安政法专项编制、规范省森林公安局及直属森林公安机构设置的通知》，核定省级森林公安政法专项编制220名，明确省森林公安局(省森林防火指挥部办公室)为省公安厅十三处，加挂省公安厅森林警察总队牌子，正处级建制；林业部门负责行政管理，公安部门负责业务管理；内设办公室、政工科、督察队、治安法制科、警务保障科、森林消防科、刑警队7个科(室、队)，编制36人。2009年4月，省委批准成立中国共产党陕西省森林公安局委员会、中国共产党陕西省森林公安局纪律检查委员会。7月，陕西省政府核准省森林公安局机关政法专项编制36名，其中，局长、政委各1名(副厅级)，副局长2名(正处级)，省森林防火指挥部办公室专职副主任1名(正处级)，科级领导职数9名。截至2010年年底，省防火办实有人数16人。主要负责全省的森林防火日常工作。

二、市、县(区)机构

1989 年 3 月 18 日，省森林防火指挥部下发《关于抓紧建立健全森林防火体系的通报》，要求各地、市和林区、半林区县人民政府都要建立森林防火指挥部。

1991 年 12 月 30 日，全省成立 95 个森林防火指挥部。属于地方政府的有西安、商洛等 10 个地市及 74 个森林防火重点县。省属县级以上有森工局、6 个森林采育企业单位、3 个事业单位(楼观台林场、佛坪保护区、太白山保护区)。1993 年以来，各县区相继成立森林防火机构，到 1995 年达到 129 个。1996 年以后，由于机构改革等原因，防火机构有所变化。最低时 2007 年全省森林防火指挥部 121 个。

2010 年年底，全省共有森林防火指挥部 126 个。其中省级 1 个，市级 10 个，县级 103 个，省属森工局和林业局、林场及自然保护区管理局 12 个，森林防火办专职工作人员 541 人(表 2-4-1、表 2-4-2)。

陕西省 2010 年各市县区森林防火办事机构表

表 2-4-1　　单位：个、人

单位	森林防火指挥部		森林防火办事机构			防火检查站		专业(半专业)森林消防队		义务森林消防队		护林员人数	
	机构数	成员数	机构数	编制数	实有数	机构数	人数	队数	人数	队数	人数	专职	兼职
合计	126	2115	135	391	541	943	2876	717	15077	7305	198571	19790	15651
其中 省级	1	20	1	16	16								
其中 地级	10	179	10	38	49			1	24				
其中 县级	115	1916	124	337	476	943	2876	716	15053	7305	198571	19790	15651
安康	11	190	11	22	41	21	85	8	702	1603	19176	416	1329
汉中	12	208	12	48	52	63	230	39	1039	1236	52091	2060	2570
商洛	8	178	8	44	48	402	762	53	1601	1211	49576	1296	2094
渭南	12	279	12	7	56	42	113	76	2425	181	5461	276	1375
西安	12	240	12	18	14	48	198	184	2089	343	13951	712	2416
宝鸡	16	210	16	21	44	146	712	50	1090	663	14348	835	1636
延安	14	320	18	113	138	137	502	233	4734	1589	31840	11995	2452
榆林	13	54	13	9	14					9	110	170	800
铜川	5	83	5	14	21	3	9	21	243	353	7211	359	158
咸阳	10	161	10	27	54	41	139	16	559	92	3433	1112	775
太保	1	12	6	14	4	2	4	6	40			25	3
佛保	1	17	1	3	4					4	130	26	1
长保	1	12	1	2	2	7	14	2	36	1	30	27	
楼观台	1	16	1		3	14	53	6	95	10	570	53	18
牛背梁	1	21	1	6	6			6	31	1	156		4
资源局	7	94	7	27	24	17	55	17	393	9	488	428	20
省防火办	1	20	1	16	16								

注：太保指太白山保护区；佛保指佛坪保护区；长保指长青保护区；下同。

2010 年陕西省各市县区森林防火机构人员表

表 2-4-2

单位	实有人数		年龄			职务				文化程度			技术职称			防火工作年限		
	合计	其中：女	30 岁以下	31～50 岁	51 岁以上	厅局级	处级	科级	科级以下	大专以上	中专	高中以下	高级	中级	初级以下	15 年以上	5～15 年	5 年以下
合计	541	127	116	379	46	2	17	123	399	354	142	45	23	112	177	112	259	170
其中 省级	16	1	1	10	5	2	5	9		16						1	6	9
其中 市级	49	4	11	29	9		11	13	25	48	1		4	4	7	18	11	20
其中 县级	476	122	104	340	32		1	101	374	290	141	45	19	108	170	93	242	141
安康	41	10	6	28	7			12	29	24	9	8	3	3	4	12	20	9
汉中	52	15	15	34	3			6	46	38	10	4	2	13	14	4	27	21
商洛	48	18	10	32	6		1	5	42	32	11	5	3	12	10	11	17	20
渭南	56	4	21	32	3		2	17	37	37	19			18	25	9	34	13
西安	14		11	3			1	6	7	2	2	10				1	9	4
宝鸡	44	6	6	32	6		1	8	35	35	8	1	1	10	11	6	19	19
延安	138	46	23	113	2		2	26	110	83	45	10	5	28	66	29	74	35
榆林	14			8	6			2	12	7	2	5		2	12	10	4	
铜川	21	11	5	15	1			3	18	18	1	2	1		7	4	9	8
咸阳	54	4	16	33	5		1	12	41	29	25		3	8	11	11	22	21
太保	4	2		4				2	2	1	3		1		3	3	1	
佛保	4	2		4				2	2	4				4		4		
长保	2		1	1				1	1	2			1		1	1	1	
楼观台	3		1	2				1	2	2	1			1	2		1	2
牛背梁	6	2		5	1			1	5	5	1		1	2		2	3	1
资源局	24	6		23	1		4	10	10	19	5		2	11	11	4	12	8
省防火办	16	1	1	10	5	2	5	9		16						1	6	9

三、护林联防组织

（一）机构建设

1989年年底，全省建立护林联防组织10个。1990~2000年期间，护林防火组织由10个变为9个，原1983年7月6日成立的“长安、蓝田、商县、柞水四县”护林联防委员会于2008年并入陕西省秦岭东部联防委员会。2000~2010年，陕西省共有省际联防组织5个，分别是四川、陕西、湖北3省巴山地区护林联防委员会，湖北、河南、陕西3省8县护林联防委员会，陕西、甘肃2省4地市14个县护林联防委员会、陕西、甘肃千山13县(场)护林联防委员会和陕西、甘肃2省子午岭联防委员会。省内联防组织有4个，分别是陕西省秦岭西部地区护林联防委员会、陕西省秦岭东部地区护林联防委员会、黄龙山系7县护林联防委员会、延安地区5县护林联防委员会。

（二）活动情况

陕西省跨省份的护林防火联防委员会的工作由其组成的县人民政府轮流主持，在主持县林业局设立办公室，办理日常具体工作。联防委员会下由毗邻区、乡、国营林场组成护林联防支委会，有毗邻村集体林场组成护林联防小组，本着“互相支持，互相监督，互相检查，联防合作”精神，积极开展活动。

省际联防组织基本上每年至少召开一次联防会议，主要通过全体大会、研讨会、座谈会、考察学习等形式进行，会议主要解决修定联防办法、加强协作、严控火源、消除隐患等问题。省内联防按照联防组织要求作宣传教育、制订章程、团结协作等工作。

1. 宣传教育。1990~2000年，各联防组织利用宣传车、黑板报、刷写标语、演出文艺节目、印发传单、召开各种会议等形式，宣传《中华人民共和国森林法》《中华人民共和国森林防火条例》，印发防火宣传年历，发放《扑火安全常识手册》，宣传各种规章制度。2001~2010年，在传统宣传方式的基础上创新形式，充分发挥电视、报纸、网络等媒体的主渠道作用，在电视台、报纸或报刊等媒体上刊发防火动态信息。在2~4月防火紧要时期，开通手机短信提示，提醒做好森林火灾防范工作，通过开展宣传月、宣传周、小手牵大手、会议、文艺晚会等系列宣传活动，深入开展群众性的森林防火宣传。

2. 制订章程。各联防组织根据行政地域实际，修订和完善有关联防章程，确保联防工作有效开展。1990~2000年，主要是制定办法、明晰机构，探讨了制度。例如，1990年秦西联第三十一届联委会由21个单位组成，以“以预防为主、积极消灭”为方针制定了联防办法，明晰了组织机构，明确了工作职责，探讨了工作制度。2省4地(市)14个县(区)第二十八届联防会讨论修改了联防办法，联委会下辖14个联防小组，由毗邻的区、乡、林场组成。2000~2010年，主要是推广了行之有效的做法，确保林区农户自觉遵守防火规定。例如，2005年延安市在全市重点林区县大力推广黄陵、黄龙县“农户联防联保”“家庭承包管护”以及“森林防火协会”等行之有效的做法，把农户的利益与森林防火责任挂上钩，使大家相互约束、相互监督、相互促进，确保每个农户能够遵守防火规定和要求。

3. 团结协作。各护林联防委员会各成员单位把森林防火工作列入重要议事日程，在防火期来临前，都以颁发文件的形式进行部署安排，要求基层做好安排部署，搞好防范工作，最大限度地减少火灾发生次数、受害面积和损失。例如，1993年，四川、陕西、湖北第三十六届联防会在西乡县隆重召开，该次会议进一步加强了横向联合和协作，采取了“六查六比”(查森林防火机构是否健全，比值班制度是否落实；查扑火队伍是否建立和培训，比装备器械是否齐全；查宣传深度和广度，比是否持之以恒；查辖区是否有火灾隐情不报，比情报网络是否健全；查肇事者是否处理，比损失弥补程度；查火源管理是否到位，比档案资料是否记录齐全。)、“七包干”(乡镇干部包村、村干部包组、组干部包户、家长包子女、学校包学生、党员包低智人员、单位包职工)、“三打”(打早、打小、打了)、“四有”(防火工作领导有班子、工作上有位子、措施上有点子、扑灭上有预案)、“十不准”(不准带火种进山入林；不准在林区吸烟；不准在林区烤火、野炊；不准在林区打火把照明；不准在林区烧纸上坟；不准在林区烧防火隔离带；不准在林区农林结合部烧地边；不准在林区煨火土；不准老弱病残、妇女、儿童、学生上山打火；不准无组织夜间上山打火)等有效措施，预防了火灾的发生，取得了显著成效。

第二节　森林火灾统计

一、森林火灾基本情况

1990~2010 年，全省共发生森林火灾 1347 起，其中，一般森林火灾 881 起、较大森林火灾 460 起、重大森林火灾 5 起、特大森林火灾 1 起。过火面积 16180. 18 公顷，受害森林面积 7716. 73 公顷，损失林木蓄积量 182238. 61 立方米，幼林损失 784. 71 万株，火灾扑救中出动车辆 102211 台、飞机 2 架次，扑火经费 705. 041 万元，共造成 55 人死亡、70 人受伤(轻伤 57 人、重伤 13 人)。

1990~2000 年，陕西省共发生森林火灾 844 起，火灾引起的死亡共 38 人，仅 1992 年火灾引起的死亡人数达 18 人。

2001~2010 年，全省共发生森林火灾 503 起、死亡 17 人，其中 1 次死亡人数最多的 10 名。

2001~2010 年，森林火灾与 1990~2000 年相比，森林火灾的发生次数、受害面积、受害率分别下降 341 起、1. 08‰；在 503 起森林火灾中未查明火源 62 起、已查明火源 441 起(生产性火源 170 起、非生产性用火 249 起、故意放火 3 起、外省烧入火 7 起、雷击火 11 起、其他自然火 1 起)。人为引起的森林火灾 422 起，生产用火造成的森林火灾 170 起，其中烧荒烧炭 150 起、炼山造林 6 起、其他 14 起，分别占总比的 29. 82%、1. 19%、2. 78%；非生产用火造成的森林火灾 249 起，其中野外吸烟 61 起、取暖做饭 17 起、上坟烧纸 90 起、小孩玩火 27 起、痴呆弄火 15 起、家火上山 1 起、电线引起 5 起、其他 33 起，低智能人和儿童引起的森林火灾 42 起，占总比的 8. 35%；其他原因造成的森林火灾 22 起(故意放火 3 起、外省烧入 7 起、雷击火 11 起、其他自然火 1 起)，占总比的 4. 37%。

2001~2010 年，因火灾导致的死亡人数是 17 人，比前 10 年的 38 人减少了 21 人，减少了 55. 26%。主要原因是，后 10 年打火工具改良，组织、指挥科学优化，对森林火灾扑救的知识普及率高(表 2-4-3)。

1990~2010 年陕西省森林火灾统计汇总表

表 2-4-3

年份	森林火灾次数					火场总面积（公顷）	受害森林面积（公顷）			损失林木		人员伤亡（人）				其他损失折款（万元）	出动扑火人工（工日）	出动车辆		出动飞机（架次）	扑火经费（万元）
	小计	森林火警	一般火灾	重大火灾	特大火灾		小计	其中		成林蓄积量（立方米）	幼林株数（万株）	小计	轻伤	重伤	死亡			小计	其中汽车		
								原始林	人工林												
1990	90	61	29	0	0	438.02	99.53	63.31	38.23	627.25	7.84	3	2	0	1	0.76	7494	92	116	0	1.21
1991	93	72	21	0	0	843.00	156.00	39.00	117.00	1200.00	22.00	13	6	2	5	6.00	17370	515	490	0	10.00
1992	144	106	38	0	0	1768.67	316.34	67.94	248.40	3112.94	169.04	20	1	1	18	16.176	26985	698	645	2	14.74
1993	28	20	8	0	0	296.70	105.10	0.90	104.20	621.80	24.40	0	0	0	0	1.486	7702	245	180	0	10.40
1994	27	21	6	0	0	124.00	39.31	19.73	19.58	923.40	13.88	0	0	0	0	1.475	6411	141	124	0	5.01
1995	112	69	42	0	1	3961.12	2600.06	2211.81	388.25	133710.28	304.49	12	8	0	4	40.560	44508	1245	1170	0	113.95
1996	30	20	10	0	0	246.40	58.20	14.90	31.30	569.90	15.00	3	1	0	2	3.000	4752	242	214	0	8.50
1997	76	46	30	0	0	945.10	316.30	204.60	111.70	7227.00	34.20	8	7	0	1	141.848	42508	958	935	0	99.60
1998	34	16	16	2	0	850.41	558.25	180.73	345.65	2237.38	13.33	6	6	0	0	7.440	20781	526	428	0	24.26
1999	91	47	44	0	0	1574.00	620.33	237.10	92.65	1626.70	28.29	16	13	0	3	17.420	33946	920	861	0	56.81
2000	119	56	60	3	0	2763.00	1793.24	1178.90	340.86	20447.45	60.29	8	1	3	4	93.200	42031	899	787	0	74.31
2001	36	30	6	0	0	70.85	22.98	16.38	6.60	174.30	2.15	4	2	0	2	4.900	4483	162	150	0	4.03
2002	27	17	10	0	0	97.64	49.88	17.03	32.85	80.00	15.16	3	0	0	3	1.03	1928	94	71	0	1.56
2003	36	13	23	0	0	272.00	129.00	0	129.00	664.00	16.00	17	3	4	10	34.00	9111	343	266	0	35.00
2004	41	21	20	0	0	287.00	101.00	26.00	75.00	1853.00	6.00	7	4	1	2	10.00	7635	240	208	0	9.00
2005	73	49	24	0	0	434.42	268.36	136.32	132.04	758.10	4.76	0				1.57	10006	467	467	0	20.26
2006	34	21	13	0	0	127.98	46.94	23.00	23.94	505.50	5.32	0				12.99	6239	184	184	0	15.92
2007	79	47	32	0	0	360.82	210.12	38.16	171.96	5277.70	11.81	0				12.01	28156	1046	1006	0	111.16
2008	27	16	11	0	0	90.15	33.29	10.03	23.26	322.67	2.80	1	1			2.86	7792	241	232	0	16.77
2009	55	47	8	0	0	281.63	108.12	3.80	104.32	21.90	23.11	3	2	1		0	5367	359	359	0	33.24
2010	95	86	9	0	0	347.07	84.38	1.03	83.35	277.34	4.84	1		1		7.14	9848	594	583	0	39.30
合计	1347	881	460	5	1	16180.18	7716.73	4490.67	2620.14	182238.61	784.71	125	57	13	55	415.865	345053	10211	9476	2	705.04

二、特大森林火灾

1990~2010年，陕西省仅发生1次特大森林火灾，即1995年延安黄陵桥山林业局店头林场曹家峪营林区“5·5”特大森林火灾。

1995年5月5日下午，延安地区黄陵桥山林业局店头林场曹家峪营林区发生特大森林火灾。引起了国务院和省委省政府领导的密切关注，国务院副总理姜春云作了重要指示：“请陕西省政府进一步加大措施，增加抢救力量，尽快扑灭火灾，减少损失。在扑救火灾中，要十分注意安全。林业部要加强对扑火的指导。请向参加救火斗争的全体干部、群众、部队指战员表示亲切的慰问。”林业部祝光耀副部长要求：“请你们认真落实姜春云副总理的指示，转达总理对扑火人员的慰问，尽快将明火扑灭，彻底清理余火，争取扑火战斗的全胜。并请随时将扑火情况报告给我们。”陕西省副省长王双锡亲临火场指导、协调扑救工作。省林业厅、延安地委行署领导高度重视，省林业厅副厅长陈东升，中共延安地委行署主要领导张志清、孙志明等亲临火场指挥扑救。中共黄陵县委、县政府及延安地区林业局、桥山林业局全力以赴，动员组织力量扑救，参加灭火的解放军960人，职工群众1万余人，5月12日上午将林火彻底扑灭。经调查，火灾过火面积2402公顷，受害森林面积1986公顷，受灾面积1100多公顷，损失林木蓄积量88818立方米，烧死幼树221.5万株，直接经济损失440万元，加上扑火费用，经济损失近500万元。起火原因系河南省西华县盲流人员胡富、刘春发等人流入该林区挖药材时吸烟所致，肇事者被分别作了行政、刑事处罚。

第三节 森林火灾预防及扑救

一、森林火灾的预防

(一)宣传教育检查

1990年以来，全省各级政府和林业部门坚持“预防为主、积极消灭”的方针，始终把森林防火宣传教育、增强广大干部群众的防火意识作为做好森林防火的一项基础工作抓住不放，普遍开展了以《森林防火条例》为基本内容的宣传月、宣传周活动，不少县级政府通过发布布告、戒严令、实行封山防火等措施大造宣传声势，抓好关键时间、地段重点宣传，加强对特殊人群的教育和管理，增强群众的防火意识，较好地控制了野外火源，收到了很好的效果。

1991年12月10日，陕西省森林防火指挥部办公室转发国家森林防火总指挥部办公室制定的《重点火险县级单位森林防火建设标准(试行)》，要求重点火险县级单位应当在林区要道、村屯附近和重点防火地段，要设立永久性的森林防火宣传标语牌。针对山区人员流动大、流动人员多、山上采药、非法狩猎、烧荒陋习以及春节、清明上坟烧纸的旧习俗，各地适时开展宣传教育工作。

1992年，春防期间全省出动宣传车655车次，播放电影、录像5279场次，印发各种宣传材料约24万份，开展森林防火签名和签发入户通知书共15万余份。

1996年，各地大张旗鼓地宣传《森林防火条例》等法规及黄陵桥山“5·5”特大森林火灾典型案例，提高宣传效果。

1999 年 3~4 月，省防火办与省气象局联合在省电视台播放森林火险等级预报。省防火办印发了防火宣传年历，发放扑救森林火灾安全常识手册。

2000 年 3 月 1 日开始，省防火办与省气象局联合在省电视台播放森林火险等级预报。各地结合实际，以关注森林火灾为主题，进行广泛宣传。

2001 年，省防火办编印《森林防火基础知识》下发各地，开展防火宣传月、宣传周、宣传日活动，继续推行在一个林区建一座防火宣传大门，一村一块宣传墙，一户一个宣传牌，一张责任卡，大力开展森林防火中心连防户联防活动。据统计，省、市、县冬春防火期间，先后组织 1200 余人参加的 60 多个检查组，对各地森林防火工作进行督导检查。

2002 年，各地坚持把宣传教育作为搞好森林防火基础性工作来抓，利用科技下乡、举办宣传点、利用影视、广播、会议等多种形式进行森林防火宣传。印发森林防火宣传小册子 1000 余份，制作悬挂"为了山川秀美，重视森林防火"等大型标语开展集中宣传，收到良好效果。

2003 年，省防火办编写《森林防火标语集》，收录经典标语 300 多条，方便大家查阅使用。为了扩大影响面，增强宣传效果，省防火办在《陕西日报》上开辟专栏，制作森林防火专题节目，大力宣传森林防火。还印制 3 万份森林防火宣传画，发放到全省各地张贴宣传。

2004 年，省防火办积极协调省广电、省气象部门，从 1 月 8 日开始在陕西电视台 1 套陕西新闻后的黄金时段免费播发森林火险等级预报。

2005 年，各地通过多种形式和手段，开展防火宣传活动，增加了林区广大干部群众的法制观念和防火意识。3 月，省市县三级森林防火指挥部及省资源局先后派出 330 个检查组近千名人员，对全省 10 市、5 个厅直属单位和资源局系统森林防火工作进行检查。

2006 年，进入春季，省森林防火指挥部办公室及时与陕西省电视台联系，4 月在陕西电视台黄金时段插播森林防火公益广告。清明前夕，省森林防火指挥部副指挥、省林业厅张社年厅长就森林防火工作接受陕西电视台专题采访。省防火办利用陕西电视台"今日点击"栏目宣传森林火灾预防和扑救知识。《陕西日报》《西安晚报》《华商报》《三秦都市报》等新闻媒体加强了森林防火宣传报道，林区的广播电台、电视台、报纸、杂志也纷纷开辟森林防火专栏。11 月，按照省森林防火指挥部的统一安排部署，又在全省林区开展了声势浩大的森林防火宣传月活动，省防火办专门印制 5 万份森林防火宣传年画下发各地。

2007 年年初，省林业厅制定全省森林防火宣传实施方案，及时印制森林防火宣传年画 5 万份下发全省各地，并与省气象局、省电视台等联系，做好森林防火宣传。据统计，春防期间，在省级以上新闻媒体正面宣传报道森林防火工作经验做法 20 余次，特别是清明节期间，中央电视台"新闻联播"、"陕西新闻联播"、《陕西日报》、《陕西人民广播电台》、《华商报》、《三秦都市报》、《各界导报》等多家新闻媒体均播报或刊登全省森林防火的有关消息，形成了强大的森林防火宣传声势。

2008 年 3 月 28 日，省森林防火指挥部办公室在互联网上创建"陕西森林防火系统

QQ 群”，会员由省、市、县级单位森林防火信息员组成，旨在通过全省森林防火信息的交流和互动，及时传递省、市、县三级及省林业厅直属单位之间森林防火信息，总结交流森林防火工作先进经验。5 月 8 日，国家森林防火指挥部办公室在全国森林防火工作快讯中以“陕西省防火办创新工作形式 加强政务信息工作”为题，介绍了陕西省的经验做法。清明节期间，省森林防火指挥部、省林业厅、省民政厅联合下发了《关于在清明节期间组织开展“森林防火宣传周”活动的通知》，省森林防火指挥部、省林业厅还专门向全省发出“文明祭祀、平安清明”倡议书，省森林防火指挥部办公室与新华网陕西频道联合开办了网上祭祀平台，并在陕西电视台、《陕西日报》、《新华网》、《华商报》等主流媒体上开展森林防火宣传，倡导社会各界组织和广大人民群众自觉保护生态环境、移风易俗、文明祭祀、减少火险隐患。同时，省森林防火指挥部办公室与新华网“陕西频道”在互联网上联合推出“陕西森林防火专栏”，通过这一平台及时反映全省森林防火工作动态信息，推广基层好的经验和做法。对此，国家森林防火指挥部、国家林业局予以充分肯定，在全国森林防火工作电视电话会议上受到国家森林防火指挥部总指挥、国家林业局局长贾治邦的表扬。

2009 年 3 月 29 日，省林业厅、西安市林业局联合在西安钟楼邮电广场举行了宣传月活动启动仪式，省电视台、省广播电台、陕西日报等十余家省内主流媒体对活动进行了报道。全年在国家森林防火网上刊发防火信息 130 余篇；在中央政府网、新华网、《中国绿色时报》、《陕西日报》、《各界导报》等主流媒体上刊发有关森林防火信息 18 条；省防火办编印《森林防火条例》及吉祥物“虎威威”宣传材料 3 万册，及时下发各市、县及省森林防火指挥部成员单位。

2010 年，省林业厅与省广电局、省电视台联系，在黄金时段插播森林防火公益广告和游飞字幕。在国家森林防火网上刊发防火信息 92 篇，在中央政府网、新华网、陕西电视台、陕西人民广播电台、《中国绿色时报》、《陕西日报》、《各界导报》等 20 余家国内、省内知名新闻媒体上刊发动态信息 60 余条；在陕西电视台黄金时段插播森林防火公益广告和游飞字幕 2000 条(次)。

(二)野外用火管理

据统计资料，陕西森林火灾发生期集中在每年 10 月至翌年 5 月底，陕西省把这段时间定为全省森林防火期。林火发生的高峰期在 2~4 月，每年有 70%的森林火灾发生在这一时期，尤以春旱年份最多。

1990 年，森林防火指挥部发布通令，坚决杜绝烧荒复垦，坚决不准烧地边草，上坟祭祖不准烧纸，坚决杜绝一切性质野外用火，全力堵塞火险漏洞。

1996 年，省防火办围绕火源管理，针对各个时期的不同情况，先后下发了 8 个关于森林防火的通知和明传电报。西安、汉中、延安、商洛、铜川、宝鸡、安康的多数县(市)区发布了野外用火戒严令，商洛地区有 280 个林区乡(镇)实行了入山证制度，309 个乡(镇)实行了“用火证”审批制度。

1997 年，针对烧麦茬引发多起森林火灾的情况，省防火办下发通知，提出严禁在接近林缘的农田乱烧麦茬、麦秆的要求。

1999 年 3 月，省林业厅下发《关于认真贯彻省政府办公厅〈关于加强林区火源管理严防森林草原火灾的紧急通知〉的通知》，要求全面落实防火责任制，层层签订防火责任书，责任到人，工作到位。

2000 年 3 月 29 日，省政府办公厅发出《关于加强林区火源管理严防森林火灾的紧急通知》，强调把防火工作作为中心工作来抓。各地及时发布了戒严令和野外火源管理的通知，重点火险区实行封山戒严，重点林区设卡布防死看死守。

2002 年，重点林区县级人民政府发布森林防火戒严令，规定了戒严期和戒严区；重要通道增设护林防火检查站(哨)380 余处，实施依法检查。调配 23500 多名护林防火人员，深入林区巡回检查，及时消除火灾隐患，查处违章用火 1100 余起。

2003 年 9 月 26 日，省森林防火指挥部根据国务院颁布的《森林防火条例》和《陕西省实施〈森林防火条例〉办法》，制定《陕西省林区野外用火管理规定》，并发布实施。

2005 年，省林业厅先后派出 6 个检查组，检查各地贯彻国家和省有关一系列防火要求情况。商洛市林业局 11 月组织召开全市 7 县区林业局长参加的森林防火工作现场观摩会，以检查代会议，现场观摩 7 县区防火指挥中心建设、半专业森林消防队演练。

2008 年，全省各级森林防火组织严格执行“十不准，六不烧”规定(“十不准”：不准在山上烧蜂；不准赶山驱兽；不准在山上熏蛇鼠；不准在山上丢烟头火种；不准在山上烧没有审批的田埂草；不准在林内烧火取暖；不准在林内野炊；不准在山上烧烛、放鞭炮；不准小孩上山玩火；没有审批，不准在林内野外用火。“六不烧”：造林炼山不经过批准不烧；危险地段没有开好足够隔离带不烧；没有配好扑火工具不烧；没有足够人员看守不烧；三级风以上不烧；没有市级专业扑火队伍到现场指挥不烧)，严禁火种入山。

2009 年 2 月 15 日至 3 月 15 日，全省开展以查责任落实、漏洞消除、重点部位管控和特殊人员管控为主要内容“四查”活动。铜川市政府从 1 月 20 日至 4 月 30 日，全市实行森林防火戒严。延安市春节期间共划分重要区域 1324 处，设置临时宣传检查站 347 处，组织林业系统职工 6327 人和临时雇用 2565 人，坚守在这些重点地段和检查站。宝鸡市出动 506 人从大年三十开始深入到重点区域、人员密集区开展火源监控和排查，设卡 56 个，收缴火种 190 个，从源头上消除火灾隐患。

2010 年年初，省防火办组成 3 个检查组对陕北、关中、陕南森林防火责任制落实、宣传教育、隐患排查以及扑火物资准备情况进行了检查。2 月，省森林防火指挥部、省林业厅组成 9 个检查组，对全省森林防火工作进行了全面检查。清明节放假期间，省防火办又派出督导组，对重点地区督导检查。进入秋冬季森林防火期后，省林业厅专门组成 4 个检查组，对全省火险隐患排查情况进行全面督导检查。

(三)防火责任制

1991 年 5 月 18 日，陕西省实施《森林防火条例》第四条规定，“各地区(市)和森林防火重点县(区)都要划定林区界线、森林防火责任区和重点防火区，确定重点防火单位，建立防火责任制度，定期进行检查”。同年 12 月 10 日，陕西省森林防火指挥部办公室转发国家森林防火总指挥部办公室制定的《重点火险县级单位森林防火建设标准》，要求重点火险县级单位应当建立和完善县、乡人民政府森林防火行政领导负责制、部门和单位行政领导负责制，实行任期目标管理，做到每个地段、每片森林的防火责任落实到人。各地根据具体情况，采取了各种措施和办法完善责任制。

1996年5月17日，在陕西省灭荒表彰会上，省政府与10个地(市)签订了森林防火责任状，重点抓了森林防火行政首长负责制的贯彻落实工作。同年陕西省人民政府与十地(市)签订了森林防火责任状，各地(市)层层签订森林防火责任书，落实防火责任。

2000年12月2日，陕西省第九届人民代表大会常务委员会第十九次会议修订通过的《陕西省森林管理条例》，从法律层面对森林防火责任进行明确："各级人民政府应当加强森林防火工作，建立健全森林防火组织，落实防火责任单位。重点林区和林区县应当组织专业扑火队伍。每年10月1日至翌年5月31日为全省森林防火期，每年2月1日至4月30日为全省森林防火戒严期。森林防火期和防火戒严期内在林区依法实行用火管制。县级人民政府可以根据当地实际情况确定具体的森林防火期和森林戒严期，并予以公告"。

2001年以来，市、县、乡每年都要签订森林防火行政领导责任书，做到一级抓一级，一级促一级，一级对一级负责。同时按照森林防火行政领导负责制量化，从组织机构、防火责任、基础建设、防扑火经费、组织扑救等方面进行落实。

(四)防火设施建设

1990~2000年，森林防火设施建设主要依赖地方财政的投入，国家补助一定数额的防火设施建设经费。10年共投入护林防火资金7797.46万元，主要用于防火办建设、基层和防火第一线的通讯系统、瞭望设施、通讯工具、交通工具、林火机具等建设方面。

2000年以来，国家、地方财政在护林防火的投入力度均有所加大，特别是国家林业局实施项目工程建设以来，陕西省的森林防火设施建设和项目工程有了很大的改观，全省防火资金投入达981.50万元。

2001~2010年，国家专项补助和地方投入资金逐步提高，共投入资金27324.64万元，其中，国家专项补助资金11550.32万元、地方投入资金15774.32万元，特别是2005年以后，国家专项补助资金呈下降趋势，而地方投入首次超过国家补助资金；当年，还完成了省、市、县三级102个森林防火指挥中心建设工作，102套智能会议系统设备基本安装调试完毕，省指挥中心与10市、13个厅直属单位指挥中心实现视频连接，全省森林防火办公软件框架搭设完成。

2001~2010年，国家下达13个森林防火项目资金共10888万元(中央投资9299万元、地方投资1589万元)。2004年下达2个项目资金(中省延安黄桥森林重点火险区综合治理项目和陕西省铜川焦坪森林重点火险区综合治理项目)；2005年下达1个项目资金(陕西省黑河森林重点火险区综合治理项目)；2007年下达1个项目资金(陕西省商洛蟒岭森林重点火险区综合治理项目)；2008年下达1个项目资金(陕西省延安市森林重点火险区综合治理项目)；2009年下达项目资金5个(陕西省汉中市森林重点火险区综合治理项目、陕西省太白山风景林场森林防火体系建设项目、陕西省安康秦巴森林重点火险综合治理项目、陕西省三市五县森林重点火险综合治理项目、陕西省国家森林防火物资储备库建设项目)；2010年下达项目资金3个(陕西省秦西地区国家级森林防火物资储备库项目、陕西省宝鸡航空护林站建设项目、陕西省安康秦巴森林重点火险综合治理项目)。

(五)森林火灾预测预报

1. 森林火灾预案。1990年以来，森林消防逐步实施森林火灾预案制度，并逐步推广、完善。

2004 年 2 月 9 日，陕西省林业厅下发了《陕西省组建省林业厅扑救森林火灾应急工作组的通知》，组建省林业厅扑救重大森林火灾应急工作组。

2005 年 8 月 16 日，陕西省政府办公厅印发《陕西省处置重、特大森林火灾应急预案》。10 月 10 日，陕西省森林防火指挥部办公室编制《陕西省森林灭火应急演练方案》。提高扑救重、特大森林火灾的协同水平和实战能力。修正、完善《陕西省处置重、特大森林火灾应急预案》；建立健全森林防火的预警和应急机制，全面履行“森林防火工作实行各级人民政府行政领导负责制”。

2008 年 6 月 26 日，陕西省林业厅印发《陕西省森林火险预警响应状态规定》，森林火险预警响应机制是防控森林火灾的关键环节和主要措施之一，是在森林火灾潜伏期和森林火灾始发阶段及时予以重视和预防的具体行为规范。建立森林火险预警响应机制是国家森林防火指挥部综合考评升级森林防火年度工作的一项重要内容。全省统一将森林火险预警信号划分为三个等级，规定了森林火险等级及其特征对应的预警信号及摆置的信号旗，同时应启动的相应等级和工作状态：三级火险等级发布黄色预警信号，实施三级响应，要求加强火源管理；四级火险等级发布橙色预警信号，实施二级响应机制，应进入备战状态；五级火险等级发布红色预警信号，实施一级响应机制，进入高度戒备状态。

通过多年的实践，森林防火部门对发生森林火灾的扑救，由最初的无预案、临时应急组织发展到现在的有预案、有规范的组织扑火并根据当地实际情况，对各级森林火灾应急预案及时进行修订和完善，突出实用性、实效性、实际可操作性。

2. 火险预测预报。从 1995 年开始，陕西省气象服务中心开始以林区为单位发布森林火险预报，1997 年细化到黄龙、桥山、关山、秦岭和巴山五大林区，火险等级划为五级，通过对比分析，该方法设立的火险预报等级与实况等级相关性达到 80%以上，五级火险预报的火灾发生率高达 16%以上，比较客观反映林区火险状况。

1998 年 6 月 5 日，省气象局要求省遥感中心加强与森林防火部门联系，继续开展卫星遥感森林火灾监测。省气象服务中心开始向省防火办提供中长期气候趋势预测和短期天气预报；针对干旱、高温、高火险情况，及时分析天气并制作《全省干旱监测报告》《陕西省八大林区森林火险服务专题》预报等服务；森林防火期，每天制作陕西省八大林区气象森林火险等级预报，并通过广播、电视、天气预报语音自动答询系统以及三秦气象网站等进行广为传播。

2002 年 10 月 13 日，省森林指挥部办公室向省电视台发函请求免费插播森林火险等级气象预报，在陕西一套“全省天气预报”和陕西卫视“气象与旅游服务”栏目中播放 30 秒左右的陕西省森林火险等级气象预报，播放未来 1～2 天全省各大林区的降水、气温、湿度、风向、火险等级等。同年 10 月 14 日，省森林指挥部办公室向省广电局发函请求全省电台电视台免费插播森林防火节目，防火期各级电台、电视台每周至少免费插播一次森林防火节目，戒严期，每天在省电台、电视台天气预报节目中增播森林火险等级预报。

2004 年 6 月 30 日，省森林防火指挥部办公室向国家林业局森林防火办公室报送《森林火险等级预报模型》的函，根据国家统一要求，研究陕西省五级森林火险等级预报方法，建立五级火险等级预报模型，采用边研究，边使用，边改进，逐步完善的方法，后被省专业气象服务应用于“陕西省森林防火等级预报气象服务信息系统”，预报准确率逐步提高到90%以上，社会效应显著。

2007年，为积极应对全省干旱少雨，气温偏高、火险等级居高不下的复杂情况，省林业厅向省政府报送了《关于在省电视台播放森林火险等级预报的请示》。请求从2月1日至4月30日的森林防火戒严期内，在省电视台1套天气预报节目中播放森林火险等级预报，省气象局负责全省森林火险等级预报制作，省广电局负责提供20秒的电视播放时间。同时，建议将其作为一项制度，在每年2月1日至4月30日持续播放森林火险等级预报。

2008年，省防火办与省专业气象台合作开发“陕西省森林火险气象等级预测预报系统”，启用全省98个县级森林火险等级预报服务系统。规定双方每年在冬、春季高火险期共同召开森林火险情况通报会，及时通过媒体向广大市民宣传森林防火工作的重要性，提高群众的防火意识。

3. 森林火灾监测。1990年以来，与省农业遥感信息中心建立林火监测合作机制，每年进入防火期后，省农业遥感信息中心利用卫星遥感技术，对全省主要林区进行实时监测。

1998年6月5日，省气象局下发《全面做好当前防火气象服务和内部防火工作的通知》，要求省遥感中心加强与森林防火部门联系，继续开展卫星遥感森林火灾检测，努力提高晴雨、风力和气温等的预报准确率，继续开展森林火险等级预报，还要适时通过广播、电视中增加森林火险等级预报，提请公众注意防火。

2006年，陕西省林业厅给国家林业局报送《关于建设陕西省森林火险气象监测预警系统的请示》，标志着全省森林火灾监测预警系统开始真正意义上的大范围普及使用。

4. 火险形势会商。陕西省森林防火指挥部办公室加强与陕西省专业气象台的密切合作，进入防火期后，分析研判森林火险形势，就森林防火工作进行不定期会商，共同研究制定应对之策。

5. 预报科研。经过为期2年的科研，陕西省林业厅、陕西省气象台于1990年10月联合发布《陕西省森林火险等级预报工作报告》，该报告是陕西省第一次系统地阐述用气象因子找出火险关系的方法，建立回归预报方程。预报方法投入使用后，森林火灾次数、受害森林面积均比近30年平均值(火灾343起、受害面积3361公顷)有较大幅度下降。

1991年1月，“陕西省森林火险等级预报”科研成果得到鉴定并付诸实施，试运行成果显著。12月10日，陕西省森林防火指挥部办公室转发国家森林防火总指挥部办公室制定的《重点火险县级单位森林防火建设标准(试行)》，要求重点火险县级单位森林防火期内做到每天发布火险天气预报；防火戒严期或高火险季节发布高火险天气警报；三级以上火险天气要悬挂森林火险等级标志旗。

1994年8月，陕西省森林防火指挥部办公室参与的《陕西省年度自然灾害趋势预测及防灾对策》获得“中国科学技术学会第二届优秀建议奖二等奖”。

2004年8月10日，陕西省森林防火指挥部办公室向国家林业局森林防火办预警处报送了陕西省气候区划成果的函，为陕西省森林防火等级区划的调整提供了科学依据。

2008年，通过联合开展科研合作，启用全省分县级森林火险等级预报服务系统。

2009年4月17日，陕西省森林防火指挥部办公室和陕西省专业气象台共同完成的“陕西省森林火险气象等级预报系统”项目荣获陕西省科技进步奖。该系统是根据陕西省的实际情况而建立的预报模型，在建立模型时，采用了数值预报与各县实际预报结果相结合的方法，自动化水平较高，处于国内领先水平。

二、森林火灾的扑救

1990年以后，随着政府对森林防火基础设施投入的增加，森林火灾的扑救理念、组织、工具都得到了很大改观。防火有了预案，各地市、林区单位相继成立了专业扑火队、半专业扑火队，每年都进行演练。同时，扑火机具从以前的树枝、铁锨、弯刀等原始状态下逐步改善，三号工具、油锯、割灌机、灭火水枪、风力灭火机和灭火炮等普遍推广。

1991年5月18日，省政府颁布实施《森林防火条例》明确规定：保护森林资源是每个公民应尽的义务。在林区应当建立军民联防制度，组织有关单位和驻军积极参加预防和扑救森林火灾。凡接到扑救森林火灾命令的单位和个人必须迅速赶赴指定地点，投入扑救。残疾人员、老人、孕妇和儿童不参加扑救森林火灾。

森林防火是一个长期性的工作，必须坚持“以人为本、科学扑救”原则，必须坚持主要骨干人员不要随便更换，新上任的领导要及时熟悉防火预案，在指挥上要听取防火部门专干的意见建议，不能盲目瞎指挥，以防止造成不必要的损失，陕西省这方面的教训十分深刻。例如，2003年3月28日发生的佛坪县袁家庄镇塘湾村发生森林火灾，出现火情半小时后，中共佛坪县委、县政府迅速组织机关干部、武警、当地村民近200人，其中县委副书记、县长杜凤军等6位县级领导和51名县级中层领导干部兵分两路，奔赴火场，奋力扑救。由于风向突变，地形复杂，部分扑救人员未能及时撤离，陷身火海，造成10死7伤，给国家和人民生命财产造成无法弥补的损失。

第五章　森林公安

第一节　组建成立

一、组建队伍

陕西省林业公安处于1985年年底正式成立，纳入陕西省公安厅业务处室序列，列为十三处，事业编制。1993年，省林业厅、省公安厅、省编办经过考试，将全省490名以工代干民警转为国家正式干部，占林业公安民警的40%。1997年5月，省编办将省森林公安处由事业编制改为行政编制，列入机关行政序列，核定行政编制13名。2000年8月机构改革，撤销林业公安处，与省林业厅防火办公室合并，成立陕西省林业厅森林公安局(陕西省森林防火指挥部办公室)。2001年4月26日，陕西省林业厅《关于增加陕西省林业厅森林公安局(防火办)编制的紧急请示》，向省编办提请将编制增加到26人。2002年4月24日，陕西省林业厅森林公安局下发《关于规范我省各级森林公安机构名称的通知》文件，向各市林业公安科(处)局，省直各林业公安局、所发文。要求根据省编办《关于市、县林业公安机构更名的通知》精神，对各级林业公安机构名称做如下规范：全省各级林业公安机构统一改称为森林公安机构。10个市林业公安科(处)对外称××市森林公安局；44个重点林区县林业公安股(科)对外称××县公安局森林公安分局；89个县(区)的211个林业公安派出所改称森林公安派出所，加挂公安局森林公安警察大队牌子。

2002年9月30日，省编办同意将"陕西省林业厅森林公安局(陕西省森林防火指挥部办公室)"更名为"陕西省森林公安局"，其领导体制、隶属关系、机构规格不变；同意从省政府下达的全省企事业公安地方编制中给省森林公安局(防火办)调剂10名编制，增加1名处级领导职数。新增编制要接收5~7名预备公务员。

2008年3月，省编办核定全省森林公安机构政法专项编制1363名；同年4月，根据省编办《关于核定省级森林公安政法专项编制、规范省森林公安局及直属森林公安机构设置的通知》，核定省级森林公安政法专项编制220名，明确省森林公安局(省森林防火指挥部办公室)为省公安厅十三处，加挂省公安厅森林警察总队牌子，正处级建制；林业部门负责行政管理，公安部门负责业务管理；内设办公室、政工科、督察队、治安法制科、警务保障科、森林消防科、刑警队7个科(室、队)，编制36人。2009年4月，省委批准成立中国共产党陕西省森林公安局委员会、中国共产党陕西省森林公安局纪律检查委员会。2009年7月，陕西省政府核准省森林公安局机关政法专项编制36名，其中，局长、政委各1名(副厅级)，副局长2名(正处级)，省森林防火指挥部办公室专职副主任1名(正处级)，科级领导职数9名；将原直属的6个森林公安局(省宁东、宁西、龙草坪、长青、汉西、太白森林公安局)及3个直属派出所(楼观台林场、太白山、佛坪自然保护区管理局派出所)整合为第一分局、第二分局、第三分局3个森林公安分局，副处级建制；将原24个派出所整合为12个派出所，正科级建制。截至2010年年底，陕西省森林公安机关政法专项编制总数为1583人，机构总数为265个(11个局、56个分局、198个派出所)。

二、任务与职责

1986年3月召开了陕西省林业公安工作会议，首次明确林业公安机构的性质、任务和管理体制，并形成"纪要"。明确规定林业公安机关是公安机关的组成部分，是公安机关派驻林区保护森林资源安全，维护林区社会治安的武装性质的治安行政力量，原则上行使同级地方公安的职责和权限。

2003年，国家林业局、公安部关于加强森林公安队伍建设的意见进一步明确：森林公安是国家林业部门和公安机关的重要组成部分，是具有武装性质的兼有刑事执法和行政执法职能的专门保护森林及野生动植物资源、保护生态安全、维护林区社会治安秩序的重要力量。

根据《中华人民共和国森林法》第二十条规定，1998年6月，国家林业局发布《关于授权森林公安机关代行行政处罚权的决定》。依此，森林公安可以以其归属的林业主管部门的名义查处各类行政案件。

2001 年 4 月，国家林业局发布《关于森林公安机关查处林业行政案件有关问题的通知》，2001 年 8 月 29 日，陕西省林业厅、公安厅、陕西省人民检察院、陕西省高级人民法院联合发布《关于办理森林和陆生野生动物刑事、治安案件中有关问题的规定》，这些法律法规，进一步明确了森林公安的执法范围，即管理在其辖区范围内发生的林业刑事案件、林业治安案件、林业行政案件等 3 类案件。这些规定，构成了陕西省森林公安执行法律的依据。

林业厅“三定”方案规定，整合后的陕西省森林公安局(省森林防火指挥部办公室)的职能是：指导全省森林公安工作，管理森林公安队伍；指导、协调、督促、承担全省破坏森林资源案件的侦破、查处工作；全省森林公安机关的装备建设和警用器械的管理；指导林区社会治安治理工作；负责全省森林火情监测，发布森林火险预报和森林火灾信息，协调指导重特大森林火灾扑救工作；组织、指导、协调全省专业森林防火队伍的防扑火工作和森林防火设施建设；省森林防火指挥部的日常工作。

第二节　机构设置

一、省级机构

陕西省森林公安局(陕西省森林防火指挥部办公室)，列序省公安厅十三处，加挂“省公安厅森林警察总队”牌子，正处级建制。林业部门负责行政管理，公安部门负责业务管理。按照 2008 年 4 月 10 日，《陕西省机构编制委员会关于核定省级森林公安政法专项编制、规范省森林公安局及直属森林公安机构设置的通知》文件规定，将原直属的 6 个森林公安局整合为省森林公安局的 3 个下属森林公安分局，副处级建制；将原直属的 24 个森林公安派出所整合为 12 个，正科级建制。

2009 年 4 月 20 日，根据《中共陕西省委组织部关于成立中共陕西省森林公安局委员会的批复》文件，陕西省森林公安局成立中共陕西省森林公安局委员会，陕西省林业厅厅长张社年任党委书记，陕西省森林公安局局长马利民任党委副书记，组织关系隶属省委，省林业厅党组负责其党组织的日常管理。同时成立中共陕西省森林公安局纪律检查委员会，陕西省森林公安局政委王卫国兼任纪委书记。

(一)陕西省森林公安局第一分局

局址设在长安区(牛背梁保护区)，负责宁东、宁西局和牛背梁保护区、楼观台林场的森林公安业务。内设办公室、法制科、刑警队。下设宁东、牛保、两河、天华山、楼观台 5 个森林公安派出所，撤销原宁东森林公安局的火地塘、新矿、沙沟和原宁西森林公安局的余下、两河、菜子坪、蒲河及楼观台林场、牛背梁保护区等 9 个森林公安派出所。政法专项编制 69 名(分局机关 19 名，每个派出所 10 名)。分局领导职数 4 名，其中：局长、政委各 1 名，副局长 2 名，科级领导职数 19 名(含派出所科级领导职数 15 名)。

(二)陕西省森林公安局第二分局

局址设在眉县(太白山保护区)，负责太白局和太白山保护区的森林公安业务。内设办公室、法制科、刑警队。下设太保、黄柏塬、终南、鹦鸽4个森林公安派出所，撤销原太白森林公安局的白云、桃川、卧龙寺、黄柏塬、终南和太白山保护区鹦鸽、营头7个森林公安派出所。政法专项编制63名(分局机关19名，每个派出所11名)。分局领导职数4名，其中：局长、政委各1名，副局长2名，科级领导职数16名(含派出所科级领导职数12名)。

(三)陕西省森林公安局第三分局

局址设在洋县(长青保护区)，负责原汉西局、龙草坪局、长青保护区、佛坪保护区的森林公安业务。内设办公室、法制科、刑警队。下设汉西、长青保护区、佛坪保护区等3个森林公安派出所，撤销原汉西森林公安局的上南河、庙坪、新店子和龙草坪的龙草坪、佛坪保护区的保护区、岳坝以及长青森林公安局的华阳、茅坪8个森林公安派出所。政法专项编制52名(分局机关19名，每个派出所11名)。分局领导职数4名，其中：局长、政委各1名，副局长2名，科级领导职数13名(含派出所科级领导职数9名)。

二、各市、县(区)森林公安机构

2008年3月3日，《陕西省机构编制委员会办公室关于为市、县森林公安机构核定政法专项编制等事项的通知》，根据《国务院办公厅关于解决森林公安及林业检法编制和经费问题的通知》和中央编办《关于为森林公安和林业法检机构核定政法专项编制等通知》有关规定，以2003年年底各市实有编制数为基数，综合考虑保护森林资源工作的实际需要，按照从严控制、适当精减的原则，为市、县森林公安机构核定政法专项编制1363名。政法专项编制下达后，原森林公安使用的事业编制一律注销。市、县森林公安机构管理体制原则上维持现状不变，继续实行林业和公安部门双重领导，党政工作以林业主管部门管理为主，公安业务工作以公安部门管理为主。各地可根据实际，对同一林区设置的森林公安派出所进行整合，优化机构设置。市属林场、自然保护区、森林公园等设置的森林公安派出所可以由市森林公安机构管理。森林公安机构名称仍按陕编办发〔2002〕27号文件执行。政法专项编制核定后，森林公安现有在职人员中，符合公务员法、警察法规定条件的人员以及军队转业干部，可直接使用这次核定的政法专项编制，其他在职人员需经过省统一考试招录。

截至2010年，陕西省森林公安机关政法专项编制总数为1583个，机构总数为265个，其中市级局有正处级1个，副处级3个；县级分局有正科级41个，副科级9个；派出所有正科级36个，副科级84个。省局领导班子整体高配，其中局长、政委高配为副厅级，3名副局长高配为正处级。全省10个市级森林公安机关领导有6个进入林业局班子或实行高配，198个派出所所长有120个按副科级以上配备。

第三节 队伍建设

一、森林公安队伍建设

稳定和加强森林公安队伍建设，是各级森林公安机关的首要工作。1992年，林业公安处领导在抓队伍建设中，发现基层队伍中有部分人员不是干部身份，有些还担任着基层的主要领导。于是向省林业厅、省政府反映，受到省林业厅领导的重视和出面协调。1993年9月，省林业公安处根据省人事厅、省计划委员会、省公安厅、省人民检察院、省高级人民法院、省司法厅、省林业厅《关于考试考核录用以工代警人员为国家干部的通知》，一次性解决了全省林业公安中475名以工代警人员的转干问题，占全省林业公安干警总人数的41.3%。稳定了公安队伍。

2008年以来，在省森林公安局的努力下，在省林业厅党组的关怀下，全省森林公安局民警全部转制为国家公务员身份，彻底解决了森林公安的执法主体资格问题和广大森林民警的后顾之忧。

（一）从严治警

1994年，关于贯彻全国林业公安政工会议精神，抓好队伍建设，省林业厅、林业公安要求各地进一步加强政治理论学习，坚定政治方向；加强各级领导班子建设；继续贯彻“从严治警”的方针；头脑清醒、旗帜鲜明地投身反腐败斗争，保持为警清廉。

1998年，各级林业公安机关在纪律作风教育整顿中，举办政治、业务培训、作风纪律学习班193期(次)，1367名干警参加了学习。

1999年，省林业厅要求上半年按规定尽快配齐所缺干警；配齐配好林业公安局领导班子；开展一次以强化纪律为主的干警队伍教育整顿工作，以增强民警的宗旨观念和拒腐防变能力。

完善政治工作机制。增加教导员编制，成立党支部，加强公安队伍的组织建设，省森林公安局从2001年5月设立机关党支部，有党员20名，支部抓党员的日常管理，组织纪律教育，在全省森林公安机关安排部署了保持共产党员先进性教育活动。2003～2007年，公安局支部连续5年被评为省林业厅“先进党支部”，2003年被省直机关工委授予“先进基层党组织”光荣称号，2006年6月28日，被中共陕西省委授予全省先进基层党组织的光荣称号。2008年6月被省直机关工委评为省直机关“固本强基”标兵党支部。

（二）三项教育

2001年，全省森林公安“三项教育”中，省林业厅成立了全省“森林公安机关“三项教育领导小组”，林业厅党组书记、厅长权志长任组长，省公安厅党委委员、副厅长田维新、林业厅党组成员、纪检组长陈玉忠任副组长。“三项教育”活动中，共成立各级领导小组11个，有10个地市党政领导或公安部门的领导兼任领导小组副组长。成立各级指导组，省级1个，地级10个，共46人。“三项教育”期间，走访群众640人，召开座谈会79次，发放征求意见表1876份，收回1780份，征求意见721条，出简报86期，播放录像141场次。

（三）贯彻落实“五条禁令”

2003年1月23日至4月10日，省森林公安局根据国家林业局《关于认真贯彻公安部电视电话会议》要求，安排部署开展“五条禁令”的学习和贯彻执行工作。省森林公安局领导亲自带队赴基层单位进行督促检查，帮助基层解决实际问题。据统计，全省各级森林公安共成立贯彻“五条禁令”领导小组108个，抽调477名民警深入基层督促检查调研，协助基层解决存在问题200多件。

2003年2月18日，省森林公安局在全省森林公安民警中开展“贯彻十六大，全面建小康，森林公安怎么办”大讨论活动，要求推进大讨论活动，切实加强领导，狠抓落实，确保大讨论活动取得实效。各地通过办专栏、记笔记、写体会、统一组织考试等形式促进了大讨论工作。大讨论中，省森林公安局收集基层推荐的优秀文章40篇，对12篇优秀论文进行了通报表彰。

2003年3月5~6日，省森林公安局在西安召开了全省森林公安队伍建设会议，各市森林公安局和省直各分局、各森林派出所负责人参加了会议。会议传达了全国森林公安机关队伍建设会议精神；听取了各地贯彻“五条禁令”情况；部署了队伍建设和“五条禁令”的落实工作。

2003年9月12日，省森林公安局印发了《陕西省森林公安机关领导班子成员和科所队长端正执法思想培训和人民警察实战基础训练规划》，10月13~22日，在西安举办了80余人参加的县级森林公安机关领导班子成员端正执法思想培训班。

2003年10月8日，省森林公安局向基层单位印发了森林公安机关枪支管理“四不准”和森林公安民警枪支使用“九不准”规定。

(四)学习先进典型

1986年以来，陕西省森林公安因公牺牲民警共12名，最大年龄50岁，最小年龄31岁，他们在森林资源保护事业中贡献出了自己的宝贵生命，他们的精神永远激励着活着的人们。从2006年起，省森林公安局已向12位英烈家属发放抚恤金24.5万元。

(五)违法违纪案件的查处

陕西省森林公安组建以来共查处违法违纪民警31人，其中判刑6人，清理出森林公安队伍6人，这对森林公安队伍有着直接的警示作用。

(六)警衔警号管理

1. 警衔。全省林业公安民警报经国家林业部公安局批准，首次授衔686人，其中三级警监1人，一级警督16人，二级警督65人，三级警督153人，警司以下451人。1993年7月12日，林业公安首次授予警衔仪式在省林业厅隆重举行。林业厅厅长钟高适、公安厅厅长艾丕善、林业厅副厅长何发理、纪检组长康喜宏、公安厅政治部主任段学斌、省森工局党委书记王志全为60名林业公安干警代表授衔。省委常委、公安厅厅长艾丕善做了讲话。林业部公安局发来了贺电。

2. 警号。1996年12月，根据公安部关于公安机关民警统一佩戴警号的通知精神，林业公安民警的警衔警号由林业部公安局统一制作并发放。由政工部门审定编号，损坏后交旧领新。1998年，全省林业公安民警按照“原号不变，不交不换，编外不配，以旧换新”的原则更换警号。

(七)业务培训

1. 法律法规培训。业务建设是公安队伍建设的重要内容。省森林公安局每年通过举办短期法律法规培训班、股所长业务培训班，新警岗位培训班，以及省公安厅、国家林业局森林公安局举办的专业证书班、培训班，警衔晋级培训班、股所长培训班；各市森林公安局举办的业务培训班等，不断提高民警的业务素质。

2. 大练兵活动。2004年，根据公安部、国家林业局森林公安局《关于在公安机关开展大练兵活动的通知》精神，制定《陕西省森林公安机关大练兵活动实施方案》，大练兵活动分学习训练阶段、专业科目练兵、整章建制、检查验收、总结表彰三个阶段进行。

为全面检验和规范全省森林公安机关大练兵的成果，省森林公安局于 10 月 18~23 日，在西安举办了全省森林公安机关警务技能战术培训班。全省各市、县和省直单位的 117 名民警参加了此次培训。培训重点是战术技能基础的训练，聘请了西安市公安局特警支队民警担任体能训练教官，特别对 1000 米、100 米、俯卧撑等基础项目进行训练，使参训民警不仅在速度、力量、耐力等方面得到增强，民警吃苦耐劳的意志也得到了锻炼。各级森林公安共培训教官 193 人，各市、县森林公安局及省直各森林公安局共举办培训班 71 期，集中培训了 996 人。

2005 年 9 月 28 日上午，陕西省森林公安大比武决赛活动在西安举行。这次决赛全省共有 11 个代表队代表全省 19 个森林公安单位(省直 9 个单位出一个代表队)共 44 名队员进行了手枪射击，12 名队员进行了法律理论知识决赛。

比赛结束，举行了颁奖仪式，表彰了在这次大比武活动中表现突出的西安市森林公安局等 17 个先进单位和朱敬贤等 38 个先进个人。

3. 组织实施“三考”。根据国家林业局森林公安局关于《国家林业局森林公安局“三考”工作方案》和《2007 年全国森林公安机关基层执法质量服务队工作方案》的通知精神，陕西省森林公安局依据“三考”内容：基本法律知识考试、执法办案卷宗考评、信访工作考查，制定了《陕西省森林公安局“三考”工作方案》和《2007 年全省森林公安机关基层执法质量服务队工作方案》，通知全省执行。

“三考”工作历时 3 年完成。省森林公安局组成“三考”工作组和基层执法质量服务队两个工作组，分赴西安市和延安市开展工作。延安市森林公安局代表陕西省，参加国家林业局森林公安局组织的全国森林公安民警比赛考试。按照安排，省森林公安局于 8 月 15~16 日，在全省举行“三考”。从基层抽调 36 名法制工作骨干，每组 3 人，组成 12 工作组，分赴全省 12 个考点进行监考工作。15 日法律考试，16 日按照省森林公安局执法办案卷宗考评和信访工作考查卷宗抽取单位及数量表方式，采取从参考单位随机抽取执法办案卷宗和信访案件进行考评和考查。省森林公安局成立“三考”工作督导组赴各考点巡视督察。2007 年 10 月 19~24 日，国家林业局森林公安局“三考”工作小组赴延安组织延安市森林公安局民警进行了“三考”工作。由国家林业局森林公安局“三考”领导小组在延安市森林公安局所属的桥山、桥北、劳山、黄龙山、宜川森林公安分局的全体森林公安民警中，随机抽取 50 名民警参加法律知识考试。同时，现场指定考评桥北和桥山森林公安分局的案卷卷宗和信访案件。2008 年，省森林公安局制定了“三考”工作方案，规定省、市、县三级森林公安机关均为“三考”活动的备考单位。地方各级森林公安机关都要组织开展自学、自考、自评、自查活动。省局将从各市随机抽取 3~4 个县级森林公安机关参考。

2009 年 4 月中旬，省森林公安局、商洛市森林公安局、延安市森林公安局的 100 名民警和商洛市山阳县森林公安局、洛南县森林公安局、柞水县森林公安局、镇安县森林公安局参加了国家林业局森林公安局统一组织的全国森林公安机关“三考”基本法律知识考试与执法办案卷宗考评活动。经过国家林业局森林公安局派员进行严格考核考评，陕西省森林公安机关"三考"总成绩158.80分，基本法律知识考试成绩78.54分，执法办案卷宗考评成绩80.00分。

国家林业局森林公安局通报了2009年全国森林公安机关"三考"结果，陕西省"三考"总成绩、基本法律知识考试成绩和执法办案卷宗考评成绩分列全国第11名、第7名和第14名。

二、基础设施建设

森林公安从成立之日起，由于经费困难，基础设施建设基本上是空白，主要表现是没有专门办公地点。大部分单位租民房或者与相关单位合署办公；没有交通工具。没有办理案件的基础设施，如审讯室、临时羁押场所等。为了解决这些问题，省森林公安局采取向上级要一点、要求地方配套一点、省林业局拿一点的办法一点一点地解决。1990~2000年间，在各级林业主管部门的支持下，有40多个森林公安派出所建立了独立的办公用房。2000年以后，森林公安的基础建设逐步好转。

（一）开展森林公安派出所等级评定

2002年以来，全省以森林公安派出所等级评定为载体，按照《森林公安派出所等级评定办法》，省森林公安局要求各级森林公安机关根据上级规定，制定森林公安基层基础建设规划，从森林派出所的治安管理、安全防范、执法办案、服务群众、队伍建设、内务管理、警务保障等几个方面全面开展森林派出所等级评定。在等级评定工作中，全省有5个森林公安派出所被公安部命名为一级森林公安派出所，22个森林公安派出所被国家林业局森林公安局命名为二级派出所，陕西省森林公安局命名了51个三级派出所。

1. 理顺派出所管理体制。按照国家林业局、公安部的要求，减少派出所的管理层次，延安市森林公安局在改制过程中，将原来归各林业企业管理的劳山、桥山、黄龙山、桥北林业公安科收回，成立劳山、桥山、黄龙、桥北森林公安分局，正科级建制，直属市森林公安局管理。市森林公安局副处级建制，主要领导高配正处级。2008年政法专项编制过渡中，省森林公安局将原由省林业厅管理的宁东、宁西、太白、龙草坪、汉西5个企业林业局管理的森林公安局及楼观台林场、太白山、佛坪保护区管理的森林派出所的民警全部重新整合，组建了3个森林公安分局，下辖12个森林公安派出所，正科级建制，主要领导高配副处级。

2. 规范派出所基层基础业务建设。国家林业局森林公安局《森林公安派出所警务规范(试行)》《森林公安派出所基础业务台账(试行)》下发后，省森林公安局对全省派出所住房建设进行统一规范，统一要求；统一印制了森林公安派出所基础业务台账，发放基层使用。同时，在每年开展的执法质量考评活动中，检查和点评基础台账的使用中存在的问题，规范填写标准，促进基础业务建设。

3. 加强服务水平和强化内务管理。2000年推行警务公开和承诺服务以来，省森林公安局加强基层民警的执法为民教育，立功创模等活动，提高基层民警的服务意识。采用召开档案管理典型单位现场会的形式，促进派出所内务管理水平。省森林公安局先后在宝鸡市的太白县嘴头森林公安派出所和商洛市的洛南县召开了全省林业公安档案达标现场会。

（二）"三基"工程建设

基层基础建设是森林公安队伍建设的一个重要方面。争取基层基础建设的资金投入力度，推进森林公安机关基础设施建设。

2003 年年初，陕西省林业厅以《陕西省秦巴西部重点林区森林公安综合治理项目可行性研究报告》向国家林业局申请专项资金。2003 年 4 月 15 日，国家林业局下发《国家林业局关于陕西省秦巴西部重点火险区综合治理(公安部分)项目可行性研究报告的批复》批准该项目实施。文件规定的项目实施范围包括 4 个森林公安局，18 个分局，35 个基层派出所。

2003 年 9 月 19 日，国家林业局下发《国家林业局正式下达 2003 年重点火险区综合治理项目中央财政预算内专项资金投资计划的通知》项目投资资金 1046 万元，其中，国债投资 837 万元，要求地方配套 209 万元(地方配套资金未落实)。主要用于秦巴西部森林公安机构购置公安业务用车、通讯、刑事鉴定及防护器材等设备装备。项目由省森林公安局统一组织实施。

2006 年，公安部提出了加强公安队伍建设的“三基”工程建设，这是公安部党委为贯彻落实《中共中央关于进一步加强和改进公安工作的决定》和第二十次全国公安会议精神，全面推进公安工作和公安队伍建设而提出的一项重要举措。“三基”即“抓基层、打基础、苦练基本功”，其中“基层”是指公安机关基层所、队，“基础”是指为公安机关依法履行职责奠定根基、提供支撑、给予保障的工作，“基本功”是指民警履行职责所必需的基本知识、技能和体能。为了推进公安“三基”工程建设，公安部提出，从 2006~2008 年，“三基”工程建设要达到“一年打基础、两年上台阶、三年见成效”的工作总目标。2006 年 5 月，国家林业局印发了《全国森林公安机关加强基层基础工作方案(2006~2008 年)》，确立了“2006 起步年，2007 推进年，2008 提升年”的三步走战略目标，对全国森林公安“三基”工程建设进行了总体部署和具体要求。

2006 年 11 月，中共陕西省委办公厅、省人民政府办公厅印发了《关于加强和改进公安基层基础工作的意见》；2007 年 8 月 24 日，国家林业局下发了《关于进一步加强森林公安“三基”工程建设的通知》，9 月 3 日，国家林业局又专门召开了推进森林公安“三基”工程建设电视电话会议，贾治邦局长在会上就全面推进森林公安“三基”工程建设提出了具体要求。

按照国家部署和要求，陕西省森林公安局制定了具体的“三基”工程建设工作方案。省林业厅成立了“三基”工作领导小组，领导小组办公室设在省森林公安局。各市县林业主管部门和省直单位成立了 19 个相应机构。省林业厅制定了《陕西省森林公安机关加强基层基础工作方案》下发各地执行。

2006 年，省森林公安局根据国家林业局实施《陕西省中部森林公安重点治安区域设施设备建设项目》，为 76 个单位(8 个森林公安局、16 个分局、52 个派出所)配发计算机、一体机、扫描仪、照相摄像等设备器材共 400 多台(件)，设备总价值 197 万元；利用国家项目结余资金 193.6 万元，为 23 个基层单位各配发 1 辆桑塔纳警车，缓解了部分基层派出所无车办案的困难；组织完成了 2006 年度全省森林公安重点治安区设备购置项目建设，为全省 5 个市的 42 个森林公安派出所配备了 262 万元的警用设备。省森林公安局组织实施了国家林业局森林公安局安排的百所工程，为全省 5 个市的 100 个森林公安派出所配备了 611 万元警用设备。

2007~2010年间，为加强中西部派出所建设，国家林业局将陕西省198个派出所纳入中西部地区森林公安派出所建设中央预算内专项资金投资规划。2007~2010年，国家林业局下达给陕西省200个无房派出所(其中有合并的派出所)建设中央预算内投资计划资金，2007年下达16个派出所建设投资资金，规模5055平方米，305.6万元；2008年下达11个派出所投资资金，规模3855平方米，232万元；2009年下达11个派出所投资资金，规模3105平方米，187.9万元，2010年下达162个派出所投资资金，规模52065平方米，3143万元。以上合计中央投资共下达200个派出所，投资资金3858.5万元，规模64060平方米。2010年底通过省级财政配套资金20万元，市级财政配套资金为274.6万元，县级财政配套资金为1162.5万元，新建派出所42个。

2008年5月12日，四川省汶川大地震对汉中、宝鸡等地部分森林公安派出所办公用房造成了巨大损失。灾情过后，省林业厅将省森林公安局直属12个派出所列入灾后恢复重建项目，争取投资1200万元，自筹800余万元，建设面积1.2万多平方米。宝鸡市陈仓区3个森林公安派出所，争取灾后重建资金298万元，自筹134万元，建设面积2299平方米。

截至2010年年底，全省各级森林公安机关达到国家规定建设用房标准的有85个派出所。省市县三级森林公安机关通过中央投资、省市县配套及自筹建设资金4685万元，共建设派出所办公用房面积34588平方米。同时配套完善了基层民警的值勤住宿、待警、生活、体能训练、学习以及嫌疑人的讯问、临时羁押等设施。

第四节　案件查处与专项行动

一、查处各类森林案件情况

据省森林公安局统计，1990~2010年，全省林业公安机关共办理各类林业案件83689件。其中森林刑事案件2655件；治安案件5752件，林业行政案件75282件；挽回经济损失13796.1万元，收缴木材101864.6立方米，查获并收缴野生动物及其制品58557头(只)(表2-5-2、表2-5-3)。

1990~2010年陕西省森林公安机关年办理森林案件统计表

表2-5-2　　单位：起

年份	刑事案件		治安案件		林政案件		合计	
	立案	破案	立案	查处	立案	处理	受理数	破案数
1990	186	174	769	751	2749	2692	3704	3617
1991	148	136	461	448	2345	2276	2954	2860
1992	121	102	419	400	2454	2362	2994	2864
1993	122	113	391	380	3546	3483	4059	3976
1994	121	109	371	371	3246	3242	3738	3722
1995	108	100	230	222	2648	2625	2986	2947

续表

年份	刑事案件		治安案件		林政案件		合计	
	立案	破案	立案	查处	立案	处理	受理数	破案数
1996	148	143	302	302	4040	3997	4490	4442
1997	48	41	241	238	4247	4245	4536	4524
1998	46	37	144	141	3967	3937	4157	4115
1999	64	63	126	97	3020	2985	3210	3145
2000	103	99	200	199	4008	3969	4311	4267
2001	311	309	367	365	4614	4599	5292	5273
2002	290	282	371	371	3849	3827	4510	4480
2003	209	207	1476	1467	4286	4201	5971	5875
2004	108	107			3534	3668	3642	3775
2005	94	91			4677	4597	4771	4688
2006	107	96			4568	4473	4675	4569
2007	116	104			3996	3912	4112	4016
2008	114	97			3129	3121	3243	3218
2009	116	111			3201	3173	3317	3284
2010	147	134			3939	3898	4086	4032
合计	2827	2655	5868	5752	76063	75282	84758	83689

1990~2010 年陕西省森林公安机关年处理人数、收缴财物统计表

表 2-5-3　　单位：人、只(张)、万元

年份	处理人数	收缴木材数	收缴动物	挽回损失
1990	6847	3789	1256	145. 2
1991	4951	2779	1189	152. 5
1992	5445	4216	1389	210
1993	5992	3711	890	255. 7
1994	5810	3724	720	314
1995	3953	5230	1266	289. 2
1996	6215	3816	1788	356
1997	7063	6706	2016	575
1998	4883	6907	739	520. 6
1999	3900	6117	254	459. 1
2000	5360	8888	4393	635. 3

续表

年份	处理人数	收缴木材数	收缴动物	挽回损失
2001	6122	13553	13082	818.1
2002	5994	8363	3354	640.7
2003	6473	365.1	17148	992.2
2004	3668	2681.1	785	329.1
2005	5466	3066.8	470	470.6
2006	5327	2862.9	609	569.9
2007	4630	4811.8	120	484.5
2008	3901	3014.2	6072	790
2009	4005	3334.3	228	607.8
2010	4861	3929.4	789	1180.6
合计	110866	101864.6	58557	13796.1

二、查处特大森林刑事案件

1989年9月，佛坪保护区林业派出所破获了一起猎杀倒卖大熊猫、金丝猴皮张的特大案件，抓捕人犯10人，逮捕9人。收缴大熊猫皮1张，金丝猴皮3张，黑熊胆2个；犯罪工具猎枪4支，雷管57个，步枪子弹17发；追缴赃款8000余元。1990年元月，破获了狮子坝喻明李等在马家沟猎杀、倒卖大熊猫皮张案件，逮捕判刑7人，其中喻明李被判处死缓。

1990年4月，洋县森林公安查处了吴本银、李纯林猎杀大熊猫案(1只)，吴本银被判处死刑缓期执行，李纯林有期徒刑15年。1990年9月，查处了皮培海猎杀朱鹮(2只)，项佰凯猎杀朱鹮(1只)的特大案件，皮被依法判处有期徒刑5年、项被依法判处有期徒刑4年。1994年4月，查处了胡新胜、张维钦等11人，非法猎杀大熊猫3只，羚牛14头，非法倒卖大熊猫皮2张。胡新胜被判处死刑，经最高人民法院核准并执行死刑。这是陕西省查处的野生动物案件中唯一被执行死刑的被告人；同案犯张维钦等人分别判处有期徒刑8~16年。1995年12月查处了何正强、王芝侠等16人杀人、猎杀大熊猫1只并出售大熊猫皮案件，何正强被判处死刑，缓期二年执行，剥夺政治权利终身，王芝侠等人分别以犯包庇罪、投机倒把罪、窝赃罪，被判处有期徒刑2~15年，剥夺政治权利1~3年。略阳县森林公安查处了王世成、孙治荣、刘长清非法收购珍贵、濒危野生动物制品案件，王世成、孙治荣、刘长清等被判处有期徒刑10~11年，剥夺政治权利1年，并处罚金2000元。城固县森林公安机关查处了城固县小河林场原场长白延云滥伐林木989.34立方米、折合立木蓄积量1968.68立方米案件，白被判处有期徒刑3年6个月。1997年9月，洋县坪堵乡天星村村民夏时华与镇巴县庙镇田坎村村民汪明德商议共同伐树点种香菇，9月18日，2人在未取得林木采伐证的情况下，汪德明找到民工6人，夏时华带民工到坪堵乡天星村大湾钱长明的私人山坡，给民工指定了砍伐范围和规格，共盗伐青冈树1129根，折合立木蓄积量715.97立方米。此案经洋县汉王山林业派出所侦查终结，1998 年 6 月 30 日依法将夏、汪 2 人刑事拘留，7 月 6 日经洋县人民检察院批准将 2 人逮捕。后经洋县人民法院审判，夏时华被判处有期徒刑 10 年，并处罚金 2000 元；汪德明被判处有期徒刑 8 年，并处罚金 1000 元。

1994 年 7 月至 1997 年 1 月 20 日，商洛市柞水县时任两河乡党委书记克某，副乡长骆某某分别以乡政府名义与某化工厂达成协议，承包采伐集体山林烧炭，致使化工厂无证采伐林木 6280 立方米。克被柞水县人民法院以玩忽职守罪被判缓刑 1 年，骆被判处缓刑 6 个月。

1995 年 4 月，西安市林业公安处和周至县林业公安科顶着压力，在省林业公安处的指导协调下，历经 8 个月侦查，查处了周至县厚畛子林场滥伐林木 2062 立方米的特大毁林案，全案逮捕嫌疑人 16 人，行政拘留 3 人。

2000 年以来，省森林公安局带领广大民警，坚持重拳出击，破获了一批在全国有影响的特大跨省特大案件。

“11 · 28”特大非法收购、运输、出售珍贵、濒危野生动物案。2002 年 11 月 26 日，犯罪嫌疑人田立超在四川省西昌市非法收购 2 只猕猴，乘 K118 次列车返回安徽利辛县，11 月 28 日途经西安时在列车上被乘警查获移交陕西省森林公安局。陕西省森林公安局当日立案，并以涉嫌非法收购、运输珍贵、濒危野生动物罪将犯罪嫌疑人田立超刑事拘留。通过对该田的突审，发现安徽省利辛县大李集镇猕猴驯养繁殖场苏贺法、苏洪标有重大嫌疑。同年 12 月 2 日，陕西省森林公安局派侦查员前往安徽省利辛县对该驯养场展开调查，获取了犯罪嫌疑人苏洪标、苏贺法伙同马怀山、许士奎、李新锋、毕涛等人自 2000 年以来，向北京、上海、江苏、广东等地的一些猕猴养殖场和军事、科研单位非法运输、出售猕猴，从中牟取暴利的大量犯罪证据。2002 年 12 月 24 日、2003 年 1 月 14 日陕西省森林公安局在当地公安机关的大力协助下在利辛县分别将犯罪嫌疑人苏贺法、苏洪标抓获归案。鉴于案情重大，陕西省森林公安局将案情向国家林业局森林公安局作了专题汇报。2003 年 1 月 21 日，国家林业局森林公安局以便函方式指定此案由陕西省森林公安局管辖并立案侦查。经查这是一起以安徽省利辛县苏洪标、王玉见两个犯罪团伙为中心，辐射北京、上海、江苏、广东等 7 个省份数十个单位，涉案猕猴数千只，涉案金额 1000 万元的特大非法收购、运输、出售珍贵、濒危野生动物案件。6 月 19 日，马利民局长一行赴北京将案情向国家林业局森林公安局进行详细汇报，国家林业局森林公安局领导听取汇报后对案件高度重视，并将案情分别向公安部、国家林业局领导作了汇报，此案引起中央领导同志重视，公安部副部长白景富、罗锋，国家林业局局长周生贤等领导同志相继做出重要批示，要求加强指挥，精心组织，做好协调，迅速破案。同时，公安部领导要求五局指导、协调有关地方公安机关全力配合森林公安机关行动。根据中央领导同志的批示，国家林业局森林公安局协调最高人民检察院侦查监督厅、公安部五局，对案件进行了认真研究，并制定了专案侦查工作方案，将苏洪标、王玉见两个犯罪团伙和北京协尔公司确定为专案侦查重点，同时成立了专案领导小组，由国家林业局森林公安局局长杜永胜担任组长，由公安部五局副局长傅政华、最高人民检察院侦查监督厅副厅长白泉民、国家林业局森林公安局巡视员曹真、副局长张萍、陕西省公安厅副厅长李乐天、省人民检察院副检察长冯吴平担任副组长，成员由国家林业局森林公安局森保处、陕西、吉林、广东、云南等省森林公安局领导担任。并从陕西、云南、广东、黑龙江、吉林5省抽调民警40名，组成专案组，由陕西省森林公安局马利民局长担任组长。7月8日，杜永胜局长亲自在西安主持召开了有最高人民检察院侦查监督厅，公安部五局，陕西省人民检察院、公安厅、林业厅、西安市人民检察院等部门领导和所有办案人员参加的“11·28”专案协调会暨战前动员会，传达了中央有关领导同志的重要批示，通报了基本案情和侦查方案，对专案侦查工作进行了全面安排部署和动员。

“11·28”专案涉案猕猴数量共计3719只，涉案野生动物价值1552万余元(根据野生动物价值标准核定)，专案从立案至侦查终结移送起诉历时1年多，先后有40余名民警参战。专案组民警奔波全国9省份，行程数10万千米，共抓获犯罪嫌疑人20名，其中移送检察机关审查起诉10名，取保候审10名，移送起诉涉嫌犯罪单位4个(北京协尔公司、北京协同公司、上海医药工业研究院、苏州西山中科实验动物有限公司)，向军队保卫部门移送涉案军事单位4个，涉案人员7名。扣押活体猕猴991只(其中：协尔公司300只，协同公司643只，王玉见43只，马怀山3只，田立超2只)，追缴违法所得1937167.50元(上海医工院908525元，苏州西山公司693050元，北京昭衍新药研究评价中心203500元，北京生物制品研究所91850元，王楠田10万元，时敏3000元，王玉见5555元，贾文飞1677元，苏洪强3万元)，冻结赃款170191.56元，为国家挽回直接经济损失620余万元。

2004年7月26~28日，西安市中级人民法院对协尔公司和贾锐胜、苏洪标、王玉见等10名被告人非法收购、运输、出售珍贵、濒危野生动物案件进行了公开审理，8月13日，西安市中级人民法院对上述被告单位及被告人进行了公开宣判。贾锐胜、苏洪标、王玉见等10人分别以犯非法收购、运输、出售珍贵、濒危野生动物罪被判处3~14年不等有期徒刑，并处6000元至20万不等的罚金。新华社、中央电视台、中央人民广播电台、陕西电视台、高检影视中心和《陕西日报》、《华商报》、《西安晚报》、陕西人民广播电台等新闻媒体近30名记者参加了庭审和宣判，并以不同形式对案件进行了报道，8月24日，中央电视台“法治在线”还以“惊天猕猴案”为题进行了专题报道。“3·23”特大非法收购、运输、出售珍贵、濒危野生动物案件。2006年3月22日晚23时许，咸阳市公安局秦都分局在咸阳市渭河三号桥收费站例行检查时，发现“甘M-12873”桑塔纳轿车上装运有63只猫头鹰、鹰等国家重点保护野生动物，遂当场控制了同车的货主赵德银和司机李虎林，并带回审查。据赵供述这些野生动物是他当天下午在甘肃省泾川县收购，雇用李虎林驾驶的“甘M-12873”桑塔纳轿车，准备运送到河南南阳出售牟利。3月23日，秦都公安分局将犯罪嫌疑人赵德银、李虎林刑事拘留，将案情通报陕西省森林公安局，省森林公安局局长马利民即带领干警王毅、田晓瑜等赶赴咸阳听取案情通报，并聘请陕西省野生动物保护管理站工程师对查获的野生动物品种进行鉴定。经鉴定：所缴获的动物有国家Ⅱ级重点保护野生动物长耳鸮36只、普通鵟15只、毛脚鵟11只、猎隼1只。秦都公安分局根据案件管辖，当天将案件移送陕西省森林公安局。省森林公安局连夜召开会议，决定成立“3·23”专案组 。专案组从3月24日开始，先后向宁夏回族自治区固原市、西吉县，甘肃省平凉市、泾川县，陕西省宝鸡市，河南省南阳市派出4个专案行动组抓捕涉案的犯罪嫌疑人并调查取证。省公安厅副厅长雷鸣放专门听取专案侦查情况汇报。省林业厅厅长张社年对专案侦破作了重要指示。3 月 27 日下午，省公安厅法制处处长周俊锋受副厅长雷鸣放委托，在咸阳市主持召开了由森林公安和咸阳市、区两级公、检、法机关有关负责人参加的“3 · 23”专案协调会，成立“3 · 23”专案协调领导小组，并就犯罪嫌疑人羁押、审查批捕、移送起诉等问题达成了一致意见。3 月 28 日，国家林业局森林公安局刑侦处就此案发来督办函。“3 · 23”专案涉案国家Ⅱ级重点保护野生动物长耳鸮(俗称猫头鹰)、普通鵟、毛脚鵟、猎隼(均俗称花鹰)等共计 933 只，涉案野生动物价值约 201 万元(根据野生动物价值标准核定)，专案从立案至侦查终结历时 3 个月，先后有 40 余名民警参战。侦查过程中，专案组民警奔波宁夏、甘肃、河南、陕西等 4 个省份，行程 10 多万千米，共抓获犯罪嫌疑人 13 名，其中移送检察机关审查起诉 12 名，取保候审 1 名。依法扣押猫头鹰、花鹰 63 只，扣押运输车辆桑塔纳、夏利、奇瑞 QQ 轿车各 1 辆，手机 10 部，追缴违法所得 27739. 10 元，冻结违法所得款 68661. 43 元。另外，向宁夏、甘肃、河南、青海、湖北和广东等省份移送案件涉案人员 17 名和大量的案件线索、信息。

2007 年 2 月 7 日，咸阳市秦都区法院以非法收购、出售、运输国家珍贵、濒危野生动物罪分别判处马维虎、赵德银等 9 名主犯 10~14 年有期徒刑；李虎林等 4 名犯罪嫌疑人分别判处 5~7 年有期徒刑。13 人分别被处罚金 1 万~10 万元。

2001 年 8 月，丹凤县森林公安机关查处丹凤县涌峪乡人民政府滥伐林木 2759. 5 立方米案件、丹凤县花瓶子乡滥伐林木 11216 立方米案件，涌峪乡乡长姚某、乡党委书记刘某，花瓶子乡乡长陈某、该乡林特站主持工作的副站长刘某均被判处有期徒刑。2001 年 6 月，佛坪自然保护区管理局派出所破获了“千斤砸”大案，宁陕人贺泽贵、贺泽福在保护区境内设置“千斤砸”致使大熊猫调查队员一死一伤。汉中市中级人民法院以危害公共安全罪，对 2 人分别被判处死缓和无期徒刑。2004 年 6 月，岳坝村民张黑蛋伙同王召全、邹正财在保护区内下套，套死国家Ⅰ级保护野生动物林麝 7 只，张被判处有期徒刑 12 年，处罚金 2000 元；王被判处有期徒刑 11 年半，并处罚金 2000 元。

宜川县寿峰跑犬村周围有一块近 2000 公顷的天然次生侧柏林，长期以来遭到隔河相望的山西省吉县柏山寺乡部分村民的大肆盗伐。当地林业公安部门曾多次打击未能根除隐患。一直持续了 10 多年，成为当地森林管护工作的顽症。2001 年，宜川县森林公安局在获取大量证据和线索之后，于 2002 年 1 月 20 日组织 20 余名民警，连夜赴山西吉县实施抓捕行动。这次行动，抓获犯罪嫌疑人 8 名，收缴盗伐的柏木 82 根。针对大多数嫌疑人在逃的情况，在山西吉县颁发敦促嫌疑人投案自首通告。在限定的时间内，有 60 多人投案自首。该案共处理涉案人员 90 余名，其中，4 人被依法逮捕判刑，7 人被治安拘留，80 余人受到林业行政处罚。彻底打掉了这个长期跨省作案的盗伐团伙，使宜川跑犬村林区从此得以安宁。

2003 年 10 月 3 日，洛川县林业警察大队查处了洛川“10 · 2”非法猎捕、收购、运输珍贵野生动物特大案件，共抓获猎捕、收购、运输猫头鹰的犯罪嫌疑人 15 名。主犯雷昌文、冯孝全等均被判处 10 年以上有期徒刑。

2007 年 12 月 3 日，西安市长安区人郎印马携带捕鸟网、铁叉子等物，乘车潜入柞水县乾佑镇车家河村三组租住。后在车家河村、塔尔坪村的山沟内撒网捕捉画眉鸟 12

只，购买另一捕鸟人画眉鸟 24 只。共 36 只。于 12 月 7 日欲运输到西安出售牟利，途中被查获。此案经柞水县森林公安机关办理，当天将郎印马刑事拘留，12 月 13 日被取保候审。2008 年 6 月 30 日，柞水县法院审理认为，被告人郎印马违法国家有关野生动物保护法规，猎捕、收购野生动物画眉鸟，根据《濒危野生动植物种国际贸易公约》附录规定，画眉鸟属濒危野生动物，属刑法第 341 条第一款规定的“珍贵、濒危野生动物”。判处郎印马拘役 6 个月，缓刑 1 年，并处罚金 1 万元。

2009 年 7 月 12 日，省森林公安局接到举报，称有人在网上发布公告公开叫卖倭蜂猴。省森林公安局迅速调动第一分局警力并协调省野生动物管理站及时出动，当场抓获犯罪嫌疑人张洁。经省野生动物管理站鉴定，查获的动物中文名称倭蜂猴，据犯罪嫌疑人张洁交代，办案民警连夜布控，7 月 13 日凌晨将其上线郝子龙抓获。11 月 3 日，西安市长安区人民法院以犯非法收购、出售珍贵、濒危野生动物罪，依法判处张洁、郝子龙有期徒刑 1 年缓刑 2 年；并处罚金 5000 元。陕西电视台、新华网、中新网、中国网、华商网等新闻媒体对此做了宣传报道。

2010 年 10 月 29 日，犯罪嫌疑人辛学超、刘付君两人在宜川县薛家坪贺家沟内下套子猎杀野生动物 20 只。经省动物研究所鉴定证实：查获的动物尸体中有 10 只属国家Ⅰ级保护动物林麝。宜川县人民法院以犯非法猎捕、杀害珍贵、濒危野生动物罪，依法判处刘付君有期徒刑 12 年，并处罚金 5000 元；辛学超有期徒刑 10 年，并处罚金 5000 元。

陕西省森林公安机关 1990~2010 年办理特大刑事案件立案 75 起，破案 74 起，破案率 98.70%。

三、专项行动

为了稳定林区治安秩序，从 1990 年以来，陕西省森林公安机关根据林区的治安情况，适时开展各种形式的专项打击行动。

1. 1990 年 3~6 月，在全省开展了打击盗伐林木和木材流通领域违法犯罪活动专项斗争。在专项斗争中共查处森林案件 3160 起，其中刑事案件 190 起，治安案件 581 起，林业行政处罚案件 2389 起。收缴木材 4411.4 立方米，收缴罚款 130 多万元，收缴赔偿损失款 11.34 万元。处理各种违法犯罪人员 6609 人。清理整顿木材经营、加工点 1606 个，其中取缔 396 个，限期整顿 166 个。

2. 1991 年 1 月，按照全国统一部署，陕西在全省林区开展“打击盗窃，抢劫、盗窃木材的团伙犯罪分子，伤害护林人员的犯罪分子，非法捕杀国家重点保护的野生动物的犯罪分子”专项行动。

3. 1993 年 3~5 月，在全省范围内开展打击哄抢、盗窃林木，非法运输木材，猎杀野生动物违法犯罪活动的专项斗争。

4. 1994 年 10~12 月，在全省范围内展开严厉打击破坏森林资源违法犯罪活动的“严打”斗争，以“抓大案、破积案、打流窜、追逃犯”为重点，截至 12 月底，全省共破获查结各类森林案件 1498 起，其中刑事案件 56 起，治安案件 93 起，林政案件 1349 起。逮捕 43 人，收审 74 人。治安处罚 115 人，林政处罚 2847 人，罚款 78.75 万元，赔偿损失 35.45 万元，收缴木材 2335 立方米，收缴野生动物 181 头(只)，为国家挽回经济损失 169 万元。

5. 1995 年 3~5 月，在全省林区开展“春季严打攻势”；1995 年 11 月到 1996 年 3 月，在全省林区开展冬季严打会战。

6. 1996 年 4~7 月，按照中央关于开展严打斗争的指示精神，全省森林公安结合本地区实际情况，开展了严厉打击破坏森林和野生动物资源、危害林区社会治安违法犯罪活动的统一行动。全省打掉犯罪团伙 18 个，抓获在逃犯罪嫌疑人 20 人。1996 年 12 月至 1997 年 2 月底，在全省开展了林区“冬季严打”专项行动。截至 1997 年 2 月 25 日，破获破坏森林和野生动物资源的刑事案件 24 起，抓获各类犯罪嫌疑人 29 人；收缴各种枪支 488 支，为国家挽回经济损失 263706 元。1997 年 4~6 月底在全省林区继续开展“严打整治行动”。

7. 1998 年 11 月 11 日至 1999 年 2 月 10 日，省“三厅两院”联合下发通知，在全省范围内组织开展严厉打击破坏森林资源违法犯罪活动的专项斗争。全省林业公安机关破获刑事案件 39 起，查处治安案件 82 起，查处林政案件 1845 起，打击处理各类犯罪分子和违法人员 1547 人。收缴木材 7314 立方米，野生动物 428 头(只)，收缴非军用枪支 3 支，收回林地 1880 亩。

8. 2000 年以来，全省森林公安机关密集安排严打专项行动，保护森林资源安全。2000 年 11 月，省森林公安局按照国家林业局的统一部署，在省内大中城市组织开展了为期一周的“猎鹰行动”。全省各级森林公安共计出动警力 3026 人次，清理宾馆、饭店、酒楼等重点场所 1504 处，查处各类案件 234 起，其中刑事案件 7 起，治安案件 50 起，行政案件 157 起；行政罚款 15. 8 万元，收缴野生动物活体 11406 只(头)，其中国家重点保护动物 165 头(只)，动物皮张 165 张，熊掌 34 个，梅花鹿制品、羚羊制品等共计 130 盒(个)，收缴猎枪 22 支，猎具 380 件。这次专项行动声势大，社会影响大，群众反响大，受到社会各界普遍好评。

9. 为了保障天保工程顺利实施，保护天然林资源安全，国家林业局森林公安局发出《关于在天然林保护工程区内组织开展严厉打击破坏森林资源违法犯罪活动专项斗争的通知》，简称“天保行动”。省森林公安局制定了“天保行动”的实施方案。全省森林公安机关在“天保行动”中查处各类破坏森林资源案件 468 起，其中森林刑事案件 53 起(重大案件 36 起，特大案件 3 起)。查处的各类森林案件中，盗伐林木案 60 起，滥伐林木案 104 起，非法收购木材 39 起，非法运输木材 46 起，清理整顿非法木材市场、加工点 63 个，野生动物案 15 起，收缴非法收购、运输野生动物 25 吨，收缴野生动物 27 头(只)，其中Ⅰ、Ⅱ级保护动物 15 头(只)，收缴木炭 203 吨，拴皮 91 吨，捣毁非法炭窑 115 孔。

10. 2002 年 3 月 1 日至 4 月 25 日，在全省范围内组织开展严厉打击破坏森林和野生动植物资源违法犯罪的“破案攻坚战”。

11. 2003 年以来，开展了 3 次专项行动。第一次，2003 年 4 月 10 日零时至 4 月 19 日，省森林公安局按照国家林业局森林公安局统一部署，组织开展了“春雷行动”。这次行动的重点，是打击非法经营野生动物场所、单位。第二次，从 2003 年 5 月 1 日开始，省林业厅、省公安厅在全省范围内组织开展了为期 50 天的专项治理行动，代号“护绿行动”。第三次，同年 11 月 1 日至 12 月 31 日，全省组织了打击破坏森林资源违法犯罪专项行动，代号“绿剑行动”。

12. 2004年，为了保护候鸟，打击破坏鸟类资源违法犯罪活动，全省森林公安按照省林业厅、公安厅的统一部署和制定的行动方案，从3月21日零时开始在全省范围内开展了一次为期10天的以严厉打击破坏野生鸟类资源等违法犯罪活动为重点的"候鸟二号行动"。这次行动打击的重点是非法狩猎野生鸟类栖息地、迁徙停歇地、迁徙通道；非法运输野生鸟类及其制品的车辆、车站、机场等流通渠道；非法收购、出售野生鸟类及其制品的市场、窝点。截至3月31日零时，全省共出动警力4553人(次)，检查鸟类活动区域501处，清理宾馆、饭店1281家，清理市场、窝点176个；查获白天鹅活体8只，红嘴相思乌100余只，收缴画眉、斑鸠、虎头鸟等野生动物419只；野生动物制品数十千克；查处刑事案件2起，正式逮捕2人，刑事拘留1人；查处林政案件24起，处罚26人，林政罚款13608.0元；治安处罚2人，罚款200元；收缴猎枪6支，狩猎工具20件。2004年6月6日至8月8日，省局在全省天保工程区内开展了打击破坏森林资源违法犯罪的专项行动，代号"天保二号行动"。

13. 2006年11月1日到12月30日，省林业厅、省公安厅联手开展了打击破坏森林资源的专项行动，代号"绿盾行动"。5月10日至6月30日，在全省范围内组织开展了以"打团伙、挖窝点、破大案"为重点的破案攻坚战。

14. 2007年4月20日至5月30日，在全省范围组织开展了一次区域性严打专项行动。5月21日至9月17日，又组织开展了林业执法和治理整顿专项行动，代号"绿盾二号行动"。清查自然保护区56个，清查森林公园105个，清查国有林场171个，清查木材加工经营场所1029处，清查林地征占用项目2407个，排查案件线索702条，立刑事案件61起，破刑事案件49起，查处林政案件1274起。

14. 2008年3月20日至5月31日，在全省范围内组织开展"飞鹰行动"。2009年1月10~24日，省局在西安、渭南、宝鸡及省属单位范围内开展了区域性严打行动；6月5日至8月31日，在全省范围内组织开展打击破坏森林资源违法犯罪的"绿盾三号行动"；2009年12月15日至2010年1月31日，在全省范围内组织开展了以严厉打击破坏森林和野生动植物资源违法犯罪为主要内容的"冬季行动"。专项行动的开展，严厉打击了危害森林资源的违法犯罪活动，稳定了林区治安秩序。

第六章 林业有害生物防治

第一节 机构设置与设施建设

一、机构设置

(一)省级机构

1984年6月，经省编制办公室同意，成立陕西省森林病虫害防治检疫总站(以下简称省森防总站)，编制25人。1989年时编制25人，实有人员12人。1993年机构改革，经省人民政府同意，对原编制25人精简9人，编制为16人，县级建制，为全额拨款事业单位。站内分防治科、检疫科、测报科。2007年，省人民政府发出《关于批准省价格监测中心等43个事业单位参照公务员法管理的通知》，同意省森防总站列入参照公务员法管理单位，编制人数21人。截至2010年，陕西省森防总站在编人员20人。

陕西省森防总站的主要工作职能：负责对森林植物进行检疫，办理有关检疫和审批手续；检查指导各地森林植物检疫工作；组织指导森林病虫调查，提出防治方案；具体组织指导森林病虫鼠害防治和对危险性病虫的封锁扑灭工作；负责森林病虫检疫和防治的技术培训，提供技术服务；依法对违章调运的森林植物进行处理。组织开展全省森林病虫害调查与监测，拟定测报办法和各项管理制度。贯彻落实国家关于防止外来林业有害生物入侵的方针、政策；组织制定陕西省防止外来林业有害生物入侵规划和治理方案，划定疫区和保护区，提出封锁扑灭措施；组织开展陕西省外来林业有害生物普查和风险评估工作。

（二）市县（区）机构

1989年全省先后有9个地（市）、57个县（区）建立森林病虫害防治检疫机构，配备专业人员335人（其中专职林业植物检疫人员157人）。到2010年全省共有10市1区（杨陵区）、107个县（区）建立了森林病虫害防治检疫机构，配备专业人员1450人（其中专职林业植物检疫人员651人）（表2-6-1）。

2010年陕西省森防机构和人员情况统计表

表2-6-1　　单位：个、人

机构	森防站数	人数	高工以上	工程师	助工	技术员	其他	专职检疫员	兼职检疫员
总计	119	1450	88	344	394	242	335	651	302
省级森防机构	1	20	7	1	5	3	2	13	0
市级森防机构	11	119	28	27	29	11	21	58	10
县级森防机构	107	1311	53	316	360	228	312	580	292

二、主要森防设施建设

（一）森林设施设备建设

1999~2010年，陕西省创建14个森防标准站、35个国家级中心测报点、45个省级测报点、44个无检疫对象苗圃、1个普及型国外引种试种苗圃。

森防标准站建设利用国家调拨的仪器设备和国债资金，在森防工程治理重点县建设标准站，建设的内容是标本室、检疫室、测报室和药械库，配备防治、检疫、测报仪器设备和防治机械等，建设（修缮）实验室、标本室、测报室、档案室、微机室等6600余平方米。

2001~2005年，国家林业局下达危险性森林病虫害防治国债项目1324万元。用于美国白蛾、红脂大小蠹、杨树食叶害虫、杨树天牛、森林鼠害、松蠹虫防治防治体系等森林病虫害治理工程。

2005年，国家林业局批复了《陕西省林业有害生物预防体系基础设施建设可行性研究报告》。投资1409万元，建设省站及12个市级站40个县级站和100个监测点。

2008年，国家林业局下达的《陕西省袭人胡蜂防控体系基础设施建设》项目，项目总投资1016万元，其中中央财政预算内专项投资813万元，省地方配套解决203万元。项目建设单位涉及西安、铜川、咸阳、渭南、宝鸡、延安、榆林、商洛、安康、汉中、杨陵等11市区及50个县级森防站，配备防治、检疫、测报仪器设备和防治机械等。

（二）机场建设

从1960年开始，省林业厅先后修建了以下森林防虫专用机场：

1. 靖边冯家峁专用机场。位于冯家峁林场前。1964年修建，长800米，宽150米，占地120亩。机场有砖木结构房屋10间。因机场地势低洼，暴雨冲刷损坏严重，于1976年改址重建，由靖边县林业局代管。

2. 黄陵专用机场。位于黄陵县侯庄，离县城15千米。1966年修建，机场长200米，宽100米，占地150亩，有200平方米简易库一座。1985年，省森防总站又投资修建砖木结构房屋5间，占地3亩，机场配备拌药箱、水箱、油管、柴油发电机、水泵等飞机喷药灭虫设备，机场由延安地区桥山林业局代管，2008年，省森防总站投资重新修建了机场专用药品库。

3. 定边专用机场。位于县城东2.5千米的马莲滩。1972年修建，长1000米，宽150米，占地250亩，机场有简易平房26间。由定边县林业局代管。

4. 淳化专用机场。位于县城西北25千米的卜家乡蒋家山村。1978年修建，机场长1000米，宽120米，占地180亩，有简易平房10间计250平方米。由淳化县林业局代管。

（三）专用设备

1990~2010年，陕西省森林病虫害防治体系基础设施建设购置电脑、机动喷雾器、喷烟机、打孔注药机、蜂用培养箱、急救箱、防护面罩、防蜂服、诱捕器及交通通讯工具等防治、检疫、测报等仪器设备11350台件。改善了林业有害生物防治基础条件，提高了防治、检疫、测报手段，促进了林业有害生物防治工作。

第二节　林业有害生物普查

1990~2010年，共进行了2次林业有害生物普查。

一、森林植物检疫对象普查

1998~2000年，按照国家林业局《关于在全国范围内开展森林植物检疫对象普查的通知》安排，省林业厅按通知要求制订并印发了《陕西省森林植物检疫对象普查技术方案》。这次全省范围森林植物检疫对象普查工作，由省林业厅组织领导，陈东升副厅长为普查领导小组组长，省森防总站施德祥站长为副组长，成员由各市森防站长担任。省森防总站负责制定森检对象普查方案，组织协调普查工作，检查指导普查业务，省级普查资料汇总等。各地（市）、县（区）也成立了由主要领导挂帅的森检对象普查机构，制定了普查技术实施细则，以确保普查工作贯彻落实。

这次森检对象普查主要是全面查清国内35种森检对象在陕西发生的种类；进一步落实国内森检对象名单中，陕西15种检疫性病虫害种类、分布、危害情况；根据检疫性病虫害繁殖量大、局部发生成灾、危害严重、随人为活动传播等特点，提出本地区危险性病虫害建议名单，为补充国内、省内植物检疫对象提供依据；根据检疫性病虫特有的发生规律，提出检疫检验、封锁扑灭措施，为修改《陕西省森林植物检疫对象实施办法》《森林植物检疫技术规程》提供依据。普查时间为一年半，1998 年下半年摸底调查、制定方案。1999 年，全面开展工作。1999 年 2 月底前各地做好组建机构，落实人员，明确任务，组织培训，购置必要的设备仪器；3~6 月，是森林病虫害发生期，是普查工作的关键时期，全面开展外业调查。

外业调查以踏查为主，踏查与详查相结合，在踏查的基础上进行标准地调查。踏查(线路调查、概况调查)主要用来调查检疫对象的发生。按照检疫对象的寄主树种面积大小，选出有代表性的样点进行调查，在一般情况下，每 1000 亩设 2~3 个样点。桥山、关山、黄龙山、秦岭、巴山等大面积天然次生林，每 1 万亩设 2~3 个样点，对于四旁和农田林网、行道树每 5 千米选 2~3 个有代表性的路段、农田防护林等 1000 亩左右设 3~4 个有代表性的线路进行调查，每路段或线路调查株数不少于 100 株，村庄以自然村为单位设 2~3 个调查点，每点调查不少于 100 株。详查主要用来调查检疫对象发生面积。在选设调查点的基础上，可以视面积大小进行调查样本的确定，每个一级样本可以划分为 3~5 个二级样本，在二级样本的基础上选设样树，用样树的发生和二级样本的面积推算发生面积。7~9 月复查，抓紧时机做好查漏补缺，完善资料；10~12 月进行内业汇总，逐级上报普查工作总结。普查涉及全省 107 个县，先后成立了 82 个普查领导小组，抽调专业技术人员 500 余人，调查面积 133.33 万公顷以上，代表全省 593.3 万公顷有林地。

本次普查自 1998 年 11 月至 2000 年 12 月，经过 3 年时间，完成陕西省森林植物检疫对象普查任务。共采集各类标本 4550 号次，其中病害 820 号次，虫害 3730 号次。通过普查，确定陕西省分布国内森林植物检疫对象共 14 种，其中虫害 8 种，病害 6 种，确定分布全省补充森林植物检疫对象共 3 种(虫害 3 种)。

陕西省分布国内森林植物检疫对象，计 14 种：

黄斑星天牛 *Anoplophora nobilis* Ganglbauer、美国白蛾 *Hyphantria cunea* (Drury)、杨干透翅蛾 *Sphecia siningensis* Hs、苹果绵蚜 *Eriosoma lanigerum*(Hausmann)、梨圆蚧 *Quadraspidiotus perniciosus* (Comstock)、枣大球蚧 *Eulecanium gigantea* (Shinji)、双条杉天牛 *Semanotus bifasciatus* (Motschulsky)、杏仁蜂 *Eurytoma samsonoui* Wass、松疱锈病 *Cronartium ribicola* J. C. Fischer ex Rabenhorst、板栗疫病 *Cryphonectria parasitica* (Murr.) Barr、杨树花叶病毒 *Poplar mosaic virus* (PMV)、冠瘿病 *Agrobacterium tumefaciens* (Smith et Townsend) Conn、落叶松枯梢病 *Guignardia laricina* (Sawada) Yamamoto et K. Ito、猕猴桃溃疡病 *Psudomonnas syringae* pv. *actinidiae* Takikawa et al.

全省补充森林植物检疫对象，共 3 种：杨圆蚧 *Quadraspidiotus gigas* (Thiem et Gerneck)、沙柳木蠹蛾 *Holcocerus arenicola* (Staudinger)、球果角胫象 *Shirahoshizo coniferae* Chao。

这次普查，摸清了国内森林植物检疫对象和陕西补充检疫对象在全省的发生种类、发生程度、为害程度及传播方式，为今后划分疫区和保护区提供了依据。

二、外来林业有害生物普查

2003~2005年，根据国家林业局《关于在全国开展林业有害生物普查工作的通知》文件精神，省林业厅下发了《关于开展全省外来林业有害生物普查工作的通知》和《陕西省外来林业有害生物普查方案》，安排部署全省林业有害生物普查工作。成立了陕西省林业有害生物普查工作领导小组，副厅长郝福财为组长；下设办公室，办公室设在省森防总站，站长王培新任主任。聘请西北农林科技大学教授曹支敏、李梦楼，副研究员李新岗、宋晓斌等组成专家咨询小组，负责指导普查技术工作及标本鉴定等。全省共成立普查领导小组129个，专业普查队128个，普查人员1500余人。为技术人员办普查培训班52期，培训2500多人，其中省上举办培训班2期，培训147人；各市举办培训班17期，培训850余人；市县举办培训班33期，培训1500余人。培训主要内容为林业有害生物的科学识别、普查方法、标本的采集制作和保存、普查表格的填写方法等。普查时间2003年10月开始至2005年10月结束，历时2年时间。

全省共普查了107个县区；佛坪、牛背梁、长青、太白4个国家级自然保护区；省森林资源管理局直属宁东、宁西、太白、汉西、龙草坪、长青6个林业局；延安市桥山、黄龙山、劳山、桥北4个直属林业局，宝鸡市马头滩、辛家山2个直属林业局；234个国营林场，187个贮木场，238个木材加工厂。设立踏查路线2858条，设立调查标准地3573块，普查代表面积2012万亩。

内业标本整理和普查资料汇总。普查共采集标本31852号，其中虫害标本24852号，病害标本4938号，有害植物标本2062号，制作生活史标本325余套。拍摄有害生物和危害状照片2531余张，经分类鉴定整理86科1052种。

普查情况：

国(境)外传入林业有害生物1种：美国白蛾 *Hyphantria cunea*（Drury）1984年随包装箱从朝鲜传入陕西省武功县5702厂，并迅速蔓延到武功县、兴平县、秦都区、乾县、礼泉县、扶风县、杨凌区、周至县、雁塔区等9个县区，发生范围700平方千米。1998年起基本得到控制。

外省(市)传入林业有害生物7种：红脂大小蠹 *Dendroctonus valens* LeConte.、猕猴桃细菌性溃疡病 *Pseudomonas syringae* pv. *actinidiae* Takikawa et al.、落叶松枯梢病 *Guignardia laricina*(Sawada) Yamamoto et K. Ito、苹果绵蚜 *Eriosoma lanigerum* Hausm、柳小吉丁虫 *Agrilusspinipensis* Lewis、水杉小爪螨 *Oligonychus metasequoiae* Kuang、加拿大一枝黄花 *Solidago canadensis*。

1. 红脂大小蠹。危害油松、白皮松、华山松等树种。20世纪90年代由山西传入，2000年普查陕西省延安市(宜川县、黄龙山林业局、黄龙县、洛川县、黄陵县)，渭南市(韩城市)有发生危害。2004年在咸阳市(旬邑县)、延安市桥山林业局、铜川(印台区、宜君县)的9个林场70个林班零星发现发生红脂大小蠹。

2. 猕猴桃细菌性溃疡病。主要危害猕猴桃的主干、枝蔓、新梢和叶片，极易造成植株死亡。分布西安市(长安区、灞桥区、蓝田县、户县、周至县)、宝鸡市(陈仓区、眉县、太白县)、商洛市(商南县)、咸阳市(武功县)。

3. 加拿大一枝黄花。2005年3月初，西安市森林植物检疫人员在花卉市场检疫时，查获“加拿大一枝黄花”鲜切花，属于鲜花经营户从昆明进货。普查结果，汉中、渭南、延安发现有加拿大一枝黄花。采取的措施是喷洒除草剂和人工铲除方法进行除治。

4. 水杉小爪螨。危害水杉羽叶。2004 年分布汉中市(西乡县、佛坪县、洋县、城固县、汉台区、留坝县、南郑县、勉县、宁强县)。20 世纪 70 年代从湖北引进水杉种苗的同时，水杉小爪螨引入汉中市。水杉小爪螨在汉中干线公路、房前屋后的水杉速生丰产林发生危害。

5. 苹果绵蚜。危害苹果、梨、山楂、李等。2005 年在渭南市(临渭区、白水县、大荔县)零星发生 0.2 万亩。

6. 柳小吉丁虫。该虫于 2001 年首次在榆林市的神木县锦大路新栽垂柳上发现，该垂柳于 2000 年从河北保定调入。2005 年发生面积 0.05 万亩。

7. 圆唇散白蚁。1998 年在西安市临潼区发生圆唇散白蚁，主要危害侧柏、刺槐、构树等。

补充检疫性林业有害生物 4 种：板栗疫病 *Cryphonectria parasitica* (Murr.) Barr.、双条杉天牛 *Semanotus bifasciatus* (Motschulsky)、白杨透翅蛾 *Parathrene tabaniformis* Rottenberg、杏仁蜂 *Eurytoma samsonoui* Wass.。

危害严重的本土有害生物 20 种类：杨树天牛类、华山松大小蠹、柏肤小蠹、油松毛虫、马尾松毛虫、松扁叶蜂、沙棘木蠹蛾、沙柳木蠹蛾、蓝目天蛾、银杏大蚕蛾、中华松针蚧、刺槐尺蠖、杨小舟蛾、油松球果小卷蛾、核桃举肢蛾、栗实象、枣食心虫、侧柏叶枯病、板栗疫病、冠瘿病菌、泡桐丛枝病、杨树花叶病毒病、中华鼢鼠、蒙古草兔等。

危害严重的林业有害植物有 3 种：葛藤、日本菟丝子、葎草。

危害木材的有害生物 5 种：家茸天牛、松八齿小蠹、松十二齿小蠹、松褐天牛、盐肤小蠹。

第三节　林业有害生物防治

一、林业有害生物发生情况

据统计年报和有关资料记载，20 世纪 50 年代，平均每年发生森林病虫害 4 万多公顷；60 年代，为 13.3 万多公顷；70 年代，为 30 万多公顷；80 年代，为 50 万多公顷；90 年代以后，为 53.3 万多公顷；2000 年，以后由于森林面积的不断增加，发生面积也逐年增加。2010 年，全省各类林业有害生物发生面积 34.6 万多公顷(不包括野兔危害面积 5.63 万公顷)(表 2-6-2)。

松毛虫主要是油松毛虫和马尾松毛虫，从 20 世纪 70 年代起该虫就是黄桥、秦岭等林区的主要害虫。

杨树天牛是指星天牛和云斑天牛。星天牛在 20 世纪 70 年代主要在陕西省西部陇县一带、东部潼关一带成灾，随着 1980 年杨树的大面积栽植，虫害迅速向东、向西蔓延，到了 20 世纪 90 年代初，天牛已遍布整个杨树栽培区，随之向北扩散，造成杨树枯枝断梢，大面积死亡。

油松种实害虫主要有油松球果螟、油松球果小卷蛾等。

经济林害虫主要有：核桃举肢蛾、银杏大蚕蛾、核桃长足象、核桃吉丁虫、核桃炭；枣廉翅小卷蛾、桃实心虫、枣飞象、枣疯病；栗实象、栗雪片象、栗实蛾；花椒窄吉丁，油桐橙斑天牛等。

森林鼠害主要有：中华鼢鼠、甘肃鼢鼠、秦岭鼢鼠等，主要在秦岭及黄土高原沟壑区和渭北地区造成危害，年发生面积6.7万多公顷。

1996年，陕南商洛、汉中、安康三地市17个县(区)银杏大蚕蛾大面积发生，达2万公顷，核桃树叶被啃食一光，致使核桃大面积减产，重灾区颗粒无收。1997年，安康市2万多公顷马尾松林遭马尾松毛虫危害，有虫株率70%，株均虫口千头以上，远看一片枯黄。1998年，渭河沿岸数10个县区，突发草履蚧危害，重灾区树木枯枝断梢，死亡严重。西安市的户县、长安以及楼观台林场爆发松黄叶蜂、松阿扁叶蜂，面积1.3万多公顷。1999年，榆林市靖边县发生舞毒蛾4000公顷。临潼区骊山风景林场发生白蚁133.3公顷，造成大面积树木死亡。红脂大小蠹是毁灭性外来林业有害生物，2000年3月在宜川县铁龙湾林场首次发现，并迅速蔓延到宜川县、洛川县、黄龙县、韩城市和黄龙山林业局等4县1局的18个林场，发生总面积为2.49万公顷，2001年枯死松树6578株。2007年突发竹斑蛾、竹节虫、柏毒蛾、银杏大蚕蛾、草履蚧、春尺蠖等30多种突发性病虫害。2009年延安市吴起、志丹县突发栎黄枯叶蛾2.15万公顷，安塞县突发舞毒蛾2400公顷，渭南、咸阳、宝鸡3市突发刺槐尺蠖7813公顷，安康市镇坪县突发栎树枯死1100公顷，各地突发红枣、核桃、板栗等经济林病虫害2万公顷。

1990~2010年陕西省森林病虫鼠害发生情况表

表2-6-2 单位：万亩

年份	发生面积				年份	发生面积			
	合计	虫害	病害	鼠害		合计	虫害	病害	鼠害
1990	659.00	458.80	123.20	77.00	2001	654.90	456.80	93.10	105.00
1991	665.00	467.67	122.50	74.83	2002	605.00	440.50	77.50	87.00
1992	640.76	440.76	127.00	73.00	2003	531.65	501.28	30.38	155.40
1993	542.40	395.20	95.20	52.00	2004	617.55	478.52	25.78	113.25
1994	534.80	361.80	122.00	51.00	2005	745.06	527.95	39.69	177.42
1995	596.30	366.30	122.00	94.00	2006	739.69	520.58	66.54	152.57
1996	595.30	372.30	115.00	108.00	2007	724.82	530.62	32.00	162.20
1997	605.20	401.00	80.20	124.00	2008	505.53	370.71	18.93	115.89
1998	596.27	420.27	70.00	106.00	2009	509.95	391.57	19.40	98.98
1999	594.20	442.20	72.00	80.00	2010	519.11	406.33	26.91	86.66
2000	603.40	437.50	78.00	87.90					

二、林业有害生物防治情况

（一）杨树天牛防治

1992 年以来对杨树天牛经连续治理，除局部地区外，主要采取清除严重虫害木，更新抗虫，免疫树种；恢复新二代“四旁”林网；对榆林地区入境天牛拔点除源，即对发现的天牛虫害木全部清除。从 2000～2002 年，实施杨树天牛综合治理，全省治理面积 4.57 万公顷，其中化学防治面积 3.25 万公顷，生物防治 3200 公顷，人工物理防治约 1 万公顷。宝鸡市千阳、陇县的杨树天牛发生区，引进复叶槭为饵树，在路渠林网内栽植复叶槭诱集天牛成虫，统一捕杀，以控制害虫种群增殖；对虫口密度高，被害严重地区伐除的虫害木全面进行薰蒸处理，栽植抗虫免疫树木，以达到有虫不成灾。经过治理，重点治理区被害株率下降到 10%以下，一般治理区被害株率下降到 5%以下。在重点发生的 18 个县主要采用了打孔注药、绿色威雷喷干、更新抗虫免疫树种、伐根嫁接、人工捕杀及生物防治等办法进行大规模的防治。2004～2008 年开展杨小舟蛾、杨毒蛾等食叶害虫防治，在重点区域大面积喷洒灭幼脲、阿维菌素、白僵菌等生物和仿生制剂，开展招引益鸟、释放花绒坚甲天敌和人工防治，取得了较好的防治效果。

（二）松毛虫治理

1997 年，秦岭、巴山林区 11 个县（市）94 个乡镇马尾松毛虫发生面积达 7.6 万公顷，严重受灾面积近 6.7 万公顷。安康地区的安康市、平利县，汉中地区的南郑县、城固县的马尾松毛虫，西安市的蓝田县的油松毛虫，采用高压灭虫网诱杀、白僵菌、烟雾剂防治等措施，压低虫口密度。2010 年年初，在黄龙林区监测调查，越冬油松毛虫有虫株率 81.5%，株均虫口密度 44 条，最大虫口 593 条，高于 41 条/株的成灾标准，呈现大面积发生的态势。省林业厅向省政府报送了加强松毛虫防治工作的请示，2010 年 2 月 9 日，省政府办公厅及时下发了《关于做好松毛虫监测防治工作的通知》。要求做好松毛虫监测防治工作。当年，韩城、宜川和黄龙山林业局，组织了 2100 多人，采用“塑料胶带环阻隔法”、无公害药剂、生物防治等措施防治 32.1 万亩，及时控制了松毛虫灾害。

（三）红脂大小蠹防控

2001 年，陕西黄桥林区突发红脂大小蠹危害，省政府办公厅专门下发《关于开展红脂大小蠹防治工作的紧急通知》。省林业厅在黄龙山林业局召开防治现场会，落实“查清虫源，严格封锁，全面围歼，拔点除源，杜绝扩散”的防治策略。3 月，省林业厅下达《陕西省红脂大小蠹 2002 年工程治理计划》，并制定下发《陕西省红脂大小蠹防治技术方案》，安排年度防治任务 1.2 万公顷。省森防总站与西北农林科技大学的专家教授组成研究小组联合攻关，研究防治措施。4 月 20 日在黄龙山林业局、宜川县、洛川县和韩城市等 8 个林场挂设引诱剂开展监测防治。并采用了树干喷杀、树干密闭熏蒸、虫孔注药、引诱剂诱杀、饵木诱杀和人工击虫等措施，在虫害发生区的 4 县 1 局 18 个林场进行全面防治，防治面积达 1.77 万公顷，防治示范林建设 3333 公顷。通过工程治理，基本控制了黄龙山林业局三岔、虎沟门和宜川县甘草等 3 个林场的疫情，其他治理区虫口也大幅度降低，有效地遏制了红脂大小蠹扩散蔓延趋势。2004 年，咸阳市旬邑县的马栏林场、延安市桥山林业局的双龙林场、建庄林场、腰坪林场、柳芽林场、铜川市印台区的焦坪林场、玉华宫管理局、宜君县哭泉林场、太安林场零星发生红脂大小蠹，林业主管部门采取立木熏杀、虫孔注药、打孔注药、诱捕器诱杀、饵木诱杀等及时控制了疫情。宜川、黄龙、黄龙山、洛川、韩城等重点治理区完成防治面积1.51万公顷，基本遏制住了韩城市、洛川县、黄龙县及宜川县的石台寺、薛家坪林场，黄龙山林业局的官庄、圪台、大岭、石堡林场等地区疫情。至2006年红脂大小蠹累计完成防治面积9.65万公顷，防治效果平均达到82%；有虫株率下降到0.65‰以下。2007~2010年按照红脂大小蠹工程治理的要求，黄龙、桥山林区采取释放大唼蜡甲天敌、引诱剂、树干注药、塑料布密闭熏杀等无公害防治技术，使轻度发生的区域全部得到治理，无公害防治率达到100%。

(四)胡蜂防控工作

2002~2005年，安康、西安、商洛等地不断出现胡蜂伤人事件，全省有715人受伤，36人死亡。2005年，省林业厅制定《胡蜂控制技术方案》，下发有关市县，开展预防和综合治理。对村庄、学校、道路边、田地旁等人为活动频繁的区域，采取摘除蜂巢、焚毁蜂群、喷施药剂等方法进行集中杀灭，收到良好效果。2007年接到举报410次，各级森防部门开展防控工作，在村镇周围、学校附近、公路沿线等人口密集的地区摘除蜂巢24263个。2008年接到举报745次，处理胡蜂攻击人事件31起，在人口密集的地区摘除蜂巢1580个。同时，经国家林业局批复，实施陕西省袭人胡蜂防控体系基础设施建设项目，中央投资813万元建设11个市级和50个县级森防站的防控专业队，配备监测灭蜂设备和交通工具。

(五)突发性害虫防治

1998年，陕南地区的银杏大蚕蛾突发成灾，汉中、安康、商洛三地市22个县区153个乡镇681.37万株，面积3.1万公顷，有虫株率80%~90%，株均虫口570条，最高单株虫口达2万余条。为及时控制灾情，陕南三地市林业部门经过连续3个月人工、营林、化学等综合防治，共治理2.6万公顷，捕杀幼虫4.5万千克，摘茧43570千克，基本控制了灾情。1998年渭南、咸阳、宝鸡三市发生刺槐尺蠖面积1.6万公顷，有虫株率100%，株均虫口千条以上，严重发生区呈现一片“黑茬”，对严重发生区使用烟雾剂防治1.1万公顷，杀虫率达85%。1998年全省气候出现暖冬、雨量偏多，关中渭河流域的西安、宝鸡13个县区2.53万公顷“四旁”树草履蚧暴发成灾，涉及40多种树木不同程度受害，其中杨树危害最重，被害率达100%，单株虫口达万头以上，房前屋后、公路两侧杨树一片秃枝，有5%树木整枝死亡。由于害虫突发性强，省森防总站及时召开2市13县森防站长会议，研究防治措施，设立10个测报观察点，积极筹措经费，开展防治工作。防治面积1.3万公顷，平均虫口减退率83.7%。1999年，在西安市的蓝田、长安，安康地区的宁陕县松树叶蜂发生面积由2万公顷下降到9200公顷，防治面积4000公顷，达到有虫不成灾。

2000年，全省出现暖冬，病虫害越冬基数较高，致使突发性害虫接连暴发成灾。汉中、安康、商洛市22个县区突发银杏大蚕蛾危害，株虫口密度200~700条。在各级政府的督导下，区、乡镇、村、户层层落实责任，捕捉幼虫、摘除虫茧。镇安县实行群众每人交5千克虫子，干部交2.5千克，学生交1.5千克的承包办法，完成任务给予奖励，完不成任务的每斤按18元交款。平利县以乡镇为单位，每条虫子3分钱收购，仅八仙镇收购虫子156万条。宁陕县以每千克3元收购。3市防治面积2.07万公顷，其中喷药防治 0.8 万公顷，捕捉幼虫和茧 11.2 万千克。

2000 年，舞毒蛾首次在靖边县成灾，使 4000 公顷阔叶树乔、灌木叶子被蚕食一光。靖边县政府动员上万名群众突击半个月，进行以砸卵、刮树干、捕捉成虫等办法，取得明显成效，之后连续 8 年没有出现舞毒蛾灾害。

2001 年，入冬以来，陕西省气温持续偏高，出现 50 年来罕见的暖冬天气，造成越冬虫口基数较大。预测 2002 年全省森林病虫害可能大面积发生。2002 年 3 月 8 日，省政府下发《陕西省人民政府关于加强森林病虫害防治工作的通知》，通知要求各设区市人民政府，省人民政府各有关工作部门、直属机构，要提高认识，抓好主要森林病虫害的除治工作，保护森林资源安全。

2005 年，商洛、安康突发板栗疫病 7600 公顷，2 市投入防治资金 20 万元，购买农药和喷雾器，投劳 1.3 万个工日，及时控制了板栗疫病疫情。西安、商洛、咸阳、宝鸡等地市发生松扁叶蜂 4.5 万公顷，采取以施放烟剂、林缘喷雾等技术办法治理 2.7 万公顷，防治效果 84.8%。

2007 年，陕南突发的竹斑蛾、竹节虫、柏毒蛾、银杏大蚕蛾；关中发生草履蚧、杨小舟蛾；陕北地区发生春尺蠖等突发性病虫害，以及发生的红枣、核桃、板栗等经济林病虫害，各森防机构在加强测报措施的同时，实行“限期除治通知书”管理制度，采取综合治理措施，及时控制了灾情。

2009 年，延安市吴起、志丹县突发栎黄枯叶蛾 2.15 万公顷；安塞县突发舞毒蛾 2400 公顷；渭南、咸阳、宝鸡 3 市突发刺槐尺蠖 7800 公顷；安康市镇坪县突发栎树枯死 1100 公顷；发生红枣、核桃、板栗等经济林病虫害 2.3 万公顷。省林业厅及时组织有关专家和技术人员分赴各地，指导县区制订防治工作和技术方案，落实防治责任，解决防治经费，并在吴起县首次应用粉炮这一防治最新技术，开展栎黄枯叶蛾防治，迅速控制了灾情。

2010 年，全省发生林业有害生物 40.23 万公顷(其中兔害 5.63 万公顷)，其中：黄桥林区发生红脂大小蠹 1.27 万公顷；秦巴山区发生华山松大小蠹 2.09 万公顷；渭北区域突发松梢螟 1.17 万公顷；安康市镇坪县突发栎树枯死 1100 公顷。省森防总站及时组织有关专家和技术人员分赴各地，深入现场，指导开展防治工作，防治面积 27.26 万公顷，及时控制了病虫危害。

(六)鼠(兔)害治理

随着全省造林面积逐年增加，以及退耕还林(草)政策的实施，1990 年后期鼠兔危害日趋严重。1998 年，省林业厅在延安地区的宝塔、安塞、黄龙等县区，建立甘肃鼢鼠综合防治示范区，防治面积 1.87 万公顷，对控制林区鼠害效果显著。

2004 年，全省发生林地鼠兔害 22.71 万公顷，平均被害株率达 11%，严重区域高达 30%~60%，被害死亡率达 4.3%。省政府办公厅下发《陕西省人民政府办公厅关于加强林地鼠(兔)害防治工作的通知》，各级政府落实防治责任和防治经费，协调和组织有关部门广泛发动群众，进行集中连片治理。对工程造林采用了药剂蘸根处理驱避鼠害，未成林地实施药剂毒杀、人工捕杀等方法。共防治 4.4 万公顷，害鼠由原来的每亩 4~8 只下降到 0.4 只以下。为控制林地野兔危害，林业厅下达野兔捕杀指标，各地采取设网围捕、套捕、不育剂防治等措施，全省捕杀野兔约30万只。榆林、延安两市购买50吨防啃剂，采用涂抹防啃剂、树干套笼、幼苗压埋等办法防治12万公顷，减少新造林鼠(兔)危害。2007年，全省发生林地鼠(兔)害21万公顷。实施综合治理面积16万公顷，野兔密度明显减少。

2008年，西北农林科技大学研究出无公害治理技术及相应产品，根据立地条件选择树种，营造混交林，加大造林密度，控制害鼠数量，改变不合理的造林技术以控制害鼠蔓延，深坑栽植，减少食源，改变传统放牧习惯以及利用代替性食物预防鼠害等。推广应用多效抗旱驱鼠剂，主要应用于林木及农作物种子处理、苗木蘸浆和喷施等。利用油松和侧柏试验表明，苗木保存率比对照分别提高80.8%和73.2%，综合预防效果分别为83.7%和90.7%，治理面积119.85万亩。通过连年防治，渭北和陕北地区野兔密度由2003年的41~58只/平方千米下降到28只/平方千米，接近26只/平方千米的允许范围。

(七)美国白蛾防治

1984年8月，国际检疫性害虫美国白蛾传入陕西省武功县5702厂，并迅速扩散蔓延。咸阳、西安、宝鸡3市的9个县(市、区)54个乡、镇511个行政村281个单位，涉及范围700平方千米。导致疫区的法桐，榆树、核桃、泡桐、桑树、苹果树叶被吃光，幼虫在道路、墙壁、车间、宿舍到处可见，群众生产活受到影响。1984年8月至1989年，在中央和地方政府组织防治下取得显著成效。

1990年，礼泉、乾县相继扑灭了美国白蛾；1992~1993年，扶风、雁塔、周至3县区扑灭了美国白蛾；疫区继续坚持省政府扑灭美国白蛾办公室制定的行之有效的措施，统一安排部署，层层落实查防扑灭责任和奖惩措施。1993年，推行个人承包、夫妻承包、父子承包等行之有效的查防措施，节约了经费，落实了责任，加快了查防进度。在围歼疫情疑点村中，各地采取发现一虫一网，悬赏50~100元奖励的办法，加快了扑灭步伐。

1997年，武功县扑灭美国白蛾。

2000年，杨凌区扑灭美国白蛾。

2000年4月28日，省政府下发《关于彻底扑灭美国白蛾工作的通知》，5月13日，省扑蛾指挥部在兴平市召开全省查防白蛾工作会议，统一认识，坚定信念，突出重点，全面部署。经过兴平、秦都、武功疫情区广大干部群众五个多月的艰苦努力，组织专业队2018人，普查35个乡镇，查防面积3.4万公顷，喷药液4500吨，摘除网幕4146个。

2005年，美国白蛾疫情压缩到6个乡镇18个村，未能彻底扑灭，仍有零星疫情发生。

2006年，省政府办公厅下发《陕西省人民政府办公厅关于进一步加强美国白蛾防治工作的通知》，经过防治，全省未发现美国白蛾任何虫态，24年来陕西省首次实现美国白蛾无疫情。2008年11月17日，国家林业局公告，决定撤销陕西省兴平市的美国白蛾疫区。

2010年，省林业厅下发《关于进一步做好2010年美国白蛾防治工作的通知》，印发了《陕西省美国白蛾监测巩固方案》，加强对美国白蛾防治工作的领导，实行“双线目标管理责任制”，坚持查防专业队不散，查防监测承包责任不变，在监测普查的基础上，严防美国白蛾死灰复燃和再度传入。经省森防总站连续数年多次组织检查验收，均未发现美国白蛾任何虫态，陕西已实现美国白蛾无疫情，完成了国家林业局部署的防治目标任务。

(八)松材线虫病防治

2009 年 7 月 26 日，陕西省柞水县首次发生松材线虫病，发病枯死松树 234 株。8 月 30 日，安康市汉滨区有 23 株马尾松枯死，10 月 25 日，汉中市略阳县发现 4 株松树枯黄，经检测也是松材线虫病。疫情发生后，张社年厅长主持召开办公会，专门研究部署松材线虫病防治工作，紧急安排柞水县松材线虫病防治经费 60 万元。8 月 5 日，张社年厅长组织召开商洛市政府、柞水县委、县政府主要负责同志参加的专门会议，部署松材线虫病防治工作。

2009 年 8 月 8 日，陕西省政府办公厅下发《关于迅速除治松材线虫病的紧急通知》，8 月 13 日，省纠风办、省公安厅、省交通厅、省林业厅紧急协商，报省人民政府批准，设立临时检疫检查站，及时开展封锁工作，防止疫情扩散和蔓延。

2009 年 10 月 13 日，陕西省政府成立以副省长姚引良为总指挥，省政府副秘书长史俊通、省政府办公厅纪检组长刘曙阳、省林业厅厅长张社年为副指挥，省军区、财政、公安、交通、铁路、民航、电力、电信、工商等 17 个部门参加的省松材线虫病防控指挥部，组织领导全省松材线虫病预防和除治工作。10 月 16 日，在全省造林绿化现场会上。省林业厅与各市政府签订《2009～2012 年松材线虫病预防和除治目标责任书》。

2010 年，陕西省林业厅 2 次召开松材线虫病防治工作会议和防治现场会议，省松材线虫病防治指挥部下发《关于加强松材线虫病预防和除治工作的意见》。省林业厅组织开展了全省松材线虫病检疫执法专项行动，印发了《陕西省松材线虫病防控应急预案》，下发《关于加强松科植物检疫管理的紧急通知》，采取积极措施，防止松材线虫病扩散蔓延。2010 年，商洛、安康、汉中松材线虫病发生面积 567 公顷，采伐清理病死木、枯死木和衰弱木 26068 株。

1990～2010 年陕西省森林病虫鼠害防治情况表

表 2-6-3　　　　单位：万亩

年份	防治面积				年份	防治面积			
	合计	虫害	病害	鼠害		合计	虫害	病害	鼠害
1990	279.4	227.8	13.8	37.8	2001	421.0	278.0	63.0	80.0
1991	299.9	236.5	44.2	19.2	2002	397.1	304.6	32.5	60.0
1992	310.0	240.5	41.3	28.2	2003	408.7	336.2	22.5	50.0
1993	281.2	238.9	24.7	17.6	2004	492.2	239.1	6.8	246.3
1994	288.8	239.8	25.0	24.0	2005	342.2	187.0	17.5	137.7
1995	316.0	263.1	21.2	31.7	2006	314.9	186.9	18.8	109.2
1996	313.3	250.9	21.0	41.4	2007	578.5	311.1	28.7	238.7
1997	330.0	257.0	12.0	61.0	2008	389.2	258.9	10.1	119.9
1998	335.1	275.4	15.8	43.9	2009	393.2	277.2	12.3	103.8
1999	346.2	270.2	21.0	55.0	2010	409.0	263.8	15.1	130.1
2000	372.0	283.0	24.0	65.0					

2009年，柞水县、略阳县、汉滨区3个县级疫区，严格按照防治实施方案和技术规程，组织防治专业队，清理伐除枯死木、衰弱木，严格做好病死树的采伐销毁、伐桩处理、枝桠清理、除害处理等各个环节。商洛、安康、汉中采取飞机防治、地面喷粉、释放花绒寄甲、设置饵木、引诱剂诱杀等多种措施，对松材线虫病的媒介昆虫松褐天牛实施治理，治理效果显著。

2010年，拔除略阳县疫区，基本拔除汉滨区香溪洞景区的疫点；柞水县拔除疫点面积34公顷，实现了发生面积和病死树率双下降，病死树株率都控制在万分之一以下，控制疫情不扩散、不蔓延。

三、主要防治措施

（一）生物防治

2000年前后，陕西省防护林带杨树天牛暴发成灾，据调查，光肩星天牛虫害在陕北、关中及陕南都有分布，以榆林、延安为最多，密度为每平方千米50~80只。在天牛防治中，在条件适合地段的林分，采取人工挂鸟巢、设饵木或其他措施保护和招引啄木鸟，创造适合啄木鸟生存栖息的环境。适合于天牛虫口密度不高且受人为因素影响较小地段的片林及部分防护林。在天牛成虫羽化期，采用生物药剂防治，喷施Bt、阿维菌素等办法，达到控制其危害的目的。同时，积极开展如花绒坚甲、肿腿蜂等天敌的应用，加大生物防治力度。

2001年6~10月，在定边县、耀州区、旬邑县、洛南县进行啄木鸟招引控制天牛示范，并进行了效果调查（表2-6-4），陕西省有啄木鸟8种，都为本地留鸟，以大斑啄木鸟（*Dendrocops major*）、绿啄木鸟（*Picus canus*）和星头啄木鸟（*Dendrocops canicapillus*）为优势种。调查采取随机抽样的方法，选择了4块标准地，每块标准地选择300~500株树，每块标准地选择卵痕迹明显，天牛侵入孔多、易于观察的30株标准树，每5天调查一次，结果表明啄木鸟控制天牛可以达到50%以上，基本上可以遏制天牛危害，为后续防治打下了良好基础。

2001年陕西省啄木鸟控制天牛效果调查表

表2-6-4　　　　单位：个、%

标准地	天牛侵入孔数	啄痕数	啄食率
定边县标准树累计	315	164	52.06
耀州区标准树累计	301	199	66.11
旬邑县标准树累计	282	145	51.42
洛南县标准树累计	278	148	53.24
平　　均	294	164	55.71

据调查统计，2004年，生物防治天牛面积0.18公顷，占防治面积的10.8%。

1997年，秦巴山区马尾松毛虫在南郑、城固等县发生，经采用高孢子白僵菌防治，控制了虫情。油松毛虫从20世纪60年代开始，在黄桥林区和渭北区域一直是8~10年的周期性暴发，从2000年开始，对松毛虫防治，以营林技术为基础，生物、仿生防治为主，人工、物理等其他措施为辅，形成成熟的综合防治技术，实现松毛虫的可持续控制。大力开展封山育林、营造针阔混交林、改造虫源地，改善生态环境，提高林分质量，保护和利用天敌资源，实施以白僵菌和苏云金杆菌为主的生物防治，逐步并彻底取代化学农药的应用，以从根本上扭转松毛虫发生面积和危害程度连年居高不下，一味救灾的被动局面，2000~2010年再没有暴发成灾，最终打破了松毛虫8~10年的暴发周期。

（二）仿生制剂防治

从20世纪80年代中后期开始，在防治措施上，逐步加大了仿生和生物防治比例，尽可能减少化学农药的使用，在松毛虫、美国白蛾防治方面，使用性诱剂、灭幼脲等。

2005~2006年，油松毛虫在安康、汉中、商洛、延安、铜川、咸阳、宝鸡、西安、渭南发生面积1.42万公顷，马尾松毛虫在安康、汉中市发生面积1.67万公顷。重灾区松林针叶被食率达80%以上，甚至吃光整株针叶，造成大面积松林枯死。松树叶蜂在秦岭、渭北林区大面积发生，涉及5个地市20多个县区，发生面积3.21万公顷，严重时针叶被食85%以上，致使受害林份呈火烧状。生物防治，对松树食叶类害虫用25%灭幼脲3号胶悬剂（每亩30克）、杀蛉脲（每亩5克）等树冠飞机低容量、超低容量喷雾，地面背负机低容量、超低容量喷雾，防治1~3龄幼虫，有效控制了虫害的扩散漫延，取得良好效果。

1985~2005年，在美国白蛾防治中为确保农村用药安全，推广应用仿生制剂高效低毒药剂，使用25%灭幼脲Ⅲ号胶悬剂5000倍液，提高了杀虫的持久性，减少了环境污染。2006~2008年，连续3年未发现美国白蛾任何虫态。2008年8月27日，国家林业局组织召开美国白蛾防治工作检查验收会议，专家组认为：陕西省美国白蛾的防治工作，政府重视、措施得力、方法科学、效果显著，实现了扑灭美国白蛾的目标。国家林业局发布公告，撤销兴平市美国白蛾疫区。

1990~2003年，在天牛防治工作中，坚持走科研、推广、防治相结合的路子，突出新技术、新农药、新成果的推广应用，有效地提高了防治效果和整体防治水平。在成虫羽化期，采用仿生药剂防治，喷施灭幼脲、参碱乳油等办法，不断提高工程治理的技术水平。据统计，截至2002年年底，全省共完成杨树天牛有效防治面积5.5万公顷；治理区杨树平均有虫株率由防治前的45.3%下降到3%~8.6%，单株平均虫口密度由防治前的11.23头降为0.71头，达到控制其危害的目的。

2009年，在松褐天牛防治中，飞防采用的是2%噻虫啉微胶囊悬浮剂。噻虫啉是新型氯代烟碱类化合物仿生药剂，作用于昆虫的烟酸乙酰胆碱受体，具有较强的触杀、胃毒和内吸作用，是防治刺吸式和咀嚼式口器害虫的高效药剂之一。经国家权威部门检测，对人、畜、水生动物、农作物及环境安全没有危害。2010年使用噻虫啉防治松褐天牛，防治面积共2773公顷，松材线虫病得到了有效控制。

（三）人工防治

1990~2005年，在美国白蛾疫情除治中，人工查防是压缩疫情，实现基本扑灭的基础。疫区各级人民政府，广泛宣传，层层动员，组织各行各业干部、群众、工人、学生，从路渠、林网到村头地块，在700平方千米范围内，开展村自卫战，乡自卫战，各扫门前雪，大打扑灭美国白蛾的人民战争。采取挖蛹灭虫。在树皮裂缝、树基土层、砖瓦碎石堆、柴垛杂草堆中消灭越冬蛹。5702厂区暖气管道中曾一次挖蛹2.1万头。十几年如一日，各地共消灭白蛾越冬蛹 62 万余头。捕杀成虫，采取人工捕杀、性诱、黑光灯诱杀的办法，消灭成虫，效果显著。白蛾成虫高峰期，兴平市每夜平均一灯诱蛾 56 头，最高达 120 头。周至县平均每年诱杀成虫 4390 头，大大降低了虫口密度，初步调查，村内布设黑光灯诱杀幼虫网幕数量比没有黑光灯的村庄减少 40%。同时，布设黑光灯可以诱集周围虫源，形成虫源基地，便于查防喷药，集中歼灭，节省人力、物力。人工摘网是查防扑灭美国白蛾的重要手段。白蛾网幕高峰期，武功县每天有 400~500 人摘网灭虫，一天收到网幕 2 万~3 万个。仅 5702 厂 2 年交网幕 16.23 万个。扶风县政府规定，每年 6 月、8 月为“剪网突击月”，所有机关干部、事企业单位停止办公，突击摘网。随着扑灭美国白蛾工作深入，发现网幕难度越来越大，摘网奖励经费由 10 元到 20 元、30 元，最后，每网奖金升到 40~50 元。十几年来，先后共摘除白蛾网幕 120 多万个，卵块 25 万多个。

1997 年，秦巴山区马尾松毛虫发生，安康地区采取电网诱杀成虫压低虫口密度，控制了虫情。黄桥林区的油松毛虫，以韩城雷寺庄林场为重点，在成虫期用高压电网诱杀成虫，有虫株率由 80%下降到 7%，达到有虫不成灾。

1999 年，汉中、安康、商洛 3 市 21 个县区发生银杏大蚕蛾，面积 2.43 万公顷，542 万株，株均虫口密度 700 余条以上，镇安县木王镇一株核桃树捕捉幼虫 340 千克。由于害虫虫体大、食量大、密度高，被害树木叶子吃光，颗粒无收，连续 2 年危害后整株死亡。据平利县八仙镇调查，全镇 1 万株核桃树，因银杏大蚕蛾为害致死 2000 株，平利县以乡镇为单位，每条虫子 3 分钱收购，仅八仙镇收购虫子 156 万条。宁陕县以每千克 3 元收购。3 地市防治面积 2.1 万公顷，其中喷药防治 8000 公顷，捕捉幼虫和茧 11.2 万千克，有效控制了虫情。

采用人工捕捉天牛成虫、人工锤击或刮砸虫卵等方式，发动群众，将成虫捕捉后集中销毁。对城、镇市区内受害较轻的行道树、风景林、四旁树，通过组织发动群众，采取人工砸卵、产卵痕迹等进行防治，十分有效。

(四)化学防治

在杨树天牛防治中，对于集中连片危害的林木，采用地面常量或超低量喷洒绿色威雷 150~250 倍液杀灭成虫。在成虫羽化高峰期前一周左右，采用树干打孔注射 20%康福多(吡虫啉)、40%氧化乐果原液等药剂防治成虫。对已侵入进行危害的天牛幼虫，在树干上找出侵入孔，用铁丝或其他工具除去虫粪，用磷化锌和草酸制成的毒签插入虫道，或用 1/12~1/6 片磷化铝片剂塞入虫道后，用泥封口，用棉球蘸氧化果乐等内吸性药剂堵孔熏杀，都能达到理想的防治效果。

1999 年，黄帝陵古柏柏毒蛾大发生，采用灭幼脲喷雾防治；临潼骊山林场白蚁大面积发生，采取了磷化铝薰蒸措施；省楼观台松黄叶蜂大发生，采取了烟雾剂防治；勉县武侯墓古柏叶螨大发生，及时喷洒杀螨灵防治。既保护了旅游风景区古树的健康生长，又发展了旅游事业。

(五)飞机防治

1995 年 3 月，黄帝陵古柏臭柏毒蛾、柏大蚜等突发成灾，有虫株奉达 95%以上，株均虫口达 1000 多条，采取生物制剂农药 10%多来宝，飞机低量喷雾 14 架次，作业面积

136公顷，防治效果83%，控制了灾情，有效地保护了黄帝陵古柏资源。

2010年6月，在安康市汉滨区和商洛市柞水县开展了飞机防治松褐天牛，飞防采用的是2%噻虫啉微胶囊悬浮剂，经国家权威部门检测，对人、畜、水生动物、农作物及环境安全没有危害。从6月10日开始，历时6天，共飞行52架次，防治面积2776公顷。

第四节　林业有害生物检疫测报

一、森林植物检疫

1990~2010年，陕西省平均每年调运检疫林木种子700吨以上，苗木1.5亿株，木制品3万多立方米，果品2万多吨，花卉90多万株，药材1500吨。截至2010年，全省共有47个承担林业植物检疫任务的木材检查站，分布于全省各主要交通干线上(表2-6-5)。

2009年在商洛市柞水县发生了松材线虫病疫情，经省政府同意，立即在柞水县高速公路入口设置两个检疫检查站点，严格检查入境或过境的木材。林业植物检疫人员不定期深入车站、贮木场、市场、木材加工厂及有关托运、邮寄应施检疫的森林植物及其产品的场点对调运来陕的原木及木质包装材料进行检查，对本区境内所有森林植物产品生产、使用、经销的单位和个人进行造册登记，加强对外来松科植物及其产品的检疫工作。

在退耕还林和天保工程实施中，造林季节，各级森防人员深入苗圃、造林地块实施植物检疫工作，严格执行苗木“一签两证”制度，对林业重点工程苗木均实施检疫，杜绝带病虫苗木上山，确保工程用苗质量。

2001~2003年，全省建立44个无检疫对象苗圃通过国家森防总站验收，按照国家要求严格规范各个苗圃的运行，从源头最大限度的杜绝、控制了病虫害的发生，确保了造林绿化苗木健康、安全。

为了严防外来有害生物入侵，省林业厅加强与省公安厅、交通厅、建设厅、工商局、省出入境检疫检验局等有关部门合作。2002年与西安铁路分局、省交通厅、中国民用航空西北管理局、省邮政局联合转发《关于国内托运、邮寄森林植物及其产品实施检疫的联合通知》，省林业厅下发《陕西省林业厅关于进一步加强林业植物检疫执法工作的通知》《陕西省林业厅关于加强松科植物检疫管理的紧急通知》等文件，落实国家林业局加强外来有害生物防范和管理工作。对来自国内松材线虫疫区的木质包装物，各级检疫机关必须复检作出明文规定，并建立了疫情通报制度，把入境检疫发现的松材线虫情况及时相互通报，搞好配合，严格控制疫情疫点，坚决防止疫情的扩散。

1990~2010年陕西省森林植物检疫情况统计表

表2-6-5　　单位：万立方米、吨、万株

年份	木材检疫	种子检疫	苗木检疫
1990	10.56	870.5	22287.0

续表

年份	木材检疫	种子检疫	苗木检疫
1991	44.60	1247.5	22155.7
1992	36.70	824.9	94150.0
1993	38.50	1085.1	99700.0
1994	29.00	1100.5	99500.0
1995	40.00	1000.0	80000.0
1996	68.0	1970.0	96000.0
1997	66.0	1415.0	64000.0
1998	16.0	1400.0	19650.0
1999	86.0	613.0	30958.0
2000	32.0	820.0	112000.0
2001	18.5	801.4	42671.4
2002	6.3	747.5	14514.6
2003	6.1	112.0	35708.8
2004	11.8	3420.8	29675.8
2005	8.6	1709.0	13127.5
2006	11.5	2161.2	12472.4
2007	13.1	13531.8	17997.2
2008	9.6	6604.9	14389.2
2009	10.5	4426.0	16339.0
2010	9.7	2915.5	15468.2
合计	573.06	48775.8	952764.8

二、林业有害生物预测预报

陕西省森林病虫害测报工作以森林资源为对象，根据林业区划和森林病虫害的发生特点，按照“分级负责”的原则，合理布局国家级、省级测报站点，形成比较完善的监测调查网络。1990年，陕西省有林业有害生物测报点43个，配备专职测报员145名，兼职测报员281名。到2010年，陕西省林业有害生物测报点增加到50个(其中国家级中心测报点35个、省级测报点15个)，配备专职测报员442名、兼职测报员1193名。

国家林业局根据我国森林病虫鼠害发生情况，从1999年起，在全国森林病虫害主要发生区建立了510个国家级森林病虫鼠害中心测报点。中心测报点由省级森林病虫害防治检疫站推荐，报送国家林业局森林病虫害防治总站审核，由国家林业局植树造林司审批认定。

2000年，国家林业局印发《国家级森林病虫害中心测报点管理办法(试行)》，2002年国家林业局颁发《森林病虫害预测预报管理办法》，要求各省严把信息数据上报关，切实加强对上报信息数据的管理，主管厅(局)长和森防站长要认真把关，不得擅自修改数据，杜绝使用2套数据或虚假数据的不良行为。森林病虫害发生和危害信息必须通过森防系统主渠道进行传递。如向社会和各种媒体发布病虫信息，必须经上一级林业主管部门批准同意。

2001~2003年，国家林业局在陕西省设立35个国家级中心测报点(在原有林业有害生物测报点的基础上设立)，对林业有害生物种类进行全方位的动态监测。通过国际合作、人才培训，逐步应用微机、航片等高新技术，通过地理信息系统(GIS)的建立、3S(地理信息系统、卫星定位系统、遥感系统)的应用，形成全省森林资源的病虫害动态监测体系、预警系统、专家决策系统，完成由监测单一病虫害种类为主向监测森林资源病虫害种群动态为主的过渡，实现了森林病虫害的动态控制和管理。全省各测报点普遍增加了测报人员，配备了微机、显微镜、照相机等测报设备，各测报点根据当地的实际情况完善了实验室、标本室、药械库以及其它基础设施建设。国家级中心测报点在工作中起到了龙头和示范作用，带动了省级测报点的测报工作，形成了完整的测报网络(表2-6-6)。

2001~2003年陕西省国家级林业有害生物中心测报点一览表

表2-6-6

序号	测报点	测报对象		
01	西安市蓝田县	松叶蜂	松毛虫	
02	西安市周至县	杨小舟蛾	杨扇舟蛾	
03	西安市户县	黄斑星天牛	光肩星天牛	
04	铜川市耀州区	黄斑星天牛	光肩星天牛	
05	铜川市宜君县	鼢鼠	杨扇舟蛾	
06	宝鸡市陈仓区	黄斑星天牛	光肩星天牛	
07	宝鸡市岐山县	松叶蜂	杨干透翅蛾	
08	宝鸡市陇县	鼢鼠	杨树溃疡病	
09	杨陵区	美国白蛾	杨树溃疡病	
10	咸阳市三原县	杨干透翅蛾	白杨透翅蛾	
11	咸阳市旬邑县	松毛虫	鼢鼠	
12	咸阳市兴平市	美国白蛾	杨小舟蛾	
13	渭南市华县	黄斑星天牛	光肩星天牛	
14	渭南市澄城县	鼢鼠	杨扇舟蛾	
15	渭南市韩城市	红脂大小蠹	松毛虫	
16	渭南市华阴市	白杨透翅蛾	华山松大小蠹	
17	延安市安塞县	鼢鼠	春尺蠖	
18	延安市吴旗县	木蠹蛾	春尺蠖	
19	延安市宜川县	红脂大小蠹	松毛虫	

续表

序号	测报点	测报对象		
20	汉中市南郑县	松毛虫	华山松大小蠹	
21	汉中市城固县	舞毒蛾	松毛虫	
22	汉中市西乡县	松毛虫	松叶蜂	
23	汉中市镇巴县	板栗疫病	鼢鼠	
24	汉中市佛坪县	鼢鼠	华山松大小蠹	
25	榆林市榆阳区	春尺蠖	木蠹蛾	
26	榆林市靖边县	春尺蠖	舞毒蛾	
27	榆林市定边县	光肩星天牛	黄斑星天牛	春尺蠖
28	榆林市绥德县	春尺蠖	鼢鼠	
29	安康市汉滨区	松毛虫	华山松大小蠹	
30	安康市岚皋县	板栗疫病	华山松大小蠹	
31	安康市平利县	松毛虫	鼢鼠	
32	商洛市商州区	松叶蜂	华山松大小蠹	
33	商洛市洛南县	松叶蜂	松毛虫	
34	商洛市丹凤县	鼢鼠	杨扇舟蛾	
35	商洛市镇安县	板栗疫病	华山松大小蠹	

从2001年设立国家级中心测报点开始，测报工作纳入了行业关键岗位。2009年，陕西省发生松材线虫病后，把松树异常枯死情况列为测报工作的主要内容，纳入职责考核范围。至2010年，为切实做好松材线虫病监测工作，在原有护林员队伍的基础上，累计聘请兼职测报员和村级森防员共计27128人，充实了疫情监测队伍。加强了测报质量管理，执行联系报告制度，实现了全面监测、早期预警、准确预报、适时处置的目标。

第七章 野生动植物保护管理

第一节 机构建设与保护管理

一、机构建设

(一)省级机构

1982年，经省编办批准，成立陕西省野生动物管理站。1994年，按照省政府机构改革方案，陕西省自然保护区管理工作站和省野生动物资源管理工作站合并，更名为陕西省自然保护区和野生动物管理站(以下简称省动管站)，编制23人，全额事业单位。

职能为："负责自然保护的科普宣传；调查野生动物资源，建立野生动物资源档案；指导自然保护区的建设管理和开展多种经营；具体指导野生动物的保护管理、驯养繁殖、经营利用和开展科研活动；调查总结自然保护区建设和野生动物保护管理方面的经验，传递信息、提供技术服务。"

2000 年，陕西省机构改革，省林业厅成立了野生动植物保护与自然保护区管理处(以下简称：保护处)，为林业厅组成机构，正处级行政编制，编制 3 人。职能为："负责全省森林、陆生野生动物资源和湿地资源类型自然保护区的管理工作；指导陆生野生动植物的救护繁育、栖息地恢复发展；组织全省陆生野生动植物、湿地资源普查、专项调查，指导保护监测体系建设；监督管理全省陆生野生动植物猎捕或采集、驯养繁殖或栽培、经营利用及其专用标识、疫源疫病监测；承办生物多样性保护及其履约的有关工作；监督管理陆生野生动植物进出省境；承担《濒危野生动植物种国际贸易公约》履约的有关工作。"至 2010 年年底，保护处共有 6 人，省自然保护区和野生动物管理站共有人员 27 人。

(二)市县(区)机构

从 1988 年开始，陕西部分市、县(区)陆续成立野生动物管理专职机构 58 个，兼职机构 55 个。

截至 2010 年，全省 11 市(区)均设立了野生动物管理站及相应机构，113 个县设立了保护管理机构，其中专职机构 58 个，兼职机构 55 个，固定及兼职保护管理人员 905 人，野生动植物保护管理体系已基本形成(表 2-7-1)。

1990～2010 年陕西省野生动物管理机构情况统计

表 2-7-1　　　　单位：人

机构	成立时间	职工人数		单位性质		兼职机构/合署办公机构	地址
		干部	工人	性质	级别		
西安市野生动物保护管理站	2004	5	4	参公事业单位	县处级	—	碑林区开通巷 61 号
周至县野生动物保护管理站	1996	3	—	行政	—	周至县林业局政科	周至县城农商街中段林业局
户县野生动物保护管理站	1995	2	—	事业	科级	户县森林公安分局	户县林业局
长安区野生动物保护管理站	1996	7	33	事业	科级	长安区林政资源管理办公室	长安区韦曲新华街 212 号
蓝田野生动物保护管理站	1995	2	2	行政	—	蓝田县林业局林政科	蓝田县林业局向阳路 12 号
高陵野生动物保护管理站	2000	4	—	行政	—	高陵县农林局	高陵县东方红西路 115 号
临潼野生动物保护管理站	2000	2	3	事业	科级	临潼区森林公安派出所	临潼区环城东路

续表

机构	成立时间	职工人数		单位性质		兼职机构/合署办公机构	地址
		干部	工人	性质	级别		
阎良野生动物保护管理站	2001	2	—	行政	—	阎良区农林局林业科	阎良区凤凰东路29号
未央区野生动物保护管理站	1980	19	4	事业	科级	未央区果林管理站	未央路气象巷2号
雁塔区野生动物保护管理站	2003	7	3	事业	科级	雁塔区生态园林管理中心	雁塔区健康东路20号
灞桥区野生动物保护管理站	2001	15	4	事业	科级	灞桥区林业管理站	灞桥区席王柳巷
汉中市野生动植物保护管理站	1997	4	1	参照公务员管理	正科	—	汉中市将坛西路
南郑县野生动植物保护管理站	1992	4	9	事业	—	—	南郑县城关镇南环路2号
佛坪县野生动植物保护管理站	1992	3	5	事业	—	—	佛坪县袁家庄镇北街28号
城固县野生动植物保护管理站	1991	9	5	事业	副科	—	城固县博望镇西环一路北段
宁强县野生动植物保护管理站	1991	7	5	事业	—	—	宁强县羌州路中段
略阳县野生动植物保护管理站	1991	6	7	事业	股级	—	略阳县水灵路
洋县野生动植物保护管理站	1996	3	9	事业	股级	—	洋县东二街20号
勉县野生动植物保护管理站	1993	4	2	事业	副科	—	勉县勉阳镇天荡山路
镇巴县野生动植物保护管理站	1991	1	4	事业	副科	—	镇巴县文化路007号
西乡县野生动植物保护管理站	1991	1	2	事业	副科	—	西乡县城关镇平镇桥48号
汉台区野生动植物保护管理站	1992	6	4	事业	副科	汉台区林业工作中心	汉台区老君镇
留坝县野生动植物保护管理站	1992	3	2	事业	股级	留坝县野生动植物保护协会秘书处	留坝县南环路125号
安康市野生动植物保护管理站	1988	2	1	事业	科级	独立机构	安康市巴山西路161号

续表

机构	成立时间	职工人数		单位性质		兼职机构/合署办公机构	地址
		干部	工人	性质	级别		
宁陕县野生动植物管理中心	1989	2	4	事业	待定	独立机构	宁陕县城关镇
石泉县野生动物保护站	1990	2	—	事业	股级	独立机构	石泉县城关镇
岚皋县野生动物管理站	1992	3	—	事业	股级	独立机构	岚皋县城关镇
镇坪县野生动物管理站	1994	2	3	事业	待定	独立机构	镇坪县城关镇下新街44号
白河县野生动物管理站	2007	1	3	事业	股级	林政股	白河县城关镇旬白路114号
汉阴县野生动物管理站	2006	2	—	事业	股级	林政股	汉阴县城关镇
汉滨区林业局林政股	2007	4	—	行政	股级	林政股	汉滨区大桥路苗圃巷3号
平利县林业局林政股	2006	3	—	行政	股级	林政股	平利县城关镇
紫阳县林业局林政股	2006	5	—	行政	股级	林政股	紫阳县城关镇河堤路
旬阳县林业局林政股	2006	3	—	行政	股级	林政股	旬阳县城关镇
铜川市野生动植物保护管理工作站	2002	6	1	全额事业	科级	铜川市森林病虫害防治检疫站	铜川市新区
铜川市耀州区野生动物保护管理站	2002	3	2	全额事业	副科级	—	耀州区塔坡路156号
铜川市宜君县野生动植物	2002	2	1	全额事业	副科级	—	宜君县宜阳中街9号
铜川市印台区野生动物	2002	2	—	全额事业	副科级	铜川市印台区森林病虫害防治检疫站	印台区金顺路99
铜川市王益区野生动物管理站	2002	3	2	全额事业	副科级	铜川市王益区林业站	王益区红旗街9号
商洛市野生动物管理站	1999	1	1	事业	科级	商洛市森防站	商洛市北新街18号
商州区野生动物管理站	1987	2	—	行政	司站级	兼职林政股	商州区林业局
洛南县野生动物管理站	1999	18	10	事业	司站级	洛南县林业站	洛南县城河滨北路93号

续表

机构	成立时间	职工人数		单位性质		兼职机构/合署办公机构	地址
		干部	工人	性质	级别		
丹凤县野生动物管理站	1990	3	—	事业	司站级	—	丹凤县龙驹寨镇北新街44
商南县野生动物管理站	1993	3	4	事业	司站级	—	商南县城东岗
山阳县野生动物管理站	1991	2	1	事业	司站级	1993年与县林业局林政股合属办公	山阳县城西寺路林业局
镇安县野生动物管理站	1995	3	—	行政	司站级	镇安县林业局林政法制股(兼职)	镇安县林业局
柞水县野生动物保护站	1998	3	5	事业	司站级	—	柞水县城
咸阳市野生动物管理站	1997	13	4	全额事业	正科	森防站、动管站	沈兴南路3号
旬邑县野生动物物理站	2003	17	10	全额事业	副科	林业派出所、动管站	西大街
长武县野生动物管理站	2005	15	3	全额事业	副科	林业站、动管站	宜禄街
淳化县野生动物管理站	1971	10	13	全额事业	副科	林业站、动管站	南新街
泾阳县野生动物物理站	1997	7	12	全额事业	副科	林业站、动管站	泾阳县城北关
乾县野生动物管理站	2004	12	8	全额事业	副科	林业站、动管站	乾县城关镇高庙巷
彬县野生动物管理站	2003	1	5	全额事业	副科	林业站、动管站	彬县北大街44号
永寿野生动物管理站	2002	6	16	全额事业	副科	林业站、动管站	
兴平野生动物管理站	1964	28	42	全额事业	副科	林业站、动管站	西环路中段
三原县野生动物管理站	1998	20	34	全额事业	副科	林业站	三原县宴友思大街中段
武功野生动物管理站	1985	6	6	全额事业	副科	园林站、动管站	五一路中段

续表

机构	成立时间	职工人数		单位性质		兼职机构/合署办公机构	地址
		干部	工人	性质	级别		
礼泉野生动物管理站	2004	77	78	全额事业	副科	林业站、动管站	礼泉县市政街39号
秦都野生动物管理站	2002	13	2	行政	正科	农林局、动管站	咸阳市渭阳西路
渭城野生动物管理站	2004	32	15	全额事业	副科	林业站、动管站	咸阳市毕塬东路20号
榆林市野生动物管理站	2000	6	—	事业	科级	市林业工作站	榆林市林业局
榆阳野生动物管理站	1988	7	4	事业	科级	榆阳趣林业工作站	榆林市上郡北路17号
神木县野生动物管理站	2001	37	—	事业	科级	神木县湿地保护管理站	神木县林业局5楼
定边县野生动物管理站	2002	73	6	事业	副科	定边县林业工作站	定边县长城南街
横山县野生动物管理站	2000	26	25	事业	副科	横山县林业工作站	横山县城工农西巷
绥德县野生动物管理站	2001	16	7	事业	副科	与森防站合署办公	绥德龙湾底湾40号
米脂县野生动物管理站	2003	7	6	事业	副科	米脂县林业工作站	米脂县北门川
清涧县野生动物管理站	2006	4	—	事业	副科	清涧县林业工作站	清涧县岔口
渭南市野生动物管理站	1996	8	—	全额事业	副县	陕西黄河湿地省级自然保护区管理处	渭南市东风街中段65号
临渭区林业局	2003	3	1	行政	—	与林政股合办	临渭区政府五楼
华阴市林业局森林派出所	2000	10	15	事业	股组	华阴市林业局森林派出所	华阴市云台路北段
富平县林业局	2005	47	78	事业	正科	富平县林业局野生动物保护站	富平县车站大街东段
华县林业局	2001	1	4	事业	股组	林业局林政股	华县新秦南路
澄县林业局	2000	4	2	事业	股组	林业局林政股	澄县东九路86号
陕西黄河湿地自然保护区大荔管理站	2003	4	2	事业	副科	林业局林政股	大荔城关镇南关路2号715100

续表

机构	成立时间	职工人数		单位性质		兼职机构/合署办公机构	地址
		干部	工人	性质	级别		
蒲城县林业局	2003		5	行政	股组	林业局林政股	县城南环路东段66号
白水县林业局	2003	3		事业	股组	林业局林政股	县新兴路中段政府4楼
潼关县野生动物管理站	1995	3	3	事业差补		三河湿地管护站	潼关县林业局
合阳县野生动物管理站	2006	3	2	事业	副科	合阳县野生动物疫病检测站	合阳县林业局
韩城市林业局	2002	124	261	行政	正科	—	韩城市政府大楼
陕西韩城黄龙山省级褐马鸡自然保护区	2001	40	49	事业	副处	—	韩城市政府大楼
宝鸡市野生动物保护管理站	1988	4	0	事业	副县	与市林业站合属办公	宝鸡市中山东路7号
渭滨区林政管理所	2003	6	3	事业	副科	与渭滨区林政所合办	渭滨区石鼓园小区
陈仓区林政管理所	1993	4	5	推公事业	科级	兼职机构	宝鸡市陈仓区虢镇
金台区林果站	1999	3	2	事业	副科	兼职机构	宝鸡市斗中路65号
麟游县林政所	1979	1	1	行政	股所	兼职机构	麟游县东大街28号
千阳县野生动物保护管理站	1996	6	0	事业	股级	千阳县公安局森林派出所合属办公	千阳县城开发区2号
凤翔县林政管理所	1992	4	5	事业	股组级	凤翔县林政资源管理所合属办公	凤翔城关东街10号
太白县野生动物保护管理站	1990	3	9	事业	副科	独立机构	太白县城北大街
凤县野生动物保护管理站	1997	1	1	事业	副科	合属办公	凤县凤州镇团结路130号
扶风县野生动物保护管理站	2002	2	2	事业	副科	专职机构	扶风县林业局
岐山县林政管理所	1986	14	14	事业	股级	兼职机构	岐山县五丈原镇西星街
陇县野生动物保护管理站	1992	2	3	事业	正科	与林业站合属办公	陇县林业工作站

续表

机构	成立时间	职工人数		单位性质		兼职机构/合署办公机构	地址
		干部	工人	性质	级别		
眉县野生动物保护管理站	2007	4	0	事业	科级	眉县林业局林政股合属办公	眉县平阳街285号
延安市野生动物保护管理站	2004	7	5	事业	科级	—	宝塔区杨家湾
吴起县野生动物保护管理站	1996	12	7	事业	科级	县林业站	吴起县林业局
志丹县野生动物保护管理站	2005	3	9	事业	副科	县森防站	志丹县林业局
安塞县野生动物保护管理站	2001	13	10	事业	科级	县林业站	县林业局
子长县野生动物保护管理站	2003	6	21	事业	科级	县林业站	子长县林业局
延川县野生动物保护管理站	2001	15	15	事业	科级	县林业站	延川县林业局
延长县野生动物保护管理站	2002	3	1	事业	副科	县森防站	延长县林业局
甘泉县野生动物保护管理站	2002	7	6	事业	科级	县林业站	县林业局、林业站
富县野生动物保护管理站	1996	6	—	事业	科级	县林业站	富县北教场192号
宜川县野生动物保护管理站	2002	1	—	事业	科级	县林业局	宜川县林业局
洛川县野生动物保护管理站	2001	8	2	事业	科级	县林业站	洛川县中心街南段
黄陵县野生动物保护管理站	2001	15	4	事业	科级	县林业站	黄陵县林业局
黄龙县野生动物保护管理站	1999	—	3	事业	科级	鹿业办	黄龙县林业局
宝塔区野生动物保护管理站	1993	9	12	事业	科级	林业站	宝塔区林业局
劳山林业局	1995	4	—	事业	科级	林政科	劳山林业局林政科
富县林业局	1995	4	1	事业	科级	林政科	富县北教场
桥山林业局	1995	5	—	事业	科级	林政科	桥山林业局
黄龙山林业局	1996	2	2	事业	科级	林政科	黄龙山林业局

二、野生动物保护协会

陕西省野生动植物保护协会(Shaanxi Wildlife Conservation Association，缩写为SWCA)，成立于1984年11月，该组织是由野生动植物保护管理、科研教育、驯养繁殖、自然保护、经营利用者和广大野生动植物爱好者及团体自愿组成的全省性群众自然保护团体，是公益性非营利性社会组织。第一任会长李伟、第二任会长任国义、第三任会长钟高适、第四任会长权志长，至2010年共历4任会长。协会自成立以来，宣传一直是重点工作之一，一年一度的野生动物保护宣传成为协会的特色。重点是围绕一年一度的“爱鸟周”活动和“走进科普活动周”进行，每年一个主题，到2010年举办了28届“爱鸟周”宣传活动。还有野生动物保护法宣传月、科技之春宣传月、科普日等宣传活动。协会先后与陕西省动物学会等单位举办了野生动物植物方面的学术交流活动，接待了世界野生生物基金会、日本鸟类保护联盟、日本中国朱鹮保护协会、我国香港野生生物基金会、日本文化交流财团、美国圣地亚哥动物园、日本环境厅等国家和地区的专家和官员。在野生动物的保护管理、野外调查、生态研究、驯养繁殖等方面进行了广泛的接触和交流。充分利用各种合作途径，为陕西野生动物保护事业筹集资金。

截至2010年，协会下设科普宣传工作委员会、科技咨询工作委员会、基金管理工作委员会、组织管理工作委员会4个工作委员会和养殖专业委员会、法律咨询专业委员会、自然保护区专业委员会、动物救助专业委员会、植物专业委员会、对外交流委员会6个专业委员会，以及兰花分会和陕西观鸟会等12个分支机构，发展了18个团体会员和20711名个人会员。

三、野生动植物保护管理

(一)保护管理的政策法规

为了加强对野生动植物的保护工作，国家相继出台了《中华人民共和国森林法》和《中华人民共和国野生动物保护法》，这两部法律是动植物保护的母法。1990年以来实施的法律还有《陆生野生动物保护实施条例》《陕西省实施〈中华人民共和国野生动物保护法〉办法》。办法规定每年4月11日为陕西省的“爱鸟节”，9月为“野生动物保护法宣传月”。

2004年8月3日，陕西省第十届人民代表大会常务委员会第十二次会议对《陕西省实施〈中华人民共和国野生动物保护法〉办法》修正，使其更加完善。2007年11月24日经陕西省第十届人民代表大会常务委员会第三十四次会议通过《陕西省秦岭生态环境保护条例》，自2008年3月1日起施行。

2000年起，在全省范围内开展了野生动物伤害人畜和损害农作物专项调查，并先后2次召开由省内各市、重点县、有关人大代表参加的专题座谈会，充分征求基层意见，完成了《陕西省重点保护陆生野生动物造成人身财产损害补偿办法》起草工作，经社会各界讨论，于2004年11月以陕西省人民政府(第104号)令公布，自2005年1月1日起施行。

(二)野生动植物资源调查

1. 野生植物资源调查。1990~2010年，陕西省开展过一次重点保护野生植物资源调查。这次调查是根据国家林业局统一安排进行的。调查时间从1998年9月开始，至

2000 年 9 月结束。调查工作由省动管站会同规划院联合开展。调查题目是“陕西省国家重点保护野生植物资源调查”。省林业厅成立了野生植物调查领导小组和野生植物调查队，领导小组下设办公室和专家顾问组。副省长王寿森任领导小组组长，省政府副秘书长黄广文、林业厅厅长钟高适任副组长；成员有林业厅副厅长陈东升、财政厅副厅长王树函、发改委专职委员张淦然、科委副主任茹明定、农业厅副厅长王峰、水利厅助理巡视员张其寅、统计局副局长李仲为；领导小组办公室设在林业厅，副厅长陈东升任办公室主任，省动管站站长曹永汉、规划院院长刘志学任副主任。成立了“野生植物调查专家技术顾问小组”，成员有西北林学院教授曲式曾、西北林学院教授杨茂生、西北植物研究所研究员徐朗然、西北大学副教授任毅、规划院高级工程师刘志学；成立了“野生植物资源调查组”，成员有规划院、省动管站相关人员。

此次调查的范围和重点是全省重点保护的珍稀濒危野生植物数量和分布情况。经过 2 年时间的艰苦工作，调查明确了全省野生植物资源分布重点地区为秦巴山区各县，以秦岭主峰太白山和巴山主峰化龙山为中心分布区。这次调查的 35 个物种，其中国家Ⅰ级保护野生植物 6 种，国家Ⅱ级保护野生植物 22 种，省级重点保护野生植物 4 种，一般重点保护野生植物 3 种。详见表 2-7-2。

1990～2000 年陕西省重点保护野生植物资源数据表

表 2-7-2　　　　单位：公顷、株、立方米

序号	中文名	分布面积	株数	蓄积量
1	红豆杉	37	3500	670
2	南方红豆杉	7	560	105
3	珙桐	195	9750	390
4	独叶草	85	73585631	
5	银杏	20	10000	800
6	水杉	30	50000	8300
7	秦岭冷杉	268.8	43008	139776
8	太白红杉	6350	4631538	779907
9	麦吊云杉	15.4	1848	385
10	大果青杆	224.5	85310	16838
11	黄杉	3.5	83	13.5
12	巴山榧树	34	3978	313
13	连香树	51.9	2128	324
14	核桃楸	3.8	456	30.4
15	刺五加	56.7	29484	
16	红豆树	58.4	20440	3504
17	厚朴	156.5	187800	3460

续表

序号	中文名	分布面积	株数	蓄积量
18	凹叶厚朴	0. 2	45	15
19	水青树	25. 9	9065	194. 5
20	杜仲	730	10950	11600
21	核桃	122685	5281000	228000
22	水曲柳	228. 2	64092	4120. 2
23	香果树	20	1622	174. 3
24	长序榆	0. 1	1	0. 3
25	大叶榉	13. 4	3082	335
26	黄连	8. 5	10200	
27	油樟	18. 4	5152	644
28	臭柏	25966	8235168883	
29	杜松	2440	464088	10775
30	多花木兰	0. 1	5	1. 1
31	庙台槭	169. 3	18284	1777. 7
32	矮牡丹	33. 3	102298	
33	紫斑牡丹	85. 5	38475	
34	桃儿七	15. 3	28305	
35	黄皮树	130	27300	4550

2. 野生动物资源调查。1996~2001 年，陕西省林业厅组织省动物研究所和有关市、县野生动物管理人员 645 人次，开展陕西省陆生野生动物资源调查工作。调查结果为：全省有陆栖脊椎动物 604 种，其中两栖动物 28 种，约占全国 220 种的 12. 7%；爬行动物 49 种，约占全国 380 种的 12. 9%；鸟类 380 种，约占全国 1189 种的 32%；哺乳动物 147 种，占全国哺乳动物类 509 种的 28. 9%。这次调查，是陕西省历史上规模最大、内容最丰富的一次野生动物资源调查工作，查清了陕西陆生野生动物资源家底。调查中，还发现了褐马鸡、遗鸥、小天鹅、沙狐等国家Ⅰ、Ⅱ级保护野生动物。

调查显示，列入国家保护的野生动物种类占全国种数的约五分之一，其中，国家Ⅰ级保护野生动物 16 种，国家Ⅱ级保护野生动物 64 种，省级重点保护野生动物 52 种，国务院公布的有益、有重要经济价值和科研价值（“三有”动物）的鸟类有 287 种，不仅物种种类繁多，而且栖息着大熊猫、羚牛、朱鹮、金丝猴、遗鸥等中国特有的世界珍稀动物物种。

1997~2001 年，陕西省林业厅组织 10 个市、105 个县（市）野生动物管理 150 人开展了湿地资源调查工作。结果显示：陕西省湿地分布面积在 100 公顷以上湿地总面积为 29. 28 万公顷。三河、红碱淖和朱鹮栖息地等 3 块湿地已被《中国湿地保护行动计划》列入国家重要湿地名录。

2000~2002 年，陕西省林业厅组织省动物研究所、长青、佛坪、周至、老县城、太白山等有关大熊猫自然保护区和佛坪、洋县、城固、宁陕、太白、凤县、宁强、汉台区有关市县野生动物管理 159 人，开展了陕西省第三次大熊猫调查，结果显示：大熊猫野外种群 273 只，大熊猫秦岭亚种的野外分布密度及野外直观频率居全国大熊猫分布区之首，种群数量在稳步上升阶段。野外直观到大熊猫 116 只(次)。在宁强、宁陕 2 县还发现了秦岭大熊猫新的分布区。

2004 年，陕西省林业厅组织省动物研究所和陕西省朱鹮保护观察站开展了朱鹮种群数量调查。调查内容涉及自然种群的繁殖状况、朱鹮游荡期、越冬期的调查、环志情况，人工种群的数量、结构、谱系等。调查显示：全省共有朱鹮约 762 只，其中，野外约 380 只，洋县饲养中心 155 只，省野生动物饲养抢救中心 227 只。准确掌握了朱鹮自然种群的分布、数量以及不同季节的活动规律，预测了种群发展趋势，评估栖息地质量，为今后更有效地开展保护工作提供科学依据。

朱鹮自 1981 年在陕西洋县重新发现，到 2010 年年底，经过 30 年的有效保护，目前陕西野生和人工饲养总数 1077 只，其中自然种群 635 只，人工饲养种群 442 只。

2007~2008 年，省动管站组织渭南市林业局和陕西省动物研究所专家、技术人员 36 人，开展渭南市境内大鸨、黑鹳等珍稀鸟类资源调查。调查显示，该地区鸟类资源 16 目 36 科 119 种，其中珍稀鸟类有黑鹳 252 只，大鸨 76 只。

四、野生动物研究及学术交流

1990~2010 年，在野生动物保护管理方面，开展了以下科研、学术交流活动：

1990 年 2 月 21 日至 3 月 31 日，省林业厅许树华、动物研究所史东仇、陕西朱鹮保护观察站(以下简称朱鹮站)路宝忠 3 人，到日本考察学习日本朱鹮的保护历史及现状、日本鹮类饲养、疾病防治等；同时介绍了中国朱鹮的保护、研究现状。

1991 年 4~5 月，省动管站站长曹永汉、工程师卢西荣，朱鹮站席咏梅一行 3 人赴日本考察学习朱鹮及其他野生动物的保护管理和人工饲养技术。

1997 年 4 月，朱鹮站申请的世界银行 GEF 项目科研课题“朱鹮种群数量及动态研究”及林业部科学技术司“朱鹮寄生蠕虫志”课题获批准，并投入实施。5 月 20~24 日，中国科学院动物研究所研究员钱燕文、北京师范大学生物系教授郑光美、中国野生动物保护协会副秘书长李玉铭及有关专家 20 多人，在洋县举行了拯救朱鹮专题讨论会。

1999 年 9 月 6~10 日，由中国野生动物保护协会、中国鸟类学会、陕西省野生动物保护协会主办的“'99 国际朱鹮保护研讨会”在陕西省汉中市召开。与会代表形成并发表了关于共同拯救世界珍禽朱鹮的《汉中宣言》。9 月 28~30 日，应日本国新泻县环境生活部部长筐川腾雄邀请，省林业厅厅长钟高适、省动管站站长曹永汉到新泻县访问，与先期抵达新泻县的陕西省政府副省长赵德全率领的经贸代表团一行会合。9 月 29 日在新泻县知府举行了朱鹮保护合作项目签字仪式，新泻县知府和新泻县朱鹭保护推进委员会将在 1999~2001 年，每年捐助 900 万日元的资金，用于陕西朱鹮保护项目。1999 年 11 月 2 日，省长程安东、副省长王寿森，汉中市委书记韩耀武、市长胡悦等，到朱鹮救护饲养中心视察。省长程安东指示要抓好朱鹮野外保护和人工繁殖工作，尽快搞野化放飞；建一个大网笼让朱鹮自然繁殖，由省财政拨款150万元。

2000年2月21日，省政府副省长王寿森、国家林业局森林和野生动植物保护司副司长刘永范、陕西省林业厅厅长钟高适等在北京出席了日本国驻华大使馆资助陕西朱鹮保护观察站建设项目签字仪式。按照此协议书，日本国驻华大使馆资助73881美元(约合人民币61万元)，由朱鹮站用于扩建300平方米笼舍、1000平方米养殖池和580平方米宣教馆建设。2000年3月中旬，按照省林业厅下达的“笼养朱鹮自然育雏行为研究”课题，陕西朱鹮救护饲养中心组成科研小组，在野外搭设网笼，安装监视器，精心选择配对鸟，昼夜值班观察，从巢材、投食、防疫等各个环节采取严谨科学的管理措施，由亲鸟产卵自孵自育，成功繁育1只幼鸟。2000年6月中旬，由朱鹮站科研人员路宝忠等主持完成的“朱鹮救护饲养与人工繁殖研究课题”，通过省科委组织的评审，评为2000年陕西省政府科技进步二等奖。2000年7月20日，国际鸟类保护联盟鹳、鹮、琵鹭专家组主席柯德尔先生再次到洋县，对野生朱鹮栖息地状况、人工繁育朱鹮进行了考察。2000年10月10~17日，日本朱鹮保护会会长村本义雄为团长的一行10人，在陕西省野生动物保护协会副秘书长常秀云陪同下到洋县考察朱鹮保护栖息地情况，在南街小学向学生们做了保护朱鹮的演讲。16日晚，村本义雄先生代表日本社会的捐款者向陕西省野生动物保护协会转交了250万日元的保护资金。

2003年3月，朱鹮站与中国科学院动物研究所达成协议，共同开展朱鹮种群迁移研究、朱鹮谱系测定研究。7月，日本国出云市政府代表团来保护区访问，共认养朱鹮10只，认养费用10万元人民币。

2004年，省动管站、朱鹮站和中国林业科学研究院鸟类环志中心合作，在洋县华阳联合进行朱鹮野化放飞试验。

2003~2005年，省动管站多次组织省内外专家学者赴安康、商洛、渭南、榆林、延安、宝鸡、铜川市的10余个县(区)考察调研，经过反复与洋县朱鹮原分布区生态环境要素的分析对比，初步选定在铜川市耀州区、宜君县，宝鸡市眉县和安康市宁陕、石泉县实施朱鹮野化放归和再引入试验项目。

2003年以来，省动管站督促朱鹮观察站，加强与西北农林科技大学合作，积极开展朱鹮疾病普查和防治研究，课题为“白色朱鹮个体的调查及研究分析”。

2005年5月，经国务院批准省级朱鹮自然保护区晋升为国家级自然保护区，命名为“陕西汉中朱鹮国家级自然保护区”(以下简称朱鹮保护区)，面积37549公顷。7月，由朱鹮保护区主持，联合开展的“朱鹮拯救与保护研究”课题成果获得陕西省林业厅科学技术进步一等奖。

2006年5月，由朱鹮保护区主持，中国科学院动物研究所、陕西动物所、省动管站、全国鸟类环志中心联合开展的“朱鹮拯救与保护研究”课题成果获得陕西省科技进步一等奖。2007年获国家科技进步二等奖。

2007年5月31日，国家林业局和陕西省人民政府在宁陕县寨沟村隆重举办了“朱鹮野化放飞仪式”。野化放飞的朱鹮顺利度过2007年年底到2008年年初严重低温雨雪冰冻的灾害天气，成功繁殖3只幼鸟，标志着朱鹮野化放飞科研工作取得初步成功。

2009年，省珍稀野生动物抢救饲养研究中心(以下简称省抢救中心)与国家濒危野生动植物种质保护中心开展朱鹮保护合作研究，并提供10只朱鹮，在浙江省德清县建立了异地种群，为朱鹮跨省区异地饲养繁殖提供了宝贵的经验。

2009年，西安古城眼科医院对大熊猫“小明”实施白内障摘除手术后，该医院提出认养大熊猫，经省厅协调磋商，西安古城眼科医院出资20万元认养大熊猫“小明”，并于2009年6月16日在省抢救中心成功举办了认养仪式。2009年，经国家林业局批准，由陕西省向日本出口羚牛4头，于2011年1月25日出境。2009年8月19日，省林业厅在宁陕县寨沟再次成功放飞朱鹮10只。

2010年6月，由朱鹮保护区申请省林业厅科研课题“朱鹮自然迁移扩散及共保护措施的研究”获得省林业厅科学技术进步一等奖。10月，保护区申请国际环保机构瑞尔协会中国第二期“自豪项目”正式启动，重点解决汉江湿地过渡捕捞鱼类资源、导致朱鹮食物资源匮乏的问题。12月，中日合作项目“人与朱鹮和谐共存的环境建设项目”正式启动。该项目由政府主导，日本国际协力事业团和国家林业局共同签字确认，项目资金约500万美元，项目地点包括陕西朱鹮保护区、陕西省宁陕县林业局和河南省洞寨保护区。

第二节　濒危野生动植物抢救与管理

一、大熊猫抢救

陕西省自1986年开展大熊猫野外救护工作以来，秦岭地区先后在野外救护病、伤、残大熊猫65只，其中救活34只，放归野外8只，收容救治14只。仅2006年全省就抢救大熊猫10只，除2只伤势较轻的放归野外，有6只救治无效后死亡，2只收容救治。

2006年7月，根据全国第三次大熊猫调查结果，陕西野生大熊猫种群数量达到273只，分布范围从5个县扩大到9个县，佛坪大熊猫分布密度全国最大。其中，2006~2010年，全省共成功繁殖大熊猫6只，人工饲养种群达到22只。

二、朱鹮抢救

从1991年开始，中国开始尝试通过人工繁育来保护朱鹮，并获得突破性进展。截至2010年，陕西省朱鹮种群数量达到1077只，其中人工种群数量达442只，野外种群数量达到635只，分布区增加到9个县(区)。

从2007年陕西省在宁陕首次启动了朱鹮野化放归试验项目，首次放飞了26只朱鹮，2009年的9月和2011年的10月又分别放飞了10只。累计人工放飞46只。2008年有2对朱鹮组成“家庭”，繁育成活了3只朱鹮宝宝，成为全球首例异地野化放飞的子一代朱鹮。

为了减少因保护朱鹮对栖息地的居民生产生活造成影响。从2008年开始，政府开始尝试对朱鹮保护区老百姓的损失进行补偿，目前已经发放200多万元。另外，为了保证朱鹮的觅食安全，汉中朱鹮保护区的农田不再使用农药化肥，实行无污染的农业生产，确保朱鹮野外种群安全和持续发展。

三、林麝抢救

2002年，林麝被列为国家Ⅰ级保护野生动物。2003年以来，省林业厅、科学院、发改委和科技厅等部门投入大量人力、物力和资金，开展了林麝养殖繁育，取得了成效。

2006年11月，省林业厅在凤县召开了全省林麝养殖工作座谈会，在国家现行政策管理和养殖技术方面进行了广泛的探讨。

2008年，省林业厅野保协会在科技之春宣传月中，组织有关专家在凤县举行养麝技术培训会，积极推广普及养麝实用技术。在省林业厅和各级地方政府的政策引导和资金扶持下，宝鸡、安康、汉中和渭南4市10县林麝人工养殖种群数量都有了较大发展。全省林麝存栏从2006年的1100只发展到2010年10月底的2665只，林麝存栏总数居全国第一。

为建立林麝种群谱系档案，提高饲养管理水平和改善种群质量，2010年7～12月，省林业厅委托省动物研究所对全省人工养麝资源进行了专项调查，并对存栏个体进行活体标记。调查工作范围涉及陕西4市10县29个乡镇58个村的130个场户。调查林麝标记(耳牌)从陕麝00001～02668号，标记过程中意外死亡2只、逃跑1只，均为成年母麝。截至2010年11月30日，全省实际标记存栏林麝2665只。

四、濒危野生植物管理

省动管站2001年成立了野生植物、湿地保护及进出口管理科。具体负责野生重点保护植物的管理工作。科室负责配合国家林业局对申请办理濒危物种进出口的企业及个人申报文件进行核查上报。2007年，按照国家林业局有关文件的要求，规范了办理陆生野生动物允许进出口证明书和野生植物允许进出口证明书的申报程序。

2008年，省动管站会同陕西师范大学开展了“陕西省红豆杉资源调查”工作。成立专门课题组，最终完成了《陕西省红豆杉资源调查工作报告》的编写。2009年，省动管站会同陕西师范大学开展“陕西省珙桐资源调查”工作，成立专门课题组，完成了《陕西省珙桐资源调查工作报告》的编写。

2009年，修订完成《陕西省地方重点保护植物名录(第一批修订)》，并以省政府文件正式公布，将全省183种濒危野生植物列入省级重点保护野生植物名录。2010年7月29日，《陕西省野生植物保护条例》由陕西省第十一届人民代表大会常务委员会第十六次会议通过，并予以公布。2010年10月1日正式实施。

第三节　狩猎管理

一、组织与管理

1990年9月8日，陕西省人民政府办公厅下发《关于采取措施切实加强我省野生动物保护管理工作的通知》，要求今后凡对国家和省级重点保护野生动物或其产品进行猎捕、驯养、繁殖、出售、收购和进出口的，必须报经省林业主管部门审批。猎捕非国家和省级重点保护的野生动物，必须持有县级林业主管部门核发的狩猎证，并服从猎捕量限额管理。收购、出口这些野生动物或其产品，必须持有省林业、水利行政主管部门同意的正式计划和出口证明。

2003年年初非典爆发，有关单位对野生动物与“非典”病毒关系的研究结果引起了社会各界的广泛关注。根据国务院领导指示，国家工商总局和国家林业局于2003年5月30日联合召开严禁违法捕猎和经营野生动物电视电话会议，就严禁违法捕猎和经营野生动物，保护生态环境，控制疫病传播工作，进行了动员和部署。陕西省人民政府办公厅转发省工商局、林业厅《关于严禁违法捕猎和经营野生动物意见的紧急通知》，要求各级林业主管部门暂停办理各类野生动物的狩猎证和特许猎捕证，对已下达的狩猎计划，一律暂停执行；因科学研究急需的野生动物样本，林业主管部门要按照防止疫病传播的有关要求，采取有效防范措施，在确保安全的前提下，依法按有关审批程序办理。坚决查处和取缔无证无照进行野生动物的狩猎、经营利用等违法行为。各级林业、森林公安部门组织人力，封山设卡、清山查套，收缴非法狩猎工具，限制外来人员进入林区；对自然保护区和野生动物重点分布区，增设巡护检查站、点，防止乱捕滥猎野生动物案件的发生。在抗击“非典”期间，按照国务院和省委、省政府的统一部署，将全省人工饲养的果子狸全部放生，并给予养殖户适当补偿。

为了保护和合理利用野生动物资源，省林业厅每年下达狩猎计划，将狩猎计划逐级分解到县、乡。由县级以上野生动物行政主管部门核发狩猎证并依法征收野生动物资源管理费。狩猎季节，各级野生动物行政部门要对当地的狩猎活动进行认真管理，组织群众清山查套，禁止使用军用武器、体育运动枪支、毒药、炸药、猎套、铁夹、地坑、电击等手段和工具进行歼灭性围猎，严禁破坏野生动物的栖息地。

2007 年 8 月 16 日，省政府办公厅召集省林业厅、公安厅、农业厅和省政府法制办等单位召开了“研究解决陕南野猪泛滥影响群众生产生活有关问题”的专题会议，会后省政府办公厅下发《关于遏制野猪危害维护群众生产生活秩序的通知》，省林业厅积极与省公安厅和省民用枪支配售中心开展护田护林狩猎活动可行性调研，制定了狩猎队组建、队员培训、枪弹库建设的原则性标准。先期在太白等 18 个县开展护田护林狩猎试点工作，对狩猎队组建、队员培训、枪弹库建设和管理制度等情况进行了联合检查验收。经省公安厅审核，在长安区等地配发狩猎枪支，开展正常狩猎活动，为在全省推进护田护林狩猎工作积累了经验。

为了解决野生动物造成人身财产损害问题，省林业厅在充分调查研究的基础上，广泛征求意见，组织起草《陕西省重点保护陆生野生动物造成人身财产损害补偿办法》。2004 年 11 月，省政府以 104 号令予以公布实施。2005 年 7 月，为配合补偿办法的实施，省林业厅和财政厅制定《〈陕西省重点保护陆生野生动物造成人身财产损害补偿办法〉实施细则》，并将补偿资金纳入各级财政预算，并于 2004 年开始补偿，使长期以来野生动物造成人身和财产损害补偿无法可依的问题得到妥善解决。

2006 年 10 月到 2007 年 9 月底，全省共发生重点保护陆生野生动物造成人身财产损害的事件 312 起，其中造成人身伤害的 24 起，致害野生动物为羚牛、黑熊等；造成农作物、经济林木、家畜受损害的 288 起。2007 年，重点保护陆生野生动物造成人身财产损害补偿资金共计 1931152. 24 元，属于省级财政补偿的资金为 797398. 44 元。2010 年，国家林业局下拨中央财政野生动物肇事补偿资金 230 万元，主要用于对 2009 年全省重点保护野生动物造成人身财产损害补偿资金不足部分的补助。

从 1994 年开始，陕西省引进国际狩猎项目。2006 年 7 月起，因狩猎指标的拍卖，国家林业局停止了国际狩猎业务。截至 2010 年年底，陕西省狩猎场已批准 19 家，其中国际狩猎场 3 家，分别是秦岭国际狩猎场(包括佛坪、留坝和户县 3 个狩猎区)，周至国际狩猎场、宁陕国际狩猎场；国内狩猎场 16 家。

经国家林业局批准，陕西省于 1997 年建立对外国人开放的陕西省秦岭国际狩猎场，秦岭国际狩猎场下辖佛坪、留坝和户县 3 个狩猎区。秦岭国际猎场总面积 117200 公顷，可供狩猎的动物有羚牛 705 只、鬣羚 364 只、斑羚 744 只、野猪 922 只、小麂 786 只、毛冠鹿 743 只、林麝 298 只。秦岭国际狩猎场自 1994 年以来共接待国外狩猎团队 33 个（次），狩猎羚牛 49 头、鬣羚 5 只、斑羚 5 只、血雉 2 只、小麂 9 只和毛冠鹿 9 只。狩猎成功率 96%，仅有 1 次狩猎失败记录。2001 年 9 月，德国猎人 Bengen 在户县狩猎区狩猎失败，连续 6 个狩猎日大雨不断，无法出猎。秦岭国际狩猎场不需建设野外营地，猎人到达后可住宿在县城的宾馆、林场招待所或农户家庭，一切服务设施较齐全，可提供中餐、简单西餐、各类水果、饮料等食物。每个狩猎区都有 10 多位经验丰富的导猎人员，可保证狩猎成功，猎人体力不足时，导猎人员可驱赶猎物。整个狩猎过程中为猎人配备了越野车，保证猎人尽可能减少步行(表 2-7-3)。

2009 年陕西省狩猎场基本情况统计表

表 2-7-3　　单位：平方千米

狩猎场		建立时间	批准部门	面积	上级管理部门及管理单位	狩猎对象
国际狩猎场	陕西省秦岭国际狩猎场佛坪狩猎区	1998	省林业厅	393	省林业厅、佛坪县林业局	羚牛、鬣羚、野猪、小麂、毛冠鹿、林麝
	陕西省秦岭国际狩猎场留坝狩猎区	1997	省林业厅	622	省林业厅、留坝县林业局	羚牛、鬣羚、野猪、小麂、毛冠鹿、林麝
	陕西省秦岭国际狩猎场户县狩猎区	1997	省林业厅	157	省林业厅、户县林业局	羚牛、鬣羚、野猪、小麂、毛冠鹿、林麝
	陕西省周至国际狩猎场	2005	省林业厅	10	省林业厅、户县林业局	羚牛、鬣羚、斑羚
	陕西省宁陕国际狩猎场	2005	省林业厅	15	省林业厅、宁陕县林业局	羚牛、鬣羚、斑羚
国内狩猎场	陕西省宁陕上坝河狩猎场	2005	省林业厅	30	省林业厅、宁陕县林业局	草兔、雉鸡、野猪
	陕西省汉中市白杨寨狩猎场（养殖围栏狩猎）	2004	省林业厅	0.6	省林业厅、汉台区林业局	草兔、雉鸡、野猪、南江黄羊
	陕西省宜君庙山狩猎场	2005	省林业厅	9.32	省林业厅、宜君县林业局	草兔、雉鸡、野猪、狍
	陕西省宁强红石梁狩猎场	2005	省林业厅	5.01	省林业厅、宁强县林业局	草兔、雉鸡、野猪

续表

狩猎场		建立时间	批准部门	面积	上级管理部门及管理单位	狩猎对象
国内狩猎场	陕西省玉华宫狩猎场	2002	省林业厅	7	省林业厅、铜川市林业局	草兔、雉鸡、野猪
	陕西省岚皋县四季狩猎场	2002	省林业厅	10	省林业厅、岚皋县林业局	草兔、雉鸡、野猪
	陕西省延安市劳山狩猎场	2003	省林业厅	14.5	省林业厅、延安市林业局	草兔、雉鸡、野猪、狍、狗獾
	陕西省佛坪秦岭狩猎场(围栏放养狩猎)	2002	省林业厅	13.8	省林业厅、佛坪县林业局	红腹锦鸡、小麂、狗獾
	陕西省焦坪狩猎场(铜川市印台区)	2002	省林业厅		省林业厅、印台区林业局	草兔、雉鸡、野猪狍
	陕西省翠屏山狩猎场(围栏放养狩猎)	1995	省林业厅	1.5	省林业厅、永寿县林业局	草兔、雉鸡、野猪、石鸡、小麂
	陕西省莲花山狩猎场	2001	省林业厅	1.74	省林业厅、千阳县林业局	草兔、雉鸡、野猪
	陕西省黄龙县泄湖狩猎场	2003	省林业厅	139.17	省林业厅、黄龙县林业局	草兔、雉鸡、野猪、狍
	陕西省爱地狩猎场(围栏放养狩猎)	2000	省林业厅	3.33	省林业厅、镇安县林业局	草兔、雉鸡、野猪
	陕西省秦岭八卦庙狩猎俱乐部	2006	省林业厅	3.44	省林业厅、风县林业局	草兔、雉鸡、野猪
	陕西省略阳县三岔林狩猎场	2006	省林业厅	4.735	省林业厅、略阳县林业局	草兔、雉鸡、野猪
	陕西省咸阳旬邑石门山名仕狩猎场(围栏放养)	2007	省林业厅	2.654	省林业厅、旬邑县石门山森林公园	草兔、雉鸡、野猪

二、猎枪弹具管理

1990 年以来，从计划经济逐步过渡市场经济的过程中，特别是 1993~1995 年全省民用枪弹配售数量急剧增长，为了规范民用枪弹的配售，1995 年 3 月 20 日，陕西省公安厅、林业厅联合下发《陕西省公安厅、陕西省林业厅关于设立猎枪弹具销售点的决定》，规定了全省 12 家猎枪弹具销售单位(①陕西省林业厅物资站；②西安市狩猎俱乐部；③宝鸡市林业集团综合经营公司；④咸阳市林产品公司；⑤铜川市林业开发公司；⑥渭南地区猎枪弹具经销部；⑦安康地区猎枪弹具经销部；⑧汉中地区林产品经销公司；⑨商洛地区林产品公司；⑩延安地区林业物资站；⑪榆林地区林业局猎枪弹具销售点；⑫陕西省林产品经销公司)，全省民用枪弹配售网形成。

1996年10月1日，《中华人民共和国枪支管理法》颁布，规定了配置民用枪支的主体，规定了办理民用枪支(弹具)配购证的程序，以及由市以上公安机关开具制式民用枪支(弹药)配购证的规定，替代了已往由县级以上公安机关开具购买证。购买民用枪弹的审批手续更加严格。1997年后猎枪弹具的配售工作陷入停滞，销售量急剧下滑。1999年5月27日，公安部下发《关于规范民用枪支配售调拨管理等有关事项的通知》。依据文件精神，陕西省公安厅10月18日下发了《陕西省公安厅关于确定陕西省林业厅物资站为陕西省民用枪支配售点的通知》，文件确定省林业厅物资站为陕西省唯一的民用枪支配售点，同时撤销了其余11家猎枪弹具配售点。随着公安机关历年“缉枪制爆”的活动开展，民用枪弹的配售量非常有限。

2007年12月陕西省公安厅、陕西省林业厅联合下发《关于护林(田)狩猎有关事项的通知》，文件对全省开展护林(田)狩猎的宗旨要求、程序进行了明确的规定规范。

陕西省林业厅作为全省唯一民用枪支配售点，只对林业基层单位、狩猎场、部分猎弹特需单位供应少量猎枪和弹具，一直延续至2010年年底(表2-7-4)。

1990~2010年陕西省猎枪、猎弹销量统计表

表2-7-4

年份	猎枪名称	猎枪数量(支)	生产厂家	猎弹数量(发)	生产厂家
1990	“虎头”单、双管猎枪	100	长安机器制造厂	1万	长安机器制造厂
1991	“虎头”单、双管猎枪	100	长安机器制造厂	1万	长安机器制造厂
1992	“鹰牌”双管猎枪	120	齐齐哈尔猎枪厂	1.5万	齐齐哈尔猎枪厂
1993	“鹰牌”双管猎枪	500	齐齐哈尔猎枪厂	2.8万	齐齐哈尔猎枪厂
1994	“松鼠”单、双管猎枪 “鹰牌”双管猎枪	1000	河南西峡猎枪厂 齐齐哈尔猎枪厂	20万	河南西峡猎枪厂 齐齐哈尔猎枪厂
1995	“松鼠”单、双管猎枪 “鹰牌”双管猎枪	1150	河南西峡猎枪厂 齐齐哈尔猎枪厂	20万	河南西峡猎枪厂 齐齐哈尔猎枪厂
1996	“松鼠”单、双管猎枪 “鹰牌”双管猎枪	1650	河南西峡猎枪厂 齐齐哈尔猎枪厂	35万	河南西峡猎枪厂 齐齐哈尔猎枪厂
1997	“松鼠”单、双管猎枪	78	河南西峡猎枪厂	3万	河南西峡猎枪厂
1998	“松鼠”单、双管猎枪	60	河南西峡猎枪厂	3万	河南西峡猎枪厂
1999	“松鼠”单、双管猎枪	10	河南西峡猎枪厂	2万	河南西峡猎枪厂
2000	“松鼠”单、双管猎枪	100	河南西峡猎枪厂	3万	河南西峡猎枪厂
2001	“松鼠”单、双管猎枪	150	河南西峡猎枪厂	123850	河南西峡猎枪厂
2001	“鹰牌”双管猎枪	23	齐齐哈尔猎枪厂	122900	河南西峡猎枪厂
2003	“松鼠”单、双管猎枪	9	河南西峡猎枪厂	74590	河南西峡猎枪厂
2004	“猎犬”单管猎枪	7	辽宁宽甸猎枪厂	109525	河南西峡猎枪厂
2005	“松鼠”单、双管猎枪	5	河南西峡猎枪厂	189755	河南西峡猎枪厂 享特猎具公司
2006	“松鼠”单、双管猎枪 “猎犬”单管猎枪	24	河南西峡猎枪厂 辽宁宽甸猎枪厂	185025	齐齐哈尔猎枪厂

续表

年份	猎枪名称	猎枪数量（支）	生产厂家	猎弹数量（发）	生产厂家
2007	“雄狮”双管猎枪	4	吉林京安器材厂	175472	齐齐哈尔猎枪厂
2008	“神雕”单管猎枪 “松鼠”单、双管猎枪	17	湖南资江机器厂 河南西峡猎枪厂	189000	辉南全辉狩猎器材有限公司
2009	“神雕”单管猎枪 “猎犬”单管猎枪	27	湖南资江机器厂 辽宁宽甸猎枪厂	180000	辉南全辉狩猎器材有限公司
2010	“雄狮”双管猎枪 “神雕”单管猎枪	12	吉林京安器材厂 湖南资江机器厂	185000	辉南全辉狩猎器材有限公司

三、凭证狩猎

从1989年开始对狩猎活动实行凭证管理制度。林业部为了加强对国家重点保护野生动物的管理，于1989年和1990年连续两次就“特许猎捕证”有关问题发出通知。1990年以来，省林业厅严格执行“特许猎捕证”制度，完善“狩猎证”管理。截至2010年，全省共核发狩猎证件37000余本，其中国家Ⅰ级保护33份，Ⅱ级6份(Ⅰ、Ⅱ级都属于特许猎捕证)。

第四节　野生动物疫源疫病监测与驯养繁殖

一、组织机构

2006年4月，陕西省林业厅以陕林字〔2006〕143号文确定“陕西省陆生野生动物疫源疫病监测中心站”挂靠在省动管站，为省级管理机构，负责指导全省监测站管理机构的业务工作。截至2008年年底，全省设立国家级监测站10个，省级监测站19个，市级监测站73个，县级监测站点共184个。各级野生动物疫源疫病监测站点共286个(表2-7-5)。

2006年陕西省野生动物疫源疫病站一览表

表2-7-5

监测站	所属部门	地址	建设时间	防护范围	受灾形式	备注
陕西楼观台国家级野生动物疫源疫病监测站	林业厅	周至县楼观台老子塑像旁	2005年4月	西楼工区、大曲工区、森林公园、朱鹮人工饲养羚牛饲养区围区	朱鹮、褐马鸡等禽类及周围活动的野生鸟类疫病	兼职机构，挂靠省珍稀野生动物抢救饲养研究中心
陕西城固国家级野生动物疫源疫病监测站	城固县林业局	城固县博望镇西环一路北段	2006年11月	县境内野生动物分布区	县内分布的野生动物疫病	兼职机构，挂靠城固县动管站
陕西西安国家级野生动物疫源疫病监测中心	西安市林业局	西安市灞桥区王柳巷	2006年11月	三角洲地带	野生鸟类疫病	兼职机构，挂靠灞桥区林业站

续表

监测站	所属部门	地址	建设时间	防护范围	受灾形式	备注
陕西洋县国家级野生动物疫源疫病监测站	国家林业局	洋县东二街20号	2005年4月	洋县	朱鹮及伴生鸟疫病	兼职机构，挂靠朱鹮自然保护区
咸阳市国家级野生动物疫源疫病监测站	咸阳市林业局	咸阳市沈兴南路3号	2006年11月	泾沣湿地、渭北林区	鸟类兽类疫病	兼职机构，挂靠咸阳市动管站
陕西渭南国家级疫源疫病监测站	渭南市林业局	渭南市东风街中段65号	2006年11月	黄河湿地	野生水禽疫病	兼职机构，挂靠渭南市动管站
陕西合阳国家级野生动物疫源疫病监监测站	合阳县林业局	合阳县解放路中段56号	2005年4月	洽川镇监测站	区域内野生动物疫病	兼职机构，挂靠合阳县动管站
陕西潼关国家级野生动物疫源疫病监监测站	潼关县林业局	潼关县桃林路南段东侧	2005年4月	港口监测站	区域内野生动物疫病	兼职机构，挂靠潼关县动管站
陕西榆林国家级野生动物疫源疫病监测站	榆林市林业局	榆林市兴建路	2005年4月	红碱淖	水禽疫病	兼职机构，挂靠榆林市动管站
陕西横山国家级野生动物疫源疫病监测站	横山县林业局	横山县工农西巷	2005年4月	无定河	水禽疫病	兼职机构，挂靠横山县林业工作站
杨陵区省级野生动物疫源疫病监测站	杨陵区林业局	杨陵区邰城路	2005年11月	渭河、漳河、漆水河流域及区内各饲养场所	禽流感口蹄疫狂犬病	兼职机构，挂靠杨凌区林业站
西安省级野生动物疫源疫病监测站	西安市林业局	西安市碑林区开通巷	2005年11月	西安市区城三区	野生动物疫病	兼职机构挂靠西安市动管站
宝鸡省级野生动物疫源疫病监测站	宝鸡市林业局	宝鸡市中山东路7号	2005年11月	渭河、清姜河、千河、金陵河	候鸟、留鸟疫病	兼职机构，挂靠宝鸡市林业站
汉中市省级野生动物疫源疫病监测站	汉中市林业局	汉中市将坛西路	2005年11月	汉江流域	野生鸟禽疫病	兼职机构，挂靠汉中市动管站
商洛省级野生动物疫源疫病检测站	商洛市林业局	商洛市北兴街14号	2005年11月	丹江流域	候鸟疫病	兼职机构，挂靠商洛市动管站

续表

监测站	所属部门	地址	建设时间	防护范围	受灾形式	备注
铜川省级野生动物疫源疫病监测站	铜川市林业局	铜川市新区华原东道铁诺小区	2005 年 11 月	沮河流域	黑鹳 大白鹭 苍鹭疫病	兼职机构，挂靠铜川市森防站
吴堡省级野生动物疫源疫病监测站	吴堡县林业局	榆林市吴堡县宋家川镇新建街 111 号	2005 年 11 月	黄河	水禽疫病	兼职机构，挂靠吴堡县林业局
陇县省级野生动物疫源疫病监测站	陇县林业局	陇县城关镇东关路 15 号	2005 年 11 月	东风、杜阳区域、县城周围、关山	野鸭、灰鹤、金猫、锦鸡、水獭、红腹锦鸡疫病	兼职机构，挂靠陇县林业站
太白省级野生动物疫源疫病监测站	国家林业局	太白县城北大街	2005 年 11 月	黄柏塬乡、嘴头镇、太白河镇、鹦鸽镇	候鸟疫病	兼职机构，挂靠太白山保护区
眉县省级野生动物疫源疫病监测站	眉县林业局	眉县平阳街 285 号	2005 年 11 月	常兴	鸟类栖息地疫病	兼职机构，挂靠眉县林业局林政股
勉县省级野生动物疫源疫病监测站	勉县林业局	勉县勉阳镇天荡山路	2005 年 11 月	汉江流域	夏、冬候鸟及珍稀动物疫病	兼职机构，挂靠勉县动管站
佛坪省级野生动物疫源疫病监测站	国家林业局	佛坪县袁家庄镇北街 28 号	2005 年 11 月	金水河上游、椒溪河、蒲河流域	野生鸟类禽流感；兽类相关疫病疫病	兼职机构，挂靠佛坪自然保护区
丹江省级野生动物疫源疫病检测点	丹凤县林业局	丹凤县龙驹县镇北新街 44 号	2005 年 11 月	丹江流域	候鸟疫病	兼职机构，挂靠丹凤县动管站
柞水省级野生动物疫源疫病监测站	柞水县林业局	柞水县城	2005 年 11 月	乾佑河流域	候鸟疫病	兼职机构，挂靠柞水县动管站
石泉县野生动植物保护管理站	石泉县林业局	石泉县城关镇	2005 年 11 月	汉江石泉段	野生动物疫病	兼职机构，挂靠石泉县动管站
镇坪省级野生动物疫源疫病监测站	镇坪县林业局	镇坪县城关镇下新街 44 号	2005 年 11 月	城关镇境内	野生动物疫病	兼职机构，挂靠镇坪县动管站
延安省级野生动物疫源疫病监测站	延安市林业局	宝塔区杨家湾	2005 年 11 月	宝塔区	褐马鸡、白鹳、黑鹳等疫病	兼职机构，挂靠延安市动管站

续表

监测站	所属部门	地址	建设时间	防护范围	受灾形式	备注
宜川省级野生动物疫源疫病监测站	宜川县林业局	宜川县林业局	2005 年 11 月	黄河流域，石台寺林场	褐马鸡，迁徙野禽疫病	兼职机构，挂靠宜川县林业局
延长省级野生动物疫源疫病监测站	延长县林业局	延长县西街	2005 年 11 月	黄河，延河流域	迁徙野禽疫病	兼职机构，挂靠延长县森防站

二、项目建设

省发改委于 2006 年、2007 年分别批复了榆林、楼观台、合阳、潼关、咸阳、横山、洋县、西安和城固建设国家级野生动物疫源疫病监测站项目可研报告，2011 年批复了陕西渭南建设国家级野生动物疫源疫病监测站项目可研报告。共新建维修监测用房 2620 平方米，工程估算总投资 461. 89 万元。

2009 年，对《陕西省陆生野生动物疫源疫病防控应急预案》进行了修定，根据实际情况，调整了《陕西省林业厅野生动物疫源疫病防控工作领导小组名单》和《省野生动物现场勘查专家组名单》，并以陕林发〔2009〕312 号文下发各市林业局执行，同时抄报(送)省政府、国家林业局、监测总站和省禽防办。

2009 年 8 月 4～6 日，举办“全省野生动植物规范化管理及疫源疫病监测培训班”，对全省自然保护区和野生动植物管理人员 70 余人进行培训。并邀请了国家林业局野生动物疫源疫情监测总站、西北大学、省林业厅法规处和省森林公安局等有关部门，针对媒体宣传、保护管理、行政许可事项申报、肇事补偿核查、疫源疫病监测和应急处置等方面，进行了专门培训。

三、工作机制

完善应急预案。2005 年，陕西省林业厅制定完善《陕西省陆生野生动物疫源疫病防控应急预案》，2009 年，建立健全了陕西省林业厅野生动物疫源疫病防控工作领导小组。领导小组下设办公室，办公室设在省林业厅保护处，负责日常工作，做好应急物资准备、落实应急处置经费、组织预防和技术攻关研究、组织对野生鸟类重要停歇地、迁徙路线和野生动物的主要栖息地的监测以及市场、经营户的检查。

建立日常疫情监测及应急处置机制。各级野生动物疫源疫病监测站严格贯彻国家林业局和省政府关于野生动物疫源疫病监测的有关规定，落实各项防控措施。严格执行 24 小时值班，实行疫情零报告和日报告制度。2007 年 7 月 23 日，国家林业局野生动物疫源疫病监测总站通知实行快报制度。2008 年，省林业厅下发《陕西省林业厅关于转发〈国家林业局关于国家级野生动物疫源疫病监测站节假日应急值守抽查结果的通知〉的通知》，要求各级监测站高度重视节假日值班工作，防患于未然。

建立联合监测机制。省疫源疫病监测中心站和陕西省禽防办建立了野生动物疫源疫情联合监测机制，发现野生动物异常死亡的现象，在第一时间将信息上报给国家林业局野生动物疫源疫病监测总站的同时通报省禽防办。确定疫情后，和禽防办联合行动，确保防疫工作的顺利进行。2010 年下发了《陕西省林业厅关于转发〈国家质量监督检疫总局等八部局、署关于加强非洲猪瘟防范工作的通知〉的通知》。

网络直报。国家林业局野生动物疫源疫病监测总站开发了“野生动物疫源疫病监测信息网络直报系统”，并向全国监测系统推广。根据监测总站要求，林业厅于2010年9月14~15日在西北大学举办了“全省野生动物疫源疫病监测信息网络直报系统应用培训班”，培训野生动物网络直报人员70余人。

四、驯养与繁殖

1989年，全省逐步实行“驯养繁殖许可证”制度。1991年，林业部正式发布了《国家重点保护野生动物驯养繁殖许可证管理办法》使野生动物的驯养繁殖逐步走上法制化轨道。

1990~2010年，陕西省颁发野生动物驯养繁殖证153份。驯养繁殖工作涉及全省11个市(区)，驯养动物主要有大熊猫、朱鹮、林麝、黑熊、野猪、雉鸡类、观赏鸟类等，其中饲养引进的有鸵鸟、美国七彩山鸡，其余主要在动物园观赏。据统计，截至2010年，全省共有各类野生动物驯养繁殖单位153家，其中动物园(野生动物园)6家，野生动物观赏展演单位14家(西安市7家，渭南市1家，宝鸡市1家，汉中市3家，安康市1家，铜川市1家)，驯养野生动物多达371种11007只(头)；野猪养殖场42家，梅花鹿养殖场5家，林麝养殖场33家，其他53家(表2-7-6)。

1991年陕西省动物园及野生动物园基本情况统计表

表2-7-6

单位	地址	占地面积(公顷)	员工人数(人)	动物种类/其中国家重点(种)	动物数量/其中国家重点(只、头)	固定资产(万元)	产值(万元)
西安秦岭野生动物园	西安市长安区滦镇	138	305	303/60	10671/1058	27818	1740
南郑县南湖动物园	南湖	0.53	4	4/4	33/33	200	
汉中市兴园湖动物园	八里桥公园	0.76	13	26/11	82/21	100	50
陕南植物园	七里办事处	0.8	32	6/2	16/7	5	
铜川市人民公园动物园	铜川市王益区云梦堤16号	0.02	3	5/3	43/42	25	
宝鸡人民公园	公园路206号	0.01	13	27	162	270	
总计		140.12	370	371/80	11007/1323	28418	1790

五、经营利用

1991年，林业部发布《国家重点保护野生动物驯养繁殖许可证管理办法》，凡从事驯养繁殖野生动物的单位和个人，必须取得国家重点保护野生动物驯养繁殖许可证。

全省6家动物(野生动物)园各项经营性收入年产值1790万元；133家野生动物驯养繁殖及经营利用企业各项经营性收入年产值1681.3万元，上缴税费11.18万元(野猪养殖户年产值 106.5 万元，上缴税费 1.06 万元；梅花鹿养殖户年产值 31 万元，上缴税费 0.9 万元；林麝养殖户年产值 647.2 万元；其他养殖户年产值 896.6 万元，上缴税费 9.22 万元)(表 2-7-7)。

2010 年陕西省林麝养殖数量统计表

表 2-7-7　　单位：只、年

市	县(区、市)	饲养数量	起始饲养年份
宝鸡	凤县、陇县、眉县、太白县	1994	1986
汉中	留坝县、勉县、宁强县、略阳县	361	1990
安康	镇坪县	274	1958
渭南	华阴市	36	1990
合计		2665	

第八章　自然保护区

第一节　保护区概况

1989 年,《中华人民共和国野生动物保护法》颁布，陕西省自然保护区步入新的发展阶段。1992 年，林业部和世界银行官员到陕西开展了全球环境基金(GEF)项目(以下简称 GEF 项目)前期选点调研工作，项目为中国自然保护区有效管理项目。经过 2 年多的考察和论证，陕西秦岭自然保护区群被纳入管理项目。

1995 年，GEF 项目资助的中国自然保护区管理项目正式启动。项目包括两大部分，①陕西秦岭自然保护区群项目在太白山、佛坪、周至、牛背梁 4 个自然保护区和朱鹮保护站实施，主要任务是加强自然保护区建设和管理，改善野外保护工作人员的条件，培训提高保护区人员业务素质，并建立信息管理系统，通过社区宣传参与活动，提高社区群众保护意识和发挥参与保护管理作用；②长青局作为秦岭大熊猫重要栖息地，通过 GEF 项目资助转产，主要任务是通过选择转产，组织项目的施工生产和管理，分流安置职工，建立长青保护区。1994 年，建立自然保护区。1995 年经国务院批准晋升为国家级自然保护区。项目于 1996 年正式启动实施，为期 5 年，总投资 1063.3 万美元(折合人民币 9308.1 万元)，占全国项目总投资的 45%，其中 GEF 项目赠款 681.3 万美元，国内配套 382 万美元。

1996 年，为保证 GEF 项目对保护区编制的基本要求，经省林业厅与省编办磋商，将牛背梁保护区筹建处批准为全额事业单位。

周至县厚畛子林场老县城林区为秦岭大熊猫种群的重要走廊带。1992 年，在林业部的支持下，由美国哥伦布动物园资助 180 万元人民币，将老县城转产为县级保护大熊猫为主的自然保护区。至2000年，这5个国家级保护区都建立了局、站、点三级管理体系，通过GEF项目实施，5个国家级保护区，按照国际自然保护区管理方法和理念，都完成了10年保护区发展管理计划，这是陕西自然保护区管理发展史上的一个重要里程碑，通过项目，保护区管理水平得到了很大的提高。

2000年年底，陕西林业系统已建立自然保护区10个，其中国家级保护区5个、省级保护区2个、县级保护区3个自然保护区总面积284531.2公顷。全省自然保护区的数量和面积居全国第23位。这些保护区分布于秦岭主峰太白山及秦岭主脊南北两侧。

2001年，全省开始启动实施《全国野生动植物保护及自然保护区建设工程》，极大地推动了自然保护区事业的发展。

2001~2005年，全省国家级保护区的数量增至11个，并对秦岭大熊猫栖息地的拟建保护区开展了大量的可行性调研。新建立皇冠山、黄柏塬、天华山、紫柏山、米仓山等10多个省级保护区。朱鹮、子午岭、化龙山、青木川、桑园等自然保护区相继晋升为国家级自然保护区。此外，在陕西北部、关中平原东部及秦岭山脉中段还建立了一系列以保护珍稀动植物及重要生态系统为主的省级自然保护区。使陕西省基本形成了森林、湿地、荒漠三大生态系统类型和珍稀濒危野生动物、野生植物保护类型的自然保护区体系，其分布范围涉及陕北、关中、陕南等不同区域。

1996年，为保护三河湿地(黄河、渭河、洛河交汇处)，渭南市成立了三河湿地自然保护区。2005年11月15日，陕西省政府下发《陕西省人民政府关于设立陕西黄河湿地省级自然保护区有关问题的批复》，设立了陕西黄河湿地省级自然保护区。

2007年，成立了陕西黄河湿地省级自然保护区管理处；在陕北风沙区，为保护濒于灭绝的臭柏资源，建立了神木、榆阳和横山臭柏自然保护区。为保护黄土高原杜松天然次生林，建立了府谷杜松自然保护区。为保护濒危物种褐马鸡，在陕西延安黄龙山和韩城市分别建立了褐马鸡自然保护区，延安和韩城市褐马鸡的数量十余年间由最初的100余只繁衍至4000多只。

1997年，为切实加强自然保护区建设，省政府编制并印发《陕西省自然保护区发展规划(1998~2010)》使自然保护区建设进入了快速发展的轨道。

陕西省林业厅与世界自然基金会(简称WWF)合作开展了“秦岭大熊猫及其栖息地巡护监测网络化建设项目”。陕西省19个自然保护区和1个林场参与了该项目，每年春、秋两季分别完成500余条固定样线的野外监测工作，并按年度编写《秦岭大熊猫及其栖息地巡护监测报告》。2003年，WWF向陕西省政府授予“献给地球的礼物”荣誉证书，以表彰其在秦岭大熊猫保护工作中的突出贡献，秦岭由此也成为全球第83份“献给地球的礼物”。

自2000年起，省林业厅与WWF、北京林业大学合作，先后举办了4期硕士研究生培训班，2期野生动物与自然保护区管理专业证书培训班，共培训学员100余人次；2006~2010年，省林业厅与WWF合作，组织开展了10期保护区管理业务培训，内容涉及“3S”技术应用、野生动植物辨识、野外救援、大熊猫巡护监测技术规程等多个方面。2009年8月，省林业厅在长青保护区内，组织开展了一次“巡护监测技术大比武活动”，有效提高了自然保护区基层人员的监测能力及数据分析能力。

截至2010年年底，全省林业系统共建立自然保护区46个，管护总面积1074056.03公顷，其中国家级保护区11个；省级保护区30个；市、县级保护区5个。从地理区域分布来看，分布于陕北黄土高原地区11个，关中地区18处，陕南地区17个。从保护对象及类型区分，有森林生态系统类型12个，湿地生态系统类型7个，野生植物类型3个、野生动物类型24个(表2-8-1)。

2010年陕西省林业系统建立的自然保护区情况统计表

表2-8-1　　单位：公顷

保护区	级别	类型	总面积	主要保护对象	行政区域	批建(年份)及文号	说明
陕西太白山国家级自然保护区	国家级	森林生态系统类型	56325	森林生态系统和自然历史遗迹	太白、眉县、周至三县交界处	1965省人民委员会(65)会办字509号	国发〔1986〕75号晋升国家级
陕西神木臭柏县级自然保护区	县级	野生植物类型	11402	臭柏	神木县	1976年神革发(1976)80号	
陕西佛坪国家级自然保护区	国家级	森林和野生动物类型	29240	大熊猫及其栖息地	佛坪县	1978年国发〔1978〕256号	
陕西府谷杜松县级自然保护区	县级	野生植物类型	8721.5	杜松	府谷县	1985年陕林发(1985)83号	
陕西周至国家级自然保护区	国家级	森林和野生动物类型	56393	金丝猴等珍稀动物及其生存环境	周至县	1986年市编发(1986)09号	国发〔1988〕30号晋升国家级
陕西牛背梁国家级自然保护区	国家级	森林和野生动物类型	16418	羚牛及其栖息地	长安区、宁陕县柞水县	1986年陕编发(1986)160号	国发〔1988〕30号晋升国家级
陕西周至老县城省级自然保护区	省级	野生动物	12611	大熊猫及其栖息地	周至县	1993年市政办函(1993)62号	陕环函〔2004〕113号晋升省级
陕西长青国家级自然保护区	国家级	野生动物	29906	大熊猫及其栖息地	洋县	1995年国函〔1995〕129号	
陕西黄河湿地省级自然保护区	省级	湿地生态系统	57348	丹顶鹤等珍稀水禽及湿地生态系统	韩城、合阳、大荔、华阴及潼关县	1996年渭编发〔1996〕05号	陕政函〔2005〕152号晋升省级
榆林市榆阳区臭柏市级自然保护区	市级	野生植物	6666.67	臭柏群落	榆林市榆阳区	1998年榆政函〔1998〕6号	榆政函〔2003〕95号晋升市级

续表

保护区	级别	类型	总面积	主要保护对象	行政区域	批建(年份)及文号	说明
陕西化龙山国家级自然保护区	国家级	森林生态系统	28103	北亚热带森林生态系统	镇坪县、平利县	2001年陕环函〔2001〕208号	国办发〔2007〕20号晋升国家级
陕西西安泾渭湿地省级自然保护区	省级	湿地生态系统	3029.83	湿地及大天鹅、大鸨、白肩雕等水禽	西安市未央区、灞桥区、高陵县	2001年陕环函〔2001〕209号	
陕西汉中朱鹮国家级自然保护区	国家级	湿地生态系统类型	37549	朱鹮及其栖息地	洋县、城固县	2001年陕环函〔2001〕228号	国办发〔2005〕40号晋升国家级
陕西延安黄龙山褐马鸡省级自然保护区	省级	野生动物	81753	褐马鸡及其生境	黄龙县、宜川县	2001年陕环函〔2001〕228号	
陕西子午岭国家级自然保护区	国家级	森林生态系统	40621	黄土高原稀有的天然次生林森林生态系统	富县	2001年陕环函〔2001〕229号	国办发〔2006〕9号晋升国家级
陕西皇冠山省级自然保护区	省级	野生动物	12372	大熊猫及其栖息地	宁陕县	2001年安政字〔2001〕19号	原名陕西宁陕大熊猫市级自然保护区，2006年更名，晋升为省级。陕政函〔2006〕188号
陕西屋梁山省级自然保护区	省级	野生动物	17472	林麝及其栖息地	凤县	2002年9月3日陕西省政府第16次常务会议纪要	2011年更名为紫柏山省级自然保护区
陕西宝峰山省级自然保护区	省级	野生动物	29484.40	羚牛及其栖息地，秦岭冷杉等	略阳县	2002年陕环函〔2002〕117号	

续表

保护区	级别	类型	总面积	主要保护对象	行政区域	批建(年份)及文号	说明
陕西安康瀛湖湿地省级自然保护区	省级	湿地生态系统	19800	湿地生态系统及黑鹳、金雕等	安康市汉滨区	2003年陕环函〔2003〕23号	
陕西青木川国家级自然保护区	国家级	野生动物	10200	大熊猫、金丝猴、羚牛及栖息地	宁强县	2003年陕环函〔2003〕125号	原名陕西马家山省级自然保护区，2005年更名为陕西青木川省级自保护区(陕环函〔2005〕130号)。国办发〔2009〕54号晋升国家级
陕西桑园国家级自然保护区	国家级	野生动物	13806	大熊猫及其栖息地	留坝县	2003年陕环函〔2003〕125号	国办发〔2009〕54号晋升国家级
陕西天华山国家级自然保护区	国家级	野生动物	25485	大熊猫及其栖息地	宁陕县	2003年陕环函〔2003〕153号	国办发〔2008〕5号晋升国家级
陕西观音山省级自然保护区	省级	野生动物	13534	大熊猫及其栖息地	佛坪县	2003年陕环函〔2003〕153号	
陕西摩天岭省级自然保护区	省级	野生动物	8520	大熊猫、金丝猴、羚牛、林麝等栖息地	留坝县	2003年陕环函〔2003〕153号	
陕西米仓山省级自然保护区	省级	森林生态系统	34192	森林生态系统及生物多样性	西乡县	2003年陕环函〔2003〕230号	原名陕西龙池省级自然保护区，2007年更名为陕西米仓山省级自然保护区(陕政函〔2007〕166号)

续表

保护区	级别	类型	总面积	主要保护对象	行政区域	批建(年份)及文号	说明
陕西韩城黄龙山褐马鸡省级自然保护区	省级	野生动物	37756	褐马鸡及其生境	韩城市	2003年陕环函〔2003〕282号	
陕西旬邑石门山省级自然保护区	省级	森林生态系统	30049	天然次生林区	旬邑县	2003年咸政函〔2003〕38号	陕政函〔2007〕5号晋升为省级
陕西永寿翠屏山市级自然保护区	市级	野生动物和森林生态系统	19145	人工林生态系统及金钱豹等	咸阳市永寿县	2003年咸政函〔2003〕38号	
陕西榆林市横山臭柏市级自然保护区	市级	野生植物	6933.33	臭柏群落	横山县	2003年榆政函2003〕96号	
陕西黄龙山天然次生林省级自然保护区	省级	森林生态系统	35563	豹、褐马鸡、黑鹳及天然次生林生态	黄龙县	2004年陕环函〔2004〕113号	
陕西牛尾河省级自然保护区	省级	野生动物	13492	大熊猫及其栖息地	太白县	2004年陕环函〔2004〕113号	
陕西太安省级自然保护区	省级	野生动物和森林生态系统	25872	金钱豹、金雕及高原森林生态	宜君县	2004年陕环函〔2004〕113号	
陕西天竺山省级自然保护区	省级	野生动物	21685	林麝及其栖息地	山阳县	2004年陕环函〔2004〕113号	
陕西香山省级自然保护区	省级	野生动物和森林生态系统	14196	黑鹳及天然油松	铜川市耀州区	2004年陕环函〔2004〕113号	
陕西延安柴松省级自然保护区	省级	森林生态系统	17640	柴松及森林生态系统	富县张家湾镇	2004年陕环函〔2004〕113号	
陕西野河省级自然保护区	省级	森林生态系统	10996	豹、林麝、金雕及渭北森林生态系统	扶风县	2004年陕环函〔2004〕113号	
陕西鹰嘴石省级自然保护区	省级	野生动物	11462	大熊猫及其栖息地	镇安县	2004年陕环函〔2004〕113号	
陕西新开岭省级自然保护区	省级	野生动物及森林生态	14963	林麝及其栖息地，丹江水源涵养地	商南县	2004年陕环函〔2004〕113号	
陕西黄柏塬省级自然保护区	省级	野生动物	21865	大熊猫及其栖息地	太白县	2006年陕政函〔2006〕186号	

续表

保护区	级别	类型	总面积	主要保护对象	行政区域	批建(年份)及文号	说明
陕西黑河湿地省级自然保护区	省级	湿地生态系统	13125.50	黑河水库及区域森林生态系统	周至县	2006年陕政函〔2006〕187号	
陕西平河梁省级自然保护区	省级	野生动物	21152	大熊猫及其栖息地	宁陕县	2006年陕政函〔2006〕189号	
陕西千湖湿地省级自然保护区	省级	湿地生态系统	7156	珍稀水禽及湿地生态系统	千阳县	2007年陕政函〔2007〕6号	
陕西桥山省级自然保护区	省级	森林生态系统	24650.80	森林生态系统	延安市富县	2009年陕政函〔2009205号	
陕西劳山省级自然保护区	省级	森林生态系统	20317	森林生态系统	甘泉县	2009年陕政函〔2009205号	
陕西汉江湿地省级自然保护区	省级	湿地生态系统	33605	湿地生态系统	勉县、汉台区、西乡县	2009年陕政函〔2009206号	
陕西无定河湿地省级自然保护区	省级	湿地生态系统	11480.00	湿地生态系统	横山县	2009年陕政函〔2009207号	
合计			1074056.03				

注：按批建时间排序。

第二节　保护区管理

一、政策法规

1990年以来，国家颁布8部有关自然保护区方面的法规性文件，其中，涉及保护区管理的法律法规有《中华人民共和国自然保护区条例》《中华人民共和国野生动物保护法》《中华人民共和国森林法》《中华人民共和国环境保护法》《中华人民共和国行政许可法》《中华人民共和国陆生野生动物保护实施条例》《中华人民共和国野生植物保护条例》《森林和野生动物类型自然保护区管理办法》；陕西省人民政府依据国家颁布的法律法规，主要发布了5个自然保护区方面的法规性和指导性文件。

1991年11月29日，陕西省颁布《陕西省实施〈中华人民共和国野生动物保护法〉办法》；2001年7月14日，陕西省人民政府令第69号发布了《陕西省实施〈中华人民共和国自然保护区条例〉办法》。

2004年11月4日，陕西省人民政府令第104号发布《陕西省重点保护陆生野生动物造成人身财产损害补偿办法》，自2005年1月1日起施行。

2004年6月，陕西省人民政府办公厅下发《关于加强湿地保护管理的通知》)，明确了陕西省湿地资源保护、管理、开发和利用政策。2006年4月2日，陕西省第十届人民代表大会常务委员会会议通过，颁布《陕西省湿地保护条例》，该条例自2006年6月1日起施行。

二、管理机构

1984年以前陕西省有自然保护区2个，但未设立全省性的管理机构。随着自然保护事业的发展，1984年12月成立了陕西省自然保护区管理委员会，在省林业厅下设办公室；1989年10月，正式成立陕西省自然保护区管理工作站；1994年，按照省政府机构改革方案，陕西省自然保护区管理工作站和省动管站合并，更名为陕西省自然保护区和野生动物管理站；2000年，陕西省机构改革时，加强了对自然保护区和野生动物资源管理，省林业厅成立了野生动植物保护与自然保护区管理处，为正处级行政编制。

依据《中华人民共和国自然保护区条例》和《陕西省实施〈中华人民共和国自然保护区条例〉办法》，陕西省自然保护区的管理，在体制上实行综合管理与分部门管理相结合的管理体制，省环境保护厅为全省自然保护区的综合管理部门，省林业厅为林业系统自然保护区行政主管部门；各保护区依据资源保护价值，分为国家级和地方级，实行按行业分级分区管理；在管理工作上，按照业务归口垂直管理、行政事务分级管理、机构建设委托管理的方式实施管理活动。陕西省林业系统自然保护区的业务指导由陕西省林业厅下设的野生动植物保护与自然保护区管理处负责。11个国家级自然保护区的隶属关系略有不同，其中太白山、牛背梁、长青和朱鹮保护区隶属于陕西省林业厅；佛坪保护区属于国家林业局和陕西省林业厅双重领导；天华山保护区隶属于省资源局；周至、化龙山和子午岭3个自然保护区分别隶属于西安、安康、延安市林业局；青木川、桑园2个自然保护区分别隶属于宁强县、留坝县政府。

在管理机构建设方面，陕西省共46个自然保护区，已设立自然保护区专门管理机构的41个，共编制人员2484人。保护区管理机构名称为“自然保护区名称+管理局(处、站)或管理中心”。其中，自然保护区管理局25个，自然保护区管理处10个，自然保护区管理站5个，自然保护区管理中心1个。机构下设科室118个，保护站162个，观察点57个。已基本建成了管理局(处、站)、基层保护站、观察点三级保护管理体系。已设保护区管理机构中，有16个保护区管理局(处、站)独立挂牌办公，25个保护区管理局(处、站)与属地林业局、林场或动管站一套班子、两块牌子合署办公。从编制级别看，有19个为县级事业编制，10个副县(处)级事业编制，12个科级事业编制。设立森林公安分局6个，森林公安派出所24个。目前尚有5处自然保护区未设立专门管理机构，由属地林业行政部门代管。

三、科学研究与本底调查

1990年以来，陕西省自然保护区围绕主要保护对象和野生动植物生态保护目标，以生态和动植物保护研究为主要内容，学术理论和科学研究取得了一定成果。

长青保护区，先后在《兽类学报》《西北大学学报》《陕西师范大学学报》《四川动物》

《陕西林业科技》等学术期刊上发表科研论文50余篇。其中,《秦岭南麓不同地区红腹锦鸡繁殖期密度比较研究》《长青保护区羚牛对夏秋季栖息地的选择和利用》等学术研究成果受到国内外专家学者的肯定与关注。北京大学生命科学学院潘文石教授及其团队在此开展了长达13年的野生大熊猫研究和科学实验,先后出版《秦岭大熊猫庇护所》《继续生存的机会》两本专著。2002年,西北大学出版社出版《长青国家级自然保护区动植物资源》。2006年,陕西科学技术出版社出版《陕西长青国家级自然保护区综合科学考察报告》。

天华山保护区,发表《秦岭天华山大熊猫栖息地现状与对策》《秦岭天华山大熊猫种群分布与数量变化分析》。陕西青木川保护区,发表《陕西青木川自然保护区的生物多样性》;并在2009年举办的秦岭大熊猫及其栖息地巡护监测技术竞赛中获得一等奖。

屋梁山省级自然保护区,先后发表《屋梁山保护区红豆杉调查图谱》《陕西省凤县屋梁山大熊猫调查报告》《陕西屋梁山省级自然保护区综合科学考察报告》等学术研究成果。

2005年10月,由陕西省动物研究所对凤县林麝规范化养殖基地建设项目组织GAP认证(中国良好农业规范认证)工作,属全国首家。

周至老县城省级自然保护区,主要发表《老县城自然保护区细鳞鲑的回游情况调查》《秦岭箭竹开花对保护区大熊猫的影响》《"引湑济黑"工程对生态的影响》等。

观音山省级自然保护区与清华大学等高等院校和科研单位开展科研合作,完成了一批科研项目,2007年出版《陕西观音山自然保护区综合科学考察与生物多样性研究》一书。

新开岭省级自然保护区与陕西省动物研究所、西北农林科技大学等科研院所开展科研合作,完成新开岭自然保护区科学综合考察,出版《陕西新开岭自然保护区生物多样性研究与管理》专著1本,发表相关科研论文13篇。

黄河湿地省级自然保护区,主要发表《陕西黄河湿地自然保护区现状与可持续发展对策》等多篇论文。

太白山保护区,主要发表《不能急功近利开发太白山》《浅论太白山国家级自然保护区的功能区划》《太白山自然保护区药用食用真菌研究》《太白山自然保护区与宗教庙宇资源共管之初探》《浅述太白山宗教活动与生态保护》等学术研究成果。1997~1999年,开展"太白山自然保护区森林经济真菌及其生态特征的研究"课题,获省林业厅科技进步一等奖;2000~2001年,与西北大学合作开展"重点保护植物独叶草致濒原因中的种群结构及保护对策研究"课题,获省林业厅科技进步一等奖;1998~1999年,与北京林业大学合作开展"太白山宗教活动与自然保护互利发展关系的研究"课题,获省林业厅科技进步二等奖。2004~2005年,开展《大熊猫保护工程项目——大熊猫栖息地调查与评价》,获陕西省政府科学技术三等奖。

佛坪保护区,开展《区内本底资源调查》《大熊猫生物生态学研究》《羚牛种群动态及其行为生态学研究》《大熊猫主食竹的研究》等科研项目。发表论文100余篇均收录于《佛坪保护区科研论文集》。

周至国家级自然保护区,主要发表《陕西周至国家级自然保护区金丝猴分布及其种群数量变动的分析》《秦岭北坡周至自然保护区的兽类区系分析》《秦岭地区两栖爬行动物区系组成特点及持续发展对策》《六例成年川金丝猴心电图》《川金丝猴血象和血液生物化学指标的研究》《川金丝猴心率、血压和呼吸频率的研究》等学术研究成果。

牛背梁保护区，主要发表《210 国道对牛背梁保护区羚牛东西扩散影响的研究》《秦岭东部羚牛越冬栖息地及其特征》《牛背梁保护区林麝资源调查报告》等学术研究成果。

朱鹮保护区，1994 年，开展“朱鹮人工繁殖饲养与疾病救治”课题研究，获陕西省科技进步二等奖；1998 年，完成“朱鹮拯救与保护”科研项目，获陕西省科技进步一等奖，并获国家科技进步二等奖；积极与国内外科研院所合作，通过环志标识、无线电遥测、GIS 地理信息系统以及分子生物学技术等，组织开展了朱鹮资源调查、生态生物学、种群结构和种群动态、人工繁育及疾病救治技术、遗传学分析等方面的研究，先后三项研究课题获得陕西省政府科技进步一、二等奖。与院校和国外机构联合编写了朱鹮方面专著 3 部，1999 年，在汉中成功举办了国际朱鹮保护研讨会，保护研究成果得到国内外专家的充分肯定。

子午岭国家级自然保护区，1999~2003 年，与大专院校的专家、学者和桥北林业局专业技术人员 24 人合作，对子午岭自然保护区自然地理，自然资源、地貌、气候、水文、土壤、种子植物、昆虫以及大型真菌等类型特征进行了第一次综合考查，形成《陕西子午岭自然保护区综合科学考查》及《陕西子午岭国家级自然保护区生态观测站建设项目可行性研究报告》；2007 年 7 月，与中国农业大学专家一行 4 人对保护区的动植物进行了调研和认定；2008 年 6 月，西北大学专家组对蕨类和苔藓类植物进行了采样研究。

化龙山国家级自然保护区，1988~1994 年，与陕西省科委、林业厅组织西北植物研究所等 7 个科研、教学单位的 28 名专家合作，对化龙山开展了长达 7 年的第一次综合科学考察。取得《化龙山种子植物区系研究》《化龙山稀有濒危植物考察研究》等一系列科考成果。2003 年，与西北大学合作，历经一年时间，开展了第二次资源本底调查，完成对昆虫和大型真菌资源的初步调查，编撰出版《陕西化龙山自然保护区综合科学考察报告》。2010 年 4 月起，委托陕西师范大学、陕西省动物研究所，展开了针对植被、种子植物、鱼类、陆生脊椎动物的第三次资源本底调查。11 月，“陕西师范大学化龙山生物多样性保护研究实习基地”和“西北濒危药材资源开发国家工程实验室化龙山药用植物资源保育基地”在化龙山挂牌成立，启动了与科研院校的生物多样性保护与研究。

桑园国家级自然保护区，与 WWF 西安办公室合作，开展西秦岭地区栖息地连通性及建立大熊猫走廊带项目，编制完成《桑园保护区周边主要道路区域保护宣传和生态影响检测报告》。

延安黄龙褐马鸡省级自然保护区，先后与北京师范大学合作，对野外褐马鸡卵壳、尸体、骨骼进行采集分析研究；与李宏群博士合作，完成褐马鸡抽血采样工作，并对褐马鸡进行分子生物学研究。发表《陕西黄龙山林区褐马鸡调查报告》《陕西黄龙山林区褐马鸡种群数量及分布现状调查》《黄龙山林区褐马鸡生境述评》等。

米仓山国家级自然保护区，1990 年以来，保护区与陕西师范大学、西北农林科技大学、西北濒危动物研究所等科研院所合作，开展了猕猴资源调查、陕西省陆生野生动物资源调查和重点保护野生植物资源调查、西乡县森林资源规划设计调查和森林资源信息管理系统建立项目等。2006 年 7 月，委托陕西师范大学开展保护区综合科学考察，内容涉及自然环境、植被、野生动植物、旅游资源、社区经济等多个方面。2010 年 7 月开始，委托陕西师范大学生命科学院对佛头山、南坪、三岔河等重点区域的珍稀、特色野生植物种群及分布情况进行了调查，形成《陕西米仓山自然保护区综合科学考察报告》。

韩城黄龙山褐马鸡国家级自然保护区，主要开展“韩城黄龙山褐马鸡调查报告”“韩城黄龙山白皮松资源的初步调查”等科研项目。2003 年管理局组织和邀请有关专家组成了综合科学考察队，分为自然地理、植被与植物、脊椎动物、昆虫、社会经济等五个专题组，从 2003 年 5 月至 2005 年 10 月，对保护区进行全面系统的科学考察与研究，并编写完成《陕西韩城黄龙山褐马鸡自然保护区综合科学考察与研究报告》。

黄柏塬省级自然保护区积极与科研院所和大中专院校合作，开展有关大熊猫及其栖息地的研究工作。开展““5·12”汶川大地震对保护区大熊猫及其栖息地的影响调查”“洋太公路对秦岭大熊猫及其栖息地影响的研究”二期外业调查；完成“陕西黄柏塬自然保护区与陕西牛尾河自然保护区大熊猫廊道调查”。

平河梁国家级级自然保护区，2008 年，ECBP 项目(中国—欧盟生物多样性项目)开展本底调查等。

天竺山省级自然保护区，开展了“林麝数量、分布、生长状况及生境情况调查研究”“兰科植物、红豆杉等野生重点保护植物资源数量、分布范围及生长情况调查研究”。

第三节 保护区介绍

1990~2010 年成立的部分自然保护区介绍如下：

一、陕西长青国家级自然保护区

该保护区是以保护大熊猫及其栖息地为主要保护对象的野生动物类型自然保护区。保护区位于秦岭山脉中段南坡的洋县境内，东与佛坪国家级自然保护区接壤，南界和西界分别与洋县华阳、茅坪镇 11 个行政村的集体林相邻，北与陕西省太白林业局为界。地理坐标介于东经 107°25′~107°55′、北纬 33°26′~33°44′之间。总面积 29906 公顷。其中，核心区面积 11000 公顷，占保护区总面积的 36.71%；缓冲区面积 3409 公顷，占保护区总面积的 11.37%；实验区面积 15497 公顷，占保护区总面积的 51.72%。森林覆盖率达 97.4%，竹林面积 21358 公顷，是秦岭大熊猫的“天然庇护所”。

1994 年 12 月，经陕西省人民政府批准设立陕西长青省级自然保护区。1995 年 12 月，经国务院批准晋升为陕西长青国家级自然保护区。1996 年 7 月，成立了陕西长青国家级自然保护区管理局，为陕西省林业厅直属正县级差额补贴事业单位，2000 年，将经费管理形式改为财政全额拨款。1997 年 4 月正式挂牌办公。管理局内设行政办公室、党委办公室、科研与保护科、社区宣教科、基建项目办、财务科、信息与公众教育科、产业发展科、防火办等 11 个科室。下设华阳、茅坪 2 个中心保护站。杉树坪、杨家沟、柏杨坪 3 个保护站。大西河、九池、关口、石塔河、两河口、左机河、土地沟、吊坝河、板桥、苍耳崖、关帝庙 11 个保护管理点。大坪和华阳 2 个检查站，1 个柏杨坪救治站和 1 个水文监测站。编制人员 220 人。现有人员 163 人，其中行政管理人员 31 人，专业技术人员 57 人，管护人员 49 人，其他公勤人员 26 人。

保护区地处亚热带的北缘，暖温带的南缘，北依秦岭，南临汉江，区内有高等植物2100余种，包括种子植物1556种，蕨类植物61种，苔藓类植物400余种。有国家Ⅰ级保护植物2种，国家Ⅱ级保护植物10种。区内有脊椎动物29目78科213属435种，其中兽类63种，两栖爬行类35种，鸟类319种，鱼类18种。国家Ⅰ级保护野生动物有大熊猫、金丝猴、羚牛、林麝、豹、朱鹮、金雕、白肩雕、中华秋沙鸭9种；国家Ⅱ级保护野生动物黑熊、斑羚、红腹角雉、大鲵等52种。区内的历史遗迹有汉代开拓的穿越秦岭的傥骆道、华阳古镇；有解放战争时期25军司令部旧址；历代在此修建的寺庙、陵墓、栈道、断桥、城墙等遗址。

2002年，被国家林业局授予全国自然保护区先进单位；2006年，被确定为全国51个国家级自然保护区示范单位之一；2009年，被中国林学会首批确定为“全国林业科普基地”；2010年，被陕西省林业厅评为“全省自然保护区管理先进单位”。

二、陕西化龙山国家级自然保护区

该保护区是以保护北亚热带森林生态系统为主要保护对象的森林生态类型自然保护区。位于陕西省最南部镇坪、平利两县交界处，处于大巴山山脉北侧弧形构造带内，横跨汉水流域南江河与岚河的分水岭。化龙山又名“小神农架”，是大巴山的第二主峰，海拔2917米，区内最低点海拔763米，相对高差2154米。地理坐标介于东经109°16′~109°30′、北纬31°54′~32°08′之间。保护区总面积28103公顷，其中，核心区面积11923公顷，占保护区总面积42.4%；缓冲区面积3914公顷，占保护区总面积的14.0%；实验区面积12266公顷，占保护区总面积的43.6%。林业用地27569公顷，占98.1%，森林覆盖率达76.4%。

2001年12月，经陕西省人民政府批准设立。2003年，成立陕西化龙山省级自然保护区管理局。2007年4月，经国务院批准晋升为国家级自然保护区。2008年，改名为陕西化龙山国家级自然保护区管理局，正县级全额拨款事业单位，隶属安康市林业局管理。管理局内设综合办公室、保护管理科、科研宣教科、森林防火办公室4个科室，下设八仙、上竹、牛头店、白家、曾家5个保护站，八匹山、正河垭、土寨子、老鸦场、石碑河5个保护管理点，曾家、正河垭2个检查站和1个正河垭气象站。编制人员50人。

据调查，区内有针叶林、阔叶林、竹林、灌丛、草原5种植被型组，25个群系，有种子植物154科751属1731种；蕨类植物26科46属114种；大型真菌45科101属169种。有国家重点保护野生植物22种。其中：国家Ⅰ级保护野生植物有银杏、红豆杉、珙桐、光叶珙桐、水杉5种；国家Ⅱ级保护野生植物有秦岭冷杉、大果青杆、黄杉、巴山榧树、连香树、野大豆、红豆树、鹅掌楸、厚朴、凹叶厚朴等17种；陕西省重点保护野生植物有狭叶瓶尔小草、麦吊云杉、太白贝母、延龄草、粗榧树等76种。已发现兰科植物35种，其中31种已被列为陕西省重点保护植物名录。保护区也是东洋界种类居优势的动物区系成分，已发现的重点保护野生动物有55种，其中，国家Ⅰ级保护野生动物有豹、云豹、林麝、金雕4种；国家Ⅱ级保护野生动物有红腹角雉、红腹锦鸡、水獭、豺、黑熊、黄喉貂、勺鸡、白冠长尾雉、红脚小鸮等27种；陕西省重点保护动物有狼、赤狐、貉、花面狸、鼬獾、红翅凤头鹃、三趾鸦雀、画眉、红嘴相思鸟等

24 种。

三、陕西子午岭国家级自然保护区

该保护区是以保护黄土高原稀有的天然次生林森林生态系统为主要保护对象的森林生态类型自然保护区。保护区位于陕西延安市南部的富县境内，地处陕甘交界的子午岭山脉。东以蒿巴寺梁为界与延安市属桥北林业局药埠头林场相连；南依蚰蜒岭与延安市属桥山林业局上畛子和大岔林场接壤；西以子午岭主脊为界与甘肃省合水县、宁县为界；北临毛乌素沙漠边缘，以月亮山为界与延安市属桥北林业局和尚塬林场相邻。南北长 27 千米，东西宽 24 千米。地理坐标介于东经 108°30′~108°41′、北纬 35°45′~36°01′之间，总面积 40621 公顷。其中，核心区面积 13814 公顷，占保护区总面积的 34.0%；缓冲区面积 8479 公顷，占保护区总面积 20.9%；实验区面积 18328 公顷，占保护区总面积 45.1%。区内森林茂密，森林覆盖率达 92%。

2001 年，陕西省政府批准设立。当年 10 月，成立陕西子午岭省级自然保护区管理局，为正县级全额拨款事业单位，隶属于延安市林业局领导，与延安市桥北林业局一套班子、两块牌子合署办公。管理局内设综合科、保护科、科研宣教科 3 个科室，下设 3 个管护站，编制和人员由桥北林业局内部调剂解决，增加副局长职数 1 名，科级职数 6 名，副科级职数 6 名。2006 年 2 月，经国务院批准晋升为国家级自然保护区。原管理局改制成立了陕西子午岭国家级自然保护区管理局。管理局下属单位调整为下设槐树庄、榆林、直罗、杨庄 4 个保护站；设防火门、蒿地沟、午亭子 3 个检查站和 1 个药埠头林业公安派出所；设有梨树园、燕子岭、椿树园、天王岭、蚰蜒岭、月亮山、月亮坪、老虎山、梨树塔 9 个保护管理点。编制人员调整为 90 人，其中，管理人员 21 人，一线保护人员 69 人。保护区也是陕北黄土高原上第一个国家级自然保护区。

保护区地处世界上最大的黄土高原的腹地、黄河流域水土流失最严重地区，处于中国暖温带落叶阔叶林的西端，成为中国暖温带西北部的生物“基因库”。经调查，保护区内有种子植物 6 纲 93 科 323 属 596 种，保护价值较高的植物 587 种。其中国家珍稀保护植物有紫斑牡丹、核桃楸和刺五加 3 种，陕西省地方重点保护植物有杜松、陕西鹅耳枥和文冠果 3 种。兰科植物 4 种，其中包括国际公约保护的绶草。有脊椎动物 27 目 59 科 188 种，其中两栖纲类动物 1 目 2 科 4 种，爬行动物 3 目 5 科 10 种，鸟类 17 目 36 科 131 种，哺乳动物 6 目 19 科 43 种，鱼类 2 目 3 科 17 种，昆虫 534 种，真菌 22 科 60 种。国家Ⅰ级保护野生动物有黑鹳、豹、金雕 3 种；国家Ⅱ级保护野生动物有水獭、豺、鸳鸯、红腹锦鸡、灰鹤、纵纹腹小鸮等 16 种。此外，还有省级等其他重点保护野生动物 73 种。

子午岭是桥山山脉的一条支脉，它介于泾河与洛河两大水系之间，绵延 400 多千米。华夏始祖轩辕黄帝的陵墓坐落在子午岭东翼的桥山之上，因而子午岭又被称为“圣人条”。

秦王朝建立之初修筑的秦直道(咸阳至九原，今内蒙境内)，就是沿子午岭山脊为走向的，其遗迹尚存。子午岭海拔 1687 米，最高处洪峙梁 1845 米，子午岭是黄土高原中部面积最大、保存最完整、最具代表性的一片次生林。

四、陕西青木川国家级自然保护区

该保护区是以保护大熊猫、金丝猴、羚牛等珍稀野生动物及其栖息地为主要保护对象的野生动物类型自然保护区。保护区位于宁强县青木川镇境内，地处川、陕、甘三省交界区域的秦岭与岷山的交汇地带，东以陕西省与甘肃省交界处的卡子梁为起点，与青木川镇玉泉坝相连；南至青木川镇南坝村；西与四川省青川县毗邻；北与甘肃省武都、康县接壤。地理坐标介于东经105°29′~105°40′、北纬32°49′~32°55′之间，东西长28千米，南北宽15.5千米，总面积10200公顷。其中，核心区面积4058.29公顷，占保护区总面积的39.79%；缓冲区面积2634.59公顷，占保护区总面积的25.83%；实验区面积3507.12公顷，占保护区总面积的34.38%。

2002年8月，经陕西省人民政府批准，设立陕西马家山省级自然保护区。2003年8月，成立了陕西马家山省级自然保护区管理局，为正科级建制事业单位，编制人员30人。2005年，经陕西省环境保护局批准，更名为“陕西青木川省级自然保护区”。2007年管理局更名为“陕西青木川省级自然保护区管理局”，升格为正县级全额拨款事业单位，内设办公室、计财科、保护科、科教科、多种经营与社区事务管理科、公安科6个科室；增设了青木川、玉泉坝2个保护站。2009年9月，经国务院批准晋升为国家级自然保护区。

保护区地形南坡陡峻，北坡平缓等特征，最高峰凤凰山海拔2054米，地处秦岭山地和大巴山地交汇处。森林植被以亚热带常绿阔叶林和针阔叶林混交林带为主，具有明显的垂直地带分布规律，海拔400~900米为亚热带常绿落叶阔叶混交林带；海拔900~1900米为落叶阔叶林带；海拔1900米以上为亚高山针叶林带。据科考，区内共有维管束植物173科732属1598种，其中蕨类植物27科55属131种，种子植物146科677属1467种。区内有两栖动物2目8科17种(亚种)，爬行动物2目9科22种，鸟类13目35科134种，兽类7目26科56种。国家Ⅰ级保护野生动物有大熊猫、金丝猴、羚牛、豹、林麝和金雕6种。

保护区大熊猫栖息地，其地理位置距秦岭其他大熊猫分布栖息地较远，与甘肃武都县和四川青川县的大熊猫分布区域相连接。这一区域也是目前联结秦岭和岷山的唯一通道。同时，金丝猴、猕猴分布于同一区域，在学术研究上有重要生态学意义。

五、陕西天华山国家级自然保护区

该保护区是以保护大熊猫及其栖息地为主要保护对象的野生动物类型自然保护区。保护区位于陕西省宁陕县境内，地处秦岭中段南坡，东邻陕西省宁西林业局，南接陕西宁陕省级大熊猫保护区，西与佛坪保护区交界，北临陕西周至国家级自然保护区。地理坐标介于东经108°02′~108°14′、北纬33°30′~33°44′之间。保护区总面积25485公顷，其中，核心区面积9680公顷，占保护区总面积的37.98%；缓冲区面积4317公顷，占保护区总面积的16.93%；实验区面积11488公顷，占保护区总面积的45.09%。林地权属中，国有林面积25085公顷，占保护区总面积的98.4%，集体林面积400公顷，占保护区总面积的1.6%。区内最高海拔2964米，最低海拔732米，相对高差1200米，森林覆盖率达95%。它是秦岭大熊猫保护区群最东段的自然保护区，属秦岭大熊猫主要种群、天华山种群分布的核心地带。

2002年8月，经陕西省人民政府批准设立。2003年7月，成立陕西天华山省级自然保护区管理局，为正县级全额拨款公益性事业单位，隶属于省资源局领导。保护区与宁西局合署办公。保护局内设办公室、保护科、科研科、社区管理科4个科室；下设麻房子、柴家关、四亩地、木河坪4个保护站；设四亩地、马面牌、新场3个保护区检查站和1个森林公安派出所。编制人员80人，其中管理人员20人，专业人员60人。2008年1月，经国务院批准晋升为国家级自然保护区。

保护区地质构造复杂，地貌类型多样，是秦岭具有典型代表的天然生物基因库。据调查，保护区有种子植物86科239属700余种，区内分布的国家重点保护和陕西省重点保护植物共43种，主要有红豆杉、太白红杉、银杏、连香树、水青树、秦岭冷杉等。还分布着我国特有植物新种单叶大血藤。据陕西省陆生野生脊椎动物资源调查及全国第三次大熊猫资源调查结果表明，区内分布的陆生野生脊椎动物共有23目73科260种。其中：两栖类2目6种13科，占全省总种数的46.4%；爬行类2目6科20种，占全省总种数的40.8%；鸟类12目35科155种，占全省总种数的41.8%；兽类7目26科72种，占全省总种数的49%。在260余种脊椎动物中，东洋界种类数量占总数的41.4%，古北界种类占总种数的37.5%，广布种占总种数的21.1%。国家Ⅰ级保护野生动物有大熊猫、金丝猴、羚牛、林麝等8种，国家Ⅱ级保护野生动物有金猫、大灵猫、黑熊、斑羚、鬣羚、鸢、血雉、红腹锦鸡、勺鸡、大鲵等26种。

六、陕西桑园国家级自然保护区

该保护区是以保护大熊猫及其栖息地为主要保护对象的野生动物类型自然保护区。位于汉中市留坝县江口镇境内。地处秦岭山脉南坡，秦岭中段大熊猫自然保护区群的西缘，东邻牛尾河自然保护区，南邻摩天岭、板桥和盘龙自然保护区，西与屋梁山自然保护区和青木川自然保护区相望，北以秦岭山脉主脊为界，是秦岭中部大熊猫种群向西扩散的必经之地。东西长24千米，南北宽22千米。地理坐标介于东经107°05′~107°21′、北纬33°39′~33°50′之间。保护区总面积13806公顷，其中，核心区面积8769.02公顷，占保护区总面积的63.71%；缓冲区面积2620.69公顷，占保护区总面积的18.98%；实验区面积2389.33公顷，占保护区总面积的17.31%。国有林9342公顷，占保护区总面积的67.7%，集体林4464公顷，占保护区总面积的32.3%。

2002年8月，经陕西省人民政府批准设立。2004年9月，成立了陕西桑园省级自然保护区管理局，为正科级全额拨款事业单位。管理局归口留坝县林业局管理。管理局内设保护区综合办公室、财务科、社区事务科、保护管理科、科研科、宣教科6个科室；下设上两河口、财神庙、梨子坝、小川子4个保护站。编制人员58人。2009年9月，经国务院批准晋升为国家级自然保护区。

区内山势雄伟，地势险要，东、北、南三面分别由乌木梁、五木梁和摩天岭等山峰包围，形成外高内低的“新月形”山地。山地气候温和湿润，年平均气温7.6℃，年平均降水量839毫米。有高等维管束植物1099种，大型真菌68种。有红豆杉、秦岭冷杉、等国家Ⅰ、Ⅱ级珍稀保护植物9种。在保护区的主峰摩天岭分布有近2000公顷面积的秦岭冷杉群。据调查，区内有野生脊椎动物249种，昆虫1353种。国家Ⅰ级保护野生动物有大熊猫、金丝猴、羚牛、林麝等6种，国家Ⅱ级保护野生动物有黑熊、大鲵、大鵟、鬣羚、斑羚等24种。保护区主要范围为大熊猫的适宜栖息地，面积约11508公顷，占保护区总面积的83.4%。

七、陕西周至老县城省级自然保护区

该保护区是以保护大熊猫及其栖息地为主要保护对象的野生动物类型自然保护区。保护区位于周至县境内，地处秦岭主峰太白山东南部，东以秦岭主脊为界，与周至国家级自然保护区接壤；南以财神岭为界，与佛坪保护区毗邻；西与黄柏塬省级自然保护区相邻；北接太白山保护区和厚畛子大熊猫走廊带。地理坐标介于东经 107°40′~107°49′、北纬 33°43′~33°57′之间。保护区面积 12611 公顷，其中，核心区面积 3659 公顷，占保护区总面积的 29. 01%；缓冲区面积 3387 公顷，占保护区总面积的 26. 86%；实验区面积 5565 公顷，占保护区总面积的 44. 13%。

1993 年，经西安市人民政府批准设立。同年，成立了周至老县城大熊猫保护区管理处。2004 年，经陕西省人民政府批准晋升为省级自然保护区。管理处改制为陕西周至老县城省级自然保护区管理处，为正科级全额拔款事业单位，隶属周至县林业局领导。管理处内设办公室、保护科研科、社区共管与项目办、财务科 4 个科室；下设老县城中心保护站，秦岭梁保护检查站和环境教育中心。编制人员 40 人。

老县城自然保护区森林覆盖率达 98. 3%。有种子植物 112 科 1158 种，蕨类植物 20 科 80 种，其中有国家Ⅰ级保护植物红豆杉、独叶草 2 种，国家Ⅱ级保护野生植物大果青杆、太白红杉、秦岭冷杉等 6 种。有陆生脊椎动物 283 种。其中，有国家Ⅰ级保护野生动物大熊猫、金丝猴、羚牛、林麝、豹、金雕 6 种，有国家Ⅱ级保护野生动物鬣羚、斑羚、黑熊等 19 种。区内野生成体大熊猫 28 只，分布密度为每平方千米 0. 22 只。

保护区内被划分为 4 个植被型种，9 个植被型，15 个植被亚型，36 个群系，区内乔木层下混生着大片秦岭箭竹和少量巴山木竹，面积约 8800 公顷，是秦岭大熊猫适宜的栖息地之一，保护区是汉江一级支流湑水河的发源地，年径流量达 5253 万立方米，湑水河水量充沛，水质良好，现成为西安市城市供水的重要水源。

八、陕西旬邑石门山省级自然保护区

该保护区是以保护天然次生林区为主要保护对象的森林生态类型自然保护区。位于旬邑县东北部，范围包括旬邑县马栏、石门两个国营林场和马栏农场，马栏、城关、职田、清塬 4 个乡镇的部分行政村，南北长约 45 千米，东西宽约 22 千米。地理坐标介于东经 108°22′~108°52′、北纬 35°01′~35°32′之间。总面积 30049 公顷，其中，核心区面积 9909 公顷，占保护区总面积的 33. 0%；缓冲区面积 9408 公顷，占保护区总面积的 31. 3%；实验区面积 10732 公顷，占保护区总面积的 35. 7%。

2003 年 6 月，经咸阳市人民政府批准设立。同年 9 月，经旬邑县人民政府批准，成立了旬邑县石门山自然保护区管理局和旬邑县石门山自然保护区管理站。2006 年，保护区经陕西省人民政府批准，晋升为省级自然保护区，名称为“陕西旬邑石门山省级自然保护区”。管理机构由原管理局和管理站合并，成立了陕西旬邑石门山省级自然保护区管理局，为副县级全额拨款事业单位，隶属旬邑县人民政府领导。管理局内设办公室、保护科、科研宣教科、社区共管(或多营)科、公安局 5 个科室；下设石底子、转角、牙里河、马曲、石门 5 个保护站；有乔儿沟、七里川、金盆、杨家店子、上梁 5 个固定监测保护点；设有南寺、杨坡头、暗门子和金旮旯 4 个保护区检查站；2 个森林公安派出所和 1 个野生动物救护收容站。编制人员 70 人，其中管理人员 20 人，技术人员 20 人，直接管护人员30人。保护区人员以原马栏、石门林场人员转岗为主。

保护区处在暖温带大陆性季风气候区，海拔1400米以上多为石渣土，缓坡为生黄土、白善土，陡坡为红胶土、黑垆土。保护区森林资源丰富，植物种类繁多，丰富多样的生态环境和植物群落，也孕育了丰富的动物资源。据调查，区内植物资源有种子植物1200多种，乔木树种有栎类、松类、桦类、杨类及其他阔叶树种80余种；灌木有枸子、山桃、山杏、野蔷薇等60余种；蕨类植物20余种；苔藓植物30余种。野生中药材有黄檗、黄芪、党参等380种，草本植物有蒿类、地丁等1000余种。区内有陆生脊椎野生动物4纲21目43科111种，其中鸟类12目23科67种，兽类6目14科24种，国家Ⅰ级保护野生动物有金钱豹、林麝、金雕、鳖7种。国家Ⅱ级保护野生动物有豹、水獭、灰鹤等17种。

区内历史文化深厚。石门山的石门关，不仅是古代军事重地和交通要道，也是近代陕甘宁革命根据地的一部分；石门关的秦直道、扶苏庙、姜源圣母庙和“筛子洞”、琅天洞(赵家洞)、飞云洞(管家洞)、寺沟佛窟、扶苏墓、柏岭寺、秦一号兵站遗址等，均对研究古代文化、军事、建筑等有较高的价值。

九、陕西延安黄龙山褐马鸡省级自然保护区

该保护区是以保护褐马鸡及其栖息地为主要保护对象的野生动物类型自然保护区。保护区位于黄龙、宜川两县交界的黄龙山林区，地处陕北黄土高原东南部，南北长39.5千米，东西宽36.6千米，地理坐标介于东经109°55′9″~110°19′32″、北纬35°31′53″~35°53′29″之间，海拔在845~1783米之间。总面积81753.0公顷，其中核心区面积25906公顷，占保护区总面积的31.69%；缓冲区面积24825公顷，占保护区总面积的30.37%；实验区面积31022公顷，占保护区总面积的37.94%。区内森林面积65012公顷，活立木总蓄积量35.24万立方米，森林覆盖率达86.6%。

2003年10月，经陕西省人民政府批准，从原陕西黄龙山褐马鸡省级自然保护区区划分设，设立了陕西延安黄龙山褐马鸡省级自然保护区。2006年，成立了陕西延安黄龙山褐马鸡省级自然保护区管理局，为正县级全额拨款公益性事业单位，隶属延安市人民政府领导。管理局与黄龙山林业局一套机构、两块牌子合署办公，内设综合科、保护科、科研宣教科3个科室；下设大岭、圪台、白马难、柏峪、薛家坪、石台寺6个保护站；神峪、土地庙、松树圪塔、砖庙梁、刘家沟、孟家山等15个保护管理点，胡家庄、马蹄掌、大岭、杜岭、塬字梁5个保护区检查站，编制人员150人。

保护区气候温和湿润，降雨充沛，森林茂密，植物种类繁多，大型真菌、蕨类和种子植物共有1012种，其中有国家重点保护野生植物9种，陕西重点保护野生植物3种；有野生脊椎动物224种，其中有国家Ⅰ级保护野生动物5种，国家Ⅱ级保护野生动物14种。

十、陕西皇冠山省级自然保护区

该保护区是以保护大熊猫及其栖息地为主要保护对象的野生动物类型自然保护区。保护区位于宁陕县境内，地处秦岭中段南坡，汉江支流汶水河的源头，北靠秦岭主峰太白山，南临汉江河谷，四周与宁西局、宁东局及陕西平河梁省级自然保护区接壤。地理坐标介于东经108°16′~108°24′、北纬33°02′~33°13′之间。总面积12372公顷。其中，核心区面积3724公顷，占保护区总面积的30.1%；缓冲区面积2256公顷，占保护区总面积的18.23%；实验区面积6392公顷，占保护区总面积的51.67%。

2001年，经安康市人民政府批准，设立了安康市宁陕大熊猫自然保护区。2006年，经陕西省人民政府批准，晋升为省级自然保护区，并更名为“陕西皇冠山省级自然保护区”。2008年12月，成立了陕西皇冠山省级自然保护区管理局(以下简称皇冠山保护区)，为副县级全额拨款事业单位，隶属于宁陕县人民政府领导。管理局内设办公室、资源保护开发管理科、森林防火办公室3个科室；下设皇冠、钢铁2个保护站。编制人员29人，其中机关12人，保护站17人。

保护区垂直分布范围在海拔880~2200米之间，地质构造复杂，地貌类型多样，雨量充沛，气候温和，冬无严寒，夏无酷暑。在成土母质和地貌、气候等综合因素影响下，形成多种不同类型的土壤，具有4个土类10个亚类23个土属56个土种，黄棕壤、棕壤是保护区林木生长的主要土壤，垂直差异大，黄棕壤土分布主要在海拔800~1300米的低山区，棕壤土分布在海拔1300米以上的中山区，森林有6个植被型12个群系18个群丛组。据调查发现，区内有种子植物136科591属1178种。植物区系复杂，植物起源古老，特有种、稀有种、单种属植物多，成为野生植物的天然基因库。有国家Ⅰ级、Ⅱ级保护植物红豆杉、水青树、连香树等27种。

保护区地处东洋界和古北界动物地理交汇处，野生动物资源也十分丰富。区内分布的陆生脊椎动物有25目78科273种，其中两栖类2目6科13种，爬行类2目科22种，鸟类14目40科168种，兽类7目26科72种。有国家Ⅰ级保护野生动物大熊猫、金丝猴、羚牛、云豹、豹、林麝6种，国家Ⅱ保护野生动物黑熊、斑羚、大鲵、林蛙等32种。国宝大熊猫在这里栖息于海拔1400~2800米之间的落叶阔叶林带内的竹林中，竹林面积达9794公顷。

十一、陕西观音山省级自然保护区

该保护区是以保护大熊猫及其栖息地为主要保护对象的野生动物类型自然保护区。保护区位于佛坪县北部长角坝镇，地处秦岭南坡中段，东接天华山国家级自然保护区，南处佛坪县长角坝乡，西连佛坪保护区，北靠周至国家级自然保护区，南北长20千米，东西宽15千米。地理坐标介于东经107°51′~108°01′、北纬33°35′~33°45′之间。总面积13534公顷，其中核心区面积4274公顷，占保护区总面积的31.58%；缓冲区面积3793公顷，占保护区总面积的28.03%；实验区面积5467公顷，占保护区总面积的40.39%。区内有国有林12068公顷，集体林1466公顷，处于大熊猫保护区群的核心地段，是秦岭大熊猫两个栖息地面积最大的兴隆岭和天华山种群的连接纽带。

2002年8月，经陕西省人民政府批准，设立了陕西观音山省级自然保护区。2003年8月，在龙草坪林业局挂牌成立陕西观音山省级自然保护区筹建处。2004年12月，保护区管理局正式挂牌，为正县级全额拨款事业单位，与龙草坪局一套班子、两块牌子合署办公，编制人员78人。管理局内设保护科、办公室、公众教育科、科研科4个科室；下设秦岭、东河台、百公里、小南坪4个保护站和东河台保护区检查站1个。

观音山自然保护区，竹林密布，是大熊猫理想的天然栖息地。气候属北亚热带向暖温带过渡的气候类型，并具有明显的山地小气候特征，气候垂直变化明显，使森林植被有着明显的垂直地带性分布规律。在海拔1100~2400米的落叶阔叶林带内，主要由壳斗科、桦木科、胡桃科、松科树种组成。在林下有大片的松花竹和巴山木竹，成为大熊猫冬、春季的主要觅食栖息地。在海拔1700~2500米的针阔叶林带内，主要由铁杉、冷杉、云杉、牛皮桦、红桦树种组成，在林下生长着大片华桔竹、松花竹，为大熊猫夏、秋季觅食活动提供了良好的栖息环境。

据调查，区内有种子植物136科581属1305种；孢子植物106科196属314种；药用植物904种；油脂植物248种；纤维植物98种；淀粉和糖类植物130种；鞣料植物100余种。有国家Ⅰ级保护野生植物独叶草、银杏、红豆杉3种，国家Ⅱ级保护野生植物秦岭冷杉、水曲柳等11种，省级重点保护植物星叶草、银鹊树、太白米等23种。保护区内有脊椎类动物7目26科68种；鸟类15目39科217种；两栖类2目6科12种；爬行类3目7科26种。有国家Ⅰ级保护野生动物大熊猫、金丝猴、羚牛、金雕、豹、华南虎(1965年采集到标本)6种，国家Ⅱ级保护野生动物大鲵、红隼、血雉等33种。

十二、陕西宝峰山省级自然保护区

该保护区是以保护羚牛及其栖息地为主要保护对象的野生动物类型自然保护区。保护区位于陕西省略阳县东北部，地处秦岭西段南坡，东西长30千米，南北宽22千米。地理坐标介于东经106°16′~106°30′、北纬33°24′~33°32′之间。总面积29484.4公顷，其中核心区面积10901.1公顷，占保护区总面积的36.97%；缓冲区面积6273.2公顷，占保护区总面积的21.28%；实验区面积12310.2公顷，占保护区总面积的41.75%。2002年，经陕西省人民政府批准设立，目前尚未成立专门管理机构。

保护区是汉江和嘉陵江源头的主要集水区。区内山峦起伏，河谷深切，北高南低，山高谷险。受海拔、气候、土壤等多种因素的影响，这里的植被类型多样，植物区系复杂，森林植被以落叶阔叶林和针阔混交林为主。在海拔1200米以下地区，主要是栓皮栎林带；海拔1300~2400米为松栎林带；海拔2200米以上地区是冷杉林带，森林覆盖率达90%。

据调查，区内有种子植物1500余种，蕨类植物100余种，苔藓植物300余种。初步调查区内分布野生动物有4纲18目46科约150种，其中鸟类11目26科110种，大型兽类3目13科30余种。有国家Ⅰ级保护野生动物羚牛、云豹、金钱豹、白肩雕、林麝5种；国家Ⅱ级保护野生动物鬣羚、斑羚、豺、黑熊、川陕哲罗鲑等30余种；陕西省重点保护野生动物有豹猫、秦巴北鲵、红嘴相思鸟等10余种。

十三、陕西屋梁山省级自然保护区

该保护区是以保护林麝及其栖息地为主要保护对象的野生动物类型自然保护区。保护区位于陕西省凤县境内，地处秦岭西段南坡，东与留坝县接壤，南与勉县相连，西与甘肃两当县广金乡、云坪乡交界，北邻凤县南星镇、温江寺乡。地理坐标介于东经106°28′50″~106°46′04″、北纬33°39′45″~33°45′31″之间。总面积17472公顷，其中，核心区面积5278公顷，占保护区总面积的30.21%；缓冲区面积5186公顷，占保护区总面积的29.68%；实验区面积7008公顷，占保护区总面积的40.11%。

2002年，经陕西省政府批准设立。2003年12月，成立了陕西屋梁山省级自然保护区管理处，为副县级全额拨款事业单位，隶属于凤县人民政府领导。管理处内设保护科、公安科 2 个科室；下设榆林铺、瓦房坝、温江寺 3 个保护站；设立了留凤关保护总站及瓦房坝、榆林铺、温江寺 3 个保护区检查站，编制人员 47 人。

保护区属暖温带半湿润山地气候区。年平均气温 12.1℃，年平均降水量 578.8 毫米，水系属长江流域嘉陵江和汉江水系，主要河流有瓦房坝河、龙洞河和长坪河。境内植物资源丰富，具有明显的秦岭古剥蚀面地质特征和极为典型独特的喀斯特地貌景观，是秦岭西部的代表地段。这里森林茂密，自然生态系统保存完整，动植物资源丰富，形成森林、草甸、灌丛等多种植物类型。森林植被属山地暖温带针阔叶混交林和夏绿阔叶林，具有明显的北亚热带向暖温带的过渡性。随着海拔高度的变化，植被呈现一定的垂直分布规律。海拔 1300~1800 米为针阔混交林带，海拔 1800~2200 米为桦木林带，海拔 2200 米以上为针叶林带。据调查，区内有种子植物 123 科 545 属 1300 种，其中变种 135 个，亚种 7 个；苔藓植物共有 42 科 74 属 122 种；蕨类植物共有 21 科 45 属 90 种。属国家Ⅰ级保护的野生植物有红豆杉、南方红豆杉、银杏、水杉 4 种，国家Ⅱ级保护野生植物有杜仲、秦岭冷杉、连香树、野大豆等 10 余种。有野生脊椎动物 273 种，已发现的昆虫种类 1295 种，隶属于 25 目 74 科 191 属。其中鱼类 2 目 4 科 10 属 11 种；鸟类 12 目 36 科 106 属 168 种；兽类 6 目 23 科 55 属 68 种；两栖类 2 目 5 科 6 属 9 种；爬行类 3 目 6 科 14 属 17 种。属国家Ⅰ级保护野生动物 8 种，有林麝、大熊猫、羚牛、豹、云豹、金雕、白肩雕和黑鹳；国家Ⅱ级保护野生动物黑熊、斑羚、红腹角雉等 31 种。尤其是林麝野外种群分布密度达每平方千米 1.13 只，已经是目前全国林麝野外种群密度很高的地区之一。

屋梁山保护区不仅是天然动植物的乐园，也是溶岩地貌的天然博物馆。这里有天然的“92 峰”“82 坦”“72 洞”。大自然神工造化，峰崖峡谷竞秀，坦洞泉溪交织，景观独特。

十四、陕西摩天岭省级自然保护区

该保护区是以保护大熊猫、金丝猴、羚牛、林麝及其栖息地为主要保护对象的野生动物类型自然保护区。保护区位于陕西西南部的留坝县上南河境内，地处秦岭中段南坡腹地，东与城固县盘龙乡接壤，南和留坝县武关驿镇上南河村及松树坝村交界，西与留坝县桑园坝乡小川子村、江口镇铁观沟村相连，北与留坝桑园自然保护区毗邻。保护区为独立沟系，南北宽约 18.6 千米，东西长约 50 千米。地理坐标介于东经 106°55′~107°10′、北纬 33°30′~33°45′之间。总面积为 8520 公顷，其中，核心区面积 2804 公顷，占保护区总面积的 32.91%；缓冲区面积 2510 公顷，占保护区总面积的 29.46%；实验区面积 3206 公顷，占保护区总面积的 37.63%。

2002 年 8 月，经陕西省人民政府批准设立。2004 年 11 月，成立了陕西摩天岭省级自然保护区管理局，为正县级全额拨款事业单位，隶属省资源局领导。保护区与汉西局两块牌子、一套班子合署办公，内设综合办公室，上南河中心保护站；下设漆树沟、东沟、文川河 3 个保护站。编制人员 95 人。

保护区属暖温带湿润季风山地气候，海拔 1100 米以下为亚热带常绿落叶阔叶林带；海拔 1100 米以上为含常绿树种的落叶阔叶林带；海拔 1500 米以上，大面积的箭竹、木竹与落叶阔叶树种混生，是构成竹林的主要成分，为大熊猫的生存提供了稳定而丰富的食物来源。据调查，区内共有野生种子植物471属1146种。国家Ⅰ级保护野生植物有银杏、红豆杉、南方红豆杉、水杉4种；国家Ⅱ级保护野生植物连香树、水青树、兰科植物等7种；陕西省重点保护植物有13种。区内有野生动物78科261种。属国家Ⅰ级保护野生动物的有大熊猫、羚牛、金丝猴、豹、林麝、金雕6种；国家Ⅱ级保护野生动物有红腹锦鸡、斑羚、黑熊等29种。

十五、陕西米仓山省级自然保护区

该保护区是以保护北亚热带和暖温带过渡地带的山地森林生态系统及生物多样性为主要保护对象的森林生态类型自然保护区。保护区位于陕西省汉中市西乡县大河乡和骆家坝乡境内，地处巴山山脉西段，大巴山北坡，米仓山中段，保护区东西长27.8千米，南北宽23.9千米。地理坐标介于东经107°15′~107°33′、北纬32°33′~32°46′之间。总面积34192公顷。其中，核心区面积15825公顷，占保护区总面积的46.28%；缓冲区面积7196公顷，占保护区总面积的21.05%；实验区面积11171公顷，占保护区总面积的32.67%。2002年，经陕西省人民政府批准，设立了陕西龙池省级自然保护区。2003年8月，成立了陕西龙池省级自然保护区管理局，为正科级全额拨款事业单位，隶属于汉中市林业局领导。管理局内设办公室、保护管理股、经营管理股、计划财务股、公安股5个股(室)，下设龙池、大河、楼房、河西、骆家坝5个保护站和1个野生动物饲养救护中心。编制人员60人，其中机关18人，从业人员42人。2007年，经省环境保护厅批准更名为"陕西米仓山省级自然保护区"。

据调查，区内有种子植物133科553属1206种(其中裸子植物5科11属17种，被子植物有129科542属1189种)；蕨类植物25科45属117种。有国家Ⅰ级保护植物红豆杉和南方红豆杉；国家Ⅱ级保护植物巴山榧树、秦岭冷杉、马褂木、香果树等10种；陕西省重点保护植物有延龄草、青钱柳、大血藤等10种，有兰科植物11属16种，还有在大巴山区极为罕见的吊灯花属、胡椒属、虎皮楠属、白接骨属植物，其中吊灯花属、白接骨属植物为首次在陕西省境内发现的植物。分布有中国特有属和东亚特有属95个，其中19个为中国特有的单行属或寡种属。

调查显示，保护区脊椎动物有5纲26目72科157属230种(亚种)。其中，鱼类1目2科7属8种；两栖类2目5科7属11种；爬行类3目5科15属19种(亚种)；鸟类13目37科81属125种(亚种)；兽类7目23科47属67种(亚种)；昆虫有13目98科879种。国家Ⅰ级保护野生动物有云豹、豹、林麝、羚牛、金雕5种；国家Ⅱ级保护野生动物有黑熊、藏酋猴、大鲵等24种；陕西省重点保护动物有毛冠鹿、画眉等21种；保护区的猕猴共有11群385~415只，约占陕西省猕猴种群总量的一半，为陕西省猕猴分布最集中的地区。

保护区的人文景观有传说的建文帝被其叔父"明成祖"排挤后，趁皇宫失火之际，化装逃出南京京城，云游天下，选择此地隐居，后人在此建起"文崖庙"，崖顶修有三合院庙，半山腰还建庙三间。这里还是红色革命根据地，1933年3月，红四军派鲁安福等12人，在川陕交界处的楼房坪，成立"川陕赤北县苏维埃政府"，是"红色交通线"的必经之地，也是西乡县重点文物保护点。

十六、陕西新开岭省级自然保护区

该保护区是以保护林麝及其栖息地为主要保护对象的野生动物类型自然保护区。保护区位于商洛市商南县境内，地处丹江河南部新开岭山脉腹地，北起太吉河镇落花沟和耀岭河一线，南至北鲁础乡徐家河，西至核桃坪，东抵冷水河对窝坪。保护区南北长约13.8千米，东西宽约19.5千米。地理坐标介于东经110°28′~110°38′、北纬33°16′~33°23′之间。保护区总面积14963公顷，其中，核心区面积3142公顷，占保护区总面积的21%；缓冲区面积5200公顷，占保护区总面积的35%；实验区面积6621公顷，占保护区总面积的44%。

2004年，经陕西省人民政府批准，设立了陕西新开岭省级自然保护区。2007年7月，经批准成立了陕西新开岭省级自然保护区管理处，为副县级全额拨款事业单位，隶属于商南县人民政府领导，与商南县林业局一套班子、两块牌子合署办公。管理处内设办公室、保护科研科、社区共管与项目办、财务科4个科室。下设有3个保护站，2个检查站。编制人员43人。

新开岭山地是由结晶灰岩、板岩、千枚岩、石英片岩、大理石岩、变砂岩组成，山势多由西向东，地势西高东低，山形陡峭，河谷深切，多溶洞山泉。海拔800米以下的丘陵垣地以黄褐土为主，800~1000米为始成黄褐土，1000~1300米之间主要为山地黄棕壤，1300~1500米为黄棕壤、始成黄棕壤，1500米以上为棕壤土。保护区是丹江支流小河、冷水河、滔河、耀岭河等4条河流的发源地。小河位于保护区西北部，是保护区最长的河流，流域面积4460公顷。

保护区山地植被具典型的垂直分布特征，可划分为3个不同的植被带，海拔760~1500米为常绿落叶阔叶混交林带，760~2500米为落叶阔叶林带，2500米以上为针叶林带。湿地植被类型主要有光华柳叶菜群落、眼子菜属植物群落、石菖蒲群落、芦苇群落、香蒲群落、水芹群落、佛子茅群落、薄荷群落、扯根菜群落、莎草群落、灯心草群落、五爪龙群落、茴茴蒜群落、齿果酸模群落、荻群落、葎草群落、问荆群落和节节草群落约18个群落。区内有种子植物156科(狭义)622属1316种(含种下类群)，其中裸子植物6科9属13种；被子植物150科613属1303种。有大型真菌36科86属147种，其中食用菌82种，占区内大型真菌总种数的55.78%；药用菌38种，占25.85%；毒菌15种，占10.2%；蕨类植物19科39属86种(含变种)，是秦岭东部植物种类最丰富的地区之一。有国家重点保护野生植物兰科22种，其他科植物6种；陕西省重点野生保护植物12种。

保护区内森林茂密，是众多野生动物的良好栖息地。区内共有脊椎动物28目79科216属303种，其中，鱼类4目7科34属43种，两栖爬行动物4目11科23属27种。鸟类14目39科109属170种；兽类有6目22科50属63种(亚种)。其中国家Ⅰ级保护野生动物有黑鹳、金鹏、豹、林麝4种，国家Ⅱ级保护野生动物有如鸢、红腹角雉、白冠长尾雉、斑羚等27种；陕西省重点保护野生动物有中国林蛙、王锦蛇、秦岭蝮、小麂等28种。

十七、陕西韩城黄龙山褐马鸡省级自然保护区

该保护区是以保护褐马鸡及其栖息地为主要保护对象的野生动物类型自然保护区。保护区位于陕西省东部韩城市境内，地处秦晋两省交界之处，关中盆地的东北边缘和陕北黄土高原的南缘。东隔黄河与山西相望，南靠三河湿地(黄河、居河、芝水)，西与黄龙、澄城县紧邻，北依秦晋大峡谷壶口、龙门。地理坐标介于东经 110°07′~110°27′、北纬 35°33′~35°45′之间。保护区总面积 37756 公顷，其中核心区面积 14081.6 公顷，占保护区总面积的 37.3%；缓冲区面积 13226.6 公顷，占保护区总面积的 35.03%；实验区面积 10447.8 公顷，占保护区总面积的 27.67%。活立木总蓄积量 185 万立方米，森林覆盖率 79%，是黄土高原上保存比较完整且具有原始性的一片天然林区。

2003 年 10 月，经陕西省人民政府批准，从原陕西黄龙山褐马鸡省级自然保护区区划分设，设立了陕西韩城黄龙山褐马鸡省级自然保护区。2005 年 8 月，成立了陕西韩城黄龙山褐马鸡省级自然保护区管理局，为副县级全额拨款事业单位，隶属于陕西省韩城市人民政府领导，业务由陕西省林业厅和渭南市林业局双重管理。内设行政科、计划财务科、公安科 3 个科室和 1 个褐马鸡救护研究中心；下设 4 个保护站、2 个保护区检查站，1 个森林公安派出所，10 个哨卡。编制人员 91 人。

保护区生物多样性资源丰富，动植物群落独特完好，生态系统完整而典型，是陕北黄土高原地区森林植被和自然生态系统保存最为完好的区域。区内 3 条河流均发源于韩城黄龙山主峰大岭，自西向东汇入黄河，3 条河流年均径流量 1.7 亿立方米。区内有大型真菌、蕨类植物和种子植物 970 种。其中野生种子植物 729 种，占陕北黄土高原地区野生种子植物种类约 72%；有陆栖野生脊椎动物 194 种，其中鸟类 120 种，两栖爬行类 16 种，哺乳动物 41 种，昆虫类型为 432 种。国家Ⅰ级保护野生动物有褐马鸡、金钱豹、黑鹳、金雕 4 种，国家Ⅱ级保护野生动物 15 种。该保护区是我国生物多样性丰富的地区之一，具有较高的生态区位优势，有优越的褐马鸡栖息环境的山地森林景观。截止到 2005 年，保护区内共完成封山育林 3000 公顷，人工造林 2200 公顷，退耕还林 42.1 公顷，累计恢复森林植被 5242.1 公顷。同时对 30908 公顷的有林地、疏林地、灌木林地和未成林地进行了有效的管护，整体上促进了保护区生态环境的好转，有效改善了褐马鸡种群的生存现状。

韩城整个西部山区都是天然森林，从低中山针叶、阔叶混交林到高山灌丛草甸带，山高林密，人迹罕至。灌木草丛是褐马鸡赖以生存的主要乐园。它白天多活动于灌木草丛中，夜间栖宿在大树枝杈上，冬季多活动于 1000~1500 米高山地带，夏秋两季多在 1500~1800 米的山谷、山坡和清泉的山坳里活动。韩城黄龙山保护区的褐马鸡种群是一个独立的区域种群，在马鸡属的学术科研及我国自然保护区分布格局上具有重大的意义。

保护区还发现了野生乌龟。乌龟在陕西仅发现于秦岭及秦岭以南，陕北黄土高原地区一直未见报道，在该保护区的发现，填补了乌龟在陕西自然分布上的一个空白。对研究黄土高原的历史起源与气候变迁、动植物区系、森林群落结构及研究褐马鸡的起源、地域分布、种群结构和血缘关系等具有重要的科学研究价值。

保护区还发现有大面积分布的原生白皮松和黄土高原罕见的栓皮松群落。白皮松，为东亚唯一的三叶松，属我国特有种。保护区内天然白皮松群落分布面积达 4000 公顷，且为原产地、原生状，极为珍贵，是黄土高原上一大奇特的森林景观。最大树高 16 米，胸径 72 厘米，胸围 2.26 米，树龄 260 年左右，至今枝叶茂盛。最大的树木高 20 米，胸径 1.18 米，距今约有 500 年历史，具有较高的保护研究价值和经济价值。

十八、陕西天竺山省级自然保护区

该保护区是以保护林麝及其栖息地为主要保护对象的野生动物类型自然保护区。保护区位于山阳县东南，地处秦岭山脉的南坡，地理坐标介于东经109°43′~110°04′、北纬33°18′~33°25′之间。保护区东西长39千米，南北宽5~9千米，总面积21685公顷，其中，核心区面积7540.73公顷，占保护区总面积的34.77%；缓冲区面积4461.44公顷，占保护区总面积的20.57%；实验区面积9682.83公顷，占保护区总面积的44.66%。区内最高海拔2074.4米，相对高差1000多米，森林覆盖率达81.4%，边界清晰，土地权属明确。

2004年，经陕西省人民政府批准，设立了陕西天竺山省级自然保护区。2005年12月，成立了陕西天竺山省级自然保护区管理处，为正科级全额拨款事业单位，隶属山阳县林业局管理，与山阳县林业局一套班子、两块牌子合署办公。管理处内设3个科室，下设4个保护站，设1个森林公安局，2个派出所。编制人员60人。

据调查，区内有木本植物50余种，草本植物500余种。既有连香树、水青树、水曲柳、兰花等国家Ⅰ、Ⅱ级保护野生植物，又有多种多样的纤维植物、淀粉植物、芳香植物、橡胶植物、药用植物和观赏植物。区内有鸟类11目34科122种，有兽类3目10科16种，两栖类2目8科22种。国家Ⅰ级保护野生动物有林麝、金雕、白肩雕、豹4种，国家Ⅱ级保护野生动物有苏门羚、黑熊、斑羚、红腹角雉等23种。以香味传情的林麝在区内集中分布，黑鹳数量约达1000余只。

天竺山崔嵬而奇险，闻名遐迩。天竺山是陕西道教胜地之一，目前山上道观有铁钟等5处，男女道徒30余人。山上有各种大小不同洞观240余个，可游览点60余处，其中有12峰、3井、6岩、9处宫观等名胜。

十九、陕西野河省级自然保护区

该保护区是以保护渭北黄土丘陵沟壑区典型的森林生态为主要保护对象的森林生态类型自然保护区。保护区位于宝鸡市扶风县北部，北靠麟游县，东邻永寿县，西连岐山县。地理坐标介于东经107°30′~107°35′、北纬34°19′~34°25′之间。总面积10996公顷，其中，核心区面积3783公顷，占保护区总面积的34.4%；缓冲区面积4430公顷，占保护区总面积的40.3%；实验区面积2783公顷，占保护区总面积的25.3%。森林覆盖率达89%，其中，林地面积6058公顷，疏林地面积37公顷，灌丛地面积3680公顷，其他林地面积1221公顷。

2004年，经陕西省人民政府批准，设立了陕西野河省级自然保护区。2006年12月，成立了陕西野河省级自然保护区管理处，为副处级全额拨款事业单位，隶属于扶风县人民政府领导，与扶风县林业局一套班子、两块牌子合署办公。原县林业局下属的野河林场调编为野河省级自然保护区管理处下属单位。管理处内设3个科室，下设3个保护站。编制人员47人。

保护区地质构造属六盘山系千山余脉北部低山区，为鄂尔多斯台南缘的褶皱山地，南部与汾渭断陷的渭河坐地相接，地质构造复杂，地貌类型多样，地势西高东低，峰高谷深。区内最高海拔1579.8米。由深厚的黄土沉积层发育，形成黄土陷穴、黄土立柱、黄土侵蚀沟坡等地貌。有种子植物700余种，国家和省级重点保护植物有水曲柳、陕西鹅耳枥、桃耳七6种。区内发现有野生动物21目47科162种，其中国家Ⅰ级保护野生动物有豹、林麝、金雕、黑鹳、白肩雕5种，国家Ⅱ级保护野生动物有豺、青鼬、长耳鸮等18种，省重点保护野生动物有狼、豹猫、狍等12种。

二十、陕西太安省级自然保护区

该保护区是以保护黄土高原特有的森林生态为主要保护对象的森林生态类型自然保护区。保护区位于铜川市宜君县西北部，地处子午岭山系桥山山脉，西北与延安市黄陵县相接，西南连铜川市印台区，东邻宜君县彭镇、城关镇，南接宜君县太安镇。地理坐标介于东经108°54′40″~109°12′24″、北纬35°19′40″~35°35′20″之间。南北长27.5千米，东西宽12.5千米，总面积25872公顷。2010年，保护区功能区划调整为现面积(总面积未变)。核心区面积7905公顷，占保护区总面积的30.6%；缓冲区面积6380公顷，占保护区总面积的24.6%；实验区面积11587公顷，占保护区总面积的44.8 %。区内财神梁最高，海拔1537米，山岔河出口处最低，海拔870米，相对高差667米。区内森林茂密，河流众多。森林覆盖率达85.2 %，主要河流有玉华河、山岔河、清河，是黄河主要支流洛河重要的水源涵养地。也是关中平原和陕北黄土高原的自然分界线，是关中平原的天然绿色屏障。

2004年3月，经陕西省人民政府批准设立。2006年，成立了陕西太安省级自然保护区管理局，为正科级全额拨款事业单位，隶属宜君县林业局领导。管理局内设办公室、林政股、业务股、多经产业办4个科室；下设马场、山岔、高楼洼、太安4个管护站；高楼洼、山岔2个检测点，1个太安木材检查站。编制人员46人。

保护区地貌类型为土石丘陵区，沟壑纵横、山谷陡峭。保护区植被类型属典型暖温带落叶阔叶林，按其外貌形态和生态特点区分为6个植被型(温性针叶林、暖温性针叶阔叶混交林、落叶阔叶林、灌丛、灌草丛、草甸)，在植被型的范围内，根据建群种的生活型不同又可分为11个植被亚型。在组成系统植被的植物成分中，无论是建群种、优势种还是伴生种，以华北成分占主导地位。区内现有高等植物104科866种，有国家重点保护植物野大豆，省级重点保护植物杜松等。动物地理分布以古北界为主，兼有东洋界和广布种，拥有丰富的动物种类，据调查，鸟类11目32科78种，兽类6目15科44种，两栖类1目3科5种，爬行类3目4科13种，昆虫12目114科860种。保护区内现有国家Ⅰ级保护野生动物金钱豹、金雕、黑鹳、白鹳4种，有国家Ⅱ级保护野生动物水獭、红脚隼、鸢、长耳鸮4种。

二十一、陕西香山省级自然保护区

该保护区以保护渭北黄土高原森林生态完整性为主要保护对象的森林生态类型自然保护区。保护区位于铜川市耀州区的西北部，地处黄土高原中部、乔山余脉南缘，东与耀州区瑶曲镇为邻，东北与铜川市焦坪林场相连，西北与旬邑县马栏林场及陕西石门山省级自然保护区接壤，西南与淳化县毗连。地理坐标介于东经108°39′~108°48′、北纬35°08′~35°18′之间。保护区南北长约18.6千米，东西宽约15.5千米，总面积14196公顷。其中，核心区面积3067公顷，占保护区总面积的21.6%；缓冲区面积4934公顷，占保护区总面积的34.8%；实验区面积6195公顷，占保护区总面积的43.6%。2005年9月保护区范围进行了调整，区划总面积由37823公顷调整为现面积。

2004 年，经陕西省人民政府批准设立。2007 年成立了陕西香山省级自然保护区管理局，为正科级全额拨款事业单位，隶属耀州区林业局领导，2009 年 7 月正式对外挂牌开展工作。管理局下设三岔口、庙湾、玉门 3 个保护站，玉门和庙湾 2 个检查站，编制人员 20 人。

保护区地质构造复杂，地貌类型多样，山体由二叠纪、三叠纪的砂叶岩及白垩纪的砂岩组成。北部山脊陡峻，南部梁脊平缓，山体连绵，沟谷纵横，最高海拔 1734 米，相对高差 200 余米。据调查，区内有 28 个植被群系，有维管束植物 106 科 384 属 618 种，38 个变种。区内有动物 19 目 38 科 80 余种，其中鸟类 12 目 4 科 50 余种，兽类 4 目 9 科 30 余种。有国家Ⅰ级保护野生动物黑鹳、金钱豹、林麝 3 种，国家Ⅱ级保护野生动物普通雕鸮、鸢、水獭、灰林鸮、红隼、豹猫等。

香山素有佛教八小名山之称。历史人文特点的有香山寺庙、太子寺石窟内的塑像、壁画、香山西的有庄王墓、魏王墓、秦王殿遗址等。有香山北部的唐王洞、九营寨、妙善公主梳妆台等遗址。这些都是香山珍贵的自然历史文化遗产。

二十二、陕西柴松省级自然保护区

该保护区是以保护柴松及森林生态为主要保护对象的森林生态类型自然保护区。保护区位于陕西省富县境内，地处子午岭北段西南葫芦河中游地区，西接甘肃省合水县，南连陕西子午岭国家级自然保护区，东与延安市桥北林业局张家湾林场、药埠头林场为邻，北接桥北林业局和尚塬林场。地理坐标介于东经 108°39′～108°50′、北纬 35°56′～36°07′之间。南北长 18 千米，东西宽 11 千米，保护区总面积 17640 公顷。其中核心区面积 4640 公顷，占保护区总面积的 26.3%；缓冲区面积 3740 公顷，占保护区总面积 21.2%；实验区面积 9260 公顷，占保护区总面积的 52.2%。区内森林覆盖率达 90%。

2004 年，经陕西省人民政府批准设立。2007 年，成立了陕西柴松省级自然保护区管理局，为县级全额拨款事业单位，隶属延安市林业局领导。编制人员 70 人。管理局内设办公室、保护科、科研科、后勤科 4 个科室，下设五里铺、大麦秸、马渠寺 3 个保护站，1 个珍稀植物繁育中心，1 个森林公安派出所。

保护区属山地低山丘陵区，山体由基岩山岭和沟谷组成低山地貌，岭谷交错，山峦起伏。据统计，该区有植物 80 科 196 属 720 多种，其中柴松是这里特有地域分布植物。与柴松共生的树种有辽东栎、山杨、白桦和油松等乔木。区内动物有鸟类 14 目 19 科 77 种，兽类有 5 目 9 科 30 余种，天敌昆虫 9 目 24 科 102 种，有害昆虫 6 目 69 科 442 种。有国家Ⅰ级保护野生动物金钱豹、金雕、黑鹳 3 种，国家Ⅱ级保护野生动物有石貂、黄喉貂、水獭、燕隼、红脚鸮等 12 种。

柴松树干高大通直，材质优良，含脂量少。球果小，结实量大；枝条开阔，天然繁殖能力强；同时耐干旱、瘠薄寒冷，适应性强。据调查，区内有十余公顷的柴松林，其中有 400 多公顷天然纯林，平均树高 18 米，胸径 36 厘米，疏密度 0.93。林下天然更新良好，可谓速生丰产。2005 年的南京绿博园期间，柴松林景观照片作为陕西展馆背景图案。

二十三、陕西黄龙山天然次生林省级自然保护区

该保护区是以保护天然次生林生态为主要保护对象的森林生态类型自然保护区。保护区位于陕西黄龙县境内，地处陕北黄土高原的南部与渭北二级台塬接壤的黄龙山腹地，西邻三岔林场，北与大岭、蔡家川、圪台等林场相连，东南与黄龙县林业局界头庙接壤。地理坐标介于东经109°42′~110°00′、北纬35°20′~35°41′之间。范围为黄龙山林业局石堡林场、界头庙林场东部，虎沟门林场的全部。保护区总面积35563公顷，其中：核心区面积8448公顷，占保护区总面积的23.76%；缓冲区面积10551公顷，占保护区总面积的29.67%；实验区面积16564公顷，占保护区总面积的46.57%。海拔在962.6~1783.5米之间。森林面积25096公顷，活立木总蓄积量91.77万立方米，森林覆盖率达87.09%。

2004年，经陕西省人民政府批准。成立了陕西黄龙山天然次生林省级自然保护区管理局，为县级全额拨款公益性事业单位，隶属延安市人民政府领导。与延安市林业局两块牌子，一套班子合署办公。管理局内设办公室、保护科、科研宣教科、多种经营科、林业公安科5个科室；下设榆树河、虎沟门、界头庙、店子河、石堡、沙曲河6个保护站；虎沟门、界头庙、石堡3个检查站。编制人员86人。

保护区呈西北-东南走向，属石质中低山地地貌类型。发源于区内主要河流有5条，石堡川河、仙姑河流入洛河，大南川、小南川、猴儿川河流入黄河。成为渭北旱原地区重要的水源地。据调查，区内有高等植物105科362属760余种，其中乔木树种22科29属100余种，野生经济植物9类580种，仅药用植物就达247种。野生动物有21目45科122种，其中国家Ⅰ级保护野生动物有金钱豹、金雕、褐马鸡、黑鹳、白鹳、丹顶鹤6种，国家Ⅱ级保护野生动物有石貂、水獭、鸳鸯、秃鹫、赤腹鹰等14种。林区内还发现兰科重点保护植物毛杓兰、凹香兰、二叶兜被兰等。

黄龙山自然保护区被誉为永不枯竭的水源地、陕西黄土高原上的“一叶肺”，陕北通往关中的一道绿色屏障。

二十四、陕西牛尾河省级自然保护区

该保护区是以保护大熊猫及其栖息地为主要保护对象的野生动物类型自然保护区。保护区位于太白县南部，地处秦岭山地中段南坡，西靠留坝县，南接洋县，北距太白县城约90千米。总面积13492公顷。其中，核心区面积2246公顷，占保护区总面积的16.65%；缓冲区面积5063公顷，占保护区总面积的37.53%；实验区面积6183公顷，占保护区总面积的45.82%。保护区分两个片区，牛尾河片区，面积11388公顷，地理坐标介于东经107°19′~107°29′、北纬33°40′~33°48′之间；大箭沟片区，面积2104公顷，地理坐标介于东经107°30′~107°40′、北纬33°45′~33°48′之间。区内平均海拔在1000~1300米之间，最高峰大包梁2256米，最底点皂角湾912。森林覆盖率94.7%。

2004年3月，经陕西省人民政府批准设立。2005年，成立了陕西牛尾河省级自然保护区管理处，副处级全额拨款事业单位，与太白县野生动物保护管理站合署办公。编制20人。管理处内设保护科、综合科、办公室3个科室。下设黄柏塬、二郎坝2个保护站。

据调查，区内有种子植物121科640属1500余种，还有大量的苔藓地衣蕨类和菌类植物。竹类资源丰富，主要有巴山木竹、秦岭箭竹等，多呈带状、块状在整个保护区内均有分布，山坡中上部平缓处更为茂密，且有成片竹林分布，为大熊猫栖息提供了良好的环境。区内有陆生脊椎动物有22目52科270余种。其中鸟类有14目31科，兽类有5目14科，两栖爬行类3目7科。有国家Ⅰ级保护野生动物大熊猫、金丝猴、豹、羚牛、金雕、白肩雕、林麝7种；有国家Ⅱ级保护野生动物黑熊、斑羚、红腹角雉、雀鹰、猎隼等29种，省级重点保护动物有小麂、狗獾等27种。保护区处在陕西省大熊猫栖息地的西北部，通过二郎坝和大树坪两条走廊带，与周边的黄柏塬、太白山、老县城、佛坪、板桥、桑园等自然保护区连成一体，基本解决了陕西省西部大熊猫保护区岛屿化的问题。

二十五、陕西鹰嘴石省级自然保护区

该保护区是以保护大熊猫潜在栖息地为主要保护对象的野生动物类型自然保护区。保护区位于陕西省商洛市镇安县西部，地处秦岭南坡中段，北邻月河镇、杨泗镇，东接柴坪镇，南接木王镇，西与陕西平河梁省级自然保护区毗邻。地理坐标介于东经108°34′48″~108°53′12″、北纬33°16′35″~33°29′10″之间。南北长约17千米，东西宽约10千米，总面积11462公顷。其中核心区面积3174公顷，占保护区总面积的27.7%；缓冲区2833公顷，占保护区总面积的24.7%；实验区5455公顷，占保护区总面积的47.6%。范围以木王林场国有林为主体，结合周边部分集中连片集体林地建立的，行政区域涉及4个镇。

2004年3月，经陕西省人民政府批准设立。2005年12月，成立了陕西鹰嘴石省级自然保护区管理处，为副县级全额拨款事业单位。编制42人。与镇安县林业局两块牌子、一套班子合署办公，管理处内设办公室，下设木王镇、余师乡、杨泗乡、月河乡4个保护站，古山屯，达仁、月河、磨石沟4个木材(护林)检查站。

保护区处于秦岭中山山地，最高海拔2601.2米，最低海拔1200米，相对高差1400余米。出露岩石以花岗岩、片麻岩、石灰岩、石英岩、千枚岩为主。土壤以褐土、棕壤为主。气候属北亚热带半湿润大陆性季风气候区，具有四季冷暖分明，冬夏长而春秋短的气候特点。海拔1500米以下，以油松、栎类为主，1500米以上以冷杉、铁杉、栎类和杜鹃为主。初步调查，区内有种子植物138科685属1341种，有国家Ⅰ级保护野生植物银杏、红豆杉2种，国家Ⅱ级保护野生植物水青树、水曲柳、杜仲、连香树、狭叶瓶尔小草等7种，省级重点保护植物9种。有陆生脊椎动物28目72科190种，其中国家Ⅰ级保护野生动物4种，国家Ⅱ级保护野生动物15种。区内良好的森林生态环境，丰富的森林资源，为生活在这里的珍禽异兽提供了繁衍生息的条件。据调查，区内有野生脊椎动物28目72科190余种，其中鸟类14目31科74种，兽类6目23科69种，两栖爬行类4目11科32种。国家Ⅰ级保护野生动物有羚牛、金雕、云豹、黑鹳、林麝5种，国家Ⅱ级保护野生动物黑熊、金猫、鸢、红隼、红角鸮等10多种。

二十六、陕西黄柏塬省级自然保护区

该保护区是以保护大熊猫及其栖息地为主要保护对象的野生动物类型自然保护区。保护区位于宝鸡市太白县境内，地处秦岭中段南坡，东接周至老县城省级自然保护区，南靠兴隆岭主峰昏人坪，西连牛尾河省级自然保护区、太白局黄柏塬林场，北依秦岭主峰太白山。南邻长青保护区，北靠太白山保护区，东南与佛坪保护区接壤，处于大熊猫及其栖息地为主的自然保护区群中心地带，分为南北2个分区。南区紧靠长青、佛坪保护区核心区，北区位于太白河与欠块营河交汇的矩形区域，东西宽约 18 千米，南北长约 22 千米。地理坐标介于东经 107°31′16″~107°42′30″、北纬 33°42′02″~33°54′05″之间，总面积 21865 公顷。其中核心区面积 7080 公顷，占保护区总面积的 32.4%，缓冲区面积 6550 公顷，占保护区总面积的 30.0%，实验区面积 8235 公顷，占保护区总面积 37.6%。有国有林 19541.3 公顷，集体林 2323.7 公顷。保护区地势南北高，中间低，地形呈“哑铃”状，最高海拔 3120 米，最低海拔 1280 米，相对高差 1840 米。

2006 年 12 月，经陕西省人民政府批准。2008 年 9 月，成立了陕西黄柏塬省级自然保护区管理局，为正县级全额拨款事业单位，隶属于陕西省林业厅和资源局双重领导。编制 79 人。保护区内设行政办公室、保护科、科研科、社区管理科 4 个科室；下设黄柏塬、古字梁、河坪 3 个保护站。

黄柏塬自然保护区地理位置独特，森林覆盖率达 96.0%。区内共有 4 个植被型组，9 个植被型，16 个植被亚型或群系组，50 个群系。从垂直分布看，海拔 2200 米以下为松栎林带，森林植物以栎类和油松最具代表性，分布面积较大，是秦岭大熊猫冬、春季的主要栖息地；海拔 2200~2600 米范围内为桦木林带，森林植物以红桦林和牛皮桦林为代表，本范围不仅是秦岭大熊猫夏季活动、觅食的主要地带，而且是金丝猴、羚牛等珍稀野生动物长期活动、觅食和繁衍的栖息地；海拔 2600~2900 米范围为巴山冷杉林带，代表性森林植物为巴山冷杉，是秦岭大熊猫夏季经常光顾、活动的场所；海拔 2900~3120 米为太白红杉林带，森林植物以太白红杉为代表。竹林既是保护区的主要植被类型之一，也是秦岭大熊猫赖以生存的重要食物资源和主要栖息场所，保护区的竹林资源主要有巴山木竹林、华桔竹林和箭竹林 3 种类型，总面积 4591 公顷，约占保护区总面积的 21.0 %。据初步调查，黄柏塬自然保护区有野生植物 1539 种。其中种子植物 113 科 466 属 1109 种，蕨类植物 22 科 41 属 84 种，苔藓植物 48 科 88 属 157 种，真菌 189 种；有野生资源类植物 900 余种，其中药用植物 630 种，淀粉及糖类植物 85 种，油脂类植物 113 种，芳香植物 85 种，纤维植物 91 种，鞣料植物 98 种；有国家Ⅰ级保护野生植物红豆杉、独叶草 2 种，有国家Ⅱ级保护野生植物秦岭冷杉、大果青杆、太白红杉、连香树、水青树等 36 种，有陕西省重点保护植物星叶草、秦岭花楸、秦岭乌头、太白贝母等 13 种；据调查，区内有野生脊椎动物 23 目 72 科 224 属 346 种。其中兽类 7 目 23 科 64 属 81 种，爬行动物 2 目 8 科 19 属 25 种，两栖动物 2 目 6 科 8 属 13 种，鸟类 10 目 31 科 217 种，鱼类 2 目 4 科 10 属 10 种；有昆虫 29 目 296 科 2832 种。有国家Ⅰ级保护野生动物大熊猫、金丝猴、羚牛、林麝等 7 种，国家Ⅱ级保护野生动物黑熊、斑羚、鬣羚、毛冠鹿、大鲵等 36 种，陕西省重点保护动物 22 种；另有国家Ⅱ级重点保护昆虫和陕西省重点保护昆虫三尾褐凤蝶、中华虎凤蝶、李艳大步甲、箭环蝶和冰清绢蝶等 12 种。

据监测，保护区内大熊猫种群数量有所上升，约有 30~40 只。主要分布于海拔 2200~2800 米中山地带的针阔混交林中，多集中在核心区、缓冲区内的大箭沟流域中上部、湑水河南北两岸和太白河上游。川金丝猴主要分布于湑水河北岸核桃坪海拔 1800 米和大箭沟海拔 2000 米处，两群总体数量约在 85~100 只之间。区内森林茂密，环境优美，既是我国秦岭大熊猫分布的核心区和高密度区之一，也是秦岭大熊猫“兴隆岭区域种群” 和“牛尾河区域种群”的重要连接地带。

二十七、陕西平河梁省级自然保护区

该保护区是以保护大熊猫、羚牛、金丝猴、林麝及其栖息地为主要保护对象的野生动物类型自然保护区。保护区位于宁陕县境内，地处秦岭东段南坡，以秦岭南坡大支梁、平河梁为中心，东以燕沟梁为界，并与镇安县鹰嘴石保护区相邻；南与宁陕寨沟相邻。西至宁陕县皇冠镇，与宁陕皇冠大熊猫保护区相连，北至大茨沟梁，南北长约21.8千米，东西宽约18.7千米。地理坐标介于东经108°24′~108°36′、北纬33°34′~33°22′之间。保护区总面积21152公顷，其中核心区6510公顷，占保护区总面积的30.78%；缓冲区6200公顷，占保护区总面积的29.31%；实验区8442公顷，占保护区总面积的39.91%。最高点龙潭子，海拔2679米；最低点海拔1265.6米，相对高差1413.4米。属秦岭大熊猫种群——平河梁种群分布的核心地带，是目前秦岭大熊猫自然保护区群最东端的自然保护区。

2006年10月，经陕西省人民政府批准设立，2007年，成立了陕西平河梁省级自然保护区管理局，为正县级全额拨款事业单位，隶属于陕西省林业厅领导。保护区内设综合办公室等6个科室，下设旬阳坝、火地塘、新矿3个保护站，7个保护监测点。1个森林公安局，2个森林公安派出所。编制人员60人。

保护区位于秦岭腹地，辖区地域辽阔，人烟稀少。经调查，区内野生植物分布有168科728属1830种，占陕西种子植物1143属、4377种的63.7%、41.8%。其中有国家Ⅰ、Ⅱ级重点保护植物43种，省级重点保护植物9种。区内有野生脊椎动物289种，占陕西脊椎动物总数的39.1%。其中有国家Ⅰ级保护物种6种，国家Ⅱ级保护物种24种，陕西省省级重点保护物种20种；我国特有物种63种。其中，最具有代表性的有大熊猫、羚牛、川金丝猴、朱鹮——“秦岭四宝”。保护区有蝶类共8科44属68种，其中凤蝶科5属10种，粉蝶科5属15种，眼蝶科8属13种，灰蝶科2属2种，蛱蝶科19属23种，环蝶科2属2种，蚬蝶科1属1种，弄蝶科2属2种。

平河梁自然保护区的建立，将北部的牛背梁、东部的镇安鹰嘴石、西部的宁陕自然保护区有机的结合起来，形成保护区群，为大熊猫及野生动物提供了良好的栖息环境。

二十八、陕西桥山省级自然保护区

该保护区是以保护黄土高原生物多样性为主要保护对象的森林生态类型自然保护区。保护区位于陕西省富县境内，地处陕甘交界的子午岭山脉陕西境内。西以子午岭为界，西南以艾蒿店为界，南于旬邑县双庙梁相毗邻，东南以西南山为界，东以西南山，河南庄接壤，东北以坳子坪为界，北与桥山主梁相连，西北以兴窑关为界。南北长24千米，东西宽18.5千米。地理坐标介于东经108°31′~108°49′、北纬35°30′~35°46′之间。保护区总面积24650.8公顷。其中核心区面积7098公顷，占保护区总面积的29%；缓冲区面积7621公顷，占保护区总面积的31%；实验区面积9931公顷，占保护区总面积的40%。

2009年12月，经陕西省人民政府批准设立，因未完成划界立标工作，尚未成立独立的管理机构，由桥山林业局大岔林场代管。

保护区内动植物资源丰富，初步查明，区内有种子植物93科323属596种。主要树种有辽东栎、白桦、山杨、油松、侧柏等，伴生树种有槲树、榆、槭、小叶杨等。辽东栎类是该区的主要森林植被类型。区内有脊椎动物 27 目 59 科 188 种，有国家Ⅰ级保护野生动物金钱豹、黑鹳、金雕 3 种，国家Ⅱ级保护野生动物豺、水獭、大天鹅等 16 种。

二十九、陕西劳山省级自然保护区

该保护区是以保护陕北黄土高原地区次生林为主要保护对象的森林生态类型自然保护区。保护区位于甘泉县境内，地处甘泉县西南的墩儿梁、子午岭的子梁。西与富县相邻，北以南湾、白三梁、鉴子条为界，南到马皮子掌沟，东到塔上乔庄沟口，由劳山林业局府村林场管辖的直罗沟、寺沟、柳沟、袁庄沟、凉沟和乔庄沟等组成。长约 23 千米，宽约 11 千米。地理坐标介于东经 108°57′～109°11′、北纬 36°08′～36°20′之间，保护区总面积 20317 公顷。其中核心区面积 7926 公顷，占保护区面积的 39%；缓冲区面积 6024 公顷，占保护区面积的 30%；实验区面积 6367 公顷，占保护区面积的 31%。2009 年 12 月，经陕西省人民政府批准设立，因未完成综合科考和划界立标工作，暂由甘泉县府村林场代管。

区内野生动植物资源丰富，构成林分的主要树种有辽东栎、白桦、刺榆、杜松、侧柏、油松、小叶杨等。伴生树种有：榆、槭、杜梨、椴树、漆树、野核桃等。区内有脊椎动物 27 目 59 科 188 种，有国家Ⅰ级保护野生动物金钱豹、黑鹳、金雕 3 种，国家Ⅱ级保护野生动物豺、长耳鸮、大天鹅等 16 种。

三十、陕西榆林市榆阳区臭柏市级自然保护区

该保护区是以保护臭柏群落为主要保护对象的沙地植物生态类型自然保护区。保护区位于榆阳区巴素林场五十里沙工区境内，地处毛乌素沙漠南缘与黄土高原过渡地带，东至红石桥乡，南接横山县雷龙湾乡，西邻内蒙古纳林河乡，北至刘家圪崂。地理坐标介于东经 109°08′～109°07′、北纬 38°03′～38°06′之间。总面积 6666.67 公顷。其中，核心区面积 1666.67 公顷，占保护区总面积的 25.0%；缓冲区面积 2800 公顷，占保护区总面积的 41.99%；实验区面积 2200 公顷，占保护区总面积的 33.01%。

1998 年，经榆林市人民政府批准建立。2003 年，经榆林市人民政府批准晋升并更名为陕西榆林市榆阳区臭柏市级自然保护区。并成立了陕西榆林市榆阳区臭柏市级自然保护区管理站，为正科级全额拨款公益性事业单位，编制人员 15 人。

三十一、陕西榆林市横山臭柏市级自然保护区

该保护区是以保护臭柏群落为主要保护对象的沙地植物生态类型自然保护区。保护区位于榆林市横山县五十里沙境内，地处毛乌素沙漠边缘，东北以榆阳区红石桥为界，南至无定河北岸，西至内蒙古乌审旗纳林河乡以东，地理坐标介于东经 109°02′～109°10′、北纬 38°01′～38°08′之间，保护区总 6933.33 公顷，其中核心区面积 1800 公顷，占保护区总面积的 25.97%；缓冲区面积 1733.33 公顷，占保护区总面积的 24.99%；实验区面积 3400 公顷，占保护区总面积的 49.04%。

2003 年，经榆林市人民政府批准设立。同年，成立了陕西榆林市横山臭柏市级自然保护区管理站，为正科级全额拨款事业单位。

三十二、陕西永寿翠屏山市级自然保护区

该保护区是以保护黄土高原人工林生境为主要保护对象的森林生态类型自然保护区。保护区位于咸阳市永寿县境内，地跨永平、平遥、底角沟、郭村、常宁、马坊六乡镇，地理坐标介于东经 107°56′~108°06′、北纬 34°45′~34°50′之间。保护区总面积 19145 公顷。保护区内大面积集中分布以刺槐、油松为主的人工林，林地面积 6621.4 公顷，林地内用材林 1976.6 公顷，防护林 512 公顷、灌木林 816.9 公顷。

2003 年，经咸阳市人民政府批准设立，2005 年，成立陕西永寿翠屏山市级自然保护区管理站，正科级全额拨款事业单位，隶属咸阳市林业局领导。编制人员 8 人，从业人员 52 人。

翠屏山是渭河与泾河的分水岭，大部分为解放后人工营造的以刺槐、油松占优势的人工林，面积达 6600 多公顷，森林覆盖率为 57%，而植物覆盖率达 90%以上。药用植物 70 多种。区内有脊椎动物 6 目 10 科 19 种，昆虫 54 科 20 多种，鸟类约 20 种 16 万多只，有国家重点保护野生动物金钱豹、鸢，省级重点保护野生动物山鹿、野猪。区域内已发现金钱豹等国家Ⅰ级保护野生动物。

第九章　湿地保护

第一节　湿地现状

陕西是内陆省份，南北纵长约 880 千米，东西横跨约 160~490 千米，纵跨黄河、长江两大流域，总面积 20.58 万平方千米，其中黄河流域占 64.8%，长江流域 35.2%。特殊的地理位置形成了独特的湿地面貌及其分布规律。

陕西的主要湿地类型为河流湿地，面积 25.23 万公顷，占湿地总面积的 83.70%。陕西境内有流域面积 100 平方千米以上的河流 583 条，以秦岭为界，秦岭以北属黄河水系，主要有渭河、泾河、北洛河、无定河、延河等。秦岭以南属长江水系，有嘉陵江、汉江和丹江。这些河流湿地对地处中国西北内陆、整体属于干旱、半干旱地区的陕西，尤其是水土流失严重、生态环境脆弱、占全省总面积 45%的陕北黄土高原地区而言十分珍贵。

根据 2009~2011 年陕西省进行的第二次湿地资源调查，全省共有 4 个湿地类 12 个湿地型，8 公顷以上的湿地总面积 30.85 万公顷，占全省总面积的 1.5%。其中河流湿地面积 25.76 万公顷，占湿地总面积的 83.50%；湖泊湿地面积 0.76 万公顷，占湿地总面积的 2.46%；沼泽湿地面积 1.10 万公顷，占湿地总面积的 3.58%；人工湿地面积 3.23 万公顷，占湿地总面积的 10.46%(表 2-9-1)。

2009~2011 年陕西省湿地类型统计表

表 2-9-1　　　　单位：公顷、%

湿地类型		面积	比例
河流湿地(2)	小计	257591.35	83.50
	永久性河流湿地(201)	171516.41	55.60
	季节性河流湿地(202)	18550.54	6.01
	泛洪平原湿地(203)	67524.4	21.89

续表

湿地类型		面积	比例
湖泊湿地(3)	小计	7597.92	2.46
	永久性淡水湖湿地(301)	3061.39	0.99
	永久性咸水湖湿地(302)	2665.5	0.86
	季节性咸水湖湿地(303)	1871.03	0.61
沼泽湿地(4)	小计	11034.16	3.58
	草本沼泽湿地(402)	7811.08	2.53
	内陆盐沼湿地(405)	2939.97	0.95
	沼泽化草甸(407)	283.11	0.09
人工湿地(5)	小计	32271.18	10.46
	库塘湿地(501)	24531.36	7.95
	输水河(502)	3355.01	1.09
	水产养殖场(503)	4384.81	1.42
合计		308494.61	

全省湿地总面积30.85万公顷，其中面积排列前3位的地市依次为渭南市、榆林市和汉中市。陕西各市湿地面积及类型见表2-9-2。

2009~2011年陕西省各市湿地面积及类型统计表

表2-9-2 单位：公顷

行政区	合计	河流湿地	湖泊湿地	沼泽湿地	人工湿地
合计	308494.61	257591.35	7597.92	11034.16	32271.18
渭南市县湿地区	81143.85	70108.03	0.00	5300.64	5735.18
榆林市县湿地区	46035.04	27433.50	7556.74	5103.99	5940.81
汉中市县湿地区	39273.70	35805.68	0.00	283.11	3184.91
安康市县湿地区	28889.60	24476.27	0.00	0.00	4413.33
商洛市县湿地区	27399.20	26759.49	0.00	88.84	550.87
宝鸡市县湿地区	26286.21	21911.79	0.00	18.05	4356.37
延安市县湿地区	23968.93	22136.83	0.00	73.84	1758.26
西安市县湿地区	18342.68	15217.49	41.18	156.65	2927.36
咸阳市县湿地区	11498.61	8572.96	0.00	9.04	2916.61
铜川市县湿地区	5656.79	5169.31	0.00	0.00	487.48

第二节 湿地保护

一、陕西湿地特点

1990年以来，陕西省逐步加大了对湿地的保护力度。1999~2000年，陕西省对全省湿地进行了第一次调查，调查数据显示，全省分布面积100公顷以上河流湿地、湖泊湿地、沼泽和沼泽化草甸湿地及库塘湿地面积共计292895公顷，占全省总面积的1.4%。

2009~2011年，根据国家林业局安排陕西省又进行了第二次湿地资源调查，调查结果显示全省共有4个湿地类12个湿地型，8公顷以上的湿地面积308495公顷，占全省总面积的1.5%。

1. 区域环境特殊，湿地总面积比重偏小。由于陕西地处西北内陆，整体属干旱、半干旱地区，水资源是制约生态、经济、社会发展的主要因素，水资源的缺乏导致了与水有直接关系的湿地发育和存在。全省湿地面积308495公顷，仅占全省面积的1.5%，湿地总面积比重偏小。

2. 湿地类型多样，呈现地域分布特征。陕西省湿地类型包括河流湿地、湖泊湿地、沼泽湿地和人工湿地4大类中的永久性河流湿地、季节性河流湿地、泛洪平原湿地、永久性淡水湖湿地、永久性咸水湖湿地、季节性咸水湖湿地、草本沼泽湿地、内陆盐沼湿地、沼泽化草甸、库塘湿地、输水河和水产养殖场12个湿地类型，湿地类数和湿地类型数分别占全国湿地类数和湿地类型数的80%和35.29%，湿地种类呈现出多样化的特点。

陕西地处黄河、长江两大流域，黄河流域面积约占全省总面积的64.80%，长江流域面积占全省总面积的35.20%，从地域上黄河流域为湿地的形成提供了广泛的载体。河流湿地在全省广泛分布，主要集中在黄河和汉江及其一、二级支流；湖泊湿地主要分布在黄河流域的定边县、榆阳区和神木县等内流区；沼泽湿地主要分布在黄河流域的定边县、榆阳区、横山县、靖边县以及蒲城县和合阳县等；人工湿地全省广泛分布，并以库塘湿地为主。

3. 各类湿地面积比重差异较大，河流湿地特征南北差异明显。从各类湿地面积比重来看，河流湿地面积最大，面积占全省湿地总面积的83.5%；其次是人工湿地，面积占全省湿地总面积的10.46%；第三是沼泽湿地，面积占全省湿地总面积的3.58%；第四是湖泊湿地，面积占全省湿地总面积的2.46%。显然，河流湿地是陕西省的主要湿地类型，面积约占全省湿地总面积的80%，其他类型的湿地，面积仅占到全省湿地总面积的16.5%。

黄河流域河流一般是上游多支流，沟谷纵横，河段开阔，暴涨暴落，洪枯水量相差悬殊，加之地处黄土高原，土壤侵蚀严重，河水携带大量泥沙，严重冲刷河床并造成泥沙堆积，因而形成较大面积的低河漫滩；而长江流域的河流虽地处秦巴山区，属北亚热带气候，降水量充沛，但一般属山溪性河流，河床狭窄，比降大，水流湍急。

4. 特殊的地理环境，导致沼泽湿地面积较少。沼泽湿地是地面排水不畅、长期潮湿、生长喜湿和喜水植物、有泥炭堆积的洼地或平地。陕西北部河流虽河道开阔，河漫滩面积较大，但由于降水量小，蒸发量大，洪枯水量悬殊，水源补给不足，不具备形成大面积沼泽的条件；而陕南地区除汉江外，一般河流河谷多为“V”字形，河床狭窄，沿途多是岩岸，流速较大，江河边缘难以形成沼泽，从而导致全省沼泽湿地面积偏少。

5. 库塘湿地在区域生态、经济、社会发展中作用突出。库塘湿地以水库为主，水库数量上以黄河流域占绝大多数，但水库面积从相对数量来看长江流域较黄河流域大，这与其地理位置和气候、水文条件相一致。黄河流域由于降水量少、河流洪枯水量悬殊、泥沙含量大，水库的主要用途是蓄洪、灌溉和提供水源；而长江流域水库除了蓄洪、灌溉用途外，主要用于发电。

6. 湿地生物多样性丰富，是重要的物种基因库。陕西省湿地资源虽少，但湿地生物多样性依然丰富，特别是湿地鸟类种类多，数量大，保护等级高。2010 年，陕西省第二次湿地资源调查统计资料显示，全省共有湿地维管植物 62 科 177 属 361 种(恩格勒系统 1964)。其中蕨类植物 4 科 4 属 5 种，被子植物 58 科 173 属 356 种(含变种、变型)。被子植物中，双子叶植物 41 科 116 属 238 种，单子叶植物 17 科 57 属 118 种。显然，被子植物是陕西湿地植物区系的主要组成成分。

在 62 科湿地植物中，多于 5 个种的科共 25 个，其中超过 20 种的禾本科、莎草科、菊科和毛茛科等属于世界性大科，广布于世界各地，在陕西省分布亦相当广泛，是湿地植物群落的主要构建者。眼子菜科、菱科等均是内陆暖温带地区淡水生境条件下的植物群类，这些植物主要分布于秦岭及其以南各地。

湿地动物包括鱼类、两栖类、爬行类、鸟类、兽类以及贝类和虾类。2010 年的陕西省第二次湿地资源调查统计资料显示，全省湿地野生动物共计 313 种，其中，鸟类 9 目 24 科 121 种、鱼类 6 目 15 科 78 属 136 种(含亚种)、两栖类 2 目 7 科 14 属 28 种、爬行类 2 目 5 科 17 属 22 种、哺乳类 3 目 4 科 5 种。陕西省湿地动物总数占全省动物种数的 37.4%，占全国动物种数的 8.7%。

7. 历史悠长，湿地文化底蕴深厚。黄河是中华民族的母亲河。历史上，从中石器时代起，黄河流域就成了中国远古文化发展的中心。中华民族的始祖之一炎帝(神农氏)，在渭水之边教人们播种收获，开创了中国历史上著名的农耕文化。汉江和嘉陵江流域是巴蜀文化的重要分布区域，人们在江河之滨撒网捕鱼、播种插秧，孕育了区域独特的水乡文化。

二、陕西湿地野生动物种类

陕西省湿地野生动物资源丰富，种类繁多，其动物包括鱼类、两栖类、爬行类、鸟类、兽类以及贝类和虾类。

1. 鸟类。陕西省共有湿地鸟类 9 目 24 科 121 种。其中属国家Ⅰ级保护的有朱鹮(*Nipponia nippon*)、丹顶鹤(*Grus japonensis*)、遗鸥(*Larus relictus*)、中华秋沙鸭(*Mergus squamatus*)、黑鹳(*Ciconia nigra*)、东方白鹳(*Ciconia boyciana*)、大鸨(*Otis tarda*)等 7 种；国家Ⅱ级保护的有斑嘴鹈鹕(*Pelecanus philippensis*)、白琵鹭(*Platalea leucorodia*)、大天鹅(*Cygnus cygnus*)、小天鹅(*Cygnus columbianus*)、灰鹤(*Grus grus*)、蓑羽鹤(*Anthropoides virgo*)、鸳鸯(*Aix galericulata*)、毛脚渔鸮(*Ketupa blakistoni*)等 12 种。属省级重点保护的有斑头秋沙鸭(*Mergus albellus*)、斑嘴鸭(*Anas poecilorhyncha*)、彩鹬(*Rostratula

benghalensis)等。列为全国陆生脊椎动物资源重点调查对象有斑头雁(*Anser indicus*)、豆雁(*Anser indicus*)、赤麻鸭(*Tadorna ferruginea*)、白眉鸭(*Anas querquedula*)、针尾鸭(*Anas acuta*)、绿头鸭(*Anas platyrhynchos*)、罗纹鸭(*Anas falcata*)、赤膀鸭(*Anas strepera*)、赤颈鸭(*Anas penelope*)、花脸鸭(*Anas formosa*)、绿翅鸭(*Anas crecca*)、普通秋沙鸭(*Mergus merganser*)、白眼潜鸭(*Aythya nyroca*)、鹊鸭(*Bucephala clangula*)、翘鼻麻鸭(*Tadorna tadorna*)、凤头潜鸭(*Aythya fuligula*)、普通鸬鹚(*Phalacrocorax carbo*)等 19 种。

红头潜鸭(*Aythya ferina*)为 1999 年调查中发现的鸟类新记录，仅分布于关中平原东部的黄河湿地自然保护区和汉江流域，群体数量达 400 余只。白琵鹭(*Platalea leucorodia*)为陕北和关中地区的地方新记录。

2. 鱼类。陕西省湿地鱼类有 136 种和亚种，隶属 6 目 15 科 78 属。鱼类资源比较丰富的河流主要是长江的最大支流汉江，汉江在陕西境内流长 652 千米，已知鱼类 105 种，隶属 7 目 16 科 69 属。

3. 两栖类。通过现地调查，并结合有关文献资料综合分析，陕西境内湿地分布两栖动物共计 28 种，隶属 2 目 8 科 14 属。在 28 种两栖动物中，属东洋界的 17 种，占全省湿地两栖动物种数的 60.7%，处于主导地位；属古北界的 3 种，占 10.7%；广布种 7 种，占 25.0%；特有种 1 种，占 3.6%。秦巴山区气候温暖湿润，降水丰富，植被覆盖度高，适宜于两栖动物繁衍生息，是陕西省两栖动物种类最丰富的地区，分布有两栖动物 22 种，占陕西省湿地两栖动物种类总数的 78.8%。

4. 爬行类。陕西省湿地生境内分布有爬行动物 22 种，分属 2 目 5 科 17 属，占全省爬行动物种数的 41.3%。由于陕西由南向北气温逐渐变低，湿地植被覆盖度及湿地面积逐渐变小等因素，决定了湿地爬行动物的种类也由南向北随着纬度的增加而逐渐减少，即在秦岭南坡及巴山地区有湿地爬行动物 18 种，占全省湿地爬行类的 81.8%；秦岭北坡有 16 种，占 72.7%；关中平原及陕北黄土高原有 7 种，占 31.8%；陕北毛乌素沙漠只有 4 种，占 18.2%。

陕西省各类湿地面积比重差异较大，呈地域分布特征，关中多于陕南，陕南多于陕北。湿地生物多样性丰富，湿地植被品种丰富，湿地动物总数占全国动物种数的 8.7%，特别是湿地鸟类种类多，数量大，保护等级高。据资料统计，陕西省共有湿地鸟类 9 目 24 科 121 种，其中属国家Ⅰ级保护 7 种，国家Ⅱ级保护 12 种，省级重点保护 19 种。

三、湿地保护

1. 管理机构逐步建立 。1984 年 12 月，陕西省成立自然保护区管理委员会，在省林业厅下设办公室。1989 年 10 月成立了陕西省自然保护区管理站，负责全省的自然保护区和野生动植物管理工作。1998 年，国务院机构改革之后，决定由国家林业局负责组织、协调全国湿地保护和有关国际公约的履约工作，同时主管全国陆生野生动物管理工作和林区内野生植物的监督管理工作。

2000 年 8 月，《陕西省人民政府办公厅关于印发陕西省林业厅职能配置内设机构和人员编制规定的通知》，明确了陕西省林业厅在组织实施湿地保护、合理开发利用、建设和管理湿地方面的职责，林业厅内设机构增加了野生动植物保护处，自然保护区管理站和野生动物管理站合并成立陕西省自然保护区和野生动物管理站，负责全省森林植物资源、陆生野生动物资源、湿地资源及自然保护区的建设和管理工作。各市县林业主管部门下设野生动物管理站负责本区湿地资源管理工作。

2004年，针对湿地保护管理方面存在的问题，陕西省人民政府办公厅颁发了《关于加强湿地保护管理的通知》，要求各级政府，要尽快扭转全省自然湿地面积减少和湿地生态功能退化的局面，按照国务院办公厅《关于加强湿地保护管理的通知》规定，进一步加强湿地保护管理工作。

2. 政策法规逐渐完善。2006年4月3日，《陕西省湿地保护条例》颁布，共6章37条。条例明确规定了9种在天然湿地范围内的限定行为和违反这种行为后所应负的法律责任。首次规范了湿地保护的范畴、保护规划的法律程序、主管部门和法律责任等，为开展湿地资源保护和管理工作提供了法律保证。

2008年8月6日，陕西省人民政府在《关于公布陕西省重要湿地名录的通告》中，向社会公布了陕西省55个重要湿地名录，并明确了每个湿地的四至界限范围和隶属关系。详见表2-9-3。

2008陕西省重要湿地名录

表2-9-3

序号	湿地	四至界限范围	隶属市(县)
1	陕西黄河湿地	从府谷县墙头乡墙头村到渭南市潼关县秦东镇十里铺村，包括陕西省域内的黄河河道、河滩、泛洪区及河道陕西一侧1千米范围内的人工湿地。含陕西黄河湿地自然保护区	榆林、延安和渭南市
2	府谷清水川湿地	从府谷县哈镇到海则庙乡寨峁村沿清水川至清水川与黄河交汇处，包括清水川河道、河滩、泛洪区及河道两岸1千米范围内的人工湿地	府谷县
3	府谷孤山川湿地	从府谷县庙沟门镇沙梁村到府谷镇沿孤山川至孤山川与黄河交汇处，包括孤山川河道、河滩、泛洪区及河道两岸1千米范围内的人工湿地	府谷县
4	神木窟野河湿地	从神木县神木镇到贺家川镇柳林滩村沿窟野河至窟野河与黄河交汇处，包括窟野河河道、河滩、泛洪区及河道两岸1千米范围内的人工湿地	神木县
5	神木乌兰木伦河湿地	从大柳塔镇前石圪台村到神木镇沿乌兰木伦河至乌兰木伦河与窟野河交汇处，包括乌兰木伦河河道、河滩、泛洪区及河道两岸1千米范围内的人工湿地	神木县
6	神木秃尾河湿地	从神木县瑶镇到万镇沿秃尾河至秃尾河与黄河交汇处，包括秃尾河河道、河滩、泛洪区及河道两岸1千米范围内的人工湿地	神木县
7	陕西红碱淖湿地	西至神木县尔林兔镇东葫芦村，北至中鸡镇壕赖村，东到尔林兔镇贾家梁村，南至尔林兔镇后尔林兔村。含陕西红碱淖自然保护区	神木县

续表

序号	湿地	四至界限范围	隶属市(县)
8	佳县佳芦河湿地	从佳县方塌镇杨塌村到佳芦镇沿佳芦河至佳芦河与黄河交汇处，包括佳芦河河道、河滩、泛洪区及河道两岸1千米范围内的人工湿地	佳县
9	定边苟池湿地	定边县盐场堡乡西畔村和杨风渠子村境内的苟池，包括滩涂及周边500米内的沼泽地	定边县
10	定边花麻池湿地	定边县盐场堡乡北畔村和二楼村境内的花麻池，包括滩涂及周边500米内的沼泽地	定边县
11	定边烂泥池湿地	东至水滩滩，西至西沙窝，南至东滩，北至盐池城郊林场，包括滩涂及周边500米内的沼泽地	定边县
12	定边莲花池湿地	东至定边县盐场堡乡朱咀，西至海子塘，南至西红庄，北至猫头梁，包括滩涂及周边500米内的沼泽地	定边县
13	定边公布井湿地	定边县周台子乡公布井村和金鸡湾村境内的公布井，包括滩涂及周边500米内的沼泽地	定边县
14	定边明水湖湿地	定边县白泥井镇明水湖村境内的明水湖，包括滩涂及周边500米内的沼泽地	定边县
15	榆林无定河湿地	从定边长春梁东麓到清涧县河口，沿无定河至无定河与黄河交汇处，包括陕西省域内的无定河河道、河滩、泛洪区及河道两岸1千米范围内的人工湿地。含陕西无定河湿地自然保护区	定边、横山、榆阳、米脂、绥德、清涧等县(区)
16	靖边金鸡沙湿地	东至靖边县东坑小桥畔村，西至宁条梁镇柳一村，南至东坑镇宋渠村，北至东坑镇金鸡沙村，包括滩涂及周边500米内的沼泽地	靖边县
17	靖边海则滩湿地	北至红墩界镇王家洼城，东至柳树湾林场，南至沙石卯林场，西至河南村二组，包括河流中的河道、河滩、泛洪区及河道两岸1千米范围内的人工湿地	靖边县
18	芦河湿地	从靖边县新城乡到横山县横山镇吴家沟村，沿芦河至芦河与无定河交汇处，包括芦河河道、沼泽地、泛洪区及河道两岸1千米范围内的人工湿地	靖边县
19	榆阳榆溪河湿地	从榆阳区小壕兔乡到鱼河镇，沿榆溪河至榆溪河与无定河交汇处，包括河道、河滩、泛洪区及河道两岸1千米范围内的人工湿地	榆林市榆阳区
20	榆阳河口水库湿地	从榆阳区马合镇河口到打拉石，包括水库水面及周边500米范围内的沼泽地	榆林市榆阳区
21	榆林大理河湿地	从靖边县小河乡到绥德县名州镇，沿大理河至大理河与无定河交汇处，包括河道、河滩、泛洪区及河道两岸1千米范围内的人工湿地	靖边、横山、子洲、绥德县

续表

序号	湿地	四至界限范围	隶属市(县)
22	陕西清涧河湿地	从清涧县折家坪镇王家崖村到延川县土岗乡苏亚河村，沿清涧河至清涧河与黄河交汇处，包括河道、河滩、泛洪区及河道两岸1千米范围内的人工湿地	榆林市、延安市
23	延安延河湿地	从安塞县镰刀湾乡杨石寺村到延长县南河沟乡两水岸村，沿延河至延河与黄河交汇处，包括河道、河滩、泛洪区及河道两岸1千米范围内的人工湿地	安塞、宝塔区、延长县
24	陕西北洛河湿地	从定边县白于山郝庄梁到大荔县沙苑，沿北洛河至北洛河与渭河交汇处。包括北洛河河道、河滩、泛洪区及河道两岸1千米范围内的人工湿地	榆林、延安、渭南市
25	延安葫芦河湿地	从富县张家湾镇五里铺村到洛川县交口镇，沿葫芦河至葫芦河与洛河交汇处，包括河道、河滩、泛洪区及河道两岸1千米范围内的人工湿地	富县、黄陵、洛川县
26	陕西泾河湿地	从长武县芋园乡至西安市高陵县耿镇，沿泾河至泾河与渭河交汇处，包括河道、河滩、泛洪区及河道两岸1千米范围内的人工湿地	西安市、咸阳市
27	陕西渭河湿地	从宝鸡市陈仓区凤阁岭到渭南市潼关县港口，沿渭河至渭河与黄河交汇处，包括渭河河道、河滩、泛洪区及河道两岸1千米范围内的人工湿地。含西安泾渭湿地自然保护区	宝鸡、咸阳、西安、渭南等市
28	千河湿地	东至陈仓区桥镇冯家庄村口，西至陕西、甘肃交界处的马鹿河，包括千河河道、河滩、泛洪区及河道两岸500米范围内的人工湿地。含陕西千湖湿地自然保护区和陕西陇县秦岭细鳞鲑省级自然保护区	陈仓、千阳、陇县(区)
29	宝鸡石头河湿地	从太白县桃川河到岐山县五丈塬镇，沿石头河至石头河与渭河交汇处，包括河道、河滩、泛洪区及河道两岸500米范围内的人工湿地。含陕西黑河湿地自然保护区	太白、眉县、岐山县
30	陕西黑河湿地	东至就峪山梁，西至青冈砭垭，南至陈河口，北至仙游寺与马召武兴村南口。含陕西黑河湿地自然保护区	周至县
31	户县涝峪河湿地	从户县天桥乡东岳庙到大王镇，沿涝峪河至涝峪河与渭河交汇处。包括河流中的河道、河滩、泛洪区及河道两岸1千米范围内的人工湿地	户县

续表

序号	湿地	四至界限范围	隶属市(县)
32	长安沣河湿地	从西安市长安区滦镇鸡窝子到咸阳市渭城区沣东镇沙苓村，沿沣河至沣河与渭河交汇处，包括河道、河滩、泛洪区及河道两岸1千米范围内的人工湿地	西安市长安区、咸阳市渭城区
33	长安灞河湿地	从蓝田县蓝关镇到灞桥区新合镇，沿灞河至灞河与渭河交汇处，包括河道、河滩、泛洪区及河道两岸1千米范围内的人工湿地	灞桥区、蓝田县
34	长安浐河湿地	从长安区杨庄镇坪沟村到灞桥区新筑镇沿浐河至浐河与灞河交汇处，包括河道、沼泽地、泛洪区及河道两岸1千米范围内的人工湿地	灞桥、雁塔、长安区
35	铜川桃曲坡水库湿地	北至良采河村，南至马咀村，西至柏树塬村，东至生寅村，包括水库水面及周边500米范围内的沼泽地	耀州区
36	蒲城县卤阳湖湿地	东至吝家村西口，西至常家，南至富家，北至内府口，包括湖泊、滩涂及周边500米内的沼泽地	蒲城县
37	洛南洛河湿地	从洛南县洛源镇洛源村到灵口镇戴川村沿洛河至陕、豫省界，包括洛河河道、河滩、沼泽地等及河道两岸500米内的人工湿地。含陕西洛南大鲵省级自然保护区	洛南县
38	陕西嘉陵江湿地	从凤县马头滩到宁强县燕了砭镇，包括嘉陵江河道、河滩、泛洪区及河道两岸1千米范围内的人工湿地。含陕西略阳大鲵省级自然保护区	宝鸡凤县、汉中略阳县、宁强县
39	陕西汉江湿地	从勉县土关铺乡田坝到白河县城关镇，包括汉江河道、河滩、泛洪区及河道两岸1千米范围内的人工湿地。含陕西汉中朱鹮国家级自然保护区、陕西汉江湿地自然保护区	汉中市、安康市
40	汉中漾家河湿地	从南郑县黄家河坝到勉县温泉镇，沿漾家河至漾家河与汉江交汇处，包括河道、河滩、泛洪区及河道两岸1千米范围内的人工湿地	南郑、勉县
41	汉中褒河湿地	从留坝县玉皇庙乡到汉台区龙江镇，沿褒河至褒河与汉江交汇处，包括河道、河滩、泛洪区及河道两岸1千米范围内的人工湿地	留坝、勉县、汉台区
42	汉中石门水库湿地	北至河东店镇与留坝交界处，南至河东店镇光明村北口，包括滩涂及周边500米内的湿地	汉台区
43	汉中湑水河湿地	从洋县华阳镇到洋县湑水镇，沿湑水河至湑水河与汉江交汇处，包括河道、河滩、泛洪区及河道两岸1千米范围内的人工湿地	城固、洋县

续表

序号	湿地	四至界限范围	隶属市(县)
44	陕西太白湑水河湿地	南至太白县与洋县县界，北至红崖河口，东至核桃坪，西至牛尾河。含太白湑水河流域珍稀水生动物省级自然保护区	太白县
45	西乡子午河湿地	从西乡县子午乡到三花石乡，沿子午河至子午河与汉江交汇处，包括河道、河滩、泛洪区及河道两岸1千米范围内的人工湿地等	西乡县
46	汉中牧马河湿地	从城固县大盘乡到西乡县三花石乡，沿牧马河至牧马河与汉江交汇处，包括河道、河滩、泛洪区及河道两岸1千米范围内的人工湿地	城固、西乡县
47	镇巴任河湿地	从镇巴县巴山乡到紫阳县城关，沿任河至任河与汉江交汇处，包括河道、河滩、泛洪区及河道两岸1千米范围内的人工湿地	镇巴、紫阳县
48	安康岚河湿地	从平利县正阳乡到汉滨区玉岚乡，沿岚河至岚河与汉江交汇处，包括河道、河滩、泛洪区及河道两岸1千米范围内的人工湿地	平利、岚皋、汉滨区
49	安康旬河湿地	从宁陕县江口回族镇到旬阳县城关镇，沿旬河至旬河与汉江交汇处，包括河道、河滩、泛洪区及河道两岸1千米范围内的人工湿地	安康市宁陕、旬阳县、商洛市镇安县
50	安康坝河湿地	从平利县城关镇到旬阳县吕河镇沿坝河至坝河与汉江交汇处，包括河道、河滩、泛洪区及河道两岸1千米范围内的人工湿地。含陕西安康瀛湖湿地自然保护区	旬阳、平利、紫阳、汉滨区
51	商洛金钱河湿地	从柞水县凤凰镇凤镇街村到山阳县漫川关镇小河口村沿金钱河至陕、鄂省界，包括金钱河河道、河滩及河道两岸1千米范围内的人工湿地	柞水、山阳县
52	镇坪南江河湿地	从镇坪县钟保镇到洪石乡，沿南江河至陕、鄂省界，包括南江河河道、河滩、泛洪区及河道两岸1千米范围内的人工湿地	镇坪县
53	镇坪大暑河湿地	从镇坪县蜀坪乡到小蜀河乡，沿大暑河至大暑河与南江河交汇处，包括河道、河滩、泛洪区及河道两岸1千米范围内的人工湿地	镇坪县
54	商洛丹江湿地	从商州区陈塬街办凤山村到商南县白浪镇月亮湾村，包括丹江河道、河滩、沼泽地及河道两岸1千米范围内的人工湿地	商州、丹凤、商南县
55	商洛二龙山水库湿地	商洛市商州区麻街镇境内，西到铺上村，东到下湾村，南至白岭村北口，包括水库水面及周边500米内的沼泽地	商州区

2008~2009年，编制完成了《陕西省湿地保护规划(2008~2012)》《陕西省湿地保护

专项规划(2009~2014)》和《陕西省秦岭湿地保护工程专项规划(2009~2014)》。

3. 湿地保护意识逐步提高。湿地保护主管部门，在“爱鸟周”“鸟节”“野生动物宣传月”以及“世界湿地日”等重大活动中，充分利用广播、电视、报纸等多种传媒平台，广泛宣传，提高了民众对湿地和野生动植物，特别是珍稀水禽的保护意识。

截至2010年，陕西省大部分市县均设立了湿地管理机构，配备专门管理人员，全省湿地全部在管理范围以内。省林业厅动管站负责全省湿地保护区的管理工作。

第三节　湿地保护区简介

1983年，为了保护濒危珍稀鸟类“朱鹮”，陕西省建立起了第一个湿地类型的保护站。1992年联合国环境与发展大会和中国政府正式加入《关于特别是作为水禽栖息地的国际重要湿地公约》(简称《湿地公约》)以后，本着先规划后建设的自然保护区建设思路，先后批准建立了陕西朱鹮自然保护区、神木红碱淖自然保护区、太白湑水河珍稀水生动物自然保护区、陕西安康瀛湖湿地自然保护区、陕西陇县秦岭细鳞鲑自然保护区、陕西洛南大鲵自然保护区、西安泾渭湿地自然保护区、陕西省黄河湿地自然保护区、陕西千湖湿地省级自然保护区、陕西周至黑渭湿地省级自然保护区，使全省湿地类型的自然保护区达到了10个，总面积177722.5公顷，其中湿地面积79336公顷，使全省27.1%的湿地处在保护区范围内。2010年1月25日，陕西省宁强汉水源湿地公园、旬河源国家湿地公园、凤县嘉陵江国家湿地公园、太白石头河国家湿地公园、丹凤丹江湿地公园等6个湿地公园被国家林业局批准晋升为国家级湿地公园。

一、陕西黄河湿地省级自然保护区

该保护区是以保护丹顶鹤等珍稀水禽及湿地生态系统为主要保护对象的湿地生态类型自然保护区。位于陕西省渭南市，地处关中平原最东端的黄河西岸。东以黄河“治导控制线”中心线为界与山西相连；北起韩城市的禹门口；南到黄河、渭河和洛河交汇地带的风陵渡铁路桥；西界北段为沿黄河老崖、朝邑围堤，南段沿黄河第二道大堤。包括韩城、合阳、大荔、潼关、华阴5个县(市)，主要由河流水面、河心洲、滩涂、泛洪平原及少量阶地组成。南北长约132.5千米，东西宽4~13千米。地理坐标介于东经110°10′~110°36′、北纬34°36′~35°40′之间。总面积57348公顷，其中，核心区面积22611公顷，占39.43%；缓冲区面积22306公顷，占38.89%；实验区面积12431公顷，占21.68%。是黄河中游地区面积最大的湿地之一，也是陕西省面积最大的河流湿地。

保护区前身是1996年建立的渭南三河湿地保护区。2005年11月15号，陕西省人民政府批准，设立了陕西黄河湿地省级自然保护区。2007年，成立了陕西黄河湿地省级自然保护区管理处，为副县级全额拨款事业单位，隶属渭南市林业局领导。管理处内设综合科和业务科2个科室；下设下峪口、坡底、王家洼、洽川、华原、雨林、潼关、港口8个保护站；1个大荔鸟类救护中心；洽川、华原、坡底、港口4个森林公安派出所。编制人员49人。

保护区是中国内陆候鸟迁徙通道上的重要驿站，是中国中西部国际保护候鸟的主要栖息地之一。据调查，区内野生植物有149科236属350种，国家Ⅱ级保护植物野大豆分布于此。有脊椎动物202种，其中两栖爬行动物4目8科14种，哺乳动物5目9科22种，鱼类5目9科38种，鸟类16目39科132种，是陕西省鸟类分布最集中、数量最多的地区。在保护区越冬栖息的国家Ⅰ级保护野生动物有黑鹳、东方白鹳、丹顶鹤、大鸨、白肩雕和金雕6种，国家Ⅱ级保护野生动物有白琵鹭、灰鹤、大天鹅、鸳鸯、鸢、赤腹鹰、雀鹰等15种。在冬季候鸟越冬期间，数量最多时达40多万只。

二、陕西西安泾渭湿地省级自然保护区

该保护区是以保护水禽及其湿地生态系统为主要保护对象的湿地生态类型自然保护区。位于西安市区以北渭河、泾河、灞河三河交汇区域，以渭河河床为主体，包括泾河、灞河入口处，河漫滩地和江心洲，南北宽1~5千米，呈带状区域。地理坐标介于东经108°57′~109°06′、北纬34°24′~34°28′之间。保护区总面积3029.83公顷，其中，核心区面积936.89公顷，占30.92%；缓冲区面积796.29公顷，占26.28%；实验区面积1296.25公顷，占42.80%。泾渭湿地保护区是典型的温暖半湿润区河流湿地生态。

2001年，经陕西省人民政府批准设立。2005年，成立陕西西安泾渭湿地省级自然保护区，为正县级全额拨款事业单位，隶属西安市林业局领导。内设办公室、保护一科、保护二科3个科室；下设草滩、泾渭、水流3个保护站。编制人员15人。2005年，西安市编委又调整增加行政编制8人。保护区实行管理中心、保护站两级管理方式。

西安泾渭湿地有开阔的河口三角洲和较好的天然植被。据调查，区内有高等植物34科50属97种，湿地植物类型有2个植被型24个群系，主要为暖温带落叶阔叶林。在区内生活的鸟类有140余种，其中湿地鸟类45种，占到全省湿地鸟类的47.4%，每年约有2万只湿地鸟类在此栖息和逗留。这些鸟类中，有国家重点保护鸟类20余种，被列为中国候鸟保护协定的鸟类有16种，中澳候鸟保护协定的鸟类有4种。常见的有黑颈鹤、班头雁、池鹭、夜鹭等。保护区是水禽重要的栖息场所，也是中国候鸟迁徙的中转、越冬和繁殖地，每年在这里栖息的各种鹭类达6000余只，雁鸭类9000余只。

三、陕西安康瀛湖湿地省级自然保护区

该保护区是以保护湿地生态和珍稀水禽为主要保护对象的湿地生态类型自然保护区。位于安康市汉滨区境内，背靠秦岭，南依巴山，西起汉江干流安康水电站水库上游新坝乡高家梁，东至安康市东边的关庙，以及月河恒口至汉江口及其周围的滩涂、陆地和山地。汉江、月河横穿湿地。地理坐标介于东经108°01′~110°12′、北纬31°42′~33°49′之间。保护区总面积19800公顷，其中核心区面积2277.2公顷，占11.5%；缓冲区面积3867.4公顷，占19.53%；实验区面积13655.4公顷，占68.97%。保护区水域面积有7750公顷，汉江和月河流域达110千米，保护区上游地段的瀛湖水库是陕西最大的人工湖。

2002年，经陕西省人民政府批准设立。2003年1月，安康市汉滨区成立了陕西安康瀛湖湿地自然保护区管委会，2006年更名为“安康瀛湖湿地省级自然保护区管理局”，2007年4月，安康瀛湖湿地省级自然保护区管理局正式挂牌。管理局内设办公室、保护科、科研教育科、公安科4个科室，下设6个保护站。编制人员22人。2005年瀛湖湿地保护区被列入国家“十一五”全国湿地保护工程实施规划。

保护区气候属北亚热带湿润季风气候，垂直地域性气候明显，气候温和，雨量充沛，四季分明，无霜期长。年平均气温 15.7℃，年平均降水量 799.4 毫米。无霜期 250~275 天。年平均日照时数为 1811 小时。太阳总辐射量 105.0 千卡/厘米^2。冬季寒冷少雨雪，夏季多雨有伏旱，春暖干燥，秋凉湿润，多连阴雨。保护区植被多为含有常绿落叶树种的阔叶混交林和针叶阔叶混交林，有种子植物 1800 余种，主要树种有栓皮栎、枣、枇杷、樱桃等。药用植物有杜仲、绞股蓝、柴胡等。动物资源有哺乳类 4 目 10 科 13 种，鸟类 12 目 40 科 108 种，两栖动物 2 目 4 科 4 种，其中国家Ⅰ级保护野生动物有黑鹳、金雕、白鹳、白肩雕 4 种，国家Ⅱ级保护野生动物有大天鹅、灰鹤、鸳鸯、大鲵等 17 种。黑斑蛙、苍鹭、鸬鹚、猎隼等陕西省重点保护野生动物 17 种，一般保护动物 48 种。

四、陕西黑河湿地省级自然保护区

该保护区是以黑河水库为主的湿地及其区域森林生态系统为主要保护对象的湿地生态类型自然保护区。位于陕西省周至县南部，地处秦岭北坡，包括黑河库区湿地和黑河入渭河口湿地保护小区两部分。地理坐标介于东经 107°43′~108°20′、北纬 33°42′~34°00′之间，保护区总面积 13125.5 公顷。黑河库区湿地部分，东以就峪西梁为界，西到青岗砭，南至陈河口，北抵仙游寺新址与马召、涌泉、武兴村接壤，面积 12535 公顷。其中，核心区面积 3595 公顷，缓冲区面积 3212.5 公顷，实验区面积 5727.5 公顷。黑河入渭河河口湿地保护小区部分，东起尚村镇青化坊滩，西至富仁镇原村滩，南至终南镇老堡子村，北抵渭河河心与兴平市交界，面积 590.5 公顷，其中，河堤内面积 437 公顷，河堤外面积 153.5 公顷。

2006 年，经陕西省人民政府批准设立。据调查，黑河湿地保护区现有种子植物 232 种，野生鱼类 4 目 9 科 54 种，两栖动物 2 目 4 科 9 种，爬行动物 3 目 5 科 15 种，鸟类 14 目 38 科 143 种。鸟类有国家Ⅰ级保护野生动物黑鹳、大鸨 2 种，国家Ⅱ级保护野生动物有鸢、鹰、红腹角雉、勺鸡、红腹锦鸡、血雉 12 种。

五、陕西千湖湿地省级自然保护区

该保护区是以保护珍稀水禽及湿地生态为主要保护对象的湿地生态类型自然保护区。位于千阳县境内，地处千河谷地下游，千阳县冯家山水库及周边地区，西北与千阳县城东新庄子相连，东接马莲滩至崔家头，南过千凤公路沿峁边线经陈家坪、杨家沟、酒池、小七沟、张家沟至水库大坝，北经冯家山、风鼻山至大坪梁，西北经东坡、阳湾、后川至吕家坪，北至张家山、新庄子，范围涉及千阳县城关、南寨、崔家头、城关 3 个乡镇的 8 个村和陈仓区桥镇冯家庄行政村。地理坐标介于东经 107°07′~107°14′、北纬 34°32′~34°39′之间。保护区总面积 7156 公顷，其中，核心区面积 1402 公顷，占 19.6%；缓冲区面积 2066 公顷，占 28.9%；实验区面积 3688 公顷，占 51.5%。

2006 年，经陕西省人民政府批准设立。2009 年 12 月，成立了陕西千湖湿地省级自然保护区管理处，副处级全额拨款事业单位，隶属千阳县林业局管理。管理局内设办公室、工程业务、综合管理 3 个科室。编制人员 5 人，现有管理人员 12 人。

根据综合科考显示，保护区内共有湿地植物 34 科 61 属 101 种，陆生脊椎动物 5 纲 27 目 47 科 174 种，哺乳类 5 目 8 科 24 种，两栖爬行类 3 目 8 科 21 种，鱼类 5 目 7 科 48 种。鸟类 107 种，隶属 12 目 35 科 70 属 107 种，占陕西省鸟类总种数(456 种)的

23.47%。每年冬季有雁、鸭、鹭等多种湿地鸟类约30万只在此栖息和逗留，其中，有国家Ⅱ级重点保护鸟类如大天鹅、鸳鸯、灰鹤等，有省级重点保护鸟类如白鹭、豆雁、赤膀鸭等数10种。同时，湖内有秦岭细鳞鲑、马口鱼、鲫鱼等29种，分别隶属5目9科27属。

六、陕西汉江湿地省级自然保护区

该保护区是以保护朱鹮等珍稀水禽和南水北调重要水源地湿地生态系统为主要保护对象的湿地生态类型自然保护区。位于陕西省汉中市，地处汉中盆地中段，以汉江干流为主体，西接勉县武侯镇，东至西乡县茶镇，包括勉县、汉台、南郑、城固、西乡五个县区。东西长270千米，南北宽1～5千米，总面积33605公顷。其中核心区面积9785公顷，占30%；缓冲区面积6413公顷，占20%；实验区面积17407公顷，占50%。

2009年12月，经陕西省人民政府批准设立陕西汉江湿地省级自然保护区。

汉江位于秦岭和巴山之间，是秦岭和巴山的天然分界线，由秦岭南坡流入汉江的支流较多，流域面积较大，水量也较丰富，由巴山北坡流入汉江的支流较少，流程短，流速急，水量较少。据调查和文献记载，区内有鱼类3目8科53种，两栖类2目5科8种，鸟类16目35科150种，哺乳类5目11科32种。区内成为国家Ⅰ级保护野生动物朱鹮游荡、觅食的好去处，也是国家Ⅱ级保护野生动物鸳鸯、红腹锦鸡等20余种动物的天然乐园。区内还是陕西省重点保护动物白鹭、火斑鸠、苍鹭、王锦蛇等56种动物的繁衍生息地。

七、陕西无定河湿地省级自然保护区

该保护区是以保护湿地生态系统为主要保护对象的湿地生态类型自然保护区。位于陕西省榆林市横山县境内，地处横山县北部的无定河流域，西起横山县雷龙湾乡黑河则大桥，东至横山县党岔镇马坊村，地理坐标介于东经109°05′～109°40′、北纬38°00′～38°05′之间，总面积11480公顷。其中，核心区面积1433公顷，占12.48%；缓冲区面积3166公顷，占27.58%；实验区面积6881公顷，占59.94%。保护区河谷平均宽约1300米，最宽处达2200米，一级阶地河道、漫滩等宽500～1500米。

2009年，经陕西省人民政府批准设立陕西无定河湿地省级自然保护区。

无定河是榆林境内黄河最大的支流，长72千米，河谷平均宽度1300米，最宽处达2200米。横山段正是从沙地生态类型向黄土高原生态类型的过渡段，有明显的风沙地貌、河谷阶地地貌和黄土地貌三大地貌特征。现分布有各类野生动植物350余种。动物有浮游生物、底栖动物、环节动物、鱼类、两栖类、爬行类、鸟类和哺乳类各个类群170余种。植物从藻类到维管束植物180余种，有漂浮、沉水、挺水、湿生、中生到旱生各个类型，香蒲沼泽、芦苇沼泽、柽柳灌丛、稻田、河道漫滩是主要的湿地景观类型。

保护区地处国内候鸟迁徙路线的中线上，每年有大量水鸟迁徙、停歇。属国家Ⅰ级保护的有黑鹳、大鸨2种；国家Ⅱ级保护的有大天鹅、蓑羽鹤、白琵鹭、白尾鹞6种。属省级重点保护的有苍鹭、赤麻鸭、斑头秋沙鸭、赤嘴潜鸭等。2009年2月，榆林横山国家级野生动物疫源疫病监测站工作人员在大天鹅群中监测到16只国际环志大天鹅。无定河湿地自然保护区数次监测到的环志大天鹅数量、迁徙路线、停歇地点都比较稳定，是大天鹅南北迁徙的重要歇息地和越冬地。保护区是候鸟迁徙的中转、越冬和繁殖地之一，现分布有各类野生动植物350余种。每年春秋在此歇息的水鸟数量可达5万多只，夏季居留湿地的鸟类数量可达3万多只。

第十章　天保工程

第一节　工程启动

1998年夏季，中国长江、松花江、嫩江流域发生历史罕见的特大洪涝灾害，受灾范围达29个省(市)，受灾人口2.23亿人，直接经济损失高达1666亿元人民币。灾难空前，损失惨重，举国震惊。反思水患根源，更加坚定中共中央、国务院采取果断措施保护森林资源的决心，也加速保护森林资源新政的形成和颁布。

1998年9月，中共中央、国务院发布《关于灾后重建、整治江湖、兴修水利的若干意见》，作出“全面停止长江黄河流域上中游的天然林采伐，森工企业转向营林”的决定。

1998年10月28日，陕西省人民政府发布《关于实施天然林保护工程立即停止省属森工采育企业采伐天然林的命令》，决定从1998年11月1日起，在省属太白、宁东、宁西、汉西、龙草坪、长青6个森工采育企业全面停止天然林采伐，开展天然林保护工程试点工作。1999年，将宝鸡市辛家山、马头滩林业局也纳入试点范围。

2000年8月13日，陕西省林业厅下发《关于停止天然林商品性采伐的通告》，要求在全省范围全面停止天然林的商品性采伐。8月15日，省政府明传电报下发《关于切实加强天然林保护管理工作的紧急通知》。

2000年12月1日，国家林业局、国家计委、财政部、劳动和社会保障部联合下发《关于组织实施长江上游黄河上中游地区和东北内蒙古等重点国有林区天然林资源保护工程的通知》，标志着天保工程在包括陕西在内的17个省份正式启动实施。

2001年10月13日，陕西省人民政府向国家林业局上报《陕西省天然林资源保护工程实施方案》。12月30日，国家林业局正式批复了该方案，同时将陕西省列为全国实施天保工程的重点省份之一。

2002年1月，陕西省林业厅以国家批复的《陕西省天然林资源保护工程实施方案》为蓝本，组织完成了全省119个县(局)级实施单位实施方案的编制工作。同年6月，省林业厅与省发改委、财政厅及省劳动和社会保障厅联合对全省119个县(局)级实施单位实施方案进行了批复。

按照国家批准的方案，2000~2010年工程建设计划投资580319万元，其中中央投资464255万元，地方配套116064万元。计划造林总规模133.4万公顷，其中人工造林27.47万公顷，飞播造林116.87万公顷，封山育林22.39万公顷。通过工程的实施，停止对工程区内456.93万公顷天然林的采伐，年森林资源消耗量由“九五”期间的815万立方米减少到237万立方米，降低70.9%；商品材产量由231万立方米减少到16.5万立方米，降低92.8%。预期到2010年新增森林面积100万公顷，天保工程结束后，将为全省森林覆盖率贡献4.8个百分点，全省生态环境明显改善。

天保工程以实现国民经济社会可持续发展为宗旨，以天然林保护为工作重点，以大力增加和恢复林草植被为中心，调整和优化经济结构，从根本上治理水土流失，改善生态环境，以适应西部大开发和新时期国民经济与社会可持续发展及人民生活对环境的需要。

在工程实施中，坚持统一规划，突出重点，分期实施，稳步推进的原则；坚持因地制宜，分类指导，实事求是，注重实效的原则；坚持生态保护优先，生态、经济和社会效益相结合的原则；坚持依靠科学技术，建立强有力的科技保障体系的原则；坚持省政府负总责和实行地方政府目标责任制的原则。

第二节 管理机构

一、省级管理机构

1. 成立陕西省天保工程领导小组。陕西省人民政府办公厅于2001年8月14下发了《陕西省人民政府办公厅关于成立省天然林资源保护工程领导小组的通知》。领导小组由主管副省长王寿森担任组长，成员包括省发改委、经贸委、财政厅、劳动和社会保障厅、公安厅、国土资源厅、民政厅、林业厅、测绘局、中国农业银行陕西省分行、中国建设银行陕西省分行的负责同志，领导小组办公室设在省林业厅，办公室主任由省林业厅副厅长何发理兼任。

2. 成立陕西省天保工程管理中心。2001年1月12日，省编办批准成立了陕西省天保工程管理中心，编制20人，其中领导职数3名，属正县级全额拨款事业单位，具体承担全省天保工程的组织实施与管理工作。

主要职能是：贯彻执行国家天然林保护政策和法规，参与制定本省的实施办法和政策措施；组织实施天保工程的规程、标准和办法，并制定实施细则；参与编制年度工程计划，并根据工程的实施情况，提出工程建设调整建议；指导工程实施，组织工程建设的年度、阶段和竣工检查验收；组织开展工程报账管理，监督资金使用，配合做好审计工作；负责工程建设技术推广、人员培训以及环境评价和检测工作；协调和指导林场富余人员的分流安置工作；开展相关国际交流，参与有关外援项目立项申报，指导项目实施和检查验收工作；负责工程信息和统计工作，掌握工程建设动态，汇总工程建设情况。

2006年2月，省编办批复同意陕西省天保工程管理中心加挂陕西省森林资源管理稽查队牌子，调剂11名编制，增加1名领导职数。加挂牌子后，增加了4项职能：受理和督办全省森林采伐限额管理方面的破坏森林资源林政举报案件；受理和督办全省林地管理方面的破坏森林资源林政举报案件；受理和督办全省木材运输、经营加工方面的破坏森林资源林政举报案件；对法律、法规规定由省林业厅管辖或上级交由省林业厅办理的，以及省林业厅认为需要直接查处的涉及森林资源管理方面的重大林业行政案件，直接进行查办。

截至 2010 年年底，省天保工程管理中心共有在编人员 33 人。其中，双肩挑人员 3 人，管理人员 11 人，专业技术人员 18，工勤岗位人员 1 人。

二、各市、县(区)管理机构情况

陕西省天保工程涉及的 131 个工程管理单位(119 个县级实施单位和 12 个市级管理部门)都设置了管理机构，成立了天保工程领导小组。据统计，全省市、县两级实际从事天保工程管理的人员共有 712 人。其中：西安市 40 人，宝鸡市 48 人，咸阳市 70 人，铜川市 14 人，渭南市 23 人，延安市 116 人，榆林市 94 人，汉中市 114 人，安康市 60 人，商洛市 54 人，资源局系统 65 人，楼观台林场 4 人，杨凌示范区 10 人。

第三节　工程实施

一、规划设计

陕西是国家实施天保工程的重点省份之一。1998 年以来，先后在省属太白、宁东、宁西、汉西、龙草坪、长青 6 个森工采育企业和宝鸡市辛家山、马头滩 2 个林业局开展了试点工作。2000 年，全面启动实施，工程建设期 11 年(2000~2010 年)。

陕西省天保工程覆盖了除西安市城三区以外的 104 个县(市、区)，包括全部国有、集体权属的森林，总面积 735. 64 万公顷。其中，国有林 283. 17 万公顷，集体林 452. 47 万公顷。全省有 119 个天保工程县(局)级实施单位。

二、实施内容

1. 公益林建设。1998~2010 年，国家共下达陕西省天保工程公益林建设任务 187. 64 万公顷。其中，人工造林 26. 43 万公顷，封山育林 73. 01 万公顷，飞播造林 83. 8 万公顷，人工促进天然更新 0. 9 万公顷，森林抚育 3. 5 万公顷。截至 2010 年年底，任务完成率 100%。在公益林建设中，广泛应用了 ABT 生根粉、地膜覆盖等适用先进技术，提高了公益林建设质量。通过实施单位市县自查、省级复查、国家级核查，公益林建设各项质量指标均达到或超过了国家规定标准(表 2-10-1)。

1998~2010 年陕西省天保工程公益林建设完成情况表

表 2-10-1　　　　单位：万亩

年份	合计	人工造林	封山育林	飞播造林	森林抚育	人工促进天然林更新
总计	2814. 62	396. 4	1095. 18	1257. 04	52. 5	13. 5
1998	133. 5	16. 5	52. 5		51	13. 5
1999	184. 5	6	177		1. 5	
2000	41	41				
2001	398. 08	37. 5	41. 74	318. 84		
2002	227. 4	37. 5	30. 5	159. 4		

续表

年份	合计	人工造林	封山育林	飞播造林	森林抚育	人工促进天然林更新
2003	243	37.5	46.1	159.4		
2004	227.42	37.52	30.5	159.4		
2005	232.9	20	112.9	100		
2006	198.86	10	128.86	60		
2007	180.46	22.88	107.58	50		
2008	371.5	60	181.5	130		
2009	180	30	90	60		
2010	196	40	96	60		

2. 森林资源管护。截至2010年年底，陕西省全面落实了天保工程实施方案规划的735.64万公顷森林资源的管护责任。119个县(局)级实施单位普遍建立了“横向到边，纵向到点”，点、线、面相结合的森林管护网络体系。全省国有林业局(场)整建制转为护林组织，实现了由“伐木人”向“护林人”的历史性转变，保障了森林资源的安全。《陕西省天然林资源保护工程2010年度省级复查报告》显示，全省共落实管护面积933.24万公顷，实际落实森林管护人员27757人，签订管护合同26916份，设立护林站点7135处，修建各种护林宣传标志13159个。由于强化了森林防火和病虫害防治工作，天保工程区一般森林火灾发生率、森林过火率和病虫害发生率都大幅度下降。同时，由于加大了对破坏森林资源违法行为的打击力度，破坏森林资源的案件也大幅度减少(表2-10-2)。

3. 富余人员分流安置。陕西省天保工程各实施单位按照《陕西省天保工程富余人员分流实施方案》的要求，在坚持本人自愿、公开、公正、公平的原则下，广开就业门路，积极稳妥地安置富余人员。

截至2010年年底，陕西省充分利用天保工程安置渠道，分流安置职工26169人。其中：在岗职工15985人，内部退养和长期休病(工伤)假345人，单位发放基本生活费的下岗人员377人，离退休职工8697人，其他人员765人。

在岗职工中，森林管护8784人，公益林建设1874人、管理后勤1977人、多种经营2675人、教育157人、医疗297人、森林公安221人。

累计完成一次性安置全民职工5088人。全省天保工程职工安置情况详见表2-10-3。

三、保证措施

1. 设立机构，加强工程实施的组织领导。天保工程涉及面广、地域大、部门多、政策性强，必须周密规划，精心组织，认真实施。为此，自工程实施以来，陕西把天保工程建设工作切实摆上了各级党政的重要议事日程，主要领导亲自抓，分管领导具体抓，逐级分解任务，夯实工作责任。省、市、县(区)各级政府均成立了天保工程建设领导小组，负责统一安排部署工程实施中的重大事项，并协调解决工程实施中的重大问题。在各级林业主管部门设立了天保工程管理机构，落实专职人员和工作经费，制定天保工程有关管理办法、实施细则和各项管理制度。

2010年陕西省天保工程森林管护情况统计表

表 2-10-2

单位	管护面积(万亩)				管护人员(人)				通讯设备(台、套)			交通工具(个)			站点个数(个)			标志个数(个)		
	应管护面积	落实到人的面积	划分管护责任区个数(个)	管护面积落实率(%)	计划	落实	签定管护合同份数(份)	完成率(%)	计划	落实	完成率(%)	计划	落实	完成率(%)	计划	落实	完成率(%)	计划	落实	完成率(%)
陕西省	11034.6	13998.6	17416.8	126.9	26461	27757	26916	104.9	4953	5436	109.8	2424	2427	100.1	7132	7135	100.0	12746	13159	103.2
西安市	532.8	635.6	542.8	119	1062	1153	1150	109	82	89	108.54	43	46	107	142	141	99	631	649	103
宝鸡市	998.9	1171.6	1517	117	2242	2275	2495	101	162	162	100	69	69	100	414	414	100	772	772	100
咸阳市	460.3	460.3	691	100	808	1772	1711	219	63	69	109.52	60	60	100	250	250	100	1779	1779	100
铜川市	146.6	245.6	380	168	243	387	387	159	72	72	100	49	49	100	59	59	100	459	459	100
渭南市	446.3	473.7	605	106	1290	1290	1290	100	107	107	100	34	34	100	170	170	100	557	734	132
延安市	1931.7	3121.5	3282	162	4275	4275	4274	100	3390	3891	114.78	1671	1671	100	334	334	100	2506	2656	106
榆林市	729.3	729.3	1990	100	4168	4168	3626	100	229	229	100	105	105	100	723	723	100	740	740	100
汉中市	2293.1	2582.6	2530	113	4556	4595	4141	101	319	288	90.282	88	88	100	481	485	101	1317	1385	105
安康市	1471.8	1628.0	1709	111	2939	2964	2964	101	345	345	100	245	245	100	270	270	100	1724	1724	100
商洛市	1300.4	2187.0	4133	168	4133	4133	4133	100	80	80	100				4195	4195	100	2100	2100	100
省资源局	645.0	660.9	33	102	679	679	579	100	104	104	100	60	60	100	75	75	100	158	158	100
楼观台林场	78.2	102.3	4	131	66	66	66	100							19	19		3	3	
杨陵区	0.3	0.3																		

注："应管护面积"指实施单位的实际有林地、灌木林地、未成林造林地面积之和。"通讯设备"指电台、电话、对讲机。"交通工具"指汽车、摩托、自行车。"站点个数"中的"站"指固定管护站。"标志"指管护区的碑牌等。

2010年陕西省天保工程职工安置情况统计表

表 2-10-3　　　　单位：人

单位	截至2010年年底在册职工人数					在岗职工分流安置							一次性安置		
	合计	在岗职工	内部退养、长期休病（工伤）假	单位发放基本生活费的下岗人员	其他	离退人员	森林管护	公益林建设	管理、后勤	多种经营	教育	医疗	公安	计划	完成
陕西省	26169	15985	345	377	765	8697	8784	1874	1977	2675	157	297	221	7654	5088
西安市	1924	1543	3		8	370	631	126	196	469	12	11	98	229	37
宝鸡市	2921	2034	140	5	22	720	835	300	273	574	11	8	33	317	10
咸阳市	762	548				214	335	132	52	29				92	
铜川市	729	607			13	109	309	100	75	123				133	
渭南市	800	619		7		174	341	167	84	27				77	1
汉中市	2191	1655		6	105	425	824	163	105	563				380	
安康市	973	605	1	10	22	335	411	78	97	19				37	12
商洛市	1287	1038				249	648	150	100	140				322	
延安市	5854	4034	137		440	1243	2560	245	795	372		50	12	298	150
榆林市	1364	1049			50	265	664	178	65	61	4	2	75		
省资源局	6956	2023	64	349	105	4415	1160	215	85	210	130	220	3	5657	4878
楼观台林场	408	230				178	66	20	50	88		6		112	

2. 明确责任，建立双线目标责任制。天保工程由各级人民政府负总责，按照工程建设目标、任务、资金、责任“四到省”“四到市”的要求，省、市、县(区)各级层层签订责任状，落实责任。采取政府和林业部门双线目标的管理形式，由上到下签订了目标责任书。各级林业、计划、财政和社保部门按照各自的职能分工，各司其职，各负其责，密切协作，共同搞好天保工程建设工作。

按照天保工程政府和林业主管部门“双线目标责任制”的要求，2003 年 2 月 22 日，陕西省副省长王寿森、省林业厅厅长权志长分别和各市主管市长、林业局长签订了“陕西省天保工程森林资源管护和公益林建设目标管理责任书”，地方各级政府和林业部门也层层签订了责任状和目标责任书，把工程建设的目标、任务、责任和资金落到了实处(表 2-10-4)。

2003 年陕西省天保工程目标责任书签订情况表

表 2-10-4　　单位：万亩

单位	签订的造林面积				签订的管护面积
	合计	人工造林	封山育林	飞播造林	
陕西省	2500. 9	412	335. 9	1753	11034. 6
西安市	180. 06	48. 52	19. 4	112. 14	532. 8
铜川市	74. 93	16. 57	11. 55	46. 81	146. 55
宝鸡市	252. 31	43. 29	49. 95	159. 07	998. 88
咸阳市	180. 47	52. 25		128. 22	460. 31
渭南市	182. 5	51. 37	19. 2	111. 93	446. 25
汉中市	320. 68	42. 13	26. 09	252. 46	2293. 08
安康市	251. 94	49. 22	42. 45	160. 27	1471. 79
商洛市	235. 65	33. 22	7. 65	194. 78	1300. 35
延安市	316. 65	14. 64	135	167. 01	1931. 7
榆林市	446. 13	6. 62	19. 2	420. 31	729. 3
杨凌示范区	0. 17	0. 17			0. 34
省资源局	52. 56	50	2. 56		645. 1
楼观台林场	6. 85	4	2. 85		78. 15

3. 建章立制，强化工程和资金管理。一是，随着天保工程的逐步实施，陕西省林业厅及时制定了《陕西省天然林保护工程管理办法》《陕西省天然林保护工程森林资源管护办法》《陕西省天然林保护工程公益林建设作业设计办法》《陕西省天然林保护工程核查验收办法》《陕西省天然林保护工程招标和承包管理办法》《陕西省天然林保护工程档案管理办法》等，为工程建设提供了必要的政策保证。同时，配合省计划、财政部门制定《陕西省天然林保护工程财政资金实施细则》《陕西省天然林保护工程建设资金管理办法》《陕西

省天然林保护工程集体林管护费暂行办法》等一系列规章制度，对工程资金的管理和使用提出了明确、具体的要求。二是，陕西省对天保工程专项资金进行了多次审计、调研、稽查和检查，对审计、检查中提出的问题进行了及时整改，从而保证了工程建设资金的规范运作。例如，2004 年省林业厅和省财政、计划、监察、审计等五部门联合发文，对 1998 年以来的天保工程资金进行了拉网式检查，没有发现大的违规违纪问题。三是，为了解决天保工程专项资金管理中存在的问题，省林业厅下发了《关于切实加强林业重点工程项目资金管理的通知》，明确要求各项林业重点工程专项资金都必须实行"专户存储、专款专用、单独核算、封闭运行"的原则，有力地保证了工程资金的安全。

4. 科技先行，提高工程建设科技含量。一是省市县林业部门在制定天保工程实施及规划方案时，往往根据不同立地类型，依据气候、降水量、地形地貌等因素进行科学合理分类，确定适宜的乔、灌、草造林树(草)种以及封山育林、飞播造林、人工造林的比例，确定不同林种结构及主要造林树(草)种。二是，在工程组织实施中，强化推广先进、实用、成熟的科技成果，使科技成果直接转化为生产力。各实施单位严格按照针叶树种采用容器苗，阔叶树种采用一级苗，作业地块集中连片与其他工程项目不重叠的原则，确保了工程实施的规范化和建设质量。在人工造林项目中，大力应用先进实用的抗旱造林新技术，用秸秆、覆膜、蘸浆及生根粉处理根系等措施提高了造林成效。

5. 严格管理，保障天保工程顺利实施。一是，严格林木采伐和运输管理，2000 年以来，陕西严格执行林木采伐政策，全面停止了天然林的商品性采伐，对木材及主要林副产品运输实行省市两级管理，坚决停止了商品性木炭生产、运输和销售。二是，对工程区内的木材经营加工单位进行了清理整顿。据统计，陕西共取缔了以本省木材为原料的经营加工企业 1000 多家。三是，加强执法机构和队伍建设，强化执法力度和执法监督工作。天保工程实施期间，陕西通过开展一系列保护森林资源的专项治理活动和加大林政稽查力度，严厉打击了各类破坏森林资源的违法犯罪活动，有效地控制了森林资源消耗，维护了林区的正常秩序。

6. 切实做好宣传工作，营造良好氛围。天保工程是一项全民参与的社会性工程，为了给工程实施营造良好氛围，陕西在天保工程的宣传方面做了积极工作。一是，2004 年利用《陕西日报》专版、《陕西林业》专刊宣传了陕西天保工程建设成就。二是，2008 年 9 月在《中国绿色时报》专版宣传了陕西天保工程建设成效。三是，创办了 25 期《陕西省森林资源管理暨天然林保护工程动态》，并不定期地向国家林业局以文件形式报送工程建设情况，交流了经验，促进了工作。四是，配合国家林业局录制了天保工程宣传片，拍摄了《中国天保工程巡礼》大型电视专题宣传片。并积极与地方媒体合作，邀请陕西省电视台、广播电台、陕西日报等新闻媒体，集中报道了陕西省天保工程建设，扩大了宣传效果。五是，2010 年编撰《陕西天然林资源保护工程建设回顾》一书，宣传了法规政策及建设成效。六是，2010 年制作了《陕西天保工程建设成效》宣传光盘，生动地展示了天保工程建设成效。

第四节　工程投资

1998~2010年国家累计投入陕西省天保工程中央资金499509万元，其中，公益林建设投资234228万元，财政专项资金投入265281万元。地方实际配套资金32762.65万元，其中，基本建设资金3176.2万元，财政专项资金29586.45万元。截至2010年年底，投入陕西省天保工程一期建设的中央资金499509万元和地方实际配套资金32762.65万元已经全部完成，完成率均为100%。

公益林建设投资主要包括公益林建设、种苗建设、森林防火建设和科技支撑建设等。财政专项资金主要包括森林管护事业费、职工基本养老保险补助费、下岗职工基本生活保障费、一次性安置费用、政策社会性支出补助费、职工“四险”及职工安置资金等。

由于停止林木采伐造成的地方财政减收，中央财政共转移支付陕西省9.88亿元，全面使用于项目县(区)地方财政补贴(表2-10-5)。

1998~2010年陕西省天保工程实际投入资金统计表

表2-10-5　　单位：万元

年份	合计			基本建设资金			财政专项资金			中央财政转移支付
	小计	中央投资	地方配套	小计	中央投资	地方配套	小计	中央投资	地方配套	
总计	532271.65	499509	32762.65	237404.2	234228	3176.2	294867.45	265281	29586.45	98800
1998	8290	8290		7800	7800		490	490		
1999	12285	12285		10605	10605		1680	1680		
2000	42982.28	42679	303.28	20159	20159		22823.28	22520	303.28	14000
2001	61096	58432	2664	30454	30382	72	30642	28050	2592	14000
2002	54548.72	50910	3638.72	23404	23289	115	31144.72	27621	3523.72	14000
2003	48324.8	45465	2859.8	20601	20456	145	27723.8	25009	2714.8	14800
2004	43940.85	40640	3300.85	19174	19105	69	24766.85	21535	3231.85	14000
2005	39477.05	36655	2822.05	15209	15120	89	24268.05	21535	2733.05	14000
2006	38501.1	35675	2826.1	12085	12016	69	26416.1	23659	2757.1	14000
2007	41199.45	37175	4024.45	13549	13516	33	27650.45	23659	3991.45	
2008	59985.4	53423	6562.4	30147.2	29764	383.2	29838.2	23659	6179.2	
2009	39119	37571	1548	15408	14640	768	23711	22931	780	
2010	42522	40309	2213	18809	17376	1433	23713	22933	780	

第三篇　造林绿化

1990~2010 年期间，陕西省造林绿化经历了国家 4 个五年计划，伴随着改革开放，造林绿化步入了注重造林质量和实行重点工程造林绿化时代。全省先后实施了三北防护林、长江中上游防护林、日元贷款造林、德援生态工程、中韩合作、治沙、灭荒、退耕还林、平原绿化、山川秀美、“三化一片林”等造林绿化工程。国家和地方以及群众自筹的造林绿化资金逐年增长，生态环境和经济效益日趋显现。20 年间全省累计完成造林绿化 734. 4 万公顷，其中人工造林 584. 42 万公顷，飞机播种造林 149. 98 万公顷；封山育林 313. 62 万公顷，育苗 20. 36 万公顷，四旁植树 347515 万株。

第一章　基本概况

第一节　1991～1995年造林绿化

1990年，是陕西“七五”计划最后一年，这一年，陕西省共完成整片造林33.39万公顷，其中人工造林28.59万公顷，飞机播种造林4.8万公顷；四旁植树22711万株；育苗0.96万公顷；封山育林17.05万亩。

1991～1995年，陕西“八五”期间为全面贯彻落实省委、省政府《关于进一步加快全省造林绿化步伐的决定》，省林业厅实施了陕西省造林绿化规划，把提高造林质量置于工作首位，执行《造林技术规程》《林木育苗技术规程》《检查验收办法》等。工作重点是三北防护林、平原绿化、长江中上游防护林等三项国家造林工程及德援生态造林工程项目，采取了集中连片造林，山、水、田、林、路综合治理措施。

1991～1995年，陕西省“八五”期间，共完成造林绿化168.67万公顷，其中人工造林143.42万公顷，飞机播种造林25.25万公顷；封山育林82.23万公顷，育苗4.72万公顷，四旁植树110612万株(表3-1-1)。

1991～1995年陕西省造林绿化情况表

表3-1-1　　　　单位：万公顷、万株

年份	造林			封山育林	育苗	四旁植树
	合计	人工造林	飞播造林			
1991	30.71	26.69	3.75	18.23	0.9	21967
1992	37.7	30.1	7.6	17.9	1.17	22541
1993	33.39	28.59	4.8	17.05	0.96	22711
1994	33.13	29.22	3.91	15.86	0.85	21954
1995	33.74	28.55	5.19	13.2	0.84	21439
合　计	168.67	143.42	25.25	82.24	4.72	110612

1991年1月11～16日，全国林业厅局长会议在西安召开。林业部部长高德占、副部长蔡延松，陕西省委、省人大、省政府、省政协领导牟玲生、余明、王双锡、董继昌以及西安市委、市政府的领导出席了开幕式。副省长王双锡代表省委、省政府向大会召开表示祝贺并致辞；林业部长高德占作了题为“开拓进取，埋头苦干，促进我国林业再上一个新台阶”的工作报告。3月3～6日，省人民政府在西安召开了陕西省农口系统工作会议。副省长王双锡代表省政府与各地市的专员、市长分别签订“陕西省造林绿化目标责任书”，明确各地市“八五”期间应达到的各项林业生产指标。3月9日，省政府召开电话会议，副省长王双锡要求今年的造林绿化要声势大、人数多、栽的多、质量高。3

月 19 日，由日本绿色地球基金会每年无偿提供绿化资金 10 万元人民币的“中日绿化工程”在韩城市象山开始实施。10 月 8~13 日，在安康召开了全省造林工作会议，省林业厅副厅长邹年根在会上作报告。会议重点讨论研究提高造林质量，兴办乡村林场等问题。11 月 19 日，省委书记张勃兴到省林业厅检查工作。

1992 年 1 月 17~21 日，全省地市林业局长会议在西安召开。副省长王双锡在会上发表了题为“深化改革，转变机制，增强林业自身活力”的讲话；厅长任国义作工作报告。3 月 11 日，省人民政府召开春季造林电话会议，副省长王双锡要求各级政府尽快掀起春季植树造林热潮，力争完成全年育苗造林任务的 85%。省政府提出全省每年新造经济林 100 万亩的决定，作为发展农村经济、实现小康目标的大事。10 月 29~31 日，在宝鸡召开全省封山育林座谈会。会议期间参观了宝鸡县潘家湾林场、麟游县麻夫沟两处封山育林现场，交流了经验，研究了今后工作。这是省林业厅首次召开全省范围封山育林工作会议。

1993 年 2 月 15 日，副省长王双锡到省林业厅现场办公，听取了厅长任国义、森工局局长罗克修工作汇报后，王双锡对今年的林业工作作了全面部署，省政府副秘书长黄广文参加了会议。3 月，省林业厅转发了国务院通知，要求全省在造林绿化质量上有新的突破，完成治沙和三江两岸(汉江、嘉陵江、丹江沿岸)、西宝沿线绿色长廊工程。

1994 年 2 月 7 日，副省长王双锡在省政府副秘书长黄广文等陪同下，到省林业厅现场办公，厅长钟高适汇报了上一年工作和今年工作安排。王双锡在听取汇报后指出：陕西林业进入稳定上升时期，林地面积、蓄积量都在增加，陕西林业今后应走产业化道路。3 月 6~8 日，省政府在西安召开了全省林业工作会议，副省长王双锡主持会议并讲话。会议分析讨论了陕西林业改革和建设的形势，确定了 1998 年实现全省消灭宜林荒山的目标，部署安排了林业工作。

1995 年 2 月 15 日，全省地市林业局长会议在西安召开。5 月 19~23 日，省政府在延安召开了陕西省造林灭荒工作会议。10 月 11~15 日，团中央、林业部、水利部检查组对陕西省青年营造黄河防护林二期工程进行检查验收，对工程进行了高度评价。12 月 23~25 日，陕西省青年营造黄河防护林二期工程竣工表彰暨三期工程动员大会在西安召开，大会表彰、奖励了 59 个先进集体、55 名先进个人。陕西省青年营造黄河防护林二期工程开展 5 年来，共造林 4 万公顷，完成规划任务的 118%。对一期工程营造的 5.6 万公顷幼林进行了二次抚育，对 2.9 万公顷经济林进行了科学管理和综合利用。形成了以清涧、佳县、延川为主的红枣基地；以韩城、宜川为主的花椒基地；以延长、宜川、合阳为主的苹果基地。

第二节　1996~2000 年造林绿化

陕西省在 1996~2000 年“九五”期间，贯彻落实省委、省政府灭荒决定和全国林业厅(局)长会议精神，调整农林经济结构，实现经济和生态建设同步发展，推行宜林荒山使用权制度改革。到 1998 年已基本完成造林灭荒任务，剩余 75 万余亩宜林荒山尚未造林。“九五”后期，江泽民总书记和朱镕基总理来陕西视察，提出了“西部大开发”“建设秀美山川”“退耕还林”的指示，省委、省政府决定在全省实施山川秀美工程。

“九五”期间全省共完成造林绿化 187.53 万公顷，其中人工造林 147.69 万公顷，飞播造林 39.84 万公顷；封山育林 128.01 万公顷，育苗 5.1 万公顷，四旁植树 96281 亿株(表 3-1-2)。

1996～2000 年陕西省造林绿化情况表

表 3-1-2　　　　单位：万公顷、万株

年份	造林			封山育林	育苗	四旁植树
	合计	人工造林	飞播造林			
1996	37.32	28.79	8.53	10.27	0.79	21048
1997	27.16	19.56	7.6	17.83	0.72	20190
1998	37.7	31.86	5.84	27.77	0.76	19557
1999	43.57	36.57	7	42.1	1.14	18533
2000	41.78	30.91	10.87	30.06	1.7	16953
合 计	187.53	147.69	39.84	128.03	5.11	96281

1996 年 3 月 7～8 日，全省地市林业局长会议在西安召开。省人大副主任任国义、副省长王寿森到会并讲话，厅长钟高适作工作报告。6 月 8～17 日，林业部平原绿化检查组对凤翔、扶风、武功、泾阳、乾县、礼泉、三原等县的平原绿化建设情况进行了检查，在肯定工作的同时，也指出了认识不到位和苗木不足的问题。

1997 年 2 月 22～25 日，全省地市林业局长会议在西安人民大厦召开，会上总结了去年的工作，明确了今年的林业生产任务，提出了“五个”转变的措施。省人大副主任任国义、副省长王寿森在会上讲话。3 月 11 日召开“全省植树造林电视电话会议”，动员广大干部群众投入到造林灭荒行动中来，常务副省长贾治邦在会上要求各级政府要认识造林绿化对全省经济发展所起的重要基础作用。8 月 17 日，省长程安东在黄龙县检查林业工作时指出：“长期以来，黄龙县在造林绿化、森林管护、防火防害、森林资源开发和核桃、花椒绿色产业开发等方面作出了一定成绩，应在‘绿’字上做文章，依山致富，不光富民还要富县。”要“成为我们古都西安的绿色屏障，成为我们陕西的一叶肺”。并挥笔题写“以绿兴绿、建设黄龙”八个字进行勉励。8 月 29 日至 9 月 1 日，国务院在陕北召开了全国治理水土流失建设生态农业现场经验交流会。林业部 9 月 2 日在延安召开全国林业厅局长座谈会。10 月 11 日，省委书记李建国视察了商南县清泉乡水井沟石坎条田上的 500 亩茶园和茶叶站，当得知商南人民在全国十大扶贫状元之一张淑珍的指导下，成功改写了 2300 年以来中国茶树不能在北纬 32°以北生长的结论，茶叶已成为商南经济的主导产业时，李书记鼓励张淑珍说：“你为商南人民脱贫致富作出了功在当代、利在子孙的贡献，党和人民感谢你！”

1998 年 2 月 25 日至 3 月 10 日，林业部造林工作检查组来陕检查春季造林工作，对西安市、户县、商洛地区和延安市的育苗、造林工作进行了检查。3 月 10 日召开了春季造林电视电话会议，对造林灭荒安排部署。全省新增山区综合开发示范县 5 个，使全省

总数达到 8 个，为全国数量最多省份。

1999 年 3 月 12 日，省政府发出紧急通知，要求各地迅速掀起植树造林新高潮。4 月 7~15 日，国家林业局生态中心主任张希武带领春季造林及森林防火检查组来陕检查。8 月 5~9 日，国务院总理朱镕基在省委书记李建国、省长程安东和国家林业局局长王志宝等陪同下，来陕考察治理水土流失、改善生态环境和黄河防汛工作，并就此作了重要指示。

2000 年 6 月 13~14 日，全省林业局长会议在西安召开，传达贯彻全国林业局长会议和省农村工作会议精神，总结部署全省林业工作，进行典型经验交流和森林法实施条例讲座，研究安排退耕还林工程实施管理办法等。9 月 21 日，副省长王寿森主持召开政府办公会议，决定由省林业厅牵头编制《陕西省生态示范省建设规划》。

第三节　2001~2005 年造林绿化

2001~2005 年，陕西省在“十五”期间造林绿化的重心是退耕还林、天保工程、平原绿化、绿色通道工程和国际合作造林项目等。

“十五”期间，全省共完成造林绿化 267.87 万公顷，其中人工造林 210.32 万公顷，飞播造林 57.55 万公顷，封山育林 50.99 万公顷，育苗 6.36 万公顷，四旁植树 74546 万株(表 3-1-3)。

2001~2005 年陕西省造林绿化情况表

表 3-1-3　　单位：万公顷、万株

年份	造林			封山育林	育苗	四旁植树
	合计	人工造林	飞播造林			
2001	43.65	31.87	11.78	26.51	1.49	15993
2002	75.05	60.85	14.2	4	1.53	15834
2003	72.8	62.56	10.24	3.07	1.6	16529
2004	56.49	46.1	10.39	1.77	0.93	13828
2005	19.88	8.93	10.95	15.64	0.81	12362
合计	267.87	210.31	57.56	50.99	6.36	74546

2001 年 1 月 21 日，省政府召开生态省规划领导小组会议，研究讨论《陕西省生态省建设规划》。2 月 2 日，副省长王寿森主持召开保护母亲河行动指挥部领导成员会议，会议审定了保护母亲河行动及黄河青年防护林三期工程等有关事项。3 月 13 日，省林业厅厅长权志长主持召开厅党组扩大会议，讨论 2001~2010 年全国造林绿化纲要(陕西部分)并提出了修改意见。4 月 2 日，省政府在陕西宾馆召开了全省林业工作会议，副省长王寿森讲话，林业厅长权志长作题为“抓住机遇，突出重点，努力实现陕西省林业跨越式发展”的报告。

2002 年 4 月 2 日，省长程安东主持召开全省山川秀美工程领导小组会议，厅长权志长参加了会议。7 月 16~20 日，全省平原绿化工作会议在西安召开，全省有关市和 37 个平原县的林业局长参加会议，省林业厅厅长权志长、副厅长郝福财出席会议并讲话。会议还组织代表赴山东参观了菏泽、济宁两市高标准农田林网、绿色通道、园林式村镇等建设现场。12 月 5 日，全省林业局长座谈会在西安召开。会议传达贯彻了全国营造林质量工作会议精神，通报了全省林业重点工程造林质量、资金管理稽查情况，安排部署今冬和明年全省林业工作。

2003 年 2 月 22 日，全省林业局长会议在西安召开，省林业厅与各市林业局签订了“陕西省天然林保护工程森林资源管护和公益林建设目标管理责任书”。3 月 15 日，省林业厅与省水利厅联合召开全省渭河沿岸造林绿化动员会，渭河沿岸各市(区)水利、林业局长，各有关县(市、区)主管县长、水利、林业局长，省三门峡库区管理局的负责同志参加了会议。省林业厅和省水利厅就渭河沿岸绿化工作进行了安排部署。工程西起宝鸡市，东至潼关，依托三北防护林四期工程建设，在堤岸 30~50 米范围内，营造数百千米的绿色屏障，当年完成规划任务的 100.2%。6 月，榆林市林业局、宝鸡市林业局、淳化县林业局、雷寺庄林场被人事部、国家林业局授予“全国林业系统先进集体”称号。12 月 4~6 日，全省林业工作会议在西安召开。会议认真贯彻落实《中共中央国务院关于加快林业发展的决定》和全国林业工作会议精神，研究部署当前和今后一个时期全省林业工作。

2004 年 2 月 16 日，陕西省委、省政府向全省印发《关于贯彻中共中央 国务院关于加快林业发展的决定》的实施意见。“意见”共 9 章 26 条，对当前和今后一个时期全省林业工作指导思想、目标任务、工作重点、产业发展、体制改革、政策措施等作了明确规定，是全省当前和今后林业改革发展的纲领性文献。

2005 年 1 月，为落实省长陈德铭关于油橄榄栽植等问题的批示，在汉中引进 6 个油橄榄品种 6202 株，建园 7.2 公顷。8 月 18 日，省林业厅组织召开了国内油橄榄专家论证会，来自四川、甘肃及省内的油橄揽专家论证了引种栽植的可行性。5 月 10~16 日，国务院西部办副主任段应碧带领西部办、国家林业局及有关部委一行 6 人到陕西调研造林绿化和退耕还林情况。8 月 2 日，陕西省林业厅向国家林业局上报《关于报送“十五”全省经济林建设工作总结的报告》，全省经济林面积达到 218.39 万公顷，其中“十五”新增面积 69.14 万公顷。9 月 8 日，全省绿色家园建设现场会在咸阳市旬邑县召开，各市林业局和 40 个平原县(市、区)林业局负责同志参加了会议。咸阳市林业局、旬邑县人民政府和淳化县人民政府就创建绿色家园活动介绍了经验和做法。会议对全省创建绿色家园活动进行了安排部署。

第四节 2006~2010 年造林绿化

2006~2010 年，陕西省在“十一五”期间，围绕社会主义新农村建设和省委、省政府提出的“绿色陕西·生态陕西”建设目标为中心开展植树造林。按照“全面规划，分步实施，重点突出，板块推进”的原则，实施了“绿色家园”等八大板块造林绿化工程。名特优经济林建设稳步发展。

“十一五”期间，全省共完成造林绿化 153.09 万公顷，其中人工造林 82.99 万公顷，飞播造林 27.34 万公顷；封山育林 52.39 万公顷，育苗 4.18 万公顷，四旁植树 66076 万株(表 3-1-4)。

2006~2010 年陕西省造林绿化情况表

表 3-1-4　　单位：万公顷、万株

年份	造林			封山育林	育苗	四旁植树
	合计	人工造林	飞播造林			
2006	19.62	12.95	6.67	9.63	0.79	14896
2007 *	24.57	14.86	4	5.71	0.81	14012
2008 *	27.52	14.63	4	8.89	0.77	13394
2009 *	44.95	20.6	8.67	15.68	0.85	12686
2010 *	36.43	19.95	4	12.48	0.96	11086
合　计	153.09	82.99	27.34	52.39	4.18	66076

注：* 按照有关规定从 2007 年起封山育林计入造林面积。

2006 年 2 月 27~28 日，全省林业工作会议在西安召开，会议传达贯彻了全省农村工作会议以及全国林业厅局长会议精神，副省长王寿森在会上讲话，厅长张社年作《坚持科学发展，不断开拓创新，推动全省林业工作再上新台阶》的工作报告，副厅长孙承骞就《陕西省林业“十一五”和中长期发展规划》及相关问题的作了说明。会议还印发了《2006 年全省林业工作要点》。8 月 2 日，根据国家林业局关于贯彻落实《中共中央 国务院关于推进社会主义新农村建设若干意见》的实施意见精神，省林业厅成立“陕西省林业厅推进社会主义新农村建设领导小组”，办公室设在厅造林处。

2007 年 2 月 4~6 日，全省林业局长会议在西安召开。会议传达贯彻了全国林业厅局长会议精神，副省长王寿森在会上讲话，省林业厅厅长张社年作了工作报告；省委办公厅、省政府办公厅和有关厅局领导参加了会议。4 月 4 日，国家林业局决定开展全国林业发展区划工作，省林业厅成立了省林业发展区划领导小组及相关业务办公室，领导小组组长由林业厅厅长张社年担任。12 月 21 日，陕西省林业发展区划方案通过了专家论证。陕西有 16 个县(区)被列入林油一体化生物质柴油原料示范基地，承担完成 0.67 万公顷能源林建设任务。

2008 年 2 月 21~22 日，全省林业局长会议召开，会议传达贯彻了相关会议精神。副省长姚引良出席会议并讲话，林业厅厅长张社年作了工作报告。7 月 26~27 日，国家林业局造林绿化管理司司长魏殿生、中国绿化基金会副秘书长沙涛视察商洛市林业工作。

省林业厅编制《陕西省重点区域八大绿化工程建设实施意见》和省林业厅、水利厅联合编制的《渭河流域绿化规划》经省政府批转各市实施。八大绿化工程是：道路绿化、铁路绿化、河流水系绿化、“三化一片林”绿色家园建设、直观坡面绿化、环城绿化、厂矿企事业单位绿化、重点出入境口和旅游景点绿化。

2009 年 2 月 3~4 日，全省林业工作会议在西安召开。各市县(区)政府分管林业工作的领导和林业局局长及省政府相关部门负责人参加会议。会议由省政府副秘书长史俊通主持，省林业厅厅长张社年作工作报告，副省长姚引良讲话。3月6日，全省渭河近堤绿化林带建设现场会在咸阳市召开，会议期间参观了武功、兴平、秦都、渭城区渭河近堤绿化现场，副省长姚引良出席会议并讲话。3月9日，共青团省委、省水利厅、省林业厅在渭河大荔段联合举办了“营造‘青年生态林’活动”，数百名共青团员和青年环保志愿者参加。5月15日，省委书记赵乐际在省林业厅党组向省委上报《关于2009年春季造林绿化工作总结的报告》上作出批示：“春季造林绿化工作成绩显著，照此力度，持续下去，必有绿色陕西、生态陕西之景色。请提早准备，把今年秋季造林绿化抓好。同时，请抓紧抓好今年林权制度改革任务。”7月17日，省委常委会，听取了中央林业工作会议精神汇报，省委书记赵乐际提出“多栽树，栽大树，加快城乡造林绿化步伐。”省长袁纯清要求采取“板块推进”的方式抓好重点区域绿化。

2010年2月2日，全省林业工作会议在西安召开。各市县(区)政府分管林业工作的领导和林业局长及政府相关部门负责人参加会议。省政府办公厅纪检组长刘署阳主持会议，副省长姚引良讲话，省林业厅厅长张社年作工作报告。西部网首次对会议进行现场直播。3月28~31日，国家林业局退耕办督查组对陕西春季造林绿化和有害生物防治等工作督查。春秋两季造林，省林业厅派出了15个督导组，由厅级领导带队分赴各市检查造林绿化工作。9月15日，省委书记赵乐际、省政府常务副省长娄勤俭在省委会议室专题听取了全省林业工作汇报。10月19日，全省秋冬造林绿化现场会暨陕西西大门绿化工程启动仪式在宝鸡市举行。副省长姚引良宣布绿化工程启动令并讲话，宝鸡市市长戴征社致辞，省林业厅厅长张社年安排部署了全省秋冬造林绿化工作。

1991~2010年陕西省造林绿化情况见表3-1-5。

1991~2010年陕西省造林绿化情况统计表

表3-1-5　　单位：万公顷、万株

时期	造林			封山育林	育苗	四旁植树
	合计	人工造林	飞播造林			
“八五”期间(1991~1995年)	168.67	143.42	25.25	82.23	4.72	110612
“九五”期间(1996~2000年)	187.53	147.69	39.84	128.01	5.1	96281
“十五”期间(2001~2005年)	267.87	210.32	57.55	50.99	6.36	74546
“十一五”期间(2006~2010年)	110.33	82.99	27.34	52.39	4.18	66076
合计	734.4	584.42	149.98	313.62	20.36	347515

第二章　林木种苗

第一节　机构设置

一、陕西省林木种苗工作站

1989年12月，根据省编办文件，将陕西省林木种子公司更名为陕西省林木种苗工作站(以下简称省种苗站)，原编制24人，增加6人为30人，县级编制，全额拨款事业单位。

1993年12月，经省人民政府办公厅文件批复，省种苗站编制精简7人，由原编制30人减为23人，县级编制，为全额拨款事业单位。

2007年8月，经陕西省人民政府文件批复，省种苗站列入参照公务员法管理事业单位范围。2010年实有人员23人，其中工勤人员5人。

根据陕西省林业厅《关于厅机关部分事业单位、省森林公安局内设机构的通知》，省种苗站内设4个科室。综合科：设科长1名。负责站务会议组织安排、记录会议纪要、文件档案管理和全站后勤保障工作；种苗行业管理科：设科长1名。负责全省林木种苗政策、法规等文件起草拟定、种苗工程项目规划申报、检查、验收和种苗生产供应，并指导全省林木种苗产业发展、国有苗圃体制改革和林木种质资源普查、收集、保存和利用工作；质量监督检验科：设科长1名。负责贯彻执行林木种苗有关法律、法规，拟定相应的配套法规、办法等，并组织实施、监督和检查，全省林木种苗标签、检验证、生产、经营许可证的核发，林木种苗执法人员和检验人员培训，并承担省林木种苗质检中心的日常工作；科技及信息管理科：设科长1名。负责组织实施省级林木种苗科技项目，开展技术指导和培训，承担省林木良种、新品种、新技术的推广应用及林木品种审定委员会日常工作和种苗信息化建设。

二、陕西省三秦林木种子有限责任公司

陕西省三秦林木种子有限责任公司(以下简称三秦种子公司)成立于2001年10月，注册资本100万元。经营范围包括：生态造林、城镇绿化、经济林树种、防沙治沙的乔、灌、草种子及花卉的销售，林副产品的加工和销售等。主要负责供应陕西省飞播造林用种及育苗用种。

三秦种子公司办公地址位于西安市经济技术开发区草滩生态产业园区尚稷路与草滩四路东南角，总占地面积65亩(含代征地15亩)。公司设有办公室、经营部、检验室、财务部和销售部等5个部门，有员工20人。现有各类建筑5000平方米，水泥硬化道路400米，车辆10台；种子精选机等各类种子加工设备7台；光照培养箱等各类种子检验仪器20余台。

三、市级机构

陕西省原有市级林木种苗(林业)站10个，人员196人，负责本辖区林木种苗生产

指导和管理、质量、监督检验、行政执法、信息及技术服务、种子战略储备等任务。1996年杨凌农业高新技术示范区成立，下辖杨陵区林业技术推广站为计划单列区林业站。截至2010年12月底，全省共有市级林木种苗工作站11个，人员339人(其中技术人员138人)(表3-2-1)。

2010年陕西省市级种苗站基本情况表

表3-2-1

市(区)站	地址	站长	检验人员	执法人员	高级职称	中级职称	初级职称
西安市林业技术推广中心	西安市长安南路农林巷7号	王小纪	2	12	10	7	10
渭南市林木种苗工作站	渭南市林业大厦	王天社	5	6	4	5	4
咸阳市林木种苗工作站	咸阳市秦都区沈兴南路3号	白　昊	8	17	2	4	7
宝鸡市林木种苗工作站	宝鸡市中山东路7号	蔡宗科	3	2	3	4	1
铜川市林木种苗工作站	铜川新区铁诺小区1~1~501	田宏峰	3	4	3	5	
延安市林木种苗工作站	延安市宝塔区北关大砭沟	兰培平	7	8	2	5	1
榆林市林木种苗工作站	榆林市新建南路159号	谢安鸿	15	13	4	16	21
商洛市林木种苗工作站	商洛市林业局院内	贾成民	3	4	1	2	2
安康市林木种苗工作站	安康文昌西巷12号	徐小莉	4	4	2	2	
汉中市林木种苗工作站	汉中汉台区陈家营什字	白海波	5	13		1	
杨陵区林木种苗工作站	杨凌康乐路6号农林局院内	焦普生	2	2	1	2	7

四、县级机构

县级林木种苗工作站，负责本县(区)内林木种苗政策法规宣传、指导辖区内乡(镇)林木种苗工作。截至2010年12月底，全省共有45个县级林木种苗工作站，其中西安市1个，宝鸡市1个，咸阳市3个，铜川市1个，渭南市2个，延安市12，榆林市12个，汉中市1个，安康7个，商洛市5个，共有1537人(技术人员614人)(表3-2-2)。

2010年陕西省县级林木种苗机构人员情况表

表3-2-2　　单位：人

所属市	县站	地址	站长	检验人员	执法人员	高级职称	中级职称	初级职称
西安市	长安区林木种苗站	长安区新华街202号	刘　志	2	15		8	31
宝鸡市	千阳县林木种苗站	千阳县城东大街55号	齐宏魁	3	7		2	8
咸阳市	彬县林木种苗站	彬县北大街44号	秦兴善	2	6	1	2	7
	淳化县林木种苗站	淳化县南新街	王秉放	1	10	2	3	9
	泾阳县林木种苗站	泾阳三渠镇宫家寨村	陈明辉	1	7	2	3	7

续表

所属市	县站	地址	站长	检验人员	执法人员	高级职称	中级职称	初级职称
铜川市	宜君县林木种苗站	宜君县宜阳北街 9 号	陈金海	1	3		1	3
渭南市	富平县林木种苗站	县车站大街东段 80 号	冯锁牢	2	3		13	15
	大荔县林木种苗站	县城关镇南关路 3 号	王芝英	1	1	16	16	3
延安市	延长县林木种苗站	县城东街林业局院内	赵文治		2		5	2
	延川县林木种苗站	县城南关林业局院内	曹　花	1	5		3	2
	子长县林木种苗站	县城刘家沟林业综合楼	王金荣	5	3	2	1	10
	志丹县林木种苗站	县中心街农业综合大楼	王延恩	9	2			1
	吴旗县林木种苗站	吴旗县城大吉沟	刘兴旗	2	3			5
	安塞县林木种苗站	县城一道街林业局院内	叶怀明	5	2	1	1	3
	甘泉县林木种苗站	县城迎宾路林业局大楼	冯秀明	3	2		1	2
	富县林木种苗站	县城北教场林业局院内	李学义	4	2	1	1	2
	洛川县林木种苗站	县城中心街林业局院内	赵双喜	5	2		1	1
	黄龙县林木种苗站	县城中心街西头	梁振明	2	2			
	宜川县林木种苗站	县城南关林业局院内	高玉琴	5	2			4
	黄陵县林木种苗站	县城北街林业局院内	郑怀柏	2	2	1		1
榆林市	榆阳区林木种苗站	市上郡北路 20 号	张　青	15	13	4	16	21
	神木县林木种苗站	县东兴村东段林业局	杨金堂	10	9	1	4	16
	府谷县林木种苗站	县天化路 20 号	岳买元	10	34	4	9	19
	定边县林木种苗站	县城长城南街	李发胜	13	18	2	8	12
	靖边县林木种苗站	县城北大街林业局	冯广华	7	6	2	3	15
	横山县林木种苗站	县城工农西巷	曹子武	12	12	1	12	14
	绥德县林木种苗站	县城龙湾底湾 42 号	王登云	4	6	3	3	7
	米脂县林木种苗站	县城清心路 17 号	崔卫红	13	12		7	20
	佳县林木种苗站	县城暴家哇 22 号	高进尚	11	6	2	4	23
	吴堡县林木种苗站	县城新建街 111 号	薛永东	4	5		3	2
	清涧县林木种苗站	县城岔口	王海荣	6	7	2	2	4
	子洲县林木种苗站	县双湖峪镇新街 13 号	李润泽	3	3		2	10
汉中市	洋县林木种苗站	县城戚氏镇双庙村	刘善绿	1	1		2	2
安康市	汉滨区林木种苗站	市苗圃巷 3 号	夏朝宁	5	6		2	2
	白河县林木种苗站	城关镇长甸白路 114 号	薛　满	4	4		1	5
	汉阴县林木种苗站	县城汉阴凤凰路	李明辉	3	5	1	2	1

续表

所属市	县站	地址	站长	检验人员	执法人员	高级职称	中级职称	初级职称
安康市	紫阳县林木种苗站	紫阳县城关镇	马文毅	2	4		2	
	岚皋县林木种苗站	岚皋县大桥南路 13 号	廖正平	6	7	1	4	3
	镇坪县林木种苗站	县城石砦路 9 号	叶日进	3	3		2	1
	旬阳县林木种苗站	旬阳县振旬路	向甲斌	2	4		1	1
商洛市	商州区林木种苗站	商州区牛斜	赵建榜	5	4		1	1
	洛南县林木种苗站	县城河滨北路	魏耀峰	5	5		3	10
	丹凤县林木种苗站	县城北新街 44 号	刘开智	4	4		1	3
	镇安县林木种苗站	县城西沟路 70 号	齐荣水	2	4	1	5	5
	柞水县林木种苗站	县城凤凰镇	郭益龙	3	3	2	2	10

第二节 种苗管理

1990 年以后，种苗生产以油松、侧柏、华山松、杨树、泡桐、刺槐、花椒等为主，保障造林绿化用苗用种。容器育苗、嫁接育苗等育苗新技术在生产中推广应用。省种苗站修订下发了《陕西省国营苗圃管理办法(试行)》，对苗圃主任选配条件、生产管理、技术管理、经营和财务管理等作了明确规定。省种苗站推行委托育苗，由榆林地区种苗站负责实施，榆林地区林业局先后筹措资金 27.7 万元，并与各县国营苗圃、国营林场签订苗木生产合同，该种苗站按规格标准、价格统一收购，分配给工程造林项目使用。省林业厅与省绿化委员会、团省委、省妇联下发《关于大力开展秋季林木种子采收工作的通知》。省林业厅印发收购油松、马尾松等林木种子布告 2000 份，发至 60 个重点产种市、县(区)张贴，使群众了解今年全省大量收购的树种，质量标准、收购价格、办法和时间。

1992 年 1 月，省林业厅印发《关于进一步加强种苗工作的若干意见》，成立协调组织和容器育苗领导小组，积极开展种苗生产技术承包，加强技术指导，大力推广应用新技术、新成果。省林木良种审定委员会 10 月审定，宝鸡市“陇县八渡油松种子园生产的种子为良种”，并在宝鸡、咸阳、渭南三地市营造良种示范林 2100 亩。11 月，“陕西省部省联营林木良种基地建设协作网”建立，并在宝鸡市陇县八渡林场召开了第一次协作网会议。省林业厅对全省 5 个先进种苗站、10 个先进良种基地、3 个先进采种基地、10 个先进苗圃和 23 个先进个人进行了表彰奖励。

1993 年，省种苗站围绕抓好良种基地建设，确保良种生产，先后对“油松良种育苗造林、苗木培育新技术推广、良种造林技术推广、太白山种质资源保存点建设”项目开展研究和示范。

1994 年 10 月，受林业部委托，省种苗站组织西北林学院、省林校、省林研所、省林业厅有关处室和有关地(市)专家和技术管理人员，对部省联营大荔毛白杨良种基地一期工程、陇县八渡油松良种基地二期工程进行检查验收，通过实地测量和分析，两个基地选址配置恰当，应用技术先进，符合部颁规程《林木选择育种要领》的要求，经费使用合理，资料档案齐全，完成了计划任务，同意通过验收。

1995年起，省种苗站承担了黄帝陵绿化工程，至1997年3月，圆满完成黄帝陵庙前区绿化工程任务。绿化面积12万平方米，绿化210国道10千米。绿化工程受到了专家的肯定和好评。

1996年5月，根据省林业厅《关于加强容器育苗工作的通知》精神，省种苗站先后举办各级各类技术培训班31期，培训技术人员1200余人，技术辐射全省65%的县市。全年共完成容器育苗4200万袋。10月，“陕西省经济林名特新优果品品评会”在西安召开，会议共收到有关全省经济林发展现状、存在问题和发展建议方面论文10份，西北农林大学教授李嘉瑞等6名学者作了《陕西省经济林发展前景及当前经济林发展中存在的主要问题》的专题报告。12月11~12日，陕西省部省联营林木良种基地协作网第五次会议在洛南县召开，参加会议的18个单位36名代表参观了古城林场油松良种基地和县林特局建立的核桃良种采穗圃。

1997年8月，省林业厅下发《关于加强林木种子结实情况调查和采收收购工作的通知》，省种苗站安排业务人员调查林木结实情况和种子采收情况。榆林地区林业局针对本区柠条用种缺乏的实际，及时下发《关于加强柠条采种基地划管工作的通知》，筹措20万元用于柠条等树种的采种基地管护，签订了柠条采种基地划管合同，做到了“四落实二防止”(任务落实、地块落实、措施落实、人员落实，防止采青和防止种子外流)，全区共完成划管柠条采种基地5867公顷，采收柠条种子33.7万千克；划管花棒、踏郎1万公顷，采种5万千克，保证了造林用种。

1998年4月27~29日，在延安富县召开全省林木种苗工作现场会，省林业厅副厅长何发理作了《扎实工作，埋头苦干，努力实现全省林木种苗工作新突破》的主题报告，厅长钟高适作了总结讲话。根据全国种苗工作会议精神，会议确定今后一个时期种苗工作的发展思路，要求全省种苗工作要以灭荒和生态治理工程为中心，超前抓种苗，下力抓种苗，树立重视种苗才是真抓林业、实干林业的意识；会议提出了种苗发展的目标为实施种子“双百万”和“151”种苗工程(全省建重点采种基地100万亩，年采集主要树种种子50万千克，重点生态治理区县级建100亩以上中心苗圃、乡级建50亩以上骨干苗圃、村级建10亩以上基本苗圃)。到2000年年底，造林基地供种率达到70%，良种使用率达30%，重点工程种苗合格率达100%。10月全省种苗调剂会在西安市户县召开，11个市(区)种苗站共40余人参加会议。会议传达了全国种苗调剂会议精神，听取了各地市贯彻富县会议精神和今年的种苗生产情况，着重对种苗余缺进行了调剂。组织与会代表参观了荣获全国“十佳苗圃”荣誉称号的户县中心苗圃。

1999年5月31日至6月18日，省种苗站首次就“种子园优质高产技术”和“苗木培育新技术”项目进行国际合作，并邀请加拿大林业专家Sandy先生一行2人对陕西省油松良种基地和苗圃进行了技术考察和指导。9月22~24日，在西安召开全省种苗调剂会，达成种苗余缺调剂意向20多个，意向调剂苗木100多万株，种子25万千克，对省内有余的种苗产品，积极与外省通联，解决了部分剩余种苗的外销。

根据《中华人民共和国种子管理条例林木种子管理实施细则》的规定，针对种苗工作存在的经营秩序混乱问题，省林业厅决定对全省从事林木种子生产和经营的单位和个人依法核发林木种子生产许可证和林木种子经营许可证，全省共发放“两证”1180份。

2000年，按照国家林业局的统一安排，省林种苗站下发《关于开展“无检疫对象”苗圃建设工作的通知》，在省森防站的积极配合下，对申请建设“无检疫对象”的苗圃进行了现场验收，全省有户县中心苗圃、杨陵区中心苗圃、扶风县中心苗圃和铜川市中心苗圃4个单位被国家林业局命名为“无检疫对象”苗圃称号。根据国家林业局下达陕西省的总体种苗工程建设项目，省种苗站和省林业厅计财处、省林业调查规划院一起，历时7个多月，分别编制了退耕还林种苗工程、天然林种苗工程项目可行性研究报告19个。通过国家林业局、省发改委的审核，共批复种苗工程18个，投资4亿多元，在项目数量和规划投资量上均居全国前列。为严格规范和加强种苗工程建设管理，省林业厅下发《关于加强种苗工程建设管理工作的通知》《关于切实加强种苗工程建设管理工作的紧急通知》《陕西省种苗工作苗圃项目设计办法》《陕西省种苗工程建设项目采种基地项目设计办法》和《陕西省种苗工程项目建设管理试行办法》等5个规范性文件，对设计、施工、验收、资金管理等方面进行了严格规范。8月，为了加强在建种苗基地管理，保证国家投资真正发挥效益，省种苗站举办第一期苗圃主任(山川秀美工程)培训班，参训人员45名，聘请西北农林科技大学教授和原林业部场圃总站站长王棋、原山东省种苗站站长陈一山，就种苗生产、经营管理和苗圃建设等方面举行讲座和交流讨论。参观学习了省苗木繁育中心、西安市现代化苗圃、铜川市中心苗圃和中富公司杨凌组培厂。

2001年11月27~29日，省种苗站组织省草滩苗圃、省苗木繁育中心、西安市现代化综合苗圃等8个单位和各市种苗站站长及市级中心苗圃主任赴京参加了“首届国际苗圃营林园艺展览会”，制作展版17块、印发宣传资料2000余份，参观了展览会和国家级北方苗木繁育基地，交流了先进经验和技术。

2002年10月，为进一步加强陕西省种苗行政执法工作，省林业厅与省工商局联合开展“全省种苗行政执法活动月”。依法查处一批品种混杂，假冒伪劣，以次充好等违法案件129起，取缔无证经营单位(户)36个，发放“两证”2600多本。陕西省苗木繁育中心等5个种苗生产基地，陕西宁强汉原苗圃等7个苗圃分别通过了国家林业局组织的检查验收，分别获得了“全国特色种苗生产基地”和“全国质量信得过苗圃”荣誉称号。

2003年10月1日，陕西省人大常委会十届五次会议审议通过《陕西省实施〈中华人民共和国种子法〉办法》，并正式施行。省林业厅印发《陕西省林木种子生产经营许可证管理办法》《陕西省林木种苗质量管理办法》《省级林木种子生产经营许可证办理程序规定》等规章制度。省种苗站被国家林业局评为全国林木种苗行政执法和质量监督先进单位。

2004年11月，省林业厅被国家林业局评为全国林木种苗质量年活动先进单位。

2006年8月15~18日，陕西省林木种苗质量管理研讨会在西安举办。9月省种苗站承担国家油松种质资源保存库项目建设，地点设在桥山林业局。根据油松种质资源调查收集技术方案，省种苗站与西北农林科技大学专家组成5个小组对陕西、山西、甘肃、内蒙古等省份的油松天然林资源分布情况进行了实地考察，选定林分，确定优树，共收集油松良种503株。

2009年8月，国家林业局国有林场和林木种苗工作总站站长杨超一行4人对陕西省林木良种基地实地考察评审，延安市桥山林业局双龙林场油松良种基地、陇县八渡林场油松良种基地、周至落叶松至油松良种基地，洛南古城林场油松良种基地、榆林樟子松良种基地、商洛核桃良种基地等6个良种基地成为第一批国家级林木良种基地。

2010年，省种苗站被国家林业局授予"全国生态建设突出贡献奖至林木种苗先进单位"荣誉称号，连续5年为全国林木种苗质量免检省份。

第三节　林木种子

一、生产与经营

(一)种子采集

陕西省历年来群众都有采集树木种了的习惯，建立了以刺槐、油松、华山松、马尾松、柠条、花棒、踏郎等采种基地，年均产种60多万千克，主要用于育苗、造林和飞播用种(表3-2-3)。

1990~2000年陕西省林木种子采收情况统计表

表3-2-3　　　　单位：万千克

年份	合计	油松	华山松	马尾松	侧柏	刺槐	柠条	漆树	花棒	核桃	油桐	板栗	其他
1990	238.9	3.4	0.6	1.6	3.8	10.7	52.9	15.6	5.5	4.9	18.1	5.5	116.3
1991	211.3	15.0	35.0	8.0	2.0	25.4	15.0		6.0		19.0		85.9
1992	268.4	26.3	54.5	5.0	3.0	15.9	60.5	10.8	4.0	12.0			78.4
1993	230.8	25.5	17.5	4.8	5.8	36.0	68.2	10.5	10.2	11.0	24.0	9.5	18.0
1994	298.3	17.0	32.0	2.5	3.2	15.0	50	11.6		23.0	15	15	114
1995	212	10	10	2.0	1.0	15	4.0	9.0	8.5	10		5.0	127.5
1996	51.2	4.0		5.5			36		2.5				3.2
1997	21.4	5.0			1.4				3.0	11			1.0
1998	14.8	5.0			1.8				5.0				3.0
1999	11.0	4.0			2.0				3.0				2.0
2000	34.7	6.5	8.5		8				3.8				7.9

(二)陕西省三秦种子公司收购经营情况

省三秦种子公司成立后，主要收购经营全省飞播和育苗用种。

1. 收购经营。省三秦种子公司收购情况统计如表3-2-4。

2001~2010年陕西省三秦种子公司种子收购情况表

表3-2-4 单位：千克、元

种子类型		2001	2002	2003	2004	2005	2006	2007	2008	2009	2010
油松	数量	197696	532444	624197	441157	699404	445647	311055	54800	494874	125734
	单价	14.2	16.2	19.9	17.3	15.9	15.8	22.3	31.0	28	57.7
侧柏	数量	47532	298206	294442	181222	125296	300096	332704	479902	152898	200527
	单价	7.7	8.7	8.2	7.5	9.4	10.3	18.9	19.7	18.3	21.0
漆籽	数量		97455	74893	69554	114619	39806	8512	7871	47919	11991
	单价		5	5	5	5	5	5	6	6	6
杉木	数量		10431	4950	5178	3954	4520				7373
	单价		23.5	22.0	22.0	22.0	30.0				25.4
花棒	数量		101601	25377	41654	65980	64495	42745	44378	68601	31646
	单价		24.0	35.3	71.0	35.5	36.0	34.4	34.0	32.3	31.8
踏郎	数量		75136	53959	34821	44654	15584	1155			
	单价		26.1	34.2	71.0	35.5	36.0	34.0			
沙蒿	数量		79370	33390	65548	34635	33175	17850	23085	32851	17714
	单价		7.2	9.2	8.4	8.0	10.0	12.0	12.0	14.0	14.0
沙打旺	数量		39243	13452	29815	5460	9187	7020	1125	8341	4065
	单价		14.0	16.2	15.1	5.0	7.0	8.0	9.0	10.0	10.0
马尾松	数量		61849	28748	42683	78128	4485				
	单价		31.7	39.2	37.0	37.7	37.0				
黄连木	数量					1508	9074			51985	16839
	单价					8.0	10.1			6.0	10.2
白皮松	数量		6580	1400	710	1135				9390	
	单价		13	15.0	14.0	11.0				15.0	
华山松	数量		6631		20840	35317	7002				
	单价		7.9		9.9	9.4	14.0				
刺槐	数量		2223						30125	56345	18905
	单价		7.2						4	4.9	4.9
柠条	数量		68801	125070	239260	21740			1530		810
	单价		9.0	17.2	18.7	6.8			12.0		16.0
柏木	数量			20671	293	2568		6030	5020		
	单价			25.3	16.0	16.2		24.0	30.0		

续表

种子类型		2001	2002	2003	2004	2005	2006	2007	2008	2009	2010
中槐	数量		25	25							
	单价		44	34.8							
香椿	数量			77	350		291				
	单价			20	15		15				
甘草	数量							150	225	225	
	单价							51.0	51.0	51.0	
落叶松	数量		233	125							
	单价		84	120							
湿地松	数量				10	20					
	单价				160	20					
苦豆子	数量							150	225		
	单价							6	6		
沙拐枣	数量							150		225	
	单价							60		60	
沙棘	数量			28286	6075						
	单价			25.6	23.3						
荆条	数量			10245							
	单价			4							
云杉	数量			160							
	单价			38							
圆柏	数量			25							
	单价			30							
杜梨	数量					1200					
	单价					20					
元宝枫	数量										1700
	单价										18.8

2. 工作业绩。2002—2010 年，公司累计经营油松，侧柏等各类林木种了 845.1 万千克，完成销售收入 19482.51 万元，实现利润 1870.47 万元(表 3-2-5)。

2002~2010 年陕西省三秦种子公司种子经营情况表

表 3-2-5 单位：万千克、万元

年份	数量	销售收入	实现利润
2002	154. 4	2638. 67	227. 69
2003	117	2711. 51	202. 7
2004	102. 2	2679. 10	217. 58
2005	115. 8	2482. 73	201. 1
2006	91. 8	1757. 4	210
2007	61. 4	1411	162. 9
2008	68. 6	1491. 2	185. 5
2009	93. 2	2659	324
2010	40. 7	1597. 9	139
合计	845. 1	19428. 51	1870. 47

二、种子检验

（一）检验室和种子库

1. 全省有林木种子检验室 83 处，面积 2681 平方米，各类检验设备 766 台（套、个），种子库房 38 处，面积 9442 平方米。

截至 2010 年年底，国家投资陕西省（市、县）共建林木种子库 13 处，总投资 1537. 5 万元，其中国家投资 1320 万元，地方配套 218 万元，总建筑面积 8023 平方米；省市县（区）扩建检验室 16 处，总投资 1903. 5 万元，其中国家投资 1516 万元，地方配套 387. 5 万元。

2. 陕西省种苗站、三秦种子公司库房、检验室情况。省种苗站总面积 640 平方米，其中办公用房 60 平方米、检验室 80 平方米、种子库 500 平方米，检验设备 16 台（件）；三秦种子公司总面积 5000 平方米，其中办公用房 2500 平方米、检验室 100 平方米、种子库 2400 平方米，检验设备 20 多台（件）。

3. 市、县（区）林木种苗站合计总面积 34107 平方米，其中办公用房 24554 平方米，检验室 3011 平方米，种子库 6542 平方米，检验设备 730 余台（套）。

（二）检验员培训

为提高种苗生产单位职工业务素质，省种苗站采取多种形式，对林木种苗质量检验、种苗执法、种子加工等不同专业人员进行业务培训。1990~2010 年共培训 2661 人，其中，检验员 2178 人，执法人员 340 人，种子加工人员 143 人。

（三）种苗质量抽检情况

1990 年 4 月，省种苗站质量检验室在蒲城、洛南县共抽检种样 26 批，种子合格率 95%。

1991 年 4 月，省种苗站质量检验室在榆林、延安、安康等地抽检飞播种子质量，共抽检油松、花棒、踏郎等树种 23 份样品，种子合格率 100%。

1992 年 6 月，省种苗站质量检验室在商洛、延安、铜川等林木种子生产区抽检侧柏、马尾松、华山松等树种 15 份样品，抽检种子质量达到飞播要求。

1993 年 6 月，省种苗站质量检验室在宝鸡、商洛、榆林、延安等地抽检飞播种子质量，共抽检油松、花棒、踏郎等树种 28 份样品，代表种子 22.5 万千克，质量均达到飞播质量要求。

1994 年 4 月，省种苗站质量检验室在宝鸡、咸阳、商洛等地市抽查飞播用种质量，抽取并检验种子样品 50 余份，代表种子近 30 万千克，质量达到飞播要求。

1995 年 7 月，省种苗站质量检验室在商洛、延安等地市抽查飞播用种质量，抽取并检验种子样品 60 余份，共计 12 万千克，质量达到飞播要求。

1996 年 6 月，省种苗站质量检验室在榆林、延安、安康等地市进行种子抽样和检验，全年共抽检林木种子样品 30 多个，代表种批共计 30 多万千克。

1997 年 5 月，国家技术监督局和林业部北方林木种子检验中心(简称北检中心)对陕西省榆林、延安、咸阳、渭南四个主要造林地区的 13 个县区进行了为期一个月的抽检工作，共抽检主要造林树种种子样品 45 个，苗木样品 18 批，造林用种合格率 85.4%，苗木样品合格率 94.4%，在国家技术监督局通报的全国第三季度抽查产品中名列前茅。

1999 年 5 月，省种苗站质量检验室在宝鸡、安康、商洛等地对飞播造林用种进行了抽检，共抽取油松、侧柏、漆树等树种的 23 个样品，代表种子 23 万千克，质量达到飞播要求。

2000 年 7 月，国家林业局种苗质量检验中心抽检陕西省苗批 15 个，合格率 60%，种批 48 个，合格率 50%。

2001 年 7 月，国家林业局北检中心对陕西省榆林、延安、铜川、渭南、咸阳、宝鸡、商洛、安康 8 个地市种苗质量进行抽查，并对陕西省造林用种进行抽查，共抽检样品 40 个，苗批 20 个，达到较好质量。

2002 年 4 月，省种苗站质量检验室在西安、周至共抽检树种 25 个，苗批 115 个，合格率 68%；抽检飞播造林用种样品 134 个，代表种子 13.4 万千克，质量均达到飞播质量要求。

2003 年 6 月，省种苗站质量检验室共抽检林木树种 24 个，苗批 198 个，合格率达 72.6%；抽检飞播造林用种样品 126 个，代表种子 12.6 万千克，质量均达到飞播质量要求。仲裁检验林木种子样品 22 个，代表种子 2.2 万千克。

2004 年 7 月，国家林业局种苗质量检验中心抽检陕西省苗批 12 个，合格率 83.3%，种批 92 个，合格率 94.6%；省级林木种苗站质量检验室共抽检林木树种 30 个，苗批 300 个，合格率 89%。

2005 年 6 月，国家林业局抽检陕西省苗批 10 个，合格率达 90%，种批 50 个，合格率 40%；省林木种苗站检验室共抽检林木树种 9 个，苗批 44 个，合格率 90%；检验林木种子样品 45 个，代表种子 4.5 万千克，基本合格。仲裁检验林木种子样品 13 个，代表种子 1.3 万千克。

2006 年 5 月，国家林业局抽检陕西省苗木质量合格率达 94.4%，种批质量合格率为 100%；省林木种苗站质量检验室共抽检林木树种 17 个，苗批 53 个，合格率 96%；检验林木种子样品 223 个，代表种子 22.3 万千克，合格率达 100%。仲裁检验林木种子样品 45 个，代表种子 4.5 万千克。

2007 年 7 月，国家林业局种苗质量检验中心抽检陕西省种批 111 个，合格率达 100%；省种苗站质量检验室共抽检林木树种 6 个，苗批 12 个，合格率达 90%以上；检验林木种子样品 144 个，代表种子 14.4 万千克，质量均达到飞播要求。

2008 年 8 月，省种苗站质量检验室共抽检林木树种 11 个，苗批 15 个，合格率 93%；仲裁检验林木种子样品 5 个，代表种子 5000 千克。

2009 年 9 月，国家林业局种苗质量检验中心抽检陕西省种批 24 个，合格率达 100%；省级林木种苗站质量检验室仲裁检验林木种子样品 20 个，代表种子 2 万千克。

2010 年 8 月，省种苗站质量检验室共抽检林木树种 5 个，苗批 13 个，合格率 100%。

2006~2010 年，连续 5 年陕西省被国家林业局列为苗木质量免检省份。

三、品种审定

(一)陕西省林木品种审定委员会

1990 年 2 月，首届"陕西省林木良种审定委员会"在西安成立，陕西省林业厅副厅长邹年根担任主任委员，制定并颁布了《陕西省林木良种审定办法》，规范了陕西省林木良种认定和审定的时限、范围、申报条件、评审程序。

1998 年 3 月，根据《中华人民共和国种子管理条例》有关规定，陕西省林木良种审定委员会进行了换届，省林业厅副厅长郝福财任主任委员，并设针叶树、阔叶树和经济林三个专业委员会。

2004 年 5 月 13 日，根据《中华人民共和国种子法》有关规定，陕西省林木良种审定委员会更名为陕西省林木品种审定委员会，办公室设在省种苗站，主要成员由西北农林科技大学等相关院校的专家教授以及厅业务处(站)的主要领导组成。

历届林木良种(品种)审定委员会主任委员名单：第一届(1990 年)邹年根；第二届(1992 年)何发理；第三届(1996 年)赵秉正；第四届(1999 年)郝福财。

第一届林木品种审定委会主任委员(2004 年)王建阳；第二届林木品种审定委会主任委员(2010 年)高永民。

(二)审(认)定结果

1990~2010 年，省林木品种审定委员会共审(认)定通过 104 个林木良种，其中审定 84 个，认定 20 个(表 3-2-6)。

1990~2010 年陕西省林木品种审定委员会审(认)定情况表

表 3-2-6

树种		良种	类别	通过时间	申报人	申报单位
针叶树	油松	八渡油松种子园	审定	1991 年 6 月	杨培华	陕西省林业科学研究所
		古城油松种子园	审定	2005 年 12 月	杨培华	商洛市洛南县古城林场
		桥山双龙油松种子园	审定	2008 年 3 月	杨培华	西北农林科技大学

注：良种名称加单引号，表中省略，下同。

续表

树种		良种	类别	通过时间	申报人	申报单位
阔叶树	柳树	中富柳 1 号	审定	2000 年 8 月	姬文英	西安中富企业集团
		中富柳 2 号	审定	2000 年 8 月	姬文英	西安中富企业集团
		中富柳 3 号	审定	2000 年 8 月	姬文英	西安中富企业集团
	杨树	84K 杨	审定	2000 年 8 月	符毓秦	西北农林科技大学林科院
		意 101 杨	审定	2000 年 8 月	符毓秦	西北农林科技大学林科院
		7 号毛白杨	审定	2000 年 8 月	符毓秦	西北农林科技大学林科院
		14 号毛白杨	审定	2000 年 8 月	符毓秦	西北农林科技大学林科院
		25 号毛白杨	审定	2000 年 8 月	符毓秦	西北农林科技大学林科院
		30 号毛白杨	审定	2000 年 8 月	符毓秦	西北农林科技大学林科院
		85 号毛白杨	审定	2000 年 8 月	符毓秦	西北农林科技大学林科院
		陕林 3 号杨	审定	2000 年 8 月	符毓秦	西北农林科技大学林科院
		陕林 4 号杨	审定	2000 年 8 月	符毓秦	西北农林科技大学林科院
	泡桐	陕桐 3 号	审定	2000 年 8 月	樊军锋	西北农林科技大学林科院
		陕桐 4 号	审定	2000 年 8 月	樊军锋	西北农林科技大学林科院
	漆树	大红袍	审定	2005 年 12 月	张继祖	西安植物园
		高八尺	审定	2005 年 12 月	魏塑南	西安生漆研究所
		金州红	审定	2005 年 12 月	魏塑南	西安生漆研究所
经济林	猕猴桃	秦香	审定	1996 年 9 月	符毓秦	西北农林科技大学
	板栗	安栗 1 号	审定	1999 年 1 月	陈余朝	安康市林技中心
		安栗 2 号	审定	1999 年 1 月	陈余朝	安康市林技中心
		柞板 11 号	审定	1999 年 1 月	高绍棠	西北农林科技大学
		柞板 14 号	审定	1999 年 1 月	高绍棠	西北农林科技大学
		蓝田红明栗	审定	2000 年 8 月	周明清	蓝天县林业科技中心
		镇安 1 号	审定	2005 年 12 月	吕平会	西北农林科技大学
		泰山 1 号	认定	2010 年 6 月	吕平会	西北农林科技大学
	核桃	西扶 1 号	审定	1999 年 1 月	高绍棠	西北农林科技大学
		西扶 2 号	审定	1999 年 1 月	高绍棠	西北农林科技大学
		西林 2 号	审定	1999 年 1 月	高绍棠	西北农林科技大学
		西洛 1 号	审定	1999 年 1 月	高绍棠	西北农林科技大学
		西洛 2 号	审定	1999 年 1 月	高绍棠	西北农林科技大学
		西洛 3 号	审定	1999 年 1 月	高绍棠	西北农林科技大学
		维纳	认定	2004 年 1 月	高尚峰	陕西渭北核桃研究开发中心
		陕核 5 号	审定	2004 年 1 月	杨卫昌	西北农林科技大学

续表

树种		良种	类别	通过时间	申报人	申报单位
经济林	枣	延川狗头枣	审定	2001 年 12 月	李新岗	西北农林科技大学
		佳县油枣	审定	2001 年 12 月	李新岗	西北农林科技大学
		阎良相枣	审定	2001 年 12 月	李新岗	西北农林科技大学
		北方桔枣	认定	2001 年 12 月	赵　耀	咸阳北方公司
		七月鲜	审定	2003 年 1 月	王长柱	西北农林科技大学 园艺学院果树所
		秦宝冬枣	审定	2005 年 12 月	王小纪	西安市林业技术推广中心
		彬枣 3 号	审定	2007 年 1 月	王云芳	陕西省林业技术推广总站
		阎良脆枣	审定	2007 年 1 月	孟　卫	阎良区林业科技中心
		蜜罐新 1 号	认定	2008 年 3 月	李新岗	西北农林科技大学
	枇杷	解放钟	审定	1999 年 1 月	朱屏凤	西北农林科技大学
		长红 3 号	审定	1999 年 1 月	朱屏凤	西北农林科技大学
		森尾早生	审定	1999 年 1 月	朱屏凤	西北农林科技大学
		太城四号	审定	1999 年 1 月	朱屏凤	西北农林科技大学
		夹角	审定	1999 年 1 月	朱屏凤	西北农林科技大学
		极早黄	认定	1999 年 1 月	朱屏凤	西北农林科技大学
		麦后黄	认定	1999 年 1 月	朱屏凤	西北农林科技大学
	苹果	中富 2001	审定	2000 年 8	姬文英	西安中富企业集团
	柠檬	尤力克	认定	2001 年 12	朱屏凤	西北农林科技大学
	杏	太平肉杏	审定	2001 年 12	杨公平	咸阳市泾阳县太平肉杏研究所
		秦玉	认定	2004 年 1	刘振中	西北农林科技大学
	黄姜	安姜 1 号	审定	2003 年 1 月	张学荣	安康市岚皋县林业技术推广站
		安姜 2 号	审定	2003 年 1 月	李向民	西北农林科技大学
		安姜 3 号	审定	2003 年 1 月	陈　刚	西北农林科技大学
	黄姜	旬姜 1 号	审定	2010 年 6 月	李向民	陕西师范大学
		旬姜 2 号	审定	2010 年 6 月	李向民	陕西师范大学
	杜仲	秦仲 1	审定	2003 年 1 月	张康健	西北农林科技大学
		秦仲 2	审定	2003 年 1 月	张康健	西北农林科技大学
		秦仲 3	审定	2003 年 1 月	张康健	西北农林科技大学
		秦仲 4	审定	2003 年 1 月	张康健	西北农林科技大学

续表

树种		良种	类别	通过时间	申报人	申报单位
经济林	樱桃	红灯	审定	2003 年 1 月	吕平会	西北农林科技大学
		红艳	审定	2003 年 1 月	吕平会	西北农林科技大学
		秦红佳	认定	2004 年 1 月	刘振中	西北农林科技大学
		秦樱 1 号	审定	2005 年 12 月	蔡宇良	西北农林科技大学
		CDR~1	审定	2005 年 12 月	蔡宇良	西北农林科技大学
		艳阳樱桃	审定	2007 年 1 月	蔡宇良	西北农林科技大学
		吉美樱桃	审定	2007 年 1 月	蔡宇良	西北农林科技大学
		奥德	审定	2010 年 6 月	蔡宇良	西北农林科技大学
		玫丽	审定	2010 年 6 月	蔡宇良	西北农林科技大学
	桃	秦捷	审定	2004 年 1 月	韩明玉	西北农林科技大学
		红明星	审定	2004 年 1 月	韩明玉	西北农林科技大学
	扁桃	浓美	认定	2004 年 1 月	郭春会	西北农林科技大学
		超美	认定	2004 年 1 月	郭春会	西北农林科技大学
		美心	认定	2004 年 1 月	郭春会	西北农林科技大学
	仁用杏	优一	审定	2005 年 1 月	吴万兴	西北农林科技大学
		一窝蜂	审定	2005 年 1 月	吴万兴	西北农林科技大学
	柿	临潼火晶 1 号	审定	2005 年 1 月	王云芳	陕西省林业技术推广总站
		阳丰	认定	2005 年 1 月	杨勇	西北农林科技大学
		富平升底柿	审定	2007 年 1 月	王发民	富平县林业局
	花椒	狮子头	审定	2005 年 1 月	原双进	陕西省林业技术推广总站
		无刺椒	审定	2005 年 1 月	原双进	陕西省林业技术推广总站
		南强 1 号	审定	2005 年 1 月	原双进	陕西省林业技术推广总站
	李	红喜梅	认定	2005 年 12 月	王长柱	西北农林科技大学
		秦红李	审定	2005 年 12 月	王长柱	西北农林科技大学
	山茱萸	山茱萸大红枣 1 号	审定	2008 年 3 月	王喆之	陕西师范大学
		山茱萸大红枣 2 号	审定	2008 年 3 月	王喆之	陕西师范大学
	绞股蓝	平利 1 号	审定	2010 年 6 月	李向民	陕西师范大学
		平利 2 号	审定	2010 年 6 月	李向民	陕西师范大学

续表

树种		良种	类别	通过时间	申报人	申报单位
经济林	油茶	汉油 1 号	认定	2010 年 6 月	甘耀兵	汉中市南郑县林业局
		汉油 2 号	认定	2010 年 6 月	甘耀兵	汉中市南郑县林业局
		金州 2 号	认定	2010 年 6 月	陈 庆	安康市种苗站
		金州 31 号	认定	2010 年 6 月	陈 庆	安康市种苗站
		秦油 9 号	认定	2010 年 6 月	汪明正	商南县林业局
		秦油 15 号	认定	2010 年 6 月	汪明正	商南县林业局
		秦油 18 号	认定	2010 年 6 月	汪明正	商南县林业局
灌木和观赏植物						
百合		旭日	审定	2005 年 12 月	张延龙	西北农林科技大学
		金花	审定	2005 年 12 月	张延龙	西北农林科技大学
睡莲		貂蝉	审定	2010 年 6 月	李淑娟	西安植物园
		西施	审定	2010 年 6 月	李淑娟	西安植物园

(三)引种情况

陕西省从 1990 年后，通过省林木品种审定委员会审(认)定通过的从省(国)外引进 12 个树种 23 个优良品种，另有从北京林业大学引进的三倍体毛白杨品种(审定)。还有从国外引进的美国黄松、黑核桃等树种未进行审定。陕西省审(认)定通过从省(国)外引进的品种见表 3-2-12。

1999~2010 年陕西省审(认)定引进树种情况表

表 3-2-12

树种	品种	第一引种人	引种单位	种源地	类别	审(认)定时间
核桃	维纳	高尚锋	陕西渭北核桃研究开发中心	美国	认定	2004 年 1 月
板栗	泰山 1 号	吕平会	西北农林科技大学林学院	山东	认定	2010 年 6 月
樱桃	红灯	吕平会	西北农林科技大学林科所 陕西省林业研究中心	山东	审定	2003 年 1 月
	红艳	吕平会	西北农林科技大学林科所 陕西省林业研究中心	山东	审定	2003 年 1 月
	艳阳樱桃	蔡宇良	西北农林科技大学	匈牙利	审定	2007 年 1 月
	吉美樱桃	蔡宇良	西北农林科技大学	匈牙利	审定	2007 年 1 月
柿子	阳丰	杨勇	西北农林科技大学	日本	认定	2005 年 1 月

注：品种名加单引号，表中省略。

续表

<table>
<tr><th>树种</th><th>品种</th><th>第一引种人</th><th>引种单位</th><th>种源地</th><th>类别</th><th>审(认)定时间</th></tr>
<tr><td rowspan="5">枇杷</td><td>解放钟</td><td rowspan="5">朱屏凤</td><td rowspan="5">西北农林科技大学林科院</td><td>福建</td><td>审定</td><td>1999 年 1 月</td></tr>
<tr><td>长红 3 号</td><td>福建</td><td>审定</td><td>1999 年 1 月</td></tr>
<tr><td>森尾早生</td><td>日本</td><td>审定</td><td>1999 年 1 月</td></tr>
<tr><td>太城四号</td><td>福建</td><td>审定</td><td>1999 年 1 月</td></tr>
<tr><td>夹角</td><td>浙江</td><td>审定</td><td>1999 年 1 月</td></tr>
<tr><td>梨</td><td>红喜梅</td><td>王长柱</td><td>西北农林科技大学林学院</td><td>意大利</td><td>认定</td><td>2005 年 12 月</td></tr>
<tr><td>苹果</td><td>中富 2001</td><td>高建平</td><td>西安中富企业集团</td><td>日本</td><td>审定</td><td>2000 年 8 月</td></tr>
<tr><td>柠檬</td><td>尤力克</td><td>朱屏凤</td><td>西北农林科技大学林科院</td><td>美国</td><td>认定</td><td>2001 年 12 月</td></tr>
<tr><td rowspan="2">杨树</td><td>84K 杨</td><td rowspan="2">符毓秦</td><td>西北农林科技大学林业院</td><td>韩国</td><td>审定</td><td>2000 年 8 月</td></tr>
<tr><td>意 101 杨</td><td>中国林业科学院林业研究所</td><td>意大利</td><td>审定</td><td>2000 年 8 月</td></tr>
<tr><td rowspan="3">扁桃</td><td>浓美</td><td rowspan="3">郭春会</td><td rowspan="3">西北农林科技大学园艺学院</td><td rowspan="3">美国</td><td rowspan="3">认定</td><td rowspan="3">2004 年 1 月</td></tr>
<tr><td>超美</td></tr>
<tr><td>美心</td></tr>
<tr><td rowspan="2">仁用杏</td><td>优一</td><td rowspan="2">吴万兴</td><td rowspan="2">西北农林科技大学</td><td rowspan="2">河北</td><td>审定</td><td>2005 年 1 月</td></tr>
<tr><td>一窝蜂</td><td>审定</td><td>2005 年 1 月</td></tr>
<tr><td rowspan="2">红豆杉</td><td rowspan="2">蔓地亚红豆杉</td><td rowspan="2">侯玉朝</td><td>陕西天行健生物工程股份有限公司</td><td rowspan="2">美国</td><td rowspan="2">认定</td><td rowspan="2">2008 年 3 月</td></tr>
<tr><td>西安闻天生态农业科技产业集团有限公司</td></tr>
</table>

第四节　育苗及工程建设

一、育苗情况

2004 年 10 月，省种苗站开展全省国有苗圃基本情况普查，对全省林业系统内的国有苗圃基础设施、人员、收支与经营、土地利用现状、苗木生产、职工参加社会保险等情况进行了普查登记。普查结果，全省有国有苗圃 241 个，从业人员 3560 名，经营总面积 2668 公顷；主要育苗树种有油松、侧柏、杨树和经济林树种等 50 余个，年可产各类苗木 5.8 亿株。

随着改革开放的不断深入和林业重点工程的实施，全省育苗状况有较大的变化：一是，育苗主体由国有苗圃育苗转向由国有、集体、民营、股份制和个体苗圃多种形式相融合的育苗，并且个体和民营苗圃逐渐成为苗木生产的主体，其育苗面积和产苗量约占全省的八成，且大多数是面积较大的专业化育苗。二是，育苗技术由传统的大田育苗方式转向以新技术为主的育苗方式，包括采用现代化温室、荫棚等措施，采用容器袋育苗、ABT生根粉、全光照喷雾育苗、轻基质容器育苗和组织培养新技术、工厂化育苗方式。三是，苗木品种趋向多元化发展，特别是城镇绿化树种，如白皮松、银杏、樟子松等。四是，在育苗面积、苗木产量增加的同时苗木质量均有大幅度的提高，满足了全省生态造林、城镇绿化等所需的良种壮苗。

二、育苗面积及产量

1990~2010年，陕西省主要造林树种育苗情况详见表3-2-13。

1990~2010年陕西省主要造林树种育苗情况表

表3-2-13　　　　单位：公顷、万株

年份	全省实际育苗面积	全省总产苗量	国有育苗		乡村集体育苗		个体育苗	
			面积	产苗量	面积	产苗量	面积	产苗量
1990	11100	195032	1640	64185.8	4093.3	89659.4	6793.3	69861
1991	12100							
1992	12560	223960	2253.33	75719.6	5286.67	102768	7166.7	80180
1993	13400							
1994	13367	213670	2353	56472	3117	62340	7897	94858
1995	8334.28	110982.15	1647.24	29332.07	1943.42	32379.97	4743.62	49270.11
1996	12103.83	150637.45	2274.46	32602.38	2439.2	34287.97	7390.17	83747.1
1997	9333.33	116157	1935.6	24089	2147.93	26732	5249.8	65336
1998	8980	131589	1688	24729	1812	26556	5480	80304
1999	9800	187600	1447	27700	2592	49600	5251	100500
2000	16300	184000	2880	36000	3280	33000	10140	115000
2001	15066.7	220200	2946.7	42000	3413.3	47000	8706.7	131200
2002	19119.1	290600	2488.1	71300	1453	22100	15178	197200
2003	21023.5	325600	3130.89	100130	2196.6	12740	15696.01	212700
2004	14635.2	311910	3281.49	77910	3869.3	32600	7484.39	201400
2005	15161.13	317300	3975.79	98500	4966.46	70100	6218.88	148700
2006	13644	265500	3838	94300	3706	29700	6100	141500
2007	14357	255923	3757	80743	3450	28450	7150	146730
2008	11046.1	157349	3780.4	48928.8	959.2	19823	6306.5	68597.2
2009	16161.27	178800.71	4042.4	68712.88	4648.3	36958	7470.57	73129.83
2010	18743.3	206183.4	3587.1	49234.5	4852.1	10253	10304.1	146695.9

三、育苗新技术

为了确保工程造林质量，省种苗站在全省范围大力推广繁殖育苗新技术、移植苗及大苗培育技术、容器育苗技术等常规育苗技术，同时结合“抗旱节水容器和钵体育苗技术推广”“珙桐种质资源收集及栽培技术研究”等科研项目，对新技术育苗进行深入的研究和试验，取得了良好成效。

1. 抗旱节水容器和钵体育苗技术推广。省种苗站2004年完成了“新型抗旱节水保苗钵体和容器育苗推广”项目建设任务，该项目分别获得了省林业厅科技推广一等奖及省政府农业技术成果三等奖。2006年以来，省站继续加大温室(大棚)+容器育苗技术的推广，在全省得到了广泛应用，全省年均容器育苗4000多万株，推广新技术育苗1333公顷，繁育良种苗木4亿多株。

2. 珙桐种质资源收集及栽培技术研究。2006年以来，省种苗站组织开展了珙桐种质资源收集及栽培技术研究，试验总结了珙桐实生苗繁育技术以及营养繁殖技术，建立扩繁示范苗圃1个，在平利和岚皋等县进行了珙桐育苗技术的扩大试验和技术示范。

3. 核桃品种选育及高效栽培技术。2010年，省科技厅下达“核桃品种选育及高效栽培技术”项目，省种苗站认真开展了抗寒核桃品种选育工作，用已引进的北加州黑核桃和中国本地核桃杂交，试验和培育适合中国气候类型的核桃砧木，改善本省目前主栽的早实核桃生长势弱易早衰的特点，提高核桃产量和栽植效益。新型嫁接砧木嫁接成活率95%以上。

4. 核桃良种采穗圃、繁育基地技术规范。2010年，省种苗站印发了《陕西省核桃良种采穗圃建设技术规范》和《陕西省核桃良种繁育基地建设技术规范》。促进了核桃良种穗条生产，保证核桃良种穗条纯度和质量，实现良种采穗圃的标准化生产和科学化管理，促进陕西省核桃产业的健康发展。

四、种苗工程建设项目

为了配合退耕还林等林业重点工程的实施，国家组织实施林木种苗工程建设项目，从1999~2010年，全省种苗工程建设项目达297个，总投资达68043万元，其中中央投资52578万元。1999~2010年投资到位的项目282个，未到位的项目15个。其中苗圃185个，良种基地49处，采种基地29处，种质资源库5处，种子库、检验室29处。详细情况见表3-2-14。

1999~2010年陕西省种苗工程建设项目情况一览表

表3-2-14　　单位：个、万元

单位	合计	苗圃	良种基地	采种基地	种质资源库	种子库检验室	总投资		
							小计	中央	地方
合计	297	185	49	29	5	29	68043	52578	15466
省级单位	26	16	3		3	4	15715	12215	3500
省资源局	9	6	1	2					
榆林市	23	14	4	3		2	3995	3093	902

续表

单位	合计	苗圃	良种基地	采种基地	种质资源库	种子库检验室	总投资		
							小计	中央	地方
延安市	35	23	7	3		2	6453	5035	1418
铜川市	16	7	2	3		4	3084	2366	718
宝鸡市	32	21	5	2	1	3	5771	4635	1136
咸阳市	24	16	2	4		2	3822	3067	755
渭南市	22	16	3	1		2	3571	2883	688
西安市	27	19	3	2		3	7284	5456	1828
商洛市	24	13	5	4		2	4296	3272	1024
汉中市	29	17	6	4		2	5017	3681	1426
安康市	27	15	5	5		2	4469	3440	1029
杨陵区	3	1			1	1	426	313	113

五、种子基地建设

1. 采种基地。全省共建成采种基地 29 处(个)，总投资 5977 万元，其中，国家投资 4615 万元，地方配套投资 1362 万元，建设总规模 159761 公顷。陕西省采种基地情况详见表 3-2-15。

1999~2010 年陕西省采种基地一览表

表 3-2-15　　单位：公顷、万元

基地	建设地点	建设规模	到位投资		
			小计	中央	地方
合计	29 个	159761(公顷)	5977	4615	1362
榆林杜松采种基地	神木、俯谷	1333	25	20	5
榆林市飞播灌草基地	横山、绥德	15333	285	185	100
延安市采种基地	黄龙、桥山	13333	320	200	120
铜川市油松采种基地	宜君、耀县	6681	237.5	190	47.5
宝鸡市林木采种基地	风县 千阳	6667	200	160	40
咸阳市林木采种基地	永寿、旬邑	8000	237.5	190	47.5
渭南市林木采种基地	华阴、韩城	7375	250	200	50
西安市林木采种基地	长安、周至	7336	200	160	40
山阳县油松采种基地	伍竹、色河	2000	25	20	5
镇安华山松采种基地	镇安	2000	37.5	30	7.5
商洛市采种基地	洛南、商州	15333	432.5	290	142.5

续表

基地	建设地点	建设规模	到位投资		
			小计	中央	地方
汉中市采种基地	宁强 勉县	23333	220	220	
汉中市阔叶树基地	南郑 宁强	2667	50	40	10
安康市白河香椿基地	白河县	1440	37. 5	30	7. 5
安康市采种基地	旬阳、平利	13333	320	200	120
安康市阔叶树基地	宁陕、岚皋	6816	112. 5	90	22. 5
重点森工企业基地	宁西 太白	6667	500	400	100
眉县漆树元宝枫、黄栌基地	眉县	2840	264	211	53
宜君油松、侧柏采种基地	宜君	2668	245	196	49
黄龙山油松采种基地	黄龙山	3389	275	220	55
汉阴铁坚杉、栎类	龙亚 汉阳	2000	244	195	49
蓝田县油松采种基地	葛牌镇	2120	223	178	45
长武刺槐采种基地	长武	2986	252	201	51
柞水栎类采种基地	营盘林场	301	175	140	35
旬邑县油松采种基地	马栏林场	560	229	183	46
横山县花棒、踏郎基地	赵石畔林场	1968	243	194	49
城固化香、漆树采种基地	小河林场	700	132	106	26
陕西洋县马尾松良种基地	洋县		60	50	10
西乡马尾松采种基地	龙池林场	582	145	116	29

2. 良种基地。1999 年以来，国家共安排陕西省良种基地建设项目 49 处，总投资 11851 万元，其中国家投资 8724 万元，地方配套 3127 万元，建设总规模 8064 公顷，已经建成的项目 30 处，截至 2010 年陕西省已建成林木良种基地情况详见表 3-2-16。

1990~2010 年陕西省林木良种基地一览表

表 3-2-16　　单位：公顷、万元

序号	基地	建设地点	建设规模	到位投资		
				小计	中央	地方
	合计	30 个	5782	6070	4857	1213
1	榆林樟子松良种基地	种子园	107. 3	346	277	69
2	延安桥山油松良种基地	双龙林场	504. 9	393. 5	314	79. 5
3	宝鸡陇县八渡油松基地	八渡林场	183. 5	345	276	69
4	周至落叶松油松良种基地	周至县	812	298	238	60

续表

序号	基地	建设地点	建设规模	到位投资		
				小计	中央	地方
5	商洛古城油松基地	古城林场	289.3	280	224	56
6	商洛市核桃林木良种基地	洛南石门镇 商州杨浴河镇	86.6	263	210	53
7	宜君核桃良种基地	宜君	166.7	375	300	75
8	陕西省汉滨区油茶良种基地	横口镇	145.3	212	170	42
9	略阳县杜仲良种基地	略阳县	126.7	120	96	24
10	延安桥北柴松良种基地	和尚塬林场	19	222	177	45
11	志丹县侧柏良种基地	安条林场	40	186	149	37
12	陕西省陇县核桃良种基地	园艺站	63.2			
13	宝鸡辛家山云衫良种基地	辛家山	33	25	20	5
14	陕西省白河木瓜良种基地	卡子镇中厂镇	53	210	170	40
15	安康平利珙桐良种基地	千家坪林场	500	231	184	47
16	丹凤县山茱萸良种基地	流岭林场	21.6	142	113	29
17	镇安县七叶树良种基地	黑窑沟林场	23	156	125	31
18	宁西油松、云杉基地	宁西局	56	215	172	43
19	陕西省樟子松良种基地	省治沙所	33	449	360	89
20	宝鸡马头滩落叶松基地	马头滩	67	25	20	5
21	咸阳永寿刺槐良种基地	槐坪林场	41	37.5	30	7.5
22	汉中市巴山松基地	南镇县	240	75	60	15
23	平利县杉木良种基地	蜡烛山林场	1544	50	40	10
24	铜川刺槐良种基地	焦坪林场	41	183	146	37
25	三原县刺槐良种基地	嵯峨山林场	80	171	137	34
26	陕西省留坝栎类良种基地	桑元林场	100	201	161	40
27	清涧枣树良种基地	宽州镇	21	165	132	33
28	陕西宜川油松良种基地	英旺乡	300	375	300	75
29	蓝田县白皮松良种基地	终南林场	44.3	194	156	38
30	陕西长武枣树种基地	巨家镇芋园乡	40	125	100	25

注：1~9 为国家级林木良种基地。

六、苗圃建设

国家投资省市县(区)共建成苗圃185处，总投资46148万元，国家投资35571万元，地方配套投资10577万元，建设总规模34290亩。现就全省2家重点苗圃简介如下：

1. 陕西省苗木繁育中心。陕西省苗木繁育中心是报经国家发改委、国家林业局批准，投资6000多万元建成的一处现代化苗圃。建于2000年3月10日，总面积4272公顷，有职工60余人，位于陕西省眉县槐芽镇境内。中心划分为科研实验区、示范推广区、生产区和管理区。

陕西省苗木繁育中心坚持苗木花卉的引进、试验、示范、推广等工作，植物品种丰富，共有各类苗木1300多个品种3200万株。其中引进的四倍体刺槐、紫叶矮樱、金叶接骨木、红王子锦带等科技含量较高的名优苗木花卉500多个，已建成美国大樱桃、核桃、杏、梨等品种示范园53.3公顷，各类种质资源库、采穗圃26.67公顷。

陕西省苗木繁育中心成立后，获得了全国花卉生产示范基地、全国特色种苗基地、全国无检疫对象苗圃、全国农业旅游示范点、国家引进国外智力成果示范推广基地、陕西省种苗工作先进单位、陕西省旅游产业先进集体、陕西省兰花栽培引智示范基地等荣誉称号。

2. 西安市现代化综合苗圃。西安市现代化综合苗圃位于西安市户县涝店镇境内，距西安市40千米。苗圃原名“户县渭河园林场”，1976年4月9日更名为“户县中心苗圃”。1999年5月13日，经市政府研究决定：整体划转西安市统一管理，行政隶属西安市林业局领导，直属事业单位，实行企业化管理。苗圃土地总面积117.33公顷，其中绿化育苗53.33公顷，水产养殖水面30公顷，花卉生产10公顷，其它经营面积24公顷。年生产林木良种壮苗150余万株，凤梨、红掌、蝴蝶兰等高档盆花15万株(盆)，示范带动周边发展各种绿化良种种苗1340公顷。现有在职职工56人，其中工程师1人，助理工程师12人，技术员5人，高级工17人，中级工14人，初级工7人。注册资金2987万元。

2002年，西安市现代化综合苗圃完成国家种苗工程投资3100万元，建成日光温室13座6720平方米，智能温室1座1080平方米，普通连栋温室2座6720平方米，办公培训楼3086平方米，育苗车间436平方米，分检车间315.5平方米，组培车间1035平方米，地热井1眼，灌溉水井23眼，道路7.7千米。苗圃的基础设施实现了育苗良种化、生产工厂化、灌溉管网化、经营市场化、圃地园林化的生产经营管理。现代化综合苗圃成立来，坚持以育苗为主，积极开展多种经营；以林木良种繁育为重点，开展绿化工程施工、高档花卉生产销售为基础，年繁育销售林木良种种苗60余万株；利用城市园林绿化二级资质积极参与省市城乡绿化和西安市林业重点绿化项目工程施工。

3. 民营重点种苗企业(2家)。陕西绿通生态园艺有限责任公司。该公司创建于1998年，是一家集设计、施工、养护、苗木培育和销售为一体的大型综合性实业公司。公司注册资金2000万元，具有国家城市园林绿化施工壹级资质。公司总部位于陕西省西安市，分别在陕西省西安市长安区、户县、韩城市、浙江省萧山市建有7个大型苗木生产基地近266.7公顷，苗木品种数百种，苗木蓄积量价值约8亿元。

陕西杨凌森淼种业有限公司。公司成立于2009年6月，是宁夏森淼集团(以宁夏林业研究所股份有限公司为主体组建)的子公司，有三大生产基地，共286.7公顷，其中杨凌大寨示范基地26.67公顷、武功县大庄镇示范基地40公顷，乾武示范基地220公顷。年生产各类苗木800万株，苗木产值1.6亿元，年销售额4000万。公司在工厂化育苗方面具有雄厚实力，拥有自动化微喷控制系统的工厂化苗木繁育车间(温室)2000平方米，还有地插式微喷控制繁育圃3000平方米。年扦插苗生产量可以达到1000万株。

七、种苗市场

1999~2010年期间，陕西省种苗交易市场最初都是群众自发组织，存在交易场所分散、不固定等问题。杨凌作为全省乃至西北地区的苗木交易核心区，率先于2002年成立了苗木交易市场，参与企业规模由最初的十几家发展到如今的60家。2010年，周至裕盛苗木交易市场成立，建设面积17.3公顷，年苗木交易额2亿元。

第三章 防护林建设

第一节 组织机构

陕西省防护林建设工作站由陕西省防护林建设工作队改建，县级建制。1993年12月，根据陕西省人民政府办公厅《关于印发省林业厅“三定”方案的通知》，将陕西省防护林建设工作队与长江防护林建设办公室合并，改建为陕西省防护林建设工作站，原编制30人，精简11人，编制19人，县级建制，为全额拨款事业单位。

2003年，陕西省林业厅下发《关于厅机关部分事业单位、省森林公安局内设机构的通知》要求，陕西省防护林建设工作站设立综合办公室、三北防护林建设办公室、长江防护林建设办公室、防沙治沙办公室。

2005年，陕西省人民政府办公厅下发《关于成立陕西省防沙治沙领导小组的通知》规定，省防护林建设工作站承担省防沙治沙领导小组办公室工作，主要职责是为防沙治沙领导小组提供决策依据，完成领导小组交办的各项工作，协助领导小组协调各相关部门的关系，制定沙尘暴应急预案和应急处置，研究防沙治沙工作中存在的问题，确保防沙治沙计划执行，加快沙区生态环境治理，防治荒漠化、沙化扩大。

2007年，陕西省林业厅依据《中华人民共和国行政处罚法》及有关法律法规规定，将全省范围内防沙治沙管理方面的行政处罚工作委托省防护林建设工作站实施，以便贯彻执行《中华人民共和国防沙治沙法》。2008年，根据省人事厅《关于陕西省防护林建设工作站岗位设置的批复》，陕西省防护林建设工作站设置岗位20个，其中管理岗位10个，专业技术岗位10个。

2008年，接收军转干部1名，现有编制21人。主要职责：一是承担三北防护林体系建设工作的组织实施工作；二是承担长江流域防护林、水源涵养建设工程的组织实施工作；三是承担省防沙治沙领导小组办公室工作；四是承担防沙治沙领导小组和省林业厅交办的其他事项。

第二节　三北防护林工程

一、规划设计

1978年，中共中央、国务院决定，在西北华北东北地区建设防护林体系工程——三北防护林工程。三北防护林工程建设期限从1978年起至2050年分期实施。陕西第一期工程于1985年结束后，根据林业部的安排，省林业厅先后编制了第二期工程(1986~1995年)、第三期工程(1996~2000年)、第四期工程(2001~2010年)的规划设计方案。

1. 陕西省三北防护林建设二期工程规划设计方案。建设期限为5年(1986~1990年)，1988年按照林业部的要求，将二期工程建设年限延长至1995年，所以重新编制了二期工程规划设计方案，规划年限为10年，总任务81.6万公顷。治理范围在第二期原有工程范围基础上，增加了泾阳县、渭南市、高陵县、武功县、兴平县、大荔县、秦都区、杨凌区和阎良区等9个县(市、区)，共计59个县(市、区)，总面积1162万公顷。二期工程规划设计方案中，1991~1995年，规划总任务39.85万公顷(表3-3-1)。

1991~1995年陕西省三北防护林二期工程造林任务规划表

表3-3-1　　单位：万亩

所属市	合计	1991	1992	1993	1994	1995
合计	597.8	116.6	119.2	119.4	119.9	122.7
榆林市	302	60.4	60.4	60.4	60.4	60.4
延安市	159.1	28.6	30.2	31.9	32.9	35.5
渭南市	29.6	5.9	5.9	5.9	5.9	6
咸阳市	34	6.8	6.8	6.8	6.8	6.8
铜川市	18.1	3.6	3.6	3.6	3.6	3.7
宝鸡市	55	11.3	12.3	10.8	10.3	10.3

2. 陕西省三北防护林建设三期工程规划设计方案。1994年7月，依据林业部文件及其附件中的有关规定和技术要求编制了三期工程规划设计方案。规划建设期限为5年(1996~2000年)，治理范围又增添了渭城区，共计达到60个县(市、区)，总面积1162.8万公顷。三期工程规划总任务49.2万公顷，同时在毛乌素沙地防风固沙林和黄河沿线红枣林基地建设重点工程里，新增加了渭北高原区域防护林体系工程8.77万公顷和西(安)至包(头)线在陕西省境内974千米的绿色通道工程，并建成11个达标县(表3-3-2)。

1996~2000 年陕西省三北防护林三期工程造林任务规划表

表 3-3-2　　　　单位：万亩

所属市	造林方式	总任务	分年度任务				
			1996	1997	1998	1999	2000
合计	合计	738	169.5	157	149.5	139	123
	人工造林	711	154	153.5	147	136.5	120
	封山(沙)育林	27	15	3.5	2.5	2.5	3
榆林市	合计	345	75	74	69	66	61
	人工造林	345	75	74	69	66	61
	封山(沙)育林						
延安市	合计	216	52	44	44	40.7	36
	人工造林	196	41	41	42	38.5	34
	封山(沙)育林	20	11	3	2	2.2	2
铜川市	合计	24	6.5	5	4	4	3.8
	人工造林	22.5	5	5	4	4	3.8
	封山(沙)育林	1.5	1.5				
宝鸡市	合计	48.8	10.6	10.7	9.7	9.4	8.4
	人工造林	48.8	10.6	10.7	9.7	9.4	8.4
	封山(沙)育林						
咸阳市	合计	40.9	9	8.7	8.5	7.7	7
	人工造林	38.9	8.6	8.3	8.1	7.3	6.6
	封山(沙)育林	2	0.4	0.4	0.4	0.4	0.4
西安市	合计	4	0.9	1.1	1.1	0.5	0.4
	人工造林	4	0.9	1.1	1.1	0.5	0.4
	封山(沙)育林						
渭南市	合计	59.5	16.3	13.8	12.8	10.4	6.2
	人工造林	56.5	13.3	13.8	12.8	10.4	6.2
	封山(沙)育林	3	3				

3. 陕西省三北防护林体系建设四期工程规划设计方案。2001 年，根据三北防护林体系建设总体规划和《国家林业局关于编制三北防护林体系建设四期工程省级规划有关事宜》的通知要求编制了四期工程规划设计方案。四期规划建设期限为 10 年，分两个时段进行：第一时段 2001~2005 年，第二时段 2006~2010 年。治理范围增加了潼关县、未央区、灞桥区，共计达到 63 个县(市、区)。四期工程规划总任务 84 万公顷人工造林，其中 2001~2005 年 43.18 万公顷，占规划造林面积 51.4%；2006~2010 年 40.82 万公

顷，占规划造林面积 48.6%。后 5 年(2006~2010 年)不分解到年度。规划还提出了，毛乌素沙地防护林体系建设、晋陕峡谷防护林体系建设、渭北旱塬防护林体系建设等 3 项重点工程及毛乌素沙地榆林防护林体系建设、黄土高原永寿防护林体系建设、志丹水土保持林建设、千阳山川塬综合治理、杨凌农田防护林体系建设、韩城生态经济型防护林体系建设示范区(表 3-3-3)。

2001~2010 年陕西省三北防护林四期工程造林规划任务表

表 3-3-3　　单位：万亩

所属市	总计	2001	2002	2003	2004	2005	2006~2010
合计	1260	124.3	134.5	131	130.9	127	612.3
西安市	16	1.6	1.6	1.6	1.6	1.6	8
铜川市	42.5	4.9	4.3	4.5	4.4	4.1	20.3
宝鸡市	123	12.9	12.3	12.1	12.3	12.3	61.3
咸阳市	175.6	12.2	17.9	18.3	18.2	17.8	91.3
渭南市	124.9	14.2	14.1	12.6	12.7	12.4	58.9
延安市	270	28.5	29.5	28.7	28.8	28	126.5
榆林市	507	493.2	54.9	53.1	53	50.8	246.1
杨凌示范区	0.8	0.8					

二、工程实施

1. 任务完成情况。三北防护林建设二期工程(1986~1995)共造林 147.23 万公顷，为规划任务的 164.04%。其中人工造林 103.7 万公顷，飞播造林 11.07 万公顷，封山育林 19 万公顷。

1991~1995 年，全省共完成造林 64.52 万公顷，是规划造林任务 39.19 万公顷的 1.62 倍，其中人工造林 48.39 万公顷、飞播造林 8.59 万公顷、封山(沙)育林 7.56 万公顷。

1996~2000 年，全省完成三北防护林三期工程造林 49.2 万公顷(规划任务 49.2 万公顷)，其中人工造林 36.22 万公顷、飞机播种造林 8.67 万公顷、封山(沙)育林 4.31 万公顷。

2001~2010 年，全省完成三北防护林四期工程造林任务 35.2 万公顷(规划数为 84 万公顷，实际下达造林任务 38.73 万公顷)，其中人工造林 37.8 万公顷、封山育林 6.93 万公顷。

第一时段(2001~2005 年)完成国家下达造林任务 10.27 万公顷，其中人工造林任务 9.8 万公顷，封山育林 0.47 万公顷。

第二时段(2006~2010 年)完成下达造林任务 28.53 万公顷，其中人工造林 22.07 万公顷、封山育林 6.47 万公顷。

2. 工程实施情况。

1991 年，全省根据三北防护林建设与群众脱贫致富相结合的方针，省政府要求把经济林比例提高到20%以上，决定用3~5年时间在渭北旱塬建成百万亩优质苹果基地。1991~1995年间，全省共建成八大经济林基地60万公顷，年产值达50多亿元。

1995年7月5日，由国家计委农村经济司林业处、林业部计划司长远处、三北防护林建设局组织的三北防护林建设投资机制调研团，在黄龙山林业局考察三北防护林建设情况。

1997年9月，国务院副总理姜春云对陕西省榆林地区和延安市治理水土流失、建设生态农业问题进行了视察，对陕西三北生态建设成绩给予充分肯定。

1999年初，陕西省提出了“建八大工程，抓30个重点项目县，形成抓一点带两翼”的点面结合建设思路。8月，国家林业局下达了林业重点防护林工程计划，在陕西三北防护林工程建设区确定了14个重点项目县，造林计划任务3.47万公顷，投资2434万元，亩均投资46.8元。省林业厅制订了《陕西省工程造林项目建设资金管理试行规定》《陕西省工程造林项目实施细则》《陕西省工程造林项目技术规程》《陕西省工程造林项目作业设计办法》《陕西省工程造林项目检查验收办法》《陕西省工程造林项目监理员管理办法》《陕西省工程造林项目成果管护办法》和《陕西省工程造林项目实施奖惩办法》等8个办法规定。

2000年1月11日，国家林业局副局长李育才在建设绿色屏障营林工作座谈会上指出：三北防护林建设是国家唯一一项重点林业生态建设工程，我们要保持连续性、独立性，一抓到底，抓出成效，要以西部大开发为契机，认真做好三北四期工程规划，使三北工程建设迈出新步伐。

2001年11月26日，国家林业局、国家计委在北京召开三北防护林工程建设表彰大会，副省长王寿森参加会议并代表西北地区作了典型发言，介绍了陕西省三北工程建设成就、经验和四期工程的安排部署。

2002年，陕西省政府决定成立“陕西省三北防护林四期工程建设领导小组”，副省长王寿森任组长、副组长由省林业厅厅长权志长担任，领导小组办公室设在省林业厅，负责具体日常工作，确保三北防护林四期工程按计划执行，加快全省生态环境治理步伐。同年，省林业厅制订下发《陕西省三北防护林建设四期工程作业设计办法(试行)》和《陕西省三北防护林建设四期工程检查验收办法(试行)》。起草《陕西省封山育林技术标准》，举办了工程质量管理培训班，对市、县两级林业局主管领导和业务骨干共200余人进行了培训。

2004年4~7月，省防护林建设工作站对渭河沿岸的宝鸡、咸阳、西安、渭南、杨凌5市(区)的22个县(市、区)检查验收，渭河沿岸共造林2333公顷，堤岸两侧30~50米的范围内营建起了一条长近400千米横贯东西的绿色长廊。10月19日，全省三北四期工程建设座谈会在西安召开，专题通报检查发现的问题，研究对策改进工作。省林业厅为此抽调业务骨干组成7个整改督察组，分赴工程建设有关市县，逐县落实整改。

据统计，全省共完成补植补栽面积达2.44万公顷，全面完成了整改任务。10月，省林业厅起草了《陕西省三北防护林建设造林作业设计技术规程》《陕西省三北防护林建设检查验收技术规程》《陕西省三北防护林建设工程管理办法》3个关于工程管理的规范性文件，提交省技术监督局等有关部门审核颁布施行。

2005 年 9 月 12～13 日，省林业厅副厅长郝福财陪同国家林业局三北防护林建设局组织的院士考察团，检查扶风县、长安区、榆阳区的三北防护林工程建设情况。12 月 22 日，全省防护林建设工作会议在西安召开，会上省林业厅与三北地区有关市林业局签订了工程建设责任书。

2006 年年初，省林业厅代省人民政府草拟《关于加快推进三北防护林体系建设的建议》，力争扩大工程建设盘子，2006 年，陕西三北防护林工程建设任务稳中有增，预算内资金比上一年增加了 16 个百分点。3 月 6 日，全省农田防护林基本建设小组对三北防护林及长防地区的 95 个县进行调查。现有农田防护林面积 36.73 万公顷，总蓄积量 2674 万立方米，庇护农田面积达 113.33 万公顷。6 月 6～18 日，国家林业局重点资金稽查办对榆林市榆阳区、靖边县、宝鸡市陈仓区“十五”期间三北防护林四期工程资金和农业综合开发资金进行了稽查。8 月 29 日，按照代省长袁纯清、副省长王寿森的批示，省林业厅对陕北地区，重点对靖边、横山、榆阳 3 县区发展“白皮旱柳”进行认真调查研究，确定将旱柳发展列入靖边县三北防护林项目予以实施。11 月 14 日至 12 月 5 日，省林业重点工程资金稽查办对定边等 11 个县区 2004～2005 年三北防护林四期工程进行了稽查。

2007 年 1 月和 9 月分别召开了全省防护林建设工作会议，专题研究落实年度工程建设工作，做到“任务、时间、质量、措施和责任”五落实。国家林业局组织西北林业调查规划设计院(以下简称西北规划院)主持的三北防护林四期工程建设情况中期评估工作考察组，对陕西省三北防护林四期工程建设情况进行了中期评估。4 月，省林业厅组织了以唐守正院士为组长的专家评估小组到榆林对三北防护林四期工程中期工作进行了现场考察评估。同时，配合西北规划院完成了国家造林实绩 2007 年度核查工作。12 月 3～12 日，省林业重点工程资金稽查办、省重大项目稽查办联合对志丹县等 12 个县(区)2005～2006 年三北防护林四期工程资金进行了稽查。

2008 年，省林业厅围绕三北防护林工程 30 周年开展广泛宣传活动，通过《三北防护林体系建设简报》和省林业厅门户网站大力宣传陕西防护林工程动态、经验交流等信息。5 月 30～31 日，国家林业局国际合作司、三北防护林建设局邀请部分外国使节和国际组织负责人赴榆林市定边、榆阳、绥德等县区，考察三北工程建设成效等情况。6 月 12 日，受国家林业局邀请，德国驻华公使、联合国粮农组织驻华代表及世界自然基金会、森林趋势、德国 Gtz 公司等国际组织项目管员，对陕西三北防护林工程建设情况进行了考察；考察团一行先后参观了定边县杜芳秀荒沙治理、石光银沙地治理、榆林市植物园、绥德县龙湾黄土丘陵沟壑区综合治理、延川县延水关等造林现场。11 月，国家新增林业投资 36.5 亿元，三北防护林工程投资 15 亿元，陕西三北防护林工程获资 1.1 亿元，占全国三北防护林工程新增投资的 7.3%。

2009 年，在国家林业局召开三北防护林工程 30 周年总结表彰大会后，省林业厅及时下发《陕西省林业厅关于认真贯彻三北防护林工程 30 周年总结表彰大会精神和切实抓好三北防护林工程新增任务工作的通知》。

2010 年 8 月 12～13 日，全国三北防护林建设现场会在榆林召开，国务院办公厅、国家发改委、财政部以及三北地区 13 个省份、新疆生产建设兵团林业部门和部分重点县负责同志近300人参加了会议。

三、投资与效益

(一)投资

1. 三北防护林工程第一阶段中，二期工程(1991~1995年)总投资5348万元，其中国家投资3939万元，地方配套1409万元；三期工程(1996~2000年)，总投资5526万元，其中国家投资4016万元，地方配套1510万元。

2. 三北防护林工程第二阶段中，四期工程(2001~2010年)总投资149349万元，其中国家投资66406.6万元，地方配套投资25287.2万元，群众投劳折资57615.1万元，其他投资40.0万元。

(二)效益

1. 森林面积增加防护作用增强。第一阶段(1991~2000年)10年中，有林地面积达179.56万公顷，比1977年的143.26万公顷增加36.31万公顷。在工程建设中，以工程造林和小流域治理为侧重点，以经济林基地建设为突破口，北锁风沙、东治黄河、南防水土流失，形成"三片三带"的防护林体系建设格局。即北部建成防风固沙林一大片，累计治沙保存面积97.3万公顷，建成总长1500千米，面积11.6万公顷的长城、北缘、灵榆、环山四条大型防风固沙林带。在沙漠腹地营造出万亩以上的固沙林160多块，40多万公顷的流沙得到固定，滩、川、塬、涧受风沙危害的9万多公顷农田实现林网化。渭北黄土高原区建成经济林、防护林一大片，面积发展到53万多公顷。一批县域经济型防护林体系形成，生态经济沟(村)星罗棋布，水土流失得到初步控制。黄桥林区和陕甘边境保护发展天然次生林水源涵养林一大片，森林面积比一期提高了38.5万公顷，达到134.6万公顷，每公顷活立木蓄积量提高到53立方米，林分质量和涵养水源功能大大提高，年森林多种效益达5亿元。东部建成黄河沿岸防护林一条带，共完成造林12.4万公顷，建成生态经济示范村52个，水土流失有所下降。中部西包公路沿线护路林带初见雏形，在长约700千米、两侧宽各1.5千米的范围内营造护路林、经济林、农防林为一体的林木近7万公顷，特别是延安以南、榆林榆河堡北端"绿色通道"已基本贯通，公路沿线形象大为改观；渭北旱腰带基地建成复合式经济林一条带，东起韩城、西至千阳的千里旱腰带的台田地埂上，累计营建花椒、柿树、桃树、核桃为主的生态经济林20.6万公顷，韩城、富平、耀县、淳化、扶风、凤翔一线已基本联接成型。

第二阶段(2001~2010年)，全省三北防护林工程区林地面积736.8万公顷，较2000年底的596万公顷增加140.8万公顷；有林地面积286.4万公顷，较2000年年底的280.5万公顷增加77.9万公顷。陕西绿色版图向北推进了400多千米，生态状况实现了由"整体恶化、局部好转"向"总体好转、局部良性循环"的历史性转变，绿色正在成为三秦大地的主色调。同时建成了以高速公路、铁路、主干河道为主的大型防护林带1500多千米，在渭北旱原、关中平原形成以公路、乡村道路、河渠为骨架的农田林网、农林间作和小片速丰林、经济林建设并举的格局。

2. 生态环境明显改善，项目建设区群众得到实惠。在昔日"风起百里沙，居民难安家"的沙区，出现片片绿洲，沙化土地治理达68.4%，沙丘高度平均降低了30%~50%，截至2010年年底，沙区累计保存造林面积124.6万公顷，固定流沙40.7万公顷。与

1999年相比，荒漠化土地面积减少12.6万公顷，沙化土地面积净减少2.1万公顷，重度、极重度荒漠化面积比例已由54.8%下降到13.4%，流动沙地、半固定沙地面积净减少20.66万公顷。榆林市区的沙尘天数逐年减少，1990年66天，2002年36天，2010年降到16天。黄土丘陵沟壑区实行山水田林路统一规划，综合治理，使60万公顷荒山荒坡披上绿装，水土流失基本得到控制。建农田防护林总面积累计10.4万公顷，庇护农田面积89万公顷。项目建设区群众从事种苗繁育、组建营造林专业队、种植、养殖、加工、劳务输出以及社会化服务行业，人均纯收入明显提高。据调查，三北防护林工程普遍开展了以专业户(集团)等多种形式的苗木生产、造林施工、林地抚育管护。据统计，项目建设区农民人均纯收入由第一阶段建设末的1629元，提高到现在的2426元，净增近800元。

3. 社会效益明显，带动了相关产业的发展。项目实施的第一阶段(1991~2000年)，在恢复三北地区森林植被的同时，把发展林业同富民、富县、富财源结合起来，充分发挥林业多功能作用，促进了农村土地资源和劳动力资源的合理配置，带动了相关产业的发展，为农村经济注入新的活力。三北防护林工程经济林比重的上升，使一批具有黄土高原特色的经济林果建设有了突破性发展。在渭北旱腰带、泾洛渭河流域、黄河沿岸、白玉山区等地，建成了苹果、梨、花椒、柿子、核桃、红枣、沙棘、仁用杏等八大经济林产业基地，年产各种干鲜果品39亿多千克，年产值近60亿元，为财政增收林特产税约3亿元。

项目实施的第二阶段(2001~2010年)，有效地调整了不合理的土地利用结构，促进了劳动力、投资、技术的“三个转移”，即农村劳动力由单一农业生产向生态建设等多元化的转移；积极筹资主动向育苗、营造林、林业多种经营多层次投资的转移；实用技术特别是经济林的栽培、管理技术向山区的转移。出现了一些集团、公司和个人通过租赁土地、承包宜林荒山、综合利用、全面开发，提高林业产业化经营水平的新格局，林业产业结构调整步伐明显加快。三北地区林业总产值也由2000年的31亿元增加到2010年的114亿元，翻了两番。耕地面积由2000年的288万公顷减少到280万公顷，粮食产量不减反增，从2000年的81.6亿千克增加到2010年的117亿千克，沿袭多年的以粮为主、广种薄收的传统生产方式，正在逐步被多种经营、少种高产、精耕细作的现代农业生产方式所替代。

4. 涌现一批先进集体和个人。三北防护林工程建设以来，涌现出一大批引导性强、影响力大的典型样板，为三北防护林工程走向深入发展提供了宝贵经验，树立了典范，探索出新的发展模式。其中有被称作“塑造在黄土高原上的金字塔”的延安宝塔区、延长县，有“创造治沙奇迹”的榆林市，有被誉为“黄土高原的曙光”的延安庙沟生态村、淳化泥河生态经济沟，还有享誉国内外的治沙英雄石光银、治沙女杰牛玉琴等治理荒沙荒山的英雄模范。

第三节　防沙治沙工程及沙尘暴应急处置

一、防沙治沙工程

1. 工程启动。1989年，经国家计委和林业部同意，陕西榆林地区荒沙治理工程开始实施，1993 年竣工，建设期限 5 年，涉及榆阳区、神木、横山、靖边、定边、佳县、府谷 7 个县区。规划设计治理面积 27.33 万公顷，其中人工治沙 18.77 万公顷、飞播造林 8.56 万公顷。5 年间，榆林地区实际完成荒沙治理任务 31.92 万公顷(表 3-3-4)。

1989~1993 年陕西榆林地区荒沙治理工程任务完成情况表

表 3-3-4 单位：万亩

县(市)	规划设计	人工治沙	飞播造林	完成作业
合计	410	281.6	128.4	478.84
榆林市榆阳区	161	132.9	27.6	189.15
神木县	112	73	38.6	129.74
横山县	40	21.7	17.9	45.85
靖边县	52	26.5	24.9	58.37
定边县	39	19.5	19.4	47.3
佳县	3	2.9		3.35
府谷县	3	2.9		3.08

2. 工程终止。1994 年国家停止了防沙治沙工程。

3. 防沙治沙工程实施。2001~2005 年，陕西省依托林业重点工程共完成治沙造林任务 56.43 万公顷，其中退耕还林 41.25 万公顷，天保工程 13.03 万公顷，三北防护林四期工程 2.07 万公顷，陕西省防沙治沙示范区建设项目 0.67 万公顷(表 3-3-5)。

2001~2005 年陕西省防沙治沙造林任务完成情况表

表 3-3-5 单位：万亩

单位	年份	合计	三北防护林工程	天保工程	退耕还林工程	防沙治沙示范区建设项目
陕西省	小计	846	31	195.5	618.6	1
	2001	93	14.9	61	17.1	
	2002	256.6	3.7	44.6	217.3	
	2003	266.1	3.1	38.5	224.5	
	2004	141.4	3.6	29.45	108.3	
	2005	79	5.7	21.9	51.4	1
榆林市	小计	730.7	27	185.7	517	1
	2001	82.9	13.4	56.4	13.1	
	2002	222.1	3.2	42.1	176.8	
	2003	237.9	2.4	38	197.5	
	2004	116	2.8	28.2	85	
	2005	70.8	5.2	21	44.6	1

续表

单位	年份	合计	三北防护林工程	天保工程	退耕还林工程	防沙治沙示范区建设项目
延安市	小计	96. 4	0	7. 75	88. 6	
	2001	8		4	4	
	2002	41. 3		2	39. 3	
	2003	21			21	
	2004	20. 8		1. 25	19. 5	
	2005	5. 3		0. 5	4. 8	
渭南市	小计	19	4	2	13	
	2001	2. 1	1. 5	0. 6		
	2002	2. 2	0. 5	0. 5	1. 2	
	2003	7. 2	0. 7	0. 5	6	
	2004	4. 6	0. 8		3. 8	
	2005	2. 9	0. 5	0. 4	2	

4. 防沙治沙工程规划。2005 年，根据国务院关于进一步加强防沙治沙工作的精神和国家林业局《关于印发全国防沙治沙规划的通知》要求，省林业厅编制了《陕西省防沙治沙规划(2006~2010 年)》。规划依托退耕还林、天然林保护、三北防护林四期等林业重点工程、水利水保工程、牧草工程和其他相关工程，治理总任务 58 万公顷，治理期限 5 年，其中前 4 年，每年完成 10. 4 万公顷，2010 年完成 16. 9 万公顷，治理范围涉及榆林市定边、靖边、横山、榆阳、神木、府谷、佳县、米脂和延安市吴起县，渭南市大荔县，共 3 市 10 县(区)162 个乡镇，总人口 277. 5 万人(表 3-3-6)。

2006~2010 年陕西省防沙治沙工程任务规划表

表 3-3-6　　单位：万亩

单位	合计	工程类别						作业方式			
		退耕还林工程	天保工程	三北防护林工程	水利水保	牧业工程	其他工程	造林种草	封山(沙)育林	飞播造林	水利农艺
陕西省	870	145. 5	189	175. 5	90	150	120	436. 5	294	52. 5	87
榆阳区	113. 3	16. 5	22. 5	23. 3	15	18	18	47. 1	43. 1	5. 1	18
神木县	115. 5	16. 5	27. 8	23. 3	7. 5	22. 5	18	29. 4	47. 1	15	24
府谷县	106. 5	16. 5	27	22. 5	7. 5	18	15	72	28. 4	6. 2	
横山县	106. 5	16. 5	22. 5	22. 5	7. 5	19. 5	18	38. 3	40. 5	5. 3	22. 5
靖边县	120. 8	16. 5	22. 5	20. 3	22. 5	21	18	52. 5	40. 5	5. 3	22. 5

续表

单位	合计	按工程类别						按作业方式			
		退耕还林工程	天保工程	三北防护林工程	水利水保	牧业工程	其他工程	造林种草	封山(沙)育林	飞播造林	水利农艺
定边县	128.3	16.5	22.5	20.3	30	21	18	81.3	41.9	5.1	
米脂县	24.8	15		9.8				8.9	15.9		
佳县	82.5	15	18	19.5		15	15	59.1	19.2	4.2	
吴起县	47.3	9.8	15	7.5		15		30.8	10.1	6.5	
大荔县	24.8	6.8	11.3	6.8				17.3	7.5		

2006~2010年，完成了防沙治沙总任务58万公顷，其中完成林业重点工程国家下达防治任务18.27万公顷，按工程划分：三北防护林8.05万公顷，退耕还林(草)5.8万公顷，天保工程3.85万公顷，陕西防沙治沙示范区建设项目0.57万公顷。

5. 工程实施情况。1991年6月8~12日，国务委员、国家科学技术委员会主任宋健在副省长姜信真的陪同下，考察了榆林治沙和延安绿化建设，在考察榆林治沙后宋健题词“科学治沙，功在千秋”。7月28日，国务院在兰州召开全国治沙工作会议，榆林地委副书记赵秉正在会上发言，交流了治沙经验。8月29日至9月1日，国务委员陈俊生在副省长王双锡、林业厅厅长任国义陪同下考察了神木、榆林、横山、靖边等县的造林种草治沙工作。他说，榆林治沙的成就说明，沙漠是可以治理的。榆林的治沙事业要一代接着一代干下去，不管领导班子怎么换，治沙事业不能变，要一代比一代干的更好。12月16日，陕西省治沙领导小组成立，副省长王双锡任组长，省林业厅厅长任国义、省政府副秘书长黄广文任副组长，办公室设在省林业厅。

1992~1993年，榆林地区荒漠化治理工程县与乡(镇)、乡(镇)与村、村与户逐级订立承包合同，对重点治沙工程实行单项承包，全区每年有500多名领导干部直接参与治沙组织、指挥和协调工作。1992年6月4~10日，全国政协副主席卢嘉锡视察了榆林地区靖边县的造林治沙成效，并赋诗称赞“西看无定河边景，垦出良田富万家。”8月4~7日，中国科学技术协会和中国林学会发起组织的“沙地开发利用国际学术研讨会”在陕西榆林召开。参加会议的有中国林学会理事长、林业部科学技术委员会主任董智勇、省人大副主任牟玲生、副省长王双锡、农业部原副部长刘培植及日本、以色列和中国的专家学者，会议就沙地开发利用等课题进行了讨论和交流。代表们参观了榆林治沙成果后，称赞这是人类治沙史上的奇迹，看到了沙漠逆转的希望与前景。1993年，榆林地区完成了国家计委、林业部下达的荒沙治理工程，经国家和省地有关单位组成的验收委员会全面检查后，通过了国家验收。

1994年8月18~20日，林业部部长徐有芳在省林业厅厅长钟高适陪同下，视察了榆林治沙工程。徐部长看了治沙工程现场后说：“榆林治沙是全国的重点和样板，今后林业部在治沙方面东抓赤峰、西抓榆林。在新形势下沙漠必须实行综合治理，在沙漠地带建设大片绿洲，向沙漠要粮、棉、油、肉、蛋、奶，提高沙区人民脱贫致富的综合效益。”

1995 年 6 月 5~11 日，由中国林业报社和林业部三北防护林建设局组织的“绿色长城万里行至纪念世界防治荒漠化日”采访团一行 10 人，分别到榆林和延安的绿化造林、防沙治沙和水土流失治理工程现场进行采访。9 月 4~6 日，应林业部邀请，《联合国防治荒漠化公约》秘书处秘书长迪亚罗大使一行，在林业部缪荣兴司长陪同下到榆林沙区考察，大使对榆林所取得的治理成果和经验给予赞誉。

1997 年 4 月，省委书记安启元为榆林治沙题词：“治沙造林，脱贫致富”，省长程安东为榆林治沙题词：“陕北人民多壮志，敢叫沙漠变绿洲”。6 月，中共中央书记处书记、国务院副总理姜春云为榆林治沙题词：“综合治理沙漠，发展沙区经济”。同年，《中外交流》杂志以榆林地区为“治沙大样扳”向全世界宣布了这一惊人的成果。

2001 年 8 月 31 日，第九届全国人民代表大会常务委员会第二十三次会议通过《中华人民共和国防沙治沙法》，陕西省起草了《陕西省实施〈中华人共和国防沙治沙法〉办法》。

2002 年春，榆林市召开防沙治沙工程建设动员大会，由榆林市市长与各工程县政府领导，逐一签订工程建设责任状，出台《榆林市人民政府关于加快林业发展的决定》。4 月 1 日，在全市范围内实施封山(沙)禁牧，在造林区和封育区坚持一封 5~8 年不变。同年，全省沙区除继续实行“谁承包、谁治理，谁投入、谁收益，允许继承，允许转让”的政策外，将荒沙地承包期限延长至 70~100 年。

2003 年 3 月 10 日，省政府发布《关于实施封山禁牧的命令》。8 月 1 日，陕西省第十届人民代表大会常务委员会第五次会议通过《陕西省实施〈中华人共和国防沙治沙法〉办法》，并于 9 月 1 日起在全省实行。

2004 年 9 月，省林业厅结合《中华人民共和国防沙治沙法》和《陕西省实施〈中华人民共和国防沙治沙法〉办法》，由林政、公安、法规、造林等组成多部门参与的专项检查组，在沙化重点地区开展了为期 10 天的沙区植被保护大检查专项活动，依法对 20 多起未批先占、少报多占、占而不治、偷牧等违法行为进行了查处。

2005 年 7 月 12~13 日，全国防沙治沙现场会在鄂尔多斯市举行，省林业厅及时向省政府提交了《陕西省林业厅关于贯彻全国防沙治沙现场会精神的意见》，并成立以王寿森副省长为组长的新一届陕西省防沙治沙工作领导小组，领导小组办公室设在省林业厅。

2006 年，省林业厅先后三次深入榆林沙区开展专题调研，广泛征求农民、企业、政府有关厅局的意见，代省政府草拟《陕西省人民政府关于进一步加强防沙治沙工作的意见》，省政府于 12 月 8 日发布实施。

2007 年 8 月 1 日，省政府在西安召开全省防沙治沙大会，省防沙治沙领导小组成员，榆林、延安、渭南市及榆阳、神木、定边、靖边、横山、府谷、佳县、米脂、吴起、大荔 10 县(区)党政领导、全省防沙治沙先进集体和先进个人参加了会议。省政府办公厅副巡视员徐春华主持会议，省林业厅厅长张社年做了工作报告，张伟副省长代表省政府与主要沙化土地分布区榆林、延安、渭南三市签订了“2006~2010 年防沙治沙目标责任书”，并授予 10 个单位、15 名同志为陕西省防沙治沙“先进集体”“先进个人”称号。

2008年10月28日，胡锦涛总书记视察榆林市榆阳区小纪汗林场昌汗界工区治沙点，登上沙丘实际了解当地治沙造林和生态建设情况，并指出“榆林的实践表明，只要依靠科学，长期奋斗，就一定能够有效遏制风沙侵蚀，营造良好生态环境。希望同志们把这件利在当代、造福后人的实事办好，为建设祖国西北绿色生态屏障作出不懈努力!”当年10月，全国第一个防沙治沙展览馆至定边石光银防沙治沙展览馆建成，该馆建筑面积601平方米，使用面积448平方米，收集了石光银、牛玉琴、杜秀芳、李守林、王志兰等人的治沙造林事迹。10月底，国际荒漠化和干旱地区经济开发政策与实践国际研修班，非州14国共25人赴延安、榆林研修考察。11月25日，陕西省林业厅、陕西省财政厅联合下发《关于下达2008年省级防沙治沙经费项目计划的通知》，陕西省防沙治沙专项资金补助经费正式列入省级财政预算。

2009年3月23日，国务院办公厅以国办发文件转发了国家林业局等部门制定的《省级政府防沙治沙目标责任考核办法的通知》，副省长姚引良批示要求，由省林业厅牵头，会同有关部门全面抓好贯彻落实。4月28~30日，国家林业局局长贾治邦一行在副省长郑小明、林业厅厅长张社年的陪同下视察了榆林、延安防沙治沙、防护林建设等工作，对陕西防沙治沙和防护林建设工作给予了充分的肯定。6月，国家林业局下发《省级政府防沙治沙目标责任考核中期督促检查工作方案》。7月24日，省政府及时召开了省防沙治沙领导小组成员单位会议，安排部署中期自查工作，下发《关于认真贯彻〈防沙治沙目标责任考核办法〉切实做好2006~2010年防沙治沙规划中期自查工作的通知》，要求全省沙区采取按系统、分地市严肃认真地开展了中期自查工作。

2009年8月17~22日，以国家林业局三北防护林建设局梁宝君副局长为组长的全国防沙治沙目标责任考核中期督促检查工作组一行6人，对陕西省2006~2010年防沙治沙目标责任完成情况进行了督促检查。先后查看了横山县白界乡“六位一体”樟子松治沙造林等现场。

2010年1月，陕西省召开防沙治沙综合示范区建设交流会，按照以点带面、创新亮点、科学发展、全面推进的原则，总结了“十个”不同形式的防沙治沙综合治理模式；沙地公路景观型防风固沙林示范模式、沙漠腹地治沙造林综合示范模式、黄土覆沙区综合治理示范模式、生态经济型防沙治沙模式、神木生态保护型防沙治沙综合示范模式、榆林沙漠生态园示范模式、樟子松“六位一体”造林治沙模式、林牧一体化防沙治沙模式、大荔复合型产业化治沙模式、环城镇景观型防风固沙林示范模式、以及榆阳榆河峁、米脂孟岔、绥德雷龙湾等荒漠化综合治理模式。根据中、省、市逐级签订的2006~2010年防沙治沙规划目标责任书，按照国家《省级政府防沙治沙目标责任考核办法》和陕西省《市级政府防沙治沙目标责任考核办法》的要求，陕西省防沙治沙工作领导小组组成考核自查小组，从防治任务、防治措施、保障措施3个方面对全省2006~2010年考核任务指标完成情况进行自查，并形成自查报告。

6. 防沙治沙的资金投资。1990~1993年实施的荒沙治理工程，国家专项投资及筹集资金共7294.5万元，其中国家投资1558万元。2001~2010年10年间防沙治沙工程国家总投资394497.5万元，涉及三北防护林工程投资60983.2万元。其中，中央投资18407.7万元，地方配套11079.95万元，群众投劳折资31495.5万元；天保工程投资

15301 万元，其中中央投资 12912.4，地方配套 2388.6 万元；退耕还林工程中央累计投资 318213.3 万元，其中造林种苗费 30665.5 万元，生活费补助 250064.1 万元，管护费 37483.7 万元。

7. 防沙治沙的经济、生态和社会效益。一是林草植被的增加，生态环境得到改善。2010 年，沙区造林保存面积累计达到 124.6 万公顷，固定流沙 46.67 多万公顷，沿陕蒙交界、长城沿线、白于山北麓、榆定公路、黄河沿岸等为骨架、总长达2000 多千米的大型防风固沙林带初步形成。毛乌素风沙滩区和“大荔沙苑”13.3 万多公顷农田基本实现了林网化，沙漠腹地建起万亩以上片林 165 块。以“带、片、网”“点、线、面”“乔、灌、草”相结合的防护林体系格局已经形成。全省沙化和荒漠化土地面积分别比 2004 年底减少了 2.08 万公顷和 12.57 万公顷。流动沙地和半固定沙地比重比 2004 年的 15.9%有了明显减轻，尤其是流动沙地面积大幅减少，减少幅度达 50%以上；重度面积比重下降 13.4%，极重度沙化面积减少幅度达 60%以上。治理区自然降尘率较无林区减少 90%。沙生濒危植物野樱桃开始恢复，多年绝迹的野生动物和鸟类开始在这里栖息繁衍，沙区生态环境走向良性循环；黄、渭、洛河三河交汇地带的大荔县流沙已基本得到治理，沙苑林网密布，蔬菜、瓜果四季飘香，以设施农业为主的绿洲农业正在崛起。无定河及其支流的输沙量减少 70%以上，昔日滚滚黄沙，变为今日片片绿洲。

二是沙产业逐步形成，农民收入稳步增加。防沙治沙加快农业产业结构调整步伐，使大量农村劳动力从传统的广种薄收、以粮为主的农业生产中解放出来，转向高效种植业、林果业、养殖业、棚栽业、加工业、劳务输出业、生态旅游业等多元化发展。2010 年年底，全省沙区种植业、养殖业、加工业、生态旅游业为主的沙产业规模不断壮大，效益稳步的提高，总产值达 30 多亿元，林业总产值 2006~2010 年实现了翻番。榆林市红枣面积已达 19.73 万公顷，年产 30 万吨，枣农人均收入 728 元，占总收入的 70%以上；柠条、刺槐面积达 13.33 万公顷，活立木蓄积量 400 万立方米，总产值 9 亿元；以林草为基础的畜牧业迅猛发展，羊存栏数达 640 万只；蔬菜种植面积达 0.2 万公顷，其中温室大棚 143.33 公顷，每亩年均纯收入 5000 元以上；全市可出圃苗木种类齐全、数量可观，仅樟子松不同规格苗木超亿株，价值超过 5 亿元。农民人均纯收入 4127 元，是 2004 年的 2.5 倍，年均增长 20%。延安市沙区发展沙棘等经济林 1.07 万公顷，收入 280 万元；舍饲养羊 57536 只，收入 16720 万元；养猪 9951 头，收入 690 万元。建蔬菜大棚面积 0.13 万公顷；建沼气池 2268 个；各项总收入 17710 万元，沙产业收入占当地农民年收入的 12%，农民人均纯收入 4268 元，是 2004 年 2.2 倍。渭南市沙区以黄花菜、红枣、西瓜、花生为主的特色产业不断壮大，其中黄花菜面积达 0.2 万公顷，年产 375 万千克。红枣面积达 1.67 万公顷，年产 3000 万千克；西瓜面积达 0.17 万公顷，总产 4900 万千克；花生面积达 1.34 万公顷，总产 4000 万千克，产品远销国内外，年产值突破 3 亿元大关。以秦川牛为主的畜牧业迅速发展，存栏数由原来的 8740 头发展到 5 万头。大葱、芦笋、红萝卜、土豆等大陆菜栽种植面积达 87 万公顷，年总产量达 25 万吨。农民人均纯收入 3584 元，较 2004 年净增 1842 元。

三是防沙治沙的生态效益、社会效益及经济效益的显现使沙区群众思想观念发生变化。沙区群众由过去被动治沙变成了现在的主动参与。他们一改过去“毁林开荒求温饱，造林伐木挣钱花”的传统做法，转向竞相承包、租赁沙地，多方筹资的自觉参与工程建设、投资工程建设。截至2010年年底，榆林市承包万亩以上的造林大户和企业有75户，经营面积达14万公顷，500亩以上的造林大户有800户，经营面积6.87万公顷。定边县的秀海公司承包造林0.1万公顷，共栽植樟子松33.3万株，治沙英雄石光银、治沙标兵牛玉琴、治沙大户杜芳秀、王志兰就是其中的杰出代表。

四是防沙治沙按照“全封、远飞、近造”的防沙治沙工作思路（即全面封禁，大沙和远沙地区进行飞播造林，交通方便、水分条件较好地方进行人工造林），坚持以植治为主，植治、水治（引水拉沙）相结合，全面推行一改（改良土壤）、三化（林网化、排灌化、园田化）、八配套（田、渠、水、林、路、电、排、技）等一整套综合治理技术，以绿色通道（公路、铁路沿线）和绿色长城（古长城沿线）为建设重点，按照“灌（木）为主，针（叶树）点缀，乔（木）搭配”的配置模式，全面建立“点、线、面，乔、灌、草”相结合的治理措施，取得了显著成效，为后续防沙治沙提供了经验。

二、沙尘暴应急处置

2005年，根据国家林业局和省政府的安排，省林业厅编制《陕西省重大沙尘暴灾害应急预案》，并于12月正式启动实施。

2006年，成立了省重大沙尘暴灾害应急领导小组，省林业厅林业长张社年为组长、副厅长高永民为副组长，省林业厅办公室、计资处、造林处、防护林建设工作站等7个处室和直属单位负责人为成员，领导小组办公室设在防护林站，具体负责落实沙尘暴灾害应急处置工作。省气象局、农业厅、环保厅、民政厅、卫生厅、交通厅、民航西北地区管理局、西安铁路局，各负其责、通力合作。成立了一支由省、市、县各级相关部门合作办事的信息员队伍，专职负责沙尘暴灾害预警预报工作，由此省沙尘暴灾害预警预报体系初步建立。

2007年，根据沙尘暴灾害应急管理工作会议精神和《陕西省重大沙尘暴应急预案》要求，建立了沙尘暴预警预报预测工作体系，实行沙尘暴信息“0”报告制度，即每年1～5月重点预警期，由领导带班，24小时值班，按照“早发现、早报告、早预防”的原则，及时掌握沙尘暴发生动态及危害情况；由信息员负责，每天上报沙尘暴预警预测情况，并在沙尘暴发生时将其发生的时间、地点、范围、强度、移动路径逐级上报，2小时内及时向省重大沙尘暴灾害应急领导小组办公室报送《陕西省重大沙尘暴灾害信息报告表》，每年进行考核评选，使全省沙尘暴灾害应急处置工作，更加及时，有效，最大限度地减轻灾害造成的损失。

2009年，根据省政府办公厅《关于开展陕西省应急平台专题数据采集工作的通知》要求，完成了省应急地理信息平台构建的信息采集工作。同年，国家林业局出台了《沙尘暴地面监测技术规程》，于3月20日起实施，规范和统一了沙尘暴监测的内容和技术指标。

2010年，根据省应急办关于《开展应急预案修订工作的通知》要求，省林业厅组织专家对《陕西省重大沙尘暴灾害应急预案》修订进行全面的前期筹备工作。

第四节　长江防护林及重点生态工程

1989 年，根据国家“七五”计划，林业部提出并制定长江中上游防护林体系建设工程规划。以下简称“长防工程”。

一、长防工程规划

根据《国民经济和社会发展第七个五年计划》中要“积极营造长江中上游水源涵养林和水土保持林”的要求，林业部提出了长江中上游防护林体系建设工程的总目标，规划从 1989~2050 年营造林 2000 万公顷。工程分 3 期实施：一期工程(1989~2000 年)，二期工程(2001~2010 年)，三期工程(2010~2050 年)(表 3-3-7)。

1. 一期规划(1989~2000 年)。1990 年正式启动，列入工程建设的有汉中市的宁强、略阳、西乡、镇巴 4 个县，安康市的汉滨区、紫阳、石泉、旬阳、白河 5 个县区，共 9 个县(区)，规划建设防护林规模 61.9 万公顷，其中人工造林 40 万公顷，飞播造林 15 万公顷，封山育林 6.67 万公顷，分两个阶段完成。

第一阶段(1989~1995 年)造林任务 38.08 万公顷，其中人工造林 19.57 万公顷，飞播造林 15 万公顷，封山育林 7.49 万公顷。

第二阶段(1996~2000 年)造林任务 27.67 万公顷，其中人工造林 20.43 万公顷，封山育林 3.18 万公顷。

1989~2000 年陕西省长防工程一期建设任务规划表

表 3-3-7　　单位：万亩

单位	年份	合计	人工造林	飞播造林	封山育林
陕西省	合计	925	600	225	100
	1990	83	42.5	31.6	8.9
	1991	112.6	48.5	55.1	9
	1992	114.8	48.6	57.2	9
	1993	96.6	49.2	38.4	9
	1994	83	52.7	21.4	8.9
	1995	81	51.9	21.3	7.8
	1996~2000	354.2	306.5		47.7
汉中市	合计	353.6	212.6	90	51
	1990	37.9	17.6	15.6	4.7
	1991	42.6	16.8	21.1	4.7
	1992	42.7	16.8	21.2	4.7
	1993	39.5	17.4	17.4	4.7
	1994	31	19	7.4	4.6
	1995	30.7	19	7.3	4.4
	1996~2000	129.2	106		23.2

续表

单位	年份	合计	人工造林	飞播造林	封山育林
安康市	合计	571.4	387.3	135	49
	1990	45.1	24.9	16	4.2
	1991	70	31.7	34	4.3
	1992	72.1	31.8	36	4.3
	1993	57.1	31.8	21	4.3
	1994	52	33.7	14	4.3
	1995	50.3	32.9	14	3.4
	1996~2000	225	200.5		24.5

2. 二期规划(1998~2010年)。建设期限为13年，分为二个阶段：

第一阶段(1998~2000年)，完成"米"字形工程及"三江"干流工程所属小流域治理。第二阶段(2001~2010年)分为两个时期，2001~2005年主要抓好川陕甘、陕豫鄂两个结合部所属流域、"三江"一级支流所属流域，汉江经济带环境建设，按照每个工程县每年启动3~5个流域，重点抓退耕地造林、经济林基地建设、农田林网化建设。2006~2010年以"改"为核心，以产业化建设为动力，在完善服务体系建设的同时，抓好所剩流域的治理。工程涉及汉中市11个县区、安康市10个县区、商洛市6个县区、宝鸡市凤县、太白2个县，共29个县(区)，规划建设规模163.63万公顷，其中人工植苗造林24.5万公顷，低产低效林、灌丛地改造34.8万公顷，封山育林48.9万公顷，中幼林抚育61.9万公顷。

1998~2010年陕西省长防工程二期建设任务分阶段规划表

表3-3-8　　单位：万亩

单位	年份	合计	人工植苗	封山育林			抚育	低产林改造			
				合计	封护	补植		合计	全面改造	补植	带状改造
陕西省	合计	2541.8	364.5	730.7	608.1	122.6	925.3	521.4	120.4	253.3	136.7
	1998	207.2	29.4	70.7	58.1	12.7	63.2	44	10.4	20.9	12.7
	1999	222.1	29.5	70.5	58	12.4	72.9	49.3	11.6	22.9	14.7
	2000	209.3	30.5	62.3	47	15.3	69.4	47.1	12.5	21.5	13.1
	2001~2005	925.8	140.7	249.4	212.1	37.3	351.4	184.3	41.1	92.4	50.8
	2006~2010	984.5	137.9	279	233.9	45.1	370	197.6	49.5	100.9	47.2
汉中市	合计	830.8	135.4	117.1	98.2	18.9	448.1	130.2	41.3	48.1	40.8
	1998	59.4	11.2	14.5	13	1.5	21.7	12	3.8	4.3	3.9
	1999	73	10.4	16.2	14.2	2.1	33.2	13.2	3.7	4.8	4.6
	2000	64.9	11.8	11.8	7.1	4.7	31.6	9.7	3.2	2.9	3.5
	2001~2005	312.6	52.9	32	26.4	5.6	182.6	45	14	14.5	16.5
	2006~2010	321	49	42.6	37.5	5	179	50.4	16.6	21.6	12.3

续表

单位	时间	合计	人工植苗	封山育林			抚育	低产林改造			
				合计	封护	补植		合计	全面改造	补植	带状改造
安康市	合计	930.2	111	384.2	334.4	49.7	221.1	213.8	51.5	120.4	30.9
	1998	80.3	8.5	31.6	25.7	5.9	23.1	17.1	4.7	9.2	3.2
	1999	79.2	8.9	31.9	26.6	5.4	18.4	20	5.7	10.6	3.8
	2000	74.1	9	27.6	23.5	4.1	16.4	21.3	6.9	11.4	2.9
	2001~2005	322.1	42.8	132.7	116.9	15.9	67.4	79.2	19.3	48.8	11.1
	2006~2010	377.5	44.9	160.4	141.9	18.5	95.9	76.3	19.4	45.3	11.6
商洛市	合计	688.2	97.5	187.9	143.2	44.8	251.5	151.3	25	80.9	45.3
	1998	58.3	8.6	19.4	15.1	4.2	17.6	12.7	1.7	7	4
	1999	55.2	8.5	15	11.4	3.6	19.3	12.5	1.8	6.7	4
	2000	57.8	8.4	15.7	11.9	3.8	21	12.7	1.9	6.6	4.1
	2001~2005	263.4	36.5	73.7	60	13.7	100.8	52.4	7.1	27.9	17.4
	2006~2010	253.5	35.5	64.2	44.7	19.5	92.8	61.1	12.5	32.6	16
宝鸡市	合计	92.6	20.6	41.4	32.2	9.2	4.6	26.1	2.6	3.9	19.6
	1998	9.2	1	5.3	4.2	1.1	0.7	2.2	0.2	0.3	1.6
	1999	11	1.2	6.2	5	1.2	0.6	2.9	0.3	0.4	2.1
	2000	12.1	1.3	7.1	4.5	2.6	0.3	3.5	0.3	0.5	2.6
	2001~2005	27.8	8.5	11	8.8	2.2	0.5	7.8	0.8	1.2	5.8
	2006~2010	32.6	8.5	11.9	9.8	2.1	2.4	9.8	1	1.5	7.3

二、长防工程的实施

1. 任务完成情况。长防林一期工程建设累计完成营造林103.73万公顷，为林业部下达任务53.77万公顷的192.9%，森林覆盖率净增11个百分点，开创了陕南造林成效的新纪录。经成效检查验收，面积核实率为98.5%，合格率为94.8%。其中：第一阶段(1990~1995年)完成造林58.9万公顷，第二阶段(1996~2000年)完成造林44.81万公顷。长防林二期工程实际从2004年实施，到2010年共造林2.36万公顷，其中人工造林0.87万公顷、封山育林1.3万公顷、中幼林抚育0.19万公顷。

2. 长防工程建设情况。一期工程从1989年起，在西乡、略阳、宁强、镇巴、汉滨、石泉、紫阳、白河、旬阳9个县(区)试点实施，1990年正式启动，在商州、丹凤、柞水、镇安、山阳、商南、岚皋、平利、镇坪、勉县、南郑等共24个县(区)全面实施。

1990年6月，省林业厅召开长防新闻发布会，向各新闻媒体介绍长防工程的重要意义、建设规模、奋斗目标和实施对策。

1991年，林业部正式发布《长江中上游防护林体系建设工程管理办法》。8月，省林业厅根据林业部下发的《关于建立长江中游防护林体系建设试点示范县的通知》，将西乡县报为国家级长防工程示范县。

1992年，根据省委、省政府关于建设汉江工业走廊的决定重点抓了汉江、嘉陵江、丹江沿岸和公路、铁路两侧的绿化，工程管理部门组织三地编制了绿化规划方案并报省发改委立项纳入以工代赈项目。年底，林业部(长防办)批复，陕西南郑、丹凤两县列入陕西省“长防林”工程治理县，并特定南郑县为超前“达标”示范县。6月，省林业厅印发《陕西省长江防护林体系建设工程管理实施办法》，8月，制定《陕西省长江防护林体系工程建设作业设计技术要点》。

1993年，省长防办根据长防工程建设总体规划，组织编制了陕西汉江、嘉陵江、丹江沿岸及干流沿岸造林绿化规划方案。

1994年，根据《国家生态工程管理办法》和国家农业综合开发项目管理的新要求及规定，省林业厅针对长防工程近3/4县(市)已消灭宜林荒山，制订了陕西省长防工程低效林改造技术规程。

1998年，陕西省将长防工程二期工程规划上报国家林业局，但国家没有安排“二期”专项任务和资金，直到2004年工程开始启动。

2004年，长防工程所在市、县全面实行行政首长负责制，明确市、县长为第一责任人，对工程建设负总责，主管县长为直接责任人，并通过签订目标责任书，把建设责任落实到每一位行政领导和技术干部肩上。林地使用权由原来的30~50年延长到50~99年，从工程规划设计起就把林地“管”的责任、个体“包”的对象、产权“明”的问题落实清楚，在劳力不足的地区，由工程县或乡镇组织“专业队”或采取统一招标的形式进行施工，达到质量标准后，再采取拍卖等形式落实给个体承包，发给林权证，给林地经营者吃了“定心丸”，达到了“栽有主树，造有主林”。

2005年，根据国家林业重点工程管理的有关要求，省防护林建设工作站与项目实施单位——汉中市林业局签订“防护林建设责任书”，汉中市林业局制定《汉中市2005年度长江流域封山育林项目实施方案》。

2006年，省林业厅起草制定《陕西省长防林检查验收技术规程》。对封育区利用水泥桩与铁刺网，设置机械及生物围栏封育边界等措施，减少人为破坏活动，降低封育成本。在资金管理方面，省林业厅根据《国家林业局基本建设财务管理实施办法》等有关规定，制定《陕西省防护林建设工程项目资金管理办法》，实行项目资金报账制，对项目财务预算、支出、报销等程序作了明确规定。

2007年，安康、宝鸡、商洛各市(县)，进一步加大对封山育林宣传力度，各地市共印发资料、宣传单2万多份，出动宣传车50余次，张贴封山育林通告、封山禁牧令上千张，向群众宣传封山禁牧的目的、意义。按照“预防为主、因害设防、综合治理”的原则，认真做好森林防火和病虫鼠害的防治工作，巩固封育成效。

2009年9月7日，国家林业局造林绿化管理司在北京召开长防工程成效评估工作会议。省林业厅成立长防工程成效评估领导小组，对全省长江流域区4市29个县自1989年以来长防工程成效进行全面评估，形成评估报告，报国家林业局。

2010年年底，根据国家林业局颁布的《长江防护林体系建设工程管理实施细则》，省林业厅制定《陕西省长江防护林体系建设工程管理实施细则》和《陕西省长江防护林体系建设工程检查验收实施办法》，使省、市、县三级建立了严格的检查验收制度。

三、长防工程投资与效益

1. 投资情况。长防工程一期，第一阶段(1990~1995年)5年间，共投资5319.4万元，其中国家投资2719.5万元，地方配套2599.9万元。第二阶段(1996~2000年)截至1997年完成投资2193万元。(2004~2010年)6年间，长防工程二期投资4572万元。

2. 效益情况。一是生态得到有效改观。通过长江流域防护林工程的全面实施和稳步推进，森林资源增加，结合退耕还林、天然林保护工程实施，森林覆盖率由2000年的43.06%提高到55.66%。工程建设使境内流域水土流失得到了有效遏制，生态环境明显改善。水土流失面积已由2000年的434.07万公顷减少到目110.6万公顷，土壤侵蚀模数和侵蚀量也在逐年下降。河流径流量显著增加，多年断流的三、四级河流再度出现长流水，河流泥沙逐年减少，呈现出青山绿水。二是经济效益显著增加。工程实施以来，林业总产值2010年达到34.69亿元，比2000年17.11亿元，增长了一倍多。在营造防护林同时，调整树种结构，大力发展经济、防护兼用树种，大力营造板栗、核桃等经济林，林业单位面积的产量产值增加。农民林业生产年人均纯收入达到657.19元，比2000年264.65元，增长了近1.5倍。长防工程建设为林业经济发展、产业结构调整和林业职工脱贫提供了支撑，给林业单位和个人带来了丰厚的经济效益。三是社会效益初步显现。通过工程实施，农村贫困人口逐渐减少，农村劳动力结构发生质的变化。大部分劳动力从简单劳动和低收入行业中脱离出来，投身到有技术、收入较高的行业中来，为社会创造了更大的财富。农民耕作方式由传统的广收薄种、粗放经营转变为精耕细作的集约经营，农村产业结构趋于合理。

四、农田林网建设工程

农田防护林体系是农田水利基本建设的重要组成部分，全省农田防护林建设是依托三北防护林、长江防护林和平原绿化等工程实施的。

1. 渭河沿岸造林绿化工程。工程2002年启动，西起宝鸡，东至潼关，全长504.4千米(规划设计378.2千米)。包括渭南、西安、咸阳、宝鸡、杨陵区22个县(市、区)渭河大堤以外两侧各50米范围。截至2005年共完成造林绿化长度372.8千米，造林面积1713公顷。

2. 绿色通道工程。工程规划绿化总里程47322.4千米，其中三北地区占60%。工程建设期限9年，即2002~2010年，分两个阶段实施。第一阶段为2002~2005年，建设任务28385.6千米。第二阶段为2006~2010年，建设任务18936.8千米。工程重点是对公路、铁路两侧、河渠两岸、水库周围、堤坝沿线、环城林带进行绿化美化建设。

截至2010年，工程建设绿化长度达18600千米，面积3.79万公顷。其中公路绿化长度13808千米，面积2.95万公顷；铁路绿化长度997千米，面积0.26万公顷；河道堤防绿化长度3795千米，面积0.57万公顷。

3. 农田防护林采伐更新。2005年12月，国家林业局下发《关于加强农田防护林采伐更新管理的通知》。2006年2月，陕西省制订《陕西省农田防护林采伐更新试点工作方案》，6月三北防护林建设局下发《关于开展农田防护林网更新改造试点工作的通知》。

陕西省在户县、淳化、大荔3县开展了农田防护林成过熟林更新改造试点工作。全年共完成采伐林木8000立方米，伐木收入近200万元。3县在采伐作业前，对采伐的林木都在村委会公示栏上公示10日，接受社会监督。

2007年，农田防护林更新改造试点项目涉及大荔、陈仓、千阳、淳化四县，计划采伐更新面积2840.55亩，蓄积量12116.55立方米。共完成采伐蓄积量1704.42立方米。

2008年，农田防护林更新改造试点总体进展顺利，完成采伐面积2840.5亩，采伐蓄积量12116.5立方米。

五、黄河中游防护林建设工程

为贯彻李鹏总理关于在小浪底水利枢纽工程以上流域的水土流失地区进行生物治理的指示精神，国家计委批复《黄河中游防护林工程总体规划》。

陕西省黄河中游防护林建设工程区，包括秦岭以北的榆林、延安、铜川、宝鸡、咸阳、西安、渭南7市74个县(市、区)，总面积1293.45万公顷。规划1996~2010年15年完成，总任务120万公顷。其中，一期工程(1996~2000年)，规划任务36.5万公顷，包括人工造林33万公顷，飞播造林2.5万公顷，封山育林1万公顷。二期工程(2001~2010年)规划任务83.5万公顷。

一期工程截至1998年年底共完成造林作业面积7.52万公顷，占一期规划任务36.5万公顷的20.6%。其中1996年完成1.32万公顷，1997年完成2.8万公顷，1998年完成2.67万公顷。

黄河中游防护林建设工程，国家采取先投资后施工的方法，1995~1997年林业部累计对陕西省投资1330万元，后国家未下达计划，工程没有继续实施。

第四章　飞播造林

第一节　基本情况与管理机构

一、基本情况

陕西省飞播造林始于1958年，50多年来坚持不懈的飞播造林为全省实现荒山绿化和改善生态环境做出了巨大的贡献，并为全省培育丰富的后备森林资源。仅成林部分就使全省森林覆盖率提高了3%。

1990年以后，陕西省加大飞播造林的力度，在飞播造林的组织管理、新技术的推广运用、各部门的协同作战等方面不断改进、创新和提高。配合灭荒、林业重点工程、天保工程等飞播造林发挥了重要作用。

截至1994年，汉中地区飞播造林31.73万公顷，成林13.33万公顷，率先实现灭荒。随后，飞播造林实施战略大转移由南向北，在广袤辽阔、沟壑纵横的黄土地上，发挥主力军的作用。1996~2000年，飞播造林重点配合灭荒，完成了50万公顷飞播造林任务，占全省灭荒任务的41.67%。

2001年，联合利华(中国)有限公司开展“中国绿水青山行动”，决定与中国绿化基金会合作，在全国重点生态治理区开展飞播造林项目。为支持延安市的林业生态建设，中国绿化基金会与陕西省林业厅签订了“飞播造林项目合作协议书”，这是企业第一次出资支持陕西省飞播造林，改善生态环境，社会意义重大。联合利华捐资飞播造林项目播区选设在子长县东部的杨家元镇政府所在地、秀延河南面，投资60万元，播区面积696公顷，有效面积647公顷，成林面积246公顷。成林的植物有侧柏、柠条、沙棘，这也是陕西飞播造林在陕北黄土丘陵沟壑区北部飞播乔木针叶树种成功的首个播区，为陕西在陕北黄土丘陵沟壑区北部飞播乔木树种提供了科学依据。

2000年，实施天保工程到2010年，陕西天保工程中，累计飞播造林114.70万公顷，其中新播80.85万公顷，复播33.84万公顷，成林面积17.72万公顷，成苗面积10.86万公顷。

2002年和2003年，日元贷款飞播造林是陕西省第一次利用外资开展飞播造林，项目区涉及6市19个县(区)26个播区，共完成飞播造林3.53万公顷。在实施日元贷款项目飞播造林工作中，省飞播站技术人员经常深入日元播区检查、指导播区的“飞、封、补、管”等技术措施，特别提出了飞与补相结合的方法，使部分条件差的播区达到了合格标准，为陕西飞播成林增加了0.99万公顷面积。实现了飞播造林播区全合格，圆满完成了该项目建设任务。

2008年9月，省林业厅厅长张社年在榆林考察飞播造林时指出，大面积飞播造林，在涵养水源、保持水土、防风固沙、促进农业生产发展等方面取得了显著的效益。

2010年9月15日，省委书记赵乐际，省委常委、省政府常务副省长娄勤俭专题听取了全省林业和环保工作汇报。陕西在飞播造林技术上，始终坚持科学试验与试验成果及时转化用于生产，严把工程质量管理和技术协作，使之成为全国北方飞播造林规模最大、成效最好的省份。

1990~2010年，飞播造林涉及10市的80个县(市、区)和黄龙山、劳山、桥北3个县级林业局，累计飞播造林184.68万公顷。其中有效面积155.95万公顷，成林面积44.51万公顷，成苗面积10.73万公顷。

二、管理机构

1. 省级机构。陕西省飞机播种造林工作站(以下简称省飞播站)，编制15人，在职人员10名。1994年，省林业厅“三定”方案，将省飞播站编制由15人减为10人，县级建制，为全额拨款事业单位。2004年和2009年，省飞播站分别接纳安置转业军人各1名，现有人员12。主要职责是负责全省飞播造林计划申报、投资管理、生产管理、种子管理、档案管理、质量检查验收、成苗成效调查、飞播林经营管理、飞播技术协作和飞播试验等工作。

2. 市、县(区)机构。随着陕西省飞播造林事业的发展，全省各市、县(区)陆续建立了飞播造林管理机构。截至2010年，全省已建市级飞播站5个，县(区)飞播站17个，总人数226人。汉中宁强县巴山区、阳平区、大安区、城关区、铁锁关区、广坪区、代家坝区飞播站1996年撤消；安康市茨沟区、叶坪区、大河区飞播站1996年撤消；丹凤县寺坪飞播站1992年3月更名为丹凤县国有流岭林场(表3-4-1)。

2010 年陕西省飞播造林专业管理机构情况表

表 3-4-1 单位：人

单位	建站年份	职工状况				备注
		人数	管理人员	技术人员	工人	
延安市飞播站	2001	4	1	2	1	合建
蓝田县飞播站	1990	7	2	5		合建
户县飞播站	1993	18	2	4	12	合建
咸阳市飞播站	2003	19	13		6	参照公务员、合建
宝鸡市飞播站	2005	14	3	8	3	合建
岐山县飞播站	1992	12		4	8	独立
商洛市飞播站	1983	14	3	8	3	独立
商州区飞播站	1988	8	2	4	2	独立
洛南县飞播站	1985	18	2	6	10	独立
丹凤县飞播站	1984	5	1	1	3	独立
商南县飞播站	1984	12	3	8	1	独立
山阳县飞播站	1981	9	1	6	2	独立
镇安县飞播站	1985	8	2	6		合建
柞水县飞播站	2001	16	2	6	8	合建
岚皋县飞播站	2003	3	1	2		合建
汉阴县飞播站	2009	4		4		合建
紫阳县飞播站	1984	7	1	5	1	独立
旬阳县飞播站	2000	5	2	3		合建
汉中市飞播站	1981	6	1	4	1	市林业中心内设
宁强县飞播站	1981	18		7	11	独立
镇巴县飞播站	1982	7	1	3	3	独立
勉县飞播站	2001	12	1	4	7	合建

注：合建指飞播站、林业站两个牌子，一套人员。

第二节 飞播作业技术

一、飞播作业技术

陕西省飞播造林作业技术，主要包括树(草)种的确定、播期、播种量、播前植被处理和用种质量。

1. 树(草)种。经过多年实验，截至 2010 年，陕西省选定适于飞播造林的树(草)种有油松、马尾松、华山松、柏木、漆树、侧柏、杉木、黄连木、沙棘、沙打旺、踏郎、花棒、柠条、沙蒿、苦豆子、沙拐枣、甘草等。

2. 播期。由省飞播站和市林业局主管部门根据省、市气象部门提供的长期专业预报和近年陕西省降水规律的变化情况，结合各地历年雨热曲线分析图表确定。

根据播区水分、气温条件、播后苗木木质化生长期的长短和有利于飞播作业等因素，选定各地的适宜播期。秦巴高、中山区以春播为主，开播时间为3月下旬或4月初，4月中下旬结束，3月下旬气温逐渐升高，降雨逐渐增多，4月中下旬连阴雨日多，对种子发芽和成苗极为有利；秦巴低山、丘陵地区，以秋播为主，播种时间8月上旬到下旬，秋播幼苗生长快，60天茎秆已木质化，加之近多年冬季气温不是很低，因而幼苗可以顺利越冬；陕北黄土丘陵沟壑区，以夏播为主，播种时间6月上旬到下旬；榆林风沙区以初夏飞播为主，开播时间为5月上旬，5月下旬结束，这个时段的风向南北交替，有利于种子覆沙。

3. 播量。合理播量是播种后达到合理的林木群体结构，充分利用光能和水分，达到速生丰产，充分发挥林地生产力和获得最大综合效益。规划设计人员长期对各地不同树种播量进行对比试验，根据播区自然、社会、经济和交通条件以及经营目的、飞播树种、种子品质、播区可能出现的损失等因素，确定各地的飞播造林主要树(草)种用种量。

4. 地面处理。植被处理：凡播区植被盖度超过70%的小班，播前需进行炼山或砍灌。时间在播前两三个月进行，有利于恢复土壤结构和使飞播幼苗有一定的新生植被庇护。在湿润地区，因雨量分布均匀，炼山后土壤结构恢复快，可以在播种前20天进行。

简易整地：播前在播区盖度较低的杂草荒坡采取挖简易小穴的方式破土，使种子落地后于土壤充分接触，雨水不易流失，每公顷挖9000~10500穴。

沙区沙障搭设：播前主要用沙蒿、沙柳、麦草等，带状或方格状搭设障蔽，防止种子位移。

秦巴山区多以炼山和砍灌为主，黄土高原植被稀少的地区则提前封育植被，恢复植被，待有一定植被盖度时实施飞播，或者采取简易整地的办法进行播区处理。1990~2010年炼山31.85万公顷，砍灌7.50万公顷，整地13.60万公顷，播后耙耧1.33万公顷。榆林沙区则以搭设障蔽为主，减少飞播后的种子位移，1990~2010年，搭设沙障12.32万公顷。

5. 种子质量。1990~2001年，飞播用种采取统一安排，分级管理，由省飞播站、省种苗站对省内外种源进行预测，各市组织调运。严把“三关”，即收购、调运、使用三关；坚持4证，即检验证、检疫证、调运证、使用证俱全。榆林、秦巴山区部分种子就地采收，其余外地调运，关中种子全部外地调运，但难于统一管理和具体质量要求，共调运种子647.47万千克。

2002~2010年，实行工程化管理，为确保飞播种子品质，提高飞播成效，省林业厅决定成立陕西省三秦种子公司，统一采购飞播用种，省飞播站制定了种子管理办法，规定飞播造林必须使用达到国标二级以上(含二级)质量标准的种子，因自然灾害、种子小年等特殊原因导致种子紧缺，确需使用国家标准三级种子，由省飞播站和省种苗站协商提出用种意见后，报省林业厅批准。种子质量检验由各市林业局负责，如有质量问题由省种苗站进行复检，再不合格种子退回供种单位。各市林业局到省种苗站办理飞播种子使用证，内容包括申请报告、种子质量合格证书、森林植物(种子)检疫证书，种子包装应标种子类别、产地、质量、检验证明编号，共调运种子368.64万千克(表3-4-2)。

2002~2010年陕西省各地宜播树(草)种、播量与播期表

表3-4-2

市	地域	宜播树(草)种							播期
		播量(克/亩)							
榆林市	长城沿线风沙区	沙打旺	花棒	沙蒿	踏郎				5月上旬至下旬
		混(50~100)	混(150~200)	混(100~150)	混(150~250)				
延安市	北部黄土丘陵沟壑区	沙棘	柠条	侧柏					6月上旬至7月上旬
		混(200~400)	混(150~250)	混(50~150)					
	黄桥山系	侧柏	侧柏	油松					6月上旬至下旬
		纯(400~500)	混(150~200)	混(200~400)					
渭南市 铜川市 咸阳市 宝鸡市	渭北黄土高原	油松	油松	侧柏	漆树				6月中旬至7月上旬
		纯(350~400)	混(250~300)	混(100~200)	混(100~150)				
渭南市 西安市 宝鸡市	秦岭北坡	油松	油松	侧柏	漆树				7月上旬至下旬
		纯(350~400)	混(250~300)	混(150~200)	混(100~150)				
商洛市	秦岭东段	马尾松	华山松	侧柏	油松	漆树	黄连木		4月上旬至下旬、7月下旬至8下旬
		混(150~200)	混(1500~2000)	混(100~200)	混(200~300)	混(100~250)	混(150~200)		
安康市	秦岭南坡、巴山山系	马尾松	杉木	侧柏	油松	漆树	黄连木	柏木	3月下旬至4下旬、7月下旬至8中旬
汉中市		混(150~200)	混(100~150)	混(100~300)	混(200~300)	混(100~200)	混(150~200)	混(100~150)	

二、飞行作业

飞行作业，主要包括选用的飞机、飞行公司、机场、导航、航高、播幅、播种质量检查、飞行方式等，飞播造林全部使用“运五(运五B)”飞机。

1. 飞播单位及机场。1990年后承担陕西省飞播造林任务的主要单位有兰州民航大队、西北航空公司、兰空运输团、空军36师。

1993年，由兰州民航大队、兰空运输团、安阳航校及陕西省航校、试飞研究院承担。

1999年，兰州民航大队、空军36师退出。随着飞播造林任务加大，增加了湖北荆门通用航空公司、河南蓝翔通用航空公司。

2010年，蓝翔通用航空公司退出，增加了新疆通用航空有限责任公司。兰空运输团在榆林、宝鸡等市作业；新疆通用航空有限责任公司在延安、咸阳等市作业；荆门通用航空公司在汉中、安康、商洛等市作业。1990~2010 年调机 342 架，共飞行 20425 架次、20395 小时。

1990~2010 年，榆林市飞播造林使用靖边、定边、神木县飞播造林专业机场。1999 年，在横山县波罗镇修建了飞播造林专用机场。2010 年，沥青硬化跑道 800 米×60 米。1990~2004 年，延安市使用延安民航机场。2004~2010 年，延安市使用黄陵县候庄林业机场。2004 年黄陵林业专用机场跑道采用压路机械平整压实。2005 年建房 5 间 200 平方米。2007 年水泥硬化跑道 550 米×15 米。1990~2008 年，渭南市使用蒲城内府机场和黄陵县候庄机场，铜川市使用黄陵县候庄机场。1990~2010 年，咸阳市使用淳化飞播造林专用机场。2004 年，淳化蒋家山飞播造林专用机场跑道采用压路机械平整压实，修建住房 9 间，共计 180 平方米。1990~2003 年，西安市使用临潼、户县、武功军用机场。1990~2010 年，宝鸡市使用陵塬机场。1997 年，修通了市区通往机场的柏油路。1990~2010 年，商洛市使用丹凤商镇飞播造林专用机场。1997 年，完成了通往机场的丹江水泥大桥。1990~2010 年，安康市使用安康民航机场。汉中市除 2003 年使用柳林军用机场外，其他年份使用汉中民航机场。

2. 飞播导航和播种质量检查。1990~1998 年，在播区的航标线起点的地形图和航摄照片上刺点，地面用罗盘仪测角、测绳量距，测设航标点和检质点等。飞播施工中，地面导航配有红白信号旗、烟雾剂、反光镜、测绳、测杆、电台、对讲机等，在检质点设置接种布，检查播种质量。1999~2010 年陕西省飞播造林导航和质量检查，利用 GPS（全球卫星定位系统）导航技术进行飞播造林作业，给作业飞机 GPS 输入导航点经纬度坐标进行导航，地面手持 GPS 进行质量检查。飞行航高 80~120 米，播幅 50 米。飞行方式，采用单程式、复程式、穿梭式。

第三节　经营管理与技术革新

一、制定飞播经营管理章程

为了加强飞播造林管理，提高飞播造林成效，省林业厅 1996 年编印《陕西省 1996~2010 年飞播造林规划》，规划造林面积 120 万公顷。

2001 年，省林业厅和省发改委联合制定《陕西省飞机播种造林（治沙）工程管理办法（试行）》，规定飞播造林天保工程等重点工程项目实行项目管理，并坚持统一组织、统一设计、统一供种、统一施工、统一验收的原则，资金实行省、市、县三级分项使用。

2002 年，制定《陕西省地方标准飞机播种造林技术要求》《陕西省飞播造林种子接收管理暂行办法》。

2003 年，省林业厅下发《陕西省飞机播种造林质量管理办法》，对飞播造林省、市、县三级责任进行分工，推行项目工程技术监理制，由陕西省林业调查规划院和陕西省治沙所设计人员现场技术指导和飞播施工质量监理，截至 2010 年，委派技术与监理人员 214 人次。

2004 年，编制淳化蒋家山机场、丹凤商镇机场、黄陵侯庄机场《机场资料册》和《机场使用手册》。省飞播站主持修订了国家《飞机播种造林技术规程》(GB/T15162-1994)，形成了新的《飞机播种造林技术规程》(GB/T15162-2005)，2005年3月23日发布，2005年9月1日实施，把飞播造林范围重新进行了规定，界定的范围界限在飞播造(营)林的范畴内，将飞播技术拓展到营林领域。

2006年，起制定《飞播机场安全保障制度》《重大突发事故处理预案》，每年各机场开播前制定一次，并上报省飞播站备案。

2008年，省飞播站起草《陕西省飞播林抚育间伐管理办法》征求意见稿，并编印《陕西省飞机播种造林规划(2009~2018)》和《陕西省秦巴山区飞播中幼林抚育项目总体规划(2009~2018)》。

二、飞播经营管理

1. 管护方式。林场管护：播在国有土地上的飞播林和部分播在国有林场附近集体土地上的飞播林由国有林场承担飞播林的管护工作。

建立乡村飞播林场：1990~1999年全省共建立乡村飞播林场160个，管护飞播林33.87万公顷。设专职或兼职护林员进行巡护：2000~2010年全省雇用护林员2801人次，管护面积160.22万公顷。

划户管护：对部分播在集体林或播在群众自留山的飞播林归农户管护。

乡(镇)林业站管护：对部分播在集体权属山上的飞播林由林业站管护。

2. 管护措施。管护措施包括飞播造林区管护承诺书和在播区交通要道、村庄、主要沟口等人畜活动频繁地段设立必要的管护设施、标志，加强封山管护的宣传力度和警示作用。飞播造林区管理承诺书内容，规定列入飞播造林区的宜播地，不准在飞播造林区范围内进行除飞播造林以外的人为活动，并对全播区实行封禁管护；飞播造林区宜播面积内的耕地按设计要求全部退耕，永不复耕。2000~2010年建立封山育林碑1682块，标志牌3176块；建立封育门69座、检查哨卡97个；机械围栏20.82万米，专职护林员4621人，签订县级承诺书1584份。

三、飞播补植补播

飞播造林受立地条件、飞行作业、气候变化等限制，形成不少带状或块状的林中空地。1990~2001年，商州、洋县、勉县、略阳、岚皋、石泉、白河、凤县、洋县、洛南、丹凤、紫阳、蓝田等县(区)植苗3.05万公顷，植苗油松、侧柏、刺槐为主；点播、撒播0.07万公顷，油松、侧柏、漆树、马尾松、华山松为主。2004~2006年，在黄陵、印台、临渭、潼关、蒲城、华阴、永寿、彬县、三原、周至、户县、长安、蓝田、凤翔、千阳、陇县、陈仓、金台、眉县19个县(区、市)26个播区，共补植补播1.56万公顷。2007年镇安县在西河口乡补植补播0.04万公顷华山松、油松。通过补植补播使成效不够理想的播区，变成大片面积集中、长势良好的混交飞播林。

四、飞播抚育间伐

1990年，汉中开展了8~14厘米的中龄林间伐抚育试验，在宁强县、镇巴县建立标准地40块，进行各项观测试验。全省在8个县12播区共完成幼林透光、定株抚育0.17万公顷，中龄林间伐抚育0.21万公顷，产材1万立方米。

1991年，飞播林抚育在陕南三地市的丹凤、洛南、汉阴、镇巴四个县，集中连片建立了飞播抚育间伐技术样板林 5 处 0. 04 万公顷。全省当年完成幼林定株抚育和中龄林抚育 0. 54 万公顷。

1992 年，在商洛市丹凤县流岭连片 6. 67 万公顷飞播林基地中，对 0. 10 万公顷的高密度飞播林进行了抚育间伐试验，每亩生产椽材 0. 5～0. 8 立方米。全省定株抚育幼林 0. 27 万公顷，透光抚育幼林 0. 11 万公顷，透光抚育中龄林 0. 24 万公顷，出材 1. 22 万立方米。

1993～1999 年，在商洛市商州、丹凤、山阳、柞水、洛南、商南，汉中市洋县、勉县、略阳、西乡、宁强、南郑、城固、镇巴，安康市汉阴、汉滨、紫阳、旬阳、岚皋、石泉、白河，宝鸡市凤县，西安市蓝田等 5 市的 23 县(区)共抚育飞播造林 3. 20 万公顷，其中通过定株抚育幼林 2. 38 万公顷，透光抚育幼林 0. 07 万公顷，透光抚育中龄林 0. 76 万公顷，出材 3. 60 万立方米。

2006 年，完成了丹凤县飞播林抚育试验项目的规划设计和审批工作。2007～2010 年，通过争取飞播林抚育项目，特别是森林抚育试点项目，先后四次累计对丹凤县寺坪镇 7 个村 65 个组 273 个小班 0. 28 万公顷飞播林实施抚育，受惠群众 2350 户，实现采伐蓄积量 13794 立方米，出材 9106. 9 立方米，任务完成率均为 100%。

2009 年，榆林市横山县一次性平茬复壮飞播灌木林花棒、踏郎 0. 07 万公顷，第二年萌发效果较为理想，起到了复壮的作用。

抚育间伐在飞播林区形成良性循环，促进林木生长，提高林分的产量和质量，富了播区群众。

五、建设飞播实验林区

实验林区和样板林区主要摸索飞播林速生丰产措施，研究对飞播林区的经营管理办法。主要进行多树种补植补播，抚育间伐试验，中间产品利用，防火、防虫和生态效益观察，其他营林生产技术的科学试验研究。

1990～1992 年在省农办的支持下，省飞播站在丹凤县、洛南县、汉阴县、镇巴县建成了 0. 15 万公顷的抚育间伐技术样板林区。

1993 年，在镇安县、山阳县、商南县、商州区、西乡县、宁强县、南郑县建成 7 块飞播技术样板林区，共计 0. 05 万公顷。

1994～1998 年在丹凤县、镇安县、紫阳县、汉滨区、汉阴、南郑、宁强县、凤县建成 19 块共计 0. 24 万公顷抚育间伐技术样板林区。

2007 年，丹凤县在寺坪 0. 03 万公顷飞播林中开展木耳、香菇、药材等多种经营实验。宁强县利用五丁关播区中 0. 01 万公顷飞播林进行种植、养植等多种经营实验。

六、飞播技术革新

1. 飞播试验。1996 年 5 月，为提高飞播造林的经济效益，扩大飞播种源，在榆林沙区进行了 666. 67 公顷飞播甘草试验；10 月调查当年成苗，各播区成苗面积率 53%～83%，每平方米有苗 3～8 株，长势良好。

1997 年，继续在榆林的定边、靖边、横山、神木进行甘草飞播造林试验，设计飞播甘草总面积 1000 公顷，共计四个播区，其中飞播 966. 67 公顷，人工模拟撒播 33. 33 公顷。飞播 3 年后成效面积率 68. 4%～78. 6%。经过 5 年观测、试验，确定甘草飞播在沙区和黄土区均取得了成功。这不仅在固沙和防止水土流失中增加了植物种类，而且又因为其药用性能，具有较高的开发利用价值。

1999年6月，飞播造林在陕西黄土高原最干旱的白于山区取得突破。在定边县盘山乡背井沟梁试验区和河畔林场白草峁试验区飞播造林1333.33公顷，飞播植物种为沙打旺、沙棘。对植被稀少、坡度大、地表土质坚硬，种子落地后易滚动，易被水冲走的地段，加大了地面处理力度，开展简易整地，对稍平缓的宜播地，实行套二犁隔3米整地，陡坡的地方则采取人工挖坑(穴)。播后动员群众进入播区踩踏，使种子与土壤充分结合。据当年8月调查，试验区有苗面积68%，每平方米平均有苗高达100株，幼苗有2~6片叶。试验区内人工撒播刺槐，在整地部位获得突破。试验结果表明：只要播前进行地面处理，植物种选择得当，抓住有效降雨时机，白于山区能进行飞播造林，关键是播后1~2年若遇干旱、低温保存率低。

2005年3月，在汉中市佛坪县开展了黄连木飞播试验；2006年3月，又在商洛和安康市进行了试验，扩大了试验区域和面积，为丰富飞播造林树种进行有益的研究。省林业调查规划院调查佛坪县将家湾播区成效为42.9%，播区内有块状和零星分布黄连木，起到了搭配树种的作用。

2008年3月，在商洛市洛南、商州、山阳三县选择不同地段，设置固定样方，采用不同月份人工撒播黄连木、漆树、椿树、刺槐、女贞，药用连翘、桔梗、黄芪等植物种，随后4月观察山阳县阴坡5个固定标准地连翘出苗12株，8月观察商州区阴坡4固定标准地发现黄连木4株，油松2株，侧柏1株，8月观察洛南县3个固定标准地黄连木出苗7株，苗木已发红呈现半木质化，为探索适合飞播造林的新树种和播期提供数字依据。

2009年，随着播区面积的减小，租用海南环球飞行俱乐部蜜蜂4型飞机在渭南富平、白水、澄城三县开展飞播造林作业试验4666.67公顷，蜜蜂4型飞机受风速影响过大无法大面积推广。

2. 技术推广。小播区群：长期生产实践中，摸索出了一种适应山区地形、地类复杂，几个基本相连的小播区同时设计施工的方法，又能提高播区有效面积率。解决了小面积分散宜播地造林问题。1990年，小面积推广小播区群，提高播区的宜播面积率10%~15%；1991年，在秦巴山区飞播6166.67公顷，设计中取舍合理，提高播区的宜播面积率12%~15%。1992年，在播区选择上，推行小播区群，使宜播面积率达84%。

秋季播种：长期以来，陕西采用春、夏二季播种。1990年、1991年渭北高原，秦岭和巴山低山丘陵河谷地带严重伏旱，分析春播和夏播幼苗难以躲过伏旱，推广应用秋季播种。1992年总结往年经验，采取春、夏、秋三季播种。宝鸡市吸取1991年的教训，对渭河以南采取春播，渭河以北实行秋播。1995年，重点推广新技术秋季飞播造林，在宝鸡、咸阳两市的渭北9个县，飞播造林1.47万公顷，尽管遇到严重干旱，成效仍然达到良好以上水平，据宝鸡市林业局组织各县当年成苗调查结果，全市当年平均成苗数量为每亩302株，有苗面积率达51%以上。1996年，针对陕南汉江河谷区干热风多，春播后幼苗损失率高的情况，安康县、旬阳县0.93万公顷飞播造林任务春季调整到秋季播种，有苗面积率达53%以上。2005年，西安、渭南、宝鸡三市的3.87万公顷任务和商洛、安康、汉中三市的 4.33 万公顷任务调整至秋季施工，使秋播面积达到 8.20 万公顷，这是陕西历年来秋播面积最大的一年。从秋季各市出苗观察情况来看，除安康市部分播区出苗较差外，其他市县出苗较好，秋播取得了较好的效果。秋季飞播造林技术的应用推广，不但使飞播幼苗避开了严重伏旱的威胁，面且出现了阴、阳坡成林面积全面提高的效果。为渭北干旱地区、秦岭和巴山低山丘陵河谷地带飞播造林，开辟了一个广阔地天地。

1990 年，《陕西省榆林沙区飞机播种造林种草技术》推广实施，经过 8 年验证，1997 年总结，播后 3 年的保存率为 54.4%~83.6%，播种量比试验阶段降低 43.3%，通过混播植物种间关系，增强抗风能力，飞播成效提高 20%~30%。

3. 技术协作。1991 年 8 月，省飞播站和省种苗站组织有关部门的专家、教授，对宝鸡、安康、汉中地区早期飞播林和人工林进行了种源考察，为今后飞播造林树种的选择和适生种源的确定，提供了科学依据。

1993 年 6 月，省飞播站组织汉中、商洛、安康、西安、宝鸡市主管飞播造林的领导 13 人考察飞播林经营，到福建省三明市考察林业股份制和经营体经验。在商洛地区丹凤县寺坪 7 个乡建立飞飞播林折股联营林场，之后安康市紫阳县、宝鸡市凤县、西安市蓝田县进行推广。

1997 年 10 月，召开了第一届陕西省飞播造林技术协作会，由各市轮流组织每年召开一次，至 2010 年共召开飞播造林技术协作会 14 次。主要内容是参观飞播林现场，参观现场 28 个，各市县之间相互学习、交流经验、吸取教训，共收到交流材料 68 份，论文 112 篇。主要解决了飞播地类的选择、地面处理、种子质量、播种期选择、飞行作业、成苗状况、成效调查等技术上的一些问题。

2004 年 3~4 月，陕西省商洛、延安、铜川、咸阳、渭南、汉中、西安市分别举办了“GPS 应用和飞播造林成苗成效调查培训”，培训人员 150 多人。施工中，各市县采用 GPS 定位设置接种布，检查飞行质量，及时向机场反馈信息，使落种准确率提高到 95% 以上。在秋季的飞播成苗调查中采用 GPS 导航仪布线和设置样点，避免人为因素造成的误差，提高了调查速度和准确率。

2007 年 4 月，在商洛市组织召开了飞播造林电子档案建设试点培训班，参加培训的人员 30 多人，与基层的同志一同商讨飞播造林电子化档案建设的途径，为今后陕西省飞播造林的电子档案建设提供借鉴作用。

4. 导航技术(GPS)。GPS 全球卫星定位系统主要用于飞播造林播区规划设计、播种作业、接种、成苗、成效调查。播区规划是用 GPS 测定播区四址经纬度坐标，确定播区位置。播种作业是在 5 万分之一的播区地形图面计算各播带航标点经纬度坐标，作业时该点位于播带的中心线上，航标点的经纬度坐标输入 GPS 导航仪，形成航标点的连线成航标线，飞播作业时飞机在其上空沿线压标播种。接种是在 5 万分之一的播区地形图面计算各播带接种点经纬度坐标，在播区内同一序列彼此相邻不同接种点经纬度坐标连接起来的连线，形成接种线进行接种，检查播种质量。成苗、成效调查是对成苗、成效调查线导航，在播区作业图上布设调查线，通过播区拐点和调查线的距离比例计算出各条调查线端点经纬度坐标，输入 GPS 进行调查线导航。

1995 年，GPS 导航新技术在陕西省飞播造林中进行了探讨和试验，并在宜君县飞播造林施工中进行了试验，为今后大面积推广奠定了良好的基础。

1997年，省飞播站从北京购回5台GPS定位仪，并请技术人员到部队进行了安装调试，兰空运输团在运-五飞机上安装GPS后，团部专门派出领航员，组织试验飞行，查验使用效果，保证了这一科研新成果在飞播造林中有效推行。

1999年，全面推广GPS导航技术。通过对咸阳、铜川、延安、商洛四市的播种质量进行检查，GPS导航播种准确率高于人工地面导航，播区地面施工费用下降40%。采用GPS导航，实现了机场与播区间的直线飞行，缩短了航程距离和播种时间，提高飞播造林质量，简化飞行信号，节约地面开支，解放了生产力，提高了施工效率，降低飞播造林成本。1999～2010年，GPS导航13724小时，播种143.11万公顷(含复播面积)，播各类树种子1029.24万千克。

5. 种子处理。种子处理包括机械处理和药剂拌种处理。机械处理对油松、华山松种子进行风选，侧柏种子进行水选，漆树种子进行脱蜡处理，花棒黏胶大粒化处理。1991年沙区推广花棒种子黏胶化处理新技术，针对过去花棒种子大粒化黏土处理后体积和重量加大，增加飞播架次的情况，为了节约成本，5月在榆林市定边、靖边两县防虫专用机场对4.8万千克花棒种子全部采取黏胶化处理。黏胶化处理的种子黏沙重量为种子重量的0.5～0.8倍，较原来大粒化减少黏土1.0～1.5倍。减少61个飞行架次，提高工效1～2倍。亩均成本下降10%以上，节约飞行费和种子处理费7万元。1992年，在沙区推广花棒种子黏胶化处理技术，节约飞行费和种子费6.5万元。1993年，花棒种子由大粒化黏土改黏胶一项技术革新，使飞行费下降47%，施工费同步降低。

药剂拌种处理是对种子用鸟鼠忌避剂拌种混有吸水剂和ABT生根粉。药剂拌种是通过破坏鸟鼠的适口性，减少鸟鼠取食，即使鸟鼠食用也不会产生二次中毒，从而减少种子损失，山场种子保留相对提高，增大了发芽、成苗的种子基数；其中因混有适量的吸水剂和ABT生根粉，又能促进种子的发芽、成苗和生长。1991年，针对飞播成本大幅度上涨，为了降低播种量减少成本。陕西省林业勘察设计院在宝鸡市岐山县崛山林场进行鸟鼠忌避剂拌种混有吸水剂和ABT生根粉进行综合试验。并小面积推广秦林系列鸟鼠忌避剂，高分子吸水剂拌种抗旱技术，成苗和成效面积率分别提高13%和11%。引进ABT生根粉，农丰菌，进行松类树种拌种试验，发芽、生根、生长均有良好效果。1992年，在宝鸡、汉中试验1.33万公顷，降低播种量15%。1993年用鸟鼠忌避剂、吸水剂、ABT生根粉和电子技术处理播种面积4.67万公顷，对花棒黏胶处理，平均每亩节约用种2两，共节约种子8万千克，其中油松6.5万千克、马尾松0.5万千克、花棒、踏郎1万千克，扣除药剂成本，节约资金40万元，降低播量25%。1994～1995年经过二年时间研制出适合陕西省及北方省份飞播拌种药剂“秦林1、2号鸟鼠忌避剂”正式通过鉴定，并大面积应用于生产。该药剂拌种后，平均每亩降低2两播种量，并可延长种子滞留地表时间，防止鸟鼠残食，有效地提高了发芽率和降低了飞播成本。1996年实现全部药剂拌种，仅拌种一项就可节约种子13万千克，节约资金达180万元。2002年以后，使用杨凌西北农林科技大学生产的“森大”牌鸟鼠忌避剂。

1990～2010年，飞播造林机械处理和药剂拌种处理种子共计1307.81万千克，提高了飞播造林成苗、成效面积，节约了成本。

第四节　飞播投资与成效

一、飞播投资

陕西省飞播造林资金主要依靠国家投资，地方各级财政投资、贷款和捐款。1990~2010年，中省市县投资和贷款、捐款共65145.93万元。其中国家投资58729.41万元，日元贷款6356.52万元，企业捐款60.00万元。

1990~2000年，投资12231.11万元，平均每公顷投资169.8元,。2001~2010年，投资52914.82万元，平均每公顷投资630.75元。

2006~2010年，成苗面积10.73万公顷，成林、成苗占播区面积29.98%，占有效面积35.50%，按成林、成苗面积计算，每成林、成苗1公顷，平均成本1311.6元。

1990~2010年，陕西省累计飞播造林在10市83个县(市、区、局)共完成飞播造林184.68万公顷，复播44.95万公顷，其中宜播面积155.95万公顷。

1990~2010年全省飞播造林完成情况见表3-4-3。

1990~2010年陕西省飞播造林完成情况表

表3-4-3　　单位：万公顷

年份	新播		复播	成林面积	播区所在地
	播区面积	有效面积	播区面积		
合计	184.68	155.95	44.95	44.51	
1990	9.15	6.59	0.29	3.81	神木、榆阳、横山、靖边、定边、宜君、长安、蓝田、周至、户县、凤翔、岐山、眉县、陇县、千阳、麟游、凤县、太白、商州、洛南、丹凤、商南、柞水、汉阴、紫阳、岚皋、白河、汉滨、宁强、略阳、西乡、洋县
1991	4.78	3.56		2.03	神木、榆阳、横山、靖边、定边、蓝田、凤翔、岐山、陇县、千阳、麟游、凤县、太白、商南、旬阳、汉滨、紫阳、勉县、宁强、略阳、西乡
1992	8.93	6.63	0.80	2.65	神木、榆阳、横山、靖边、定边、宜川、黄陵、宜君、长安、蓝田、临潼、周至、户县、淳化、凤翔、岐山、陇县、千阳、麟游、凤县、太白、商州、镇安、丹凤、汉滨、石泉、紫阳、岚皋、旬阳、宁强、略阳、西乡、城固、勉县
1993	6.76	5.23		2.80	神木、榆阳、横山、靖边、定边、宜川、宜君、蓝田、淳化、永寿、凤翔、岐山、千阳、麟游、凤县、太白、商州、镇安、山阳、紫阳、镇巴、宁强、南郑、西乡
1994	6.44	5.14		1.53	神木、榆阳、横山、靖边、定边、宜川、宜君、蓝田、淳化、乾县、礼泉、凤翔、岐山、千阳、麟游、太白、商州、镇安、山阳、洛南、丹凤、紫阳、旬阳、勉县、宁强、镇巴

续表

年份	新播		复播	成林面积	播区所在地
	播区面积	有效面积	播区面积		
1995	6.46	5.33		1.67	神木、榆阳、横山、靖边、定边、宜君、蓝田、旬邑、永寿、淳化、乾县、礼泉、凤翔、渭滨、千阳、麟游、太白、商州、商南、山阳、洛南、丹凤、紫阳、旬阳、岚皋、汉阴
1996	9.84	8.02		2.36	神木、榆阳、横山、靖边、定边、桥北、宜君、蓝田、临潼、长安、旬邑、永寿、淳化、彬县、礼泉、陈仓、凤翔、渭滨、千阳、麟游、太白、陇县、眉县、凤县、商州、商南、山阳、洛南、丹凤、紫阳、旬阳、汉滨、宁陕、汉阴、勉县、洋县、镇巴
1997	9.83	8.25		2.32	神木、榆阳、横山、靖边、定边、桥北、宜君、陈仓、凤翔、渭滨、麟游、凤县、岐山、乾县、旬邑、永寿、淳化、彬县、礼泉、三原、蓝田、紫阳、旬阳、汉滨、宁陕、汉阴、丹凤、商州、山阳、洛南、柞水
1998	7.84	7.00	0.95	1.93	神木、榆阳、横山、靖边、定边、安塞、富县、甘泉、延川、宜君、蓝田、陈仓、凤翔、渭滨、麟游、千阳、旬邑、淳化、彬县、礼泉、三原、泾阳、旬阳、汉滨、镇安、商州、山阳、南郑、宁强、西乡、勉县、城固、镇巴
1999	7.53	6.66	1.48	1.72	神木、榆阳、横山、靖边、定边、洛川、富县、黄陵、宜川、桥北、劳山、宜君、蓝田、陈仓、凤翔、岐山、麟游、千阳、凤县、旬邑、淳化、礼泉、三原、泾阳、旬阳、紫阳、丹凤、商州、洛南、山阳、略阳、宁强、西乡、勉县、镇巴、洋县
2000	10.85	9.66	1.39	2.97	神木、榆阳、横山、靖边、定边、佳县、洛川、富县、黄龙、甘泉、黄陵、宜川、桥北、劳山、宜君、蓝田、户县、周至、长安、渭滨、陈仓、凤翔、岐山、麟游、千阳、凤县、旬邑、淳化、礼泉、乾县、泾阳、旬阳、石泉、丹凤、商州、洛南、山阳、镇安、商南、柞水
2001	12.09	11.06	2.15	3.66	神木、榆阳、横山、靖边、定边、佳县、洛川、子长、延川、吴起、志丹、安塞、富县、黄陵、宜川、桥北、宜君、蓝田、户县、周至、长安、渭滨、陈仓、凤翔、千阳、凤县、太白、永寿、彬县、旬邑、淳化、礼泉、泾阳、紫阳、汉滨、旬阳、白河、丹凤、洛南、山阳、镇安、商南、柞水、商州、宁强、西乡、勉县、南郑、洋县

续表

年份	新播		复播	成林面积	播区所在地
	播区面积	有效面积	播区面积		
2002	16.03	14.28		4.67	神木、榆阳、横山、靖边、定边、洛川、宝塔、子长、延川、吴起、甘泉、安塞、富县、黄龙、宜川、桥北、劳山、宜君、印台、蓝田、户县、周至、长安、麟游、岐山、千阳、凤县、太白、永寿、旬邑、淳化、礼泉、泾阳、澄城、韩城、蒲城、紫阳、汉滨、旬阳、白河、汉阴、石泉、丹凤、洛南、山阳、镇安、商南、柞水、商州、镇巴、宁强、西乡、勉县、南郑、洋县
2003	11.58	10.11	4.04	3.39	神木、榆阳、横山、靖边、定边、洛川、宝塔、延长、桥山、吴起、志丹、安塞、黄陵、黄龙、宜川、桥北、劳山、宜君、耀州、蓝田、户县、长安、陇县、麟游、岐山、渭滨、陈仓、眉县、金台、永寿、旬邑、淳化、临渭、潼关、华阴、韩城、华县、紫阳、汉滨、旬阳、白河、汉阴、石泉、丹凤、洛南、山阳、镇安、商南、柞水、商州、镇巴、宁强、勉县、南郑、洋县
2004	12.71	10.46	5.66	3.66	神木、榆阳、横山、靖边、定边、延川、宝塔、延长、劳山、富县、志丹、安塞、黄龙、宜川、宜君、耀州、陇县、麟游、千阳、凤翔、岐山、太白、陈仓、凤县、长武、旬邑、临渭、潼关、华阴、韩城、华县、澄城、紫阳、汉滨、旬阳、白河、汉阴、岚皋、丹凤、洛南、山阳、镇安、商南、柞水、商州、镇巴、宁强、勉县、佛坪、南郑
2005	12.46	10.83	6.65	3.35	神木、榆阳、横山、靖边、定边、佳县、延川、宝塔、延长、桥北、洛川、吴起、志丹、安塞、黄龙、宜川、宜君、耀州、印台、王益、陇县、麟游、千阳、凤翔、岐山、陈仓、凤县、长武、旬邑、淳化、礼泉、临渭、白水、华阴、合阳、华县、澄城、紫阳、汉滨、旬阳、白河、汉阴、岚皋、丹凤、洛南、山阳、镇安、商南、柞水、商州、镇巴、宁强、西乡、佛坪、略阳、洋县
2006	7.84	6.80	6.00		神木、榆阳、横山、靖边、定边、宝塔、桥北、洛川、黄龙、宜川、宜君、耀州、陇县、千阳、岐山、陈仓、渭滨、凤县、旬邑、淳化、白水、华县、紫阳、汉滨、旬阳、白河、汉阴、岚皋、丹凤、洛南、山阳、镇安、商南、柞水、商州、镇巴、宁强、西乡、南郑、勉县、洋县
2007	4.64	4.07	4.85		神木、榆阳、横山、洛川、黄龙、宜川、宜君、千阳、岐山、陈仓、凤县、旬邑、乾县、礼泉、富平、华县、紫阳、汉滨、旬阳、汉阴、岚皋、丹凤、洛南、山阳、镇安、商南、柞水、商州、宁强、西乡、勉县、洋县

续表

年份	新播		复播	成林面积	播区所在地
	播区面积	有效面积	播区面积		
2008	3.89	3.42	5.15		神木、榆阳、横山、富县、宜川、洛川、黄龙、宜君、千阳、岐山、陈仓、凤县、旬邑、淳化、富平、华县、紫阳、汉滨、旬阳、汉阴、岚皋、丹凤、洛南、山阳、镇安、商南、柞水、商州、宁强、西乡、南郑、佛坪、镇巴
2009	10.25	8.79	3.92		神木、榆阳、横山、靖边、佳县、延长、富县、宜川、洛川、黄龙、千阳、岐山、麟游、渭滨、陈仓、凤县、旬邑、淳化、乾县、礼泉、富平、白水、澄城、紫阳、汉滨、旬阳、汉阴、岚皋、石泉、丹凤、洛南、山阳、镇安、商南、柞水、商州、城固、宁强、西乡、南郑、佛坪、洋县
2010	4.79	4.07	1.61		神木、榆阳、横山、靖边、桥北、富县、宜川、洛川、黄龙、千阳、岐山、麟游、渭滨、陈仓、凤县、旬邑、淳化、紫阳、汉滨、旬阳、汉阴、岚皋、丹凤、洛南、山阳、镇安、商南、柞水、商州

二、成效

1. 生态、社会和经济效益明显。在提高飞播施工质量的同时，经过抚育间伐、补植补播等管理手段，营造了大片的飞播用材林、防护林基地，集中连片成林超过6.67万公顷的4片，位于榆林神木县，榆阳区和横山县，定边县和靖边县，商洛丹凤县；0.67万公顷的25片，位于神木县、榆阳区、横山县、靖边县、定边县、蓝田县、凤县、陇县、凤翔县、宁强县、镇巴县、西乡县、紫阳县、汉滨区、汉阴县、旬阳县、岚皋县、石泉县、丹凤县、洛南县、山阳县、镇安县、商南县、柞水县、商州区；0.07万公顷以上253片，飞播造林加快了陕西造林绿化的步伐。1998年，据省规划院对寺坪飞播区二类资源调查结果和商洛、汉中、安康3市飞播林抚育间伐标准地推算，全省飞播林年生长量30万立方米，年立木增值3000万元，木材总量1000万立方米，林木价值达10亿元，相当于飞播总投资16倍多。

2. 培育了后备森林资源，同时在调节气候、防风固沙、控制水土流失、涵养水源、改善生态环境中发挥了明显作用。榆林市流动沙地治理中，飞播造林发挥了巨大的先锋作用。截至2010年，榆林市共完成飞播造林44.87万公顷，飞播成林26.67多万公顷，形成了165个0.07万公顷以上的连片飞播林基地，播撒出一条东西长达400千米的“绿色长廊”，成为防风固沙、保护农田的坚实生态屏障。丹凤县流岭山系4.50万公顷飞播造林基地，使境内牌路河、寺坪河、八里十河、商路河4条小河由季节性干枯，变成四季小溪。据商洛地区测定，飞播林地平均每公顷减少泥沙约21吨，这对治理长江、黄河、促进农业发展，有着十分重要的意义。

3. 给播区群众脱贫致富创造了条件。飞播成林后，农业生产条件改善，粮食产量增加，人民生活有了明显提高。1990 年在洛南县飞播林区幼林定株抚育、透光抚育，实际完成作业面积 0. 22 万公顷，中龄林透光抚育出材 1. 15 万立方米，销售收入 150. 5 万元，上交税金 13. 2 万元，国家和集体收入 31. 5 万元。1993～2000 年，商洛丹凤县原寺坪折股联营林场，在飞播林中进行抚育间伐，累计作业面积 0. 23 万公顷，出材 1. 70 万立方米，收入 450 万元，其上交林业专项资金 21. 43 万元，税金 31. 80 元万，股东分红 217. 00 万元。1996 年宁强县在五丁关播区内抚育间伐 0. 01 万公顷，群众投劳 5250 个，直接经济收入 55200 元，上缴各种税费 5000 元。1997 年榆林定边县在飞播林区花棒、踏郎、沙打旺林中养蜂，有 200 户，放蜜蜂 3 万箱，年产蜂蜜 700 吨，收入 400 万元。

4. 不同类型播区的成林效果。秦巴石质山区飞播区：包括汉中、安康、商洛 3 市和西安、宝鸡、渭南 3 市的南部。1990～2010 年，累计飞播造林 77. 98 万公顷，成林面积 21. 67 万公顷，成苗面积 0. 39 万公顷。飞播树种以油松、侧柏、马尾松、华山松为主，兼有漆树、柏木、黄连木、杉木、白皮松等。由于采用混播技术，加之播后严格的封育措施，飞播成林多为针阔混交林。在中低山区，多油松(或马尾松)和侧柏、柏木、栎类混交；高山地带多为华山松、漆树混交。基本形成了以油松、华山松为主的大面积飞播林基地。

毛乌素沙地南沿飞播区：飞播造林在长城沿线的神木、榆林、横山、定边、靖边 5 县的全部沙漠地段。1990～2010 年，累计飞播造林 34. 10 万公顷，成林面积 14. 90 万公顷，成苗面积 1. 76 万公顷，主要飞播植物种有花棒、踏郎、沙打旺、沙蒿等。20 年来沙区飞播成效显著，保存率全省最高，大面积灌木林地已具规模。据陕西省治沙研究所观测，飞播 3 年后，林草稳定，5 年后自然植株明显增加，群体增大，抗风能力增强，8 年后沙丘趋于平缓，沙地变成固定状态，林木枯枝落叶增加，地表出现 3～7 厘米厚的结皮层，黏粒增多，氮素增多。林内小气候明显变化，风速削减 1%～2%；流沙减少 80%；地面蒸发量减少 1. 2～2. 3 毫米；相对湿度提高 2%～5%。

黄土丘陵沟壑飞播区：飞播在延安以北，长城沿线风沙区以南的县区。1990～2010 年，累计飞播造林 4. 49 万公顷，成林面积 1. 20 万公顷，成苗面积 0. 03 万公顷。飞播植物种有沙棘、柠条、有零星的针叶飞播树种油松、侧柏，如子长县的娘娘塬播区。飞播造林增加了黄土沟壑区的植被盖度，沙棘飞播 4 年后，出现沙棘蛾，引起沙棘干缩病小面积死亡；沙打旺飞播 6 年后，沙打旺出现严重退化。黄土丘陵沟壑飞播区的大面积灌木林急待平茬抚育。

渭北黄土高原飞播区：包括渭南、咸阳、宝鸡和铜川市渭河以北的地区。1990～2010 年，累计飞播造林 25. 74 万公顷，成林面积 4. 50 万公顷，成苗面积 1. 74 万公顷。主要飞播沙打旺和油松、侧柏等，飞播 3 年后沙棘、柠条、沙打旺覆盖度达 0. 7 以上；个别播区飞播主要树种有油松、侧柏、漆树，千阳、陇县飞播的油松漆树长势良好，形成部分松漆混交林。岐山、凤翔、扶风、旬邑等县，均已形成大块状生长良好的油松林。

黄桥山系飞播区：包括延安以南、黄龙山和崂山山系的次生林边缘地区宜川、富县、洛川等县。1990～2010 年，累计飞播造林 13. 32 万公顷，成林面积 2. 23 万公顷，成苗面积 1. 30 万公顷。飞播主要树种有油松、侧柏。宜川、富县成效最好，每亩成林株数 230～300 株。该区在残败的栎类次生林内成林最好，多为油松、杨树及栎类混交林。

第五章 国际合作造林

第一节 组织机构

根据省编办办公室《关于成立陕西省林业国际合作项目管理中心的批复》，陕西省林业国际合作项目管理中心于2001年正式成立，以下简称“项目管理中心”，属陕西省林业厅直属处级事业单位，财政全额拨款，编制9人，后增加到12人。

项目管理中心的职责是：负责承担全省林业国际合作项目的前期调研、论证、评估等基础性工作；配合外方专家完成项目的各项调查、考察、评估等工作；编制项目实施方案以及作业设计，制定项目年度执行计划；组织项目实施、质量监测验收和竣工验收工作；制定项目管理办法、技术规程和质量标准，组织指导项目、推广应用林业先进技术，开展人员培训和咨询服务；组织财务报账，监督资金使用，配合项目审计，负责项目设备采购、物资发放和基础设施建设等工作；负责项目进度报告、竣工报告。

第二节 中德合作造林项目

一、中德合作陕西西部恢复生态环境造林工程项目

(一)项目背景及可行性研究考察

中德合作陕西西部恢复生态环境造林工程项目(以下简称陕西中德合作造林项目)是中国第一个利用德国政府无偿援助资金所实施的恢复生态环境造林项目。1990年12月，中德两国政府关于发展援助政策合作混合委员会，在北京举行的第八次会议上确定陕西中德合作造林项目。从1991～1993年德国复兴银行先后4次委派共16名林业、农业、水土保持、社会经济等方面的咨询专家和银行官员对项目进行了180多天的考察，向德国复兴银行提交了4个考察调研报告。

1993年6月，国家计委批复了陕西中德合作造林项目的可研报告。

项目建设范围：陇县、千阳县、陈仓区、麟游县、永寿县、彬县、旬邑县。

项目建设规模：造林2.3万公顷，配套建设种子库1座、林业培训中心1个、县级林业工作站7个、乡办林场16个、总建筑面积1.21万平方米，改建县级中心苗圃7个，修三级林道110千米。

项目总投资7230万元，其中德国赠款1300万马克(折合人民币4680万元，汇率1/3.6)，国内配套2550万元(林业部安排三北工程款150万元，地方筹集600万元，群众投劳折资1800万元)。

(二)项目的执行

1. 建设启动。1991年12月21日，省林业厅在西安召开了陕西中德合作造林工程启动会，项目建设从1993年全面开始，按照项目筹备期约定，报账追溯至1992年。项目

原确定执行期为 1993 年始至 1999 年 12 月 31 日，其间由于受干旱的影响，经双方协商，延长至 2002 年 6 月底。

1994 年 4 月 11 日，省政府成立了陕西中德合作造林项目领导小组，副省长王双锡担任组长，副组长由省政府副秘书长黄广文、省林业厅厅长钟高适、宝鸡市副市长陈继荣、咸阳市政府顾问王保京担任，成员有省发改委张淦然，经贸厅张志民，水利厅彭谦，林业厅何发理、曹澄宇，财政厅樊育象，水保局王正秋。领导小组下设办公室，办公室设在省林业厅。

1994 年，项目通过林业部种子公司从美国亚利桑那州和科罗拉多州引进 2 个种源的美国黄松种子 4 千克。1995 年分别在永寿县、陇县进行育苗试验，当年生产黄松容器苗 1 万株。1996 年分别在麟游崔木、陇县龙门洞林场共造林 100 亩，成活率 95%。

2. 技术培训。国外培训：项目实施期间先后在德国开展 2 次国际培训。1994 年 7 月 1~15 日，省林业厅派出项目决策层人员培训团 20 人赴德国开展培训，团长由省林业厅副巡视员曹澄宇担任。1995 年 7 月 1~29 日，省林业厅派出项目技术培训团 37 人赴德国开展培训，团长由省林业厅副厅长何发理担任。培训团在德国黑森州、巴登-符腾堡州、巴伐利亚州 3 个州的林业局、公司、国有、私有苗圃共 23 个单位开展了考察、学习和培训活动。

国内培训：共举办培训班 1095 次，培训管理人员、技术人员和林农 38. 6 万人次。同时项目还安排了 60 人/月的德国咨询专家的咨询。

3. 项目采购。按照执行计划，1995 年 11 月，省林业厅项目办按照项目财务协议，招标采购项目车辆 30 辆。外配套采购拖拉机 14 台、摩托车 17 辆、山地自行车 36 辆，苗圃设备 9 套。

4. 检查验收。项目执行期间，中德双方多次进行项目质量检查。

自查自检：省林业厅委托规划院分别在 1997 年、1998 年、1999 年进行了 3 次项目检查(表 3-5-1)。

1997~1999 年陕西德援造林项目中方三次检查统计表

表 3-5-1　　单位：公顷、%

时间	项目	上报面积	抽查面积	核实面积	核实率	合格率
1997 年 7 月	防护林	11193. 9	1652	1539. 9	93. 2	65. 3
1998 年 9 月	防护林	22420		22396. 6	99. 9	99. 9
1999 年 12 月	防护林		17820. 6	17482	98. 1	
	经济林		22988. 5	20482. 8	89. 1	

德国专家组检查：德国专家组分别在 1995 年、1997 年、1998 年、2002 年对项目进行 4 次检查，其中 2002 年 2 月 28 日至 4 月 15 日，德国复兴银行委托 GITEC/GWB 咨询公司对项目进行终期全面验收检查，检查专家组长为海农先生(Dr. Seabauer)。专家抽查了 1355. 6 公顷防护林、用材林，69. 4 公顷经济林。抽检结果为：有 9. 9%无法成林，15. 8%有望成林，74. 3%达到和超过合格标准。

5. 建设任务完成情况。项目于2001年年底全面结束，涉及2市7县32个乡(镇)，3个国营林场，351个行政村，7.1万个农户，30.94万人口，12.6万个劳力。项目共设计58个作业区，4874个小班，共完成造林2.321万公顷，项目修建柳谷坊2799个，建封沟埂190千米，稳固小侵蚀沟50.5千米，修建水平梯田1033公顷，造林区减少水土流失74%以上。项目修建林区道路114千米，使项目区内59个村，53169位村民受益。改良牧场1064公顷，乡办林场建房1600平方米，建县级培训中心7个7000平方米，省级培训中心1个2000平方米，改扩建了项目中心苗圃7个，发展私人苗圃549个。100%完成建设目标任务(表3-5-2)。

1997~2002年陕西中德合作造林项目建设任务完成统计

表3-5-2

项目	合计	陇县	千阳县	宝鸡市	麟游县	彬县	旬邑县	永寿县
作业区数(个)	58	10	7	9	8	10	9	7
造林小班(个)	4874	840	704	688	448	781	1117	296
造林面积(公顷)	23271.5	3440.4	3404.5	3403	3116.1	3543.5	3244.7	3119.3
修建梯田(公顷)	1033	60	100	152	100	200	221	200
治理侵蚀沟(千米)	50.5	4	6.7	7	6	8	8.8	8
建谷坊数(个)	2799	260	405	408	389	420	502	415
牧地改良(平方米)	1064	126	23	43	70	33	764	5
林区道路(千米)	114	18	16	16	16	16	16	16
乡办林场建房(平方米)	1600	200	200	300	200	200	200	300
县培训站建房(平方米)	7000	1000	1000	1000	1000	1000	1000	1000

陕西中德合作造林项目投资计划执行情况统计见表3-5-3。

1997~2002年陕西中德合作造林项目投资计划执行表

表3-5-3　　单位：万元

项目	合计	省项目办	省培训中心	宝鸡市项目办	咸阳市项目办	陇县	千阳县	陈仓区	麟游县	彬县	旬邑县	永寿县
合计	7430.0	1214.59	142.72	102.93	86.73	829.43	849.81	871.33	770.21	882.76	880.82	798.67
造林	4166.1	136.00				598.12	599.30	603.12	513.64	601.80	599.88	514.24
基础建设	970.0	90.00	117.00	16.00		106.70	103.50	109.95	103.50	106.70	106.70	109.95
水土保持	400.0					24.40	46.80	56.80	53.00	73.00	73.00	73.00
车辆	720.0	125.14		57.57	57.57	68.54	68.54	68.54	68.48	68.54	68.54	68.54
设备工具	164.0	14.45	10.72	14.36	14.16	15.67	15.67	15.92	15.69	15.72	15.70	15.94
咨询费	216.0	216.00										
不可预见费	568.0	453.00	15.00	15.00	15.00	10.00	10.00	10.00	10.00	10.00	10.00	10.00
价格上涨	225.9	180.00				6.00	6.00	7.00	5.90	7.00	7.00	7.00

陕西中德合作造林项目森林覆盖率变化及农户参与情况、造林区土地使用权分配、项目区建苗圃情况统计见表 3-5-4、表 3-5-5、表 3-5-6。

1997～2002 年项目区森林覆盖率变化及农户参与情况统计

表 3-5-4　　单位：公顷、%

县	计划任务	实际完成	项目开始时的森林覆盖率	结束后的森林覆盖率	参与农户数	占总农户比例
宝鸡县	3403	3403	10. 2	68. 8	5557	62. 6
千阳县	3397	3404. 5	13. 4	57. 9	6657	82
陇县	3373	3440. 4	6. 9	46. 3	5902	86
麟游县	3065	3116. 1	11	63	6956	100
彬县	3396	3543. 5	15. 9	37. 7	7330	100
旬邑县	3266	3244. 7	13. 8	50. 5	6690	95
永寿县	3100	3119. 3	12. 8	50	2603	16. 7
合计	23000	23271. 5	12	53. 4	41695	68. 7

1997～2002 年中德合作陕西西部造林项目区造林土地使用权分配表

表 3-5-5　　单位：公顷、%

县	实际完成	国有造林面积	占总造林比例	集体造林面积	占总造林比例	个体造林面积	占总造林比例
宝鸡县	3403	298. 1	8. 8	658. 7	19. 4	2446. 2	71. 9
千阳县	3404. 5	766. 9	22. 5	0		2637. 6	77. 5
陇县	3440. 4	160. 4	4. 7	375. 7	10. 9	2904. 3	84. 4
麟游县	3116. 1	402. 8	12. 9	1989. 7	63. 9	723. 6	23. 2
彬县	3543. 5	0		1169	33. 0	2374. 5	67. 0
旬邑县	3244. 7	432. 8	13. 3	0		2811. 9	86. 7
永寿县	3119. 3	115. 7	3. 7	1393. 1	44. 7	1610. 5	51. 6
合计	23271. 5	2176. 7	9. 4	5586. 2	24. 0	15508. 6	66. 6

1997～2002 年陕西省部分县项目建设苗圃统计

表 3-5-6　　单位：个、万株

县	苗圃数量		提供苗木数量	
	私人	国有	私人	国有
宝鸡县	19	26	697. 2	592. 1
千阳县	52	4	1037. 5	574. 2

续表

县	苗圃数量		提供苗木数量	
	私人	国有	私人	国有
陇县	70	12	840	638
麟游县	90	2	400	690
彬县	130	16	133.3	21.7
旬邑县	40	1	588.6	486.7
永寿县	148	1	164	1073
合计	549	62	3860.6	4075.7

(三)德方对项目进行验收评估

2002年5月13~22日，德国复兴银行对项目进行最终评估验收。专家组长为项目主管奥特曼女士(Ms. Oltmann)。验收组确认项目完成造林23751.5公顷，修建林道114千米，建培训中心8个，林场16个。评估组确认，项目70%造林面积达到合格标准，90%林分被看成是造林成功，通过验收。2006年9月17~21日，德国复兴银行派员对项目进行终期评估(后评估)，组长魏茨尔(Mr. Weiltzel)。评估组认为，从取得的项目数量、目标和结果来看，项目实施是成功的，特别是在生态方面的影响，项目区在经济和社会方面也产生了影响。

(四)项目总结移交

2008年9月，省林业厅通知项目实施各市、县，对陕西中德合作造林项目建设经验进行全面总结和成果移交，项目的林地、设备、实施档案等后续管理工作全部纳入地方正常管理。至此，项目全面结束。

(五)项目建设成效

1. 社会经济效益。通过项目建设，使整个项目区30.94万农民纯收入由1992年的485元，提高到2001年年底的1118元。有41695户参与项目各项活动，占项目区总户数的68.7%，其中女性参与占30%~50%。有12445个农户拍卖或承包了66.6%的造林，项目的所有活动，自始至终都由当地农民参与实施，并与农民的利益直接挂钩，提高了广大农民的积极性。项目区内私人苗圃发展迅速，截至2001年年底，项目区内私人苗圃已达549个，面积237.6公顷。

2. 生态效益。项目把生物措施与工程措施紧密结合，发挥了更大的水土保持作用，改善了项目区农民的农业生产条件。据测算，项目建成后每年产生的生态效益约55486万元。基础设施建设提高了项目区中心苗圃的产苗量和苗木质量，为项目提供优质苗4075.7万株，占项目用苗的51.4%。项目营造了24种混交林模式13400公顷，混交林的比例达到67%，是全省混交造林比例最高的项目，为陕西黄土高原的综合治理树立了很好的示范样板。

(六)项目建设中采用新的工作方式与方法

第一次将国际上的一些先进理念和管理方法引入国内林业工程建设，值得引起重视和借鉴。一是注重参与式规划设计；二是实行报账制支付；三是实行开放式管理；四是重视项目建设的全程管理；五是实行招标制采购；六是要注重生物多样性保护；七是成功引入了刺槐无性系、美国黑核桃、美国黄松等优良树种和品种，丰富了陕西造林树种资源。

二、中德合作陕西延安生态造林项目

(一)项目由来

1996 年 3 月 15 日，省林业厅向国家林业部申报了德国无偿援助延安生态林业工程建设项目建议书。

1999 年 4 月 19 日，德国复兴银行提出将项目县调整为 3 个，即吴起、志丹、安塞，援助资金 1200 万马克，造林任务由 2 万公顷调整为 1.8 万公顷。项目采购车辆由 33 辆调整为 26 辆，造林成本由 2454 元/公顷，调整为 2896 元/公顷。4 月 26 日，中德两国政府在北京签署了项目谅解备忘录，确定了项目的总体框架。项目建设期限为 9 年，即 2000~2008 年。最终评估验收为 2011 年。

(二)项目组织管理

2000 年 3 月 31 日，省林业厅宣布，中德合作陕西延安造林项目全面启动实施。延安市林业局及吴起、志丹、安塞 3 县林业局相继成立了项目建设办公室。

2000 年 9 月 6~7 日，省政府在西安召开了项目启动会。2001 年 8 月 10~11 日，省林业厅在安塞县召开了中德合作陕西延安造林项目工作会议，省林业厅副厅长兼项目办主任赵秉正、延安市副市长李瑞支在会议上讲话，会议还交接了援赠的车辆。

2002 年 10 月 12~14 日，国家林业局在延安召开第五次中德财政合作造林项目座谈会。2003 年 1 月 14 日，省林业厅项目办制定印发了《中德合作陕西延安造林项目会计核算办法》《中德合作陕西延安造林项目财务管理办法》《中德合作陕西延安造林项目车辆设备物资使用管理办法》。

2004 年 11 月 1~3 日，省项目办在志丹县召开中德合作陕西延安造林项目工作会议，根据德国复兴银行检查，研究部署兔害防治、庭院林业、造林补植等工作。省市县项目办主任、会计、技术负责人参会了会议。

2007 年 1 月 22~26 日，省项目办在吴起县召开了项目工作会议，研究落实开展近自然示范林造林模式试验，新增设备购置招标采购以及额外补植苗木费报账事宜。

(三)项目实施具体措施

1. 实行参与式土地利用规划。2001 年 2~3 月，省项目办聘请德国专家，在项目区开展了为期 45 天的项目参与式土地利用规划培训。参加人员有省、市、县项目办技术人员及项目乡林业技术员 40 人。参与式土地利用总体规划是项目实施的重要基础，规划设计的范围涉及 20 个乡(镇)、80 个行政村、175 个村民小组。共有 6043 户农民参与规划全过程。规划前后历时 4 个多月，召开村、组全体村民座谈会 183 次，共规划设计造林面积 2.02 万公顷，确定 2 个林种，设计 23 个造林树种。造林设计 94 个作业区，2975 个小班造林，全部签订造林合同，土地使用权落实到户。

2. 实行开放式计划管理。项目实行“有任务不包死，拿到资金靠实绩”的开放式计划管理模式。对项目实施进度好的加快报账，质量不好的不予报账。造的多、造的好的县，报账报的多，最终拿到的钱多，从而激发了各项目县保质量，求进度，加快了项目建设。

3. 严格执行财政协议。财政协议总预算人民币 8848 万元，包括德方赠款 1200 万马克（相当于人民币 5400 万元），中方配套资金人民币 2700 万元和受益者投劳折抵约人民币 749 万元。

项目结束，收到 16 次提款报账资金 6134515.21 欧元，相应的人民币金额为 5717 万元。其中，4832 万元用于造林活动，657 万元用于咨询、143 万元用于汽车购置。中方配套资金为 3475 万元。中德双方资金均无违规使用。中方配套资金比预算增加了 30%，达到 3475 万元。这主要用于新增防护林造林面积、兔害防治以及超出预算的补植费用。

4. 实行项目信息系统管理。从 2002 年开始，省项目办与西安锐贝科技有限公司合作，历时 2 年，研发出了中德合作陕西延安造林项目信息管理系统和财务软件管理系统。应用项目信息管理系统能够及时准确地提供项目各种生产数据信息。

5. 实行审计报告制度。省审计厅每年分 3 次对项目账务执行情况、申请报账资料、配套资金到位情况、援款使用情况进行全面审计。尤其在劳务费发放、种苗费兑付方面，审计人员都要到村、组、户，进行调查访问，入户跟踪审计。

6. 采用合同制管理。项目的各项活动，均须由项目执行机构与建设服务方签订合同。如在参与式土地利用规划阶段，由县项目办与自然村签订造林主合同，农民个人在项目规划表中签订副合同。此外，项目还有检查验收合同、专家咨询合同、项目培训合同、设备采购合同等。项目实行合同管理，做到了事前控制，明确了双方的责权利，规范了管理。

7. 防治兔害。由于植被的增加，野兔的数量几乎呈现爆发式增长。2004 年 11 月 24 日，省项目办向德国复兴银行提出了需要在项目区开展兔害防治的建议。从 2002 年冬季开始，兔子危害在项目区大面积发生，3 县项目造林受害面积达 16046 公顷，占项目造林面积的 87.2%。项目 3 年计划（2004～2007 年）防治兔害需要费用 298.9 万元。11 月 27 日，德方同意在项目区开展兔害防治建议。经过 3 年综合防治，2007 年 4 月，据省林业调查规划院第三次监测检查，无 4～5 级程度兔子危害；3 级以上危害程度面积由 242.8 公顷下降为 0 公顷，1～2 危害程度面积由 5881.2 公顷下降至 1935.5 公顷，危害比例由 32%下降至 10.5%，无危害面积由 12268.1 公顷增加到 16456.6 公顷，无危害比例由 66.7%上升至 89.5%。2007 年 9 月至 2008 年 8 月，受省项目办委托，省规划院对中德合作陕西延安造林项目区病虫害进行了全面调查。

8. 加强管护。项目在每 1 个作业区设立 1 个护林房，共建立了 92 个护林房。每 1 个作业区，由项目出资聘用 1 名护林员。

（四）出国培训

2001 年 10 月 15～30 日，省林业厅副厅长郝福财为团长，组织管理与技术人员 16 人，赴德国执行陕西中德合作造林项目考察任务。

2002 年 10 月 25 日至 11 月 10 日，省林业厅项目办组织省、市、县管理与技术人员 15 人，赴德国执行中德合作陕西延安造林项目考察培训任务。

2011 年 11 月 23 日至 12 月 12 日，省林业厅副厅长王建阳为团长，组织项目区管理和技术人员12人，赴西班牙执行中德合作陕西延安造林项目培训考察任务。

（五）质量检查与监测

1. 造林质量与检查。2001年5月22~24日，省项目办开展了项目监测培训，参加人员有省、市、县项目办技术人员12人，委托省规划院对项目造林跟踪调查（表3-5-7）。

2001~2008年陕西省德援项目造林跟踪调查表

表3-5-7　单位：公顷、%

时间	造林面积	合格面积	合格率
2001年7月	1973.7	1934.98	99.5
2002年2月	5447.49	3837.63	70.4
2002年6月	4366.315	4299.83	98.5
2003年7月	7288.13	7250.23	99.5
2003年11月	8889.71	7781.74	87.5
2004年7月	6898.05	6432.15	93.2
2005年7月	7237.2	7063.9	97.6
2006年6月	5379.45	4725.43	87.8
2007年10月	4963.84	4579.24	92.25
2008年11月	491.8	349.2	71.0

2. 庭院林业与近自然林检查。2006年12月，省规划院对庭院林业进行全面检查，3个县项目区共栽植合格庭院树57807株。2007年11月，对庭院林业进行再次检查，3个县项目区共栽植庭院树47450株，合格42771株。2007年10月，省规划院对近自然林业进行监测检查，上报造林306.6公顷，合格306.6公顷。

3. 德方专家对项目进行检查监测。2010年6月9日至7月15日，德国GFA公司库禾麦斯特（Duido Kuchelmeister）博士和造林质量监测专家艾伦（Eleonore Schmidt）女士一行5人，对项目开展了为期1个月的评估检查和项目造林质量监测。本次评估是复兴银行竣工验收前的预评估，评估组对项目造林、配备车辆、办公设备、数据库管理系统、项目财务管理、配套资金、项目培训和综合管理进行了全面检查。专家组认为项目造林任务完成较好，效果显著，造林保存合格率达到99.9%，达到成效优秀和一般水平的面积占93%以上，评估综合得分4.3分（满分5分）。

2012年4月，德国林业专家哈斯（Günther Haase）先生和财务专家李晓荣女士代表德国复兴信贷银行对项目进行最终评估和检查验收。评估组对项目进行了全面检查，与省市县和农户进行了广泛座谈，签署了项目《终期检查验收会谈纪要》，评估组对陕西延安造林项目实施情况表示满意。项目通过验收，圆满结束。

（六）任务完成情况

项目区3县共造林20194.69公顷，其中防护林19801.69公顷，经济林393公顷。营造近自然示范林300公顷，改造中心苗圃3处。修建林道88.8千米，发节柴灶1836

个，其中吴起667个，志丹665个，安塞504个，完成采购车辆26辆。其中，越野车6辆，皮卡车3辆，面包车1辆，拖拉机3台，摩托车13辆。

安塞县涉及4个乡镇，33个行政村，76个自然村，包括官道山、白猪山、塔庙等29个作业区，共完成造林6673.06公顷，近自然示范林100公顷；项目100%完成目标建设任务。

志丹县涉及6个乡镇，26个行政村，68个自然村，包括边崖根、刘家湾、张阳塌、雨安洼等23个作业区，共完成造林6676.23公顷，近自然示范林100公顷；项目100%完成目标建设任务。

吴起县涉及10个乡镇，22个行政村，30个自然村和32个作业区，共完成造林6845.4公顷，近自然示范林100公顷；项目100%完成目标建设任务。

（七）项目效益

1. 生态效益。项目区20个乡（镇）林木覆盖率平均提高了4.3%，80个行政村林木覆盖率平均提高12.1%。项目区85.4%防护林覆盖率达到30%～60%，其土壤侵蚀模数由10000吨/（千米·年）减少到1000吨/（千米·年）以下。连片景观效果显著，生物多样性增加。作业区内乔灌木树种平均从原来的0～3种增至10种以上，哺乳动物如狐狸、狼和獾再现，野鸡数量增加，并有许多外来鸟类迁入。

2. 社会效益。项目建成94个防护林示范样板基地，3个万亩造林作业区群。最小的造林作业区群面积（志丹县）753.3公顷，最大的造林作业区群面积（吴起县）91072公顷。项目开展之前安塞、志丹、吴起3县农民种植着大面积的坡耕地，人均0.4公顷。项目实施后的2005年，项目区人均耕地0.207公顷，比项目实施初期人均耕地减少了0.193公顷。安塞县项目实施5年后（2005年），防护林面积由2001年人均0.253公顷增加到0.873公顷，增加了3.45倍。

3. 经济效益。项目实施给当地农民带来了两大方面的好处：一是农民通过参加项目造林，直接获得数量可观的劳务费补贴，截至2010年年底，项目累计向农民发放造林劳务费3808.4万元。据对97户农户实地调查，平均每户从项目上直接获得的劳务费收入6155.6元，其中安塞县36户参与项目的农民，每户平均获得劳务费4300.8元，志丹县30户农民，每户平均获得劳务费7928.9元，吴起县31户参与项目的农民，每户平均获得劳务费6593.4元。二是农民通过项目培训，认识和掌握了育林技术。吴起县薛岔乡南沟行政村通过项目实施，成立了“造林绿化林海公司”，2001年以来，公司除完成本村退耕还林任务外，多次承包县内造林绿化工程3200公顷，石油井场道路绿化500多千米，其他县区造林工程667公顷，累计经济收入400多万元。截至2010年年底，92个护林员总收入达275万元人民币。

4. 引进的“近自然森林”经营理论、技术和方法。项目根据区域内气候干旱、土壤瘠薄的特点，按照先易后难的设想，先营造1～2年生沙棘、2年生山桃或山杏作为先锋灌木树种，再按照针阔叶混交林的要求，栽植侧柏、油松、杜梨等2～3个目标树种，形成2～3个不均匀分布的林层。6～7年后油松、侧柏目标树生长高度达到2米以上，再对目标树进行适度的密度调整，进行移除苗木，以减轻竞争的压力，并可以为其他地区造林提供优质苗木。随着时间推移，造林地许多地块已经呈现出近自然林现象。10年中，

3县共完成近自然造林300公顷。

（八）宣传报道

2001年2月19日，《延安日报》在头版显著位置刊登题为“栽什么树，在什么地方栽，农民说了算”的文章，对项目参与式土地利用规划、民主决策进行适时报导。延安市、吴起县、安塞县、志丹县电视台多次在电视新闻中报道了中德合作项目取得的成就和创新实施，延安市项目办和安塞县、志丹县项目办分别制作新闻记录片5期，对项目进行了推广宣传。

2002年10月11～15日，国家林业局在延安召开项目交流会，中德合作陕西延安造林项目作为典型在大会上介绍了经验。

2003年11月26～28日，财政部、国家林业局、德国经济合作与发展部联合在北京举行的“中德林业发展合作庆典表彰大会暨国际研讨会”上，中德合作陕西延安(二期)造林项目办公室被国家林业局授予先进集体。

第三节　比利时援陕造林项目

一、项目基本情况

比利时援陕造林项目涉及陕西省靖边、吴旗、志丹、安塞和延川5个县，比方投资7800万比利时法郎(约折合人民币1733万元)，中方配套1967.0795万元，项目主要内容是：

1. 对林业部门的支持。包括车辆、办公设备购置和技术咨询等。

2. 苗圃建设。包括温室大棚、打井和渠道建设，以及设备和消耗品购置等。

3. 果园营建。果园建设总任务1553.3公顷。包括新建园、高接换头和低产园改造3项。树种为仁用杏和红枣。其中：仁用杏总任务为1313.1公顷，即在吴旗、志丹和安塞3个县新建1193.3公顷、高接换头60公顷和低产园改造60公顷。红枣总任务为240公顷，即在延川县新建200公顷、高接换头20公顷和低产园改造20公顷。

4. 技术培训。包括参与式培训方法、苗圃管理、雨水收集系统设计、果树整形修剪、果园施肥与地表管理、果树病虫害防治、果实采收处理加工与销售、项目管理、计算机培训，实地考察参观和设备购置等。

5. 沙地治理。包括平沙造田、低产田改造、基础设施建设、种植林草饲料、养羊、生产工具和生产资料购置等。

沙地治理部分总面积为73.2公顷，即在靖边县海则滩村平沙造田36.3公顷，低产田改造36.3公顷，并配套基础设施、种植经济林和建农田防护林、开展多种经营。

二、项目的组织实施

1. 购置设施设备。按照项目协议要求给吴旗、志丹、安塞和延川4个县项目办购置皮卡和东风牌卡车各1辆，靖边县东风牌卡车1辆，省治沙所猎豹越野车1辆，省林业厅项目办越野车1辆电脑1台、打印机1台、复印机1台、录像机1台。

2. 苗圃基建。吴旗、志丹、安塞和延川4县已完成苗圃的各项建设内容。其中：各完成打井1眼、建泵房1间、拉电线和安装变压器1台、衬砌输水渠道2000米、修建蓄水池1个、建塑料大棚1座、遮阴房1座。

3. 果园营建。已完成新建果园、低产改造和高接换头1553.3公顷，是计划任务的100%。

新建果园，建仁用杏园1193.3公顷，其中：吴旗县400公顷，志丹县400公顷，安塞县393.3公顷；建红枣园200公顷(延川县)。

高接换头，已完成1200亩，占任务1200亩的100%，其中：吴旗县300亩，志丹县300亩，安塞县300亩，延川县300亩。

低产改造，已完成80公顷，占任务的100%，其中：吴旗县20公顷，志丹县20公顷，安塞县20公顷，延川县20公顷。

4. 技术培训。组织实施4个年度红枣和仁用杏的苗圃培训、雨水收集系统设计培训、果园技术培训、果树整形与修剪培训、果园施肥与地表管理培训、果园病虫害防治培训、果实采收处理加工与销售培训、项目管理培训、计算机培训等，累计培训技术人员3728人次，为计划数3600人次的103.6%。

5. 沙地治理。平沙造田：完成沙地平整37.18公顷，沙地覆土37.18公顷，增施有机肥139.5万千克。打配机井，打配200米机井4眼、180米机井4眼；建水泵房8间；购买和安装50千伏安变压器和80千伏安变压器各1台，架设高压线3千米、低压线2千米；埋设直径4英寸聚丙输水暗管5600米，并配套缓冲池等。建暖棚羊舍146座。购买小尾寒羊96只，其中适龄母羊88只，种公羊8只。制作葡萄架，即12厘米×12厘米×270厘米铸筋水泥杆1520根，购置8#镀锌铁丝1.5吨，完成了2.8公顷葡萄架建设。种植户泰8号和红堤葡萄2.8公顷，并安装滴灌系统。种植紫花苜蓿10公顷，种植玉米26.67公顷、沙打旺2.33公顷。购置铡草机18台，粉碎机23台。栽植新疆杨、樟子松、旱柳等防护林4.8公顷。建成日光温室40座，并安装小型喷灌系统40套。

三、项目实施效果

比利时援陕造林项目的实施，改善了4县林业部门的管理手段和苗圃基础设施，项目区新增经济林面积1393公顷，改造低产果园160公顷，培训技术人员及农民3728人次，新增和改造沙地74.36公顷，为吴旗、志丹、安塞、延川4县49个行政村4370户农民以及靖边县海则滩村农民的脱贫致富打下了良好基础。

第四节　日元贷款及小渊基金造林项目

一、日元贷款陕西植树造林项目

(一)项目可研评估及前期准备工作

日元贷款陕西植树造林项目是经国务院批准，中国政府利用日本政府贷款第一批开展的植树造林项目。

2000年7月15~26日，日本国际协力银行(JBIC)派专家来陕西对日元贷款植树造林项目进行可行性评估，评估考察为日本国际协力银行开发二部，组长为专门调查员中川亚起子女士。评估组考察了蓝田、潼关、澄城、黄陵项目区现场，调查了社会经济状况。

2000年9月1日，由陕西省与日本国际协力银行在北京进行项目会谈，形成《日元贷款陕西植树造林项目会谈纪要》，纪要明确项目实施范围为西安等6市34县。建设内容造林10万公顷，其中，人工造林4.5万公顷(经济林3万公顷、用材林0.8万公顷、防护林0.7万公顷)，封山育林2万公顷，飞播造林3.5万公顷，改扩建苗圃34个，修复林区道路90千米，建设护林房800平方米，建立生态环境监测站8处，监测用房400平方米，购置监测设备78台(个)，新建办公用房300平方米，配备办公设备137台(套、部)，车辆77辆，建设培训推广(站)房1700平方米，配置培训设备21台(套)。项目总投资58.74亿日元，其中利用日本政府贷款42亿日元，中方配套1.276亿元人民币。并确定国家审计部门每年必须对项目审计一次，审计报告于每年9月底前提供。项目完成日期定为2005年12月，账户关闭日期为2008年7月31日。

2001年10月，编制完成了日元贷款陕西植树造林项目总体设计。项目建设范围为6市34县(市、区)。包括西安市的周至、户县、长安、蓝田、临潼、高陵、雁塔、未央、灞桥，宝鸡市的麟游、千阳、风翔、陇县、岐山、眉县、宝鸡县、扶风，咸阳市的长武、彬县、永寿、礼泉、乾县、三原、武功、兴平，渭南市的韩城、澄城、蒲城、大荔、华阴、临渭、潼关，铜川市的印台区，延安市的黄陵县，共251个乡镇。

总体设计确定为作业区1027个，作业小班9631个；设计造林面积100638公顷，其中人工造林45082.9公顷，封山育林20241.1公顷，飞播造林35314公顷。项目总投资为45180万元，其中贷款42亿日元。各市投资分配为：西安投资11146万元，其中贷款7916万元；宝鸡投资9233万元，其中贷款6694万元；咸阳投资9516万元，其中贷款6894万元；渭南投资10856万元，其中贷款7733万元；铜川投资1928万元，其中贷款1382万元；延安投资2069万元，其中贷款1476万元。

(二)项目管理

1. 管理机构。2002年1月28日，陕西省政府成立了日元贷款植树造林项目领导小组。副省长王寿森任组长，省政府副秘书长刘孝文、财政厅厅长丁全德、林业厅厅长权志长任副组长，成员有省发改委副主任魏增军、财政厅副厅长刘晓燕、审计厅副厅长张靖方、外贷办主任王栓仓、林业厅副厅长郝福财、西安市副市长焦安发、宝鸡市副市长王宏、咸阳市副市长庄长城、渭南市副市长岳万民、铜川市副市长王焕有、延安市副市长李瑞支。领导小组下设办公室，办公室设在省林业厅，郝福财兼任办公室主任。在项目建设中，6个项目市和34个项目县(区)均成立了项目领导小组和办公室。

2002年3月4日，省林业厅、财政厅在西安联合召开日元贷款植树造林项目启动会议。全面启动项目实施，现场签订了项目转贷协议。

2. 管理办法。项目执行期间，制定了一系列管理办法。2002年3月29日，省林业厅、发改委、财政厅、外贷办联合印发了《日元贷款陕西植树造林项目管理办法(试行)》。省林业厅、财政厅联合印发了《日元贷款陕西植树造林项目财务管理办法(试行)》《日元贷款陕西植树造林项目会计核算办法(试行)》《日元贷款陕西植树造林项目提款报账办法(试行)》《日元贷款陕西植树造林项目检查验收办法(试行)》《日元贷款陕西植树造林项目档案管理办法(试行)》和《日元贷款陕西植树造林项目进度报告(格式)》。省林业国际合作项目管理中心印制《日元贷款陕西植树造林项目农户手册》。

2003年7月24日，省林业厅、财政厅联合印发《日元贷款陕西植树造林项目提款报账办法》《日元贷款陕西植树造林项目贷款资金发放办法》，8月18日，共同编印《日元贷款陕西植树造林项目资料汇编》。

2006年8月，为做好全省日元项目竣工验收，省林业国际合作项目管理中心和陕西省林业调查规划院联合编制完成《日元贷款陕西植树造林项目省级竣工验收办法》。

3. 管理工作。2002年11月28~30日，省林业厅在宝鸡召开"日元贷款陕西植树造林项目资金兑现现场会"，省林业厅副厅长郝福财到会并讲话，代表们还参观了宝鸡县(今陈仓区)造林现场、宝鸡县官村日元贷款资金兑现现场，印发了《日元贷款陕西植树造林项目贷款发放意见》。项目市县林业局主要负责人和财务会计共162人参加了会议。

2003年7月30日，日本国际协力银行驻北京代表处向有关项目执行单位印发《日元贷款黄土高原植树造林追踪调查报告》，报告对陕西省项目执行情况给予充分肯定和高度评价，并建议其他省份学习借鉴陕西经验和做法。

2003年8月24日至10月6日，陕西遭受了50年一遇的历史性洪水灾害，对日元项目造成重大损失，据各市报告，共冲毁日元项目造林地5271.3公顷，苗圃60公顷，冲毁封育区30公顷，铁丝围栏1500米，冲毁林道31.7千米，日元造林项目直接经济损失5000万元。陕西将情况报告国家林业局和日本国际协力银行。12月20日，国家林业局在北京召开全国林业计划会上，陕西省日元贷款植树造林项目执行情况及做法作为典型材料在会议上交流。

2004年11月5日，省林业国际合作项目管理中心在西安召开日元贷款造林项目阶段性验收结果通报会议。

2006年3月13日，省林业厅下发《关于全面做好日元贷款植树造林项目验收准备工作的通知》。

2007年6月7日，省林业国际合作项目管理中心下发《做好日元贷款造林项目综合评估准备工作的通知》，为项目接受日本国际协力机构检查验收做全面准备。

4. 项目培训。国外培训：共举办3次，2002年11月30日至12月20日，省林业国际合作项目管理中心组成第一批项目技术人员培训团一行20人，赴日本进行"一村一品"培训学习。

2003年12月，省林业厅派出第二批项目技术人员一行20人，赴日本进行"森林经营和管理"培训学习。

2008年12月10~24日，省林业厅派出第三批项目技术人员和管理人员一行18人，赴日本进行"森林多功能"培训学习。

国内培训：省、市、县三级项目办对管理人员、技术人员和参与农户，从整地、栽植、造林到丰产栽培、管理，全面进行培训。并邀请实践经验丰富的专家，进行经济林丰产栽培技术培训，提高了基层林业技术人员和参与农户的经济林栽培管理水平。项目共培训各类技术人员9204人次；培训农民58346人次。

5. 监督检查。项目执行期间，省林业厅共组织4次检查，分别是2002年、2004年、2006年和2010年，确保项目建设质量，保障资金兑现和农民劳务费的兑付落在实处。

2006年下半年，省林业国际项目管理中心委托省规划院对全省日元贷款造林项目进行竣工前检查验收。

2007年7月9~17日，省林业厅项目办委托西北规划院组织西北农林科技大学等有关方面专家，对日元贷款陕西植树造林项目进行竣工前预评估。

2009年9月20日至12月初，省林业厅国际项目管理中心委托省规划院对6市19县26个播区35314公顷飞播造林项目的飞播造林成效进行抽查。

2010年，省林业国际项目管理中心委托省规划院对项目进行了成效调查，结果显示计划任务10万公顷，实施完成造林100638公顷，合格保存99934.7公顷，保存率为99.9%。

6. 日本国际协力银行检查。2002年3月26日，中日政府经济合作记者考察团来陕西考察中日合作项目。

2003年1月22~25日，日本国际协力银行北京代表处委托中国国际民间组织合作促进会北京林业大学专家一行4人对山西、陕西和内蒙古三省份实施日元贷款造林项目进行了中间监理调查。12月10~13日，日本国际协力银行北京代表处竹下昌孝先生和助理张阳先生来陕西，进行项目中期监理检查。

2005年7月22日，日本政府开发援助考察先遣团派长赖诚(日本海外事业经营顾问公司)研究员等来陕西，对项目实施情况进行调查。

2006年4月11~17日，日本国际协力银行驻北京办事处派员对陕西日元项目执行情况进行中期评估。11月20日，日本国际协力银行项目实施情况调查团，开发评估室室长古贺隆太郎一行5人，来陕西检查日元贷款植树造林项目。

7. 竣工与评估。2011年8月，省林业国际合作项目管理中心正式向日本国际协力机构提交了《日元贷款陕西植树造林项目竣工报告》。报告称陕西项目按照执行计划全部完成建设任务。

日本国际协力银行组织专家对日元贷款陕西植树造林项目进行后评估。日本专家小林信行与国内林业大学教授一行，先后两次对韩城市、黄陵县、礼泉县和千阳县、陇县、灞桥区日元贷款项目进行实地考察和现场评估。专家组认为，陕西日元贷款造林项目已全面完成各项建设任务，经济效益、生态效益、社会效益达到项目预期效果。专家组从项目的相关性、有效性/影响、效率性、可持续发展性等方面，综合评定项目为“B+”级(优良)。

(三)项目完成情况

据检查结果，项目实施完成造林100638公顷，合格保存99934.7公顷，保存率为99.9%。其中，人工造林任务45000公顷，造林保存44379.7公顷，合格保存43750.4公顷，合格率98.6%；封山育林，计划20000公顷，实际封育面积20241.0公顷，合格保存面积20241.0公顷，合格保存率100%；飞播造林涉及6市19县(区)26个播区，任务35000公顷，设计飞播造林35314.0公顷，实际飞播面积35314.0公顷，合格面积35314.0公顷，合格率100%。项目区251个乡镇森林覆盖率增加2.8%(表3-5-8至表3-5-10)。

2002~2010 年陕西省日元贷款植树造林项目分项实际投资表

表 3-5-8　　单位：日元

项目	类别	支出贷款	实际支出与原估算差值	备注
造林	B	3428892482	−4423208.945	未超支
苗圃	B	90362180	11595780	
林道建设	B	110109787	6340237	
森林保护	B	6732770	−9639759	未超支
环境监测	B	37953778	18802531.05	超支，经 JICA 批准
办公设备	B	56294601	1731897.95	
技术推广	B	99534777	−9942098.25	未超支
其他	B	117916422	−10170582.81	未超支
车辆	A	280194526	23685526	超支，经 JICA 批准
合计		4227991323	27991323	总体微量超支

2002~2010 年陕西省植树造林项目日元贷款造林任务完成情况表

表 3-5-9　　单位：公顷、%

市县		人工造林		封山育林			飞播造林		
		实施面积	合格率	设计面积	实施面积	合格率	设计面积	实施面积	合格率
合计		45082.9	98.6	20241	20241	100	35314	35314	100
合计	延安市	2006	99.5	1007.4	1007.4	100	2005	2005	100
	黄陵县	2006	99.5	1007.4	1007.4	100	2005	2005	100
铜川市	合计	2009	98.5	2002.2	2002.2	100	1004	1004	100
	印台区	2009	98.5	2002.2	2002.2	100	1004	1004	100
渭南市	合计	11295.3	98.4	5527.5	5528	100	7042	7042	100
	临渭区	1113.6	100.0				2000	2000	100
	韩城市	2100	99.1	2000.9	2000.9	100			
	潼关县	1500.2	98.6	1507.5	1507.5	100	2035	2035	100
	蒲城县	1667.2	100.0				1005	1005	100
	澄城县	2207.2	96.0	502.7	502.7	100			
	大荔县	1604.3	97.2						
	华阴市	1102.8	100.0	1516.4	1516.4	100	2002	2002	100

续表

市县		人工造林		封山育林			飞播造林		
		实施面积	合格率	设计面积	实施面积	合格率	设计面积	实施面积	合格率
西安市	合计	10704.4	99.0	6161	6161	100	9320	9320	100
	周至县	1500.2	98.2	1502	1502	100	2047	2047	100
	户县	1507.6	98.2	1535	1535	100	2520	2520	100
	长安区	1490.7	99.0	1624	1624	100	2548	2548	100
	蓝田县	1501.4	99.7	1500	1500	100	2205	2205	100
	临潼区	1500.4	100.0						
	高陵县	702.2	100.0						
	雁塔区	703.5	98.9						
	未央区	893.9	99.1						
	灞桥区	904.5	98.2						
咸阳市	合计	11325.6	99.4	2040.8	2041	100	3016	3016	100
	长武县	1800	99.5						
	礼泉县	1800	98.5	1000	1000	100			
	乾县	1603.5	99.5						
	永寿县	1609.7	99.2	1040.8	1040.8	100	998	998	100
	彬县	1809	99.6				1005	1005	100
	三原县	700.7	100.0				1013	1013	100
	武功县	1002.4	100.0						
	兴平市	1000.3	99.5						
宝鸡市	合计	7742.6	96.9	3502	3502	100	12927	12927	100
	凤翔县	1204.2	91.1				3029	3029	100
	岐山县	401.2	95.4						
	眉县	1209.2	96.5	1000	1000	100	1613	1613	100
	麟游县	503.6	100.0	1002.2	1002.2	100			
	千阳县	1207	97.3	700	700	100	3059	3059	100
	陇县	1000.7	99.2	800	800	100	2054	2054	100
	陈仓区	1012.6	100.0				3172	3172	100
	扶风县	1204.1	97.8						

2002~2010 年陕西植树造林项目日元贷款苗圃建设完成情况表

表 3-5-10

市	苗圃	苗圃总面积（亩）	可育苗面积（亩）	苗圃生产能力（万株）	年总收入（万元）	年利润（万元）	职工人数（人）
总计：34 个		4772.1	3664.3	4053.0	1620.7	461.5	566
西安市（9 个）	小计	1317.5	903.7	688.0	753.1	170.0	188
	蓝田县苗圃	105.0	97.5	100.0	55.0	25.0	21
	未央区苗圃(已划入泾渭新区)	120.0	80.0	50.0	30.0	12.0	7
	户县中心苗圃	200.0	170.0	138.0	393.1	60.0	33
	临潼区国营苗圃	120.0	50.0	80.0	40.0	20.0	68
	周至县中心苗圃	320.0	280.0	60.0	18.0	8.0	8
	长安区杜曲苗圃	105.0	50.0	80.0	8.0	0.0	28
	雁塔区中心苗圃	93.2	81.2	80.0	30.0	2.0	15
	高陵县中心苗圃	104.3	95.0	100.0	179.0	43.0	8
	灞桥区苗圃(被征占用)	150.0					
咸阳市（8 个）	小计	1272.1	980.4	1270.0	289.7	77.2	133
	长武县支村苗圃	78.0	50.0	80.0	42.0	16.0	12
	彬县苗圃	32.0	20.0	80.0	80.0	30.0	11
	永寿县中心苗圃	433.0	300.0	300.0	47.6		28
	乾县中心苗圃	102.1	87.4	100.0	12.1	3.2	7
	武功县中心苗圃	100.0	85.0	80.0	20.0	8.0	7
	礼泉县苗圃	170.0	138.0	410.0	35.0	16.0	42
	三原县中心苗圃	127.0	100.0	100.0	45.0		20
	兴平市中心苗圃	230.0	200.0	120.0	8.0	4.0	6
延安市（1 个）	黄陵县中心苗圃	820.0	650.0	500.0	15.0	5.0	23
铜川市（1 个）	印台区苗圃	100.0	80.0	120.0	50.0	20.0	6
渭南市（7 个）	小计	452.5	391.8	575.0	286.7	149.1	96
	澄城县串业苗圃	80.0	50.0	115.0			13
	大荔县苗圃	43.5	35.0	50.0	24.5	20.0	4
	韩城市中心苗圃	45.0	40.0	50.0	5.2	1.1	15
	华阴市苗圃	50.0	45.0	50.0	20.0	8.0	47
	临渭区疙瘩高苗圃	101.0	101.0	210.0	86.0	60.0	5
	蒲城县中心苗圃	102.0	92.0	80.0	150.0	60.0	11
	潼关县苗圃	31.0	28.8	20.0	1.0		1

续表

市名	苗圃	苗圃总面积（亩）	可育苗面积（亩）	苗圃生产能力（万株）	年总收入（万元）	年利润（万元）	职工人数（人）
宝鸡市（8个）	小计	810.0	658.4	900.0	226.2	40.2	120
	陇县中心苗圃	130.0	109.9	200.0	16.2	4.2	40
	岐山县中心苗圃	70.0	64.5	60.0	10.0		10
	千阳县中心苗圃	46.0	25.0	40.0	33.0	3.0	16
	凤翔县中心苗圃	120.0	99.0	120.0	53.0	12.0	9
	扶风县中心苗圃	100.0	80.0	150.0	20.0	6.0	14
	麟游县中心苗圃	120.0	80.0	150.0	12.0	4.0	12
	陈仓区中心苗圃	108.0	100.0	100.0	60.0	5.0	11
	眉县余管营苗圃	116.0	100.0	80.0	22.0	6.0	8

（四）项目成效

1. 生态效益。项目建设区251个乡（镇）新增森林面积10万公顷，森林覆盖率提高了2.8%，治理水土流失7万公顷。委托西北农林科技大学对项目建设进行为期10年的生态监测，选设黄陵、永寿、千阳、户县、兴平、潼关、大荔、眉县作为林木生长、植被恢复调查，以及其它项目监测县；黄陵、永寿、千阳、户县作为水土流失监测县。依据西农大项目监测课题组测算，每年可减少水土流失65万吨，新增涵养水源能力可达6000万吨。通过蓄水、保土、保肥、供氧、减轻自然灾害、固定二氧化碳等，每年产生生态效益约1.6亿元。

周至县项目区，地处西安环山旅游路两侧，是西安水源供给地，该县将项目区建设与西安市黑河供水工程相结合，大力营造水源涵养林。千阳县在冯家山水库上游营造生态林500公顷，对水库保护发挥了积极作用。

华阴市营造渭河护岸林106.2公顷，在2003年发生的渭河水灾中，渭河大堤华阴段得到有力保护，减少了项目区群众损失。

2. 社会效益。在项目建设中，按照省委省政府要求，将项目建设与周、秦、汉、唐遗址绿化、文物保护和景区旅游绿化紧密结合，以促进当地旅游经济发展。项目建设使一大批历史遗址面貌发生了根本改善，促成新的旅游景区。

蒲城县的唐桥陵、泰陵等周围多年来一直荒芜，杂草丛生。2001年该县采取专业队大苗栽植，栽植侧柏、刺柏、油松、杨树、中槐等树种，使陵区周边72.1公顷范围全部郁闭绿化，改善了陵区环境，使游客逐年增加。

礼泉县唐昭陵，从2001年开始，依托日元造林项目加大绿化，栽植侧柏近1333公顷，之前的荒山秃岭，一举变成四季常绿旅游新景区。乾陵的西坡也在日元造林项目绿化中被翠柏覆盖。结合陵区旅游，项目加大道路绿化。渭南市、西安市、咸阳市和宝鸡市项目区道路绿化650多千米。

3. 经济效益。项目执行期间，有10多万农户参与了项目建设，并从中获项目劳务费达7000多万元。按省林业调查规划院2010年调查，项目营造经济林1.5万公顷，年产干鲜果品12万吨，产值1.7亿多元。

西安市项目区，调查了8县(区)、17个村的42户农户，总人口191人，共有劳力115人，耕地面积15.4公顷，日元项目实施前主要依靠传统的农业和季节性打工，人均年纯收入1753元。日元项目实施后，共发展葡萄、杏、桃、石榴等经济林9.7公顷，2009年人均纯收入达到4952元，是项目实施前的2.5倍。

咸阳市项目区，调查了8个县、23个村的48户农户，总人口229人，共有劳力111人，耕地面积34.7公顷，日元项目实施前主要依靠传统的农业及栽植苹果，有时外出打工，人均年纯收入1529元。日元项目实施后，共发展桃、石榴、花椒、柿子等经济林14.4公顷，2009年人均纯收入达到9275元，是项目实施前的近6倍。

渭南市项目区，调查了3个县(区)、23个村的34户农户，日元项目实施前人均收入1700元，2009年人均收入达到7987元，是项目实施前的5倍。

4. 推广林业科技新成果。项目在建设中推广林业科技新成果、新技术材料和实用技术，采用了抗旱造林技术、丰产栽培技术、地膜覆盖技术。统一采购、发放地膜654吨、保水剂102吨、生根粉11万克和防鼠剂30吨。潼关、韩城、蒲城、蓝田、周至、礼泉、乾县、永寿、陈仓、岐山、黄陵等许多县，作业区选择在土质脊薄、岩石裸露、石渣土、干旱阳坡等劣质立地条件，采用这些新技术措施以后，一次造林成功，使造林成活率达到90%以上。

5. 实施“一村一品”效益显著。项目学习借鉴日本大分县“一村一品”经验，栽植名特优新品种经济林示范基地面积22755公顷，建“一村一品”经济林示范基地30个。项目区2010年经济林收益达到11.64亿元，参与项目经济林建设的约5万农户，户均年收益约2.32万元。这些经济林建设，大幅度增加了农民的收入，在项目区周边产生了极大地示范带动作用。

礼泉县肖山村，有218户人家1281口人。在日元项目实施前，是全县有名的穷山村，村民们住在山沟的破窑洞里。2002年，村民依托日元项目，发展御石榴146.67公顷，户均0.67公顷，到2011年人均年收入1.2万元，比2001年前提高了30倍，85%村民搬迁到塬上，住进宽敞的楼房里，成为全省远近闻名的示范村。

6. 改善农村人居环境。项目建设与绿色家园建设紧密结合，在庭院、村庄周围栽植群众喜爱的具有一定观赏和经济价值的树木，暨增加了群众收入，又绿化美化了人居环境。

周至县桃李坪村2002年从黑河水库核心区搬迁，70户移民依托日元项目营建杏园20公顷，2009年户均增收1.3万元以上，使老百姓安居乐业。

澄城县交道镇南社村共有654户，2664口人，耕地面积447公顷，其中沟坡地187公顷，2001年，该村以日元贷款项目为契机，进行沟壑综合治理，在沟头、地埂、沟坡、沟底栽植侧柏、油松、杨树、刺槐等20公顷，在塬面栽植花椒、枣树经济林等167公顷，既治理了水土流失，又产生了较大的经济收入，仅花椒一项年收入就达120多万元，户均增加收入1800多元。

(五)宣传及表彰

2004年，省国际项目中心与《陕西林业》编辑部合作，在该刊出版《日元贷款造林项目专刊》。2007 年在《陕西林业科技》1 ~ 4 期的封三、封四上连续 4 次刊登项目建设照片。

2007 年 3 月，省国际项目中心与省电视台合作，录制了项目宣传片《借老外的钱，绿了荒山，鼓了腰包》，于 3 月在陕西电视二套节目多次播出。

2011 年 10 月，省林业厅组织拍摄《绿色印记》的日元项目建设成效专题片，在陕西电视台农林卫视频道多次播出。

2009 年 9 月 2~4 日，国家林业局、财政部与日本国际协力银行联合在甘肃嘉峪关召开“日元贷款中国植树造林项目中期研讨会”。陕西省林业厅在会上做了《日元贷款植树造林项目与一村一品建设》发言，陕西省林业国际合作项目管理中心获得日本国际协力机构驻中国事务所颁发的“最佳技术创新奖”。项目结束后，省林业厅作出《关于对日元贷款陕西植树造林项目先进集体和先进个人进行表彰的决定》，对在日元项目中成绩突出的西安市林业局等 17 个先进集体、李文军等 89 位先进个人、张岳峰等 7 位农民先进个人予以表彰。

二、小渊基金项目

中日绿化交流基金项目是 1999 年时任日本首相小渊惠三倡议下，由日本政府拨专款 100 亿日元设立，用于资助日本民间团体与中国社会各界开展植树造林活动，支持日本国民特别是青少年与中国开展环保领域的合作。通过植树造林、改善生态环境，进一步促进两国的广泛理解和交流、增进中日两国人民的友谊。故称为小渊基金项目。

该项目由共青团中央和国家林业局组织实施。陕西实施的项目中，由共青团陕西省委组织建设的项目在长安、蓝田、潼关、户县 4 个县实施；由陕西省林业厅组织建设的项目在旬邑、永寿、富平、临潼、靖边、三原、淳化 7 个县实施。

2005 年是中日民间绿化合作小渊基金项目成功实施的第 5 个年头。为纪念该项目实施 5 周年，中日双方自 2004 年 11 月起，在中国的小渊基金项目区征集少年儿童绘画作品，举办中日民间绿化合作小渊基金项目少年儿童绘画作品比赛活动。陕西省林业厅共收到来自富平县、旬邑县学校报送的优秀绘画作品 38 幅，参赛学生年龄最小的年仅 6 岁。在众多的作品中，评选出“我和小树一起长”等 10 幅优秀作品，进行表彰奖励，颁发了优秀奖证书和奖品，对所有参赛的同学都发给纪念证书和奖品。

2008 年 4 月，国家林业局国际合作司与日本日中绿化交流基金会组织开展了小渊基金项目县-中小学生少年儿童绘画比赛。陕西省组织了富平县、靖边县、临潼区 12 所中小学校参赛，参加人数 9376 人。向国家林业局选送了 12 幅作品，其中富平县杜村小学的巩敏娜、靖边县的屈鑫鑫获得优秀奖。

2010 年 10 月 21 日，小渊基金年会暨中日绿化民间合作 10 周年纪念在成都召开。会上日中绿化交流基金与国家林业局对在中日民间绿化合作事业中，成绩突出的先进集体和先进个人进行了表彰。陕西省林业厅被授予优秀组织奖，辛占良、温臻被授予先进个人奖。

2001 年起，陕西省由林业部门组织建设的小渊基金项目分别在旬邑等 7 县实施，总投资约 1190 万元，共完成造林 1067 公顷。项目分布在陕西的关中、渭北和陕北风沙区，为陕西省不同立地类型人工造林提供了良好的示范，营造的防护林已经郁闭成林，发挥着良好的生态效益，在富平营造的柿子、在临潼营造的核桃目前已经产生了一定的经济效益，为当地的老百姓带来了一定的收益，受到了群众的欢迎。在靖边县毛乌素沙地种植的樟子松林，生长良好，成为陕北生态屏障的组成部分。项目取得了良好的效果。

第五节　中美韩合作项目

一、中美森林健康项目

1. 项目概况。2002年，国家林业局和美国林务局开始合作，开展了中美森林健康合作项目。中美合作森林健康示范项目陕西省佛坪县试验示范区，位于佛坪县城南15千米处。包括西岔河乡彭家沟村(5个组)、西岔河村(2个组)、粆家庄村(1个组)，岳坝乡龙潭村4个行政村15个村民小组和县国有林场2个林班，以及陕西佛坪国家级自然保护区1个保护站辖区。土地总面积7312公顷，其中林业用地6425.73公顷，占土地总面积的87.88%，森林覆盖率83.22%；农业用地221.47公顷，占3.03%；其他用地664.80公顷，占9.09%。

2. 项目主要建设内容。竹林复壮试点10公顷，竹林营造100公顷；人工造林569.53公顷，封山育林180公顷，低效林改造105公顷，中幼林抚育666.67公顷，生物防火带建设144公顷；设立宣传碑牌13座，新建道路22千米，维修改造道路15千米，渠道改造8.2千米；修建沼气池50个，中蜂改良50箱，移民搬迁15户；建森林病虫害监测点3处，林分固定标准地18个；购置的科研监测、办公、通讯、交通车辆等主要仪器设备60台(套)。

3. 项目建设期。6年，即2003~2008年。

4. 资金筹措。中美合作健康林项目陕西佛坪县试验示范区建设工程总投资1132.36万元。其中：林业重点工程资金351.74万元；森保项目50万元；重点防护林工程中央预算内安排600万元；申请森林健康示范项目配套工作费130.62万元。

5. 项目实施情况。2002年启动以来，累计在示范区完成人工造林742.34公顷，竹林营造160公顷，生物防火隔离带建设(银杏等)107.32公顷，封山育林2000.67公顷，低效林改造336.413公顷，竹林更新复壮10公顷，中幼龄林抚育92.13公顷，林业有害生物防治916.67公顷。建森林健康宣传标志门3个，碑(牌)40个，其中，大型砖混标志碑6座，中型砖混标志碑17座，铁质宣传标志牌14个，彩喷宣传牌3个。扶持乡村新修铁索桥1座，平板桥涵1座，改造修建长2千米的灌溉堰渠1条，通村水泥道路2条，长7.6千米。累计修复试区道路15.975千米，灌溉堰渠1条，长1.7千米。指导试范区群众育苗8.715公顷，总产苗量752.3641万株。同时，扶持村民板栗、核桃、毛竹、甜柿等经济林苗4.6万余株。在示范区推广节柴灶250座，扶持沼气池32座，节柴炉150个；魔芋种植户14户5.3公顷，袋料栽培食用菌2户，33000袋；大鲵养殖户8户；餐饮服务业1户。

6. 项目实施的主要成效。一是森林健康理念得到广泛传播，森林健康经营成为佛坪县森林经营的指导思想。森林健康理念和健康经营逐渐辐射和指导全县林业建设。二是森林资源得到有效保护。通过项目的实施，示范区村民保护森林的意识不断增强。同时通过扶持、推广节柴灶、沼气池、节柴炉，种植魔芋，栽培食用菌袋料，养殖大鲵，农家乐，修复偃渠等，减少了农民对森林的过度依赖，强化了生物多样性保护。三是提高了项目管理人员的能力。通过项目培训、研讨、参观考察，提高了森林健康项目的管理能力和专业水平。四是促进了示范区农户增收。示范区村民通过参与造林、低效林改造、修路渠、森林管护等活动，从中获得劳务收入。示范区村民年人均纯收入由2002年的1069元，提高到2010年3240元。五是增加了森林面积，调整了树种结构，提高了森林质量。通过人工造林和改造，示范区内新增森林面积610.3公顷。通过低效林改造、封山育林、营造竹林、竹林更新复壮等，调整了林分树种结构，增强了林分的抗逆能力，提高了林分生产力。六是进一步深化了林业国内和国际合作交流。实施中美合作森林健康示范项目以来，项目管理人员多次到外省和美国参观学习，美国项目管理人员和专家、学者以及国内兄弟省(市)也多次先后来佛坪县示范区考察交流。据初步统计，佛坪县出外到美国及省内外学习、考察、交流、研讨的项目管理和技术人员达60人次；美国专家到佛坪县示范区考察交流的有美国林务局、美国孟菲斯动物园等8个单位45人次。国家林业局、中国科学院、中国林业科学研究院、中国社会科学院、北京林业大学、北京市园林绿化国际合作项目管理办公室、清华大学、贵州省林业科学研究院、西南林业大学、南京林业大学、西北农林科技大学等23个单位的领导、专家和学者83人次到佛坪县示范区考察交流。

二、中韩合作陕西荒漠化治理示范项目

1. 项目概况。中韩合作陕西荒漠化治理示范项目由韩国政府提供无偿援助资金100万美元，中方配套100万美元，在陕西省吴起县开展荒漠化综合治理示范建设。2010年启动实施。

2010年5月28日，韩国驻中国大使馆与中国商务部就陕西省吴起中韩合作造林项目正式换文。

2010年9月，成立中韩合作陕西荒漠化治理示范项目省级项目建设领导小组。省林业厅厅长张社年担任项目领导小组组长，副厅长王建阳担任副组长，成员单位有厅相关处(室)、院负责人，办公室设在省林业国际合作项目管理中心。

2. 项目建设区域。位于吴起县东北部覆沙区，涉及周湾镇王树湾、罗涧村，属于毛乌素沙地南缘与黄土高原丘陵沟壑区的过渡地带。总土地面积1939公顷，有林地76公顷，灌木林地330.5公顷，果园3.4公顷，宜林荒山634.6公顷，疏林地214公顷，未成林造林地242公顷，农业用地210.5公顷，其他地类共228公顷。项目区共有自然村组12个、297户、1389人，其中现有劳动力750人。

3. 项目建设主要内容。营造防护林172公顷；建180平方米温室大棚1个；打井4眼，建设供水管道网10千米；在项目区打沙防坝6座、淤地坝1座。派管理、技术人员赴韩国培训学习，韩国派专家在项目区指导建设，召开项目国际研讨会1次，采购车辆及办公设备。

4. 项目实施。2010年10月，韩国政府给项目赠送工作用车3辆。其中省、市、县项目办各配1辆。2011年2月23日，省林业国际合作项目管理中心组织对项目设备采购，有台式计算机4台、笔记本电脑4台、扫描仪1台、数码相机2部、激光打印机1

台、投影仪1台。7月19~20日，陕西省林业厅在吴起县举办“中韩合作荒漠化防治和水土保持生态恢复国际研讨会”。9月5~8日，韩国专家尹泽胜博士一行4人检查了吴旗县中韩合作项目造林现场。10月19日，由省林业厅和吴起县为中韩友谊林立碑。揭碑仪式上，延安市林业局还为韩国专家尹泽胜博士、吴正洙博士、宋国贤博士颁发了荣誉证书，中韩代表共同栽植了纪念树。11月，省林业厅先后分两批共24人赴韩国培训和考察学习。中韩双方在吴起县举办“中韩建交20周年纪念活动”，韩国高丽大学、山学协力团崔在旭教授任专家组长，对中韩合作项目进行竣工验收和终期评估。

5. 项目建设成就。完成直观坡面绿化2.5千米，造林绿化小班34个，172.3公顷，绿化村道1000米；栽植樟子松、油松、侧柏、河北杨、醉鱼草、柠条、旱柳、柽柳等苗木共计35万株，造林成活保存率均达85%以上。

温室大棚建设：在县马湾苗圃新建韩式育苗温室大棚1座，面积338平方米，当年培育苗木17000株，主要树种是樟子松、油松、侧柏。苗木于当年秋季出圃用于造林。

沙防坝建设：利用韩国技术建设防洪坝6座，结构为水泥砂浆石砌坝，平均长6~15米，底座宽2米，顶宽1米。

道路建设：新修砂石生产道路1.5千米，用河北杨、柽柳、樟子松、文冠果等进行绿化，绿化村庄道路1000米。机井配套：利用配套资金打成机井4眼，平均深度350~400米，并配套了机井灌溉设施，解决了项目区村民吃水和灌溉问题。

筑硷护坝：根据村民意见，修筑硷护坝一座长993米，底宽5米，高1.5米，顶宽0.5米。硷护坝既保护农田又保护了道路。

第六章　退耕还林工程

1997年8月5日，江泽民总书记在国务院副总理姜春云《关于陕北地区治理水土流失建设生态农业的调查报告》上批示“再造一个山川秀美的西北地区”。1999年8月5~9日，朱镕基总理在陕西考察治理水土流失、改善生态环境和黄河防汛工作时，提出“退田还林、封山绿化、个体承包、以粮代赈”的重要指示。

省委、省政府把建设山川秀美的陕西，尤其是重点搞好植树造林、防止水土流失，列为全省当前和今后一个时期的四件大事之一。省政府成立了“陕西省退耕还林工作领导小组”，制定了退耕还林的政策与规划。

1999年，陕西、四川、甘肃三省先行开展了退耕还林(草)试点工作。2002年以后，退耕还林工程在陕西省全面铺开。

第一节　机构设置

一、陕西省退耕还林工作领导小组

2002年9月25日，省政府办公厅印发《关于成立省退耕还林工作领导小组的通知》，成立陕西省退耕还林工作领导小组。

组　长：贾治邦(代省长)

副组长：王寿森(副省长)

刘孝文(省政府副秘书长)

李登武(省军区副政委)

权志长(省林业厅厅长)

成　员：魏增军(省发改委副主任)

王树汉(省财政厅副厅长)

王　锋(省农业厅副厅长)

马卫东(省水利厅副厅长)

马明银(省国土资源厅副厅长)

张海成(省审计厅副厅长)

岳　崇(省监察厅副厅长)

李玉怀(省民政厅副厅长)

贺昌信(省农业综合开发办副主任)

田　唯(省西部开发办副主任)

路震霄(省粮食局副局长)

宋超智(省测绘局局长)

郝福财(省林业厅副厅长)

领导小组办公室设在省林业厅，办公室主任由副厅长郝福财担任。

2005 年 3 月 20 日，省政府对省退耕还林工作领导小组主要负责人进行调整，省长陈德铭担任省退耕还林工作领导小组组长。

二、陕西省退耕还林工程管理中心

2003 年 4 月 8 日，省编办办公室印发《关于调剂编制成立陕西省退耕还林工程管埋中心的批复》。陕西省退耕还林工程管理中心，为省林业厅直属处级事业单位，人员编制 9 名，经费实行财政全额拨款。

省退耕还林工程管理中心主要职责：承担坡耕地和宜林荒山荒地现状普查、分类区划调查，拟定退耕还林工程标准、质量要求、总体规划和年度计划；研究拟定退耕还林作业设计、实施方案、种苗供应等技术操作规程；开展技术培训，推广采种育苗、整地栽植、抚育管护等方面的新品种、新技术、新工艺；承担退耕还林面积、造林成活率、合格率、保存率，以及生态林与经济林比例的核实等工作；宣传退耕还林政策，向有关部门提供兑现依据，具体做好种苗费的兑现工作；汇总全省退耕还林的进展情况，做好资料的收集、整理和综合分析。

2007 年 11 月 23 日，省政府办公厅印发《陕西省人民政府关于批准省以工代赈办公室等 7 个事业单位参照公务员法管理的通知》，省退耕还林工程管理中心列入参照公务员法管理范围。

三、陕西省巩固退耕还林成果联席会议制度

2009 年 12 月 7 日，省政府办公厅印发《关于同意建立陕西省巩固退耕还林成果联席会议制度的复函》，省政府同意建立陕西省巩固退耕还林成果联席会议制度。联席会议由省发改委牵头，省监察厅、财政厅、国土资源厅、农业厅、林业厅、水利厅、审计厅、统计局、粮食局为成员单位。省发改委有关负责同志担任联席会议总召集人，省财政厅、林业厅有关负责同志担任副召集人，其他成员单位相关负责同志为联席会议成员。

总召集人：权永生(省发改委副主任)

副召集人：苏新泉(省财政厅副厅长)

阎　宏(省林业厅副巡视员)

成　　员：杨朝宁(省监察厅执法室主任)

李国栋(省国土资源厅纪检组长)

郭志诚(省农业厅副厅长)

李润锁(省水利厅副厅长)

张　海(省审计厅副厅长)

王运林(省统计局副局长)

王　勇(省粮食局副局长)

联席会议办公室设在省发改委，承担联席会议的日常工作，各成员单位有关处室的负责同志为办公室成员，并指定1名业务主管为联络员。

联席会议制度的主要职责：分析全省巩固退耕还林成果的发展形势和专项规划的执行情况，根据国家要求提出年度工作安排；负责协调巩固退耕还林成果有关工作；研究完善巩固退耕还林成果政策，指导解决问题，确保本省退耕还林成果得到巩固，确保退耕农户生活困难和长远生计得到有效解决；组织协调有关部门制定和完善巩固退耕还林成果的有关管理办法，督促地方落实责任；通报各地、各有关部门执行巩固退耕还林成果政策和专项规划进展情况，交流有关信息，组织召开巩固退耕还林成果会议；加强对巩固退耕还林成果专项规划实施情况、退耕还林资金分配、管理、使用情况的监察、审计和统计；完成省政府交办的其他事项。

四、市县(区、市)退耕还林管理机构

市县(区、市)退耕还林管理机构109个。其中市级管理机构10个，县(区、市)级管理机构99个，管理人员1107人(表3-6-1)。

2009年陕西省各市退耕还林管理机构统计表

表3-6-1　　单位：个、人

单位	个数	人数	行政人员	技术人员	工人
西安市	6	28	9	19	
宝鸡市	13	69	24	45	
咸阳市	14	94	22	52	20
铜川市	6	26	7	12	7
渭南市	12	116	26	77	13

续表

单位	个数	人数	行政人员	技术人员	工人
延安市	14	361	41	297	23
榆林市	13	198	17	153	28
汉中市	12	81	19	51	11
安康市	11	81	4	72	5
商洛市	8	53	11	34	8
合计	109	1107	180	812	115

第二节　政策规章

一、退耕还林规定办法

2000年11月7日，省林业厅印发《陕西省退耕还林(草)作业设计试行办法》。2月23日，省林业厅、发改委印发《陕西省退耕还林(草)与造林种草检查验收试行办法》。12月15日，省政府办公厅印发《陕西省退耕还林(草)检查验收暂行办法》。

2001年3月13日，根据2001年2月国家林业局、国务院西部开发办制定的《退耕还林还草工程建设检查验收办法(试行)》，省林业厅印发《〈陕西省退耕还林(草)检查验收暂行办法〉补充规定》。

2002年3月7日，省林业厅印发《陕西省退耕还林工程建设检查验收操作细则》。

2003年12月18日，省林业厅印发《陕西省历年退耕还林保存情况市县联合检查验收的补充规定》。

二、种苗供应

2000年12月15日，省政府办公厅印发《陕西省退耕还林(草)种苗生产供应暂行办法》。

三、资金报账制和粮食供应

2000年11月16日，省政府办公厅印发《陕西省退耕还林(草)试点粮食供应暂行办法》和《陕西省退耕还林(草)试点资金报账制暂行办法》。

2008年2月20日，省财政厅、林业厅印发《陕西省完善退耕还林政策补助资金管理办法实施细则》。6月13日，省林业厅印发《陕西省退耕还林生活补助费管理办法(试行)》。

四、成果巩固

2010年3月15日，省林业厅印发《陕西省巩固退耕还林成果后续产业林业项目可行性研究报告编制规定(试行)》。

五、退耕合同和档案管理

2002年3月7日，省林业厅印发“退耕还林合同(样式)”。

2003年9月28日，省林业厅、发改委、财政厅、粮食局、农业厅、国土资源厅、档案局印发《陕西省退耕还林工程档案管理暂行办法》。

六、封山禁牧

2003年3月10日，省政府颁布《陕西省人民政府关于实行封山禁牧的命令》。

2007年11月24日，省第十届人民代表大会常务委员会第三十四次会议通过了《陕西省封山禁牧条例》。

七、举报办理和责任追究

2002年1月9日，省林业厅印发《陕西省退耕还林(草)检查验收责任追究(暂行)规定》。

2004年4月29日，省纪律检查委员会、监察厅发布《关于对违反退耕还林政策法规的行为给予党政纪处分的暂行规定》。

2006年9月29日，省林业厅印发《陕西省退耕还林群众举报办理暂行规定》。

第三节　规划设计

一、《陕西省退耕还林工程规划(草案)》

2001年10月，省林业厅、发改委组织编制并向国家林业局、国务院西部办上报《陕西省退耕还林工程规划(草案)》。规划从1999年起到2010年，力争用12年时间，全省完成大于15°以上的坡耕地退耕还林172.67万公顷，宜林荒山造林172.67万公顷，新增森林面积293万公顷，使全省森林面积达到886.67万公顷，森林覆盖率提高到43%；新增灌木林39万公顷，含灌木林的林木覆盖率提高到50.7%。提出陕南人均1亩、关中人均1.5亩、陕北人均2~3亩的基本农田建设目标。

二、《陕西省退耕还林工程“十一五”规划》

2006年9月6日，省林业厅向国家林业局上报《陕西省退耕还林工程“十一五”规划》。规划2006~2010年，陕西省完成退耕地造林78.06万公顷、宜林荒山荒地造林73.33万公顷、封山育林149.87万公顷。

三、《陕西省巩固退耕还林成果专项规划》

2008年12月19日，国家发改委、财政部、农业部、国家林业局、水利部批复《陕西省巩固退耕还林成果专项规划》。规划范围为陕西省实施退耕还林地区，包括10个设区市，涉及97个县(市、区)，规划实施期为2008~2015年。规划总投资202.41亿元，其中巩固退耕还林成果专项资金95.15亿元，由中央财政专项安排；基本口粮田建设中央预算内资金6亿元，其余部分由地方投资和农民自筹解决。到2015年，新建基本口粮田17.95万公顷，实现退耕农民基本口粮田陕南人均1亩、关中1.5亩、陕北2~3亩；基本解决农村能源问题，农村户用沼气达到退耕还林地区适宜建设退耕户的90%以上，适当建设节柴灶、太阳灶；妥善安置生态移民，移民9.5万人左右；后续产业得到较快发展，围绕粮食单产提高工程、果业提质增效工程、百万亩设施蔬菜工程、畜牧业收入倍增工程、区域性特色产业发展工程、农村劳动力转移及农民创业工程、县域工业化工程等农民增收“七大工程”，建设一批示范基地，扶持一批龙头企业，产业结构进一步优化；加强培养新型农民，农民技能培训达到67.56万人次，20%退耕劳动力得到培训；退耕还林工程保持较高成活率，完成补植补造53.33万公顷，切实巩固好退耕还林建设成果。

第四节　工程实施

一、工程实施范围

（一）1999年开始，陕西省普遍实施了退耕还林工程

范围涵盖11个地市（含杨陵区）104个县（区、市）（表3-6-2）。

1999年陕西省退耕还林县（区、市）统计表

表3-6-2　　单位：个

单位	数量	县（区、市）
合计	104	
西安市	6	周至县、户县、长安区、蓝田县、临潼区、灞桥区
宝鸡市	12	陈仓区、千阳县、陇县、凤翔县、麟游县、太白县、凤县、扶风县、眉县、岐山县、金台区、渭滨区
咸阳市	13	三原县、泾阳县、乾县、礼泉县、永寿县、彬县、长武县、旬邑县、淳化县、兴平市、武功县、渭城区、秦都区
铜川市	5	王益区、印台区、耀县、宜君县、新区
渭南市	11	临渭区、韩城市、华县、华阴市、潼关县、大荔县、蒲城县、白水县、澄城县、合阳县、富平县
延安市	16	宝塔区、延长县、延川县、子长县、安塞县、志丹县、吴起县、甘泉县、富县、洛川县、宜川县、黄龙县、黄陵县、黄龙山林业局、桥北林业局、劳山林业局
榆林市	12	榆阳区、神木县、府谷县、定边县、靖边县、横山县、佳县、米脂县、吴堡县、绥德县、子洲县、清涧县
汉中市	11	汉台区、南郑县、城固县、洋县、西乡县、勉县、宁强县、略阳县、镇巴县、留坝县、佛坪县
安康市	10	汉滨区、汉阴县、石泉县、宁陕县、紫阳县、岚皋县、平利县、镇坪县、旬阳县、白河县
商洛市	7	商州区、丹凤县、商南县、山阳县、镇安县、柞水县、洛南县
杨凌示范区	1	杨陵区

（二）确定试点县（区、市）

2000年3月9日，国家林业局、国家计委、财政部印发《关于开展2000年长江上游、黄河上中游地区退耕还林（草）试点示范工作的通知》，确定退耕还林试点范围为13个省份的174个县（团、场）。陕西省33个县（区、市）列为试点（表3-6-3）。

2000年陕西省退耕还林试点县(区、市)表

表3-6-3 单位：个

单位	数量	试点县(市、区)
合计	33	
西安市	2	长安县、蓝田县
宝鸡市	3	眉县、凤翔县、麟游县
咸阳市	3	礼泉县、长武县、旬邑县
铜川市	1	耀县
渭南市	3	华阴县、富平县、合阳县
延安市	4	延川县、宝塔区、吴旗县、子长县
榆林地区	4	绥德县、榆林市、定边县、靖边县
汉中市	3	镇巴县、西乡县、略阳县
安康地区	5	旬阳县、紫阳县、白河县、岚皋县、平利县
商洛地区	5	山阳县、丹凤县、洛南县、镇安县、商南县

2000年11月10日，省林业厅、发改委、财政厅、粮食局、山川秀美工程领导小组办公室印发《关于下达2000年长江上游、黄河上中游地区退耕还林试点示范计划任务的通知》，确定陕西省2000年退耕还林试点县(区、市)共34个，在国家“通知”33个县(区、市)的基础上，增加了汉中市南郑县。

(三)工程全面启动

2001年2月21日，国家发改委、国务院西部办、财政部、国家林业局、国家粮食局印发《国家计委、国务院西部办关于2001年退耕还林试点计划安排意见的请示的通知》，确定陕西省2001年退耕还林试点县42个。3月20日，省发展计划委、西部办、财政厅、林业厅、粮食局、山川秀美工程领导小组办公室印发《关于下达陕西省2001年退耕还林还草试点计划任务的通知》时，确定陕西省2001年退耕还林试点县(区、市)为43个，在2000年已确定34个县(区、市)的基础上，新增延安市志丹县、安塞县、延长县、宜川县、黄陵县、黄龙县、富县、洛川县、甘泉县9个县。延安市13个县(区)全部纳入试点计划，成为全国唯一一个整体纳入退耕还林试点的地区。

2002年1月10日，在国务院西部办、国家林业局联合召开的退耕还林工作电视电话会议上，国家林业局局长周生贤宣布退耕还林工程正式全面启动。

2002年2月28日，国务院西部办、省发改委、财政厅、林业厅、粮食局、山川秀美办公室印发《关于下达陕西省2002年退耕还林还草任务计划的通知》。8月26日印发《关于下达陕西省2002年退耕还林新增任务计划的通知》。确定陕西省退耕还林还草任务县(区、市)共97个，在2001年已确定43个县(区、市)的基础上新增54个(表3-6-4)。

2002 年陕西省新增退耕还林任务县(区、市)表

表 3-6-4　　单位：个

单位	数量	试点县(区、市)
合计	54	
西安市	3	周至县、户县、临潼区
宝鸡市	9	凤县、太白县、宝鸡县、陇县、千阳县、岐山县、渭滨区、扶风县、金台区
咸阳市	8	三原县、彬县、武功县、兴平市、永寿县、淳化县、泾阳县、乾县
铜川市	3	印台区、宜君县、王益区
渭南市	8	白水县、澄城县、蒲城县、华县、临渭区、潼关县、大荔县、韩城市
榆林市	8	子洲县、清涧县、佳县、横山县、米脂县、吴堡县、神木县、府谷县
汉中市	7	宁强县、勉县、洋县、城固县、佛坪县、留坝县、汉台区
安康市	5	汉滨区、石泉县、镇坪县、宁陕县、汉阴县
商洛地区	2	商州市、柞水县
杨凌示范区	1	杨陵区

在这 97 个县(区、市)中，汉中市、安康市、商洛市各县(区、市)及宝鸡市的凤县、太白县共 30 个县(区、市)执行长江流域补助标准，粮食补助标准按每亩 150 千克执行。其他 67 个县(区、市)执行黄河流域补助标准。

二、任务计划

(一)1999~2010 年任务计划

1999~2010 年，国家共下达陕西省退耕还林任务计划 238.3 万公顷，其中退耕地还林(草)101.92 万公顷，宜林荒山荒地造林种草 124.51 万公顷，封山育林 11.87 万公顷(表 3-6-5)。

1999~2010 年陕西省退耕还林任务完成表

表 3-6-5　　单位：万亩

单位		计划任务	退耕地还林	宜林荒山地造林	封山育林
合计	年份	3574.50	1528.80	1867.70	178.00
陕西省完成量	1999	425.80	326.10	99.70	
	2000	111.00	80.00	31.00	
	2001	150.00	70.00	80.00	
	2002	810.00	380.00	430.00	
	2003	840.00	420.00	420.00	
	2004	400.00	60.00	340.00	
	2005	352.70	172.70	90.00	90.00
	2006	120.00	20.00	100.00	

续表

单位		计划任务	退耕地还林	宜林荒山地造林	封山育林
陕西省完成量	2007	140. 00		140. 00	
	2008	100. 00		60. 00	40. 00
	2009	60. 00		40. 00	20. 00
	2010	65. 00		37. 00	28. 00
各市1999～2010年累计完成	西安市	43. 15	19. 79	9. 66	13. 70
	宝鸡市	231. 89	80. 00	130. 49	21. 40
	咸阳市	210. 15	63. 20	130. 65	16. 30
	铜川市	98. 40	35. 14	50. 36	12. 90
	渭南市	265. 52	97. 22	147. 60	20. 70
	延安市	896. 76	502. 38	378. 78	15. 60
	榆林市	810. 52	278. 90	519. 42	12. 20
	汉中市	293. 41	127. 64	142. 67	23. 10
	安康市	455. 80	214. 08	221. 72	20. 00
	商洛市	268. 35	110. 45	135. 80	22. 10
	杨凌示范区	0. 55		0. 55	

（二）巩固退耕还林成果后续产业林业项目及补植补造任务

2007年8月10日，国务院印发《关于完善退耕还林政策的通知》，决定完善退耕还林政策，继续对退耕农户给予适当补助，以巩固退耕还林成果、解决退耕农户生活困难和长远生计问题。

2008年1月4日，省政府印发《贯彻国务院关于完善退耕还林政策的意见》。

1. 2008～2010年，全省共下达巩固退耕还林成果后续产业林业项目128个，其中2008年、2009年65个、2010年63个，实施的项目有核桃、板栗、花椒、石榴、柿子、枣、山地苹果、杏、长柄扁桃、栓皮栎、厚朴、茶叶、油茶等（表3-6-6）。

2008～2010年陕西省巩固退耕还林成果后续产业林业项目情况

表3-6-6

单位	合计	2008～2009年下达项目		2010年下达项目	
		数量	实施地点、建设内容	数量	实施地点、建设内容
合计	128	65		63	
西安市	3	2	蓝田县核桃经济林示范基地； 长安区核桃、板栗经济林示范基地	1	蓝田县核桃经济林示范基地

续表

单位	合计	2008~2009 年下达项目		2010 年下达项目	
		数量	实施地点、建设内容	数量	实施地点、建设内容
宝鸡市	16	9	陈仓区、凤县花椒经济林示范基地； 陇县、太白、凤翔、千阳、眉县核桃经济林示范基地； 岐山县、渭滨区核桃、花椒经济林示范基地	7	千阳县、陇县、金台区、麟游县、陈仓区、凤县、扶风县核桃经济林示范基地
咸阳市	12	7	礼泉县石榴经济林示范基地； 彬县柿子、晋枣经济林示范基地； 乾县柿子、核桃经济林示范基地； 长武、永寿、旬邑、淳化县核桃经济林示范基地	5	旬邑县、长武县、永寿县、彬县的核桃经济林示范基地； 礼泉县花椒经济林示范基地
铜川市	4	2	耀州区、宜君县核桃经济林示范基地	2	耀州区、宜君县核桃经济林示范基地
渭南市	18	11	澄城县、临渭区、华县柿子、核桃经济林示范基地； 合阳县花椒核桃经济林示范基地； 华阴市韩城市花椒经济林示范基地； 富平潼关县柿子经济林示范基地； 蒲城、大荔县枣树经济林示范基地； 白水县核桃经济林示范基地	7	韩城市、合阳县花椒、核桃经济林示范基地； 澄城、白水县、华阴市核桃经济林示范基地； 富平县花椒经济林示范基地； 大荔县红枣经济林示范基地
延安市	12	4	黄龙县核桃经济林示范基地； 延川县枣树经济林示范基地； 宜川、延长县的花椒经济林示范基地	8	黄龙、黄陵、宜川、延长县核桃经济林示范基地； 安塞县山地苹果经济林示范基地； 延川县红枣经济林示范基地； 志丹县杏树经济林示范基地； 富县生物质能源林示范基地
榆林市	13	6	佳县、吴堡县、绥德县、清涧县、府谷县、神木县的红枣经济林示范基地	7	靖边县杏树经济林示范基地； 榆阳区长柄扁桃生物能源林建设试点项目； 绥德、清涧、米脂、吴堡、府谷县红枣经济林示范基地
汉中市	19	11	城固县、汉台区核桃经济林示范基地； 南郑县油茶、核桃经济林示范基地； 留坝县栓皮栎增殖业原料林基地； 佛坪、镇巴县板栗经济林示范基地； 宁强、勉县茶叶核桃经济林示范基地； 西乡、镇巴县的茶叶经济林示范基地； 洋县厚朴特色种植业示范基地	8	南郑、西乡县核桃、油茶经济林示范基地； 勉县、城固、宁强、洋县核桃经济林示范基地； 佛坪县板栗经济林示范基地； 留坝县核桃、板栗经济林示范基地

续表

单位	合计	2008~2009年下达项目		2010年下达项目	
		数量	实施地点、建设内容	数量	实施地点、建设内容
安康市	20	10	岚皋、平利、紫阳县茶叶经济林示范基地； 石泉县茶、板栗经济林示范基地； 宁陕县核桃、板栗经济林示范基地； 旬阳、镇坪县核桃经济林示范基地； 白河县板栗经济林示范基地； 汉滨区油茶生物能源林试验示范基地； 汉阴县茶、核桃经济林示范基地。	10	白河、旬阳、岚皋、平利、镇坪、宁陕县核桃经济林示范基地； 紫阳、石泉、汉阴县核桃、板栗经济林示范基地； 汉滨区油茶、核桃经济林示范基地
商洛市	11	3	洛南、山阳县的核桃经济林示范基地； 镇安县板栗经济林示范基地	8	镇安、柞水县板栗经济林示范基地； 镇安县油茶经济林示范基地； 山阳、洛南县、商州区、丹凤县核桃经济林示范基地； 商南县茶叶经济林示范基地

2. 2008~2010年，国家下达陕西省退耕还林补植补造任务27.86万公顷，其中补植22.06万公顷、补造5.8万公顷(表3-6-7)。

2008~2010年陕西省巩固退耕还林成果补植补造任务计划表

表3-6-7

单位	合计			2008			2009			2010		
	小计	补植	补造	小计	补植	补造	小计	补植	补造	小计	补植	补造
合计	417.84	330.84	87.00	102.00	90.80	11.20	153.40	109.60	43.80	162.44	130.44	32.00
西安市	7.28	6.88	0.40	1.38	1.38		3.90	3.50	0.40	2.00	2.00	
宝鸡市	32.46	26.94	5.52	8.26	6.54	1.72	13.80	10.00	3.80	10.40	10.40	
咸阳市	23.42	23.42	0.00	5.42	5.42		8.10	8.10		9.90	9.90	
铜川市	9.18	9.18	0.00	1.78	1.78		4.40	4.40		3.00	3.00	
渭南市	38.39	23.17	15.22	11.59	10.17	1.42	13.80	7.80	6.00	13.00	5.20	7.80
延安市	114.46	70.17	44.29	21.66	18.27	3.39	46.90	26.20	20.70	45.90	25.70	20.20
榆林市	91.58	78.04	13.54	21.54	19.10	2.44	35.60	26.50	9.10	34.44	32.44	2.00
汉中市	26.90	26.90	0.00	8.60	8.60		7.60	7.60		10.70	10.70	
安康市	50.43	44.80	5.63	15.33	14.00	1.33	11.50	9.20	2.30	23.60	21.60	2.00
商洛市	23.74	21.34	2.40	6.44	5.54	0.90	7.80	6.30	1.50	9.50	9.50	

三、工程建设

(一)检查指导

1999 年 8 月 8 日，国家林业局局长王志宝和陕西省副省长王寿森到省林业厅现场办公。王志宝传达了朱镕基总理关于“退耕还林、封山绿化、个体承包、以粮代赈”的指示精神，并对陕西当前和今后一个时期的退耕还林规划工作进行了全面安排部署，副省长王寿森对下一阶段的工作提出了具体要求。1999 年 8 月 23~25 日，国家林业局副局长李育材在省林业厅副厅长郝福财的陪同下，到榆林、延安就深入贯彻落实朱镕基总理视察陕西时的指示精神进行了调查研究。李育材和王寿森又到省林业厅现场办公，对陕西退耕还林和今后造林绿化工作中应注意的几个问题发表了看法和意见。12 月 23~24 日，省林业厅副厅长郝福财陪同国家林业局造林绿化管理司副司长赵良平一行赴商洛地区的山阳、柞水、镇安三县，对退耕还林进行调研。

2000 年 4 月 11 日，国家林业局下发《关于切实抓好退耕还林(草)种苗生产供应与管理工作的紧急通知》，省林业厅转发国家林业局通知。

2001 年 3 月 1 日，省林业厅印发《关于建立退耕还林还草工程统计报告制度的通知》。要求确定各级退耕还林工程信息联络员，实行工程进度季度统计报告制度。自 2001 年起，市、县(区、市)于每月 15 日、30 日前将退耕还林还草工程进展情况表、退耕还林还草工程政策兑现任务完成情况统计表以及每月 30 日将粮款到位情况表报省林业厅。9 月 26 日，省林业厅印发《关于退耕还林地林权证发放工作有关问题的通知》，决定对已通过验收并兑现政策的退耕还林地块发放林权证。

2002 年 8 月 16 日，国务院总理朱镕基、副总理温家宝来延安，对延安退耕还林工作予以充分肯定，并就进一步做好这项工作提出要求。朱镕基指出：“我 3 年重回故地，绿化有了很大进步，生态环境有了很大改善，你们做了很大努力。”他还指出：“现在看起来，这个政策贯彻得很好，取得了一定成效。另一方面，这里生态还很脆弱，起码要坚持 10 年，才会大有成效。要继续退耕还林，封山绿化，承包到户。只要把这个政策落实了以后，一定会再造一个秀美的革命圣地。”

2003 年 2 月，国务院西部办、国家发改委、国家林业局等部门组成联合检查组，分赴内蒙古、陕西、甘肃、四川、云南、湖南等省份检查退耕还林政策措施落实情况。2 月 23~27 日，由国务院西部办人才与法规组司长张亚丹、农林生态组处长童章舜，国家林业局退耕还林工程管理办公室(简称退耕办)处长刘再清、国家发改委机关党委副处长魏洪波组成的陕西检查组，赴延安、榆林地区检查指导，省林业厅副厅长郝福财陪同检查。2 月 27 日，省政府办公厅就“三部委(办)”联合检查情况组织召开了座谈会，林业厅厅长权志长、厅造林处、省退耕还林工程管理中心负责同志参加座谈。3 月，各联合检查组形成《关于退耕还林政策措施落实情况的调查报告》，报总理朱镕基和副总理温家宝。6 月 13~16 日，国务院副总理回良玉一行在省林业厅厅长权志长陪同下到宝鸡、咸阳、杨凌示范区视察有关农业和退耕还林、林业苗圃基地建设等情况。

2004 年 2 月 10 日，省林业厅印发《关于开展退耕还林大检查的通知》，决定在全省范围内开展退耕还林建设情况大检查。大检查分省、市、县三级进行，省级检查 3 个工程县(市、区)，其中，陕北、关中和陕南各 1 个县(区)；市级检查每市检查 1 个县(市、区)；县级检查每县检查 1 个乡(镇)。检查内容包括造林实绩，造林成效，政策兑现，资金到位及支出，档案建立与管理，作业设计及审批，林权证发放情况。3~7 月，各级共抽调 1100 多名专业技术人员组成 100 个检查组，进行了为期 4 个多月的检查。省级检查了南郑县、彬县和甘泉县，市级分别检查了榆阳区、黄龙县、王益区、临潼区、华阴市、淳化县、千阳县、丹凤县、宁陕县、勉县。大检查共涉及 13 个县(市、区)270 个乡(镇)和 2 个国有林场 3193 个行政村 294566 个退耕户，检查面积 2511 公顷。检查结果造林保存面积、合格面积超过国家标准；1999 年、2000 年保存面积已郁闭成林面积 2367 公顷；补助粮食已兑现 93.9%、现金补助已兑现 95.2%；种苗补助资金已到位 94.9%，基本能规范管理使用；41 个县建立了比较完善的县、乡级档案管理体系；作业设计文件比较规范；林权证发放率 33.7%。检查发现的问题主要有退耕还林成林面积率较低，荒山荒地造林成效相对较差、退耕还林后续产业发展滞后、封山禁牧和鼠兔危害防治工作刻不容缓等。

2004 年 4 月 13 日，国务院办公厅印发《关于完善退耕还林粮食补助办法的通知》，确定从 2004 年起，原则上将向退耕户补助的粮食改为现金补助。中央按每千克粮食(原粮)1.40 元计算，包干给各省份。4 月 8~20 日，省林业厅、财政厅和粮食局组成调研组，分赴全省 10 市 14 个县，就退耕还林粮食补助改为现金发放政策的有关问题进行专题调研。5 月 13~14 日，省退耕还林工作领导小组办公室在西安市组织召开“完善退耕还林粮食补助办法专题座谈会”，省林业厅、财政厅和粮食局领导，延安、安康、渭南三市主管退耕还林工作的副市长及市林业局局长，榆阳区、佳县、吴起、延川、宜君、韩城、周至、旬邑、千阳、山阳、略阳、白河、平利等 13 个县(市、区)主管退耕还林工作的副县(市、区)长及县(市、区)林业局局长参加会议。在综合调研和座谈讨论的基础上，形成《关于完善退耕还林粮食补助办法的调研报告》，上报省政府。7 月 1 日，省政府办公厅印发《关于完善退耕还林粮食补助办法的通知》，确定：商洛、安康、汉中市少数因人均基本农田数量少、退耕期间退耕户口粮不足，需向其继续提供粮食补助的地方，由市人民政府按原办法组织粮食供应、兑现到户；凡退耕还林粮食补助改为现金补助的，从 2004 年 7 月 31 日起执行。12 月 14 日，省政府办公厅印发《关于进一步加强退耕还林政策兑现工作的紧急通知》，要求在 2005 年春节前把 2004 年的政策补助足额发放到退耕户手中。

2004 年 7 月 30 日，省林业厅印发《关于切实搞好退耕还林幼林抚育工作的通知》，要求各地必须把幼林抚育作为提高退耕还林成效的一项关键措施来抓，促进退耕还林早成林、成好林，充分发挥其经济、生态和社会效益。2006 年 4 月 24~29 日，国家林业局退耕还林后续政策调研组赴延安市安塞县、铜川市耀州区对退耕还林后续政策进行了调研。

(二)重要会议

2000 年 11 月 20 日，省政府在西安市召开全省退耕还林(草)工作会议，各市主管市长以及计划、财政、林业、粮食、农业等部门的负责同志 150 多人参加会议。会议安排部署了“学习吃透政策、开展兑现试点、坚持实事求是、公开办事程序、确保兑现到户、搞好补植管护”等 6 个方面工作。副省长王寿森在会上讲话，省发改委、林业、农业、财政、粮食部门的负责同志发言。

2002 年 1 月 23~24 日，省政府在西安市召开全省退耕还林工作会议。参加会议的有省委农村工作领导小组、省发改委、林业厅、财政厅、农业厅、水利厅、国土资源厅、审计厅、监察厅、粮食局等部门和单位的负责同志，各市市长、主管林业工作的副市长、林业(林特)局长，各市计划、财政、粮食部门的负责同志。会议总结了退耕还林试点阶段工作，安排部属 2002 年退耕还林工作。

2003 年 7 月 16 日，省政府办公厅、林业厅在西安组织省退耕还林领导小组成员单位负责人，国家林业局西北规划院以及省林业厅、西安市林业局机关和西安地区省林业厅直属单位全体干部，各市林业局及西安、宝鸡、咸阳、铜川、渭南 5 市所辖各县(区)林业局负责同志近 600 人，参加"中国可持续发展林业战略研究"陕西报告会。国家林业局退耕办主任张鸿文代表局长周生贤致辞，全国人大常委、中国工程院院士王涛作了关于《退耕还林还草战略》和贯彻《中共中央 国务院关于加快林业发展的决定》的报告。9 月 27~28 日，国务院在北京召开全国林业工作会议。副省长王寿森代表陕西省人民政府作了题为"实施退耕还林工程，再造三秦秀美山川"的典型发言。

2009 年是退耕还林工程实施 10 周年，国家林业局下发《关于做好退耕还林十周年总结工作的通知》。5 月 15 日，省林业厅印发《关于认真做好退耕还林十周年总结工作的通知》，部署相关工作。7 月 21 日，省林业厅在西安召开全省退耕还林 10 周年总结工作座谈会。就全省退耕还林 10 周年纪念活动做出具体安排部署。7 月 30 日，省林业厅向国家林业局上报《关于我省退耕还林十周年工作总结的报告》。9 月 8~9 日，全国退耕还林工程建设 10 周年总结大会在延安吴起县召开，来自全国 25 个退耕还林省份及新疆生产建设兵团代表和国家发改委、财政部、审计署、国家统计局等有关部委代表近 200 人参加了会议。会议期间，与会代表参观了吴起退耕还林森林公园、金佛坪流域退耕还林治理区、杨青流域综合治理区以及中央红军长征胜利纪念园和马湾村退耕还林配套新型民居工程等。

2010 年 6 月 18~19 日，全国巩固退耕还林成果部际联席会议暨现场会在陕西省商洛市柞水县召开。这次会议是 2009 年国务院批复建立巩固退耕还林成果部际联席会议制度后召开的第一次会议。部际联席会议召集人、国家发改委副主任杜鹰，部际联席会议副召集人、国家林业局副局长祝列克，部际联席会议成员、水利部副部长刘宁、农业部总经济师杨绍品出席会议并讲话，陕西省委常委、副省长洪峰到会致辞；国家发改委、监察部、财政部、国土资源部、水利部、农业部、审计署、国家统计局、国家林业局、国家粮食局等部际联席会议组成单位有关司局负责同志，以及退耕还林工程区 25 个省份和新疆生产建设兵团、发改、财政、水利、农业、林业等委(厅、局)负责同志参加了会议。与会代表参观了柞水县巩固退耕还林成果基本口粮田、后续产业、农村能源、生态移民等项目建设点，各省份有关县市交流了巩固退耕还林成果典型经验，部际联席会议有关成员单位发言，分析了巩固退耕还林成果面临的形势，部署了 2010 年及今后一个时期巩固退耕还林成果工作。

(三)典型示范

1999 年，按照因地制宜、先行试点的原则，省林业厅确定延安市宝塔区川口乡、商洛地区山阳县色河镇赵垣村为退耕还林陕北、陕南2个类型区的试验示范点。2001年，将赵垣村示范点扩大到该村所在的色河乡，确定关中的渭南市合阳县伏六乡为示范点。示范点就土地资源合理配置、农民增收、农业结构调整、个体承包方式、政策兑现和造林绿化成果巩固等进行全面试验和探索。

2000年11月24日至12月10日，省政府组织在川口乡进行政策兑现试点，完成退耕还林(草)兑现面积1153公顷，兑现粮食114.1万千克，种苗管护费119万多元。

2002年8月3~4日，省委、省政府在吴旗县召开全省退耕还林现场会。会议学习贯彻了《国务院关于进一步完善退耕还林政策措施的若干意见》，分析了全省退耕还林工作形势，推广吴旗县退耕还林经验，要求在全省范围内实行封山禁牧、退耕还林，促进全省退耕还林工作再上新台阶。副省长王寿森参加会议，省农村工作领导小组办公室、发改委、财政厅、林业厅、农业厅、水利厅、粮食局、山川秀美办的领导，各市、县主管领导及有关部门领导参加会议，会议还邀请部分村干部和群众代表参加。国家林业局、中央农村工作领导小组办公室、水利部、国务院西部办、农业部、国家粮食局、中国科学院的有关领导莅临指导会议。会议组织代表参观了吴旗县退耕还林、封山禁牧、科学造林、小流域综合治理、舍饲养羊和发展庭院经济的现场，听取了吴旗县、榆阳区等10个单位和个人的经验介绍。省长贾治邦、国家林业局副局长李育材、省委副书记袁纯清讲话。

(四)档案管理及信息化建设

2002年8月26日，省林业厅印发《关于做好退耕还林音像资料收集工作的通知》，要求各退耕还林工程市、县把收集管理音像资料与档案资料管理放在同等的位置，建立音像资料收集工作制度，加强音像资料管理，做到退耕还林音像资料齐全，录像、声带、相片完备，确保音像资料的可比性、连续性和完整性。

2003年12月26~27日，省林业厅在镇安县召开全省退耕还林工程档案管理培训会。省档案局应邀出席，44个县(区)林业局(退耕办)110余人参加。副厅长郝福财作了动员讲话，对各地的退耕还林工程档案管理提出明确要求，安塞县委，镇安、凤县林业局，子长县退耕办分别介绍了退耕还林工程档案管理经验，省退耕还林工程管理中心的同志讲解了《陕西省退耕还林工程档案管理暂行办法》《退耕还林条例》《退耕还林统计报告制度》。

2004年2月3日，省林业厅印发《关于加强退耕还林工程档案管理工作的通知》，要求各市县切实加强对档案管理工作的领导，制定档案管理工作计划，确保在2004年8月底前完成1999~2003年退耕还林工程档案资料的收集、整理和建档工作。12月，省林业厅和省档案局组成联合检查组，对全省退耕还林工程档案建设情况进行了抽查。省、市、县建立起三级退耕还林工程档案管理体系，全省10个市100个工程县(市、区)、1477个乡镇建立了退耕还林工程档案室(或专用档案柜)。4个市级、43个县(市、区)级退耕还林工程档案室完成了档案部门目标管理认证，即：AAA级(或一级)市级1个(延安市)、县(市、区)级10个，AA级(或二级)市级3个、县(市、区)级17个，A级(或三级)县(市、区)级16个。

2004年1月13日，省林业厅厅长办公会议决定，在全省范围内建立退耕还林工程管理信息系统。2月4日，省退耕还林工程管理中心印发《关于认真搞好全省退耕还林工程管理信息系统建设的通知》，信息系统建设由省规划院和各市、县林业局(退耕办)共同承担。2月10日，省规划院成立退耕还林管理信息系统建设项目领导小组。5~6月，省退耕还林工程管理中心在西安举办7期退耕还林工程管理信息系统数据录入培训班，各工程县选派具有较强责任心、有一定计算机操作能力、了解退耕还林工程管理业务环节、熟悉退耕还林工程档案管理工作的240余人参加培训。

2006年，全省退耕还林信息系统县级安装完成，经测试运行正常。

2007年11月10日，"陕西省退耕还林管理信息系统"通过陕西省科技厅组织的以中国工程院院士、长安大学农业水土工程专家李佩成为主任的专家委员会科技成果鉴定。

2008年6月，"陕西省退耕还林管理信息系统"获省林业厅科技进步一等奖。

(五)举报办理

退耕还林工程实施以来，按照《国家林业局退耕还林办公室关于进一步做好退耕还林工程群众举报办理工作的通知》和《陕西省退耕还林群众举报办理暂行规定》，共调查处理国家及省委、省政府批办，媒体反映，群众来信、来访反映的涉及退耕还林的问题291件，其中2001年4件、2002年6件、2003年33件、2004年45件、2005年56件、2006年36件、2007年40件、2008年25件、2009年29件、2010年17件。

(六)调查研究

2005年4月19日，国务院办公厅印发《关于切实搞好"五个结合"进一步巩固退耕还林成果的通知》。为贯彻落实"通知"精神，5月25日，省林业厅印发《关于开展退耕还林成果巩固调查的通知》，在全省开展退耕还林成果巩固专项调查，调查内容包括对退耕还林成果巩固的基本估价、基本农田建设、后续产业发展、农村能源建设、生态移民、封山禁牧等情况。这次调查历时1个多月，省、市、县、乡、村各级参与调查的人员共6900多人，对37个退耕还林重点县的305个乡镇、4013个村、27.45万个退耕户进行了调查。7月4日，省林业厅在西安召集各市林业局主管局长、造林科长(退耕办主任)20人专题汇报座谈退耕还林成果巩固情况。通过调查，基本掌握了全省退耕还林成果巩固情况，为制定和完善相关政策措施提供了依据，形成《关于我省退耕还林成果巩固调查情况的报告》，上报省政府。8月19日，省政府办公厅印发《关于进一步做好巩固退耕还林成果工作的通知》。

2006年3月24日，国家林业局办公室印发《关于组织开展退耕还林后续政策调研工作的通知》，决定在全国组织开展退耕还林后续政策调研工作。省林业厅于4月7日下发通知，组织各市、县开展调研。在各市、县调研的基础上，形成省退耕还林后续政策调研报告。

2006年9月11日，国家发改委、国务院西部办、国家林业局、监察部、财政部、农业部、国土资源部、环境保护总局、国家统计局、国家粮食局印发《关于请报送退耕还林(草)有关情况的通知》，要求各省份报送退耕还林情况。9月22日，省林业厅印发《关于上报退耕还林有关情况的通知》，部署情况报送工作。2007年2月5日，省林业厅向国家林业局上报《关于我省退耕还林有关情况的报告》，汇报了陕西省退耕还林取得的初步成效，已退耕还林地块区域分布、坡度构成，已退耕还林地林种构成、效益及后续产业发展情况，农民收入情况及来源，退耕户对退耕补助的依赖程度，粮食、耕地等变化情况，生活困难的退耕户情况，“五个结合”落实情况及存在问题，补助到期后成果巩固情况及形势分析，成果巩固存在问题的原因及采取的措施等方面的情况。

2008年3月17日，省退耕还林工程管理中心向国家林业局退耕办上报《关于退耕还林冰雪受灾情况的调查报告》。2008年年初冰雪灾害，全省退耕还林受灾面积21.13万公顷，成灾面积17.45万公顷，受灾退耕农户52万户，预计2008年因受灾减少的经济收入3.5亿元。6月13日，省林业厅向国家林业局退耕办报送《关于上报陕西省退耕还林工程地震灾害情况的函》。“5·12”地震，全省退耕还林受灾面积1.13万公顷，涉及退耕农户2.7万户。

第五节　质量检查

一、退耕还林工程建设检查验收

1.1999年建设任务的检查验收。2000年2月23日，省政府下达《关于切实搞好1999年度退耕还林(草)与造林种草检查验收工作的通知》，决定对1999年度退耕还林(草)与造林种草完成情况进行全面检查验收，重点是8月5日以后退耕还林(草)与造林种草合格面积。检查验收由林业部门牵头，按照《陕西省退耕还林(草)与造林种草检查验收试行办法》进行。2月19~23日，省林业厅牵头，省、地、县(区)的农业、畜牧、土地、粮食部门参加，共计67人，分两组在延安市宝塔区川口乡王庄村和商洛地区山阳县申家坪乡蔡家庄村进行检查验收工作试点。2月26日至3月16日，开展了省、地、县三级培训，统一标准和方法。省林业厅负责在西安组织举办2期省级培训班，共培训156人，其中林业厅120人、农业厅14人、土地局20人、发改委2人；地、县两级培训5000余人。4月17日，省林业厅向省政府上报《关于1999年度全省退耕还林(草)与造林种草检查验收工作情况的报告》。4月18日，省政府向国务院上报《关于1999年秋冬退耕还林还草实施情况和申请补助的请示》。4月29日，省林业厅向国家林业局上报《关于1999年秋冬退耕还林还草自查结果及有关情况说明的报告》，补充上报直播造林、埋根造林、冬闷种草面积。4月30日，国家林业局天保工程管理中心印发《关于对四川、陕西、甘肃1999年退耕还林(草)核查工作方案》，确定对自国务院总理朱镕基到各省份视察讲话时间(陕西省为1999年8月5日)开始，到2000年3月9日国家林业局、国家计委、财政部印发《关于开展2000年长江上游、黄河上中游地区退耕还林(草)试点示范工作的通知》之前的时间范围内，各省份退耕还林(草)面积以及与退耕户有协议的荒山造林面积，根据各省制定颁布的《退耕还林(草)检查验收办法》，按照县自查、省核查、国家抽查的程序进行检查。国家林业局指派西北规划院负责，对陕西省进行核查。5月，西北规划院(西北森林资源监测中心)开展陕西省1999年退耕还林(草)工程核查，共抽查17个县(市、区)。依据核查结果，认定了陕西省上报的全部面积。

2.2000年建设任务的检查验收。2001年2月13日，国家林业局、国务院西部办印发《退耕还林(草)工程建设检查验收办法(试行)》，确定退耕还林还草工程建设检查验收实行县级自查、省级复查、国家核查三级检查验收方式。检查内容包括退耕还林还草工程建设年度计划任务完成情况，历年退耕地还林还草保存情况。2 月 8 日，国家林业局办公室印发《关于开展 2000 年退耕还林还草工程省级复查工作的通知》，要求各省份开展 2000 年退耕还林还草工程省级复查。2 月 23 日，省林业厅向各地市林业(林特)局下发《关于开展退耕还林(草)检查验收工作的紧急通知》，明确检查验收内容、方法、要求。3 月 12 日，省政府办公厅下发《关于认真做好 2000 年退耕还林还草检查验收和 1999 年退耕还林还草保存面积核查工作的通知》，规定检查验收采取地市、县区自查，省上复查的办法。自查后，地市向省林业厅提交自查报告。省上以市为单元，采取随机抽样调查的办法复查。4 月 6~30 日，由省林业厅牵头，省发改委、农业厅、粮食局、山川秀美办共同参与，抽调专业技术人员 109 人，分赴全省 10 地市，对抽中的 50 个县的 97 个乡镇进行检查。5 月 11 日，省林业厅向国家林业局上报《陕西省 1999 年、2000 年退耕还林(草)复查报告》。

3. 2001 年以后建设任务的检查验收。2001 年 11 月 27 日，国家林业局在对《退耕还林还草工程建设检查验收办法(试行)》修改后，印发《退耕还林工程建设检查验收办法》。规定检查验收内容包括退耕还林工程年度计划任务完成情况，对上年度的补植情况，历年退耕地还林保存情况，宜林荒山荒地造林后第 3 年保存情况，工程管理情况。

2002 年 2 月 1 日至 4 月 25 日，省林业厅抽调专业技术人员 70 余人，对 1999 年、2000 年度退耕还林和荒山荒地造林保存情况以及 2001 年度退耕还林和荒山荒地造林合格情况进行复查，共抽查 31 个县级单位的 78 个乡镇退耕还林面积 2. 04 万公顷。

2003 年 3 月 10 日至 5 月 31 日，省林业厅抽调专业技术人员 80 余人，对 1999 年、2000 年、2001 年度退耕还林和 2000 年度荒山荒地造林保存情况以及 2002 年度退耕还林和荒山荒地造林合格情况进行复查，共抽查 40 个县级单位的 150 个乡镇退耕还林面积 6. 29 万公顷。

2004 年 3 月 16 日至 5 月 8 日，省林业厅抽调专业技术人员 90 余人，对 1999~2002 年退耕地还林和 2000 年荒山荒地造林保存情况以及 2003 年退耕地还林和荒山荒地造林合格情况进行复查，共抽查 38 个县级单位的 114 个乡镇退耕还林面积 4. 72 万公顷。

2005 年 3~6 月，省林业厅抽调专业技术人员 90 余人，对 1999~2003 年退耕地还林和 2001 年荒山荒地造林保存情况以及 2004 年退耕地还林和荒山荒地造林合格情况进行复查，共抽查 30 个县级单位的 132 个乡镇退耕还林面积 3. 56 万公顷。

2006 年 3 月 3 日至 6 月 10 日，省林业厅抽调专业技术人员 90 余人，对 1999~2004 年退耕地还林和 2002 年度荒山荒地造林保存情况以及 2005 年退耕地还林、荒山荒地造林和封山育林合格情况进行复查，共抽查 30 个县级单位的 116 个乡镇退耕还林面积 4. 8 万公顷。

2007 年 3~6 月，省林业厅抽调专业技术人员 90 余人，对 1999~2005 年退耕地造林和 2003 年荒山荒地造林保存情况以及 2006 年退耕地造林和荒山荒地造林合格情况进行复查，共抽查 30 个县级单位的 153 个乡镇退耕还林面积 4. 11 万公顷。

2008 年 2~6 月，省林业厅抽调专业技术人员 100 余人，对 1999~2006 年退耕地造林和 2004 年荒山荒地造林保存情况以及 2007 年荒山荒地造林合格情况进行复查，共抽查 34 个县(市、区)退耕还林面积 3. 99 万公顷。

2009年2~6月，省林业厅抽调专业技术人员100余人，对2002~2006年退耕地还林和2005年荒山荒地造林保存情况以及2008年荒山荒地造林、封山育林合格情况进行复查，共抽查33个县(市、区)退耕还林面积2.55万公顷。

2010年3~5月，省林业厅抽调专业技术人员130余人，对2006年退耕地还林、荒山荒地造林保存情况以及2009年荒山荒地造林、封山育林合格情况进行复查，共抽查26个县(市、区)退耕还林面积0.96万公顷。

二、退耕还林工程管理实绩检查

2002年9月30日，国家林业局印发《关于开展退耕还林工程管理实绩检查工作的通知》，确定从当年起，国家林业局在开展退耕还林造林实绩核查工作的同时，开展退耕还林管理实绩检查工作。检查的主要内容有管理机构、人员及运行经费落实情况，政策宣传及执行情况，任务分解落实情况，前期工作准备情况，种苗组织供应情况，检查验收情况，后期管护情况，粮食补助兑现情况，资金管理及工程报账制开展情况，工程监理制开展情况，效益监测开展情况，案件查处情况，档案管理情况。每年10~11月，在各工程省对本省各工程县进行自我检查的基础上，国家林业局对每省份随机抽取2~4个工程县进行检查。10月25日，省林业厅印发《关于做好退耕还林工程管理实绩检查工作的通知》，要求各市督促各县(区、市)以县为单位进行自查，形成退耕还林工程管理工作总结，市林业局汇总后上报省退耕中心。

三、退耕还林工程退耕地还林阶段验收

根据2008年7月8日，国家林业局印发《退耕还林工程退耕地还林阶段验收办法(试行)》通知，7月22日，省林业厅印发《关于搞好退耕还林工程退耕地还林阶段验收工作的通知》。7月23日，省林业厅在西安召开退耕还林工程阶段验收工作启动暨培训会议，各市主管林业局长、造林科科长或退耕办主任、业务技术骨干参加会议。会议动员、部署全省退耕还林阶段验收工作，组织开展技术培训，副厅长高永民讲话。从7月24日开始，历时一个月，省规划院的30多名技术人员分赴全省10个市开展阶段验收技术指导。2008年，经国家林业局同意，陕西省退耕还林阶段验收实行省级技术人员指导和数据分析汇总、组织市县技术人员全面检查验收的方式完成。检查验收全省退耕还林工程原政策补助到期的1999~2000年退耕地还生态林和1999~2003年退耕地还经济林面积共计29.83万公顷。

2009年2~7月，省林业厅组织省规划院100多名专业技术人员开展阶段验收省级全面检查验收，检查验收全省退耕还林工程原政策补助到期的2001年退耕地还生态林和2004年退耕地还经济林面积共计4.33万公顷。

2009年12月至2010年6月，省林业厅组织各市县及省规划院的专业技术人员，开展阶段验收省级全面检查验收，检查验收全省退耕还林工程原政策补助到期的2002年退耕地还生态林和2005年退耕地还经济林面积共计24.28万公顷，以及2008年、2009年阶段验收不合格面积0.14万公顷。

第六节　投资与效益

一、投资

（一）项目前期投资

1999~2010 年，全省累计向 230 万退耕户 915 万人发放各项补助 246.1 亿元(其中含发放粮食 30.32 亿千克)(表 3-6-8)。

1999~2010 年陕西省退耕还林中央投资汇总表

表 3-6-8　　单位：万元

单位	合计	种苗造林补助	原政策		完善政策	
			粮食补助	现金补助	粮食补助	现金补助
合计	2461133.61	195035.00	1832745.80	227045.99	165423.22	40883.60
西安市	27377.57	2296.50	19627.83	2803.97	2060.54	588.73
宝鸡市	117984.85	12957.50	85425.35	11295.97	6558.21	1747.82
咸阳市	91155.71	12078.50	63551.19	9078.74	5014.55	1432.73
铜川市	50723.53	5783.00	31103.71	4443.39	7306.00	2087.43
渭南市	140792.06	14699.00	101974.28	14567.75	7428.58	2122.45
延安市	707015.29	46345.00	517204.92	73886.42	54116.96	15461.99
榆林市	410219.00	42416.00	302400.00	43200.00	17269.00	4934.00
汉中市	259171.95	16667.50	199860.69	19046.13	19822.01	3775.62
安康市	427337.93	26310.00	335743.37	31975.56	27979.56	5329.44
商洛市	229328.22	15454.50	175854.46	16748.06	17867.81	3403.39
杨凌示范区	27.50	27.50				

（二）后续产业项目投资

2008~2010 年巩固退耕还林后续产业林业项目投资 13.4 亿元，补植、补造 20899.6 万元。1999~2010 年全省退耕还林总计投资 261.6 亿元。

二、效益

（一）生态效益

截至 2010 年，全省完成了国家下达的退耕还林工程建设任务。森林覆盖率由退耕前的 30.92%增长到 41.42%，生态环境向良性方向转变。森林植被的增加，促进了野生动物的繁衍生息，大熊猫、朱鹮等珍稀动物种群扩大，一些地方已消失多年的狼、狐狸、金钱豹、鹰等飞禽走兽重新出现，生物链得到修复。

（二）社会效益

退耕还林政策补助给广大退耕农户直接带来实惠，退耕农户人均受益 2689 元。实施退耕还林后，加强了农田基本建设，实行科学种田，全省年均粮食产量仍然稳定在 100

亿千克左右。退耕农户的生产生活方式发生变化，粮食生产由倒山种地、广种薄收向精耕细作、少种高产转变；畜牧业生产由自由放牧向舍饲养畜转变；生产结构由以粮为主向多种经营转变；生产方式由小农经济向市场经济转变。农村大量劳动力从粮食生产中解放出来，从事种植业、养殖业、设施农业、农村工商业和劳务经济。

（三）经济效益

广大干部群众感受到了生态改善给生产生活带来的好处，生态意识明显增强，认识到"越垦越穷、越穷越垦"是导致贫困的根源所在，由"要我退"变为"我要退"。各级党委、政府重视以退耕还林为主的生态建设，把生态建设与区域经济发展紧密结合起来，许多地方提出了"生态立市立县"战略，大力发展绿色产业、环保产业、生态旅游等。

（四）退耕还林的典型事例

延安市经过退耕还林，全市有林地面积增加了9个百分点，林草覆盖率提高了15个百分点；全市主要河流多年平均含沙量较1999年下降了8个百分点；年径流量增加了1000万立方米；水土流失综合治理程度达到45.5%，比1999年前提高了25个百分点。全市新增基本农田5.11万公顷，累计达到20.87万公顷，农民人均0.13公顷；粮食总产连续几年保持70多万吨，同退耕前基本持平；新建苹果园面积6.13万公顷，累计达到15.17万公顷，总产量164.3万吨，年产值达35亿元；建沼气池12.5万口，使农村近50万人口解决了能源问题；对生存环境恶劣、生产条件差的2.7万户12万农村人口实行了移民搬迁。

延安市吴起县经过退耕还林，全县林草覆盖率由19.2%提高到65%，年降水量由478.3毫米增至582毫米，5级以上大风由1997年以前的年均19次降为5次，据北京林业大学在吴起、安塞两县监测的结果显示，土壤年侵蚀模数由退耕前的每平方千米1.53万吨，下降到目前的0.54万吨。农业、林业、畜牧业用地比例由1997年的60∶34∶6调整为9∶66∶25。

商洛市山阳县，在退耕还林建设中，栽植核桃6000公顷、板栗6667公顷、茶叶867公顷。2008年，全县林特产品产量达到1.54万吨，实现产值9792万元；林产品加工龙头企业达到24家，加工能力达到1200余吨，实现产值2800万元，较退耕还林实施前增加了1920万元。引进核桃、板栗优良品种20个，培训核桃嫁接能手168名、板栗嫁接能手1500名，建成8处千亩以上良种核桃示范园，22处500亩以上的核桃高接换优示范基地，28处五百亩以上板栗嫁接改造示范基地，带动全县核桃、板栗嫁接改造0.23万公顷，为带动农民增收奠定了基础。2008年收入在1000元以上的退耕户0.92万户，5000元以上的退耕户0.31万户，8000元以上的退耕户0.12万户。

安康市平利县在退耕还林建设中，强势推动产业大户和退耕还林大户的并轨，产业大户配套退耕还林，退耕还林增配产业发展项目，大力开展茶叶、蚕桑等经济林建设。全县茶园发展到12万亩，年产茶叶2600吨，产值2.5亿元。全县有茶叶龙头企业75家，2.8万人靠从事茶叶生产、加工和销售走上致富路。退耕还林工程的实施，使三秦大地生态环境明显改善，农民收入稳步增长，农业结构得到调整，农民生产生活方式发生改变。昔日的"黄土高坡"如今变得天蓝了、山绿了、水清了、人富了。广大人民群众真切感受到党和国家的关怀和温暖，把退耕还林工程称之为"德政工程、民心工程"。

第七章　集体林权制度改革

第一节　集体林现状

一、林改前的准备工作

陕西省集体林权制度改革从 2006 年开始，经过调查研究，外出考察和林改试点，2009 年开始全面推进集体林权制度改革。2010 年年底，基本完成了明晰产权、承包到户的改革任务。

2006 年 3 月 8 日，省林业厅下发《关于对全省林权制度改革和林业产业发展情况进行调查研究的通知》，组织由厅领导带队的 5 个调研组并邀请省政府政策研究室参加，赴全省各地进行为期 20 天的专题调研。调研主要采取实地查看，听取汇报，召开座谈会，查阅林权证、承包合同等资料，走访农户、承包大户，发放调查问卷等方法。共抽取 10 个市 28 个县(区)56 个乡(镇)99 个村组，召开座谈会 50 余次，翻阅资料 400 多份，发放问卷 900 多份，走访农户 300 多户，其中承包大户 50 多户。各市、县也按照省林业厅要求全面组织了调研，并及时上报了调研结果。通过省、市、县三级调查，基本掌握了全省集体林资源权属现状、产权制度改革情况、存在的问题以及基层干部、林农对下一步集体林权制度改革的意见等。形成《全省集体林权制度改革调研报告》、编印了《陕西省集体林权制度改革资料汇编》等。9 月 9~17 日，省林业厅副厅长陈玉忠带领各市林业局和省林业厅有关处室负责人共 16 人，对福建、江西两省集体林权制度改革情况进行了考察。考察组先后听取了两省林改情况的介绍，查阅了有关林改方面的政策文件和制度办法，深入尤溪、邵武、南平、武夷山、宜春、铜鼓等市、县进行考察，观摩林权流转交易市场，走访部分基层林业机构和农户，基本掌握 2 省林改的组织管理方式、主要做法、运转程序以及取得的成效，对陕西省启动林改具有借鉴意义。

二、集体林资源经营现状

(一)集体林资源现状

据调查统计，全省林地总面积 1264.35 万公顷，其中集体林地面积 889.92 万公顷，占林地总面积的 70.39%。集体林地面积中，有林地面积 460.45 万公顷，占 51.74%；宜林地面积 167.86 万公顷，占 18.86%；其他林地面积 261.61 万公顷，占 29.4%。集体有林地面积中，按起源分，天然林 256.27 万公顷，占 55.66%，人工林 204.18 万公顷，占 44.34%；按用途分，公益林 307.84 万公顷，占 66.86%，商品林 152.61 万公顷，占 33.14%。

(二)集体林经营现状

集体林经营主要有 5 种方式：一是林业“三定”时划分的自留山，长期以户为单位进行经营管理。据统计，全省共划定自留山 945.22 万公顷，123.60 万户，户均 0.76 公顷，自留山占集体林地面积的 10.62%。二是林业“三定”时分包到户的责任山，在承包的30~50年期限内，以户为单位进行经营管理。据统计，全省共划分到户责任山288.47万公顷，161.23万户，户均26.84亩，责任山占集体林地面积的32.42%。三是1995年前后“四荒地”拍卖和近几年的荒山承包，由个体经营者经营管理。据统计，全省共拍卖承包荒山122.19万公顷，43.54万户，户均2.8公顷，占集体林地面积的13.73%。四是近几年通过拍卖、承包等形式流转给大户的山林，由大户经营管理。据统计，全省共流转山林28.62万公顷，41923单位(人)，占集体林地面积的3.22%。五是乡村组保留的集体山林，由乡、村、组集体经营管理。据统计，全省由乡(镇)、村、组集体经营管理的林地共356.12万公顷，占集体林地面积的40.02%。其中由乡(镇)统一经营管理的面积为10.32万公顷，占2.9%；由村统一经营管理的面积为183.57万公顷，占51.54%；由组统一经营管理的面积为162.26万公顷，占45.56%。

(三)集体林林权证发放情况

全省集体林权证发放主要经历了3个时期：一是1981年中共中央、国务院《关于保护森林发展林业若干问题的决定》发布后，陕西省在全省范围内开展了稳定山权林权、划定自留山、确定林业生产责任制的林业“三定”工作，到1983年，全省发证360.51万公顷，占集体林地总面积的40.51%。二是1996年全国印制统一林权证格式后，要求对“三定”时期的集体林林权证进行了换发，全省换证面积39.65万公顷，占目前集体林地总面积的4.46%。三是2001年国家林业局颁布《林木和林地权属登记管理办法》以来，全省重点对2000年以来实施林业重点工程营造的集体林进行了确权发证，发证面积133.43万公顷，占集体林总面积的15%。

全省集体林发证总面积533.59万公顷，发证率为59.96%。权属清楚但未发证面积349.58万公顷，占集体林地总面积的39.28%。另外，权属不清面积6.75万公顷，占集体林地总面积的0.76%。

(四)林农收入及税费负担情况

林农收入情况。全省现有农业人口2783万人，农户694万户，直接或间接从事林业生产的农民有1948万人，占总农业人口的70%。2005年全省农民人均收入2006.48元，其中林业收入276.65元，占农民总收入的13.79%。

税费负担情况。集体林税费主要有农业特产税、林业企业所得税、增值税和育林基金。

农业特产税。按财税文件规定，国有林区原木采伐企业按10%征收，小径材免征。2004年后，根据国家免征农业特产税的精神，全省林业行业农业特产税全面取消。

林产品加工所得税和增值税。根据国家税务总局《关于明确农业产业化国家重点龙头企业所得税问题的通知》，已对林业企事业单位从事种植业、养殖业和林产品初加工业及林木种苗收入免征企业所得税。根据《财政部、国家税务总局关于以三剩物和次小薪材为原料生产加工的综合利用产品增值税优惠政策的通知》对企业以林业三剩物和次小薪材为原料生产加工的综合利用产品实行增殖税即征即退。

育林基金按省财政厅相关文件执行。具体标准为木材及其制品，森林采育企业按销售价19%征收，国有林场及非林业国有单位按15%，农村集体、个人按12%交纳(计提)；各种毛竹、楠竹、杂竹、小径材及竹制品统一按10%交纳(计提)；在林副产品中，除山木棍、杂竹、扫帚按售价5%，其余均按10%。近几年，由于本省停止了商品性采伐，育林基金收入大幅减少，省级已停止征收。2003年全省开展人工商品林采伐以来，各市一些试点县征收了一部分育林基金。如铜川市对刺槐林采伐，每立方米木材按600元价值计算，征收72元。

第二节　组织机构

一、省级机构

1. 省集体林权制度改革领导小组。2007年7月4日，陕西省人民政府印发《关于成立省集体林权制度改革工作领导小组的通知》，决定成立省集体林权制度改革领导小组，具体组成人员如下：

组　长：张　伟(副省长)

副组长：张社年(省林业厅厅长)

徐春华(省政府办公厅副巡视员)

成　员：杨尚勤(省委宣传部副部长)

辛栓明(省委政策研究室副巡视员)

权永生(省发改委总工程师)

孙　琳(省民政厅副厅长)

范兴明(省司法厅副厅长)

上官吉庆(省财政厅副厅长)

喻建宏(省国土资源厅总工程师)

李润锁(省水利厅副厅长)

史俊通(省农业厅副厅长)

陈玉忠(省林业厅副厅长)

蔡理让(省政府研究室副主任)

郑　仲(省政府法制办公室副主任)

白竹兰(省物价局副局长)

郭新民(人民银行西安分行副行长)

领导小组办公室(简称“林改办”)设在省林业厅，办公室主任由厅长张社年兼任，办公室副主任由副厅长陈玉忠兼任，工作人员有林业厅资源处，天然林保护工程管理中心，政策法规处9名同志。

2009年5月，又增加2名同志。

2008年7月，因领导职务发生变动，省政府对省集体林权制度改革工作领导小组进行了调整，组长由副省长姚引良担任。2010年，根据工作需要，省政府再次对领导小组进行调整，成员单位在原来的基础上，增加了省监察厅、信访局、档案局、人口和计划生育委员会。

2. 省林业厅农村林业改革发展处。2009年7月20日，省政府办公厅下发《关于印发省林业厅主要职责内设机构和人员编制规定的通知》，批准林业厅设10个内设机构，增加农村林业改革发展处(简称“林改处”)，编制 4 人。目前，林改处实有行政编制 5 人。林改处成立后，与林改办合署办公。林改处的主要职能是：负责组织指导全省林业改革和农村林业发展工作；指导、监督集体林权制度改革政策的落实；组织拟定农村林业发展、维护农民经营林业合法权益的政策措施并指导实施；指导农村林地林木承包经营、流转及林权管理；监督林权纠纷调处和林地承包合同纠纷仲裁。

二、市、县(区)机构

1. 市、县集体林权制度改革工作领导小组。2007 年 8 月，西安、宝鸡、咸阳、铜川、渭南、榆林、延安、汉中、安康、商洛 10 个市和杨凌示范区先后成立市级集体林权制度改革工作领导小组，组长由分管市(区)长担任，领导小组均下设办公室(简称“市林改办”)，办公室设在市林业局林政科，工作人员由市林业局内部抽调。

2007 年 8~9 月，开展集体林权制度改革试点的户县、太白、彬县、耀州、华阴、富县、榆阳、西乡、宁陕、山阳 10 个县(市、区)相继成立县级集体林权制度改革工作领导小组，宁陕、西乡、太白县领导小组组长由县委书记担任，其余 7 县由分管县长担任。领导小组下设办公室(简称“县林改办”)，办公室人员由县委、县政府、县人大、县政协抽调有关部门的人员组成。

2009 年 2 月，陕西省全面推进集体林权制度改革，全省除西安市新城区、碑林区、莲湖区不涉及集体林权制度改革外，其余 104 个县(含试点县)均成立了县级集体林权制度改革工作领导小组。其中，有 80 个县的领导小组组长是由县委书记或县长担任，剩余 24 个县由分管县长担任。领导小组办公室设在县林业局，人员由县委、县政府、县人大、县政协抽调，并下设“外业勘界组、建档发证组、纠纷调解组、政策宣传组”等机构。

2. 市、县林改常设机构。2009 年 12 月，经西安市人民政府批准，西安市林业局机关内设林改处，编制 3 人，其中处长 1 人。2010 年 7 月，经商洛市人民政府批准，商洛市林业局内设集体林权制度改革发展科，编制 1 人。2009 年，安康市宁陕县、延安市富县先后经本县编办同意成立了县林权管理服务中心，主要承担集体林权制度改革的日常工作。其他县的林改日常工作仍由县林改办承担。

第三节　基本原则和目标任务

一、基本原则

坚持农村基本经营制度，确保农民平等享有集体林地承包经营权；坚持统筹兼顾各方利益，确保农民得实惠、生态受保护；坚持尊重农民意愿，确保农民的知情权、参与权、决策权；坚持尊重历史，确保政策的稳定性和连续性；坚持依法办事，确保改革规范有序；坚持分类指导，确保改革符合实际。

二、总体目标

用 3 年时间基本完成明晰产权、承包到户的林改任务。在此基础上，通过深化配套措施改革，完善政策，健全服务，规范管理，逐步形成集体林业的良性发展机制，实现资源增长、农民增收、生态良好、林区和谐的目标。

三、主要任务

本次集体林权制度改革的主要任务概括为“四权”，即明晰产权，放活经营权，落实处置权，保障收益权。

(一)明晰产权

在坚持集体林地所有权不变的前提下，依法将集体林地承包经营权，通过家庭承包方式落实到本集体经济组织的农户，确立农民作为林地承包经营权人的主体地位。对不宜实行家庭承包经营的林地，依法经本集体经济组织成员同意，可以通过均股、均利等其他方式落实产权。明确承包关系后，依法进行勘界、登记，核发林权证。

(二)放活经营权

实行商品林、公益林分类经营管理。依法把立地条件好、采伐和经营利用不会对生态平衡和生物多样性造成危害区域的森林和林木，划定为商品林；把生态区位重要或生态脆弱区域的森林和林木，划定为公益林。对商品林，农民可依法自主决定经营方向和经营模式，生产的木材自主销售。对公益林，在不破坏生态功能的前提下，可依法合理利用林地资源，开发林下种养业，利用森林景观发展森林旅游业等。

(三)落实处置权

在不改变林地用途的前提下，林地承包经营权人可依法对拥有的林地承包经营权和林木所有权进行转包、出租、转让、入股、抵押或作为出资、合作条件，对其承包的林地、林木可依法开发利用。

(四)保障收益权

农户承包经营林地的收益，归农户所有。征占用集体所有的林地，要依法足额支付林地补偿费、安置补助费、地上附着物和林木的补偿费等费用。经政府划定的公益林，已承包到农户的，森林生态效益补偿要落实到户；未承包到农户的，要确定管护主体，明确管护责任，森林生态效益补偿要落实到本集体经济组织的农户。

第四节　林改试点

一、林改试点

2007年5月18日，省人民政府印发《关于推进集体林权制度改革的意见》，5月28~30日，国家林业局在西安召开了西北6省份(西藏)集体林权制度改革座谈会，国家林业局局长贾治邦出席会议并讲话，省政府副省长张伟致辞。7月7日，省政府办公厅转发省林业厅拟订的《陕西省集体林权制度改革试点实施方案》。

(一)试点县(区)

陕西省林改试点县(区)：户县、太白县、彬县、耀州区、华阴市、西乡县、富县、榆阳区、宁陕县、山阳县。

(二)试点内容

一是明晰产权，以家庭承包经营为主，其他方式为辅。二是放活经营，林业生产经营活动由经营者自主确定。三是规范流转，除国家重点公益林外，允许承包方按照“依法、自愿、有偿”的原则进行林权流转。四是配套改革，创建林业行政服务中心、创新林业执法管理体系、鼓励引导和支持发展林业专业合作组织。

（三）试点时间安排

2007 年 7 月至 2008 年 9 月

（四）方法步骤

组织准备阶段（2007 年 7~8 月）：建立机构、制定方案、宣传培训。

勘界确权阶段（2007 年 9 月至 2008 年 2 月）：实地勘界、签订承包合同、争议纠纷调处。

建档发证阶段（2008 年 3~7 月）：审核资料、电脑录入、登记发证。

总结验收阶段（2008 年 8~9 月）：县区开展自查，总结试点经验，提交报告，省市联合检查验收。

2007 年 7 月 10 日，省委、省政府在西安召开全省集体林权制度改革试点工作会议，副省长张伟主持会议，省委副书记王侠作动员讲话，林业厅厅长张社年传达中央领导有关集体林权制度改革工作的指示和全国集体林权制度改革现场会议精神，安排部署全省集体林权制度改革试点工作。

2007 年陕西省集体林权制度改革挂钩联系分工情况见表 3-7-1。

2007 年陕西省集体林权制度改革挂钩联系分工表

表 3-7-1

分组	组长		联络员	联络处室	挂钩联系地市
	姓名	职务			
第一组	张社年	厅长	王卫国	办公室	西安市
第二组	郝福财	副厅长	马安平	造林处	咸阳市
第三组	朱巨龙	副厅长	马利民	森林公安局	商洛市
第四组	陈玉忠	副厅长	范民康	人事处	安康市
第五组	郭道忠	局长	王万云	保护处	延安市
第六组	孙承骞	副厅长	刘增祥	计财处	渭南市
第七组	王建阳	总工程师	卢丛祥	绿化办	铜川市
第八组	高永民	副厅长	郝怀晓	科教处	榆林市
第九组	赵钰莹	纪检组长	史世元	监察室	宝鸡市
第十组	阎宏	副巡视员	王文	机关党委	汉中市

为加强对集体林权制度改革工作的督促指导，确保改革工作质量，2007 年 7 月 19 日，省林业厅召开厅长办公会，研究决定在全省集体林权制度改革工作中实行省厅领导挂钩联系制度，并印发《陕西省林业厅领导挂钩联系集体林权制度改革工作制度》。

督导组的职责：认真贯彻落实省政府关于推进集体林权制度改革的意见精神，定期开展督促检查，指导当地成立林改机构，建立工作机制，制定林改实施方案，开展业务培训，纠正违纪违规问题，维护农民群众利益，确保改革进度和质量。

2007 年 8 月 19~21 日，陕西省集体林权制度改革试点工作业务培训班在西安举办。省林改办邀请江西省、县、村三级林改工作人员授课，详细解读林改操作程序、方法和经验，全省 104 个林改县(市、区)共 120 名林改工作人员和业务人员参加了培训。

2008 年 2 月 22 日，全省集体林权制度试点工作座谈会在西安召开。会议听取各试点县林改工作情况汇报，研究林改过程中存在的问题，安排部署 2008 年试点工作。各市林业局主要负责人，各试点县(市、区)主管县长、林业局局长参加了会议。省林业厅厅长张社年在会上讲话。7 月 25 日全省集体林权制度改革座谈会在户县召开，学习贯彻《中共中央、国务院关于全面推进集体林权制度改革的意见》及“全国集体林权制度改革厅局长培训班”会议精神，听取各试点县(市、区)林改工作汇报。副省长、省集体林权改革领导小组组长姚引良参加会议并讲话。各市林业局长，集体林权改革试点县(市、区)林改工作领导小组组长和林业局长，厅机关各处(室、局)主要负责人参加了会议。8 月 13 日，省长袁纯清在省厅厅长张社年陪同下对山阳县林改试点工作进行调研。袁纯清在调研中充分肯定山阳县的林改试点工作，并要求继续抓好集体林权制度改革，通过科学的保护、管理、开发、利用，优化森林生态，增加农民收入。9 月 9~10 日，省委副书记王侠带领省委政研室、发改委、财政厅等多个部门，赴太白县进行林改专题调研，林业厅厅长张社年陪同。调研组实地查看了桃川镇老爷岭村和城关镇北沟村的林改工作，走访了部分农户，并召开 10 个试点县林改座谈会，听取了各试点县的工作汇报。王侠对试点县的工作给予了肯定。宝鸡市委书记唐俊昌陪同在太白调研。9 月 23~24 日，陕西省集体林权制度改革市县长培训会议在西安召开。全省各市县分管林业的副市长、副县长、林业局长 292 人参加了培训。国家林业局林改领导小组副组长黄建兴、汪绚以及江西省林业厅郭家副厅长等出席并讲授林改的相关政策和经验做法，省政府办公厅副巡视员徐春华主持会议。副省长姚引良讲话，要求各地充分认识陕西省集体林权制度改革的深远意义，全面把握推进改革的各项政策，切实抓好当前的重要工作，扎实推进集体林权制度改革。11 月 11 日，国家林业局在西安召开陕西、甘肃、新疆、青海、宁夏、西藏、山西、内蒙古等西部 8 省份集体林权制度改革工作座谈会。国家林业局副局长张建龙主持会议，国家林业局局长贾治邦作了讲话，省委副书记王侠出席会议并致辞。贾治邦要求各地不断深化对集体林权制度改革重大意义的认识，进一步增强改革的责任感和使命感，正确把握西部省份集体林权制度改革形势，进一步坚定改革的信心和决心，采取切实有效措施，进一步营造西部省区集体林权制度改革的良好氛围。会上陕西省西乡县作了典型发言，介绍林改工作经验和做法。11 月 20~30 日，省林业厅联合省委政研室、政府研究室，对 10 个试点县的林改工作进行检查验收，并总结试点工作情况，提出了全面推进改革的意见和建议，上报省委、省政府批准。12 月 26 日，汉中市举办集体林权制度改革培训班，省林业厅副厅长陈玉忠到会并讲话。12 月 27 日，陕西省集体林权制度改革在西部地区起到了示范作用，《人民日报》头版以“陕西林改再造秀美山川”为题作了报道。

据统计，西乡、宁陕、太白等 10 个试点县 146 万公顷集体林地共完成确权面积 141.43 万公顷，占 96.8%。其中家庭承包经营 117.91 万公顷，占已确权面积 83.4%；集体股份合作经营 13.51 万公顷，占 9.6%；拍卖等其他承包方式 9.02 万公顷，占

6.4%；联户承包经营0.89万公顷，占0.6%。发放林权证20万本，发证面积120.38万公顷，发证率82.5%。调处山林纠纷4387起，调处面积15.96万公顷，占集体林总面积的10.9%(表3-7-2)。

2008年陕西省集体林权制度改革试点工作进度统计表

表3-7-2　　单位：万亩、%、个、户、本

单位	总面积	完成面积	签订承包合同情况				林权证发放情况					
			村、组总数	已签合同村组	签订合同面积		占应发包面积百分比	发证村组数	发证户数	发证本数	发证面积	发证率
					家庭承包	其他方式						
榆阳区	649	649	460	438	28.84	573.47	92.8	438	74310	24766	602.3	92.8
西乡县	334	334	1688	1688	262.55	56.64	95.4	543	32276	34371	191.7	57.3
耀州区	70	70	173	173	66.99	3.24	99.9	173	33510	33562	70.23	99.9
户县	67	66.02	83	77		66.92	98	77		158	62.71	95.0
彬县	96	96	239	239	49.4	47.38	100.	239	58600	26517	96.78	100
太白县	148	148	66	66	120	17.4	93	66	9193	9193	137.4	92.8
宁陕县	306	306	360	360	230.84	75.16	100	360	16520	17100	300.8	98
富县	72	72	230	230	40.35	31.8	100	230	8966	8966	69.85	96.8
山阳县	417	417	318	318	382.8	34.84	100	265	34500	36710	243.2	58.2
华阴市	31	31	138	138	19.96	11.48	99.3	138	10312	10312	30.71	96.9
合计	2190	2189	3755	3727	1201.7	918.33	96.6	2529	278187	201655	1805.68	82.3

二、试点取得的成效

(一)探索出陕西省林改的基本路子

陕西省地跨长江、黄河两大水系，既是全国南水北调重要的水源涵养区，也是水土流失重点治理区，生态区位重要，是全国生态建设重点省份之一。公益林受采伐管理政策限制，只能严格保护，不能采伐利用，基本无经济效益；商品林由于受水热等自然条件限制，林木生长周期长，经济效益也不明显。因此，陕西省只能走生态保护型的改革路子，即在保护好现有森林资源的前提下，实行家庭承包分林到户，农民通过公益林林下开发、生态效益补偿和商品林的经营利用来增加收入，达到生态受保护、农民得实惠的目标。

(二)摸索出明晰产权的有效模式

10个试点县因地制宜，充分尊重群众意愿，采取四种模式明晰产权：一是按人均确权到户，实行家庭承包经营；二是对难以完全按人均确权到户的，将经营主体下移，实行联户经营；三是对城市、旅游、矿产开发规划区和重要区域的生态公益林，实行集体股份合作经营，农民按人均等持股，按股分红；四是不宜实行家庭承包的“四荒”地，采取拍卖等其他方式承包，确权到大户，群众从转让收益中分利。这四种方式中，家庭承包经营占集体林已确权面积的83.4%，这种方式，是最主要的，也是中央林改意见要求

的确权方式，下一步全面推进林改时应该继续坚持。

（三）激发了广大林农发展林业的积极性

农民通过家庭承包经营拿到了林权证，吃下“定心丸”，真正成了山林的主人，其造林、育林、护林和发展林业的积极性空前高涨。据统计，林改中 10 个试点县农民累计投入近 6000 万元用于造林。2008 年，西乡县群众通过承包集体林地、竞标购买集体茶园等形式，涌现出 50 亩以上的经济林经营大户 190 户，经济林 2000 亩以上的专业村 20 个，为西乡县实现林果富县战略奠定了基础。

（四）维护了林区的和谐稳定

10 个试点县在林改中，采取多种途径和方法共调处山林纠纷 4387 起，彻底解决了长期存在的界限不清、权属不明的问题，如省直宁西、太白林业局与当地 30 年悬而未决的林权纠纷，这次得到彻底解决。通过调处林权纠纷，不仅为群众发展林业生产扫除了障碍，更重要的是维护了地方的社会稳定。

（五）促进了基层民主和法制建设

林改工作中，各级广泛宣传《中华人民共和国森林法》《中华人民共和国村民委员会组织法》《中华人民共和国农村土地承包法》等有关法律法规，使基层干部尤其是农民群众接受了一次深刻的普法教育。农民通过学习林改相关政策法规、参加村民会议行使表决权等，知道了村里的有些事情并不是由村干部说了算，而是必须经村民大会讨论通过才能算数，从而有力地促进了基层的民主与法制建设。

（六）拓宽了林业投融资渠道

集体林地明晰产权、承包到户后，农民群众拿着林权证，不仅对林地有了经营自主权，而且对林木拥有了所有权，实实在在地得到了一份财产性收入。基于此，省林业厅与省信用联社签订了林权抵押贷款合作协议，计划从 2009 年开始，农民群众可以用手中林权作抵押，从农村信用社获得发展林业生产经营的资金，为拓宽林业投融资渠道奠定了坚实基础。

三、试点探索出的基本经验

（一）明晰产权是林改的核心

具体做法：一是对已经承包到户或大户经营的集体林进一步明晰产权。主要采取 3 种方式：对已划定的自留山，由农户长期无偿使用，不得调整，不得收回；对已分包到户的责任山，完善合同，继续稳定承包关系；对采取招标、拍卖、公开协商等其他方式承包的集体林地，承包程序和承包期限合法、双方权利和义务合理、合同形式和内容规范的，要予以维持。对承包双方权利和义务显失公平、承包合同不完善等群众意见较大的，本着尊重历史、依法办事的原则，予以妥善处理。在具体工作中，各地先梳理问题调解纠纷，重新勘界确权，划清界限，核准面积，然后再完善和签订承包合同，明确发包方与承包方的权利、责任与义务，换发林权证书，彻底解决了遗留问题。二是对保留在集体的林地一步到位明晰产权，坚持“均字当头，以分为主”，尽量量化到人，实行家庭承包经营。对难以完全按人均确权到户的，实行联户承包经营。三是对不宜实行家庭承包经营的宜林荒山等“四荒”地，通过均股均利方式明晰产权，经 2/3 以上群众同意，实行股份经营，或通过招标、拍卖、公开协商等方式落实经营主体，所得收益大部分分给群众。

（二）严把林地承包方案制定关

村组林地承包方案是林改政策的具体落实和细化，是体现群众意愿的主要载体。林地承包方案制定关，要以集体林地所有者的村民小组为单位，严格工作程序，制定好林地承包方案。

（三）认真落实家庭承包经营制度

家庭承包经营是集体林权制度改革最主要的确权方式，能确权到户的都要确权到户，由集体经济组织成员平等享有林地承包权，按人均确权到户，以户为单位进行承包经营。

（四）切实进行实地勘界确权

实地勘界是林改最为关键的环节，工作量大，矛盾纠纷突出，且集体林地大多分布偏远，地形、地貌复杂，必须集中人力、物力，进行实地勘界确权。

四、林改试点中存在的主要问题

1. 个别地方存在集体股份合作制模式比重大，村组林地承包方案粗放不细致，林改档案不规范等问题。

2. 公益林生态效益补偿没建立，影响了农民群众造林护林的积极性。农民承包生态公益林后不仅没有收益，还要承担相应的管护责任，形成权利和义务不对等，建立生态效益补偿制度势在必行。

3. 一些县森林资源二类调查和森林分类区划界定工作尚未结束，公益林小班没有落实到山头地块，影响了林改的质量和进度。

第五节 全面推进林改工作

一、2009 年林改工作

2009 年 2 月 3 日，陕西省印发《中共陕西省委、陕西省人民政府关于贯彻〈中共中央国务院全面推进集体林权制度改革的意见〉的实施意见》，并于 2 月 3~4 日在西安召开全省林业工作会议，各市、县（区）政府分管林业工作的领导和林业局长参加了会议。会议决定从 2009 年开始，全省用 3 年时间基本完成明晰产权、承包到户的改革任务，10 个试点县开展配套改革。其他有条件的县（市、区），在推进改革的同时，积极开展配套改革。3 月 9 日，省林改办印发《陕西省集体林权制度改革工作程序》，要求各地严格按照林改操作程序实施林改。3 月 31 日，省林业厅联合省档案局印发《关于加强集体林权制度改革档案工作的通知》，就林改档案的收集、归档、管理、利用等做出详细规定和要求。5 月 18 日，财政部印发《下达 2009 年中央财政森林生态效益补偿基金的通知》，下达陕西省 2009 年森林生态效益补偿基金 9882 万元，用于 131.77 万公顷国家重点生态公益林生态效益补偿。6 月 4 日，副省长、省林改领导小组组长姚引良深入安康市宁陕县检查指导集体林权制度改革工作。6 月 5 日，省财政厅、林业厅联合印发《陕西省森林生态效益补偿基金管理办法》，就基金管理、兑付等做出具体规定。省林业厅印发《关于认真贯彻落实省委书记赵乐际重要批示精神积极扎实推进集体林权制度改革的通知》，要求各地加强组织领导，加大工作力度，全力推进林改工作。6 月 12 日，省林业厅在西安召开全省集体林权制度宣传工作座谈会，安排部署林改宣传工作。6 月 22～23 日，中共中央在北京召开中华人民共和国成立 60 年来首次林业工作会议，主要内容是林改工作。副省长姚引良、省林业厅厅长张社年参加会议。6 月 26 日，副省长姚引良、省林业厅厅长张社年向省委书记赵乐际、省长袁纯清、省委副书记王侠提交《关于中央林业工作会议精神和我省贯彻意见的汇报》。7 月 17 日，省委召开常委会议，听取中央林业工作会议精神汇报后，要求认真贯彻中央林业工作会议精神，在加强保护、巩固成果的同时继续抓好重点区域绿化，加快集体林权制度改革，创新林业发展体制机制，保护群众利益、维护林区稳定，促进全省林业发展再上新台阶。7 月 20 日，省委书记赵乐际在全省领导干部会议上专门强调林业工作，要求下半年要突出重点，狠抓落实，在集体林权制度改革上取得新成绩。7 月 27～29 日，省委副书记王侠赴延安市甘泉、志丹、吴起 3 县就林改和退耕还林进行调研，要求全面推进集体林权制度改革，巩固退耕还林成果，促进林业可持续发展、农民持续稳定增收。8 月 6 日，省委召开林业工作会议，重点安排部署全省林业改革与发展工作。各市市委、市政府分管领导，各县县委、政府主要负责同志，市、县林业部门主要负责同志，省级有关部门负责同志参加会议。省长袁纯清出席会议并为宁陕、西乡、太白 3 个林改试点先进县颁奖，省委副书记王侠、副省长姚引良分别在会上讲话。8 月 11～12 日，省委书记赵乐际深入镇安、宁陕等县专题调研国有林场和集体林权制度改革工作，要求各地按照省委省政府安排部署，加快工作进度，务必在 3 年内完成集体林权制度主体改革任务。8 月 17 日，省林业厅印发《关于认真贯彻落实省委工作会议精神积极扎实推进集体林权制度改革的通知》。9 月 16～20 日，省林业厅林改督导组范民康一行 3 人对商洛市集体林权制度改革情况进行了检查，检查组深入丹凤县庾岭镇街坊村、商南县太吉河乡毕家湾村、镇安县结子乡典史村和柞水县下梁镇沙坪村进行调研，分别查看了村(组)林地承包方案、林地承包合同等林权资料；与村组干部和部分村民进行了座谈，对中央和省委的林改相关政策适时进行了宣传和解读，并认真听取农民群众对林改的反映，了解村组林改实施情况。

加强林业社会化服务体系建设是集体林权制度改革的一项重要内容。5～10 月，国家林业局相继印发《关于全面开展集体林权流转问题调研的通知》《关于改革和完善集体林采伐管理的意见》《关于促进农民专业合作社发展的指导意见》《关于切实加强集体林权流转管理工作的意见》等多个指导性文件，并联合中国人民银行、财政部、中国银行业监督管理委员会、中国保险监督管理委员会印发《关于做好集体林权制度改革与林业金融发展服务工作的指导意见》，联合中国保险监督管理委员会印发《关于做好政策性森林保险体系建设促进林业可持续发展的通知》，省林业厅及时进行了转发，并提出了贯彻落实的意见和要求。10 月 16 日，全国政协委员、原国家林业局副局长赵学敏赴扶风县调研集体林权制度改革工作。11 月 17 日，省林业厅举办林权登记发证管理工作培训会，邀请有关专家对各市及当年完成主体改革。为公平、公正全面评价各地集体林权制度改革工作，省林改办印发了《陕西省集体林权制度改革工作检查验收方案》，明确了检查验收的方式、内容、指标和评分标准。12 月 7～30 日，省林改办分 4 组对完成主体改革任务的 39 个县(区)进行了检查验收。经综合评定：丹凤县、灞桥区、乾县、礼泉县、吴堡县、王益区、渭滨县、岐山县、扶风县、岚皋县、镇坪县、安塞县、黄陵县、白水县等14个县被评为优秀；临潼区、泾阳县等25个区县被评为合格。

二、2010年林改工作情况

1月17~20日，省委书记赵乐际在陕南山区县调研期间，对紫阳、佛坪两县的集体林权制度改革进行了调研。1月25~28日，以国家发改委农村经济司副司长吴晓松为组长的国务院办公厅督查组一行9人，来陕西督查林改工作。分两组对商洛市、安康市、宝鸡市、铜川市集体林权制度改革工作进行督查，28日督查组向省林改领导小组反馈了检查意见。2月8日，省林业厅下发《关于贯彻落实全省林业工作会议精神扎实推进集体林权制度改革工作的通知》，安排部署2010年林改工作。3月中旬，按照林业厅党组的安排，省林改办分两组对各市林改工作进行督促检查，重点检查吴起县等20个面积较大的县(区)。3月15~20日，省林改督导组陈玉忠一行3人，对榆林市横山、靖边、神木、府谷等4县的集体林权制度改革工作进行了检查。榆林市集体林地面积大，矛盾纠纷多，改革难度较大，林改工作任务相当艰巨，是陕西省林改工作督导检查的重点。督导组先后深入横山县南塔乡李家崖村、靖边县黄蒿界乡马季沟村、神木县解家堡木瓜梁村和府谷县王家墩乡进行检查，查看了村民会议记录、村(组)林地承包方案、林地承包合同等林权档案资料，并与部分村组干部和村民进行了座谈，了解村(组)林改实施情况，听取了各县关于林改工作情况的汇报，并针对各县存在的问题，提出了整改及下一步工作要求。检查结束后，在榆林市召开座谈会，听取了榆林市林改工作汇报，检查组通报了检查情况，要求榆林市因集体林地四至界线不清等原因产生的矛盾纠纷，要以此次改革为契机，把各种矛盾纠纷解决好，维护农村社会的稳定。5月8~9日，国家林业局机关党委书记谭光明一行来陕西，对全国林改示范县宁陕、太白、安塞、宜君县的林改工作进行了核查。6月8~13日，省林改办分两组，对榆林市靖边县、横山县、神木县、府谷县以及汉中市洋县、略阳县、宁强县和留坝县等8个县的林改工作进行检查，并提出改进意见。7月5日，省林业厅组织召开《陕西省商品林评估价值参考表》评审会。会议由副厅长陈玉忠主持，西北规划院、中国农业银行陕西省分行、省农村信用联社以及林业厅相关处室14名专家参会。7月7日，省林业厅与中国农业银行陕西省分行、省农村信用联社下发《关于加快推进林权抵押贷款工作的通知》，要求10个市各选择1个已完成主体改革任务且工作基础好、区位优势明显、群众发展林业生产积极性高的县(市、区)开展林权抵押贷款工作试点。7月16日，省林业厅下发《关于印发〈陕西省商品林林木评估价值参考表〉的通知》。8月7日，国家林业局局长贾治邦率国家林业局有关负责同志来陕调研林业生态建设及集体林权制度改革情况。省委书记赵乐际前往驻地看望调研组一行，副省长姚引良陪同赴安康调研。8月13日，在榆林召开的全省林业局长座谈会上，省林业厅张社年厅长在听取各市的工作汇报后，对下半年的全省林业工作进行了安排部署，并强调当年要按照省委省政府的安排部署，必须按期全面完成集体林权制度主体改革任务。9月9日，省林业厅会同省财政、国土、农业等部门出台《关于举家进城落户农村居民退出宅基地、承包地实施办法》，对举家进城落户农村居民退出承包林地如何处置做出具体规定。9月26日，省财政厅、林业厅印发《〈森林资源资产评估管理实施细则〉的通知》，对评估范围、评估机构和人员、核准与备案、监督管理、责任追究等进行了规范。9 月 28 日，省林业厅和开发银行陕西省分行联合出台《林权抵押贷款工作实施细则》。分别对贷款对象、用途和条件，林权抵押的范围，贷款程序，抵押评估和抵押率确定，贷款期限、利率和贷款贴息，贷款管理，抵押林权管理和处置等 7 个方面做了明确规定。10 月 10～11 日，全国集体林权制度改革百县经验交流会在北京召开。副省长姚引良、省林业厅厅长张社年、省委政策研究室副主任郑梦熊和宁陕、太白、安塞、宜君等四县的县委书记参加会议。宁陕县作大会发言，太白、安塞、宜君 3 个县作了书面交流。10 月 20 日至 11 月 29 日，省林改办由副厅长陈玉忠带队，对全省剩余 55 个县(区)的集体林权制度改革工作进行检查验收，验收结果是：长安区、蓝田县、千阳县、凤翔县、麟游县、陇县、凤县、永寿县、长武县、旬邑县、韩城市、华县、蒲城县、子洲县、靖边县、洛川县、志丹县、吴起县、子长县、延长县、佛坪县、洋县、城固县、南郑县、勉县、镇巴县、宁强县、留坝县、汉滨区、旬阳县、紫阳县、商南县、柞水县、镇安县、商洲区等 35 个县被评为优秀，周至县等 20 个县被评为合格。至此，全省 987.3 万公顷集体林的主体改革任务基本完成，提前一年完成省委、省政府确定的林改任务(表 3-7-3)。

陕西省集体林权制度主体改革情况统计表

表 3-7-3

单位	集体林总面积（万亩）	发证户数（户）	发证本数（本）	发证宗地数（宗）	发证面积（公顷）	发证率（%）
咸阳市	481.53	203445	117548	116060	481.53	100
铜川市	155.697	66014	67693	73039	154.567	99
渭南市	448.84	155156	164505	181098	427.17	95
西安市	400.8	97944	84574	149924	359.95	90
宝鸡市	1074.52	200134	223003	313211	937.84	87
榆林市	3143.05	495591	362250	162002	2274.01	72
商洛市	2297.33	357038	369380	1118810	1630.69	71
汉中市	2519.3	374400	389087	1193435	1768.98	70
延安市	2076.23	244579	302827	836123	1374.87	65
安康市	2211.55	209557.6	250942	755361	1329	52
杨凌示范区	0.6	48	48	51	0.6	100
合计	14809.5	2403858.6	2331809	4899063	10739.2	72.5

2010 年 12 月 28 日，根据省委宣传部统一安排，省记协组织《陕西日报》、陕西广播电台、陕西电视台、《当代陕西》、《三秦都市报》、《华商报》、《西安日报》和西部网等八家媒体，评出了“2010 年陕西十大新闻”，其中“陕西全面完成集体林权制度主体改革”名列第四。12 月 31 日，省委、省政府下发通知，对千阳县、凤县、蓝田县、长武

县、旬邑县、韩城市、华县、子洲县、靖边县、志丹县、延长县、佛坪县、留坝县、城固县、勉县、旬阳县、紫阳县、柞水县、商州区等19个林改先进县进行通报表彰。

三、配套改革

(一)林木采伐管理改革

2009年年初，省林改办确定在咸阳市彬县开展为期一年的林木采伐管理改革试点，简化林木采伐指标审批程序，改革商品林采伐限额管理方式，完善林木采伐管理机制。

(二)建立公益林生态效益补偿基金制度

2009年，中央财政下达补偿资金9882万元，用于陕西省131.77万公顷新增国家重点公益林(包括国有和集体)的生态效益补偿。陕西省财政列支1000万元，用于10个试点县13.33万公顷一般集体公益林生态效益补偿。两项合计，陕西省共落实集体公益林生态效益补偿面积95.79万公顷，每年落实补偿资金7183.4万元。

(三)培育林业产权交易市场

2010年，宁陕、富县先后成立了林权管理服务中心，并制订出台了一些规章制度和办法，集中开展林权登记、林权流转、林权抵押等服务，为广大林农提供一个高效、快捷的服务平台。

(四)推进林权抵押贷款

2009年，10个试点县累计利用林权抵押贷款2800万元，2010年全省利用林权抵押贷款总额达到4.1亿元。从2010年开始，省农业银行5年内承诺300亿元授信额度，支持林改和林业建设。

四、林改任务完成情况

截至2010年年底，陕西林改检查验收工作全面完成，全省林改任务基本结束。经统计，本次集体林权制度改革共涉及104个县(市、区)，涉及农户391万户、林农1547万人。林改以来，省、市、县乡共成立林改组织机构1582个，组织动员7.5万名党政干部、5688名技术人员、18万余名村组干部和210万农民群众全过程参与，全省共投入林改工作经费3.83亿元。

明晰产权任务完成后，陕西省987.3万公顷集体林采取家庭承包方式的有750.79万公顷，占76.1%；采取拍卖及大户承包的有70.31万公顷，占7.1%；采取集体股份合作经营的有141.47万公顷，占14.3%；仍然保留在村组集体的有24.73万公顷，占2.5%。共调处各类林权纠纷2.37万起，涉及面积38.33万公顷，纠纷调处率96%。发放林权证233万本，面积715.93万公顷，发证率72.5%。全省集体林地承包到户率达到83.2%，居全国第三。

省林改办对全省集体林权制度改革先进单位和先进个人予以表彰，省委政策研究室等103个先进集体、张社年等305个先进个人获得通报表彰。

第六节 林改成效

一、农民造林积极性空前高涨

分山到户后，农民真正成了山林的主人，造林积极性骤然提高。山阳县2010年全县农民自发栽植各类苗木200万株，较改革前的2009年增加了4倍。尤其是陕北、渭北地区以前无人问津的荒山，这次改革也成了“香饽饽”，一些农户或大户看好核桃、花椒、红枣等经济林和绿色养殖业发展前景，踊跃承包，开荒造林，加快了造林绿化和开发利用步伐。据统计，2010年，全省农户投资造林面积3.75万公顷，社会投资造林3.72万公顷，分别是改革前的3倍和2倍。

二、农民管护力度明显加强

林改后，农民就像爱护自己的孩子一样管护山林。有些农民感慨地说：“林地分到自家后，不管有事没事总爱去林地转悠一下，巡视一圈，只有这样晚上睡觉才能安稳”。林改后，全省发生各类林业行政案件比改革前明显下降。

三、林业投资不断增加

林改以来，各级政府、有关部门和社会组织对林业的投入不断增加，近几年每年都在30亿元左右，2010年，仅榆林、延安市财政投入林业的资金就达5亿元。

四、农民收入有较大提高

林改后，许多林区农民大量种植板栗、核桃、红枣，培育香菇、木耳，兴办森林人家，农民收入有了较大提高。2009年，铜川市宜君县核桃总面积达到2.31万公顷，挂果10万亩，年产优质核桃7000吨，产值1.26亿元，全县农民人均纯收入仅核桃一项达1080元。安康市宁陕县利用山林资源优势，2009年，全县种植猪苓80多万窝，3年后投入市场，每窝产值300元，总价值达2.4亿元，相当于每年每人增加收入1300多元。2011年，全省林业总产值达到322亿元，比2008年的169.5亿元，增长近一倍。

五、农村社会更加和谐稳定

林改期间，各地抽调林业、信访、国土、法院、农业等部门人员组成工作组，查阅档案资料，加强调查取证，反复沟通协调，累计调处各类林权纠纷2.4万多起，涉及林地面积44多万公顷，调处率达99.5%，解决了大量的历史遗留问题，消除了农村社会不稳定因素。

第八章　义务植树与绿化灭荒

第一节　全民义务植树

一、组织机构

陕西省绿化委员会自1982年成立以来，随着省级机关机构改革的变动，委员会及其办公室组成人员也相应发生变动，1983年和1986年，省绿化委员会进行了2次调整，由原来的24位委员调整为27位委员，随后一段相当长的时间没有进行较大调整。1993年，省绿化委员会组成人员见表3-8-1。

1993年陕西省绿化委员会组成人员

表 3-8-1

职位	姓名	职务
主任	王双锡	副省长
副主任	钟高适	省林业厅厅长
	黄广文	省政府副秘书长
	王克中	省军区副司令员
	高峰	省建设厅厅长
	张社年	省财政厅副厅长
	张富春	西安市副市长
	张淦然	省发改委委员
委员	毛宗明	省经贸委委员
	张力	省教委委员
	茹明定	省科委委员
	赵定利	省煤炭工业管理局副局长
	于志有	西安铁路分局副局长
	刘锦春	安康铁路分局副局长
	胡希捷	省交通厅厅长
	于志有	西安铁路分局副局长
	刘锦春	安康铁路分局副局长
	胡希捷	省交通厅厅长
	彭谦	省水利厅副厅长
	史志诚	省农业厅副厅长
	何发理	省林业厅副厅长
	杨希圣	省机械工业局副局长
	蔡颂尧	省冶金工业局副局长
	白元根	省电子工业局总工
	赵复元	省有色金属工业总公司经理
	刘顺成	省广播电视厅副厅长
	冉新权	省环境保护局副局长
	曹景舜	西北民航管理局副局长
	王小康	省文化厅副厅长
	张廷皓	省文物事业管理局副局长
	任中南	陕西日报社副总编

续表

职位	姓名	职务
委员	刘碧芳	团省委副书记
	黄福平	省妇联副主任
	温贞祥	中国武警部队陕西总队副总队长
	马寿山	省军区政治部副主任
	宁保忠	省军区后勤部副部长

省绿化委员会办公室主任由省林业厅厅长钟高适兼任。办公室下设综合、城市、部队、种草4个组，分别设在省林业厅、建设厅、农业厅和省军区办公。

1995年，省政府对省绿化委员会成员进行了部分调整。省绿化委员会办公室设在省林业厅，负责办理日常工作。办公室主任由省林业厅副厅长赵秉正兼任，副主任由省建设厅机关党委书记郑旭(兼任)和省林业厅王文生同志担任(专职)。

2002年3月15日，陕西省人民政府办公厅《关于调整省绿化委员会组成人员的通知》对省绿化委员会组成人员进行调整，具体见表3-8-2。

2002年陕西省绿化委员会组成人员

表3-8-2

职位	姓名	职务
主任	王寿森	副省长
副主任	刘孝文	省政府副秘书长
	权志长	省林业厅厅长
	曹存正	省军区副司令员
	魏增军	省林业厅厅长
	王树汉	省财政厅副厅长
	张恒亮	省建设厅副厅长
委员	李铮	省经贸委委员
	焦方群	省交通厅副厅长
	马卫东	省水利厅副厅长
	王锋	省农业厅副厅长
	郝福财	省林业厅副厅长
	唐俊昌	省科技厅副厅长
	张炜	省教育厅副厅长
	徐蒲生	省信息产业厅副厅长
	蒋惠莉	省文化厅副厅长
	亢文选	省环保局副局长

续表

职位	姓名	职务
委员	郭宪曾	省文物局副局长
	殷文辉	省煤炭工业局副局长
	王建军	团省委副书记
	王明英	省妇联协调员
	卢其松	省工会副主席
	柴多山	民航西北管理局副局长
	杨志国	西安铁路分局局长
	刘锦春	安康铁路分局副局长
	杨剑	陕西日报社副总编辑
	王斌	省军区后勤部副部长
	陈福江	省武警总队副队长
	杨辉	省军区政治部副主任

省绿化委员会办公室主任由省林业厅副厅长郝福财兼任。

2008 年 4 月 11 日，陕西省人民政府《关于调整省绿化委员会组成人员的通知》对省绿化委员会组成人员进行调整，具体见表 3-8-3。

2008 年陕西省绿化委员会组成人员

表 3-8-3

职位	姓名	职务
主任	姚引良	副省长
副主任	黄呈洲	省军区副司令员
	张社年	省林业厅厅长
	徐春华	省政府办公厅副巡视员
	权永生	省发改委总工
	上官吉庆	省财政厅副厅长
	张恒亮	省建设厅副厅长
	朱智生	西安市副市长
委员	张雄强	省国土资源厅总工
	邢可利	省人事厅副厅长
	喻建宏	省国土资源厅总工
	杜必栋	省交通厅副巡视员
	史俊通	省农业厅副厅长

续表

职位	姓名	职务
委员	王建阳	省林业厅总工程师
	李润锁	省水利厅副厅长
	赵祁敖	省政府机关事务管理局副局长
	李军民	省文化厅副厅长
	连锋	省环保局副巡视员
	郭宪曾	省文物局副局长
	王小辉	民航西北管理局副局长
	陈永昌	省煤炭工业局副局长
	金京	省广电局副巡视员
	曹国华	省总工会巡视员
	张小平	团省委副书记
	张英	省妇联副主席
	李桂明	西安铁路局副局长
	张若愚	陕西日报社副总编辑
	王斌	省军区后勤部副部长
	刘强	省地方铁路公司总经理
	徐昌健	省军区政治部副主任
	常宪平	省武警总队副总队长

省绿化委员会办公室主任由王建阳同志兼任。

二、陕西省绿化委员会工作概况

1990 年 3 月 7 日，省绿化委员会召开第九次会议，认真传达、贯彻落实全国绿化委员会第 9 次全体(扩大)会议精神和省政府《关于进一步加快全省造林绿化步伐的决定》，以江泽民总书记、李鹏总理致全国绿委第九次会议的信为动力，重点抓参加全民义务植树的宣传，参加植树人数、栽植株数、质量，城镇绿化和部门造林绿化等工作。同年还启动了省级领导抓绿化示范点工作，副省长王双锡在白水县北井头乡办绿化点，和林业科技人员一起，在不足一年时间里植树 10 万余株，人均 115 株。据统计，当年全省办绿化点 2859 个，其中地市专员、市长 39 人办点 28 个，县、区长 544 人办点 362 个。乡、镇长 3526 人办点 2469 个，规划面积 3. 74 万公顷，当年完成造林 2. 57 万公顷。

1991 年，省绿化委员会提早准备、重点突出地动员全省各地抓好义务植树工作，宝鸡市重点抓了北坡义务植树基地建设和火车站、铁路中央花带的绿化美化工作；咸阳市重点抓工程造林工作，8 个平原县仅春季造林就达 0. 29 万公顷、育苗 453 公顷、整地 0. 43 万公顷、“四旁”植树 841. 9 万株；商洛地区重点抓领导绿化示范点工作，780 多名乡以上干部共办绿化点 723 个，完成造林 1. 52 万公顷，占全区造林总面积的 32%。

1992年，省绿化委员会统一印制“义务植树登记卡”，地市县逐级造册登记发放，由街道办事处、乡镇政府填写，义务植树责任落实、检查验收有了依据，当年还重点抓了全省的部门绿化工作，以全国绿化委员会《关于加强部门造林绿化工作的意见》发布为契机，要求各部门、各系统进一步建立健全组织机构，组织各单位编制1991~1995年造林绿化规划和年度实施计划等。当年，煤炭、铁路、城建、水利、民航等部门都成立了绿化委员会，省妇联、团省委、公路、铁路、煤炭、水利、机械等部门结合行业特点，建立了专用林基地和部门绿化工程。

1993年，按照全国绿化委员会《关于开展部门造林绿化检查工作的通知》精神，及时进行了工作研究和安排布置，要求各地在2个月内完成对铁路、交通、煤炭、水利水保、冶金、石油化工、教育、民航等部门系统所属基层单位的造林绿化检查工作。

1994年6月1~2日，省绿化委员会组织各地市绿委、城建(园林)局的负责同志在宝鸡桥梁厂召开全省城镇绿化工作现场会，主要是传达贯彻全国绿化委员会第十三次会议《关于开展争创全国造林绿化千佳村、百佳乡、十佳城市活动的决定》和省绿化委员会扩大会议精神。会议代表们参观了宝鸡桥梁工厂、炎帝园、宝鸡有色金属加工厂、铁路运输技校和斗鸡台水厂等地绿化现场，宝鸡市、咸阳市、汉中市等单位的代表进行了经验交流。通过现场参观、座谈讨论、经验交流，分析了全省城镇绿化工作面临的形势，研究完善了城镇绿化的措施，推动了城镇绿化建设步伐。各行各业大力开展部门造林绿化，水利系统完成3万公顷造林，五大灌区绿化渠道1150千米，植树130万株，创年植树最高记录。省妇联大力开展“三八绿色工程”竞赛活动，成效显著，仅商洛地区妇联就有15.6万名妇女投身这项活动，投工350多万个，营建“三八绿色工程”100多个，造林2万公顷。西安铁路系统完成铁路沿线植树50多万株，育苗25公顷。省煤碳系统继续加紧矿柱基地林建设，全年投资161万元，造林320公顷。

1995年2月13日，省绿化委员会第十四次全体会议在西安召开，会议总结回顾了1994年全民义务植树和造林绿化工作，对当年的工作进行了全面的安排部署，副省长王双锡主持会议，省长程安东到会讲话。3月11日，副省长巩德顺主持召开了全省春季植树造林电话会议，进行再宣传、再动员。省绿化委员会要求各地重点工作以绿化灭荒为中心，把绿化灭荒与大环境治理、山区综合开发、培育县乡财源和农民群众脱贫致富奔小康结合起来，围绕三北防护林、长江防护林、平原绿化、防沙治沙等林业工程来确定各自的重点工程，统一规划，集中时间、财力，突破重点，抓好落实。为推进部门绿化，省绿化委员会办公室4次走访了省水利系统、省煤炭管理局等绿化任务大的省级部门，掌握动态，座谈讨论、协调指导开展绿化工作。

1997年2月26日，省绿化委员会召开全体委员和地市主管专员(市长)、林业局长参加的省绿化委员会扩大会议，省绿化委员会主任、副省长王寿森同志到会讲话，对植树造林做了全面部署和动员。省绿化委员会要求各地全面推行领导干部绿化目标责任制和办绿化点制度，扩大党政领导干部办绿化点工作的辐射面，提出凡是乡以上领导干部有条件的都要办点的要求。据统计，当年乡以上干部办绿化点3541个，面积6.92万公顷。

1998年，省绿化委员会的工作重点：一是突出把消灭宜林荒山与群众脱贫致富奔小康结合起来，充分调动山区群众治山治水兴林的积极性。二是以创建全国绿化造林“四佳”活动为抓手，推荐并表彰了一批绿化造林先进县、乡、村，激励并推动了全省绿化事业的蓬勃发展。经省人民政府批准，11月2~6日，省绿化委员会、委政策研究室、林业厅和林学会联合召开了“跨世纪的陕西生态环境建设研讨会”。

2000年，省绿化委员会采取一系列措施，狠抓三北防护林、黄河中游防护林、长江上游防护林、关中平原绿化、榆林防沙治沙等林业重点工程，投入大量资金和人力，取得较好成效。

2001年10月18日，印发《陕西省人民政府贯彻国务院关于进一步推进全国绿色通道建设的实施意见》，要求各级政府都要设立绿色通道建设领导小组，加强绿色通道建设的领导，精心组织，确保工程顺利实施。省绿化委员会办公室和省绿色通道领导小组办公室以对公路、铁路、河渠、堤坝沿线进行绿化美化为工作重点，具体开展了绿色通道建设的组织协调和督促检查等工作。10月，省绿化委员会发出《关于开展古树名木普查建档工作的通知》，开展了全省古树名木普查工作。

2003年，制定并下发《陕西省绿化评比表彰办法》，依此办法开展了省绿化模范城市、模范县、模范单位和绿化先进个人的评选、表彰工作，表彰和命名了一批省绿化先进模范单位和个人。开展了全国绿化模范城市、模范县、模范单位和全国绿化奖章推荐申报工作。根据国家有关政策，对2000年以前挂靠在省绿化委员会办公室的绿化公司进行了清理，解除挂靠关系。向省政府报送《陕西省古树名木普查建档成果》，对11个市(区)的古树名木普查外业资料进行了校对、改错、补漏、统计、汇总、编号，摸清全省古树名木600390株(29个古树群、597675株)、54科、91属、158种的树木家底。

2004年，开展了省级绿化先进个人的评选、表彰工作。向省技术质量监督局报送了制定《陕西省古树名木普查建档技术规程》的申请。策划出版了大型画册《辉煌绿荫》。

2005年9月26至10月25日，代表陕西省参加了全国绿化委员会、国家林业局、江苏省人民政府在南京主办的首届“中国绿化博览会”室内展，获誉而归。开展了省级绿化模范评比表彰活动，表彰和命名了一批省绿化先进模范单位和个人。开展了全国绿化模范城市、模范县、模范单位评选推荐工作。

2006年，抓好义务植树基地建设，全省建立乡级以上义务植树基地3800多个，造林绿化面积9.33多万公顷。9月2~28日，省绿化委员会组织人员分赴榆林市神木县和靖边县、延安市宝塔区和黄陵县，铜川市宜君县、渭南市白水县和临渭区、汉中市城固县和洋县，勉县、南郑县、安康市旬阳县和汉滨区等地，进行义务植树、城乡绿化一体化建设、新农村建设、部门绿化和调研古树名木保护工作进展情况，撰写了调研报告。

2007年5月下旬，全国绿化委员会绿化工作检查组来陕检查全民义务植树工作。同时，全国绿化委员会办公室抽调省绿办卢从祥同志参加对湖南、江西两省全民义务植树进行检查。开展向北京奥林匹克森林公园捐赠绿化苗木的活动，捐赠白皮松、银杏、楸树等大规格优质苗木300余株。开展了省级绿化模范评比表彰活动，表彰和命名了一批省绿化先进模范单位和个人。开展了全国绿化模范城市、模范县、模范单位评选推荐工作。

2008年，向全国绿化委员会推荐“全国绿化奖章”候选人，开展省级绿化先进个人评比表彰活动。

2009年，省绿化委员会向省政府报请实施“道路绿化、河流水系绿化、直观坡面绿化、‘三化一片林’绿色家园建设、城市绿化、环城绿化、工矿区绿化、重点出入境口及旅游景点绿化”八大重点区域绿化工程，1月3日，省政府批复同意实施并下发《陕西省人民政府转发省绿化委员会关于实施重点区域绿化工程意见的通知》。开展“全国绿化模范单位”推荐申报工作和省级绿化先进评比表彰活动。

2010年9月26日至10月5日，由全国绿化委员会、国家林业局、河南省人民政府主办的第二届中国绿化博览会在郑州市举行，陕西建1559平方米的室外展园“陕西园”受到广泛好评，获得多项荣誉。

三、义务植树的宣传报道

1992年3~5月，省林业厅与陕西广播电台举办林业知识广播讲座竞赛活动，共播出60次，每次10分钟，全面系统地播讲了义务植树、育苗造林、森林经营、资源管理、林业法规等。6月22日，李鹏总理签署的《城市绿化条例》刚发布，省绿化委员会就立即向各地市发出贯彻学习“条例”的通知，宝鸡、咸阳等市利用报纸、杂志和广播电视等发表学习宣传文章，在市区主要路口悬挂横幅，设立宣传点、张贴绿化标语；西安、铜川等市结合市人大通过的绿化规定、管理办法，及时编印了绿化知识学习辅导材料等。

1994年，为纪念全国绿化劳动模范、原延安地区林业局局长阎万选的业绩，省绿化委员会和延安地区绿化委员会于5月7日在延安清凉山为其举行了隆重的纪念碑立碑仪式。

1996年，为发动社会各界人士投身全民义务植树活动中来，省绿化委员会办公室联系并通过《陕西日报》《三秦都市报》《西安晚报》等省级报纸宣传国土绿化先进典型；组织省电视台和西安电视台进行跟踪采访，播发绿化活动实况新闻片和报道；开辟热线专栏，请省林业厅领导和部分处室负责人在演播室向全省人民宣传造林绿化工作并接受记者采访、回答听众的有关提问。

1997年，为宣传治沙英雄牛玉琴，西安电影制片厂以其为原型拍摄了电影《一棵树》，在全国引起较大轰动，该片获得中宣部、广电部、文化部颁发的“五个一工程”奖。

1999年5月20日，中央电视台第二套节目“环境保护报道”系列片摄制组到西安拍摄绿化专题片。摄制组先后拍摄了南二环、北门、南门、东二环、钟鼓楼广场绿化情况，这是对西安城市绿化的肯定和宣传。8月1日，历经数年收集、整理并编纂的《陕西古树名木》画册由中国林业出版社出版发行，画册由原国家林业部副部长董智勇题词，林业厅厅长钟高适作序。画册共255页，图文并茂地介绍了陕西的主要古树名木。

2002年，省绿化委员会办公室邀请《陕西日报》《西安晚报》《三秦都市报》等报纸和省电视台、省电台、陕西经济广播电台等主流媒体，对省级领导义务植树和各地春季植树活动进行宣传报道，并将宣传报道工作纳入今后每年春季义务植树活动的内容，宣传陕西省造林绿化面临的新形势、新机遇和新任务。

2004年10月，省绿化委员会、林业厅联合编辑、出版了大型画册《辉煌绿荫》，画册由省委副书记张保庆、省政协主席艾丕善、省人大常委会副主任白云腾题词，副省长王寿森作序。画册分为“令动山河”“率先垂范”“绿色阵地”“三秦绿韵”和“绿珠映辉”五个部分。

2005 年，省绿化委员会将咸阳市泾阳县麦秸沟流域综合治理纳入省义务植树基地，并于 3 月 12 日为“陕西省省直机关植树基地”纪念碑揭幕。

2009 年 4 月 3 日，全国绿化委员会、国家林业局、中国绿化基金会联合主办的生态中国颁奖典礼在中央电视台 1 号演播大厅举行。牛玉琴入选“中国生态贡献奖”十大英雄模范人物。5 月 19 日，由宝鸡市绿化委员会、宝鸡市林业局组织编写的《宝鸡古树名木》一书公开出版发行。全市 616 株百年以上的古树名木全部分级命名、挂牌保护。

四、义务植树活动

1990 年，全省 1200 万人次参加义务植树活动，栽植各类苗木 7020 万株，成活率达 85%以上，栽植绿篱 218 万平方米，养花 1740 万盆，义务成片造林 4. 27 万公顷。

1991 年 11 月 20 日，省人民政府发布《陕西省关于开展全民义务植树运动的实施细则》，共 23 条。12 月 13 日，副省长王双锡在陕西省暨西安市隆重纪念全民义务植树运动开展十周年大会上，要求继续深入地宣传植树造林的重大意义，全面落实造林绿化规划，进一步加强领导，人人动手，年年植树，把全民义务植树造林工作提高到一个新水平。据统计，全省当年约 1450 万人次参加义务植树，栽植苗木 8004 万株。

1992 年 3 月 12 日，省绿化委员会组织省级领导同志在长安县青华山省级义务植树基地开展植树活动，省级五大班子领导和在西安参加省人大会议的代表及西安市委、市政府的干部职工 830 余人参加此项活动，栽植油松约计 2. 5 万株。3 月 19 日，以省二轻厅原厅长苏耀先为代表的 1396 名原在户县工作过的离退休干部，立志为造林绿化事业贡献余热，在户县秦岭北坡化羊庙立碑、植树，拉开了寿星林建设的序幕。据统计，全省当年约 1176. 1 万人次参加义务植树，栽植苗木 9829. 5 万株。

1993 年 3 月 12 日，省绿化委员会组织省级领导同志在大明宫遗址开展义务植树活动。省、市政府机关干部、解放军官兵、共青团员等近万人一起，栽植侧柏 4900 多株。据统计，全省当年约 1204 万人次参加义务植树，栽植苗木和名贵花木 9778. 7 万株。

1994 年 3 月 12 日，省绿化委员会组织省级领导同志在西安市北门外参加义务植树活动。植树活动后，李焕政、徐山林、艾丕善还分别题词：“三秦披绿”“绿化祖国”“植树造林，人人有责”。据统计，全省当年约 1100 万人次参加义务植树，栽植苗木 8500 万株。

1995 年 3 月 11 日，省委书记安启元在安康视察时，在安康地委书记谈俊琪的陪同下，到香溪洞和数百名干部群众一起参加义务植树，并勉励在场的干部要持之以恒，抓好造林绿化这件利国利民的大事。3 月 12 日，省绿化委员会组织省级领导同志在西安市南二环开展义务植树活动，省级领导和 2 万名市民一起，栽植各类树木 10 万余株，种草皮 3000 余平方米。据统计，全省当年约 1501. 6 万人次参加义务植树，栽植苗木 9226. 5 万株。

1996 年，春季植树造林开始后，从省到地、县、乡的各级领导同志带头参加义务植树和造林绿化活动。省委书记安启元就实现省委、省政府《灭荒决定》接受记者采访，回答记者提出的问题，并参加省绿化委员会在西安组织的义务植树活动，对义务植树活动中存在的问题提出了尖锐而中肯的批评。3 月 13 日，省委副书记、省长程安东在《陕西日报》头版发表《发扬南泥湾精神，建设绿色陕西》的署名文章，从历史和现实的角度分析了陕西省生态环境建设的现状和存在的问题，指出了陕西省绿化灭荒的急迫性和客观可能性，号召全省人民发扬南泥湾精神，为绿化陕西、振兴陕西经济做出贡献。省绿委主任、副省长王寿森自3月上任以来，先后3次出席省绿化委员会、省林业厅召开的造林绿化工作会议并讲话，对今春乃至“九五”期间的造林绿化工作提出了明确要求。据统计，全省当年约1400万人次参加义务植树，栽植苗木9028万株。

1997年3月12日，省绿化委员会组织省级领导同志在渭河西安段开展义务植树活动，省级领导同志和西安市直机关干部、职工2万多人一起，栽植各类苗木27万余株，绿化河道58千米。据统计，全省当年约1599.8万人次参加义务植树，栽植苗木9194.1万株。

1998年3月12日，省绿化委员会组织省上五大班子领导和西安市直属机关干部2000多人一起，在西安市北二环义务植树基地开展植树活动。据统计，全省当年约1618万人次参加义务植树，栽植苗木9225万株。

1999年3月12日，省政府发出紧急通知，要求各地迅速掀起植树造林新高潮。当天省绿化委员会组织省上领导在西安市唐延路段参加义务植树活动，省级领导同志带领所在机关干部和西安高新技术产业开发区管委会职工1000余人，栽植各类苗木万余株。10月20日，西安市市级机关75个单位近8000人参加秋季义务植树活动，在终南山国家森林公园营造中华人民共和国成立50年纪念林，共栽植侧伯10万株，建起500亩纪念林。据统计，全省当年约1320万人次参加义务植树，栽植苗木8500万株。

2000年，全省约1200万人次参加义务植树，栽植苗木8450万株。

2001年3月12日，省绿化委员会组织省级领导同志在西安市西蓝高速路旁开展义务植树活动，省级领导同志和省直、市直机关干部、职工共2万余人一起，共同栽植乔、灌、花卉等苗木40万株。据统计，全省当年约1460万人次参加义务植树，栽植苗木9024万株。

2002年3月12日，省绿化委员会组织省级机关工作人员在长安县内苑乡“三园”(动物园、植物园、园艺博览园)开展义务植树活动，省级五大班子领导同志和省直机关的干部、职工共计6000余人参加义务植树，共栽植法桐、毛白杨、大叶女贞、红叶李和花灌木共计10万余株。据统计，全省当年约1583万人次参加义务植树，栽植苗木9847万株。

2003年3月12日，省绿化委员会组织省级领导同志在西安绕城高速公路西段生态林区开展义务植树活动，省级领导同志和省直机关干部、职工共计1800多人一起，共同栽植杨树、红叶李、垂柳、侧柏等苗木1.5万株。据统计，全省当年约1550万人次参加义务植树，栽植苗木9890.6万株。

2004年3月12日，省绿化委员会组织省级领导及其机关工作人员在西安市未央区生态科技产业园区内开展义务植树活动，省级领导同志和60多个省级单位的干部、职工共计2000余人一起，共同栽植桧柏、女贞、国槐、苦楝等苗木1万株。据统计，全省当年约998.8万人次参加义务植树，栽植苗木9960.4万株。

2005年3月12日，省绿化委员会组织省级机关工作人员在咸阳市泾阳县龙泉乡刘德堡村麦秸沟流域生态治理示范区开展义务植树活动，省级领导和省直机关单位干部、职工，以及咸阳市、泾阳县的同志共计 2800 余人一起，共同栽植侧柏 1.5 万株。据统计，全省当年约 968 万人次参加义务植树，栽植苗木 8963 万株。

2006 年 3 月 12 日，省绿化委员会组织省级领导及省直机关工作人员在咸阳市泾阳县龙泉乡刘德堡村麦秸沟流域生态治理示范区开展义务植树活动，省级领导和省直机关及咸阳市、泾阳县 120 多个机关单位的干部、职工共计 3100 余人参加义务植树，共栽植侧柏 1.5 万株。据统计，全省当年约 1200 万人次参加义务植树，栽植苗木 9400 万株。

2007 年 3 月 12 日，省绿化委员会组织省级领导及机关工作人员在咸阳市泾阳县张家山开展义务植树活动，省级领导和 68 个省级机关单位以及咸阳市和泾阳县党政机关干部、属地单位职工共计 4800 余人一起，共同栽植侧柏近 2 万余株，面积 26.7 公顷。据统计，全省当年约 1300 万人次参加义务植树，栽植苗木 9300 万株。

2008 年 3 月 12 日，省绿化委员会组织省级领导及机关工作人员在咸阳市泾阳县麦秸沟流域开展义务植树活动，省级领导和 59 个省级机关干部职工 3220 人以及咸阳市、泾阳县党政机关干部职工 2000 余人一起，共同栽植侧柏 2.6 万株，面积达 10.67 公顷。据统计，全省当年约 1462.5 万人次参加义务植树，栽植苗木 8780 万株。

2009 年 3 月 12 日，省绿化委员会组织省级领导及其机关工作人员在西安市未央区大明宫国家遗址公园开展了义务植树活动，省级领导和五大班子机关部分工作人员与林业厅的机关干部、解放军官兵、社会各界人士等 1000 余人参加，共栽植大规格白皮松、油松、银杏、红叶李、合欢、火炬树等苗木 700 余株。3 月 20 日下午，省绿化委员会邀请省委书记赵乐际，省长袁纯清，省政协主席马中平，省委常委宋洪武、夏龙祥、胡悦，省人大常委会常务副主任杨永茂、副省长姚引良等领导同志和省委、省政府、省政协的 200 多名机关干部职工一起，在西安市浐灞生态区广运潭景区参加义务植树活动，以实际行动为建设“绿色陕西、生态陕西”作表率。据统计，全省当年约 1120 万人次参加义务植树，栽植苗木 8280 万株。

2010 年 2 月 23 日，省绿化委员会在咸阳市渭城新区河堤路景观带组织了由省政府办公厅、省林业厅、咸阳市有关单位等 1200 余机关干部参加的大型义务植树活动，副省长姚引良和干部群众共同栽植红叶李、杨树等 5000 余株，植树面积 3.4 公顷。2 月 28 日，省绿化委员会邀请省委书记赵乐际、省长袁纯清、省政协主席马中平以及在陕的省委常委、省人大常委会副主任、省政府副省长、省政协副主席、省军区、武警陕西省总队的领导和在陕的全国人大代表、全国政协委员，在浐灞生态区参加了义务植树活动，共有 31 名副省级以上领导同志参加。3 月 12 日，省绿化委员会组织了省纪委、省直机关工委、省妇联、团省委及光大银行西安分行、东方航空公司等部分社会团体约 200 多人，在大明宫遗址公园开展了义务植树活动，栽植大规格油松、女贞 200 余株。据统计，全省当年约 1330 万人次参加义务植树，栽植苗木 8938 万株。

五、义务植树考察与检查

1990 年，为进一步搞好全民义务植树和城乡绿化建设，按照副省长王双锡的批示，组织了地市绿委主任、林业局长到广东、广西、云南、四川等 4 个省份进行了绿化建设考察。

1993年8月中下旬，省绿化委员会组织西北民航管理局、省教育委员会、省煤炭工业局的负责同志，组成陕西省部门绿化抽查组，对西安航空港咸阳机场、西安石油学院、西北工业大学、西安煤矿机械厂等单位的绿化美化工作进行了重点抽查。秋季，配合全国政协委员率领的全国部门绿化检查团到西安、咸阳、汉中等地市进行检查。根据检查情况，向全国绿化委员会报送了检查总结报告。

1996年，省绿化委员会办公室和林业厅联合组成9个工作组奔赴各地检查督促造林绿化工作。

1998年，省绿化委员会、省林业厅抽调了27名同志组成10个灭荒督查组，分春、夏、秋三个季节对各地灭荒造林进行督查、检查和指导，并确定35名林业技术干部为灭荒联络员，实行灭荒联县责任制。

2004年，省绿化委员会办公室组织部分市、县绿化委员会办公室主任赴深圳等全国绿化模范城市进行学习考察。

2005年，省绿化委员会办公室组织3个核查组，分赴陕南、关中、陕北，对申报“陕西省绿化模范城市、模范县、模范单位”的城市、县和单位进行检查、核查。

2007年，省绿化委员会办公室组织有关专家，对申报“陕西省绿化模范城市、模范县、模范单位”的城市、县和单位进行检查、核查。联系协调安康市政府，落实好全国绿化委员会办公室“全国绿化模范城市”核查组对安康市的创建工作检查。

2009年，省绿化委员会办公室组织三个核查组，分赴陕南、关中、陕北，对申报“陕西省绿化模范城市、模范县、模范单位”的城市、县和单位进行检查、核查。

第二节 绿化灭荒

一、绿化灭荒的目标任务

1995年8月11日，陕西省委、省政府作出《关于奋战四年实现全省绿化灭荒任务的决定》。决定指出，全省尚有120万公顷宜林荒山没有绿化，46.67万公顷荒沙有待治理；森林植被偏少，水土流失严重，脆弱的生态环境还未根本改变，已成为制约全省农业稳定增长和社会发展的一个重要因素。为落实《全国造林绿化纲要》，省委、省政府认为，有必要，也有可能提出提前2年，于1998年实现“纲要”规定的基本消灭全省宜林荒山的任务。

造林灭荒的目标任务是1995~1998年新造林合格面积120万公顷，基本消灭宜林荒山。其中汉中地区1994年已灭荒；咸阳、渭南两地市1997年灭荒；西安、宝鸡、铜川、安康、商洛、延安6地市1998年灭荒；榆林地区1998年后灭荒。任务完成后，全省有林地面积增加120万公顷，其中经济林面积增加46万公顷，森林覆盖率增加5.83个百分点，达到34.63%。

二、绿化灭荒的规划设计

1993年，省林业厅为提前实现消灭本省宜林荒山的目标，要求各地市摸清现有宜林荒山的数量、分布地域及造林绿化情况，提出到1998年年底消灭荒山初步规划。在各地摸清家底的基础上，组织编制了全省灭荒规划，确定了分年度的灭荒进度，核定各县

(市、区)消灭宜林荒山的期限、任务、目标以及灭荒的重点和采取的保障措施。

规划设计全省至1993年尚有宜林荒山176.63万公顷。已经实现灭荒的有高陵、闫良、雁塔、未央、金台等5个县(区)；规划1994年实现灭荒的有岐山、扶风、秦都、渭城、杨凌、武功、兴平、渭南、汉中、南郑、城固、洋县、西乡、勉县、宁强、略阳、镇巴、留坝、佛坪、洛南等20个县(市、区)，完成造林绿化任务3.68万公顷；在1995年实现灭荒的有户县、凤翔、华县、潼关、石泉、镇坪、渭滨等7个县(区)，造林绿化任务21万亩；1996年实现灭荒的有灞桥、长安、耀县、眉县、三原、长武、淳化、华阴、蒲城、澄城、白水、韩城、岚皋、汉阴、商州、商南、柞水、延长、桥山林业局、吴堡等20个县(市、区)和单位，造林绿化任务12.29万公顷；1997年，实现灭荒的有临潼、蓝田、周至、铜川市郊区、宝鸡、陇县、千阳、太白、泾阳、乾县、礼泉、永寿、彬县、旬邑、大荔、合阳、富平、宁陕、平利、白河、丹凤、宝塔、延川、安塞、志丹、甘泉、洛川、黄龙山林业局、佳县等29个县(市、区)和单位，造林绿化任务35.78万公顷；1998年实现灭荒的有宜君、麟游、凤县、安康、紫阳、旬阳、山阳、镇安、子长、吴旗、富县、宜川、黄龙、黄陵、桥北林业局、崂山林业局、府谷、绥德、米脂、清涧等20个县(市、区)和单位，造林绿化任务64.08万公顷；1998年以后实现灭荒的有榆林、神木、横山、靖边、定边、子洲等6个县，造林绿化任务60.5万公顷。

三、绿化灭荒保障措施

1. 搞好规划设计。宜林荒山任务分解落实到县、乡、村和山头地块，有图有表，标明宜林荒山任务地点，造林面积和灭荒时间。

2. 实行多种方式造林。有侧重的采取人工造林、飞播造林和封山育林，加大经济林营造比重，把灭荒和促进群众脱贫致富奔小康结合起来。

3. 推行承包、租赁、荒山使用权拍卖等形式，调动群众和社会各界参与造林灭荒的积极性。

4. 执行落实省政府关于消灭宜林荒山制定的优惠政策。

5. 严格执行《陕西省造林标准》，推广造林新技术，采用良种优质苗木，加强管护，保证造林绿化灭荒的质量和成果。

四、绿化灭荒的政策宣传

1994年3月4日，省林业厅举行记者招待会，厅长钟高适通报了陕西省林业改革和生产建设的形势，并提出，1998年打算基本消灭全省荒山的信息。3月6~8日，省政府在西安召开了全省林业工作会议，确定1998年全省实现消灭宜林荒山。3月12日，《陕西日报》头版头条发表了省长白清才《全民动手绿化陕西》文章。随后陕西电视台开辟“前进中的陕西林业”专栏系列节目，持续播放25天，全面拉开了陕西消灭宜林荒山的序幕。省林业厅提出了各地、市限期灭荒的初步方案，要求把长江防护林、三北防护林、平原碌化、治沙造林和陕西中德造林项目等重点工程全面纳入1998年灭荒的整体计划，统一部署实施。

1995年5月19~23日，省政府在延安召开了陕西省绿化灭荒工作会议。会议讨论《陕西省人民政府关于奋战四年，消灭全省宜林荒山的决定》《陕西省农村集体荒地使用权拍卖暂行办法》及《关于促进我省林业建设发展的若干政策及建议》。

1996 年 5 月 10 日，省委、省政府决定授予已达到国家规定的消灭宜林荒山标准的汉中市为“全省造林灭荒第一市”、韩城市为“全省造林灭荒第一县”光荣称号。奖给汉中市人民币 50 万元，奖励韩城市人民币 10 万元。

1997 年，为保证造林灭荒质量省林业厅派出 11 个调查组，深入到全省 9 个地市(汉中市已灭荒)进行灭荒检查，重点检查各地市灭荒规划和灭荒剩余情况及旱灾对灭荒造成的损失等。

1998 年，省林业厅抽调处级干部和业务骨干 76 人组成 10 个造林灭荒工作组，对各市县进行督促检查、调查研究，协调解决有关问题。截至 1998 年底，基本完成了全省消灭宜林荒山的目标任务。根据最新统计，全省还有 5 万公顷荒山，分布在子洲、靖边、神木、子长、延川等县，各方面条件较差，尚待 1998 年后继续完成。

第三节　绿色家园建设工程

一、绿色家园建设工程的目标任务

2006 年 11 月 14 日，省林业厅在向省政府报告工作时，提出在陕西开展以庭院绿化、村庄绿化、路渠绿化和一村一片林的“三化一片林”绿色家园建设工程，得到省长袁纯清和其他省上领导的肯定，并要求林业厅尽快抓好规划，典型示范，启动“三化一片林”绿色家园建设工作。2007 年 1 月 12 日，省林业厅召开了全省推进社会主义新农村绿色家园建设工作会议，安排部署“三化一片林”试点工作。会后，向省政府上报了《关于实施“三化一片林”绿色家园建设工作的意见》，2007 年 5 月，省政府办公厅发文转发各地实行。

全省建设“三化一片林”的目标任务是：以人口居住比较集中的村、主干公路沿线、旅游景区周边村庄及移民新村为重点，力争到 2010 年年底，绿化路渠 3.5 万千米，庭院、村庄及路渠植树 1.2 亿株，建设村周片林 5.07 万公顷，使全省三分之一的行政村实现绿化。到 2015 年，完成全省所有的行政村的绿化任务，村庄绿化覆盖率总体达到 25%，人均占有树木 20 株。

二、绿色家园建设工程的管理规定

按照“高标准、上大苗、一次成形”的思路，编制了《陕西省“三化一片林”绿色家园建设实施意见》《陕西省 2007 年“三化一片林”绿色家园建设方案》，制定《陕西省“三化一片林”绿色家园建设标准(试行)》《陕西省“三化一片林”绿色家园建设作业设计办法(试行)》《陕西省“三化一片林”绿色家园建设工程管理办法(试行)》等。

三、绿色家园建设工程的总体规划

2007 年陕西省林业厅组织编制了“绿色家园建设”总体规划。

(一)总体规划的建设内容

庭院绿化：以农户庭院为单元，充分利用院落空地进行绿化美化，发展庭院经济，增加农民收入；绿化覆盖率达到 30%~35%。

村庄绿化：对街道、巷道、学校等村庄公共用地，在统一规划的基础上进行绿化美化；绿化覆盖率达到40%。

路渠绿化：按照“路修到哪里，树栽到哪里，有路必有树，有树则成荫”的要求，结合农田林网建设，对乡村道路、渠道、河流两岸进行绿化。

一村一片林：在村庄周围，根据实际需要，因地制宜地营造环村林带或成片的用材林、经济林、薪炭林、防护林或风景林。有条件的地方每村营建不少于50亩的片林。

（二）总体规划的建设模式

绿化用材型：主要适宜于居住较为集中、路渠较为健全的平原村庄，建设内容是按照“三化一片林”的要求进行全面绿化，树种以用材树为主，目的是改善村庄面貌，兼顾农民增收。

庭院林果型：主要适宜于渭北旱塬、秦岭北麓及黄土高原区域的村庄，发挥区域优势，在家庭院落、村庄及周围重点发展经济林，目的是改善生态环境，增加农民收入。

生态屏障型：主要适宜于陕北风沙区、黄土高原丘陵沟壑区等生态环境脆弱地区的村庄，重点建设环村防风固沙、水保林带以及村庄道路防护林，目的是减轻自然灾害，改善人居生态环境。

自然风景型：主要适宜于秦巴山区村庄，重点是进村道路和村庄内部及周围山坡绿化，树种选择与配置同大环境相协调，使村庄绿化与自然环境融为一体，并与解决烧柴和增加农民收入相结合。

旅游观光型：主要适宜于紧邻国家、省级森林公园、风景名胜区和其他独特生态旅游资源的村庄，重点进行高标准村宅、街道绿化，形成整洁的村容村貌，提高旅游品位，增加农民收入。

城郊园林型：主要适宜于人口密集、交通便利、基础设施完备、经济条件较好的大中城市或县城郊区的村庄，通过建设园林式村庄、高标准环村林带和庭院绿化，实现绿化、美化、香化，提升村庄居住档次和品位。

（三）总体规划的建设目标及重点任务

总体目标：到2015年，村庄绿化覆盖率达到40%，人均占有树木20株。“十一五”期间，三分之一行政村绿化，绿化渠路3.9万千米，营造片林77万亩，植树1.7亿株。

建设重点：2006~2010年，以关中平原村为重点，兼顾陕南、陕北部分有条件的村庄，共建设“三化一片林”绿色家园行政村9000个，关中6000个，陕北2000个，陕南1000个。各区域优先建设人口居住比较集中的城镇附近、主干公路沿线、旅游景区周边村庄及移民新村，逐步向较远的地方扩展。

全省“三化一片林”绿色家园建设计划用9年左右时间、分三个阶段全面完成。第一阶段是从2007~2010年完成9000个村庄，第二阶段是从2011~2013年完成1.5万个村庄，第三阶段是从2014~2015年完成剩余村庄。

（四）总体规划的投资估算和资金筹措

总投资：经测算，共需投资53亿元，村均投资19万元。

2007年1~3月，省规划院对全省102个村“三化一片林”建设进行了作业设计。2008年年初，省林业厅委托省规划院对102个村的实施效果进行检查。

四、绿色家园建设工程的具体实施情况

2007年，省林业厅在省内选择102个村进行绿色家园工程建设试点，按照处室分工负责制的办法，将各市(区)的试点分别落实到12个处(室、站)一把手，深入试点村督促检查。张社年厅长对试点工作安排部署并深入各地调查研究，解决问题。宝鸡市将“三化一片林”绿色家园建设作为创建森林城市中生态家园绿化工程建设的一项重要内容，强化领导，层层落实目标责任。咸阳市委、市政府把“三化一片林”绿色家园建设任务纳入年度目标责任制考核之中，市级领导及督查室多次专题视察建设情况，到各县(市、区)现场督导检查。旬邑县成立“三化一片林”绿色家园建设领导小组，主管县长担任组长，明确职责，分解任务，夯实责任，为全县板块推进工作的实施提供了保障。延川县、宝塔区、安塞县分别由政府主管领导担任领导小组组长，办公室设在三个县(区)林业局。健全的领导机制，层层分包责任，使绿色家园建设有了组织保障，有力的推进了“三化一片林”绿色家园建设工作。

省林业厅宣传中心配合有关新闻单位，于春季造林季节，在陕西电视台等新闻媒体宣传“三化一片林”绿色家园建设。榆林市和有关县林业局组织60多名干部下乡入户，进行宣传动员和作业设计，向群众宣传开展“三化一片林”绿色家园建设的重要意义。杨凌示范区崔东沟村先后六次召开村民大会，宣传“三化一片林”实施的目的和意义，先后有230户群众完成了规划设计任务，在院落内栽植各类苗木1100多株。

各市县统一执行《陕西省“三化一片林”绿色家园建设标准(试行)》《陕西省“三化一片林”绿色家园建设作业设计办法(试行)》，确保工程建设质量。延安市明晰了林木产权，农户房前屋后的树木花草归农户所有，对“一片林”实行树随地走，承包到户，落实管护责任。榆林市对公共场所栽植的苗木，由村委会聘请护林员和兼职护林员进行管护，签订责任书，管护费和苗木成活率挂钩。咸阳市的旬邑、武功、长武三县采取“三员合一”的管护办法，将护林、护路、卫生三项工作统筹安排，集中由一人负责完成，签订管护合同，落实工作责任。“三化一片林”绿色家园建设坚持高起点、高标准、高质量，确保工程建设取得实效。商洛市由市林业局抽调5名技术人员驻村包点，试点村所在县(区)林业局及所在乡镇林业站分别抽调3~5名技术干部包抓工程实施，技术干部亲自丈量划线，逐户规划设计，委托专业队栽植，绿化苗木成活率显著提高。安康市提出“三化一片林”与通村公路相结合，与农村能源建设、“三改一建”改善村容村貌相结合，与农村经济主导产业发展、群众脱贫致富相结合，与生态移民扶贫搬迁和新农村建设相结合，与林业重点工程、农田水利建设相结合。

2008年春季，省林业厅委托省规划院对102个村的实施效果进行了检查。12月4日为贯彻落实袁纯清省长关于“三化一片林”绿色家园建设工程，要实行板块推进的批示，省林业厅制定《关于“三化一片林”绿色家园建设工程板块推进工作的意见》，分别在咸阳、宝鸡、西安、铜川、渭南、杨凌、延安7个市(区)选择了8个建设板块，安排150个行政村实施“三化一片林”绿色家园建设。实施“板块推进，重点突破”，区域内形成了整体规模效应，人居环境得到显著改善。杨凌示范区结合现代农业示范园区建设，把项目建设村确定在园区范围内，15个村集中连片建设了樱桃、猕猴桃等高标准示范园200多公顷，绿化道路12条。在第十六届农高会上，得到领导和客商的高度好评。

经过2007~2010年4年的工作，全省“三化一片林”绿色家园建设共完成605个行政村的建设，为计划任务552个行政村的109.6%。完成造林面积折合7783公顷，其中：

庭院绿化 142. 65 万株，村庄绿化 132. 03 万米，路渠绿化 198. 66 万米，一村一片林 4421 公顷，绿化苗木 1278. 9 万株。2007～2010 年全省”三化一片林”绿色家园建设任务完成情况见表 3-8-4。

2007～2010 年陕西省绿色家园建设任务完成情况统计表

表 3-8-4　　单位：个、公顷、万株、万米

年份	计划完成行政村	实际完成行政村	实际完成情况合计	完成情况				栽植绿化苗木
				庭院绿化	村庄绿化	路渠绿化	一村一片林	
合计	552	605	7783	143	132	198	4422	1278. 9
2007	102	102	1472	34	24	49	791	257. 2
2008	150	150	2440	31	36	54	1368	384. 6
2009	150	173	2114	36	40	46	1300	403. 7
2010	150	180	1757	42	32	49	963	233. 4

第四节　营造速生丰产用材林

在 1988 年制定的陕西省 1989～2000 年造林绿化规划中，把营造速生丰产用材林作为一项重要的内容纳入计划。

速生丰产用材林，是以培育用材为目标，生长快、产量高、质量好、轮伐期短的集约经营人工林，主要是要培育大径材。省上每年的营造用材林中都安排有一定数量的速生丰产用材林。

1990～2010 年，全省共营造用材林 1334304 公顷，其中速生丰产用材林 95774 公顷。详情见表 3-8-5。

1990～2010 年陕西省营造速生丰产用材林统计表

表 3-8-5　　单位：公顷

年份	数量	年份	数量	年份	数量
1990	2200	1997	5250	2004	5025
1991	3200	1998	9850	2005	4805
1992	2900	1999	2810	2006	2536
1993	5500	2000	4605	2007	5330
1994	5270	2001	4585	2008	5032
1995	2990	2002	4815	2009	4933
1996	5910	2003	4925	2010	3303

第四篇　国有林场

1990年年初，陕西省统计共有国有林场228个，国有林业局4个，国有林业总场3个。其中省属林场1个，地、市属林场34个，县(市、区)属林场193个。国有林场总经营面积370.74万公顷，其中有林地面积188.26万公顷，活立木总蓄积量11031万立方米。经过20多年的发展，截至2010年年底，陕西省共有236个国有林场(不包括森工系统国有林业局、场)，其中，省直属管理的2个，市属36个，县属197个，西北农林科技大学教学试验林场1个。职工总人数19636人，其中，在职15120人，离退休4516人。全省国有林场经营总面积350.4841万公顷，占全省国土总面积的17%，其中有林地面积248.5351万公顷，占全省有林地面积的32.31%，森林蓄积量14758.92万立方米，占全省森林总蓄积量的37.28%。国有林场在木材生产、造林绿化、苗木生产、资源保护等方面发挥了重要作用。2000年后，随着天保工程的实施，国有林场自觉服从国家政策需要，转变经营方式，投身造林绿化、苗木生产、治沙防沙的主战场，积极开拓市场，实现自救，虽然期间经历了挫折与坎坷，但国有林场干部职工没有退缩，而是在党和国家的扶持下，走出了一条符合陕西林业特色的发展之路，为陕西林业做出自己应有的奉献。

第一章 基本概况

第一节 省级管理机构

陕西省国营林场管理站(以下简称省林场站)设立于1984年6月，为县处级事业单位，编制24人，赋予行政管理职能，对内为陕西省林业厅林场处，对外为陕西省林场站。

1993年机构改革，在《陕西省人民政府办公厅关于印发省林业厅“三定”方案的通知》中，确定省林场站编制16人，为县级建制，全额拨款事业单位。其主要职责、职能范围：负责指导全省国营林场的经营管理工作；指导协助国营林场编制森林经营方案、作业设计文件，并组织实施和监督检查；具体指导国营林场开展育苗、造林、森林防火、抚育改造和多种经营、综合利用等工作；调查总结国营林场经营管理经验，传递信息，提供有关技术等多种服务；完成厅里交办及配合有关单位做好其它方面工作。

1996年11月，省林业厅厅长办公会议决定，为加强全省森林公园行业管理，成立陕西省森林公园管理办公室，与陕西省国营林场管理站实行两块牌子、一套班子管理体制。

2001年12月30日，省林业厅厅长办公会议决定，将林业产业管理职能交陕西省国营林场管理站，挂陕西省林业厅林业产业管理办公室牌子，与省国营林场管理站、省森林公园管理办公室实行三块牌子、一套班子的管理体制。

2002年12月，《陕西省林业厅关于印发陕西省国营林场管理站职能的通知》规定国营林场管理站职能：负责拟订全省国营林场发展规划、计划，并对批准后的贯彻和实施进行宏观指导，指导和规范国营林场的经营管理工作，制定国营林场管理规章制度；审查、审批新建和需变更的国营林场；指导国营林场编制森林经营方案；审查国营林场森林资源资产流转项目；制定国营林场抚育间伐、低产林改造等各项技术规定；指导监督国营林场实施林业重点工程项目；审查、审批国营林场育林作业设计文件，监督、检查作业质量；指导国营林场开展育苗造林、森林防火、抚育改造和多种经营、综合利用等工作；调研国营林场发展相关政策，总结国营林场经营管理经验，培训林场场长，开展国营林场表彰奖励活动；组织国营林场开展对外交流与协作，传递信息，提供有关技术等服务。

2006年，省林业产业发展管理办公室从省林场站分离办公。

2007年6月，增编军转干部1名，省林场站编制为17名。

2007年12月，省编办同意省林场站加挂陕西省林业产业发展中心牌子(代替林业产业发展管理办公室)，从长青保护区管理局划转9名全额拨款事业编制，编制划转后省林场站(含省林业产业发展中心)人员编制由17名调整为26名。

第二节 市、县(区)管理机构

一、西安市

西安市国有林场管理工作由市林业局资源林政处具体负责；2002年机构改革后，由市林业局森林资源管理处负责；2010年机构改革后，国有林场管理工作由市林业局农村林业改革处负责。各县(区)国有林场管理工作，1990~2010年，周至、户县、蓝田、长安区的国有林场管理工作由县(区)林业局负责，临潼区骊山风景林场由临潼区人民政府负责。市属周至小王涧林场由陕西周至国家级自然保护区管理局代管。全市共有国有林场13个。其中市属1个，县属12个。国有林场中，实行自收自支事业单位10个，差额拨款事业单位3个。在职职工1666人。

二、宝鸡市

宝鸡市国有林场管理工作由市林业局国营林场管理科负责；1998年更名为产业科。2002年机构改单，产业科更名为野生动植物保护科，国有林场工作由林政资源科管理。2009年交由野生动植物保护科管理。各县(区)国有林场管理工作，1999年以前，各县(区)的国有林场管理工作，由县(区)林业局承担，1999年后，各县(区)成立了天然林保护中心，国有林场的人事、财务由县(区)林业局负责，生产技术管理工作由天保中心负责。全市共有国有林场(局)31个。其中，市属3个、县属林场28个。其中，全额拨款林场6个、差额拨款林场10个、自收自支林场13个，森工企业2个。在职职工2123人。

三、咸阳市

咸阳市国有林场管理工作，由市林业局资源林政科负责。各县(区)国有林场管理工作，由县林业主管部门中的业务股室负责管理。全市共有11个国有林场。均为县属。其中，全额事业单位5个，差额事业单位6个。在职职工658人。

四、铜川市

铜川市国有林场管理工作，1990~1994年由市林业局营林科负责。1994年市林业局成立了综合科，国有林场管理工作由综合科管理。2002年5月机构改革，市林业局成立了造林科，国有林场管理工作由造林科管理。各县(区)国有林场管理工作，由县(区)林业主管部门负责。2000~2010年，各县(区)成立了天然林保护中心，国有林场的人事、财务由林业局负责，生产技术管理工作由天然林保护中心负责。全市共有国有林场7个，均为县属。其中，差额事业单位5个，自收自支事业单位2个。在职职工532人。

五、渭南市

渭南市国有林场管理工作，2000年以前，国有林场管理工作由市林业局造林科负责，2000年后由资源林政科负责。各县(区)国有林场管理工作。1990~1999年，由各县(区)林业局负责；2000年后，各县(区)成立了天然林保护中心，国有林场的人事、财务由林业局负责，生产技术管理工作由天然林保护中心负责。全市共有国有林场15个。全部为县属。其中，全额事业单位4个，差额事业单位8个，自收自支事业单位3个。在职职工654人。

六、延安市

延安市国有林场管理工作，2002 年以前由市林业局造林科负责，2002 年后由天保工程管理办公室负责。各县(区)国有林场管理工作，由县林业局负责。全市共有国有林场 63 个，其中市直属林业局有桥山、桥北、劳山、黄龙山 4 个林业局，为正县级建制，下辖 31 个国有林场全部为自收自支事业单位。市直属国有风景林场 1 个为全额事业单位。各县(区)属国有林场 31 个。其中，全额事业单位 1 个，差额事业单位 15 个，自收自支事业单位 15 个。在职职工 4943 人。

七、榆林市

榆林市国有林场管理工作，一直由市林业局造林科负责。各县(区)国有林场管理工作，由县(区)林业局负责。全市共有国有林场 29 个。分布在榆阳、神木、府谷、定边、靖边、横山、佳县、子洲 8 个县(区)。29 个国有林场中，自收自支事业单位 4 个，差额事业单位 12 个，全额事业单位 13 个。在职职工 956 人。

八、汉中市

汉中市 1990~1996 年国有林场管理工作由汉中地区国营林场管理局负责，1997 年撤地设市时将汉中地区国营林场管理局更名为汉中市国营林场管理局。2000 年，汉中市国营林场管理局撤销，成立汉中市天然林保护中心，国有林场管理工作由汉中市天然林资源保护中心负责。1990~2000 年，各县(区)国有林场管理工作由县(区)林业局负责。2000 年后，各县(区)成立了天然林资源保护中心，国有林场的人事、财务由林业局负责，生产技术管理工作由天然林资源保护中心负责。全市共有 30 个国有林场。市直属 1 个，其余均为县属。其中，全额事业单位 7 个，差额事业单位 16 个，自收自支事业单位 7 个。在职职工 1545 人。

九、安康市

安康市国有林场管理工作，由安康地区国营林场管理站负责。1991 年 11 月 18 日经安康地委、行政公署批准，更名为"安康地区国营林场管理局"，升格为副县级事业性质管理单位，核定编制 15 人。1997 年 10 月撤区变市后，安康地区国营林场管理局更名为安康市国营林场管理局。2003 年 2 月 10 日，撤销安康市国营林场管理局，设立安康市天保工程管理中心，内设"安康市国营林场管理站"，为正科级参照公务员管理事业单位，编制 3 人。各县(区)国有林场管理工作，由县(区)林业局负责；2000 年后，各县区成立了天然林保护中心，国有林场的管理工作由天然林资源保护中心负责。全市共有国有林场 16 个。其中，4 个国有林业总场。全额拨款事业单位 4 个，差额拨款事业单位 5 个，自收自支事业单位 7 个，在职职工 748 人。

十、商洛市

商洛市国有林场管理工作由市国营林场管理站负责。成立于 1984 年的市国营林场管理站是市林业局直属事业单位，编制 5 人，科级建制。各县(区)国有林场管理工作，由县(区)林业局主管。全市共有国有林场 18 个。其中，3 个全额拨款，5 个自收自支，10 个财政定补。在职职工 1012 人。2010 年末，各市管理机构情况见表 4-1-1。

2010 年陕西省各市国营林场管理机构情况表

表 4-1-1　　单位：个

单位	管理机构名称	管理机构级别	林场数	备注
西安市	林改处	处级	13	市直属林场 1 个
宝鸡市	保护科	科级	31	市直属林场 2 个
咸阳市	林政科	科级	11	
铜川市	造林科	科级	7	
渭南市	林政科	科级	15	
延安市	天然林保护中心	科级	63	市直属 4 个林业局(31 个林场) 1 个风景林场
榆林市	林政科	科级	29	
汉中市	天然林保护中心	科级	30	市直属林场 1 个
安康市	天然林保护中心林场站	科级	16	
商洛市	林场站	科级	18	

第三节　国有林场基本情况

从 1990 年 6 月，岚皋县在原砖坪林场的基础上成立岚皋县国营林场总场算起，截至 2010 年，经过 20 多年发展建设，全省新建、更名、整合国有林场 19 个，到 2010 年年底，陕西省共有国有林场 236 个(表 4-1-2)。

2010 年陕西省国有林场基本情况表

表 4 1 2　　单位：公顷、万立方米、人

林场		经营面积	有林地面积	森林总蓄积量	职工人数	在职职工人数	离退休人员数	场址
全省合计		350.4841	248.5351	14758.92	19636	15120	4516	
西安市	小计	14.2413	12.6360	1020.44	2036	1666	370	
	临潼区骊山风景林场	0.2360	0.1980	0.57	415	338	77	临潼区环城东路3号
	长安区大峪林场	0.9373	0.7373	30.17	48	37	11	长安区引镇大峪口村甲字7号
	长安区南五台风景林场	0.9227	0.4933	34.80	112	84	28	长安区五台街办星火村甲字三号
	长安区沣峪林场	1.4400	1.2093	98.26	180	119	61	长安区滦镇陈村甲字一号

续表

林场		经营面积	有林地面积	森林总蓄积量	职工人数	在职职工人数	离退休人员数	场址
西安市	蓝田县王顺山风景林场	0.1467	0.0800	2.60	73	61	12	蓝田县蓝桥乡安子沟村
	蓝田县终南林场	0.6147	0.3113	12.24	86	72	14	蓝田县普化镇
	蓝田县清峪林场	0.1913	0.1827	6.04	31	26	5	蓝田县前程村
	周至县小王涧林场	1.2013	1.0813	96.19	60	53	7	周至县二曲镇
	周至县厚畛子林场	3.8047	3.5460	420.28	305	262	43	周至县沙梁子乡
	周至县永红林场	2.2013	1.7973	120.52	121	96	25	周至县广济镇北大坪村
	周至县渭河试验林场	0.0493	0.0475	2.0670	95	68	27	周至县富仁乡
	户县涝峪林场	1.2660	1.1867	101.00	380	344	36	户县工贸园区北一巷
	户县太平林场	1.2300	1.1653	95.20	130	106	24	户县沣京路26号
铜川市	小计	13.2406	7.0934	310.79	611	532	79	
	印台区焦坪林场	0.6613	0.3127	25.90	47	41	6	印台区纸坊工业园区
	耀州区柳林林场	4.0340	2.7193	125.33	146	120	26	耀州区柳林镇东石坡村
	耀州区高尔塬林场	1.2567	0.6733	25.10	92	80	12	耀州区小丘镇小丘村
	宜君县太安林场	2.1693	1.7560	82.60	115	106	9	宜君县太安镇
	宜君县哭泉林场	1.4833	0.6487	21.70	76	65	11	宜君县哭泉乡
	宜君县棋盘林场	2.1320	0.3867	12.90	62	62	0	宜君县棋盘乡
	宜君县阳湾林场	1.5040	0.5967	21.69	74	59	15	宜君县城北郊
宝鸡市	小计	38.5814	31.5072	2261.18	2878	2123	755	
	渭滨区观音山林场	0.2773	0.1733	22.00	27	27	0	宝鸡市川陕路11千米
	陈仓区潘家湾林场	2.9727	2.6380	191.10	78	53	25	陈仓区国有潘家湾林场
	陈仓区冯家河林场	2.2633	1.5420	65.20	84	48	36	陈仓区香泉镇街道12号
	陈仓区坪头林场	1.9820	1.5853	61.13	60	45	15	宝鸡市陈仓区坪头镇
	陈仓区凤阁岭林场	1.4293	0.8247	28.25	71	46	25	宝鸡市陈仓区凤阁岭林场

续表

林场		经营面积	有林地面积	森林总蓄积量	职工人数	在职职工人数	离退休人员数	场址
宝鸡市	陈仓区八里庄林场	1.3040	0.9346	49.37	82	45	37	陈仓区县功镇群众路22号
	凤翔县涧渠林场	0.5340	0.3186	18.00	37	23	14	凤翔县姚家沟镇佫赂村
	凤翔县国有汤房庙林场	0.3360	0.1800	9.66	36	25	11	凤翔县米杆桥镇汤房庙
	岐山县崛山林场	0.8520	0.5267	36.81	76	46	30	岐山县朝阳路东段
	岐山县五丈原林场	0.5253	0.4327	24.86	77	54	23	岐山县国有五丈原林场
	扶风县野河林场	0.5467	0.3600	18.02	57	32	25	扶风县法门镇观光路029号
	眉县营头林场	0.7673	0.7220	48.00	123	82	41	宝鸡市眉县营头镇
	眉县太白风景林场	1.9127	1.6713	96.40	266	216	50	眉县汤峪口
	眉县国有槐芽林场	0.0273	1.0000	0	87	65	22	眉县槐芽镇北5千米
	陇县八渡林场	1.6633	1.4200	94.02	123	99	24	陇县八渡镇高楼村
	陇县关山林场	3.0653	2.6733	225.32	145	112	33	陇县天城镇铁源村
	陇县咸宜关林场	0.9133	0.7867	66.40	83	65	18	陇县曹家湾街
	陇县固关林场	1.4007	1.2313	100.93	112	84	28	陇县固关镇
	陇县龙门洞林场	0.8067	0.4033	34.46	57	52	5	陇县新集川乡
	陇县千山林场	0.0207	0.0067	0.30	25	17	8	陇县城关镇崇文路28号
	千阳县唐家山林场	0.1560	0.1480	11.14	30	25	5	千阳县柿沟乡团结村
	千阳县高崖林场	0.3467	0.1833	4.80	28	22	6	高崖乡西村
	麟游县安舒庄林场	0.7227	0.3980	23.89	57	47	10	麟游县九成宫镇石臼山村
	麟游县长益庙林场	0.9800	0.3800	7.30	31	28	3	麟游县天堂镇
	凤县黄牛铺林场	1.7947	1.7013	130.21	74	48	26	凤县黄牛铺镇
	凤县河口林场	1.6627	1.5807	129.00	60	43	17	凤县河口镇
	凤县凤州林场	1.0040	0.8380	53.20	39	19	20	凤县龙口镇

续表

林场		经营面积	有林地面积	森林总蓄积量	职工人数	在职职工人数	离退休人员数	场址
宝鸡市	凤县留凤关林场	1.7793	1.5720	133.05	80	48	32	凤县南星镇连云寺村
	辛家山林业局	2.5327	2.4507	230.05	345	266	79	宝鸡市大庆路99号
	马头滩林业局	3.4667	3.3000	292.71	332	255	77	宝鸡市川陕路20号
	太白县靖口林场	0.5360	0.5247	55.60	96	86	10	太白县城东大街50号
咸阳市	小计	14.7111	9.5499	475.93	903	658	245	
	三原县嵯峨山林场	0.1973	0.1000	3.00	29	23	6	三原县嵯峨乡杨家山村
	泾阳县北仲山林场	0.7533	0.3213	30.00	62	44	18	泾阳县兴隆镇石滩村
	乾县五峰山林场	0.0980	0.0600	2.30	20	20	0	乾县峰阳镇
	乾县乾陵风景林场	0.0064	0.0051	0.31	52	46	6	乾县城关镇
	礼泉县柏峰林场	0.5467	0.2988	13.48	79	62	17	礼泉县叱干镇
	永寿县槐坪林场	1.3107	0.7000	35.70	108	58	50	永寿县永平乡
	彬县西庙头林场	0.3440	0.3007	18.90	78	52	26	彬县底店镇
	长武县红星林场	0.1793	0.1327	10.03	50	20	30	长武县巨家镇
	旬邑县马栏林场	7.2467	4.8320	251.40	202	161	41	旬邑县马栏镇
	旬邑县石门林场	2.8667	2.0000	74.30	115	84	31	旬邑县清塬镇
	淳化县英烈林场	1.1620	0.7993	35.97	108	88	20	淳化县南新街
渭南市	小计	11.2962	6.9733	293.25	870	654	216	
	临渭区花园林场	0.2800	0.2667	12.75	46	28	18	临渭区桥南镇花园街
	华县金堆林场	1.1533	0.9600	64.50	78	64	14	华县金堆寺坪高街
	潼关县金城林场	1.0267	0.7800	8.60	42	39	3	潼关县城关镇桃林路南段东5号
	大荔县沙苑林场	1.0000	0.6800	2.10	109	84	25	大荔县官池镇
	合阳县皇甫庄林场	0.6133	0.2000	10.90	58	39	19	合阳县城关镇泰山路
	合阳县黄河林场	0.2067	0.0133	0.10	28	19	9	合阳县黑池镇新民黄河滩
	澄城县壶梯山林场	0.0067	0.0067	0.20	21	17	4	澄城县冯原镇口卓村

续表

林场		经营面积	有林地面积	森林总蓄积量	职工人数	在职职工人数	离退休人员数	场址
渭南市	蒲城县尧山林场	0.1400	0.0667	0.80	20	16	4	蒲城县南环路东段66号
	白水县新卓林场	1.2267	0.5133	44.40	111	76	35	白水县林皋镇新卓村
	富平县金粟林场	0.3333	0.0933	1.90	40	29	11	富平县薛镇雷家村
	韩城市雷寺庄林场	2.1133	1.6133	101.30	163	118	45	韩城市王峰镇雷寺庄村
	韩城市芝源林场	0.6267	0.3733	6.30	42	34	8	韩城市芝阳镇乔子玄街道
	韩城市薛峰林场	1.0400	0.4467	5.80	30	20	10	韩城市薛峰街道
	华阴市华阳川林场	0.3733	0.1733	5.90	42	31	11	华阴市华阳管区
	华阴市华山林场	1.1553	0.7867	27.70	40	40	0	华阴市云台路北段
延安市	小计	145.3487	108.8356	4984.66	6176	4943	1233	
	宝塔区南郊林场	2.9267	1.6340	50.32	64	57	7	陕西省延安市宝塔区南郊林场
	宝塔区马四川林场	1.3627	0.5960	17.90	54	43	11	宝塔区川口乡
	宝塔区南泥湾林场	3.2980	3.1867	106.80	78	65	13	宝塔区南泥湾乡
	宝塔区麻洞川林场	2.8860	1.8547	60.66	48	42	6	宝塔区麻洞川乡
	宝塔区姚家坡林场	4.0173	2.8900	119.05	77	60	17	宝塔区临镇乡
	延安国家森林公园风景林场	0.2260	0.1293	3.73	73	52	21	陕西省延安市国家森林公园风景林场
	延长县关子口林场	0.7820	0.4707	10.19	44	40	4	延长县雷赤乡
	延长县柏树岭林场	0.6933	0.1613	1.81	32	30	2	延长县张家滩镇
	子长县中山川林场	0.1933	0.0780	1.09	21	17	4	子长县安定镇
	安塞县砖窑湾林场	1.8733	0.6120	19.00	38	32	6	安塞县砖窑湾镇
	安塞县楼坪林场	1.9067	0.680.8133	21.95	26	24	2	安塞县楼坪乡
	志丹县安条林场	1.8533	1.4107	85.56	41	39	2	志丹县永宁镇
	志丹县白沙川林场	1.4267	1.0440	51.44	45	36	9	志丹县永宁镇
	志丹县新庄林场	2.2867	1.3907	47.99	37	33	4	志丹县永宁镇
	志丹县麻台林场	3.4100	1.8433	72.52	55	50	5	志丹县义正乡麻台村
	志丹县西阳湾林场	1.9360	0.3040	15.13	29	27	2	志丹县纸坊乡

续表

林场		经营面积	有林地面积	森林总蓄积量	职工人数	在职职工人数	离退休人员数	场址
延安市	志丹县高湾林场	0.0420	0.0213	0.61	20	15	5	志丹县顺宁乡
	吴旗县铁边城林场	0.4347	0.1007	2.52	15	11	4	吴起县铁边城镇
	吴旗县周湾林场	0.3533	0.0880	2.17	5	5	0	吴起县周湾镇
	劳山林业局桥镇林场	2.9960	2.4247	106.58	168	150	18	甘泉县桥镇镇
	劳山林业局下寺湾林场	3.4007	2.8653	117.19	197	179	18	甘泉县下寺湾镇
	劳山林业局高哨林场	3.0640	2.0867	81.66	184	166	18	甘泉县高哨乡
	劳山林业局劳山林场	1.3973	1.2200	47.17	115	96	19	甘泉县劳山乡
	劳山林业局清泉林场	2.6400	1.9833	70.00	180	153	27	甘泉县麻子街
	劳山林业局府村林场	3.1827	2.5013	116.32	188	168	20	甘泉县东沟乡
	桥北林业局和尚塬林场	4.1400	3.3207	144.16	155	131	24	富县张家湾乡
	桥北林业局张家湾林场	4.7487	3.4933	174.96	180	146	34	富县张家湾乡
	桥北林业局直罗林场	4.9800	3.8173	171.78	184	147	37	富县直罗乡
	桥北林业局药埠头林场	4.1600	3.7673	201.62	157	133	24	富县直罗乡
	桥北林业局槐树庄林场	4.0533	3.7307	241.78	156	136	20	富县直罗乡
	桥北林业局张村驿林场	3.1333	1.5573	51.38	144	123	21	富县张村驿乡
	桥北林业局任家台林场	1.8493	1.0207	42.49	158	113	45	富县岔口乡
	桥北林业局岔口林场	1.3620	0.7993	24.04	111	94	17	富县岔口乡
	富县西渠林场	1.6600	1.5067	70.80	43	25	18	富县牛武乡
	富县牛武林场	2.6067	1.7627	60.30	63	37	26	富县牛武乡
	洛川县厢寺川林场	3.7200	3.0187	108.48	94	78	16	洛川县旧县镇厢寺川
	洛川县黄连河林场	1.3993	0.7167	12.33	31	23	8	洛川县土基乡
	宜川县英旺林场	4.6267	3.9453	183.48	139	105	34	宜川县英旺乡英旺街115号
	宜川县交里林场	3.1407	2.2760	82.50	44	38	6	宜川县交里乡
	宜川县铁龙湾林场	1.838	1.3013	46.90	41	35	6	宜川县丹州镇铁龙湾村

续表

林场		经营面积	有林地面积	森林总蓄积量	职工人数	在职职工人数	离退休人员数	场址
延安市	宜川县甘草林场	1.8400	0.9040	37.03	38	27	11	宜川县秋林镇甘草村
	宜川县薛家坪林场	3.5533	2.6800	122.00	32	22	10	宜川县寿峰乡薛家坪村
	宜川县石台寺林场	3.0000	1.4733	69.56	31	24	7	宜川县集义镇石台寺村
	黄龙县白马滩林场	3.3333	3.0507	122.27	97	89	8	黄龙县白马滩乡
	黄龙县柏峪林场	3.3100	1.3880	59.90	71	65	6	黄龙县柏峪乡
	黄龙山林业局官庄林场	2.1847	2.0847	134.26	157	118	39	黄龙县崾崄乡
	黄龙山林业局瓦子街林场	2.1840	1.9960	108.77	152	119	33	黄龙县瓦子街镇
	黄龙山林业局小寺庄林场	1.2813	1.2600	79.03	120	94	26	黄龙县小寺庄乡
	黄龙山林业局蔡家川林场	1.9080	1.8467	102.69	142	110	32	黄龙县蔡家川乡
	黄龙山林业局圪台林场	1.8200	1.5640	72.17	148	116	32	黄龙县圪台乡
	黄龙山林业局大岭林场	2.2627	2.0627	113.19	150	116	34	黄龙县圪台乡
	黄龙山林业局虎沟门林场	2.2133	2.0753	88.70	135	110	25	黄龙县石堡镇吉家河村
	黄龙山林业局石堡林场	1.7620	1.6327	87.70	156	113	43	黄龙县石堡镇
	黄龙山林业局三岔林场	0.8867	0.6667	29.00	104	85	19	黄龙县三岔乡
	黄龙山林业局界头庙林场	0.9427	0.5733	27.60	134	115	19	黄龙县界头庙乡
	桥山林业局大岔林场	2.5000	2.2780	124.15	103	78	25	黄陵县双龙镇
	桥山林业局上畛子林场	2.7533	2.6133	140.12	99	72	27	黄陵县双龙镇
	桥山林业局柳芽林场	1.7867	1.7347	97.92	111	73	38	黄陵县双龙镇
	桥山林业局双龙林场	3.2133	3.1487	180.74	147	99	48	黄陵县双龙镇
	桥山林业局店头林场	1.7680	1.5547	77.17	165	97	68	黄陵县店头镇
	桥山林业局腰坪林场	1.9087	1.8627	112.09	162	113	49	黄陵县腰坪乡

续表

林场		经营面积	有林地面积	森林总蓄积量	职工人数	在职职工人数	离退休人员数	场址
延安市	桥山林业局建庄林场	2.1233	2.0947	130.95	141	95	46	黄陵县腰坪乡
	黄陵县河寨林场	0.8067	0.5467	21.29	47	39	8	黄陵县仓村乡杨岭村
汉中市	小计	31.2534	27.8948	2298.20	2014	1545	469	
	汉台区武乡林场	0.4960	0.4373	23.25	85	64	21	汉台区武乡镇明光村
	汉台区褒河林场	0.8267	0.7067	35.30	63	54	9	汉中市张宅乡
	黎坪实验林场	0.2780	0.2753	10.72	43	28	15	南郑县元坝镇
	南郑县黎坪林场	2.3167	2.1933	199.50	369	172	197	南郑县元坝镇
	南郑县碑坝林场	3.4267	2.5920	257.76	182	138	44	南郑县西河乡西河街
	城固县小河林场	1.9433	1.8473	174.42	42	39	3	城固县小河乡
	城固县大盘林场	1.0127	0.9293	84.65	35	35	0	城固县大盘乡大盘街
	城固县青龙寺林场	0.2553	0.2493	9.61	46	35	11	城固县宝山镇东窑村
	城固县中坪林场	0.6667	0.6407	70.96	46	40	6	城固县谢家井村北段
	洋县汉王山林场	0.8120	0.7220	5.61	142	109	33	洋县东二街20号
	洋县坪堵林场	1.0707	1.0707	92.00	82	81	1	洋县南环路
	西乡县龙池林场	2.7200	2.4867	133.90	44	37	7	西乡县龙池乡
	勉县黑潭子林场	0.6933	0.6000	79.00	30	29	1	勉县天荡山路45#
	勉县张家河林场	0.6667	0.4667	78.00	26	25	1	勉县长坝乡
	宁强县红石梁林场	1.5433	1.4347	109.00	106	89	17	宁强县黄坝驿乡
	略阳县铁厂坝林场	2.2933	1.9767	179.64	80	77	3	略阳县仙台坝乡
	略阳县金池院林场	0.8973	0.8920	64.50	54	54	0	略阳县城东关老人委
	略阳县三岔林林场	0.5273	0.5107	36.98	27	27	0	略阳县郭镇
	略阳县西淮坝林场	0.2733	0.2607	28.65	8	8	0	略阳县西淮坝镇
	略阳县观音寺林场	0.2860	0.2600	16.90	12	10	2	略阳县观音寺乡
	略阳县塔坡寺林场	0.2267	0.2140	13.25	16	15	1	略阳县接官亭镇
	镇巴县巴山林场	2.0053	1.8000	121.00	89	72	17	镇巴县泾阳镇文化路
	镇巴县后坪林场	0.5980	0.4367	35.10	49	42	7	镇巴县青水乡

续表

林场		经营面积	有林地面积	森林总蓄积量	职工人数	在职职工人数	离退休人员数	场址
汉中市	镇巴县星子山林场	0.8267	0.7000	35.30	44	34	10	镇巴县小洋镇梁家桥组
	留坝县桑园林场	1.1067	1.0827	105.20	59	54	5	留坝县桑元坝乡
	留坝县马道林场	0.6247	0.5993	65.53	52	42	10	留坝县马道镇
	留坝县火烧店林场	0.9947	0.8613	83.00	55	45	10	留坝县火烧店乡火烧店街
	留坝县闸口石林场	1.2447	1.0447	92.08	80	56	24	留坝县留侯镇营盘村
	留坝县庙台子林场	0.4846	0.4707	38.66	32	23	9	留坝县留侯镇庙台子村
	佛坪县国有林场	0.1360	0.1333	18.73	24	23	1	佛坪县城南环路6号
榆林市	小计	34.0869	6.2200	85.85	1289	956	333	
	榆阳区牛家梁林场	2.2667	0.1333	2.00	52	38	14	榆阳区牛家梁乡
	榆阳区巴拉素林场	2.4667	0.20	3.00	32	20	12	榆阳区巴拉素镇
	榆阳区小纪汗林场	2.4400	0.0667	1.00	58	48	10	榆阳区小纪汗乡
	榆阳区城郊林场	0.1333	0.0840	2.06	146	131	15	榆阳区城东郊
	榆阳区鱼河林场	0.6667	0.2667	1.00	45	35	10	榆阳区鱼河乡
	神木县大柳塔林场	1.5333	0.0287	2.00	55	33	22	神木县大柳塔乡
	神木县水磨河林场	1.1333	0.0667	2.00	64	44	20	神木县麻家塔乡
	神木县尔林兔林场	2.8200	0.2667	1.00	40	23	17	神木县尔林兔乡
	神木县公草湾林场	3.0000	0.5333	0	46	25	21	神木县瑶镇乡
	神木县新民林场	1.8667	0.3333	0	50	34	16	神木县乔岔滩乡新民村
	府谷县松宏湾林场	0.8667	0.4000	12.00	46	24	22	府谷县大昌乡松湾村
	横山县雷龙湾林场	1.1200	0.3333	2.80	71	48	23	横山县雷龙湾乡
	横山县赵石畔林场	1.0667	0.2667	3.20	55	38	17	横山县赵石畔乡
	横山县白界林场	1.0667	0.2533	2.72	68	49	19	横山县白界乡
	横山县二石磕林场	1.0667	0.2867	6.60	70	56	14	横山县波罗镇二石磕村
	靖边县沙石峁林场	0.8667	0.2000	5.01	60	60	0	靖边县杨桥畔乡
	靖边县国营冯家峁林场	0.8000	0.1333	3.00	20	20	0	靖边县东坑乡
	靖边县柳树湾林场	0.9427	0.2220	3.00	12	12	0	靖边县海则滩乡

续表

林场		经营面积	有林地面积	森林总蓄积量	职工人数	在职职工人数	离退休人员数	场址
榆林市	靖边县柳桂湾林场	0.2793	0.1473	4.00	27	27	0	靖边县柠条梁镇
	靖边县白玉山林场	0.6227	0.1533	2.13	12	12	0	靖边县王渠则乡
	靖边县万家畔林场	0.1333	0.0727	1.00	17	17	0	靖边县黄蒿界乡
	靖边县红墩界林场	0.4107	0.1267	2.00	11	11	0	靖边县红墩界乡
	定边县长城林场	1.4907	0.2733	5.83	66	48	18	定边县长城南街580号
	定边县长茂滩林场	1.7333	0.6840	10.69	36	21	15	定边县砖井镇
	定边县乱井子机械林场	0.6667	0.1200	2.49	56	36	20	定边县二道西街
	定边县郝滩林场	0.2173	0.1240	2.02	28	13	15	定边县郝滩乡
	定边县大河畔林场	0.9300	0.0420	0.50	17	12	5	定边县杨井乡
	佳县打火店林场	0.9333	0.1333	2.70	14	10	4	佳县王家砭乡
	子洲县北方塬林场	0.4667	0.2667	0.10	15	11	4	子洲县双湖峪镇双湖街99号
安康市	小计	18.9944	16.6318	1669.88	1077	748	329	
	汉滨区国有林场	0.9733	0.4533	82.30	45	32	13	汉滨区恒口镇
	汉滨区平头山林场	0.1220	0.1140	4.00	12	8	4	汉滨区东香乡
	汉阴县凤凰山林场	0.9580	0.8867	45.70	35	22	13	汉阴县太平乡
	石泉县凤凰山林场	0.1933	0.1907	7.33	18	15	3	石泉县池河镇谭家湾村
	石泉县云雾山林场	0.2825	0.2613	10.54	22	18	4	石泉县红卫乡官田村
	宁陕县上坝河林场	0.8467	0.6987	135.00	297	129	168	宁陕县旱坝乡
	紫阳县大楠河林场	0.3369	0.2767	15.50	42	36	6	紫阳县城关镇河堤路134号
	紫阳县八庙林场	0.2397	0.2130	18.09	36	35	1	紫阳县城关镇紫府路
	岚皋县林业总场	3.0673	2.8927	261.00	136	113	23	岚皋县城关镇西三路43
	岚皋县中梁子林场	0.4627	0.4620	38.69	10	10	0	岚皋县城关镇开发区大桥南路
	平利县千家坪林场	2.7147	2.3700	203.00	113	80	33	平利县八仙镇狮坪村
	平利县蜡烛山林场	1.2177	1.048	76.00	28	26	2	平利县广佛镇秋河村

续表

林场		经营面积	有林地面积	森林总蓄积量	职工人数	在职职工人数	离退休人员数	场址
安康市	平利县药妇山林场	1.2690	1.2420	98.00	41	35	6	平利县洛河乡
	镇坪县林业总场	4.9573	4.2667	561.71	128	114	14	镇坪县县城
	旬阳县林业总场	0.9400	0.9193	78.02	68	49	19	旬阳县城关镇老城社区体育场西侧
	白河县国有林场	0.4133	0.3367	35.00	46	26	20	白河县县城
商洛市	小计	24.4251	18.4670	1119.69	1306	1012	294	
	商州区二龙山林场	4.1787	3.4200	101.55	61	48	13	商州区西郊郭村
	洛南县古城林场	1.0999	0.8827	112.97	99	64	35	洛南县古城镇
	洛南县石坡林场	0.6127	0.4053	29.21	50	39	11	洛南县石坡镇
	洛南县书堂山林场	0.5033	0.4000	28.00	59	39	20	洛南县白洛乡
	洛南县保安林场	0.7500	0.5227	27.83	36	29	7	洛南县保安镇北湾村
	丹凤县商山林场	0.9933	0.8333	38.70	74	51	23	丹凤县商镇桃园村
	丹凤县流岭林场	4.5460	2.9240	216.00	21	21	0	丹凤县寺坪镇寺坪村
	商南县三角池林场	1.0293	0.8760	42.65	101	87	14	商南县长新东路421号
	商南县双山林场	1.0500	0.7100	48.25	93	62	31	商南县腰庄乡
	山阳县红旗林场	2.3727	1.7135	59.23	113	112	1	山阳县城关镇南庵村
	山阳县天竺山林场	1.8687	1.2533	56.40	105	85	20	山阳县高坝镇
	镇安县木王林场	1.0893	1.0767	175.80	183	131	52	镇安县杨泗乡桂林村
	镇安县黑窑沟林场	0.8373	0.6173	64.00	169	133	36	镇安县教场路56号
	镇安县铁厂林场	0.6033	0.4526	19.00	15	11	4	镇安县县城
	柞水县石镇林场	0.6046	0.5743	40.30	43	35	8	柞水县石镇
	柞水县营盘林场	0.9000	0.8933	17.20	48	37	11	柞水县营盘镇
	柞水县凤镇林场	1.2153	0.7633	41.44	23	18	5	柞水县凤镇街子房村二组
	柞水县九间房林场	0.1707	0.1487	1.16	13	10	3	柞水县九间房乡农林村

续表

林场	经营面积	有林地面积	森林总蓄积量	职工人数	在职职工人数	离退休人员数	场址
省直合计	4.3050	2.7261	239.05	476	283	193	
楼观台实验林场	3.7953	2.5107	212.71	408	230	178	周至县楼观台
省治沙所红石峡沙地实验林场	0.3060	0.0127	0.62	49	37	12	榆林市西人民路37号
西北农林科技大学教学试验林场	0.2037	0.2027	25.72	19	16	3	宁陕县火地塘

第二章 生产建设

第一节 林木种苗培育

一、母树林

1990~2010年，全省国有林场共新建韩城市雷寺庄林场油松母树林基地等12个，面积达4992公顷(表4-2-1)。

2010年陕西省国有林场母树林面积情况表

表4-2-1 单位：公顷

林场	成立年	总计	油松	巴山松	落叶松	刺槐	樟子松	侧柏
韩城市雷寺庄林场	1990	10.0	10.0					
神木县大柳塔林场	1991	133.3					133.3	
南郑县黎坪林场	1993	204.9		204.9				
旬邑县马兰林场	2002	556.0	556.0					
旬邑县石门林场	2002	879.0	212.3			666.7		
长武县红星林场	2002	23.3				23.3		
彬县西庙头林场	2002	1333.3				1333.3		
永寿县槐平林场	2002	1342.6	154.8			1047.6		140.2
三原县嵯峨山林场	2002	70.0				70.0		
佳县打火店林场	2003	2.0	2.0			0.0		
宜君县棋盘林场	2007	337.6				337.6		
周至县厚畛子林场	2003	100	33		67			
合计		4992	968.1	204.9	67	3478.5	133.3	140.2

二、种子园

1990~2010 年全省新建、扩建、改建林木种子园 3 个，面积 114. 7 公顷(表 4-2-2)。

2010 年陕西省国有林场种子园情况表

表 4-2-2　　　　单位：公顷

林场	建立年	总计	油松	巴山松	刺槐	华山松	杉木
永寿县槐平林场	2002	41. 3	8. 0		33. 3		
南郑县黎坪林场	2000	6. 7		6. 7			
韩城市薛峰林场	2001	66. 7	66. 7				
合计		114. 7	74. 7	6. 7	33. 3		

三、采(良)种基地情况

1990~2010 年，全省新建、改(扩)建采(良)种基地 25 个，面积 12274 公顷，年产林木种子约 6. 5 万千克(表 4-2-3)。

四、苗圃建设

从 1990 年起，全省国有林场苗圃建设不断加强，育苗规模随之扩大。国有林场全部建立固定苗圃，主要培育油松、落叶松、樟子松、杉木以及刺槐、楸、柳等苗木。随着城镇绿化美化工程的开展，景观树需求也在增加，育苗技术得到提高，大棚育苗、营养钵育苗技术广泛应用。

1999 年，启动实施的退耕还林工程和防护林等重点工程，对苗木需求进一步增加，特别是 2000 年天保工程在全省范围内全面实施，对苗木需求量急剧增加。

1990~1999 年，汉中市年均育苗 13. 3 公顷，保证了荒山造林和迹地更新用苗。除佛坪县外，其余县均有固定苗圃地，面积 17. 3 公顷。

2000 年，安康市，新建天保工程苗圃 5 个，即宁陕县上坝河林场苗圃 6. 9 公顷、岚皋县林业总场苗圃 6. 73 公顷、平利县千家坪林场苗圃 6. 83 公顷、镇坪县中心苗圃 7. 15 公顷、旬阳县林场苗圃 6. 76 公顷。总面积 34. 4 公顷，其中，国家投入资金 610 万元。苗圃于 2002 年竣工。

2001 年，韩城市雷寺庄林场投资 150 余万元，在林场原 2 公顷苗圃的基础上，承包雷镇村集体土地 4. 67 公顷，平整土地 3. 33 公顷，移动土石方 2 万余立方米，新建日光温室 640 平方米，智能温室 600 平方米。实行了当年建设、当年育苗、当年出圃。累计育苗 1914. 9 万株，除满足本场造林用苗外，生产的各类苗木还远销山西、渭南等地，取得了较好的经济效益。

榆林市狠抓育苗工作，发挥育苗的主渠道作用，普遍实行股份制育苗方式，个体职工育苗和集体育苗相结合的育苗新机制。榆阳区鱼河林场，继续采用林场、职工各占 50%的入股投资，利益分配林场占 40%，职工占 60%。

1990~2010 年，全省国有林场共育苗 2. 02 万公顷，苗木产量达 90 多亿株，不仅满足了天然林保护、退耕还林、防护林建设等重点工程用苗，同时还向社会提供城镇绿化、美化、道路绿化所需苗木(表 4-2-4)。

2010 年陕西省国有林场采(良)种基地情况表

表 4-2-3　　单位：公顷

单位	建立年	总计	油松	刺槐	杉木	侧柏	核桃	柴松	云杉	珙桐	香椿	桦木	漆树等	山茱萸	七叶树	落叶松	樟子松	栎类等	白皮松
白河县国有林场	2001	1333. 3									1333. 3								
宁陕县上坝河林场	2001	1333. 3										1333. 3							
岚皋县林业总场	2002	1667											1667						
镇坪县林业总场	2002	1000																1000	
陇县八渡林场	2003	184	184																
洛南县古城林场	2003	289	289																
延安市桥北林业局	2003	19						19											
宝鸡市辛家山林业局	2003	33							33										
平利县蜡烛山林场	2003	1544			1544														
宝鸡市马头滩林业局	2003	67														67			
永寿县槐平林场	2003	41		41															
周至县厚畛子林场	2004	812	812																
延安市桥山林业局	2004	505	505																

续表

单位	建立年	总计	油松	刺槐	杉木	侧柏	核桃	柴松	云杉	珙桐	香椿	桦木	漆树等	山茱萸	七叶树	落叶松	樟子松	栎类等	白皮松
平利县千家坪等林场	2004	2667								500					2167				
印台区焦坪林场	2005	41		41															
省宁西林业局	2005	56	38						18										
三原县嵯峨山林场	2007	80		80															
留坝县桑园林场	2007	100																100	
志丹县安条林场	2007	40				40													
宜君县哭泉、棋盘、阳湾林场	2007	50					50												
丹凤县流岭林场	2008	21.6												21.6					
镇安县黑窑沟林场	2008	23													23				
蓝田县终南林场	2008	44.3																	44.3
省治沙所红石峡林场	2009	24															24		
宜川县英旺林场	2009	300	300																
合计		12274.5	2128	162	1544	40	50	19	51	500	1333.3	1333.3	1667	21.6	2190	67	24	100	44.3

1990~2010 年陕西省国有林场育苗面积统计表

表 4-2-4　　单位：公顷

年份	面积	年份	面积
1990	791.7	2001	1437.7
1991	733.1	2002	1471.8
1992	779.1	2003	1339.7
1993	585.1	2004	1505.8
1994	655.5	2005	1063.7
1995	462.2	2006	1240.0
1996	314.3	2007	1313.3
1997	383.3	2008	868.1
1998	933.3	2009	800.9
1999	1133.3	2010	1092.0
2000	1319.3	累计	20223.3

第二节　造林更新

一、人工造林

1990~2010 年，全省国有林场人工造林，共计 86.22 万公顷。其中，人工造林 46.02 万公顷、飞播造林 40.2 万公顷。主要造林树种有：花棒、踏郎、沙蒿、沙打旺、油松、马尾松、漆树、柏木、刺槐、柳树、杨树、樟子松、云杉、侧柏、柠条、沙地柏、楸树、核桃、华山松、杉木等。1990~2010 年全省国有林场完成造林情况见表 4-2-5。

1990~2010 年陕西省国有林场人工造林统计表

表 4-2-5　　单位：公顷

年份	面积	年份	面积
1990	21799.9	2001	31187.5
1991	14241.0	2002	34367.8
1992	25322.9	2003	43387.3
1993	25278.8	2004	23775.5
1994	14399.8	2005	14600.0
1995	12132.7	2006	9133.3
1996	16666.9	2007	24666.7
1997	15506.7	2008	25333.3
1998	17066.7	2009	27206.7
1999	17200.0	2010	30460.0
2000	16466.7	累计	460200.2

1990~2010 年，全省飞播造林涉及 10 市 84 县(区)180 多个国有林场。全省国有林场累计完成飞播造林 40.2 万公顷，占全省飞播造林 155.95 万公顷的 32.7%，成林面积 13.7 万公顷，成林面积率达 34.6%。1990~2010 年全省国有林场飞播造林统计见表 4-2-6。

1990~2010 年陕西省国有林场飞播造林统计表

表 4-2-6　　单位：公顷

年份	面积	年份	面积
1990	0.8	2001	1.5
1991	1.3	2002	3.0
1992	0.9	2003	6.6
1993	1.0	2004	4.4
1994	1.1	2005	2.2
1995	1.3	2006	2.1
1996	1.2	2007	1.6
1997	0.9	2008	1.0
1998	1.3	2009	1.9
1999	1.4	2010	2.3
2000	2.4	累计	40.2

二、迹地更新

1990~2010 年，全省国有林场对采伐迹地都及时进行人工造林和封山育林，20 余年间，累计完成迹地更新造林 128047.3 万公顷。1990~2010 年全省国有林场迹地更新造林统计见表 4-2-7。

1990~2010 年陕西省国有林场迹地更新造林统计表

表 4-2-7　　单位：公顷

年份	面积	年份	面积
1990	10609.3	2001	9366.7
1991	8377.8	2002	8666.7
1992	7151.4	2003	8333.3
1993	7961.0	2004	9082.7
1994	688.3	2005	7200.0
1995	6019.6	2006	523.9
1996	8053.5	2007	389.3
1997	8560.0	2008	1059.3
1998	7066.7	2009	880.0
1999	9000.0	2010	704.3
2000	8353.3	累计	128047.3

三、幼林抚育

1990~2010年，全省国有林场对人工造林、飞播造林、迹地更新造林等幼林进行抚育作业，20年，累计抚育作业面积86.5万多公顷。1990~2010年全省国有林场中幼林抚育统计见表4-2-8。

1990~2010年陕西省国有林场中幼林抚育统计表

表4-2-8　　单位：公顷

年份	面积	年份	面积
1990	27428.7	2001	21602.4
1991	27932.9	2002	27903.7
1992	45728.3	2003	132433.3
1993	27360.5	2004	58793.7
1994	28233.2	2005	78666.7
1995	29105.3	2006	78000.0
1996	20086.5	2007	75777.7
1997	21233.3	2008	37013.3
1998	24266.7	2009	35686.7
1999	24933.3	2010	27143.3
2000	15666.7	累计	864996.2

四、速生丰产林营造

1988年7月，中国国营林场开发公司与省林业厅签订合同，联合建设安康商品材基地，包括岚皋、平利、镇坪3县8个国有林场。第一建设期（1988~1992年）投资1200万元，其中，中国国营林场开发公司投资500万元，地方自筹700万元。到1992年，实际完成投资1413万元。其中，中国国营林场开发公司投资451万元，地方自筹投资962万元。营造速生丰产林1178公顷，中幼龄林抚育改造4872公顷，生产木材7.95万立方米。截至1992年，销售总收入2445.9万元，实现利税785万元。1993年生产商品材4.2万立方米，销售收入1350.3万元，实现利税418.9万元。

1990年，宝鸡市辛家山林场营造速生丰产林19.4公顷，改造速生丰产林22.3公顷。

1991年，商南县三角池林场，速生丰产用材林基地，营造杉木6.7公顷，马尾松8.8公顷，油松6.7公顷。

1990~1994年，省林业厅确定实施“281”工程计划，是陕西省1991~1995年林业科技推广方面的一项宏伟工程，“速生丰产林营造技术推广项目”是“281工程”十大项推广项目之一。

国有林场承担的速生丰产林技术推广工作。其主要内容及指标是：选用杨树、水杉、杉木、油松、落叶松等速生树种的壮苗，采取大坑、施肥、适时灌水、集约经营等措施营造丰产林0.6万公顷。当年造林成活率均在90%以上，造林保存率在88%以上，各项丰产指标均达到或超过部颁标准。该项目的实施，有力促进了陕西省营林事业由粗放经营向集约经营转变，加快了后备森林资源培育，对缓解全省木材供应不足和资源危机的状况产生深远的影响。

1996年，省林业厅组织实施的“4151”工程正式启动。其中，工程实施方案中的速生丰产用材林技术推广项目，从1996~2000年在汉中、安康、商洛、宝鸡4地(市)，共营造0.27万公顷速生丰产用材林。各地、市按要求都安排在各方面条件比较好的，实际完成0.3万公顷，超额完成任务。“4151”工程实施方案中科技示范林场列入3个，分别是省楼观台林场、南郑县黎坪林场和延安市黄龙山林业局。

2001年，陕西省2001~2005年“十五”重点林业科技推广速生丰产林营造技术项目开始实施，共涉及西安、宝鸡、咸阳、渭南、铜川、汉中、安康、商洛等8个市。

2003年，是实施“十五”速生丰产林营造技术推广项目的第三年。全年以三倍体毛白杨、中林美荷杨、84K杨、落叶松、油松、华山松、杉木等为主，适地适树，推广应用新技术，共营造速生丰产林0.18万公顷。其中，基地面积700公顷，推广带动面积2.5万公顷。

2004年，全年速生丰产林营造技术推广计划任务700公顷，实际共完成0.19万公顷亩，超额完成0.12万公顷，为计划任务的2.76倍；推广辐射带动面积2.97万公顷。

2005年，速生丰产林营造技术推广计划任务为700万公顷，实际共完成0.18万公顷，超额完成0.11万公顷，为计划任务的2.5倍；推广辐射带动面积2.1万公顷。重点推广的速生丰产林阔叶树种有107杨、108杨、2001杨、中林美荷杨、84k杨和三倍体毛白杨等，针叶树种有日本落叶松、华山松及杉木等。

全省各示范区(点)在速生丰产林营造技术推广中，坚持因地制宜、适地适树的原则，选择丰产、速生性强，且生态功能显著的树种，广泛应用新技术、新工艺、新方法，提高了造林成活率和保存率。在项目实施中，重点应用推广了ABT生根粉、截杆造林技术、精细整地、大坑栽植、网袋育苗、优质壮苗等营造林技术，普遍应用了抗旱造林技术，大大提高了造林成效。在选择造林地点时，各示范区(点)主要利用渠、岸、道、村庄等空地进行营造，并及时落实了造林权属，极大地调动了群众的积极性和主动性。

1990~2010年，全省国有林场营造速生丰产林2.95万公顷(表4-2-9)。

1990~2010年陕西省国有林场营造速生丰产林统计表

表4-2-9　　单位：万公顷

年份	面积	年份	面积
1990	0.12	2001	0.14
1991	0.12	2002	0.17
1992	0.20	2003	0.18
1993	0.08	2004	0.19
1994	0.09	2005	0.18
1995	0.06	2006	0.13
1996	0.16	2007	0.12
1997	0.14	2008	0.09
1998	0.19	2009	0.08
1999	0.23	2010	0.11
2000	0.17	累计	2.95

五、封山育林

1992 年 10 月 29~31 日，省林业厅在宝鸡市召开全省封山育林座谈会。会议期间，参观了宝鸡县潘家湾林场、麟游县酒房乡麻夫沟 2 个封山育林现场，各地、县汇报情况，交流经验，研究今后的工作。

据统计，截至 1991 年年底，全省已封育成林面积 13.3 万多公顷，林分疏密度普遍达到 0.5 以上。在非林区，经过封育的地区，灌草植被覆盖度普遍提高，达到了 0.4~0.7。榆林市红石桥、巴拉素 2 个乡封育 0.67 万公顷有零星草灌的沙地，5 年后，覆盖度由 0.15 提高到 0.45~0.85，对防风固沙、保持水土、起到了重要作用。

1988 年颁发《封山育林管理办法》。随后省林业厅也印发《陕西省封山育林管理若干规定》和《陕西省三北地区封山(沙)育林规划设计检查验收办法》。这些办法、规定都比较明确地提出了搞好封山育林工作的具体要求，对做好封山育林工作起到重要作用。

2000 年以来，全省全面实施了天保工程，林业生产经营从以木材生产向生态建设为主转变，封山育林这项群众性的恢复森林或灌草植被的技术措施得到加强。1990~1999 年，全省国有林场累计封山育林面积 37.06 万公顷。2000~2010 年全省国有林场封山育林累计达 64.43 万公顷，是 10 前年的 1.74 倍。1990~2010 年，全省国有林场累计封山育林面积达 101.49 万公顷(表 4-2-10)。

1990~2010 年陕西省国有林场封山育林统计表

表 4-2-10　　单位：万公顷

年份	面积	年份	面积
1990	2.41	2001	5.98
1991	3.75	2002	3.91
1992	2.68	2003	7.75
1993	2.90	2004	1.59
1994	3.29	2005	5.47
1995	4.04	2006	6.75
1996	3.55	2007	6.02
1997	2.56	2008	6.11
1998	3.90	2009	7.20
1999	8.00	2010	6.98
2000	6.67	累计	101.51

第三节　经营利用

一、人工林经营

从 1990 年起，全省国营林场本着“一育、二护”的指导思想，按照林场的总体设计安排生产经营活动，每年根据中幼林林分生长情况进行抚育，林木质量明显得到提高。

2000 年，天保工程在陕西省全面实施后，全省采伐指标调降为零，原森林经营方案搁置。由于没有抚育采伐指标，致使大面积急需抚育间伐的中幼林林分不能及时透光抚育，部分成、过熟林也不能得到采伐更新，造成了部分林木生长减弱，商品用材林生长量下降，造成森林资源浪费。

2003 年，国家林业局批准陕西省在宁强县、勉县、丹凤县、汉阴县、耀州区等 5 个县(区)的部分林场和铜川矿务局林业总场开展人工商品林采伐试点工作。国家下达全省人工商品林采伐指标为采伐蓄积量 47512 立方米，出材 22402 立方米。为慎重起见，将采伐计划调减为采伐蓄积量 25213 立方米，出材量 11900 立方米。为确保作业设计、施工质量，省林场管理站领导和技术人员到采伐试点区，进行现地核查，现场审批。采伐结束后进行严格核实，各试点单位均按照批复的设计文件施工。2003 年，国有林场实际完成人工商品林采伐面积 141.1 公顷，采伐蓄积量 4292 立方米，出材 2146 立方米。

2004 年，洛南县古城林场对油松母树林进行第三次疏伐作业。作业面积 67.3 公顷，采伐蓄积量 903.82 立方米，出规格材 361.12 立方米。宁强县红石梁林场沙河坝、鹰咀岩和香坝作业区进行抚育采伐作业，作业面积 427.9 公顷，采伐蓄积量 8944 立方米，出材量 4205 立方米。

2004 年，国有林场人工商品林抚育采伐 495.2 公顷，采伐蓄积量 9847.8 立方米，出材 4566.1 立方米。

2005 年，国有林场人工商品林采伐面积 250.1 公顷，采伐蓄积量 5742 立方米，出商品材 2978 立方米。

2006 年，为了保障全省人工商品林采伐试点的顺利开展，根据全省正在实施的天保工程的实际情况，编制《陕西省 2006 年人工商品林采伐试点实施方案》。《采伐试点方案》将整个采伐试点工作从采伐作业设计到迹地更新全过程细划为采伐作业设计、审核发证、伐前公示、伐区拨交、实施采伐、清山检尺、伐区验收、伐后公示、木材运输、木材经营、迹地更新、造林验收等 12 个环节，根据“规范各环节的程序、明确各环节的责任，控制各环节的重点”的要求，组织实施采伐试点工作。在省级《采伐试点方案》基础上，各试点市结合当地实际，认真组织编制了本市“实施方案”，为顺利完成采伐试点工作奠定了坚实的基础。

(一)严格进行采伐作业设计及审批

采伐试点单位的人工商品林采伐作业设计由丙级以上资质的林业调查设计单位承担，在编制采伐作业设计工作中，严格执行森林采伐更新、抚育间伐、低产林改造等有关技术规定。各试点市、县(区)林业局都成立了由主管局长任组长的作业设计审查小组，按照有关规程、规定，严格审查伐区作业设计，并按照 3%的比例对设计小班或伐块进行，随机抽查，现地验证，不达要求不予批准。

(二)严格依照审查合格的作业设计核发林木采伐许可证

按照《陕西省 2006 年人工商品林采伐试点方案》规定，试点市、县林业主管部门审核发放采伐许可证时，严格依照审查合格的作业设计，经主管局长批准，由经省级林业主管部门培训的发证人员发放林木采伐许可证。经检查，各试点单位采伐发证率均达到 100%。

（三）切实做好伐前伐后公示

各试点县（区）林业主管部门按核发的林木采伐许可证内容在实施采伐之前，对伐块的地点、面积、蓄积量、方式向社会进行公示，接受社会监督。采伐试点之后，又对采伐多少木材、销售收入有多少进行了公示。建立的伐前、伐后公示制度，加强了宣传，增加了采伐政策透明度，受到广大群众的赞誉。

（四）作好伐区拨交

在伐区拨交时，做到林权所有者（或承包者）、作业设计者、采伐者、林业主管部门管理人员4到场，明确四址界线，填写伐区拨交单，避免了诸如林权争议、界线误差等问题，把住了伐区调查设计质量最后关口。特别是避免了闭门造车搞设计的错误做法。铜川市、宁强县林政稽查队派员深入试点地区，现场指导监督伐区拨交。

（五）实行凭证采伐和清山检尺

采伐者持采伐证上山并严格按照采伐证规定的内容实施采伐。县（区）林业主管部门组织检尺人员跟踪采伐全过程，检尺人员负责对每天采伐的林木进行检尺登记汇总。试点单位严格执行"当采伐面积达到伐块的80%时，蓄积量、出材量两项中有一项达到采伐证规定的数量立即停止采伐"的规定。各试点市林业局实行了市、县、场三级跟踪检查，现场监督，确保试点采伐工作有序进行。坚持清山检尺不仅监督了采伐实施过程，而且有效地保证了面积、蓄积量、出材3个重要指标不超过采伐证规定的限额。

（六）认真进行伐区验收

国有林采伐后伐区验收由市级林业主管部门组织人员验收，集体和个人采伐后伐区验收由县（区）级林业主管部门组织人员验收。

（七）加强木材经营和流通管理。

为了避免人工商品林采伐试点生产的木材在市场经营和流通中无序流动，造成市场混乱，试点区域的木材经营单位都是经过组织竞标后确定的，各试点县（区）林业主管部门并与木材经营单位签订了守法经营保证书。铜川市林业局派专人现场登记车次、车号，每车核发运输证，固定销售地点。其余试点市也建立商品材运输登记台账和定期报告制度，为避免超证采伐、偷拉盗运提供了有力保障。

2006年，开展人工商品林采伐作业试点的国有林场共26个，其中采伐面积超过50公顷或采伐蓄积量超过1000立方米的国有林场12个。2006年国有林场人工商品林采伐面积1615.8公顷，采伐蓄积量57051立方米，生产商品材29572.3立方米。

2007年，国有林场人工商品林采伐面积1369.6公顷，采伐蓄积量40215.3立方米，出商品材20088.7立方米。

2008年，红石梁等14个国有林场进行人工商品林采伐，采伐面积1409.6公顷，采伐蓄积量71908.4立方米，出商品材29809.6立方米。

2009年，共有27个国有林场开展人工商品林采伐，共计采伐面积1055.6公顷，采伐蓄积量50374.8立方米，出商品材27109.5立方米。

2010年，国有林场人工商品林采伐，共采伐蓄积量78079立方米，出商品材38493立方米。

2003~2010年，全省国有林场人工商品林累计采伐蓄积量317510.3立方米、出材量

154764 立方米。分年度采伐蓄积量和出材量见表 4-2-11。

2003~2010 年陕西省国有林场人工商品林采伐蓄积量和出材量统计表

表 4-2-11　　单位：立方米

项目	2003	2004	2005	2006	2007	2008	2009	2010	合计
采伐蓄积量	4292	9847. 8	5742	57051	40215. 3	71908. 4	50374. 8	78079	317510. 3
出材量	2146	4566	2978	29572	20089	29810	27110	38493	154764

二、天然次生林经营

1990 年 7 月，延安市桥山林业局、黄龙山林局次生林经营成交鉴定会，在其驻地召开。以林业部科学技术委员会主任董智勇为组长的专家组，分别听取了两局关于次生林经营技术实验研究的汇报，查阅了技术档案，深入现场进行了考察。经过讨论研究，认为“成就显著”“技术先进”“居全国先进水平”两局的次生林经营技术实验研究成果通过鉴定。

到 1990 年底，全省有 188 个国有林场完成了森林资源二类调查，102 个国有林场编制了森林经营方案，并建立了森林资源档案。

1991 年，全省国有林场完成了森林经营方案编制工作。

1990~1999 年，汉中市天然次生林经营利用总面积 533. 3 公顷。

2000 年以来，天保工程全面启动，面对新的形势，各级林业主管部门，认真组织干部、职工学习领会国家关于生态建设，实施天保工程的一系列方针政策，使广大干部职工充分认识国家实施天保工程的战略意义，明确实施天保工程的重要性、迫切性和必要性，增强了育林护林的积极性。实现从观念上由过去以采伐木材为主的生产经营方式向以保护、恢复森林资源转化，从而促进了天保工程顺利实施。经过不断探索，在公益林建设和国有林管护上建立、健全各项管理办法和制度。一是采取竞争上岗，末尾淘汰的办法组建专业的森林资源管护队伍。二是进一步完善森林管护制度、林木管护制度、野外用火制度、入山登记制度、护林人员考核奖惩制度、巡山制度、档案管理制度等各项制度。三是层层签订管护责任书，划分责任区，采取分区划段，分片包干的办法，夯实管护责任。市、县林业局与林场、林场与工区、工区与护林人员签订管护合同，明确奖惩措施。四是增设管护网点，增加管护人员，形成点、线、面结合 的管护体系。发挥木材检查站和护林站点作用，严把各个关口，抓好点上管理；发挥林业公安和林政稽查队作用加强巡回检查，强化一线护林工作；以市、县(区)林业局和林场为主体，加强面上指导与监督工作。五是认真履行护林员职责，切实保护森林资源。延安市桥山林业局护林员统一着装，每人 1 辆摩托车，1 部通讯设备，每天都对自己的责任区进行巡护，在林区形成强大的护林声势，管护成效显著。六是档案齐全，管理规范。从检查情况看，包括管护责任状、管护合同、管护责任区划图、护林员巡山日志、护林员考核结果等在内的档案均由专人保管，统一存放。大部分国有林场还把所有管护人员照片及管护区域的“四址”界限上墙公示，接受群众监督。

1990~2010 年，全省国有林场完成天然次生林抚育改造面积 68. 71 万公顷。

三、育林作业设计人员培训

为进一步提高全省国有林场管理、技术人员的业务素质，陕西省国营林场管理站，多次举办培训班，先后邀请了省林业规划院、省林业厅资源处等单位的有关专家和业务负责同志讲授《森林采伐作业规程》《国营林场采伐作业设计》和《人工商品林采伐试点实施方案》等内容。1993 年 3 月，在南郑县大河坎镇(农干校)举办了育林作业设计人员培训班，培训人员 160 余人。

1995 年到 1996 年年底，先后在宝鸡、汉中、安康、延安、西安等地共举办育林作业设计培训班 6 期，经过考核和审查，279 人具备育林作业设计资质，66 人具备育林作业设计审查资质，并颁发了资质证书。

2007 年 6 月，在铜川市举办全省人工商品林采伐培训班，培训了市、县林业局和国有林场以及有关林业设计单位的技术人员共 80 余人。

四、木材生产

1990~2010 年，全省国有林场木材生产量为 3959293 立方米。1990~1999 年，全省国有林场木材生产量为 3804529 立方米，是 1990~2010 年木材计划生产量的 96.1%。

2000 年，全省停止天然林的商品性采伐，全省关闭所有木材交易市场，取缔一切木材山场经营与加工，森林经营工作全面转向以公益林建设和森林管护为主。

2003 年，人工商品林采伐试点开始，每年有少量的木材生产。2003~2010 年，全省累计生产木材 154764 立方米，仅为 1990~1999 年木材产量的 4.07%。1990~2010 年，全省国有林场木材产量统计见表 4-2-12。

1990~2010 年陕西省国有林场木材产量统计表

表 4-2-12　　单位：立方米

年份	木材产量	年份	木材产量
1990	270422	2001	0
1991	298075	2002	0
1992	319162	2003	2146
1993	333570	2004	4566
1994	394300	2005	2978
1995	439000	2006	29572
1996	219000	2007	20089
1997	498000	2008	29810
1998	507000	2009	27110
1999	526000	2010	38493
2000	0	累计	3959293

第四节　基本建设

1990~1999 年，汉中市国有经营林场自建场部到社会公路的连接公路，修通工区至场部的林区公路和工区至社会公路的连接公路。

2000 年以后，因新农村建设，大部分林场场部至社会公路得到维修，硬化，而场部至工区的林区道路因经营停止大都因水毁等客观因素而弃用。

1991~2010 年底，安康市新建林区公路 366 千米，防火通道 216 千米，瞭望台 17 座，高低压线路 184. 5 千米，新建林场办公大楼 10 座、建筑面积 16561 平方米，累计完成基础设施建设投资 4759 万元。其中，国家投资 3247 万元，地方配套及林场自筹 1512 万元。通过基础设施建设，林场职工生产生活条件得到改善。

2008~2010 年，省林业厅先后编制电网改进、林区公路改造、饮水安全等方面的规划。但除林区公路改造规划有部分启动实施外，电网改进、饮水安全规划，因投资不到位规划并没有启动实施。

1990~2010 年，全省国有林场修建林区公路 8449. 24 千米、通信线路 1515. 17 千米、架设电网 992. 08 千米、防火线 3738. 8 千米、护林防火瞭望塔 163 座、各类房舍 49. 7 万平方米、各类运输通讯防灭火机具及办公设备 33297 台件。

第五节　危旧房改造

2009 年 6 月，为解决国有林场职工住房困难，国家林业局、国家发展改革委和住房城城建设部联合下发《关于做好国有林场危旧房改造有关工作的通知》，根据“通知”精神，全省国有林场紧紧抓住国家实施危旧房改造工程的有利契机，把危旧房改造作为改善林业职工民生的重点工作来抓，使危旧房改造工程取得阶段性成效。

截至 2010 年底，全省国有林场累计争取危旧房改造建设任务 12148 户、中央补助资金 12148 万元省级配套资金 12148 万元。2009~2010 年，全省国有林场危旧房改造建设共 12148 户，总建筑面积达 117. 34 万平方米。通过国有林场危旧房改造项目的实施，职工每平米建设成本降低 800~1200 元；职工户均面积由原来的 43 平方米提高到现在的 80 多平方米，职工住房困难得到了彻底的改善，新建住房具备比较齐全的给排水、供电、供暖、有线电视、燃气、电信、道路、绿化等配套设施，满足基本使用功能需求。2009~2010 年全省国有林场危旧房改造年度任务和完成情况见表 4-2-13 和表 4-2-14。

2009~2010 年陕西省国有林场危旧房改造年度任务表

表 4-2-13　　单位：万元

单位	改造年	总任务户数	新建户数	改造户数	中央投资	省级配套
2009~2010 年全省合计		12148	10535	1613	12148	12148
2009 年全省合计		7092	6016	1076	7092	7092

续表

单位		改造年	总任务户数	新建户数	改造户数	中央投资	省级配套
西安市	小计		696	500	196	696	696
	户县涝峪林场	2009	356	312	44	356	356
	户县太平林场	2009	124	114	10	124	124
	蓝田县王顺山林场	2009	68		68	68	68
	蓝田县终南林场	2009	90	58	32	90	90
	蓝田县清玉林场	2009	34		34	34	34
	周至小王涧林场	2009	24	16	8	24	24
宝鸡市	小计		896	772	124	896	896
	凤县黄牛铺林场	2009	76	52	24	76	76
	凤县凤州林场	2009	40	30	10	40	40
	凤县河口林场	2009	64	42	22	64	64
	凤县留凤关林场	2009	82	58	24	82	82
	陇县咸宜关林场	2009	82	82		82	82
	陇县关山林场	2009	146	146		146	146
	陇县八渡林场	2009	124	124		124	124
	陇县固关林场	2009	132	132		132	132
	陇县龙门洞林场	2009	56	56		56	56
	太白县靖口林场	2009	94	50	44	94	94
咸阳市	小计		482	440	42	482	482
	三原县嵯峨山林场	2009	46	46		46	46
	礼泉县柏峰林场	2009	80	80		80	80
	长武县红星林场	2009	50	30	20	50	50
	旬邑县马栏林场	2009	202	180	22	202	202
	旬邑县石门林场	2009	104	104		104	104
铜川市	小计		350	350		350	350
	印台区焦坪林场	2009	62	62		62	62
	耀洲区柳林林场	2009	180	180		180	180
	耀洲区高尔塬林场	2009	108	108		108	108

续表

单位		改造年	总任务户数	新建户数	改造户数	中央投资	省级配套
渭南市	小计		202	149	53	202	202
	华阴市华阳川林场	2009	42	20	22	42	42
	华阴市华山林场	2009	30	30		30	30
	合阳县黄河林场	2009	28	24	4	28	28
	合阳县黄埔庄林场	2009	42	35	7	42	42
	澄城县壶堤山林场	2009	20	20		20	20
	富平县金粟林场	2009	40	20	20	40	40
延安市	小计		1976	1976		1976	1976
	桥山林业局大岔林场	2009	100	100		100	100
	桥山林业局上畛子林场	2009	36	36		36	36
	桥山林业局柳芽林场	2009	36	36		36	36
	桥山林业局双龙林场	2009	36	36		36	36
	桥北林业局和尚塬林场	2009	38	38		38	38
	桥北林业局张家湾林场	2009	120	120		120	120
	桥北林业局直罗林场	2009	122	122		122	122
	桥北林业局药埠头林场	2009	20	20		20	20
	劳山林业局桥镇林场	2009	106	106		106	106
	劳山林业局下寺湾林场	2009	60	60		60	60
	劳山林业局高哨林场	2009	46	46		46	46
	黄龙山林业局官庄林场	2009	142	142		142	142
	黄龙山林业局石堡林场	2009	168	168		168	168
	黄龙山林业局小寺庄林场	2009	152	152		152	152
	黄龙山林业局蔡家川林场	2009	164	164		164	164
	黄龙山林业局瓦子街林场	2009	142	142		142	142
	富县西渠林场	2009	104	104		104	104
	富县牛武林场	2009	156	156		156	156
	延安市国家森林公园风景林场	2009	70	70		70	70
	宝塔区姚家坡林场	2009	76	76		76	76
	宝塔区南泥湾林场	2009	82	82		82	82

续表

单位		改造年	总任务户数	新建户数	改造户数	中央投资	省级配套
榆林市	小计		268	211	57	268	268
	横山县白界林场	2009	42	27	15	42	42
	横山县二石磕林场	2009	66	66		66	66
	横山县赵石畔林场	2009	46	31	15	46	46
	横山县雷龙湾林场	2009	66	66		66	66
	佳县打火店林场	2009	24	7	17	24	24
	子洲县北方塬林场	2009	24	14	10	24	24
汉中市	小计		610	172	438	610	610
	南郑县碑坝林场	2009	178		178	178	178
	南郑县黎坪林场	2009	296	56	240	296	296
	汉中市黎坪实验林场	2009	20		20	20	20
	宁强县红石梁林场	2009	116	116		116	116
安康市	小计		586	440	146	586	586
	平利县千家坪林场	2009	96	50	46	96	96
	平利县蜡烛山林场	2009	38	30	8	38	38
	平利县药妇山林场	2009	46	30	16	46	46
	石泉县云雾山林场	2009	56	56		56	56
	石泉县凤凰山林场	2009	52	52		52	52
	宁陕县上坝河林场	2009	224	148	76	224	224
	旬阳县林场	2009	74	74		74	74
商洛市	小计		426	426		426	426
	商洲区二龙山林场	2009	82	82		82	82
	丹凤县流岭林场	2009	42	42		42	42
	丹凤县商山林场	2009	72	72		72	72
	山阳县天竺山林场	2009	148	148		148	148
	山阳县红旗林场	2009	82	82		82	82
省直合计			600	580	20	600	600
楼观台林场		2009	500	500		500	500
红石峡沙地实验林场		2009	80	60	20	80	80
火地塘试验林场		2009	20	20		20	20
2010 年合计			5056	4519	537	5056	5056

续表

单位		改造年	总任务户数	新建户数	改造户数	中央投资	省级配套
西安市	小计		444	310	134	444	444
	周至县渭河林场	2010	90	78	12	90	90
	周至县厚畛子林场	2010	232	232		232	232
	周至县永红林场	2010	122		122	122	122
宝鸡市	小计		692	591	101	692	692
	扶县野河林场	2010	20	20		20	20
	麟游县安舒庄林场	2010	58	58		58	58
	麟游县长益庙林场	2010	30	14	16	30	30
	眉县太白风景林场	2010	270	270		270	270
	眉县营头林场	2010	126	106	20	126	126
	千阳县唐家山林场	2010	30		30	30	30
	千阳县高崖林场	2010	46	46		46	46
	岐山县五丈原林场	2010	72	37	35	72	72
	岐山县崛山林场	2010	40	40		40	40
咸阳市	小计		178	148	30	178	178
	乾县五峰山林场	2010	20	20		20	20
	乾县乾陵风景林场	2010	50	50		50	50
	永寿县槐平林场	2010	108	78	30	108	108
铜川市	小计		230	230		230	230
	宜君县太安林场	2010	150	150		150	150
	宜君县阳湾林场	2010	80	80		80	80
渭南市	小计		240	203	37	240	240
	韩城市雷寺庄林场	2010	118	114	4	118	118
	韩城市薛峰林场	2010	20	18	2	20	20
	韩城市芝源林场	2010	34	24	10	34	34
	白水县新卓林场	2010	68	47	21	68	68
延安市	小计		1152	1152		1152	1152
	宝塔区马四川林场	2010	30	30		30	30
	宝塔区南郊林场	2010	32	32		32	32
	宝塔区麻洞川林场	2010	24	24		24	24
	子长县中山川林场	2010	32	32		32	32

续表

单位		改造年	总任务户数	新建户数	改造户数	中央投资	省级配套
延安市	黄龙县白马滩林场	2010	64	64		64	64
	黄龙县柏峪林场	2010	60	60		60	60
	黄陵县河寨林场	2010	20	20		20	20
	桥山林业局腰坪林场	2010	136	136		136	136
	桥山林业局建庄林场	2010	136	136		136	136
	桥山林业局店头林场	2010	108	108		108	108
	桥北林业局槐树庄林场	2010	20	20		20	20
	桥北林业局张村驿林场	2010	22	22		22	22
	桥北林业局任家台林场	2010	22	22		22	22
	桥北林业局岔口林场	2010	20	20		20	20
	劳山林业局劳山林场	2010	50	50		50	50
	劳山林业局清泉林场	2010	50	50		50	50
	劳山林业局府村林场	2010	42	42		42	42
	黄龙山林业局圪台林场	2010	74	74		74	74
	黄龙山林业局大岭林场	2010	36	36		36	36
	黄龙山林业局虎沟门林场	2010	56	56		56	56
	黄龙山林业局界头庙林场	2010	60	60		60	60
	黄龙山林业局三岔林场	2010	58	58		58	58
榆林市	小计		596	596		596	596
	榆阳区鱼河林场	2010	66	66		66	66
	榆阳区小纪汗林场	2010	96	96		96	96
	榆阳区巴拉素林场	2010	84	84		84	84
	榆阳区城郊林场	2010	84	84		84	84
	榆阳区牛家梁林场	2010	126	126		126	126
	靖边县沙石峁林场	2010	20	20		20	20
	靖边县冯家峁林场	2010	20	20		20	20
	靖边县柳树湾林场	2010	20	20		20	20
	靖边县柳桂湾林场	2010	20	20		20	20
	靖边县白玉山林场	2010	20	20		20	20
	靖边县万家畔林场	2010	20	20		20	20
	靖边县红墩界林场	2010	20	20		20	20

续表

单位		改造年	总任务户数	新建户数	改造户数	中央投资	省级配套
汉中市	小计		538	323	215	538	538
	汉台区褒河林场	2010	74	74		74	74
	汉台区武乡林场	2010	96	75	21	96	96
	略阳县铁厂坝林场	2010	34		34	34	34
	略阳县金池院林场	2010	82	36	46	82	82
	略阳县三岔林林场	2010	66	66		66	66
	略阳县塔坡寺林场	2010	20	20		20	20
	略阳县西淮坝林场	2010	20	20		20	20
	略阳县观音寺林场	2010	24	24		24	24
	留坝县桑元林场	2010	26		26	26	26
	留坝县闸口石林场	2010	20	8	12	20	20
	留坝县庙台子林场	2010	20		20	20	20
	留坝县火烧店林场	2010	36		36	36	36
	留坝县马道林场	2010	20		20	20	20
安康市	小计		340	320	20	340	340
	镇坪县林业总场	2010	142	142		142	142
	岚皋县林业总场	2010	132	132		132	132
	岚皋县中梁林场	2010	20		20	20	20
	白河县林场	2010	46	46		46	46
商洛市	小计		646	646		646	646
	镇安县黑窑沟林场	2010	206	206		206	206
	镇安县木王林场	2010	218	218		218	218
	镇安县铁厂林场	2010	20	20		20	20
	柞水县营盘林场	2010	72	72		72	72
	柞水县石镇林场	2010	68	68		68	68
	柞水县凤镇林场	2010	42	42		42	42
	柞水县九间房林场	2010	20	20		20	20

2009~2010 年陕西省国有林场危旧房改造任务完成情况表

表 4-2-14 单位：户、万元

单位	合计户数	新建户数	改造户数	中央补助金额	省级配套
合计	12148	10535	1613	12148	12148
西安市	1140	810	330	1140	1140
宝鸡市	1588	1363	225	1588	1588
咸阳市	660	588	72	660	660
铜川市	580	580		580	580
渭南市	442	352	90	4422	442
延安市	3170	3155	15	3170	3170
榆林市	822	780	42	822	822
汉中市	1148	495	653	1148	1148
安康市	926	760	166	926	926
商洛市	1072	1072		1072	1072
楼观台林场	500	500		500	500
红石峡沙地实验林场	80	60	20	80	80
西北农林科技大学试验林场	20	20		20	20

第三章　多种经营

第一节　基本情况

1990 年，全省国有林场多种经营、综合利用等收入 4265 万元，占当年自营收入的 45.4%，有 61 个贫困林场摆脱了经济困境。弥补国有林场营林基建投资和地方财政事业费拨款的不足。

1995 年 8 月 25~26 日，林业部部长徐有芳考察太白国家级森林公园和宝鸡市绿化工程后指出，解放思想、实事求是仍是各级林业部门的头等大事。一定要抓住机遇，转变观念，用好国家对林业的一系列优惠政策，把林业经济搞上去。在分析当前面临的新情况、新问题时，徐部长强调，国营林场要走出困境，关键是要发挥林区资源丰富的优势，选一些经济效益好、市场前景广阔的骨干项目，办龙头企业，以龙头带动整个林业经济的腾飞。

此后，全省国有林场立足本场资源，因地制宜，扬长避短，发挥优势挖掘潜力，为了搞好、搞活国有林场经济，积极地开发了多种经营项目。

1990~2010年，全省国有林场多种经营收入116411万元，占同期自营收入280849万元的41.4%、占木材收入121681万元的95.6%。

第二节　木材加工

1990~1999年，全省有木材生产的国有林场先后都建立了木材加工厂。

西安市户县涝峪林场，1987年引进意大利板式家具生产线兴办的“朱雀家具公司”成为当时西北地区最大的家具生产厂家。“朱雀”牌家具畅销不衰，获得了较好的经济效益。1990年、1991年、1995年家具收入 分别达到485.5万元、610万元和644.7万元。天保工程的实施后，朱雀家具公司于2007年停产，公司职工全部自谋职业。

汉中市国有林场在1990~2000年依托林场的森林资源，建立5个木材加工厂(黎坪、碑坝、桑元、巴山、铁厂坝)，年收入560多万元。

安康市国有林场在1990~1999年期间，年生产木材6000立方米，先后建立宁陕县新矿林场木材加工厂、岚皋胶合板厂、安康地区开发服务中心等木材加工和经营企业12个，年经营收入达到2600万元，上交税金350万元，上交林业费100余万元，支援地方经济建设200万元。特别是宁陕、岚皋、镇坪、平利等县国有林场已成为当地财税收入的主要来源，占当地财税收入的50%以上，有力地支持了地方经济建设。

1990~1999年，全省国有林场木材加工和木材经营单位达1160多个，总收入达24791万元，是全省国有林场1963~1989年26年木材综合利用收入6284万元的3.95倍。1990~1999年木材加工综合利用收入占全省国有林场同期自营收入的13.2%、占木材收入的20.8%、占多种经营收入的95%。

2000年，天保工程实施后，全面停止木材生产，与木材有关的加工和经营企业大部分相继停产或转产。

第三节　种植养殖

1990~1999年，全省国有林场养殖主要集中在羊、牛、猪、鸡、鱼、蜂等传统畜牧产业上；种植主要集中在香菇、木耳、天麻、西洋参等特色传统培植业和花椒、苹果、核桃、红枣等特色经济林；绿化苗木的种植也在一些市县林场开始展开。

1990年，延安市桥山林业局种植粮食作物11.1公顷、蔬菜3.5公顷，养牛羊82头(只)，全省国有林场育苗791.7公顷。种植养殖总收入1016万元。

1991年，榆林市种植苹果306.7公顷，安康市种植漆树466.7公顷，紫阳县发展绞股蓝3.3公顷，眉县种植山药2公顷，大峪林场种植丰产林33.3公顷、漆树42公顷、苹果1.33公顷。全省国有林场育苗733.2公顷。种植养殖总收入744万元。

1992年，安康市国有林场种植杜仲、茯苓、绿化苗73.4公顷。延安市国有林场发展苹果、花椒等经济林6.67多公顷，宝鸡市国有林场养鱼、养蜂60多箱和发展花椒等经济林20公顷。全省国有林场种植养殖总收入635万元。

1993年，宝鸡市槐牙林场养鱼33.3公顷，产量150吨。安康市国有林场发展板栗、天麻、杜仲等经济林 66.7 公顷。榆林市国有林场种植苗木、花卉 8 公顷。汉中市黎坪林场种植药材 27.27 公顷、杜仲 19.13 公顷、食用菌 500 架。全省国有林场种植养殖总收入 1984 万元。

1994 年，全省国有林场种植养殖总收入 1561 万元。

1995 年，宜君县国有林场种植土豆、杜仲、苹果经济林 20 多公顷，产值 20 多万元。全省国有林场种植养殖总收入 1765 万元。

1996 年，宝鸡市国有林场种植核桃、柿子、大枣、山杏、漆树等经济林 224.1 公顷；陇县国有林场养羊 179 头、鸡 1500 只、鱼 45 万尾。延安市国有林场新建苹果 3090 亩，种植粮、菜、药等 312 公顷，养殖牛羊 4540 头，鱼 11.3 公顷。全省国有林场种植养殖总收入 1006 万元。

1997 年，宝鸡市国有林场种植经济林 333.3 公顷，黄牛铺林场养殖猪、羊 220 头（只）。全省国有林场种植养殖总收入 2013 万元。

1998 年，安康市国有林场建苗圃 13.3 公顷、种植大扁杏 233.3 公顷、麻黄 66.67 公顷、烤烟 46.67 多公顷、饲料基地 66.67 公顷、油葵和水稻 80 公顷，实现产值 700 多万元。西安市王顺山林场种植天麻 1700 多平方米、木耳 30 多架；西安市永红林场养羊 330 只、养牛 40 头，产值 9 万元。宜君县国有林场种植核桃 152.67 公顷，高尔源林场种植大枣 66.67 多公顷，全省国有林场种植养殖总收入 1002 万元。

1999 年，全省国有林场种植养殖总收入 1003 万元。

1990~1999 年，全省国有林场种植养殖业收入为 12729 万元，占自营收入的 6.8%，占木材收入的 10.7%，占多种经营收入的 48.8%，平均年收入 1272.9 万元。

从 2000 年开始，全面实施天保工程，全省国有林场因地制宜，整合资源，发挥自身独特优势，坚持扭住传统优势产业不放松，除养殖牛、羊、猪、鸡、鱼、蜂等畜牧产业和种植香菇、木耳、天麻、西洋参等培植业外，还围绕林业重点工程，加大绿化树种、花卉苗木培育力度，大力发展特色经济林等种植业。

2000 年，延安市国有林场种植经济林 242.4 公顷、粮食作物和药材、蔬菜 186.67 公顷，养蓄 4475 头。2000 年全省国有林场种植养殖总收入 2653 万元。

2001 年，大荔县沙苑林场在平利县千家坪、汉滨区平头山、紫阳县大楠河、镇坪林业总场发展养蜂产业，后养蜂发展到 1000 箱，实现产值 55 万元。安康市国有林场种植漆树 466.67 余公顷。平利千家坪林场、岚皋林业总场、旬阳林业总场、镇坪林业总场、平利蜡烛山、宁陕县上坝河林场育苗 1100 万株，培养绿化苗木 23.2 万株。紫阳县大楠河林场发展食用菌 1 万袋；平利蜡烛山林场发展设施大棚蔬菜 6.67 公顷；岚皋县国有林业总场发展林下种植天麻 280 窝。石泉县云雾山、汉阴县凤凰山林场利用开发山竹 600 吨。大力发展种植业、养殖业、苗木花卉产业，全省建设苗圃 39 个，面积 322.47 公顷。2001 年全省国有林场种植养殖总收入 2846 万元。

2002 年，全省国有林场种植养殖总收入 4070 万元。

2003 年，延安市劳山林业局种植、养殖 8 个林业产业项目；桥北林业局充分利用资源优势，采取公司+职工共同经营的管理模式，发展良种肉牛养殖，与杨凌庆宇美公司签订总资金 1400 万元的种牛提供、技术指导和产品回收合同，在资源、技术、资金方面有了可靠的保障，形成了职工积极参与产业开发的良好局面。2003 年全省国有林场种植业、养殖业收入为 2341 万元。

2004 年，铜川市宜君县棋盘林场发展核桃济经林 106.67 公顷，人均达 2.7 公顷；劳山林业局凭借自身森林资源和闲置厂房养殖“森林猪”2146 头。留坝县闸口石林场引进陕西理工学院中蜂改良技术，年产优质蜂蜜 4500 多斤，职工年增收 2500 多元。2004 年全省新增经济林 9.6 万亩，养殖牛、羊、鸡等家畜、家禽 10 万多头(只)，育苗 2.26 万亩，生产各类苗木 54522.87 万株。2004 年全省国有林场种植业、养殖业收入为 4123 万元。

2005 年，铜川市宜君县公有林场人均经济林面积达 1.33 公顷，其中，宜君县阳湾林场发展核桃济经林 133.33 公顷，人均达 30 亩。西安市部分公有林场利用现有林地资源，发展绿色养殖，使林区散养生态鸡蛋打入西安市高档消费市场，所生产的“洪鑫”牌绿色散养蛋全年销售 200 余万枚，年产值近 200 万元。全省新造经济林 0.69 万公顷，养殖牛、羊、鸡等家畜、家禽 9.7 万多头(只)；全年共完成育苗 1060 公顷，生产各类苗木 1.27 亿株。陕西省国有林场积极利用现有资源，发挥自身优势，积极发展以经济林为主的种植业和以森林猪、秦川牛为主的养殖业等产业项目，安置富余人员 3043 人。2005 年全省国有林场种植业、养殖业收入为 4536 万元。

2006 年，旬邑县马栏林场积极发展种植业和养殖业，年人均增收达 5000 元。留坝县桑园林场养蜂 150 箱，年人均增收近 3000 元。铜川市国有林场新栽核桃、花椒等经济林 283.3 公顷，人均近 0.67 公顷；全年共完成育苗 0.124 万公顷，生产各类苗木 4.4 亿株。全省新造经济林 9 万多亩，养殖牛、羊、鸡等家畜、家禽 11 万头(只)。全省积极发展种植、养殖产业项目，创造就业岗位 3000 多个。2006 年全省国有林场种植业、养殖业收入为 4656 万元。

2007 年，铜川市国有林场大力发经济林产业，累计完成干杂果经济林 1221.27 公顷，人均 2.2 公顷，全部挂果后预计人均增收 1.2 万元。宝鸡市凤县留凤关林场利用资源优势养殖林麝 854 头，累计收入 485 万元。2007 年，完成育苗 0.11 万公顷，生产各类苗木、花卉 3.3 亿株，产值近 2500 万元。全省国有林场新建各种经济林和速生丰产林 0.64 万公顷，养殖牛、羊、鸡等家畜、家禽 13 万头(只)。2007 年全省国有林场种植业、养殖业收入为 5897 万元。

2008 年，镇安县黑窑沟林场采取职工入股形式，新育针叶容器苗、风景绿化苗和板栗等经济苗木 405 万株，实现销售收入 50 多万元。延安市国有林场充分发挥资源和技术优势，养殖以森林猪为主的家畜家禽饲养量达到 21679 头(只)，其中森林猪饲养量 5153 头，出栏 1500 头，现存栏 3653 头，养牛 488 头，其他养羊、养鸡等各类家畜家禽 16056 头(只)。全年国有林场共完成育苗 866.67 公顷，生产各类苗木 2 亿株。国有林场新造各种经济林和速生丰产林 0.59 万公顷；养殖牛、羊、鸡等家畜、家禽 12 万头(只)。创造就业岗位近 1000 个。2008 年，全省国有林场种植业、养殖业收入为 6132 万元。

2009 年，山阳县天竺山林场组织职工培育侧柏容器苗 500 万株、油松容器苗 200 万株、刺槐 60 万株、核桃苗 30 万株，各类苗木品种达 90 余种。宜君县太安、哭泉、阳湾 3 个国有林场良种核桃示范园总面积已达到 400 公顷，其中阳湾林场湫沟核桃示范园、棋盘林场羊岩子核桃示范园已开始挂果，年仅核桃干果和接穗收入达 15 万元。留坝县火烧店林场，特种动物林麝驯养繁殖取得成功，2003 年投资 120 万元修建养殖场，引种 7 只现扩繁存栏 160 只，产值达 400 多万元。

2009 年，全省国有林场共完成育苗 800 公顷，生产各类苗木 2.2 亿株。苗木品种大幅增加，质量进一步提高，形成生态林种苗、用材林种苗、经济林种苗、园林绿化种苗协调发展的良好态势。既保证了公益林建设用苗，同时也为城镇绿化、交通干线绿化等社会造林提供了大量优质苗木；新造核桃、板栗、柑橘、红枣等各种经济林和速生丰产林 0.67 万公顷，并在名贵中药材、食用菌和山野菜栽植等方面有了新的突破；养殖牛、羊、鸡等家畜、家禽 13 万头(只)。2009 年，全省国有林场种植业、养殖业收入为 8756 万元。

2010 年，宜君县 4 个林场育油松、侧柏容器苗木 100 万余袋，定植绿化大苗 20 余万株，除满足工程造林用苗外，还实现苗木销售收入 30 万元以上。劳山林业局苗木培育业逐步向“规模化经营、集约化管理、基地化生产、市场化运作”的方向发展。育苗品种达到 36 个，全年销售各类苗木 58.8 万株，实现收入 148.5 万元。宜君县各林场在原有核桃良种示范园基础上，继续扩大良种核桃示范园总面积，建成良种示范园 3.33 公顷。安康市在继续抓好千家坪、平头山林场养蜂产业的基础上，积极扶持紫阳县大楠河林场发展养蜂 60 箱；镇坪林业总场发展养蜂 30 箱，全市发展养蜂达到 1000 箱，实现产值 50 万元。岚皋县林业总场林下种植天麻 4000 窝。石泉县云雾山林场开发野山竹 250 多吨。2010 年，全年国有林场共完成育苗 0.11 万公顷，生产各类苗木 2.4 亿株。苗木品种大幅增加，质量进一步提高，形成了生态林种苗、用材林种苗、经济林种苗、园林绿化种苗协调发展的良好态势。既保证了公益林建设用苗，同时也为城镇绿化、交通干线绿化等社会造林提供了大量优质苗木。

2010 年，干杂果经济林种植创新高，全年新造核桃、板栗、红枣、花椒、柿子等各种经济林 1.33 多万公顷，年产值达到 8000 万元。林下养殖蓬勃发展，全年利用丰富的林下资源，养殖牛、羊、鸡等畜、禽 14 万头(只)。2010 年全省国有林场种植业、养殖业收入为 9123 万元。

2000~2010 年，全省国有林场种植养殖业收入为 55133 万元，平均年收入 5012.1 万元，是 1990~1999 年种植养殖年平均收入的 3.94 倍。占同期自营收入的 59.5%、占多种经营人收入的 61%。

1990~2010 年，全省国有林场种植养殖总收入达 67862 万元，占 1990~2010 年自营收入的 24.2%，占 1990~2010 年多种经营收入的 58.3%。

1990~2010 年国有林场种植养殖分年度收入情况见表 4-3-1。

1990~2010 年陕西省国有林场种植养殖分年度收入情况表

表 4-3-1　　单位：万元

年份	收入	年份	收入
1990	1016	2001	2846
1991	744	2002	4070

续表

年份	收入	年份	收入
1992	635	2003	2341
1993	1984	2004	4123
1994	1561	2005	4536
1995	1765	2006	4656
1996	1006	2007	5897
1997	2013	2008	6132
1998	1002	2009	8756
1999	1003	2010	9123
2000	2653	合计	67862

第四节　其他副业

其他副业是指国有林场除木材加工、种植养殖以外开展的经营项目。这种经营项目，投入少、周期短、见效快。起到了以短养长，以副养林，以副促林的效果。同时，增加林场收入，壮大林场经济。

1990 年，延安市国有林场大力发展煤炭产业，年生产原煤 9.5 万吨，产值 237 万元，机砖 109 万块。商县二龙山林场，加工大豆油 67.5 万千克、油饼 755 吨，产值 130 万元。全省国有林场其他副业收入 1525 万元。

1991 年，延安市国有林场大力发展煤炭产业，年生产原煤 10.3 万吨，产值 254 万元。全省国有林场其他副业收入 1117 万元。

1992 年，宝鸡市眉县国有林场利用资源优势发展小型水电站。全省国有林场其他副业收入 953 万元。

1993 年，宝塔区马四川林场生产原煤 2 万吨，产值 20 万元。凤县河口林场铅锌矿产值 143.4 万元。汉台区年产锰矿石 1200 吨、锰粉 400 吨、硅石 5600 吨。延安市国营林场办食堂、商店、旅社、煤矿等，全年收入 1200 万元。宝鸡凤县河口林场开铅锌矿收入 143.3 万元。商南县三角池林场开煤矿，商县二龙山林场办招待所，榆林市开煤矿和大力拓展绿化工程。全省国有林场其他副业收入 1068 万元。

1994 年，全省国有林场其他副业收入 1800 万元。

1995 年，周至县永红林场、小王涧林场建石英石厂年产 5000 多吨，产值 90 万元。陇县固关林场生产鞋楦，年产值 120 万元。柞水县黑窑沟林场建矿石厂年产 1 万吨，产值 1000 万元。神木县大柳塔林场办招待所。全省国有林场其他副业收入 930 万元。

1996 年，凤县河口、留凤关林场办铅锌矿、黄金矿，产值 400 万元。全省国有林场其他副业收入 1290 万元。

1997 年，凤县河口、留凤关林场铅锌矿 1000 余吨，收入 280 万元。全省国有林场其他副业收入 2300 万元。

1998 年，周至县永红林场石英矿，产值 742 万元；淳化县英烈林场食醋、粉条加工；旬邑县马栏林场兴办松香厂。全省国有林场其他副业收入 1191 万元。

1999 年，延安市、铜川市国有林场从事酒店、商业服务产业。留坝县庙台子林场从事采矿产业，年产值 6 万元。宜君县阳湾林场承揽南山公园、雁门山烈士广场绿化工程。宝鸡市陈仓区国有林场承揽“绿色宝鸡”建设绿化工程。蓝田县终南林场承揽西安“大绿二期工程”。省治沙所红石峡林场承揽榆林市机场路绿色信号工程。商南县三角池林场招商引进陕西秦裕木本油生物有限公司投资 1.5 亿元人民币落户商南建设 1 万公顷油茶产业基地项目。全省国有林场其他副业收入 1200 万元。

1990~1999 年，全省国有林场其他副业收入累计 13374 万元，年均收入 1337.4 万元。占同期自营收入的 7.1%、占同期木材收入的 11.2%、占同期多种经营收入的 51.2%。

2000 年以后，由于全省全面禁止天然林采伐，实施天保工程，国有林场适时地从实际出发拓展了其他副业项目并取得了较好的经济效益。

2000 年，延安市国有林场从事酒店服务业。榆林市从事石油、煤炭、天然气产业。黄龙山林业局采脂 730 吨，收入 16.6 万元。全省国有林场其他副业收入 2621 万元。

2001 年，全省国有林场其他副业收入 3361 万元。

2002 年，全省国有林场其他副业收入 3105 万元。

2003 年，延安市劳山林业局从事商贸等项目。靖边县沙石峁林场在深化三项制度改革的同时，进行经营机制的转换，实行股份合作制，单位与职工各占 50%的股份，合股投资 210 多万元，先后建成停车场、综合服务大楼等，年创利 50 多万元。全省国有林场其他副业年共收入 2316 万元。

2004 年，全省国有林场其他副业年共收入 1976 万元。

2005 年，全省国有林场在发展主导产业的同时，部分国有林场根据市场需求积极探索和尝试发展依林非林产业项目，并取得了一定的成绩。千阳县高崖林场利用辖区内丰富的野生动物资源优势建立狩猎场，2005 年接待狩猎爱好者和游客 1600 多人(次)，创收近 5 万元。柞水县 4 个国有林场投资 500 万元，联合组建成立的秦岭中药材发展有限公司，产品销售前景看好；陇县八渡林场利用区位及优质水资源的优势，创办林茂公司，引入北京特丽洁纯净水厂的生产线，2005 年已正式投入生产，年创收 40 多万元。全省国有林场其他副业年收入 3455 万元。

2006 年，全省国有林场其他副业收入 3874 万元。

2007 年，劳山林业局充分利用距城镇近的有利条件，鼓励和引导职工参与商贸运输、粮油经销、餐饮娱乐、园林绿化等产业，年产值 1500 万元。耀州区国有林场，建设 8350 亩生物柴油原料林(文冠果)示范基地项目，其市场发展潜力可观。全省国有林场其他副业年收入 3336 万元。

2008 年，全省国有林场其他副业年收入 3888 万元。

2009 年，延安市国有林业局(场)全年承揽园林绿化工程 41 项，完成合同造价 6016 万元，参与职工 243 人；劳山林业局职工周重创办的豆腐干加工厂，年产值 1000 多万元；黄龙山林业局纤维板厂，年生产纤维板 2584 立方米，产值 179 万元。全省国有林场其他副业年收入 3549 万元。

2010 年，全省国有林场其他副业年收入 3694 万元。

2000~2010 年，全省国有林场其他副业收入累计 35175 万元，年均收入 3197.7 万元，是 1990~1999 年全省国有林场其他副业年均收入的 2.39 倍。占同期自营收入的 37.9%、占同期多种经营收入的 39%。

1990~2010 年，全省国有林场其他副业收入累计 48549 万元，占同期自营收入的 17.3%、占同期多种经营收入的 41.7%。1990~2010 年全省国有林场其他副业分年度收入情况见表 4-3-2。

1990~2010 年陕西省国有林场其他副业分年度收入情况表

表 4-3-2 单位：万元

年份	收入	年份	收入
1990	1525	2001	3361
1991	1117	2002	3105
1992	953	2003	2316
1993	1068	2004	1976
1994	1800	2005	3455
1995	930	2006	3874
1996	1290	2007	3336
1997	2300	2008	3888
1998	1191	2009	3549
1999	1200	2010	3694
2000	2621	合计	48549

第四章 经营管理

第一节 经营方针

1996~1999 年，陕西省国有林场工作的指导思想是：以培育森林资源为重点，以建立比较完善的林业生态体系和比较发达的林业产业体系为目标，以提高综合效益为中心，坚持“以林为本，合理开发，综合经营，全面发展”的办场方针，实行分类经营，分类管理，尽快建立起符合社会主义市场经济规律并体现国有林场特点的管理体制和经营机制，逐步形成一、二、三产业协调发展的国有林场经济新格局，充分发挥国有林场在森林资源培育和生态环境建设中的重要作用。

2000年，天保工程实施后，国有林场工作指导思想是：以科学发展观为指导，以体制改革和机制创新为动力，按照“生态优先，兴林富民”的战略要求，加强基础设施建设，建好生态公益林，管好国有森林资源资产，逐步建立适应社会主义市场经济、有利于生态建设和现代林业发展要求的管理体制和运行机制，努力建设“经营管理科学、基础设施完备、森林优质高效、产业发展充分、资源经营持续、林区富裕和谐”的现代国有林场，力争使国有林场成为现代林业的示范点、新农村建设的排头兵、和谐社会的新社区，开创林场工作新局面。

第二节　管理制度

1990年1月，《陕西省国营林场管理办法》正式施行，对国有林场的性质、方针、任务、类型划分，管理体制作出规定，并结合改革实践，在生产经营、场长负责制、民主管理与民主监督以及森林资源、计划、技术、劳动、财务、物质、销售等经营方面，都作出了相应规定。明确国营林场性质是全民所有制的生产经营性事业单位，应按国家规定核拨事业经费。确定国有林场按照经营培育目的划分为用材林场、防护林场、经济林场、风景林场和实验林场。核定所有具有用材目的的林场，应按其地类分布、林龄结构和发展状况区分为造林、经营、采伐利用三个阶段。

2000年，随着天然林保护等林业重点生态工程的全面实施，国有林场工作由传统的经营利用型转向培育保护型，培育后备森林资源和林业生态建设已成为国有林场的首要任务。全省各国有林场在落实“三项”制度改革和目标管理方面也做了一定的工作，取得了一些成效，主要表现在以下几个方面。

一、深化内部管理体制改革

以“三项”制度改革为重点、进一步深化国有林场内部改革和人事制度改革。林场职工按编定员，全面推行干部聘任制、全员劳动合同制。按照“精简、高效、协调”的原则，合理设置内部管理机构，减少管理层次，压缩非生产人员，因事设岗，按岗定人。充分体现以人为本、积极培养、选贤用能、量才使用的原则，选拔一批思想觉悟高、业务能力强、吃苦耐劳、集体观念强、群众基础好并有一定组织能力的中青年职工从事林场的管理工作，真正做到能者上、庸者下。人事管理政策向一线倾斜，如技术干部晋升职称时，同等条件下，基层一线人员优先，无基层工作经历者不能提拔等。加强年终考核，将考核结果作为职工职务升迁，工资、职称晋升及评选先进的主要依据。完善培训政策，制定培训计划，不断提高干部职工的政治及业务素质。劳动制度改革：引入市场竞争机制，打破干部与工人、不同所有制职工的身分界限，实行双向选择、竞争上岗、过失下岗，建立公开、公平、公正的用工制度。制定相关配套措施，切实做好下岗职工的分流安置工作。健全和完善各种形式的经营承包责任制，全面推行灵活多样的林场法人承包、基层单位目标承包、个人风险承包等承包经营形式，鼓励职工开展及参与多种经营项目开发。合理配置劳动力资源，通过实行灵活多样的经营机制，使劳动力资源合理有效地分配和使用。分配制度改革：推行以多劳多得、按劳分配为主、其他生产要素同时参与分配的新型分配制度，鼓励职工参股、投资林业项目，并获得分配收益。彻底克服平均主义，推行工效挂钩，责任效益与个人收入挂钩；工资、奖金按工作责任大小、艰苦程度、环境优劣、科技含量高低适当拉开档次。鼓励干部职工深入基层、深入生产一线，使林场职工按市场规律合理流动。建立相应奖惩制度，对在林业重点工程和林业产业项目开发中做出突出贡献者和在林业科技领域有所创新的职工予以重点奖励；对责任心不强、思想消极、在森林管护等方面因过失造成较大损失的职工除进行行政处分外，还要予以经济制裁，严重的要移交司法机关处理。完善住房公积金、养老保险制度、职工医疗保险制度，解决全场职工的"社保"问题，作到应保尽保。通过"三项"制度改革，真正做到干部能上能下，工人能进能出，分配能高能低，实现人力资源合理配置，使国有林场事业的发展充满生机、永保活力。

二、全面推行目标责任制管理

一是要明确国有林场的年度工作任务、指标，各项指标要量化，并具有可操作性，便于上级主管部门考核。二是各场的年度任务量指标，要逐个分解到各部门、各基层单位。三是按时报告各项任务指标完成情况及存在问题。以便采取相应的措施、调整工作计划。四是年终考核兑现奖罚，按各项指标的完成情况，逐层进行考核、评议，并采取相应的奖惩措施。量化考核内容分为领导目标责任制的量化考核和林场具体工作的量化考核。

(一)场长目标责任制量化考核。

包括每届林场领导班子廉政建设采取的措施及廉政工作的成绩；林场森林管护、工程造林、财务管理及单位人事改革等方面的具体管理，工作制度是否健全、合理；任职期内工程造林的任务、完成率、质量合格率；亲自主抓林场产业项目的数量、规模、收入及利润；职工工资的发放情况，职工养老保险、医疗保险的参保率；林场职工生活改善的措施和方法；财务管理及经济核算的具体情况；场内民意测评的支持率；林业新技术的引进推广、应用以及学术研究方面的情况。

(二)工作任务目标量化考核

包括林业重点工程造林的面积、进度、完成率、成活率、保存率、面积核实率。所辖林区发生火灾及火险次数及在森林防火方面的投入、防火器具的配备、防火人员的数量、培训情况以及每年发生森林火灾的次数、地点、面积、造成火灾的原因及损失程度。所辖林区每年森林病虫害的发生类型、发生地点、发生面积、危害程度、防治方法、使用农药种类、数量及防治效果。森林管护人员数量、管护站点数量、管护房屋面积、当年发生滥伐、盗伐林木案件的次数、涉案人数、盗伐树种、面积、蓄积量。多种经营项目的种类、数量、规模、投资、建设期限、年收入、纯利润及兴办产业所提供的就业岗位、安排富余人员数量。场办森林公园的面积、投资、收入、从业人员数量、年接待游客人数、休闲游乐设施的种类、数量、安全环保措施等。国家重点造林工程资金及贫困林场的扶贫资金的数量、资金到位数量、使用支出数量及是否发生资金挪用、滥用的现象；林场的固定资产数量、增减数量；林场资源产权、经营权的转让对象、方式、规模和数量。以上各项具体工作要分年度层层分解，责任落实到人。

通过对国有林场实行目标管理、量化考核，为上级主管部门全面客观地掌握国有林场的各项生产任务完成情况和存在问题，为主管部门及时掌握林场场长的政治素质、管理能力、业务专长、管理工作成效、下一步安排布置工作提供依据。提供基础材料，为林场场长掌握本场年度工作任务完成情况，完成质量，调整工作措施，确保完成任务提供依据。

第三节 林场改革

“七五”(1986~1990年)以来，全省在全面整顿国有林场，推行林业生产责任制的基础上，认真总结各地经验，制定颁发《陕西省国有林场改革方案》《国营林场承包经营责任制、场长负责制两个暂行办法》，普遍推行了以场长任期目标管理为中心的承包经营责任制，改善了经营机制，经济效益不断提高。

1990年，全省有90%以上的国有林场签订了场长任期目标责任书或年度经营合同，参加各种形式承包的职工占职工总数的93%，完成年总产值1.29亿元，自营收入9404万元，比1980年的1701万元翻了两番多。

1991年7月3~6日，全省国有林场工作会议在西安召开。会议听取钟高适副厅长关于《深化改革，实现“两增”，进一步办好国有林场》的报告；总结了1985~1990年，即“七五”期间的工作；研究了1991~1995年，即“八五”期间及今后十年发展规划；表彰了文明局、场长，优秀局、场长和先进个人。省长白清才在全省国有林场工作会议上作重要讲话，并向陕西省荣获林业部表彰的23个国营林场、20名局(场)长和99名先进个人颁发了奖状。

全省国有林场工作会议之后，国有林场不断深化林场内部改革，转换经营机制，坚持推行场长负责制，完善任期目标管理，完善承包经营机制。林业生产实行全员承包责任制，定任务、定投资、定质量、定人员，超奖减赔，实行岗位目标管理，不断调整产业结构，依靠科技提高营林作业质量，积极促进贫困林场脱贫。

1993年，全省国营林场在邓小平南巡讲话和中共十四大精神指引下，进一步深化改革，强化管理，加快森林资源培育，开发森林旅游，调整产业结构，不断提高经济效益。西安、宝鸡、安康市将国有林场“承包经营、人员招聘、责任到人、量化考核、工效挂钩”作为经营管理的基本原则，积极在林场推行干部聘任制、工人合同制，工资分配实行多劳多得，大多林场签订承包合同，引进乡镇企业经营机制，不断深化改革，生产经营充满了新的活力。

1994年，全省国国营林场积极适应社会主义市场经济要求，探索经营管理制度改革新路子，转变观念，树立营林生产经营活动的商品意识，逐步做到造林树种多样化，提高林地生产率，综合开发林区资源，大力发展商品生产。

1995年，不断深化改革，建立现代国有林场管理制度，促进经济体制由计划经济向社会主义市场经济体制转变，经济增长方式由粗放型向集约型转变。全省国营林场在推行目标管理基础上，进一步完善各种管理制度，内引外联，激发活力，合理开发资源。大力调整产业结构，大搞多种经营，促进森林旅游业发展，使林场向产业化不断迈进，初步呈现了跳出林业办林业，面向市场办林业的局面。同时，全省各国有林场在抓好林业生产、经济建设的同时，进一步狠抓了精神文明建设，把党风廉政建设，党、政、工、团阵地建设，思想政治工作，职工道德风尚，文化科技教育，社会治安综合治理等纳入年度目标，实行“一岗双责”进行考核。

1996年，根据林业部林业经济体制改革总体纲要要求，依据用材林、经济林和薪炭林与防护林和特种林的用途，将全省国有林场划分为生态公益型、商品经营型和混合经营型3种类型。为加快山区经济建设步伐，促进山区农民脱贫致富，实现中国两步走发展战略目标，制定了山区国有林场综合开发规划。

1997年，不断探索国有林场经营管理新路子。积极推行以干部聘任制、全员劳动合同制为主要内容的人事管理劳动制度改革，实行单位核算、承包经营。偿试产权分离经营，积极推行职工分流、减员增效举措，大力发展种养业，兴办第三产业。积极围绕建立比较发达的林业产业体系，进行产业结构调整，加大森林公园开发建设力度，发展森林旅游业，发展多种经营、综合利用。实施科技兴林、兴场战略，全力推广陕西省科教兴林“4151”工程。

1998年，按照中共中央《关于国有林场深化改革、加快发展的若干问题的决定》的精神，全省国有林场从实际出发，全面推行目标任务管理，实行中层干部招聘、职工双向选择、重大事务由职代会讨论审议的决策制度。安康地区积极探索调整国有林场产业结构新思路，实行“三抓一调整”战略，提出稳一促二发展三的思路，全年国有林场经济增长了8.4%；延安市重点对直属局、场所办的加工业和服务业进行了改制，通过公开招标，采取承包、股份、租赁等多种经营形式，焕发了企业活力。积极推进森林旅游业的发展，积极实施科技兴林和“科技示范林场”建设。

1999年，全省国有林场在深化改革、转换机制、健全制度、降低成本、减少消耗、提高综合效益方面做了大量工作。按岗位定职责，目标任务分解落实到人，严格考核和赏罚制度。认真落实省委省政府两个“决定”精神，根据林场的经营性质，划小核算单位，独立核算，拉开分配档次，实行多劳多得，调动职工工作积极性和创造性。调整产业结构，加快新项目开发。以森林旅游为龙头，大力发展第三产业，大力推广先进实用技术，大量培养实用技术人才，积极推进最新科研成果广泛应用于林业生产实践。

2000年，实施天保工程，全面停止商品性的木材生产，林场经济极其困难。全省国有林场面对新的形势，在稳定主业的前提下，积极挖掘内部潜力，充分发挥林场的自身优势，大力发展二、三产业，寻求新的经济来源。积极开发多种经营项目，调整产业结构。大力发展非公有制经济和兴办绿色企业，积极发展经济林、种植种养、药材以及加工服务业，开创了一条合理利用林木生长过程中的可利用资源的新路子。

2001年，随着天保工程的实施，国有林场紧紧抓住加大生态建设力度的良好机遇，强化内部管理，改革经营机制，普遍推行目标责任制，实行干部聘用制，职工双向选择、竞争上岗，优化组合，工效挂钩，奖勤罚懒。

宝鸡市马头滩林业局制定《职工竞争上岗实施办法》，在“公开、公平、公正”的原则下，对全局145个岗位全部实行竞争上岗。韩城市雷寺庄林场狠抓岗位目标责任制的落实，对各工种、各行业，按照实际，全部实行岗位目标任务考核奖励制度。在工资分配制度上，全部实行效益工资制。岐山县五丈原林场对新办的二、三产业，变林场包投资、人人都经营、自主经营、赢亏自负，从而极大地增强了职工的积极性和责任心。

榆林市国有林场不断完善人事、劳动、工资3项制度改革。靖边县沙石峁林场，在多年不断改革的基础上，出台目标责任制及上岗聘任制度，制定实行了4项管理制度、2项管理办法、14个岗位责任，要求每位职工制定自己的年度工作计划，使人人工作有据可依，有章可循。

延安市进行国有林场改革试点工作，在全市选择了7个有代表性的国有林场进行管护经营权改革试点工作(实行所有权与经营权分离，将部分林地及荒山经过资源评估后流转给个人或社会团体，从而吸引社会资金和力量投入国有林场建设)，成立了办事机构，制定了国有林场林权制度改革的实施方案，并组织试点林场场长赴外省考察学习经验，为探索国有林场改革迈出了可喜的一步。

2002年，全省国有林场结合各场实际，积极推行干部聘任制、职工合同制和多劳多得的分配制度。一个干部能上能下，工人能进能出，分配能高能低、平等竞争、择优上岗的管理制度逐渐形成。

渭南市在全市国有林场推广雷寺庄林场的经验，全面实行岗位目标任务考核奖励制度，通过定任务、定目标、定工资的办法，全方位进行量化考核。

延安市各国有林场按照“精简、统一、效能”的总体思路“以同类职能定岗，以最少用人定编，以兼职为主定员，增人不增资”的原则，通过分流转岗，减轻了林场负担，增强了活力，增加了效益。

2003年，全省国有林场积极而又稳妥的探索林场内部管理制度和经营机制的改革。一是人事制度改革。推行领导岗位聘任制，公开组织考评，择优聘任上岗。二是劳动制度改革。因事设岗、按岗定员。并推行劳动合同制。三是分配制度改革。确立劳动、资本、技术和管理等生产要素按贡献参与分配的原则，坚持效率优先，兼顾公平。靖边县沙石峁林场在深化3项制度改革的同时，进行经营机制转换，对停车场和综合服务大楼实行股份合作制，林场与职工各占50%的股份。共投资210多万元，年创利50多万元。

在2006~2010年，即“十一五”期间，全省国有林场不断深化改革、强化内部管理、落实目标责任。一是推行目标责任制管理。把全场的经营目标进行量化、细化，并逐级分解。由林场与营林区、护林站签订目标责任管理书，管护站对职工实行单项责任承包，把目标任务层层分解，责任逐级落实。二是推行聘任制改革。各林场相继制订《职工聘任(竞争)上岗制度实施办法》，即场领导聘任各营林管护区、森林管护点负责人，各营林、管护区(点)负责人聘任管护人员。三是实行分配制度改革。将职工收入与效益挂钩，不断完善和制定分配方式和制度。

国有林场改革的深入、管理的强化、制度的完善，极大地激发和调动了广大职工的工作积极性，推动了国有林场的建设和发展。

第四节 投资与效益

1990~2010年，陕西国有林场基建投资、事业拨款等国家投资与贷款资金累计总额达560136万元。其中，国家基本建设投资190526万元，事业拨款34580万元，林业贴息贷款4501万元，其他专项经费330528万元。

1990~2010年，全省国有林场实际完成投资568106万元。其中，营林机械32880万元，事业费 22427 万元。1990~1993 年，国有林场以自营收入弥补资金达 7970 万元。其中，补助基本建设 1630 万元、事业费 4256 万元、营林生产等经营活动 2084 万元。

1990~2010 年，全省国有林场的生产建设不断发展，造林育林规模逐步扩大，质量不断提高。截至 2010 年，全省国有林场有林地面积 248.5351 万公顷，森林蓄积量 14758.92 万立方米，有林地面积增加了 60.2751 万公顷、森林蓄积量增加 3727.92 万立方米。同期，国有林场的基本建设不断发展，修建林区公路 8449.24 千米、通信线路 1515.17 千米、架设电网 992.08 千米、防火线 3738.8 千米、护林防火瞭望塔 163 座、各类房舍 46.7 万平方米、各类运输通讯防灭火机具及办公设备 33297 台件。共生产木材 6966877 万立方米。

1990~1999 年，自营收入累计 188103 万元，相当同期国家投资、拨款、贷款总额 34144 万元的 5.51 倍。其中，木材收入 119281 万元占自营收入的 63.4%、多种经营收入 26067 万元占自营收入的 13.8%、综合利用收入 24827 万元占 13.2%、其他收入 17966 万元占自营收入的 9.6%；上缴税金 20282 万元，提交育林基金 9444 万元，实现纯收入 17340 万元。

2000 年起，天保工程全面实施，商品性木材生产停止。2003 年，人工林采伐试点开始，木材生产收入占很小比例，2003~2010 年 8 年木材总收入仅 2400 万元。林场主要任务集中在生态建设方面，自营收入主要以多种经营为主，2000~2010 年全省国有林场累计收入 92708 万元，占同期国家投资、拨款、贷款总额 525993 万元的 17.6%。

从 2002 年起，陕西省国有林场总负债却高达 29077.52 万元。其中，基本建设负债 8964.06 万元，加工业负债 6140.86 万元，其他方面负债 13972.6 万元。造成债务沉重的主要原因：一是天保工程之前场办木材加工项目贷款。如汉中市镇巴县的巴山林场、宝鸡市眉县的营头林场由于停止天然林采伐之前林场为提高森林资源利用率，用自身积累和银行贷款建起胶合板、地板条、家具加工等场办企业，禁伐后，因原料问题停产，职工下岗，大量生产加工厂房、设备闲置，林场也因此分别背上了 881 万元和 837 万元的贷款。二是修建林区道路等基础设施以及贷款造林，也投入大量自有资金及银行贷款，有的路刚修通，就遭遇禁伐，修伐区道路投入的大量资金无力收回，银行贷款无力偿还，利息负担沉重。商洛市国有林场累计负债达 4164 万元之多，每年银行贷款利息就 100 多万元。天保工程实施后，森工企业的贷款可享受停息挂账政策，而且近期国家加大对天保工程支持力度又出台了一项重大举措——天保工程区森工企业部分债务将予以免除，而国有林场却不能享受这些优惠条件，林场债务负担无法解决。

1990~2010 年陕西省国有林场投资与效益情况见表 4-4-1。

第五节　贫困林场扶持

一、贫困林场基本情况

1998 年 3 月，按照当时对贫困林场的界定，通过对全省 236 个国有林场的调查确定了 116 个国有林场属贫困林场。贫困林场占全省国有林场的 49.2%。经营总面积为 128.9884 万公顷，占全省国有林场经营总面积的 36.80%。其中，有林地面积 68.2258

1990~2010 年陕西省国有林场投资与效益情况表

表 4-4-1　　　　单位：万元

项目		1990	1991	1992	1993	1994	1995	1996	1997	1998	1999	2000	2001	2002	2003	2004	2005	2006	2007	2008	2009	2010	合计
国家投资与贷款	小计	2048	2497	2702	2324	1358	1385	2033	3181	3009	13607	44884	51477	46534	43566	41513	44594	46678	49414	50519	52187	54627	560137
	基建投资	451	474	302	325	363	465	778	1424	2100	10402	14403	14038	9343	9775	11379	14423	16430	19195	20043	21279	23134	190526
	事业拨款	696	633	809	743	845	919	1254	1448	99	9	2331	2296	2362	2130	2384	2551	2480	2246	2352	2772	3221	34580
	贴息贷款	740	1249	1345	1168																		4502
	其他	162	143	246	88	150			310	810	3196	28151	35143	34828	31660	27749	27619	27768	27973	28125	28136	28272	330529
自营收入	小计	9404	10529	10877	14470	18907	22609	23803	27048	25238	25220	5274	6207	7175	4689	6168	8036	9001	9562	10490	12712	13394	280811
	木材	5139	5988	6720	9540	12294	15309	15536	15790	15695	17270				32	69	45	471	329	470	407	577	121681
	多种经营	2541	1861	1588	3052	3314	2695	2296	4313	2193	2214	5274	6207	7175	4657	6099	7991	8530	9233	10020	12305	12817	116375
	综合利用	1196	1604	1664	1086	2352	3363	3803	3965	3270	2488												24791
	其他	528	1076	905	792	947	1242	2168	2980	4080	3248												17966
主要支出	小计	6449	7507	9723	11273	11593	12801	13822	17121	18277	29049	52158	57683	53709	48223	47612	50874	55208	58647	60539	64242	67544	754054
	营林基建	2040	2937	5156	6138	6185	7248	7919	9848	10481	21164	48136	53043	49324	43833	42958	46130	50357	53938	55174	59106	62251	643366
	事业费	2892	2930	2894	2930	2790	2676	2913	2831	2931	2988	4022	4641	4385	4390	4654	4745	4851	4709	5366	5136	5293	80967
	税金	1088	1219	1285	1761	2101	2306	2269	2605	2913	2735												20282
	育林基金	429	421	388	445	518	571	721	1837	1952	2162												9444
自补费*		3312	2597	890	1172																		7971
纯收入		1113	1781	1201	1515	1644	2111	2128	2090	2236	1521												17340

注：* 自补费系指林场用自营收入弥补国家基建投资和事业费拨款的不足部分的资金。

万公顷，占全省国有林场有林地面积的27.45%，森林蓄积量3090.69万立方米，占全省国有林场森林蓄积量的20.94%。

全省116个国有贫困林场中：榆林市27个(共有29个林场)、延安市26个(共有63个林场)、铜川市5个(共有7个林场)、宝鸡市8个(共有31个林场)、咸阳市6个(共有11个林场)、西安市3个(共有13个林场)、渭南市9个(共有15个林场)、汉中市10个(共有30个林场)、商洛地区10个(共有18个林场)、安康地区12个(共有16个林场)。

全省国有林场中，场部不通公共汽车的林场有111个，场部与营林区通车率达不到50%的林场有121个，场部不通电的林场有64个，营林区通电率达不到50%的林场156个，场部不通电话的林场有79个，营林区通电话率达不到50%的林场有152个，场部吃水困难的林场有100个，营林区通水达不到50%的林场有166个。造成林场贫困的主要原因是可利用资源少、营林基建投资大幅度减少、事业费缩减以及经营管理不善。

2002年6月，国家林业局国有林场和林木种苗工作总站《关于开展贫困国有林场专题调研的通知》中对贫困林场定义为：贫困林场系指以保护、营造生态公益林为主，生产、生活设施差，职工生活十分困难，难以靠自身维持和发展生产，职工工资低于当地工资平均水平。

按照国家林业局《关于开展贫困国有林场专题调研的通知》要求，陕西省国营林场管理站对全省236个国有林场进行了全面调研。

2002年年底，按照新的界定标准全省贫困国有林场数，由1997年确定的116个增加到207个。

全省207个贫困国有林场的分布情况：丘陵山区120个，沙区30个，黄土高原区52个，地处江河两岸、水库、湖泊周围34个，其他地类5个。全省有89个贫困林场地处国家级贫困县，77个贫困林场地处省级贫困县。

天保工程实施后，天然林全面禁伐，贫困国有林场的工作内容调整，职工结构发生了较大变化，分流及下岗职工增多，基础设施薄弱，收不抵支，亏损林场183个，亏损额3563.78万元。职工年工资总额9285.15万元，实发工资5834.89万元，拖欠职工工资3450万元。40%的林场欠银行贷款。全省207个国有贫困林场，职工家庭人均年收入1061元，低于当地农民人均纯收入。

2002年，全省国有贫困林场职工年工资总额9285.15万元，实发工资5834.89万元，职工人均月工资收入不足500元。

2005年，全省国有贫困林场职工职工人均月工资收入不足730元，仍远远低于全省职工平均工资水平。截至2005年年底，全省国有林场参加养老统筹的12797人，参保率61%，其他保险如失业保险参保率40.2%，公伤保险参保率31.94%，生育保险参保率26.48%，医疗保险参保率40.8%。林场职工的生存和发展问题突出。

2005年，全省国有林场工农业总产值(自营收入)9084.71万元(人均年产值3148元)，财政收入(财政拨款和国债资金)16980.46万元(以天保工程资金为主)，职工人均年收入8709元，年末债务总额46003万元，林场场部和营林区无生活用水或用水困难的林场共231个，场部和营林区不通公路的里程达6372千米，不通电的里程3110.5千米，危房面积213197平方米。文化设施建设落后，80%的营林区、管护站看不上电视，95%的林场职工从未脱产接受过任何形式的技能培训，知识老化，技能单一，观念陈旧。

2005年底，全省国有林场经济及贫困状况见表4-4-2。

2005年陕西省国有林场经济及贫困状况表

表4-4-2　　单位：万元、个、千米、平方米

序号	林场	工农业总产值	财政收入	职工年人均工资	2005年年末债务总额	场部和营林区不通水林场数	场部和营林区不通公路里程	场部和营林区不通电里程数	危房面积
	合计	9084.71	16980.46	0.8709	46003	231	6372	3110.5	213197
	西安市								
1	周至县厚畛子林场	135	187.08	0.75	923	☆	18	31	970
2	周至县永红林场		92.92	0.75	98	☆	150	30	1025
3	周至县渭河林场	45	24	0.70	158	☆	10	10	300
4	户县太平林场	345	71.58	0.97	724	☆	12	25	900
5	户县涝峪林场	150	74.64	0.78	2073	☆	20	20	150
6	蓝田县王顺山林场	100	23.06	0.90	778	☆			2000
7	蓝田县清峪林场		21.02	0.80	50	☆	25	11	210
8	蓝田县终南林场	14	44.14	0.70	176	☆	30	15	400
9	长安区南五台林场	55	54.3	0.92	298	☆	10	10	200
10	长安区沣峪林场	8.2	80.62	1.15	263	☆	35	16	1726
11	长安区大峪林场	6	36.8	0.77	16	☆	10	2	3000
12	临潼骊山风景林场	1314	59	1.11	1408	☆			
13	西安市小王涧林场		188.44	0.79		☆	15	5.5	1195
	宝鸡市								
14	辛家山林业局			0.72	930	☆	23	26	1500
15	马头滩林业局	200	133	0.84	583	☆		45	700
16	扶风县野河林场	2	68	0.70		☆	25	40	240
17	陈仓区潘家湾林场			0.80	70	☆	12	12	800
18	陈仓区八里庄林场			1.10	17	☆	20	40	1000
19	陈仓区坪头林场			0.90	94	☆			1160
20	陈仓区冯家河林场			1.10	20		65	20	1000
21	陈仓区凤阁岭林场			0.50	45		50	50	1500
22	岐山县五丈原林场	10.3	54.5	1.00	211	☆		23	500
23	岐山县崛山林场	15	54.87	0.57	284	☆	26	34	876

续表

序号	林场	工农业总产值	财政收入	职工年人均工资	2005 年年末债务总额	场部和营林区不通水林场数	场部和营林区不通公路里程	场部和营林区不通电里程数	危房面积
24	凤县黄牛铺林场		54.2	1.1	81	☆	88	10	8170
25	凤县河口林场		47	1.20	110	☆	29	1	4350
26	凤县凤州林场		20.1	0.95	43.4	☆	60	5	1760
27	凤县留凤关林场		57	0.83	211.55	☆	36	6	1400
28	凤翔县涧渠林场	3	58.1	1.03	11	☆	28.6	22.4	225
29	凤翔县汤房庙林场	10	61.2	0.93	10	☆			180
30	千阳县高崖林场	5.9	18.0	0.95		☆	20	10	400
31	千阳县唐家山林场	21.94	14.7	1.20	19	☆	30	10	100
32	太白县靖口林场	5	56	0.60	165	☆	20	16	215
33	麟游县安舒庄林场	16	64.68	1.15	78	☆	45	27	
34	麟游县长益庙林场	11	44	1.20	65	☆	65	5	800
35	渭滨区观音山林场		33	1.40		☆	9.5	1.5	400
36	陇县关山林场	33.01	68.13	1.25	258	☆	40	40	400
37	陇县固关林场	25.3	36.07	1.12	80	☆	12	6	600
38	陇县八渡林场	30	39.95	1.52		☆	6	6	1000
39	陇县咸宜关林场	12.3	25.11	1.38	27	☆	47.8	20	652
40	陇县龙门洞林场	4.5	14.74	1.07	140	☆	30	2.5	414
41	陇县千山林场	16.38	30.05	1.03	49	☆			90
42	眉县营头林场	146	46.1	0.79	860	☆	10	16	2200
43	眉县太白风景林场	460	42	0.96	3161	☆	20	20	540
	咸阳市								
44	泾阳县北仲山林场	1.6	56.3	0.89	23	☆	39	17	1400
45	三原县嵯峨山林场	1.5	38.2	0.55	10	☆	10	11	800
46	礼泉县柏峰林场	2.6	55.7	0.76	17	☆	8.3	25	637
47	乾县五峰山林场	1.6	17.9	0.60	3	☆	28		400
48	乾县乾陵风景林场	2.1	48.6	0.70	5	☆	6		340
49	永寿县槐平林场	3.3	109.1	0.89	113	☆	39	7	1400
50	彬县西庙头林场	2.5	98	1.00		☆	25		840
51	长武县红星林场	1.5	24.1	1.01	10	☆	17.5	30	
52	旬邑县马栏林场	13	139.1	0.79	25	☆	53	10	1200

续表

序号	林场	工农业总产值	财政收入	职工年人均工资	2005年年末债务总额	场部和营林区不通水林场数	场部和营林区不通公路里程	场部和营林区不通电里程数	危房面积
53	旬邑县石门林场	15	99.4	0.79	53	☆	48	18	1200
54	淳化县英烈林场	11	110.9	0.90	100	☆	40	12	800
	铜川市								
55	宜君县阳湾林场	15	131.5	0.97	184	☆	18	20	1500
56	宜君县哭泉林场	26	58.7	0.80	246	☆	23.4	15	2500
57	宜君县棋盘林场	34	91	0.80	200	☆	20	24	1200
58	宜君县太安林场	10.2	116.8	0.75	786	☆	25	20	1800
59	印台区焦坪林场	2	286.3	0.78	1190	☆	83	68	480
60	耀洲区柳林林场	39.8	271.46	0.90	530	☆	135	30	3000
61	耀洲区高尔塬林场	44.78	219.33	0.90	207	☆	25	9	1000
	渭南市								
62	富平县金粟林场		50	0.87	45	☆	19	3	760
63	临渭区花园林场		40	0.82	6	☆	30	15	140
64	合阳县皇甫庄林场	20	40	0.95		☆	8.5	5	1170
65	合阳县黄河林场	5	13	0.30	4	☆	2		400
66	澄城县壶梯山林场		4	0.84		☆	3.5	☆	360
67	华县金堆林场		77	0.70	54	☆	15	13	640
68	白水县新卓林场	1.2	58	0.78	126	☆	35	16	630
69	华阴市华山林场		76.9	0.70	42	☆	11	5	720
70	华阴市华阳川林场		50	0.66	36	☆	3	1	600
71	韩城市雷寺庄林场		315	1.10		☆	28		1200
72	韩城市芝源林场		54	0.98	43				460
73	韩城市薛峰林场		37	0.90			7		500
74	大荔县沙苑林场	12	45	0.60	82	☆	20		300
75	蒲城县尧山林场		11	0.72		☆	4.6	5	150
	延安市								
76	宝塔区麻洞川林场	30	49.1	0.80	13				200
77	宝塔区南泥湾林场	33	65.9	0.60	60				1500
78	宝塔区南郊林场	25	39.5	0.80	81	☆			624
79	宝塔区姚家坡林场	35	68.3	0.80	59	☆			1800

续表

序号	林场	工农业总产值	财政收入	职工年人均工资	2005年年末债务总额	场部和营林区不通水林场数	场部和营林区不通公路里程	场部和营林区不通电里程数	危房面积
80	宝塔区马四川林场	23	17.3	0.80	40	☆			93
81	吴旗县周湾林场	1	8	1.45	3	☆	0	0	440
82	吴旗县铁边城林场	2	15.2	1.52	3	☆	0	0	700
83	志丹县高湾林场	14	8	1.56		☆			140
84	志丹县安条林场	82	68	1.54	56	☆			1000
85	志丹县麻台林场	140	115	1.55		☆			360
86	志丹县白沙川林场	63	51	1.53		☆			
87	志丹县新庄林场	74	65	1.50		☆			130
88	志丹县西阳湾林场	35	28	1.55		☆			
89	安塞县砖窑湾林场		47.9	1.10		☆			231
90	安塞县楼坪林场		74	1.10		☆			84
91	子长县中山川林场		18.17	1.29	14	☆	22	3	300
92	延长县关子口林场		29.6	0.80	22		15	15	1200
93	延长县柏树岭林场		36.3	0.96		☆	92		1280
94	宜川县英旺林场	12	91	0.80	15	☆			1200
95	宜川县交里林场	14	61	0.80		☆			1300
96	宜川县铁龙湾林场	6	52	0.78		☆			1500
97	宜川县薛家坪林场	5	47	0.80		☆			1200
98	宜川县石台寺林场	3	44	0.70		☆			600
99	宜川县甘草林场	5	43	0.70	3	☆			1268
100	富县西渠林场		28.8	0.80	45	☆			500
101	富县牛武林场		32.8	0.80	65				218
102	洛川县厢寺川林场		40.31			☆			
103	洛川县黄连河林场		75.1		30	☆	16	16	1000
104	黄龙县白马滩林场		83.2	0.80	1184	☆	52	22.8	1280
105	黄龙县柏峪林场		27.6	0.98		☆	30	15	700
106	黄陵县河寨林场		23	0.78		☆			430
107	劳山局桥镇林场	3.2	68	0.85	184	☆	20		1536
108	劳山局下寺湾林场	8.2	86.6	0.80	293	☆	32	5	
109	劳山局高哨林场	1.9	72.2	0.90	198	☆	28	15	

续表

序号	林场	工农业总产值	财政收入	职工年人均工资	2005年年末债务总额	场部和营林区不通水林场数	场部和营林区不通公路里程	场部和营林区不通电里程数	危房面积
110	劳山局劳山林场	6.3	65.6	0.90	192	☆		10	
111	劳山局清泉林场	5.3	86	0.80	209	☆	30		1658
112	劳山局府村林场	10.5	80.6	0.85	178	☆	35	15	
113	桥北局和尚塬林场	21.8	63.7	0.78	145	☆	5		862
114	桥北局张家湾林场	30.1	68.6	0.94	131	☆	15		1800
115	桥北局直罗林场	21	103.2	0.83	165	☆	20		864
116	桥北局药埠头林场	76	55.3	0.61	112	☆	20	10	816
117	桥北局槐树庄林场	12	68.5	0.86	84	☆	13		1108
118	桥北局张村驿林场	33.4	67.6	0.67	55	☆	10		720
119	桥北局任家台林场	22.3	76.8	0.83	77	☆	3		720
120	桥北局岔口林场	37.5	63.5	0.90	30	☆	9		536
121	桥山局大岔林场	1.7	35.2	0.60	170	☆	25	20	665
122	桥山局上畛子林场	0.7	39.5	0.60	225	☆	10	5	1000
123	桥山局柳芽林场	0.9	49.6	0.60	247	☆	10	5	1190
124	桥山局双龙林场	11.6	68.5	0.60	499	☆	15		2289
125	桥山局店头林场	0.9	62.1	0.60	252	☆	10		1098
126	桥山局腰坪林场	10.1	62.4	0.60	593	☆	12		900
127	桥山局建庄林场	7.1	61.5	0.60	435	☆	15		1728
128	黄龙山局官庄林场	16.3	63.8	0.81	76		18	18	795
129	黄龙山局石堡林场	35.3	52.1	0.84	373	☆	40	27	450
130	黄龙山局小寺庄林场	19.5	28.3	0.80	60	☆	30		860
131	黄龙山局蔡家川林场	16.1	55.5	0.93	142	☆		1	465
132	黄龙山局瓦子街林场	35.1	48.7	0.80	215	☆	30	16	1000
133	黄龙山局圪台林场	22.3	60.8	0.80	136	☆	20	6.5	1360
134	黄龙山局大岭林场	18.8	51.2	0.84	54	☆	60	20	375
135	黄龙山局虎沟门林场	17.2	57.1	0.86	135	☆	60		300
136	黄龙山局界头庙林场	15.6	31.4	0.85	52	☆	50	1	345
137	黄龙山局三岔林场	24.1	31.2	0.85	48	☆	41		210
138	延安国家森林公园风景林场		12	1.30	80		400	16	200

续表

序号	林场	工农业总产值	财政收入	职工年人均工资	2005年年末债务总额	场部和营林区不通水林场数	场部和营林区不通公路里程	场部和营林区不通电里程数	危房面积
	榆林市								
139	榆阳区小纪汗林场	25	53	0.75	350				1200
140	榆阳区巴拉素林场	15	23.98	0.86	0	☆	92	80	340
141	榆阳区牛家梁林场	26	19.6	0.98	51				
142	榆阳区鱼河林场	15	23.66	0.75	54	☆	21	5	1810
143	榆阳区城郊林场	100	122	1.00	68				
144	横山县白界林场	192.8	58.3	1.20	44				1680
145	横山县二十克林场	210	58.1	1.20	65				200
146	横山县雷龙湾林场	190.6	56	1.20	171				800
147	横山县赵石畔林场	186.4	55.8	1.20	66	☆			1130
148	横山县松宏湾林场	126	83.8	1.30	5	☆	10	5	1500
149	靖边县沙石峁林场	32	30.63	0.70	23				
150	靖边县冯家峁林场	9	44.53	1.30	60				
151	靖边县柳桂湾林场	7	33.58	1.20	30	☆	5	5	1200
152	靖边县柳树湾林场	8	28.26	0.80	120		20	6	
153	靖边县红墩界林场	6	22.52	0.60		☆	17	17	792
154	靖边县白玉山林场	5	24.63	1.20			15	5	320
155	靖边县万家畔林场	8	29.12	1.00	38	☆	2	2	100
156	定边县长茂滩林场		82	1.28	11	☆	50		800
157	定边县郝滩林场		59.9	1.23	1	☆	11	3	60
158	定边县长城林场		125.854	1.13	47	☆	66	28	54
159	定边县大河畔林场		33.1	1.10	4	☆	20		
160	定边县乱井子林场		96.57	1.36	2	☆	14	7.5	378
161	佳县打火店林场	6	20	0.70	7	☆	12	5	240
162	子洲县北方塬林场	1	21.6	0.92	86	☆	3	2	280
163	神木县新民林场		19.27	1.00		☆			300
164	神木县公草湾林场		27.12	1.00		☆			550
165	神木县大柳塔林场		16.5	1.00		☆			250
166	神木县水磨河林场	170	130	1.00	120	☆	40	20	624
167	神木县尔林兔林场		19.97	1.00	10	☆			500

续表

序号	林场	工农业总产值	财政收入	职工年人均工资	2005年年末债务总额	场部和营林区不通水林场数	场部和营林区不通公路里程	场部和营林区不通电里程数	危房面积
	汉中市								
168	汉中市实验林场	2	56.8	0.95			17		480
169	南郑县黎坪林场	10	211.1	0.50	315	☆	15	55	2300
170	南郑县碑坝林场	5	157.1	0.54	641	☆	68	108	1300
171	汉台区武乡林场	20	90.39	0.88	258	☆	186	256	1200
172	汉台区褒河林场	15	63.4	0.80	50		20	6	2500
173	城固县大盘林场	3.5	28.44	1.05		☆	30	5	300
174	城固县小河林场	2	42.04	1.07	90	☆	40	12	550
175	城固县中坪林场	2	34.16	1.07	7	☆	30		120
176	城固县青龙寺林场	4	49.88	1.02		☆	30	30	400
177	西乡县龙池林场	16.1	63.4	0.94	74	☆	125	132	1500
178	留坝县马道林场	5	50	0.70	30	☆	9	3	800
179	留坝县火烧店林场	20	53	0.60	22	☆	11	3	200
180	留坝县庙台子林场	5	28	0.70	12	☆	15	5	1000
181	留坝县闸口石林场	22.8	86	0.70	5	☆	35	36	500
182	留坝县桑元林场	5	53	0.70		☆	50	7	2000
183	镇巴县星子山林场	15	22.5	1.00		☆	30	20	600
184	镇巴县后坪林场	22	24.1	0.60			15	25	450
185	镇巴县巴山林场	60	44	0.85		☆	15	10	1950
186	洋县坪堵林场	1	80.8	0.70	48	☆	80	60	1000
187	洋县汉王山林场	2	145.8	0.70	0	☆	30	20	1200
188	略阳县铁厂坝林场	10	72.8	0.92	50	☆	35	45	1200
189	略阳县金池院林场	16.4	46.6	0.87	80	☆	27	37	680
190	略阳县三岔林林场	2	34.7	0.90	40	☆	24	19	850
191	略阳县西淮坝林场	2	23.4	0.84	10	☆	13	27	100
192	略阳县观音寺林场	2	26.3	0.92	20	☆	19	13	600
193	略阳县塔坡寺林场	2	28.5	0.89	10	☆	23	21	500
194	勉县张家河林场	3	47.2	0.80	154	☆			450
195	勉县黑潭子林场	8	53.6	0.81	38	☆			400
196	宁强县红石梁林场	5	203	1.00	426	☆			480

续表

序号	林场	工农业总产值	财政收入	职工年人均工资	2005年年末债务总额	场部和营林区不通水林场数	场部和营林区不通公路里程	场部和营林区不通电里程数	危房面积
197	佛坪县国有林场	1	35.3	0.61	4	☆	21	10	2000
	安康市								
198	镇坪县林业总场	15	135.6	0.80	80	☆	65	25	1560
199	平利县千家坪林场	115	109.12	0.80	276	☆	91	14	1760
200	平利县蜡烛山林场	2	47.16	0.80	138	☆	81	6	800
201	平利县药妇山林场	2	41.06	0.80	50	☆	78	12	980
202	汉滨区林场	5	63.9	1.20	320	☆	96	25	3000
203	汉滨区平头山林场	1	9.2	0.90		☆	3.5	8	625
204	岚皋县林业总场	140	125.52	0.54		☆	25	5	1500
205	宁陕县上坝河林场	50	166	1.20			31		600
206	白河县国营林场	1	137.22	1.05		☆	10	4	1620
207	旬阳县国营林场	15	126	0.86	28	☆	100	80	720
208	紫阳县大楠河林场	10	64.5	1.00	8	☆	10	8	500
209	紫阳县八庙林场	20	55.6	0.72	197	☆	30	13	1000
210	汉阴县凤凰山林场	20	77.3	0.92	116	☆	38	7	700
211	石泉县凤凰山林场	2	10.7	0.65	0	☆	12	5	420
212	石泉县云雾山林场	2	12.2	0.75	5	☆	7	15	480
213	岚皋县中梁子林场	2	10.02	0.75	28	☆	10	4	
	商洛市								
214	洛南县古城林场	3.4	28	0.93	110	☆	5	6	720
215	洛南县石坡林场	3	16.2	1.01	48	☆	4	4	400
216	洛南县书堂山林场	1.2	15.8	0.98	60	☆	2	5	600
217	洛南县保安林场	3	10.6	0.93	65	☆	8	9	640
218	柞水县营盘林场			0.77	306	☆	14	14	2000
219	柞水县石镇林场	3		0.74	20	☆	20		900
220	柞水县凤镇林场		12	0.71	21	☆	86	10	550
221	柞水县九间房林场		4	0.84	30	☆	14	8	236
222	山阳县红旗林场	3	28	0.63	1029	☆	10	10	925
223	山阳县天竺山林场		27	0.62		☆	8	10	800
224	商南县三角池林场	2	7.0	0.73	222	☆	3	4	900

续表

序号	林场	工农业总产值	财政收入	职工年人均工资	2005年年末债务总额	场部和营林区不通水林场数	场部和营林区不通公路里程	场部和营林区不通电里程数	危房面积
225	商洲区二龙山林场		40	0.80	439	☆			1300
226	丹凤县商山林场	5	22	0.87	129	☆	23.5	30	1264
227	丹凤县流岭林场	2	3.3	0.82	159				483
228	镇安县木王林场	5		0.70	180	☆		3	1920
229	镇安县黑窑沟林场	3		0.60	680	☆			1200
230	镇安县铁厂林场		11	0.70	4	☆			300
231	商南县双山林场	10		0.35	630	☆	47.5	16.5	3500
232	楼观台林场	484	290	1.54	486	☆	61.8	2.3	1760
233	省治沙所红石峡实验林场	3.2	34.188	1.32	6	☆			
234	西北农林科技大学火地塘教学试验林场	2	13	0.80	10	☆			
	省资源局								
235	高桥林场	55	180	0.80	60	☆			600
236	沙沟林场	47	190	0.80	60	☆			500
237	旬阳坝林场	78	200	0.80	60	☆			1200
238	火地塘林场	43	213	0.80	60	☆			1000
239	新矿林场	41	160	0.80	46	☆	110		1200
240	菜子坪林场	85	210	0.81	883	☆	58	45	500
241	两河林场	76	190	0.82	963	☆	65	28	420
242	蒲河林场	84	180	0.86	682	☆	91	35	430
243	桦树坪林场	67	157	0.86	641	☆	50	23	350
244	终南林场	185	180	0.70	900	☆	30	25	156
245	白云林场	156	140	0.70	900	☆	5	0	45
246	桃川林场	173	180	0.70	900	☆	10	10	0
247	苏家沟林场	169	180	0.70	900	☆	2	30	108
248	黄柏塬林场	181	170	0.70	900	☆	30	25	0
249	二郎坝林场	195	160	0.70	900	☆	10	5	205
250	太白河林场	183	106	0.70	523	☆	10	0	85
251	小南坪林场		108	0.73	46	☆	15	1	855

续表

序号	林场	工农业总产值	财政收入	职工年人均工资	2005年年末债务总额	场部和营林区不通水林场数	场部和营林区不通公路里程	场部和营林区不通电里程数	危房面积
252	小沟河林场		110	0.73	45	☆	27	6	675
253	东河台林场		100	0.73	101	☆	21	12	1220
254	庙坪林场	20	130	0.80		☆	58	2	864
255	新店子林场	24	130	0.80		☆	21	2	600
256	上南河林场	10	110	0.80		☆	28	2	600
257	长青局小河林场	40	77	0.32	475		30	10	1300

注："至2005年末债务总额"包括本金及利息；"不通水的林场"指如有此种情况的林场可在相应栏中以"☆"表示。

2006年，为加强国有贫困林场扶贫资金的使用和管理，提高资金的使用效益，根据财政部、国家林业局《国有贫困林场扶贫资金管办法》的有关规定，省财政厅、林业厅共同制定《陕西省国有贫困林场扶贫资金管理实施办法》。《陕西省国有贫困林场扶贫资金管理实施办法》第3条规定：贫困林场是指亏损或微利、生产生活设施条件差，以培育和保护生态公益林为主要任务的林场。符合下列标准之一的界定为贫困林场：

(1)林场职工年人均收入低于所在设区市职工年人均收入。

(2)基本生活设施差。场部及主要营林区(管护站、工区)生活用水困难或水质不符合饮用水标准，不通电、电话、电视，人均宿办用房低于15平方米或存在危旧房屋。

(3)基本生产设施不具备。场部不通公路、动力电、主要营林区与场部公路等级低于林Ⅲ级。

(4)有符合陕西省优势(特色)农产品区域布局规划有待开发的产业。

(5)培育和保护生态公益林建设任务繁重，生态公益林面积占全场森林总面积80%以上。

按照这个界定标准，全省236个国有林场全部纳入贫困林场范围，加上陕西省森林资源管理局所辖的6个林业局(天保工程前的采育企业)的23个国有林场，全省贫困国有林场为259个。

二、贫困林场扶持情况

1997年，遵照国家林业局场圃总站的统一部署，省林业厅对全省贫困国有林场脱贫工作高度重视，按照国家扶贫攻坚要求，在对全省国有林场进行深入调查研究基础上，对全省116个贫困林场按照"一场一策"的原则，编制了全省贫困国有林场扶贫攻坚计划，扶贫计划主要包括种植业、养殖业、餐饮服务业、建材矿产业、森林旅游业、木材加工业等325项脱贫项目，其中种植业148项占45.5%，养殖业61项占18.8%，餐饮服务业10项占3.1%，建材矿产业142项占4.3%，森林旅游业6项占1.8%，造林育苗森林经营58项占17.8%，荒沙荒地承包租赁5项占1.5%，粮食加工2项占0.6%，木材加工 21 项占 6.5%。

从 1997 年起，国家林业局对陕西省拨付贫困林场扶贫资金，1997 年 310 万元；1998 年 320 万元；1999 年 320 万元；2000 年国家林业局对扶贫资金进行调整，没有拨付扶贫资金；2001 年拨付扶贫资金 80 万元；2002 年 300 万元；2003 年 400 万元；2004 年 830 万元；2005 年 700 万元。1997~2005 年，共拨付贫困林场扶持资金 3260 万元。按照 1997 年编制的扶贫攻坚计划，扶持了 111 个贫困林场(其中 20 个林场扶持 2 次)。

扶贫资金主要在以下几个方面进行了扶持：

1. 基础设施建设方面。完成国有贫困林场危旧房改造 38833.2 平方米，修断头路 102.76 千米，修筑或拓宽林区道路 100 千米；架电线 53.3 千米；购置通讯及文化设施 25 套；修建饮水项目 120 个。使 26 个林场场部的危旧房得到了改善，12 个林场场部的饮水困难得到了缓解，5 个林场场部通了电，15 个林场的通讯及文化设施得到改善。同时，实施综合性基础设施建设项目 8 个，使 8 个林场场部的水、电、路、房屋得到改善。

2. 产业项目等方面。实施国有贫困林场产业扶持项目 69 个，其中：种植项目 50 个，养殖项目 13 个，森林旅游项目 3 个，加工项目 3 处。取得效益的 34 个，占 50%，共安排职工 200 多名。产业项目的开发，减轻了林场的人员负担，增加了林场的自营收入，增强了造血机能，同时也使林场职工积累了经验、增加了技能、转变了观念、增强了创业意识。

3. 职工培训方面。2003 年、2004 年实施国有贫困林场职工培训和技术推广项目 2 个，2 年共举办有国有林场场长、业务骨干、会计人员参加的培训班 4 期，培训国有林场管理人员和业务骨干 320 人次。通过集中培训和出省考察，使学员思想观念转变，创业意识增强，管理素质得到提高，为全省国有林场事业的发展注入了活力。

从 2006 年起，贫困林场扶贫资金主要用于基础设施建设，同时加大了扶持力度。2006 年 850 万元，2007 年 950 万元，2008 年 1000 万元，2009 年 1100 万元，2010 年 1100 万元，累计 5000 万元。这 5 年扶持资金是前 8 年扶持资金的 1.53 倍。

2006~2010 年，利用扶贫资金扶持贫困林场 155 个(其中 33 个林场扶持 2 次以上)，扶持项目 188 个。

具体建设内容：扶持 106 个林场修断头路 1260.8 千米；扶持 81 个林场解决饮水不安全和饮水困难人口 4000 人。扶持 105 个林场架设低压输电线路 295.9 千米，解决 20 个场部不通电。接通了 5 个林场场部的电话，扶持 199 个林场新建办公用房 70362.7 平方米，改造维修办公用危房 115085 平方米。通过改善国有林场生产生活等基础设施条件，脱贫林场数 10 个。其中，致富 2 个，脱贫职工数 1200 人。

从 1997~2010 年，享受国家扶贫资金的贫困林场共有 192 个(其中扶持 2 次以上的有 91 个，非国有林场 4 个)，占全省贫困国有林场总数的 72.6%。1997~2010 年陕西省贫困林场扶持情况见表 4-4-3。

1997～2010 年陕西省贫困林场扶持情况

表 4-4-3　　　　　　　　　　　　　　　　　　　　　　　　单位：万元

林场		1997	1998	1999	2000	2001	2002	2003	2004	2005	2006	2007	2008	2009	2010
全省合计		310	320	320	0	80	300	400	830	700	850	950	1000	1100	1100
西安市	小计	20	20	20	0	0	0	25	90	60	50	60	40	100	
	王顺山林场								30				20	20	
	终南林场	20							50				20		
	涝峪林场													20	
	太平林场								40						
	厚畛子林场							25		30	25	30		30	
	南五台林场											30		30	20
	沣峪林场												20		
	大峪林场		20												
	清峪林场			20											
	骊山林场										25				
宝鸡市	小计	15	70	15	0	0	30	0	0	55	70	190	160	100	160
	冯家河林场											30			
	坪头林场									15					
	关山林场												15		
	唐家山林场														20
	高崖林场		20												
	涧渠林场		15									30	15		30
	汤房庙林场		15							15					
	靖口林场										20				
	营头林场													30	30
	凤州林场													40	
	留凤关林场											30			10
	黄牛铺林场												20		
	野河林场		20							25	30	35	30		30
	安舒庄林场												20		
	长益庙林场			15											20
	潘家湾林场												20		
	辛家山林业局						30						20		
	马头滩林业局											30	20		
	槐芽林场	15												30	

续表

林场		1997	1998	1999	2000	2001	2002	2003	2004	2005	2006	2007	2008	2009	2010
宝鸡市	固关林场										20				20
	杨恒林场（非国有）											35			
咸阳市	小计	15	35	20	0	15	10	0	90	50	110	60	70	160	90
	嵯峨山林场		20								40				
	北仲山林场			20									20		
	五峰山林场								20		20			40	
	乾陵风景林场					15							30		
	柏峰林场	15					10					30		40	
	槐平林场										30			30	
	西庙头林场									20			20		
	红星林场		15						30						30
	马栏林场								10	30		30			30
	石门林场										20			50	
	英烈林场								30						30
渭南市	小计	45	15	10	0	15	30	40	150	50	120	90	60	90	40
	花园林场	15								10					
	金堆林场	15										30			
	华阳川林场					15				20			20		
	华山林场											30			20
	金粟山林场		15						40						
	尧山林场									20					20
	新卓林场						30				20			40	
	沙苑林场								50		50		20		
	雷寺庄林场							40				30		30	
	薛峰林场	15							60					20	
	皇甫庄林场			10							50				
	黄河林场												20		
铜川市	小计	45	15	10	0	15	30	40	150	50	120	90	60	90	40
	太安林场							30						40	
	哭泉林场			15							30			30	
	棋盘林场					15		30				30			

续表

林场		1997	1998	1999	2000	2001	2002	2003	2004	2005	2006	2007	2008	2009	2010
铜川市	阳湾林场	15								20			20		
	焦坪林场								70				20		
	柳林林场		20									30			
	高尔塬林场								40						30
	雷塬林场（非国有）												20		
延安市	小计	30	40	70	0	0	0	30	0	165	140	131	160	183	150
	黄龙山局小寺庄林场													40	
	黄龙山局蔡家川林场												30		
	黄龙山局虎沟门林场														30
	黄龙山局石堡林场									30					
	黄龙山林业局三岔林场			20											
	黄龙山林业局界头林场										25				
	劳山林业局桥镇林场												30		
	劳山林业局下寺湾林场							30							
	劳山林业局高哨林场									30					
	劳山林业局劳山林场	15													
	劳山林业局清泉林场													40	
	劳山林业局府村林场										25				
	桥北林业局张家湾林场													30	
	桥北林业局直罗林场									30					

续表

林场		1997	1998	1999	2000	2001	2002	2003	2004	2005	2006	2007	2008	2009	2010
延安市	桥北林业局岔口林场											25			
	桥山林业局大岔林场		20												
	桥山林业局上畛子林场													33	
	桥山林业局柳芽林场														30
	桥山林业局双龙林场											25			
	桥山林业局店头林场	15								25					
	桥山林业局腰坪林场												30		
	安条林场											25			
	白沙川林场														30
	新庄林场													40	
	高家河林场			20											
	西渠林场											30			
	交里林场											26			
	铁龙湾林场									25					
	甘草林场			10											
	薛家坪林场												15		
	宝塔区南郊林场			20											
	马四川林场										30				
	南泥湾林场														30
	姚家坡林场												20		
	厢寺川林场										25				
	黄连河林场		20										15		
	柏树岭林场									25					
	砖窑湾林场												20		
	白马滩林场										35				
	柏峪林场														30

续表

林场		1997	1998	1999	2000	2001	2002	2003	2004	2005	2006	2007	2008	2009	2010
榆林市	小计	30	40	60	0	0	30	0	40	45	65	60	40	40	70
	雷龙湾林场								40						
	白界林场			20											
	二石磕林场		20												
	打火店林场			20							20				
	北方塬林场									20					
	柳树湾林场	15													20
	鱼河林场	15										30			
	松宏湾林场		20												
	公草湾林场			20											
	巴拉素林场						10								30
	冯家峁林场						20								
	小纪汗林场									25					
	赵石畔林场											30			
	红墩界林场										25				20
	白玉山林场												20		
	长茂滩林场										20				
	乱井子林场												20		
	大河畔林场													20	
	柳桂湾林场													20	
汉中市	小计	50	20	35	0	20	30	30	140	75	100	135	180	120	140
	实验林场														20
	武乡林场													30	
	小河林场												20		
	大盘林场											40			
	青龙寺林场	15							50						
	中坪林场									45				30	
	铁厂坝林场									30					
	金池院林场										30				
	三岔林场												20		
	西淮坝林场						20								
	观音寺林场			15											

续表

林场		1997	1998	1999	2000	2001	2002	2003	2004	2005	2006	2007	2008	2009	2010
汉中市	塔坡寺林场		20											20	
	红石梁林场	20											20		
	闸口石林场												15		
	巴山林场											30			20
	后坪林场													20	
	星子山林场												20		
	佛坪县										40		15		
	桑园林场	15									30				
	龙池林场			20								35			
	黎坪林场						30						30		20
	汉王山林场								40				20		
	碑坝林场								50					20	
	褒河林场							30							
	坪堵林场											30			20
	张家河林场												20		
	黑潭子林场														20
	火烧店林场														20
	马道林场														20
	小计	30	40	55	0	0	75	0	30	45	70	90	50	50	160
安康市	岚皋县林业总场										20				30
	镇坪县林业总场								30						
	旬阳县林业总场														30
	中梁子林场												15		
	千家坪林场						20						20		
	蜡烛山林场			20								30			
	药妇山林场			20							30				20
	白河林场		20								20				30
	上坝河林场						25						15		
	汉滨区安康市林场		20												
	平头山林场														30

续表

林场		1997	1998	1999	2000	2001	2002	2003	2004	2005	2006	2007	2008	2009	2010
安康市	石泉县凤凰山林场									45					
	汉阴县凤凰山林场			15			15					30			
	云雾山林场						15							30	
	大楠河林场													20	
	八庙林场	15										30			20
	黄沙河林场	15													
商洛市	小计	40	20	20	0	15	75	50	60	75	45	60	105	170	160
	二龙山林场					15									30
	古城林场													30	
	石坡林场			20									20		
	书堂山林场	15								25				30	
	保安林场						15		20		25				20
	商山林场							30						30	
	流岭林场										20				20
	三角池林场	25										30		30	
	双山林场												20		30
	红旗林场								40	20					
	天竺山林场						20			15			15	20	30
	木王林场							20		35			30		
	黑窑沟林场						30					30			30
	石镇林场		20											30	
	营盘林场						10						20		
	红石峡沙地实验林场						20								30
	西北农林科技大学火地塘实验林场	20							40						
	楼观台林场							20							
	定边荒沙治理公司(石光银)							50							
	靖边绿源治沙公司(牛玉琴)							50							

续表

林场		1997	1998	1999	2000	2001	2002	2003	2004	2005	2006	2007	2008	2009	2010
商洛市	省国营林场管理站							45	80	10	12	14	15	17	17
	宁东林业局新矿林场									30					
	宁东林业局旬阳坝林场										38				
	宁东林业局火地塘林场												20		33
	宁西林业局两河林场												20		
	汉西林业局上南河林场												20		

第五篇　森林工业

陕西省森林工业管理局，因天保工程的实施以及经营方向的转变，于2002年更名为陕西省森林资源管理局。截至2010年，下辖直属单位12个，在职职工4637人。其中，6个林业局承担着33.81万公顷的森林管护、资源培育、林分更新、中幼林抚育等任务。20余年，累计生产木材189万多立方米、锯材77万多立方米，生产胶合板、刨花板、硬质纤维板、缝纫机台板等林产品，许多林产品还是市场优质品，为陕西经济、社会发展做出应有的贡献。1998年后，森林工业实现转型后，以森林资源保护、生态公益林建设为主。在转型期，森林工业一度处境艰难，人员下岗分流，职工收入骤减，但森林工业职工不等不靠，积极自救，大力发展种植养殖，发展林下产品，发展服务业、花卉等产业，成功实现华丽转身，走出一条以生态建设为主、兼顾经济发展的良性之路。

第一章　森工概况

第一节　资源局概况

一、陕西省森林资源管理局基本情况

陕西省森林资源管理局(以下简称省资源局)原为陕西省森林工业管理局(以下简称省森工局)。1994 年 1 月，经陕西省经济体制改革委员会批复，将陕西省森工局改建为陕西省森林工业总公司，该公司为独立核算、自主经营、自负盈亏、具有独立法人资格的全民所有制企业，其行政主管部门为陕西省林业厅。1994 年 10 月起，机关富余分流人员中相继创办的经济实体有陕西林业工贸公司、陕西森工建筑工程有限公司(6 个林业局建筑工程公司整建制更名为建筑工程分公司，天保工程机构改革六局又恢复原建筑工程公司)、陕西秦光生物研究所、陕西森工信息中心、西安宏森实业贸易公司、陕西博信建材公司。上述单位于2004 年全部停业，局机关抽调人员对其经营期间的财务、资产等状况进行全面清理和审计。

1998 年，国家实施天保工程后，按照陕西省实施天保工程需要，2002 年 11 月 28 日，省编办根据陕西省人民政府办公厅《关于省森林工业总公司更名为省森林资源管理局等问题的通知》精神，批准将省森林工业总公司更名为省资源局，副厅级事业单位，隶属省林业厅领导，经费实行财政全额拨款。2004 年 7 月 29 日陕西省推行公务员制度领导小组以“陕公推办函〔2004〕4 号”批准列入参照国家公务员制度管理范围。

2010 年，省资源局机关设办公室、人事劳资处、计划与资金处、森林资源调查处、公益林建设管理处、森林产业处、防火安全处、监察审计处、离退休人员服务管理处、工会工委等 10 个处(室)，人员编制 68 名。

第二节　资源局直属单位

一、直属单位

截至 2010 年，省资源局共辖 13 个直属单位，分别是宁西局、太白局、宁东局、汉西局、龙草坪局、长青局、陕西省胶合板厂、西安林产化学工厂、陕西省林产品经销公司、陕西省林产品开发贸易总公司(2007 年 12 月挂牌成立了陕西省林业产权交易服务中心，与陕西省林产品开发贸易总公司为“两块牌子，一套人马”)、陕西省森林工业职工医院、陕西省森林保护研究所(原为陕西省林业机械研究所)、西北林业机械厂(2006 年 1 月按照陕西省人民政府“省属、部分企业属地化管理”的精神，正式移交渭南市政府管理)。

二、直属单位人员

截至 2010 年末，省资源局共有职工 4637 人，其中女职工 1484 人，干部 1135 人。

工程技术人员中，副高级职称 47 人，工程师 195 人，助理工程师 388 人，林业技术员 223 人；卫生技术类中(含不在技术岗位的各级领导)，已评定主任医师 6 人，副主任医师 32 人，主治医师 98 人，医(护)师 147 人，医(护)士 154 人；财会统计经济类中(含不在技术岗位的各级领导人员)，会计师 60 人，助理会计师 51 人，会计员 40 人，高级统计师 1 人，统计师 2 人，统计员 3 人。

三、资源局其他单位

1. 办学情况。陕西省森工系统 1998 年年底有子弟学校 10 所，其中普通中学 4 所，小学 6 所，共占地 12 万平方米，建筑面积 4 万平方米，在校学生 1340 人，其中高中班 3 个，在校学生 120 人；初中班 6 个，在校学生 410 人；小学班 14 个，在校学生 810 人。共有教职工 210 人，其中专职教师 148 人(大学本科 39 人，大专 50 人，中专、高中 59 人)。

陕西省森工系统办有陕西省森工职业技术学校和陕西农业广播电视学校分校。陕西省森工职业技术学校 1990～1998 年累计招生 1108 人，陕西农业广播电视学校 1990～1998 年累计招生 990 人。

1998 年，国家实施天保工程后，陕西森工系统子校按照国务院关于“加快国有企业办中小学移交地方政府管理的进度，理顺办学管理体制”指示以及中、省有关文件精神，相继将企业办学校的校园资产、教职工等整体移交当地政府，实行属地化管理。陕西省森工技校、宁西、林机厂分校，陕西农业广播电视学校分校 1998 年全部停办，不再招生。

2. 职工医院(卫生室)。省资源局直属的 6 个林业局曾办有林区职工医院 6 所，卫生所(室)7 个，有病床 180 张。实施天保工程后，随着机构调整，管理服务地址变更，宁西局将林区职工医院迁至户县，宁东局将林区职工医院迁至长安区，汉西局将林区职工医院迁至汉中，龙草坪局将林区职工医院迁至杨凌，长青局实施转产，资产分割时将林区职工医院划归长青保护区管理

3. 林业勘察设计队(森林调查队)。1990 年后，省资源局 6 个直属林业局，即宁西、太白、宁东、汉西、龙草坪、长青局的伐区调查、工艺设计、伐区内的岔线和拖拉机道以及房屋的勘察设计均由各局所属的林业勘察设计队(森林调查队)和森工建筑设计室共同承担完成。1990 年 8 月，经省林业厅调查资格认证委员会审查评定，宁西、太白局勘察设计队资质为林业设计乙级，工程设计丁级。其他 4 个林业局勘察设计队(森林调查队)均为丙级林业调查设计资质。1997 年年底，6 个勘察设计队共有人员 146 人，其中工程技术人员 115 人，辅助人员 31 人，有各种仪器、设备 178 台(套)。1998 年实施天保工程后，各林业局随着精简机构撤并了勘察设计队，将原有的业务并入资源管理等部门。2001 年，随着天保工程公益林建设任务的增多，各局又相继恢复了勘察设计队建制。2010 年，全系统勘察设计队共有人员 56 人，主要承担本局森林资源调查与对外技术合作等业务。

1990～2010 年，6 个勘察设计队(森林调查队)完成林区作业设计 2.63 万公顷，林区道路设计 485 千米，森林资源调查 33.8 万公顷。

第三节　资源局直属单位基本情况

截至2010年，省资源局有直属企事业单位12个。其中，事业单位2个，企业单位10个。

一、宁西局

1. 宁西局成立于1966年2月。管辖区域位于秦岭中段，行政管辖区域属宁陕县、户县、周至县。东与省宁东林业局接壤，西与佛坪县毗邻，南接宁陕县，北与户县、周至县相连。局址位于户县娄敬路115号。

宁西局机关设党委办公室、工会、纪委办公室、行政办公室、计划财务科、劳动人事科、林政资源科、公益林建设科、产业发展科、监察审计科、基建科、退休办、医保办等职能科室13个。下属菜子坪、两河、蒲河、桦树坪4个林场和天华山国家级自然保护区办公室、天华山国家级森林公园办公室、勘察设计队、户县管理处、菜子坪管理处、电站、建筑工程公司、劳动服务公司、汽车大修厂、综合服务大楼、中心苗圃、职工医院12个基层单位。截至2010年，全局在册职工625人，其中，女职工154人。工程技术人员252人。其中，具有高级职称8人，中级职称87人，初级职称157人。

到2010年年底，全局经营面积126320公顷，林业用地面积125993公顷。其中，有林地面积112606公顷。森林覆盖率92.3%，活立木总蓄积量1674万立方米，其中林分蓄积量1674万立方米。

2. 国有固定资产状况。1990~2010年，完成基建总投资23485.89万元。建设工民用房118319.4平方米(其中住宅52830.87平方米)，修筑林区公路58.2千米，运材支岔线39.3千米。新建标准化管护站11个，建筑面积3871平方米，投资674万元。国家投资国有林场危旧房改造工程资金1883万元，建筑面积36560平方米。棚户区改造288户，建筑面积27274平方米，投资4877万元。截至2010年，拥有固定资产原值8720万元，净值6809万元。

3. 营林生产状况。1990~2010年，完成更新造林2807.8公顷。建立种子园、母树林100公顷。生产商品材526891立方米，采伐森林面积14469公顷，消耗森林蓄积量1693485立方米。天保工程完成人工造林11348.53公顷，封山育林49845.47公顷，森林抚育10369.73公顷，人工促进天然更新3071.93公顷，中央财政中幼林抚育补贴试点项目4000公顷。建设采种基地2288公顷；改扩建中心苗圃20.53公顷。天保工程总投资27417.37万元，其中管护费4406.60万元。森林资源管护人员编制316人，其中，一线护林员151人，管护面积126320公顷。

二、太白局

1. 太白局成立于1962年12月，管辖区域位于秦岭西部，太白县境内，东接眉县、周至县、佛坪县，西与凤县、宝鸡市渭滨区接壤，南与洋县、留坝县相连，北与岐山县、陈仓区毗邻，东西长66.7千米，南北宽53.4千米。局址太白县咀头镇。2010年，机关设党工办、组织宣传科、监审科、行政办公室、计划财务科、劳动工资保险科、资源林政科、公益林建设科、产业发展科、森林防火办等10个职能科室。下设二郎坝、黄柏塬、苏家沟、终南、太白河、白云、桃川7个林场和南滩苗圃、勘察设计队、木材检查站、林政稽查队、卧龙寺管理处、资产管理中心、职工医院和森工建筑设计室8个下属单位。全局有职工823人。其中，女职工201人。管理人员387人，工程技术人员348人。其中，具有高级职称3人，中级职称97人，初级职称248人。

全局经营面积114666.7公顷，其中有林地面积113059.5公顷，森林覆盖率98.6%，活立木总蓄积量1031.6万立方米。

2. 国有固定资产状况。1990~2010年，完成基建总投资31582.9万元。建设工民用房165900.3平方米(其中住宅71656平方米)。新建，标准化管护站15个，建筑面积6305平方米，投资927万元。标准化检查站1个，建筑面积709.63平方米，投资95.64万元。国有林场危旧房改造工程25380平方米，投资1057.5万元。棚户区改造632户，建筑面积44064.3平方米，投资5319.87万元。完成，国家投资国有林区社会公益性基础设施建设资金2600万元。其中，道路投资550万元，修建道路11条，总长25千米。截至2010年，有林区干、支线公路352千米，主要生产设备580台(套)，固定资产原值1864万元。

3. 营林生产状况。1990~2010年，完成更新造林3173.4公顷。生产木材592281立方米，采伐森林面积20582公顷，消耗森林蓄积量1103744立方米。天保工程完成人工造林11346.7公顷，封山育林46826.7公顷，森林抚育10300公顷，中央财政中幼林抚育补贴试点项目4000公顷。建立采种基地2400公顷。改扩建中心苗圃20公顷。天保工程总投资25442.6万元。森林资源管护人员编制387人，其中，一线护林员207人，管护面积114666.7公顷。

4. 药厂改制。宝鸡秦岭国药厂是太白局于1985年创建的中成药制造企业，当年，正式投产。随着国企改革不断深化，国家对制药企业生产规范化标准进一步提高，原厂在改造升级、生产经营、市场开发中渐处劣势。1998年，天保工程实施后，森工企业无资金投入，药厂生产经营出现了困难。为妥善安置职工、解决企业面临的困难，发挥企业潜力、提高经济效益。2002年，太白局先后与西安四腾工程有限公司、西安利君药业有限公司，历经4年多接触洽谈，并报经上级主管部门批准。2006年11月18日，在原宝鸡秦岭国药厂基础上组建股份制公司“宝鸡秦岭利君药业有限公司”。公司注册资金1000万元，四腾公司以债转股(四腾公司投入扩建厂房等工程款)的形式参股，占55%，为控股方。太白局以实物净资产参股(地面附着物及1.78公顷土地，共折算价442万元)，占35%。西安利君投入现金100万元，占10%。原宝鸡秦岭国药厂资产评估1076.14万元(含土地)，剥离其中350万元参股，核销117.14万元费用，剩余609万元作为新公司欠太白局债务，每年返还10%，10年还清。

2008年4月7日，公司因经营亏损与职工劳资纠纷全面停产。经多方调解未果，在药厂140余名职工的强烈要求下，2008年8月，太白局以设立公司无效、要求解散宝鸡利君秦岭药业有限公司为由，向宝鸡市金台区人民法院提出诉讼。9月16日，宝鸡利君秦岭药业有限公司以请求判决，太白局履行股份制改造资产移交后相关房产、土地过户手续及赔偿经营损失共计234.60万元为由在金台区人民法院起诉立案。经过3年审理，2010年5月，宝鸡市金台区法院判决，太白局败诉，并支持了宝鸡利君秦岭药业有限公司的诉讼请求，要求太白局过户土地，不支持公司解散。太白局不服，遂于当年6月份，上诉至宝鸡市中院。2011年9月19日，宝鸡市中级人民法院终审裁定，被告太白局于判决生效后90日内向原告宝鸡利君秦岭药业有限公司办理土地(1.78万平方米)和房屋产权过户手续，并驳回了双方其他诉讼请求。

三、宁东局

1. 宁东局前身为1958年筹建的陕西省宁陕森林综合利用场，1966年2月，更名为宁东局。辖区位于秦岭中段南麓宁陕县境内。北以秦岭主梁为界与户县、长安区毗邻，西与宁陕县皇冠镇和宁西局相接，东邻镇安、柞水、安康；南与宁陕县关口、贾营、龙王相接。局址位于长安区。

截至2010年，宁东局机关设党委办公室、行政办公室、资源管理科、公益林建设科、计财科、劳动和社会保障科、组织宣传科、产业发展科、保护区办公室9个职能科室。基层设沙沟、高桥、新矿、火地塘、旬阳坝5个林场和旬阳坝管理处、长安管理处、天保苗木繁育中心、絮凝剂厂、勘测设计队、森林消防队等6个下属单位。有在职职工632人，其中，女职工198人。管理人员185人，工程技术人员170人。其中，具有高级职称7人，中级职称37人，初级职称126人。

全局经营面积80876.6公顷，林业用地面积80416.1公顷，其中有林地面积76931.9公顷，森林覆盖率95.1%，活立木总蓄积量7477357.4立方米，其中，林分蓄积量7451519.4立方米。

2. 国有固定资产状况。1990~2010年，完成基建总投资20033.8万元。建设工民用房89271平方米(其中，住宅80189.4平方米)，修筑林区运材支岔线路89.37千米，投资405.13万元。建设标准化管护站11个，建筑面积2937.25平方米，投资603.50万元。棚户区改造835户(其中新建625户，改造183户)，面积58544.96平方米，投资9969万元。完成国家投资国有林场危旧房改造工程资金2905.50万元，建筑面积93882.45平方米。国家投资国有林区社会公益性基础设施建设资金2126.98万元，其中，道路投资1872万元，修建道路1条，总长23.4千米，水电改造工程立项2个，投资254.98万元。截至2010年，拥有各类机械设备197台(套)，安装电台2部，程控电话49部。固定资产期末原值2662.42万元，净值1988.95万元。

3. 营林生产状况。1990~2010年，完成迹地更新造林2469.1公顷。其中，人工更新1191.1公顷，人工促进天然林更新1278公顷。建设种子园48.2公顷，母树林170.9公顷。生产商品材294094立方米，采伐森林面积23932公顷，消耗森林蓄积量895900立方米。天保工程完成人工造林7459.8公顷，封山育林51189.3公顷，森林抚育5999公顷，人工促进天然更新1006公顷，珍稀树种改造培育213公顷，中幼林抚育补贴试点任务6666.7公顷。天保工程总投资13537.3万元，其中，管护费10305.6万元。森林资源管护人员编制224人，其中，一线护林员179人，管护面积80876.6公顷。

四、汉西局

1. 汉西局建于1958年8月，1978年4月，正式改称陕西省汉西林业局。辖区位于秦岭南麓的西部腹地，辖区横跨汉中市勉县、留坝两县，由东、西两片组成。西片位于勉县东北部，地理坐标介于东经106°35′~106°51′，北纬33°17′~33°33′之间，东片位于留坝县东部，地理坐标介于东径 107°03′~107°11′，北纬 33°31′~33°41′之间，局址位于汉中市劳动西路。

2010 年，汉西局设行政办公室、党委办公室、计划财务科、组织宣传科、纪检监审科、信访维稳办公室、劳动保险科、产业发展科、资源林政科、公益林建设科、森林防火办公室、基建科、摩天岭自然保护区综合办公室等 13 个职能科室，下辖庙坪、汪家河、新店子、上南河 4 个林场和森林勘察设计队、贾旗社区管理中心、汉中社区管理中心、职工医院、汉中石马坡基地建设办公室、中心苗圃监管处 6 个基层单位。有在职职工 242 人，其中，女职工 58 人，管理人员 48 人，工程技术人员 65 人，其中，具有高级职称 4 人，中级职称 16 人，初级职称 45 人。

全局经营面积 40527 公顷，林业用地面积 40279 公顷，其中有林地面积 34493 公顷，森林覆盖率 96. 92%，活立木总蓄积量 399. 94 万立方米，其中林分蓄积量 399. 94 万立方米。

2. 国有固定资产状况。1990~2010 年，完成固定资产投资总额 3328. 01 万元，实现工业总产值 7684. 45 万元。修建林区公路 92 千米，建设工民用房 38387. 85 平方米(其中住宅 34398. 1 平方米)。安装程控电话 30 部，电台 4 部。新建标准化管护站 5 个，建筑面积 1441. 9 平方米，投资 261 万元。棚户区改造 71251 平方米，总投资 4550 万元。完成国有林场危旧房改造资金 2708. 4 万元，建筑面积 68981. 56 平方米。国家投资国有林区社会公益性基础设施建设资金 1106 万元，其中，道路投资 819 万元，修建道路 2 条，总长 66. 4 千米，水电改造工程立项 1 个，投资 125 万元。截至 2010 年年底，拥有固定资产原值 2051 万元，净值 1310 万元。

3. 营林生产状况。1990~2010 年，完成迹地更新造林 1745. 5 公顷。建设种子园、母树林 17. 73 公顷。累计生产商品材 177447 立方米，采伐森林面积 4757 公顷，消耗森林蓄积量 466000 立方米。天保工程完成人工造林 6133. 3 公顷，封山育林 23284. 7 公顷，森林抚育 4100 公顷，人工促进天然更新 1000 公顷，中央财政中幼林抚育补贴试点项目 4000 公顷；改、扩建中心苗圃 3. 58 公顷。天保工程总投资 10516. 56 万元。森林资源管护人员编制 157 人，管护面积 30992 公顷。

五、龙草坪局

1. 龙草坪局成立于 1971 年 8 月，设立龙草坪林场，1986 年 3 月，“陕西省龙草坪林场”更名为“陕西省龙草坪林业局”。辖区位于陕西省佛坪县北部，地理坐标为东经 107°20′~109°19′，北纬 33°17′~33°44′。东依天华山与宁西局毗连，南至佛坪县长角坝乡，西交佛坪自然保护区，北靠秦岭主梁与周至县接壤。南北平均长约 22 千米，东西平均宽约 16 千米。局址位于杨凌区五湖路。截至 2010 年，龙草坪局机关设党委办公室、工会、纪委监审科、组织宣传科、行政办公室、计划财务科、劳动保险科、产业发展科、资源林政科、公益林建设科、保护区综合科、林区管理处等 12 个职能科室，下辖东台河、小沟河、小南坪 3 个林场和百千米管护站、东河管护站、小南坪管护站、小沟河管护站、秦岭木材检查站、中心苗圃、营林队、中密度板厂、普集物业和社区管理中心 9 个基层单位。有在职职工 138 人，其中，女职工 21 人，工程技术人员 54 人(高级职称 2 人，中级职称 15 人，初级职称 37 人)。

经营面积 39706. 6 顷，林业用地面积 37293. 3 公顷，其中，有林地面 37293. 3 公顷，森林覆盖率 95. 43%，活立木总蓄积量 165. 63 万立方米，其中林分蓄积量 165. 63 万立方米。

2. 国有固定资产状况。1990～2010 年，完成基本建设总投资 7221. 52 万元，实现工业总产值 52. 8 万元。修筑林区公路 11. 5 千米，建设工民用房 7784. 9 平方米(其中，住宅 4884 平方米)。新建标准化管护站 4 个，建筑面积 2733. 84 平方米，投资 220 万元。木材检查站 1 个，建筑面积 139 平方米，投资 63 万元。国有林场危旧房改造面积 22079 平方米，投资 1449. 5 万元。棚户区改造新建 9922 平方米，改造 9826 平方米，投资 1774 万元。截至 2010 年年底，固定资产原值 3474 万元，净值 1142 万元。

3. 营林生产状况。1990～2010 年，完成更新造林 3960. 2 公顷，其中营造速生丰产林 284 公顷，经济林 260. 5 公顷。建立母树林 11. 89 公顷，种子园 5. 3 公顷。累计生产商品材 150639 立方米，采伐森林面积 3785. 6 公顷，消耗森林蓄积量 327136 立方米。天保工程完成人工造林 6000 公顷，封山育林 27600 公顷，森林抚育 2000 公顷，人工促进天然更新 240 公顷，中央财政森林抚育补贴试点项目 2000 公顷。天保工程总投资 10533. 2 万元。森林资源管护人员，编制 70 人，管护面积 37727 公顷。

六、长青局

1. 长青局 1968 年 1 月开始筹建，1971 年建成投产。辖区位于秦岭中段南坡腹地、洋县北部山区，地处东经 107°19′～107°55′、北纬 33°17′～33°44′之间。东连佛坪县，与佛坪保护区、龙草坪局为邻；北以兴隆岭为界，与太白、周至县相接；西与城固县毗邻；南与洋县四郎、八龙乡接壤。地形北高南低，东西长 44 千米，南北宽 23 千米。局址汉中市汉台区前进东路 1057 号。

1990 年，林业部将长青局转产，建立大熊猫保护区列入“国家建设与保护大熊猫极其栖息地工程总体规划”。1992 年，经国家计委正式批准，计划在“八五”“九五”期间实施。1993 年 11 月，国家领导人朱镕基、温家宝、宋健、陈俊生根据有关专家、教授呼吁，对长青局转产和大熊猫保护工作作出“长青林业局必须坚决转产”“停止砍伐熊猫居住地森林”“请林业部会同陕西省提出方案报国务院”等重要批示。同年 12 月，林业部、陕西省人民政府向国务院报送了《陕西省长青林业局转产安置建立大熊猫保护区方案》，1994 年 3 月，国务院委托国家计委原则批准了《陕西省长青林业局转产安置建立大熊猫保护区方案》。

1994 年 6 月 23 日，国务委员宋健、林业部副部长沈茂成、陕西省副省长范肖梅等领导到长青局视察长青局转产建立保护区工作，国务委员宋健进一步明确指出：“长青局实行转产是国家既定的坚定不移的政策”。1994 年 12 月，陕西省人民政府以陕政办函〔1994〕139 号文批准，同意建立陕西省长青保护区。1995 年 12 月，国务院以国函〔1995〕129 号文，批复同意建立陕西长青保护区。1996 年 7 月，省编办批准成立“陕西长青国家级自然保护区管理局”，隶属陕西省林业厅。

1997 年 4 月，长青局 2205 名职工分流安置后，成立长青留守处，处理长青局转产遗留事务和资产分割工作。同年 12 月，省森林工业总公司转产办设立驻长青局办事组，长青局转产留守处兼有留守处和办事组两种职能。1997～2000 年，在省森林工业总公司的直接领导下，在原转产项目的基础上相继注册成立了陕西省长青商贸有限公司、陕西省长青工程公司、陕西省长青汉中实业发展公司、陕西省长青运输修理有限公司、陕西省长青林业开发有限公司5个具有独立法人资格的转产企业，隶属陕西省森林工业总公司管理。2004年3月，经省林业厅党组研究决定恢复长青林业局建制，对5个转产企业履行八项监督管理职能，并负责接管、完成原长青局转产留守处的工作。

2010年，长青局机关设综合办公室和计划财务科2个职能科室，下辖长青林业开发有限公司、长青工程公司、长青商贸有限公司、长青汉中实业发展公司、长青运输修理有限公司5个转产企业。有在职职工293人，其中，全民所有制固定工65人，合同制职工228人。有工程技术人员61人，其中，具有高级职称1人，中级职称20人，初级职称40人。全局森林管护面积2.99万公顷。

2. 国有固定资产状况。1990~2010年，完成基本建设投资7052.84万元，修筑林区公路37.1千米，修建工民用建筑51401平方米(其中，住宅29698平方米，办公用房2248平方米，经营性用房17944平方米)，购置各类设备298台(件)，完成林业总产值21339.94万元，亏损2152.3万元，上缴国家税金913.55万元。截至2010年底，全局拥有固定资产原值6297.71万元，净值4093.5万元，企业负债5440万元。

3. 营林生产状况。1990~2010年，累计完成更新造林2371公顷；建立种子园、母树林9.4公顷。共生产商品材151691立方米，采伐森林面积2640公顷，消耗森林蓄积量368570立方米。天保工程完成人工造林1334公顷，封山育林21088公顷，中央财政森林抚育补贴试点项目667公顷。新建天保工程中心苗圃4.87公顷，大田育苗8.2公顷，大棚育苗3685平方米，容器育苗10万袋。

七、陕西省胶合板厂

1. 基本概况。陕西省胶合板厂(以下简称胶合板厂)厂址位于西安市西郊新西北，占地面积7.73公顷，主要产品有胶合板、缝纫机台板和刨花板，1997年停产。2010年在册职工833人，其中在岗33人(均为留守护厂)，下岗203人，退休590人，离休7人。

2. 国有固定资产状况。1990~2010年，胶合板厂完成基本建设和新增固定资产6104万元，其中：建设工业厂房2744平方米，含设备投资共277万元，职工住宅及生活设施投资5827万元。

3. 经营管理状况。1993年第一次工业企业清产核资，胶合板厂截至1993年7月1日，厂房土地面积7.73公顷(评估价值3587万元，按50%入账1793.5万元)。厂房建筑面积26680平方米，厂区办公楼、单身楼等非生产性房屋建筑面积5025平方米，评估值223万元。生产设备折旧后评估价值503.5万元；库存产品估值25.6万元；银行贷款926万元。

1996年6月，胶合板厂根据陕西省西安市劳动部门《关于不同所有制企业职工流动有关问题的通知》精神，将厂劳动服务公司(五七工厂)的33名大集体职工转换为国有企业职工身份。对已办理了退休劳动服务公司10名职工，由胶合板厂统一管理。

1997年，胶合板厂停产。该厂先后与陕西丹尼尔企业集团、陕西五环集团等多家企业商谈资产重组事宜均未达到共识。

1997年10月至1998年9月，省森林工业总公司决定：由陕西省胶合板厂、石泉全元素化肥厂和武功全元素化肥厂参股联营生产全元素化肥，总股本136万元。胶合板厂提供生产场地，并组织生产，该合作项目1998年8月终止。

1998年11月20日，陕西省经济贸易委员会以陕经贸企认定字〔1998〕10号文件，认定陕西省胶合板厂因国家产业政策调整为停产企业。

1999年1月至2010年12月，胶合板厂先后陆续处理胶合板、刨花板、综合加工等生产线的设备及库有物资。开始利用闲置的场地厂房对外实行租赁经营。

2005年，胶合板厂进行第二次清产核资，经陕西省国资委(陕国资评价发〔2006〕209号)批准，核销停产期间处置和报废机器设备231台(套)，减少固定资产原值256万元。2005年9月16日，胶合板厂与陕西五湖科技有限公司签订厂房场地整体租赁合同，租期20年。按照合同约定，陕西五湖科技有限公司一次性给胶合板厂缴纳保证金300万元，租赁期前10年，每年抵减30万元作为租赁费。

2010年11月，胶合板厂与中国长城资产管理公司达成债务减让协议，胶合板厂用20万元清偿借款本息94万元，并收回因债务抵押的“国有土地使用证”。

2010年12月，胶合板厂以公开竞标方式与陕西城投地产公司签订胶合板厂职工经济适用房合作开发协议。

4. 债务清理。2001年，华融资产管理公司从西安工行接管胶合板厂历史贷款1640万元。2004年5月，华融资产管理公司将债务人胶合板厂起诉到西安市中级人民法院。通过省林业厅努力和支持，最终胶合板厂与华融资产管理公司采取庭外协商的办法，以筹措400万资金清理1640万元的债务。

2003年，中行陕西分行将胶合板厂在该行的历史贷款560万元债权转给西安东方资产管理公司。2008年6月该公司将胶合板厂起诉到西安市中级人民法院，经法院裁决，陕西省胶合板厂胜诉。

5. 合资企业。兴安木业有限公司成立于1985年，由胶合板厂与香港中国木材兴业有限公司合资兴办，申请注册资金940万元，投资双方各占50%股权，合作期限15年，主营产品为宝丽板和装饰板。1990年至1994年11月期间，由胶合板厂承包经营。1994年12月起由香港中国木材兴业有限公司承包经营，经营期限均为5年。

1996年，兴安木业有限公司受生产原料等因素影响，生产处于半停产状态。同年6月，中行陕西分行决定：兴安木业有限公司停业清算，用抵押物变现收回贷款。

1997年8月19日，中行陕西分行会同陕西省公证处，依据陕证民字〔1997〕第447号执行证书对兴安木业有限公司进行贷款抵押物及财产登记评估。1997年8月21日，兴安木业有限公司在胶合板厂召开由陕西省公证处、中行陕西分行、胶合板厂参加的清算移交联席会议，会议由胶合板厂主持，会议协议：一是同意依据〔1997〕陕证民字第447号执行书进行贷款抵押物的收回工作。兴安木业有限公司在该行贷款(本金美元29万元，人民币60万元)按呆账核销，胶合板厂在该行贷款235万元从1997年7月20日起停止计息，条件成熟后按呆账核销，并解除债务关系。二是该行付给胶合板厂8万元人民币用于处理遗留问题，确保债务清偿。三是设立清偿债务协调小组，建立移交出门手续。四是债务清偿结束后，胶合板厂不再承担兴安木业有限公司债务问题。1997年9

月 23 日兴安木业有限公司清算移交工作全部结束。

八、西安林产化学工厂

1. 人员与机构。西安林产化学工厂(以下简称西安林化厂)截至 2010 年末，有在职职工 98 人。其中，在岗 87 人，非在岗 11 人，有专业技术人员 18 人，其中，高级职称 3 人，中级职称 6 人，初级职称 9 人。厂内设办公室、人保科、计财科、经营科 4 个管理科室和 1 个生产车间(2010 年树脂软木纸车间与橡胶车间合并为软木制品车间)。

2. 资产构成。2010 年末西安林化厂资产：流动资金 765. 44 万元。固定资产 4114 万元(净值 4065. 1 万元，原值 4917. 9 万元)。经营性土地 2. 89 公顷，住宅用地 0. 86 公顷。经营性房屋面积 11650 平方米，其中，新建厂房 1178 平方米。住宅面积 35200 平方米，其中新建 28492 平方米。

3. 企业改制。2000 年，西安林化厂先后与新疆宏大投资集团有限公司所属的陕西凯创房地产开发有限公司、西安鑫汇置业有限责任公司、陕西圣高投资公司分别商谈达成承债兼并改制意向，终因西安林化厂债务基数过大、改制成本高而失败。

2004 年 9 月 27 日，按照省林业厅《关于对西安林产化学工厂实行出租经营的批复》精神，西安林化厂与西安鑫汇置业有限责任公司签订了 3 年租赁经营合同(2004 年 10 月至 2007 年 9 月)，西安林化厂的经营性固定资产、流动资产和无形资产的经营权租赁给该公司。在 3 年租赁期间，2005 年盈利 2. 1 万元，2006 年亏损 74. 94 万元，2006 年 12 月，该公司提前 1 年中止了租赁经营合同。

4. 债务处置。2000 年 7 月，中国工商银行西安市土门支行(以下简称工商银行土门支行)与中国华融资产管理公司西安办事处(以下简称华融西安办)、西安林化厂三方签订“融债滞字 0114011 号”债权转让协议，工商银行土门支行将拥有西安林化厂债权转让给华融西安办。2002 年 11 月，华融西安办就该债权，向陕西省人民法院(以下简称省法院)提起诉讼。2003 年 2 月，省高院〔2002〕陕民二初字 29 号民事判决书，判令西安林化厂限期归还华融西安办债务 3036 万元。2003 年 7 月本案进入执行程序。华融西安办将拥有西安林化厂的 3036 万元的债仅以 750 万元转让给西安迪曼门窗有限公司(以下简称迪曼公司)。迪曼公司向省高院申请强制执行。省高院〔2003〕民执一民字第 008-2 号民事裁决书，裁定冻结西安林化厂的不动产。2003 年 7 月起，省高院每年下达对本宗延续执行的民事裁决书，继续查封西安林化厂经营性土地和该土地上的房屋所有权。

2009 年 3 月 16 日，省高院召开集体协调会，省高院、资源局、西安林化厂三方共同参加。4 月 16 日省高院〔2009〕陕执一民字第 008-14 号民事裁决书认为：本案执行应坚持既要最大化实现债权人债权，又要兼顾企业生存和稳定的原则，且被查封的财产现值低于林化厂职工安置费用，如强制执行，迪曼公司债权无法足额兑现，属于无益执行。省高院〔2003〕陕执一民字第 008 号宗件终结执行。迪曼公司可以依照法律规定享有随时向省高院再次申请强制执行的权力。

5. 安全生产事故。1994 年 8 月 16 日 16 时 30 分，西安林化厂一分厂软木纸车间，因安装在前工序的两台地板砂光机配电柜组装结构不规范，造成柜内线路短路，引起软木粉尘着火并蔓延厂房顶玻璃瓦着火。厂房(1219 平方米)、部分设备、原材料及全部产成品被烧毁，直接经济损失 41 万多元。

2004年4月19日零时5分，西安林化厂软木粒生产线车间工人下班，在关灯(300瓦白炽灯)时，灯泡爆破，引燃积落在灯具周围的软木灰并引燃地面软木粒，火势迅速蔓延，烧毁软木粒(原料)10.32吨，机器设备13台(套)，厂房600平方米，直接经济损失18万元。

九、陕西省林产品经销公司

1. 基本概况。1990年5月19日，经陕西省林业厅研究决定，将陕西省林业厅物资站与陕西省林产品经销公司(以下简称经销公司)分设，经销公司划归陕西省森林工业管理局管理。2010年年末，有在册职工30人，其中在岗9人，待岗21人。下设行政办公室、党委办公室、财务科3个职能科室，固定资产18.04万元。

2. 经营管理。经销公司主要经营林化产品(松香、松节油、松焦油、紫胶、栲胶、单宁酸等)、木材(各种建筑用材、民用及其加工材)、林副、林特产品、竹木制品、钢木家具、林产品加工及其出口、装卸、运输业务。

1990年成立“经销公司猎枪弹具经销部”，增加了猎枪、弹具销售。1990年3月7日，省林业厅、发改委、经委、经贸委、工商局联合发文《关于加强松香管理》的通知，重申“松香”由经销公司及其所属系统的地(市)、县(区)公司统一组织调拨，分配供货，其他任何单位和个人不得实行专营。此后，经销公司除保持原内部经营范围外，开展实行对外松香专营，并增加了林业机械经营销售。省资源局下属6个林业局相继成立了陕西省林产品经销分公司，直接销售本局自产非配材、薪材等，业务归经销公司管理。

天保工程实施前，经销公司主要以批发为主，批零兼营，采取自购自销、代购代销、联营经销、代储代运等多种方式进行林产品流通活动。1998年天然林保护工程实施后，经销公司主营的木材、林业机械、机具、猎枪弹具等项目无法继续经营，销量连年萎缩，亏损严重，于2003年停止经营。2003~2010年，经销公司主营业务主要以房屋租赁、出租为主。

1990~2003年，经销公司销售收入7457.3万元，缴纳税金195.7万元，利润总额为负60.8万元。2003~2010年，房租收入152.66万元，上缴税金5.97万元，亏损57.08万元。

3. 公司建设。1993年，经销公司将1987年以185.9万元购买的丈八乡政府所属的包装器材厂(土地1.35公顷，房屋2298.19平方米)，以250万元转让给陕西通信储运公司。

2005年，经销公司申请办理位于西安市西关正街214号统建商业办公楼(共4层，建筑面积1246.48平方米，占地765平方米)土地证和房产证，2006年5月取得了“国有土地使用证”和“房屋所有权证”。

2006年1月，经销公司与陕西西北机械展销有限公司签订了“房屋场地出租合同”，将办公楼整体出租，租期15年。

2010年10月18日，西安市棚户区改造办公室公告称，西安市西关正街安定坊棚户区实施拆迁改造。经销公司办公楼列入该拆迁范围。

4. 债务处置。截至2005年，经销公司共欠长城资产公司债务本息402.48万元，经双方协调同意，签订了债务减让协议，由经销公司筹措28万元以消偿长城资产公司债务 402. 48 万元，省经销公司的债务从此告结。

十、陕西省林产品开发贸易总公司

1. 基本概况。陕西省林产品开发贸易总公司(以下简称林贸总公司)系资源局下属国有企业，1992 年成立，注册资金 865 万元。

林贸总公司经营内容和范围为：木材及其制品的批发零售；土特产品，林业机械、林产化工产品、林副产品、林业机械设备、电子产品、建材、化工生产资料及产品的销售；林业机械维修；林业技术、信息咨询服务；酒店餐饮住宿；卷烟、雪茄烟的零售等。经营方式为批发、零售、生产。内设综合办公室、酒店管理部、酒店财务部、工会 4 个部门。

到 2010 年年底，有在册职工 56 人，其中在岗 25 人，待岗 31 人。现办公地址设在西安市莲湖区西关正街 233 号(省林业厅院内 3 号办公楼 1 楼东)。

2. 公司建设。省林贸总公司的前身是陕西省林产品开发贸易中心，1992 年 1 月 25 日，在陕西省工商行政管理局注册并取得营业执照，为国有企业。1993 年 3 月 8 日省林业厅发文《关于省林产品开发贸易总公司董事会有关决议报告的批复》同意企业更名为“陕西省林产品开发贸易总公司”，性质为股份责任有限公司。同月，在省工商行政管理局办理了更名变更登记。后经省林业厅研究决定恢复国有企业性质。

2007 年 12 月 12 日，经省编办“陕编办发〔2007〕208 号”文件批准，由陕西林产品开发贸易中心筹建处，更名成立陕西省林业产权交易服务中心，为自收自支事业单位。主要职责是：提供林权流转交易信息和咨询服务；联合具有资质和信用的资产评估机构，开展森林资源资产评估工作；开展森林、林木、林地流转交易服务。2008 年 4 月 2 日取得陕西省事业单位管理局颁发的事业单位法人证书。编制人员 33 名，实有在编人员 20 人。办公地址在西安市莲湖区西关正街 233 号(省林业厅院内)。与陕西省林产品开发贸易总公司是“两块牌子，一套人马”。

由于森工大厦房产在陕西林产品开发贸易中心筹建处名下，该筹建处更名为陕西省林业产权交易服务中心后，原森工大厦房产为陕西省林业产权交易服务中心所有。土地面积 3485. 12 平方米(折 5. 228 亩)，房屋面积 9378. 69 平方米；2014 年投资 95. 3 万元，建设职工住宅 23 套，建筑面积 1268. 16 平方米。

陕西省林业产权交易服务中心截至 2010 年年底主要做了以下工作：一是建立了网站(www. slqjy. com)，2009 年 10 月开通运行。主要功能是宣传林改政策法规、发布林权交易信息等。二是完成制定了全省林权交易规则制度、交易合同示范文本。三是投资 30 多万元在五羊酒店二楼建设了建筑面积 250 平方米的省级林权交易大厅。四是完成了省级林权档案信息库建设，储存 26 个市县的基础数据。涉及 317 个乡镇 8373 个行政村组，总林地面积 155. 2 万公顷林地。五是联合有资质的资产评估公司开展了森林资源资产评估业务，同时为成立森林资源资产专业评估公司做了前期准备工作。

3. 经营与发展。1988 年 7 月，经省林业厅“陕林政发(88)133 号”文件同意、省编办“陕编发〔1988〕094 号”文件批准成立“陕西林产品开发贸易中心筹建处”。其主要职责是建设陕西森工大厦，为陕西省林业特别是省森工系统各基层林业局提供一个经销计划外木材、林产化工产品、林特林副产品以及林业物资供应的窗口和平台，同时开展经营业务。建设森工大厦的资金来源为省森工企业内部自筹750万元，银行贷款700万元。1991年5月，森工大厦开工建设，1993年10月，完成主楼主体工程、辅楼主体二层等项目。为解决主楼装修和副楼部分工程建设资金不足，1993年10月10日，省林贸总公司与马来西亚斯丽马房地产开发公司(以下简称马方)签订《中外合资陕西森伦斯实业发展有限公司合同书》，成立合营公司，共同经营旅馆业、餐饮业、娱乐服务业、森林旅游和林产品开发加工。合营公司的注册资金为3800万元人民币，中外双方各占50%，投资总额为3827万元人民币。省林贸总公司以森工大厦作为投资，马方以现金方式出资完成了森工大厦后续建设及装修，将用途变更为经营酒店(为西安五羊酒店)。1994年2月5日，领取企业法人营业执照，1995年7月正式开业，由马方承包经营。1999年1月省林贸总公司收回经营权自己经营，2006年起采取对外租赁承包经营模式。

林贸大厦在建期间，林贸总公司组织开展了以木材、胶合板、松香等林化产品为主的销售经营业务。1988年9月，成立下分支机构西安秦森林产品经营部。1992年2月，成立"陕西林贸中心西安华林经营部"和"陕西林贸中心西安绿林经营部"。同年11月，成立"西安兴林建材经营部""西安森大装潢广告工程部"和"西安康洁纸巾厂"。1993年8月，成立"西安永达贸易公司""西安金林贸易公司"。因市场变化、资金短缺加之国家实行天保工程，1995年起，分支机构销售经营业务相继停止，总公司的主要业务转型为酒店服务管理。

五羊酒店从1999年1月，收回经营权至2006年，由省林贸总公司管理经营，由于设施陈旧，又缺乏投入改造资金，加之管理经验不足等原因，经营管理长期处于亏损状态。2006年3月改变了经营管理模式，将五羊酒店按功能分成六块对外租赁承包经营，年收入稳定在200万元左右，最大限度发挥了酒店资产效益，从此扭亏为盈。

4. 土地权属。1987年，陕西省林产品开发贸易中心筹建处在西安市文艺路何家村征地0.5公顷，建设森工大厦，1988年12月2日取得了西安市土地局颁发的"国有土地使用证"。征用土地中的0.15公顷，因缺乏资金一直没有实施拆迁。2006年西安市碑林区人民政府对东何家村城中村实施改造工程时，将其划入城中村改造工程用地范围，从而导致土地权属纠纷。

2007年9月25日，西安市政府"市国土字〔2007〕第306号"审批土地文件对规划定点范围内用地同意依法实施拆迁。省林贸总公司多次向有关部门反映，要求按原土地面积换证或给予补偿。后经西安市国土资源局和碑林区城中村改造办公室协调，省林贸总公司与项目实施方就收回部分的土地补偿问题进行了2年多的协商谈判。2009年9月双方达成协议，由项目实施方向省林贸总公司支付经济补偿金人民币135万元。西安市国土资源局2012年8月7日，重新办理了面积为3485.12平方米(折5.228亩)新的土地证。

5. 经营权纠纷与债务处理。省林贸总公司与马方合营期间，按双方合同约定，合营公司开业后由马方承包经营，期间每年应支付给省林贸总公司承包费280万元。因马方没有按合同约定向省林贸总公司支付应得收益，导致双方产生纠纷。

1999年1月21日，双方协商签订《关于终止〈中外合资陕西森伦斯实业发展有限公司合同书〉和解散陕西森伦斯实业发展有限公司的合同》，由林贸总公司以1877万元人民币购买外方的全部投资股权和权益。1999 年 1 月 26 日，林贸总公司按协议约定向马来西亚斯丽马方支付 10%履约定金 187.7 万元，其余 1689.3 万元未能按约定向马方出具不可撤销的银行保函。马方于 1999 年 6 月 16 日，向中国国际经济贸易仲裁委员会提起仲裁。

2001 年 4 月 30 日和 7 月 11 日，中国国际经济贸易仲裁委员会分别下达了裁决和补充裁决："解散合资公司协议有效，关于不再清算的约定无效"；"如果清算后有剩余财产，被申请人负有按照"终止合同"确定的转让金数额 1877 万元人民币向申请方支付的义务"。因合资公司成立后几乎没有运作，不可能形成负资产。经 10 多年反复协商，2010 年 3 月双方签署了"陕西森伦斯实业发展有限公司解散清算协议书"，同意再付给马方 600 万元了断纠纷。

2010 年 11 月 16 日，省林业厅厅长办公会议(2010 年第七次)原则同意这一意见，由省林贸总公司出资 100 万元，省林业厅由计财处筹集 500 万元，共向马方支付 600 万元。由于双方最后达成的是清算协议，清算的法定程序还没有进行，合营公司截至 2010 年还尚未注销。

1992 年 12 月、1994 年 1 月，省林贸总公司在中国工商银行西安市分行南关办事处先后贷款 700 万元，用于建设森工大厦。因大厦正在建设期间没有收入，几次延期后，没有按期向银行归还贷款本息。2000 年 6 月 20 日，工商银行将贷款本息合计 1160.9 万元(其中本金 700.00 万元，利息 460.93 万元)转让给中国华融资产管理公司西安分公司。从 2000 年 6 月 20 日至 2003 年 9 月 20 日，新孳生利息 309.7 元，截至 2003 年 9 月 20 日，共欠中国华融资产管理公司西安分公司本息 1470.3 万元。

为妥善解决债务，经省林贸总公司与中国华融资产管理公司西安分公司协商，2003 年 12 月 23 日，省林贸总公司向中国华融资产管理公司西安分公司交付 381 万元，并于 12 月 24 日，签署了以 381 万元一次性买断核销林贸总公司在中国华融资产管理公司西安分公司的债务本息 1470.3 万元的协议(买断核销债务本息的资金 381 万元省林贸总公司自筹 81 万元，森工局、宁东局、太白局分别办理指定委托贷款 100 万元)。

十一、陕西省森林工业职工医院

1. 基本概况。陕西省森林工业职工医院(以下简称省森工医院)为省属森工事业单位。1971 年开始筹建，1976 年 6 月建成开诊。地址位于户县画展街 9 号。经过几十年的发展，现已成为一座由多学科组成、具有国家二级甲等资质和部分医疗技术设备达到三级医院规模和水平的综合性医院。它是陕西省西安市、安康市以及周至县、宁陕县等有关县(区)城镇居民医保定点医院；西安交大一、二附院、陕西省抗癌协会协作医院；中国人寿、平安保险公司定点医院，户县热电厂、秦川电站仪表厂、陕西省银河电力线路有限公司医保定点医院，延安大学医学院教学医院、西安医学专科学校教学医院，也是西安急救中心 120 急救站。

截至 2010 年年底，医院总占地面积 15039 平方米，总建筑面积 25850 平方米；编制床位 460 张，开放床位 560 张。设职能科室 17 个，医技科室 9 个，临床科室 28 个。现有职工 763 人。其中，正式职工 323 人，合同制职工 440 人，卫生医技人员 680 人。医院年业务收入近亿元，住院病人突破 19753 人次，门、急诊突破 25 万人次，单日最高门急诊突破1500人次。省森工医院先后于1997年和2007年被中共陕西省委、省人民政府表彰为先进集体。

2. 医院建设。医技楼于1999年初动工，2000年12月竣工。投资381.19万元，总面积1470平方米。

住院大楼于2000年3月动工，2002年11月竣工。设计9层，面积9093平方米，投资1175.7万元，系自筹资金。1~8层用于住院部，9层为手术室。等级病房2000年竣工，共7层用于不同需求的患者住院，总面积2132平方米。

急诊楼于2004年3月开工，2004年5月竣工。设计4层，面积2191平方米，投资268.6万元，自筹资金。1~2层主要用于急诊救治和病人留观，3~4层为住院病房。综合楼于2008年12月31日开工，设计7层，面积8845平方米(含地下室)投1674.5万元，其中，国家林业局下拨传染病区资金358万元，省财政配套资金90万元，其余资金自筹，1层设供应室，2~6层为住院病房，7层为产房。

新配电室机房、直线加速器地下室、食堂合计2119平方米。

医院现有包括血管造影介入治疗系统、64排螺旋CT、德国西门子螺旋CT机、核磁共振、X刀直线加速器、全自动生化分析仪、自动麻醉机、彩超等大中型设备近百台(套)。有2250千伏安的专用供电线路一条，630千瓦的自备发电机组一套，固定资产总值22957.84万元。

1990~2010年，新建职工住宅楼4栋，建筑面积10994平方米，总投资613.09万元，解决住户116户。

3. 发展与创新。1990年以前，省森工医院还处于计划经济时期，当时医疗区面积8932平方米，仅能容纳100张床位，年门诊90644人次，住院3036人次，业务收入133万元。

1993年起，省森工医院把创建二级甲等医院纳入工作主线，健全规章制度，狠抓基础质量，扩大业务范围。

1995年二甲验收时，医院床位达150张，医疗区建筑面积9857平方米，固定资产总值718万元，职能科室发展到10个，临床科室增加到9个，增设了五官科、疼痛科、急诊科。医技科室在原科室基层上得到增加，新增了部分大、中型设备。1995年12月通过了省卫生厅组织的二级甲等医院评审。当年还通过了爱婴医院的评审。

2003春季，我国发生非典疫情，省森工医院及时成立了应急组织、发热门诊，严密监控发热病人，制定应急预案。同时按照西安市卫生局要求，成立医疗救治预备队随时待命，组织和接送传染病员。按照户县卫生局安排，在户县涝峪乡卫生院对2名和非典有过密切接触的人员进行隔离监管，园满完成了市、县卫生行政部门安排的各项任务。疫情结束后，被户县卫生局评为“非典防控救治先进单位”。

2007年12月12日，周至县老县城自然保护区巡护员发现1只受伤的大熊猫(取名“城城”)，12月13日，受伤大熊猫被送往省珍稀野生动物饲养抢救研究中心。森工医院得知大熊猫骨折，就立即商定治疗方案，成立治疗小组，于12月15日20时手术，经过1个多小时的抢救，手术成功结束。经放射拍片检查，手术复位效果良好，当晚“城城”被送回省珍稀野生动物饲养中心。12月21日，院领导及治疗组成员又前往中心为

“城城”检查康复情况，对“城城”恢复状况比较满意。

2007年以后，省森工医院进入了快速发展期。医院以等级医院评审为动力，先后对手术室、供应室、产房等设施进行改造。全面启动医院学科建设、文化建设，实行精细化管理，强化质量管理，并以创建三级医院为目标，实施人才战略，落实人才梯队建设计划，并有计划地培养、引进人才。截至2010年年底，全院卫生医技人员680人，其中正高职称8人，副高职称42人，中级职称68人，初级职称384人(有硕士生10名、在读博士1名)。合同制工作人员占全院职工比例57.6%，形成了一支高素质的医疗专业技术队伍。医院年住院27495人次，比1990年增加24459人次；业务收入15083万元，比1990年增加14950万元；建成职能、临床、医技科室共56个，其中行政职能科室有办公室、计财科、总务科、医务科、护理部、科教科、信息科、质量控制科、医院感染控制办公室、门诊部、医保合疗科、外联部、物业中心。党群科室有政治处、监审科、工会办(女工委)、团委办。设置的医技科室有放射科、检验科、功能科、药剂科、CT磁共振室、医疗设备科、病理科、输血科、供应室。临床科室有：内一科(肾脏内分泌)、内二科(消化血液)、内三科(呼吸感染)、心血管内科、普外科、泌尿外科、眼科、耳鼻喉科、肿瘤一科(胸外)、肿瘤二科(普通肿瘤)、骨一科(脊柱关节)、骨二科(创伤)、急诊科、妇产一科(产科)、妇产二科(妇科)、产房、麻醉科、儿科、新生儿科、神经内科、神经外科、疼痛科、中医科、皮肤科、健康管理科、儿童保健科、妇保科、内窥镜室等。

十二、陕西省森林保护研究所

1. 基本概况。陕西省森林保护研究所(以下简称省森保所)是资源局下属森工事业单位，成立于1976年。森保所前身是陕西省林业机械研究所(以下简称“林机所”)。2007年9月21日，经省编办“陕编办〔2007〕124号”文件批准，同意更名为“陕西省森林保护研究所”，县级建制，50名全额拨款编制及90名自收自支编制维持不变。2009年6月25日根据“陕编办发〔2009〕75号”文件批复，从省森保所给省林业产权交易服务中心调剂21名自收自支编制，调整后森保所人员编制调减为119名，其中，全额编制50名，自收自支编制69名，其他均维持不变。省森保所的具体职责是：森林重大生物灾害控制技术研究；重大森林火灾预警与控制技术研究；天然林保育与可持续经营技术研究；林业生物质能源基地培育、保护与利用研究；经济林优质高产栽培技术研究、植保、营造林、果实采集机械研制及森林保护技术服务。

2010年，省森保所设党政办公室、财务科、人劳科、科研科、总务科5个职能部门，另有2个独立法人实体单位：陕西省林业机械研究所修造厂(以下简称修造厂)和西安秦林家具技术开发部(以下简称家具部)。共有职工98人，其中全额事业37人，自收自支事业性质(修造厂)职工50人，全民所有制企业性质(家具部)职工11人。有专业技术人员31人，其中高级职称4人，中级职称14人，初级职称13人。固定资产116.28万元，流动资金45.61万元。

2. 建设与变化。省森保所占地1.4万平方米。1990年拥有各类民用建筑7660平方米，其中，住宅楼4644平方米，车队楼1092平方米，职工食堂244平方米，办公楼1680平方米。工业建筑5570平方米，其中，修理车间1598平方米，机加车间1716平方米，锻工车间566平方米，热处理车间116平方米，高频炉车间116平方米，库房193平方米，制胶车间及二楼加层共500平方米，厂办公房及加盖层195平方米，锅炉房170平方米，其他400平方米。

1994年前，将锅炉房资产划归省林业厅所有。2001~2005年，即“十五”期间拆除改造原9号、10号楼及平房。2005年12月，开工建设1号高层职工住宅楼，投资2472.78万元，建筑面积15万平方米。

2009年2月1日，省林业厅党组会议研究决定对省森保所办公楼、厂房、职工食堂、职工宿舍进行整体拆除并规划建设职工住宅楼，共拆除各类建筑8416平方米。省森保所办公迁至厅大院3号办公楼。所有资产实物全部处置。

3. 经营与发展。修造厂前身是林机所下属的试制车间，1994年，修造厂下属的机械加工车间和汽车修理车间更名为陕西省林业机械研究所机械加工厂和汽车修理厂。机械加工厂的经营范围为各种机械加工、非标设计、来料加工等；汽车修理厂的经营范围为各种汽车、摩托车的大、中及零修、汽车配件、承接镗缸、磨轴、喷漆补漆等。

西安秦林家具技术开发部，成立于1990年，为全民所有制企业，实行独立核算，自主经营，由林机所管理。

1990~2010年，修造厂在为科研服务的同时，进行汽车配件销售经营、对外联合等等，但一直经营困难，亏损严重。

家具部自成立后一直步履维艰，经营不到3年时间，于1992年12月全面停产。

4. 主要科技成果。1994年研制成功便携式植树挖坑机，并获得国家实用新型专利，专利号为：ZL022410392。

1995年，研制成功6MF-1型双轮风力灭火机，并获得国家实用新型专利，专利号为ZL952151197。

1996年，研制成功可更换电池两用喷雾器，并获得国家实用新型专利，专利号为：ZL962359068。研制成功高枝摘果器，并获得国家实用新型专利，专利号为：ZL962355283。

2007年，“花椒采摘机”由省科技厅批准立项，该项目主要研制用电动采摘机械代替手工采摘花椒，该项目于2013年经省科技厅验收通过，同时获得省林业厅科技进步三等奖。

十三、西北林业机械厂

1. 基本概况。西北林业机械厂(以下简称林机厂)于1976年建成投产，厂址位于渭南市老城街。1990~2005年归属省资源局管理。林机厂截至2005年12月，工厂占地总面积141561平方米，建筑面积133180平方米，其中生产建筑面积87689平方米，工业总产值2915万元，固定资产原值5927万元。主要产品产量：BG33-2油锯2978台，6MF风力灭火机10569台，3MF-4喷粉喷雾机127台。企业流动资金总额6885万元，企业负债总额4608万元。

全厂职工(含合同制职工)1006人，其中女工325人。直接生产工人513人，工程技术人员38人，管理人员101人，其他人员359人，非生产人员比例为40%。各类专业技术人员158人，其中具有高级职称20人，中级职称67人，初级职称71人。

有各种生产设备738台，其中金属切削227台，工业锅炉3台，锻压设备29台，起重设备23台，铸造设备23台，热处理设备32台，焊接设备13台，金属表面处理设备49台，汽车8辆，包装机械2台，环保设备6台，电器设备31台，其他设备292台。

2005年，工业总产值(现价含税)2915万元，共计生产营林机械12793台，木材采集机械4324台，汽油机12台，利税总额(含股份公司)248万元。

1998年4月21日，陕西省人民政府以“陕政函〔1998〕71号”正式批复“同意设立陕西省西北林业机械股份有限公司”，随后办理“企业法人营业执照”等相关手续，于1998年12月17日正式挂牌成立“陕西省西北林业机械股份有限公司”。

2006年1月23日，根据陕西省人民政府《关于省属部分企业属地化管理的通知》精神，将林机厂正式移交渭南市政府管理。

2. 生产经营。林机厂生产主要产品有BG33、BG33-2、CH18油锯、3MF-2、3MF-4雾喷粉机、6MFA风力灭火机、1E32F-2A自行车助力器、XJ50草坪剪草机、2GB-2A割灌机。主要物资年消耗：煤1667吨、汽油55吨、电力369万千瓦时、钢材193吨、铝67吨、镁83吨。1990~2005年累计生产采伐、营林、园林机械共计462147台。产品销往全国31个省(自治区、直辖市)。

3. 企业主要荣誉。1994年4月20日，内蒙古红花尔基发生森林火灾，林业部电告该厂急需风力灭火机前往增援，该厂接到电文后立即将灭火机送达火灾现场，使这场森林火灾得到及时有效地控制，林机厂这次增援灭火受到林业部、内蒙古红花尔基领导和同行的一致好评。

1995年1月，BG33油锯经国家便携式林业机械质量监督检查中心进行监督抽查综合评为合格产品。1995年6月，3MF-4喷雾器经国家标准机械质量监督测试中心检验评为合格产品。

1996年，BG33油锯、3MF-4喷雾喷粉机分别通过国家产品质量监督检查。

2004年12月18日，中国农机产品质量认证中心和北京东方凯姆质量认证中心对风力灭火机合格证及“3C”认证。

2004年11月，风力灭火机荣获陕西省名牌产品称号。

第二章　基础建设

第一节　道路与通讯建设

一、林区公路建设

1990~2010年，省资源局下属宁西、太白、宁东、汉西、龙草坪、长青6个林业局，共修建(改造)林区干、支线、岔线公路630.15千米。

(一)宁西局

1. 主干线。①菜新线(菜子坪-新场)全长11.19千米，2002年，投资15万元与当地"村村通"工程合资硬化了路面；②新小线(新场—小河)全长47千米。

2. 支线公路。新龙线(新场—龙王坪)11.5千米，后延伸10.2千米至银湾，全长21.7千米，2010年，由地方政府利用国投资金200万元修建。

3. 林区岔线。1990~1998年，修建的岔线有西木河、干沟、木耳沟、马旺沟、大湾共17.6千米，总投资123.2万元。

(二)太白局

1. 主干线。①太洋公路(太白县城南—洋县华阳镇)，其中苏黄段(苏家沟—黄柏塬)、黄二段(黄柏塬—二郎坝)为林区主干线，后由政府投资1.27亿元，2008年开工建设，2010年，竣工，全段为水泥、沥清硬化路面，实现社会、国防、企业共用。产权路基归省太白林业局，路面归太白县交通局，由太白县交通局管理养护。②黄核线(黄柏塬—核桃坪)原为省太白局的黄老运材支线(黄柏塬—老头庄)，也是一条具有旅游观光、休闲度假的黄金线路，全长20.09千米，总投资1462万元，2009年，完成投资503.8万元，由太白县交通局负责硬化施工，产权路基归太白局，路面归太白县交通局，并由太白县交通局负责管理养护。

2. 支线公路。大蹇沟(大骞沟沟口—荒草坪)全长20千米，原为太白局自修自养林区运材支线。2008年，地方政府实施"村村通"工程，对路面进行硬化施工，由当地政府负责管理养护。

(三)宁东局

1. 林区支线公路。①冷水沟公路，自西万路106千米冷水沟沟口起，止于南沟口，全长18千米，1991年开始修建，1992年建成，总投资200万元；②漆小公路，自西万路170千米漆树沟口，止于下小河杨家堡子，全长15千米，1994年施工，总投资150万元。

2. 林区岔线公路。1990~1998年，共修建林区岔线、便道28条，总长89.37千米，总投资405.13万元。

3. 洪水灾害：1990~2010年，历次大的洪水灾害分别发生在1993年、1998年、2002年、2003年、2007年，共损毁林区道路317.36千米、桥涵11座。

(四)汉西局

1. 林区运材支线公路。①汪油线(汪家河—油柳高)全长12千米，1992~1993年，由企业自筹资金修建，总投资99.8万元。②祝新公路(在原祝新公路上新修16千米)，1987年开始修建，1995年由于资金短缺停建，后于1997年11月至1998年5月，修建完成，总投资442.38万元。

2. 地震灾害。2008年5月12日，汶川大地震，造成汉西局林区道路干线4条总长64.6千米、支线28千米、桥2座40延长米、涵洞5座遭受损毁。按照灾后重建方案，汉西局对损毁的路基、路面、档墙、排水沟、桥涵进行维修、改造、加固，完成总投资111.75万元。

(五)龙草坪局

1. 林区支线道路。①小南坪，全长7.3千米，1990年修建，总投资300万元。②小东沟，全长4.2千米，1990年进行改造。

2. 洪水灾害。2002 年，“6・9”洪灾，林区所有公路基本报废，天保工程一期实施期间，因缺少资金没有恢复重建。

(六)长青局

1. 林区道路。①支线公路：1990~1998 年，由长青局负责自修自养支线公路 4 条，总长 35.7 千米，总投资 666.28 万元。其中，1990~1994 年，自营续建林区支线公路 3 条长 9.7 千米，投资 219.6 万元。小上线(小河—上马坪)，1997~1998 年，由陕西省长青林业开发有限公司，在城固小河摩天岭林区负责修建的运材公路，全长 26 千米，完成投资 446.68 万元。②林区支线恢复：1991 年，恢复华阳林场杨家沟支线，全长 9 千米，完成投资 24 万元。③林区岔线：1993 年，修建林区岔线 2 条长 1.4 千米，完成投资 15.7 万元。

2. 洪水灾害。①1990 年 7 月，特大暴雨造成长青局损失达 76.6 万元，1 个月内修复水毁公路 4.6 千米，恢复路面 3.3 万平方米，抢修涵洞、过水路面 22 处，清理塌方 15710 立方米，转运木材 901 立方米。②1991 年 8 月，秦岭山区连降大暴雨，造成长青林业局损失达 14.13 万元，冲毁路面 17200 平方米、桥涵 2 处、过水路面 1 处、路基坍塌 11050 立方米、边坡塌方 46200 立方米。长青局实施转产后，将所经营 2.99 万公顷林地，整体划归新成立的长青保护区。

二、桥涵工程

(1)宁西局朝阳桥位于宁陕县皇冠镇朝阳沟，单孔石拱桥，1998 年修建，投资 21 万元。

(2)1990 年，宁东局修建火太路石拱桥 2 座，全长 21.5 米，桥宽 5 米，投资 10 万元。

(3)1992 年 10 月，宁东局修建月太路砼简支五孔板板桥，长 30 米，宽 5.1 米，高 4 米，投资 28 万元。

三、电力、通讯

省资源局下属宁西、太白、宁东、汉西、龙草坪、长青 6 个林业局，均地处秦岭腹地，用电、通讯在 1990~2010 年期间均得到不同程度的改善和提高，特别是国家实施天保工程后，随着林区基础设施建设资金不断投入，职工工作生活环境发生较大变化。

1. 电站。凡有国家电网通达的林场、工队、管护站都充分利用国电供给，无国电供给的大都利用水电站供电或者柴油发电机。1990~2010 年，森工采育企业共架设输电线路 29190 米，有水力发电机组 2 套，柴油发电机 44 台，总发电量 1637 万千瓦时。省宁西林业局水电站年发电量突破 100 万千瓦时，不仅能解决用电自给，还向社会电网累计售电 41 万千瓦时，实现售电收入 206.14 万元。省太白林业局黄柏塬、二郎坝、桃川 3 个林场利用当地乡镇小水电站解决各场、队、站的生产、生活用电。汉西局在新店子林区新建 2 座小型水电站，以解决林区生产生活用电。长青局华阳林场场部使用当地小水电供电，并在本场杉树坪、柏杨坪自建小型水电站 2 座，装机容量分别为 7.5 千瓦、1.5 千瓦。

2. 通讯。宁西等 6 个林业局，根据自身特点和所处环境，1990~2010 年，共安装程控电话交换机 6 台(宁西 1，太白 3，宁东 1，汉西 1)。安装程控电话机 304 部(宁西 75，太白82，宁东49，汉西30，龙草坪42，长青26）。无线电机站55个（长青9，太白31，宁西15）；电台56部（宁西6，太白31，宁东2，汉西4，长青13），在辖区内架设发射塔1个（宁西1），使用卫星电话3部（宁西2，宁东1），架空线路129千米（太白129），基本实现了林场、管护站、点通讯全覆盖。

第二节　基础设施设备建设

一、贮木场

1990～1998年，省资源局下属宁西、太白、宁东、汉西、龙草坪、长青6个林业局共有贮木场7个。其中，汉西局贾旗寨贮木场为林业部定点贮木场。新建贮木场2个，分别是：宁东局长安临时贮木场，汉西局留旗营贮木场。

1. 宁西局余下贮木场。位于户县余下镇44号，占地面积13.8公顷，修建办公用房2451.3平方米，运材铁路专线1144.5米，有固定吊塔12座，铲车5台，年吞吐木材12万立方米。1998年，国家实施天保工程木材清库盘存39639立方米，2000年全部销售完毕，贮木场闲置，机械设备作价变卖，铁路专运线报废。2001年5月，在原址开始筹建宁西局天保种苗基地余下育苗区，2003年3月建成。

2. 太白局卧龙寺贮木场。占地4.53公顷，位于宝鸡市卧龙寺，有装卸桥、起重机、叉车等设备20台套，运材专用铁路1190米。国家实施天保工程后，木材清库盘存17471立方米，2000年，全部销售完毕，场地闲置，机械设备盘库封存，铁路专运线报废。后在原址种植种苗花卉，最终划块分割向社会租赁。

3. 宁东局长安贮木场。1996年，租用长安县内苑乡鸭池口村1.67公顷土地，新建宁东局长安临时贮木场，1998年，天保工程实施后，木材清库盘存19467立方米。2000年10月8日，库存原木全部销售完毕，贮木场撤销，租赁的土地归还。宁东局1990～1998年共建临时货场、贮木场24000平方米，其中，房建面积2505平方米，楞场面积12530平方米，场区道路面积3965平方米。

4. 汉西局贾旗寨贮木场。系林业部定点贮木场，1990～1998年，年均到材量、林副产品2万立方米。1997年12月，汉西局租用勉县周家山镇留旗营村五组靠铁路一侧的河滩地1.65公顷建设留旗营贮木场，用于小材、薪材、柴禾的改造与加工，1998年3月建成，总建筑面积16508平方米，其中楞场面积8353平方米，机械设备6台（套），总投资310万元。1999年，留旗营贮木场停止经营，租用的土地归还。国家实施天保工程后，贾旗寨贮木场木材清库盘存19516立方米。2000年，结束库存木材的销售，铁路专线报废，场地一直闲置。2001年3月，在原贾旗寨贮木场场地上建贾旗育苗区（喷灌系统工程），面积1.43公顷。从2009年起，汉西局把原木材加工厂、贮木场（贾旗育苗区）场地、房屋、设备整体租赁给地方个体户经营。

5. 龙草坪局普集贮木场。1980年建成，位于武功县普集镇，1990～1998年，有职工30人，有铁路专线1条，各种机械5台，其中，80集材拖拉机1台、叉车2台、电锯1台。国家实施天保工程后，设备、设施盘库封存，铁路专运线报废，场地、房屋闲置，木材清库盘存7000立方米。

6. 长青局花滩湾贮木场。建于1976年，位于局址王家沟，距城固火车站35千米，总面积42408平方米，其中，楞场面积19508平方米。1990~1994年，有职工30人，各种机械设备33台(套)，其中，电锯4台，叉车1台，年均到材量2万立方米。长青局实施转产，资产分割时将贮木场场地、地面建筑物、机械设备、各种设施划归长青林业开发有限公司。国家实施天保工程后，利用天保工程资金130万元，将原贮木场改建为长青天保工程中心苗圃，2001年10月建成。由于实施转产，1994年就停止了采伐，天保工程启动后，木材生产尚未形成库存。贮木场机械设备报废作价处理。

二、机械修配厂

1. 宁西局余下汽车大修厂。1990年，有各类机械设备共80台(套)，职工51人，主要承担局内运材、生活车辆的修理、保养业务。1998年，国家实施天保工程后，基本停止了汽车维修业务，主要靠对外加工零活维持生计。2000年3月，汽车运输公司与大修厂合并为“宁西林业局机械修配厂”，但仍以大修厂的名义对外经营。2010年，开始将厂地、厂房、设备分块划分对外实行租赁经营，年租金为1500~14000元不等，租期3~17年不等。

2. 太白局宝鸡汽车大修厂。1990年，在册职工54人，各类机械设备共28台(套)，1990~1998年，共大修各种车辆105台次。1996年，由一类汽车维修企业变更为二类汽车维护企业。1998年前主要以维修本局运材、生活车辆为主，2009年，停止了汽车维修，只保留厂牌，不再从事汽车维护业务，主要承揽对外机械加工。1999年，与宝成新纺公司合作试制生产并条机配件。2000年，与宝鸡市农业机械研究所合作，研制开发生产卧龙牌WL-50型多功能园艺机，该园艺机主要适用于蔬菜大棚、果园、苗圃、丘陵山区和小地块作业(犁旋播收)、喷药、施肥、挖坑、开沟、培土、覆膜、运输等。2001年8月通过了省科技厅、农机局验收，并颁发了WL-50型田园管理机投放市场合格证。经过4年市场销售，一直亏损经营，后因资金匮乏，技术人员流失，不能形成规模生产，加大了生产成本，于2005年年初终止合作。

2004年，宝成新纺公司改制，将所欠大修厂132万元按比例折合为93万元本金入股，大修厂成为该公司第一大股东。此后，宝成新纺公司逐年召开股东大会，以大修厂所持股份比例分配利润并转入太白局财务账户至今。

3. 长青局王家沟保养厂。1990年，有厂房2136平方米，库房736平方米，占地1公顷，除承担山场木材外运和贮木场至城固火车站木材运输外，还承担该局汽车大、小修、二保和对外承担汽车修理、保养业务，共有职工122人，其中，运输、修理人员110人，管理服务人员12人。汽车36辆，机修车间有修理及辅助生产工人70人，机械设备36台。

1994年，长青局转产期间决定在局汽车队基础上建立转产项目“长青运输修理厂”，将厂房、场地、设备等划归汽车队整建制更名为“长青运输修理厂”。

1997年11月，陕西省长青运输修理有限公司注册成立。公司成立后，在进行洋县综合楼及汽车修理厂建设的同时，以洋县、汉中为基地开拓经营项目，主要以汽车维修、汽车货运为主，兼营农用车、汽车配件和油料销售业务。

1999年12月，洋县综合楼建成，建筑面积2814.5平方米，除部分办公用房外，其他房屋由公司下属的劳动服务公司开办餐厅和招待所进行多种经营。由于汽车运输修理行业受市场和私营企业的冲击，经营难度大，公司一直亏损经营，勉强安置职工。

2003 年后，逐渐将各经营单位对外承包经营，至 2004 年仅保留汉中汽贸分公司由公司经营，主要从事农用车销售业务。洋县综合楼及汽修厂对外租赁经营。公司成立至 2010 年，完成社会总产值 5461. 00 万元，亏损 575. 40 万元，上缴国家税金 54. 10 万元。

4. 省林业机械研究所修造厂。原林机所下属的试制车间，曾更名为修造厂，下设机械加工车间和汽车修理车间。修造厂在承担本所科研试制加工生产任务的同时，利用研究所设备和技术对外承揽机械加工和汽车修理业务。2009 年 2 月，根据省政府机关事务管理局、省发展和改革委员会有关精神，省林业厅党组会议研究决定对大院实行统一规划管理和拆迁改造，随后将修造厂厂房等建筑设施全部拆除，机械设备报废。

三、管护站

2006 年，根据省财政厅、林业厅《关于下达 2006 年国有林区管护站撤并整合及标准化建设项目计划的通知》，省直国有林区管护站标准化建设项目正式启动。项目计划将资源局下属 5 个林业局的管护站点由原来的 141 个撤并为 47 个，工程项目投资 2405. 1 万元，其中，省财政补助 1925 万元，占 80%，自筹配套 480. 1 万元。

截至 2010 年年底，省资源局下属 5 个林业局(长青局实施了转产)按照省林业厅《全省国有林场管护站标准化建设方案》的建设原则和要求，共建管护站 46 个，建筑面积 16244. 1 平方米，投入资金 2650. 61 万元。新建成的管护站具有统一的要求和标准，有办公室、宿舍、卫生间、洗浴间、悬挂统一站标，配有摩托车、电视机、电话、热水器、办公座椅、床等工作、生活设施、设备。标准化管护站的建成，极大改善了林区一线管护人员的工作、生活条件，结束了省资源局系统管护人员长年无固定场所的历史。省资源局系统新建标准化管护站基本情况见表 5-2-1。

陕西省资源局系统新建标准化管护站一览表

表 5-2-1　　　　单位：平方米、万元

单位	管护站	建设地址	建筑面积	总投资
宁西局(11个)	板房子管护站	宁陕县新场镇中咀街	238	43. 43
	十八千米管护站	宁陕县皇冠镇宁西中心苗圃	528. 24	100. 28
	柴家关管护站	宁陕县四亩地镇柴家关村	405. 9	106. 66
	皇冠峪管护站	宁陕县新场镇建设村	157. 6	51. 83
	母子坪管护站	户县涝峪镇西河母子坪	230	55. 59
	黄草坪管护站	宁陕县皇冠镇黄草坪村	436. 8	48. 04
	木河桥管护站	宁陕县四亩地镇太山坝村	229. 05	71. 37
	庙沟管护站	宁陕县皇冠镇油坊坪村	203. 7	51. 69
	八宝管护站	宁陕县皇冠镇八宝村	234	43. 81
	五龙管护站	宁陕县新场镇龙王坪村	262. 18	48. 73
	麻房子管护站	宁陕县四亩地镇麻房子	945. 7	52. 54

续表

单位	管护站	建设地址	建筑面积	总投资
太白局（15个）	靖口管护站	太白县靖口镇	319. 4	50. 31
	太白河东沟管护站	太白县太白河镇东沟沟口	503. 4(其他用房 104. 5)	90. 75
	苏家沟中心管护站	太白县嘴头镇鲁家崖	507. 7(其他用房 104. 5)	92. 24
	黄柏塬中心管护站	太白县黄柏塬镇	503. 4(其他用房 125)	84. 79
	23 千米管护站	苏黄公路 23 千米处	288. 4	57. 64
	古字梁管护站	太白县黄柏塬镇核桃坪村	252. 47	49. 64
	大南沟管护站	太白县黄柏塬镇大箭沟	252. 4	36. 6
	白云峡管护站	太白县桃川镇	346. 6	53. 86
	扁家沟管护站	太白县王家楞乡和平村	827. 86	108. 89
	元坝子管护站	太白县王家楞乡元坝子村	346. 6	57. 74
	小贯子管护站	太白县嘴头镇凉峪村	556. 14(其他用房 153. 49	95. 64
	红沟管护站	太白县嘴头镇	145. 64	10. 33
	观音峡管护站	太白县黄柏塬二郎坝村	430	50. 04
	黑峡子管护站	太白县黄柏塬皂角湾村	297. 73	47. 69
	上房店管护站	太白县上房店	239. 39	41. 01
宁东局（11个）	冷水沟管护站	宁陕县江口镇冷水沟村	264. 5	57. 5
	平河梁管护站	宁陕县旬阳坝镇平河梁	215. 98	36. 8
	老城管护站	宁陕县城关镇老城村	462. 7	70. 7
	新矿管护站	宁陕县太山庙乡石磊台	177. 47	36. 99
	火地沟管护站	宁陕县皇冠乡兴隆村	142. 55	29. 19
	姊妹潭管护站	宁陕县广货街镇月河村	177. 5	38. 55
	太山庙管护站	宁陕县太山庙乡	504. 2	74. 4
	蒿沟管护站	宁陕县广货街镇蒿沟村	149. 39	45. 56
	苦竹沟管护站	宁陕县广货街镇苦竹沟村	284. 2	77. 96
	高桥管护站	宁陕县江口镇	230. 5	67. 91
	旬阳坝管护站	宁陕县旬阳坝镇	328. 26	67. 99
汉西局（5个）	汪家河管护站	旺家河	246. 85	63. 87
	万家坪管护站	万家坪	518	51. 13
	东沟管护站	东沟	252	36. 11
	庙坪管护站	庙坪	213. 5	36. 47
	红庙管护站	红庙	212	37. 43

续表

单位	管护站	建设地址	建筑面积	总投资
龙草坪局(4个)	100 千米管护站	108 国道 100 千米处	281. 53	52. 73
	小南坪管护站	佛坪县长角坝乡	814. 4	61. 57
	小沟河管护站	沙窝子 6 千米处	248. 48	45. 04
	东河台管护站	佛坪县东河村	344. 3	61. 57

四、厂(场)房

胶合板厂，1990~2008 年建设厂房车间 2274 平方米，投资 29 万元。

西安林化厂，1989~1992 年扩建橡胶软木三期工程，建筑面积 1178 平方米，完成投资 36 万元。1990~2010 年，橡胶软木车间和树脂软木车间购置设备 151 台(套)对橡胶软木车间硫化机、硫化和冲压模具进行技术改造 832 万元。

五、办公及生活用房

省资源局系统的民用建筑主要有机关办公用房、职工住宅、食堂、医院及职工活动中心等福利设施。1990~2010 年，共新增 65 万平方米，其中，机关办公用房 24. 8 万平方米，医院扩建 4. 1 万平方米，职工住宅 36. 1 万平方米。省资源局系统企事业单位完成房间面积见表 5-2-2。

2010 年陕西省资源局系统企事业单位完成房建面积表

表 5-2-2　　单位：平方米

单位	截至 2010 年完成房建面积		单位	截至 2010 年完成房建面积	
	合计	住宅		合计	其中：住宅
宁西局	118319. 4	52830. 87	经销公司	634	634
太白局	165900. 3	71656	省林贸总公司	1268. 16	1268. 16
宁东局	89271	80189. 4	省森工医院	52907	11927
汉西局	38387. 85	34398. 1	省森保所	16660. 65	16660. 65
龙草坪局	8343. 24	2620	林机厂		
长青局	113445	47422	省资源局机关	12460	9268
胶合板厂	3680. 58	3680. 58	西安林化厂	29670	28492
总计	650947. 18	361046. 76			

第三节　技术改造工程建设

一、技术改造工程建设主要内容

1990~2010 年，省资源局对直属工企业的现有固定资产进行了一系列技术改造工程建设(以下简称技改工程)。一是更新恢复固定资产原有生产能力，维持固定资产的简单再生产。二是通过工艺改造、机械设备改造、建筑工程改造，以至整体改造，使固定资产在原有基础上增加新的投资，更新设备，实现提高固定资产的生产能力，扩大再生产。

二、具体技改工程的实施

1. 集材索道。资源局6个林业局集材普遍采用的是直线单跨顺坡增力式集材索道。为解决弯曲沟道和支岔沟集材问题。1980年代，宁西局成立索道研制试验小组，成功研制出SJKD-3/2全托式拐弯索道并向全系统推广，拐弯索道的应用，大大减轻了劳动强度，节约了材料费用，提高了生产效率。1991年宁西局恢复和新架设了5条拐弯索道，仅当年新架设的3条拐弯索道与采用直线索道集材需架设7条索道相比，就节约材料费6.28万元，少占用绞盘机3台。

2. 板材生产线。龙草坪局在1990年和1993年利用森工多经专项贴息贷款，投资190万元对地板条生产线进行技术改造，增加了两套干燥窑，安装了四面刨、双端铣、双面压刨和吸尘设备，改造车间200平方米，增加一条生产线，使年生产能力达到15万平方米，可生产企口拼花和平口条式木地板。

1996年，太白局对终南综合厂进行整体改造，国家投资1000万元，建成年产0.46万立方米的实木(枝接材)地板条生产线。

胶合板厂生产的胶合板、刨花板都是常用规格，难以满足市场需求。1992～1994年，该厂发动职工集资，先后投入资金300多万元，将生产线设备工艺进行技术改造，胶合板幅面由原915毫米×1830毫米，革新到可生产1910毫米×1450毫米×50毫米席梦思床垫板和火车车箱板等不同规格的胶合板20多种；刨花板幅面由原1000毫米×2000毫米革新到可生产幅面为1220毫米×2440毫米厚度6～30毫米不同的素板10多种，很受用户欢迎。

3. 机械加工。西安林化厂在1991～2000年，利用技改贷款对橡胶软木车间、树脂软木车间进行技术改造，投入资金868万元，其中建厂房1178平方米，购置设备151台(套)。橡胶软木车间购置硫化机、炼塑机、冲床、磨床、压线机等设备28台(套)。树脂软木车间先后购置上海QZX数显切纸机一台、青岛SFE130宽带砂光机一台，引进台湾LH-28-A、LH-40-TC、LH-60仿型铣边机各一台，香港“光敏漆”地板涂漆生产线一套，德国K2剖切机一台，增加模具123套。1991～2000年，西安林化厂还对橡胶软木车间硫化机和冲压模具进行革新技改，并自制循环冷却回水装置一套。树脂软木车间从粒子粉碎、制胶、搅拌、压模、固化烘焙、剖片、砂光、切块、仿形铣边及包装等工序进行全面技改，生产过程中的粉尘飞扬和污染等问题进行了整改和治理。

第四节　棚户区改造与灾后重建

一、棚户区改造

省资源局6个林业局职工住房，大多建于1960～1970年，房屋低矮简陋，设施陈旧落后，经过几十年的风吹雨淋，部分房屋已出现地基下陷、墙体裂纹、瓦片脱落，给职工生活带来诸多不便和安全隐患。

2009年，陕西省林业厅正式启动全省国有林区棚户区改造工程，资源局6个林业局率先实施棚户区改造。截至2010年年底，省资源局6个林业局计划完成4167户，建筑面积224340平方米，投资30724万元，实际完成总投资34079万元，解决住房3236套(其中新建2289套，改造947套)，建筑面积251153平方米。省资源局系统棚户区改造完成情况见表5-2-3。

2010年陕西省资源局系统棚户区改造完成情况统计表

表5-2-3　　单位：户、平方米、万元

林业局名称	户数			建筑面积	投资
	合计	新建	危旧房改造		
宁西局	288	288		27274	4877
太白局	632	209	423	44064. 31	5319. 87
宁东局	835	652	183	58481. 8	9969
汉西局	312	140	172	21665	新建1600万，其他未决算
龙草坪局	281	112	169	19748	1774
长青局	888	888		79920	6204. 5
总计	3236	2289	947	224340	30724

二、灾后重建

2008年5月12日，四川汶川大地震波及陕西，省资源局系统6个林业局的森林植被、房屋、给排水、供电、通讯、林区道路等不同程度地受到破坏和损毁，直接经济损失达数亿元人民币。按照省林业厅《陕西省林业系统地震灾害恢复重建项目规划》要求，除了积极开展生产自救外，认真编制灾后恢复重建规划，争取纳入中、省灾后恢复重建规划之中。灾后恢复重建由各局根据受灾情况编制项目计划和实施方案，报省林业厅批准后进行。从2009年开始到2010年末，所有项目全部完成。建设内容有：森林植被恢复(人工造林恢复、封山育林恢复、人促更新恢复)；自然保护区及野生动物栖息地恢复重建，包括野生动物栖息地恢复，重建固定监测样地、人工普查监测样地等；林业生产能力恢复重建，包括森林防火基础设施(物资库、扑火队营房)重建、森林病虫害监测样地重建、种苗基地恢复重建；公共基础设施恢复重建与维修，包括办公用房、职工住宅、生产厂房、医院业务用房、大门、围墙的重建、修缮及供电、供暖、给、排水等基础设施维修、恢复；林区道路恢复重建。2009~2010年，国家投资国有林区社会公益性基础设施建设资金6633. 98万元，其中恢复重建林区道路15条，投资3686万元；给排水、供电项目4个，投资519. 38万元。

1990~2010年，省资源局系统完成基本建设投资1581332. 40万元，其中国家预算直接安排59199. 65万元，新增固定资产56426. 27万元。陕西省资源局系统1990~2010年基建投资和新增固定资产、省资源局企事业单位截至2010年完成基建投资和新增固定资产分别见表5-2-4、表5-2-5。

省资源局系统在2006~2010年，即“十一五”期间，累计实现林业产业总产值83044万元，其中：第一产业10218万元，第二产业24235万元，第三产业48591万元。基建投资 1452307.18 万元，其中生产建设投资 1439639.08 万元，住宅建设投资 1192.93 万元，新增固定资产 18922.13 万元。

2010 年，省资源局系统实现林业产业总产值 18422 万元，其中：第一产业 2612 万元，第二产业 3097 万元，第三产业 12713 万元。基建投资 43180.98 万元，其中生产建设投资 39056.04 万元，住宅建设投资 986.03 万元，新增固定资产 10613.94 万元。

1990~2010 年陕西省资源局系统基建投资和新增固定资产表

表 5-2-4　　　　单位：万元

年份	本年实际完成投资额		投资按构成分		投资按用途分			本年新增固定资产
	合计	国家预算直接安排	建筑安装工程	设备工具购置	生产性建设	非生产性建设		
						小计	其中：住宅	
1990	1389.21	196.38	960.78	348.43	915.44	295.36	249.36	1268.83
1991	620.07	226.75	245.43	249.65	447.52	48.25	39.85	601.97
1992	756.39	228.06	397.6	277.79	550.75	156.27	93.37	779.59
1993	1111.32	255	704.58	176.43	552.53	437.89	401.4	800.6
1994	2752.98	687.9	1712.34	241.67	2079.28	673.7	673.7	2770.13
1995	3490.93	196	935.75	459.09	3153.97	318.19	305.19	3521.83
1996	3297.32	310.3	1360.05	1626.44	2579.95	427.07	178.22	1773.42
1997	2918.58	223.5	2331.55	365.53	1365.39	1329.69	728.73	4672.08
1998	4913.98	1575.8	2258.17	277.01	3737.27	1056.11	798.1	3789.3
1999	7254.12	4384.47	3847.97	525.77	5622.9	402.55	397.06	3220.56
2000	15080.61	4609.33	1470.91	8638.68	12451.67	1242.92	1242.92	2805.9
2001	7885.31	5981.77	448.31	2260.84	4728.95	56.09	56.09	1646.72
2002	21094.03	5222.3	362.48	13223.59	16481.94	192.67	104.88	1663.47
2003	17391.96	7616.36	1898.42	6906.68	13050.69	24.41	75.11	4547.06
2004	20654.78	1731.37	187.72	18044.36	19451.9	82.08	81.52	1848.65
2005	18413.63	2603.33	187.2	15063.75	16669.05	119.9	0	1794.03
2006	6545.82	2936.81	1139.2	2404.34	5449.21	51.85	50.5	2928.51
2007	43585.46	3187.1	296.4	39940.21	42814.03	99.58	37.3	1443.7
2008	775195.35	3938.87	120803.79	650324.73	773640.72	300.99	105	2345.09
2009	583799.57	5746.5	199151.96	380598.15	578679.08	157.25	13.5	1590.89
2010	43180.98	7341.75	1269.49	27839.51	39056.04	1344.35	986.63	10613.94
累计	1581332.40	59199.65	341970.10	1169792.65	1543478.28	8817.17	6618.43	56426.27

截至 2010 年陕西省资源局企事业单位完成基建投资和新增固定资产投资表

表 5-2-5

单位：万元

单位		截至 2010 年完成投资额		投资按构成分		投资按性质分		按投资用途分			新增固定资产
		合计	其中：国家预算直接安排	建筑工程	设备购置	新建	改扩建	生产性建设	非生产性建设		
									小计	其中住宅	
合计		1581332.40	59199.65	341970.10	1169792.65	1221103.71	332483.15	1543478.28	8777.17	6617.98	56426.27
秦岭地区	小计	92212.3	59155.3	19114.88	4385.92	62990.47	15390.63	58971.33	7048.68	5099.98	44340.61
	宁西局	23485.89	8158.60	2724.38	988.19	11583.54	39.13	10525.57	1573.15	1060.38	12099.29
	太白局	31582.9	28356.2	3995.3	662.1	18949.74	12633.16	31063.9	519	519	14610
	宁东局	20033.8	17419.7	2148.7	28	19860.8	173	8966	728.5	728.5	2877.12
	汉西局	2835.35	430	2325.95	509.4	1712.15	0	1370.72	1154.39	878.02	2835.35
	龙草坪局	7221.52	4551.30	2026.84	1039.10	3831.40	2545.34	2061.76	1004.18	302.51	5193.98
	长青局	7052.84	239.5	5893.71	1159.13	7052.84		4983.38	2069.46	1611.57	6724.87
其他	小计	1489120.1	44.35	322855.22	1165406.73	1158113.24	317092.52	1484506.95	1728.49	1518	12085.66
	胶合板厂	569.14	4.35	391.66	177.48			200.8	368.34	355.09	389.94
	西安林化厂	868		36	832		868	868			868
	省经销公司	10.95			10.26			10.64			10.95
	省林贸总公司	1474337.76		316224.52	1158113.24	1158113.24	316224.52	1474337.76			65
	省森工医院	9729.64		3730.26	5998.75			9089.75	639.89	639.89	9729.64
	省森保所	2609.25	40	2472.78	0						96.55
	林机厂										
	省资源局机关	995.36			275				720.26	523.02	925.58

第三章　森林采伐

第一节　森林采伐概况

一、森林采伐的原则

省资源局6个林业局的森林采伐，坚持贯彻“以营林为基础，普遍造林，大力护林，采育结合，永续利用”的林业建设总方针，执行森林经营方案，实行限额采伐，发挥森林的生态效益、经济效益和社会效益

二、森林采伐的政策制度

1990年后，省资源局6个林业局都建立了布局合理、结构完善的林场、采育队、工点，从事森林采伐作业。森林采伐依据1987年国务院批准的《森林采伐更新管理办法》和1991年陕西省政府公布实施的《陕西省森林管理条例》，以“用材林消耗量低于生长量”的原则，按照省资源局(省森工总公司)下达的年度采伐限额，严格实行“三总量”(采伐量、运输量、销售量)控制和“三证”(采伐设计文件、林木采伐许可证、国有林采伐作业证)制度。

1. 森林采伐限额。按照《中华人民共和国森林法》规定制定年采伐限额，每5年核定一次。1990~1998年，由省政府核定，省林业厅下达省资源局6个林业局采伐限额总量为612万立方米。

2. 实行木材生产计划管理制度。木材生产计划俗称“采伐指标”。《中华人民共和国森林法》规定：国家制定统一的年度木材生产计划，年度木材生产计划不得超过批准的年采伐限额。各地生产的木材总量(不包括农民自用材)不得超过国家逐级下达的木材生产计划。

3. 凭证采伐。采伐林木必须申请采伐许可证，按许可证的规定进行采伐。

4. 统一采伐年度规定。林木采伐规定为每年的1月1日至12月31日，森林采伐限额、木材生产计划的年度执行期与林木采伐的年度一致，禁止跨年度使用。

5. 伐区调查设计制度。《陕西省森林采伐管理办法》规定：林木采伐实行伐区调查设计制度，伐区调查设计必须具有林业调查规划设计资质的队伍承担，调查人员必须到申请采伐地点进行实地调查，标明伐区范围。

三、采伐的情况统计。

1990~1998年，天保工程实施前，省资源局6个林业局年木材产量基本保持在19万立方米左右，最高产量是1993年，达到21.36万立方米。

长青局实施转产，从1996年，开始停止了采伐，1998~1999年，长青转产企业陕西省长青林业开发有限公司，经省资源局批准立项，在城固县小河林区生产木材1.64万立方米。1990~1999年，省资源局6个林业局木材总产量189.3万立方米，采伐面积70166.2公顷，消耗森林蓄积量485.48万立方米(表5-3-1)。

1990~1999 年陕西省资源局 6 个林业局森林采伐情况表

表 5-3-1　　单位：立方米、公顷

单位	木材产量	采伐面积	资源消耗总量
宁西局	526891	14469	1693485
太白局	592281	20582	1103744
宁东局	322493	23932	895900
汉西局	177447	4757	466000
龙草坪局	150639	3785. 6	327136
长青局	151691	2640. 6	368570
合计	1893043	70166. 2	4854835

第二节　森林采伐设计

省资源局 6 个林业局，大多都组建于 1950~1960 年，成立机构后就着手基本建设，组织木材生产，随后才进行总体设计。

1989 年，省资源局宁西、太白、宁东、汉西、龙草坪、长青 6 个林业局总体设计施业面积 84. 21 万公顷，蓄积量 5545 万立方米。在省资源局 6 个林业局经营范围内，除建立军事禁区(太白县行政区域内)、太白山、佛坪 2 个保护区等情况外。1997 年 4 月，长青局实施转产成立“陕西长青国家级自然保护区”，部分施业范围划归地方政府管理。省资源局 6 个林业局森林采伐面积发生较大变化。据 2006~2010 年即“十一五”时期(2009 年)森林资源二类调查，实际森林采伐面积 33. 81 万公顷，活立木蓄积量 3107 万立方米，分别为原设计的 40. 14%和 56. 04%，面积占秦岭林区总面积(484. 88 万公顷)的 6. 97%。省资源局 6 个林业局总体设计情况及 2010 年森林实际采伐范围、活立木蓄积量、林分面积、蓄积量及按龄组分布情况分别见表 5-3-2、表 5-3-3。

2010 年陕西省资源局 6 个林业局森林采伐总体设计情况表

表 5-3-2　　单位：万公顷、万立方米

单位	建局(场)时间	施业范围		批准设计任务书		总体设计	
		面积	蓄积量	机关、文号	时间	批准机关、文号	承担设计单位、时间
宁西局	1966 年 2 月	12. 09	1249. 4	国家计委(60)计重安字 292 号	1960 年 2 月	林业部(66)基设字第 38 号	西北林业勘察设计院，1964~1965 年
太白局	1958 年 4 月	27. 40	1884. 3	国家计委(67)计林字 175 号	1967 年 3 月	林业部(67)林基设字 033 号	省林业调查设计院，1965 年 6 月至 1966 年 9 月
宁东局	1958 年 10 月	16. 32	846. 7	省计划委员会(60)计农字 66 号	1960 年	省农林厅(59)农林字 017 号	林业部西北林业勘察设计院，1964~1965 年

续表

单位	建局（场）时间	施业范围		批准设计任务书		总体设计	
		面积	蓄积量	机关、文号	时间	批准机关、文号	承担设计单位、时间
汉西局	1958 年 8 月	3.2	292		1958 年 8 月	汉中专区	省林业勘察设计院，1958 年 1 月
龙草坪局	1980 年 6 月	2.055	166.648	陕森发（2004）林 46 号	2004 年	陕森发（2006）35 号	西北林业设计院，2005 年 5 月～12 月
长青局	1968 年 1 月	25.24	1298.3	国家计委（67）林计字 626 号	1967 年	省建设委员会（70）陕建基字 398 号	内蒙古林业管理局勘察设计院，1967 年 4 月至 1968 年 8 月

2010 年陕西省资源局 5 个林业局森林资源情况统计表

表 5-3-3　　单位：万公顷、万立方米

项目		宁西局	太白局	宁东局	汉西局	龙草坪局
总面积		9.17563	11.466	8.08766	3.024	2.0551
活立木蓄积量		906.152	1031.6	747.44	254.37	166.648
林分面积		8.4648	11.4	7.69319	3.014	1.9612
林分蓄积量		903.1847	10.3	745.15195	254.37	165.627
幼龄林	面积	0.6031	0.116	0.41349	0.37	0.1565
	蓄积量	32.9098	3.75	14.04684	17.75	8.5548
中龄林	面积	4.2355	4.046	4.92441	0.63	1.3362
	蓄积量	417.2012	244.89	442.18106	48.64	109.8129
近熟林	面积	3.0168	4.526	2.13822	1.2	0.1932
	蓄积量	367.6874	460.46	260.79096	109.49	18.1792
成熟林	面积	0.5385	1.724	0.20565	0.55	0.188
	蓄积量	73.6171	202.41	26.34311	56.86	19.2433
过熟林	面积	0.0709	0.8929	0.01142	0.19	0.0873
	蓄积量	11.7692	118.77	1.78998	20.91	9.8368

第三节　森林采伐方式

1989 年 1 月，陕西省林业厅出台了《国有林采伐更新作业暂行规定》，省资源局 6 个林业局，依据相关规定精神，结合森林系统状况、林分质量、自然条件因林因地制宜，推行合理的采伐方式和作业方式，林木采伐以择伐为主。

1990～1998 年，省资源局 6 个林业局上报采伐森林面积 70312.2 公顷。其中，皆伐 6592.6 公顷，择伐 63719.6 公顷，经上级主管部门组织普查、核定采伐面积为 70166.2

公顷，其中皆伐6579.6公顷，择伐63586.6公顷。1990~1998年，省资源局6个林业局采伐方式情况见表5-3-4。

1990~1998年陕西省资源局6个林业局采伐方式情况表

表5-3-4 单位：条、立方米

单位	上报采伐面积			核实采伐面积		
	小计	采伐方式		小计	采伐方式	
		皆伐	择伐		皆伐	择伐
宁西局	14469	1332	13137	14469	1332	13137
太白局	20600		20600	20582		20582
宁东局	24060	2483	21577	23932	2470	21462
汉西局	4757	1959	2798	4757	1959	2798
龙草坪局	3785.6	282.6	3503	3785.6	282.6	3503
长青局	2640.6	536	2104.6	2640.6	536	2104.6
合计	70312.2	6592.6	63719.6	70166.2	6579.6	63586.6

第四节 森林采伐区调查设计

依照1984年，林业部颁布《西南、西北林区企业采伐营林调查设计规程》，1987年颁布的《森林采伐更新管理办法》《采伐营林调查设计规程》以及陕西省林业厅《国有林采伐更新作业暂行规定》。1990年，省资源局制定《陕西省森工采育企业营林调查设计有关规定》。规定要求，调查设计坚持综合作业，综合设计。在设计主伐作业的同时，必须设计合理的更新方式。皆伐作业、集材道必须采用人工更新的方式，并应在主伐作业的同时进行更新设计。各林业局还根据本单位实际制定相应的制度和办法，统一规范了林业调查设计的方法和内容，为森林采伐区调查设计工作奠定了良好的基础。

森林采伐更新作业设计，一般由说明书、调查表、作业设计平面图组成，要求于正式作业的前1年完成。完成好的调查设计，一般先由各林业局组织验收，合格后报省资源局审批，经审批后的作业设计文件方可作为施工依据。森林采伐作业设计有效期2年。

1990~1998年，省资源局6个林业局，共有森林调查设计队6个，分别承担各林业局森林采伐区、营林调查设计任务。共有职工146人，设备仪器178台(套)，见表5-3-5。

1998 年陕西省资源局 5 个林业局森林调查设计队伍状况表

表 5-3-5　　单位：人、台

单位	人员						主要仪器设备台数	设计证书级别	
	总计	高级工程师	工程师	助理工程师	技术员	其他		林业设计	工程设计
宁西局	42	1	2	6	18	15	60	乙级	丁级
太白局	46	3	12	13	16	2	40	乙级	丙级
宁东局	32		3	7	10	12	29	丙级	无
汉西局	12	0	1	2	7	2	20	丙级	
龙草坪局	14	1	6	4	3		29	丙级	丁级
合计	146	5	24	32	54	31	178		

第五节　森林采伐区管理

1990~1998 年，执行《陕西省森工采育企业伐区拨交、检查、验收制度(试行)》，省资源局 6 个林业局，对伐区的作业生产和原木生产质量进行严格管理、严格制度、严格要求，仍然执行“伐区拨交、检查、验收制度”。坚持“未经拨交不准采伐，检查不合格不予验收，未经验收不拨新伐区”的伐区管理办法。

一、伐区划拨

省资源局 6 个林业局采伐区域按伐区、作业区、作业小区三级管理拨交的原则。伐区若干年划拨一次，作业区划拨每年 1 次，作业小区的划拨则由林场、采育队根据生产实际情况自己掌握。伐区划拨必须经过森林调查设计，调查设计文件必须报经上级主管部门审批。未经设计和报批的伐区不得划拨，未划拨的伐区不得安排作业生产。伐区划拨后，认真填写“伐区划拨证”，并发给采伐工队“采伐证”，随后将划拨情况以文件报上级主管部门备查。

二、伐区质量检查

1990~1998 年，省资源局 6 个林业局，伐区质量检查执行林业部颁发《国有林伐区作业质量检查评比标准》《森林采伐更新管理办法》和省资源局制定的《陕西省营林业企业伐区管理办法(试行)》《陕西省森工采育企业伐区划拨、检查、验收制度(试行)》及各局制定的有关制度规定。伐区质量检查分月检查、季检查和半年、年终检查。上级主管部门将各单位的伐区质量检查，定于每年 7 月和年终各进行 1 次，对检查结果排名靠前的单位进行奖励，进一步鼓励 6 个林业局提高伐区作业水平。

汉西局 1993 年，参加全国伐区质量抽查评比中，获得 98 分，名列第二。长青局在 1998 年 4 月，全国伐区质量抽查评比中，获得 95. 3 分，被林业部评为伐区质量成绩优异局。

伐区采(伐)、造(材)、集(材)、运(材)、清(山)等生产作业全部结束后，还要进行 1 次全面系统认真的初检、复检、终检 3 个环节后，方可办理伐区验收手续，填写验收单，再由省资源局、各林业局、施工队三方签字盖章，核发验收合格证。

森林采伐区验收的5条标准：①采伐方式选择合理。②采伐迹地清理合格。③伐区无“丢件子”、伐根合规、无丢弃材和梢头。④营林更新跟上采伐。⑤分年度提供伐区拨交检查、验收和按伐区设计进行生产作业的全部技术档案。

省资源局6个林业局1990~1998年伐区作业质量检查结果见表5-3-6。

1990~1998年陕西省资源局6个林业局伐区作业质量检查结果表

表5-3-6

项目		1990	1991	1992	1993	1994	1995	1996	1997	1998
伐根	平均高(厘米)	1.83	1.72	1.75	1.77	1.79	2.12	2.02	2.02	2.06
	合格率(%)	95.60	96.32	96.68	95.42	96.15	95.98	95.96	95.8	95.6
造材合格率(%)		95.40	94.68	94.82	93.98	94.95	94.36	96	95.5	95.92
保留木(株/公顷)		369.83	363.83	363.83	361.67	370.17	351.6	365.8	363.6	335.4
清林合格率(%)		94.58	94.45	94.97	95.57	94.05	94	94.38	96.18	95.06
应伐未伐木(立方米/公顷)		1.51	1.47	1.84	1.53	1.54	1.57	1.674	1.836	1.574
伐后郁闭度		0.54	0.52	0.56	0.52	0.53	0.516	0.532	0.53	0.52
丢失件子(立方米/公顷)		0.30	0.30	0.38	0.30	0.32	0.336	0.336	0.316	0.346
质量得分(分)		95.27	95.17	95.33	94.68	93.95	93.02	95.16	95.34	94.82
采伐强度(%)		33.97	34.78	34.88	35.63	34.90	34.8	34.64	34.1	34.1

第六节 森林采伐施工程序

陕西省资源局6个林业局，执行部、省森林更新作业管理的制度和办法，认真设计，严格审批，禁止未经划拨安排作业生产，严格执行森林采伐作业生产管理制度。在森林采伐施工作业中，执行年采伐限额，控制森林消耗，按照审批的伐区设计，坚持“三证”作业施工制度。

一、采伐准备作业

1. 确定采伐工队。通过伐区拨交确定采伐工队的伐区范围、作业面积和木材生产任务。采伐工队要配备伐区作业使用的机具：弯把锯、大斧、撬杠、木滑道等，集材造材使用的索道、拖拉机、汽车、油锯、绞盘机等设备。同时下设采伐、检尺、装车、养路、营林等班组。

2. 修建工队房舍。1990~1998年，省资源局6个林业局修建的房舍一般为土木结构，条件较好的工队工房为砖木结构，条件较差的工队或班组工房为木板油毡。采育工队都配有手摇发电机、电视机，设图书室、游艺室等文化生活娱乐设施。

3. 修建集运设施。采伐作业前，一是要组织修建林区岔线、拖拉机集材道、伐区楞场及装车平台等设施。运材岔线长度在3千米以下的投资纳入伐区木材生产管理成本，长度在3千米以上的费用计入基本建设工程投资。二是要编报采伐计划、采伐技术规程、施工组织管理等准备工作。

二、伐区木材生产

森林采伐作业工序包括山楞材和中楞材生产。山楞材生产又包括伐木、打枝、造材、清林等4道工序；中楞材生产包括集材、归楞、验收3道工序。

1. 挂号伐木。1990~1998年，省资源局6个林业局伐木作业生产中推行树木挂号、按号伐木，根据秦岭林区森林资源变化、地形复杂的实际，伐区不断向高、远、难延伸，普遍采用弯把锯作业生产和挂号伐木的伐区作业生产方式。

2. 打枝造材。林木伐倒后随即打枝，打枝要自下而上，做到茬口平滑、截去梢头、形成原条，有利于窜坡集材。造材要按照部颁木材标准在楞场或山场进行。造材先由专人划线，再按线造材，确保造材质量。坚持"量树造材、逢弯下锯、缺陷集中、多造长材、物尽其用"和"长材不短造、大材不小造、优材不劣造"的原则。

3. 清理伐区。一是清理遗弃在山场的木材，俗称"丢件子"，每公顷林地清理不超过0.28立方米。对径级12厘米以上、长约1米的木材，全部清理归集。二是清理枝丫、梢头等采伐剩余物作为贮集或加工利用，应归集运出。不能利用的采伐剩余物，要截成1米长，并按1米×1米×1.5米的规格堆积使其腐烂，保持林地卫生整洁，便于迹地更新。三是伐区有搭挂、伐根过高等情况，应由工队组织返工，以达到伐区清理标准。

4. 中楞材集材、归楞、验收。集材方式为人力、土机械、拖拉机、索道集材，中楞场一般选择在距运材公路20米以内、地势平缓、不跨河坎、便于检尺装车的地方，楞堆堆底支垫粗大木料，楞堆间有一定距离。根据省森工局规定：中楞材验收必须由工队检尺组实施，检尺要逐根检量，标号材长、径级，边检边报，专人逐根登记，木材验收的原始记录分月装订成册，妥为保管备查。

1990年后，省资源局6个林业局普遍使用索道、拖拉机集材，宁西局研究并推广的SGKD-3/2全托式拐弯索道不仅节约成本，而且也提高了工效。省资源局采育企业1990~1998年拖拉机、索道集材情况分别见表5-3-7、表5-3 8。

1990~1998年陕西省资源局6个林业局拖拉机集材情况

表5-3-7　　单位：台、立方米

年份	项目	合计	宁西局	太白局	宁东局	汉西局	龙草坪局	长青局
1990	拖拉机(台)	66	18	34	7	2	5	1
	集材量	56162	1631	30054	12302	2912	9263	0
1991	拖拉机(台)	68	19	34	8	2	5	1
	集材量	56893	1622	31394	13392	2123	8362	0
1992	拖拉机(台)	72	19	35	10	2	6	1
	集材量	56597	1673	31444	15744	2981	4755	0

续表

年份	项目	合计	宁西局	太白局	宁东局	汉西局	龙草坪局	长青局
1993	拖拉机(台)	70	18	35	10	2	5	1
	集材量	57740	1695	32046	16080	3011	4908	0
1994	拖拉机(台)	67	19	32	10	2	4	1
	集材量	50268	1717	25951	17915	2988	1697	0
1995	拖拉机(台)	64	19	30	11	1	3	1
	集材量	45311	1830	25839	15300	1982	360	0
1996	拖拉机(台)	63	19	29	11	1	3	1
	集材量	47326	1532	24670	17718	2186	1220	0
1997	拖拉机(台)	64	18	30	12	1	3	1
	集材量	68331	1265	49727	15767	612	960	0
1998	拖拉机(台)	64	19	30	12	0	3	1
	集材量	57617	1227	42830	12840	0	720	0
总计	拖拉机(台)	598						
	集材量	496245						

第四章　木材贮存运输销售

第一节　木材贮存

一、木材贮存机构

陕西省资源局6个林业局1990~1998年，共有木材贮存场7个(以下简称贮木场)，分别是宁西局余下贮木场、太白局卧龙寺贮木场、宁东局长安临时贮木场(新建)、汉西局贾旗寨贮木场、留旗营贮木场(新建)、龙草坪局普集贮木场、长青局花滩湾贮木场，编制职工382人，有机械设备77台(套)，年平均到材量20.6万立方米。

二、贮木场的管理

1. 管理制度。1990~1998年，省资源局6个林业局贮木场职能为负责木材进场验收、组织货源、库存产品、综合利用加工生产和产品销售。执行国家林业总局颁布的《贮木场管理办法》《陕西省森工采运企业贮木场管理实施细则(试行)》《陕西省贮木场部分职能人员工作质量标准(草案)》等制度。各贮木场建立有生产管理、木材验收缴库、楞场管理、木材调拨、安全防火、奖惩等各项制度和措施，实行岗位责任制、经济责任制承包，业务既受本局生产供销部门指导管理外，1993年4月起接受各局林产品经销分

1990~1998 年陕西省资源局 6 个林业局索道集材情况表

表 5-3-8　　　　单位：条、立方米

单位	1990		1991		1992		1993		1994		1995		1996		1997		1998	
	条数	采集量	条数	采集量	条数	采集量	条数	采集量	条数	采集量	条数	采集量	条数	采集量	条数	采集量	条数	采集量
宁西局	28	53824	29	47590	31	53545	37	56719	37	56108	38	59780	40	60070	39	62004	38	60458
太白局	18	21403	15	18927	19	19653	23	21786	25	30728	28	31289	24	30001	10	14523	16	18655
宁东局	4	2050	4	2232	5	2624	5	2680	6	2986	5	2550	6	2953	5	2628	4	2140
汉西局	2	3211	2	2269	1	2120	1	1928	2	2298	2	2121	2	2219	2	2018	1	590
龙草坪局	26	17545	23	15625	21	15190	20	13301	18	8160	18	10967	18	8110	18	7520	16	5300
长青局	13	11436	19	23060	11	17916	8	17078	19	24091	4	4038	4	2806				
合计	91	88066	77	90776	69	91395	71	91706	82	93643	67	79456	70	76158	64	74170	59	68488

公司的指导管理。1990年起，省森工系统每年对贮木场进行一次检查评比，组织参加林业部组织的全国林业局(场)贮木场场际竞赛。

2. 生产指标完成情况。1990~1998年，资源局6个林业局贮木场各项生产指标完成情况统计：材积准确率99.3%，等级准确率88.7%，木材标号准确率99.1%，长度准确率94.3%，火车装载42.42立方米/车，全员实物劳动生产率1011元/(立方米·人·年)。

第二节 木材运输

一、运输队伍

1990年后，省资源局6个林业局木材运输方式为汽车运输。各局都成立了汽车队，分别承担本局的木材、林副产品运输任务。

1990年，6个林业局共有汽车队6个，核定运材车辆246台，职工656人，其中：宁西局汽车队职工197人，汽车69台。太白局汽车队职工202人，汽车67台。宁东局汽车队职工51人，汽车28台。汉西局汽车队职工36人，汽车16台。龙草坪局汽车队职工48人，汽车30台。长青局汽车队职工122人(其中驾驶员39人)，汽车36台(1994~1996年转产停止木材生产，运输、修理推向市场，后运输、修理划归转产企业“陕西省长青运输修理有限公司”)。

1998年，国家实施天保工程后，木材生产、运输随即停止，各局将汽车队撤并，人员分流，运材车辆报废或折价变卖。

1990年以前，省资源局6个林业局木材运输车辆基本以解放CA10B和CA15型汽车为主，运输量低，油耗大。1990年后，各局开始引进东风EQ140和新解放CA141运材车辆，陆续淘汰了原来的老解放，运材量由原来的4~5立方米/趟提高到6~8立方米/趟，提高了运能，降低了成本。

二、营运状况

1990~1998年，省资源局系统核定运材车辆1999台/次，实际运材量1878244立方米，平均单车运材量939.59立方米。省资源局系统属汽车运材情况、汽车运材各项生产指标完成情况分别见表5-4-1、表5-4-2。

1990~1998年陕西省资源局系统汽车运材情况表

表5-4-1 单位：辆、立方米

年份	核定运材车辆	实际运材量	平均单车运材量	年份	核定运材车辆	实际运材量	平均单车运材量
1990	246	200960	816.9109756	1995	222	214072	964.28829
1991	245	204503	834.7061224	1996	213	204393	959.59155
1992	243	213720	879.5061728	1997	187	197181	1054.4439
1993	226	238197	1053.969027	1998	189	201377	1065.4868
1994	228	203841	894.0394737				

1990~1998 年陕西省资源局系统汽车运材各项生产指标完成情况表

表 5-4-2

年份		1990	1991	1992	1993	1994	1995	1996	1997	1998
在册载重车(辆)		265	267	265	256	251	249	245	220	227
其中投入运材车(辆)		243	244	242	226	226	221	213	187	189
全年运材量(立方米)		200956.1	204503	213720	238197	203841	214072	204393	207181	201377
总完成运输周转量[万立方米(吨)/千米]		75152.15	83227.9	96280.3	118083	104051	124603	126085	123961	145714
完成木材周转量[万立方米(吨)/千米]		1328.37	1355.46	1421.73	1559.3	1376.01	1416.45	1454.29	1424.99	1378.99
单车平均运材量(立方米)		826.9798	838.127	883.14	1053.97	901.951	968.652	959.592	1107.92	1065.49
单车平均完成周转量[立方米(吨)/千米]		3092681	3410981	3978523	5224926	4604030	5638129	5919470	6628909	7709753
成本[元/(千吨·千米)]		388.772	395.918	398.644	411.822	407.284	433.06	836.19	473.87	472.66
平均油耗	[千克/(百车·千米)]	27.925	28.7417	28.7317	30.0733	29.3617	30.5833	28.004	28.8067	28.4967
	[千克/(百吨·千米)]	9.224	9.448	9.04	9.316	9.052	9.8	9.9825	9.9	9.445
全系统运输总盈利(万元)		110909.8	112356	80252.3	101245	97283	98213.6	88649.6	91767	97593.6
车辆完好率(%)		85.36333	85.15	86.9833	92.466	89.2333	91.8733	91.2667	89.4	90.4
车辆利用率(%)		67.78	68.7	71.53	69.2833	72.44	72.3783	78.7333	70.3	81.6
重载量(%)		55.3375	57.05	51.91	53.235	52.085	52.375	50.625	49.1	46.6

三、木材运输道路养护情况

1990~1999 年，省资源局 6 个林业局均有木材运输道路养护队，承担对木材运输道路的养护工作，保证木材运输畅通。

1. 宁西局。1990~1999 年，运材公路养护总里程 339 千米。其中干线公路 6 条共 227 千米由 3 个养路队负责专业养护，有养路道班 33 个，人员 342 人，机械设备 16 台。运材支岔线则由各林场、工队、工点就近养护。1999 年撤销养路队成立菜子坪公路总段，有职工 68 人，其中：男 51 人，女 17 人。2010 年，公路总段并入菜子坪管理处，职工 38 人，其中：男 32 人，女 6 人，对道路实行临时性养护。

2. 太白局。1990~1998年，有林区公路16条352千米，除地方政府负责硬化、管理养护外，其余道路均由太白局2个专业养路队负责养护养路队共有257名工作人员，养护总里程130.4千米。1999年7月，撤销养路队成立森防道管护工区，承担林区物资运输、森林防火、多种经营生产道路的养护工作，共有职工76人，其中：男54人，女22人。2008年，随着地方政府实施"村村通"工程，林区主要干线不断硬化改造，太白局撤销了森防道管护工区，结束了公路养护使命。林区主要干线的养护工作由地方政府组织实施。

3. 宁东局。1990~1998年，共有林区支、岔线公路75条，总长409.27千米。其中，林区支线公路8条，长166.39千米，岔线公路67条，长242.88千米。1990~1998年，公路养护由专业养路队与林场、采育队共同承担。有养护队1个，职工20人，各林场采育队参与公路养护45人，就近养护。林区公路养护总里程1131.1千米，平均每年养护125.68千米。1998年天保工程实施后，一部分林区公路经地震、水毁后报废，另一部分由地方实施了硬化改造，管理养护也由地方政府负责。

4. 汉西局。1990~1998年，有林区干线公路92千米，支岔线公路168千米。公路养护采取集中管理，分散养护的养护办法，由专业养护队和各林场、采育队共同养护。采育工队和林场分别负责辖区内支岔线养护，主要支线公路由养路道班负责养护，各采育工队、林场有兼职公路养护人员。全局有养路队1个，职工20余人。各林场、采育队参与养路人数为40余人，就近养护。1998年，国家实施天保工程，林区公路养护无资金投入，基本实行临时性养护。

5. 龙草坪局。1990~1998年，负责养护的林区道路75.93千米，1998年天保工程实施前由1个专业养路队负责养护，人员20人。1999年后无资金投入，实行临时性养护。2002年"6·9"洪灾后林区道路全部毁坏、报废。

6. 长青局。1990~1994年，长青局实有运材公路158.41千米，除花滩湾至茅坪段由地方养护外，其余由2个养路队和林场、采育工队负责管理养护。养路队负责干、支线公路养护，有职工121人，其中，生产工人111人。运材岔线则由林场、采育工队养护。5年养护总里程591千米，平均每年养护里程118.2千米。1992年长青局对养护质量实行里程与工资挂钩，队月排查，局季检查，使道路路面质量不断提高。1994年11月长青实施转产，撤销2个专业养路队，林区道路由2个林场实行临时性养护。1997年，长青转产企业长青林业开发有限公司在城固县小河摩天岭修建小河至上马坪运材公路26千米，由长青林业开发有限公司组织人员临时养护。

第三节　木材检验与销售

一、木材检验

木材检验实行伐区楞场检验和货物入库检验制度。各采育工队采伐的原条，经造材、集材后，由工队检尺员检验归楞。向货场调运或外运发货时，也由工队检尺员负责检验发车，木材检尺单与货随行。货物进场后，由货场检尺员按车复尺验收，包括数量、等级、规格、材种，每月与工队核对结账，保证账货相符。货场在木材复尺验收中，对伐区造材中有不合理的要进行二次造材，提高木材利用率和经济效益。

木材检验员均由省资源局考核发证，实行持证上岗。1996 年，依据《关于森工系统木材检尺员全面培训、考核及晋级换证工作的通知》，各林业局对木材检尺员进行分期培训并参加了省资源局统一考试，提高了木材检尺员的业务素质。截至1998 年，省资源局系统定级的木材检验人员 324 人。省资源局 6 个林业局木材检验员基本情况见表 5-4-3。

1998 年陕西省资源局 6 个林业局木材检验员基本情况表

表 5-4-3　　单位：人

单位	合计	1998 年定级人数					在岗人数
		助理工程师	技术员	一级检尺员	二级检尺员	三级检尺员	
宁西局	124	1	10	10	28	75	124
太白局	58		7	22	20	9	58
宁东局	37		5	6	8	18	34
汉西局	45	1	1	4	22	17	45
龙草坪局	56	3	2	2	9	40	56
长青局	4		1		2	1	4
合计	324	5	26	44	89	160	321

二、木材检验标准

1990~1998 年，省资源局下属采育企业木材检验标准依据：1985 年 12 月 1 日起实施的国家标准：《直接使用原木》(GB142-84)、《特级原木》(GB4812-84)、《针叶树加工用原木树种，主要用途、尺寸、公差、分等》(GB143·1-3-84)、《阔叶树加工用原木树种，主要用途、尺寸、公差、分等》(GB4813·1-3-84)、《锯材检验、尺寸、名称及定义、尺寸检量、等级评定》(GB4822·1-3-84)、《针叶树木材缺陷、分类、名称、定义和对材质的影响、基本检量方法》(GB155·1-3-84)、《阔叶树木材缺陷、分类、名称、定义和对材质的影响、基本检量方法》(GB4823·1-3-84)。

1986 年 12 月 1 日起实施的专业标准：《小径原木》(ZBB68002-86)、《次加工原木》(ZBB68003-86)、《原条造材》(ZBB68004-86)、《原木归楞》(ZBB68005-86)、《原木检验尺寸检量》《原木检验等级评定》《锯材检验尺寸检量》《锯材等级评定》《原木材积表》《锯材材积表》。

在国家标准基础上，各相关采育企业，对小径材还自定标准：《建筑原木标准》《棺板标准》《毛边板材标准》《火柴材标准》《公报材标准》《外贸包装材标准》等。

三、木材销售

省资源局 6 个林业局木材销售体制分两类，一种是国家统配材，由国家计划调拨分配，用于重点项目建设。另一类是非统配材，由各林业局根据市场自行议价销售。1993 年后，木材市场逐步放开，除个别单位提供部分统配材外，其余的木材均实现自主经营。

1990年12月前，省资源局6个林业局统配材执行的价格以1986年10月30日省物价局、省林业厅《关于调整整顿木材出厂价格的通知》规定原木每立方米149元，普通锯材每立方米235元。

1990年11月29日，省物价局、省林业厅《关于提高生产统配木材出场价格的通知》规定，国家统配木材原木标准品贮木场价格由原来的每立方米149元调整为每立方米218元，从1990年12月10日起执行。非统配材，1990~1993年依据省经销公司规定的价格，结合本局实际，按种类和规格自主定价。

1993年后，木材市场逐渐放开，调拨计划日渐淡出，木材销售均为市场议价，以适应市场经济的需要。发货运送方式有火车送货、汽车送货和需材单位自行提货3种方式。1990~2000年，共销售木材1829634立方米，各年度销售量见表5-4-4。

1990~2000年陕西省资源局6个林业局木材销售情况表

表5-4-4 单位：立方米

年份	宁西局	太白局	宁东局	汉西局	龙草坪局	长青局	合计
1990	36840	41000	30225	17090	17517	28750	171422
1991	42302	31000	24945	17080	14290	23159	152776
1992	29664	40000	34424	16703	13712	27795	162298
1993	58580	40000	33554	18000	14443	25964	190541
1994	50210	47600	37812	18407	18495	15197	187721
1995	64786	94500	32294	21579	20271	6533	239963
1996	53253	57100	33741	21099	22213	1680	189086
1997	60100	42000	36870	25768	19397		164135
1998	62176	18300	34084	18119	14979	6520	130971
1999	30242	55000	31438	19516	17674	9780	180240
2000	8630	21000	3648		386		60481
合计	496983	487500	333035	193361	173377	145378	1829634

四、木材销售价格

省资源局6个林业局各自情况不同，因此木材售价也不同。

1. 宁西局。1990年12月10日前统配材售价149元/立方米。1990年12月10日后为218元/立方米。1993年后无统配材，原木平均售价300~800元/立方米，板材平均售价650~1150元/立方米。

2. 太白局。1990年，贮木场交货原木平均售价175~195元/立方米，板材平均售价450~500元/立方米。1991年以后原木平均售价300~800元/立方米，板材平均售价450~1000元/立方米。

3. 宁东局。1990年，原木平均售价175~195元/立方米，板材平均售价450~500元/立方米，1991年以后原木平均售价300~800元/立方米，板材平均售价450~1000

元/立方米。

4. 汉西局。1997 年，原木平均售价 380～850 元/立方米，板材平均售价 850～1100 元/立方米，薪材、小径材 160～430 元/立方米。

5. 长青局。1990 年，售价 149 元/立方米，1992 年为 235 元/立方米，1993 年后无统配材，(1997 年长青局实施转产，不再生产木材)原木平均售价 190～439 元/立方米。

第四节　木材加工利用

一、木材加工企业及生产规模

1990～1998 年，省资源局系统 6 个林业局，均有木材加工厂。

1. 宁西局木材综合加工厂。1991 年 1 月，由菜子坪迁至宁西局余下管理处 8 号楼，主要加工生产办公家俱和民用家俱(沙发、组合家俱、席梦思软床、餐桌餐椅)，对外承接板材加工和销售。先后又开发了地板条毛坯、军品包装箱等，年效益 20 多万元。1999 年 1 月 29 日，撤销木材综合加工厂，并入宁西局劳动服务公司，职工百余人。从 2006 年，开始先后开办养殖场、服装加工厂等，终因经营管理不善而歇业。至此，劳动服务公司主要对场地进行租赁经营。

余下木材加工厂主要是以解决职工家属工作和待业青年就业的“五七”工厂，利用山上次材为原料加工包装箱，属于大集体企业，归属宁西局劳动服务公司管理。余下贮木场制材车间归属贮木场经营管理。主要为客户在贮木场所购元木加工板材，只收取加工费，年均加工元木 2200 立方米。1997 年，经宁西局研究决定划归木材综合加工厂管理。1998 年，国家实施天然林保护工程，木材加工企业关闭，设备封存。

2. 太白局宝鸡木材加工厂。1990 年有制材、细木工、木材干燥 3 个车间，主要加工太白局元木生产的等外材。1993 年 5 月 23 日，太白局与台湾星邦木业股份有限公司合作，以宝鸡木材加工厂的厂房、设备及附属物折价 141.25 万元人民币作为投资，占注册资金的 25%，台湾公司出资 423.75 万元人民币，占注册资金的 75%，合同期限 20 年。依照合同约定，太白局不参与公司经营管理，实行利润包干，第 1 年合资公司缴太白局利润 25.5 万元。从第 2 年起每年递增 5%。合资公司成立后，台湾公司代理人程惠未按照台方的经营规划和工作方针履行代理人职责，多次发生挪用公司资金等损害合资双方利益的行为。台湾公司于 1995 年 9 月撤销程惠的委托授权，并免去其副总经理、董事职务。1996 年起，程惠私自关闭合资公司营业场所并将场地出租收取租金。2004 年 3 月 31 日，台湾公司致函太白局声明：无条件放弃对合资公司的一切权利和义务，并委托太白局全权处理合资公司的一切事务。2004 年 4 月 15 日，太白局恢复了合资公司中场地的管理权。2005 年 7 月，程惠以自然人的身份将太白局上诉至宝鸡市中级人民法院，官司至今未了结。

太白局终南综合厂以本局等外材加工为主，产品有家俱、包装箱、板方材等。1996 年，林业部批准太白局终南综合厂作为技术改造重点项目——枝接材实木地板加工生产线，项目总投资 1000 万元。1996 年年末，土建工程投资 102.9 万元，设备购置安装投资 504.5 万元，工程管理费 99.1 万元。剩余部分于 1997～1998 年陆续投入。1998 年 10

月，国家实施天保工程，生产经营终止，设备封存，厂房、设备一直闲置。

3. 宁东局长安木材综合利用厂。1989 年 7 月，成立“陕西省宁东林业局长安木材综合利用厂”。1990 年 4 月，省林业勘察设计院编制的《陕西省宁东林业局森林经营方案》，对新建长安木材综合利用厂进行规划设计：年加工原木 4000 立方米，并对月太路综合加工厂年提供毛坯料 2600 立方米进行深加工，生产加工细木板和家俱。在原木材综合加工厂生产规模基础上新增烘干、细木工设备等 20 多台套，设计投资 170.52 万元。新建的长安木材综合利用厂，建筑面积 4521 平方米。其中，车间厂房 2450 平方米，办公楼 830 平方米，职工宿舍楼 560 平方米，职工食堂 394 平方米，平房、干燥室、泵房 287 平方米。1995 年 3 月与台湾独资企业——南京利荣制刷有限公司签订了半成品供货合同，实现木材的精深加工和小规格材的综合利用，安置职工 272 人。国家实施天保工程后，2001 年 2 月，撤销长安木材综合利用厂，机械设备盘库封存。一部分厂房用作库房，保管原长安木材综合利用厂和木梳厂停办后剩余原材料、半成品、机器及配件等；另一部分作为宁东絮凝剂厂加工车间、材料库、成品库及办公室。

长安木梳厂。1995 年 4 月，宁东局利用长安木材综合利用厂的闲置厂房建成木质梳子生产线，购置各类机械设备 20 多台(套)，总投资 25 万元，国家实施天保工程于 1998 年 10 月停办。

1990~1998 年，宁东局有木材加工企业 9 个，从业人员 403 人，各类机械设备 197 台(套)，共生产锯材 73668 立方米，门窗 23399 立方米，家具 775 件，床板 235657 块，包装箱 8593 立方米，仪表箱 12749 个，地板条 42868 立方米。

4. 汉西局木材加工厂。1990 年有生产设备 60 台(套)，年生产锯材 3500 立方米，细木家俱 2000 余件，产值 68.8 万元。1993 年 12 月，购置汉中市北关青龙观村原“汉中市食品用具厂”，投资 200 万元改建成具有生产中、高档家具、细木工油漆等生产车间(后称省汉西林业局汉中木材综合加工厂)。1996 年投产，建成框架车间 435.6 平方米，板材库 99 平方米，修、制材车间 237.6 平方米。1994 年 7 月投资建设栎木地板条生产线，建成容量为 80 立方米的蒸汽干燥窑两孔，年生产能力 5 万立方米。1990~1998 年，共生产锯材 12679 立方米，生产各类家俱 13922 件、包装箱 3.74 万件、木门窗 6889 立方米、床板 2933 块、地板条 24860 平方米。1998 年国家实施天保工程，木材加工厂停止生产经营。2000 年后，汉西局对原木材加工厂场地进行对外租赁，闲置设备作价处理。

汉西局火柴厂。1989 年 10 月开工建设，1990 年 8 月竣工并开始生产，总投资 235.1 万元，新建车间 740.2 平方米，改造旧厂房 1247 平方米，设备投资 203.5 万元，购置安装设备 38 台(套)。1995 年开始承包经营，1997 年 3 月，因经营亏损严重停产，共生产火柴 2.1 万件。2001 年 1 月，整体租赁给甘肃庆阳大千装饰工贸有限公司至今。

5. 龙草坪局木材加工厂。林区综合加工厂有制材和包装箱 2 个加工车间，建筑面积 1400 平方米，主要加工板材、包装箱和机器托盘。普集综合加工厂主要以加工地板条、包装箱和细木组合家具为主，1990~1997 年，共生产地板条 33.9 万平方米。1997 年 12 月停产。1998 年后，租赁经营，2001 年至今一直闲置。

武功纤维板厂。1988 年租赁武功县供销联社纤维板厂，投资 247 万元经技术改造建成武功纤维板厂，1989 年 5 月开始正式生产，1997 年 11 月停产。2000 年 7 月 18 日与南郑县胶合板厂以 13 万元签订了成套设备转让协议，同时与武功县供销联社解除了纤维板厂厂区租赁合同。1990~1998 年，共生产硬质纤维板 2.4 万立方米。

秦龙中密度板厂。1996 年，在普集贮木场，利用森工多种经营贴息贷款和企业自筹，投资 2444 万元建成 1 条年产 1.5 万立方米的中密度板生产线，建筑面积 1300 平方米。1997 年 6 月正式生产，1998 年 5 月停产，共生产中密度板 0.36 万立方米。1999 年 10 月与广东东美木业有限公司签订了 4 年设备租赁合同，2003 年与山东九一木业有限公司签订设备租赁合同，于 2008 年底终止合同，厂房、场地、设备均闲置。

6. 长青局木材综合加工厂。1990 年，经省林业厅批准立项成立陕西省长青局刨花板厂筹建组，开始刨花板厂筹建工作。1993 年，完成刨花板厂主体工程。1994 年，长青局开始转产建立保护区，国家计委将刨花板厂续建列为长青转产项目之一。同年 8 月，在刨花板厂基础上成立长青局木材综合加工厂。同年 10 月底，完成土建、设备安装调试、职工培训等工作。建成的刨花板厂占地 8000 平方米，建筑面积 4898 平方米，其中，生产厂房 2000 平方米，主要生产设备 49 台(套)，实际完成投资 815.34 万元。1996 年开始生产，1998 年 8 月停产，共生产刨花板 3481.97 立方米。1997 年 4 月，长青局实施转产，资产分割时划归长青林业开发有限公司，厂房、场地对外租赁经营。2005 年除锅炉外，其他生产线设备报废拍卖。

长青局贮木场木材加工厂、华阳林场木材加工厂，主要从事制材和细木工生产，1990~1996 年，有生产厂房 2217 平方米，加工设备 33 台，职工 45 人。共加工锯材 2.41 万立方米，生产门窗 195 立方米、家具 16882 件、床板 320 块、包装箱 25228 个、瓦架 2846 副、笼圈 5486 套、软垫沙发 430 套，平均年利润 50 万元。1997 年 4 月长青转产，在资产分割中贮木场木材加工厂划归长青林业开发有限公司，华阳木材加工厂划归陕西长青国家自然保护区管理局。

二、木材加工

1. 木材加工设备。1990~1998 年，省资源局系统 6 个林业局共计有木材加工设备 319 台(套)，其中跑车带锯机 6 台，台式带锯机 28 台，圆盘锯 18 台，单面刨床 18 台，多面刨床 6 台，平面刨床 20 台，铣床 6 台，车床 6 台，钻床 6 台，单头开榫机 10 台，多用机床 6 杠 6 台，其他机床 6 台，木工辅助设备 66 台。

2. 木材产品种类和数量。省资源局系统 6 个林业局木材加工厂的主要木材产品有：锯材、门窗、家具、床板、地板条、包装箱。各年生产锯材情况及各年产品种类、数量分别见表 5-4-5、表 5-4-6。

1990~1998 年陕西省资源局 6 个林业局生产锯材情况表

表 5-4-5　　单位：立方米

项目	合计	1990	1991	1992	1993	1994	1995	1996	1997	1998
生产锯材	723206	71946.04	74503	76579	82290	85249	82731	82225	78603	89080.5

1990~1998 年陕西省资源局 6 个林业局生产门窗、家具情况表

表 5-4-6

项目	1990	1991	1992	1993	1994	1995	1996	1997	1998	合计
门窗(立方米)	5423	5194	4692	4633	5050	3961	3142	4465	3019	39579
家具(件)	8136	2575	2702	1863	16615	1782	1505	1128	710	37016
床板(块)	16646	31013	31097	23944	30396	24635	31419	25666	30137	244953
包装箱(个)	56912	53149	50886	47824	40817	43985	1282	1463	1087	297405
仪表箱(个)	21385	31550	31254	21543	21216	31518	21214	21554	21515	222749
电元木(万只)	20	52	52	42	52	41	0	0	0	269
瓦架子、纸夹板、镜框(付)	1811	1035	0	0	0	0	0	0	0	2846
缝纫机挡板(个)	0	0	0	0	0	0	0	0	0	0
板条(万根)	0	0	0	0	12	0	0	0	0	12
包装箱条(立方米)	3065	2147	186	88	0	0	0	0	0	5486
鞋楦毛坯(个)	0	0	0	0	0	0	0	0	0	0
地板条(立方米)	24854	48693	56152	65123	67167	65607	33239	26197	11735	398767
软垫沙发(个)	77	537	231	145	63	42	0	0	0	1131

3. 主要经济技术指标。1990~1998 年，省资源局系统 6 个林业局木材加工主要经济技术指标见表 5-4-7。

1990~1998 年陕西省资源局 6 个林业局技术经济指标表

表 5-4-7

项目	1990	1991	1992	1993	1994	1995	1996	1997	1998
产值(万元)	1589. 1	1822. 06	2848. 75	3496. 21	3520. 7	3523. 73	4567. 31	3284. 93	3316. 39
实现利润(万元)	-59. 26	505. 57	399. 24	322. 08	235. 46	337. 79	363. 85	269. 95	504. 59
锯材出材率(%)	51. 33	58. 49	61. 7666	62. 153	62. 3933	61. 336	61. 7	61. 2	62. 72
劳动生产率[元/(人·年)]	12805	12125. 5	15930. 1	19646. 4	20325. 3	18807. 8	22621. 5	13880. 3	15814. 4

第五章　林产化工及林特产品

第一节　栲　胶

一、石泉栲胶厂

陕西省石泉栲胶厂为国有林化企业。1972 年 4 月，由陕西省森林工业管理局下放到安康地区(现安康市)领导。1985 年 1 月，由安康地区下放到石泉县人民政府领导。

1990~1993 年，石泉栲胶厂共生产栲胶 4514 吨，上交税金及附加共 181.4 万元。

1996 年，石泉县委、县政府开展“学邯钢、抓管理、降成本、增效益”活动，石泉栲胶厂严格控制生产成本，以人为本，从各工段各工序抓起，实行市场目标管理，使橡碗栲胶吨成本下降了 149.97 元，杨梅栲胶下降 139.17 元，当年较 1995 年减亏 81.12 个百分点。但没有从根本上解决问题，由于经营体制、管理制度等多方面的原因，栲胶由 1995 年的 1154 吨下降到 1998 年的 194 吨。

1998 年 7 月，石泉栲胶厂同成都栲胶厂签订了经济合作协议，组成陕西石泉川锋林产化学品有限责任公司，租赁石泉栲胶厂栲胶车间，并聘用了石泉栲胶厂职工 70 余人。

1999 年，石泉栲胶厂职工发起组建石泉县环宇化工实业有限责任公司，租赁栲胶厂生产线经营。

1999 年 6 月，石泉栲胶厂投资 420 万元在厂区新建一个综合性农贸市场，2000 年建成并投入使用。

2001 年，石泉兴隆开发公司进驻厂区开发房产。此后，县财政局、国税局、地税局、信用联社、县委、法院、政协、电力局、技术监督局、农行、审计局等单位在此修建了办公楼和住宅楼。截至 2004 年年底，共新建房屋 31 栋。

2001 年，栲胶产量 742.13 吨，2002 年，栲胶产量 743.9 吨。

从 1994~2002 年石泉栲胶厂处于连年亏损，除上交税金及附加 28.8 万元，共计亏损 1336.9 万元。

1990~2002 年，石泉栲胶厂产值、利税、产量等情况见表 5-5-1。

1990~2003 年陕西省石泉栲胶厂产值、利税、产量等情况表

表 5-5-1　　单位：千元、吨、人

年份	总产值 (1990 年不变价)	利税总额 (税金及附加税)	栲胶产量	职工人数
1990	4520(4549)	327(319)	1590	224
1991	3182(3668)	544(512)	541	220
1992	4788(5526)	626(545)	932	220
1993	5012(4828)	-565(438)	1451	

续表

年份	总产值 (90不变价)	利税总额 (税金及附加税)	栲胶产量	职工人数
1994	3309(2380)	-1880(42)	930	
1995	4135(3431)	-2115(54)	1154	
1996	6022(3423)	-399(43)	869	
1997	2246(1169)	-1874(28)	540	
1998	877(508)	-1799(8)	194	
1999	2694(1054)	-2035(9)		
2000	4374(2587)	-1737(3)		
2001	5532(3603)	-1171(40)	742.13	
2002	6281(5317)	-687(161)	743.9	

注：表中数据来源于石泉县统计局资料。

2003年，石泉栲胶厂退出国有企业序列，工厂全部资产由新组建的陕西省东力栲胶化工有限公司整体收购，继续从事栲胶、脱硫剂、单宁酸、油田助剂和稀有金属选矿络合剂等系列产品的生产，当年生产栲胶1069.1吨。

2006年11月，石泉县自然人代尚平独自购买陕西省东力栲胶化工有限公司全部股份，公司名称不变，维持栲胶等系列产品生产。

二、商洛栲胶厂

商洛栲胶厂1957年筹建，1960年建成投产，1972年由陕西省森林工业管理局下放到商洛地区(现商洛市)领导。商洛栲胶厂几经改造至1989年商洛栲胶厂设备生产能力达到1500吨/年。1989年生产栲胶1338吨。

1990~1997年，商洛栲胶厂共生产栲胶7362吨。1990~1997年商洛栲胶厂栲胶产量见表5-5-2。

1990~1997年陕西省商洛栲胶厂栲胶产量表

表5-5-2 单位：吨

年份	产量	年份	产量
1990	987	1994	1348
1991	904	1995	1182
1992	312	1996	696
1993	1171	1997	762

注：栲胶产量来源于商洛市统计局统计年鉴。

由于历史包袱沉重，资金周转困难，连年亏损。截至1998年2月底，账面资产为1143.62万元，负债1643.73万元，经会计事务所评估，实际有效资产901.54万元，属于严重的资不抵债。

1998 年 7 月 11 日，商洛地区放开搞活国有小企业工作办公室以“商办发(1998)04号”文批复：同意商洛栲胶厂整体改制为股份合作制企业方案。

改制后的商洛栲胶厂成为股份合作制的商洛炳林化工有限责任公司(以下简称炳林公司)。炳林公司成立后，因改制不彻底、不规范，对原商洛栲胶厂债权债务，离、退休和其他人员整体接收，新企业仍然背负着原有的沉重负担。加之设备老化，产、供、销渠道不畅，于 1998 年停止栲胶生产。由于离、退休人员不断增加，致使企业包袱越来越重。截至 2007 年 12 月底，炳林公司账面资产 1756 万元，负债总额达 2622 万元(未包括 338 万元银行利息)，资产负债率为 149. 31%。

2008 年，为推进炳林公司的改革步伐，转换经营体制，优化升级产业结构，逐步摆脱企业困境，解决员工上岗就业和生活困难，经与陕西香菊药业集团有限公司充分论证、协商，由陕西香菊药业集团有限公司对炳林公司实行承债式合并。

第二节　软木制品

一、产品种类

1990 年，西安林化厂生产软木砖、骨胶软木纸、树脂软木纸和橡胶软木制品 4 大类产品。到 1996 年，软木砖和骨胶软木纸相继停产，工厂主要发展树脂软木制品和橡胶软木制品，先后研发出软木地板、伸缩缝填料、软木擦块、软木墙纸、软木餐垫、软木地垫、水电站用传力隔水垫层、摩托车摩擦片、洗衣机及电动缝纫机制动片等新产品。

1996 年，软木地板及树脂软木系列产品技术被国家经贸委批准为“国家资源综合利用优秀实用技术”。1998 年，软木地板及树脂软木制品被国家五部(局)评为“国家重点新产品”。1999 年，软木地板获得国家发明专利。2001 年，通过 GB/T9001-2000 质量管理体系认证。2010 年，水电站用传力隔水垫层获国家实用新型专利。

二、产品产量

1990~2010 年，西安林化厂累计生产软木砖 24179 立方米(该产品 1996 年 8 月停产)，软木纸 32573 立方米(其中骨胶软木纸 5687 立方米，该产品于 1994 年 11 月停产，树脂软木制品 26896 立方米)，橡胶软木制品 2010 立方米。2006~2010 年，即“十一五”期间，树脂软木和橡胶软木最高产量分别为 12894 立方米和 572 立方米。主要产品历年产量见表 5-5-3。

1990~2010 年西安林化厂主要产品产量表

表 5-5-3　　单位：立方米

年份	软木砖	软木纸制品	橡胶软木制品	年份	软木纸制品	橡胶软木制品
1990	7190	1999	58	2001	1672	94
1991	5661	1766	70	2002	2341	121
1992	5921	1991	77	2003	2616	117
1993	3705	724	89	2004	3064	120

续表

年份	软木砖	软木纸制品	橡胶软木制品	年份	软木纸制品	橡胶软木制品
1994	9	188	58	2005	3201	120
1995	1070	475	59	2006	3582	132
1996	623	570	116	2007	1920	120
1997		682	83	2008	1830	88
1998		598	115	2009	304	84
1999		938	107	2010	405	66
2000		1707	116			
合计	24179	32573	2010			

注：软木纸制品包括骨胶软木纸和树脂软木纸。

三、工业总产值

1990~2010年，西安林化厂累计完成工业总产值20259万元。其中1990年完成681万元。1991~1995年完成3676万元。1996~2000年完成3828万元。2001~2005年完成7129万元。2006~2010年完成4945万元。西安林化厂1990~2010年历年完成工业总产值见表5-5-4。

1990~2010年西安林化厂历年完成工业总产值统计表

表5-5-4 单位：万元

年份	产值	年份	产值
1990	681	2001	1076
1991	806	2002	1390
1992	901	2003	1447
1993	788	2004	1584
1994	496	2005	1632
1995	685	2006	1838
1996	612	2007	1137
1997	662	2008	1040
1998	775	2009	450
1999	728	2010	480
2000	1051	合计	20259

注：产值按现价统计。

四、销售收入及外贸出口

1990~2010年，西安林化厂累计完成销售收入20151万元，外贸出口6725万元。外贸出口的产品主要有橡胶软木剖切纸、树脂软木纸、软木地板、公告板、餐垫等，主要销往美国、加拿大、墨西哥、瑞典、英国、葡萄牙、新西兰、巴基斯坦、韩国、日本、泰国、澳大利亚、印度和中国台湾、中国香港等 20 多个国家和地区。2000 年 7 月，省外经贸厅批准西安林化厂具有自营进出口资格。1990~2010 年西安林化厂历年销售收入及外贸出口出入见表 5-5-5。

1990~2010 年西安林化厂历年销售收入及外贸出口收入统计表

表 5-5-5　　单位：万元

年份	销售收入	外贸出口	年份	销售收入	外贸出口
1990	710	10	2001	1073	548
1991	710	83	2002	1338	629
1992	808	29	2003	1353	464
1993	676	50	2004	1599	745
1994	682	165	2005	1739	636
1995	615	222	2006	1825	1015
1996	645	112	2007	1058	476
1997	658	186	2008	896	447
1998	739	213	2009	695	93
1999	733	231	2010	565	11
2000	1034	360	合计	20151	6725

五、主要产品成本

甲种软木砖 1990 年成本 456 元/立方米；1991~1995 年平均 419 元/立方米。中细软木纸 1990 年成本 1557 元/立方米；1991~1995 年平均 2200 元/立方米；1996~2000 年平均 3017 元/立方米；2001~2005 年平均 2537 元/立方米；2006~2010 年平均 3436 元/立方米。橡胶软木垫 1990 年成本 54965 元/立方米；1991~1995 年平均 46584 元/立方米；1996~2000 年平均 30216 元/立方米；2001~2005 年平均 23866 元/立方米；2006~2010 年平均 29718 元/立方米。

六、利润及税金

1990~1997 年，西安林化厂共盈利 276 万元，1998~2010 年，累计亏损 3073 万元。1990~2010 年，累计净亏 2797 万元。1990~2010 年，累计上缴税金 2105 万元，其中 2001~2005 年，即“十五”；2006~2010 年，即“十一五”期间上缴税金分别为 828 万元、456 万元。

七、原料供应

西安林化厂生产原料——栓皮主要来源于秦巴山区，1994 年，前栓皮采剥收购业务由陕西省林业厅栓皮工作队统一组织实施，采剥收购的栓皮调拨给西安林化厂使用。1994 年 1 月，撤销陕西省林业厅栓皮工作队建制，1994 年 4 月，采购栓皮业务归属入西安林化厂。

1995 年，以后栓皮采剥收购的方式逐步走向市场化，个体经营已成为栓皮采剥、收购、贩运的主要方式。1998 年以后，秦巴山区栓皮开始大量流入江浙闽一带，加之软木制品生产无序竞争，西安林化厂栓皮供给无法满足生产，便将栓皮收购转向甘肃陇南、四川广元、湖北十堰、河南南阳以及云南、安徽等地。1999 年开始从栓皮个体经营户处收购栓皮粒子。

第三节　板材生产

一、省胶合板厂

省胶合板厂主要产品为胶合板、家用缝纫机台板和刨花板，1990 年，有职工 769 人，其中工人 619 人，工程技术人员 51 人，管理人员 99 人。1998 年，停产时有职工 729 人，其中工人 581 人，工程技术人员 68 人，管理人员 80 人。

省胶合板厂年设计生产胶合板 5000 立方米，生产家用缝纫机台板和刨花板分别为 20 万块和 3500 立方米。

普通胶合板生产执行国家《阔叶树材胶合板》(GB738-75)和《胶合板物理机械性能试验法》(GB739-75)；刨花板采用 GB/T4897-1985 及 GB/T4897-1992；缝纫机台板属定向加工产品，按合作方需求生产。1992 年，胶合板厂根据市场对产品的需求，对生产工艺进行改造，开发新产品，生产的胶合板有 28 种规格，刨花板有 4 种规格。生产的缝纫机台板因产品更新换代被市场淘汰。1990～1996 年累计生产胶合板 12037.9 立方米，刨花板 5100.8 立方米。胶合板一、二等品率为 74.63%，合格率 92.68%；刨花板正品率 98.9%。省胶合板厂产品成本情况见表 5-5-6。

1990～1996 年陕西省胶合板厂产品成本情况表

表 5-5-6　　　　单位：元/立方米

年份	胶合板	刨花板	台板
1990	2138.49	898.27	57.12
1991	2137.31	833.86	31.57
1992	2368.76	846.97	
1993	3216.67	856.86	
1994	3463.86	831	
1995	2877.99	804.75	
1996	3020.75	876.42	

1990～1992 年，胶合板厂生产的产品由陕西省木材公司统一调拨，执行国家统一价格，各种小规格及特种规格的胶合板及刨花板产品，由陕西省胶合板厂自行定价，定点销售。1993～1997 年，陕西省胶合板厂生产的各种产品面向市场销售。陕西省胶合板厂胶合板、刨花板、缝纫机台板销售情况见表 5-5-7。

1990～1997 年陕西省胶合板厂胶合板、刨花板、缝纫机台板销售情况表

表 5-5-7　　　　单位：立方米、元/立方米

年份	胶合板			刨花板			缝纫机台板		
	销售数量	销售成本	平均售价	销售数量	销售成本	平均售价	销售数量	销售成本	平均售价
1990	747.33	2138.99	1627.74	150.44	898.27	745.12	1371.00	57.12	38.67
1991	1543.90	2316.35	2204.70	387.34	821.28	704.17	14.10	63.16	34.34
1992	2936.67	2338.35	2264.10	820.07	727.96	719.51			
1993	3441.00	3033.78	3437.89	1268.76	678.74	1067.70			
1994	1867.00	3067.36	3155.00	1952.66	831.00	1003.50			
1995	1006.00	2504.44	3171.64	617.00	655.00	805.97			
1996	261.00	2807.66	2436.78	227.00	862.11	552.42			
1997	219.00	1693.15	1022.57	33.00	851.52	454.55			

省胶合板厂 1990～1996 年各年份工业总产值、定额流动资金平均占用额、周转情况及每百元工业总产值占用定额流动资金数见表 5-5-8。

1990～1996 年主要产品物料消耗情况见表 5-5-9。

1990～1996 年各年份全员劳动生产率、利润总额、税金见表 5-5-10。

1990～1996 年各年份主要产品销售利润见表 5-5-11。

1990～1996 年陕西省胶合板厂工业总产值和定额流动资金占用情况表

表 5-5-8

年份	定额流动资金平均占用额(万元)	每百元工业产值占用定额流动资金(元)	工业总产值(万元)	定额流动资金周转情况(天数)
1990	169.00	39.30	52.64	201
				1.8
1991	183.00	36.70	527.04	183
				1.99
1992	196.00	38.20	821.49	169
				2.16
1993	182.00	36.70	1203.40	112
				3.21
1994	189.00	40.50	821.43	180
				2.03

续表

年份	定额流动资金平均占用额(万元)	每百元工业产值占用定额流动资金(元)	工业总产值(万元)	定额流动资金周转情况(天数)
1995	249.00	51.70	247.97	200
				1.83
1996	278.00	56.50	219.11	210
				1.74

1990~1996 年陕西省胶合板厂主要产品物料消耗情况表

表 5-5-9

年份	胶合板			刨花板	
	耗原木(立方米)	耗尿胶(千克/立方米)	耗煤(吨/立方米)	耗尿胶(千克/立方米)	耗煤(吨/立方米)
1990	2.44	126.13	1.97	149.67	0.97
1991	2.69	157.40	1.93	148.60	0.89
1992	2.68	140.50	1.92	122.00	0.91
1993	2.65	148.60	1.81	159.16	0.83
1994	2.63	148.30	2.01	159.35	0.67
1995	2.51	149.50	2.03	163.00	0.85
1996	2.08	139.40	2.06	128.00	1.03

1990~1996 年陕西省胶合板厂各年份全员劳动生产率、利润总额、利税情况表

表 5-5-10　　单位：元/(人·年)、万元

年份	全员劳动生产率	利润总额	税金
1990	2852.00	-176.98	4.49
1991	5856.00	-160.23	12.61
1992	8592.00	0.23	25.72
1993	12155.00	29.44	23.81
1994	8646.00	-204.63	64.40
1995	4960.00	-229.00	13.95
1996	4900.00	-248.60	9.70

1990 ~ 1996 年陕西省胶合板厂各年份主要产品销售利润情况表

表 5-5-11　　　　单位：元

年份	胶合板	刨花板	缝纫机台板
1990	-2303000. 00	-960000. 00	53016. 00
1991	-1403836. 00	-272753. 00	484. 00
1992	2300. 00	1400. 00	
1993	280000. 00	14400. 00	
1994	-1428000. 00	-49749. 00	
1995	-2016740. 00	49749. 00	
1996	-2660320. 00	-125365. 90	

随着市场经济的发展，胶合板生产企业不断增加，竞争强烈，胶合板用材严重不足，省胶合板厂于 1996 年 12 月宣布停产。

二、长青局刨花板厂

长青局刨花板厂于 1990 年 3 月开始筹建。1994 年，长青局开始转产建立保护区时，将刨花板厂续建列为转产建设骨干项目，并在刨花板厂的基础上成立长青林业局木材综合加工厂，安置职工 105 人。1995 年 10 月，刨花板厂竣工完成并交付使用。建成的刨花板厂占地 8000 平方米，主要生产设备 49 台(套)，年生产能力 5000 立方米，实际完成投资 815. 37 万元。

长青局刨花板厂 1996 年开始正式生产，当年生产刨花板 1156 立方米，一等品率 90%。从 1995 年开始，长青局实施转产相继减少并停止了木材生产，刨花板厂没有原料来源，被长青林业开发公司接管后，通过收购社会原料进行生产，但终因原料供应不足不能形成批量生产、产品成本过高、销售困难等原因于 1998 年 8 月停产。

长青局刨花板厂经营期间，共生产刨花板 3481. 97 立方米，单位成本 1162. 15 元/立方米，销售 2969. 7 立方米，平均售价 797. 30 元/立方米，累计亏损 324. 61 万元。

三、龙草坪局武功纤维板厂

1988 年，龙草坪局自筹资金 247 万元租赁武功县供销联社纤维板厂，经技术改造，建成一条年设计能力为 2000 立方米的湿法硬质纤维板生产线。1989 年开始生产，当年生产纤维板 2478 立方米，实现产值 187 万元，利润 33 万元。生产线开始实行四班三运转，全厂共有职工 114 人，其中管服人员 19 人。1995 年实行三班三运转，共有职工 86 人。1997 年 11 月停产。1990~1997 年共生产硬质纤维板 2. 4 万米^3。1998 年 5 月承包给私人经营，安排职工 30 人。2000 年 7 月与南郑县胶合板厂以 13 万元的价钱签订了纤维板成套设备转让协议，同时与武功县供销联社解除了厂区租赁合同。

四、秦龙中密度板厂

1996 年，龙草坪局利用森工贴息贷款和自筹资金 2444 万元在原普集贮木场建成年设计能力为 1. 5 万立方米的秦龙中密度板厂。1997 年 6 月投产，1998 年 5 月停产。共生产中密度板 0. 36 万立方米。

第四节　林特产品

1990～1998年，省资源局系统6个林业局除木材生产外，积极发展各类林特产品的开发生产。主要林特产品包括生漆、栓皮、竹子、扫把、棍棒、食用菌、中草药、山果饮料、罐头食品、劈柴等。1998年天保工程实施后，省资源局系统6个林业局充分发挥森林资源优势，积极开展林下种植业养殖业，不断培育新的经济增长点。主要林特产品有食用菌、中草药、蜂蜜、花卉、生猪、绿化大苗等。太白蔬菜、宁东花卉、长青食用菌已成为资源局系统的森林产业拳头产品。

一、生漆

生漆主要由个体老板组织漆农生产。省属6个林业局主要负责生漆的管理工作。1990～2010年共生产生漆88079千克，其中1990～1998年天保工程前共生产生漆72631千克，实施天保工程后，秦岭林区限制了割漆、采脂等生产经营活动，只在指定范围内少量生产，1999～2010年共生产生漆15448千克(表5-5-12)。

1990～2010年陕西省资源局系统6个林业局生漆产量表

表5-5-12　　单位：千克

年份	宁西局	太白局	宁东局	汉西局	龙草坪局	小计
1990	1600	605	6000	680	6000	14885
1991	850	543	8000	750	6000	16143
1992	1200	483	5000	920	5000	12603
1993	1780	464	3500	910	5000	11654
1994	720	420	3500	672		5312
1995	510	415	1000	590		2515
1996	2130	390	1000	862		4382
1997	1060	384	800	990		3234
1998	480	363	500	560		1903
1999		350	500	410		1260
2000		340	500	500		1340
2001	450	360	500	526		1836
2002		370	400	521		1291
2003		420	400	480		1300
2004	600	370	250	360		1580
2005	340	460	250	451		1501
2006		330	250	450		1030

续表

年份	宁西局	太白局	宁东局	汉西局	龙草坪局	小计
2007	440	350	250	380		1420
2008		260	250	410		920
2009	200	280	200	390		1070
2010		300	200	400		900
合计	12360	8257	33250	12212	22000	88097

二、竹子制品、棍把、抬杠、劈柴等

1. 竹竿。资源局 6 个林业局 1990~2010 年共生产竹竿 2727 万千克，2889 万根。其中，1990~1998 年天保工程前共生产竹竿 1705 万千克，1446 万根；1999~2010 年，共生产竹竿 1022 万千克，1453 万根。

2. 扫帚。资源局 6 个林业局 1990~2010 年，共生产扫帚 40683 万把，其中 1990~1998 年天保工程前共生产扫帚 20912 万把，1999~2010 年共生产扫帚 19771 万把。

3. 抬杠。资源局 6 个林业局 1990~2010 年，共生产抬杠 19597 万根，其中 1990~1998 年天保工程前共生产抬杠 19597 万根，1998 年天保工程禁伐后未生产。

4. 棍把。资源局 6 个林业局 1990~2010 年，共生产棍把 4868 万根，其中 1990–1998 年天保工程前共生产棍把 4868 万根，1998 年天保工程禁伐后未生产。

5. 劈柴。资源局 6 个林业局 1990~2010 年，共生产劈柴 151918 吨，全部为 1990~1998 年天保工程前生产。

1990~2010 年省资源局系统各年度林特产品产量见表 5-5-13。

1990~2010 年陕西省资源局系统年度林副产品产量表

表 5-5-13

项目			宁西局	太白局	宁东局	汉西局	龙草坪局	长青局	合计
1990	竹子	万根		6. 33		353	80. 6		439. 93
		万千克	107. 1		161. 5			49. 5	318. 1
	扫帚(万把)		0. 19	40. 87	122. 9	2600	1. 57		2765. 53
	梭坯(万个)							5. 1	5. 1
	栓皮(吨)			238	479. 6				717. 6
	棍把(万根)				1. 6	4642	3. 9	8. 7	4656. 2
	抬杠(万根)		11. 99		1. 6				13. 59
	劈柴(吨)		6742		5639	4165	5000	505	22051
	小杆(万根)						180		180

续表

项目			宁西局	太白局	宁东局	汉西局	龙草坪局	长青局	合计
1991	竹子	万根		6. 33		340			346. 33
		万千克			192. 2		56	4. 5	252. 7
	扫帚(万把)			40. 75	45. 7	2800			2886. 45
	梭坯(万个)							13. 3	13. 3
	栓皮(吨)		498. 23	169	526. 8			2. 4	1196. 43
	棍把(万根)				1. 8		2. 9	3. 2	7. 9
	抬杠(万根)				1. 6				1. 6
	劈柴(吨)				11137	4548	6000	1170. 6	22855. 6
	小杆(万根)								0
1992	竹子	万根		3. 78					3. 78
		万千克	15. 1		135. 9			3. 9	154. 9
	扫帚(万把)		6. 17	38. 44	44. 8	3200			3289. 41
	梭坯(万个)							6. 2	6. 2
	栓皮(吨)		358	365	514. 5			67. 9	1305. 4
	棍把(万根)				1. 4		10	4. 4	15. 8
	抬杠(万根)				1. 8				1. 8
	劈柴(吨)				6119. 5		7000	5060. 5	18180
	小杆(万根)								0
1993	竹子	万根		3					3
		万千克	43. 9		142. 4			2. 2	188. 5
	扫帚(万把)		17. 37	41. 95	41. 2	2650	2. 4		2752. 92
	梭坯(万个)							2. 1	2. 1
	栓皮(吨)		873. 5	600	450. 6				1924. 1
	抬杠(万根)				1. 7			8. 7	10. 4
	棍把(万根)				1. 7			0. 1	1. 8
	小杆(万根)							1982. 4	1982. 4
	劈柴(吨)				7770. 5		6520		14290. 5

续表

项目			宁西局	太白局	宁东局	汉西局	龙草坪局	长青局	合计
1994	竹子	万根		2.64					2.64
		万千克	11.9		146.9				158.8
	扫帚(万把)		3.49	28.9	44.6	2780	2.4		2859.39
	栓皮(吨)		603	264	188.6				1055.6
	抬杠(万根)				2		6520		6522
	棍把(万根)				1.6				1.6
	劈柴(吨)				6196.8		7500		13696.8
1995	竹子	万根		3.47					3.47
		万千克	34.7		133.5				168.2
	扫帚(万把)		6.03	28.92	40.1	2700	2.4		2777.45
	栓皮(吨)		343.6	236	520.8				1100.4
	抬杠(万根)				1.8		6520		6521.8
	棍把(万根)				1.6				1.6
	劈柴(吨)				7804.2		7000		14804.2
1996	竹子	万根		3.47					3.47
		万千克	20		138.7				158.7
	扫帚(万把)		11.43	30.95	44.8	3300	2.4		3389.58
	竹编(吨)								0
	栓皮(吨)		643	235	454.4				1423.4
	抬杠(万根)				1.8		6520		6521.8
	棍把(万根)				1.4				1.4
	劈柴(吨)				7015		25000		32015
1997	竹子	万根		5.6		370			375.6
		万千克	22.7		138.8				161.5
	扫帚(万把)		7.6	41.99	41.9				91.49
	竹编(吨)								0
	栓皮(吨)		670	196	508.7				1374.7
	抬杠(万根)				1.9				1.9
	棍把(万根)				0.6				0.6
	劈柴(吨)				7166.9				7166.9

续表

项目			宁西局	太白局	宁东局	汉西局	龙草坪局	长青局	合计
1998	竹子	万根		7.67		250			257.67
		万千克	6.594		136.6				143.194
	扫帚(万把)		8.03	47.83	44.4				100.26
	竹编(吨)								0
	栓皮(吨)		313	160	463.8				936.8
	抬杠(万根)				1.8				1.8
	棍把(万根)				0.8				0.8
	劈柴(吨)				6858				6858
1999	竹子	万根		15.23		240			255.23
		万千克	16.4		149.1				165.5
	扫帚(万把)		2.54	52.67	40.2				95.41
	栓皮(吨)		226	320	524.5				1070.5
	劈柴(吨)								0
2000	竹子	万根		14.24		240			254.24
		万千克	1.3		145.1				146.4
	扫帚(万把)		0.83	56.76	44.7				102.29
	栓皮(吨)		24.6	287	230				541.6
	劈柴(吨)								0
2001	竹子	万根		5.48					5.48
		万千克	6.7		148.5				155.2
	扫帚(万把)		0.57	55.41	42.9	2550			2648.88
	栓皮(吨)		31	186	231.3				448.3
2002	竹子	万根		3.48					3.48
		万千克	2.4		146.8				149.2
	扫帚(万把)		1.97	46.55	41.6	2400			2490.12
	栓皮(万吨)		11.5	186	247.3				444.8
2003	竹子	万根		5.5					5.5
		万千克	2.1		119.6				121.7
	扫帚(万把)		1.03	58.62	42.8	2600			2702.45
	栓皮(吨)		44	280	286.3				610.3

续表

项目			宁西局	太白局	宁东局	汉西局	龙草坪局	长青局	合计
2004	竹子	万根		5.7		320			325.7
		万千克	1.24		66.3				67.54
	扫帚(万把)		0.25	25.68	35.3				61.23
	栓皮(吨)		10.1	156	288.4				454.5
	劈柴(吨)								0
2005	竹子	万根		0.6		300			300.6
		万千克	1		62.6				63.6
	扫帚(万把)		12.85	20.27	34.8				67.92
	栓皮(吨)		161	1100	272.9				1261
	绿化大苗(万株)		1121						1121
	劈柴(吨								0
2006	竹子	万根		1.1		290			291.1
		万千克	10.1		51.8				61.9
	扫帚(万把)		17.34	20.83	33				71.17
	栓皮(吨)		120	52	281.7				453.7
	绿化大苗(万株)		2111						2111
	劈柴(吨)								0
2007	竹子	万根		3.5					3.5
		万千克	9.5		26.2				35.7
	扫帚(万把)		28.01	24.01	35.7	2750			2837.72
	绿化大苗(万株)		3294						3294
	栓皮(吨)		34	148	125.1				307.1
2008	竹子	万根		3.2					3.2
		万千克	5.91		17.9				23.81
	扫帚(万把)		0.43	25.88	36.7	2800			2863.01
	栓皮(吨)		40	122					162
	绿化大苗(万株)		34.65						34.65
2009	竹子	万根		2.3					2.3
		万千克	2.6		9				11.6
	扫帚(万把)		9.74	3.54	32.3	2900			2945.58
	栓皮(吨)		109	98					207
	绿化大苗(万株)								

续表

项目			宁西局	太白局	宁东局	汉西局	龙草坪局	长青局	合计
2010	竹子	万根		2.3					2.3
		万千克	19		0.8				19.8
	扫帚(万把)		18.63	5.32	30.8	2830			2884.75
	栓皮(吨)		313	135					448
	绿化大苗(万株)		62.04						62.04
1990~1998	竹子	万根	1435.89						
		万千克	1704.594						
	扫帚(万把)		20912.48						
	梭坯(万个)		26.7						
	栓皮(吨)		11034.43						
	棍把(万根)		4687.7						
	抬杠(万根)		19596.69						
	劈柴(吨)		151918						
	小杆(万根)		2162.4						
	绿化大苗(万株)		0						
1990~2010	竹子	万根	2888.52						
		万千克	2726.544						
	扫帚(万把)		40683.01						
	梭坯(万个)		26.7						
	栓皮(吨)		5798.5						
	棍把(万根)		4687.7						
	抬杠(万根)		19596.69						
	劈柴(吨)		151918						
	小杆(万根)		2162.4						
	绿化大苗(万株)		6622.69						

三、栓皮

省资源局6个林业局1990~2010年，共生产栓皮16832.93吨，其中1990~1998年，天保工程前共生产栓皮11034.43吨，1999~2010年，天保工程期间共生产栓皮5798.5吨。

2000年6月26日，省林业厅发出《关于启用“陕西省栓皮生产计划定额单”的通知》。要求全省统一按0.7的比率控制栓皮“原皮”生产量，保证年生产计划的完成；“定额单”与木材运输证一同使用；对少于1000千克的，按1000千克发放“定额单”。

2000 年 10 月 9 日，省资源局发出《关于加强栓皮运输管理的通知》。要求省属采育企业栓皮生产、运输严格按计划执行；栓皮生产“定额单”与木材运输证 2 证出境；木材运输证由各林业局根据本局生产计划领取、管理。

四、食用菌

1990～1998 年，省资源局 6 个林业局企业积极寻求新的经济增长点，大力发展自营经济。食用菌生产多由职工、家属用菌棒自行生产。1998 年，国家实施天保工程后，林场一些职工自建大棚用袋料培植香菇、木耳、平菇等食用菌。

长青局食用菌厂坚持以食用菌生产为主，提高菌种产品质量，扩大香菇菌种生产。主要产品有：黑木耳、香菇、平菇食用菌种和猴头菇、香菇、平菇等食用菌，1990～2010 年，累计生产食用菌菌种 615 万瓶，食用菌 2.5 吨，实现产值 556.39 万元。

宁东局大力调整产业结构，积极发展特色种养业。陕西省天保苗木繁育中心坚持抓好主导产品，大力发展多元经济。2002～2010 年，培植平菇、香菇 53 万袋(瓶)，种植双孢菇 667 平方米，产鲜菇 36 万千克，产值 121 万元。

五、中药材

省资源局 6 个林业局中药材种植历史悠久。1990～2010 年，6 个林业局把林下种养殖作为发展“四小”产业、增加职工收入的一项重点工作来抓，坚持因地制宜、一场一品、一品一策、典型示范，种植的中药材有天麻、党参、猪苓、黄檗、黄连、西洋参、山茱萸等 20 多个品种。

1990 年，汉西局火烧庵药场药材种植面积达 13.51 公顷。其中，西洋参 0.46 公顷，人参 0.16 公顷，黄连 6.93 公顷，党参 0.41 公顷，大黄 5.57 公顷，当年收获鲜西洋参 15 千克，大黄干品 3000 千克，白术 100 千克，收入 2.19 万元。1992～1995 年，种植山茱萸 1.42 公顷，漆树、杜仲混交林 40.13 公顷。1995 年后由于受市场影响，经济效益下滑，中药材种植面积减少。2010 年，种植天麻 60 窝，猪苓 200 窝。

2003 年，宁东局与杨凌金山农业科技有限公司签订金银花购销合同。选择沙沟林场建立金银花基地 0.67 公顷，其中场部 0.34 公顷，苦竹沟 0.33 公顷。栽植金银花一号新品种，当年栽种，当年见花，3 年进入盛花丰产期，1 年开花 5 茬，每年可产干花 180～200 千克。以单位引进，职工承包的方式经营。后陆续在沙沟、旬阳坝林场推广。2009 年与陕师大生命科学院合作在蒿沟建立中草药培植示范基地 2.87 公顷，种植黄芩、黄芪、杜仲、天麻、猪苓、当归、西洋参等。2010 年，在沙沟、高桥、旬阳坝种植黄精 0.6 公顷。

第五节　林特产品经销及林区商店

一、林特产品经销机构

1990～2010 年，省资源局 6 个林业局先后建立林副产品经销部 4 个，职工 30 人，经销林副产品、板材、原木等。销售木材 6670 立方米，板材 898 立方米，床板 820 块，营业额 3100 万元，利润 290 万元，人均实现利润 1500 元。

宁西、太白、长青局利用多种经营贴息贷款相继投资建设综合服务楼，主要展销实木家具、组合家具、三板、板材及其他林副产品，经营客房、餐饮等。

1990年，资源局系统6个林业局先后同陕西省林产品经销公司商定，设立分公司，主要经营木材、板材、木制品及林副产品。当年，6个林产品经销分公司转交利润18.06万元。1994年，由于体制改革和财务制度改革等原因，6个林业局相继决定撤销陕西省林产品经销分公司。

二、林区商店

1990~1998年，省资源局系统6个林业局有林区商店14个，从业人员36人，主营针织品、日用百货、服装鞋帽、五金、土产品，兼营副食品、其他食品、烟酒零售，年平均营业收入107.5万元。

1999年后，由于国家实施天保工程，林木禁伐使得林区流动人口明显减少，商店销售量大幅下降，经营处于亏损状态。各局采取措施，将林区商店的财产和商品全部处理后，决定撤销林区商店。

1. 旅社、招待所。省资源局系统6个林业局，1990~1998年有林区招待所12个，职工65人，其中固定职工57人，临时工8人，年平均营业额6.5万元。随着林业改革不断深化，招待所逐步改革经营办法，接待来自不同行业和不同范围的客人入住，增设服务项目，尽力满足客人的多种需求。1990年起，配合大专院校实施教学研一体化，先后接待西北大学、陕西师范大学、陕西教育学院、陕西省林业学校、榆林林校及新疆、宁夏、河北唐山等地大专院校实习师生。

1998年，实施天保工程后，客源减少，经营处于亏损状态。随后各林业局逐步取消林区招待所，只保留旅游景区接待和教学实习等。2009年，随着国有林区棚户区改造项目的实施，各林业局将林区招待所进行了重新修缮，开展森林旅游、会议接待等经营活动，取得较好的经济效益。

2. 理发洗浴。1990~1998年，省资源局系统6个林业局都设有林区职工洗浴池（室），有淋浴、盆浴，每周定期开放，购票洗浴。国家实施天保工程以后，浴池（室）停办。

2000年后，省资源局系统6个林业局各林场、管护站积极为职工解决生活中的实际困难，先后利用太阳能、电热水器洗浴。

1990~1998年，随着改革开放政策的不断深入，各林业局停薪留职职工、家属组织兴办餐馆、代销店、小卖部、小吃摊点、压面房、缝纫铺、理发店等自营服务实体，并经地方工商部门注册登记，办理营业执照。全系统有自营服务店铺、摊点百余个，特别是宁西局菜子坪地区，外界称其为“小香港”，食宿、餐饮、商店经营服务项目五花八门，一应俱全，一到夜晚更是灯火通明，人流如织，成为林区一道亮丽的风景线。

1999后，各林业局本着自主、自愿、自营的原则，积极引导职工、家属因地制宜地发展自营经济。各局组织职工家属兴办饭馆、商店、诊所、美发美容、公用电话、台球、出租车等自营服务实体。

第六章　营林生产

第一节　苗圃地

2001~2005 年，省资源局 6 个林业局共建改、扩建中心苗圃 6 个，总面积 84.77 公顷。

一、宁西局中心苗圃

建设总面积 20.53 公顷，分正河、菜子坪、马家坪、余下(原余下贮木场)、周至九峰 5 个育苗区。2001 年 5 月开工建设，2003 年 3 月底竣工，总投资 680.75 万元。主要建设内容包括：平整土地 18.93 公顷，土壤改造 19.34 公顷；新建普通连栋温室 2304 平方米，日光温室 5200 平方米，钢架大棚 4260 平方米；蓄水池 3 座，新打机井 2 眼及泵房，新建灌溉系统 1.85 公顷，灌溉渠道 2750 米；维修改造生产用房 1200 平方米，防护围墙 1055 米；新建气象站 2 座，堆肥场 5 处；购置仪器设备 60 台(套)；石砌田坎 2690 立方米及给、排水、供电等辅助设施。

二、太白局中心苗圃

总面积 20 公顷，分南滩、卧龙寺、终南 3 个育苗区。2001 年 9 月开工，2002 年 6 月建成。主要建设内容包括：平整土地 7.12 公顷，土壤改良垫黄土 15007 立方米、施有机肥 11761 立方米；新建普通温室 3520 平方米，钢架大棚 3900 平方米，炼苗场 1230 平方米；新建蓄水池 2 座，引水渠 1177 米；购置仪器机具 47 台；改造综合用房 1875 平方米及供电、供暖系统。

三、宁东局中心苗圃

核定建设面积 15.4 公顷，实际建设面积 22.7 公顷。分长安、七里沟、响水潭、白杨岭 4 个育苗区，2001 年 3 月开工建设，2006 年建成，总投资 541.82 万元。建设内容包括：平整土地 7.95 公顷，改良土壤 7.95 公顷；新建连栋温室 2689 平方米，日光温室 1900 平方米；新建机井 3 眼，喷灌设施 4.13 公顷；干砌石坎 4153 米，防洪堤 850 米，围墙 1080 米；新建办公及业务用房 1249.1 平方米；购置仪器设备 87 台(套)及道路、供电等附属工程。

2002 年 1 月，经省林业厅批复，中心苗圃更名为“陕西省宁东林业局天然林保护工程苗木繁育中心”，其中长安育苗区 2003 年租用长安区内苑乡 7.1 公顷土地，2006 年，补签北八元村土地租赁 6.55 公顷协议，自此，长安内苑苗圃面积 13.65 公顷。从 2002 年开始，宁东天保苗木繁育中心开始培育各类造林、绿化苗木和花卉，并先后引进蝴蝶兰、仙客来、火龙果、凤梨等花卉和水果，建立花卉直销点，承揽花卉租摆业务。截至 2010 年，共完成苗木、花卉销售 1984.9 万元，实现利润 208.52 万元。

四、汉西局中心苗圃

2001 年 3 月始建，2003 年 3 月建成。分贾旗、仓台、庙坪、汉中 4 个育苗区，总面积10.77公顷，投资323.13万元。建设内容包括：平整土地3.15公顷，清石、换客土5630立方米；新建六连栋温室2304平方米、蓄水池2座、灌溉渠道666米、喷灌系统1.25公顷；新建办公、业务用房446平方米、防护墙600米；购置机具设备31台(套)及供电、给、排水等配套工程。从2001年开始，培育苗木12.38公顷，出圃苗木268万株。2004年成立汉锦园艺绿化工程公司，培育名贵花卉蝴蝶兰及绿化苗木销售，销售(租摆)蝴蝶兰2000余株(盆)。2008年开始租赁经营。

五、龙草坪局中心苗圃

共有2个育苗区，总面积9.43公顷。建设内容包括：新建日光温室4座，面积1200平方米；新建蓄水池3座，防洪渠1.13万米，灌溉系统2.81公顷，埋设供水暗管4.68公顷，抽水及配套设施3处；新建生产用房200平方米，道路1.26千米；干砌石坎3720立方米及供电等配套工程，总投资325万元。

六、长青局中心苗圃

总面积4.87公顷，可作业面积3.7公顷，2001年10月建成，总投资130万元。新建机井及配套设备1套，蓄水池2座，钢架塑料大棚5座，共1200平方米。新建围墙308.9米，挡土墙250立方米，改造综合用房300平方米，场地硬化1000平方米。

第二节　采种基地及育苗

2001~2005年，省资源局6个林业局共建设采种基地6653.3公顷，新建种子晒场3114平方米，种子库、检验室1391.8平方米，购置设备427台(套)。

一、采种

省资源局系统6个林业局更新造林、育苗用种以自采为主，不足部分由省林业厅种子站调拨。采种以各林场组织职工、农民工、家属进行。主要树种有油松、华山松、云杉、冷杉、落叶松、漆树、枫杨、椴树、水楸、刺槐、花椒等。汉西、长青局地处陕南山区，雨水较多，球果内种子不饱满，空粒多，以采集漆树、朴氏杨等乡土阔叶树种子为主。1990~2010年，省资源局6个林业局共采集各类种子71586千克。省资源局系统历年采集种子数量见表5-6-1。

种子检验及标准执行1987年6月29日国家标准总局发布的《林木种子》(GB7808-87)国家标准和1988年7月1日陕西省标准局发布的《陕西省主要造林树种种子质量分级标准》。

1990~2010年陕西省资源局系统企业采集林木种子数量表

表5-6-1　　单位：千克

年份	宁西局	太白局	宁东局	汉西局	龙草坪局	长青局	合计
1990	425	50	0	0	0	0	475
1991	360	70	1780	850	1986	333	5379
1992		150	48	0	500	80	778

续表

年份	宁西局	太白局	宁东局	汉西局	龙草坪局	长青局	合计
1993	288	150	261	0	500	190	1389
1994	104	400	250	0	350	0	1104
1995	75	300	298	0	0	0	673
1996	263	300	350	0	54	5	972
1997	232	500	0	0	50	0	782
1998		700	100	0	408	0	1208
1999		1100	600	0	0	0	1700
2000	86	1300	0	500	0	0	1886
2001	350	1300	225	500	0	0	2375
2002	1420	1750	0	0	0	0	3170
2003	1425	1750	3050	0	0	0	6225
2004	1386	1800	1000	0	0	0	4186
2005	1116	1800	600	0	0	0	3516
2006	1340	2000	0	0	0	0	3340
2007	1285	1900	0	0	0	0	3185
2008	1343	600	0	0	2000	0	3943
2009		1200	0	300	11000	0	12500
2010		1800	0	0	11000	0	12800
合计	11498	20920	8562	2150	27848	608	71586

二、母树林、种子园

省资源局6个林业局，截至2010年年底，共经营母树林317.9公顷，建立种子园81.4公顷，详见表5-6-2。

1990～2010年陕西省资源局系统采育企业经营母树林、种子园情况表

表5-6-2　　单位：公顷

年份	基地种类	树种	面积	备注
1990	母树林	油松	17.53	宁东8.5；龙草坪6.7；长青2.33
		落叶松	93.4	宁东
		华山松	20	宁东
		云杉、冷杉	36.63	宁东
		铁杉	3.3	宁东
		水杉	2	宁东

续表

年份	基地种类	树种	面积	备注
1990	种子园	油松	3.84	龙草坪 1.17；长青 2.67
		落叶松	4	宁东
		漆树	20	宁东
1991	母树林	油松	12.16	宁东 8.5；龙草坪 1.33；长青 2.33
		落叶松	93.4	宁东
		华山松	20	宁东
		云杉、冷杉	36.63	宁东
		铁杉	3.3	宁东
		水杉	2	宁东
	种子园	油松	15.15	宁东 11.3；龙草坪 1.18；长青 2.67
		落叶松	4	宁东
		漆树	20	宁东
1992	母树林	油松	1283.56	宁东 8.5；宁西 13.33；太白 1254
		落叶松	100.5	宁东
		华山松	20	宁东
		云杉、冷杉	36.6	宁东
		铁杉	3.3	宁东
		水杉	2	宁东
	种子园	油松	38.33	宁东 11.3；龙草坪 1.6；长青 9.33；太白 6.8；汉西 9.3
		云杉、冷杉	16.9	汉西
		落叶松	16.9	宁东
		漆树	20	宁东
1993	母树林	油松	16.23	宁东 8.5；汉西 7.73
		落叶松	100.5	宁东
		华山松	20	宁东
		云杉、冷杉	144.87	宁东 36.6；汉西 108.27
		铁杉	3.3	宁东
		水杉	2	宁东
	种子园	油松	70.75	太白 6.8；宁东 11.3；龙草坪 1.35；长青 42；汉西 9.3
		云杉、冷杉	16.9	汉西
		落叶松	16.9	宁东
		漆树	20	宁东

续表

年份	基地种类	树种	面积	备注
1994	母树林	油松	17.54	宁东 8.5；龙草坪 1.31；汉西 7.73
		落叶松	100.5	宁东
		华山松	20	宁东
		云杉、冷杉	144.87	宁东 36.6；汉西 108.27
		铁杉	3.3	宁东
		水杉	2	宁东
	种子园	油松	27.4	太白 6.8；宁东 11.3；汉西 9.3
		云杉、冷杉	16.9	汉西
		落叶松	16.9	宁东
		漆树	20	宁东
1995	母树林	油松	17.51	宁东 8.5；龙草坪 1.28；汉西 7.73
		落叶松	100.5	宁东
		华山松	20	宁东
		云杉、冷杉	144.87	宁东 36.3；汉西 108.27
		铁杉	3.3	宁东
		水杉	2	宁东
	种子园	油松	20.6	宁东 11.3；汉西 9.3
		云杉、冷杉	16.9	汉西
		落叶松	16.9	宁东
		漆树	20	宁东
1996	母树林	油松	17.5	宁东 8.5；龙草坪 1.27；汉西 7.73
		落叶松	100.5	宁东
		华山松	20	宁东
		云杉、冷杉	144.87	宁东 36.6；汉西 108.27
		铁杉	3.3	宁东
		水杉	2	宁东
	种子园	油松	20.6	宁东 11.3；汉西 9.3
		云杉、冷杉	16.9	汉西
		落叶松	16.9	宁东
		漆树	20	宁东

续表

年份	基地种类	树种	面积	备注
1997	母树林	油松	16.23	宁东 8.5；汉西 7.73
		落叶松	100.5	宁东
		华山松	20	宁东
		云杉、冷杉	144.87	宁东 36.3；汉西 108.27
		铁杉	3.3	宁东
		水杉	2	宁东
	种子园	油松	20.6	宁东 11.3；汉西 9.3
		云杉、冷杉	16.9	汉西
		落叶松	16.9	宁东
		漆树	20	宁东
1998	母树林	油松	16.23	宁东 8.5；汉西 7.73
		落叶松	100.5	宁东
		华山松	20	宁东
		云杉、冷杉	144.87	宁东 36.6；汉西 108.27
		铁杉	3.3	宁东
		水杉	2	宁东
	种子园	油松	20.6	宁东 11.3；汉西 9.3
		云杉、冷杉	16.9	汉西
	种子园	落叶松	16.9	宁东
		漆树	20	宁东
1999~2010	母树林	油松	35.23	宁西 19.0；宁东 8.5；汉西 7.73
		落叶松	100.5	宁东
		华山松	20	宁东
		云杉、冷杉	156.87	宁西 12.0；宁东 36.6；汉西 108.27
		铁杉	3.3	宁东
		水杉	2	宁东
	种子园	油松	27.6	宁西 7.0；宁东 11.3；汉西 9.3
		云杉、冷杉	16.9	汉西
		落叶松	16.9	宁东
		漆树	20	宁东

三、育苗

省资源局系统 6 个林业局，育苗地为山地育苗，有固定苗圃和临时苗圃。育苗方式主要有大田育苗、塑料大棚育苗和温室育苗。1990 年后逐渐推广容器育苗。

主要育苗树种有油松、云杉、华山松、落叶松、白皮松、水曲柳、漆树、杨类、栎类、核桃、刺楸、花椒、山茱萸等。

1998 年，天保工程实施以后，各局根据市场需求培育绿化苗木，主要树种有七叶树、中槐、雪松、广玉兰、棕榈、红叶李、小叶黄杨、日本樱花、红枫、女贞、银杏、紫薇、鹅掌楸等。截至 2010 年年底，共育苗 520. 65 公顷(表 5-6-3)。

1990~2010 年陕西省资源局系统 6 个林业局育苗面积表

表 5-6-3　　单位：亩

年份	宁西局	太白局	宁东局	汉西局	龙草坪局	长青局	合计
1990	30. 34	37. 96	67. 95	51. 77	41. 2	10. 4	239. 61
1991	25. 6	19. 4	83. 25	57. 5	57. 3	23. 3	266. 35
1992	51. 5	48. 21	57. 45	15. 9	54. 2	29	256. 26
1993	63. 2	47. 2	65. 1	63	52. 8	21	312. 3
1994	70. 4	107. 1	58. 2	48. 5	48. 5	21. 3	354
1995	72. 3	27. 4	64. 65	39	5. 5	9. 5	218. 35
1996	66	23	68. 7	6. 8	7. 8	8. 8	181. 1
1997	74. 2	23	70. 05	6. 1	34	0	207. 35
1998	70. 5	24. 4	66. 15	10. 5	35	0	241. 95
1999	5. 3	46	23. 25	6. 1	23	0	103. 65
2000	20	43	16. 2	6. 1	20	0	105. 3
2001	36	40	31. 95	67. 4	47	240	462. 35
2002	45. 5	23	60. 3	75. 2	120	240	564
2003	32. 6	22. 7	60. 3	118. 3	116	240	589. 9
2004	32. 3	21	45	161. 5	108	240	607. 8
2005	31. 2	19. 8	67. 05	161. 5	102	240	621. 55
2006	28. 9	31	119. 55	161. 5	93	240	673. 95
2007	20. 4	29	80. 25	43. 2	90	240	502. 85
2008	22. 3	27	87	43. 2	115	240	534. 5
2009	18. 5	27	87	0	106	240	478. 5
2010	24. 1	24	0	0	0	240	288. 1
合计	841. 14	746. 56	1279. 35	1143. 07	1276. 3	2523. 3	7809. 72

育苗前，需要对种子进行筛选处理、整地作床，根据不同树种采取不同的育苗方式，做好田间管理和病虫防治。

四、苗木检验

造林苗木标准及检验，依据《主要造林树种苗木质量分级》(GB6000-1999)和《陕西省人工造林技术经济指标》(GB/T18337-3-2001)规定标准执行。造林所用苗木要求采用生长旺盛、无病害、根系发达、颜色正常、无机械损伤、顶芽饱满的 I、II 级壮苗。苗木出圃、调运时要进行检验、检疫。

第三节　更新造林

1990~2010 年，省资源局系统 6 个林业局营造林分两个阶段进行。

1998 年，天保工程实施之前为更新造林，有人工更新和人工促进天然更新，坚持当年采伐、次年更新的原则。人工更新造林主要在皆伐迹地、火烧迹地、荒山荒地、灌木林地和低产林改造迹地进行，作业内容包括清林、砍灌、整地、植苗或播种；人工促进天然更新主要用于择伐迹地，作业内容包括保护母树、幼树、割藤砍灌、松土整地、补植补播等。

1998 年，天保工程实施之后为人工造林，主要在疏林地、林中空地、因各种原因造成的残败林地和此前造林失败的林地进行，坚持“引进树种、改善组成和填空补稀、增加密度”的原则，营造针阔混交的生态公益林。

更新造林分春、秋两季进行，春季一般于 4 月上旬至 5 月中旬，秋季一般在 10 月初封冻前。

造林主要树种有油松、华山松、云杉、漆树、落叶松、水曲柳、杉木、刺槐、板栗、山茱萸等。

省资源局系统 6 个林业局 1990~2010 年累计造林(人工更新、人工促进天然更新) 69190.8 公顷，其中：人工更新造林 52928.8 公顷(其中天保工程人工造林 42942.2 公顷)，人工促进天然更新造林 16262 公顷。

省资源局系统各企业 1990~1998 年采伐面积与更新造林情况见表 5-6-4。

1990~1998 年资源局系统企业采伐面积与更新造林情况表

表 5-6-4　　　　　　　　　　　　　　　　　　　　　　　　单位：公顷、%

项目			宁西局	太白局	宁东局	汉西局	龙草坪局	长青局	合计
上报采伐面积	小计		14469	20600	24060	4757	3785.6	2640.5	70312.1
	皆伐		1332		2483	1959	282.6	536	6592.6
核实采伐面积	小计		14469	20582	23932	4757	3785.6	2640.5	70166.1
	择伐		13137	20582	21462	1959	3503	2104.5	62747.5
	皆伐		1332		2470	2798	282.6	536	7418.6
核实更新面积	合计		13832.3	19491.1	23867.5	4537.5	3771.3	1056.7	66556.4
	迹地更新	小计	13832.3	19171.7	21818.8	4537.5	3771.3	1056.7	64188.3
		人工	2833.5	1946	1191.1	558.9	638.7	574.8	7743
		人促和天然林更新	10998.8	17225.7	20627.7	3978.6	3132.6	481.9	56445.3
	荒山造林			319.4	2048.7	0	0		2368.1
核实迹地更新占核实采伐面积			95.6	94.7	99.7	91.17	99.6	100	

1990~2010 年陕西省资源局系统各企业历年营造林面积表

表 5-6-5　　　　单位：公顷

年份	宁西局		太白局		宁东局		汉西局		龙草坪局		长青局		合计	
	人工更新	人工促进天然更新	人工更新	人工促进天然更新	人工更新	人工促进天然更新	人工更新	人工促进天然更新	人工更新	人工促进天然更新	人工更新	人工促进天然更新	人工更新	人工促进天然更新
1990	353.8		369.1		210.6	157.9	100.3	99.9	210.0	3041.7	74.2	291.1	1318	3590.6
1991	313.8		268.5		268.3	182.7	153.3	67.0	20.3	100	87.4	100	1111.6	449.7
1992	313.5		309.3		254.5	130	133.3	34.0	65.8	26.7	114.3	57.4	1190.4	248.1
1993	297.1		301.3		246.7	121.8	55.8	26.7	68.9	20	94.8	33.3	1064.7	201.8
1994	288.2		313.9	186.7	407.5	123.9	47.8	26.7	15.1	20	79.5		1151.9	357.2
1995	250.7		360		396.4	101.6	24.0	33.3	20.5	20			1051.6	154.9
1996	290.5		422.9		263.0	110.5	34.3	10.0	216.9	53.3			1227.6	173.8
1997	344.8		40.6		392.2	166.6	10.0	0	21.1	20			808.7	186.6
1998	760		456.9		800.7	183	108.6	66.7	2000	20			4126.2	269.7
1999	1392		1519.1		442.3	0	1259.3	0	400				5012.8	
2000	201.3		585.4		166.9	0	323.0	0	200		1000		2485.6	
2001	4550.6		1790.4		1151.3	0	2782.3	0	1515.9				11790.5	0
2002	2765.9		3303.3		2691.1	0	922.9	341.0	1284.1				10967.4	341.0
2003		3071.9	1868.4	741.7	1120.9	0	457.3	973.3	0				3446.6	4786.9
2004	1179.8		1022.8		0	0	0	0	0				2202.6	0
2005					0	0	0	205.5	0					205.5
2006	146.7		146.7		220	0	25.5	247.7	86.7				625.5	247.7
2007	200				0	0	133.3	381.5	133.3				466.7	381.5
2008	266.7		266.7	1160.2	200	0	333.3	1329.6	333.3		200		1600	2489.8
2009	133.3		133.3	759	13.3	0	133.3	733.7	66.7		66.7		546.6	1492.7
2010	133.3		133.3	360.9	200	0	133.3	323.6	66.7		66.7		733.3	684.5
合计	14182	3071.9	13612.1	3208.5	9445.7	1278	7180.2	4900.1	6725.3	3321.7	1783.5	481.8	52928.8	16262.0

省资源局系统各企业历年营造林面积见表5-6-5。

省资源局系统各企业1990～2010年人工更新和荒山造林情况见表5-6-6。

省资源局系统各企业1990～2010年人工更新和荒山造林保存率情况见表5-6-7。

1990～2010年陕西省资源局系统各企业人工更新(含天保人工造林)和荒山造林情况表

表5-6-6　　单位：公顷

项目			宁西局	太白局	宁东局	汉西局	龙草坪局	长青局	合计
上报面积	小计		14182	13333.3	9851.7	7178.7	6725.3	2508.1	53779.1
	人工更新、荒山造林、天保造林		14182	13333.3	9851.7	7178.7	6725.3	2508.1	53779.1
核实面积	合计	小计	14182	13612.1	9445.7	7180.2	6725.3	1783.5	52928.8
		其中已郁闭成林	12444.8	12513	8604	6246.1	5924.3	1427.9	47196.1
	人工更新	小计	2833.5	1946	1191.1	558.9	638.7	574.8	7743
		其中已郁闭成林	2685.1	1831	1143.4	380	587.6	488.6	7115.7
	荒山造林	小计		319.4	2048.7	0	0		2368.1
		其中已郁闭成林		319.4	2017.6	0	0		2337
	天保人工造林	小计	11348.5	11346.7	6205.8	6621.3	6086.6	1333.3	42942.2
		其中已郁闭成林	9759.7	10362.7	5443	5866.1	5295.5	398.7	37125.7

1990～2010年陕西省资源局系统企业人工更新和荒山造林成林、保存率情况表

表5-6-7　　单位：公顷

项目			宁西局	太白局	宁东局	汉西局	龙草坪局	长青局	合计
人工更新、荒山造林核实面积			14182	13612	9445.7	7180.2	6725.3	2383.5	53528.8
油松	郁闭成林		9745.3	5679.1	2427.2	80	2534.4	467.9	20933.9
	保存	85%以上	3785.4	123.7	2228	53.3	2534.4	412.3	9137.1
		40%～84%	5959.9	5555.4	199.2	26.7		55.6	11796.8
落叶松	郁闭成林		212.9	5806.5	2306.5	66.7	1928.7	437.7	10759
	保存	85%以上	170.3	1333.3	2155.5	40	1928.7	437.7	6065.5
		40%～84%	42.6	4473.2	151	26.7			4693.5
华山松	郁闭成林		319.5	500	110.2	60	133		1122.7
	保存	85%以上	111.8		103.2	33.3	133		381.3
		40%～84%	207.7			26.7			234.4

续表

项目			宁西局	太白局	宁东局	汉西局	龙草坪局	长青局	合计
云杉	郁闭成林		638.9	493.5	1463.6	66.7	102.0	241.5	3006.2
	保存	85%以上	575		1343.7	53.3	102	241.5	2315.5
		40%~84%	63.9			13.3			77.2
冷杉	郁闭成林					26.7		211.3	338
	保存	85%以上				6.7		211.3	218
		40%~84%				20			20
橡树	郁闭成林					33.3			33.3
	保存	85%以上				20			20
		40%~84%				13.3			13.3
卜氏杨	郁闭成林					46.7		150.9	197.6
	保存	85%以上				26.7		150.9	177.6
		40%~84%				20			20
板栗	郁闭成林		533.3		2182.2		341.5	13.5	3070.5
	保存	85%以上	230.8				341.5		572.3
		40%~84%	302.5						302.5
山茱萸							155	58.7	213.7
栓皮林					200			28.5	228.5
漆树					33.1			61.5	94.6
油板混					258.1				258.1
侧柏								200	200
其他			2732.4	1132.9	208.9		105.5	29.7	4209.4

第四节　森林抚育

一、幼林抚育

人工更新造林后要进行幼林抚育，一般为 3 年 5 次，每年春、秋两季进行。速生丰产林每年要抚育 3 次。作业内容包括补植、锄草、培土、扩穴、扶苗，以改善幼苗、幼树生长条件。省资源局系统对各林业局幼林抚育提出技术要求：全面割灌抚育，茬高不超过 15 厘米，抚育后要进行检查验收。

省资源局系统各企业 1990~2010 年历年幼林抚育面积见表 5-6-8。

1990~2010年陕西省资源局系统各企业幼林抚育面积表

表5-6-8　　　　　　　　　　　　　　　　　　　　　　　　单位：公顷

项目	宁西局	太白局	宁东局	汉西局	龙草坪局	长青局	合计
1990	1012.5	341.5	1263.6	964.6	1051.2	966.4	5599.8
1991	1017.5	412.3	1609.8	975	858	1200	6072.6
1992	995.1	452.8	1527	1260	1121.9	1327.5	6684.3
1993	938.5	267.3	1480.2	1338.8	1049.1	1419.1	6493.2
1994	878.9	296.1	2444.4	1329.5	922		5870.8
1995	831.9	313.8	2378.4	702.9	488.7	219.1	4934.8
1996	831.9	352.9	1578	395.3	369.1		3427.3
1997	825.1	314.1	2353.2	650.6	652.1		4795.2
1998	883.7	377.2	4804.2	667.7	2000		8732.8
1999	1001.9	539.1	2653.8	300.5	2400		6895.3
2000	2109.5	585.4	1001.4	1115.9	2600		7412.1
2001	2240.1	1790.4	6907.8	2380.5	2115.9		15434.7
2002	5572.6	3303.3	6146.6	6228.7	3000.1		34251.3
2003	6176.5	1868.4	6725.4	6541.3	2800.1		24111.7
2004	6787.7	1022.8		1012.7	1284.2		10107.3
2005	611.1			965.6	1607.3		3184.1
2006	757.8	146.7	1320	508.3	86.7		2819.4
2007	346.7	200	1200	25.5	1533.3		3305.5
2008	613.3	266.7		133.3	553.3		1566.7
2009	600	200	79.8	466.7	533.3		1879.8
2010	533.3	133.3	1200	600	466.7		2933.3
合计	35565.7	13084.1	56673.6	28563.2	27493.3	5132	166511.9

二、抚育间伐

抚育间伐又称成林抚育，在中龄林和近熟林中进行。1986年10月，陕西省林业厅修订颁发《陕西省国有林场成林抚育、低产林改造技术规定》和《陕西省国有林场作业质量检查验收规定》，各采育企业按此规定开展抚育间伐作业。规定要求抚育间伐实行先挂号后伐木，做到“砍双留单，砍弯留直，砍密留稀，砍灌留乔”，达到“改疏林为密林，改灌木林为乔木林，改低产林为高产林，改阔叶纯林为针阔混交林”。

三、低产林改造

省资源局系统6个林业局低产林改造，主要是对不符合经营目的的低产林、劣质林分进行改造，一般和抚育间伐同时进行，改造的主要对象是：郁闭度在0.3以下的疏林地。经过多次破坏性采伐或多伐萌生无培养前途的林分。遭受严重病虫害、火灾等自然灾害的林分。速生树种的中龄林阶段，每公顷年生长量在3立方米以下，中慢性生树种的中龄林阶段，每公顷生长量在1.5立方米以下的低产林。根据不同的林分状况，结合立地条件和现有的经营水平，采取更换树种、重新造林等不同的技术措施。改造方法分全面改造、局部改造和综合改造3种。1990~1998年，省资源局系统6个林业局共完成，低产林改造5529公顷。

四、中幼林抚育补贴试点

2009年，国家启动中央财政中幼林抚育补贴试点项目，以改善林分结构，提高森林质量。2009~2010年，省林业厅、财政厅下达省资源局系统6个林业局中幼林抚育补贴试点任务2.13万公顷，截至2010年年底完成2.13万公顷。

第七章　森林资源保护

第一节　森林防火

一、森林防火指挥机构

省资源局设有森林防火指挥中心，省资源局系统各林业局设森林防火指挥部，防火指挥部下设办公室，各林场、工队设森林防火指挥所或领导小组，基层有专业的森林消防队。省资源局系统2010年森林防火组织状况见表5-7-1。

2010年陕西省资源局系统护林防火组织状况表

表5-7-1　　单位：人

单位	指挥部成员	办公室人员	护林员			
			合计	专职	兼职	半脱产
省资源局	108	28	513	439	44	30
省资源局机关	10	5				
宁西局	19	6	126	126		
太白局	21	5	154	135	19	
宁东局	16	5	89	89		
汉西局	17	3	52	22		30
龙草坪局	19	1	37	27	10	
长青局	6	3	55	40	15	

二、扑火队伍

1990~1998年，省资源局系统6个林业局各林场、采育队都建有扑火队，共有兼职扑火队员5000余人。天保工程实施后，各林场都建立了一支半专业或专业森林消防队，负责对林区森林火灾的扑救工作。截至2010年，全系统共有专业、半专业森林消防队

27 支，人员 738 人，义务扑火队 3 支，人员 120 人。

三、森林防火宣传教育

省资源局系统 6 个林业局森林防火宣传教育形式多样，每年进入防火期后，护林员都会入村串户宣传森林防火政策、安全用火知识。在人员较集中的村镇、进山入林道口设置防火警示牌，刷写宣传标语，出动宣传车、利用村组会议，对林区群众进行林业法规和森林防火宣传。

随着林区开发建设的不断深入和社会信息化水平的提高，森林防火宣传形式也发生了深刻的变化，各林业局充分利用现代信息手段，通过互联网、手机等进行宣传教育，开展森林防火宣传进校园、进课堂、进景区、进宾馆等系列活动，收到事半功倍的效果。

1990~2010 年，省资源局系统 6 个林业局平均每年出动森林防火宣传车 60~120 车(次)，上门入户宣传 6000~12000 人(次)，张贴、悬挂防火宣传标语 12000~18000 条(幅)，散发森林防火告知书 2 万余份。

四、护林防火责任制

1990 年代，以建立森林防火责任制为主要内容，开展森林防火工作。省资源局系统 6 个林业局除继续完善并适时调整局、场两级森林防火组织外，每年由各林业局森林防火指挥部和各林场、采育工队、勘测设计队、木材加工厂、职工医院、子弟学校、工程队、养路队、车队等基层单位森防指挥所(领导小组)签订森林防火责任书；各基层单位森防所与所属营林区、班组也签订相应的森林防火责任书。

1999 年以后，以实施天保工程为中心，持续深入开展森林防火工作。省资源局系统 6 个林业局多次调整局、场两级森林防火指挥机构，先后组建了林政稽查队、专业森林消防队。局、场、站分别建立健全防火值班制度、森林防火例会制度、火情报告制度、护林员考核制度、防汛防火零报告制度等规章、制度。按照省森林防火指挥部要求每年编制扑救森林火灾预案，对森林火灾报告程序及扑火组织领导、扑火力量、通讯联络、火场监测、灭火机具储备、后勤保障、火灾查处、扑火费用核销、医疗救治、火灾报告等内容进行全面具体的规定。

1999~2010 年，省资源局系统 6 个林业局每年与林场、林场与管护站、管护站与护林员签订森林防火责任书 600~900 份。各林场与当地乡(镇)、村(组)、学校和企事业单位签订护林联防公约 200~400 份。各林场在当地村组发放“五类人”监护卡 300~360 张。

五、防火设施、设备

1990~1999 年，省资源局系统 6 个林业局，先后购置防火扑火卡车、防火电台、对讲机、警报器、发电机、风力灭火机、灭火水枪、野外聚光灯、二号灭火工具、防火服等机具设备 2200 台(件、套)，有效提升了防火、灭火能力。

2000~2010 年，在原有的机具、设备基础上又配备了森林消防指挥车、防火摩托车、卫星定位导航仪(GPS)、卫星电话、电脑、数码摄像机、发电机、电台、对讲机、手持电喇叭、便携式探照灯、军用望远镜、折叠式喊话器、电喇叭、多功能灭火耙、风力灭火机、三号灭火工具、干粉灭火器、消防铲、灭火水枪、油锯、弯把锯、铁锹、砍刀、防潮气垫、双人帐篷、睡袋、防火服、训练服、强光手电筒等器材装备，共4200多台(套、件)。

六、森林防火联防机制

省资源局系统6个林业局森林防火分别归属为秦东、秦西联防组织。其中秦东联防成员单位有宁东、宁西局；秦西联防成员单位有太白、汉西、龙草坪和长青局。

秦东、秦西联防每年由成员单位轮流主持召开1次联防会议，总结交流护林联防经验，表彰护林联防先进集体和个人，研究制定护林联防措施，交流防火信息，做到防火资源和信息共享。

省资源局系统6个林业局辖区内部，各局、林场与所在乡、镇也成立了护林联防组织，建立了护林防火协作关系。每年入冬前召开护林联防会议，互邀联防成员单位参加，共商护林联防工作。

七、森林防火检查评比

1990~2010年，在历次护林防火检查中，省资源局系统6个林业局受到上级表彰8次(表5-7-2)。

1991~2009年陕西省资源局系统企业森防先进单位及受奖情况

表5-7-2

年份	受奖单位	授奖名称	奖励单位	奖品
1991	长青局	森林防火先进集体	省森工局	奖牌
2001	太白局公安局	护林先进集体	省林业厅森林公安局	人民币1000元
1997	龙草坪局	森林防火先进集体	省森林防火指挥部	奖牌
2007~2009	龙草坪局	森林防火先进集体	省森林防火指挥部	奖牌
	龙草坪局小沟河林场	森林防火先进单位	省资源局	奖牌
	宁东局森林防火指挥部	森林防火先进单位	省资源局	奖牌
	宁东局新矿林场	森林防火先进单位	省资源局	奖牌
	宁东局火地塘林场	森林防火先进单位	省资源局	奖牌

第二节　木材检查

陕西省资源局6个林业局木材运输、检查，由木材检查站负责。木材检查站是林业局行使木材、林副产品运输监督管理的基层执法部门，主要负责出入境木材、林副产品的检查、监督工作。1998年，实施天保工程前，省资源局6个林业局共有木材检查站17个。1998年实施天保工程，停止木材采伐运输，原来设置的部分木材检查站已失去检查、监督职能，各林业局相继撤并了部分木材检查站。2005~2006年，经省政府批准，又相继成立宁西局五龙木材检查站、黄草坪木材检查站，宁东局蒿沟木材检查站、高桥木材检查站，汉西局上南河木材检查站。截至 2010 年，省资源局系统 6 个林业局共有木材检查站 17 个，工作人员 108 人。

资源局系统实施天保工程前后木材检查站情况见表 5-7-3。

2010 年陕西省资源局系统各企业实施天保工程前后检查站情况表

表 5-7-3

单位	时间段	检查站	站址	备注
宁西局	天保工程前	母子坪木材检查站 两河木材检查站 四亩地木材检查站	户莱公路 45 千米处 宁陕县皇冠镇街道 宁陕县四亩地镇	
	天保工程后	母子坪木材检查站 两河木材检查站 四亩地木材检查站 五龙木材检查站 黄草坪木材检查站	户莱公路 K45 宁陕县皇冠镇街道 宁陕县四亩地镇 新龙线 K35 处 皇冠至漆树沟 K24 处	2005 年设立 2005 年设立
太白局	天保工程前	大贯子木材检查站 靖口木材检查站 太白河木材检查站 黑峡子木材检查站	大贯子 靖口 太白 黑峡子	总站设在大贯子
	天保工程后	大贯子木材检查站 靖口木材检查站 太白河木材检查站 扁家沟木材检查站	大贯子 靖口 太白河 扁家沟管护站	总站设在大贯子
宁东局	天保工程前	月太路木材检查站 石沟木材检查站 沙沟木材检查站	西万路 126 千米 宁太路 10 千米 西万路 80 千米	
	天保工程后	月太路木材检查站 石沟木材检查站 高桥木材检查站 蒿沟木材检查站	西万路 126 千米 宁太路 10 千米 宁陕江口高桥村江双路 5 千米 宁陕县广货街镇蒿沟脑	
汉西局	天保工程前	汪家河木材检查站 新店子木材检查站	勉县长沟河镇汪家河村 勉县同沟峙镇柳坝村	
	天保工程后	汪家河木材检查站 新店子木材检查站 上南河木材检查站	勉县长沟河镇汪家河村 勉县同沟峙镇柳坝村 留坝县武官驿镇	
龙草坪局	天保工程前	秦岭木材检查站 长角坝木材检查站	108 国道周城段 93 千米处 佛坪县长角坝乡	
	天保工程后	秦岭木材检查站	108 国道秦岭隧道南口	

续表

林业局	时间段	站名	站址	备注
长青局	天保工程前	陕西省华阳木材检查站 陕西省茅坪木材检查站 城固小河木材检查站	洋县华阳镇花华线63千米 洋县茅坪乡花华线30千米 城固县小河镇	1978年设立 1985年设立 1998年设立
	天保工程后	无		

第三节　林业有害生物防治

一、森林病虫害防治机构

1990~1998年，省资源局(森林工业总公司)系统森林病虫害防治工作由经营处负责，各林业局由营林科负责。

1999~2010年，省资源局森林有害生物防治工作由公益林建设管理处负责，各林业局由资源管理(林政)科负责。

主要工作任务：森林病虫害监测、预防、森林鼠害防治、松材线虫监测、预报。2003~2010年，各林业局成立林业有害生物防治领导小组，设立森防站，专门负责林业有害生物防治工作。

二、易发病虫害种类

经1990年普查和2006~2010年监测，省资源局6个林业局主要森林病虫害种类有：华山松大小蠹、落叶松枯梢病、落叶松叶蜂、卜氏杨锈病、油松针叶介壳虫、山杨烂皮病、花椒介壳虫、花椒锈病，危害多种阔叶树种的缘蝽蟓、天牛、象甲、金龟子等虫害，鼠害有中华鼢鼠。

三、林业有害生物防治情况

省资源局6个林业局林业有害生物防治分为物理防治、化学防治和生物防治3种方法。1990年以前，贯彻“积极消灭”的方针，主要以化学防治为主。20世纪90年代初期，贯彻“预防为主，综合治理”的方针，以化学防治和物理防治相结合的方法。到“十五”末期，倡导“预防为主，科学防控，依法治理，促进健康”的方针，以无公害防治作为林业有害生物的主要防治手段。1990~2010年，省资源局6个林业局累计防治面积8.7万公顷，其中，中华鼢鼠防治面积6.4万公顷，其他森林病虫害防治面积2.3万公顷。

第四节　野生动植物保护

一、野生动植物保护

1990年，林业部连续2次就“特许猎捕证”有关问题发出通知，对“特许猎捕证”的申请、审核、批准和期限等作出了具体规定。根据省林业厅、省资源局通知要求，各林业局实行凭证狩猎，加强对狩猎的管理。

1996 年，省林业厅、省工商行政管理局，先后就陆生野生动物及其产品经营、加工许可证管理以及陆生野生动物及其产品出省运输有关问题发出通知，实行凭许可证经营、加工，凭“运输证明”运输。省资源局 6 个林业局各木材检查站，加强对野生动物及其产品运出林区的检查管理。

2001 年 9 月 26 日，省林业厅、省公安厅为消灭兽害，切实保护林区、偏远林区林业生产安全，联合发出《关于公布全省护田狩猎区的通知》。省资源局 6 个林业局保辖区部分乡镇划分为护田狩猎区。各林业局依据规定，积极配合护田狩猎，主动指导有关乡、村组建狩猎队，以便有组织地开展护田狩猎活动。

二、大熊猫保护与监测

2001 年 3 月，陕西省大熊猫资源综合调查队与汉中、安康有关大熊猫调查队联合，第三次对秦岭大熊猫走廊带大熊猫活动情况进行调查。

2005 年 9 月，中国科学院昆明动物研究所、俄罗斯科学院远东分院专家和省资源局各林业局科技人员合作，进行“秦岭东部小型兽类动物”调查研究。

2006 年 4 月 18 日至 5 月 26 日，宁东、宁西、太白、汉西、龙草坪局大熊猫野外监测队在进行大熊猫栖息地野外监测时，发现有大面积秦岭箭竹、龙头竹开花枯死。在海拔 2000 米以上、开花竹子集中分布的中心区域，发现多处大熊猫活动踪迹和较为新鲜的粪便数百团，其中，有粪便全由竹子的花序组成，证明大熊猫仍在这一区域活动。6 月 1~4 日，动物专家党高弟与监测队员 6 人对竹子开花情况作进一步调查，估算开花竹子面积 926 公顷。开花竹子垂直分布状况：海拔 1800~2000 米，有零星或小片竹子开花；海拔 2000~2300 米，大面积竹子开花并枯死。调查中设置样地 6 块，有 2 块没有发现新生幼竹，4 块有新生幼竹，每平方米幼竹 88~220 株。竹子开花枯死，给大熊猫栖息造成严重影响。

2007 年 4 月，遵照省林业厅和 WWF 在秦岭大熊猫保护区群开展野外监测工作的统一部署，省资源局各林业局组织有关人员经过 1 个月的野外监测调查，完成动物样线调查、大熊猫监测，顺利完成了大熊猫野外监测工作。10 月，又进行秋季大熊猫监测工作，积累了监测经验，获得了较多有参考价值的宝贵资料。

三、自然保护区

省资源局 6 个林业局 1990~2010 年，先后建立省级、国家级自然保护区 5 个，分别为：陕西天华山国家级自然保护区（宁西）、黄柏塬省级自然保护区（太白）、平河梁省级自然保护区（宁东）、摩天岭省级自然保护区（汉西）、观音山省级自然保护区（龙草坪）。保护区与所属林业局实行“两块牌子、一套人马”的管理模式。5 个保护区总面积 90556 公顷（国有林 84853.6 公顷），其中核心区 30348 公顷，缓冲区 23370 公顷，实验区 36838 公顷，占全系统林地总面积的 25%以上。保护区现有专兼职保护人员 363 人，累计争取项目建设资金 2300 多万元，对保护区内珍稀野生动植物资源进行全方位保护与管理。省资源局系统自然保护区基本情况见表 5-7-4 。

2010 年陕西省资源局系统自然保护区基本情况表

表 5-7-4　　单位：公顷

保护区	级别	总面积	主要保护对象	行政区域	批建年份	备注
陕西天华山国家级自然保护区	国家级	25485.0	大熊猫及其栖息地	宁陕县	2002	2009 年晋升国家级
陕西观音山省级自然保护区	省级	13534.0	大熊猫及其栖息地	佛坪县	2002	
陕西摩天岭省级自然保护区	省级	8520.0	大熊猫、金丝猴、羚牛、林麝等栖息地	留坝县	2002	
陕西黄柏塬省级自然保护区	省级	21865.0	大熊猫及其栖息地	太白县	2006	
陕西平河梁省级自然保护区	省级	21152.0	大熊猫及其栖息地	宁陕县	2006	

第五节　天保工程实施

一、工程实施背景

1998 年夏季，一场百年不遇的特大洪水几乎同时在中国南北爆发，长江、松花江、嫩江流域发生了特大的洪涝灾害，受灾范围多达 29 个省份，受灾人口 2.33 亿人，死亡人数在 3000 人以上，农作物受灾面积 0.21 亿公顷，直接经济损失高达 1666 亿元人民币。这场灾害使全国上下更加清醒地认识到保护森林资源、防灾减灾已经到了迫在眉睫、刻不容缓的地步，也更加坚定了政府采取果断措施保护森林资源的决心，从而促使了保护森林资源新政策的出台和颁布。

党中央、国务院在洪灾之后，当机立断，迅速做出应对决策，于 1998 年 10 月 20 日，发布《关于灾后重建、整治江湖、兴修水利的若干意见》，明确要求"全面停止长江、黄河流域上中游的天然林采伐，森工企业转向营林管护"。据此，国家林业局做出了实施天保工程的决定。工程的主要内容是：立即停止长江、黄河上中游地区的天然林采伐；大幅调减东北、内蒙古等重点国有林区的木材产量；由地方负责保护好其他地区的天然林。工程计划调减木材产量 1991 万立方米，森林资源管护面积 14.15 亿亩，分流安置富余职工 74 万人。

2000 年 12 月 1 日，国家林业局、国家计委、财政部、劳动和社会保障部联合下达《关于组织实施长江黄河中上游地区和东北内蒙古等重点国有林区天然林资源保护工程的通知》，在全国范围内正式启动天保工程。

二、省政府"禁伐令"

陕西省人民政府按照党中央、国务院关于根治水患、加快生态环境建设的重大战略部署于 1998 年 10 月 28 日，发布《关于实施天然林保护工程立即停止省属森工采育企业采伐天然林的命令》，要求省资源局 5 个森工采育企业(太白、宁西、宁东、汉西、龙草坪)从1998年11月1日起，停止一切采伐活动，全部转入实施天保工程。上述禁伐区所涉及的宁陕、太白、佛坪、留坝、勉县、户县行政辖区内的5个省属森工采育企业作业范围内的产地木材交易市场立即关闭，并对木材加工单位进行清理整顿，取消一切山场经营与加工。

省政府“禁伐令”发布后，省林业厅决定在省属太白、宁西、宁东、汉西、龙草坪5个森工采育企业(1998年开始)，以及宝鸡市辛家山、马头滩林业局(1999年开始)进行工程试点。

省资源局随即组成天保工程工作组分赴所属各林业局，帮助指导基层编制天保工程实施方案、成立机构、分流人员、制定天保工程管理办法等。2000年，根据国家林业局等四部委“林计发〔2000〕661号”文件，长青局被列入天保工程实施单位之一。省资源局6个林业局全部纳入实施天然林保护工程范围。从1998年开始到2010年，资源局6个林业局先后进行了采伐机具、设备封存、山场、货场木材清理盘存、运输、销售、森林分类区划界定、天保工程实施方案编制、职工分流安置、种苗基地建设、公益林建设、天保工程管理等项工作。

2000年8月，陕西省人民政府下发《关于切实加强天然林保护管理工作的紧急通知》、陕西省林业厅印发《关于停止天然林商品性采伐的通知》等一系列文件政策规定。至此，天保工程在全省范围内全面实施。同时也预示着陕西森工采育企业第三次战略转移的正式启动。放下斧头，拿起锄头，从伐木人成为护林人，企业经营方式实现了以木材生产为主向以生态建设为主的历史性转变。经过天保工程10余年的保护管理，秦岭林区森林生态得到休养生息，区域生态环境明显改善，森林的生态、经济、社会三大效益显著增强。

三、职工分流安置

1999年9月，劳动和社会保障部办公厅《关于实施天然林保护工程中职工安置等问题的函》规定：对实施天保工程林业企业中不能转产分流的富余职工，采取一次性安置的办法。具体措施：一是对劳动合同到期的职工，依法终止劳动合同；二是对从农村招收的农民合同制工人，按照《全民所有制企业招用农民合同制工人规定》办理，解除劳动合同，支付经济补偿金；三是对实行劳动合同制以前参加工作的全民所有制职工，支付一次性安置费，标准不高于所在城市上年企业职工平均工资收入的3倍；四是对实行劳动合同制以后参加工作未到期的全民所有制职工解除劳动合同，按在本企业工作的时间每满1年发给相当于1个月工资的经济补偿金。

2000年10月，财政部、国家林业局《关于做好森工企业下岗职工一次性安置工作的通知》指出：森工企业下岗职工一次性安置的基本政策：对自愿自谋出路的职工，原则上按不高于森工企业所在地企业职工上年平均工资收入的3倍，一次性发放安置费。同时，通过法律公证，与企业解除劳动关系，不再享受失业保险。在实际安置工作中，各地可根据每个职工的工龄、在本单位的工作年限、是否签订劳动合同等具体情况，制定相应的安置计划和落实补助资金。

根据国家和陕西省有关实施天保工程和森工企业职工分流安置政策规定，资源局6个林业局职工分流安置的主要途径是：①提前5年退休；②一次性带资安置；③天保工程留用；④外向型企业安置、调出；⑤进再就业服务中心。一次性带资安置由本人提出申请，双方签订自愿解除劳动协议，经公证处公证，终止劳动关系，企业给予一定的经济补偿。补偿标准为：基数 1 万元，每满 1 年工龄增发 1000 元。

省资源局 6 个林业局天保编制 2031 人，其中，森林管护 1132 人，公益林建设 196 人，社政岗位 703 人，共有富余职工 8697 人需要分流安置。1998～2008 年，按照公开、公正、公平、自愿原则，采取返乡补助、带资调动、项目安置、提前退休、内部退养、富余下岗等途径分流安置职工 7928 人，其中森林管护 1132 人，社政人员 703 人，公益林建设 192 人，多种经营 285 人，内部退养及下岗待安置 719 人，一次性带资（含带资调动）安置 4879 人。

四、天保工程建设及资金投入

1998 年，天保工程实施后，省资源局 6 个林业局相继撤销生产科、安技科、销售科、采育工队、劳动服务公司、销售分公司、木材加工厂，新设天保办、资源管理和公益林建设科。

1998～2010 年，资源局 6 个林业局共完成公益林建设人工造林 4. 29 万公顷，封山育林 21. 98 万公顷，人促更新 0. 83 万公顷，森林抚育 3. 17 万公顷，中央财政中幼林补贴试点项目 2. 13 万公顷。省资源局系统天保一期公益林建设完成情况见表 5-7-5。

1998～2010 年陕西省资源局系统天保一期公益林建设完成情况表

表 5-7-5　　单位：公顷

单位	人工造林	封山育林	人促更新	森林抚育	中幼林抚育补贴试点	改造、培育
宁西局	11348. 5	49846. 67	3073. 33	10366. 67	4000. 00	233. 33
太白局	11346. 67	46826. 67	3000. 00	10300. 00	4000. 00	20. 00
宁东局	6205. 8	51186. 67	1000. 00	6200. 00	6666. 67	240. 00
汉西局	6621. 3	23286. 67	1000. 00	4100. 00	4000. 00	
龙草坪局	6086. 6	27600. 00	240. 00	720. 00	2000. 00	
长青局	1333. 33	21086. 67			666. 67	
合计	42942. 2	219833. 35	8313. 33	31686. 67	21333. 34	493. 33

1998～2010 年，省资源局 6 个林业局先后改扩建中心苗圃 6 个，总面积 88. 3 公顷；新建连栋温室 9 座，总面积 10912 平方米；日光温室 6200 平方米，钢架塑料大棚 9964 平方米，固定喷灌覆盖面积 25. 6 公顷。可年产各类苗木 2400 万株，基本实现了苗木自给，还可向社会提供一定数量的绿化大苗和部分花卉。建立采种基地 3 个，总面积 6653. 3 公顷。建设标准化管护站 46 个，建筑面积 16244. 1 平方米。建成自然保护区 5 个（其中国家级 1 个，省级 4 个），森林公园 3 个（其中国家级 1 个），森林覆盖率提高到 95. 68%。

天保工程一期（1998～2010 年）实施期间，省资源局 6 个林业局天保工程总投入 80910 万元，其中，国家投入财政专项资金 36114 万元，公益林建设资金 35981 万元，地方财政配套资金 8815 万元。

第六篇　林业产业

1990~2010 年，陕西省林业产业快速发展，全省大力发展红枣、花椒、核桃、板栗、柿子、生漆等经济林，经济林面积达到 218. 39 万公顷，成为山区林农脱贫致富的主要经济来源。花卉种植，中药材种植，以及食用菌、木耳等林下经济快速增长。速生丰产林、竹藤、森林食品、珍贵树种、野生动物驯养繁殖等新兴产业也呈蓬勃发展态势。尤其是森林公园快速发展，截至 2010 年年底，陕西省共建立森林公园 77 处，其中，国家级森林公园 31 处，省级森林公园 46 处。1990~2010 年，全省森林公园累计接待游客 7795 万人次，收入 204973 万元。

第一章 基本概况

第一节 1991~1995年林业产业

1991~1995年“八五”期间，林业产业出现快速发展的好势头。陕西省林业社会总产值年均增长18.65%，1995年，产值达到26亿元。在经济林栽培、综合利用、多种经营和森林旅游等诸多方面形成了一批支柱产业和拳头产品。林业产业的兴起，为山区、农村群众的脱贫致富找到了突破口，发展前景更加明朗，初步显示出林业在发展农村和县域经济中的重要作用。

1994年，陕西省营造经济林12.22万公顷，占人工林的32.6%，个别地市高达60%以上。陕北结合防护林体系建设，大力发展红枣、山桃、山杏等。渭北旱塬和关中大力发展花椒、苹果、梨、柿子、石榴、桃等；陕南发展柑橘、银杏、茶、蚕桑、油桐、生漆等。安康7月、8月、9月三个月集中时间、集中劳力，建设林特基地2.33万公顷。商洛地区营建经济林2.88万公顷，占春季人工造林总面积的65%。宝鸡市大幅度调整林种树种结构，发展以花椒、核桃、柿子、板栗、山杏等为主的经济林带和经济林村，建起了千亩杜仲林、千亩柿树林和千亩花椒林带。

森林旅游业作为陕西林业的一个重要产业，在“八五”期间出现前所未有的发展势头，截至1995年年底，陕西省共建成森林公园25处，其中，国家级5处，省级12处、市县级8处，经营总面积11.01万公顷，从业人员800多人，累计投入建设资金4700多万元，开发各类景点景物500余处，抚育营造景观林660公顷，饲养珍贵动物、培植珍稀植物、南竹北移等共150余种。森林旅游已成为部分国有林场的经济支柱。

1994年9月25日，林业部为庆祝中华人民共和国成立45周年，向党中央和国务院及社会各界展示汇报45年来全国林业产业取得的巨大成就，答谢社会各界对林业的支持和帮助，在北京举办了全国林业名特优新产品博览会。陕西省共动员组织10个地市和森工系统115家企业参展，展示产品包括果类、干果类、食用菌、中药材、中成药、饮料、保健食品、工业原料、家具等8大系列169种产品。这次展出，共获得博览会颁发的产品奖31枚，其中，金奖6枚、银奖20枚、优质产品奖5枚，奖牌总数在全国参展的38个省(区)市单位中名列第二，金牌总数居第三名。同时，还获得组织奖和展厅设计三等奖。展出期间，党和国家领导人及中央办公厅、国务院办公厅、水利部、总政治部等部委和新华社，山东、河北、辽宁等省份主要负责同志参观陕西省林业展示厅，副省长徐山林出席博览会开幕式。

为了从宏观上加强对木材经营、加工的管理，有效控制森林资源消耗，合理配置木材经营、加工项目，更好地保护和利用森林资源，促进林业产业协调发展。1995年4月28日，省林业厅、省工商行政管理局联合发出《关于对林区和重点产材县的木材经营、加工单位实行木材经营、加工许可证的通知》。凡在林区县或重点产材县境内从事木材经营、加工的单位，必须经县或县以上林业行政主管部门审查同意并发给木材经营、加工许可证后，持证到同级工商行政管理机关申请登记，领取营业执照。

1995 年 10 月 30 日，省林业厅在太白山国家森林公园召开全省林业产业工作会议，参加会议有各地市林业局、省森工总公司、主要国有林业局(林场)及省林业厅各部门的负责人共计 130 名。副省长王双锡参加会议并讲话。会议提出 1996~2000 年，即“九五”期间林业产业要围绕建立“五大支柱产业体系”“培育八大龙头产品”，实现“四个突破”的林业产业发展指导思想。

五大支柱产业是，以木材综合利用为主的林产加工业，以林产化工开发为主的林化产业，以森林景观开发利用为主的森林旅游业，以林区无公害野生食物资源利用为主的森林食品业，以林区中药材开发利用为主的新兴医药产业。

八大龙头产品是：①短周期、定向培育的工业人工林；②仁用杏、核桃等木本油料；③板栗、红枣、柿子等木本粮食；④油桐、生漆、五倍子等化工原料油；⑤猕猴桃等果品；⑥白果、松籽等森林食品；⑦“三板”、纸浆和木片等木材深加工产品；⑧杜仲、高三尖杉酯碱等医药产品。

四个突破是：在集约经营、规模发展上突破；在质量效益上突破；在发展速度上突破；在工作指导上突破。

1995 年，陕西省营造具有各种区域特征和优势的经济林 14.59 万公顷，占人工造林面积的 51%，为林区、沙区开发和群众脱贫致富奔小康奠定了基础。

第二节 1996~2000 年林业产业

1996~2000 年，即“九五”期间，配合陕西省扶贫工作，在林区、沙区两大重点区域，全面实施《陕西省科教兴林“4151”富山工程计划》。在产业调查的基础上，编制陕西省“九五”期间林业产业发展规划。围绕建设“五大体系”和发展“八大龙头”产品，全面起步实施陕西省林业产业建设目标。重点支持陕北红枣、渭南仁用杏、韩城花椒、陕南蚕桑、关中猕猴桃、商洛板栗等，使其形成拳头产品。这些产品规模生产的势头已更加明朗化。林业产业的重点项目，如木材加工、林业化工、森林旅游、森林食品开发、药材、市场建设等都有很大发展。还组织成立陕西省林业工业产品质量监督检验站。林业产业体系初步形成。因各地市十分重视培育和发展林业特色产业，取得良好的经济效益和社会效益。

一是林特产业基地建设发展较快。陕北、关中、陕南形成苹果、红枣、仁用杏、花椒、核桃、板栗、柿子、蚕桑、猕猴桃等各具特色和优势的林产品产业基地，成为群众致富的重要来源和地方财政收入的重要渠道。

二是发挥森林资源景观优势，森林旅游有较快发展。全省已建立森林公园和旅游小区 60 多处，森林旅游人数达 860 多万人(次)，仅林业行业直接经济收入 1.46 亿元，比“八五”期间增长 3.9 倍。

三是充分发挥林下资源优势，种植、养殖、花卉、饲养等产业迅速发展。

“九五”期间共发放林业政策性贷款 10.89 亿元，有力支持林业产业的发展。

第三节 2001~2005年林业产业

2001~2005年，即“十五”期间，随着林业产业结构不断调整和林业产业发展力度的加大，同时，结合林业重点工程开展以经济林建设为主要内容的林业产业建设工作取得显著成效。清涧、韩城、略阳、镇安、旬邑、宜川、礼泉、印台8县(市、区)被国家林业局评为“全国经济林建设先进县”，佛坪、佳县、延川、富平、商州、黄龙、西乡、旬邑、城固、大荔10县被国家林业局命名为“全国名特优经济林之乡”。

到“十五”期末，陕西省初步形成渭北旱塬地区25个县以苹果、梨、核桃、花椒、红枣、柿子等为主的生产基地。陕南商洛、安康、汉中市及宝鸡市的部分县以核桃、板栗、药、桑、茶为主的生产基地。陕北以红枣、仁用杏、核桃、沙棘为主的生产基地。据统计，全省有经济林面积218.39万公顷，其中，干果类95.78万公顷，水果类67.34万公顷，木本药材15.27万公顷，工业原料8.82万公顷，调料类16.42万公顷，其他类14.8万公顷。其中，规模在6.67万公顷以上的有板栗、核桃、枣、仁用杏、山杏、苹果、梨、杜仲、花椒、桑10个品种，面积170.45万公顷，占经济林总面积的78%，成为陕西省十大主要经济品种。全省经济林年产量1303.71万吨，产值181亿元。以银杏、杜仲、厚朴为主的木本中药材是秦巴山区农民脱贫致富的主导项目，年产量达到20万吨，年产值7亿元。略阳县更是将中药材作为全县唯一的支柱产业，90%以上的农户种植中药材，药材面积达到4.5万公顷。

这一时期全省经济林建设的主要特点：

一是栽植规模迅速扩大。新增经济林69.14万公顷，占现有经济林面积的31.66%，主要为干果、水果、调料类。

二是栽植呈现区域化格局。全省初步形成陕北黄河沿岸的红枣、白于山区的仁用杏，关中渭北旱原的苹果、花椒、柿子，陕南秦巴山区的板栗、核桃、茶叶等各具特色和生产规模的经济林建设基地。

三是群众造林积极性高。通过大力宣传、政策驱动、科技示范等，一些苹果、花椒，柿子等经济林种植区建成专业批发市场，成立经济林协会或协作组等专业组织，涌现出大批专业销售队伍和加工企业，激发群众的造林积极性，有力地推动当地经济林产业的发展。如全省有花椒面积16.6万公顷，年产值达6.50亿元，花椒产业已成为陕西省花椒主产区广大农民群众脱贫致富的重要途径。

四是典型示范作用明显。如韩城椒区通过典型示范，政策引导，几年来，花椒种植面积已达2.67万公顷，农民人均年纯收入2495元，较种椒前人均增收78.9元。待种植的2.67万公顷花椒全部成林后，可增加该地区森林覆盖率14个百分点。延安通过树立延川县优质红枣基地和黄龙县核桃基地等典型样板，带动了周边地区经济林的快速发展。

“十五”期间，森林旅游业亦有长足发展，全省共建森林公园66处。其中，国家级20处，省级46处。森林公园基础设施逐步完善，服务质量不断提高，森林旅游网络初步形成。速生丰产林、竹藤、花卉、森林食品、珍贵树种、野生动物驯养繁殖等新兴产业呈蓬勃发展态势。

2002 年 3 月 4 日，陕西省林业厅下发《关于表彰林业产业工作先进单位和先进个人的决定》，对在陕西林业产业化工作中取得显著成绩的户县林业局等 24 个先进单位和李宏超等 25 名先进个人予以表彰。

2002 年 4 月 16~17 日，省林业厅在宝鸡市召开全省林业产业化工作会议，总结“九五”期间林业产业工作的成绩和经验，安排部署“十五”和今后 10 年林业产业工作。

2002 年 9 月 4 日，省林业厅制定下发《关于加快林业产业化建设的意见》。提出关于加快林业产业化建设的指导原则和目标任务。

指导原则：坚持生态效益优先原则；坚持因地制宜、科学规划原则；坚持适度规模经营的原则；坚持多渠道、多层次、多形式发展的原则。

目标任务：2001~2005 年，全省林业总产值达到 150 亿元；2006~2010 年，林业产业总产值达到 230 亿元。

全面推行森林资源资产化管理，允许以宜林地使用权和商品林林木所有权进行抵押、租赁，促进规模化发展。坚持“谁投资，谁受益”的原则，落实在宜林地上从事以绿色产业为主的产业开发项目。

2003 年 8 月，省林业厅在延安市劳山林业局召开全省国有林场林业产业现场会，劳山林业局本着“富局、富场、富职工”的指导思想，制定“六个坚持”的发展原则：①坚持两权分离；②坚持权、责、利结合；③坚持有偿使用，长期稳定；④坚持统一规划，定向开发，限期治理；⑤坚持以小流域为单位进行综合治理；⑥坚持多种所有制形式共同发展，鼓励非公有制优先等发展林业产业的六条原则。提出专职型、兼职型、合作型三种发展林业产业的类型。截至 2003 年 5 月，劳山林业局参与个体承包造林的职工 186 人，投入造林资金 150 多万元，23 名职工获利万元以上，绿化育苗工作实现创收 300 多万元，基本上解决了国家要“被子”、职工要“票子”的问题。会后省林业厅下发《关于学习劳山林业局产业开发经验的决定》，要求各市林业局、国有林场学习劳山林业局经验，促进林业产业健康、快速发展。

第四节　2006~2010 年林业产业

2006~2010 年，即“十一五”期间，林业产业发展良好。省林业厅在坚持实施以生态建设为主体的林业发展战略中，紧紧依托林业重点工程，贯彻落实省政府办公厅 2006 年 10 月 24 日转发的《陕西省林业产业发展规划纲要》，突出抓好名特优经济林、森林旅游、苗木花卉和速生丰产林四大产业，重点加强以核桃、红枣、板栗、花椒、柿子等为主的干杂果经济林基地建设。2010 年，林业产业出现了前所未有的良好发展势头，全省林业产业总产值 261.2553 亿元，较“十五”末翻了一番，较 2009 年增长 33%。三产比例 85∶7∶8 较“十五”末 94∶4∶2 有所优化，产业结构渐趋合理。

一是制定政策，促进产业发展。2009 年，陕西省委、省政府出台《陕西省人民政府关于实施七大工程促进农民增收规划纲要》，其中，包括《干杂果经济林发展规划》。全国林业产业大会召开后，陕西省林业厅积极贯彻落实会议精神，与省发改委等七部门联合转发了国家林业局等七部委印发的《林业产业政策要点》。省林业厅联合永安保险公司开展了红枣灾害保险试点调研，会同省财政、金融、保险等相关部门联合下发《陕西省政策性大枣保险试点实施方案》。2010 年 1 月 7 日，陕西省政府下发《陕西省人民政府关于加快推进核桃等干杂果经济林产业发展的意见》，要求各级各有关部门把发展核桃等干杂果经济林产业作为山区经济发展的支柱产业和农民增收的主要措施来抓，对新建核桃标准园，省上每亩补助 100 元，要求市、县补助不少于 100 元；改造低产核桃园，省上每亩补助 50 元、市、县每亩补助不少于 50 元，新建红枣、柿子、花椒和板栗标准园，省上按照以奖代补的办法给予奖励性支持。为进一步加强对干杂果经济林基地建设的组织领导，4 月 20 日，省政府下发《陕西省人民政府关于建立省核桃等干杂果经济林产业发展工作联席会议制度的通知》，统一协调解决干杂果经济林产业工作中的重大问题。

二是规范制度，加强干杂果基地管理。2010 年 3 月 6 日，省林业厅在商洛市洛南县召开全省干杂果经济林建设科技示范现场会，全面总结交流《陕西省实施七大工程促进农民增收规划纲要》发布以来陕西省干杂果经济林建设经验教训，并就贯彻落实《陕西省人民政府关于加快推进核桃等干杂果经济林产业发展的意见》精神，进行全面的安排部署。4 月 29 日，省林业厅印发《陕西省林业厅核桃经济林基地建设项目作业设计办法》《陕西省林业厅核桃经济林基地建设检查验收暂行办法》。12 月 7 日，省林业厅印发《陕西省核桃产业基地建设规划（2010~2015 年）》《陕西省红枣产业基地建设规划（2010~2015 年）》《陕西省花椒产业基地建设规划（2010~2015 年）》《陕西省板栗产业基地建设规划（2010~2015 年）》《陕西省柿子产业基地建设规划（2010~2015 年）》明确陕西省核桃、红枣、花椒、板栗、柿子五大干杂果经济林产业基地建设发展目标和任务。通过制度约束，进一步科学规范干杂果经济林基地建设，提高标准化建园质量，促使陕西省核桃经济林建设和管理走上科学化、规范化、制度化轨道。

三是强化质量监督，规范核桃等良种繁育基地建设与管理。省林业厅下发《陕西省林业厅核桃良种穗条及苗木生产使用管理办法》《关于加强质量监管切实搞好核桃等干杂果经济林基地建设种苗生产供应的通知》《关于加强核桃种苗生产和品质管理的通知》《关于规范核桃红枣等林木种子生产经营许可证发放和监督管理工作的通知》，制定《陕西省核桃良种采穗圃建设技术规范》《陕西省核桃良种繁育基地建设技术规范》，编辑印制《核桃等干杂果经济林种苗管理法规文件汇编》。

四是调整结构，促进林业产业健康发展。陕西省林业厅按照因地制宜，立足资源、地理区位、人才优势，坚持人无我有、人有我优的发展思路，大力调整产业结构，培育优势产业和特色产业。按照规划布局和区位资源优势，把全省划分为 5 个不同类型的产业建设重点：秦巴山区、关中平原区、渭北旱原区、黄土丘陵沟壑区、长城沿线风沙区，实行分类指导。突出发展名特优经济林、速生丰产林、森林生态旅游、绿化苗木花卉等四大林业产业，重点建设红枣、核桃、板栗、花椒、柿子、茶叶、蚕桑、木本中药材等八大经济林基地。各市、县（区）把加快林业产业建设作为振兴区域经济发展的一项战略措施来抓，结合实际，明确产业重点布局，制定产业发展规划，为促进林业产业健康快速发展奠定了坚实的基础。

五是项目带动，寻求林业产业新突破。陕西省注重把林业产业发展有机地融入到各项林业重点工程建设中，在严格执行国家政策的前提下，积极促进产业发展。利用天然林保护、退耕还林、三北防护林等国家林业重点工程的优惠政策发展经济林、种苗花卉等种植业，形成工程建设和产业发展齐步，生态效益与经济效益并举的良好态势。各市在林业重点项目的规划设计中，根据立地条件和群众意愿，科学规划树种，积极选用经济生态兼用树种，做到适地适树合民意。在林业重点工程的树种设计中，以市场前景看好、群众乐于接受的核桃、板栗、红枣、柿子、花椒、桑、茶、木本药材为主，充分调动了群众参与产业建设的积极性，使工程实施与经济林、用材林产业建设相结合，既加快了荒山绿化，巩固了林业重点工程建设成果，又促进经济林基地建设，保证后续产业的发展。陕西省充分利用国家对种苗基地建设投资力度不断加大的契机，大力兴建苗木花卉市场，积极开展内引外联和横向联合，着力提高花卉产业的组织化程度，走专业化经营的路子，使苗木花卉产业初具规摸。

六是培植龙头，全面提升陕西林业产业发展水平。为发挥龙头企业在林业产业化经营中开拓市场、技术创新、优化基地、产品加工、带动农户的作用。省林业厅制订《陕西省林业产业化经营重点龙头企业认定标准》，规范审批认定程序，加强对龙头企业的监管力度。同时，积极落实对龙头企业的有关扶持政策，推动陕西省林业企业专业化生产、规模化经营，提高综合生产能力。截至2010年，已审查批建陕西中兴林产有限责任公司、陕西绿迪投资控股集团有限公司等15家企业为全省林业产业化经营重点龙头企业，龙头企业在带动当地区域经济发展方面作用正在显现。

七是积极参展，增强林业产业发展活力。在2007年首届全国林业产业大会上，中国林业产业协会授予陕西省韩城市林业局、延安市劳山林业局为先进单位，陕西中兴林产有限责任公司、陕西清涧宏祥有限责任公司为先进企业，黄凯道等4人为先进个人荣誉称号，劳山林业局在大会上作了经验交流发言。同时省林业厅积极组织全省林业系统、龙头企业参加国家林业局举办的林产品交易博览会，市、县(区)政府也纷纷举办红枣节、核桃节、柿子节、旅游文化节、精品苗木花卉产销推介会等活动。陕西省在“2007中国国际林业博览会”上获得最高奖项——优秀设计奖和优秀组织奖，中兴林产品公司纤维板、旬邑县苹果荣获博览会产品银奖，宜君县有机核桃被评为2008北京奥运推荐果品干果类一等奖。在首届中国枣业大会上，延川骏枣荣获大会金奖，在2008首届中国核桃大会上，黄龙县选送的香玲核桃被评为金奖。2008年和2009年，陕西省成功举办“商洛核桃高端论坛”和“第二届中国核桃大会”。通过这些形式多样的宣传展览活动，为经营者搭建起林产品交易平台，开拓商机，使陕西的林特产品受到国内外市场的青睐，推动陕西省林业产业的发展。

2009年1月，国家林业局在北京召开林业产业工作座谈会，晏正明同志被授予全国林业产业信息平台建设突出贡献奖。2009年、2010年连续2年，国家林业局授予省产业中心《中国林业产业与林产品年鉴》编纂工作特等奖。

截至2010年，陕西省审查批准15家企业为陕西省林业产业省级重点龙头企业。陕西省林业产业省级重点龙头企业情况见表6-1-1。

2006~2010 年陕西省林业产业省级重点龙头企业基本情况表

表 6-1-1

序号	企业	批准时间	法人代表	注册资金	企业地址	经营范围
1	陕西中兴林产有限责任公司	2006-2-9	刘忠新	1 亿元	西安经济技术开发区泾河工业园泾渭八路	利用果树小径材，枝桠材为主要原料生产各类中（高）密度纤维板
2	陕西绿迪投资控股集团有限公司	2006-8-3	黄一钊	5881.5 万元	西安高新区电子二路 72 号锦业大厦	投资与投资管理、林业、生物工程、房地产、国际贸易等。其下属公司陕西绿迪林业橡树发展有限公司主要以橡子为原料研发食品、保健品
3	陕西德融科技信息发展有限公司	2006-12-7	王永智	5000 万元	西安市东开发区东兴大厦 1 楼	黄连木基地建设及生物柴油生产
4	西安汇丰生态农林科技股份有限公司	2007-1-26	孙玹淮	3860 万元	西安市莲湖区未央路 12 号世纪金园 B 座 501 室	果汁、果味水、纯净水、果脯、保健食品的销售和林产品种植、培育、加工、销售和生态旅游等项目开发
5	陕西鑫源林业工程开发有限公司	2007-4-12	马斌孟	480 万元	西安高新区电子二路万园花园 16111 号	速生丰产林种植，植物科研试验，苗木的养护培育及经营，木板材深加工，农业机械开发
6	陕西绿源旅游景观工程有限公司	2007-10-15	张　林	900 万元	华县金枝路口西 3 号 西安市丰庆路 226 号高层西单元 1803 号	苗木培育和经营、荒山开发与植树造林、绿化工程
7	渭南市雅典家俱有限公司	2007-10-15	刘秀芹	360 万元	渭南市农机公司渭南分公司院内	研发、生产、销售办公、酒店、民用家具
8	西安市宝润实业发展有限公司	2007-10-15	高新成	2100 万元	西安市火炬路 7 号东新世纪广场七层	石油及石油制品、煤炭、金属材料批发经营。2004 年以文冠果、黄连木、蓖麻、花椒等为原料研发生产生物柴油

续表

序号	企业	批准时间	法人代表	注册资金	企业地址	经营范围
9	陕西华州林业生态有限公司	2007-12-6	刘六一	600 万元	华县瓜坡镇张岩行政村	荒山开发、农林业种植、养殖、林产品加工、生态旅游、科研创建生态林业等
10	陕西岩林门业有限公司	2007-12-28	薛榴安	1800 万元	西安市碑林区南二环东段 1 号	研发、生产、销售木制环保型复合材料套装门即系列建材产品
11	韩城宏达花椒香料有限公司	2008-9-19	陈双亭	66 万元	韩城市西庄镇柳枝村	以花椒为原料深加工，主营产品花椒油树脂、花椒精油
12	陕西春光油脂有限公司	2010-2-7	武庆博	3600 万元	勉县周家山镇农业产业化科技示范园	种苗繁育、销售、栽植、原料收购、加工、生物柴油生产销售(黄连木、水冬瓜等生物柴油原料林)
13	延川县兴盛红枣开发有限责任公司	2010-2-7	曹向宁	530 万元	延川县延川镇上湾大桥头	红枣土特产生产、加工、储存、销售
14	延安华联锦园沙棘生物工程有限公司	2010-2-7	王乐	500 万元	延安市吴起县吴起镇金佛坪产业区	沙棘系列产品的生产、销售自产产品
15	延安资航工贸有限责任公司	2010-2-7	李宝	4062 万元	延川县延水关镇	“狗头”牌红枣系列产品开发、加工、贮藏、销售

第二章　管理机构

第一节　省级机构

1993 年 12 月 30 日，陕西省人民政府办公厅印发省林业厅“三定”方案的通知。在经省人民政府批准的《陕西省林业厅“三定”方案》中，林业厅设立林业产业处。其职能是：组织编制全省森林工业发展规划；指导和协调木材及其他林产品的经销，归口管理木材等林产品进出口和经销事宜；指导森工系统、国营林场系统、乡村组织和个人的林副产品市场建设；协调指导木材采运、木材加工和人造板、林产化工企业和林业生产经营机构，开展森林旅游业务等第三产业和多种经营；研究和指导木材节约代用和资源综合利用。

2000 年 8 月，陕西省人民政府办公厅在《关于印发陕西省林业厅职能配置内设机构和人员编制规定的通知》中，对省林业厅的职能进行了调整，取消省林业厅的 3 项职能：

组织提报统配木材的分配资源，参与和协调统配木材的分配、调拨工作；管理非统配木材和松香(含松脂)的经销。

对木材生产、木浆造纸、木本药材等林业产业的管理，规划指导林产品市场建设。

配合有关部门做好农村能源发展、农村综合开发和扶贫等组织指导工作。根据职能的调整，在林业厅内设机构中撤销了林业产业处。

2001 年 12 月，为适应市场经济的需要，加强林业产业组织管理工作，加快林业产业发展，经省林业厅厅长办公会议(2001 年第十次)研究决定成立陕西省林业厅林业产业管理办公室，林业产业管理办公室挂靠在省国营林场管理站。其职能：负责编制全省林业产业发展规划，指导、管理全省林业产业发展工作；负责全省林业产业工作的综合协调、信息服务和指导；负责组织林业产业技术培训、检查和经验交流；负责指导龙头企业和产业基地建设及重大项目的论证立项等工作。

2007 年 12 月，省编办下发文件正式批准在陕西省国营林场管理站加挂陕西省林业产业发展中心牌子，陕西省林业产业发展中心为全额拨款事业单位，编制 9 名。主要职责：

实施林业产业基地建设规划，承担林业产业基地建设的技术指导、咨询工作。

培育、引导龙头企业发展，为龙头企业发展提供技术、信息服务。

承担林业产业重大项目的前期论证工作及林业产业发展项目的编报、申请等具体工作。

组织市场调研，开展市场预测和分析，组织开展林业产业招商引资、林业产业市场流通渠道的建立等工作。

2010 年年末，省林业产业发展中心实有职工 8 名，其中主任 1 名(高级职称)，副主任 2 名(高级职称 1 人)，中级职称 2 人，初级职称 3 人。

第二节　市级机构

榆林市：2007 年 6 月，榆林市批准在市林业局设立榆林市林业产业开发办公室，正科级建制，核定编制 9 名，2010 年年末，实有职工 10 人。

安康市：2008 年，安康市批准在市林业局设立产业科，核定事业编制 4 名。

汉中市：2008 年 9 月，汉中市批准在市林业局设立生产产业科，管理林业产业有关工作。

渭南市：2010 年 11 月，渭南市批准在市林业局设立产业科，实有工作人员 3 名。

咸阳市：林业产业工作由市林业局的林政科和造林科共同负责管理。

西安、商洛、铜川、宝鸡、延安等市的林业产业工作由市林业局的造林科负责管理。

第三章　经济林及苗木花卉

第一节　经济林及基地建设

一、经济林

1984年，全省共有经济林(包括干、鲜果)24.45万公顷，占全省有林地面积的5.2%。经济林主要分布在平原和浅山丘陵地带，特别是陕南浅山区经济林种类多，分布广。据森林资源二类复查统计数字，1985~1990年，即“七五”期间后3年，包括果品在内的经济林共增加26.86万公顷，平均每年增加8.93万公顷，经济林占有林地面积的11.9%，到1990年年底，陕西省包括果品在内的经济林面积达到59.18万公顷。

1990年，全省经济林面积7.25万公顷，占全省有林地面积的14%左右。

1992年，全省经济林面积11.35万公顷。

1993年，全省经济林面积13.3万公顷。

1994年，结合山区综合开发，大力发展经济林。一是在布局上，以区域开发为主，把山系、流域的开发与农业总体规划相衔接，实行山地、丘陵、平川“四旁”和庭院经济发展相结合。二是在产业结构上，以林产品、特产品资源培育开发为主，逐步向林工商一体化，产供销一条龙，一、二、三产业协调发展。三是在产品结构上，以林果业为主，把名特优新作为突破口，实行林、果、桑、茶、花、竹、药、菌等综合利用。四是在工作重点上，大力开展封山育林，同时，提高经济林林分质量。五是在组织形式上，以群众为主体，以国有、集体林场为依托，大力推行承包和拍卖集体宜林荒山荒地。六是在开发方向，以市场为导向积极开发利用周期短、见效快、效益好、适销对路的新产品。1994年，全省营造经济林14.78万公顷，占人工造林的32.6%，个别地市高达60%以上。陕北结合防护林体系建设，大力发展红枣、山桃、山杏等。渭北旱塬和关中大力发展花椒、苹果、梨、柿子、石榴、桃等。陕南发展柑橘、银杏、茶、蚕桑、油桐、生漆等。安康集中时间、集中劳力，建设林特基地2.33万公顷。商洛地区营建经济林2.88万公顷，占春季人工造林总面积的65%。宝鸡市大幅度调整林种树种结构，发展以花椒、核桃、柿子、板栗、山杏等为主的经济林带和经济林村，建起了千亩杜仲林、千亩柿树林和千亩花椒林带。

1995年，全省造林33.74万公顷，其中人工造林28.55万公顷。营造经济林14.59万公顷，占人工造林的51%。

1996年，全省营造经济林13.53万公顷，占人工造林的51%。

1997年，全省营造经济林9.72万公顷。

1998年，全省共营造红枣、仁用杏、花椒、核桃、板栗、蚕桑等经济林12.48万公顷。

1999年，全省造林43.57万公顷，其中，人工造林36.57万公顷。在人工造林中，在红枣、杏、核桃、板栗、花椒、沙棘、蚕桑、茶叶、油桐、生漆、杜仲、五倍子、元宝枫及中药材基地建设方面，新建及丰产管护面积 20.8 万公顷，为当年任务的 169.3%。营造经济林面积 16.67 万公顷。

2000 年，全省造林 41.78 万公顷，其中，人工造林 31 万公顷。在人工造林中，营造经济林 13.93 万公顷。

2001 年，全省造林 42.57 万公顷，其中，人工造林 31.49 万公顷。在人工造林中，营造经济林 10.74 万公顷。

2002 年，全省造林 75.1 万公顷(造林处：75.05 万公顷)，其中，人工造林 60.9 万公顷(造林处：60.86 万公顷)。在人工造林中，营造经济林 6.21 万公顷。

2003 年底，全省各类经济林面积达到 40.57 万公顷。其中：干果类 11.19 万公顷，水果类 16.46 万公顷，调香类 0.024 万公顷，木本药材类 4.81 万公顷。各类产品总产量 1275 万吨，产值约 10 亿元。营造经济林 3.44 万公顷。

2004 年，全省营造经济林 1.8 万公顷。

2005 年，全省造林 31.6 万公顷(不含封山育林 7.6 万公顷)，其中，人工造林 20.6 万公顷。在人工造林中，营造经济林 0.18 万公顷。

2006 年，全省造林 24.87 万公顷，其中人工造林 10.94 万公顷。在人工造林中，营造经济林 0.66 万公顷。

2007 年，新增经济林 13.7 万公顷。果产量 200 多万吨，年产值约 60 亿元。

2008 年，全省干杂果经济林(不含水果)面积达到 152 万公顷。其中，红枣、核桃、花椒、柿子、板栗五大干杂果经济林面积 86.8 万公顷，产值达到 35.9 亿元。基地建设初具规模，市场份额逐年扩大。花椒基地面积 16.47 万公顷，产量 3.49 万吨，产值 10.5 亿元，居全国首位。核桃基地面积 23.2 万公顷，产量 4.67 万吨，产值 12.1 亿元，居全国第二。

2009 年，全省造林 32.69 万公顷(含封山育林 9.23 万公顷)，其中，人工造林 14.97 万公顷。在人工造林中，营造经济林 4.39 万公顷。据陕西省森林资源清查(2009 年)结果，全省包括果品在内的经济林面积为 127.31 万公顷。

2010 年，全省造林 35.93 万公顷(含封山育林 12.4 万公顷)。其中，人工造林 19.53 万公顷。在人工造林中，营造经济林 5.94 万公顷。

二、经济林基地建设

从 1996 年到 1999 年的 4 年里，结合全省实施的“4151”科技兴林工程，陕西省林特基地产业化雏形基本形成。全省各地市，充分发挥自身优势，大力发展林特产业。1996 年，商洛市发展板栗 5.2 万公顷，板栗总产量已达 419.9 万千克；核桃 3.6 万公顷，总产量 1164.3 万千克；食用菌基地乡 56 个，总产量 2495 吨，产值 9130 万元。另外，还建立核桃、板栗采穗圃 49.33 公顷，建食用菌种厂 30 个，建菌筒厂 251 个，建氨化池 5752 立方米。还建与优势产业相配套的龙头企业 170 多个，使优势产业加工产值达到 2 亿元。1997 年，延安市继续抓好区域性经济林基地建设，新建仁用杏、红枣、花椒、核桃、板栗 1.08 万公顷，积极稳步发展银杏产业、培育速生丰产林，同时大力开展多种经营，加强森林旅游资源开发。

1997 年，省林业厅提出抓紧建设有资源优势和利用前景的百万亩红枣基地、百万亩杏基地、百万亩核桃基地、百万亩板栗基地、百万亩地埂花椒基地、百万亩沙棘基地、百万亩蚕桑和茶叶基地、百万亩油桐和漆树基地、百万亩杜仲等木本中药材基地、百万亩五倍子和魔芋基地等 10 项经济林基地建设及林产品的开发利用。全年共完成各类经济林基地建设 4 万多公顷，建示范点 400 余处。

1998 年，新建经济林基地面积 6 万公顷。其中，红枣基地 0. 52 万公顷，杏基地 1. 5 万公顷，核桃基地 0. 12 万公顷，板栗基地 1 万公顷，地埂花椒基地 0. 53 万公顷，油桐基地 0. 7 万公顷，杜仲及中药材基地 0. 6 万公顷，沙棘基地 0. 15 万公顷，蚕桑基地 0. 3 万公顷，五倍子、元宝枫等基地 0. 5 万公顷。

1999 年，在林木良种繁育新技术、ABT 生根粉应用、节水林业及抗旱造林、榆林沙地飞播造林、低产经济林改造、森林病虫鼠害防治、森林防火技术等 10 大项林业适用新技术推广方面，完成新技术推广面积 15. 3 万公顷，为任务的 234. 5%。推广林木良种繁育新技术，培育林木良种壮苗 2. 21 亿株，为任务的 221%。推广森林防火技术，营建生物防火带 718 千米，为任务的 103. 3%。在红枣、杏、核桃、板栗、花椒、沙棘、蚕桑、茶叶、油桐、生漆、杜仲、五倍子、元宝枫及中药材基地及产业化建设方面完成新建及丰产管护面积 20. 8 万公顷，为任务的 169. 3%。1999 年，榆林市委、市政府做出了发展 10 万亩仁用杏基地，建设“15812”工程的决定。栽植优质大扁杏 0. 24 万公顷，杏产业带配套栽植沙棘 80 万株，油松 1 万株。

2003 年，陕西省清涧、韩城、略阳、镇安、旬邑、宜川、礼泉、印台 8 个县(市、区)被国家林业局命名为“全国经济林建设先进县”，佛平、大荔、佳县、延川、富平、宜川、黄龙、西乡、旬邑、城固 10 县被国家林业局命名为“全国名特优经济林之乡”。

2009 年 4 月，省林业厅确定第一批省级重点特色经济林基地建设示范县，其中清涧县、延川县、佳县为红枣基地建设示范县；黄龙县、宜君县、山阳县、宁强县为核桃基地建设示范县；韩城市、凤县为花椒基地建设示范县；富平县、彬县为柿子基地建设示范县；宁陕县、镇安县为板栗基地建设示范县。

2010 年，全省累计新造干杂果经济林基地 7. 07 万公顷，是年计划任务的 108. 9%。其中，核桃新增面积 4. 69 万公顷，是年计划任务的 100. 6%，新增红枣 0. 91 万公顷、花椒 0. 25 万公顷、板栗 0. 5 万公顷、柿子 0. 11 万公顷，核桃等五大干杂果经济林面积已达到 106. 93 万公顷，总产量达到 68 万吨，总产值达到 60 亿元，较上一年增加了 10 亿元，其中核桃面积达到 35. 53 万公顷，产量 8. 3 万吨，产值 25 亿元。

截至 2010 年，陕西省核桃等五大干杂果经济林已达到 115 万公顷，其中核桃面积达到 42. 2 万公顷，红枣面积达到 19 万公顷，花椒面积达到 17. 5 万公顷，板栗面积达到 30. 5 万公顷，柿子面积达到 5. 9 万公顷。具体情况见表 6-3-1。

2010 年年末陕西省五大干杂果面积统计表

表 6-3-1 单位：万公顷

地区	核桃	红枣	花椒	柿子	板栗	合计
合计	42.2	19.0	17.5	5.9	30.5	115.1
西安市	1.3	0.2	0.1	0.6	0.1	2.4
宝鸡市	7.4		4.9	0.1	0.7	13.1
咸阳市	1.5	0.4	0.4	1.1		3.5
铜川市	5.9	0.0	2.1	0.3		8.3
渭南市	2.6	3.2	8.0	2.3	0.1	16.3
延安市	2.0	3.4	1.5		0.1	7.0
榆林市	0.1	11.7				11.8
汉中市	4.0		0.2	0.1	4.2	8.5
安康市	4.7			0.4	7.8	12.9
商洛市	12.7		0.3	0.8	17.5	31.2

第二节　经济林产品

1996 年 10 月，陕西省林业厅组织全省部分名特优果品品评会，会议共展示 8 个树种(核桃、柿子、板栗、枣、猕猴桃、石榴、花椒、杏)142 个样品。经过专家组和代表组品评，评出了 4 个树种果品金奖 11 个，银奖 13 个。评选结果见表 6-3-2。

1996 年陕西省部分名特新优果品品评会评奖结果

表 6-3-2

序号	品种	产地	获奖等次
1	陕核 1 号(核桃)	黄龙县	金奖
2	西洛 3 号(核桃)	淳化县、杨陵区	金奖
3	西洛 2 号(核桃)	淳化县	金奖
4	长木枣	清涧县	金奖
5	油枣	佳县	金奖
6	荣景香滩枣	佳县	金奖
7	镇安大板栗	镇安	金奖
8	明核(板栗)	长安区	金奖
9	寸栗(板栗)	长安区	金奖
10	磨盘柿(柿子)	平利县	金奖
11	富平尖柿子	富平县	金奖

注：品种名加单引号，表中省略。

续表

序号	品种	产地	获奖等次
12	西洛1号(核桃)	淳化县	银奖
13	绵核桃	淳化县	银奖
14	社核桃	淳化县	银奖
15	辽核1号(核桃)	宜川县	银奖
16	隔年核桃	周至县	银奖
17	骏枣	佳　县	银奖
18	黑山晋枣	长武县	银奖
19	晋枣	彬　县	银奖
20	襄汾园枣	延川县	银奖
21	木枣	佳　县	银奖
22	红明粟(板栗)	蓝田县	银奖
23	宁陕大板栗	宁陕县	银奖
24	日本甜柿子	洋　县	银奖

2001年，陕西省10个县(市)被国家林业局命名为第二批“中国名特优经济林之乡”。其中：佛坪县被命名为中国山茱萸之乡；大荔县、佳县、延川县被命名为中国枣乡；富平县、商州市被命名为中国柿乡；黄龙县被命名为中国核桃之乡；西乡县被命名为中国茶叶之乡；旬邑县被命名为中国苹果之乡；城固县被命名为中国柑橘之乡。

一、红枣

榆林市清涧县是“中国红枣之乡”。2007年，清涧县红枣栽植面积2.87万公顷，占全县总耕地面积的52%。其中，盛果林面积2万公顷，年产量达10.8万吨；年红枣产值达2.46亿元，红枣收入占到农民纯收入的48%，占农业总产值的50%，对GDP的贡献率达33%。其中，重点乡镇红枣收入占枣农年总收入的比例达到了90%以上。全县从事红枣产业开发的劳力达3万人，占农村劳动力的50%，近8万人靠红枣摆脱了贫困。佳县发展红枣3.33万公顷，年产红枣1亿千克，产值2亿元，农民人均红枣收入808元，占农民人均纯收入的48%。

二、核桃

2009年，商洛市核桃面积达到10.3万公顷，年产量3.2万吨，全市农民年人均增收146元，户均增收500多元。核桃重点产区农民人均核桃收入525元、户均1940元。商洛市洛南县是陕西省核桃主产县，全县总人口43.8万，其中农业人口40.5万，全县核桃总株数420万株，常年核桃产量300万千克，最高年产420万千克，产值4200万元，全县农业人口户均年收入420元，人均核桃收入100元，占人均纯收入的8.3%。铜川市宜君县核桃种植面积达到2.13万公顷，挂果面积达7万亩，年产量可达到4000吨，产值5600万元，农民人均核桃收入达600多元。其中，该县棋盘镇人均核桃收入达到3000元，成为该县有名的核桃镇、摩托镇。黄龙县是“中国核桃之乡”“国家级矮化核桃标准示范区”。全县核桃面积1.3万公顷，其中，良种核桃面积0.8万公顷，核桃年产量达到4000吨以上，年产值突破亿元大关，全县农民人均核桃面积5.5亩，人均产量121千克，人均收入3000元，核桃人均面积、产量、收入均居国内前列。

三、花椒

2009年年底，全省花椒面积17万公顷，产量5万吨，产值13.8亿元，产量面积位居全国第一。宝鸡市凤县、渭南韩城市是闻名遐尔的“中国花椒之乡”。

1. 宝鸡市凤县。凤县建成6个花椒重点乡镇(双石铺、红花铺、唐藏、河口、平木、凤州)、75个专业村和10个县级花椒示范园，2个市级科技示范园，标准化示范园面积达到9333公顷。引进陕西大红袍有限责任公司、陕西雨润椒业科技开发有限公司，形成“生产、加工、销售和产业化经营”为一体的模式，促进当地花椒产业发展。截至2009年，凤县大红袍花椒留存4400万株，年产量3500吨，产值1.4亿元，农民人均收入1800元。

2. 渭南韩城市。渭南韩城市加大招商引资力度，先后引进丰翔花椒有限公司、万里花椒系列有限公司等8家花椒精包装企业及宏达花椒香料有限公司等9家花椒产业深加工企业，年消耗花椒300多吨，花椒籽1万多吨。其中，投资在1000万元以上的深加工企业有4家，建成4000万株优质大红袍花椒基地。2009年，花椒产量2万吨，占全国花椒总产量的1/6，花椒收入4亿元，占全市农业总产值的60%，农民人均花椒收入1486元，占农民人均纯收入的31%。

四、柿子

到2010年年底，全省柿子面积5.1万公顷，产量12万吨，产值2.8亿元。富平县是世界知名的柿子优生区，是“中国柿子之乡”，年产鲜柿3万余吨，加工柿饼5000余吨，产品远销韩国、日本、新加坡等地。富平县曹村镇马坡村仅柿饼一项，人均收入就达到5000元，马坡村已成为陕西省乃至西北地区最大的柿饼加工销售集散基地。2010年，陕西省核桃、红枣、花椒、板栗、柿子面积、产量、产值情况见表6-3-3。

2010年陕西省核桃、红枣、花椒、板栗、柿子面积、产量、产值情况表

表6-3-3　　单位：万公顷、万吨、亿元

种类	面积	产量	产值
合计	115.1	71.8	65.4
核桃	42.2	9.4	28.6
红枣	19	41	16.4
花椒	17.5	4.4	14.6
板栗	30.5	5	3
柿子	5.9	12	2.8

陕西省干杂果和茶叶产量全国排名情况见表6-3-4。

2004~2009 年陕西省干杂果和茶叶产量全国排名情况表

表 6-3-4　　单位：万吨

种类	2004 年		2009 年		
	全国产量	陕西排名	陕西产量	陕西排名	全国排名在前列的省份
红枣(干)	772	第 7 位	28	第 5 位	河北、山东、河南、山西、陕西
核桃	43.7	第 2 位	7.3	第 2 位	云南、陕西、四川、新疆、河北
板栗	92.3	第 11 位	4.4	第 10 位	山东、河南、河北、湖北、安徽
花椒	18	第 1 位	4.5	第 1 位	陕西、四川、甘肃
柿子(干)	233	第 6 位	9.5	第 5 位	广西、河北、广东、河南、陕西
茶叶	83.5	第 15 位	1.45	第 14 位	福建、浙江、云南

第三节　苗木花卉

2002 年 9 月，成立“陕西省盆景艺术协会”，就全省盆景花卉发展方向和区域布局制定规划，组织协调生产经营，积极引进新技术新成果，开展技术培训，促进全省林业产业化建设。

2003 年，全年花卉年产量 800 万盆，种植面积 1333.3 公顷，实现产值 2.96 亿元，收入 1.37 亿元。汉中市以陈家营苗木花卉基地为龙头，辐射带动全市花卉业快速发展，全市花卉面积 195 公顷，年产值近 1.5 亿元。榆林市花卉生产销售企业 18 家，年产量 140 万盆，年产值 205 万元，创利税 39 万元。陕西省宁东局天保苗木繁育中心，新培育台湾蝴蝶兰半成品 50 万株，其中，1 万株在春节前上市，经营收入 50 余万元。

2004 年，陕西省公建立国有、集体、个体苗圃种、苗花卉基地 15699 个，生产各种造林绿化苗木近 32 亿株(袋)，国有林场的苗圃收入已占总收入的五分之一。全省花卉种植面积 0.7 万公顷，年产值达 2.96 亿元。宝鸡市国有和个体苗圃 330 多个，总面积 0.3 万公顷，年均生产各类苗木花卉 5 亿株(盆)，产值近 3 亿元。

2005 年，陕西省累计建设国有种苗基地 277 个，生产经营面积 17 万公顷，年均产苗 15 亿株，生产种子 200 多万千克，花卉种植面积达到 0.3 万公顷，年产值 3 亿元。其中，汉中市汉台区、南郑县，宝鸡市眉县，西安市周至县，渭南市临渭区的绿化苗木、花卉生产达到相当规模。汉中市从事苗木花卉生产企业 68 个、花卉专业村 5 个、专业户 1300 多户，从业人员 4 万多人，年产值超过 2 亿元。南郑县胡家营乡群星村以公司加农户的方式发展苗木花卉，全村 75%的农户从事花卉经营。农民人均收入从单纯种粮食的 490 元猛增到 2599 元，增长幅度为 5.3 倍。

2007 年，全省种苗花卉经营面积 17 万公顷，年产苗木 26 亿株，花卉种植面积达到 0.6 万公顷，年产值 3 亿多元，以银杏、杜仲、厚朴等为主的木本中药材年产量达到 1.57 万吨，年产值 8.8 亿元。

2008 年，全省新增育苗 0.7 万公顷，育苗面积 1.4 万公顷，采集种子 2440 吨，产苗木 14 亿株。全省花卉种植面积 0. 2 万公顷，年产值 24175 万元，年产切花切叶 2708 万支、盆栽植物 436 万盆、观赏苗木 3652 万株、草坪 31 万平方米，全省花卉生产企业 195 个、花农 2790 户，花卉从业人员 10689 人，花卉市场 175 个。

2009 年，全省新增育苗 0. 8 万公顷，育苗面积 1. 8 万公顷，采集种子 7618 吨，产苗木 15 亿株；全省花卉种植面积 0. 2 万公顷，年产值 28744 万元，年产切花切叶 3600 万支、盆栽植物 540 万盆、观赏苗木 2300 万株、草坪 28 万平方米，全省花卉生产企业 155 个、花农 1918 户，花卉从业人员 8801 人，花卉市场 175 个。

2010 年，全省新增育苗 0. 9 万公顷，育苗面积 2. 2 万公顷，采集种子 5542 吨，产苗木 22 亿株；全省花卉种植面积 3144 公顷，年产值 39245 万元，年产切花切叶 485 万支、盆栽植物 487 万盆、观赏苗木 4203 万株、草坪 30 万平方米，全省花卉生产企业 171 个、花农 3294 户，花卉从业人员 15483 人，花卉市场 94 个。控温温室面积 16 万平方米，日光温室面积 48 万平方米。省林业厅联合西北农林科技大学等单位开展油松、珙桐、百合等乡土和野生珍稀花卉种质资源收集选育开发等科技项目，陇县八渡油松良种基地二代种子园油松种子遗传增益达 37. 58%，处于国内领先水平。2010 年，全省苗木花卉产业情况见表 6-3-5。

2010 年陕西省全省苗木花卉产业情况表

表 6-3-5

<table>
<tr><th colspan="2">指标</th><th>数量</th><th colspan="2">指标</th><th>数量</th></tr>
<tr><td colspan="2">花卉种植面积(公顷)</td><td>3144</td><td colspan="2">花卉市场(个)</td><td>94</td></tr>
<tr><td colspan="2">切花切叶产量(支)</td><td>4852300</td><td colspan="2">花农(户)</td><td>3294</td></tr>
<tr><td colspan="2">盆栽植物产量(盆)</td><td>4871571</td><td rowspan="2">花卉从业人员(人)</td><td>小计</td><td>15483</td></tr>
<tr><td colspan="2">观赏苗木产量(株)</td><td>42028093</td><td>专业技术人员</td><td>1789</td></tr>
<tr><td colspan="2">草坪产量(平方米)</td><td>303120</td><td colspan="2">控温温室面积(平方米)</td><td>157129</td></tr>
<tr><td rowspan="2">花卉企业(个)</td><td>小计</td><td>171</td><td colspan="2" rowspan="2">日光温室面积(平方米)</td><td rowspan="2">476016</td></tr>
<tr><td>大中型企业</td><td>33</td></tr>
</table>

第四章　森林公园与森林旅游

第一节　森林公园

一、森林公园建设

(一)基本情况

陕西省境内山峦起伏，河川纵横，地形复杂，地质地貌独特。秦岭横穿陕西中部，以北属黄河水系，以南属长江水系。生物多样性丰富，森林景观优美，人文景观众多，在特殊区域集中分布，交相辉映，相得益彰，为森林公园建设和森林旅游发展提供了得天独厚的条件。

截至2010年年底，全省共建立森林公园77处，其中，国家级森林公园31处，省级森林公园46处，森林风景资源保护面积30.4万公顷。

1990~2010年，全省森林公园共接待游客7795万人次，实现直接收入204973万元。完成建设投资32亿元，修建旅游步道和公路1995.2千米，床位1.4万张，餐位2.2万个，营运车船379辆(只)，森林公园旅游从业人员3524人。全省社会森林旅游从业人员3.3695万人。陕西省森林公园基本情况见表6-4-1。

2010年陕西省森林公园基本情况表

表6-4-1　　单位：公顷

序号	森林公园	规划面积	位置	级别	批准文号
1	陕西省汤峪森林公园	2949	眉县	省级	陕林场发〔1988〕63号
	陕西太白国家森林公园			国家级	林造批字〔1991〕67号
	陕西太白山国家森林公园			国家级	林场发〔1999〕358号
2	陕西延安国家森林公园	5447	宝塔区	国家级	林造批字〔1992〕23号
3	陕西终南山国家森林公园	4799	长安区	国家级	林造批字〔1992〕104号
4	陕西省楼观台森林公园	6457	周至县	省级	林发(计)〔1983〕159号
	陕西楼观台国家森林公园	27487		国家级	林造批字〔1992〕107号
5	陕西省宝鸡市天台山森林公园	8100	渭滨区	省级	林 造 字〔1988〕262号
	陕西天台山国家森林公园			国家级	林造批字〔1993〕105号
6	陕西省宁西森林公园	6954	宁陕县	省级	陕林场字〔1993〕126号
	陕西天华山国家森林公园			国家级	林场批字〔1997〕1042号
7	陕西省静峪森林公园	2621	户县	省级	市林资发〔1992〕061号
	陕西朱雀国家森林公园			国家级	林 场 发〔1999〕141号
8	陕西省南宫山森林公园	3100	岚皋县	省级	陕林场发〔1992〕384号
	陕西南宫山国家森林公园			国家级	林 场 发〔2000〕74号
9	陕西省王顺山森林公园	3633	蓝田县	省级	市林资发〔1991〕109号
	陕西王顺山国家森林公园			国家级	林 场 发〔2000〕698号
10	陕西省五龙洞森林公园	5800	略阳县	省级	陕林场发〔1997〕37号
	陕西五龙洞国家森林公园			国家级	林 场 发〔2001〕519号
11	陕西省骊山森林公园	2359	临潼区	省级	市林政发〔1987〕077号
	陕西骊山国家森林公园			国家级	林 场 发〔2001〕519号
12	陕西省通天河森林公园	5235	凤县	省级	陕林场发〔2002〕80号
	陕西通天河国家森林公园			国家级	林 场 发〔2002〕274号

续表

序号	森林公园	规划面积	位置	级别	批准文号
13	陕西省汉中天台森林公园	3674	汉台区	省级	陕林场发〔1992〕366 号
	陕西汉中天台国家森林公园			国家级	林 场 发〔2002〕274 号
14	陕西省黎坪森林公园	9400	南郑县	省级	陕林场发〔2000〕137 号
	陕西黎坪国家森林公园			国家级	林 场 发〔2002〕274 号
15	陕西省金丝大峡谷森林公园	1794	商南县	省级	陕 林 字〔2002〕310 号
	陕西金丝大峡谷国家森林公园			国家级	林 场 发〔2002〕274 号
16	陕西榆林沙漠国家森林公园	3493	榆阳区	国家级	林 场 发〔2003〕241 号
17	陕西省木王森林公园	3616	镇安县	省级	陕 林 发〔2001〕410 号
	陕西木王国家森林公园			国家级	林 场 发〔2003〕241 号
18	陕西省劳山森林公园	1933	甘泉县	省级	陕 林 发〔2002〕302 号
	陕西劳山国家森林公园			国家级	林 场 发〔2004〕217 号
19	陕西省鬼谷岭森林公园	5135	石泉县	省级	陕 林 发〔2003〕93 号
	陕西鬼谷岭国家森林公园			国家级	林 场 发〔2004〕217 号
20	陕西省太平森林公园	6085	户县	省级	陕林场发〔1997〕68 号
	陕西太平国家森林公园			国家级	林 场 发〔2004〕217 号
21	陕西省玉华宫森林公园	3200	印台区	省级	陕林场发〔1992〕319 号
	陕西玉华宫国家森林公园			国家级	林场许准〔2005〕966 号
22	陕西省千家坪森林公园	2145	平利县	省级	陕林场发〔1998〕174 号
	陕西千家坪国家森林公园			国家级	林场许准〔2005〕967 号
23	陕西省蟒头山森林公园	2120	宜川县	省级	陕林场发〔1998〕162 号
	陕西蟒头山国家森林公园			国家级	林场许准〔2005〕968 号
24	陕西省上坝河森林公园	4526	宁陕县	省级	陕 林 字〔2003〕317 号
	陕西上坝河国家森林公园			国家级	林场许准〔2006〕945 号
25	陕西省黑河森林公园	7642	周至县	省级	市 林 发〔1997〕93 号
	陕西黑河国家森林公园			国家级	林场许准〔2006〕946 号
26	陕西省黄巢堡森林公园	3000	灞桥区	省级	陕林护发〔1995〕370 号
	陕西洪庆山国家森林公园			国家级	林场许准〔2006〕947 号
27	陕西省牛背梁森林公园	2123	柞水县	省级	陕 林 字〔2004〕578 号
	陕西牛背梁国家森林公园			国家级	林场许准〔2008〕26 号
28	陕西省天竺山森林公园	1809	山阳县	省级	陕林场发〔1992〕384 号
	陕西天竺山国家森林公园			国家级	林场许准〔2008〕1194 号

续表

序号	森林公园	规划面积	位置	级别	批准文号
29	陕西省紫柏山森林公园	4662	留坝县	省级	陕林场发[1997]67号
	陕西紫柏山国家森林公园			国家级	林场许准[2008]1195号
30	陕西省少华山森林公园	6300	华县	省级	陕林场发[2002]207号
	陕西少华山国家森林公园			国家级	林场许准[2008]1196号
31	陕西省石门山森林公园	8856	旬邑县	省级	陕林场发[1994]363号
	陕西石门山国家森林公园			国家级	林场许准[2010]1335号
32	陕西省黄龙山森林公园	3868	黄龙县	省级	陕 林 字[2004]340号
33	陕西省沣峪森林公园	6273	长安区	省级	陕林场发[1992]366号
34	陕西省太兴山森林公园	6016	长安区	省级	陕林场发[1992]384号
35	陕西省龙门洞森林公园	1906	陇县	省级	陕林场发[1992]384号
36	陕西省乾陵森林公园	47	乾县	省级	陕林场发[1992]440号
37	陕西省香山森林公园	9386	耀州区	省级	陕林场发[1992]440号
38	陕西省吴山森林公园	3337	陈仓区	省级	陕林场发[1993]31号
39	陕西省嵯峨山森林公园	1299	三原县	省级	陕林场发[1993]31号
40	陕西省金栗山森林公园	1000	富平县	省级	陕林场发[1993]93号
41	陕西省翠屏山森林公园	1008	永寿县	省级	陕林场发[1994]186号
42	陕西省擂鼓台森林公园	585	紫阳县	省级	陕林场发[1994]362号
43	陕西省石鼓山森林公园	1420	临渭区	省级	陕林场发[1997]69号
44	陕西省灵崖寺森林公园	100	旬阳县	省级	陕林场发[1997]138号
45	陕西省定边沙地森林公园	444	定边县	省级	陕林场发[1997]139号
46	陕西省凤凰山森林公园	584.6	汉滨区	省级	陕林场发[1997]140号
47	陕西省苍龙山森林公园	1551	山阳县	省级	陕林场发[1998]142号
48	陕西省玉皇山森林公园	7490	商南县	省级	陕林场发[1998]143号
49	陕西省褒河森林公园	3312	汉台区	省级	陕林场发[1998]144号
50	陕西省华山森林公园	10042	华阴市	省级	陕林场发[1998]145号
51	陕西省三道门森林公园	1509	镇坪县	省级	陕林场发[1998]146号
52	陕西省玉虚洞森林公园	88	洛南县	省级	陕林场发[1998]173号
53	陕西省神河塬森林公园	3200	岚皋县	省级	陕林场字[1999]117号
54	陕西省牢固关森林公园	6400	宁强县	省级	陕林场发[2000]137号
55	陕西省太安森林公园	612	宜君县	省级	陕林场发[2000]137号
56	陕西省大木坝森林公园	3152	汉阴县	省级	陕林场发[2000]137号

续表

序号	森林公园	规划面积	位置	级别	批准文号
57	陕西省桥峪森林公园	6615	华县	省级	陕林场发〔2001〕238号
58	陕西省洽川森林公园	9982	合阳县	省级	陕林发〔2001〕409号
59	陕西省桥山森林公园	3932	黄陵县	省级	陕林发〔2002〕486号
60	陕西省红河谷森林公园	2314	眉县	省级	陕林字〔2002〕568号
61	陕西省商山森林公园	1415	丹凤县	省级	陕林发〔2003〕305号
62	陕西省桥北森林公园	3302	富县	省级	陕林字〔2004〕340号
63	陕西省翠峰山森林公园	3918	周至县	省级	陕林字〔2004〕340号
64	陕西省玉山森林公园	1393	蓝田县	省级	陕林字〔2004〕578号
65	陕西省关山森林公园	6982	陇县	省级	陕林字〔2004〕578号
66	陕西省榆林红石峡森林公园	169	榆阳区	省级	陕林字〔2004〕578号
67	陕西省仲山森林公园	3000	淳化县	省级	陕林发〔2005〕264号
68	陕西省宁东森林公园	3218	宁陕县	省级	陕林发〔2005〕264号
69	陕西省方山森林公园	1425	白水县	省级	陕林字〔2006〕205号
70	陕西省女娲山森林公园	534	平利县	省级	陕林字〔2007〕615号
71	陕西省吴起退耕还林森林公园	9917	吴起县	省级	陕林字〔2007〕660号
72	陕西省秦王山森林公园	6585	商州区	省级	陕林发〔2008〕345号
73	陕西省榆林沙地森林公园	1000	榆阳区	省级	陕林字〔2008〕433号
74	陕西省西安雁塔森林公园	953	雁塔区	省级	陕林发〔2009〕292号
75	陕西省青峰山森林公园	6878	太白县	省级	陕林发（2010）56号
76	陕西省白鹿原森林公园	536	坝桥区	省级	陕林发〔2010〕408号
77	陕西省十寨沟森林公园	2067	户县	省级	陕林字〔2010〕818号

（二）发展历程

1. 发展阶段（1990~2000年）。1991年6月19日，时任中共中央政治局常委李瑞环视察眉县汤峪森林公园后称赞："在我国长江以北，气势如此之大，景色如此之美，科研价值如此之高，离大城市如此之近的自然景观，实属罕见。"并对森林公园发展工作给予高度评价。当年，汤峪森林公园晋升为国家级森林公园，并更名为太白国家森林公园。1999年，再次更名为陕西太白山国家森林公园。

1991年9月，林业部下发《关于切实维护国营风景林场合法权益的紧急通知》，要求利用林场旅游资源优势，搞好森林旅游资源的开发。

1992年，林业部在大连召开全国森林公园及森林旅游工作会议，要求凡森林环境优美、生物资源丰富、自然景观和人文景观比较集中，具有观赏、文化、科研价值和一定规模，经过保护管理、合理经营和适度开发后可供人们游览、观光、休憩、疗养或进行科研教育的国营林场，都要首先建立森林公园。森林公园与国有林场实行"两块牌子、一套班子”的管理体制是森林公园和森林旅游业发展的成功之路。

大连会议之后，全省各地(市)按照“两块牌子、一套班子”的管理体制和先易后难的原则，按照省林业厅编制《1992~2000年森林公园发展初步规划设想方案》有计划地在区位优势明显，景观资源较好的国有林场逐步建立了森林公园。

1997年5月6~8日，全省森林公园暨森林旅游工作会议在大坝沟森林度假山庄召开。会议要求：解放思想、抓住机遇，把陕西省森林公园与森林旅游业推向新的发展阶段。会上对森林公园工作做出具体部署。提出到2000年年底，全省森林公园数量达到57处。接待游客186.44万人次，旅游直接收入5063.89万元。

2. 稳步发展阶段(2000~2005年)。2003年6月25日，中共中央、国务院下发《关于加快林业发展的决定》。2004年2月16日，中共陕西省委、陕西省人民政府下发关于贯彻《中共中央 国务院关于加快林业发展的决定》的实施意见。在实施意见中，就森林旅游方面提出：发挥森林资源优势，大力发展生态旅游业。依托国有林场(局)、自然保护区实验区、湿地、沙区等自然景观，积极有序地开发森林生态旅游资源，逐步形成以秦岭林区为中心，辐射陕南、陕北的全省森林生态旅游网络。

2004年3月4~5日，全省森林公园工作会议在西安太平森林公园召开，国家林业局国有林场和林木种苗工作总站副站长孔明出席会议。会议贯彻落实全国森林公园工作会议精神，发展森林生态旅游，培育新的林业经济增长点。这次会议上明确森林公园的公益型事业性质。

结合天保工程的实施，各级林业部门积极争取当地政府支持，调整林业产业结构，培育新的经济增长点，把建设森林公园、发展森林旅游事业当作龙头产业来抓，加强培训，健全制度，提高经营管理水平和市场竞争能力，同时也安置了富余人员。到2005年年底，全省森林公园数量达到69处，森林风景资源保护面积26.6万公顷，提供就业岗位2.6万个，接待游客410万人次，旅游直接收入1.4亿元。

3. 提高阶段(2005~2010年)。2007年7月25~26日，省林业厅在黑河森林公园组织召开全省森林公园工作座谈会，会议评价了森林公园暨森林旅游事业在区域社会经济发展中的重要作用，总结必须把科学发展观贯穿于森林公园暨森林旅游事业发展的各个环节：

第一，必须坚持科学发展观，牢固树立三大观念：①牢固树立节约资源的观念。②牢固树立人与自然和谐的观念。③牢固树立以人为本的观念。

第二，必须确立四种思想，正确处理好四种关系：①必须确立政府主导的思想，正确处理好林业部门与相关部门的关系。②必须确立条块结合的思想，正确处理好管理职能与产业运作的关系。③必须确立整合资源的思想，正确处理好公园旅游和社会旅游的关系。④必须树立引资开发的思想，正确处理好森林公园与投资主体的关系。

各森林公园积极争取项目，利用国债资金，加强基础设施建设，完善景区、景点的辅助设施，绿化美化接待区的环境。这一时期森林公园实现了质量、数量双增长，继太白山、骊山、朱雀、楼观台等知名森林公园之后，涌现出了金丝大峡谷、南宫山、木王、黎坪等国家级森林公园。截至2010年年底，全省共批建森林公园77处，其中国家级31处，省级46处，森林风景资源保护总面积达30.4万公顷。

2010年，全省森林公园完成投资7.42亿元，森林公园投资建设情况见表6-4-2。

2010 年陕西省森林公园投资建设情况表

表 6-4-2

森林公司	投入资金(万元)				环境保护投入(万元)	人员建设(人)		环境建设(公顷)		基础设施建设			
	合计	国投	自筹	引资		职工	导游	植树造林	改造林相	车船总数台(艘)	游道总数(艘)	床位总数(张)	餐位总数(个)
合计	74222. 11	25342. 15	19588. 96	29291. 00	4690. 96	3524	436	4354. 52	3227. 90	379	1995. 20	13809	21792
骊山	2608. 00	0. 00	2608. 00	0. 00	200. 00	249	22	40. 00	0. 00	6	25. 00	0	0
金丝峡	11229. 00	520. 00	3819. 00	6890. 00	1375. 20	56	18	3134. 00	1352. 00	7	45. 00	1661	2800
黎坪	3776. 00	3045. 00	0. 00	731. 00	80. 00	108	16	4. 10	0. 00	5	49. 00	1000	1500
太白山	608. 23	346. 00	262. 23	0. 00	582. 00	211	30	6. 00	10. 90	30	81. 00	800	1000
木王	1803. 00	1300. 00	203. 00	300. 00	523. 00	65	14	48. 90	85. 00	3	52. 40	450	800
南宫山	5243. 00	5243. 00	0. 00	0. 00	0. 00	39	12	40	0. 00	1	16. 00	160	2000
太平	166. 73	150. 00	16. 73	0. 00	166. 73	152	11	0. 12	0. 00	4	27. 30	270	300
玉华宫	3840. 00	560. 00	180. 00	3100. 00	260. 00	125	9	11. 70	10. 00	92	46. 00	800	1250
上坝河	3000. 00	0. 00	0. 00	3000. 00	0. 00	40	6	12. 00	0. 00	4	18. 00	300	500
延安	3800. 00	0. 00	0. 00	3800. 00	0. 00	402	25	113. 70	0. 00	15	15. 00	60	30
牛背梁	6000. 00	1600. 00	2100. 00	2300. 00	800. 00	20	6	28. 00	15. 00	4	19. 60	0	400
洪庆山	382. 00	62. 00	320. 00	0. 00	32. 00	15	2	127. 00	0. 00	2	15. 00	198	180
朱雀	415. 00	215. 00	200. 00	0. 00	80. 00	103	4	0. 00	0. 00	3	32. 00	223	500
少华山	5400. 00	0. 00	1600. 00	3800. 00	12. 00	85	10	180. 00	85. 00	5	18. 50	220	1200
通天河	1850. 00	1850. 00	0. 00	0. 00	0. 00	50	6	0. 00	0. 00	7	32. 00	600	800
天台山	1733. 00	1733. 00	0. 00	0. 00	1. 00	90	6	0. 00	0. 00	15	50. 00	412	600

续表

森林公司	投入资金(万元)				环境保护投入(万元)	人员建设(人)		环境建设(公顷)		基础设施建设			
	合计	国投	自筹	引资		职工	导游	植树造林	改造林相	车船总数台(艘)	游道总数(艘)	床位总数(张)	餐位总数(个)
楼观台	20.00	0.00	20.00	0.00	0.00	245	9	0.00	0.00	8	73.00	0	0
终南山	300.00	0.00	20.00	280.00	15.00	28	2	5.00	0.00	9	33.00	380	460
黑河	170.00	60.00	80.00	30.00	42.00	232	18	0.00	812.00	3	65.00	500	300
劳山	228.00	0.00	228.00	0.00	0.00	22	3	0.00	0.00	6	15.00	130	120
王顺山	500.00	0.00	500.00	0.00	20.00	68	15	0.00	0.00	2	16.00	300	300
紫柏山	972.00	172.00	800.00	0.00	20.00	60	15	20.00	0.00	3	13.00	200	280
石门山	1000.00	1000.00	0.00	0.00	0.00	15	6	5.00	0.00	12	16.30	185	192
千家坪	1500.00	1500.00	0.00	0.00	10.00	14	4	50.00	0.00	2	30.00	200	500
汉中天台	420.00	400.00	20.00	0.00	30.00	88	3	10.00	5.00	3	10.00	100	100
鬼谷岭	670.00	70.00	600.00	0.00	0.00	20	10	0.00	467.00	1	53.00	100	200
五龙洞	616.15	616.15	0.00	0.00	0.00	26	6	6.00	0.00	2	15.00	150	250
天竺山	12820.00	3700.00	5120.00	4000.00	0.00	15	1	22.00	0.00	1	15.00	0.00	0.00
蟒头山	47.00	0.00	47.00	0.00	0.00	23	2	0.00	0.00	2	19.10	0	0
天华山	0.00	0.00	0.00	0.00	0.00	10	0	0.00	0.00	0	108.00	150	100
榆林沙漠	0.00	0.00	0.00	0.00	0.00	38	4	0.00	0.00	1	10.00	0	0
其他	3105.00	1200.00	845.00	1060.00	442.00	780	141	491.00	386.00	121	962.00	4260	5130

注：“其他”指除森林公园以外开展旅游的小区如自然保护区等。

（三）森林公园分布

森林公园在全省10个市均有分布。榆林市4个，延安市7个，铜川市3个，渭南市7个，西安市14个，咸阳市5个，宝鸡市7个，汉中市6个，安康市11个，商洛市8个，省直属5个。森林公园的具体分布见表6-4-3。

2010年陕西省森林公园分布情况表

表6-4-3　　单位：个

所在市	公园数量	森林公园
榆林	4	榆林沙漠国家森林公园、定边沙地、榆林红石峡、榆林沙地森林公园
延安	7	延安国家森林公园、劳山、蟒头山、黄龙山、桥山、桥北、吴起退耕还林森林公园
铜川	3	玉华宫、香山、太安
渭南	7	少华山、金栗山、石鼓山、华山、桥峪、洽川、方山
西安	14	终南山、朱雀、王顺山、骊山、太平、黑河、洪庆山、沣峪、太兴山、翠峰山、玉山、西安雁塔、白鹿原、十寨沟
咸阳	5	石门山、乾陵、嵯峨山、翠屏山、仲山
宝鸡	7	太白山、天台山、通天河、龙门洞、吴山、红河谷、关山
汉中	6	五龙洞、汉中天台、黎坪、紫柏山、褒河、牢固关
安康	11	南宫山、鬼谷岭、千家坪、上坝河、擂鼓台、灵崖寺、凤凰山、三道门、神河源、大木坝、女娲山
商洛	8	金丝大峡谷、木王、天竺山、苍龙山、玉皇山、玉虚洞、商山、秦王山
省直	5	楼观台、天华山、牛背梁、宁东 、青峰山

第二节　森林旅游

一、森林旅游开展情况

（一）基本情况

陕西省的森林旅游开展主要以森林公园和自然保护区、植物园以及花木观赏基地等为载体，形成长城沿线、黄土高原、秦岭山地、巴山峰岭四条主题突出的森林旅游线路；开发了森林垂直分布带谱、珍稀濒危野生动物观赏、峡谷、天坑、高山草甸、民风民俗展示等特色旅游产品以及茶叶、核桃、木耳、花椒、板栗、苹果、中药材等旅游商品；开展了跑马、游泳、滑翔、漂流、滑雪等大型游乐项目，各地相继开展了登山节、冰雕节、槐花节、杜鹃花节等富含森林文化内涵的节庆活动。

1990~2010年，陕西省森林旅游共接待游客7795万人次，实现旅游收入204973万元。1990~2010年全省开展森林旅游情况见表6-4-4。

（二）森林公园开展森林旅游情况

1990年以后，陕西省森林旅游景点规模不断壮大，旅游基础服务设施有较大的改善，旅游接待服务水平不断提高，旅游市场从省内扩展到国内和国外，游客规模逐年上升。2010年全省森林公园旅游情况见表6-4-5。

1990～2010 年陕西省开展森林旅游情况表

表 6-4-4

年份	公园数量（个）	森林风景资源保护面积（万公顷）	旅游收入（万元）	旅游人次（万人次）	投资（万元）	社会从业人员（人）
1990	4	3.87	112	100		
1991	5	3.99	180	200		
1992	20	8.11	276	297		
1993	21	8.82	638	339		
1994	24	10.42	780	350		
1995	25	10.50	1080	400		
1996	34	12.6	1364.63	163.15	4516.14	4839
1997	34	12.60	2714.82	167.26	5050.60	6098
1998	42	15.40	2234.66	162.81	7119.60	3487
1999	44	15.95	3964.85	184.70	3878.02	7831
2000	50	18.00	5063.89	186.44	10958.00	10870
2001	52	20.10	5686.69	270.71	8238.20	20400
2002	59	22.45	8483.83	288.63	12956.28	17496
2003	66	24.00	5159.78	187.15	9067.50	23385
2004	66	24.60	10629.79	337.22	13662.70	26115
2005	68	26.60	14000.00	410.03	16420.00	26326
2006	69	26.70	17132.60	503.53	16133.50	27250
2007	71	27.20	27010.56	706.19	24322.28	29054
2008	73	29.50	29737.51	767.37	38043.00	30601
2009	75	30.00	32608.36	844.11	74301.00	31065
2010	77	30.20	36124.81	935.73	74222.11	33695
合计			204973	7795	318885	

注：含自然保护区等旅游情况。

2010 年陕西省森林公园旅游情况表

表 6-4-5 单位：万元、万人次

森林公园	森林公园收入						旅游接待人数	
	收入总额	其中旅游收入					旅游总人数	海外旅游者
		合计	门票收入	食宿收入	娱乐收入	其他收入		
合计	20915.44	20253.00	10887.01	4781.19	459.31	4125.49	416.84	2.77
骊山	2346.00	2346.00	2323.00	0.00	0.00	23.00	94.00	0.00
金丝峡	2276.20	2276.20	2276.20	0.00	0.00	0.00	49.12	0.37
黎坪	2120.00	2119.61	356.00	1600.00	4.12	159.49	11.00	0.00
太白山	1653.39	1153.39	950.49	44.80	0.00	158.10	21.30	0.05
木王	1470.50	1470.50	63.50	737.00	201.00	469.00	6.70	0.00
南宫山	1300.00	1300.00	150.00	150.00	0.00	1000.00	5.50	0.50
太平	1088.25	1088.20	784.21	278.99	0.00	25.00	18.86	0.00
玉华宫	1062.00	1062.00	312.00	310.00	180.00	260.00	28.70	0.11
上坝河	1053.00	1053.00	25.00	132.00	46.00	850.00	3.50	0.00
延安	1040.00	1040.00	890.00	0.00	0.00	150.00	38.00	0.05
牛背梁	960.00	960.00	750.00	210.00	0.00	0.00	20.00	0.23
洪庆山	959.00	959.00	0.00	392.00	0.00	567.00	0.16	0.00
朱雀	820.00	820.00	364.00	231.00	0.00	225.00	7.50	0.00
少华山	440.00	440.00	350.00	65.00	0.00	25.00	45.00	0.10
通天河	410.00	410.00	273.00	84.00	0.00	53.00	7.50	0.10
天台山	400.00	400.00	280.00	92.00	0.00	28.00	7.30	0.10
楼观台	306.10	247.80	210.90	32.60	0.00	4.30	5.20	0.70
终南山	255.00	255.00	195.00	31.00	0.00	29.00	11.50	0.10
黑河	201.00	201.00	65.00	113.00	11.00	12.00	10.20	0.31
劳山	199.50	95.80	16.90	68.20	9.80	0.90	5.00	0.00
王顺山	185.00	185.00	110.00	32.00	0.00	43.00	8.40	0.05
紫柏山	154.50	154.50	117.00	30.00	5.00	2.50	1.90	0.00
石门山	140.00	140.00	4.41	126.00	2.09	7.50	2.00	0.00
千家坪	30.00	30.00	0.00	10.00	0.00	20.00	1.00	0.00
汉中天台	20.00	20.00	17.00	0.00	0.00	3.00	5.00	0.00
鬼谷岭	15.00	15.00	0.00	5.00	0.00	10.00	0.20	0.00
五龙洞	11.00	11.00	3.40	6.60	0.30	0.70	0.30	0.00
天竺山	0.00	0.00	0.00	0.00	0.00	0.00	0.00	0.00
蟒头山	0.00	0.00	0.00	0.00	0.00	0.00	2.00	0.00
天华山	0.00	0.00	0.00	0.00	0.00	0.00	0.00	0.00
榆林沙漠	0.00	0.00	0.00	0.00	0.00	0.00	0.00	0.00

（三）其他开展森林和生态旅游情况

除了森林公园之外，全省建立的自然保护区和种苗花卉繁育基地等单位及实体组织相应的开展了森林和生态旅游。2010 年，共接待游客 518. 89 万人次，旅游总收入达 15209. 37 万元。

1. 自然保护区。截至 2010 年，全省林业系统共建立自然保护区 46 个，总面积约 105. 7 万公顷，其中，国家级自然保护区 13 个，省级自然保护区 28 个，市（县）级自然保护区 5 个，涉及森林、湿地、荒漠三大生态系统。保护区内人类活动较少，成为很多珍稀濒危野生动植物理想的栖息场所，也最大限度地保留了自然风光的原生态。因此，成为许多旅游爱好者理想的旅游目的地。各个保护区为了展示丰富的生物资源和自然风光，寓游于教，在实验区内划分了生态旅游小区，在坚持保护优先的前提下，科学合理开发森林旅游。

近年来，在国家林业局的指导和有关部门的支持下，太白山、佛坪、长青、牛背梁、周至、周至老县城等自然保护区开展了生态旅游活动。据不完全统计，全省各级自然保护区的实验区面积为 31. 1 万公顷，已开发生态旅游小区的面积为 7. 7 万公顷，利用生态旅游小区开展森林旅游的自然保护区达到 14 个，直接从业人数达到 970 人，年旅游接待能力达到 138. 8 万人次。

2010 年，各个自然保护区共接待游客 49. 1 万人次，年旅游收入达到 3040. 8 万元。

2. 植物园。秦岭国家植物园是由陕西省人民政府、国家林业局、中国科学院、西安市人民政府共同建设的大型植物园，总面积 6. 39 万公顷，包括生态功能示范区、植物迁地保护区、自然保护区和珍稀动物繁育区四个功能区，是集生物资源保护、旅游观光、科学研究为一体的国家温带地区生物多样性研究和保护基地。秦岭国家植物园从 1998 年开始酝酿，到 2000 年在周至县田峪确定园址，经过 10 多年的工作，已经在移民搬迁、生物多样性保护、园区基础设施建设、景观林改造等方面取得了较大的进展。

秦岭国家植物园地处秦岭北坡，地貌类型由南至北跨越高山、中山、低山、丘陵和平原五个地貌单元，海拔高度介于 480～2500 米之间，区域奇峰高耸，幽谷曲折，清溪飞泻，森林丰茂，自古就是旅游爱好者的登山探幽、踏青赏花的旅游之地。由于秦岭在我国的特殊位置和深厚的文化底蕴以及巨大的科学研究价值，秦岭国家植物园在创建之初就已经被列为我国五大核心植物园之一。

截至 2010 年年底，植物园正处于建设之中，尚未开展有组织的森林旅游活动，仅在园内的田峪河修建了旅游步道、过河小桥、牌楼、景亭等旅游设施，但慕名前来植物园游览的游客人数已达到 3 万人次/年以上。游客主要集中在田峪河区域，当地农民开展的农家乐接待游客，其综合收入达到 150 万元/年左右。

3. 种苗花卉繁育基地。截至 2010 年年底，全省已建有国有种苗繁育基地 300 多个。种苗花卉繁育基地在培育苗木、花卉的同时，开展了以观赏苗木、花卉为主题的观赏旅游活动。

由于大部分种苗繁育基地对利用苗木、花卉资源和环境优势开展观赏旅游不够重视，即使开展了观赏旅游，也只是小规模，其设施相对简单，接待服务水平也较低，在森林旅游中所占的份额非常小。位于宝鸡市眉县的陕西省苗木繁育中心（西部兰花生态园)属于开展旅游较早的花木繁育基地之一，2010年接待游客2.2万人次，旅游收入75万元。基地通过开展旅游，开辟了一条创收的途径，增加了经济收入，同时也解决了部分职工的就业问题。

(四)森林旅游发展特点

1. 陕南的汉中、安康、商洛3市，依托优美的自然环境，多样性的生物资源和丰富的水资源，以建设绿色产业基地为重点，加快发展森林旅游业。陕南3市的市委、市政府对森林旅游业的发展在政策、项目和资金等方面给予大力支持。同时西汉、西康等高速公路的建成，使关中、湖北、四川、重庆通往陕南的交通更为便捷，为森林旅游创造了条件，使陕南的森林旅游业呈现出了快速增长的局面，部分森林公园旅游接待人数和收入年增长30%以上。商南的金丝峡、南郑的黎坪、镇安的木王、岚皋的南宫山、柞水的牛背梁等森林公园已经成为省内知名的森林旅游景区。

2. 关中是陕西人口最密集、经济发展最快的区域，是森林公园及森林旅游在省内的主要客源地。以秦岭北麓为主的关中地区的森林公园基础服务设施已经具有一定规模。随着人们收入的增长和各种假日制度的实施，利用节、假日进行“近郊森林旅游”已成为人们休闲度假的主要方式，森林公园，年接待人数和收入以10%~20%的速度稳定增长。太平、朱雀、楼观台、终南山、黑河、玉华宫、太白山等森林公园在省内外颇具影响。

3. 陕北是陕西省生态脆弱区，森林景观资源较为薄弱，经过多年的林业工程建设，生态得到了一定的恢复。随着陕北能源基地战略的实施，流动人口规模不断增大，人们休闲度假需求较以往有所增加，生态资源得到一定恢复的地区建立森林公园的积极性有所增长。

(五)森林旅游的社会贡献

森林公园的建设和发展，森林旅游业的开展为人们走进森林、回归自然、感受生态，满足大众的文化娱乐需求提供了理想场所，通过体验森林生态旅游，能够使人们更多地了解生态环境，从而增强生态意识和环保意识。森林公园的建设和发展，有力地促进了林(农)区及边远山区的道路交通、通讯、水电等基础设施的改善，更新了农村农民的思想理念，促进了农民收入的提高和村容村貌的改善，为构建和谐社会、建设社会主义新农村做出了应有的贡献。森林公园的建设和发展弥补了全省文物旅游一头重的缺陷，调整了景点结构，充实了生态文化，为大旅游事业做出了贡献；森林公园的建设和发展为当地提供了就业岗位，安置了富余人员，繁荣了地方贸易，拉动了地方经济，为促进区域经济发展做出了贡献。

1991年，眉县汤峪口社会旅游从业人员300多人，社会旅游综合收益168.3万元，为太白山森林公园旅游收入的3倍，初步发挥出较好的社会效益。2010年，汤峪口旅游度假区，由团体和个人兴办的各类旅游项目335个，从业人员1953人，社会旅游收入7750万元，为太白山森林公园直接旅游收入的5.2倍，年上交税金542万元。

在红河谷森林公园景区，有关部门、单位和个人投资2685万元，兴建山庄、宾馆、度假村11个，接待床位1500张，餐位1450个，旅游从业人员110人，2009年营业收入约930万元，为红河谷森林公园旅游收入的6.2倍，上交税金62万元。

2008年8月，太白县黄柏塬、核桃坪、柴胡山、火烧滩等村，建立乡村旅游示范点

4个，农家乐、农家客栈经营者131户，从业人员300余人。黄柏塬乡有农家乐、农家客栈42户，2009年接待游客近6万人次，旅游综合收入300多万元，全乡人均增收1300元以上，占当年全乡人均收入的30.6%。

二、森林旅游公司

为了进一步开发、利用省内丰富的森林旅游资源，促进陕西森林旅游的发展，内联外引积极参与国内外旅游市场竞争，省林场站1993年7月在省工商局正式注册成立了陕西省森林旅游公司。1994年，经省林业厅批准，扩建陕西省森林旅游公司(以下简称“森旅公司”)，为林业厅直属企业。森旅公司为独立核算、自主经营、自负盈亏、独立承担民事责任的全民企业单位，编制20人。公司实行总经理负责制，其法人代表，由林业厅任命或聘用。经营范围包括旅游综合服务、住宿餐饮和车队服务。兼营旅游商品及纪念品，木材及木制品家具、木材加工、花卉苗木、农林副土特产品、建材及装饰材料的生产、销售、技术培训、技术服务，信息咨询。公司注册资金60万元，其中固定资产30万元，流动资金30万元。公司办公地址设在省林业厅招待所。1994~2005年，公司共计接待游客10万多批次，实现毛收入1.5亿元。

2005年以后，由于旅行社行业竞争激烈，加之公司管理人员工作调动，旅游公司一直处于歇业状态。

第三节　行业管理

一、管理机构

森林公园和森林旅游起步于国有林场，从建立开始就隶属于国有林場的行政管理部门进行管理。1994年1月22日，林业部发布施行《森林公园管理办法》，这就对加强森林公园管理，合理利用森林风景资源，发展森林旅游，理顺了关系，促进森林公园和森林旅游的行业管理。

1996年12月30日，省林业厅决定成立“陕西省森林公园管理办公室”，与陕西省国营林场管理站实行“两块牌子、一套机构”的管理体制，以陕林场字〔1996〕319号下发通知。其职责：①负责全省森林公园的行业管理；②审批新建和需变更的森林公园；③组织技术培训；④组织森林公园前期建设准备工作；⑤组织行业检查、评比、交流经验；指导森林公园和森林生态旅游区建设工作；组织行业培训、检查和交流经验；⑥拟定森林公园管理规章制度等；⑦与产业处负责指导森林公园开展森林旅游业。

各市林业局负责本辖区内森林公园的行业管理，由林业局的林场科(局)、林政科、造林科等科室承担森林公园行业管理的具体工作。

2004年8月10日，陕西省林业厅印发《陕西省森林公园暂行管理办法》，即总则、森林公园的设立、森林公园总体规划设计和建设、森林公园的经营和管理、森林公园旅游管理、附则，使森林公园行业管理工作有章可循。

二、编制规划

规划是森林公园建设和森林旅游发展的纲领。1990年以来，省林业厅先后编制了《陕西省森林生态旅游总体规划》《陕西省森林旅游规划》。通过编制“规划”，在全面摸清全省森林旅游资源本底情况，深入了解森林旅游产业发展现状，找准影响全省森林旅游发展的制约因素和森林旅游开发建设、管理经营等方面存在主要问题的基础上，合理处理森林资源保护和开发利用之间的关系，确定了森林旅游发展的大思路，对加快陕西省森林旅游产业健康发展，促进全省的生态文明建设，同时带动林业资源利用方式转变，积极推进现代林业建设进程发挥了积极作用。

2004 年，省林业厅组织编制《陕西省森林生态旅游总体规划》，分 12 章 40 节，涉及国内外森林生态旅游发展现状与趋势、陕西森林生态旅游资源综合评价、发展规划总则、发展总体布局、线路网络组织、产品开发规划、商品开发规划、市场营销策划、配套设施建设、资源环境保护、投资效益分析及实施“规划”的保障措施等方面。

2010 年，省林业厅组织编制《陕西省森林旅游发展规划》，分 7 章 22 节，涉及背景意义、发展现状、总体思路和目标、总体布局、重大项目与重点工程、森林旅游资源与生态环境保护、保障措施等方面。

三、森林公园及森林旅游行业管理

全省各级林业主管部门从抓基础工作入手，不断强化行业管理，形成了独具特色的“五个坚持”的行业管理模式。

1. 坚持一个思路，即“政府主导、林业主体、部门合作、园区共赢”的建设思路。森林公园建设和森林旅游业发展，必须在各级党委政府的统一领导下，由政府主导，强化了林业部门的主体地位，统筹旅游、交通、财政等相关部门的人力、物力、财力资源，建设森林公园，带动林区群众脱贫致富，达到公园、当地农民双赢的效果，推动区域经济发展。按照这个发展思路，工作中一方面要求森林公园所在地政府和旅游等相关部门参与森林公园新建、晋升、总体规划评审，参加森林公园会议及省内外考察；另一方面积极邀请省、市政府领导及发展改革、财政等部门领导考察指导森林公园工作，提高各级党委、政府和相关部门对森林公园的认识，从而加快了森林公园的发展。

2. 坚持两个考评，即陕西省文明森林公园评选和森林公园年度考核。1997 年 4 月 25 日，陕西省林业厅下发《关于开展创建“文明森林公园”活动的通知》，提出了创建“文明森林公园”的基本要求。

1999 年 10 月 14 日，《陕西省林业厅关于考核创建“文明森林公园”活动成效的通知》，提出了《文明森林公园考核办法》。

2006 年 8 月 28 日，《省森林公园管理办公室关于进行年度考核及评选文明森林公园的通知》下发。自 2006 年开始每年 10 月，由省林业厅抽调省市林业部门人员组成考核(考评)组，在各市自查的基础上，对森林公园管理机构、经营宣传、旅游安全等 10 项内容进行考核，从开发、经营、服务、管理四个方面进行文明评比。考核纠正、理顺了 9 处森林公园与周边林农的关系，处理了千家坪招商引资、延安转变隶属关系等问题 11 起，敦促了五龙洞、翠峰山、翠屏山等 7 处森林公园加快建设尽早开园。2007 年 3 月 30 日，经各市林业局推荐，《陕西省林业厅授予朱雀等 6 处森林公园“省文明森林公园”称号的决定》下发。朱雀国家森林公园、太平国家森林公园、金丝大峡谷国家森林公园、南宫山国家森林公园、玉华宫国家森林公园、陕西省红河谷森林公园成为陕西省首批“文明森林公园”。

2001 年 2 月 27 日，根据《国家林业局关于授予云蒙山等 16 处森林公园“全国文明森林公园”称号的决定》，太白山国家森林公园被授予“全国文明森林公园”称号。

3. 坚持三个审核，即森林公园新建和晋升、总体规划、林地征占用工作审核程序。《陕西省森林公园管理办公室转发〈国家林业局森林公园管理办公室关于进一步明确国家森林公园申报及审批程序的通知〉的通知》下发执行。一是制定“晋升、新建省级森林公园申报审批工作程序”。规定了“实地考察、材料审核、提出意见”的工作程序，有序批建。1990~2010 年，共新建 73 处森林公园，其中国家级 31 处。二是制定“国家、省级森林公园总体规划设计工作程序”，规定了“规定时限、规划优先、逐级申报、严格审查”的工作程序，评审批复了 20 处国家级、18 处省级森林公园的总体规划，为森林公园的建设提供了科学依据。三是《陕西省森林公园管理办公室转发〈国家林业局森林公园管理办公室关于征占用国家森林公园林地办理证明材料有关事项的通知〉的通知》下发执行。规定“广泛论证、依据充分、上报审核”的审核原则。征占用森林公园林地必须报经国家公园办或省公园办审核同意，而且必须避开核心景区和重要景点，确保森林公园的景观资源安全。

4. 坚持四个宣传，即展会宣传、节庆宣传、媒体宣传、网络宣传。一是积极组织展会宣传。先后组织参加了 4 次全国森林博览会、2 次全国林产博览会、5 次东西部贸易洽谈会，联合主办了 4 次陕西旅游博览会和陕西森林旅游宣传月活动。其中，2002 年，森林博览会在我省宝鸡市举办，通过森林博览会，全面展现了林区秀丽的自然风光、优美的自然环境和丰富的森林旅游资源，展示了改革开放以来森林公园建设与森林旅游发展所取得的巨大成就，不仅充分体现了林业部门在生态建设和自然保护事业中的主体地位，展现了秀美山川的窗口形象和丰富的森林文化蕴含，而且展现了森林旅游发展的巨大潜力和广阔前景。这次森林博览览会陕西省获得了大会最高奖项特别金奖和组织奖。二是主办、指导森林公园举办登山节、避暑节、紫荆花节、茶叶节等各类特色节庆活动。三是加大传统媒体宣传。协调省市媒体制作森林公园专题宣传节目 30 多期，宣传专版 2 次，专访 20 多次。1993 年、2001 年先后出版发行《森林公园暨森林旅游》《游遍陕西》两本书。2003 年印制《陕西森林旅游册》。四是大力开展网络宣传。在省林业厅信息网上开设了森林旅游指南板块，内容涵盖了全部森林公园的情况简介、景观图片、招商引资项目等。以多种宣传形式对全省森林公园建设和森林旅游发展成就进行了展示，提高了我省森林公园的市场竞争力和知名度。

5. 坚持五个培训，即风景林培育培训、经营管理培训、公园发展研讨、典型经验交流、省内外考察学习。一是邀请大专院校的教授和省内林业专家举办培训班 10 多期，培训人员 1200 多人次。二是围绕森林公园建设和森林旅游发展的难点问题，举办森林公园发展研讨，形成论文 40 多篇印制成册，为做大做强陕西省森林旅游奠定了理论基础。三是总结推广了太平高标准建设、金丝大峡谷争取政府支持、玉华宫开发旅游产品、黎坪大力招商引资、少华山高起点规划、太白山进行管理体制改革等成功经验，为全省森林公园开发建设树立了样板。四是针对管理、经营、融资、建设、宣传五个类别，组织相关县（区）政府领导和森林公园管理人员赴河南、湖南、福建、湖北等省进行了考察学习，提高了培训人员的市场意识、产品意识和经营意识。

第四节　主要森林公园

1990~2010 年，陕西省共新建森林公园 73 处，其中，国家级 31 处，现就全省主要森林公园简介如下。

一、陕西太白山国家森林公园

陕西太白山国家森林公园位于秦岭北麓宝鸡市眉县境内，距西安 110 千米，距宝鸡 90 千米。1988 年，经陕西省林业厅批准为陕西省汤峪森林公园，1991 年经林业部批准晋升为陕西太白国家森林公园，与眉县国有太白风景林场实行两块牌子，一套机构的管理体制，1999 年更名为陕西太白山国家森林公园。2000 年被国家旅游局评为 AAAA 级景区，被国家林业局评为全国文明森林公园。2008 年被中央文明委、国家建设部、国家旅游局联合评为“创建全国文明风景区先进单位”。

公园面积 2949 公顷，海拔 560~3511 米，森林覆盖率 95%，园内有种子植物 1899 种，苔藓植物 326 种，蕨类植物 284 种，野生脊椎动物 285 种。其中珍稀重点保护植物有独叶草、红豆杉等 29 种，珍稀重点保护动物有金丝猴、羚牛、金钱豹等 33 种。

公园区划 10 个景区有 180 多个景点景物。其旅游资源特色：

1. 奇特的古冰川遗迹。在海拔 2600~3300 米之间，保存着较为完整的第四纪冰川和冰缘地貌。角峰、刀脊、冰斗湖、冰湿湖、槽谷、终碛堤、侧碛堤，以及石海、石河、石环，寒冻岩柱、岩屑堆等，千姿百态，怪石嶙峋。大爷海、玉皇池等冰斗湖，清澈碧绿，波光粼粼，湖光山色，被誉为“太白明珠”。

太白六月积雪

2. 险峻的中山峡谷风光。北坡险峻，峡谷流急，南北较缓，谷阔流长，中山奇险，高山平缓，是太白山突出的地貌特色。尤以北坡的五里峡、白云峡、三岔峡、红河谷、汤峪九九峡，幽谷深邃，奇峰林立，峭壁千仞，飞瀑清潭，最为诱人。

仙台

3. 神奇的洞窟景观。太白山绝顶拔仙台附近的金星洞，有万年不融之冰，故亦称冰洞。汤峪河有观音洞、铁李拐洞、鱼洞仙音、鬼谷子洞、神仙洞等，远门沟有金仙道、神仙洞、雪木洞、水帘洞均带有诸多神秘色彩。

4. 奇妙的天象景观。太白山相对高差 3000 多米，具有明显的山地垂直气候带，素有“一山有四季，十里不同天”之说。云环雾霭，变幻莫测，飘渺虚无，时聚时散，景象

大爷海

奇异，如临仙境。

5. 得天独厚的温泉资源。温泉地处公园入口处，具有3200多年的悠久历史，始于西周，盛于隋唐，水源旺盛，水质优良，含有20多种对人体有益的矿物质和微量元素，即可祛病，又可强身。现由7眼井组成，水温在40～70℃，为陕西之冠，全国第三，已成为太白山旅游的一大特色。

6. 盛夏凉爽的气候条件。公园平均海拔3000米，服务接待中心海拔2800米，年平均气温7℃。7月份平均气温15.6～19.8℃，比西安低12～14℃；日平均气温10℃，加上清新的空气和高含量的负氧离子(中高山区10000～15000个/厘米^3)，舒适宜人，是消夏避暑的好去处。

太白瀑布

7. 丰富多样的森林环境。森林资源丰富，生态环境清幽，森林垂直分布明显，针叶纯林整齐优美，落叶阔叶绿荫如盖，山地草甸宛如地毯。阳春，山花盛开，争奇斗艳；盛夏，绿荫叠翠，凉爽宜人；金秋，霜林红叶，野果飘香；严冬，银装素裹，玉树银花。特别是保护较为完好的太白山冷杉原始森林，古老沧桑，形成了公园内一道亮丽的风景线。

公园建成入园车道40千米，园内旅游登山木板路2千米，旅游栈道1.5千米，旅游林荫台阶步道21千米，旅游索道1100米，高差400米，滑索500米，高差80米。

建成游客中心3600平方米，有接待床位400张。建成接待服务点2100平方米，餐厅548平方米，以及停车场所、木屋、商店、景亭、指示牌。

1992年7月，公园对游人开放，向社会提供休闲观光、避暑度假等服务。1999年开始组织举办“太白山旅游登山节”活动。

2010年公园接待游客20万人次，直接收入2000万元。

二、陕西终南山国家森林公园

陕西终南山国家森林公园位于秦岭北麓中段西安市长安区境内，距西安市25千米，长安区韦曲镇15千米。1992年7月，经林业部批准为国家级森林公园，与南五台风景林场实行两块牌子、一套班子的管理体制。

公园森林风景资源保护面积4799公顷，森林覆盖率75%，海拔650～2589米。

公园规划南五台、翠华山、石砭峪和罗汉坪四大景区，有208个景物景点，其中重要景点58个，颇具游览特色。

1. 终南山古来就是名山，人文古迹众多。据《陕西通志》《长安县志》等诸多史料记载，终南山古称太乙山，为“终南神秀之区”，而南五台亦是我国佛教圣地之一，山上因其清凉、文殊、舍身、灵应和观音5座山峰而得名。据1986年8月在景区发掘的石斧4枚可知，新石器时代已有先民于南五台一带居住。汉时南五台属上林苑，系汉京畿名胜之区；隋唐时佛教鼎盛之极……至今，六月庙会，登山者如蚁。历史上帝王，政界要人，著名诗人，名僧等都纷纷登临观光。如隋文帝、唐太宗、李白、白居易、王维、慈禧太后、康有为、于右任、蒋介石、杨虎城、善导、印光法师、海灯等。有的还留下千古名句，至今仍存有诸多文物或遗迹。如圣寿寺的隋塔，于右任题额的印光大师影塔，“漱石枕流”摩崖石刻等等。

五台云海

2. 终南山森林环境优美，山青、林翠、草茂是森林公园的一大特色。终南山森林垂直分布明显，依海拔高度自下而上分布有侧柏景观林、栓皮栎景观林、松栎景观林、红桦冷杉景观林。森林季相变化丰富，四季景色各异。阳春，山花盛开，姹紫嫣红，争奇斗艳；盛夏，青山滴翠，绿荫浓郁，清幽凉爽；金秋，红叶似火，野果成串，清香四溢；严冬，银装素裹，青松翠竹，格外醒目。

3. 终南山生物种类繁多，资源丰富。终南山有种子植物100余科1300多种，约占全省植物种类的三分之一以上。其中我国特有属7个，单种属11个，少种属30多个，常见乔木树种100多种，还有药用植物486种，花卉和观赏植物300余种。有日本前首相田中角荣赠送周总理植于圣寿寺的日本落叶松，现已根深叶茂耸入云天；有年愈千载的唐槐古柏；有全国屈指可数堪称长寿玉兰，树龄愈300年的弥陀寺红白玉兰；有经历千百万年依然残存的呈原始状态的森林；古木盘根错节，巨松悬崖凌空作势，真可谓是一个“博大的植物园”和“活根雕博物馆”。

4. 终南山自然山水奇特秀丽。终南山山势突兀，峰峦叠嶂，险崖断壁，崩塌石海，堰塞湖光，地形地貌奇特。观音台，海拔1688米，其三面绝壁，登上台顶，南眺秦岭，翠峰逶迤，北瞰秦川，八水如带，古城西安尽收眼底，入夜之后，万家灯火，尤为壮观。从竹谷进山至观音台有二十余里，山重水复，峰回路转，险峰秀岩，目不暇接。涓流如帛的流水石瀑布，孤峰独秀送灯台，屈腿静卧的犀牛石，峻拔凌霄的灵应台，势若天柱的舍身台，如虎长啸的老虎岩，夏日雨后，五台佛光，昙花一现景色如画，美不胜收。

灵应台

5. 终南山交通便利，景色优美，气候宜人。西康铁路，西柞高速公路从景区穿越而过，出口离景区不到 5 千米，北有关中环山公路，公交车沿西弥公路直达景区。这里属暖温带半温润大陆性气候，年平均温度 13.2℃，极端高温 38.3℃，极端低温-15.2℃，年平均降水量 1084 毫米，无大的灾害性天气，7~8 月气温比城区低 12~16℃，是西安近郊不可多得的理想休闲避暑之地。

公园建成入园车道 11.8 千米，园内旅游石台阶路 15 千米，简易旅游步道 3 千米。

建成景区山门及停车场等配套设施项目，新建景区仿古山门一处，石牌坊一处，停车场一处，山门外水池一处，西弥路-景区门口引线公路 300 米，三层仿古旅游接待点一处；对主峰观音台、文殊台、清凉台和灵应台等进行了重建；修复了紫竹林、胜宝泉山庄和独松阁等。

1993 年，陕西终南山国家森林公园正式对外营业，向社会提供休闲避暑、科学考察和旅游观光等服务。并于每年农历六月初一举办“终南山古历庙会”进行宗教祈福活动。

2010 年，公园接待游客 11.5 万人次，直接收入 255 万元。

三、陕西楼观台国家森林公园

陕西楼观台国家森林公园位于秦岭北麓西安市周至县境内，距西安 70 千米，距咸阳市 55 千米，距周至县城 25 千米，环山旅游一号线穿境而过，与陇海铁路、西宝高速公路均有专线相连，通达度良好。1983 年，林业部批准建立陕西省楼观台森林公园，是林业部最早批建的全国 12 个森林公园之一，也是西北地区首家批建的森林公园。1992 年 7 月，晋升为国家级森林公园。1997 年，被评为“西安市十大景观之一”。森林公园与楼观台实验林场和珍稀野生动物抢救饲养研究中心，实行“三块牌子、一套班子”的管理体制，为省林业厅直属单位。

楼观台森林公园总经营面积 27487 公顷，海拔 501~2997 米，森林覆盖率 98%。规划为东楼观、西楼观、田峪河、首阳山四大景区，有景点景物 208 个。目前东楼观景区对外开放。

楼观台森林公园森林植物种类繁多，珍稀野生动物荟萃，古树名木较多，地质构造复杂，地形地貌奇特，道教文化历史悠久，是宗教祭祀、教学实习、科普旅游，城乡居民户外游憩的理想场所。

闸仙沟

1. 森林公园地处北秦岭东褶皱带，使中山区形成多处峡谷风光。两岸悬崖峭壁，怪石嶙峋，石峡深邃，幽谷含秀。各种跌水、瀑布、碧潭、山泉多有分布，沿溪大小瀑布 34 处，碧潭 51 处，石洞溶洞 8 处，奇石 25 个。溪流时而穿林绕麓，漫石穿隙，喷珠溅玉，随石跌落；时而悄然舒缓，碧流澄清，峰阻溪回，迂回辗转，动静之间，使人流连忘返。园内水质清澈良好，可直接用于生活用水。气候温凉湿润，7 月平均气温比西安市区低 3~5℃，公园内除浅山区有少量村民外，深山区人迹罕至，空气清新，保持着清雅幽静的森林生态环境，是西安、咸阳等城市居民理想的消夏避暑生态旅游的好去处。

2. 景色秀丽，四季各异。由于相对高差2000多米，不同的气候、土壤，形成了明显的森林垂直景观带谱。依海拔高度，自下而上有：松竹果景观林带、栓皮栎景观林带、松栎景观林带、红桦景观林带、冷杉景观林带和亚高山草甸灌丛景观带。森林季相变化丰富，四季景色各异。春天，姹紫嫣红；盛夏，绿茵浓郁；金秋，色彩斑斓；隆冬，松竹映雪。

金丝猴

3. 楼观台森林公园植物区系起源古老，组成复杂，显示了南北过渡、东西兼有的植物区系特点。在动物区系分布地理上，秦岭是东洋界和古北界动物的交汇区，两大动物区系种类相互渗透，使这里动物区系种类多样丰富，原始性及孑遗性特征明显，素有“绿色宝库”“生物基因库”的美称。有种子植物121科，约1560种，其中属国家重点保护的珍稀濒危植物有太白红杉、银杏、山白树等11种，Ⅱ级保护植物4种；Ⅲ级保护植物7种；野生脊椎动物5纲26目64科167种，其中国家Ⅰ级重点保护动物有大熊猫、金丝猴、朱鹮、羚牛、金钱豹、褐马鸡等，Ⅱ级重点保护动物有黑熊、鬣羚、血雉、雀鹰、斑头鸺鹠、大鲵、细鳞鲑等19种。陕西省重点保护野生动物14种，国家保护的有益的或者有重要经济、科学研究价值的陆生野生动物96种，《濒危野生动植物种国际贸易公约》附录所列的物种24种。楼观台也是西北地区最大、种类最多的珍稀野生动物观赏胜地。

朱鹮

4. 竹类品种园——百竹园。自1963年以来，楼观台国家森林公园坚持开展“南竹北移”工程，公园先后从湖南、湖北等南方省份及陕西汉中等地调运竹种共191个品种。经过多年实验淘汰，连同本地竹种，现存活竹子18属150种。建成了世界纬度最高，中国北方最大的中国第二大竹类品种园——百竹园。园内有紫竹、湘妃竹、罗汉竹、金镶玉竹等名贵观赏竹种数十种，还有毛竹、刚竹、淡竹、水竹等用材竹，以及白哺鸡竹、红竹、早竹等笋用竹。连同低山坡麓人工竹林和中高山区的天然箭竹林，全公园竹林面积达1550公顷，千倾翠竹成为楼观台国家森林公园一道亮丽的风景线。山风吹动竹叶，再现了秦汉上林苑竹林和唐、宋司竹监(丞)的风韵，是中国北方最大的观赏竹林基地。

百竹园

灵仙池

5. 楼观台地处周、秦、汉、唐等朝代京畿之地，既占山川之秀，又居古老文化中心地带。早在春秋时期，尹喜在此结草为楼，静思至道。老子由周入秦，在楼观讲授道德五千言。魏晋以后，北方高道云集楼观，筑楼建观，传道弘法，创立楼观道，使之成为中国道家张本之地，被道教尊为“祖庭”。楼观台现存老子说经台，有古建筑146间，还有大陵山老子墓、观音山庙、王母宫等10余处古迹，以及古塔2座、古遗址5处。园内有古树名木53株，其中树龄千年以上16株，500年以上12株。留存历代碑石170余通，以道经碑、德经碑最为珍贵。文人学士诗词字画150余幅及悦耳的道家音乐，脍炙人口的历史典故，是中华民族珍贵的文化遗产。

经过20年的建设，楼观台森林公园已成为以森林旅游、文化展示、生物保护、科普教育、休闲娱乐等综合性的国家级森林公园。

2010年，接待游客5.2万人次，旅游收入306万元。

四、陕西朱雀国家森林公园

陕西朱雀国家森林公园位于秦岭北麓，户县南部，涝峪河上游，距西安市74千米、户县县城45千米。1992年6月，陕西省林业厅委托西安市林业局批准建立陕西省朱雀森林公园。1999年5月国家林业局批准晋升为国家级森林公园。与所在国有涝峪林场实行两块牌子、一套机构的管理体制。2007年被陕西省林业厅授予“省文明森林公园”称号。

公园面积2621公顷。海拔500~3015米。森林覆盖率95%。有种子植物788种，野生脊椎动物280多种。其中珍稀重点保护植物有红豆杉、连香树等8种，珍稀重点保护动物有羚牛、豹等10种。

公园规划为五个景区：即秦岭梁景区、芦花河景区、龙潭子景区、奇秀峰景区、冰河翠景区。有105个景点景物。其景观旅游资源特色：

1. 罕见的冰川遗迹和原始森林。位于公园最北端的冰晶顶，海拔3015米，周围具有规模较大、保存完好的太白落叶松、冷杉、云杉原始森林。林相整齐，气氛凝重，具有古老沧桑之感。在海拔2800米地带有石河景观，分布在秦岭主脊两侧，面积200~300公顷。第四纪冰川遗迹保存完整、气势恢弘。

2. 雄伟壮阔的亚高山地貌。海拔2800米以上的山峰有28座，行走在山脊环线上，秦岭壮阔的地貌景观一览无遗。

3. 盛夏凉爽的气候条件。公园平均海拔2500米，服务接待中心海拔1540米，年平均气温9℃。7月平均气温17.6~21.9℃，比西安市低10~12℃，加上清新的空气和高含量的负氧离子，舒适宜人，是消夏避暑的好去处。

冰晶顶

冰川遗迹

4. 多姿多彩的水体景观。公园天然降水量大，植被封护良好，沟谷内溪流潺潺，特别是龙潭子景区地势落差大，峡谷深切，瀑潭相连。挂天飞瀑高130米，宽5~6米，直泄而下，气势惊人。有些碧潭或钟形、或圆形，面积不等，形状各异，或幽或静，各具姿态。

挂天飞瀑

5. 丰富多样的森林环境。森林资源丰富，针叶纯林整齐优美，落叶阔叶林绿荫如盖，山地草甸宛如地毯。初夏群山山花烂漫，深秋霜叶色彩斑斓。特别是保护较为完好的太白冷杉原始森林、古老沧桑，形成了公园内一道亮丽的风景线。

公园建成入园车道18.7千米，园内简易旅游步道13千米，畅远台—高山草甸登山台阶游道2.4千米。旅游索道1800米，高差600米。

建成朱雀山庄8300平方米，有接待床位500张。建成卡拉OK厅327平方米，餐厅737平方米，茶房26平方米，以及停车场、垂钓园、木屋、松林茶社、商店、景亭、指示牌。

1993年公园对游人开放，向社会提供休闲观光、避暑度假等服务。2002年开始组织举办“避暑养生节”活动，每年一次，从未间断。

2010年公园接待游客7.5万人次，直接收入820万元。

五、陕西南宫山国家森林公园

雪中南宫山

南宫山国家森林公园位于大巴山北坡安康市岚皋县境内，距安康市70千米，北距西安市290千米。1997年5月被省林业厅批准为省级森林公园，2000年被国家林业局批准晋升为国家级森林公园。2003年评定为AAA级景区，2009年被评为国家地质公园和国家AAAA级旅游景区，现已成为初具规模的旅游目的地。

公园海拔1000~3000米，森林风景资源保护面积3100公顷，森林覆盖率达86.9%，公园内有高等植物928种，其中木本植物409种，草本植物449种，蕨类植物70种，珍稀濒危植物有香果树、水青树、麦吊云杉、山白树、青檀、领春木、银杏、杜仲、延龄草、八角莲、野大豆等23种。野生动物有111种，其中鸟类65种，兽类36种，森林昆虫种类繁多，仅蝶类有22种。动物区兼跨古北界和东洋界。珍稀动物有林麝、金钱豹、云豹、青羊、苏门羚、小灵猫、锦鸡、大鲵、碧凤蝶等26种。

南宫山三炷香

公园划分为五大景区：二郎坪、东石林、金顶、西石林、莲花寨。其旅游景观特色：

1. 极具观赏价值的原始森林和火山地貌。南宫山森林公园地处大巴山北坡，生物资源极其丰富，稀有物种、濒危物种和奇特的火山地貌体现了独一无二的观赏价值。森林公园内的原始森林遮天蔽日，藤蔓交错，古木迎道，游客可以领略保存完好的古代森林景观。火山石林形成于四亿年前，鬼斧神工，峥嵘巍峨，姿态万千，让人浮想联翩。

2. 具有唯一性的志留系火山岩建造。南宫山古生代志留纪火山砂砾岩、火山角砾岩等类型丰富、结构典型，具有秦巴地区志留系火山岩建造的唯一性，具有较完整的重力崩塌作用地质过程遗迹特征，是研究华南板块北缘晚加里东期裂谷构造活动特征的典型实例。

3. 具有稀有性的宗教建筑群。南宫山宗教建筑群，包括肉身殿、大悲殿、藏经阁、宝莲洞等。北宋靖康初年(公元1126~1127年)朝廷修建了“南宫观”，至清代发展为佛教圣地。群殿饱经沧桑，或建于山巅或悬于山崖，云雾缭绕其间，犹如瑶池天宫。资源等级为优良级旅游资源。百年不腐高僧肉身，皮肤呈黑红色，肌肤富有弹性，为南宫山奇观之一。资源等级为特品级旅游资源。周氏武学馆：陕西省第四批文物保护单位，系清朝道光、光绪两代武举人周守义、周成仲的庄园兼练武馆，庄园占地面积2000平方米，共有房舍150余间，整个建筑雕梁画栋，规模宏大，结构复杂，是陕南少有的一处保存完整的民居和习武古建筑，具有很高的历史和艺术价值。资源等级为优良级旅游资源。

4. 极具观赏和体验价值的石牌楼、地质博物馆、玻璃栈道等现代人文景观。南宫山森林公园紧随现代旅游发展趋势，建成石牌楼、南宫山地质博物馆，玻璃栈道等集观赏和体验为一体的人文景观。其中，玻璃栈道总长61.9米，海拔高度约为2000米，是我国最高、最长、最美的玻璃悬空栈道之一，其惊险颇为景区魅力增色。

5. 极佳的原生态旅游体验。南宫山处在南水北调的退耕还林区，生态环境极佳，沿途溪流纵横，山泉遍布，水清山秀，远离工业。由于原始森林覆盖率较高，空气负离子含量也随之增加，达到每立方毫米1万个左右，是天然的氧吧。

南宫山秋景

南宫山国家森林公园经过十余年的开发建设，现已建成22千米旅游专线、修通16千米环形游览步道、景区通讯通电工程基本完成，开发了二郎坪景区和金顶景区，开放了南宫观、真身殿、绮绣阁、观音望海等30余处景点，修建了金顶宾馆、二郎坪山庄、观景亭及星级厕所等配套服务设施，形成了较有名气的生态旅游品牌。

公园于1998年开始对大众开放，2010年接待游客5.5万人次，旅游收入1300万元。

六、陕西五龙洞国家森林公园

陕西五龙洞国家森林公园位于秦岭南麓略阳县境内，距汉中市136千米、略阳县城34千米。1997年经陕西省林业厅批准为省级森林公园，2001年11月经国家林业局批准晋升为国家级森林公园，与所在国有金池院林场实行两块牌子、一套机构的管理体制。

公园森林风景资源保护面积5800公顷，森林覆盖率98.5%，海拔976~2214米，年均气温12℃。有动植物1500余种，珍稀重点保护植物有红豆杉、铁杉、白皮松、银杏、七叶树等30多种，珍稀重点保护野生动物有金毛扭角羚、金雕、大鲵等10多种。

呼龙台云海

五龙洞洞口

公园规划三佛寺、五龙谷、青龙沟、白龙沟四大景区。有200多个景点景物。旅游资源景观特色：

1. 丰富多彩的植物景观。公园地处石灰岩地带，植物群落十分丰富而且保存完整，在全国实属罕见，具有较高的科学考察价值。林分以针阔混交林为主，草本植物种类极多，其中具有药用价值的中药材植物达380余种，竹类沿沟道有广泛分布。由此构成的诸如“五子登科”“六月飞雪”“红桦迎风”“五龙攀天”等著名植物景观达30多处。

2. 各具特色的溶洞景观。公园地处石灰岩地带，在丰沛的雨量作用下，公园方圆两三千米的范围内形成了大大小小的溶洞和石窟，现发现8处。其中著名的溶洞为五龙洞，位于秦岭主梁南侧，海拔 1890 米。洞口豁开，高约 14 米，宽约 10 米，远看酷似城门洞开，洞内套洞，洞洞相连，上下多层，石幔、石幕、石花、石柱等琳琅满目，入洞约 10 米有天井，再深入约 20 米，主洞一分为二，两洞主体走向均呈东西向，五龙洞至今还尚未有人走到尽头。

3. 纤秀奇丽的水体景观。公园山峦起伏，沟深壑险，众多泉水顺山势而下，汇成溪涧，水悬为瀑，跌落成潭。有的碧潭形如罐罐，当地人叫“罐罐潭”。著名的瀑布如木城瀑布就是从一突兀山崖处飞泄而下，有的瀑布因雨量大增，会出现五叠瀑布。

木城瀑布

4. 多姿多彩的峰石景观。公园地处南秦岭地槽加里东褶皱带，岩性以石灰岩及钙质板岩为主，由于燕山期花岗岩体的侵入，经过新构造运动，使地壳不断抬升，河流深切，在高海拔地区出现了现在的岩溶性峰石景观，如悬崖峭壁、石塔、石笋等，著名的冈峦景观多达 40 余处。

5. 美丽无比的天象景观。春夏秋三季清澈的蓝天、洁白的云朵、灿烂的星空构成了公园最美丽的天象景观。冬天，晶莹透明的雾凇和形态各异的冰瀑成为公园最美丽的景致。壮丽的日出日落，梦幻的薄雾烟云，罕见的佛光也构成独特的天象景观。

公园建成中川至五龙洞中五旅游专线 24 千米，景区游步道环线 10. 5 千米。架通了中川至五龙洞 10 千伏输电线路 9 千米；建设了景区移动手机通信塔 1 座。建设景区导视标识牌 413 块。在核桃坪管理区建有五龙山庄 144 平方米，建成森林木屋 40 套，综合办公用房 200 平方米，星级厕所 1 座，铺设排污管道 1000 米。修建了仿古山门一座，验票房 3 间。建有森林防火瞭望台一座。景区游步道上建设环保公厕 5 座。五龙洞镇征地 98. 5 亩，在氐羌民俗村景区建设了公园新大门一座、氐羌演艺广场 9025 平方米、休闲广场 8400 平方米、生态停车场 12875 平方米，游客接待中心 415 平方米，管理用房 150 平方米，星级厕所 1 座 42 个蹲位。

2005 年 4 月试开园。2008 年因 5・12 特大地震公园一直处于灾后恢复重建之中。2010 年接待游客 3000 人次，旅游收入 11 万元。

七、陕西骊山国家森林公园

陕西骊山国家森林公园位于关中平原中部南缘西安市临潼区境内，西距西安 25 千米，东距世界第八大奇迹——秦兵马俑 7 千米。

1987 年由省林业厅委托西安市林业局批准，在骊山风景林场的基础上建立陕西省骊山森林公园，公园与骊山风景林场实行两块牌子、一套机构的管理体制。2001 年被国家林业局批准为国家森林公园；2002 年被国家旅游局评定为国家 AAAA 级旅游区；2009 被联合国教科文组织评定为秦岭终南山世界地质公园核心景区之一；2009 年被授予西安市服务业名牌。

公园森林风景资源保护面积 2359 公顷，划分 6 大景区，分别是：

1.“西安事变”红色旅游景区，代表景点是兵谏亭、兵谏园和西安事变浮雕。

2. 沿三元洞至晚照亭一线的骊山绿色植物观光景区，集中展示了骊山 300 多种植物花卉，是亲近自然、踏青旅游的好去处。

3. 骊山晚照自然风光区，骊山晚照是关中八景之一，代表景点是晚照亭和唐长生殿遗址。

烽火台

4. 位于骊山西绣岭第二峰的道教文化景区，集中了老母殿，明圣宫，朝元阁三个大型道教宫观，形成了西北最大的道教宫观群落，以及新开发的西北最大骊山鸟语林。

5. 周文化旅游景区位于骊山西绣岭最高峰，代表景点是烽火台，“烽火戏诸侯，一笑失天下”的历史典故就发生在这里。

俯瞰老母殿

兵谏亭

6. 位于东西绣岭之间的石瓮谷自然风光景区，瀑布从高处落下，树木丛生，山谷幽静，史称“芝兰幽谷”，在骊山西绣岭两侧形成了西有牡丹、东有芝兰的景象。

蒋介石藏身处

六大景区分布着历史人文、森林植物、瀑布水体、地质地貌、天像景观资源，共有 80 多处景点，主要有兵谏亭、三元洞、老母殿、老君殿、上善湖、七夕桥、烽火台、明圣宫、石瓮谷等，其中兵谏亭 1982 年被国务院批准为国家重点文物保护单位，遇仙桥为省级文物保护单位，老母殿、老君殿、石瓮寺等为区级文物保护单位。

公园开发建设以来，完成投资 8000 万元，修建了旅游步道 15 千米，车道 10 千米，改造建成了千米绿色长廊、骊山滑索、饮水工程、兵谏园和“西安事变”写实浮雕以及晚照亭等景点。

1988 年开始对游人开放。2010 年，接待游客 98 万人次，实现经济收入 2646 万元。

八、陕西通天河国家森林公园

陕西通天河国家森林公园位于秦岭南麓宝鸡市凤县境内，距宝鸡市 90 千米，距凤县县城 41 千米。2002 年经省林业厅批准为省级森林公园，同年经国家林业局批准晋升为国家级森林公园，隶属宝鸡市辛家山林业局管理。

公园规划面积 5235 公顷，规划西河庙、高山石林、莲花山三大景区，包括 50 多个景点。

公园森林覆盖率 96. 8%，森林植物 1800 多种，野生动物 280 多种，是秦岭山脉一处天然的动植物宝库。走进通天河，四级瀑布潭溪连环相扣，万亩云杉林原始植被古木参天，千亩高山野生杜鹃，争奇斗艳。公园最有特色的自然景观“高山石林”，面积 2000 余亩，可与张家界石林相媲美。“通天河”亦是唐朝高僧唐玄奘西天取经之路，园内“西游记”遗址“驮经神龟”“晒经台”“黄风洞”“仙女潭”“莲花宝座”《西游记》系列景点为通天河增添了许多神话和传奇色彩。

莲花宝座

石林

公园坚持科学发展观，精心建设打造，现已发展成为宝鸡地区一大知名景区，在西北地区也有了一定的知名度。

2009 年，跻身全省 21 个标志性品牌旅游景区，同年被评为陕西省文明森林公园，2010 荣获“陕西省平安优秀景区“称号。

2009 年 4 月下旬，景俊海副省长考察通天河森林公园后，在全省旅游工作会议上指出：“一定要把通天河打造成全国第二个云台山”。

公园 2004 年开始对外接待，2010 年接待 7. 5 万人，旅游收入 410 万元。

九、陕西汉中天台国家森林公园

陕西汉中天台国家森林公园位于秦岭中段南坡汉中市汉台区境内，距离汉中市 18 千米。1992 年经省林业厅批准建立，于 2002 年 12 月由国家林业局批准晋升为国家森林公园。2010 年，被陕西省林业厅授予“省文明森林公园”称号。

公园规划面积 3674 公顷，辖天台山、哑姑山、太白、石堰四大景区 112 处景点，是

莲花湖

一处自然景观与人文景观俱佳的城郊型森林公园。园内天台山和哑姑山是陕南著名的道教和佛教圣地。

公园地处南北气候分界线，园内野生动植物种类较齐全，有植物1700余种，野生动物160余种(其中国家一级保护动物有云豹、羚牛)，森林覆盖率达92.3%，年平均气温10.1℃，冬无严寒，夏无酷暑，空气清新，四季分明。

公园资源特点和景观特色：

1. 自然景观资源质量较好。森林公园风景资源品位较高，达到了国家Ⅰ级森林公园质量标准。园内自然景观优美，植被茂密，沟谷纵横，悬崖峭壁随处可见，集“奇、险、古、幽、秀”于一体。特别是天台山雄伟险峻，哑姑山秀美挺拔，是不可多得的胜景。

天台道观

2. 人文景观资源底蕴深厚。园区佛教、道教文化并存，承传悠久。尤其是天台山道教文化源远流长，据文史记载：公元184年之前，张修在天台山创立了五斗米教(天师道)。现存千年道观宫殿随山就势、星罗棋布、延绵数里，给天台山增添无限神奇魅力。

3. 地理条件及区位优势明显。公园距汉中市区仅18千米，是全国离城市最近的国家森林公园之一。已经建成的西汉高速公路，给来汉游客带来了便捷，十天高速入口对应公园门口。区位优势十分明显。

4. 基础设施完备。园内主干道路已成网络，景区游览步道已基本建成，水、电、通讯线路已通达各主要景点，部分游乐、服务设施已建成使用。

开发建设情况：①实施了武乡镇—石堰寺—灵官垭—林海山庄16千米旅游道路硬化工程。②完成了公园4700米高低压供电和5千米两级供水工程。③建成林海山庄8600平方米(包括综合楼、茶社、餐厅、商店、观景亭、林间小木屋40余座，可接待游客100余人)和公园仿古大门、服务楼各一处。④招商引资建成长约580米客运索道项目。⑤建成灵官垭至大岱顶全长近3千米青石旅游登山步道工程。⑥实施了景区绿化美

太极广场

天台盛夏

化和环保工程。已完成主体工程，正在加紧进行广场、停车场铺设。同时实施了森林浴场步道工程、老大门改造、生态厕所和景区标识系统等工程。

1993年，公园对游人开放，向社会提供休闲观光、避暑度假等服务。2007年开始连续组织举办“天台山登山节”活动。

2010年，公园接待游客5.5万人次，（景区试开园营运6个月）旅游综合收入260万元。

十、陕西黎坪国家森林公园

陕西黎坪国家森林公园位于秦岭南麓汉中市南郑县境内，距南郑县城55千米，距汉中市区65千米，规划面积9400公顷，森林覆盖率88.2%。2000年6月，经陕西省林业厅批准为省级森林公园，2002年12月经国家林业局批准晋升为国家级森林公园。

蜡烛峰

狮子崖

公园辖一镇（黎坪镇）两园（黎坪国家森林公园和陕西省黎坪地质公园）两场（黎坪林场、市实验林场）16个村，常驻人口8000人。境内生态景观富集，地质地貌奇特，民俗民风典型，承载体量宏大，气候温暖湿润，环境清雅迷人，是春赏杜鹃花红、夏览千峰叠翠、秋观万山红叶、冬戏玉树琼花的旅游胜地，景区内胜产腊肉、土蜂蜜、黑木耳、橡子凉粉、野生山药等土特产品，是汉中市独具魅力的大众旅游休闲目的地。

公园划分为黄洋河、黎坪、石马山、冷坝四大景区。经各方面专家实地考察论证，已探明自然独特景点180多处。公园以森林景观为主体，其他自然景观为依托，人文景观为陪衬，有长达20多千米的西流河(八道河)大峡谷水体景观；大、小冷坝绵延数千米的高山草甸景观；全国唯一保存面积最大的巴山松原始森林景观；罕见的万亩高山喀斯特岩溶地貌石林群景观以及黎坪垦区管理局旧址和巴山田园风光、民俗风情等人文景观。其旅游资源景观特色：

1. 山体景观，独具魅力。境内奇峰耸立，山峦重重。主峰石马山(古称寒山)，海拔2300米，分布有万亩石林，奇石林立，形态各异：有的如犀牛望月，有的像情侣约会，千姿百态，妙趣横生。

2. "中华龙山"地质奇观。形成于4亿年前奥陶纪晚期的中华龙山，沟壑纵横，红褐色岩石表面均匀布满龙鳞纹，中华震旦角石和海百合等古生物化石随处可见。此地质器官在全国罕见，在世界地质奇观中也属稀有，具有极高的科考和观赏价值。2010年被批准建立省级地质公园，并具备了申报国家地质公园的条件。

3. 溶洞景观，神秘莫测。境内喀斯特地貌造就岩石溶洞逾百处，有的厅大顶高像殿堂；有的曲折迂回似迷宫；有的奇石密布，千奇百怪。大多洞中有河，河中有水。

4. 水体景观，婀娜多姿。境内山大沟深，溪流密布。40里西流河(八道河)在多处形成曲折幽深的峡谷景观。两侧危崖夹峙，势如剑开，谷底河流湍急，瀑布叠现，碧潭成串，时而婀娜多姿，时而豪情奔放。

5. 森林景观，特色凸显。94平方千米的公园景区，森林覆盖率88%。2万亩巴山原始林成为全国唯一的大面积分布，树干笔直挺拔，树冠遮天蔽日；针阔叶混交林季象明显，秋景层林尽染；古树名木，拔地而立；冷杉、红豆杉等珍稀树种多有分布；林间空气优良，成为天然氧吧。

6. 气候湿润，凉爽宜人。公园避暑气候资源比较独特。温润的气候使黎坪常年湿润，多云雾，春、夏、秋、三季凉爽，冬季较寒冷。是春季踏青，盛夏避暑，深秋登高的好去处。公园年平均气温7.4℃，最热月7月平均气温比南郑县城及汉中市低6℃左右。

近代留学法国的高级农林学家安汉，投身实业救国。民国二十九年(1940年)出任国营陕西黎坪垦区管理局局长，收容抗战时期难民3万余人，在黎坪垦殖办厂(场)、兴学兴商，被难民称为救苦救难的活菩萨；被后世学者称为"20世纪百年中国西部开发第一人"。垦区管理局旧址成为景区重要的人文景观。

公园2009年7月1日正式开园，先后开展以"爱护自然，低碳环保"为主题的"汉中黎坪发现之旅——黎兵探秘网络大赛""爱我黎坪、清洁环境"公益活动；举办"黎坪森林公园避暑节""黎坪风光摄影大赛"；"黎坪金秋旅游节"等活动。

2010年接待游客11万人次，旅游收入2120万元。

中华龙山

石马山

剑峡

小壶口

红尘峡

安汉故居

冷坝牧场

枫林瀑布

十一、陕西金丝大峡谷国家森林公园

陕西金丝大峡谷国家森林公园位于秦岭东南麓商洛市商南县境内，距西安233千米、距商南县城40千米。2002年4月经陕西省林业厅正式批准成立"陕西省金丝峡森林公园"，同年12月晋升为国家级森林公园。2007年被陕西省林业厅授予"省文明森林公园"称号。2008年金丝峡管委会更名为商南金丝峡景区管理委员会，副处级建制，全面统领公园管理、建设工作。

金丝峡神鞭

公园面积17.94公顷。海拔多在1000米左右，相对高差多在500~600米。森林覆盖率89%。区内有各类珍禽异兽60多种；有种子植物130多科，1696种，其中属国家或省级重点保护的珍稀植物16种；分布陆生脊椎野生动物有4种(林麝、豹、云豹、黑鹳)是国家Ⅰ级保护野生动物；列入国家Ⅱ级保护野生动物中，红腹锦鸡分布范围最广，种群数量较大。根据调查资料与访问群众估算，主要珍稀濒危动物种群数量约为：林麝50~60只，红腹角雉600余只，斑羚、羚10~15只，大鲵600~800尾，其他兽类为偶遇种。

公园划分为白龙峡、黑龙峡、青龙峡、石燕寨、丹江源五大景区，有105个景点。

峡谷景观奇特俊秀。峡谷总长度20.5千米，纵深10多千米，最深处至今还无法到达。白龙门、月芽峡、一线天；山连山，峡连峡，九曲十八弯，千曲百折，曲径如走蛇。特别是青龙门和黑龙门，宽不盈米，抬头不见天，白天行走如同黑夜。峡谷两侧岩壁层层叠叠，垂直高度近600米，寸草不生，阴森恐怖。

金丝万道

森林资源多彩多姿。公园地处南北植物交汇区，既有温带、暖温带落叶阔叶树种，又有亚热带常绿、落叶阔叶树种。古树参天，森林茂密，植被覆盖率高。公园内有森林植物1696种，已经证实的有红豆杉、大果青杆、香果树、朵椒、兰科植物等，其中珍稀植物30余种，还能见到亚热带罕见的植物"绞杀"现象。

山峰溶洞别有洞天。有龙头峰、狮子峰、蜡烛峰、牛角峰、三才峰、驼峰、旗杆峰等形状似兽、似物，姿态万千。在山峰不同部位兀起有20多座刀削斧劈般的险岩绝壁，泼墨山、螺旋崖、罗汉崖、七星崖、猫耳崖、鸡冠崖、摸耳崖等气势雄伟，险峻异常，垂直高均在千米以上，坡度在80°~120°之间。在绝壁山峰之间有各种溶洞20多处，具有较高观赏游览价值的有莲心洞、穿山洞、穿心洞、莲花洞、金狮洞、蟒洞、昭阳洞和吊罐洞。

流泉飞瀑婀娜多姿。流量较大的泉水有黑龙泉、水帘泉、马刨泉等泉眼5处，构成峡谷的主要水源。这些泉水流进峡谷形成黑龙瀑布、魔女瀑布、双溪瀑布、拂尘瀑布、锁龙瀑布、连环瀑布、彩虹瀑布等14处瀑布，或如银练飞流直下，或如银帛铺天盖地，气势磅礴，瀑声震天。在瀑布之间形成了深浅不一、形状各异的30多个碧潭，如银盘似玉镜，像翡翠珍珠镶嵌在狭长的峡槽里，有的潭深似海，水平如镜，有的波光鳞鳞，游鱼成群。深潭和瀑布群构成了水的世界，令人目不暇接，心旷神怡。

气候温和凉爽宜人。自然气候属亚热带半湿润季风气候向暖温带半湿润气候过度类型。年平均气温为14 ℃，夏季平均气温22℃，无霜期217天，降水量803毫米，蒸发量小，气候湿润，四季分明。公园地处深山幽谷，春季山坡上山花烂漫，争奇斗艳，树木嫩叶初发，生机勃勃，玉兰花、连翘、兰花、杜鹃花姹紫嫣红，适于踏青春游；炎夏季节空气湿润，绿荫翠竹，郁郁葱葱；最高温度不超过28℃，清爽宜人，适于纳凉避暑；深秋凉风习习，霜染红叶，万紫千红，层林尽染，野果沁香，让人心醉，适于观光、科考；隆冬银装素裹，冰雕玉砌；峡谷底绿荫环抱，郁郁葱葱，适于游玩观景。

金丝峡锁龙瀑布

人文景观历史悠久。真武祖师张三丰，自从看破红尘，不做人间皇帝后，外出修道，得赐倚天剑，来到深山老林的“石燕寨”，搭起茅庵，隐居深山潜心修练，随着功力的加深，领悟到“前山炼功，后山修道”的真谛。他发现石燕寨是习武之地，后山便是武当。要成道成仙必须移居武当。随既南下武当山，修道成仙。成仙之前，他常来石燕寨练功，赈济黎民，有祖师庙为证。据考察，自清朝以来，修建、扩建、重修的大小寺庙、石窟(洞)有4个，碑碣石刻5通，木刻像3尊。金丝峡地区的故事、传说及人文轶事流传甚广，为开展旅游提供了宝贵的人文景观资源。

公园建成入园专线18千米、环线17千米，园内栈道6千米、游步道12千米。旅游索道813米、高差280米，运行时间约10分钟。滑索全长180米，运行时间约2分钟。

建成游客中心3处，其中新建游客中心占地面积8999平方米，分旅游接待、成就展示、旅游购物、休息茶座、数字化景区展示、导游服务等综合功能。公园建成4星级酒店1个，拥有1513餐位、454张床位；建成准3星酒店5个，共计餐位3750个、床位1125张。建成金丝峡剧院1座，可同时容纳800余人。建成占地面积980平方米地质博物馆一座，免费为游客开放。以及道教文化圣地、佛教文化圣地、购物商铺、景观亭、景观长廊、停车场4座，导视标识牌等。

2003年，公园对游人开放，向社会提供休闲、娱乐、购物、观光、体验、养生、科教等服务。已先后举办三届“秦岭生态旅游节”、二届兰花展览会、一届陕西省“三唱三颂”活动启动仪式暨“红歌唱响新商南”演唱会，中央电视台“乡村大世界”“艺苑风景线”“地理中国”以及陕西省电视台“勇者无畏”栏目等先后走进景区。

2010年，公园接待游客49.12万人次，直接收入2276.20万元。

十二、陕西木王国家森林公园

陕西木王国家森林公园地处秦岭南坡中段商洛市镇安县境内，距镇安县城 87 千米，距西安市 181 千米。2001 年 9 月经陕西省林业厅批准，以国有镇安县木王林场为基础建立陕西省木王森林公园。2003 年 12 月，国家林业局批准晋升为木王国家森林公园。林场与公园两块牌子、一套机构。

公园总面积 3616 公顷，海拔 1350～2601.6 米，森林覆盖率达 98.3%，负氧离子浓度达到 5 万个/立方米。生长着种子植物 1300 余种，有红豆杉、连香树、水青树、秦岭冷杉等国家保护树种 30 余种；栖息着野生动物 200 余种，有羚牛、云豹、金雕、黑熊、大鲵等国家保护动物 10 余种。也是大熊猫的潜在栖息地。有“植物的世界、动物的王国”之美称。

鹰嘴峰

公园划分茨沟、四海坪、双头马和鹰嘴峰四个景区，有 3 河、9 溪、18 瀑、36 潭、72 峰、108 个主要景点，其中千年冷杉林带为秦岭最好，千山杜鹃为西北第一。

木王森林公园风景资源的质量等级符合国家一级标准。在木王，可以春观杜鹃、夏纳清凉、秋赏彩林、冬踏冰雪，一年四季美景不绝。

公园自 2004 年开始筹建以来，坚持走“政府主导、部门服务、企业经营、市场运作”的路子，按照“举全县之力，聚全民之智、协各界之手”的总体思路，围绕“吃、住、行、游、购、娱”的旅游要素需要，累计完成投资 7.08 亿元(其中园内景区景点投资 7000 万元，园外配套设施建设 6.38 亿元)修建主门户区广场 1.08 万平方米，旅游步道 8.7 千米，硬化改造园内公路 46.51 千米，景区内停车场 1.5 万平方米，栽植乔木杜鹃大树 2 万株；配套修建入园干线公路 87 千米，完成了以“木王风情园”为重点的旅游服务设施建设，有接待床位 800 余张。2006 年公园对游客开放，2010 年接待游客 6.7 万人次，旅游收入 1470 万元。

跑马梁

龙潭飞瀑

十三、陕西劳山国家森林公园

千尺峡

陕西劳山国家森林公园位于延安市甘泉县境内，距延安市区 70 千米，距甘泉县城 34 千米，森林风景资源保护面积 1933 公顷。2002 年 9 月，陕西省林业厅批准建立陕西省劳山森林公园。2004 年 12 月国家林业局批准为国家级森林公园。2009 年被省林业厅授予“省文明森林公园”称号；2011 年被省林业厅、省教育厅、团省委联合授予“陕西省生态教育基地”称号。

公园规划镜心湖、人工林、天然次生林、隋唐文化 4 个景区。开发建设了水上娱乐、大炼钢铁、科教展馆、隋唐古寨、烽火台、林海、千尺峡等 14 个景点景物。

公园旅游资源景观特色：

1. 科普展示馆。建筑面积 480 平方米，馆藏标本 1000 余件，其中矿物岩石与古生物化石 35 件，昆虫 900 多号，珍稀动物标本 20 余件，植物标本 60 余种。收藏有国家Ⅰ级保护野生动物金钱豹、金雕，国家Ⅱ级保护野生动物梅花鹿、红腹锦鸡、三尾褐凤蝶等珍贵标本，同时还收藏有大蓝闪蝶、天堂凤蝶、猫头鹰蝶等世界珍稀蝴蝶标本。

2. 隋唐古寨遗址。占地面积约 382. 4 亩。现存于林间的古窑残垣、拴马桩、饮马槽和平展的跑马梁，展示着这里曾经是一个规模宏大、热闹异常的兵驿要地。

3. 大炼钢铁遗址。此遗址位于人工林景区，现存的有两处。一处是 1941 年建成的炼铁炉，另一处是建于 1958 年的炼铁炉。现遗留高 3 米的炼炉两座，虽经半个多世纪风雨洗礼依然耸立在人工林景区中，仿佛还在诉说着当年大炼钢铁的故事。

4. 凉爽宜人的气候条件。森林覆盖率 92%，最热月份（7～8 月）平均气温比延安市区低 5～8℃，加上清新的空气和高含量的负氧离子，舒适宜人，是消夏避暑的好去处。堪称为陕北黄土高原上的“植物王国”“天然氧吧”和避暑胜地。

2003 年，公园对游人开放，向社会提供休闲观光、会议培训、避暑度假等服务。至 2010 年，公园共接待游客 18. 5 万人次，综合收入 518 万元。

2010 年，接待游客 5 万人次，旅游收入 199. 5 万元。

镜心湖

科教馆

十四、陕西上坝河国家森林公园

上坝河国家森林公园位于秦岭中段南麓，距西安 148 千米，距宁陕县城 13 千米。

上坝河国家森林公园于 2003 年经陕西省林业厅批准建立，2005 年年初经县有关部门招商引资由西安华鑫房地产开发有限公司成立宁陕华鑫旅游有限公司进行开发建设。2006 年，经国家林业局批准晋升为国家级森林公园，森林风景资源保护面积 4526 公顷，森林覆盖率 98%，是中国中西部最为典型的生物多样性区域。

2005 年 4 月，经陕西省林业厅批准建立狩猎场，其中国际狩猎场占地 1.6 万公顷。国内狩猎场面积 1.4 万公顷。狩猎场与森林公园范围有部分重叠。

公园大门

狩猎场

公园规划大沙坝、焦阳沟、胭脂坝、三缸河等四大景区。有猿人谷、三炷香、千尺潭、天梯石、千年溶洞等 90 多个景点。公园内地理分化差异明显，生态系统和动植物种类丰富而特殊。其中国家重点保护植物秦岭冷杉、红豆杉、水杉、连香树、水曲柳、七叶树、秦岭红杉等 19 种。森林公园处于古北界和东洋界动物种类的交汇和过渡地带，是中国动物区系最为丰富地区之一。其中包括全球科学界瞩目的大熊猫、金丝猴、羚牛、金雕、大鲵等珍稀动物。

公园以秦岭河谷风光为主，集森林景观、水体景观和石峰景观于一体。境内森林茂密，郁郁葱葱，云蒸霞蔚，风起水响。景观晨夕不同，一日气候不齐。环境幽美，气候宜人，冬无严寒、夏无酷暑。公园内空气负离子日平均含量为 1.6 万个/立方厘米，最高值为 2.8 万/立方厘米，是进行森林浴的“天然氧吧”。

上坝河森林公园总投资规模 6 亿元，分二期建设，其中一期工程投资规模 2 亿元。

一期工程位于公园大沙坝景区内，距公园南门 7.5 千米，原上坝河林场所在地，环山公路从景区中心穿过。整个景区包括中心服务区、秦岭书画苑创作中心、人工湖、原始森林、大鲵保护区等，是上坝河国家森林公园的核心区。景区集森林景观、水体景观、艺术景观、人文景观、自然原始风貌景观等于一体。

1. 中心服务区。位于景区的中心地带，集餐饮，娱乐，休闲，住宿，会议于一体的多功能接待中心。

2. 人工湖。湖宽 80 米，长 120 米，占地面积 9600 平方米，按其自然地势修建而成，北高南低，水位最深 2.5 米，最浅 0.9 米。

3. 大秦岭艺术创作中心。位于大沙坝中心服务区，是一处专为美术家、作家、音乐家、书法家和其他艺术工作爱好者设计建设的一处艺术创作苑。

2009 年公园对游人开放，向社会提供休闲观光、避暑度假等服务。2009 年 9 月，举办了“第一届狩猎大赛”。

2010 年公园共接待游客 3.5 万人次，旅游收入 1053 万元。

十五、陕西黑河国家森林公园

陕西黑河国家森林公园位于秦岭北麓西安市周至县境内，距西安市 130 千米，周至县城 61 千米，面积 7462 公顷，海拔 900～2800 米，森林覆盖率 94%。陕西黑河国家森林公园与周至县厚畛子林场实行两块牌子、一套机构的管理体制。

1997 年批建为省级森林公园，2006 年晋升为国家级。公园先后获得“省级文明单位”“省级卫生先进单位”“陕西省文明森林公园”“西安市先进基层党组织”“市级青年文明号”“西安市旅游行业精神文明建设三优一满意先进单位”秦岭西部联合会“护林防火先进集体”等荣誉称号。

黑河国家森林公园西北临太白山保护区，东南与周至国家级自然保护区接壤，西南与周至老县城自然保护区、佛坪保护区相连，是多个自然保护区的衔接地带，同时也是秦岭大熊猫走廊带，生态区位极为重要。

黑河是西安市的重要水源地。1986 年，经国务院批准，西安市黑河引水工程启动，1998 年黑河引水工程开始向西安市区送水，极大缓解了西安市用水的供需矛盾。目前，黑河引水系统每天向西安供水 50 万立方米，到夏季增加到 70 万立方米。公园处于黑河上游，对于水土保持、涵养水源和保护黑河向西安的供水安全，起着重要的作用。

公园规划黑河、大蟒河、厚畛子、大树沟四大景区，包括 100 多个景点。园内有 1700 多种植物，其中有国家Ⅰ、Ⅱ级野生保护植物红豆杉、秦岭冷杉等 26 种，有国家Ⅰ、Ⅱ级保护野生动物大熊猫、金丝猴、羚牛等 61 种。园内森林茂密，大熊猫、金丝猴、羚牛等珍稀野生动物徜徉其间。傥骆道、营盘梁、钓鱼台、大蟒河等历史人文景观，闪现着深厚的历史文化积淀。现已建成水苑山庄、铁甲山庄、熊猫山庄、旅馆及农家乐 100 余户，日可接待游客 3000 余人。

黑河峡谷

公园属于秦岭终南山世界地质公园黑河景区，地质构造与太白山基本相同，属前震旦纪皱褶带。基岩以花冈岩为主体，地表裸露的岩层多发生深浅不一的质变，形成石英岩、千枚岩、绿帘岩、大理岩、云母片岩、角闪岩和花岗片麻岩等。园内山高流急，河流强烈下切，在长期外营力剥蚀下，形成波浪起伏的地形和峡谷深邃、悬崖峭立的高山峡谷地貌。

公园以其独有的壮丽风光、原始风貌和保护生物多样性、保持生态平衡方面所处的重要位置，引起世界自然基金会的特别关注，以国际流行的生态旅游理念与公园携手共建秦岭保护与发展共进项目，实现生态保护与可持续发展的和谐统一，创建生态旅游示范区。

巨瓮潭瀑布

象鼻吸虹

春之山花烂漫，夏之密林蔽日，秋之红叶满山，冬之白雪皑皑，被誉为北方的“香格里拉”。

2000年公园开始对外接待游客。2010年公园接待游客10.2万人次，实现旅游综合收入201万元。

龙角峰

黑龙潭

十六、陕西牛背梁国家森林公园

陕西牛背梁国家森林公园地处秦岭东段南坡的商洛市柞水县境内，距西安42千米。2004年省林业厅批建为省级森林公园，2008年国家林业局批准晋升为国家森林公园。2011年被国家体育总局批准为“陕西牛背梁国家森林公园青少年户外体育活动营地”，被旅游局批准晋升为国家 AAAA 级旅游景区。

牛背日出

公园森林风景资源保护面积 2123 公顷，海拔 1000～2802 米。园内资源丰富、景观优美，集“奇、险、清、幽”于一体，汇“峰、瀑、溪、林”于一地，有茂密的原始森林，清幽的潭溪瀑布，独特的峡谷风光，罕见的峰林景观；还有秦岭冷杉、杜鹃林带、高山草甸、冰川遗迹、国宝羚牛，其景观多样性与独特性为国内少有。明显的植物群落分布带，丰富的珍惜动植物资源，不仅是游客观光游览、休闲度假的胜地，而且是各界人士学术研究和科考探险的绝佳场所。

牛背涌泉

公园规划羚牛谷、六尺岭、牛背梁和铁佛寺等四大景区 90 多处景点景物。现已建成了 13.9 千米的旅游专用道路及羚牛谷山水游憩区、六尺岭峰林景观区、牛背梁高山风光区三大景区和三处服务区。涵盖 20 余项服务功能的游客接待中心投入使用。园内吃、住、行、游、购、娱六要素完备，基础设施及配套设施健全。

除了配套设施不断升级完善外，景区还注重游客服务、品牌打造、宣传营销等工作。

到 2010 年 8 月，已累计接待游客 126 万人次，公园实现门票收入 8600 万元，旅游综合收入 1.89 亿元，创社会效益 5.1 亿元，带动周边群众创办农家乐 260 余家，实现劳动力转移就业 2000 余人。

牛背石林

十七、陕西天竺山国家森林公园

陕西天竺山国家森林公园位于秦岭南麓商洛市山阳县境内，距县城 30 千米、西安 150 千米。1992 年 11 月，经陕西省林业厅批准为省级森林公园。2008 年 12 月经国家林业局批准晋升为国家级森林公园。2012 年，被陕西省林业厅授予“省文明森林公园”称号。

公园森林风景资源保护面积 1809 公顷。最高海拔 2073.98 米。森林覆盖率 88%。有连片的华山松、红豆杉等珍稀植物 200 余种，有林麝等珍稀动物 40 余种，是动植物的天堂，有中草药 1280 余种，珍稀重点保护动物有林麝、金钱豹等 10 余种。

天竺峰

天竺大顶

牛背梁

铁中坪·双峰观

公园规划天竺大顶宗教文化、铁钟坪自然生态、七里峡水域休闲、僧道关民俗度假游览区四个景区，有 80 个景点景物。

1. 山险。森林公园景观的特点不仅在于山势的高峻，而且在于景观的多样性和综合性，公园内奇峰迭起，沟壑纵横，危崖耸立，洞穴深幽，地文景观丰富多样。

2. 地特。园内有第四季冰川遗迹和壮观的喀斯特地貌奇观。

3. 林茂。森林资源丰富，华山松林整齐优美，落叶阔叶林绿荫如盖，山地草甸宛如地毯。公园景色绚丽多彩，四季各异。阳春，山花烂漫，五彩缤纷；盛夏，绿茵满坡，凉爽宜人；金秋，红叶似火，野果飘香；严冬，银装素裹，青松映雪。

4. 物丰。公园有华山松、红豆杉等珍贵植物 200 多种、野生动物 40 多种，国家保护的野生动物有金钱豹、林麝、果子狸、狐狸、豹猫、锦鸡、青羊、杜鹃等。

5. 宗教文化。隋唐建教，道佛和谐共存，宗教文化源远流长，现遗存古迹寺庙 10 余处。

6. 物候景观。日出、云海、雾凇等物候景观变幻莫测，令人感叹。

公园建成入园车道 35 千米，园内旅游步道 12 千米，客运索道 1935.4 米，高差 827 米。

公园建成集餐饮、客房、会议、娱乐、休闲为一体的按四星级标准建造的休闲式度假山庄，占地 3496 平方米，建筑面积 8315.07 平方米，总投资 8000 万元，分为 2 栋独立式四合院和6套联体式四合院。包括停车场、游客中心、森林木屋、商店、景亭、指示牌。

十八、陕西少华山国家森林公园

陕西少华山国家森林公园位于秦岭北麓渭南市华县境内，处于西安-兵马俑-西岳华山旅游黄金线上，距西安80千米，距华山30千米。陇海铁路、郑西高铁、连霍高速、310国道从公园前穿过，交通十分便捷。1998年，批建为省级森林公园，2008年被国家林业局批准为国家级森林公园。2011年10月，被国家旅游局批准为国家AAAA级旅游景区。

公园森林资源保护面积6300公顷；公园规划有少华峰、潜龙寺、红崖湖、石门峡和密林谷五大景区，包括100多个景点。海拔530~2491米，森林覆盖率90%。

公园内动植物种类繁多。林木树种1380余种。其中有国家Ⅰ级保护植物银杏1种，有国家Ⅱ级保护植物连香树、秦岭冷杉、榉树、水曲柳4种。野生兽类14科49种，鸟类45科179种。属国家Ⅰ级保护野生动物有林麝、金钱豹、白肩雕，国家Ⅱ级保护野生动物有黑熊、鸳鸯、红腹角雉、雀鹰、大鲵、华山虎凤蝶。属陕西省重点保护的野生动物有狼、狐、狍、狗獾、猪獾、豹猫、小麂、毛冠鹿、画眉等。

红崖绝壁

园内山体俊秀，奇石林立，碧水连潭、密林幽谷，生态环境近似原始。景区资源以“峰峻、石奇、水秀、林茂”为特色，既有北方山水雄浑大气的特征，又有南方山水婉约灵秀的妙韵。

公园景观特色

1. 雄险奇秀的地貌景观。少华山山势雄伟，岩石裸露，峰峦跌宕，沟谷幽深，主峰海拔1664米，因东与太华(西岳华山)毗邻，山峰略低，故名少华山。公园东部的蟠龙山，形若青龙，盘曲绝顶，突兀嵯峨，大自然造化下形态各异的怪石四处林立，富有传奇色彩的石墙、石门、石井、石床随处可见，与西岳华山相比，另有一番感受。

2. 灵动秀美的水文景观。“小敷峪七十二岔，岔岔清流银线挂”，汇聚成滔滔不绝的罗汶河，由南至北贯穿公园中央。公园内一河五瀑十八潭，曲溪湍流，飞瀑高挂，深潭如珠。

3. 绚丽多彩的森林景观。公园地处秦岭山地针阔叶混交林和落叶阔叶林区，海拔1100米以下主要为栎类、侧柏、核桃、漆树等；林下有马桑、酸枣、金银花、黄栌、悬钩子等。海拔1100~2100米主要以华山松、油松、山杨、桦木类、白皮松、枫杨为主。海拔2100米以上优势树种为红桦，伴生有山杨、华山松，林下有高山杜鹃、绣线菊等，长势茂盛，形成了多姿多彩的森林景观，一年四季，各有特色。

少华峰

鹰嘴石

4. 诗情画意的气象景观。公园气象景观变化无穷，少华东峰早观日出，晚看夕阳，流光溢彩，霞光满天。特别在晨曦微露中，升腾而起的“少华晴岚”，雾霭浮动，岚光如画，是明清之际“华州八大景”之一。“非烟更觉还非雾，幻尽先天造化踪”，是对“少华晴岚”美景的如实写照。

5. 底蕴厚重的人文景观。公园的核心区域少华山，自古就是一座空灵神秀的天下名山，与西岳华山（又名太华山）并称“二华”，是一对同文同根的姊妹山，相传是玉皇大帝御花园的一对使女华蓉仙子和华芙仙子下凡显形而成，中国历代典籍文献《山海经》《水经注》《太平寰宇记》《关中胜迹图志》等均有记述赞美。

石门关

公园建成入园车道10千米，特色游步道21千米，高空索道一部。建成星级宾馆一座，总面积9000平方米，有接待床位400张，特色“森林人家”30家以及6个停车场，十余家旅游商品店以及景区景点标识系统。

公园先后举办了3届蝴蝶节、四届红叶节和首届登山节以及纳凉避暑节等活动。已累计接待游客195万人次，实现旅游综合收益3.3亿元。

2010年，接待游客45万人次，实现旅游收入440万元。

十九、陕西石门山国家森林公园

陕西石门山国家森林公园位于子午岭南端的咸阳市旬邑县，距西安130千米、县城28千米。1994年，经陕西省林业厅批准为省级森林公园，与国有石门林场实行两块牌子、一套机构的管理体制，2005年对外接待游客。2010年8月经国家林业局批准晋升为陕西石门山国家森林公园。

公园面积8856公顷，海拔1100～1885米，森林覆盖率95%。有种子植物1250种，野生动物200多种。其中珍稀保护植物有杜松、水曲柳、铃兰等；珍稀重点保护动物有金钱豹、黑鹳、白鹤、林麝等。

公园划分为桃花川、瓦房川、赵家洞、石门关4大景区，有80多个景点。其景观特色：

1. 景区风光各异。桃花川景区绿树掩映农舍，豆蔓缠绕篱墙，一派田园风光；瓦房川景区曲径通幽，溪水潺潺，深潭幽谷，适宜探险旅游；赵家洞景区地处汃河河谷，两岸峻峭壁立，洞穴石窟密布，遗有元、明历史传说；石门关景区有北方罕见的丹霞地貌，石门关东西峰相峙，巍峨险峻，是渭北高程之最，登临其顶，一览众山小。

石门寺

2. 人文景观。石门山森林公园内周、秦以来历代人文景观众多。被称作古代高速公路的秦直道蜿蜒逶迤穿越其间，秦兵站、跑马场、扶苏庙、扶苏墓、马刨泉、姜嫄湖、姜嫄圣母庙、飞云洞、赵家洞、寺沟佛窟等遗址及民间历史传说丰富，文化积淀深厚。

烽火台

姜嫄湖

3. 巍峨雄峻的石门关。石门关是石门山森林公园标志性景点，山上有秦烽火台、1885高程点、云林亭等景点，沿山脊线有游览步道相互连通，站在山上极目远眺，蓝天白云下，群山起伏，壮阔无边，令人心旷神怡，绝尘忘忧。

4. 盛夏凉爽的气候条件。年平均气温7.5℃，7月平均气温27.5℃，负氧离子含量高，空气清新，舒适宜人，是消夏避暑的好去处。

5. 丰富多样的森林景观及四季景观。春季山桃花、野丁香、连翘竞相开放，宛若彩云朵朵漂浮在山坡；初夏群峰碧绿，山花烂漫，鸟语花香；仲夏绿荫如盖，纳凉避暑正当时宜；入秋霜叶红染，色彩斑斓；入冬若遇雪天初晴银装冰挂，玉树琼枝，仿佛童话天堂。

公园内及周边公路交通方便快捷，园内有旅游步道12千米。公园建有集吃住、会议接待、购物娱乐一体的多功能接待中心，接待床位180张。建有东、西大门及游客服务中心、停车场、商店、公厕等服务设施。

2010年，公园接待游客2万人次，旅游综合收入140万元。

二十、陕西省红河谷森林公园

陕西省红河谷森林公园位于秦岭北麓眉县境内，距西安市120千米，距宝鸡60千米，2002年经省林业厅批准为省级森林公园。经过多年发展，红河谷森林公园已成为陕西森林旅游AAA级景区。

蟠龙湾瀑布

凌云栈道

公园森林资源保护面积2314公顷，海拔800~3200米。森林覆盖率94%。有种子植物788种，野生脊椎动物280多种。其中保护植物有红豆杉、连香树等30多种，保护动物有羚牛、羚羊、金钱豹等10余种。

公园划分4大景区，包括80多个景点景物。其景观特色：

1. 十里峡景区。十里峡景区是进入红河谷森林公园的第一大景区，从公园入口(海拔800米)至度假区(海拔1260米)纵深6.6千米。景区内山、谷、石、林、水诸景皆备，奇峰林立，峡谷幽深，瀑飞流急，林茂草丰。沿河顺路而上，景点寺观星罗棋布，遥相呼应，太公石船、双洞水帘、群峰聚首、斗姆飞瀑，景随步移，象由心生。景区内森林植被茂密，隶属落叶栎类林带，树种以栓皮栎群系为主。全区属暖温带气候，空气负氧离子丰富。

2. 四嘴山景区。四嘴山景区位于红河谷森林公园度假区以东，红河以北，以红河丹崖和四嘴山最为知名。红河丹崖系太白八景之一，海拔由1260米陡然升至2600米，拔地而起，壁立千仞，高屹奇绝，一枝独秀，夕阳晚照，崖体似火，水映其色，涧河丹红，崖溪漾红，登顶揽胜，度假区尽收眼底；北可俯瞰平原渭水之广袤，南可远眺太白积雪之胜景，登临峰顶既可感受爬山的艰难险阻，又可体验滑道的轻松和刺激。

3. 原始森林探险区。原始森林探险区位于红河谷森林公园度假区西侧正南方向，目前尚未开发，其森林原始风貌保持依旧，经勘察区内动植物资源丰富，种类多，有国家珍稀保护动植物30余种，景区古木参天，浓荫密布，沟谷纵横，人迹罕至，被誉为动植物的基因库，是科考研究、猎奇探险的理想场所。

4. 文公庙景区。此处海拔2280米，属寒温带气候，年均气温约10℃，在6月、7

月、8 月平均温度只有 15~21℃，太白积雪胜景远在高山，又近在咫尺，寒意袭人。这里全年基本无夏，正所谓“红河谷中夏犹寒”，由于气候冷湿、多雨、多雾，常可看到极为壮观的云海景象，无与伦比，美不胜收。受冰川侵蚀与寒冻风化作用而造成的山崖解体石流运动，故形成这滚滚石浪如河似海，蔚为壮观，由此处可窥太白山冰川地貌一角，亦可观针叶林带之美景。

双洞水帘

经过多年的发展，红河谷已具备了良好的接待能力，园区共有旅游酒店 10 家，宾馆饭店床位数达 2000 余张，旅游观光车 10 辆，大型停车场 5 处，旅游从业人员 500 余人。园外公交车辆方便快捷。

红河谷森林公园先后被评为省级文明森林公园、旅游诚信单位、最佳自驾游目的地、创佳评差先进单位、市级青年文明号等。

公园 2002 年开始对外接待游客。2010 年，接待游客 8 万人次，旅游收入 650 万元。

第七篇　林业调查规划

随着林业事业的不断发展和林业项目建设程序的不断规范，林业调查规划设计工作也由过去以开展森林资源调查和造林设计为主向林业资源调查、林业项目建设咨询、林业工程设计、林业重点工程核查监测、自然保护区规划设计、森林公园规划设计、园林规划设计以及自然保护区、森林公园旅游规划设计、外援林业工程咨询与设计等综合性工作转变。林业调查监测装备日臻完善，调查监测技术手段不断改进与提高。1990~2010年，先后完成大熊猫“三调”、森林资源二类调查、野生动植物等资源调查监测任务。编制多项全省性的和省级林业重点工程规划。对全省天保工程、退耕还林工程、三北防护林体系工程等进行编制设计。受省林业厅委托，对天保工程、退耕还林、三北防护林工程，人工造林、飞播造林和封山育林项目进行检查验收和技术指导，编制了森林经营方案，飞播造林技术规程，中幼龄林抚育办法与检查验收办法等。充分应用新技术开展了计算机软件开发与网络技术应用、遥感影像信息处理、“3S”集成技术与应用、空间数据建模、林业资源调查与动态监测、各种专题图制作；开发研制了退耕还林工程管理信息系统、陕西省森林资源规划设计调查管理信息系统，建立陕西省森林资源连续清查数据库、陕西省沙化荒漠化资源监测数据库等。森林调查规划工作的发展与进步，有力支持了陕西林业的发展。

第一章 调查规划设计单位

第一节 陕西省林业调查规划院

陕西省林业调查规划院(陕西省森林资源监测中心)是陕西省林业厅直属的县(处)级全额拨款事业单位(以下简称规划院),始建于1951年2月。当时称"陕西省林业勘查队",几经变更、迁址。1982年2月,经陕西省人民政府批准,陕西省林业勘察设计院迁回西安市西关正街原址重建。2003年,经省编办《关于省林业勘察设计院加挂省森林资源监测中心牌子的批复》,加挂"陕西省森林资源监测中心"牌子,2007年经省编办批复,陕西省林业勘察设计院更名为陕西省林业调查规划院。

规划院拥有国家有关部委颁发的甲A级林业调查规划设计资质,甲级工程总承包、甲级林业、风景园林、公路、建筑工程咨询资质,甲级林业工程设计资质,乙级公路、风景园林工程设计资质,丙级建筑工程设计资质。

规划院业务范围包括:森林资源监测、荒漠化监测、评价及防治技术研究;林业及生态环境建设工程的规划设计、工程咨询、工程监理、资源环境监测;森林资源资产评估;营造林、标准化苗圃、森林抚育及采伐、林木种子园、自然保护区、森林公园、生态观光园、森林防火、林业有害生物防治、林业局(场)、林业综合开发与林业科技园区工程的总体规划与设计;园林绿化工程设计与施工;林区公路、木材加工、工业与民用建筑等单项工程设计以及信息系统、数据库、遥感技术、办公自动化和计算机网络工程的设计开发等。

至2010年末,全院在职职工296人,其中男性职工205人,占69.3%;女性职工91人,占30.7%。在职职工中,专业技术人员209人,其中:正高级工程师2人,研究员1人,高级工程师65人,高级会计师2人,工程师69人(含注册工程师5人),会计师3人,统计师1人,经济师1人,主治医师1人,小学高级教师1人,助理工程师52人,技术员7人,见习期人员4人。工人66人,其中技师1人,高级工56人,中级工8人,初级工1人。管理人员21人。

1990~2010年,规划院编制了陕西省五年林业发展规划、陕西省五年生态建设规划、林业生态建设工程规划、天保工程规划、陕西省森林旅游发展规划、防沙治沙规划、绿色通道工程规划、自然保护区工程规划、黄河中游长江中上游造林工程规划、三北防护林体系建设工程规划、陕西关中—天水经济区林业生态建设规划、湿地保护利用工程规划、国家重点公益林区划、陕西省林业发展区划、陕西省林地保护利用规划以及德国援助、日本贷款、亚行贷款、GEF、WWF国际合作项目规划设计等多项全省性和省级林业重点工程规划。开发研究出了陕西省退耕还林工程管理信息系统、陕西省森林资源规划设计调查管理信息系统与数字林业沙盘等,建立了陕西省森林资源连续清查数据库,沙化、荒漠化资源监测数据库等。制定了有关行业管理技术规程、办法、细则,如森林资源连续清查实施细则、森林资源规划设计调查办法、森林经营方案编制原则规定、人工造林作业设计办法、飞播造林技术规程、森林抚育规程和作业设计办法、森林分类区划界定技术规程与工作方法等。

1990~2010 年，规划院先后荣获全国林业调查规划设计先进单位、全国森林资源林政管理先进单位、西安市文明单位、全国防沙治沙先进集体等多项荣誉。截至 2010 年年底完成的规划设计与研究成果，获得省部级科学技术进步奖、优秀勘察设计、优秀工程咨询成果奖 50 余项。

第二节　市、县(区)及林业局(场)林业调查设计单位

根据 1989 年林业部下发的《林业调查规划设计单位资质认证管理暂行办法》和《林业调查规划设计分级标准》，经陕西省林业厅调查设计资格认证委员会 1990 年审查评定，陕西省有 31 个单位具备认证资格，其中乙级 3 个，丙级 16 个，丁级 12 个。随着林业事业的不断发展，林业业务范围拓展，又成立一批新的调查设计单位，经有关部门审核认证，至 2010 年年底，全省具有林业调查规划设计资质的单位共 131 个，其中甲级资质的 6 个(甲 A1 个、甲 B5 个)、乙级 38 个，丙级 61 个，丁级 26 个。

陕西省林业调查设计单位情况见表 7-1-1。

2010 年度陕西省林业调查规划设计单位情况统计表

表 7-1-1

序号	单位	隶属关系	资质等级	备注
1	陕西省规划院	陕西省林业厅	甲 A	
2	陕西省天保工程管理中心	陕西省林业厅	乙级	
3	陕西省林业技术推广总站	陕西省林业厅	乙级	
4	陕西省治沙研究所	陕西省林业厅	乙级	
5	陕西省太白林业局林业勘察设计队	陕西省太白林业局	乙级	
6	陕西省宁西林业局勘察设计队	陕西省宁西林业局	乙级	
7	汉西林业局森林勘察设计队	陕西省汉西林业局	乙级	
8	陕西省宁东林业局勘测设计队	陕西省宁东林业局	乙级	
9	陕西省长青林业开发有限公司	陕西省长青林业局	丙级	
10	陕西省龙草坪林业局勘察设计队	陕西省龙草坪林业局	丁级	
11	宝鸡市林业调查规划院	宝鸡市林业局	甲 B	
12	千阳县林业调查规划设计队	千阳县林业局	丙级	
13	眉县林业调查设计队	眉县林业局	丙级	
14	眉县国有太白风景林场设计室	眉县林业局	丁级	
15	宝鸡市辛家山林业局林业调查设计队	宝鸡辛家山林业局	丙级	

续表

序号	单位	隶属关系	资质等级	备注
16	宝鸡市马头滩林业局林业调查设计队	宝鸡马头滩林业局	乙级	
17	岐山县林业工作站	岐山县林业局	丙级	
18	岐山县五丈原林场林业调查规划设计组	岐山县林业局	丁级	
19	岐山县崛山林场林业调查规划设计队	岐山县林业局	丁级	
20	陇县林业工作站	陇县林业局	丙级	
21	陇县国有固关林场设计组	陇县林业局	丁级	
22	陇县关山林场设计组	陇县林业局	丁级	
23	陇县咸宜关林场设计组	陇县林业局	丁级	
24	陇县国有龙门洞风景林场设计队	陇县林业局	丁级	
25	陇县千山林业调查设计队	陇县林业局	丁级	
26	麟游县林业调查规划设计队	麟游县林业局	丙级	
27	麟游县安舒庄林场设计组	麟游县林业局	丙级	
28	麟游县长益庙林场调查设计队	麟游县林业局	丙级	
29	宝鸡市陈仓区冯家河林场设计组	陈仓区林业局	丁级	
30	宝鸡市陈仓区八里庄林场设计组	陈仓区林业局	丁级	
31	宝鸡市陈仓区凤阁岭林业调查规划设计队	陈仓区林业局	丁级	
32	宝鸡市陈仓区坪头林场设计组	陈仓区林业局	丁级	
33	宝鸡市陈仓区林业调查设计队	陈仓区林业局	丙级	
34	宝鸡市渭滨区林业管理站	谓滨区林业局	丙级	
35	宝鸡市金台区林业调查规划设计队	金台区林业局	丁级	
36	宝鸡高新区国有潘家湾林场设计组	宝鸡高新区	丁级	
37	宝鸡高新区林业调查规划设计队	宝鸡高新区	丁级	
38	凤翔县林业技术推广站	凤翔县林业局	丙级	
39	太白县林业调查设计队	太白县林业局	丙级	
40	凤县林业勘察设计队	凤县林业局	丙级	
41	扶风县林业调查设计队	扶风县林业局	丁级	省林学会认证
42	渭南市林业调查规划队	渭南市林业局	乙级	
43	渭南市林学会	渭南市林业局	乙级	
44	大荔县林业勘察设计队	大荔县林业局	丙级	
45	韩城市林业勘察设计队	韩城市林业局	乙级	
46	谓南市临谓区林业调查设计队	临谓区林业局	丁级	省林学会认证
47	延安市林业勘察规划设计院	延安市林业局	乙级	

续表

序号	单位	隶属关系	资质等级	备注
48	延长县林业调查规划设计队	延长县林业局	丙级	
49	安塞县林业调查规划设计队	安塞县林业局	丙级	
50	甘泉县林业工作站	甘泉县林业局	丙级	
51	宜川县林业调查设计队	宜川县林业局	丙级	
52	延安市宝塔区林业调查设计队	宝塔区林业局	丁级	
53	延安市黄龙山林业局调查规划设计队	延安黄龙山林业局	甲 B	
54	延安桥北林业局林业规划调查设计队	延安市桥北林业局	乙级	
55	延安市桥山林业局林业调查设计队	延安市桥山林业局	乙级	
56	延安劳山林业局林业调查规划设计队	延安市劳山林业局	乙级	
57	子长县林业调查规划设计队	子长县林业局	丙级	省林学会认证
58	黄陵县林业工作站	黄陵县林业局	丙级	
59	榆林市林业调查规划设计队	榆林市林业局	甲 B	
60	清涧县林业调查规划设计队	清涧县林业局	丙级	
61	定边县林业工作站	定边县林业局	丙级	
62	定边县绿海生态林业治理有限责任公司	定边县林业局	丙级	
63	靖边县林业规划设计队	靖边县林业局	丙级	省林学会认证
64	子洲县林业调查规划设计队	子洲县林业局	丙级	
65	横山县林业规划设计队	横山县林业局	丙级	
66	横山县森盛林业规划设计有限责任公司	横山县林业局	丙级	
67	绥德县林业工作站	绥德县林业局	丙级	
68	府谷县林业工作站	府谷县林业局	丙级	
69	神木弘森林业科技服务有限公司	神木县林业局	乙级	
70	神木县林业工作站(林业规划设计队)	神木县林业局	乙级	
71	神木县田野绿化工程有限责任公司	神木县林业局	乙级	
72	榆林市榆阳区林业调查规划设计队	榆阳区林业局	乙级	
73	佳县林业工作站	佳县林业局	丙级	
74	铜川市林业勘察设计队	铜川市林业局	乙级	
75	铜川市印台区林业调查规划设计队	印台区林业局	丙级	
76	铜川市耀洲区林业勘察设计队	耀洲区林业局	丙级	省林学会认证
77	咸阳市林业站(市林业调查设计队)	咸阳市林业局	乙级	
78	泾阳县林业站	泾阳县农林局	丁级	省林学会认证
79	汉中市森林资源调查勘测设计队	汉中市林业局	乙级	

续表

序号	单位	隶属关系	资质等级	备注
80	汉中市天然林保护中心	汉中市林业局	乙级	
81	洋县林业勘察设计队	洋县林业局	乙级	
82	南郑县林业勘察设计队	南郑县林业局	丙级	
83	镇巴县林业调查设计队	镇巴县林业局	丙级	
84	镇巴县国有后坪林场林业调查设计队	镇巴县林业局	丁级	
85	镇巴县国有巴山林场林业调查设计队	镇巴县林业局	丁级	
86	汉中市汉台区林业工作中心	汉中汉台区林业局	丙级	
87	西乡县林业勘察设计队	西乡县林业局	丙级	
88	宁强县林业工作站	宁强县林业局	丙级	
89	略阳县林业调查设计队	略阳县林业局	丙级	
90	汉中市勉县林业勘测设计队	勉县林业局	丙级	
91	佛坪县林业调查规划设计队	佛坪县林业局	丁级	
92	城固县林业工作站	城固县林业局	丁级	
93	商洛市林业调查规化设计队	商洛市林业局	乙级	
94	商洛美绿林业工程咨询有限公司	商洛市林业局	丙级	
95	洛南县林调队	洛南县林业局	丙级	省林学会认证
96	洛南飞播管理试验站调查规划设计队	洛南县林业局	丙级	
97	洛南县保安林场林业调查规划设计队	洛南县林业局	丙级	
98	洛南县书堂山林场林业调查设计队	洛南县林业局	丙级	
99	洛南县石坡林场林业调查规划设计队	洛南县林业局	丙级	
100	洛南县古城林场林业调查设计队	洛南县林业局	丙级	
101	镇安县林业资源调查设计队	镇安县林业局	乙级	
102	镇安木王林场规划设计队	镇安县林业局	丙级	
103	镇安县铁厂林场林业调查设计队	镇安县林业局	丙级	
104	镇安县黑窑沟林场调查设计队	镇安县林业局	丙级	
105	山阳县林业调查规划设计队	山阳县林业局	乙级	
106	山阳县林嘉林业科技服务有限公司	山阳县林业局	丙级	
107	商南县林业调查规划设计队	商南县林业局	乙级	
108	丹凤县林业站	丹凤县林业局	乙级	
109	丹凤县国有商山林场设计队	丹凤县林业局	丙级	
110	丹凤县国有流岭林场调查设计队	丹凤县林业局	丙级	
111	商洛市商州区林特工作站	商洲区林业局	丙级	

续表

序号	单位	隶属关系	资质等级	备注
112	商洛市商洲区林业科学技术协会	商洲区林业局	丁级	省林学会认证
113	柞水县林业站	柞水县林业局	乙级	
114	安康市林业技术推广中心	安康市林业局	甲 B	
115	安康市汉滨区林业调查规划队	汉滨区林业局	乙级	
1116	旬阳县林业勘察设计队	旬阳县林业局	乙级	
117	汉阴县林果技术推广工作站	汉阴县林业局	丙级	
118	平利县林业调查设计队	平利县林业局	丙级	
119	白河县林业勘察设计队	白河县林业局	丙级	
120	岚皋县森林调查设计队	岚皋县林业局	乙级	
121	宁陕县林业调查设计队	宁陕县林业局	乙级	
122	镇坪县林业调查规划设计队	镇坪县林业局	丁级	
123	西安市林业技术推广中心	西安市林业局	乙级	
124	西安绿友环境工程有限公司	西安市市容园林局	乙级	
125	户县森林资源管理中心	户县林业局	乙级	
126	西安市长安区森林调查设计队	西安长安区林业局	丙级	
127	周至县林业勘察设计队	周至县林业局	乙级	省林学会认证
128	周至县小王涧林场规划设计室	周至县林业局	丙级	
129	陕西绿源林业科技有限公司	民营	甲 B	
130	西安得保园林绿化工程有限公司	民营	丙级	
131	陕西红叶园林绿化设计工程集团有限公司	民营	丙级	

第三节　驻陕林业调查规划设计单位

西北规划院，是以从事森林资源监测和林业调查规划设计为主的国家林业局直属单位，成立于1955年，拥有国家有关部门颁发的甲级林业工程设计、甲级工程总承包、乙级工程设计(风景园林)、甲级工程咨询、乙级工程咨询(风景园林)、甲 A 级林业调查规划设计、乙级工程监理及二级园林工程施工资质、乙级测绘资质等。主要承担陕西、甘肃、新疆、青海、宁夏、山西、四川、重庆八省份和新疆建设兵团的森林资源监测任务和技术服务工作。

2010年年末，全院职工人数197人，工程技术人员占全院职工的84%，其中高级工程师65人，先后有13人享受政府特殊津贴，专业涉及林学、园林、计算机、地理信息、沙漠治理、野生动物保护、木材加工、系统工程、经济管理等30多个专业，职工平均年龄39岁。

业务范围涉及西北监测区森林资源监测；荒漠化监测、评价及防治技术研究；国家、区域、流域大中型林业及生态环境建设工程的规划、设计、技术咨询、监理、监测；县级以上林业调查规划、森林经营方案编制；营造林、标准化苗圃、林木种子园、自然保护区、森林公园、生态观光园、森林防火、病虫害防治、林业局(场)、林业综合开发与林业科技园区工程的总体规划与设计；园林绿化工程设计与施工等多个方面。

1990~2010年，组织完成三北防护林体系总体规划和一、二期工程规划设计、全国防沙治沙工程规划，陕西生态省建设规划、辽宁大连旅大森林公园总体规划、利用日元贷款(JBIC)黄河中游植树造林项目可行性研究、全国森林资源信息管理系统开发、内蒙古阿拉善巴彦浩特生态园总体规划等几十项大型规划设计及咨询评估项目，组织完成地方性的规划设计及咨询评估项目800多项。

1990~2010年，先后荣获全国林业调查规划设计先进单位、全国森林资源林政管理先进单位、西安市文明单位、全国防沙治沙先进集体等多项荣誉，获国家、省部级科技进步奖、优秀工程勘察设计、优秀工程咨询成果奖数十项。

第二章　林业资源调查与监测

第一节　森林资源调查

一、森林资源连续清查(一类调查)

森林资源连续清查是以掌握宏观森林资源现状及其消长动态为目的，以省、市、县(区)为单位，以抽样调查理论为基础，以固定样地调查为主，定期进行(每5年一次)复查的森林资源调查，简称一类调查。1989年，陕西省开展第二次森林资源连续清查复查。1989年，清查时，林分龄组由原先的幼龄林、中龄林、成熟林变为幼龄林、中龄林、近熟林、成熟林、过熟林。1990~2010年，共进行4次森林资源连续清查复查。

(一)第三次森林资源连续清查复查(1994年)

调查固定样地7519块，其中，省级固定样地6440块，地方监测样地1079块。通过调查取得了1989年至1994年间森林资源动态变化数据，同时也提供了各地(市)及森工系统资源数据及变化动态。

本次复查，分别以样地4个角桩为起点，量测样地内检尺样木，对样木进行定位，标记和挂牌，绘制样木位置图。林分成林标准：郁闭度由原先的0.3以上变为0.2以上；灌木林成林地标准：覆盖度由原先的40%以上变为30%以上。

复查结果：活立木蓄积量精度93.97%，有林地面积精度96.15%，人工林面积精度91.46%，总生长量精度93.67%，样地复位率99.71%，样木复位率93.34%。

主要调查结果：全省土地总面积2059.77万公顷，其中，林地面积1197.49万公顷，占58.1%。林地面积中，国有365.23万公顷，集体832.26万公顷。有林地面积592.03万公顷，其中，天然林458.63万公顷，人工林面积133.40万公顷。森林(含灌木林)覆盖率 34. 52%，有林地覆盖率 28. 74%。活立木总蓄积量 3. 3408 亿立方米，其中，林分蓄积量 3. 03 亿立方米，林分平均每公顷蓄积量 61. 4 立方米。年均总生长量 1409. 24 万立方米，年均总生长率 4. 26%；年均消耗量 1216. 95 万立方米，年均消耗率 3. 68%。年枯损量 200. 72 万立方米，枯损率 0. 67%。年均净生长率 3. 59%。

(二)第四次森林资源连续清查复查(1999 年)

本次清查是森林资源连续清查体系向综合监测及评价体系的过渡。调查采用了地面调查与遥感调查相结合的方法。调查内容增加了荒漠化土地、沙化土地和湿地判读调查。遥感样地以固定样地为基础，按 2 千米×1 千米机械布设加密，加密后的遥感样地数量是固定样地的 16 倍，实际判读样地为 102788 个。调查因子由 35 项增加到 48 项，主要增加了林层、经济林经营集约等级、病虫害等级、林木生活力、荒漠化类型、荒漠化程度、沙化类型、湿地类型等，权属在原土地权属的基础上增加了林木权属。

复查结果：活立木蓄积量精度 94. 19%；有林地面积精度 96. 35%；人工林面积精度 91. 84%；总生长量精度 94. 72%，样地复位率 99. 86%，样木复位率 97. 26%。

主要调查结果：土地总面积 2059. 77 万公顷，其中林地面积 1071. 78 万公顷，占土地面积的 52. 02%。林地面积中，国有林地面积 339. 03 万公顷，占林地面积的 31. 64%；集体林地面积 732. 75 万公顷，占林地面积的 68. 36%。有林地面积 636. 80 万公顷，其中天然林 467. 59 万公顷，人工林面积 169. 21 万公顷。森林(含灌木林)覆盖率 38. 01%，有林地覆盖率 30. 92%。活立木总蓄积量 3. 3423 亿立方米，其中林分蓄积量 3. 07 亿立方米。林分平均每公顷蓄积量 60. 52 立方米。年均总生长量 1327. 09 万立方米，年均总生长率 3. 97%；年均消耗量 1533. 74 万立方米，年均消耗率 4. 59%。年枯损量 314. 72 万立方米，枯损率 0. 94%。年均净生长率 3. 03%。

(三)第五次森林资源连续清查复查(2004 年)

复查完成了固定样地调查 7519 块，遥感判读样地 103157 个。

地面样地调查方法及样木定位、标记和挂牌方法与前期相同。

本次复查，为反映新形势下林业建设成就和森林的生态服务功能，适应全国林业建设由以木材生产为主向以生态建设为主的历史性转变，国家林业局颁发了《国家森林资源连续清查技术规定》，新的技术规定在技术标准，调查内容，成果出案方面做了大量调整，调查因子由 48 项增加到 76 项。

主要变化：

1. 地类划分将“林业用地”“非林业用地”的提法改为“林地”和“非林地”；将林地重新划分为“有林地、疏林地、灌木林地、未成林地、苗圃地、无立木林地、宜林地和林业辅助生产用地”8 个地类；将灌木林细分为“国家特别规定的灌木林”和“其他灌木林”两类。同时规定国家特别规定的灌木林参与森林覆盖率计算。

2. 细化了二级林种。

3. 对沙化、荒漠化和湿地划分标准及程度等级进行了修订，增加了“湿地保护等级”等因子。

4. 增加了与林业和生态建设有关的调查内容。增加了“森林类别”(生态公益林和商品林)“事权等级”“保护等级”“商品林经营等级”；增加了“群落结构”“林层结构”“树种结构”“自然度”“植被覆盖度”等反映森林生态状况的因子；用反映“森林生物量”“生物多样性”“森林结构”的有关特征因子，按相对重要性来综合评定森林的“生态功能等级”；增加“灾害类型”“灾害等级”“森林健康等级”；增加“地类面积等级”调查。

在样地定位上全面应用了GPS定位技术，要求调查时回采样地西南角桩的坐标。

复查结果：活立木蓄积量精度94.44%；有林地面积精度96.47%；人工林面积精度93.42%；总生长量精度94.99%。

样地复位率100%，样木复位率99.67%。

主要调查结果：全省土地总面积2059.77万公顷，其中林地1227.56万公顷，占全省土地面积的59.6%。林地面积中，国有334.23万公顷，占27.23%，集体893.33万公顷，占72.77%。有林地面积667.47万公顷，其中天然林502.10万公顷，人工林165.37万公顷。森林(含灌木林)覆盖率42.31%，有林地(含特灌)覆盖率37.26%。活立木总蓄积量3.61亿立方米，其中林分蓄积量3.38亿立方米。林分平均每公顷蓄积量59.65立方米。年均总生长量1597.62万立方米，年均总生长率4.06%；年均消耗量1389.40万立方米，年均消耗率3.53%。年枯损量500.80万立方米，枯损率1.27%，年均净生长率2.79%。

(四)第六次森林资源连续清查复查(2009年)

复查完成了固定样地调查7519块，遥感判读样地103157个。

本次清查以《国家森林资源连续清查技术规定》及其补充规定为依据，调查因子由76项增加到83项。

调查内容增加了生物量因子调查、2米×2米小样方植被调查、毛竹检尺、未成林造林地调查、造林地情况调查、平均样木枝下高及冠幅调查因子。

在调查手段上，在采取传统方法进行记载的同时，引入手持掌上电脑(PDA)技术进行现场信息采集。

本次复查结果：活立木蓄积量精度94.85%；有林地面积精度97.10%；人工林面积精度94.13%；总生长量精度95.38%。样地复位率100%，样木复位率99.88%。

主要调查结果：土地总面积2059.77万公顷，其中林地1228.47万公顷，占59.64%。林地面积中，国有329.75万公顷，集体898.72万公顷。有林地面积769.13万公顷，其中，天然林532.16万公顷，人工林面积236.97万公顷。森林(含灌木林)覆盖率46.67%，有林地(含特灌)覆盖率41.42%。活立木总蓄积量4.24亿立方米，其中林分蓄积量3.96亿立方米。林分平均每公顷蓄积量61.93立方米。年均总生长量1791.09万立方米，年均总生长率4.41%；年均消耗量842.57万立方米，年均消耗率2.07%。年枯损量329.13万立方米，枯损率0.81%，年均净生长率3.60%。

1990~2010年陕西省历次森林资源连续清查复查数据见表7-2-1。

1990～2010 年陕西省历次森林资源连续清查复查数据

表 7-2-1　　单位：万公顷、万立方米、%

年份	总面积	林业用地面积			有林地面积			活立木蓄积量		生长量	森林覆盖率
		合计	国有	集体	合计	天然林	人工林	合计	林分蓄积量		
1994	2059.77	1197.49	365.23	832.26	592.03	458.63	133.4	33408	30266	1409.24	28.74
1999	2059.77	1071.49	339.03	732.75	636.8	467.59	169.21	33422	30776	1327.09	30.92
2004	2059.77	1227.56	334.23	893.33	667.47	502.1	165.37	36144	33821	1597.62	37.26
2009	2059.77	1228.47	329.75	898.72	769.13	532.16	236.97	42416	39592	1791.09	41.42

二、森林资源规划设计调查(二类调查)

森林资源规划设计调查又称“二类调查”，是森林经营单位(县、林业局、林场)为掌握森林资源现状及动态、分析与评价经营活动的效果，编制或修订经营单位的森林经营方案或总体设计而进行的森林资源清查。

1990～1998 年，规划院、西北规划设计院等单位，依据《陕西省森林资源二类调查工作方法》，对全省国有林区和部分集体林区进行调查和经营方案编制。

规划院完成的项目有：1990 年，完成延安地区宜川、宝塔、志丹等县局的 29 个国有林场的森林资源二类调查及经营方案编制，调查结果详见表 7-2-2。

1990 年陕西省森林资源二类调查情况表

表 7-2-2　　单位：万公顷、万立方米

所属县区	林业局(场)	经营面积	蓄积量	完成调查单位
吴起	铁边城林场	0.36	0.4	
	周湾林场	0.39	0.23	
志丹县	安条林场	2.3	207.29	
	白沙川林场	1.32	36.7	
	新庄林场	1.81	22.08	
	麻台林场	5.07	20.32	
	西阳湾林场	1.36	1.2	
	高家湾林场	0.08	0.36	
安塞县	砖窑弯林场	2.34	6.86	
	石峡峪林场	1.25	16.29	
宝塔区	风景林场	1.93	1.52	
	马四川林场	2.27	11.18	
	柳林林场	3.91	17.87	
	南泥湾林场	3.35	83.27	

续表

所属县区	林业局(场)	经营面积	蓄积量	完成调查单位
宝塔区	麻洞川林场	3.37	27.68	
	姚家坡林场	4.61	96.24	
富县	西渠林场	1.6	54.51	
	牛武林场	47.37	2.68	
宜川县	英旺林场	4.72	104.87	
	交里林场	4.04	45.23	
	铁龙湾林场	2.14	36.25	
	甘草林场	2.26	18.92	
	薛家坪林场	3.78	23.22	
	石台寺林场	3.19	16.5	
洛川县	厢寺川林场	4.27	84.83	
	黄连河林场	1.12	10.07	
延长县	关子口林场	0.96	1.23	
	柏树岭林场	0.67	0.2	
子长县	中山川林场	0.15	0.85	

1991 年，完成丹凤流岭飞播林联营总场、丹凤寺坪林场的森林资源二类调查及经营方案编制。

1992 年，完成楼观台林场和凤县 11 个乡镇集体林 10 万公顷的森林资源二类调查及经营方案编制。

1995 年，完成城固、镇巴、佛坪三县的集体林森林资源二类调查及经营方案编制。

1996~1997 年，完成了宁强、汉阴等县集体林森林资源二类调查及经营方案编制。

1998 年，完成镇安木王林场、黄龙山林业局和临潼区集体林等二类调查及经营方案编制。

截至 2000 年，完成 90%的国有林调查和汉中、西安、宝鸡三市 26 个县的集体林调查，占全省集体林面积的 32%；

2004 年，开始全省进行新一轮森林资源规划设计调查。本次调查的依据为《陕西省森林资源规划设计调查实施办法》(根据国家林业局 2003 年下发《森林资源规划设计调查主要技术规定》(2003 年 4 月)，参照《陕西省森林资源二类调查工作方法》(1984 年)、《陕西省森林资源连续清查第五次复查外业实施细则》(2004 年 4 月)，制定《陕西省森林资源规划设计调查实施办法》)。

2004~2009 年，省规划院、西北规划院，对陕西省所有的县(市、区)、自然保护区、楼观台林场进行了森林资源规划设计调查。

本次调查采用“3S”技术，调查方法为遥感目视判读区划土地类型、回归估测小班蓄积量，建立森林资源管理信息系统。即：土地类型小班区划：用 SPOT5 遥感数据(分辨率 2.5~5 米)进行图像处理后，室内目视解译、实地验证，求算各地类面积。

回归估测小班蓄积量：以 SPOT5 和 ETM 遥感数据为信息源，分析确定影响蓄积量的林分与生态因子，建立调查蓄积量与遥感因子、地理环境因子、林分因子之间的多元回归模型，估测小班蓄积量。

建立森林资源管理信息系统：以小班调查因子成果为本底数据，按照统一的数据标准和规范，建立森林资源管理信息系统。

规划院共完成 81 个单位的森林资源规划设计调查，分别是：

榆林市：吴堡县、清涧县、子洲县、绥德县、米脂县、佳县、府谷县、神木县、定边县、靖边县、横山县、榆阳区、省治沙所。

延安市：延川县、延长县、子长县、安塞县。

铜川市：耀州区、王益区、印台区、宜君县。

渭南市：临渭区、韩城市、华阴市、华县、潼关县、大荔县、澄城县、白水县、合阳县、富平县。

西安市：临潼区、周至、户县、蓝田、高陵、碑林区、雁塔区、新城区、莲湖区、阎良区、灞桥区、未央区、长安区、牛背梁保护区。

咸阳市：长武县、彬县、旬邑县、永寿县、乾县、礼泉县、兴平县、秦都区、渭城区、三原县、泾阳县、淳化县、武功县、杨凌区。

宝鸡市：岐山县、太白县、眉县、陈仓区、麟游县、陇县、渭滨区、金台区、千阳县、凤翔县、扶风县、太白山自然保护区。

汉中市：宁强县、洋县、南郑县、勉县。

太白局、龙草坪局、汉西局、佛坪保护区、长青保护区、楼观台林场。

西北规划院共完成 44 个单位的森林资源规划设计调查，分别是：

延安市：吴起县、志丹县、宝塔区、洛川县、黄陵县、桥山林业局、延安国家森林公园风景林场、甘泉县、劳山林业局、富县、桥北林业局、黄龙县、黄龙山林业局、宜川县。

安康市：汉滨区、白河县、平利县、镇坪县、宁陕县、石泉县、紫阳县、岚皋县、汉阴县、旬阳县。

宝鸡市：凤县、辛家山林业局、马头滩林业局。

商洛市：山阳、镇安、洛南、商南、柞水、丹凤、商州区。

汉中市：汉台区、城固、佛坪、西乡、略阳、镇巴、留坝。

渭南市：蒲城县。

宁东局、宁西局。

2004~2009 年陕西省森林资源二类调查情况统计见表 7-2-3。

2004~2009 年陕西省森林资源二类调查情况统计表

表 7-2-3　　　　单位：公顷、%、立方米

单位	经营面积	林地面积	有林地面积	森林覆盖率	含灌木林覆盖率	活立木蓄积量	林分蓄积量
合计	20597716.0	14244995.6	7987068.3	33.88	42.79	400059397.4	380044032.4
省资源局合计	338085.9	335789.8	323554.2	95.70	96.49	31065143.7	30979037.5
宁东局	80876.6	80416.4	76931.9	95.10	96.40	7477357.4	7451519.5
宁西局	91756.3	90942.8	84647.9	92.30	92.80	9061519.5	9031847.1
太白局	114666.7	114051.8	113059.5	98.60	98.90	10316039.9	10302951.2
汉西局	30235.3	30140.4	29302.6	96.92	98.21	2543744	2536453.5
龙草坪局	20551.0	20238.4	19612.3	95.43	97.07	1666482.9	1656266.2
西安市	959179.2	459258.9	369298.2	38.84	44.13	27258753.7	24676445.6
城三区	9700.0	241.5	241.5	2.49	5.29	108035.3	11580.9
灞桥区	32500.0	6109.4	5617.4	17.84	18.87	208814.4	93436.4
未央区	26200.0	2913.1	2711.7	10.35	11.49	111646.1	53424.2
雁塔区	14900.0	2010.5	1338.7	9.78	11.63	81233.5	14218.6
阎良区	24400.0	1686.5	1158.6	4.75	10.20	357863.9	13456.9
长安区	159000.0	75835.2	50302	31.71	43.46	2734979.9	2488077.7
蓝田县	200800.0	117257.2	93778.4	47.89	51.64	4131058.2	3784677.7
临潼区	91500.0	12948.3	6971.4	7.81	9.39	561871.4	233464.9
周至县	245206.2	169244.2	154591.3	63.13	66.66	14872983.5	14449058.9
户县	126273.0	69447.5	51479.5	40.79	49.39	3794850.5	3527262.3
高陵县	28700.0	1565.5	1107.7	3.86	7.80	295417	7787.1
宝鸡市	1669282.7	1111491.5	822043.6	49.24	49.52	50547121.8	48598519.5
陈仓区	264356.4	178319.7	126882.6	49.28	63.95	6058285	5791799.7
金台区	27044.2	7199.2	2953.6	19.22	25.55	270053.9	185951.1
渭滨区	58051.4	37337.4	20653.5	36.81	49.77	1128750.7	1091006.1
凤翔县	123138.5	49589.0	31279.1	25.40	32.80	1390899.6	1040460.9
扶风县	70560.9	13615.7	10268.2	23.12	24.99	394500.4	276647.3
陇县	228570.0	157369.2	96314.4	42.17	50.64	7185591.3	6976016.4
眉县	80758.3	39609.9	35379	44.06	62.96	1884086	1730443.1
岐山县	85729.7	29510.9	20537.1	25.89	29.92	1075228.1	945204.9
千阳县	99644.1	63884.3	43091.9	43.33	48.15	1869827.9	1674696.7
麟游县	156121.9	104339.3	49993.7	29.34	56.06	1425099.5	1207359.5

续表

单位	经营面积	林地面积	有林地面积	森林覆盖率	含灌木林覆盖率	活立木蓄积量	林分蓄积量
凤县	295802.9	266668.2	223639.3	75.80	85.10	14649941.4	14549899.3
太白县	119916.7	104461.0	103548.4	86.35	86.66	7987108.3	7914987.2
辛家山	25147.7	25147.7	24505.83	96.79	98.06	2300695.7	2299714.3
马头滩	34440.0	34440.0	32997	95.20	96.20	2927054	2914333
咸阳市	1019647.4	450973.3	266825.6	26.15	35.33	10320374.3	8974323
秦都区	25880.0	793.3	667	2.58	5.00	143050	40000
渭城区	26746.0	1053.0	853	3.20	4.20	103620	51200
兴平市	50846.7	1400.0	1000	3.20	4.20	194789	67177
武功县	39120.0	1247.0	847	5.44	6.11	175200	50800
泾阳县	77757.8	13926.7	3680	4.70	11.60	411557.5	260200
三原县	57740.0	15207.0	6953	12.00	13.70	378732	367200
乾县	100180.0	18833.0	5353	5.34	6.85	356969	314546
礼泉县	101137.0	26040.0	8133	6.58	27.10	452050	407600
永寿县	88573.3	48780.0	26673.3	30.10	33.90	928877.5	882200
彬县	118520.0	67100.0	41433	34.96	39.55	1427538.3	1206400
长武县	56826.7	34040.0	22340	39.30	40.30	716147	591300
旬邑县	178713.3	152840.0	103546.7	57.90	65.60	3582719	3478400
淳化县	97606.6	69713.3	45346.67	46.46	52.65	1449125	1257300
渭南市	1285393.2	442631.9	178088.5	18.90	19.34	10309279.8	7362518.3
韩城市	162099.5	97915.6	37331.7	0.48	0.53	2217804	2068378.7
合阳县	130615.8	29717.8	5184.1	24.50	31.20	522476	265036
澄城县	111849.5	29863.5	713.7	16.08	24.88	528055.5	10592.4
蒲城县	158311.5	18205.5	6673.7	5.50	21.80	328380.4	104635
白水县	99110.7	40690.1	6757.7	0.80	7.50	453311.5	373118
富平县	123947.4	31070.4	4016.5	3.51	11.12	520522.5	109769.7
大荔县	167303.7	26875.7	13962.6	16.50	31.40	922269.5	366479.8
临渭区	126710.2	30451.2	9457.4	11.21	26.55	464421	346212.5
华县	114170.2	74594.9	56599.5	49.57	51.65	2829966.3	2690384.6
华阴市	49073.3	38656.8	23926.5	39.24	48.81	938935.1	755551.7
潼关县	42201.4	24590.4	13465.1	46.23	46.63	583138	272359.9
铜川市	388959.2	245658.3	97941.5	25.19	25.76	4441707.7	4043341.6

续表

单位	经营面积	林地面积	有林地面积	森林覆盖率	含灌木林覆盖率	活立木蓄积量	林分蓄积量
耀州区	161076.8	102858.0	43469.2	32.20	45.52	1942535.7	1819397
王益区	15832.8	6510.8	923.7	12.99	18.01	40890.4	20762.3
印台区	61375.4	34350.5	14398.1	45.58	38.78	790495.5	654932.1
宜君县	150674.2	101939.0	39150.5	25.98	48.02	1667786.1	1548250.2
杨陵区	9410.5	637.3	264	2.81	4.24	66167.6	1988.9
榆林市	4307002.8	2675230.7	233358.4	26.64	28.08	6823560.3	2713061.3
榆阳区	689170.4	547612.4	18937.2	45.43	45.65	1036474	360561.5
神木县	752803.9	496894.3	29477.1	30.48	30.83	1155608.5	463126.8
府谷县	320428.2	167137.5	18543.6	17.22	17.41	388268.9	246275.7
横山县	428766.6	289202.0	26638.7	34.11	34.79	1682897.1	277094.3
靖边县	497851.3	320798.1	37977.8	35.14	35.35	1005719.5	705632.1
定边县	682620.8	358046.9	30800.1	21.10	21.22	654911.2	389693
绥德县	185500.5	115673.6	11064	5.96	17.08	174332.6	17091.1
米脂县	117380.1	51484.2	8492.5	7.24	14.73	103734.2	7892.4
佳县	202995.8	116250.1	18076.4	15.50	15.96	220242.3	106041.7
吴堡县	41957.4	21105.9	3942.2	9.40	23.41	25486.3	5117.6
清涧县	185099.8	106329.4	15492.5	8.37	14.08	264501.5	100933
子洲县	202428.0	84696.3	13916.3	6.87	9.81	111384.2	33602.1
延安市	3704347.7	2948514.8	1351233	36.61	45.98	53764769.3	52079077
宝塔区	351840.3	274106.5	126727.9	36.02	41.93	4024888.3	3939493.4
延长县	236800.0	163781.3	26838.1	11.83	25.36	276553.3	217702.3
延川县	198500.0	151837.8	22877	11.52	12.25	129011.9	7141.4
子长县	239500.0	174701.9	27052.4	11.30	15.36	462705.9	72876.1
安塞县	295000.0	177384.1	46556.7	15.78	20.80	768219.3	649271.5
志丹县	376300.0	307331.9	110623.9	29.55	37.18	3268162.5	3099020.8
吴起县	379100.0	343215.1	30034.8	8.43	38.14	708233.2	551471.4
甘泉县	76812.2	26721.3	4413.6	5.75	5.88	18917.4	6196.4
富县	135765.4	90188.2	44308.9	32.64	39.90	1523507.3	1479283
洛川县	179106.1	112379.1	58628.9	32.73	38.58	1559390.8	1508575
宜川县	294692.8	254979.2	142310.1	48.64	59.91	5661579.8	5559131.3
黄龙县	101359.8	70465.5	46996.8	46.64	56.41	1912114.5	1819151.5

续表

单位	经营面积	林地面积	有林地面积	森林覆盖率	含灌木林覆盖率	活立木蓄积量	林分蓄积量
黄陵县	68970.8	37737.5	10774.9	15.62	24.52	384664.6	357610.1
桥北林业局	282234.6	275678.7	214397.5	75.97	87.31	10548681.7	10465914.8
桥山林业局	160029.2	159949.8	152872.8	95.53	97.57	8631350.8	8604888.5
劳山林业局	151687.8	151602.2	126936.1	83.68	89.99	5389320.7	5281720.1
黄龙山林业局	174389.0	174097.9	157591.6	90.37	97.45	8460163.8	8422558.7
森林公园	2259.7	2356.8	1291	57.13	57.13	37303.5	37070.7
汉中市	2593694.4	2017821.1	1635495.3	61.99	62.12	88750242.6	87257125.9
城固县	221608.0	161278.1	148011.4	65.40	66.60	8094533.5	7761137.3
佛坪县	79623.0	73327.2	65709.5	82.50	83.80	5114622.5	5090049
汉台区	53946.6	18794.1	15861.1	35.20	36.50	904976.8	736855.5
留坝县	176416.7	176416.7	166348.8	94.29	94.89	11909351.2	11774255.3
略阳县	282882.3	240749.8	194102.7	68.70	77.00	10773324.5	10602516.4
勉县	217378.0	153834.8	137986	64.09	67.59	6797583.6	6572764.5
南郑县	282378.0	199652.5	167000.5	59.48	65.06	14780378.2	14771876.9
宁强县	324666.7	238321.9	189616.6	58.50	65.30	5954889.2	5954589.2
西乡县	323705.5	247460.2	156803.1	49.28	73.19	5357875	5346099.6
洋县	289756.3	219007.9	189894.5	65.55	66.57	10979958.1	10717411.7
镇巴县	341333.3	288977.9	204161.1	59.90	78.10	8082750	7929570.5
安康市	2201861.6	1769230.7	1363105.5	61.97	62.11	57256061.6	55574833.9
汉滨区	364300.0	249679.9	188175.4	51.96	58.58	5864029.3	5390383.9
汉阴县	136400.0	96814.9	78052.8	57.44	59.13	2713484.9	2533249.5
石泉县	151600.0	126004.8	109080.4	72.19	75.57	2914395.8	2871674.3
宁陕县	215761.6	204107.0	184715	85.61	86.91	11817432.3	11798700.5
紫阳县	224300.0	162339.4	113981.9	51.65	56.10	3530321	3262673.7
岚皋县	195600.0	177018.1	137766.1	70.44	78.94	8150471.3	8064117.2
平利县	264700.0	231737.3	177254	67.64	74.34	7700665.3	7504373.4
镇坪县	149700.0	139763.8	125909.3	84.16	86.06	9578545	9522204.1
旬阳县	354000.0	264647.7	168039	47.72	63.88	3176712.1	2898019.9
白河县	145500.0	117117.8	80131.6	55.15	71.41	1810004.6	1729437.4
商洛市	1950810.0	1617008.4	1200429.9	62.02	60.40	43010214.8	41383423.8
商州区	264433.0	208825.2	158860.4	60.20	67.30	4910328.2	4537589

续表

单位	经营面积	林地面积	有林地面积	森林覆盖率	含灌木林覆盖率	活立木蓄积量	林分蓄积量
丹凤县	283013.0	202893.8	172173.8	61.34	62.05	6018229.4	5878316
洛南县	240740.0	211981.7	162088	67.50	78.40	5542161.2	5237582.5
商南县	231487.0	201077.9	126995.9	56.10	71.90	3841797.5	3634994.6
山阳县	353580.0	298460.4	196839.9	55.90	68.60	6775159.5	6591910.7
镇安县	348733.0	290472.1	231365.6	66.57	76.98	9157230.6	8869056.5
柞水县	228824.0	203297.3	152106.3	66.47	76.05	6765308.4	6633974.5
楼观台林场	37951.3	36392.2	25104.3	46.80	46.90	2127120	2126908.8
省治沙所	3061.0	3020.5	127	74.70	74.80	6207.2	4479.6
牛背梁保护区	16849.1	16276.2	14654.6	87.00	93.90	1219151	1213375.7
长青保护区	29906.0	29878.8	29147.6	97.46	97.55	3034153	2998935
太白山保护区	56325.0	56325.0	47832.6	92.60	92.60	6820148	6817416
佛坪保护区	29000.0	28856.2	28564.5	98.50	98.50	3239221	3239221

第二节 森林资源消耗量调查

按照林业部的安排，陕西省于20世纪80年代末到90年代初期对森林资源消耗情况采用多阶等距抽样、辅以社会调查和资料推算等方法进行了数次调查。1990年代中期以后随着森林资源连续清查体系的建立，森林资源消耗量调查采用固定样地调查成果，未再开展专门的森林资源消耗量调查。

1994年，森林资源消耗量1216.95万立方米，年均消耗率3.68%。年枯损量200.72万立方米，枯损率0.67%。

1999年，森林资源消耗量1533.74万立方米，年均消耗率4.59%。年枯损量314.72万立方米，枯损率0.94%。

2004年，森林资源消耗量1389.40万立方米，年均消耗率3.53%。年枯损量500.80万立方米，枯损率1.27%。

2009年，森林资源消耗量842.57万立方米，年均消耗率2.07%。年枯损量329.13万立方米，枯损率0.81%。

第三节 荒漠化和沙化监测

土地荒漠化和沙化造成土壤肥力的大量流失、土地生产力严重下降、可利用土地资源减少，同时导致自然灾害加剧、沙尘暴频繁发生。陕西省是全国受荒漠化和沙化影响较为严重的省份之一，由于长期自然和人为因素的影响，在北部地区形成了大面积的荒漠化和沙化土地。荒漠化和沙化监测的目的就是为了定期掌握全省荒漠化土地和沙化土地的现状及动态变化信息，为国家和陕西省制定防沙治沙与防治荒漠化的政策和长远发展规划，保护、改良和合理利用国土资源，实现可持续发展战略提供基础资料和科学依据。陕西省荒漠化、沙化监测工作除定位监测由陕西省治沙研究所承担外，其余均为陕西省林业调查规划院负责实施。

荒漠化和沙化监测工作开始于 1994 年，每 5 年一次，到 2010 年共进行了 4 次监测。

一、第一次沙漠化普查

1994~1995 年，按照林业部的要求，采用外业手工地面勾绘与 1：100000 卫星影像图判读解译核对的方法，首次全面系统地查清了陕西省沙化土地面积、分布和类型。

沙化土地普查范围包括榆林市的榆阳区、神木县全部，定边县、靖边县、横山县、府谷县、米脂县、佳县大部及延安市的吴起县、渭南市的大荔县、华县、华阴市小部地区。监测总面积 399 万公顷，沙化土地面积 147 万公顷(含后期不按沙化土地调查的重盐碱地 12312 公顷，盐漠 692. 7 公顷)。

二、第二次荒漠化和沙化监测

监测时间：1999 年 5 月至 2000 年 3 月。

第二次增加了荒漠化土地监测。

本次将土地荒漠化和沙化两项监测工作同步进行，分别制定技术规程，采用遥感技术与地面实测相结合(遥感信息源主要是应用 1998 年的 TM 卫片)，按照系统抽样，布设样线估计总体特征数。共布设调查样线 2174 条，调查长度 2174 千米，区划线段 10123 条。监测中，首次使用手持 GPS 辅助定位。

荒漠化监测范围包括榆林市的定边县、靖边县、横山县、榆阳区、神木县、府谷县、佳县、米脂县、子洲县、绥德县和清涧县等 11 个县和延安市的吴起县。监测区总面积 328. 05 万公顷，其中荒漠化土地 311. 3551 万公顷。沙化土地监测范围包括现榆林市的榆阳区、神木县全部，定边县、靖边县、横山县、府谷县、米脂县、佳县大部以及延安市的吴起县、渭南市的大荔县、华县、华阴市小部地区。监测总面积 362. 0660 万公顷，沙化土地面积 145. 5209 万公顷。

三、第三次荒漠化和沙化监测

监测时间：2004 年 4 月到 2005 年 2 月。

技术路线采用地面调查与遥感数据判读相结合，以地面调查为主。从本次监测开始，全面应用了“3S”技术，初步建立全国荒漠化和沙化地理信息管理系统。具体做法是：应用卫星遥感数据，在建立解译标志的基础上，利用计算机软件分别按沙化和荒漠化类型目视解译，进行图斑区划，并对调查因子进行初步解译。然后到现地调查、核实图斑界限和各项调查因子，获取沙化、荒漠化土地和其他土地类型的面积、分布及其他方面的信息，通过统计汇总提供各级行政单位的各类型荒漠化和沙化土地面积和分布等相关信息。

荒漠化土地监测范围涉及榆林市的定边县、靖边县、横山县、榆阳区、神木县、府谷县、佳县、绥德县、米脂县、清涧县、子洲县和延安市的吴起县等 12 个县(区)，170 个乡(镇)。监测总面积为 327. 1001 万公顷，其中荒漠化土地 298. 7801 万公顷，占全省总面积的 14. 5%。

沙化土地和有明显沙化趋势的土地监测范围涉及榆林市的定边县、靖边县、横山县、榆阳区、神木县、府谷县、佳县和延安市的吴起县、渭南市的大荔县等 9 个县(区)，111 个乡镇，按新调整后的乡(镇)范围进行监测，总面积为 3430686. 1 公顷，其中沙化土地面积 1434396. 5 公顷，占全省总面积的 6. 97%；有明显沙化趋势的土地面积 33219. 4 公顷，占全省总面积的 0. 16127%。调查监测结果见表 7-2-4。

2004~2005 年陕西省第三次荒漠化和沙化监测结果

表 7-2-4　　　　单位：公顷

县(区)	县域面积	荒漠化土地面积	沙化土地面积	有明显沙化趋势的土地面积	沙化土地与上次增减面积
合计	4813691. 7	2987801. 8	1434396. 5	33219. 4	-20812. 4
定边县	682620. 8	513897. 0	217196. 3	4148. 5	
靖边县	497851. 3	227790. 5	183348. 1	3662. 4	
横山县	428766. 6	299678. 8	121131. 9	3491. 6	
榆阳区	689170. 4	658754. 7	463483. 9	8546. 4	
神木县	752803. 9	615937. 2	393945. 9	8676. 4	
府谷县	320428. 2	285202. 3	35985. 6	4694. 1	
米脂县	117380. 1	110818. 6			
子洲县	202428. 0	40966. 9			
绥德县	185500. 5	59232. 2			
清涧县	185099. 8	2018. 8			
佳县	202995. 8	167789. 9	12645. 6		
吴起县	379100. 0	5714. 9	1062. 5		
大荔县	169546. 3		5596. 7		

四、第四次荒漠化和沙化监测

监测时间：2009 年 3 月至 2010 年 3 月。

本次监测利用地理信息技术，建成了国家和省级两级荒漠化和沙化监测信息管理系统、监测信息的图库和属性库，实行了信息化管理。

荒漠化土地监测范围涉及榆林市的定边县、靖边县、横山县、榆阳区、神木县、府谷县、佳县、绥德县、米脂县、清涧县、子洲县和延安市的吴起县等共 12 个县(区)170 个乡(镇)，监测面积 326. 4482 万公顷，其中荒漠化土地面积为 294. 7213 万公顷，占全省土地总面积的 14. 3%。

沙化土地和有明显沙化趋势的土地监测范围涉及榆林市的定边县、靖边县、横山县、榆阳区、神木县、府谷县、佳县和延安市的吴起县、渭南市的大荔县等 9 个县(区)111 个乡镇。监测总面积 342. 9953 万公顷，其中沙化土地面积 141. 3214 万公顷，占全省总面积的 6.87%；有明显沙化趋势的土地面积 32864 公顷，占全省总面积的 0.1616%。

调查监测结果见表 7-2-5。

2009～2010 年陕西省第四次荒漠化和沙化监测结果

表 7-2-5　　　　单位：公顷

县(区)	县域面积	荒漠化土地面积	沙化土地面积	有明显沙化趋势的土地面积	沙化土地与上次增减面积
合计	4813691.7	2947213.9	1413214.8	32864.0	-21181.7
定边县	682620.8	513224.0	216630.5	4106.9	-565.8
靖边县	497851.3	223027.1	179507.5	4376.7	-3840.6
横山县	428766.6	286005.8	120459.4	3477.7	-672.5
榆阳区	689170.4	656885.2	454694.0	8003.6	-8789.9
神木县	752803.9	596731.6	387711.2	8321.2	-6234.7
府谷县	320428.2	281116.8	34966.7	4577.9	-1018.9
米脂县	117380.1	114953.1			
子洲县	202428.0	40852.5			
绥德县	185500.5	58274.4			
清涧县	185099.8	2018.7			
佳县	202995.8	168419.2	13473.3		827.7
吴起县	379100.0	5705.5	1061.2		-1.3
大荔县	169546.3		4710.9		-885.8

五、趋势监测

趋势监测是对荒漠化敏感地区的沙化、荒漠化变化趋势进行的监测。2007 年，国家开展每年 1 次的土地荒漠化和沙化趋势监测。北方主要省份荒漠化监测会议在青海召开，国家林业局林业调查规划院主持会议，国家林业局防沙治沙办公室安排工作。2007 年 8 月 20 号，陕西省林业厅下发关于《开展荒漠化和沙化趋势监测》的通知。同年，国家林业局在陕西省沙漠化地区布设了 136 条样线。2008 年，在横山、榆阳、神木和府谷 4 县(区)的荒漠化和沙化土地重点分布区、农牧交错区、变化敏感区增设了 20 条样线，共 156 条样线，进行每年 1 次的监测，调查方法执行国家林业局《土地荒漠化/沙化年度趋势监测样线调查操作细则》。每年陕西省有 10 多人参加调查工作，经费由国家林业局承担。监测结果以数据库的形式上报国家林业局。

六、沙尘暴监测

沙尘暴监测的主要目的是为了定位观测沙尘暴发生、发展和动态变化过程，通过监测气象、土壤等环境要素，收集沙尘暴灾害信息，为沙尘暴灾害预警、灾情评估和应急处置等提供决策依据。

沙尘暴监测从2009年开始。2009年2月，国家林业局为陕西省沙尘暴监测提供了一套设备(一台KC-1000型大流量TSP采样器，一台SC-1沙尘暴采样器，一台PM10-1000颗粒物切割器，一台奥豪斯Adventurer TM天平)。3月开展了沙尘暴实时监测，并及时上报沙尘暴信息。10月建立了沙尘暴监测信息接受、管理、上报系统和灾情损失信息管理系统。以后由国家林业局发出指令，陕西省固定2名监测人员每年从3月到6月进行观测。观测数据以数据库的形式上报国家林业局。

七、定位监测

定位监测的目的就是为深入分析研究荒漠化、沙化发生、发展、演变机理以及土壤、植被、气候、社会经济等因子与土壤荒漠化、沙化动态变化的相互关系，而对若干典型地区根据实际需要进行长期连续观测、分析。

自2002年开始，由陕西省榆林治沙研究所承担定位监测工作，按照全国沙化典型地区定位监测主要技术规程和沙尘暴地面监测技术规程，对榆林市榆阳区和神木县的样地进行监测。

(一)检测内容

1. 外业综合调查。对监测区的9个样地30多个样方按计划进行生物量、生长状况、生长量、植被覆盖度、植物种类、土壤等指标的调查取样。

2. 土壤与植被因子监测。监测时间每年5~9月。调查监测区内的植被类型、物种种类、植被盖度、植被密度、高度、生物量、土壤含水量等，共采集数据400多个。

3. 各种气候因子监测。每年在重点监测期(3~5月)每周向国家林业局荒漠化监测中心提供一次监测地区上周气象数据(包括降水、空气温度、大气湿度、土壤湿度、蒸发量、风速、风向、大气压力等)，收集数据40000多个。

4. 春季沙尘天气监测。主要监测沙尘天气发生时沙尘天气类型、发生时间、结束时间、能见度等基本情况，同时监测大气沙尘浓度、降尘量等与沙尘暴有关的环境要素。收集站点所在区域(市、县)沙尘暴灾害对农、林、牧业及交通、电力、通讯等部门造成的损失情况。每年采集沙尘样品2个，统计数据30多个，为国家林业局沙尘暴灾害应急处置短信平台发送短信10条，为沙尘暴造成的经济损失评估提供基础信息。

5. 地下水埋深指标监测。每年从5月开始，对9个监测井地下水埋深指标每月监测1次，采集数据60多个。根据监测结果，对监测区地下水水位进行评价，分析变化的原因，研究地下水水位变化与植被退化的关系。

(二)监测结果

1. 沙尘天气变化情况。监测结果统计表明，沙尘天气天数逐年减少，2002年，榆林市区的沙尘天数为36天，到2010年沙尘天气的天数降为16天。

2. 地下水位变化情况。沙区中的滩地是主要的农作区和牧场，地势平坦，地下潜水较丰富，潜水位0.5~2米，但由于大量的机井抽灌，沙区地下水位下降严重，年最大下降值3.99米，年均下降1.33米。固沙林地在1958年前，许多丘间地常年有地表积水，自20世纪60年代开始地表积水干涸，地下水位逐年下降到2~3米，到80年代地下水位下降到5~7米，截至2010年，地下水位普遍在10米以下。矿区地下水位下降更为严重，已达60米左右。

第四节　湿地资源调查

湿地系指天然或者人工，长久或暂时性的沼泽地、湿原、泥炭地或水域地带，带有或静止或流动，或为淡水、半咸水体者，包括低潮时不超过6米的水域。所有的湿地都有一个共同的特点，它们都至少偶尔被水覆盖或充满了水。

湿地是水陆相互作用形成的独特生态系统，它为人类提供大量食物、原料和水资源。湿地与人类的生存、繁衍、发展息息相关，是自然界最富有生物多样性和较高生产力的生态系统，它不但具有丰富的资源，而且还具有巨大的环境调节功能，在提供水资源、调节气候、涵养水源、均化洪水、促淤造陆、降解污染物、补充地下水、控制土壤侵蚀、维持生态平衡、保护生物多样性和为人类提供生产、生活资源方面发挥着重要的作用，具有不可替代的生态功能。因此，湿地被誉为“地球之肾”“生命之源”。在世界自然保护大纲中，湿地与森林、海洋一起并称为地球三大生态系统。

随着人口的急剧增加，土地需求不断扩张，对湿地的不合理开发利用导致中国天然湿地日益减少，功能和效益下降；捕捞、狩猎、砍伐、采挖等过量获取湿地生物资源，造成了湿地生物多样性逐渐丧失；湿地水资源过度开采利用，导致湿地水质碱化，湖泊萎缩；长期承泄工农业废水、生活污水，导致湿地水污染，严重危及湿地生物的生存环境；森林资源的过度砍伐，植被破坏，导致水土流失加剧，江河湖泊泥沙淤积等，使中国湿地资源已经遭受了严重破坏，其生态功能也严重受损。

一、陕西省第一次湿地资源调查

根据国家林业局的统一安排，以及1999年8月，在昆明召开的全国湿地资源调查及保护工作会议精神。2000年，省林业厅组织规划院、省动物研究所等5个单位，开展全省第一次湿地资源调查。

调查的范围和对象：全省范围内面积在100公顷以上的湖泊、沼泽、库塘；河床(枯水河槽)宽度大于10米、面积大于100公顷的河流以及其他具有特殊意义的湿地。

调查内容：本省湿地分布、面积、类型、植物种类、植被类型、湿地野生动物及湿地现状。

调查以1997和1998年8月时相的1∶50000TM影像图、1987版1∶50000地形图和1999年出版的《陕西植被》《陕西水利50年》等资料为基础，结合现地典型调查进行。湿地野生动物调查以专项调查为主，对湿地中分布的大部分动物种类采用直接计数法和样方法进行调查。

根据调查，本省湿地总面积292895公顷，占全省总面积的1.4%。共有4大类8小类湿地类型，其中河流湿地面积252056公顷；湖泊湿地面积7300公顷；沼泽和沼泽化草甸湿地面积17829公顷；库塘湿地面积15710公顷。湿地高等植物193种，隶属于53科114属，其中苔藓植物门6科7属7种，蕨类植物门3科3属3种，种子植物门44科104属183种。湿地鸟类95种，隶属于9目20科，其中属国家Ⅰ级保护的有5种；鱼类135种(亚种)，隶属于7目16科78属；两栖动物28种，隶属于2目8科14属；爬行动物22种，隶属于2目5科17属；湿地兽类5种，隶属于3目3科。

二、陕西省第二次湿地资源调查

调查时间：2010 年 1 月至 12 月底。

西北规划院的技术支撑下，省林业厅组织规划院、省动物研究所和陕西师范大学共同完成了第二次湿地资源调查。

调查对象：全省范围内各类湿地，包括面积 8 公顷（含 8 公顷）以上的湖泊湿地、沼泽湿地、人工湿地以及宽度 10 米以上、长度 5 千米以上的河流湿地。

调查方法：一般调查采用以遥感（RS）为主、地理信息系统（GIS）和全球定位系统（GPS）为辅的“3S”技术。即通过遥感解译获取湿地类型、面积、分布（行政区、中心点坐标）、平均海拔、植被类型及其面积、所属三级流域等信息。通过野外调查、现地访问和收集最新资料获取水源补给状况、主要优势植物种、土地所有权、保护管理状况等数据。

在多云多雾的山区，如无法获取清晰的遥感影像数据，则通过实地调查来完成。

重点调查：对自然环境要素、水环境要素、湿地野生动物、湿地植物群落与植被、湿地保护与利用状况、受威胁状况等湿地斑块的调查，根据调查对象的不同，分别选取适合的时间和季节、采取野外调查方法，或收集相关的资料。

调查结果：经调查统计，陕西省共有 4 个湿地类 12 个湿地型，8 公顷以上的湿地总面积 30. 74 万公顷，占全省总面积的 1. 49%。其中河流湿地面积 25. 75 万公顷，占湿地总面积的 83. 79%；湖泊湿地面积 0. 76 万公顷，占湿地总面积的 2. 47%；沼泽湿地面积 1. 02 万公顷，占湿地总面积的 3. 32%；人工湿地湿地面积 3. 20 万公顷，占湿地总面积的 10. 42%。

另外，据陕西省国土资源厅 2010 年数据统计，陕西省还有稻田湿地类型面积 16. 51 万公顷（在湿地总面积中未作统计）。

本次共调查收集湿地维管植 62 科 177 属 361 种（恩格勒系统，1964），其中蕨类植物 4 科 4 属 5 种，被子植物 58 科 173 属 356 种（含变种、变型），被子植物中桤木（*A. cremastogyne* Burk）和穗状狐尾藻（*M. spicatum* Linn.）为省级重点保护植物；湿地野生动物共计 313 种，其中鸟类 9 目 25 科 122 种，鱼类 6 目 15 科 78 属 136 种（含亚种），两栖类 2 目 7 科 14 属 28 种，爬行类 2 目 5 科 17 属 22 种，哺乳类 3 目 4 科 5 种。湿地野生动物中，国家Ⅰ级保护野生动物 7 种，国家Ⅱ级野生保护动物 12 种。

除全省性的调查以外，西安市于 2006 年 9～12 月开展了西安市范围内的湿地资源调查。调查市属 13 个区（县）行政管辖范围内平均宽度大于 8 米、长度大于 3 千米的河流湿地；面积大于 8 公顷的湖泊湿地、沼泽和沼泽化草甸湿地以及人工湿地。根据调查统计，西安市湿地总面积 24020. 9 公顷，其中重点湿地 2474. 6 公顷，占西安市湿地总面积的 10. 3%；一般湿地 21546. 3 公顷，占西安市湿地总面积的 89. 7%。按湿地类型分西安市湿地总面积中：河流湿地 20710. 2 公顷，占湿地总面积的 86. 2%；湖泊湿地 1107. 4 公顷，占湿地总面积的 4. 6%；沼泽和沼泽化草甸湿地 34. 0 公顷，占湿地总面积的 0. 1%；人工湿地 2169. 3 公顷，占湿地总面积的 9. 0%。

第五节　野生动植物调查

一、陆生野生动物调查

野生动物资源普查于1996年，正式启动，省林业厅组织省动物研究所、规划院等单位根据《全国野生动物资源调查工作大纲》和《全国陆生野生动物资源调查与监测技术规程》，编制《陕西省陆生野生动物资源调查方法》，聘请有关专家组成“陕西省陆生野生动物普查专家技术顾问小组”，负责全省野生动物资源调查的技术咨询和监督工作。由省动物研究所、规划院和各地(市)林业局组成调查组，先后在1997～1999年开展野外调查。

调查方法：采用样带法。全省布设了2432条外业调查样带，实际完成外业调查样带2448条。调查面积1975平方千米。

调查内容：兽类、鸟类、爬行类和两栖类动物分布、数量、生境、驯养、利用及贸易、管理、社会经济、科研状况等23项内容。

陆生脊椎动物调查：陆生脊椎动物是本次普查的主要对象，主要是陆生脊椎动物中的哺乳类、鸟类、爬行类和两栖类。

本次普查陆生野生动物种类共222种，其中包括：①国家重点保护濒危动物78种，其中，国家Ⅰ级保护野生动物15种，国家Ⅱ级保护野生动物63种；②陕西省重点保护动物14种；③全国陆生野生动物调查大纲中新增加种类38种(包括陕西省增加的经济价值较大的2种)；④除上述种类外，调查对象还包括《中日保护候鸟及其栖息环境协定》中分布于陕西省的鸟类种类92种。

专项调查：调查对象为有蹄类、灵长类、食肉类、鸟类、两爬类。

调查统计结果：

(1)全省有两栖动物28种，爬行动物49种，分别占全国相应类群总数的12.7%和12.9%。其中国家重点保护种类仅有大鲵和山瑞鳖2种。

从分布特点上看，由南至北随着纬度的增加，两栖动物和爬行动物种类均逐渐减少，而种群数量却有明显增加。

两栖动物秦巴山区有26种，占全省种类总数的92.9%。这与该区气候温暖潮湿、植被丰富、生境多样有关。该区的优势种类有西藏山溪鲵、华西蟾蜍、秦岭树蟾、隆肛蛙、黑斑蛙、泽蛙等，其中隆肛蛙分布广，数量大，是秦巴山区较大型的经济蛙类和绝对优势种。施氏巴鲵、秦巴北鲵、山溪鲵、大鲵、中国林蛙等为该区常见种类。宁陕齿突蟾是秦巴山区的特有种。大鲵是陕西省两栖动物中唯一的国家Ⅱ级保护动物，主要分布于秦岭主脊以南长江水系较大的河溪内，在秦岭北坡偶有分布。关中平原两栖动物仅有5种，常见中华蟾蜍、花背蟾蜍、黑斑蛙等；黄土高原及其以北的毛乌素沙地地区两栖动物种类仅有4种。

爬行动物中，秦岭南坡以及巴山地区有38种，占全省种类总数的77.6%。向北逐渐减少，秦岭北坡30种，关中平原11种，黄土高原13种，毛乌素沙地10种。多疣壁虎、丽斑麻蜥、王锦蛇、黑眉锦蛇、乌梢蛇等为秦岭南坡及以南地区的优势种类。常见种类有米仓龙蜥、黄纹石龙子、赤链蛇等。潘氏闭壳龟、太白壁虎、宁陕小头蛇、秦岭蝮等为秦岭地区的特有种类。秦岭蝮主要分布于秦岭主脊附近的高山地区。山瑞鳖是陕西省爬行动物中唯一的国家Ⅱ级保护动物。关中平原和黄土高原地区，无蹼壁虎、丽斑麻蜥、黄脊游蛇等为优势种类，常见有中华鳖、北草蜥、短尾蝮等。毛乌素沙地，草原沙蜥、密点麻蜥、虎斑颈槽蛇等为优势种类，常见丽斑麻蜥、黄脊游蛇等。

(2)全省有鸟类380种，约占全国1186种的32.0%。其中国家Ⅰ级保护野生鸟类8种，它们是朱鹮、黑鹳、白鹳、金雕、白肩雕、大鸨、丹顶鹤和遗鸥。国家Ⅱ级保护野生鸟类44种，除了白琵鹭、斑嘴鹈鹕、大天鹅和鸳鸯外，还有隼形目猛禽18种，鸮形目猛禽14种，雉类5种，鹤类2种。陕西省重点保护种类5种。本省鸟类新记录有黄龙山的褐马鸡、黄河滩涂的丹顶鹤、红头潜鸭、红碱淖的遗鸥和秦巴山区的黄喉红臀鹎。地方新记录包括红碱淖、黄河滩涂的白琵鹭等。

从分布特点上看，陕北榆林风沙区以荒漠种类为优势类群，有鸣禽类(百灵、云雀)、毛腿沙鸡、大鸨等。石鸡和雉鸡为该区的著名经济鸟类。该区面积较大的内陆湖泊(海子)中，栖息着数量较大的雁鸭类(大天鹅、赤麻鸭等)和鸥类(红嘴鸥等)等；稍南的黄土高原丘陵沟壑区南缘的黄龙山、子午岭、陇山一带，鸟类区系中出现了一些东洋界的种类，黑鹳是本区的珍贵繁殖鸟类；关中盆地的鸟类资源以渭河河谷和秦岭北缘山脚林区最为丰富。盆地东端的黄河、渭河、洛河三河汇流的三角洲地带是陕西省水禽的重要越冬地和迁徙驿站，在此越冬的水禽总数量40万~50万只，珍稀种类有丹顶鹤、大鸨、黑鹳和数量巨大的雁鸭类。秦岭北麓的草灌丛和荒坡等生境内栖息着种类繁多的鸣禽类和食虫鸟类。秦巴山区包括秦岭山地、汉江盆地和巴山山地，动物资源是陕西省最丰富的地区，鸟类338种，占全省鸟类总数的89.9%。秦岭山地栖息着珍禽朱鹮、高山雉类(血雉、勺鸡)和种类繁多的雀形目鸟类。汉江盆地水禽资源丰富，两岸的丘陵塘库区栖息着数量巨大的10余种鹭类。

(3)全省有兽类种类计149种，约占全国509种的29.3%。其中国家Ⅰ级保护野生动物6种，包括大熊猫、金丝猴、华南虎、豹、云豹和羚牛。国家Ⅱ级保护野生动物18种，除了猕猴和藏酋猴之外，其余为食肉目种类11种，偶蹄目种类5种。陕西省重点保护种类1种(豹猫)。本次调查中在巴山地区发现的藏酋猴和黄土高原上发现的沙狐是陕西省兽类的新记录。

从分布特征上看，榆林风沙区分布着适应荒漠生活的种类。其中啮齿类为优势类群，食肉目中的荒漠猫、虎鼬、石貂为本区的特有动物。黄羊是本区最富代表性的有蹄类动物，数量稀少，此次调查中未见实体。黄土高原丘陵沟壑区仍以啮齿类为优势类群。食肉目中的赤狐、黄鼬、青鼬、水獭、狗獾等广泛分布于各种生境中，沙狐是本次调查新发现的分布种类。南缘梢林区中残存少量金钱豹和豹猫。大型食草兽中的狍是本区著名的狩猎种类。西南部的陇山地区出现了东洋界西南区的成分，如花面狸、毛冠鹿、小麂、林麝、猪獾、斑羚、鬣羚等。关中盆地地区以农田啮齿类为优势类群，黄鼬是本区的主要毛皮兽，偶蹄目中的斑羚、花面狸在秦岭北麓的边缘地带零星分布。秦巴山区同样是兽类的集中分布区，秦岭高山区栖息着国家珍稀物种大熊猫、金丝猴和羚牛。食肉目和偶蹄目中大部分种类在此均有分布。富有原始特征的食虫目种类显示了秦岭地区兽类区系组成的残遗性和古老性。汉江盆地中以黄鼬、青鼬、貉等数量最多，豪猪、花面狸、猪獾、水獭、野猪等经济种类亦有分布。巴山地区翼手目种类的显著增加显示本区亚热带的动物区系色彩。食肉目中的大、小灵猫、花面狸等广泛分布。热带和亚热带的代表种类猕猴生活于巴山地区的6县14个乡。

二、第三次大熊猫调查(1999~2002年)

第三次大熊猫调查从1999年6月开始，2002年6月结束，历时3年。

调查主要涉及五个方面内容：即大熊猫野外种群数量、大熊猫栖息地状况和大熊猫分布区周边社会经济情况、大熊猫栖息地保护管理状况以及圈养大熊猫调查。

陕西省从1999年6月开始编制《陕西省大熊猫调查技术方案》，2000年10月，从动管站、规划院、陕西省动物研究所以及有关大熊猫自然保护区、大熊猫产区县的技术人员中抽调51名人员组成专业调查队，12月全面展开外业调查。调查中先后有200多名基层人员配合参加了外业调查工作。

2001年6月，外业结束，内业工作于2001年7月启动，2002年6月完成，并正式提交成果报告。

本次调查以陕西省第一次(1973~1975年)和第二次(1987~1988年)大熊猫调查结果所确定的分布区为基础，结合野外巡护、抢救记录以及大熊猫分布区周边的环境特征，对已知有和经过初步了解认为可能有大熊猫分布的地方均列入调查范围。涉及汉中、宝鸡、西安、安康4个市，佛坪、洋县、周至、太白、宁陕、留坝、城固、宁强、户县、凤县10个县，佛坪、长青、老县城、周至、太白山5个自然保护区，以及太白、宁西、宁东、龙草坪、汉西5个国有森工企业。

调查采用拉网式路线调查法，对已知有分布和可能有分布的地区进行了全面调查。调查全面采用“3S”技术。在野外调查中所有的纪录全部采用GPS进行定位，数据处理中，从数据录入、校对到大熊猫数量计算，栖息地生境分析，成果图绘制都利用GIS完成，栖息地植被图制作和栖息地评价采用RS技术。这也是以“3S”技术为代表的先进技术手段在此次调查中首次得到了全面应用。

全省外业调查共调查样线1980条，其中动物样线1669条，植物样线311条。调查共收集大熊猫粪便样品1374份，测量大熊猫粪便咬节1157份，调查期间在野外观察到大熊猫实体116只(次)。调查总面积541959公顷，其中重点调查区341178公顷，一般调查区200781公顷。

调查结果：最终确定陕西省大熊猫数量273只。形成《陕西省第三次大熊猫综合调查报告》(陕西省林业厅)、《全国第三次大熊猫调查报告》(国家林业局)。

三、全国重点保护野生植物资源调查

本省“全国重点保护野生植物资源调查”工作自1998年9月开始，于2000年9月基本结束。

调查范围：汉中、安康、商洛、西安、宝鸡、延安、榆林七个市。

调查结果：基本摸清了陕西省野生植物资源分布情况和资源数量。本省野生植物资源分布重点地区为秦巴山区各县，以秦岭主峰太白山和巴山主峰化龙山为中心分布区。本次调查的野生植物物种中，属国家Ⅰ级保护野生植物6种，国家Ⅱ级保护野生植物21

种，省级重点保护植物5种，一般保护植物3种，共35种(表7-2-6)。

1998~2000年陕西省重点保护野生植物一览表

表7-2-6 单位：公顷、株、立方米

序号	中文名	保护等级	分布面积	株数	蓄积量
1	红豆杉	国家Ⅰ级	37	3500	670
2	南方红豆杉	国家Ⅰ级	7	560	105
3	珙桐	国家Ⅰ级	195	9750	390
4	独叶草	国家Ⅰ级	85	73585631	
5	银杏	国家Ⅰ级	20	10000	800
6	水杉	国家Ⅰ级	30	50000	8300
7	太白红杉	国家Ⅱ级	6350	4631538	779907
8	大果青杆	国家Ⅱ级	224.5	85310	16838
9	黄杉	国家Ⅱ级	3.5	83	13.5
10	巴山榧树	国家Ⅱ级	34	3978	313
11	连香树	国家Ⅱ级	51.9	2128	324
12	油樟	国家Ⅱ级	18.4	5152	644
13	厚朴	国家Ⅱ级	156.5	187800	3460
14	凹叶厚朴	国家Ⅱ级	0.2	45	15
15	水青树	国家Ⅱ级	25.9	9065	194.3
16	杜仲	国家Ⅱ级	730	10950	11600
17	红豆树	国家Ⅱ级	58.4	20440	3504
18	桃儿七	国家Ⅱ级	15.3	28305	
19	大叶榉	国家Ⅱ级	13.4	3082	335
20	水曲柳	国家Ⅱ级	228.9	64092	4120.2
21	香果树	国家Ⅱ级	20	1622	174.3
22	秦岭冷杉	国家Ⅱ级	268.8	43008	139776
23	核桃楸	国家Ⅱ级	3.8	456	30.4
24	刺五加	国家Ⅱ级	56.7	29484	
25	长序榆	国家Ⅱ级	0.1	1	0.3
26	矮牡丹	国家Ⅱ级	33.3	102298	
27	紫斑牡丹	国家Ⅱ级	85.5	38475	
28	麦吊云杉	省重点保护野生植物	15.4	1848	385
29	黄连	省重点保护野生植物	8.5	10200	
30	庙台槭	省重点保护野生植物	169.3	18284	1777.7

续表

序号	中文名	保护等级	分布面积	株数	蓄积量
31	杜松	省重点保护野生植物	2440	464088	10775
32	多花木兰	省重点保护野生植物	0.1	5	1.1
33	黄皮树	一般保护植物	130	27300	4550
34	核桃	一般保护植物	122685	5281000	228000
35	臭柏	一般保护植物	25966	823516883	

第三章　林业规划与设计

第一节　林业规划

一、陕西省林业发展规划

（一）“五年”林业发展规划

由省林业厅发展规划与资金管理处牵头，规划院参与，分别于2000年、2005年、2010年，编制了陕西省2001~2015年，即“十五”“十一五”和“十二五”林业发展规划。

1. 陕西省林业发展“十一五”（2006~2010年）和中长期规划。“十一五”林业发展规划主要指标与规划内容见表7-3-1，林业生态建设重点工程见表7-3-2，林业产业体系优先发展领域见表7-3-3。

2006~2010年陕西省“十一五”林业发展规划主要指标与规划内容

表7-3-1

指标		“十五”实绩	“十一五”规划	中长期规划
造林	人工造林（万公顷）	210.0	63.3	
	飞播造林（万公顷）	57.7	20.0	
	封山育林（万公顷）	48.9	33.3	
	工程人工造林合格率（%）		大于等于90	
	保存率（%）		大于等于85	
林地	有林地面积（万公顷）	667.47	747.78	
	灌木林地面积（万公顷）	204.07	232.99	
	其中：特种灌木林（万公顷）	99.15	109.67	
	活立木总蓄积量（亿立方米）			
覆盖率	森林覆盖率（%）	37.20	41.70	43.00
	有林地覆盖率（%）	32.41	36.00	39.00

续表

指标		“十五”实绩	“十一五”规划	中长期规划
自然保护区	自然保护区个数(个)	35	50	60
	自然保护区面积(万公顷)	93.50	119.25	
	自然保护区占国土面积比例(%)	4.50	5.80	6.80
森林公园	森林公园个数(个)	68	80	
	森林公园面积(万公顷)	26.39	32.0	
	期末年接待游客人数(万人次)	337.22	1000.00	
	期末森林旅游收入(亿元)	1.02	15.00	
森林保护	森林火灾受害率控制	小于等于0.2	小于等于0.2	
	森林病虫害受灾率控制	小于等于4.5	小于等于4.5	
期末林业产业总产值(亿元)		126.00	220.00	500.00

2000~2010年陕西省林业生态建设重点工程表

表7-3-2

工程	建设时间	工程范围	建设内容及规模
陕西省天保工程	2000~2010	全省除西安城三区外的104个县(区、市),8个森工局,7个省、地属林业局(场)	继续全面停止工程区天然林商品性采伐,对工程区内的735.67万公顷森林资源实行全面有效保护,加快宜林荒山荒地造林种草。“十一五”期间,人工造林6.67万公顷,飞播造林20万公顷,封山育林33.33万公顷
陕西省退耕怀林工程	2006~2010	全省除西安城三区外的104个县(区、市)	按照突出重点、稳步推进的原则,继续有计划、分步骤地实施退耕还林,在保证口粮田面积的前提下,重点安排25°以上陡坡耕地和严重沙化耕地退耕还林。“十一五”期间,造林50万公顷,其中退耕还林20万公顷,荒山造林30万公顷
三北防护林体系建设四期工程	2001~2010	渭河以北65个县(区、市)	在总体推进的同时,更加注重突出重点,强化治理区域和植被恢复方式的针对性。“十一五”期间,人工造林66.67万公顷
南水北调中线工程水源区林业生态建设工程	2006~2010	31个县(区、市)	优化森林资源结构,提高森林资源质量,改善水源区生态质量,防治水土流失,减蚀减沙。“十一五”期间,新造水土保持、水源涵养等防护林39.74万公顷,营造能源林1.54万公顷,人工辅助自然恢复湿地0.49万公顷,湿地有害植物控制0.22万公顷,建设湿地定位监测站10处

续表

工程	建设时间	工程范围	建设内容及规模
防沙治沙工程	2006~2010	榆林、延安、渭南 10 县区	以流动沙地、半固定沙地治理为重点，加快交通干线两侧和城镇、村落周边绿化，突出重点区域，防治结合，综合治理、讲求实效，不断加快防沙治沙步伐。“十一五”期间。规划治理沙化土地面积 75.40 万公顷
平原绿化及绿色家园建设	2006~2010	37 个平原县	“十一五”期间，全省在先行试点的基础上，按现有农业人口人均占有 15 株树木计算，全省绿色家园建设共规划栽植各类树木 4.2 亿株，建设高标准农田林网 6.67 万公顷，铁路及国道、国道主干线和省级道路网造林绿化总长度 1300 千米
野生动植物保护及自然保护区建设工程	2006~2010	楼观台、长青、太白山、牛背梁、佛坪等保护区及洋县、宁西、宁强、凤县、黄龙县、富县等	重点建设和完善国家级自然保护 A 区，大力发展省、市级自然保护区；继续实施大熊猫、朱鹮、金丝猴、羚牛、兰科植物等珍稀濒危物种的拯救繁育工程，突出建设好秦岭大熊猫繁育基地、朱鹮保护区等重点工程。“十一五”期间，新建和改建 25 个自然保护区，晋升 14 个国家级自然保护区
湿地保护与恢复工程	2006~2010		通过湿地及其生物多样性的保护与管理，强化湿地自然保护区建设、污染控制等措施，建设现有湿地自然保护区，规划新建的湿地自然保护区 5 个，晋升国家级保护区 4 个，建设国际重要湿地 3 个，是全省湿地保护区达到 13 个。“十一五”期间，争取实施黄河流域、汉江流域、无定河流域、红碱淖、渭沣、泾渭等湿地保护综合治理示范项目
中外合作造林项目	2006~2010		继续实施和做好德国政府无偿援助恢复生态造林项目，日元贷款陕西植树造林项目和中国–全球环境基金（GEF）防治土地退化陕西项目的后期完善、中期评估验收准备和经验总结，拓宽国际合作的领域和范围，多渠道争取外资。“十一五期间”，争取引进和实施中德合作陕西榆林风沙区生态造林、陕西造林再造林（CDM）、日援陕西黄河流域生态林建设等中外合作造林项目
森林经营工程	2006~2010		一是加强中幼龄林及飞播林抚育；二是努力提高造林和森林培育质量；三是开展低质低效林改造；四是建设一批珍贵树种培育基地；五是加强林产品质量监督

2000~2010年陕西省林业产业体系优先发展领域表

表7-3-3

序号	领域	目的和作用	工程范围	主要建设内容和任务
1	名特优新经济林建设	满足人民生活水平提高对经济林果、木本粮油等多样化需求，调整农村产业结构，促进农民增收，为社会主义新农村做贡献	全省	在巩固和提高现有经济林基地的基础上，稳定规模，提高质量，调整布局，优化树种、品种和产业结构，强化产后商品化处理、贮藏加工和市场流通能力，实施品种改良、龙头带动和名牌推动战略，大力推进产业化进程。"十一五"期间，重点建设陕北红枣基地，渭北旱塬花椒、柿子、杏干果基地，陕南核桃、板栗、茶、桑、生漆、乌桕、油桐等干果、工业原料林基地。大中城市周边建设石榴、樱桃、葡萄、猕猴桃等时令名、优、特、新水果基地，总建设规模17.33万公顷，全省经济林特基地稳定在166.67万公顷左右
2	森林生态旅游业	适应人民生活水平提高对休闲、游憩等需求增长的要求，促进人与自然的和谐	全省	除重点强化20处国家级森林公园旅游道路、服务设施、供电、供水、通讯等基础设施建设外，规划新建森林公园14处，新建自然保护区生态旅游小区5处，总经营面积达到32万公顷，重点打造秦岭国家中心公园和10个精品森旅线路，30%景区创建为我国AAA级旅游景区，20%创建为AAAA景区，"十一五"末年接待游客达到1000万人次
3	商品用材林基地建设	缓解陕西省木材供需矛盾，减轻木材需求对森林资源保护发展的压力，为生态工程建设提供重要保证	全省	按照"适地适树、集约经营、定向培育"的原则，在突出治理重点，确保生态目标的前提下，选择立地条件较好，不易造成水土流失的地方，围绕林板(林纸)一体化和林化产品加工业，加快建设以三倍体毛白杨、南抗杨、84K杨、中林美荷杨、杉木、马尾松、油松等为主要树种的工业原料林基地。"十一五"期间，以关中平原和汉中盆地为重点，建设速生丰产工业原料林基地66.67万公顷；以陕南秦巴山区为重点，建设优质丰产用材竹林、笋用竹林基地66.67万公顷
4	秦巴中药材基地建设	发挥森林及林地资源优势，满足社会对中药材的需求，增加农民收入和就业渠道	秦巴山区	通过市场化运作，建设"秦巴药谷"，加快中药材种植产业化、基地化和现代化建设步伐，重点抓好绞股蓝、山茱萸、红豆杉、银杏、厚朴、杜仲等系列产品开发，不断拉长产业链条，开拓市场，扩大规模。实施品牌战略，加快种植基地GAP、生产企业GMP、药材营销GSP认证进程，促进产业结构升级，拓展中药材国际市场。"十一五"期间，建设中药材规范化种植基地3个，中药材种植面积20万公顷，将陕南建设成国家重点中药材种子繁育基地、药源基地和中药材加工基地

续表

序号	领域	目的和作用	工程范围	主要建设内容和任务
5	森林绿色食品基地建设	满足人民生活水平提高对绿色环保食品的需求，提高森林资源综合利用水平，改变传统木材利用方式，开发森林多种功能	全省	充分挖掘森林生物资源品质优质的内涵，以天然洁净、无公害、无污染标准为立足点，实行果、药、粮、肉、菌综合利用，大力开发绿色食品和保健品，改变分散、无序的传统生产模式，向产业化、品牌化方向迈进。“十一五”期间，重点开发富硒茶、秦巴硒菇、桑葚果汁、杜仲纯粉和森林肉类、粮油产品，建设食用菌生产基地 10 个，面积 66.67 万公顷，绿色食品和保健品加工基地 6 个
6	绿化苗木花卉基地建设	满足人民生活水平提高美好环境等的需求，促进城乡绿化美化	关中、陕南	“十一五”期间，重点建设好花卉种子(球)、鲜切花、盆景、绿化苗木、草坪等 8 大类 4 个示范基地；以杨凌高新农业示范区为中心，组建大型花卉、种苗流通市场，“十一五”末，年均生产造林绿化用苗 25 亿株，花卉培育总面积达到 0.47 万公顷
7	野生动植物繁殖驯养利用基地	促进以利用野外资源为主向利用、人工驯养繁育为主的战略转变，确保野生动植物资源的可持续利用	全省	在确保野生动植物资源安全的前提下，积极发展野生动物人工种群，加快以林麝、黑熊、梅花鹿、马鹿、F1 代野猪、七彩山鸡、鸵鸟、蓝狐、蓝孔雀等为主的特种野生动物驯养繁殖，以及红豆杉等珍稀植物的人工培育、紫杉醇及相关产品的加工，实现资源的可持续发展。“十一五”期间，重点扶持培育养殖、培植业龙头企业 10 个，建设以生产经营为目的的野生动物养殖场 60 个，野生动物经营利用单位 40 个，珍稀野生动物培殖经营利用单位 10 个，野生动物狩猎场 7 个
8	林产工业建设	在坚持生态优先的前提下，立足于多种森林资源的综合开发利用，以市场需求为导向，大力发展集原料基地、加工和产品销售为一体的林产工业，紧紧依靠科技进步，规范产品生产环保标准和市场准入质量标准，提高产品档次和质量，增强市场竞争力	全省	通过盘活现有存量资源，利用中幼龄林抚育、低产林改造生产木材，恢复、调整现有人造板生产能力，改建、扩建 5 个龙头企业，推进林板一体化，使人造板产量达到 50 万立方米；提高软木产品生产能力，加大新产品的研发，巩固软木产品市场，产品产量达到 0.5 万立方米；建设经济林特产品储藏保鲜、加工龙头企业 10 个，提高经济林特产品商品化率和产品附加值，贮藏保鲜和加工能力分别达到 150 万吨和 50 万吨

续表

序号	领域	目的和作用	工程范围	主要建设内容和任务
9	林木生物质能源建设工程	通过规模化、集约化、基地化积极培育速生高产、高热值、高含油的能源林基地，努力缓解陕西省农村能源短缺的局面	全省	“十一五”期间，结合重点生态工程，充分利用本省广阔的山区、沙区等边际土地营造能源林66.67万公顷。发展的重点区域：一是在陕北风沙区，重点建设以沙棘、柠条等为主的能源林基地；二是在关中黄土高原区，重点建设以刺槐等为主的能源林基地；三是在陕南秦巴山区，重点建设以栎类、黄连木、油桐等为主的能源林基地

2. 陕西省“十二五”林业发展规划（2011～2015年）。陕西省“十二五”林业发展规划主要指标见表7-3-4。

陕西省“十二五”林业发展规划的主要内容重点突出“三屏三带”生态安全屏障、四大特色林业产业经济区、八大区域绿化、多点生态文化基地建设。

（1）“十二五”期间完成营造林153万公顷，其中：人工造林76.67万公顷，封山育林56.67万公顷，飞播造林20万公顷。义务植树4.0亿株。

2011～2015年陕西省林业时期主要目标指标

表7-3-4

指标	2015年	属性
森林覆盖率（%）	43.0	约束性
森林蓄积量（亿立方米）	4.7	约束性
自然湿地保护率（%）	55	约束性
林业自然保护区面积占国土面积（%）	5.5	约束性
国家级公益林保护面积（万公顷）	506.67	预期性
林地保有量（万公顷）	1226.67	预期性
良种使用率（%）	65	预期性
林业产业总产值（亿元）	800	预期性

（2）新建各类自然保护区5处，使本省自然保护区由46处增加到51处，总面积达到133.3万公顷；晋升国家级保护区5处，使陕西省国家级自然保护区达到16处，自然保护区管理能力再上新台阶。建设林麝半野化繁育基地5处，进一步完善自然保护网络。为有效预防疫情发生蔓延，加强疫源疫情监测网络建设，完善3处国家级监测站和19个省级监测站，并为部分监测站（点）配备必要的监测设备，使监测区域覆盖率达到80%以上。

（3）重点抓好横山无定河湿地、汉江湿地和丹江湿地建设，落实国家林业局批准建设的12个国家湿地公园的建设资金，申报国际重要湿地2处，建设各级湿地公园7个，使陕西省自然湿地保护面积达到湿地总面积的55%。

（4）新建、改造名特优新经济林基地141.67万公顷。其中改造核桃低产园83.33万公顷，新建核桃标准园18.67万公顷，新建和改造红枣5万公顷，新建和改造花椒7万公顷，新建和改造板栗9.33万公顷，新建和改造柿子1.87万公顷，新建和改造其他经济林16.47万公顷。在干杂果主产区发展高效设施林业0.67万公顷。五大干杂果经济林年储藏能力、加工能力、交易物流量分别达到30万吨、50万吨、25万吨，总产值达到320亿元，农民从干杂果经济林中新增收入人均达到1100元。

（5）到2015年，打造3~5个在国内外具有较大影响的重点旅游景区，基本建成秦岭国家植物园。新建森林公园10处，晋升国家级森林公园10处，使全省森林公园总数达到86处，总面积达到34万公顷。30%的景区创建为国家AAA级旅游景区，20%的景区创建为国家AAAA级景区，期末实现接待游客1200万人次，旅游总收入达到60亿元，以森林旅游为主的生态文化产业直接吸纳农民就业15万人。

（6）到2015年，新建速生丰产林13.33万公顷，其中关中平原发展杨树、泡桐、刺槐等8万公顷，汉中盆地发展杨树、杉木等5.33万公顷，全省以速生丰产用材林为主的商品林培植基地总面积达到39.33万公顷，年商品材产量达210万立方米，商品竹材产量达3亿根，总产值达到32亿元。

（7）力争到2015年，全省年生产人造板120万立方米，木地板生产100万立方米，生产木片30万吨，加工木门窗及木制家俱300万套，干杂果加工能力达到200万吨，年销售收入超亿元的林产工业企业达到5户，林产工业总产值达到127亿元。

（8）建设绿化观赏苗木及花卉生产基地50个；培植苗木花卉生产示范点200个、专业村100个、专业户2000户；发展苗木花卉大乡（镇）50个；建立西安、杨凌花卉研发中心，着力培育西安、汉中和宝鸡苗木花卉市场。力争到2015年，年产优质苗木20亿株，盆栽花卉3000万盆，鲜切花（叶）1000万枝，总产值达到30亿元以上。

（9）重点在陕南发展以油茶、黄连木、油桐为主，关中发展以花椒、元宝枫为主，陕北发展文冠果、长柄扁桃为主的生物质能源林基地0.8万公顷。扶持油茶炼油厂3个、花椒种子炼油厂2个、长柄扁桃炼油厂1个。力争到2015年，清洁能源产业产值达到44亿元。

（10）以林下栽培、种养殖业为主的绿色食品和中药材产业总产值达到80亿元。

（11）“十二五”期间，创建7个以上国家级和省级生态文明教育基地。使全省2个城市、5个县（区）和10个单位达到全国绿化模范单位的评比标准，创建“国家森林城市”1个，不断推进绿化模范乡镇和村庄建设。

（12）“十二五”期间，林木采伐总量控制在3155万立方米以内，促进森林可持续经营。在中幼龄林抚育试点的基础上，全面启动森林经营工程，完成森林经营283.33万公顷，其中中幼龄林抚育133.33万公顷，低产低效林改造150万公顷。

（13）到2015年，林业有害生物成灾率控制在5.0‰以下，无公害防治率达到82%，灾害测报准确率达到87%，种苗产地检疫率达到95%以上。

（14）“十二五”期间改造林业棚户区（危旧房）2.4万户，国有林场职工生产、办公用房面积达到30平方米/人，满足正常生产和办公需求；职工个人危房改造率达到100%，户均住房面积达到50~100平方米。

（二）“五年”生态建设规划

由省林业厅发展规划与资金管理处牵头，省林业调查规划院参与，分别于2005年和2010年编制陕西省“十一五”和“十二五”生态建设规划。

1. 陕西省生态建设“十一五”规划(2006~2010年)。主要内容：

总体要求。保护自然生态的重点要从事后治理向事前保护转变，从人工建设为主向自然恢复为主转变，建立生态补偿机制，从源头和制度上扭转生态恶化趋势，促进人与自然和谐。到2010年，全省通过实施天然林保护、退耕还林还草、江河治理、三北防护林四期、野生动植物保护及自然保护区建设等重点工程，生物多样性得到进一步保护，以森林为主的生态状况显著改善。

发展目标。治理水土流失面积3万平方千米，实施重点预防保护面积4.59万平方千米。五年建设治沟骨干工程1500座、中小型淤地坝9000座，新增基本农田23.25万公顷；

新增森林面积80.31万公顷，森林面积由目前的766.66万公顷增加到846.97万公顷，森林覆盖率由37.2%提高到41.1%；

封禁面积由目前的0.79万平方千米提高到1.79万平方千米，逐步将25度以上坡耕地全部退耕还林草。累计新造林面积116.67万公顷(含封育)，年均造林达到23.33万公顷；

各类自然保护区个数由35个增加到60个，保护区面积占国土面积达到5.8%，珍稀野生动植物种群数量增加，保护力度进一步加强；

森林火灾受害率控制在0.2‰以内，森林病虫成灾率控制在4.5‰以内，科技进步贡献率达到35%；

林木种苗基地供种率达到80%，良种使用率达到50%。

总体布局和建设任务。实行“北治、南育、中扩展”的发展布局。

(1)北治。加速绿化，综合治理。北治主要是指长城沿线风沙区、陕北黄土丘陵沟壑区以及渭北黄土高原沟壑区。

主要建设任务：一是全面推进防沙治沙，严格实行“三禁”(禁牧、禁樵、禁伐)制度，进一步创新机制，继续深入推进天然林资源保护工程、三北等防护林体系建设工程和野生动植物保护及自然保护区建设工程等重点建设，全面加强生态综合治理。二是按照“巩固成果，确保质量，完善政策，稳步推进”的要求，继续实施退耕还林还草和淤地坝骨干工程，加大对水土流失、生态地位重要的陡坡耕地和严重沙化耕地的治理力度。三是在渭北旱原区要从不同区域的生态建设出发，宜林则林、宜草则草，充分利用荒山荒坡，建设生态经济型防护林和坝系工程，因地制宜地发展林农间作，形成带、网、片相结合的防护林体系，改善生态条件，增加农民收入。

长城沿线风沙区。包括榆林市定边、靖边、横山、榆阳、神木、府谷、佳县7县(区)，总土地面积357.5万公顷。其中沙化土地(风蚀)面积142.6万公顷，为防沙治沙重点区；边缘黄土覆沙区土地(水蚀)面积214.9万公顷，为防治土地沙化和荒漠化治理区。要以防风固沙为重点，封沙、育草、育灌，引水拉沙造田，发展沙产业；实施人工造林、飞播造林(种草)，发展灌草植被及绿洲防护林，控制荒漠化、沙化扩大趋势，改善生态环境。

陕北黄土丘陵沟壑区。位于长城沿线以南，渭北高原以北，包括榆林市南5县和延安市甘泉以北8县，共13个县(区)，土地总面积306.5万公顷，耕地面积110.6万公顷，其中25°以上陡坡耕地面积41.04万公顷，土壤瘠薄，干旱频繁，为水土流失重点治理区。要以遏制土地退化和水土流失为重点，实行“梁、峁、坡、沟”综合治理，稳步推进退耕还林，因害设防，加大人工、飞播植树种草力度，造、封、管、育相结合，快速恢复植被。

渭北黄土高原沟壑区。介于陕北黄土丘陵区以南、北山以北地区。包括宝鸡市、咸阳市、渭南市北部、延安市南部部分县及铜川市共25个县(市、区)，土地总面积422.0万公顷，耕地面积105.9万公顷，其中25°以上陡坡耕地面积7.77万公顷。水土流失趋于严重，农业生产得不到有效保障。要以控制水土流失、发展林果复合型高效生态农业为重点，巩固退耕还林成果，保护天然林资源，建设渭北经济林带，发展集雨窖灌农业，形成农林果木全面发展、塬沟坡综合治理、林(果)田综合开发相结合的良性农业生态定位。

(2)南育。实施分类管理，加大天然林保护力度。南育主要指陕南秦巴山地、汉江盆地和延安以南黄桥林区。包括汉中、安康、商洛3市和宝鸡市太白、凤县及延安市黄陵、黄龙县等，共30多个县(区)。

主要任务：一是分类经营，将江河两侧、湖库周边、高山陡坡和其他生态脆弱地区、生物多样性集中地段的森林划为公益林和自然保护区，强化保护、限制采伐；二是强化森林集约经营管理，提高森林质量和单位面积产量；三是利用自然条件优势，大力发展集约化速生丰产用材林、短轮伐期工业原料林基地，发展木材精深加工业。四是因地制宜发展竹产业、生态旅游业、经济林、野生动物驯养繁殖等特色产业，合理开发林下资源。

(3)中扩展。发展平原林业，扩展林业产业链。中扩展主要指关中平原区，包括宝鸡、咸阳、渭南3市部分县(区)和西安市辖县(区)，共32个县(市、区)。

主要任务：一是以改善人居环境、促进经济社会可持续发展为主旨，突出村屯旁植树，加快绿色通道、城镇绿化和绿色家园建设，加强农田防护林网、主要河流护岸林和森林公园建设，积极发展速生丰产林，延伸林业产业链，促进林木精深加工，实现生态效益和经济效益双增长。二是坚持以高标准平原绿化为目标，实行以城带乡、以乡促城、城乡联动，把森林引进城市，把农村建成花园，大力推进城乡绿化美化一体化建设，努力形成城郊森林、城边林带、城中绿岛有机结合的城市生态系统。三是大力平整土地，建设高标准基本农田，扩大封育面积，减少山地台原水土流失。

2006~2010年，即“十一五”期间，生态建设九大重点工程：

(1)天保工程。落实天然林管护面积735.67万公顷；营造林总面积48.67万公顷，其中人工造林6.67万公顷，飞播造林20万公顷；封山育林22万公顷。

(2)退耕还林工程。规划退耕还林20万公顷，荒山造林20万公顷。

(3)三北防护林建设工程。规划三北防护林体系四期工程完成人工造林6.67万公顷。

（4）野生动植物保护和自然保护区建设工程。新建和改建20个自然保护区，晋升10个国家级自然保护区。继续实施大熊猫、朱鹮等野生动植物拯救保护工程，建设秦岭大熊猫繁育基地和朱鹮野化放飞点，加强野生动植物保护站、点建设。争取实施黄河流域、汉江流域、无定河流域、红碱淖和泾渭湿地保护综合治理示范项目。

（5）防沙治沙工程。规划治理沙化土地75.4万公顷。

（6）水土保持建设工程。一是在“十五”建设的基础上，以黄河流域多沙粗沙区、陕南南水北调工程水源区，关中“一线两带”经济开发区为重点，突出抓好淤地坝建设工程、无定河流域水土保持示范工程、黄河水土保持生态工程、渭河流域水土保持生态建设工程、世行贷款三期项目、长治工程、南水北调水源区水土保持工程等国家重点水保工程建设。二是在继续抓好“十五”期间五大示范区建设的同时，重点建设靖边县红墩界等社会主义新农村建设示范区、国家重点工程无定河流域水土保持示范区、榆林治沙示范区、生态修复示范区、开发建设项目返还治理示范区等水土保持治理示范区。三是完善全省水土保持监测网络体系建设。规划建立基层监测站42个、监测点144个，到“十一五”末，全省水土保持监测与信息网络体系基本建成，水土保持监测网络县级站及监测点投入运行，并发布全省水土保持监测公告。

（7）南水北调中线水源区生态建设工程。新造水土保持、水源涵养等防护林39.74万公顷，营造能源林1.54万公顷，人工辅助自然恢复0.49万公顷，湿地有害植物控制0.22万公顷，建设湿地定位监测站10处。

（8）中外合作造林工程。争取引进和实施中德合作陕西榆林风沙区生态造林、陕西造林再造林（CDM）、日援陕西黄河流域生态林建设等中外合作造林项目。

（9）平原绿化及绿色家园建设工程。规划完成平原绿化任务66.67万公顷，铁路及国道、国道主干线和省级道路网造林绿化总长度1300千米。与此同时，西安市要继续推进“大绿工程”建设，宝鸡大力推进“绿色宝鸡”建设，榆林抓紧实施环城林带建设，延安继续搞好城区绿化，商洛积极抓好“三区、两道、两岸”绿化。

2006~2010年，即“十一五”期间，生态建设中的林业基础建设：

（1）强化森林资源保护体系。

（2）改善林业基础设施。林木种苗工程建设、基层林业站建设、木材检查站建设、国有贫困林场基础设施建设、林业综合监测体系建设、林业信息化体系建设、扩大对外交流与合作。

（3）坚持科技创新。

（4）深化林业体制改革。

2. 陕西省生态建设“十二五”规划（2011~2015年）。生态建设“十二五”规划主要指标见表7-3-5。

2010~2020 年陕西生态保护与建设的主要指标

表 7-3-5

主要指标	2010	2015	2020	属性
森林覆盖率(%)	41.42	43	43 以上	约束性
森林蓄积量(亿立方米)	4.2	4.7		约束性
“三化”草原治理率(%)	24	37	51	预期性
可治理沙化土地治理率(%)	50.9	65.1	79.2	预期性
水土流失控制率(%)	5.1	8.1	10.7	预期性
减少土壤流失量(亿吨)		1.3	1.6	预期性
自然湿地保护率(%)	32.7	55	68	预期性
城市建成区绿化覆盖率(%)	38	40	42	预期性
城市建成区绿地率(%)	32	35	37	预期性
国家重点保护物种和典型生态系统类型保护率(%)	80	90	95	预期性

陕西省“十二五”生态建设规划的主要内容：

(1)2011~2015 年，完成新造林 153.3 万公顷，中幼龄林抚育 133.3 万公顷。

(2)2011~2015 年，“三化”草原治理面积 70 万公顷，人工种草面积达到 67 万公顷，促进草原生态系统健康稳定。

(3)2011~2015 年，在榆林市榆阳、横山、靖边、定边、神木、府谷、佳县、米脂，延安市吴起和渭南市大荔等 10 个县区范围内完成治理沙化土地 20 万公顷，建设国家级沙化土地封禁保护区 14 万公顷。

(4)2011~2015 年，新增自然湿地保护区面积 5 万公顷以上，恢复湿地面积约 1.5 万公顷，完成 12 处国家湿地公园建设任务，新建设湿地公园 5 处、湿地保护小区 5 处，使全省 55%的自然湿地得到有效保护。

(5)2011~2015 年，实施保护性耕作面积 40 万公顷以上，提高耕地质量和农田生态功能。

(6)2011~2015 年，治理水土流失面积 3.25 万平方千米，增强区域水土保持功能。

(7)2011~2015 年，林业自然保护面积达到 113 万公顷，对 6 种极小种群野生植物原生地和野生植株进行有效保护，对 13 种极度濒危野生动物种群及栖息地实施拯救性保护，森林公园总数达到 85 处以上，景观多样性资源保护利用体系基本完善。

(8)生态文化教育基地建设。以自然保护区、风景名胜区、森林公园、湿地公园、植物园、学校、博物馆等生态景观或教育资源丰富的单位为基础，创建一批重点生态文明、生态文化教育基地。逐步使每个市建设 1 个国家级生态文明或生态文化教育基地，每个县有 1 个地方级生态文明或生态文化教育基地。

(9)生态城市建设。开展创建“园林城市”“森林城市”“陕西绿化模范单位(区、县、单位)”等活动，依据城市建设标准，以植物群落为主体，因地制宜，实施城郊一体的生态系统建设，构建布局合理、功能完善的城市绿地系统。

(10)城市河湖滨带生态整治。对汉江、丹江和黄河、渭河等主要地段的城市，开展沿江、河带生态整治工程。结合城市生态整治，重塑城市滨水生态空间。

(11)生态保护建设之能力建设。

生态监测网络工程。改造升级火地塘森林生态定位监测站，新建秦岭北麓、南水北调中线工程水源地、陕北荒漠化生态定位监测站，补充建设新的监测样地，建设完善监测设施，购置监测设备，开发监测软件，初步建立陕西生态定位监测网络，对全省主要生物类群和关键生态系统进行长期系统监测。

生态评估和预警工程。建设陕西生态评估和预警中心，建设信息系统、信息传输网络和预警平台，评估全省主要生态系统和生物类群的状况，定期发布全省生态综合评估报告。

监测评估能力建设工程。加强省、市、县三级生态监测台(站)能力建设，健全评估机构建设，加强基于遥感、地面调查和统计天地一体化的数据采集与获取系统建设，培养监测和评估专业队伍。

生态系统气象立体监测工程。改扩建森林、草原、湿地、荒漠、城市等生态气象观测站，新增生态小气候观测站、自动土壤水分观测站以及生态灾害移动调查系统，初步建成以实时资料为主的生态系统立体监测网。

人工影响天气示范区建设工程。建设高性能人工影响天气专用飞机、移动式天气雷达指挥平台，新增新型人工增雨(雪)灭火一体火箭作业系统，改扩建标准化作业点，使人工增雨(雪)作业覆盖面积增加 8 万平方千米。

二、陕西省林业生态建设规划

依据省政府《陕西省水土流失治理与生态农业建设总体规划编制方案》，1997 年省林业调查规划院编制了《陕西省林业生态建设规划》。

规划期：1998~2050 年。

目标：到 2050 年森林覆盖率达到 43%以上。

陕西省林业生态建设分区域森林覆盖率目标分区域目标见表 7-3-6。

2000~2050 年陕西省林业生态建设分区域森林覆盖率分区域目标

表 7-3-6　　单位:%

区域	2000	2010	2030	2050
陕西省	32.0	41.6	42.9	43.0 以上
长城沿线风沙区	6.0	21.2	21.5	21.5 以上
陕北丘陵沟壑区	22.3	34.5	38.1	38.1 以上
渭北黄土高原区	24.2	36.6	37.7	37.7 以上
关中平原区	13.9	16.1	16.7	16.9 以上
秦岭巴山区	49.8	57.2	57.2	57.2 以上

三、陕西省林业产业规划

(一)陕西省林业产业发展规划纲要

2006 年 11 月，陕西省国营林场管理站编制的《陕西省林业产业发展规划纲要》正式通过省政府的审核并确立。纲要提出 2006~2020 年全省将重点打造名特优经济林、速生丰产林、森林生态旅游和绿化苗木花卉等四大特色产业，总体布局为：在秦巴山区建设核桃、板栗、蚕桑、茶叶生产基地，大力发展森林旅游，重点建设太白山、楼观台、金丝大峡谷和天华山 4 个国家级森林公园。积极发展速生丰产林和木本中药材，开展盆景花卉，林下种植、养殖和食用菌生产。在关中平原区建设以速生杨、泡桐为主的速生丰产用材林基地，加快人造板、家具制造等木材加工业发展，发展城镇绿化苗木和盆景花卉的生产。在渭北旱塬区建设核桃、花椒、柿子和红枣生产基地，发展林下养殖。在黄土丘陵沟壑区重点建设红枣生产基地，提高烘干加工能力。在长城沿线风沙区科学开展灌木和过熟杨树、柳树的加工利用，因地制宜发展红枣、山杏和大扁杏等。力争 5 年内建设全国知名的花椒和核桃生产基地，2010 年，林业产业总产值达到 200 亿元，年均增长 9.63%，2020 年达到 500 亿元，年均增长 9.61%。

(二)陕西省核桃、板栗、柿子、红枣、花椒等五大干杂果经济林产业发展规划

2009 年 7 月，根据陕西省人民政府《关于陕西省实施七大工程促进农民增收规划纲要的通知》，以及省政府办公厅批转《陕西省林业产业发展规划纲要》的精神，陕西省林业调查规划院与省林业厅相关处、室编制《陕西省红枣产业发展规划(2010~2015)》《陕西省核桃产业发展规划(2010~2015)》《陕西省柿子产业发展规划(2010~2015)》《陕西省板栗产业发展规划(2010~2015)》《陕西省花椒产业发展规划(2010~2015)》。规划到 2015 年全省新建和改造五大干杂果经济林 70.07 万公顷，总面积达到 136.67 万公顷，以推动全省经济林产业的快速发展。陕西省五大干杂果经济林基地建设任务详见表 7-3-7。

2000~2015 陕西省五大干杂果经济林基地建设任务表

表 7-3-7　　　　单位：万公顷

基地	合计	新建丰产园							低产低效林改造						
		小计	2010	2011	2012	2013	2014	2015	小计	2010	2011	2012	2013	2014	2015
合计	70.07	40.96	0.44	7.46	7.45	7.1	6.89	5.6	29.11	5.31	5.52	5.26	5.3	4.06	3.66
核桃基地	40.15	29.15	4.66	5.00	5.00	5.00	5.00	4.49	11.00	2.67	2.00	2.00	2.00	1.00	1.33
红枣基地	6.74	2.33	0.04	0.53	0.53	0.5	0.4	0.33	4.41	0.67	0.80	0.80	0.80	0.67	0.67
花椒基地	9.22	3.50	0.29	0.73	0.73	0.70	0.62	0.43	5.72	0.37	1.19	1.19	1.19	1.19	0.59
板栗基地	11.88	4.98	0.85	0.67	1.02	0.70	0.67	1.07	6.90	1.33	1.33	1.07	1.10	1.07	1.00
柿子基地	2.07	1.00	0.09	0.25	0.20	0.13	0.20	0.13	1.07	0.27	0.20	0.20	0.20	0.13	0.07

(三)林业产业专项建设方案与可行性研究

1. 2007 年，编制《商南油茶产业发展基地建设方案》。营造优良新品种油茶林 1000 公顷，其中，近期完成油茶新品种造林任务 333.3 公顷，远期完成油茶新品种造林任务

666.7 公顷。

2. 2009 年，编制《陕西省岚皋泡桐产业基地建设项目可行性研究》。泡桐产业化基地建设规模 0.67 万公顷，木材深加工年人造板生产能力达到 10.0 万立方米。

3. 2009 年，编制《西安秦岭国际花卉产业示范园建设可行性研究》。项目建设总规模 6.5 公顷，年可生产红掌 5.04 万盆，凤梨 5.04 万盆，蝴蝶兰 30.24 万盆，一品红 30.24 万盆，凤仙 37.8 万盆，各种草花 100 万盆。

4. 2009 年，编制《镇安县城镇供水水源地保护建设项目可行性研究》。建设总规模 1190.5 公顷，其中，坡面水源涵养林建设 1175.2 公顷；河堤公路绿化美化折合面积 15.3 公顷。

5. 2010 年，编制《岚皋县茶叶经济林示范基地建设可行性研究》。基地建设总规模 1333.3 公顷，其中，新建 400 公顷，改造 933.3 公顷。

四、防沙治沙规划

陕西是全国沙化土地分布的主要省份之一，境内沙化土地主要集中分布在陕西北部的毛乌素沙地南缘、长城沿线及其附近地区。2004 年，第三次荒漠化和沙化监测结果显示，全省有沙化土地面积 1434396.5 公顷，有明显沙化趋势的土地面积 33219.4 公顷，防沙治沙形势依然严峻。沙化地区又是陕西省乃至全国重要的能源化工基地，能源开发、人口膨胀加重了沙区防治负担，已经开始整体逆转的毛乌素沙地仍有可能再次扩展。

为了有效防止土地沙化，积极控制、治理沙化土地，促进陕西区域经济社会和生态环境的可持续发展，根据《中华人民共和国防沙治沙法》和国务院《关于进一步加强防沙治沙工作的决定》精神，陕西省防沙治沙工作领导小组办公室 2005 年底至 2007 年 3 月 12 日，组织有关专业技术人员，按照《全国防沙治沙规划》的要求，结合《陕西省国民经济和社会发展第十一个五年规划纲要》和相关部门“十一五”规划，在深入调查和研究分析的基础上编制了《陕西省防沙治沙规划(2006~2010 年)》(以下简称规划)。

规划范围涉及榆林市定边、靖边、横山、榆阳、神木、府谷、佳县、米脂，延安市的吴起县，渭南市的大荔县，共 3 市 10 县(区)162 个乡镇，总面积 371.2733 万公顷。

规划总体目标：从 2006 年到 2010 年，在全面保护好现有林草植被的基础上，对现有的流动沙地、半固定沙地、沙化耕地、有明显沙化趋势的土地和沙地周边地区进行治理，完成治理任务 58 万公顷。重点建设一批科技含量高、示范作用强的治理样板，以点带面，扩大治沙成效，使人为因素导致的土地沙化和水土流失得到有效控制，并使土地沙化的趋势全面遏制。

规划总体布局：根据风沙危害特点、地貌特征和当地立地条件，遵循自然规律和生态规律，因害设防、分类治理。紧紧围绕保护城市、厂矿、铁路、公路、河流源头、农牧业生产基地，集中治理沙尘暴多发区、沙化危害严重地区和沙化强烈扩展区以及其他国民经济建设重要区域，重点抓好线(带)、片、圈相结合的生态防护体系。规划与国民经济和社会发展五年计划相衔接，期限为 5 年(2006~2010 年)。依托退耕还林(草)、天然林资源保护、三北防护林体系建设四期等重点生态工程，水利水保工程，牧业工程和其他(包括农艺、新农村建设等)工程进行，完成治理总面积 58 万公顷。

规划总投资为174070万元。按费用构成分：直接生产费(包括种苗费、物料费、用工费和设备费)为150060.3万元，占总投资的86.2%；间接费用(包括设计费、管理费、监理费和预备费)24009.7万元，占总投资的13.8%。

五、湿地保护规划

陕西省有湿地总面积29.2895万公顷，其中，自然然湿地27.7万公顷，占全省国土面积的1.3%，低于全国3.77%的平均水平。

(一)湿地项目可行性研究

1. 湿地自然保护区可行性研究。

(1)2001年，编制《西安泾渭湿地省级自然保护区可行性研究报告》，西安泾渭湿地省级自然保护区主要保护对象为湿地及水禽。保护区范围总面积6352.7公顷，项目总投资3280.0万元。

(2)2003年，编制《陕西省安康瀛湖湿地省级自然保护区可行性研究报告》和《陕西黑河湿地省级自然保护区可行性研究报告》。安康瀛湖湿地省级自然保护区位于安康市汉滨区，保护区主要保护对象为湿地生态系统。保护区建设总面积19800公顷。

(3)2005年，编制《陕西黄河湿地自然保护区综合科学考察与研究》。

(4)2006年，编制《红碱淖湿地可行性研究报告及初步设计》。

(5)2007年，完成《陕西千湖湿地省级自然保护区可行性研究》和《陕西周至黑河湿地保护建设项目可行性研究》。

(6)2009年，编制《延安清水河湿地保护建设项目可行性研究》。

2. 湿地公园可行性研究。

(1)《陕西千湖国家湿地公园建设项目可行性研究报告》。

(2)《陕西淳化冶峪河国家湿地公园建设项日可行性研究报告》。

(3)《陕西三原清峪河国家湿地公园建设项目可行性研究报告》。

以上湿地公园可行性报告丁2008年完成。

(4)2009年，完成《陕西蒲城卤阳湖国家湿地公园建设项目可行性研究报告》。

(5)由陕西省林业调查规划院完成《陕西丹凤丹江国家湿地公园综合科学考察与研究》，2011年，由陕西科学技术出版社正式出版，该著是陕西省第一部有关湿地公园研究的书籍。

(二)湿地项目总体规划

1. 湿地保护规划。

(1)陕西省湿地保护工程总体规划。2005年10月，省林业厅会同环保厅、农业厅、发展改革委、科技厅、财政厅、建设厅等单位对陕西省湿地保护工程进行总体规划，编制《陕西省湿地保护工程总体规划》方案。规划将全省湿地按地域划分为：长城沿线风沙湿地区、黄土高原及渭河川地湿地区、秦巴山区湿地区3个湿地保护类型区域。按照湿地保护工程、湿地恢复优先工程、社区建设优先工程和能力建设优先工程进行规划。

规划期为2005~2030年，规划投资350600万元。其中，湿地保护79830万元，湿地恢复254000万元，社区建设4920万元，能力建设11850万元。

(2)陕西三河湿地自然保护区总体规划。2000年8月，陕西省林业调查规划院受渭南市林业局委托对陕西三河湿地自然保护区进行总体规划。项目区位于渭南市大荔县、潼关县和华阴市的黄河、渭河和洛河的交汇处，总面积39250公顷。项目建设总投资为2598.5万元，其中，基本建设投资为1137.5万元，占总投资的43.8%，设备购置635.4万元，占总投资24.5%，其他费用825.6万元，占总投资的31.7%。

(3)西安泾渭湿地自然保护区总体规划。2004年12月至2005年，受西安市林业局委托，西北规划院编制《西安泾渭湿地自然保护区总体规划》。规划对自然保护区功能区进行了重新区划，依据保护区的实际合理布局保护站点，完善其基础设施，恢复湿地功能，配备科研和监测设备，开发湿地鸟类观光项目。

2005年，完成《陕西合阳黄河湿地自然保护区总体规划》。

2009年9月，渭南市人民政府决定将“陕西三河湿地自然保护区、合阳黄河湿地自然保护区”合并建立“陕西黄河湿地自然保护区”。

(4)2009年完成《泾渭湿地省级自然保护区初步设计》。西安泾渭湿地省级自然保护区位于泾河、灞河、渭河交汇区域，总面积3029.83公顷，湿地总面积2380.87公顷，保护区内有野生动物169种。其中，国家Ⅰ级保护野生动物2种，为大鸨和金雕。保护区是候鸟良好栖息地和重要迁徙“驿站”，拥有鸬鹚、苍鹭、白鹭等鸟类14目30科91种，被誉为“天然观鸟园”。

2. 湿地公园规划。

(1)陕西千湖国家湿地公园总体规划。2008年，省林业调查规划院组织技术力量对陕西千湖国家湿地公园进行总体规划。该湿地公园位于渭河Ⅰ级支流千河谷地中游—宝鸡市千阳县境内，以河流湿地特征为主，集河流湿地、库塘湿地、沼泽湿地特征于一体，是中国西北地区典型的黄土高原湿地。公园西起寇家河乡新兴村和柿沟乡柿沟村，东至城关镇千阳中学(陕西千湖湿地省级自然保护区西端)。南北宽约7.7千米，东西长约6.3千米。涉及千阳县3个乡镇12个行政村，总面积573.2公顷。

湿地公园划分为4个功能区。其中，保护保育区面积345.9公顷，科普宣教展示区139.3公顷，湿地休闲区85.8公顷，管理服务区2.2公顷，各占总面积的60.3%、24.3%、15.0%和0.4%。

湿地公园建设期为8年，即2008~2015年。其中，2008~2011年为建设前期，2012~2015年为建设后期。

工程建设总投资8094.61万元。其中，建筑安装工程6254.82万元，占总投资的77.27%；设备、工器具及生产家具购置783.97万元，占总投资的9.69%；其他费用1055.82万元，占总投资的13.04%。

该湿地公园于2008年11月被国家林业局同意进行试点建设，2011年9月通过国家验收，成为全国12个正式挂牌的国家级湿地公园之一、陕西省第一个挂牌的国家湿地公园。

(2)汉水源湿地公园总体规划。2008年，省林业调查规划院园林工程分院对汉水源湿地公园进行了总体规划，编制《汉水源湿地公园总体规划》方案。

公园地处汉江源头的玉带河流域，西南至汉水源头，东北至关峡电站，长约42.9千米，宽200~1000米(其中河道宽50~150米)。涉及宁强县境内的汉源、高寨子、铁锁关3个乡镇26个行政村。土地总面积1508.9公顷，其中，湿地面积471.6公顷，占项目区总面积的31.3%。

根据公园的发展定位与指导思想将本公园按功能划分为重点保护区、湿地展示区、游览活动区和管理服务区4大功能区。

公园建设项目总投资6838.6万元，。其中，项目建设直接费6133.25万元，占总投资的89.7%；其他费用705.33万元，占总投资的10.3%。前期(2009~2010年)投资2232.51万元，中期(2011~2015年)投资2291.55万元，后期(2016~2020年)投资2314.52万元。

(3)陕西凤县嘉陵江国家湿地公园总体规划。2009年编制，建设项目涉及凤县4个乡镇29个行政村，东西宽约47千米，南北长约41千米，面积2556.4公顷。其中，国有土地2245.9公顷，集体土地310.5公顷，为中型国家湿地公园。

湿地公园化分为4个功能区，其中保护保育区面积1299.4公顷，宣教展示区442.0公顷，生态休闲区810.0公顷，管理服务区5.0公顷，各占总面积的50.8%、17.3%、31.7%和0.2%。

湿地公园建设期为7年，即2009~2015年。其中，2009~2010年为建设前期，2011~2015年为建设后期。

湿地公园建设总投资20664.37万元。其中，工程费用17891.23万元，其他费用1789.12万元(包括勘察设计费、管理费用、监理费用、招标费用)，基本预备费984.02万元，各占总投资的86.6%、8.7%和4.7%。

(4)陕西太白石头河国家湿地公园总体规划。2009年编制，涉及2镇1乡11个行政村，总面积1054.0公顷，投资总额3956.11万元。

(5)陕西旬邑三水河国家湿地公园总体规划。2009年编制，总面积1038.2公顷。其中，国有面积344.7公顷，集体面积693.5公顷，各占总面积的33.2%、66.8%，总投资7317.27万元。

六、陕西省野生动植物保护及自然保护区总体规划

根据《全国生态环境建设规划》和国家林业局《全国野生动植物及自然保护区建设工程总体规划》，2001年6月，编制《陕西省野生动植物保护及自然保护区建设工程总体规划》。规划通过实施野生动植物及其栖息地保护，拯救一批国家重点保护野生动植物，扩大、完善和新建一批国家级、省级自然保护区、禁猎区和种源基地及珍稀动植物驯养、栽培繁育基地，恢复和发展珍稀物种资源。

规划目标：2030年，全省新建自然保护区75个。其中，国家级10个，保护区总面积占全省国土面积达到10.7%。形成以自然保护区、保护小区、保护站、重要湿地为主体，布局合理、类型齐全、设施完备、管理高效、具有国际重要影响的自然保护网络。

主要建设内容：国家重点野生动植物保护工程、国家重点生态系统类型保护工程、国家科研监测保护管理体系建设工程、野生动植物产业基地建设工程4大部分。

国家重点野生动植物保护工程。重点抓好大熊猫、朱鹮、金丝猴等27个国家重点野生动植物自然保护区，17个培育基地，58个栖息地保护站，70个科研监测点建设；建设17个林麝、雉类、兰科植物等禁猎(伐)区；改善大熊猫等珍稀动植物栖息地生态环境状况，栖息地恢复 13.3 万公顷。

国家重点生态系统类型保护工程。进一步加强森林、湿地、荒漠生态系统保护，重点抓好 58 个国家重点生态系统类型保护区建设，其中森林生态系统 28 个、湿地生态系统 27 个、荒漠生态系统 3 个。

野生动植物和湿地科研、监测体系及保护管理体系建设工程。重点抓好省、市及 104 个县级野生动植物保护管理站体系的建设，形成体系完善、机构健全、覆盖全省的野生动植物保护管理系统；加强 5 个省级科研机构建设，建立省级野生动植物及湿地资源监测站 1 处、野生动植物及湿地宣传中心 1 处、野生动植物培训中心 1 处、国家西北珍稀野生动植物种质基因库 1 处、野生动植物标本馆 1 座、野生动植物重点物种监测站 2 处。按照全省野生动植物分布，设立野生动物定位监测点 60 处、野生植物定位监测点 40 处、湿地监测点 20 处、省级环志站 4 处。

野生动植物产业基地建设工程：重点建设 2 个珍稀植物繁育基地、5 个野生动物救护繁育基地、24 个野生动物养殖场、5 个大型规模化自然放养场、10 个狩猎场、改扩建野生动物园 1 处，分别在西安、汉中、安康市建设 3 家野生植物资源采集及产品加工利用企业，在西安、汉中建设 2 个野生动植物及其产品二级专业市场，并成立野生动植物市场稽查机构。

规划总投资 524640 万元。其中，国家重点野生动植物保护 204370 万元，国家重点生态系统类型保护即森林生态系统、湿地生态系统、荒漠生态系统保护区建设 180900 万元，国家科研、监测及省野生动植物保护管理体系建设 51250 万元，野生动植物产业基地建设 88120 万元(包括社会集资)。

2010 年，编制《佛坪县珍稀野生动植物资源保护项目可行性研究报告》。

七、陕西省林地保护利用规划

受陕西省林业厅委托，规划院从 2010 年 12 月开始到 2011 年 9 月完成《陕西省林地保护利用规划(2010～2020 年)》(以下简称《规划》)编制。规划涉及全省 127 个县级单位。

《规划》按照“严格保护、积极发展、科学经营、持续利用”的方针，分析了林地保护利用现状和面临的问题，阐明规划期内全省林地保护利用的战略、目标与任务，确定并优化全省林地的规模、结构和布局，合理安排重点林业工程和重大基础设施建设项目用地，明确了县级林地保护利用的调控指标，提出创新林地保护利用管理机制，从空间和时间上对林地保护与利用作出了统筹安排，并与相关部门规划进行了较好衔接。

《规划》为今后一个时期全省林地保护利用工作确立一个纲领性的目标和任务：至 2020 年，全省林地面积保有量达到 1242.00 万公顷、森林保有量达到 884.92 万公顷以上，森林覆盖率达到 43%以上；2010～2020 年占用征收林地总额控制在 3.501 万公顷以内；林地生产力将得到较大的提高，乔木林单位面积蓄积量由 61.93 立方米/公顷，提高到 70.0 立方米/公顷。

在完成《规划》的同时，规划院还完成 82 个县级单位的林地保护利用规划。

八、陕西省林业网络系统建设总体规划方案

2004 年，建设全省林业网络系统，预算总额 935.3 万元。其中，省林业厅部分

748.9 万元，占总预算的 80.1%；地市部分为 186.4 万元，占总预算的 19.9%。

九、陕西关中—天水经济区林业生态建设规划

为全面实现《关中—天水经济区发展规划》生态建设目标、落实省委省政府提出的生态建设任务，2010 年，省林业厅编制《陕西省关中—天水经济区林业生态建设规划》

规划范围：关中—天水经济区在陕西境内的 6 个市和杨凌示范区，包括西安市、咸阳市、铜川市、宝鸡市、渭南市、杨凌区的全部和商洛市的商州区、洛南县、丹凤县、柞水县，总面积 6.6 万平方千米。

规划期限：2010~2020 年。

发展目标：通过 10 年努力，使关中—天水经济区陕西境内形成“一个生态走廊带，两个生态屏障，三大生态体系，多点生态教育示范基地”(即以渭河生态景观长廊和主干道路绿色通道为主体的关中生态走廊带，由秦岭关山林区和渭北黄土高原组成的南北两大生态屏障，由远山森林生态系统、城市森林生态系统和以渭河为主的湿地生态系统构成的三大生态系统，以森林公园和自然保护区为主体，融宣传和教育为一体的多点生态教育示范基地)，远近呼应，点、线、面有机结合，城乡一体的生态建设新格局；到 2020 年，区域内森林覆盖率达到 47.0%以上，城市绿化覆盖率达到 45.0%以上，核心城市和次核心城市努力创造“城区森林化、道路林荫化、水系林带化、社区园林化、企业花园化”的生态环境。

十、秦岭国家植物园“十二五”重点建设项目规划

2010 年，完成《秦岭国家植物园“十二五”重点建设项目规划》。

秦岭国家植物园总面积 639 平方千米。项目建设内容包括生物多样性保护与恢复、生态环境保护与绿化建设、科研与监测、科普宣教与解说系统、生态旅游、社区共建共管、基础工程建设等 7 个方面的内容。项目建设期限为 5 年，即 2011~2015 年。项目总投资 3588860.61 万元。其中，直接费用 3127138.60 万元，其他费用 290823.89 万元(包括勘察设计费、管理费用、监理费用、招标费用、检查审计费)，基本预备费 170898.12 万元，各占总投资的 87.1%、8.1%和 4.8%。

第二节　营造林规划设计

一、飞机播种造林规划设计

飞机播种造林是模拟天然更新造林的造林方式。陕西省飞机播种造林规划设计主要由规划院承担，1998 年后，榆林市飞机播种造林设计任务由陕西省治沙研究所承担。

1990~2010 年，全省共完成飞机播种造林调查设计 155.95 万公顷(宜播面积)。

1990~1998 年，规划院完成飞机播种造林调查设计 55.74 万公顷。

1997 年，由陕西省飞播造林工作站负责，规划院推广全球卫星定位系统(GPS)，同时在全省飞机播种造林中全面应用，结束了地面航标线测量工作。

1999 年，全省共完成飞播造林设计 6.66 万公顷。其中，规划院完成设计任务 4.40 万公顷，省治沙所完成设计任务 2.26 万公顷。

2000 年，由联合利华企业捐款在子长县飞机播种造林 666.67 公顷。

2000~2010 年，飞机播种造林设计进入林业重点工程项目，设计面积 93.55 万公顷，其中，天保工程飞机播种造林调查设计 85.59 万公顷。

2002~2003 年，省规划院承担全省日元贷款项目飞机播种造林调查设计 3.53 万公顷；重点生态环境综合治理工程(简称重点生态工程)飞播造林调查设计 4.43 万公顷。

2006~2007 年，由省规划院对全省境内 9 市 67 县(市、区、局)的飞机播种造林宜播播区进行普查，经统计全省有飞机播种面积 94.66 万公顷，宜播面积 78.65 万公顷，占总面积的 83.09%；非宜播面积为 16.01 万公顷，占播区总面积的 16.91%。各市飞机播种宜林地面积为：榆林市 11.51 万公顷、延安市 9.78 万公顷、铜川市 0.77 万公顷、宝鸡市 8.34 万公顷、咸阳市 3.54 万公顷、渭南市 4.92 万公顷、商洛市 16.59 万公顷、安康市 17.80 万公顷、汉中市 5.41 万公顷。陕西省 1990~2010 年飞播造林规划设计见表 7-3-8。

1998 年，陕西省飞机播种造林 40 周年。10 月 22 日，由省林业厅、发改委、财政厅、民航西北管理局和兰州空军政治部 5 家联合在西安召开“陕西省飞播造林 40 周年表彰大会，表彰 31 个先进集体和 101 名先进个人，陕西省林业调查规划院获先进集体，刘志学等 9 人获先进个人。

2008 年，陕西省飞播造林 50 周年，8 月 6 日，省林业厅在榆林召开“陕西省飞播造林 50 周年表彰大会，省规划院获先进集体，党景中等 3 人获先进个人。

1990~2010 年陕西省飞播造林规划设计表

表 7-3-8　　　　单位：万公顷、个

年份	飞播造林设计		播区个数	复播面积	工程类别	所在市
	播区面积	宜播面积				
合计	184.68	155.95	1910	44.95		
1990	9.15	6.59	64	0.29	一般造林项目	榆林、延安、铜川、宝鸡、咸阳、汉中、安康、商洛
1991	4.78	3.56	46		一般造林项目	榆林、延安、铜川、宝鸡、咸阳、汉中、安康、商洛
1992	8.93	6.63	84	0.80	一般造林项目	榆林、延安、铜川、宝鸡、咸阳、汉中、安康、商洛
1993	6.76	5.23	71		一般造林项目	榆林、延安、铜川、宝鸡、咸阳、汉中、安康、商洛
1994	6.44	5.14	52		一般造林项目	榆林、延安、铜川、宝鸡、咸阳、汉中、安康、商洛
1995	6.46	5.33	61		一般造林项目	榆林、延安、铜川、宝鸡、咸阳、汉中、安康、商洛
1996	9.84	8.02	119		一般造林项目	榆林、延安、铜川、宝鸡、咸阳、西安、汉中、安康、商洛

续表

年份	飞播造林设计		播区个数	复播面积	工程类别	所在市
	播区面积	宜播面积				
1997	9.83	8.25	98		一般造林项目	榆林、延安、铜川、宝鸡、咸阳、西安、汉中、安康、商洛
1998	7.84	7.00	96	0.95	一般造林项目	榆林、延安、铜川、宝鸡、咸阳、西安、汉中、安康、商洛
1999	7.53	6.66	89	1.48	一般造林项目	榆林、延安、铜川、宝鸡、咸阳、西安、汉中、安康、商洛
2000	10.85	9.66	122	1.39	重点防护林项目、天保工程、生态项目和企业捐助	榆林、延安、铜川、宝鸡、咸阳、西安、汉中、安康、商洛
2001	12.09	11.06	136	2.15	天保工程、生态项目	榆林、延安、铜川、宝鸡、咸阳、西安、汉中、安康、商洛
2002	16.03	14.28	159		天保工程和日元贷款项目	榆林、延安、铜川、宝鸡、咸阳、西安、渭南、汉中、安康、商洛
2003	11.58	10.11	120	4.04	天保工程和日元贷款项目	榆林、延安、铜川、宝鸡、咸阳、渭南、汉中、安康、商洛
2004	12.71	10.46	155	5.66	天保工程项目	榆林、延安、铜川、宝鸡、咸阳、渭南、汉中、安康、商洛
2005	12.46	10.83	118	6.65	天保工程项目	榆林、汉中、商洛、安康、宝鸡、咸阳、渭南、铜川、延安
2006	7.84	6.80	72	6.00	天保工程项目	榆林、汉中、商洛、安康、宝鸡、咸阳、渭南、铜川、延安
2007	4.64	4.07	48	4.85	天保工程项目	榆林、汉中、商洛、安康、宝鸡、咸阳、渭南、铜川、延安
2008	3.89	3.42	44	5.15	天保工程项目	榆林、汉中、商洛、安康、宝鸡、咸阳、渭南、铜川、延安
2009	10.25	8.79	105	3.92	天保工程项目	榆林、延安、铜川、宝鸡、咸阳、渭南、汉中、安康、商洛
2010	4.79	4.07	51	1.61	天保工程项目	榆林、延安、铜川、宝鸡、咸阳、渭南、汉中、安康、商洛

二、黄河中游和长江中上游造林工程规划

(一)黄河中游和长江上中游陕西区段综合治理规划

1998 年，由省发改委组织林业等部门编制。规划将黄河中游和长江上中游陕西区段

划分为黄河和长江两大流域7个支流域，按4个项目、7大工程进行规划。工程涵盖了全省10个地(市)原有的五大生态工程，即：防沙治沙工程、三北防护林体系建设工程、黄河中游防护林建设工程、平原绿化工程、长江防护林建设工程。

规划期限：13年。项目建设总规模为796.5万公顷。其中，防护林建设与保护429.9万公顷；天然林保护281万公顷；扩建自然保护区1处，新建7处，保护面积20.2万公顷；绿色通道65.4万公顷。

规划目标：通过实施该规划，到2010年，陕西省有林地面积增加266.7万公顷，灌木林面积增加49.9万公顷，森林覆盖率由28.7%增加到41.7%，含灌木林覆盖率由34.5%增加到49.9%。森林质量将有很大的提高，生物多样性得到保护，森林涵养水源、保持土壤、调节气候、防风固沙、净化空气、美化环境等功能将显著增强。项目期间生态效益329.11亿元，年均效益25.32亿元；社会效益年可提供18万个就业岗位。项目实施之后，仍持续不断地发挥森林的各种效益，且随着树木的不断生长，所发挥的效益愈来愈大，每年可达31.8亿元，生态环境恶化得到遏制，小气候发生有利变化，灾害性天气减少，农林牧副渔各业得到保障，同时可减少输入黄河泥沙量，延长小浪底水利枢纽工程寿命，净化丹江水库水质，带动本地区及周边地区经济振兴和繁荣，促进国民经济可持续发展。

项目总投资1318314万元，其中，黄河流域投资760590万元；长江流域投资557724万元。

(二)陕西省长江流域防护林体系建设一期工程规划

1987~1988年，由规划院编制。工程建设范围涉及安康地区安康市、平利、旬阳、石泉、紫阳、白河、汉阴、镇坪、宁陕、岚皋，汉中地区南郑、城固、洋县、勉县、西乡、略阳、镇巴、宁强、留坝、佛坪，商州市商州、山阳、丹凤、商南。共3市24县(区)。

工程建设期限12年(1989~2000年)，规划人工造林27.3万公顷，封山育林17.57万公顷，飞播造林19.11万公顷，低效林改造3.46万公顷，幼林抚育5.31万公顷。

(三)陕西省长江流域防护林体系建设二期工程规划

1998~1999年，受省防护林工作站委托，规划院完成《陕西省长江流域防护林体系建设二期工程规划》编制。工程建设范围：项目建设涉及陕西省4市30个县(区)。在一期工程的基础上增加了汉中市汉台，商洛市洛南、镇安、柞水，宝鸡市凤县、太白。

二期长防林工程建设规模为169.7万公顷。其中，人工造林24.5万公顷，低产低效林、灌丛地改造34.8万公顷，封山育林48.7万公顷，中幼林抚育61.7万公顷。

二期工程建设期限为13年(1998~2010年)，分为两个阶段，第一阶段(1998~2000年)首先完成“米”字形工程及“三江”干流工程所属小流域治理；第二阶段是2000~2010年，分为两个时期。第一期2000~2005年，主要抓好川陕甘、鄂豫陕两个接合部所属流域、“三江”一级支流所属流域，汉江经济带环境建设，按照每个工程县每年启动3~5个流域，重点抓退耕地造林、经济林基地建设、农田林网建设；第二期2005~2010年，以“改”为核心，以产业化建设为动力，在完善服务体系的同时抓好所剩流域的治理。

(四)陕西省长江流域防护林体系建设三期工程规划

受省防护林工作站委托，2009~2010年，规划院完成《陕西省长江流域防护林体系建设三期工程规划》编制。规划涉及陕西省长江流域的安康、汉中、商洛、宝鸡4个设区市、30个县(区)。规划植树造林面积53.46万公顷。其中：人工造林17.55万公顷、飞播造林8.47万公顷、封山育林27.44万公顷。

规划期限10年(2011~2020年)。

(五)陕西省黄河中游沿岸绿色长廊工程规划

1999年7月，由规划院完成《陕西省黄河中游沿岸绿色长廊工程规划》编制。规划建设范围：府谷、神木、佳县、米脂、绥德、吴堡、清涧、延川、延长、宜川、韩城、合阳、大荔、华阴、潼关15个县(市)。

建设期为3年(2000~2002年)。

建设目标：人工造林111762公顷。其中，商品林60677公顷(三倍体毛白杨5384公顷)，占54.3%；生态林51085公顷，占45.7%。

建设布局：商品林建设布局。在自然条件优越、立地条件好、地势平缓、不易造成水土流失和开发利用对生态环境不构成重大影响的地区，营造以三倍体毛白杨、油松、刺槐等为主的速生丰产林和以枣、花椒、杏等为主的经济林。

生态防护林建设布局。在窟野河、秃尾河、无定河、清涧河、延河、汾川河、仕望河、北洛河两侧以及黄河岸边的石质山地重点营造以油松、杨树、樟子松、侧柏、柠条、紫穗槐、山杏、山桃为主的水土保持林、水源涵养林、护岸林和一般用材林。

建设规模和内容：商品林造林工程营造三倍体毛白杨工业原料林5384公顷，占8.9%；营造经济林35043公顷，占57.7%；营造一般用材林16532公顷，占27.2%；营造薪炭林3718公顷，占6.2%。

计划2000年，造林17973公顷，占29.6%；2001年造林18952公顷，占31.2%；2002年造林23752公顷，占39.2%。

生态防护林造林工程。营造水源涵养林4977公顷，占9.7%；营造水土保持林41386公顷，占81.0%；营造防风固沙林838公顷，占1.6%；营造其他防护林3884公顷，占7.7%。

计划2000年，造林14985公顷，占29.3%。2001年，造林15919公顷，占31.2%。2002年，造林20181公顷，占39.5%。

种苗繁育中心和中心苗圃建设。建设省级种苗繁育中心1个，县级中心苗圃15个。

基础设施建设。护林防火车10辆，护林摩托车10辆，风力灭火机30套。购置必要的通讯电台、科技教育仪器设备等。

项目总投资为51925.03万元。其中：营造林投资(包括造林种苗费)47883.70万元，占总投资的92.4%；种苗基地建设投资350.00万元，占总投资的0.7%；病虫害防治费890.81万元，占总投资的1.7%；其他投资2800.52万元，占总投资的5.2%。

三、三北防护林体系建设规划设计

(一)三北防护林体系建设规划

1990年以前完成三北防护林体系一、二期规划，1990~2010年，完成三北防护林体系三期、四期、五期工程规划。

1. 三北防护林体系建设三期工程规划。1993年，规划院完成陕西省三北防护林体系建设三期工程规划。规划范围涉及榆林、延安、铜川、西安、渭南、咸阳、宝鸡7市60个县，规划造林面积49.19万公顷(其中，人工造林47.41万公顷，封山育林1.78万公顷)，“四旁”植树21791万株，同时安排中、幼林抚育及低产林改造20.2万公顷；建设标准化苗圃3个，面积132公顷；果品综合加工厂8个。本期工程重点是在继续完成毛乌素沙地防风固沙林和黄河沿岸红枣林基地建设的同时，新建渭北高原区域防护林体系工程87654公顷和西(安)—包(头)公路沿线在陕西省境内974千米的绿色通道工程，并建成11个达标县。

建设期限为1996~2000年，总投资169505.0万元。

2. 三北防护林体系建设四期工程规划。2000年，规划院完成陕西省三北防护林体系建设四期工程规划。

规划范围：涉及榆林市榆阳、神木、府谷、横山、靖边、定边、绥德、米脂、佳县、吴堡、清涧、子洲。延安市宝塔、延长、延川、子长、安塞、志丹、吴旗、甘泉、富县、洛川、宜川、黄龙、黄陵。铜川市王益、印台、耀县、宜君。宝鸡市陈仓区、凤翔、岐山、扶风、陇县、千阳、麟游。咸阳市秦都、渭城、三原、泾阳、乾县、礼泉、永寿、彬县、长武、旬邑、淳化、武功、兴平。渭南市临渭、韩城、蒲城、澄城、白水、合阳、大荔、富平。西安市高陵、阎良、未央、灞桥和杨陵区，共62个县(市、区)。

规划期限为10年(2001~2010年)。分两个时段：第一时段2001~2005年(“十五”期间)，第二时段2006~2010年。

建设目标：新增有林地面积8.4万公顷，森林覆盖率增加7.2个百分点。林分质量和防护功能得到较大提高，水土流失得到基本控制，森林涵养水源，调节气候的功能得到增强，生态环境得到明显改善。

规划的主要建设内容：工程造林、示范区建设、种子基地建设 、苗圃建设、科技成果及适用技术推广、监测管理网络信息系统建设。

规划建设重点：毛乌素沙地以防沙治沙为重点；陕北黄土高原丘陵沟壑区以控制水土流失为重点，渭北黄土高塬以控制水土流失和保护塬面为重点，关中平原以保护农田为重点。

项目建设总投资437186.16万元。

3. 三北防护林体系建设五期工程规划。2009年9月至2010年5月，省林业调查规划院完成陕西省三北防护林体系建设五期工程规划。

规划范围：包括榆林、延安、铜川、咸阳、杨凌、渭南、宝鸡、西安8市(区)以及陕西太白山国家级自然保护区，土地总面积12.19万平方千米，占全省土地总面积的59.2%。

规划期限为10年(2011~2020年)，分前5年和后5年两个分期。

建设目标：

(1)到2020年，完成造林915579公顷。(其中：人工造林360173公顷、飞播造林99999公顷、封山育林455407公顷。)退化林分修复497014公顷，中幼林抚育403892公顷，森林覆盖率达到35%以上。

(2)工程区内50%的沙化土地得到有效治理，60%的水土流失面积得到有效控制，重点区域基本绿化到位。工程区人民群众收入显著提高，人居绿色生态环境得到明显改善，建成较为完备的生态防护林体系。

(3)通过退化林分修复和中幼林抚育，森林质量和防护功能得到较大提高，森林涵养水源和调节气候的功能得到增强，生态环境得到明显改善。

(4)在有条件的区域建成大规模、集中连片、比较完备的区域性防护林体系，构筑绿色生态屏障，增强抵御自然灾害的能力。

(5)产业链基本形成，产业集聚度大幅度提高，主导产业支柱作用显著增强；循环经济产业形成规模，区域可持续发展能力增强；主导产业对区域经济贡献率达到60%以上。

规划的主要内容：工程造林、退化林分修复、中幼林抚育、科技支撑、监测体系。

工程建设规划总投资634026万元。

(二)三北防护林体系建设工程作业设计

三北防护林工程建设作业设计70%由市、县设计单位完成，30%由省林业调查规划院完成。

1990~2010年，由省林业调查规划院完成的作业设计：

2001年，咸阳市13个县区6600公顷三北造林设计。

2002年，淳化县三北四期工程造林作业设计，造林面积1333.3公顷。

2003年，延川县三北四期工程人工造林作业设计。

2005年，横山县三北 四期防护林工程造林作业设计，作业面积1万公顷；清涧县造林作业设计，作业面积1万公顷。

2006年，宜君三北四期设计；榆阳区人工造林作业设计，作业面积5000.0公顷；靖边县人工造林作业设计，作业面积7000.0公顷。

2007年，横山县三北四期工程造林作业设计，作业面积5000公顷；榆阳区三北四期工程人工造林工程作业设计，作业面积8500.0公顷。

2008年，米脂县新增三北防护林四期工程造林作业设计，造林地面积1万公顷；榆阳区新增三北防护林工程人工造林作业设计，作业面积1.5万公顷。

2009年，子洲县三北防护林四期工程作业设计，作业面积666.7公顷；府谷县三北防护林四期工程作业设计，作业面积666.7公顷；米脂县三北防护林四期工程作业设计，作业面积400公顷。大荔县三北工程封山育林作业设计。

2010年，澄城三北四期作业设计；吴起、长武、合阳县三北防护林体系建设人工造林、封山育林作业设计。

四、榆林风沙区百万亩樟子松基地建设项目实施总体方案

受榆林市林业局委托，规划院于2009年12月，完成《榆林风沙区百万亩樟子松基地建设项目实施总体方案》的编制。

榆林风沙区百万亩樟子松基地建设，营造樟子松防风固沙林8万公顷，其中榆阳区2.0万公顷、神木县1.33万公顷、府谷县0.33万公顷、定边县0.67万公顷、靖边县1.67万公顷、横山县2.0万公顷。

项目建设期3年，即2011~2013年。项目投资106317.32万元。

五、国际合作造林项目规划设计

(一)德援人工造林项目规划设计

1. 德援陕西西部造林项目。该项目是德国政府在陕西提供援助的第一个合作造林项目，从1991年1月至2002年6月。省林业厅组织规划院1991年7月至1992年2月，对项目进行了可行性研究，于1993年2月至10月，对项目进行总体规划设计。项目建设范围涉及陇县、千阳县、麟游县、陈仓区、彬县、永寿县、旬邑县7个县(区)。

项目建设内容：营造林23000公顷。其中，经济林3000公顷。修梯田1000公顷，沟谷治理48.5千米，修林道110千米，建乡办林场16个，省级和县培训中心8个，建筑面积9000平方米，改善7个县中心苗圃的基础设施，购置车辆30辆及办公自动化设备等。

项目目标：造林成活率在85%以上，保存率在75%以上，森林覆盖率达到45%以上。最终恢复项目区已被破坏的生态环境，基本控制水土流失，改善小气候，从根本上改善当地的农业生产条件，并在确保当地人民生活的基础上持续利用得以恢复的生态环境，增加农民的经济收入，实现生态的良性循环。

项目投资：德方援助1300万马克，中方配套2750万元人民币。

2. 德援陕西延安人工造林项目。该项目是德国政府在陕西提供援助的第二个合作造林项目。1996年4~5月，完成了项目建设建议书。1996年12月至1998年，进行项目可行性研究。2000年1~9月，规划院对中德合作陕西延安生态造林项目进行规划设计。

项目建设总体目标是：营造林20194.69公顷。其中，防护林19801.69公顷，经济林393公顷。实施庭院经济林工程3011户，栽植经济果树57810株。近自然林造林模式试验示范林建设300公顷。改造中心苗圃3处，以示范培育优质苗木。

建设范围：延安市安塞、志丹、吴起3县。安塞县涉及坪桥、王家湾、镰刀湾、化子坪4个乡镇，33个行政村，76个自然村的官道山、白猪山、塔庙等29个作业区。志丹县涉及纸坊、旦八、金丁、顺宁、双河、保安6个乡镇，26个行政村，68个自然村的边崖根、刘家湾、张阳塌、雨安洼等23个作业区。吴起县涉及薛岔、白豹、新寨、五谷城、吴起镇、长官庙、庙沟、铁边城、王洼子、吴仓堡10个乡镇，22个行政村，30个自然村的前卜罗寺、韩沟门、黄树湾等32个作业区。

项目建设期限：10年，自2000年启动至2010年结束。

项目建设总投资8848万元。其中，德国无偿援助金额1200万马克(折合人民币5400万元)，国内各级配套资金2700万人民币，农民劳务折款748万元。

(二)日元贷款陕西植树造林项目

日元贷款植树造林项目，是中国政府利用日本国际协力银行的第四批贷款项目之一。

陕西植树造林项目总投资4.518亿元。其中，贷款42亿日元，折合人民币3.242亿元；地方配套资金1.276亿元，占总投资的28.8%。

规划院编制《日元贷款陕西植树造林项目造林作业设计办法》、调查设计卡片，完成日元贷款陕西植树造林项目总体规划设计。

项目建设范围：包括西安市周至、户县、长安、蓝田、临潼、高陵、雁塔、未央、灞桥9县(区)。宝鸡市麟游、千阳、凤翔、陇县、岐山、眉县、陈仓、扶风8县(区)。渭南市韩城、澄城、蒲城、大荔、华阴、临渭、潼关7个县(区、市)。咸阳市长武、礼泉、乾县、永寿、彬县、三原、武功、兴平8县(市)。延安市黄陵县以及铜川市印台区。共计34个县(市、区)。

建设内容与规模：营造林总规模100638公顷。其中：人工造林45082.9公顷，封山育林20241.1公顷，飞播造林35314.0公顷。苗圃建设6个(含2个示范园)、林道建设90千米。森林防火设备：摩托车、灭火器、灭火水枪、其他灭火工具。科技推广：培训3.1万人次，土建4400平方米，台式电脑、笔记本电脑、复印机、传真机、数码照相机、摄像机、投影仪等。吉普车43辆，客货两用车34辆。

项目建设期限：3年，营造林总面积10.0638万公顷。其中：2001年完成3.00万公顷，占30.0%；2002年完成3.70万公顷；占37.0%；2003年完成3.30万公顷，占33.0%。包括造林补植为5年。

规划院组织专业技术人员完成34个县的项目建设作业设计。

(三)比利时扶贫援陕项目

中国—比利时陕西贫困地区社会经济综合发展项目中比援陕项目是中国政府和比利时政府间最大的双边无尝援助综合扶贫合作项目，涉及陕西省靖边、吴起、志丹、安塞、延川等县，覆盖农村人口120万。比利时政府无偿援助700万欧元。其中，援助林业项目规划设计由规划院完成。

(四)韩元造林项目规划设计

中韩合作陕西防治荒漠化和水土保持生态恢复示范项目，2010年启动实施，由韩国政府赠款100万美元，中方配套100万美元。在吴起造林162.07公顷、打砂防坝6座、筑硷护坝990米、建育苗大棚1座、打机井4眼。

(五)亚洲银行贷款人工造林项目规划设计

亚洲银行贷款林业项目涉及甘肃、陕西、新疆3省份。其中，陕西涉及西安、延安、铜川、宝鸡、咸阳、渭南、汉中、安康8个地市共30个县(区、局)。

项目建设内容：①在西安市临潼区，延安市富县，铜川市耀州区，宝鸡市陈仓区、凤县，咸阳市长武县、淳化县、永寿县、乾县、礼泉县、三原县，渭南市临渭区、富平县、澄城县、蒲城县、白水县、潼关县，汉中市宁强县，安康市汉滨区、岚皋县、石泉县、白河县、镇坪县，共建设23个生态经济林示范基地，总面积15048公顷。栽植树种包括：核桃、柿子、花椒、桑、茶、苹果等6个树种。②7个国有林场的森林生态旅游基础设施建设涉及西安市户县、周至，宝鸡市马头滩林业局、辛家山林业局，渭南市合阳，汉中市略阳、南郑，建设内容主要包括国有林场的景区管理服务设施22524平方米，景区干道建设16千米、步道建设12千米。③项目单位能力建设包括1个省级、8个市级、30个县(区、局)级单位林业生态中心建设项目(包括培训推广、设备购置等)。

项目建设期限：5年(2011~2015年)。项目总投资6000.0万美元。其中，亚行贷款3333.0万美元，国内配套2497.0万美元(省级财政配套129.8万美元，市级财政配套62.4万美元，县级财政配套1024.9万美元，企业自筹539.2万美元，劳务折抵740.7万美元)，GEF赠款170.0万美元。

六、森林抚育改造设计

(1)2002 年，完成榆林市米脂县抗旱造林推广应用项目规划设计。

(2)2003 年，完成榆林市榆阳区毛乌素沙地及其南部黄土丘陵区抗旱造林技术推广(示范)应用规划设计。

(3)2005 年，完成林业生态建设工程科技支撑项目《陕西米脂县四倍体刺槐困难立地造林技术应用示范建设项目总体设计》。

(4)2007 年，完成《铜川矿务局商品林(试点)采伐作业设计》，面积 35.8 公顷，采伐量 3000 立方米。

(5)2007 年，编制《陕西省秦巴山区飞播中幼龄林抚育规划》。由省林业调查规划院对秦巴山区 1969～1999 年飞播林集中连片、飞播造林成效好的播区的森林进行了抚育规划。规划范围包括汉中、安康、商洛及西安市(蓝田县)和宝鸡市(凤县)等 5 市 23 个县 357 个播区，面积共 64.20 万公顷，其中，宜抚育面积 20.06 万公顷。

(6)2008 年，完成《铜川矿务局商品林(试点)采伐作业设计》，面积 42.0 公顷，采伐量 3000 立方米。

(7)西安北绕城绿化占地图测设计与调查。受西安科润公司委托，2002 年，由省林业调查规划院完成。北绕城绿化东起灞桥，西至三桥。以西安北绕路基为中心，北侧 170 米，南侧 30 米，总长度 39 千米。

第三节 林业重点工程规划设计

一、绿化灭荒工程规划设计

1995 年 8 月，陕西省委、省政府下发《关于奋战四年，实现全省绿化灭荒任务的决定》，各市林业局下发《关于开展绿化灭荒规划的通知》，各县林业(农林)局根据《关于开展绿化、灭荒规划的通知》要求，成立绿化灭荒领导小组并组织技术人员编制灭荒规划与作业设计。

二、山川秀美工程规划设计

1997 年 8 月，江泽民总书记关于“大抓植树造林，绿化荒漠，建设生态农业”“再造一个山川秀美的西北地区”的重要批示发表后，省委、省政府结合本省实际，制定《陕西省山川秀美工程规划纲要》，决定从 1999～2010 年，用 12 年时间，将全省近 10 万平方千米水土流失面积进行初步治理，使农业生产和生态环境得到明显改善，基本建立起能够适应西部大开发和可持续发展战略的良性生态系统，促进人口、资源、环境、经济和社会的协调发展。

按照“纲要”，省发改委组织省林业厅计财处和规划院等有关部门编制《陕西省山川秀美工程规划》。

规划范围包括陕西省 11 个市(区)107 个县。

规划建设期限：12 年，即 1999～2010 年，分两阶段：第一阶段为 1999～2000 年，第二阶段为 2001～2010 年。

规划总目标：到规划期末，全省退耕大于 25 度的陡坡耕地 111.6 万公顷，造林

475.0万公顷，新增森林面积293.0万公顷，使森林面积达到885.0万公顷，森林覆盖率由1999年的38.01%提高到43.0%；新增灌木林39.0万公顷，含灌木覆盖率由1999年的34.6%提高到50.7%；草场面积达到308.3万公顷，林草覆盖率由1999年的38.2%提高到65.7%；移民建镇50万人；建设窑塘162.75万平方米，骨干拦泥坝5512座，拦泥沙31亿吨，治理水土流失面积9.79万平方千米，治理度达91.0%。通过退耕还林(草)、造林种草、绿化荒山及封育保护，建立起比较完备的技术服务体系、保护体系和生态监测体系，使水土流失得到有效控制，农业生产条件和生态环境明显改善，基本实现三秦大地山川秀美。

三、"三化一片林"绿色家园建设实施意见

2006年12月，根据省委、省政府《关于贯彻落实〈中共中央国务院关于推进社会主义新农村建设的若干意见〉的实施意见》，陕西省林业厅组织编制《陕西省"三化一片林"绿色家园建设实施意见》，并在全省范围内选择了102个村进行绿色家园工程建设试点。

建设内容：庭院绿化、村庄绿化、路渠绿化和一村一片林。

总体目标：到2015年，村庄绿化覆盖率达到40%，人均占有树木20株。"十一五"期间，三分之一行政村绿化，绿化渠路3.9万千米，营造片林77万亩，植树1.7亿株。

建设重点："十一五"期间，以关中平原村为重点，兼顾陕南、陕北部分有条件的村庄，共建设"三化一片林"绿色家园行政村9000个。其中，关中6000个，陕北2000个，陕南1000个。各区域优先建设人口居住比较集中的城镇附近、主干公路沿线、旅游景区周边村庄及移民新村，逐步向较远的地方扩展。

全省"三化一片林"绿色家园建设计划用9年左右时间、分三个阶段全面完成。第一阶段是从2007~2010年完成9000个村庄，第二阶段是从2011~2013年完成1.5万个村庄，第三阶段是从2014~2015年完成剩余村庄。

总投资：经测算，共需投资53亿元，村均投资19万元。

2007年1~3月，规划院对全省102个村"三化一片林"建设进行作业设计。2008年春，省林业厅委托规划院对102个村的实施效果进行检查。

四、天保工程规划设计

1998年9月，党中央、国务院决定停止长江、黄河中上游天然林采伐，陕西省人民政府于1998年10月28日发布《陕西省人民政府关于实施天然林资源保护工程立即停止省属森工采育企业采伐天然林命令》，当年11月1日起，省属森工采育企业停止一切采伐活动，全面转入实施以公益林建设和森林管护为主要任务的天然林保护工程。1998年底，省林业厅组织厅计财处、资源处、森工局、规划院等单位编制《陕西省重点森工采育企业实施天然林资源保护工程方案》，1999年3月1日，批准实施方案。在此基础上，1999年4至12月，编制《陕西省天然林资源保护工程规划方案》，2000年2月，陕西省人民政府上报国务院。

2000年12月1日，按照国家林业局关于组织实施长江上游黄河上中游地区和东北内蒙古等重点国有林区天然林资源保护工程的通知，规划院编制《陕西省天然林资源保护工程实施方案》。

实施范围：除西安市城3区外，全省县级方案编制单位119个。

主要建设目标与任务：一是使735.64万公顷森林得到保护，森林资源消耗量从1997年的946.6万立方米减少到237.6万立方米；商品材产量从108.5万立方米减少到2.5万立方米。二是2000~2010年，计划造林166.73万公顷。其中，封山育林22.39万公顷，飞播造林116.87万公顷，人工造林27.47万公顷。按实施期分2期完成，第一期（2000~2005年）造林91.13万公顷。其中，封山育林12.21万公顷，飞播造林63.75万公顷，人工造林15.17万公顷。第二期（2005~2010年）造林75.59万公顷，其中，封山育林10.18万公顷，飞播造林53.12万公顷，人工造林12.29万公顷。

工程实施所需投资580319.0万元。其中，中央补助464255.0万元，地方配套116064.0万元。

2010年，党中央、国务院决定延长天保工程期限，实施天保二期工程，实施期限为2011~2020年。陕西省天保工程二期实施范围在工程一期范围的基础上，减少西安市未央区和雁塔区，增加化龙山自然保护区、火地塘林场。包括全省除西安市5区以外的102个县（市、区），12个重点森工、4个国有林场和1个国家级自然保护区，共119个实施单位。省林业厅组织编制《天然林资源保护工程二期陕西省实施方案》，细化森林管护、森林经营、公益林建设、社会保障就业及资金投入等政策和措施。

主要任务：一是继续禁止天然林商品性采伐。二是对1185.76万公顷森林进行管护。三是完成公益林建设107万公顷。其中，人工造林33.33万公顷，封山育林40.33万公顷，飞播造林33.34万公顷。四是完成中幼林抚育69.67万公顷。五是保障和改善民生，陕西省天保工程二期国家投资约144.3亿元。其中，森林管护费501473.3万元，社会保险补助131912万元，政策性支出补助34855万元，生态效益补偿397196万元，森林抚育125400万元，人工造林150000万元，飞播造林60000万元，封山育林42350万元。

各市县天保工程生态公益林建设作业设计由具有乙级工程设计资质的设计单位承担，规划院完成45%左右，市、县及社会市场有资质的单位完成55%左右。

五、退耕还林工程规划设计

2008年3月，陕西省林业厅组织省退耕还林工程管理中心和规划院编制《陕西省巩固退耕还林成果补植补造规划》与《陕西省巩固退耕还林成果后续产业发展规划》。

（一）陕西省巩固退耕还林成果补植补造规划

涉及全省10个市（区）97个县（市、区）1502个乡镇19262个行政村的退耕还林工程区。造林规划面积73.33万公顷（退耕地23.27万公顷，占31.7%，荒山荒地50.06万公顷，占68.3%），其中：补植65.48万公顷，占89.3%，补造7.86万公顷，占10.7%。规划期为8年，即2008~2015年，以2006年为规划基准年。规划期分为两个阶段，即2008~2010年和2011~2015年。规划投资66000.09万元，其中，种苗补助55000.08万元（补植46160.58万元，占84%，补造8839.50万元，占16%），地方配套11000.01万元。按建设阶段分，第一阶段：2008~2010年投资36333.13万元（种苗补助30277.61万元，配套资金6055.52万元），占55%；第二阶段：2011~2015年投资29666.96万元（种苗补助24722.47万元，配套资金4944.49万元），占45%。

（二）陕西省巩固退耕还林成果后续产业发展规划

范围涉及全省10个市（区）96个县（市、区、局）1293个乡镇的退耕还林工程实施区。到 2015 年，优先培育 6 大类具有较强竞争力的优势特色产业，即①建立特色经济林示范基地 393 个，面积 53.41 万公顷(重点建设红枣、花椒、柿子、核桃、板栗、茶叶、蚕桑、中药材等八大名特优经济林示范基地)，退耕区特色经济林总面积达到 109.49 万公顷；②建立特色养殖业示范基地 88 个，猪、牛、羊、家禽及特种野生动物新增存栏 116.2 万头(只)；③建立林业生物质能源林示范基地 85 个，面积 7.23 万公顷，退耕区林业生物质能源林基地面积达 10.33 万公顷；④建立森林绿色食品示范基地 23 个，年均生产食用菌(干重)84 万千克，生产山野菜(鲜重)480 万千克；⑤建立特色大棚菜基地 24 个，种植面积 0.4 万公顷，年均产值 6 亿元；⑥建立较为完备的市场信息体系、科技支撑体系和产品标准体系，积极培育产业市场。规划期限 8 年，即 2008~2015 年，规划基准年为 2006 年，规划起始年为 2008 年。到 2015 年，后续产业总产值达到 264.36 亿元，退耕户年均增收 7000 多元。打造成“一村一品”“一道川一品”“一乡一品”的特色产业。退耕还林后续产业项目规划总投资 398333.9 万元。其中：特色经济林示范基地建设投资 329074.9 万元，占总投资的 82.6%；生物质能源林示范基地建设投资 32180.2 万元，占总投资的 8.1%；培殖业原料林示范基地建设投资 12600.0 万元，占总投资的 3.2%；特色养殖业示范基地建设投资 14171.0 万元，占总投资的 3.6%；特色种植业示范基地建设投资 8495. 9 万元，占总投资的 2.1%；绿色食品示范基地建设投资 1801.8 万元，占总投资的 0.4%。

退耕还林与补植补造作业设计主要由县林业站和设计队完成，后续产业可行性研究与作业设计由具有乙级设计资质的单位承担完成。

六、种苗建设工程可行性研究与规划设计

(一)第一批(2000 年)

省林业厅依据国家林业局计资司关于提报第一批天保工程投资建议计划的通知，组织规划院分多批编制完成陕西省以苗圃工程建设项目为主题的可行性研究报告。

第一批分 8 区，即延安、宝鸡、西安、咸阳、渭南、铜川、安康、汉中、商洛及秦岭林区等 98 个天保苗圃建设，总面积 1150 公顷，土壤改良面积 682.67 公顷，建提水设施 123 处，渠道衬砌 86.6 千米，喷灌、滴灌面积 682.67 公顷，温室面积 41.75 万平方米，设备购置 557 台(套)，生产用房 2.82 万平方米，电力线路 220 千米。总投资 21438.89 万元。其中，基建工程投资 17690.21 万元，设施投资 2083.00 万元，其他费 1665.68 万元。项目建设期 2 年，即 2000~2001 年。第一批苗圃规划与投资见表 7-3-9。

2000 的陕西省第一批天然林保护工程苗圃建设规划与投资一览表

表 7-3-9

区域和苗圃	隶属关系	苗圃面积(公顷)	培育方向主要树种	建设内容									
				改土面积(公顷)	提水设施(打井、抽水站)	渠道衬砌(米)	喷灌、滴灌面积(公顷)	温室面积(平方米)			设备购置(台、套)	生产用房(平方米)	电力线路(千米)
								小计	日光温室	塑料大棚			
合计		1150.0		682.67	123	86600	682.67	417500	126500	291000	557	28200	220
延安天保苗圃		164.0		100.67	17	12700	100.67	54000	17000	37000	85	3900	35

续表

区域和苗圃	隶属关系	苗圃面积（公顷）	培育方向主要树种	建设内容									
				改土面积（公顷）	提水设施（打井、抽水站）	渠道衬砌（米）	喷灌、滴灌面积（公顷）	温室面积（平方米）			设备购置（台、套）	生产用房（平方米）	电力线路（千米）
								小计	日光温室	塑料大棚			
姚家坡林场苗圃	县属	8.67	生态绿化用苗	5.33	1	600	5.33	2800	800	2000	5	300	2.0
柳林林场苗圃	县属	8.00	生态绿化用苗	4.67	1	600	4.67	3000	1000	2000	5	300	2.0
柏树岭林场苗圃	县属	8.67	生态绿化用苗	5.33	1	700	5.33	3000	1000	2000	5	300	1.7
中山川林场苗圃	县属	8.00	生态绿化用苗	4.67	1	600	4.67	2800	800	2000	5	300	2.0
砖窑湾林场苗圃	县属	8.67	生态绿化用苗	5.33	1	700	5.33	3000	1000	2000	5	300	2.0
安条林场苗圃	县属	8.67	生态绿化用苗	5.33	1	700	5.33	3000	1000	2000	5	300	2.1
麻台林场苗圃	县属	9.33	生态绿化用苗	6.00	1	800	6.00	3300	1100	2200	5	300	1.5
牛武林场苗圃	县属	7.33	生态绿化用苗	4.67	1	600	4.67	2800	800	2000	5	300	1.2
厢寺川林场苗圃	县属	9.33	生态绿化用苗	6.00	1	700	6.00	3300	1100	2200	5	300	1.8
英旺林场苗圃	县属	9.33	生态绿化用苗	6.00	1	700	6.00	3100	900	2200	5	300	2.0
甘泉林场苗圃	县属	10.00	生态绿化用苗	6.00	1	800	6.00	3500	1100	2400	5	300	2.2
柏峪林场苗圃	县属	7.33	生态绿化用苗	4.67	1	600	4.67	2800	800	2000	5	300	2.0
河寨林场苗圃	县属	7.33	生态绿化用苗	4.67	1	600	4.67	2800	800	2000	5	300	2.1
黄龙山林业局苗圃	市属	13.33	生态绿化用苗	8.00	1	1000	8.00	3700	1200	2500	5		2.5
桥山林业局苗圃	市属	13.33	生态绿化用苗	8.00	1	1000	8.00	3700	1200	2500	5		2.4
劳山林业局苗圃	市属	13.33	生态绿化用苗	8.00	1	1000	8.00	3700	1200	2500	5		2.5

续表

区域和苗圃	隶属关系	苗圃面积（公顷）	培育方向主要树种	建设内容									
				改土面积（公顷）	提水设施（打井、抽水站）	渠道衬砌（米）	喷灌、滴灌面积（公顷）	温室面积（平方米）			设备购置（台、套）	生产用房（平方米）	电力线路（千米）
								小计	日光温室	塑料大棚			
桥北林业局苗圃	市属	13.33	生态绿化用苗	8.00	1	1000	8.00	3700	1200	2500	5		3.0
宝鸡天保苗圃		179.33		103.33	14	13300	103.33	51000	20000	31000	78	4500	35
汤房庙林场苗圃	市属	12.00	生态绿化用苗	6.67	1	900	6.67	2800	1000	1800	5	300	2.0
汤浴林场苗圃	县属	11.33	生态绿化用苗	6.67	1	900	6.67	2800	1000	1800	5	300	2.2
长益庙林场苗圃	县属	10.67	生态绿化用苗	6.00	1	800	6.00	2800	1200	1600	5	300	2.5
留凤关林场苗圃	县属	12.00	生态绿化用苗	6.67	1	900	6.67	3300	1500	1800	5	300	2.5
潘家湾林场苗圃	县属	12.00	生态绿化用苗	6.67	1	900	6.67	3200	1200	2000	5	300	3.0
坪头林场苗圃	县属	11.33	生态绿化用苗	5.33		800	5.33	3500	1500	2000	5	300	2.0
崛山林场苗圃	县属	12.67	生态绿化用苗	8.00	1	900	8.00	4200	2000	2200	5	300	3.0
野河林场苗圃	县属	12.00	生态绿化用苗	7.33	1	900	7.33	3800	1500	2300	5	300	2.3
固关林场苗圃	县属	11.33	生态绿化用苗	6.67	1	800	6.67	3500	1500	2000	5	300	2.2
关山林场苗圃	县属	12.00	生态绿化用苗	7.33	1	900	7.33	3200	1200	2000	5	300	2.0
高崖林场苗圃	县属	10.67	生态绿化用苗	6.00	1	800	6.00	3000	1500	1500	5	300	2.2
靖口林场苗圃	县属	12.67	生态绿化用苗	6.67	1	900	6.67	3500	1500	2000	5	300	2.1
辛家山林业局苗圃	市属	13.33	生态绿化用苗	8.00	1	1000	8.00	4100	1100	3000	6	300	2.0
马头滩林业局苗圃	市属	12.00	生态绿化用苗	7.33	1	900	7.33	4500	1500	3000	6	300	3.0

续表

区域和苗圃	隶属关系	苗圃面积（公顷）	培育方向主要树种	建设内容									
				改土面积（公顷）	提水设施（打井、抽水站）	渠道衬砌（米）	喷灌、滴灌面积（公顷）	温室面积（平方米）小计	温室面积（平方米）日光温室	温室面积（平方米）塑料大棚	设备购置（台、套）	生产用房（平方米）	电力线路（千米）
太白保护区苗圃	县属	13.33	生态绿化用苗	8.00	1	1000	8.00	2800	800	2000	6	300	2.0
西安咸阳天保苗圃		169.33		98.67	15	12700	98.67	56000	17000	39000	90	4500	37
骊山林场苗圃	市属	10.00	生态绿化用苗	6.00	1	800	6.00	3400	1000	2400	6	300	2.0
厚畛子林场苗圃	县属	12.00	生态绿化用苗	6.67	1	900	6.67	3600	1000	2600	6	300	2.5
沣浴林场苗圃	县属	10.67	生态绿化用苗	6.00	1	800	6.00	3400	1000	2400	6	300	2.2
终南林场苗圃	县属	12.67	生态绿化用苗	7.33	1	900	7.33	4200	1200	3000	6	300	2.4
太平林场苗圃	县属	12.00	生态绿化用苗	6.67	1	900	6.67	3800	1200	2600	6	300	2.5
北仲林场苗圃	县属	10.00	生态绿化用苗	6.00	1	700	6.00	3500	1100	2400	6	300	2.0
五峰山林场苗圃	县属	10.67	生态绿化用苗	6.67	1	800	6.67	3200	1000	2200	6	300	2.2
槐坪林场苗圃	县属	13.33	生态绿化用苗	8.00	1	1000	8.00	4300	1300	3000	6	300	3.0
红星林场苗圃	县属	10.00	生态绿化用苗	6.00	1	800	6.00	3600	1200	2400	6	300	2.0
石门林场苗圃	县属	13.33	生态绿化用苗	6.67	1	1000	6.67	4200	1200	3000	6	300	3.0
西庙头林场苗圃	县属	9.33	生态绿化用苗	5.33	1	700	5.33	3200	1200	2000	6	300	2.5
英烈林场苗圃	县属	8.00	生态绿化用苗	4.67	1	600	4.67	3800	1200	2600	6	300	2.2
柏峰林场苗圃	县属	10.67	生态绿化用苗	6.67	1	800	6.67	3400	1000	2400	6	300	2.5
西楼北方竹子苗圃	省属	13.33	生态绿化用苗	8.00	1	1000	8.00	4200	1200	3000	6	300	3.0

续表

区域和苗圃	隶属关系	苗圃面积(公顷)	培育方向主要树种	建设内容									
				改土面积(公顷)	提水设施(打井、抽水站)	渠道衬砌(米)	喷灌、滴灌面积(公顷)	温室面积(平方米) 小计	日光温室	塑料大棚	设备购置(台、套)	生产用房(平方米)	电力线路(千米)
牛背梁苗圃	省属	13.33	生态绿化用苗	8.00	1	1000	8.00	4200	1200	3000	6	300	3.0
渭南铜川天保苗圃		132.00		78.67	12	9800	78.67	46000	16000	30000	64	3600	19
花园林场苗圃	市属	12.67	生态绿化用苗	8.00	1	900	8.00	4600	1600	3000	6	300	1.5
雷寺庄林场苗圃	县属	12.00	生态绿化用苗	7.33	1	900	7.33	4300	1500	2800	6	300	1.6
华阳川林场苗圃	县属	10.67	生态绿化用苗	6.67	1	800	6.67	3900	1300	2600	6	300	1.5
黄甫庄林场苗圃	县属	10.67	生态绿化用苗	6.67	1	800	6.67	3900	1300	2600	5	300	1.5
金堆林场苗圃	县属	10.00	生态绿化用苗	6.00	1	700	6.00	3600	1200	2400	5	300	1.6
尧山林场苗圃	县属	9.33	生态绿化用苗	5.33	1	700	5.33	3400	1200	2200	5	300	1.5
新卓林场苗圃	县属	8.67	生态绿化用苗	4.67	1	700	4.67	3200	1200	2000	5	300	1.2
金粟林场苗圃	县属	10.67	生态绿化用苗	6.00	1	800	6.00	3700	1300	2400	5	300	1.5
沙苑林场苗圃	县属	10.00	生态绿化用苗	5.33	1	700	5.33	3400	1200	2200	5	300	1.6
焦平林场苗圃	市属	13.33	生态绿化用苗	8.00	1	1000	8.00	4000	1400	2600	6	300	1.5
柳林林场苗圃	县属	12.00	生态绿化用苗	7.33	1	900	7.33	3900	1300	2600	5	300	2.0
阳湾林场苗圃	县属	12.00	生态绿化用苗	7.33	1	900	7.33	4100	1500	2600	5	300	2.0
安康天保苗圃		114.00		68.00	10	8700	68.00	52000	12000	40000	50	3000	26
安康苗圃	市属	10.00	生态绿化用苗	6.00	1	800	6.00	5000	1000	4000	5	300	2.8

续表

区域和苗圃	隶属关系	苗圃面积（公顷）	培育方向主要树种	建设内容									
				改土面积（公顷）	提水设施（打井、抽水站）	渠道衬砌（米）	喷灌、滴灌面积（公顷）	温室面积（平方米）			设备购置（台、套）	生产用房（平方米）	电力线路（千米）
								小计	日光温室	塑料大棚			
凤凰林场苗圃	县属	8.00	生态绿化用苗	4.67	1	600	4.67	4900	900	4000	5	300	3.0
大南河林场苗圃	县属	10.67	生态绿化用苗	6.67	1	800	6.67	5000	1000	4000	5	300	2.5
岚皋林业总场苗圃	县属	13.33	生态绿化用苗	8.00	1	1000	8.00	7700	1700	6000	5	300	3.5
白河林场苗圃	县属	10.00	生态绿化用苗	6.00	1	800	6.00	4200	1200	3000	5	300	1.5
新矿林场苗圃	县属	10.67	生态绿化用苗	6.67	1	800	6.67	4200	1200	3000	5	300	1.8
旬阳林业总场苗圃	县属	17.33	生态绿化用苗	10.00	1	1300	10.00	7400	1400	6000	5	300	2.9
千家坪林场苗圃	省直	11.33	生态绿化用苗	6.67	1	900	6.67	4000	1000	3000	5	300	2.5
凤凰山林场苗圃	县属	9.33	生态绿化用苗	5.33	1	700	5.33	3900	900	3000	5	300	2.0
镇坪林场苗圃	县属	13.33	生态绿化用苗	8.00	1	1000	8.00	5700	1700	4000	5	300	3.5
汉中天保苗圃		161.33		98.00	14	11900	98.00	45000	18000	27000	70	4200	31
褒河林场苗圃	县属	10.00	生态绿化用苗	6.00	1	800	6.00	3500	1500	2000	5	300	2.5
黎坪林场苗圃	市属	12.00	生态绿化用苗	6.67	1	900	6.67	3600	1600	2000	5	300	2.0
中坪林场苗圃	县属	10.67	生态绿化用苗	6.67	1	800	6.67	3400	1400	2000	5	300	2.0
坪堵林场苗圃	县属	10.00	生态绿化用苗	6.00	1	700	6.00	3300	1500	1800	5	300	2.0
龙池林场苗圃	县属	10.00	生态绿化用苗	6.00	1	700	6.00	3100	1500	1600	5	300	2.0
黑潭子林场苗圃	县属	12.00	生态绿化用苗	7.33	1	900	7.33	3600	1400	2200	5	300	3.0

续表

区域和苗圃	隶属关系	苗圃面积（公顷）	培育方向主要树种	建设内容									
				改土面积（公顷）	提水设施（打井、抽水站）	渠道衬砌（米）	喷灌、滴灌面积（公顷）	温室面积（平方米）			设备购置（台、套）	生产用房（平方米）	电力线路（千米）
								小计	日光温室	塑料大棚			
铁厂坝林场苗圃	县属	11.33	生态绿化用苗	6.67	1	800	6.67	3300	1200	2100	5	300	2.0
金池院林场苗圃	县属	12.67	生态绿化用苗	8.00	1	1000	8.00	3800	1400	2400	5	300	2.0
巴山林场苗圃	县属	12.00	生态绿化用苗	7.33	1	900	7.33	3600	1400	2200	5	300	1.7
红石梁林场苗圃	县属	12.67	生态绿化用苗	8.00	1	1000	8.00	3500	1300	2200	5	300	2.5
火烧店林场苗圃	县属	12.00	生态绿化用苗	7.33	1	900	7.33	3400	1200	2200	5	300	2.0
上南河林场苗圃	县属	12.67	生态绿化用苗	8.00	1	900	8.00	2300	1200	1100	5	300	2.5
佛坪林场苗圃	县属	10.00	生态绿化用苗	6.00	1	600	6.00	1900	700	1200	5	300	1.8
实验林场苗圃	市属	13.33	生态绿化用苗	8.00	1	1000	8.00	2700	700	2000	5	300	3.0
商洛天保护苗圃		97.33		56.67	9	7500	56.67	37000	14000	23000	54	2700	22
二龙山林场苗圃	县属	8.67	生态绿化用苗	4.67	1	700	4.67	3600	1300	2300	6	300	3.0
三角池林场苗圃	县属	10.00	生态绿化用苗	6.00	1	800	6.00	3900	1400	2500	6	300	2.5
木王林场苗圃	县属	13.33	生态绿化用苗	8.00	1	1000	8.00	5000	2000	3000	6	300	3.5
凤镇林场苗圃	县属	10.00	生态绿化用苗	6.00	1	700	6.00	3900	1400	2500	6	300	2.2
七坪林场苗圃	县属	11.33	生态绿化用苗	6.67	1	900	6.67	4200	1600	2600	6	300	1.8
石坡林场苗圃	县属	11.33	生态绿化用苗	6.67	1	900	6.67	4200	1700	2500	6	300	3.1
古城林场苗圃	县属	10.00	生态绿化用苗	6.00	1	800	6.00	3800	1400	2400	6	300	1.8

续表

区域和苗圃	隶属关系	苗圃面积(公顷)	培育方向主要树种	建设内容									
				改土面积(公顷)	提水设施(打井、抽水站)	渠道衬砌(米)	喷灌、滴灌面积(公顷)	温室面积(平方米)			设备购置(台、套)	生产用房(平方米)	电力线路(千米)
								小计	日光温室	塑料大棚			
红旗林场苗圃	县属	12.00	生态绿化用苗	6.67	1	900	6.67	4600	1800	2800	6	300	1.3
商山林场苗圃	县属	10.67	生态绿化用苗	6.00	1	800	6.00	3800	1400	2400	6	300	2.8
秦岭林区天保苗圃		132.67		78.67	32	10000	78.67	76500	12500	64000	66	1800	15
宁西林业局苗圃	省属	33.33	生态绿化用苗	20.00	8	2500	20.00	18600	2600	16000	11	300	3.0
太白林业局苗圃	省属	33.33	生态绿化用苗	20.00	8	2500	20.00	18600	2600	16000	11	300	3.0
汉西林业局苗圃	省属	23.33	生态绿化用苗	14.00	5	1800	14.00	11200	2200	9000	11	300	2.5
宁东林业局苗圃	省属	18.67	生态绿化用苗	10.67	4	1400	10.67	10000	2000	8000	11	300	2.5
龙草坪林业局苗圃	省属	16.00	生态绿化用苗	9.33	4	1200	9.33	9800	1800	8000	11	300	2.0
长青保护区苗圃	省属	8.00	生态绿化用苗	4.67	3	600	4.67	8300	1300	7000	11	300	2.0

（二）第二批（共分10个区）

长城风沙沿线区、陕北黄土丘陵沟壑区、陕北黄土高原区、渭北高原区、关中平原区、秦巴山区西部及关山地区（宝鸡市、汉中市、森工局3区）、秦巴山区东部地区（安康市、商洛2区）等123个天保苗圃建设，总面积1272公顷，土壤改良面积806公顷，建提水设施160处，渠道衬砌10.26万米，喷灌、滴灌面积754.67公顷，温室面积46.56万平方米，设备购置655台（套），生产用房3.66万平方米，电力线路268千米。总投资25111.82万元，其中基建工程投资21069.87万元，设施投资2432.00万元，其他费用1609.95万元。项目建设期2年，即2000~2001年。第二批苗圃规划与投资见表7-3-10。

2001年陕西省第二批天然林保护工程苗圃建设规划一览表

表 7-3-10

区域和苗圃	隶属关系	苗圃面积(公顷)	培育方向主要树种	建设内容									
				改土面积(公顷)	提水设施(打井、抽水站)	渠道衬砌(米)	喷灌、滴灌面积(公顷)	温室面积(平方米)			设备购置(台、套)	生产用房(平方米)	电力线路(千米)
								小计	日光温室	塑料大棚			
合计		1272.0		806.0	160	102600	754.67	465600	151200	314400	655	36600	267.9
长城沿线风沙区		112.67		82.33	28	10600	57.33	49100	18900	30200	70	4200	26.9
榆阳区城郊苗圃	县属	7.33	生态经济与绿化用苗	4.67	2	600	4.00	3500	1500	2000	5	300	2.0
神木县公草湾苗圃	县属	8.00	生态经济与绿化用苗	5.33	2	700	4.00	3500	1500	2000	5	300	1.7
府谷县松宏湾苗圃	县属	6.67	生态经济与绿化用苗	4.67	2	600	4.67	3200	1200	2000	5	300	2.0
靖边县沙石峁苗圃	县属	9.33	生态经济与绿化用苗	6.67	2	900	5.33	3500	1500	2000	5	300	2.0
横山县雷龙湾苗圃	县属	8.67	生态经济与绿化用苗	5.33	2	800	4.00	3500	1500	2000	5	300	2.0
定边县长茂苗圃	县属	8.67	生态经济与绿化用苗	5.33	2	700	3.33	3200	1200	2000	5	300	2.1
佳县打火店苗圃	县属	6.67	生态经济与绿化用苗	5.33	2	600	3.33	3400	1200	2200	5	300	1.5
米脂县官庄苗圃	县属	7.33	生态经济与绿化用苗	5.67	2	800	4.00	3200	1200	2000	5	300	1.2
子洲县北方苗圃	县属	8.00	生态经济与绿化用苗	6.00	2	800	4.00	3400	1200	2200	5	300	1.8
绥德县黑家沟苗圃	县属	7.33	生态经济与绿化用苗	5.33	2	700	3.33	3400	1200	2200	5	300	2.0

续表

区域和苗圃	隶属关系	苗圃面积(公顷)	培育方向主要树种	建设内容									
				改土面积(公顷)	提水设施(打井、抽水站)	渠道衬砌(米)	喷灌、滴灌面积(公顷)	温室面积(平方米)			设备购置(台、套)	生产用房(平方米)	电力线路(千米)
								小计	日光温室	塑料大棚			
吴堡县西风寺苗圃	县属	8.00	生态经济与绿化用苗	6.00	2	800	4.00	3900	1500	2400	5	300	2.2
清涧县寨则湾苗圃	县属	6.67	生态经济与绿化用苗	5.33	2	600	3.33	3600	1200	2400	5	300	2.2
榆林林校教学实验苗圃	市属	10.00	生态经济与绿化用苗	8.67	2	1000	3.33	3900	1500	2400	5	300	2.2
榆林市繁育试验苗圃	市属	10.00	生态经济与绿化用苗	8.00	2	1000	6.67	3900	1500	2400	5	300	2.0
陕北丘陵沟壑区		108.67	0	68.67	13	8600	67.33	41500	14500	27000	65	3900	24.9
宝塔区姚家坡苗圃	县属	8.67	生态经济与绿化用苗	4.67	1	600	4.00	2800	1000	1800	5	300	2.0
宝塔区柳林苗圃	县属	8.00	生态经济与绿化用苗	4.67	1	600	4.67	2800	1000	1800	5	300	1.5
延长县关子口苗圃	县属	6.67	生态经济与绿化用苗	5.33	1	600	4.00	2800	1000	1800	5	300	1.5
延川县禹居苗圃	县属	6.67	生态经济与绿化用苗	5.33		400	4.00	2800	1000	1800	4	200	1.5
子长县中山川苗圃	县属	8.00	生态经济与绿化用苗	4.67	1	500	4.67	2800	1000	1800	4	200	1.5
安塞县砖窑湾苗圃	县属	8.67	生态经济与绿化用苗	4.67	1	700	4.67	2800	1000	1800	4	200	2.0
志丹县安条苗圃	县属	8.67	生态经济与绿化用苗	5.33	1	700	4.67	2800	1000	1800	4	300	2.1

续表

区域和苗圃	隶属关系	苗圃面积（公顷）	培育方向主要树种	建设内容									
				改土面积（公顷）	提水设施（打井、抽水站）	渠道衬砌（米）	喷灌、滴灌面积（公顷）	温室面积（平方米）			设备购置（台、套）	生产用房（平方米）	电力线路（千米）
								小计	日光温室	塑料大棚			
志丹县麻台苗圃	县属	8.00	生态经济与绿化用苗	6.00	1	700	4.67	2800	1000	1800	4	300	1.5
富县西渠苗圃	县属	7.33	生态经济与绿化用苗	4.67	1	600	5.33	2800	1000	1800	5	300	1.2
洛川县厢寺川苗圃	县属	6.67	生态经济与绿化用苗	4.67	1	600	5.33	3200	1000	2200	5	300	1.8
宜川县英旺苗圃	县属	9.33	生态经济与绿化用苗	4.67	1	700	5.33	3200	1000	2200	5	300	2.0
宜川县甘草苗圃	县属	8.00	生态经济与绿化用苗	4.67	1	700	5.33	3500	1100	2400	5	300	2.2
黄龙县白马滩苗圃	县属	6.67	生态经济与绿化用苗	4.67	1	600	5.33	3200	1200	2000	5	300	2.0
黄陵县河寨苗圃	县属	7.33	生态经济与绿化用苗	4.67	1	600	5.33	3200	1200	2000	5	300	2.1
陕北黄土高原区		73.33		56.00	12	5600	45.33	21800	7800	14000	30	1800	16.5
黄龙山林业局苗圃	市属	13.33	生态经济与绿化用苗	10.00	2	1000	8.00	3700	1200	2500	5	300	2.5
桥山林业局苗圃	市属	13.33	生态经济与绿化用苗	10.00	2	1000	8.00	3700	1200	2500	5	300	2.5
劳山林业局苗圃	市属	13.33	生态经济与绿化用苗	10.00	2	1000	8.00	3700	1200	2500	5	300	2.5
桥北林业局苗圃	市属	13.33	生态经济与绿化用苗	10.00	2	1000	8.00	3700	1200	2500	5	300	3.0

续表

区域和苗圃	隶属关系	苗圃面积(公顷)	培育方向主要树种	建设内容									
				改土面积(公顷)	提水设施(打井、抽水站)	渠道衬砌(米)	喷灌、滴灌面积(公顷)	温室面积(平方米)			设备购置(台、套)	生产用房(平方米)	电力线路(千米)
								小计	日光温室	塑料大棚			
延安市杨家湾试验苗圃	市属	10.00	生态经济与绿化用苗	8.00	2	800	6.67	3500	1500	2000	5	300	3.0
延安林校教学试验苗圃	市属	10.00	生态经济与绿化用苗	8.00	2	800	6.67	3500	1500	2000	5	300	3.0
渭北高原区(渭南、铜川)		152.00		90.67	15	11100	92.00	48000	17400	30600	75	4500	22.6
印台区焦平苗圃	市属	10.67	生态经济与绿化用苗	6.00	1	700	8.00	3400	1400	2000	5	300	1.5
耀县柳林苗圃	县属	12.00	生态经济与绿化用苗	6.00	1	700	7.33	3700	1300	2400	5	300	2.0
宜君县阳湾苗圃	县属	12.00	生态经济与绿化用苗	6.00	1	700	7.33	3700	1300	2400	5	300	2.0
临渭区花园苗圃	市属	10.00	生态经济与绿化用苗	8.00	1	800	6.67	2800	1000	1800	5	300	1.0
韩城县雷寺庄苗圃	县属	10.00	生态经济与绿化用苗	7.33	1	800	6.67	2800	1000	1800	5	300	1.0
华阴县华阳川苗圃	县属	10.00	生态经济与绿化用苗	6.67	1	800	6.67	2800	1000	1800	5	300	1.1
合阳县黄甫庄苗圃	县属	8.00	生态经济与绿化用苗	4.00	1	800	4.00	3000	1000	2000	5	300	1.5
合阳县城郊苗圃	县属	8.00	生态经济与绿化用苗	4.67	1	800	4.67	3000	1000	2000	5	300	1.5
华县金堆苗圃	县属	10.00	生态经济与绿化用苗	6.00	1	700	6.00	3000	1000	2000	5	300	1.6

续表

区域和苗圃	隶属关系	苗圃面积（公顷）	培育方向主要树种	建设内容									
				改土面积（公顷）	提水设施（打井、抽水站）	渠道衬砌（米）	喷灌、滴灌面积（公顷）	温室面积（平方米）			设备购置（台、套）	生产用房（平方米）	电力线路（千米）
								小计	日光温室	塑料大棚			
澄城县河田苗圃	县属	8.67	生态经济与绿化用苗	5.33	1	700	5.33	3200	1200	2000	5	300	1.6
蒲城县尧山苗圃	县属	9.33	生态经济与绿化用苗	5.33	1	700	5.33	3200	1200	2000	5	300	1.5
白水县云台苗圃	县属	8.67	生态经济与绿化用苗	4.67	1	700	4.67	3200	1200	2000	5	300	1.2
富平县金粟苗圃	县属	10.67	生态经济与绿化用苗	6.00	1	800	6.00	3200	1200	2000	5	300	1.5
大荔县沙苑苗圃	县属	10.67	生态经济与绿化用苗	5.33	1	700	5.33	3200	1200	2000	5	300	1.6
牛背梁苗圃	省属	13.33	生态经济与绿化用苗	9.33	1	700	8.00	3800	1400	2400	5	300	2.0
关中平原区（西安、咸阳）		186.0		99.33	17	12500	96.67	46800	16800	30000	85	5100	41
临潼县骊山苗圃	市属	10.00	生态经济与绿化用苗	5.33	1	600	4.67	2800	1000	1800	5	300	2.0
周至县厚畛子苗圃	县属	10.00	生态经济与绿化用苗	4.67	1	700	4.67	2800	1000	1800	5	300	2.5
长安县沣浴苗圃	县属	10.67	生态经济与绿化用苗	6.00	1	700	5.33	2800	1000	1800	5	300	2.2
蓝田县终南苗圃	县属	10.00	生态经济与绿化用苗	5.33	1	700	5.33	2700	900	1800	5	300	2.4
户县太平苗圃	县属	10.00	生态经济与绿化用苗	6.67	1	700	5.33	2500	900	1600	5	300	2.5

续表

区域和苗圃	隶属关系	苗圃面积(公顷)	培育方向主要树种	建设内容										
				改土面积(公顷)	提水设施(打井、抽水站)	渠道衬砌(米)	喷灌、滴灌面积(公顷)	温室面积(平方米)			设备购置(台、套)	生产用房(平方米)	电力线路(千米)
								小计	日光温室	塑料大棚			
雁塔区苗圃	县属	13.33	生态经济与绿化用苗	6.67	1	1000	6.67	2600	1000	1600	5	300	2.5
咸阳渭滨区苗圃	县属	13.33	生态经济与绿化用苗	6.67	1	1000	6.67	2600	1000	1600	5	300	2.5
泾阳县北仲苗圃	县属	10.00	生态经济与绿化用苗	5.33	1	700	4.67	2600	1000	1600	5	300	2.0
乾县五峰山苗圃	县属	10.67	生态经济与绿化用苗	5.33	1	700	4.67	2600	1000	1600	5	300	2.2
永寿县槐坪苗圃	县属	10.00	生态经济与绿化用苗	6.00	1	800	4.67	2600	1000	1600	5	300	3.0
长武县红星苗圃	县属	10.00	生态经济与绿化用苗	6.00	1	800	4.67	2700	900	1800	5	300	2.0
旬邑县石门苗圃	县属	13.33	生态经济与绿化用苗	6.67	1	700	6.67	2700	900	1800	5	300	3.0
彬县西庙头苗圃	县属	9.33	生态经济与绿化用苗	5.33	1	700	5.33	2700	900	1800	5	300	2.0
淳化县英烈苗圃	县属	8.00	生态经济与绿化用苗	4.67	1	600	4.67	2700	900	1800	5	300	2.2
礼泉县柏峰苗圃	县属	10.67	生态经济与绿化用苗	5.33	1	700	6.67	3000	1000	2000	5	300	2.0
西楼北方竹子苗圃	省属	13.33	生态经济与绿化用苗	6.67	1	700	8.00	3200	1200	2000	5	300	3.0
省种苗站实验苗圃	省属	13.33	生态经济与绿化用苗	6.67	1	700	8.00	3200	1200	2000	5	300	3.0

续表

区域和苗圃	隶属关系	苗圃面积（公顷）	培育方向主要树种	建设内容									
				改土面积（公顷）	提水设施（打井、抽水站）	渠道衬砌（米）	喷灌、滴灌面积（公顷）	温室面积（平方米）			设备购置（台、套）	生产用房（平方米）	电力线路（千米）
								小计	日光温室	塑料大棚			
秦巴山区西部及关山地区（宝鸡市）		143.3		97.3	15	13300	93.33	49300	18300	31000	75	4500	35
凤翔县汤房庙苗圃	市属	10.00	生态经济与绿化用苗	6.67	1	900	6.67	2800	1000	1800	5	300	2.0
眉县汤浴苗圃	县属	8.00	生态经济与绿化用苗	6.67	1	900	6.67	2800	1000	1800	5	300	2.2
麟游县长益庙苗圃	县属	8.67	生态经济与绿化用苗	6.00	1	800	6.00	2800	1200	1600	5	300	2.5
凤县留凤关苗圃	县属	8.00	生态经济与绿化用苗	6.67	1	900	6.67	3300	1500	1800	5	300	2.5
宝鸡县潘家湾苗圃	县属	10.00	生态经济与绿化用苗	6.67	1	900	6.67	3200	1200	2000	5	300	3.0
宝鸡县坪头苗圃	县属	8.00	生态经济与绿化用苗	5.33	1	800	5.33	3200	1200	2000	5	300	2.0
岐山县崛山苗圃	县属	8.00	生态经济与绿化用苗	5.33	1	900	5.33	3700	1500	2200	5	300	3.0
扶风县野河苗圃	县属	10.00	生态经济与绿化用苗	6.67	1	900	6.67	3800	1500	2300	5	300	2.3
陇县固关苗圃	县属	8.00	生态经济与绿化用苗	5.33	1	800	5.33	3500	1500	2000	5	300	2.2
陇县关山苗圃	县属	8.00	生态经济与绿化用苗	5.33	1	900	5.33	3200	1200	2000	5	300	2.0

续表

区域和苗圃	隶属关系	苗圃面积（公顷）	培育方向主要树种	建设内容									
				改土面积（公顷）	提水设施（打井、抽水站）	渠道衬砌（米）	喷灌、滴灌面积（公顷）	温室面积（平方米）			设备购置（台、套）	生产用房（平方米）	电力线路（千米）
								小计	日光温室	塑料大棚			
千阳县高崖苗圃	县属	6.67	生态经济与绿化用苗	4.67	1	800	4.67	2500	1000	1500	5	300	2.2
太白县靖口苗圃	县属	7.33	生态经济与绿化用苗	5.33	1	900	5.33	3000	1000	2000	5	300	2.1
辛家山林业局苗圃	市属	16.00	生态经济与绿化用苗	10.00	1	1000	8.00	4000	1000	3000	5	300	2.0
马头滩林业局苗圃	市属	13.33	生态经济与绿化用苗	10.00	1	900	6.67	4000	1000	3000	5	300	3.0
杨凌职业技术学院实验苗圃		13.33	生态经济与绿化用苗	6.67	1	1000	8.00	3500	1500	2000	5	300	2.0
秦巴山区西部及关山地区（汉中市）		142.00		101.7	16	13800	92.67	39200	17600	21600	80	4800	36
汉台区褒河苗圃	县属	10.00	生态经济与绿化用苗	6.00	1	800	6.00	2800	1200	1600	5	300	2.5
南郑县黎坪苗圃	县属	10.00	生态经济与绿化用苗	6.67	1	900	6.67	2800	1200	1600	5	300	2.0
城固县大盘苗圃	县属	8.67	生态经济与绿化用苗	6.67	1	900	5.33	2800	1200	1600	5	300	2.0
城固县中坪苗圃	县属	8.67	生态经济与绿化用苗	6.67	1	800	6.00	2200	1000	1200	5	300	2.0
洋县坪堵苗圃	县属	8.00	生态经济与绿化用苗	6.00	1	700	6.00	2200	1000	1200	5	300	2.0

续表

区域和苗圃	隶属关系	苗圃面积（公顷）	培育方向主要树种	建设内容									
				改土面积（公顷）	提水设施（打井、抽水站）	渠道衬砌（米）	喷灌、滴灌面积（公顷）	温室面积（平方米）			设备购置（台、套）	生产用房（平方米）	电力线路（千米）
								小计	日光温室	塑料大棚			
西乡县龙池苗圃	县属	8.00	生态经济与绿化用苗	6.00	1	700	6.00	2200	1000	1200	5	300	2.0
勉县黑潭子苗圃	县属	10.00	生态经济与绿化用苗	6.67	1	900	5.33	2200	1000	1200	5	300	3.0
略阳县铁厂坝苗圃	县属	8.00	生态经济与绿化用苗	6.67	1	800	5.33	2200	1000	1200	5	300	2.0
略阳县金池院苗圃	县属	8.67	生态经济与绿化用苗	6.00	1	1000	4.67	2200	1000	1200	5	300	2.0
镇巴县巴山苗圃	县属	10.00	生态经济与绿化用苗	6.00	1	900	6.00	2400	1200	1200	5	300	1.7
宁强县红石梁苗圃	县属	8.67	生态经济与绿化用苗	8.00	1	1000	5.33	2400	1200	1200	5	300	2.5
留坝县火烧店苗圃	县属	8.00	生态经济与绿化用苗	6.00	1	900	6.00	2800	1200	1600	5	300	2.0
留坝县上南河苗圃	县属	8.67	生态经济与绿化用苗	5.33	1	900	5.33	2400	1200	1200	5	300	2.5
佛坪袁家庄地苗圃	县属	8.00	生态经济与绿化用苗	5.67	1	600	6.00	2400	1200	1200	5	300	1.8
汉中市实验苗圃	市属	10.00	生态经济与绿化用苗	6.67	1	1000	6.67	2600	1000	1600	5	300	3.0
汉中市宗营苗圃	市属	8.67	生态经济与绿化用苗	6.67	1	1000	6.00	2600	1000	1600	5	300	3.0
秦巴山区东部地区（安康市）		124.00		74.67	11	9600	74.67	56400	13400	43000	55	3300	28.0

续表

区域和苗圃	隶属关系	苗圃面积（公顷）	培育方向主要树种	建设内容									
				改土面积（公顷）	提水设施（打井、抽水站）	渠道衬砌（米）	喷灌、滴灌面积（公顷）	温室面积（平方米）			设备购置（台、套）	生产用房（平方米）	电力线路（千米）
								小计	日光温室	塑料大棚			
安康市恒口苗圃	市属	10.00	生态经济与绿化用苗	6.00	1	800	6.00	5000	1000	4000	5	300	2.8
石泉县凤凰苗圃	县属	8.00	生态经济与绿化用苗	4.67	1	600	4.67	5000	1000	4000	5	300	3.0
紫阳县大南河苗圃	县属	10.67	生态经济与绿化用苗	6.67	1	800	6.67	5000	1000	4000	5	300	2.5
岚皋县总场苗圃	县属	13.33	生态经济与绿化用苗	8.00	1	1000	8.00	7700	1700	6000	5	300	3.5
白河县白河苗圃	县属	10.00	生态经济与绿化用苗	6.00	1	800	6.00	4200	1200	3000	5	300	1.5
宁陕县新矿苗圃	县属	10.67	生态经济与绿化用苗	6.67	1	800	6.67	4200	1200	3000	5	300	1.8
旬阳县总场苗圃	县属	17.33	生态经济与绿化用苗	10.00	1	1300	10.00	7400	1400	6000	5	300	2.9
平利县千家坪苗圃	省直	11.33	生态经济与绿化用苗	6.67	1	900	6.67	4000	1000	3000	5	300	2.5
平利县药妇山苗圃	省直	10.00	生态经济与绿化用苗	6.67	1	900	6.67	4000	1000	3000	5	300	2.5
汉阴县凤凰山苗圃	县属	9.33	生态经济与绿化用苗	5.33	1	700	5.33	4200	1200	3000	5	300	2.0
镇坪县总场苗圃	县属	13.33	生态经济与绿化用苗	8.00	1	1000	8.00	5700	1700	4000	5	300	3.0
秦巴山区东部（商洛市）		97.33		56.67	9	7500	56.67	37000	14000	23000	54	2700	22

续表

区域和苗圃	隶属关系	苗圃面积（公顷）	培育方向主要树种	建设内容									
				改土面积（公顷）	提水设施（打井、抽水站）	渠道衬砌（米）	喷灌、滴灌面积（公顷）	温室面积（平方米）			设备购置（台、套）	生产用房（平方米）	电力线路（千米）
								小计	日光温室	塑料大棚			
商州市二龙山苗圃	县属	8.67	生态经济与绿化用苗	4.67	1	700	4.67	3600	1300	2300	6	300	3.0
商南县三角池苗圃	县属	10.00	生态经济与绿化用苗	6.00	1	800	6.00	3900	1400	2500	6	300	2.5
镇安县木王苗圃	县属	13.33	生态经济与绿化用苗	8.00	1	1000	8.00	5000	2000	3000	6	300	3.5
柞水县凤镇苗圃	县属	10.00	生态经济与绿化用苗	6.00	1	700	6.00	3900	1400	2500	6	300	2.2
柞水县七坪苗圃	县属	11.33	生态经济与绿化用苗	6.67	1	900	6.67	4200	1600	2600	6	300	1.8
洛南县石坡苗圃	县属	11.33	生态经济与绿化用苗	6.67	1	900	6.67	4200	1700	2500	6	300	3.1
洛南县古城苗圃	县属	10.00	生态经济与绿化用苗	6.00	1	800	6.00	3800	1400	2400	6	300	1.8
山阳县红旗苗圃	县属	12.00	生态经济与绿化用苗	6.67	1	900	6.67	4600	1800	2800	6	300	1.3
丹凤县商山苗圃	县属	10.67	生态经济与绿化用苗	6.00	1	800	6.00	3800	1400	2400	6	300	2.8
秦巴山区西部及关山地区（森工）		132.67		78.67	24	10000	78.67	76500	12500	64000	66	1800	15
宁西局苗圃	省属	33.33	生态经济与绿化用苗	20.00	5	2500	20.00	18600	2600	16000	11	300	3.0

续表

区域和苗圃	隶属关系	苗圃面积（公顷）	培育方向主要树种	建设内容									
				改土面积（公顷）	提水设施（打井、抽水站）	渠道衬砌（米）	喷灌、滴灌面积（公顷）	温室面积（平方米）			设备购置（台、套）	生产用房（平方米）	电力线路（千米）
								小计	日光温室	塑料大棚			
太白局苗圃	省属	33.33	生态经济与绿化用苗	20.00	5	2500	20.00	18600	2600	16000	11	300	3.0
汉西局苗圃	省属	23.33	生态经济与绿化用苗	14.00	5	1800	14.00	11200	2200	9000	11	300	2.5
宁东局苗圃	省属	18.67	生态经济与绿化用苗	10.67	3	1400	10.67	10000	2000	8000	11	300	2.5
龙草坪局苗圃	省属	16.00	生态经济与绿化用苗	9.33	3	1200	9.33	9800	1800	8000	11	300	2.0
长青华阳区苗圃	省属	8.00	生态经济与绿化用苗	4.67	3	600	4.67	8300	1300	7000	11	300	2.0

（三）完成的苗圃建设工程可行性研究报告

（1）2000年10月，编制《陕西省苗木繁育中心工程建设可行性研究》与《西安市现代化综合苗圃工程建设可性行研究》报告。

陕西省苗木繁育中心，建设地点宝鸡市眉县槐芽镇，建设期2000～2001年，主要建设内容及规模为总面积272公顷。其中，科研试验区31.9公顷，示范推广区60.4公顷，生产区140.5公顷，其他39.2公顷。生产面积189.9公顷。建温室4.0万平方米；建设管道式喷灌系统（面积）67.4公顷，滴灌系统（面积）55.2公顷；建设组培、科研、管理及流动专家公寓5700平方米，建设种子、机具、化肥、苗木等生产性用房2660平方米；并配备必要的仪器设备及交通通讯工具和供电设施等。总投资金为6005.20万元，其中：基本建设投资5405.20万元，占总投资的90.0%；流动资金600.00万元，占总投资的10.0%。建设目标：采用国内外先进的种苗繁育技术和设备，建设国内一流、西北领先的苗木繁育中心和科技示范基地、产业基地、生态教育基地。年产各类优质苗木6534万株，其中大田针叶苗4080万株，阔叶苗238万株，绿化苗130万株，经济林苗木64万株；温室扦插苗188万株，组培苗384万株；花卉15万株。

西安市现代化综合苗圃是采用国内外先进的种苗繁育设备和技术建成具有先导示范性的现代化综合苗圃。总面积151.7公顷，建工厂化容器育苗生产区3.00公顷，组织培养生产区1.50公顷，大田苗木生产区103.80公顷，城市园林绿化苗木生产区7.50公顷及其他基础设施建设。总投资为3596.24万元，其中，基本建设投资3446.24万元，圃地流动资金 150.00 万元。建设目标：生产各种造林、绿化、经济林苗木，生产苗木总计 1373.0 万株。其中：大田针叶苗木 173.0 万株，大田阔叶苗 120.0 万株，绿化苗木 453.0 万株，经济林苗木 46 万株；针叶容器苗 248 万株，阔叶容器苗 57 万株，温室绿化扦插苗 26 万株，组培苗 200 万株。

(2)2002 年，编制《陕西省林木良种繁育中心可行性研究》报告。陕西省林木良种繁育中心拟在西安市北郊草滩建设。建设期 2002~2003 年，建设土地总面积 32.40 公顷，生产用地面积 25.93 公顷，道路灌溉等其他用地 6.47 公顷。其中建设种质资源收集保存区 6 公顷，引种区 2.01 公顷，育种区 3.6 公顷，测定区 2 公顷，试验示范区 6.93 公顷，繁殖区 8.35 公顷，温室及管理区 3.38 公顷。土地平整与改良 25.35 公顷；建设智能与普通温室 2304 平方米，日光温室 1280 平方米；建设固定喷灌系统(面积)13.33 公顷，暗管输水系统(面积)12.02 公顷，建设组培、科研、管理及生产性库房 2484.96 平方米，建设给排水、供电、采暖系统，配备必要的仪器设备及交通通讯工具 1127 台(套)。总投资 1872.68 万元，其中基本建设投资 1712.68 万元，占 91.5%；生产建设费 160. 万元，占 8.5%。达到正常生产年份时，年生产各类苗木及穗条 331.74 万株，其中生态苗 93.31 万株，绿化苗木 74.91 万株，经济林苗 28.52 万株，组培苗 100 万株，穗条 30 万株。

(四)种苗工程设计

2001~2002 年，对全省种苗工程的设计，凡省内具有乙级设计资质的单位都参与设计。规划院设计承担总任务量的 60%，西北规划设计院、市级林业调查设计单位及社会设计单位约占总任务的 40%。

规划院完成的设计主要有：

2000 年，完成延安市、榆林市、汉中市、商洛市采种基地初步设计。

2001 年，完成西安市现代化苗圃设计，宁东局、宁西局、太白局、汉西局、龙草坪局、长青局中心苗圃设计、楼观台林场北方竹子苗圃设计；榆林市中心苗圃、延安市中心苗圃、铜川市中心苗圃、渭南市中心苗圃、咸阳市中心苗圃、陕西省治沙研究所中心苗圃等设计，同时完成了榆林市靖边、榆阳区、佳县、米脂、清涧等县(区)中心苗圃设计，延安市宝塔、延川、子长、志丹、安塞、甘泉、富县、黄陵等县中心苗圃设计，铜川市耀县、宜君等县中心苗圃设计，咸阳市旬邑、长武、淳化、杉县、永寿、武功等县中心苗圃设计，宝鸡市岐山县中心苗圃，西安市周至、户县、高陵、阎良、雁塔、未央、西安市林业站科技示范苗圃设计。铜川市、宝鸡市、渭南市、西安市、森工系统采种基地初步设计。

2002 年，完成桥北柴松、桥山油松、洛南古城良种基地初步设计；辛家山和马头滩林业局良种基地建设初步设计，大荔县红枣良种示范园、铜川市中心苗圃初步设计。

(五)林木良种、采种基地可性行研究与设计

2001~2010 年，省林业厅又结合本省实际，特别是针对林业发展对林木良种的需求增加，多次组织有林业设计资质的单位对省内针阔叶树种良种基地及采种基地进行调查统计和可性行研究，向国家林业局申报，并对批复的部分项目作了初步设计。

主要完成的可行性研究与设计：

2001年，完成《白河县香椿采种基地建设项目可行性研究》。

2002年完成：

（1）《洛南红豆杉抗癌新药原料林基地建设可行性研究》项目区涉及洛南县灵口镇和石坡镇27个行政村。建设主要内容：培育美国曼地亚红豆杉、粗榧苗木6.67公顷；人工栽植抗癌新药原料林2000公顷。项目建设期3年（2002～2004年）。项目总投资2984.86万元，其中，基本建设投资2738.64万元，占总投资的91.75%；其他费用246.22万元，占8.25%。

（2）《陕西"曼地亚红豆杉"苗木繁育基地与种植示范基地建设可行性研究》，建设地点礼泉县。新建曼地亚红豆杉育苗基地位于县城北部叱干镇附近，原料基地位于礼泉县柏峰林场咀子工区。新建曼地亚红豆杉苗木繁育基地8公顷，新建曼地亚红豆杉种植示范基地（原料基地）200公顷。项目建设需要投入总资金6424.64万元，其中，项目建设投资5224.64万元，占项目投入总资金的81.3%；流动资金1200万元，占项目总资金的18.7%。

（3）《陕西省白河木瓜良种基地可行性研究》，新建木瓜采种基地600公顷，其中，建母树林588公顷，采穗圃12公顷。项目建设期2年（2003～2004年）。项目总投资328.51万元，其中，国家投资262.80万元，占80%；地方财政配套资金65.71万元，占20%。

（4）《陕西省汉阴铁坚杉、栎类采种基地可行性研究》，新建铁坚杉、栎类采种基地2000公顷。其中，铁坚杉500公顷，栎类1500公顷，项目建总投资447.84万元。其中，国家投资358.30万元，占80%；地方财政配套资金89.54万元，占20%。

（5）《陕西省滦镇检疫隔离试种苗圃可行性研究》，苗圃面积8.3公顷，其中，生产用地面积6公顷，占总面积的72.4%；非生产用地面积2.3公顷，占总面积的27.6%。项目建设期2003～2004年。项目建设总投资为550.00万元。

（6）《陕西黄土高原天然林种质资源收集保存及良种培育技术示范项目可行性研究》建设总规模66.67公顷，项目总投资110万元。

（7）《陕西三原县苗木繁育基地设计》，苗木繁育基地建设规模6.7公顷，其中生产区6.3公顷，其他0.4公顷。设计年产各类苗木92万株，建设总投资134.3385万元。

2003年完成：

（1）《陕西平利珙桐林木良种基地建设可行性研究》。

（2）《陕西省延安桥山林业局油松良种基地初步设计》，设计改建母树林249公顷，新建二代种子园23公顷，新建子代测定林10公顷，新建良种繁育圃3公顷。项目总投资306.0万元。

（3）《陕西省八渡油松良种基地建设项目可行性研究报告》，建设面积647.4公顷，其中，改扩建面积493.9公顷。项目总投资407.78万元。其中，基地生产建设费265.19万元，占总投资的65.0%；土建安装费72.00万元，占总投资的17.7%；设备工器具购置费20.29万元，占总投资的5.0%；科技支撑费10.72万元，占总投资的2.6%；其他费用39.57万元，占总投资的9.7%。

（4）《陕西西乡县巴山松、马尾松采种基地可行性研究》。

(5)灞桥、长武、淳化、凤翔、横山、华阴、黄龙山、桥山、周至、旬邑、蓝田、宁东局、宜君、印台、南郑等县(局)的良种基地可行性研究报告与、灞桥、长武、周至、华阴、黄龙山、桥山、蓝田、宜君采种基地、良种基地初步设计。

(6)《陕西秦巴山区和陕西北部种植资源库可行性研究报告》。

(7)《横山县花棒踏郎采种基地初步设计》。

2004 年完成：

(1)《印台区优质苹果苗木繁育基地建设可行性研究报告》。

(2)《桥山林业局美国黄松良种基地建设项目可行性研究》建设规模 60 公顷。其中，母树林 50 公顷，子代测定林 10 公顷。

(3)《旬邑县油松采种基地疏伐作业设计》，设计作业面积 269.4 公顷，采伐量 5024.4 立方米。

(4)《略阳县杜仲良种基地建设项目可行性研究》，项目建设总规模 23 公顷。其中，新建杜仲资源收集区 5 公顷，新建杜仲良种原种采穗圃 8 公顷，种苗繁育圃 5 公顷，示范区 5 公顷。

(5)《榆林市樟子松种子园良种基地初步设计》，设计新建母树林面积 33.3 公顷，子代测定林 2.0 公顷。

(6)《陕西省洛南县油松良种基地初步设计》，设计建设面积 141.7 公顷，其中改扩建面积 124.7 公顷，总投资 180.00 万元。其中，培育工程投资 63.17 万元，占总投资的 35.0%；繁育生产及设备工程投资 57.87 万元，占总投资的 32.2%；辅助工程投资 36.63 万元，占总投资的 20.4%；其他费用 13.9 万元，占总投资的 7.7%；不可预见费 8.6 万元，占总投资的 4.7%。

(7)《陕西省柞水县栎类采种基地初步设计》，建设采种基地 300.67 公顷。项目建设总投资 175.00 万元。其中，培育工程投资 84.67 万元，占总投资的 48.38%；生产工程投资 64.43 万元，占总投资的 36.82%；附属工程投资 4.80 万元，占总投资的 2.74%；其他费用 21.10 万元，占总投资的 12.06%。

(8)《泾阳县苗木繁育基地规划设计》，建设面积 6.7 公顷，建设总投资 125.03 万元，其中，基础设施建设投资 114.71 万元，占 91.7%；其他费用 10.32 万元，占 8.3%。

2005 年完成：

(1)《陕西省陇县八渡油松良种基地初步设计》，项目建设总面积 183.5 公顷，其中改建面积 153.5 公顷。项目总投资 245.0 万元。其中良种培育工程投资 165.1 万元，占总投资的 67.4%；繁育生产及设备工程投资 26.8 万元，占总投资的 10.9%；辅助工程投资 18.5 万元，占总投资的 7.5%；其他费用 22.9 万元，占总投资的 9.4%；不可预见费 11.7 万元，占总投资的 4.8%。

(2)《富平县明生苗木繁育建设项目可行性研究报告》，建设规模 6.67 公顷，建设投资 396 万元，其中，固定资产投资 202.77 万元，流动资本 30 万元。

(3)《牛背梁保护区红豆杉良种基地项目可行性研究》。

(4)《宜君县核桃良种基地可行性研究》。

(5)《蓝田县白鹿原半干旱区核桃良种示范基地可行性研究》。

(6)《西北农林科技大学种质资源库可行性研究》。

(7)《西安新大地苗圃建设项目可行性研究报告》。

(8)《陕西省勉县油桐良种基地可行性研究报告》。

(9)《陕西眉县核桃良种基地可行性研究报告》。

(10)《韩城市白皮松采种基地可行性研究》。

(11)《宜君县有机核桃示范园可行性研究》。

(12)《铜川市种苗质量监督检验中心可行性研究》

(13)《延安市种苗质量监督检验中心可行性研究报告》。

(14)《宁东林业局中心苗圃规划》。

2006 年完成:

(1)《宁西局秦岭冷杉珍稀树种示范基地建设项目可行性研究》。

(2)《陕西省留坝县栎类良种基地建设项目可行性研究报告》，建设良种基地 100 公顷：改建母树林 70 公顷，新建种子园 30 公顷。项目总投资为 304.7 万元。

(3)《陕西省留坝县桦木良种基地建设项目可行性研究报告》，建设良种基地 155 公顷，其中，改建母树林 115 公顷，新建种子园 40 公顷。项目总投资为 304.7 万元。

2007 年完成:

(1)《略阳县杜仲良种基地建设项目初步设计》项目建设总规模 23 公顷。其中，新建杜仲资源收集区 5 公顷，新建杜仲良种原种采穗圃 8 公顷，种苗繁育圃 5 公顷，示范区 5 公顷。

(2)《镇安县黑窑沟七叶树良种基地建设项目初步设计》，基地建设总规模 23 公顷，其中，新建实生种子园 5 公顷，引种区 1 公顷，育种区 5 公顷，示范林 1 公顷，繁育圃 1 公顷；选建母树林 10 公顷。

(3)《岚皋县油桐良种基地可行性研究》，新建油桐种子园 30.0 公顷，示范林 10.0 公顷，子代测定林 5.0 公，良种繁育圃 7.0 公顷，优良品种收集区 1.4 公顷。

(4)《黄连木、山桐子良种基地可行性研究》，由德融公司完成。新建黄连木、山桐子等木本油料树种繁育圃 21.2 公顷，优良品种收集保存区 1.5 公顷，采穗圃 2.0 公顷。

(5)《秦岭珍稀植物种质资源库建设项目可行性研究》。

(6)《宁强县黄连木良种基地可行性研究》。

(7)《洋县马尾松良种基地可行性研究》。

2008 年完成:

(1)《陕西省榆阳优质仁用杏生产基地建设项目可行性研究》，新建仁用杏良种示范园 40.0 公顷，良种培育区 2.0 公顷，良种繁育圃 6.0 公顷，采穗圃 2.5 公顷，优良品种收集区 2.0 公顷。

(2)《陕西北部乡土树种绥德县良种繁育基地建设项目可行性研究》，新建仁用杏良种示范园 12.0 公顷，良种培育区 2.0 公顷，良种繁育圃 8.0 公顷，采穗圃 5.0 公顷，优良品种收集区 2.0 公顷，种子园 3.0 公顷，测定林 2.0 公顷。

(3)《秦巴山区野生珍稀花卉资源保存利用建设项目可行性研究》，建设杜鹃、百合、兰科植物种质资源保存库 30 公顷，异地保存优良种质资源 2000 份。

(4)《陕西省合阳县花椒良种基地建设项目可行性研究》，项目建设总规模43.5公顷，其中，良种培育区1.5公顷，良种繁育圃7.0公顷，采穗圃3.0公顷，品种收集区2.0公顷，花椒示范区30.0公顷。

(5)《陕西省镇安县板栗良种基地建设项目可行性研究报告》，新建板栗良种基地15公顷，内设优树收集区2.0公顷，品种实验区3.0公顷，示范园4.0公顷，采穗圃4.0公顷，良种繁育区2.0公顷。项目建设总投资265.1万元。其中建筑安装工程投资200.9万元，占总投资的75.8%；设备及工具购置投资28.9万元，占总投资的10.9%；其他费用35.3万元，占总投资的13.3%。

(6)《陕西省留坝县栎类良种基地建设项目初步设计》，建设总面积100公顷，其中营建母树林面积70公顷，新建优树收集圃5公顷，初级种子园20公顷，子代测定林5公顷。项目总投资201.0万元，其中建筑安装费159.8万元，占79.5%；设备(材料)购置费10.9万元，占5.4%；其他费用30.3万元，占15.1%。

(7)《南郑县油茶良种繁育基地建设可行性研究》。

(8)《清涧县枣树可行性研究》。

2009年完成：

(1)《陕西省陇县核桃良种基地建设项目可行性研究报告》，新建优质核桃良种繁育基地63.3公顷，其中，新建良种采穗圃13.33公顷，良种收集试验圃6.7公顷，良种试验示范园13.33公顷，无性系测定林10公顷，良种繁育圃20公顷。项目总投资324.24万元，其中，工程建设投资284.98万元，占总投资的87.89%；其他投资39.26万元，占总投资的12.11%。

(2)《韩城市油松良种基地建设项目可行性研究》。

(3)《南郑县油茶良种繁育基地建设项目可行性研究》。

(4)《志丹县大果沙棘可行性研究》报告编制。

2010年完成：

(1)《白水县核桃良种繁育基地建设项目初步设计》。

(2)《凤县花椒良种基地建设可行性研究》，新建花椒良种示范园40.0公顷，良种培育区1.5公顷，良种繁育圃7.0公顷，采穗圃4.0公顷，优良品种收集区2.0公顷。

(3)《汉滨区核桃采穗圃良种繁育基地初步设计》核桃良种采穗圃分为2块，分别位于大同镇三条岭(安康市蚕种场)和关庙镇万春寺(西北农林科技大学试验站)，面积8.0公顷。良种繁育基地分为2块，分别位于建民镇仁家坝和大同镇三条岭(安康市蚕种场)，面积10.0公顷。

(4)《汉阴县核桃采穗圃良种繁育基地初步设计》。核桃良种采穗圃分为2块，分别位于观音河乡观音河村和永宁乡新华村，面积8.7公顷。良种繁育基地分为2块，分别位于平梁镇新河村和永宁乡新华村，面积13.3公顷。

(5)《宁陕县核桃采穗圃良种繁育基地初步设计》，核桃良种采穗圃位于城关镇旱坝村岩屋沟，面积13.3公顷。良种繁育基地分为6块，分别位于城关镇关一村、三星村、寨沟村、老城村和校场村境内，面积20公顷。

(6)《平利县核桃采穗圃良种繁育基地初步设计》，核桃良种采穗圃位于城关镇猫儿沟村猫儿沟，面积6.7公顷。良种繁育基地位于城关镇普济寺村，面积6.7公顷。

(7)《岚皋县核桃采穗圃良种繁育基地初步设计》，核桃良种采穗圃位于蔺河乡大湾村，面积12公顷(新建6.7公顷，改建5.3公顷)。良种繁育基地分为2块，分别位于孟石岭乡柏杨林村和蔺河乡大湾村，面积10公顷。

七、陕西省绿色通道工程建设规划

(一)陕西省绿色通道工程建设规划

该规划于2001年由规划院完成。

建设范围：包括全省境内高速公路、铁路、国道、省道、县道、乡道、河渠、堤防沿线可绿化范围内的绿化以及地级市以上环城林带建设。平原区线路绿化和林带建设，丘陵山区线路绿化和第一面坡可视范围内的荒山、荒地绿化，在建和规划建设公路、河渠、堤防不列入本规划范围。

建设期限：绿色通道建设期限规划为9年，即2002~2010年。分两个阶段实施，第一阶段为2002~2005年，第二阶段为2006~2010年。

建设目标：以保障公路、铁路视野开阔安全通畅，江河、水库长期发挥效能为前提，实现沿线可绿化的路线全部绿化，最终达到道路水系林带化，城镇乡村园林化。到2005年，全省高速公路全部实现绿化，60%的现有铁路、国道 、省道、河渠、堤防实现绿化。到2010年，全省现有乡以上公路、铁路、黄河、渭河、汉江等主要河流、渠堤全部实现绿化，大中型水库可绿化区域基本实现绿化；沿线火车站、县区以上车站全部达到园林化标准。形成带、网、片、点相结合，层次多样，结构合理，功能完备的绿色长廊。使全省绿色通道成为绿化线、风景线、经济线、致富线，并充分发挥其防风固土、涵养水源、调节气候、改善环境的作用。

建设规模：陕西省绿色通道工程建设规划绿化总里程47322.4千米，其中，平原区线路绿化里程28973.5千米，山丘区线路绿化18348.9千米，林带建设13126.2公顷，荒山荒地造林绿化125797.0公顷。按线路分，铁路线路绿化里程1564.4千米，其中，平原区465.7千米，山丘区1098.7千米，林带建设931.4公顷，荒山荒地造林绿化6592.2公顷；公路线路绿化里程21109.0千米；其中，平原区8325.8千米，山丘区12783.2千米，林带建设3608.8公顷，荒山荒地造林绿化67014.8公顷；河渠 、堤防绿化24649.0千米，其中，平原区20182.0千米，山丘区4467.0千米，林带建设8586.0公顷，荒山荒地造林绿化52190.0公顷。环城绿化带建设204.3千米，折合面积3575.3公顷。

项目总投资272334.13万元，其中，绿色通道建设投资170768.13万元，占总投资的62.7%，环城绿化林带建设投资101566.0万元，占37.3%。

绿色通道分阶段投资：2002~2005年投资102400.99万元，占项目总投资60.0%；2006~2010年投资68367.14万元，占项目总投资40.0%。

(二)西安大绿工程规划

2002年，由规划院完成。西安市大绿工程规划的范围是整个西安市市域，依托大生态环境，沿山、沿路、沿渠、沿水、沿村镇绿化；依托文物古迹、遗址保护，如周沣镐遗址、秦阿房宫遗址、汉长安遗址、唐大明宫遗址，环西安市建设一个良好的可持续发展的生态环境。大绿工程建设规划人工造林总面积40373.3公顷，其中，“六片”规划面积5540.0公顷，占13.7%；“八河”及其他河渠规划面积4173.3公顷，占10.3%；“十路”及乡村道路(含农田林网)规划面积4273.4公顷，占10.6%；台塬沟壑区规划面积8039.9公顷，占19.9%；秦岭北坡生态屏障规划面积17866.7公顷，占44.3%；村镇规划面积32公顷，占1.2%。在规划总面积中，生态林35277.5公顷，占87.4%；经济林5095.8公顷，占12.6%。工程建设总投资22670.93万元。大绿工程建设任务必须于2006年年底前完成。

第四节　林业专项工程规划设计

一、国有林区五大专项工程规划

2006年11月，省林业厅根据国家林业局计资司关于组织编制重点林区基础设施建设专题规划的通知精神，组织规划院完成《陕西省重点林区危房改造工程建设专项规划》《陕西省国有林区局、场址道路建设专项规划》《陕西省国有林区职工饮水工程专项规划》《陕西省国有林区医疗卫生建设专项规划》《陕西省国有林区中小学基础设施建设专项规划》五大专项规划。

1. 陕西省重点林区危房改造工程建设专项规划。《陕西省重点林区危房改造工程建设专项规划》涉及全省257个国有林场，危房改造与新建规模2251695.2平方米。其中，危房改造707128.1平方米，新建面积1544567.1平方米。

规划目标：按照陕西省经济实用房建设面积标准综合考虑，规划期末，省属国有林场职工按户均住房面积80平方米，地方国有林场职工按户均住房面积60平方米标准，住宅楼结构全部采用砖混结构。

规划期限为9年(2007~2015年)，规划项目建设分二个阶段实施。第一阶段2007~2010年，第二阶段2011~2015年。规划总投资182061.88万元，其中，新建投资145479.75万元，占规划总投资的79.9%，改建投资36582.13万元，占规划总投资的20.1%。

规划期第一阶段建设面积859784.3平方米，其中，新建面积463326.0平方米，改建面积396458.3平方米，投资80222.03万元，占规划总投资的44.1%。规划期第二阶段建设面积1391910.9平方米，其中，新建面积1081241.1平方米，改建面积310669.8平方米，投资101839.85万元，占规划总投资的55.9%。

投资来源主要由职工个人出资，国家和地方给予适当补助(2.5万元/户，其中，国家1.5万元，地方配套1万元)。

2. 陕西省国有林业局、场址道路建设专项规划。《陕西省国有林区局、场址道路建设专项规划》项目主要涉及国有林区的宁西、太白、宁东、汉西、龙草坪、长青、马头滩、辛家山、桥山、桥北、黄龙山、劳山等12个林业局及省楼观台林场等57个林业局(场)。

规划期限为9年(2007~2015年)，分2007~2010年和2011~2015年两段。

建设内容主要针对，通往林业局和林场的道路进行改造，其次，对部分水毁或原设计不合理路段进行改建。规划改建、改造主干道路和次干道路 1125 千米，其中，改建、改造主干道路 167 千米，改建、改造次干道路 958.0 千米。工程分二个阶段实施，第一阶段 2007～2010 年，改建硬化主干道路面 127 千米，改造硬化主干道路面 40 千米。第二阶段 2011～2015 年，改建硬化次干道路面 10 千米，改造硬化次干道路面 948 千米。规划总投资 86060.0 万元。其中，国家投资 68850.0 万元，占总投资的 80%；地方配套 17210.0 万元，占总投资的 20%。

3. 陕西省国有林区职工饮水工程专项规划。《陕西省国有林区职工饮水工程专项规划》涉及全省重点林区，省资源管理局下属 6 个林业局、宝鸡市马头滩、辛家山林业局、省楼观台林场及延安市桥山、桥北、黄龙山、劳山林业局等 71 个单位（12 个林业局，59 个林场）。工程分二个阶段实施，第一阶段 2007～2010 年，第二阶段 2011～2015 年。

规划给水工程中，打机井 42 眼，建井泵房 1801 平方米，购置井泵房设备 44 套和维修、改造 42 座高位蓄水池；修建地表水引水坝或扬水泵站 38 座、泵站房 1625 平方米，泵站设备 43 套；新建水厂 17 座，建设面积 687 平方米，购置设备 17 套；新铺设或改造给水管道 68.1 千米，建成供水能力达到 16469 立方米/日。排水（污）工程中，修建或改建污水处理站（池）50 座，铺设排污暗管 84.3 千米，开挖排水明渠 40 千米，污水处理能力达到 18610 立方米/日。

规划总投资 7086.81 万元。其中，给水设施建设投资 4406.06 万元，占规划总投资的 62.2%，排水（污）设施改造建设投资 2680.75 万元，占规划总投资的 37.8%。其中第一阶段（2007～2010 年）投资 5498.31 万元，第二阶段（2011～2015 年）投资 1588.50 万元。

总投资中，申请中央投资 6025.00 万元，占 85%，地方政府及企业配套 1061.81 万元，占 15%。

4. 陕西省国有林区医疗卫生建设专项规划。《陕西省国有林区医疗卫生建设专项规划》建设范围涉及省资源局所属的森工医院和宁西、太白、宁东、汉西、龙草坪、长青局，宝鸡市马头滩、辛家山林业局，省楼观台林场，延安市桥山、桥北、黄龙山、劳山林业局，共 14 个县级单位。

规划新建、改造扩建林区三级医疗卫生机构 54 所。其中，新建局级医院 3 所、林场卫生院（所）23 所，改造扩建局级医院 12 所，场级 16 所。新建医疗卫生用房 55320 平方米，危房改造 7885 平方米；购置各类设备 3863 台（套）。其中，基本医疗设备 1415 台（套），病床单元设备 1701 套，卫生垃圾处理设备 14 台（套），其他设备 733 台（套）。

项目总投资 7859.26 万元。其中，建筑工程投资 5838.50 万元，仪器设备购置投资 1466.10 万元，其他费用投资 554.66 万元。

项目建设资金以申请国家基本建设投资为主，地方配套为辅的方式筹措。国家和地方的投资比例为 8∶2，国家基本建设需投资 6287.41 万元，地方配套 1571.85 万元。

5. 陕西省国有林区中小学基础设施建设专项规划。《陕西省国有林区中小学基础设施建设专项规划》主要涉及陕西省资源局所属的宁西、太白、宁东、汉西、龙草坪、长青等 6 个国有林业局的 24 个林场。规划以现有中小学、职业培训学校和成人培训中心为基础，根据需求预测，以适度扩大规模，改善办学条件，提高教学质量，满足林区职工群众对教育资源的需求为宗旨。

规划总投资 3032 万元。其中，土建投资 2537 万元，仪器设备投资 496 万元。资金筹措方式为，国家基本建设投资 2426 万元，占总投资的 80.0%；地方配套建设投资 606 万元，占总投资的 20.0%。

二、陕西省国有林场基础设施建设规划

（一）2008 年完成《陕西省国有林场基础设施建设规划》

该规划涉及全省 257 个国有林场。主要内容为：

1. 生产生活用房。规划建设国有林场生产生活用房(砖混结构)总面积 893812 平方米。其中：新建 762042 平方米，维修改造 131770 平方米。

2. 供水。场部供水：规划打机井 41 眼、水井 57 眼，铺设管道 174450 米，修引水渠 10000 米，建水塔 50 座、蓄水池 52 座、水窖 1 口，购置水泵 14 台，建井房 2 座。工区供水：规划打机井 84 眼、水井 144 眼，铺设管道 352820 米，修引水渠 106400 米，建蓄水池 267 座、水窖 95 口，购置水泵 39 台。生产用水：规划打机井 72 眼、水井 115 眼，铺设管道 351770 米，修引水渠 96700 米，建水塔 8 座、蓄水池 82 座、水窖 9 口，购置水泵 91 台。

3. 道路建设。规划新建林场场部连接国道、省道、县道等(断头路)1071.5 千米，改造 435 千米，结束 9 个林场场部不通公路的历史。新建林场至工区道路 6646.5 千米，改造 903 千米；维修改造巡护路 10805.7 千米。

4. 供电。场部通电：规划架设高压线路 305.3 千米，低压线路 635.4 千米，购置变压器 49 台；工区生活用电：规划架设低压线路 2022 千米，购置燃油发电系统 34 台(套)，太阳能发电系统 111 套；生产用电：规划架设高压线路 605.8 千米，低压线路 1091 千米，购置变压器 96 台，燃油发电系统 3 套。

5. 通讯。完成 6 个国有林场场部和 433 工区通讯设施建设和设备购置，完成 43 个林场场部通有线电视，彻底解决工区、管护站看不上电视的局面，并完成部分国有林场通讯设施和设备更新。场部通讯：规划架设有线通讯线路 1067.8 千米，移动通讯基站 7 座，购置电台 18 台(套)、对讲机 220 对、移动电话 220 部、GPS6 台、网络连接设备 21 套。工区通讯：规划架设有线通讯线路 1985 千米，购置电台 64 台(套)、对讲机 400 对、移动电话 568 部。

6. 文化设施、办公设备及其他。规划架设闭路线路 88.5 千米，购置卫星电视接收系统 101 套，购置电视机 559 台；购置计算机 2417 台、传真机 260 台、复印机 258 台、打印机 262 台、投影仪 247 台、照相机 258 架、文件柜 2493 套、办公桌椅 5427 套。购置生产生活用车 258 台。

（二）2009 年完成《西安市国有林场基础设施建设规划》

规划范围涉及西安市 13 个国有林场及所属 71 个营林管护站。规划的主要内容：

1. 房屋建设。规划建筑总面积 34530 平方米。其中，办公用房 3880 平方米，附属用房 12700 平方米，生活用房(管护站宿办合用)面积 17950 平方米。

2. 给水工程。规划打机井 16 眼，蓄水池 55 座，铺设引水管线 39780 米，城镇管网延伸 380 米，储水池 54 座，建水塔 17 座，购置水泵及配套设备 24 台(套)，安全饮水配备净水器 71 套。

3. 污废水处理及排水工程。规划地埋式污水处理池 78 个，污废水管网延伸 800 米，沼气池 71 个，排水管网延伸 1170 米，排水沟(渠)2610 米。

4、供电工程。规划架设高压线路 35.3 千米，高压线路改造 1.0 千米；架设低压线路 8.9 千米，低压线路改造 15.55 千米；购置变压器 20 台，配电柜及配套 22 套。

5. 通讯。规划程控电话 95 部，架设有线通讯线路 57.9 千米，购置电台 2 部，移动电话 2 部，无线大灵通 4 部，对讲机 214 部，中转台 28 部。

6. 道路建设。规划连接营林管护站道路 92.0 千米，其中新建 7.4 千米(林Ⅲ级公路)，改造 84.6 千米(林Ⅲ级公路 83.4 千米，便道 1.2 千米)；新建沣峪林场大坝沟口连接大坝站管护站小型桥梁 1 座；维修厚畛子林场清水河管护站吊桥 1 座。

7. 文化设施设备。规划安装 ADSL4M 宽带网络 84 套，有线电视 13 套，购置卫星电视接收系统 71 套，购置电视机 92 台，家庭影院 84 套。

8. 办公、巡护设备。规划各类办公设施设备 2170 台(套、架、个)。其中，扫描仪 13 台、传真机 13 台、计算机 200 台、笔记本电脑 13 台、复印机 13 台、打印机 170 台、投影仪 13 台、数码照相机 97 架、数码摄像机 13 台、办公家具 1255 套、档案柜 370 个、巡护摩托车 195 辆，望远镜 71 架，GPS 97 部。

规划估算总投资 14796.2 万元。

三、陕西省国有林区棚户区改造工程规划

2009 年，完成《陕西省国有林区棚户区改造工程规划》。规划建设范围为省资源局所属宁西、太白、宁东、汉西、龙草坪、长青 6 个林业局，楼观台林场；宝鸡市马头滩、辛家山林业局；延安市桥山、桥北、黄龙山、劳山林业局等局(场)址和全省 257 个国有林场涉及的棚户区林业职工危房住宅及未达到标准的住宅建设。规划期限为 3 年(2009～2011 年)。

建设规模是以国有林业局、国有林场职工(人数)为基础，参照每个林场在册职工和离退休人员数量，按每个职工户均 3～4 人，每人 20～25 平方米测算，住宅单元面积按照 50、60、70、80 平方米的标准规划。全省 257 个国有林场，棚户区改造工程建设规模 3008640 平方米，涉及 37608 户。其中原址建设 2406912 平方米，30084 户，异地建设 601728 平方米，7524 户。

项目规划总投资 451296.0 万元，其中中央政府补助 56412.0 万元，占规划总投资的 12.5%；省级政府补助 37608.0 万元，占规划总投资的 8.3%；企业自筹(含贷款)71455.2 万元，占规划总投资的 15.9%；职工自筹 285820.8 万元，占规划总投资的 63.3%。

规划期第一年(2009 年)投资 241692.0 万元，占规划总投资的 54.0%，规划期第二年(2010 年)投资 114972.0 万元，占规划总投资的 25.0%；规划期第三年(2011 年)投资 94632.0 万元，占规划总投资的 21.0%。

四、公路测设

(1)1991 年，规划院完成陕西户县太平林场牛槽沟至桦林湾段林区公路测设；镇巴县巴山林场Ⅲ级林区道路红渔乡至梨溪坪林区公路勘察设计 37 千米。

(2)1993年，规划院与陕西省公路勘察设计院合作完成华山黄埔峪旅游公路勘察设计7.4千米。

(3)1998年，规划院完成了陕西汉阴县涧池镇麻柳村扶贫路勘察设计11.5千米；华山瓮峪旅游公路工程可行性研究及一阶段施工图设计。

(4)2000年，规划院完成三项公路工程设计方案编制；与陕西省恒通工程咨询有限责任公司合作完成国道316线石泉至白勉峡段二级公路改建工程可行性研究报告，项目改建36.6千米。

(5)2007年，规划院与中交第一公路勘察设计研究院合作完成咸阳渭河上林桥两阶段初步设计和施工图设计，大桥长度1.307千米，总投资2.8亿元，由中铁一局采用BT方式建设，已建成通车。

(6)2009年，规划院与中交第一公路勘察设计研究院合作完成了榆神高速公路神木至店塔段施工图设计，全长18.7千米，总投资3.35亿元，已与2009年建成通车；榆林至佳县高速公路第二合同段初步设计。

五、中国陕西朱鹮科研实验中心建设项目可行性研究报告

2004年，完成《中国陕西朱鹮科研实验中心建设项目可行性研究报告》。中国陕西朱鹮科研实验中心位于陕西省洋县县城，项目建设科学实验楼3000平方米；购置保护遗传学研究设备9种20台，生理生化研究设备25种52台(套)，购置病理学与疫病防治设备13种24台(套)，购置营养学研究设备7种9台；购置检测试剂、原料试剂、辅助试剂等各种科研试剂；建设饲料实验基地6.7公顷，包括泥鳅池、食料实验场、管理房和实验室；建设监测站点4个。建设投资1827.55万元，其中建筑安装投资493.3万元，占总投资的27.0%；设备购置投资1185.17万元，占总投资的64.8%；其他费用149.08万元；占总投资的8.2%。

六、其他工程设计

(1)1994年，规划院完成乾县纤维板厂设计。

(2)1994年，规划院完成神木县林业局房建设计。

(3)1995年，规划院完成龙草坪局中密度纤维板厂设计。

(4)1995年，规划院完成楼观台林场羚牛圈舍施工图设计。

(5)1995年，规划院完成牛背梁自然保护区管理局办公楼设计。

(6)1995年，规划院完成长青局刨花板厂设计。

(7)1996年，规划院完成铜川矿务局焦坪中密度纤维板厂设计。

(8)1997年，规划院完成长青局汉中商贸大厦房建设计。

(9)1998年，规划院完成长青局转产项目房建设计。

第五节　森林公园与园林景观规划设计

森林公园规划(含森林生态旅游区规划设计)是把林区内交通方便、森林环境优美的地段，结合“吃、住、行、游、购、娱”六个要素进行合理布局，使其能够满足旅游接待功能的一项林业专项规划设计活动。

1990~2010年，以规划院为主体，对全省60多处森林公园进行了规划设计。设计内容包括总体规划、详细规划、专项规划等。

园林绿地景观设计与市场需求同步发展，由当初栽树种草逐步上升为景观设计，既包括绿化、美化、香化，也包括园林小品、步道、雕塑设计等。从设计场地的属性看，主要包括道路景观设计、居住小区景观设计、企事业单位及政府机关庭院景观设计等，设计深度主要是方案和施工图两个层次。

一、可行性研究与规划设计

1990~2010年，完成森林公园建设项目与森林旅游项目可行性研究、规划设计共171项，详见表7-3-11。

1990~2010年陕西省森林公园与旅游项目一览表

表7-3-11　单位：公顷

完成年份	项目	面积	完成单位
1990	汤峪森林公园总体规划	2949	中美合作研究课题组邀请陕西师范大学、西北林学院、西北植物研究所等单位完成
1991	太白国家森林公园旅游发展规划	2949	陕西省旅游规划设计所
	陕西太白国家森林公园景观资源开发规划研究		西北规划院
1992	陕西太白国家森林公园总体规划设计	8785	西北规划院
	朱雀森林公园总体规划	2621	西北林学院风景园林设计所
1993	陕西省王顺山森林公园总体规划	3645	西北林学院风景园林设计所
	陕西楼观台国家森林公园东楼观游园规划设计		西北林学院风景园林设计所
	陕西省吴山森林公园总体规划设计	3340	陕西林业科技开发设计所
	陕西省楼观台国家森林公园东楼观游览区总体规划设计		西北规划院
	陕西省汉中天台森林公园总体规划设计	1989	规划院
1994	陕西省玉华宫森林公园总体规划设计	2482	西北林学院风景园林设计所
	陕西终南山国家森林公园总体规划设计	7675	西北林学院风景园林设计所
	陕西延安国家森林公园总体规划设计	5400	陕西林业科技开发设计所
1995	陕西省龙门洞森林公园总体规划	2104	西北林学院风景园林设计所
	陕西省南宫山森林公园总体规划设计	7648	西北林学院风景园林设计所
	陕西楼观台国家森林公园总体规划设计	27478	西北林学院风景园林设计所
	宝鸡天台山森林公园嘉陵江源头景区总体规划设计	5400	陕西林业科技开发设计所

续表

完成年份	项目	面积	完成单位
	陕西省翠坪山森林公园可行性研究报告	1008	规划院
	陕西省石门关森林公园建设可行性研究	8856	规划院
1996	陕西省黄巢堡森林公园总体规划设计	677.7	西北大学
1997	陕西省太平森林公园总体规划设计	2117	规划院
1998	杨凌国家级农业高新技术开发区园林绿化总体设计	10000	规划院
	延安市青年纪念园园林规划设计	300	规划院
	陕西省紫柏山森林公园总体规划设计	4662	规划院
	陕西省凤凰山森林公园总体规划设计	585	规划院
	陕西省五龙洞森林公园总体规划设计	944	规划院
	陕西省定边沙地森林公园总体规划设计	1334	规划院
	陕西省石鼓山森林公园总体规划设计	1420	规划院
	陕西省红寺湖风景区总体规划设计	720	规划院
	陕西省灵岩寺森林公园总体规划设计	101	规划院
	陕西省月河风景区建设可行性研究	2450	规划院
	陕西省三道门森林公园建设可行性研究	1509	规划院
	陕西省天华山森林公园建设可行性研究	6954	规划院
	陕西省擂鼓台森林公园总体规划设计	585	规划院
	陕西省红河谷森林公园建设可行性研究	2314	规划院
1999	陕西省祥峪森林公园建设可行性研究	1914	规划院
	汉阳陵一期绿化工程规划设计	3312	规划院
	陕西省千湖森林公园总体规划设计	1243	规划院
	陕西省黑河森林公园总体规划设计	4941	规划院
	陕西省汉中天台森林公园总体设计		西北规划院
	陕西省汉中天台森林公园总体设计图面材料		西北规划院
2000	佛坪国家级自然保护区旅游小区总体规划设计	2360	规划院
	陕西省王顺山国家级森林公园建设可行性研究	1271	规划院
	陕西省千家坪森林公园总体规划设计	2145	规划院
	陕西省桥峪森林公园建设可行性研究	3200	规划院

续表

完成年份	项目	面积	完成单位
	陕西省少华山森林公园建设可行性研究	3300	规划院
	陕西省大木坝森林公园建设可行性研究	3152	规划院
	陕西金丝大峡谷国家森林公园建设可行性研究	1790	规划院
	略阳南山公园建设可行性研究	80	规划院
2001	陕西省森林旅游发展规划	20.56万平方千米	规划院
	唐昭陵旅游区园林绿化总体规划设计	20800	规划院
	陕西省黎坪森林公园总体规划设计	1870	规划院
	陕西省桥山森林公园建设可行性研究	7734	规划院
	陕西省牢固关森林公园总体规划设计	640	规划院
	陕西省木王森林公园建设可行性研究	1963	规划院
	陕西省蟒头山森林公园总体规划设计	2120	规划院
	陕西省太安森林公园总体规划设计	1886	规划院
	桥山森林公园建设可行性研究	612	规划院
	共青团陕西省委大院绿化设计	180	规划院
	骊山国家级森林公园建设可行性研究	1873.3	规划院
	陕西黎坪森林公园建设总体规划设计	9403	规划院
	陕西安塞县城周绿化建设可行性研究	2950平方千米	规划院
	陕西通天河森林公园建设可行性研究	5235	规划院
2002	咸阳五陵塬道路绿化可行性研究	309	规划院
	骊山国家级森林公园环境绿化项目可行性研究	1873.3	规划院
	天华山森林公园公益性基础设施可行性研究	5700	规划院
	通天河国家森林公园可行性研究	5235	规划院
	陕西省劳山森林公园总体设计	1463.8	规划院
	绕城林带建设可行性研究	803	规划院
2003	太平国家森林公园建设可行性研究报告	6670	规划院
	宁陕上坝河公园建设可行性研究	4526	规划院
	陕西通天河国家森林公园总体规划	5235	规划院
	天华山森林公园基础设施可行性研究	5700	规划院

续表

完成年份	项目	面积	完成单位
	陕西通天河森林公园公益性基础设施可行性研究	5235	规划院
	木王国家森林公园建设可行性研究	9515	规划院
	汉中天台国家森林公园总体规划		西北规划院
	大通国家森林公园总体规划		西北规划院
	陕西省宁陕县旅游发展总体规划		西北规划院
2004	WWF 森林旅游小道总体设计	11 千米	规划院
	石泉鬼谷岭森林公园总体规划	5135	规划院
	陕西骊山国家森林公园总体规划	2359	规划院
	子长县龙虎山景区景点绿化施工图设计		规划院
	骊山旅游步道建设方案	1488	规划院
	大木坝森林公园总体规划设计	3152	规划院
	凤县紫柏山景区桦皮沟旅游建设规划		规划院
	陕西省桥北森林公园可行性研究	3302	规划院
	陕西鬼谷岭国家级森林公园可行性研究	5135	规划院
	汉中石门国家水利风景区总体规划		西北规划院
	陕西省商山森林公园总体规划		西北规划院
2005	西安泾渭湿地自然护区总体规划		西北规划院
	旬邑石门山森林公园总体设计	8856	规划院
	榆林市沙地生态园总体规划	1000	规划院
	柞水县终南山秦楚古道旅游开发规划设计	9 千米	规划院
	陕西户县太平国家森林公园总体规划	6085	规划院
	佛坪自然保护旅游总体规划	1360	规划院
	陕西省镇坪三道门森林公园总体规划	1509	规划院
	西安秦华生态园建设可行性研究		规划院
	桥山森林公园总体规划	3932	规划院
	陕西太平国家森林公园步道及设施工图设计	5.49 千米	规划院
	南郊立交区绿化工程设计	5400 平方米	规划院
2006	陕西省苍山森林公园总体规划		西北规划院
	陕西省苍龙山森林公园丰阳塔景区苍龙岭地段详细规划		西北规划院

续表

完成年份	项目	面积	完成单位
	神木县城两山森林生态公园建设总体规划	5413	规划院
	陕西周至黑河森林公园旅游项目可行性研究	4941.2	规划院
	榆林红石峡森林公园总体规划	169.33	规划院
	陕西朱雀国家级森林公园总体规划	2621	规划院
	户县金龙峡森林公园可行性研究	1084	规划院
	陕西宜川蟒头山国家级森林公园总体规划	2120	规划院
	陕西平利千家坪国家级森林公园总体规划	1918	规划院
	陕西省王家山森林公园总体规划	3000	规划院
2007	志丹县东西两山景观林建设规划	695.45	规划院
	甘泉县城环山森林公园总体规划、详细规划	1773.25	规划院
	陕西省秦岭植物园水系生境设计	420	规划院
	方山森林公园总体规划	1425	规划院
	陕西牛背梁国家森林公园旅游步道施工设计	3074.08 米	规划院
	陕西省鬼谷子岭国家森林公园总体规划	5135	规划院
	天竺山风景区旅游基础设施可行性研究	5080	规划院
	陕西省牢固关森林公园总体规划	2810	规划院
	陕西木王国家森林公园开发建设项目可行性研究	3616	规划院
	楼观台森林公园入口区建设可行性研究	2 万平方米	规划院
	黎坪国家森林公园生态旅游开发可行性研究	9403	规划院
	苍龙山森林公园基础设施建设可行性研究	1551	规划院
	陕西劳山国家森林公园总体规划	1650	规划院
	陕西黎坪国家森林公园总体规划	9403	规划院
2008	黎坪国家森林公园生态旅游建设项目申请报告	9403	规划院
	黎坪国家森林公园入口处建设详细规划	26.3 万平方米	规划院
	五华山森林公园建设可行性研究	1439	规划院
	神木东西两山森林生态公园修建详细规划	7233	规划院
	甘泉灯笼山景区建设施工图设计	101.4	规划院
	榆林沙地生态公园中央广场建设可行性研究	1000	规划院
	榆林市沙地森林公园总体规划	1000	规划院

续表

完成年份	项目	面积	完成单位
	陕西华县少华山森林公园及影集制作	6300	规划院
	陕西山阳天竺山国家森林公园总体规划	1809	规划院
	户县太平国家森林公园基础实施建设可行性研究	6085	规划院
	环山旅游公路绿化总体规划	11333.33	规划院
	陕西洪庆山国家森林公园总体规划		西北规划院
2009	定边县毛乌素沙地防沙治沙示范区建设总体规划		西北规划院
	陕西省马莲滩沙地森林公园一期工程建设方案		西北规划院
	黄帝陵古柏群保护总体规划		西北规划院
	秦岭植物园水系生境施工图设计	420	规划院
	千亩旅游观光示范园总体规划		规划院
	黄帝陵周边绿化建设可行性研究	473.25	规划院
	宁强汉水源森林生态保护区西入口区方案及设计	0.6	规划院
	宁强汉水源森林生态保护区香坝景区详细规划	2810	规划院
	宁强汉水源森林生态保护区东入口区方案及设计	1.1	规划院
	宁强汉水源森林生态保护区步道施工图设计	4177.961 米	规划院
	华山风景区景观大道绿化设计	3 千米	规划院
	牛背梁国家森林公园建设可行性研究	2123.7	规划院
	户县迎宾大道绿化设计	3.3 千米	规划院
	彬县大佛寺石窟环境保护修建性详细规划	21.6	规划院
	榆林环城生态林建设总体规划	32700	规划院
	榆林红石峡森林公园修建详细规划	23	规划院
	终南山秦楚古道旅游区一期工程可行性研究究	20	规划院
	陕西山阳天竺山国家森林公园基础设施初步设计	1809	规划院
	崛山森林公园总体规划	44.8	规划院
	西铜高速绿化工程设计	42 千米	规划院

续表

完成年份	项目	面积	完成单位
	子长县玉皇山文化园总体规划	670.71	规划院
2010	云雾山森林公园可行性研究	2113	规划院
	陕西黑河国家森林公园总体规划		西北规划院
	淳化县园林山城绿化总体规划	803.8	规划院
	五台森林公园大门运动场设计	5	规划院
	周至赤峪河生态度假景区总体规划	1100	规划院
	志丹薛家沟高速公路两侧坡面绿化工程可行性研研及作业设计	137.9	规划院
	淳化县城区两山及城内公共绿地规划	803.8	规划院
	宁强循环经济产业园绿化地总体规划	98	规划院
	宁强循环经济产业园道路及溪流景观绿化设计	98	规划院
	陕西留坝紫柏山国家森林公园总体规划	4662	规划院
	汉中黎坪景区开发建设项目建议书	37700	规划院
	志丹县城东西两山景观林建设可行性研究	646.05	规划院
	府谷县环城森林生态公园总体规划	3661.8	规划院
	柞水县东坡生态广场施工图设计	10	规划院

二、重要项目简介

(一)陕西佛坪国家级自然保护区旅游小区总体规划

2000年，由规划院完成。

自然保护区旅游小区，位于本保护区实验区北部，东起保护区界，西至倒水桥，南达擎天柱，北止凉风垭。东西较窄，南北狭长，总面积2360公顷。

划分为3个功能区，即管理接待区、野生动物观赏区和森林游憩区。

1. 管理接待区。管理接待区设于小区之外，分凉风垭和岳坝两处布局，并以原有的保护站为依托进行扩充建设。主要承担小区的旅游接待服务与管理功能。

2. 野生动物观赏区。该区以蒸笼场为中心，利用平缓开阔地建设大熊猫抢救管护中心，建设大熊猫散养场，在实施以大熊猫为主的野生动物救护饲养的前提下，使游人能在此观赏到野生动物的活动与习性。

3. 森林游憩区。该区包括草坪、黑龙潭等金水河上游地带。旅游线路沿溪而行，自然景观各异，主要有高山山地景观、林下植物景观、山地草地景观、溪流竹林景观、瀑布、碧潭水色景观以及山形、地势、巨石、幽峡景观等。

规划总投资2946.6万元。其中，前期建设投资1341.6万元，占总投资的45.5%；后期建设投资1605.3万元，占总投资的54.5%。

（二）陕西省森林旅游发展规划

由规划院完成。

2000 年，陕西省人民政府提出应尽快完成全省森林生态旅游总体规划。省林业厅随即成立了规划编制领导小组。以陕西省林业调查规划院的专业技术人员为主，吸收省内旅游行业知名专家、教授共同组成规划团队，进行调查研究，广泛征求各方面意见和建议，在《陕西省森林生态旅游规划编制大纲》被领导小组审查通过的基础上，于 2000 年底进行“规划”编制工作。

“规划”编制工作由省森林公园管理办公室牵头，历时 1 年时间，规划面积 20.59 万平方千米，规划期 20 年。划分 3 个时期，即 2006～2010 年为近期，2011～2015 年为中期，2016～2020 年为远期。《规划》把全省森林生态旅游空间结构定位为：一核、二轴、五板块。

全省森林旅游发展的总体布局：“三带、六区、一个中心、八个辐射点”。

1. 三带。

（1）汉江森林旅游带。为两条横向森林旅游带之一，位于陕西南部。该旅游带包括大巴山、汉江谷地和秦岭南坡，以汉江沿岸交通干线为东西轴线，建立以自然景观为主体的各类森林生态旅游区。

（2）渭河森林旅游带。为两条横向森林旅游带之一，位于陕西中部。该旅游带包括秦岭北坡、渭河平原和渭北黄土台塬，以渭河两侧交通干线为东西轴线，建立以自然景观和人文景观并重的各类森林旅游区。

（3）南北森林生态旅游带。是连接两条横向旅游带并向北延伸的纵向森林旅游带，自安康起，经西安、延安到榆林。该带以西康铁路、西包铁路两条交通线和高速公路为南北轴线，辐射铜川以北的森林旅游区。

三条旅游带在全省范围内呈“两横一纵”的布局。

2. 六区。大巴山森林旅游区、秦岭南坡森林旅游区、秦岭北坡森林旅游区、渭河平原森林旅游区、黄土高原森林旅游区和长城沿线沙地林草森林旅游区。

3. 一个中心。西安森林生态旅游辐射中心。包括西安市和咸阳市两个城市及其附近区域。

4. 八个辐射点。宝鸡森林旅游辐射点、渭南森林旅游辐射点、商洛森林旅游辐射点、汉中森林旅游辐射点、安康森林旅游辐射点、延安森林旅游辐射点、榆林森林旅游辐射点和铜川森林旅游辐射点。

完成本规划提出的基础设施建设项目共需投资 358.58 亿元，其中旅游道路改造工程 281.88 亿元，占总投资的 78.6%；航空港建设 62 亿元，占总投资的 17.3%；生态旅游接待区建设 14.7 亿元，占总投资的 4.1%。

（三）陕西通天河国家森林公园总体规划

2003 年，由规划院完成。

陕西通天河国家森林公园位于宝鸡市西南部，凤县境内，嘉陵江一级支流小峪河上游。南北长约 12 千米，东西宽约 11 千米。由南向北蜿蜒 17 千米直达秦岭主梁。平均海拔 1700 多米，最高海拔 2738.7 米。规划公园面积 5235 公顷，划分为管理接待区、森林野营区与森林游憩3个功能区。

1. 管理接待区。设在原辛家山林业局局部(西河庙)，以旅游管理与游客接待服务为主。

2. 森林野营区。设于韭菜坪，地形平坦宽阔，适宜于开展森林野炊、露宿、野营等活动。

3. 森林游憩区。包括森林公园内除管理接待区与森林野营区以外的区域，是森林公园的中心功能区，以游览观光、涉远探幽为主要功能。

根据森林游憩区内景观景点主题的不同，本着便于旅游线路组织，方便管理的原则，将其区划分为3个景区，即：西河庙景区、兴赵原景区和透马驹景区。

公园建设期为2003~2010年。分为前后两期，建设前期(2003~2006年)，森林公园的开发建设应充分利用原有旅游基础服务设施条件，以景区、景点建设及一些初步开展旅游所必须的旅游基础服务设施为建设重点；建设后期(2006~2010年)，在前期建设基础上，补充完善，大力发展，使森林公园的景区景点建设、保护工程建设、基础服务设施建设等开发建设项目全面完成，最终使森林公园的建设规模达到总体规划设计的规模，旅游接待服务上档次，上规模。

建设总投资4216.32万元，其中前期投资1080.43万元，占总投资的25.6%；后期投资3135.89万元，占总投资的74.4%。

(四)陕西骊山国家级森林公园总体规划

2004年，由规划院完成。

骊山国家森林公园以骊山最著名的东、西绣岭为中心，北自华清池，东达人祖庙，南与蓝田县毗邻，西与临潼区斜口街道办接壤。东西长8千米，南北宽5千米，总面积2359公顷。

公园划分为5个功能区：文化旅游区、休闲度假区、民俗风情区、管理接待区、生态保护区。

建设期为2005~2020年，分为近、中、远三期。

近期建设(2005~2010年)：森林公园的开发建设以西绣岭为主，完善基础与服务设施，重点在于补充完善旅游步道、进行荒山造林绿化、开通华清路–公园管理处的登山大道、恢复人祖庙建筑群。同时为中期建设资金和方案做准备。

中期建设(2010~2015年)：重点三大项：一是人祖庙景区开发建设；二是民俗风情区开发建设；三是主干道路建设及配套的水、电、通信设施建设。

后期建设(2015~2020年)：在前期建设基础上，补充完善，大力发展，使森林公园的景区景点建设、保护工程建设、基础服务设施建设等开发建设项目全面完成，最终使森林公园的建设规模达到总体规划设计的规模，旅游接待服务上档次，上规模。

(五)陕西太平国家森林公园总体规划

2005年，由规划院完成。

陕西太平国家森林公园位于西安市户县西南部，秦岭北坡上部，太平峪内。东以太平东梁为界，与长安区接壤，南以秦岭主梁分界与宁陕县相连，西以静峪脑大梁为界与陕西朱雀国家级森林公园毗邻，北与户县太平乡熊家岭、三桥和管坪村等接界。森林风景资源保护面积6085公顷。

规划建设期限为2006~2020年，共15年。

公园的基本布局概括为一线、两环、三站、四带、五区。

一线，由煤场-沙岭子停车场。

两环，即由正河、黄羊坝下半部分组成的旅游环线和由正河上半部分与桦林湾上半部分组成的环线。

三站，即煤场游客服务区、桦林湾游客服务区和双叠游客服务站。

四带，指二条峡谷景观带、一条中山景观带和一条高山景观带。

五区，即石门景区、黄羊坝景区、桦林湾景区、秦岭梁景区、月宫潭景区。

近期建设任务(2006~2010年)：改造建设对外交通干线，全面整修景区旅游步道，建设完善公园指示标识系统，开发建设桦林湾景区。

中期建设任务(2011~2015年)：完善桦林湾景区的基础、服务设施和环保、标识体系的建设，开发建设月宫潭景区，提高公园的管理水平，形成统一的建筑风格。

远期建设任务(2016~2020年)：建设连接月宫潭景区与黄羊坝景区二阶索道，形成旅游环线，

公园建设总投资15135.54万元。其中近期投资7357.23万元，占公园总投资的48.6%；中期投资3674.09万元，占公园总投资24.3%；后期投资4104.22万元，占公园总投资27.1%。

(六)神木县城两山森林生态公园建设总体规划

2006年，由规划院完成。

神木县城两山森林生态公园分为东西两部分，西区位于西山，北起老龙池，南至李家阴湾，东部紧临城区，西部以乔家梁—窝窝庄—上城塔为界，南北长10千米，东西宽1~3千米。东区位于东山，北起杨城北侧的草地沟，南至杏花滩公园，西部紧临城区，东部以吴庄则—凤凰石峁—二堂—官地为界，南北长19千米，东西宽2~4千米。生态公园面积5413公顷，其中，东区面积为4290公顷，西区面积为1123公顷。
建设期为2007~2021年，分为前、后两期，其中，2007~2014年为建设前期，2015~2021年为建设后期。

建设前期：重点以景观林建设和主要景区的基础设施建设为主，并适当安排主要景区的一些森林游憩服务设施和景点建设项目。

建设后期：重点以外围景区的基础设施、森林游憩服务设施和保护设施为主。

公园建设总投资43364.84万元，建设前期投资32067.52万元，占总投资的73.9%；建设后期投资11297.52万元，占总投资的26.1%。

(七)陕西朱雀国家森林公园总体规划

2006年，由规划院完成。

朱雀国家森林公园位于西安市户县西南部、秦岭主梁北侧、户县涝峪河上游。东、南以秦岭梁为界与宁陕县毗邻，西与户县涝峪乡八里坪村接壤，东与陕西太平国家森林公园相连，北邻涝峪乡杨家庄村，森林风景资源保护面积2621公顷。公园距西安市75千米。

规划期限10年(2011~2020年)，分前后2期，前期2011~2015年；后期2016~2020年。

规划将公园划分为5个功能区、一个廊带。

5个功能区即入口区、管理接待区、森林游憩区、科考保护区、生态保育区；1个廊带即由游客服务中心—龙潭子沟口的森林生态游憩廊带。

公园建设总投资43694.61万元，其中前期投资25136.26万元，占公园总投资的57.5%。

(八)陕西蟒头山国家级森林公园总体规划

2006年，由规划院完成。

蟒头山国家级森林公园位于宜川县东部，北距延安市160千米，南距西安市372千米。地理坐标为东经110°22′~110°25′，北纬35°57′~36°02′。东西长约5千米，南北宽约4千米，总面积2120公顷。

规划将公园划分为4个功能区，分别为管理接待区、文化旅游区、森林游憩区与生态保护区。

森林公园建设期为2007~2011年，分基础建设期和重点发展期2期。

基础建设期：2007~2009年。充分利用原有旅游基础服务设施条件，以景区、景点建设及初步开展旅游所必须的旅游基础服务设施为建设重点。

重点发展期：2010~2011年。在基础建设期的基础上，补充完善公园的景区景点建设、保护工程建设、基础服务设施建设等，全面完成规划设计内容。

公园建设总投资5375.38万元。其中，基础建设期投资1984.69万元，占总投资的36.9%；重点发展期建设投资3390.69万元，占总投资的63.1%。

(九)陕西千家坪国家森林公园总体规划

2006年，由规划院完成。

千家坪国家森林公园位于安康市平利县南部，巴山山脉第二高峰——化龙山西坡中上部，南北宽约6千米，东西长约7千米，总面积2145公顷。

公园划分为4个功能区，即旅游管理接待区、森林游憩区、森林野营区和森林保育区。

公园建设期为12年，即2009~2020年。其中2009~2015年为建设前期，2016~2020年为建设后期。建设前期开发项目主要以景区景点开发建设和旅游服务设施建设为主，后期开发项目主要以旅游基础设施为主。

公园建设总投资8812.26万元，其中前期投资6147.9万元，占总投资的69.8%；后期投资2664.36万元，占总投资的30.2%。

(十)陕西石泉鬼谷岭国家森林公园总体规划

2007年，由规划院完成。

鬼谷岭国家森林公园位于安康市石泉县北部，汉江，Ⅰ级支流池河的中游，东西长约12千米，南北宽约8.5千米，公园总面积5135公顷。

森林公园区划了6大功能区，分别是：旅游接待服务区、文化展示区、森林度假区、农家乐旅游服务区、森林野营区和森林游憩区。

森林公园规划开发建设期为 6 年，从 2008～2013 年，分前后两期，其中 2008～2010 年为建设前期，2011～2013 年为建设后期。

森林公园建设总投资 11703.45 万元。其中，前期建设投资 4976.82 万元，占总投资的 42.5%；后期建设投资 6726.63 万元，占总投资的 57.5%。

（十一）陕西甘泉劳山国家森林公园总体规划

2007 年，由规划院完成。

劳山国家森林公园位于甘泉县西南部，南以水泉岭为界，与富县相邻，北至直罗沟口，以六（里峁）坡（根底）公路为界，东西两侧均属劳山林业局府村林场国有林地，南北长约 9 千米，东西宽约 3 千米。

公园区划基本布局："三个功能区、四个景区、一组环线、一条干线、一个服务中心"。

三个功能区：管理接待区、森林游憩区、生态保护区。

四个景区：镜心湖景区、人工林景区、千尺峡景区、隋唐文化景区。

一组环线：①绿茵峡—薄姬墓—隋唐古寨—青冈谷—烽火台—千尺峡。②千尺峡—烽火台—隋唐古寨—白桦沟口。③八十亩台环线。④趣味走廊环线。

一条干线：即贯穿公园南北的旅游干线。南起公园大门，北至绿茵峡，全长 6 千米。

一个服务中心：即游客服务中心。

规划建设期限为 2008～2020 年，分为三期：前期为 2008～2010 年；中期为 2011～2015 年；后期为 2016～2020 年。

建设前期：主要完成水、电、路等基础设施，使公园与外部环境建立良好的互通性和连接性。

建设中期：主要任务完善服务中心的配套服务设施，开发"资源依托型"旅游产品，完善环境保护设施。

建设后期：主要是提高、完善、扩大旅游产品花色品种。公园开发建设需投 15995.28 万元。其中，直接建设费 14427.98 万元，占总投资的 90.2%，其他建设费 1567.3 万元，占总投资的 9.8%。

（十二）陕西黎坪国家森林公园总体规划

2007 年，由规划院完成。

黎坪国家森林公园位于米仓山北坡南郑县西南部，西达县界，东至黄杨河东沟，北起白杨坪，南至米仓山梁脊，东西长约 18 千米，南北宽约 13 千米，总面积 9403 公顷。

公园划分为 4 个功能区，分别是管理接待区、森林度假区、森林野营区和森林游憩区。

根据公园景观资源的分布特点、地形地势以及旅游道路布局，将森林游憩区划分为四个景区：黄杨河景区、石马山景区、黎坪景区与冷坝景区。

公园总体规划期限为 12 年：2008～2020 年，分近、中、远三期。近期 2008～2010 年；中期 2011～2015 年；远期 2016～2020 年。

公园建设总投资 81828.68 万元。其中，前期建设投资 14405.0 万元，中期建设投资

28334.68万元，后期建设投资39089.0万元。

(十三)陕西山阳天竺山国家森林公园总体规划

2008年，由规划院完成。

陕西天竺山国家森林公园位于陕西省东南部，商洛市山阳县境内，行政隶属山阳县人民政府。公园范围西起三里峡，东至僧道关，北起长沟南坡，南至铜塔沟脑，东西长约9千米，南北宽约4千米，公园面积1809公顷。

公园划分为6个功能区，分别是旅游接待管理服务区、森林游憩区、道教文化展示区、森林野营区、田园风光游览区、森林狩猎区。

森林公园的规划开发建设期为6年(2010~2015年)，分前后2期，其中2010~2012年为建设前期，2013~2015年为建设后期。

在景区建设顺序上，天竺峰景区作为核心景区，应优先开发建设，后期完成七星湖景区以及铁钟坪景区的开发建设。

在项目建设上，建设前期以主要景区景点、旅游基础设施、旅游服务设施、公园大门建设，旅游公路改造和其他急需建设的项目为主，建设后期完成后续服务设施，旅游基础设施、环境保护工程等建设项目。

森林公园建设总投资19824.38万元。其中，前期建设投资9973.41万元，占总投资的50.31%；后期建设投资9850.97万元，占总投资的49.69%。

(十四)彬县大佛寺石窟环境保护修建性详细规划

2009年，由规划院完成。

彬县大佛寺石窟位于彬县城西10千米处的清凉山脚下，东邻大佛寺村，北临312国道，面积为40.6公顷(核心保护区为21.6公顷)。

根据文物保护、环境景观以及旅游发展等方面的需要，综合土地利用现状与地形地貌特征，规划对属地进行了功能区划，即东入口区、管理接待区、观光游览区、北入口区、生态景观区与核心展示区。

规划期限为5年(2009~2013年)。其中，2009年为前期，2010~2013年为后期。

项目建设内容主要包括：土建工程、道路工程、水景工程、绿化工程以及管线工程等。项目建设总投资为1027.4万元。

“规划”完成后，彬县人民政府组织逐步实施相关工程建设，规划区域西片已经根据“规划”于2010年实施完成；其余区域施工工程拟在2013年逐步完成。

(十五)陕西紫柏山国家森林公园总体规划

2010年，由规划院完成。

紫柏山国家森林公园位于留坝县西部，距汉中市85千米，距西安市367千米，东西长约16千米，南北宽约10千米，森林风景资源保护面积4662公顷。

公园的基本布局概括为“一心”“二线”“三站”“四环”“五区”。

“一心”指枣木栏游客服务中心；“二线”指山顶步行游览线和川道车行观光线；“三站”指张良庙接待站、石板店接待站、宽沟接待站；“四环”指岩溶地貌游览小环线、岩溶地貌游览大环线、原始森林探险游览环线、森林风光游览环线；“五区”指四景区+度假区，四景区即张良庙景区、光华山景区、铁龙山景区、玄女洞景区；度假区指营盘度假区。

建设期为2012～2025年，分近期、中期和远期3期进行。

公园建设总投资39650.3万元。其中，前期投资22160.1万元，占公园总投资的55.9%；中期投资10736.2万元，占公园总投资的27.1%；后期投资6754.1万元，占公园总投资17.0%。

第六节　自然保护区规划设计

规划院和有关单位对自然保护区建设进行可行性研究和规划设计。1990～2010年，完成的主要可行性研究和规划设计如下：

一、可行性研究

2000年，编制《陕西牛背梁国家级自然保护区一期工程建设项目可行性研究报告》。

2001年，编制完成的可行性研究11个：

(1)《陕西省黄龙山褐马鸡省级自然保护区建设可行性研究报告》。

(2)《陕西老县城省级自然保护区建设可行性研究报告》。

(3)《陕西劳山省级自然保护区建设可行性研究报告》。

(4)《陕西朱鹮国家级自然保护区建设可行性研究报告》。

(5)《陕西宝峰山省级自然保护区可行性研究报告》。

(6)《陕西汉中西秦岭自然保护区可行性研究》。

(7)《陕西省化龙山省级自然保护区建设可行性研究》。

(8)《陕西汉中大河自然保护区可行性研究》。

(9)《陕西屋梁山—紫柏山省级自然保护区建设可行性研究》。

(10)《陕西留坝桑园大熊猫省级自然保护区建设可行性研究》。

(11)《陕西皇冠山省级自然保护区建设可行性研究》。

2002年，编制完成的可行性研究15个：

(1)《陕西韩城黄龙山省级自然保护区建设可行性研究》。

(2)《摩天岭自然保护区可行性研究》。

(3)《陕西新开岭省级自然保护区建设可行性研究》。

(4)《陕西天华山自然保护区建设可行性研究》。

(5)《陕西香山省级自然保护区可行性研究报告》。

(6)《陕西太安省级自然保护区可行性研究报告》。

(7)《陕西牛尾河省级自然保护区可行性研究报告》。

(8)《陕西娘娘山省级自然保护区可行性研究报告》。

(9)《陕西天竺山省级自然保护区可行性研究报告》。

(10)《陕西延安柴松省级自然保护区可行性研究报告》。

(11)《陕西野河省级自然保护区建设可行性研究报告》。

(12)《陕西镇安鹰嘴石省级自然保护区建设可行性研究》。

(13)《陕西观音山自然保护区可行性研究》。

(14)《陕西米仓山(西乡大河原名)省级自然保护区建设可行性研究》。
(15)《陕西青木川省级自然保护区建设可行性研究》。
2003年，编制完成的可行性研究6个：
(1)《陕西黄龙山天然次生林省级自然保护区可行性研究》。
(2)《陕西永寿翠屏山市级自然保护区可行性研究》。
(3)《榆林市横山市级臭柏自然保护区可行性研究》。
(4)《榆林市榆阳区市级臭柏自然保护区可行性研究》。
(5)《陕西省子午岭国家级自然保护区建设可行性研究》。
(6)《陕西黄柏塬省级自然保护区建设可行性研究》。
2004年，完成《太白山自然保护区综合考察报告》的编写。
2005年，编制完成的可行性研究2个：
(1)《陕西太白山国家级自然保护区基础设施可行性研究》。
(2)《陕西平河梁省级自然保护区建设可行性研究》。
2006年，编制完成《陕西子午岭国家级自然保护区一期建设工程可行性研究》。
2007年，编制完成的可行性研究4个：
(1)《牛背梁自然保护区示范项目建设可行性研究》。
(2)《牛背梁自然保护区水源地生态植被恢复建设可行性研究》。
(3)《陕西化龙山国家级自然保护区一期建设工程可行性研究》。
(4)《延安桥山省级自然保护区建设项目可行性研究》。
2008年，完成《陕西天华山国家级自然保护区一期建设工程可行性研究》。
2009年，编制完成的可行性研究2个：
(1)《陕西牛背梁国家级自然保护区科研监测宣教基地建设项目可行性研究》。
(2)《陕西牛背梁国家级自然保护区管理能力建设可行性研究》。
2010年，完成《陕西安舒庄省级自然保护区可行性研究》。

二、自然保护区规划设计

陕西省自然保护区规划设计主要由规划院完成。
1993年，完成《陕西省牛背梁自然保护区总体设计》。
1999年，完成《牛背梁国家级自然保护区总体规划(2001~2010)》。
按照《中华人民共和国自然保护区条例》(1994年)有关规定，自然保护区除了区划核心区、实验区外，在“核心区外围可划定一定面积的缓冲区”。对此，总体规划在1993年总体设计区划的基础上，对实验区和核心区进行调整，新增加缓冲区。
2001年5月，完成《太白山国家级自然保护区总体规划(2001~2010年)》。
2002年，编制完成3个：
(1)《牛背梁国家级自然保护区二期工程建设初步设计》。
(2)《秦岭大熊猫走廊带建设规划》。
(3)《佛坪国家级自然保护区总体规划设计》。
2004年，完成《陕西汉中朱鹮自然保护区总体规划》，其晋级规划由西北规划院编制，2005年晋升国家级自然保护区。

2005 年完成 2 个：

(1)《陕西皇冠山自然保护区总体规划》(晋级规划)。

(2)《陕西子午岭自然保护区总体规划》(晋级规划，2006 年晋升为国家级自然保护区)。

2006 年，完成 3 个：

(1)《陕西子午岭国家级自然保护区一期建设工程初步设计》。

(2)《陕西紫柏山自然保护区总体规划》(晋级规划)。

(3)《陕西化龙山自然保护区总体规划》由西北规划院编制，2007 年晋升国家级自然保护区。

2007 年，完成 5 个：

(1)《陕西化龙山国家级自然保护区一期建设工程初步设计》。

(2)《陕西牛背梁国家级自然保护区三期工程初步设计》。

(3)《陕西天华山国家级自然保护区规划》(晋级规划，2008 年晋升国家级自然保护区)。

(4)《陕西周至国家级自然保护区三期工程初步设计》。

(5)《平河梁省级自然保护区总体规划》。

2008 年，完成 2 个：

(1)《陕西青木川自然保护区总体规划》(晋级规划，由西北规划院编制，2009 年晋升国家级自然保护区)。

(2)《陕西天华山国家级自然保护区一期建设工程初步设计》。

2009 年，完成 4 个 ：

(1)《陕西牛背梁国家级自然保护区地震灾后恢复重建初步设计》。

(2)《陕西延安黄龙山褐马鸡自然保护区总体规划》(晋级规划，2011 年晋升国家级自然保护区)。

(3)《陕西桑园省级自然保护区总体规划》(晋级规划，由西北规划院编制，2009 年晋升国家级自然保护区)。

(4)《陕西米仓山自然保护区总体规划》(晋级规划，西北规划院编制，2011 年晋升国家级自然保护区)。

2010 年，完成 4 个：

(1)《陕西老县城自然保护区总体规划》。

(2)《陕西新开岭自然保护区总体规划》(晋级规划)。

(3)《陕西紫柏山国家级自然保护区总体规划》。

(4)《陕西韩城黄龙山褐马鸡自然保护区总体规划》(晋级规划，由西北规划院编制，2012 年晋升国家级自然保护区)。

第七节　森林防火规划设计

一、森林防火“十一五”规划(2006~2010 年)

2007 年 7~12 月，按照国家林业局关于编制全国森林防火“十一五”规划的通知要求，陕西省森林防火指挥部办公室与规划院共同完成了陕西省森林防火“十一五”规划编制工作。“十一五”规划包含防火道路与阻隔系统、森林火险预警监测设施设备规划、森林防火通讯与信息指挥系统、森林防火扑救装备与其他基础设施规划、森林防火队伍建设规划、森林重点火险区规划等6个方面的内容，涉及6大类14个规划，详情见表7-3-12。

2006~2010年陕西省森林防火“十一五”规划内容表

表7-3-12

类别	规划内容
森林火灾与防火现状	2001~2005年森林火灾情况统计表
	森林防火情况统计表
防火道路与阻隔系统	“十五”期间(2001~2005年)森林防火道路与阻隔系统工程建设情况调查表
	截至2005年年底森林防火道路与阻隔系统工程建设情况现状调查表
	防火道路与阻隔系统建设规划表
	森林防火道路与阻隔系统工程建设投资指标统计表
森林火险预警监测	森林火险预警监测设施设备现状统计表
	森林火险预警监测设施设备规划表
森林防火通讯与指挥系统	森林防火通讯和信息指挥系统现状统计表
	森林防火通讯和信息指挥系统规划表
森林防火扑救装备与其他基础设施	森林防火扑救装备与其他基础设施现状统计表
	森林防火扑救装备与其他基础设施规划表
森林防火队伍	森林防火队伍建设现状统计表
	森林防火队伍建设规划表

二、陕西省国有林区防火道路规划

2009年，按照国家林业局统一安排部署，省森林防火指挥部办公室与省林业调查规划院完成了《陕西省国有林区防火道路规划(2009~2014)》。规划涉及全省国有林场、省级以上自然保护区和国家级森林公园。建设防火道路32216.3千米，其中，新建道路18134.2千米，改造(维修)道路14082.1千米。道路密度7.5米/公顷。

三、天保工程森林防火项目

2000年，陕西省全面实行天保工程后，根据国家林业局的部署，陕西省林业厅委托规划院分别编写并上报《陕西省秦岭南坡及巴山林区森林防火建设项目可行性研究报告》《陕西省黄桥林区森林防火建设项目可行性研究报告》《陕西省秦岭北麓及关山林区森林防火建设项目可行性研究报告》。

2001年，国家林业局对上述3个报告进行批复，并要求编制工程实施方案。鉴于上述可行性研究报告项目实施范围均为省内91个火险应控区域，为便于组织实施，陕西省森林公安局根据上述 3 个报告批复精神，结合陕西省各火险单位实际，编写《陕西省重点林区森林防火建设项目实施方案》。

四、森林重点火险区综合治理项目

从 2004 年陕西省申报延安黄桥林区、铜川焦坪林区森林重点火险区综合治理工程两个建设项目开始至 2012 年年底，规划院、西北规划院和各地(市)设计院(队)等共完成森林重点火险区综合治理项目可行性研究报告 29 个(一、二、三期)，同时，完成相对应项目的初步设计。森林重点火险区治理项目涉及全省 78 个县(市、区、局)森林防火装备基础设施条件、火险预警、瞭望监测、指挥和扑救能力建设。完成的陕西省森林重点火险区综合治理项目规划设计详见表 7-3-13。

2004~2012 年陕西省森林重点火险区综合治理项目统计表

表 7-3-13　　　　单位：个

<table>
<tr><th colspan="3" rowspan="2">项目</th><th colspan="3">覆盖范围</th><th rowspan="2">治理目标</th></tr>
<tr><th>县(区、林业局、森林公园)</th><th>火险单位个数</th><th>重点治理县数</th></tr>
<tr><td colspan="3">总计</td><td></td><td>122</td><td>99</td><td></td></tr>
<tr><td rowspan="11">综合治理一期项目</td><td colspan="2">小计</td><td></td><td>78</td><td>62</td><td rowspan="11">通过项目实施，大幅提高森林防火装备水平，改善基础设施条件，加强火险预警、瞭望监测、指挥和扑救能力建设，逐步提高森林火灾的综合防控能力，积极减少森林火灾，使森林火灾受害率控制在 0.2‰ 以内</td></tr>
<tr><td>1</td><td>陕西省黄桥森林重点火险区综合治理建设项目</td><td>宝塔、洛川、宜川、延长、志丹及市属黄龙山、桥山、桥北、劳山林业局</td><td>9</td><td>5</td></tr>
<tr><td>2</td><td>陕西省铜川焦坪森林重点火险区综合治理建设项目</td><td>印台、宜君及玉华宫森林公园</td><td>3</td><td>2</td></tr>
<tr><td>3</td><td>陕西省黑河森林重点火险区综合治理项目</td><td>周至、蓝田、临潼</td><td>3</td><td>3</td></tr>
<tr><td>4</td><td>陕西省商洛蟒岭森林重点火险区综合治理项目</td><td>商州、洛南、丹凤、商南</td><td>4</td><td>4</td></tr>
<tr><td>5</td><td>陕西省汉中市森林重点火险区综合治理建设项目</td><td>南郑、城固、洋县、勉县、镇巴、留坝、西乡、略阳、佛坪</td><td>9</td><td>9</td></tr>
<tr><td>6</td><td>陕西省安康秦巴森林重点火险区综合治理项目</td><td>汉阴、平利、宁陕及省属宁东、宁西林业局</td><td>5</td><td>3</td></tr>
<tr><td>7</td><td>陕西省渭南华山韩城森林重点火险区综合治理工程</td><td>韩城、华阴、华县、潼关</td><td>4</td><td>4</td></tr>
<tr><td>8</td><td>陕西省宝鸡市秦岭森林重点火险区综合治理工程</td><td>太白、凤县及辛家山、马头滩林业局</td><td>4</td><td>2</td></tr>
<tr><td>9</td><td>陕西省咸阳旬邑森林重点火险区综合治理工程</td><td>旬邑县</td><td>1</td><td>1</td></tr>
<tr><td>10</td><td>陕西省秦巴东部森林重点火险区综合治理建设项目</td><td>山阳、镇安、柞水、旬阳、镇坪、岚皋、汉滨、紫阳、石泉、白河</td><td>10</td><td>10</td></tr>
</table>

续表

项目			覆盖范围			治理目标
			县（区、林业局、森林公园）	火险单位个数	重点治理县数	
综合治理一期项目	11	陕西省三市五县森林重点火险区综合治理工程建设项目	宁强、户县、长安、耀州及楼观台实验林场	5	4	
	12	陕西省延安市森林重点火险区综合治理工程	吴起、子长、延川、安塞、甘泉、富县、黄陵、黄龙和延安国家森林公园	9	8	
	13	陕西省重点国有林区森林重点火险区综合治理工程建设项目	太白、汉西、长青、宁东及宁西林业局	5		
	14	陕西省陇县陈仓区森林重点火险区综合治理工程建设项目	陇县、陈仓	2	2	
	15	陕西省渭南市森林重点火险区综合治理工程建设项目	白水、富平、大荔、合阳、临渭	5	5	
	合计			32	25	
综合治理二期项目	1	延安黄桥森林重点火险综合治理二期工程项目	宝塔、洛川、宜川、志丹、延长及桥山、黄龙山、桥北、劳山林业局	9	5	在一期工程综合治理的基础上，继续加强森林防火预防、扑救、保障三大体系建设，提高森林防火装备水平及新型灭火设备，改善基础设施条件，增强预警、监测、应急处置和指挥扑救能力，不断提高森林火灾的综合防控能力，使森林火灾受害率严格控制在0.2‰以内
	2	陕西铜川焦坪林区森林重点火险区综合治理二期工程建设项目	印台、宜君及玉华宫森林公园	3	2	
	3	陕西省黄帝陵森林重点火险区综合治理二期工程项目	黄陵县	1	1	
	4	陕西省商洛蟒岭森林重点火险区综合治理二期工程建设项目	商州、洛南、丹凤、商南	4	4	
	5	陕西省宝鸡市秦岭森林重点火险区综合治理二期工程建设项目	太白、凤县及马头滩、辛家山林业局	4	2	
	6	陕西省华山森林重点火险区综合治理二期工程建设项目	华阴市	1	1	

续表

项目			覆盖范围			治理目标
			县(区、林业局、森林公园)	火险单位个数	重点治理县数	
综合治理二期项目	7	陕西省城固县森林重点火险区综合治理二期工程建设项目	城固县	1	1	
	8	陕西省韩城市森林重点火险区综合治理二期工程项目	韩城市	1	1	
	9	陕西省汉中市森林重点火险区综合治理二期工程建设项目	南郑、洋县、西乡、镇巴、留坝、勉县、略阳、宁强	8	8	
综合治理三期项目	小计			12	12	全面提高项目区森林火灾的综合防控能力，实现火灾防控现代化、管理工作规范化、队伍建设专业化、扑救工作科学化，森林火灾受害率控制在0.2‰以内
	1	陕西省延川县森林重点火险区综合治理三期工程建设项目	延川县	1	1	
	2	陕西延安黄龙山森林重点火险区综合治理三期工程建设项目	黄龙山林区	1	1	
	3	陕西省甘泉县森林重点火险区综合治理三期工程项目	甘泉县	1	1	
	4	陕西省延安黄桥森林重点火险区综合治理三期工程建设项目	宝塔、洛川、宜川、志丹、延川	5	5	
	5	陕西省铜川市森林重点火险区综合治理三期工程建设项目	宜君、印台、耀州、王益	4	4	

五、森林火险等级区划

2008~2009年，省林业调查规划院、省森林防火指挥部办公室按照国家林业局森林防火指挥部办公室的安排完成森林火险县级等级区划工作。

火险区划：以各县的森林资源总量为基数，以树种(组)燃烧类型、人口密度、防火期平均降水量、平均气温、平均风速、路网密度等6个因子计算权重得分值，按照相应等级的阈值综合判定县级森林火险等级。陕西省共划分Ⅰ级火险等级44个县(区)、Ⅱ级火险等级35个县(区)、Ⅲ级火险等级16个县(区)，其他火险等级12个县(区)。见下表7-3-14。

2008~2009年陕西省森林火险区划县级单位统计表

表7-3-14

市(区)	一级火险区	二级火险区	三级火险区	其他
合计	44	35	16	12
西安市	2	4		7
	周至县	灞桥区		未央区
	蓝田县	户县		高陵县
		临潼区		莲湖区
		长安区		新城区
				碑林区
				雁塔区
延安市	7	4	2	
	宝塔区	吴起县	延川县	
	富县	安塞县	子长县	
	甘泉县	志丹县		
	宜川县	延长县		
	洛川县			
	黄陵县			
	黄龙县			
铜川市	2	1	1	
	宜君县	印台区	王益区	
	耀州区			
渭南市	2	6	3	
	华县	潼关县	大荔县	
	韩城市	白水县	富平县	
		华阴县	澄城县	
		蒲城县		
		临渭区		
		合阳县		
咸阳市	3	4	2	5
	旬邑县	淳化县	礼泉县	秦都区
	长武县	永寿县	彬县	杨凌区
	泾阳县	乾县		渭城区
		三原县		兴平市
				武功县

续表

市(区)	一级火险区	二级火险区	三级火险区	其他
宝鸡市	6	4	2	
	金台区	眉县	凤翔县	
	凤县	千阳县	麟游县	
	太白县	岐山县		
	陇县	扶风县		
	陈仓区			
	渭滨区			
汉中市	8	3		
	南郑县	汉台区		
	洋县	勉县		
	留坝县	略阳县		
	宁强县			
	城固县			
	西乡县			
	镇巴县			
	佛坪县			
榆林市		6	6	
		定边县	府谷县	
		靖边县	吴堡县	
		横山县	清涧县	
		神木县	米脂县	
		佳县	绥德县	
		榆阳区	子洲县	
安康市	8	2		
	石泉县	紫阳县		
	平利县	汉滨区		
	旬阳县			
	汉阴县			
	宁陕县			
	白河县			
	岚皋县			
	镇平县			

续表

市(区)	一级火险区	二级火险区	三级火险区	其他
商洛市	6	1		
	洛南县	商州区		
	丹凤县			
	商南县			
	山阳县			
	镇安县			
	柞水县			

六、陕西省宝鸡航空护林站建设项目

2006年4月至2007年12月，陕西省林业厅按照《森林防火“十一五”和中长期发展建设规划》要求，经过充分调查研究后，拟在陕西宝鸡陵塬林业专用机场的基础上，申报“陕西省宝鸡航空护林站”建设项目。陕西省森林防火指挥部办公室与省林业调查规划院、中国民航建设集团公司西北分公司共同编制了该项目的可行性研究报告。根据林-3型航空护林站建设标准，项目建设内容主要包括飞行区场道建设、管理生活建筑区建设、油库建设、设备配置(包括供电设备、采暖设备、供水设备、油库设备、车辆配置、通讯导航设备、自动气象设备、消防设备、训练器材等)及宣传培训工程，项目编制总投资2983.005万元。国家林业局2009年批复该项目可行性研究报告，现正在建设之中。

七、森林防火物资储备库建设项目

2006年，规划院完成《陕西省国家森林防火物资储备库建设项目可行性研究报告》编制工作。国家林业局批复该项目的可行性研究报告，现正在建设之中。

2010年，规划院完成《陕西省森林防火物资储备库建设项目可行性研究报告》编制工作。国家林业局2011年批复该项目的可行性研究报告，现正在建设之中。

八、其他防火专项建设项目

2005~2012年，以规划院为主，地市设计院(队)及其他部门协作，完成陕西省森林防火专业队建设可行性研究报告、省森林火险预警监测系统建设等12个项目的可研报告编制与初步设计(表7-3-15)。

2005~2012年陕西省森林防火其他专项建设项目可行性研究与设计

表7-3-15

序号	项目	完成阶段	完成年份
1	森林防火扑救现场指挥通讯网建设项目	设计方案	2002
2	陕西省森林防火专业队建设	可行性研究	2005
3	陕西省森林防火物资储备建设项目	可行性研究、实施方案	2006
4	陕西省秦巴林区国家级森林防火物资储备建设项目	可行性研究、实施方案	2006

续表

序号	项目	完成阶段	完成年份
5	安塞县森林防火基础设施建设项目	可行性研究	2007
6	陕西省森林防火预警监测指挥中心	可行性研究	2009
7	眉县国有太白风景林场森林防火体系建设项目	可行性研究、初步设计	2008~2009
8	陕西省森林火险预警监测系统建设项目	可行性研究、初步设计	2010
9	陕西省秦西地区森林防火物资储备建设项目	可行性研究、实施方案	2010
10	延安市林火监测应急中心建设项目	可行性研究	2011
11	陕西省森林防火信息指挥系统建设项目	可行性研究、初步设计	2011
12	陕西武警森林消防预备队建设项目	可行性研究	2012

第八节　森林病虫害防治规划设计

一、可行性研究

(一)陕西省林业有害生物预防体系基础设施建设项目可行性研究

2004年，进行陕西省林业有害生物预防体系基础设施建设可行性研究，主要内容：省森林病虫害防治检疫总站及西安、榆林、延安、铜川、渭南、咸阳、宝鸡、汉中、安康、商洛、杨凌11个市(区)级森防站及53个县(直属林业局)级森防站，建设森林健康示范点1个，建设有害生物监测点65个。项目总投资2927.84万元。

(二)陕西林业有害啮齿动物生物制剂厂建设项目可行性研究

2004年，进行《陕西林业有害啮齿动物生物制剂厂建设可行性研究》。主要建设一条年产300吨的无公害克鼠星灭鼠剂生产线，建设一条年产10吨的多效抗旱驱鼠剂生产线。

(三)国家级野生动物疫源监测站建设项目可行性研究

2006年6月，按照《国家陆生野生动物疫源疫病监测规范》和《陕西省野生动物疫源疫病应急预案》的要求，分别进行了《陕西榆林国家级野生动物疫源疫病监测站建设项目》《陕西横山国家级野生动物疫源疫病监测站建设项目》《陕西潼关国家级野生动物疫源疫病监测站建设项目》《陕西合阳国家级野生动物疫源疫病监测站建设项目》等可行性研究。主要建设内容为监测站需要配备的办公、监测、采样、保存等仪器设备，以及监测站的办公用房(办公室、实验室、仪器设备仓库等)等。各项目主要建设内容及投资见表7-3-16。

陕西省国家级野生动物疫源监测站建设项目建设内容及投资一览表

表 7-3-16 单位：万元

项目	主要建设内容	投资
榆林市	购置设备、仪器、工具或装备95台(套)，办公设备2台(套)，样本采集设备7套，样本保存储藏设备18台(套)，巡测巡护设(装)备68台(套)，改造、维修300平方米现有办公用房为国家级野生动物疫源疫病观测站	48.07
横山县	配备设备、仪器、工具或装备共86台(套)，办公设备14台(套)，样本采集设备4套，保存储藏设备13台(套)，巡测巡护设(装)备55台(套)，改造林业站、森防站现有办公设施400平方米为国家级野生动物疫源疫病观测站	45.37
潼关县	配备设备、仪器、工具或装备共73台(套)，办公设备14台(套)，样本采集设备4套，保存储藏设备11台(套)，巡测巡护设(装)备44台(套)，新建国家级野生动物疫源疫病监测站办公用房180平方米	44.14
合阳县	配备设备、仪器、工具或装备共69台(套)，办公设备14台(套)，样本采集设备4套，保存储藏设备11台(套)，巡测巡护设(装)备40台(套)，新建国家级野生动物疫源疫病监测站办公用房200平方米	46.21

(四)有害生物天敌繁育场建设项目可行性研究

2007年4月，规划院对西北蛀干害虫天敌繁育场基础设施建设项目进行了可行性研究，编制了《西北蛀干害虫天敌繁育场基础设施建设项目可行性研究报告》。项目建设地点为杨凌区大寨乡寨东村，建设内容包括土建工程、设备仪器、新技术产品的开发建设等三方面，建设用地15亩，总投入673.19万元。项目建成后可繁育华绒坚甲卵卡1500片，寄生蜂1500管，杀虫菌剂120吨，病毒制剂80吨。

规划院编制完成《陕西柞水林业有害生物天敌繁育场建设项目可行性研究报告》。项目规划在柞水县石镇林场建成一个具有年生产花绒坚甲卵卡20万张、成虫100万头，肿腿蜂1500万头的天敌繁育场。主要建设内容包括综合管理区和天敌繁育区两大部分，其中综合管理区建设土建工程面积450平方米，购置办公设备45台(套)，配套实施设备包括废物处理、供电、给排水、消防、工具车等16套(台、辆)，道路工程1.5千米；天敌繁育区建设土建工程面积1200平方米，购置天敌繁育设施设备28台(套)，冷藏及加温设施设备9台(套)。投资总额645.08万元。

(五)病虫害防治综合治理项目可行性研究

2010年2月，规划院编制完成《陕南松材线虫病检疫监管基础设施建设项目可行性研究报告》。项目建设范围覆盖陕西省有害生物防治总站，汉中、安康、商洛3个市级森防站及所辖的28个县级森防站和化龙山自然保护区管理局森防站。建设内容包括检疫体系建设、检疫检查站建设、除害处理设施建设等三方面。投资总额为2976.46万元。10月，编制《陕西安康松材线虫病防治基础设施建设项目可行性研究》报告，建设内容包括监测预警系统、检疫御灾系统、应急防治系统、天敌繁育场等四方面。12月，编制《陕西富平柿子病虫害综合治理工程建设项目可行性研究》报告和《陕西白水林业有害生物防控体系基础设施建设项目可行性研究》报告。

(六)陕西省市县基层野生动植物保护管理站能力建设项目可行性研究

2010 年 12 月，规划院编制完成《陕西省市县基层野生动植物保护管理站能力建设项目可行性研究报告》。项目覆盖全省 10 个设区市和杨凌示范区，涉及 11 个市级野生动植物保护管理站，107 个县级保护管理站。

主要建设内容：办公设备、监测设备、防护设备、宣教设备、交通设备。规划总投资 2487. 82 万元。

二、实施方案与初步设计

(一)陕西省有害生物防治总站基础设施建设实施方案

2003 年，规划院编制《陕西省有害生物防治总站基础设施建设实施方案》。

(二)病虫害重度受害区卫生采伐作业设计

2009 年 9~11 月，依据《森林病虫害防治条列》及镇坪县栎类病虫害防治方案，受镇坪县林业总场委托，省林业调查规划院完成《镇坪县小溪河栎类病虫害重度受害区卫生伐作业设计》。涉及 7 个林班，重度受害面积 305. 6 公顷。

第九节　森林公安建设规划设计

一、专项规划

(一)陕西省森林公安派出所建设规划(2005~2007 年)

2005 年 2 月，根据国家林业局《关于上报 2004 年西部地区森林公安派出所国债项目投资建议计划的通知》《国家林业局 公安部关于加强森林公安队伍建设的意见》，陕西省森林公安局委托规划院编制《陕西省森林公安派出所建设规划(2005~2007 年)》。该专项规划包含警力配备与队伍建设、基础设施建设、交通工具、通讯工具、监控、档案管理器材、办公与刑勘设备、武器装备、警戒与防护器材建设等方面的内容，覆盖全省 212 个森林公安派出所，规划基础设施建设和装备建设共需投资 8745. 00 万元。

(二)陕西省森林公安派出所基础设施建设规划

2006 年 11~12 月，根据《中共中央关于进一步加强和改进公安工作的决定》《国家林业局、公安部关于加强森林公安队伍建设的意见》，陕西省森林公安局委托省林业调查规划院编制了《陕西省森林公安派出所基础设施建设规划》。规划以全省 212 个森林公安单位办公基础设施建设为主要内容，规划新建派出所用房 60125 平方米，概算总投资 3943. 8 万元。

二、森林公安建设项目可行性研究与实施方案编制

(一)可行性研究

2004 年 8 月，编制汉西林业局庙坪、新店子、上南河，龙草坪局龙草坪，太白山保护区营头等 5 个派出所的《森林公安派出所办公用房建设项目可行性研究报告》，规划每个派出所办公用房建筑面积 225 平方米，2 层砖混结构，估算单个投资 20 万元。

2004 年 8 月，编制完成《陕西省森林公安机关信息通讯网络工程建设可行性研究报告》。估算总投资额 419. 475 万元。

2004 年 9 月，编制完成《陕西省森林公安重点治安区设施设备建设项目可行性研究报告》。涉及省直属林业局及西安、宝鸡、商洛等 76 个森林公安分局、派出所。

2009 年 6 月，编制完成《陕西省森林公安局直属森林公安机构基础设施建设项目可行性研究报告》。项目拟建 3 个森林公安分局和 12 个森林公安标准化派出所宿办楼，覆盖西安市长安区、周至县楼观镇，安康市宁陕县的皇冠镇、四亩地镇、旬阳坝镇、广贺街镇，杨凌区，宝鸡市眉县营头镇，太白县鹦鸸镇、咀头镇、黄柏塬镇，汉中市洋县、勉县、佛坪县等，规划建设总面积 18890 平方米，估算总投资 6088. 37 万元。

受省森林公安局委托，规划院编制《陕西省森林公安局及直属分局公安业务技术用房项目建议书》。省森林公安局第一分局总建筑面积 4280 平方米、总投资 1113 万元；第二分局建筑面积 2525 平方米，投资 657 万元；第三分局建筑面积 2097 平方米、投资 545 万元。

(二)实施方案编制

2004 年 12 月，编制完成《陕西省中部森林公安重点治安区设施设备建设项目实施方案》，涉及省直属林业局及西安、宝鸡、商洛等 76 个森林公安分局、派出所，项目建设内容主要是购置计算机、打印机、传真机、照相器材、车载台、基地台、扫描仪、交换机、摄像器材、录音器材等共计 569 台(套)，概算总投资 246. 00 万元。

第十节　森林采伐限额编制

森林采伐限额是各种采伐消耗林木总蓄积量的最大限量，它是由林业主管部门根据用材林消耗量低于生长量和森林合理经营的原则，经过科学测算制定，并经国务院批准实施。森林采伐限额每 5 年调整一次。森林采伐限额的范围除《中华人民共和国森林法》规定的禁伐森林和林木外，包括所有林种的林分和林木的主伐、补充主伐、抚育伐、卫生伐、林分改造等各种采伐所消耗的资源总额。

1984 年，全国人大常委会通过的《中华人民共和国森林法》第一次以法律的形式规定“国家根据用材林的消耗量低于生长量的原则，严格控制年采伐限额”。从此，森林采伐限额制度在全国建立起来。

国家正式实施年森林采伐限额制度，是从国务院国发〔1987〕35 号文件批准“七五”限额开始的。

自实施森林限额采伐制度后，先后编制 1986~2010 年，即“七五”“八五”“九五”“十五”“十一五”等五期陕西省森林年采伐限额。其中，“七五”由林业厅计财处编制，“八五”“九五”“十五”“十一五”由省林业厅林改处、资源处，组织规划院编制。

一、“七五”期间年森林采伐限额编制(1986~1990 年)

“七五”期间是全国实行森林限额采伐的第一个五年，森林采伐开始由自主采伐转入限额审批采伐。1985 年 6 月，由各地(市)县按照“林业部制定森林采伐限额暂行规定的通知”精神，以 1975 年森林资源清查数据为基数，按照用材林消耗量低于生长量的原则，测定编制森林采伐限额，再由省林业厅汇总报省人民政府审核并上报国务院审批后执行。计算的年森林采伐限额为 200 万立方米(商品材)。

二、“八五”期间年森林采伐限额编制(1991~1995年)

“八五”期间对森林资源采伐实行全额管理，是林业工作的一项重大改革。“八五”期间年森林采伐限额编制以森林资源调查数据为依据，分类测算森林年采伐限额。纵向落实到县、国营林场，横向计算到各林种、各类林分、各种材种、各采伐方式、各消耗方式等，实行全方位的管理。1990年编制“八五”期间年森林采伐限额，计算的年森林采伐限额是700万立方米。

三、“九五”期间年森林采伐限额编制(1996~2000年)

1995年，编制“九五”期间年森林采伐限额，编制方法与“八五”相同。计算的年森林采伐限额为815万立方米。。

四、“十五”期间年森林采伐限额编制(2001~2005年)

2000年，编制“十五”期间年森林采伐限额。“十五”期间年森林采伐限额编制中明确提出以森林资源二类调查数据为依据并进行补充更新，编制工作必须是具有林业调查规划设计资质单位，编制方法采用“模拟计算法”，由国家林业局统一编程，通过程序计算编制。编制结果除分别采伐方式、消耗结构外，按照森林分类，分别商品林和公益林测算。计算的年森林采伐限额为620万立方米。

五、“十一五”期间年森林采伐限额编制(2006~2010年)

“十一五”期间，年森林采伐限额是2005年编制的。“十一五”期间年森林采伐限额编制也以更新后的森林资源二类调查数据为依据，编制方法采用“模拟计算法”，生态公益林不在编制主伐限额。编制结果在“十五”的基础上，分别细化到不同起源森林类型、并控制商品林和公益林的比例。计算的年森林采伐限额为421万立方米。

第四章　林业专项检查与资源评估

第一节　森林采伐限额检查

陕西省从1979年开始实行森林采伐限额管理(木材生产一本账)，1985年以后进入制定森林采伐限额阶段。1987年，国务院批准陕西省“七五”期间年森林采伐限额，从1991年开始进行森林采伐限额执行情况检查。每年由规划院进行省级森林采伐限额执行情况检查，国家林业局进行抽查。

1995年，对“八五”期间森林采伐限额执行情况采用系统抽样和典型调查相结合的方法进行监督检查和汇总。

1998年，对“九五”期间年森林采伐限额执行情况采用系统抽样与重点核查的方法进行省级检查，西北规划院对陕西省森林采伐限额执行情况进行部级抽查，省规划院对宁东林业局1997年限额执行情况抽取50%以上的采伐迹地再次进行重点核查。

国家林业局每年对陕西省进行森林采伐限额执行情况进行检查。由外业检查和内业检查相结合的检查方式，逐步改进到应用遥感技术进行检查。

2000 年，实施天保工程，天然林采伐全面停止，随之省级检查终结。

第二节 人工造林核查

为加强人工造林、更新的监督检查，掌握年度造林、更新的实际成效，从 1989 年开始进行人工造林、更新实绩核查。核查内容主要是人工造林、更新面积和成活率。2000 年，天保工程、退耕还林工程以及一些国际造林项目等重大林业生态工程实施后，每年都要分别不同工程，对工程各项目实施情况进行检查。检查采用市、县两级林业主管部门联合自查、省级林业主管部门进行复查、国家林业局进行核查的程序进行，除检查前一年人工造林、飞播造林和封山育林等计划任务完成情况、工程建设质量情况外，工程实施 3~5 年后还要检查其保存率和成效情况。各项工程省级核查工作均由规划院承担。

一、年度人工造林核查

1992~1997 年，规划院连续 6 年承担完成陕西省年度人工造林核查任务。核查对象为各地(市)当年人工造林面积核实率和造林成活率，核查任务量为各地(市)年度造林任务量的 5%。

二、绿化灭荒检查

1995 年，省委、省政府作出“关于奋战四年实现全省绿化灭荒”的决定，各地市认真贯彻《决定》精神，因地制宜地开展大规模的造林种草活动。为掌握绿化灭荒工作取得的成效，1997~1998 年，省林业调查规划院先后对汉中市汉台、南郑、城固、洋县、勉县、西乡、略阳、镇巴、宁强、留坝、佛坪，铜川市印台，渭南市韩城，榆林市吴堡，商州市丹凤，安康市石泉进行绿化灭荒检查。根据《陕西省灭荒检查验收办法》，灭荒标准是被检查县(市、区) 荒山荒地剩余率小于 10%，剩余 2 公顷以上集中连片的宜林荒山荒地面积之和，不超过宜林荒山荒地总面积的 5%。

1999 年，陕西省人民政府办公厅下发《关于做好绿化灭荒检查验收工作的通知》，根据《通知》要求对未进行省级验收的 93 个县(市、区、局)的造林种草情况进行核实。

此后，由于国家实施退耕还林工程和天保工程等林业生态重点建设工程，不再进行绿化灭荒检查验收。

三、退耕还林工程检查验收

退耕还林工程开始于 1999 年。2000 年，陕西省林业厅按照国家林业局部署，委托规划院开始对退耕还林工程年度执行情况每年进行省级复查。复查采取抽样调查方式，检查的项目包括上年度退耕还林工程的实绩和各年度保存成效、退耕还林工程管理工作等内容，检查工作持续到 2010 年。

2000 年、2001 年，省级复查，参与检查的有省、市、县林业、计划、农业、国土等部门。

2002~2010 年的省级复查工作，省林业厅委托规划院承担。

2004 年，省林业厅抽取甘泉、彬县和南郑 3 个县进行“退耕还林工作大检查”，全面检查退耕还林工程实施成效。

从 2008 年开始，对退耕还林工程退耕地还林兑现到期的生态林(满 8 年)和经济林

(满 5 年)进行阶段性检查验收。2008 年，检查验收 1999 年、2000 年，2 个计划年度退耕地还生态林面积和 1999~2003 年 5 个计划年度的退耕地还经济林面积的保存情况和造林成效。此项工作以省为单位全面检查验收，国家林业局组织重点检查验收。检查验收方式是 2008 年、2009 年和 2010 年省级全面阶段验收由规划院负责对地市县参与检查人员进行技术培训和技术指导、数据汇总等，外业调查、数据输入由各县区林业局负责完成。

2010 年，规划院受国家林业局委托完成对部分市、县的退耕还林阶段重点验收工作。

四、天保工程检查验收

为掌握天保工程实施效果，并为国家“四到省”和省级“四到县”考核提供依据，在省天保中心的组织协调下，由规划院、省飞播造林工作站、省种苗站、省资金稽查办、资源局，以及个地(市)共同完成全省天保工程建设的核查任务。

每年检查开始前，由规划院根据《陕西省天然林资源保护工程管理法》《陕西省天然林资源保护工程核查验收办法》《陕西省天然林资源保护工程森林资源管护实施办法》《陕西省天然林资源保护工程公益林建设作业设计办法》《陕西省天然林资源保护工程招标承包管理办法》《陕西省天然林资源保护工程财政资金管理实施则》以及省林业厅下达的任务书、各年度投资计划等，编制年度复查办法，作为复查工作的依据。

检查内容：

1. 公益林建设项目。包括任务核查和资金核查，其中，任务核查包括人工造林、飞播造林和封山育林计划任务的完成情况、工程建设的质量情况；资金核查包括建设资金的计划、到位、拨付、完成情况和资金的存储、账目设置、财务制度、人员配备等情况。

2. 种苗建设项目。主要为母树林、苗圃改土、温室大棚、苗圃喷灌设施、采育种设备和其他建设任务的计划与完成情况以及资金的计划、到位和实际完成情况。

3. 森林防火项目。主要为防火公路、防火了望台、通讯线路、风力灭火机、通讯机具等建设任务的计划与实际完成情况以及资金的计划、到位和实际完成情况。

4. 森林管护项目。包括管护面积、管护人员配备和相关的管护措施、责任制落实情况；管护人员工资和有关费用支出和使用情况以及资金的计划、到位和实际完成情况。

5. 富余职工分流安置及企业养老保险社会统筹。复查各年度分流人员数量、分流去向、一次性安置资金使用情况以及安置政策落实情况、存在问题；企业养老保险社会统筹资金的计划、到位和实际完成情况。

6. 科技支撑。核查资金计划执行和实际完成情况，包括建设项目和研究课题的完成情况。

7. 政社性项目。核查国家补助资金用于学校、卫生、公检法司、政府经费使用情况等。

8. 工程项目执行能力。核查工程领导小组和办公室(中心)机构建设、人员及设备配置、工程组织与管理、制度建设、档案管理等。

在上述复查内容中，规划院按照《天然林保护工程检查验收办法》对天然林保护工程的人工造林、封山育林、飞播造林历年执行情况进行检查验收。

陕西省2000~2010年各年度复查任务与结果详见表7-4-1。

2002~2010年陕西省天保工程省级复查、检查面积与结果一览表

表7-4-1　　单位：万公顷、人、%

年份	当年实绩复查面积			成效复查面积			参与人数	检查结果		
	人工造林	封山育林	飞播造林	人工造林	封山育林	飞播造林		面积核实率	面积合格率	保存合格率
2002	0.82	0.32	1.37				48	97.90	96.80	
2003	0.67	0.33	0.84				38	98.90	99.00	
2004	0.47	0.99	0.94	0.15			50	99.00	99.10	99.00
2005	0.44	0.41	1.90	3.96			93	99.30	98.50	98.10
2006	0.25	1.21	2.43	3.76	0.39		73	99.20	97.20	98.30
2007	0.21	1.40	1.67	2.87	0.46	2.36	85	99.10	97.10	97.20
2008	0.36	1.88	1.32	2.71	0.76	1.12	87	99.90	97.70	97.00
2009	0.34	1.72	1.05	1.56	0.77	1.49	82	99.80	95.70	96.30
2010	0.71	2.44	1.44	0.78	0.89	0.96	93	99.80	97.30	94.80

五、国际合作项目检查验收

（一）中德合作造林项目检查验收

中德合作造林项目采用的是报账制管理，项目分次报账、分次检查。其监测的方法分为造林检查和环境与社会影响监测等方面。造林检查分为报账监测和造林质量成效监测（验收）。

1. 陕西中德合作造林项目。陕西中德合作造林项目包括：陇县、千阳县、麟游县、陈仓区、彬县、永寿县、旬邑县。

（1）造林监测。造林监测是在造林地小班内均匀设置样园进行检查，抽样面积不低于小班面积的2%，且一个小班至少抽取3个样园，每个样园面积为100平方米。调查样园内造林株数、成活等情况，推算小班有关检查指标。检查的主要指标分为数量指标和质量指标。数量指标有面积、密度、株行距、混交比例、造林成活率等；质量指标有树种、整地、苗木质量、造林技术、抚育措施、补植、损失情况等。

监测采用量化计分方法，通过每个子项得分，计算小班总得分，评判项目造林成效。

（2）环境与社会影响监测。环境与社会影响监测主要监测项目实施对项目区经济、社会、环境方面的影响情况。通过分级典型抽样，抽取项目区农户，采用问卷调查的方法，共调查3次。经济情况调查指标主要包括农户基本情况、农业收入、林业收入、畜牧业收入、项目劳务收入、多种经营收入等。分析经济收入变化、经济结构变化、投资与消费结构变化等。社会情况调查指标，主要包括村民情况、基础教育、文化情况、项目参与、基础设施、基本建设、第三产业、妇女参与等。分析土地利用、生活改善、劳动力利用、基础设施改善、文化教育发展、行业进步等。环境调查主要指标，为土壤侵蚀、河流泥沙含量、降水、温度、湿度、风力等，分析水土流失、小气候改善等。

陕西中德合作造林项目自 1993 年启动后，逐年进行报账检查，到 2002 年项目进行竣工验收。

项目建立示范基地 7 个，完成规定的 23000 公顷造林目标，90. 1%的林分营造成功，造林区森林覆盖率由 12%增加到 53%。修筑梯田 1000 公顷，沟谷治理 48. 5 千米，修筑林区道路 114 千米，建乡办林场 16 个，建立省、县培训中心 8 个，总建筑面积 9000 平方米，并改善 7 县中心苗圃的基础设施，购置车辆 30 辆及办公设备。2002 年竣工验收结果见表 7-4-2。

2002 年陕西省中德合作造林项目竣工验收结果表

表 7-4-2　　单位：公顷、千米、%

县	造林任务						修建梯田	沟道治理	项目实施前森林覆盖率	项目结束后森林覆盖率
	计划任务	实际完成合计	实际完成林种面积							
			防护林	防护用材林	用材林	经济林				
宝鸡县	3403	3403	21. 7	523. 7	2454. 6	403	150	7	10. 2	68. 8
千阳县	3397	3404. 5	101. 8	1059. 4	1846. 7	396. 6	100	6. 7	13. 4	57. 9
陇县县	3373	3440. 4	330. 9	2032. 5	687. 2	389. 8	50	4	6. 9	46. 3
麟游县	3065	3116. 1	22. 2	1231. 4	1296. 7	565. 8	100	6	11	63
彬县县	3396	3543. 5	307. 6	1481. 1	1302. 3	449. 5	200	8	15. 9	37. 7
旬邑县	3266	3244. 7	109. 9	1970. 6	950. 8	213. 4	200	8. 8	13. 8	50. 5
永寿县	3100	3119. 3	439. 9	1076	992. 9	610. 5	200	8	12. 8	50
合计	23000	23271. 5	1334	9377. 7	9531. 2	3028. 6	1000	48. 5	12	53. 4

2. 中德合作陕西延安造林项目监测。中德合作陕西延安造林项目，包括吴起县、志丹县、安塞县。自 2002 年至 2009 年，每年进行一次报账监测，2010 年，对整个项目进行了成效监测。

检测结果：在建设期限内安塞、志丹、吴起 3 县都按要求顺利完成了造林任务。截至 2007 年底，项目完成了财政协议规定的造林面积 18392. 09 公顷，占造林计划任务的 100%；2008 年底完成了新增造林面 1802. 6 公顷，占新增造林计划任务的 100%；完成庭院经济林工程 3011 户，栽植各种经济果木 5. 7 万株，占农家庭院计划任务的 100%。

安塞县共完成造林面积 6673. 06 公顷，占计划任务的 100%。其中防护林 6539. 21 公顷，经济林 133. 85 公顷，实施近自然示范林 106. 6 公顷，建设庭院林业 1070 户，栽植各种经济果木 22544 株。

志丹县完成造林面积 6676. 23 公顷，其中防护林 6618. 28 公顷，经济林 57. 95 公顷。实施近自然林业 100 公顷，完成庭院林业 1250 户，栽植各种经济果树 23041 株。

吴起县完成营造林任务 6845. 4 公顷，其中防护林 6644. 2 公顷，经济林 201. 2 公顷，发展庭院林业 691 户，栽植各种经济果木 12227 株，完成近自然业示范林 100 公顷，近自然实验林 10.7 公顷。

截至 2010 年年底，完成林区道路 88.8 千米，占总任务 50 千米的 177.6%；苗圃改造工程 3 处，占总任务的 100%；发放节柴灶 2000 个，占总计划的 100%；建设护林房 114 间，占总计划的 63.3%(因作业区合并)；交通车辆、办公培训设备和小型林业工具等招标和采购工作按计划全面完成。

(二)日元贷款陕西植树造林项目检查

日元贷款陕西植树造林项目成效检查，分为县级自查、市级验收、省级抽查、竣工验收四部分。

检查指标：人工造林包括造林面积、成活率、苗木质量、整地质量、栽植质量、栽植密度、抚育质量、病虫害防治、管护、技术培训、合同兑现等。飞播造林包括飞播面积、成苗数、有苗样方频度、管护等。封山育林包括封育面积、郁闭度(覆盖度)或株数、抚育措施等。

检查方法：采用多阶等距、机械抽样、随机抽样等。县级自查比例为造林面积的 100%，市级核查为县级合格小班的 100%，省级抽查为市级合格面积的 20%(或合格小班的 20%)。每个县抽中作业区不少于 3 个，抽中作业区小班全面检查。其他建设内容检查比例 100%。

2002 年后，逐年对项目进行检查。2006 年，进行项目成效验收。成效检查涉及延安、铜川、渭南、宝鸡、咸阳、西安等 6 市 34 个县(区)。成效检查共抽取 610 个作业区(包括封育区、播区)，2472 个小班，检查面积 48471.2 公顷。其中，人工造林检查面积 16377.2 公顷，封山育林检查面积 6914 公顷，飞播造林检查面积 25450 公顷。检查日元项目投资建设苗圃和地方配套苗圃 34 个，总面积 317.81 公顷。

六、飞播造林检查

(一)天保工程飞播造林检查

1990~2010 年，飞播造林成苗成效调查由播区所在县(区)进行调查，地市负责检查，规划院负责技术指导。

2000~2010 年飞播造林列入天保工程项目，飞播造林成效调查在飞播造林满 5 年，成苗调查在飞播造林满 1 年后进行。成苗成效调查由所在的县区承担，飞播造林成苗成效核查由陕西省林业勘察设计院承担，全省核查县区不低于总数的的 30%，每市(地)不超 3 个县区，核查工程项目的任务量每个县区不低于 30%；飞播造林成苗成效核查每个市抽取 1~3 个县区，每个县区抽取成苗 1 个播区，成效 1 个播区，如果达不到 30% 的任务量增加核查播区。

规划院 1990~2010 年对飞播造林成苗成效进行核查，核查面积 104.4 万公顷。其中，成效检查面积 47.45 万公顷，成苗检查 56.97 万公顷。检查结果成效面积率 35.97%，成苗面积率 33.39%(表 7-4-3)。

(二)日元贷款项目飞播造林核查

2005 年 11 月至 2006 年 3 月，规划院承担日元贷款飞播造林省级检查，检查全省 6 市 19 个县(区)26 个播区，总面积 39268 公顷，宜播面积 35314 公顷。

检查结果：日元贷款项目，全省播区有苗样地频度 25.91%，成苗面积 9151.3 公顷，详见表 7-4-4。

1990~2010 年陕西省飞播造林检查表

表 7-4-3　　单位：公顷、%

年份	播区面积		检查面积		检查成苗成效面积		检查结果	
	播区面积	有效面积	成效检查	成苗检查	成效面积	成苗面积	成效率	成苗率
合计	1846831	1559484	474600	569739	170713	190236	35.97	33.39
1990	91467	65852	23048	24695	13320	12846	57.79	52.02
1991	47824	35624	12468	13359	7091	6837	56.87	51.18
1992	89253	66307	23208	24865	9260	8929	39.9	35.91
1993	67570	52312	18309	19617	9792	9442	53.48	48.13
1994	64385	51404	17991	19277	5351	5160	29.74	26.77
1995	64603	53310	18659	19991	5851	5644	31.36	28.23
1996	98447	80160	28056	30060	8274	7978	29.49	26.54
1997	98327	82507	28877	30940	8109	7819	28.08	25.27
1998	78377	69958	24485	26234	6768	6524	27.64	24.87
1999	75272	66552	23293	24957	6017	5803	25.83	23.25
2000	108496	96609	33813	36229	10404	13126	30.77	36.23
2001	120894	110631	38721	41487	12801	17213	33.06	41.49
2002	160320	142820	49987	53557	16356	11954	32.72	22.32
2003	115813	101122	35393	37921	11849	17254	33.48	45.5
2004	127078	104561	36596	39211	12812	14292	35.01	36.45
2005	124594	108265	37893	40599	11716	19780	30.92	48.72
2006	78435	68005	23802	25502	8426	9295	35.4	36.45
2007	46376	40693		12208		2235		18.31
2008	38914	34202		10453		1639		15.68
2009	102484	87884		26366		10428		39.55
2010	47904	40706		12212		2237		18.32

2005~2006 年陕西省日元贷款项目播区检查面积统计表

表 7-4-4 单位：公顷、%

市	县区市	播区	播区面积	宜播面积	检查结果	
					有苗样地频度	成苗面积
合计			39268. 0	35314. 0	25. 91	9151. 3
延安市	小计		2420. 0	2005. 0	18. 62	373. 3
	黄陵县	八十亩塬	1020. 0	861. 0	22. 1	190. 3
		蒋家河	1400. 0	1144. 0	16	183. 1
铜川市	印台区	马杓沟	1125. 0	1004. 0	46. 48	466. 7
西安市	小计		10288. 0	9320. 0	10. 61	988. 4
	户县	野猪坪	970. 0	895. 0	12. 1	108. 3
		漫沟	1679. 0	1625. 0	8	130. 0
	长安区	太峪河	1990. 0	1697. 0	17. 32	293. 9
		黄峪寺	945. 0	851. 0	8. 43	71. 7
	周至县	牛角沟	1500. 0	1330. 0	15. 7	208. 8
		七里官	840. 0	717. 0	2. 2	15. 8
	蓝田县	羌水岩	2364. 0	2205. 0	7. 25	159. 9
咸阳市	小计		3350. 0	3016. 0	34. 79	1049. 4
	三原县	杨家山	456. 0	383. 0	38	145. 5
		嵯峨山	750. 0	630. 0	34. 2	215. 5
	永寿县	车村沟	1052. 0	998. 0	33. 8	337. 3
	彬县	屈家塬	1092. 0	1005. 0	34. 93	351. 1
渭南市	小计		7498. 0	7042. 0	31. 14	2192. 5
	临渭区	黄狗峪	2150. 0	2000. 0	29. 2	584. 0
	蒲城县	九龙峪	1087. 0	1005. 0	24. 97	250. 9
	华阴市	蒲峪	2101. 0	2002. 0	33. 15	663. 7
	潼关县	桐峪	2160. 0	2035. 0	34. 1	693. 9
宝鸡市	小计		14587. 0	12927. 0	31. 57	4081. 0
	凤翔县	北石沟	3330. 0	3029. 0	37. 9	1148. 0
	千阳县	槐芽	1800. 0	1519. 0	29. 3	445. 1
		普社 1	1785. 0	1540. 0	28. 7	442. 0
	陇县	柳家山	2310. 0	2054. 0	32. 5	667. 5
	陈仓区	鸭峡岭	1274. 0	1006. 0	36. 8	370. 2
		马尾河	1210. 0	1093. 0	14. 2	155. 2
	金台区	南鱼沟	1073. 0	1073. 0	35	375. 5
	眉县	云台山	1805. 0	1613. 0	29. 6	477. 5

第三节　林业工程监理

一、监理机构

“西安林科工程建设监理有限公司”成立于2002年1月4日，经陕西省建设厅批准，西安市工商行政管理局登记注册，具有工程监理丙级资质。现有农林工程专业注册监理工程师10人，农林工程专业省(市)级资格监理员18人。

“陕西寰宇林业生态工程监理中心”成立于2004年，由陕西省林业厅批准、陕西省工商行政管理局登记注册。现有工程监理人员9人，具有国家林业局颁发的林业生态工程监理上岗资格证书。

二、监理情况

2004年开始，依据《林业生态工程建设监理实施办法》，完成林业科技支撑项目监理面积2037公顷，完成封山育林监理面积7000.2公顷，人工造林监理面积2053.5公顷。具体监理情况见表7-4-5。

2004~2009年陕西省林业生态工程监理情况表

表7-4-5　　单位：公顷

年度	项目	面积		监理单位
		人工造林	封山育林	
2004	吴起县生物工程控制水土流失技术试验示范	190		陕西寰宇林业生态工程监理中心
	米脂县北部干旱地区抗旱造林粉试验示范	400		
	秦巴山地植被恢复综合技术试验示范	267		
	陕西黄土高原天然林种质资源收集保存及良种培育技术试验示范	100		
	长安区天保公益林建设工程		666.7	
2005	韩城、淳化、陇县等渭北旱塬高效生态复合经营模式试验示范项目	400		陕西寰宇林业生态工程监理中心
	陕北地区退耕坡耕地植被恢复技术	600		
	陕西省米脂县四倍体刺槐困难立地条件造林技术示范	80		
	周至县天保公益林建设工程	133.3	666.7	西安林科工程建设监理有限公司
	临潼区天保公益林建设工程	333.3		
	西安市国营小王涧林场年天保公益林建设工程	133.3	333.3	
	灞桥区天保公益林建设工程		666.7	

续表

年度	项目	面积		监理单位
		人工造林	封山育林	
2006	长安区天保公益林建设工程	66.7	666.7	西安林科工程建设监理有限公司
	户县天保公益林建设工程	66.7	666.7	
	蓝田县天保公益林建设工程	66.7	1000	
	西安市国营小王涧林场天保公益林建设工程		333.3	
	周至县天保公益林建设工程	133.3	666.7	
	临潼区天保公益林建设工程	66.7	666.7	
2007	临潼区天保公益林建设工程	133.3	666.7	西安林科工程建设监理有限公司
2008	西安市环山旅游路绿化工程生态林带	210		西安林科工程建设监理有限公司
	西安市渭河两岸近堤绿化防护工程	500		
	西安市临潼区骊山北麓造林绿化试验区人工造林	127.2		
2009	西安市临潼区骊山北麓造林绿化E标段人工造林	83.0		西安林科工程建设监理有限公司

第四节 林业资源评估

2003年，根据全省林业发展需要，规划院设立陕西省森林资源资产评估中心。评估中心自成立以来先后对榆林市10万吨沙柳浆造纸项目、黎坪国家森林公园森林资源资产、王顺山国家森林公园森林资源资产、陕西省苍龙山森林公园森林资源资产、咸阳市秦都区沣东苗圃被征用的苗圃地上苗木、靖边县煤汽油综合利用产业园管理服务中心建设项目征占用靖边县国有沙石峁林场林地、陕西省延长石油(集团)有限公司生产管理服务区建设项目征占用靖边县国有沙石峁林场林地、“5·12”汶川地震对佛坪国家级自然保护区大熊猫栖息地影响、陕西省三北防护林体系建设四期工程、陕西省长江流域防护林体系工程成效以及陕西省林业发展“十一五”规划中期评估等20多项进行了评估。1999~2010年完成的评估项目见表7-4-6。

1999~2010年陕西省完成的评估项目一览表

表7-4-6　　单位：公顷、万元

完成时间	项目	面积	价值	备注
2004年	榆林市10万吨沙柳浆造纸项目森林资源资产评估			
2005年8月	黎坪国家森林公园森林资源资产评估	9403	108072.4	

续表

完成时间	项目	面积	价值	备注
2007 年 11 月	陕西苍龙山森林公园森林资源资产评估	1551	156. 34	景观质量评估
2008 年 2 月	咸阳市秦都区沣东苗圃苗木资产评估	1	75. 1119	征占林地资源
2008 年 2 月	靖边县国有沙石峁林场林地评估—1	25. 9696	106. 8994	征占林地资源
2008 年 8 月	陕西省林业发展“十一五”规划中期评估			
2008 年 8 月	“5. 12”汶川地震对佛坪国家级自然保护区大熊猫栖息地影响调查评估	35000		
2008 年 9 月	靖边县国有沙石峁林场林地评估—2	19. 7407	85. 0688	征占林地资源
2009 年 4 月	王顺山国家森林公园森林资源资产评估	120	399. 76	
2009 年 12 月	陕西省长江防护林体系工程建设成效评估报告			

第五章　林业调查规划信息化与林业资源数据库建设

第一节　林业调查规划设计信息化发展历程

一、应用计算机(器)替代手工计算阶段

1979 年，森林资源连续清查内业汇总首次应用计算机，当时计算机还处于“01”时代，采用机械码进行数据录入、计算。

1980 年以后，使用 ASCⅡ码进行计算。一是以 fx-180 为代表的系列计算器大量使用；二是以 502P 为代表的带有编程功能的计算器(计算机)出现，使计算工作进入了程序运算阶段；三是以 TI-59 创先的小型便携式计算机使用，使得计算结果可以输出打印；四是 trs Z-80 第一代微型计算机应用。

二、计算机管理森林资源阶段

早期的森林资源管理是基于资源数据的管理。1984 年，计算机高级语言、关系数据库开始应用。1986~1987 年，在桥北林业局开展森林资源微机建档工作，首次，采用苹果计算机对该局的森林资源档案进行信息化管理；1987~1989 年，采用微机 286、386 完成全省森工系统森林资源建档工作。

三、地理信息技术应用阶段

20 世纪 80 年代末，开始引入计算机制图。在使用计算机制图之前，采用图板手工绘图。

1. Autocad 的应用。20 世纪 80 年代末，开始使用 Autocad，主要用于建筑、道路等

专业设计。

2. Mapcad 的应用。20 世纪 90 年代初，在 486 计算机上开始使用 DOS 系统下的 Mapcad 软件，1995 年，更新到 WINDOWS 系统版本。林业调查规划设计制图以非线型制图为主，非线型图形的矢量化使林业制图走向数字化的一次飞跃。

3. 地理信息系统的应用。1998 年，开始应用 Mapgis，首次应用地理信息系统，2004 年以后全面应用 Arcgis。空间分析与数据库的结合是信息技术的又一次发展。

四、遥感技术应用阶段

遥感技术主要用于森林资源调查，20 世纪 50 年代，开始使用航空照片，借助立体镜进行解译判读，1957~1959 年，林业部调查设计局航空调查队在省林业调查队(1958 年，并入省农林牧工作大队)的配合下，对秦岭、巴山林区的 19 个施业区和 24 个县市采用航空照片进行资源调查。与以后开展的森林经理调查对比，面积和优势树种精度都在 90%以上。

20 世纪 80 年代末，开始航天遥感研究试验，1999 年，在森林资源连续清查中进行了样地判读调查，2004 年，开始在森林资源规划设计调查、荒漠化沙化土地调查、湿地资源调查、林地保护利用规划等项目中全面使用。2004 年，开始采用 Erdas、Geoimage 等软件处理遥感影像。2004 年前主要采用的是分辨率 15 米的 TM 影像，2004 年后主要采用分辨率 2.5 米的 SPOT 影像。采用辐射校正和几何纠正、图像整饰、投影变换、镶嵌、特征提取、分类等技术处理全省 SPOT 卫星影像 107 景用于全省 2004~2008 年森林资源规划设计调查，SPOT、alos 卫星影像 135 景用于全省林地保护利用规划。

第二节 信息技术在林业调查规划设计中的应用

一、森林资源规划设计调查管理信息系统

2004~2005 年，依据《陕西省森林资源规划设计调查实施办法》，规划院开发完成陕西省森林资源规划设计调查管理信息系统。该系统采用 ARCGIS8.3 地理信息与 ORACLE8 数据库平台，是全省在林业系统首次应用地理信息与大型数据库进行森林资源管理。该系统是一个集空间图形信息、统计数据、模型预测成果于一体，以地理信息系统为基础平台的信息系统。具有数据管理、数据查询、报表输出，小班区划、图形制作、森林资源动态分析、辅助林业工程规划设计等功能，并为政府、林业主管部门在制定中、长期发展规划、计划、经营决策方案时提供各项基础数据。管理信息系统开发后，应用该系统完成了全省 107 个县(区)的森林资源规划设计调查工作，各县采用系统相继建立县级资源调查数据库。

二、退耕还林工程管理信息系统

陕西省是全国退耕还林面积最大的省份，迫切需要实现退耕还林管理工作的信息化。2006 年，依据《关于下达 2006 年第二批林业科学研究课题计划的通知》的要求，陕西省林业厅将退耕还林管理信息系统开发与应用列入开发计划，投入 20 名专业技术人员，开发完成了陕西省退耕还林管理信息系统。该系统是基于 ARCGIS8.3 地理信息与 ORACLE8 数据库平台上共享的图、数、文、表一体化的省、市、县三级网络管理系统。

系统基本功能包括输入与更新、数据查询、统计与输出，管理功能包括规划设计、检查验收、政策兑现、依法管理、项目分析、数据管理等。目前各县建有退耕还林信息数据库，每年根据退耕工程造林实施情况进行更新。

该系统是首次在全省大范围的工程项目管理中采用 ARCGIS 和 ORACLE 数据库技术，改变了单纯的 MIS 管理模式；将地理信息技术、遥感技术、全球定位技术与数据库技术、办公自动化等技术有效结合；多尺度、多类型数据的动态调用；多级多层管理；实现了海量数据存储。系统功能完善，界面友好、稳定性强，应用后大大提高管理效率、节约管理成本，提升退耕还林的信息管理水平。

三、森林防火综合管理信息系统

2006 年，省林业厅组织专业技术人员开发完成了陕西省森林防火综合管理信息系统。系统是基于“3S”技术、软件技术、网络技术和现代通信技术的省、市、县三级网络管理系统，将基础地理空间信息、森林资源信息、林火信息、态势信息、防火设施信息、日常业务信息等进行综合管理，实现森林防火工作中的各类空间数据和办公数据的结合，提高了林火信息定位、查询、检索的效率。当发生森林火灾时，系统能够实现森林火灾的快速定位，及时了解火场的地理和资源要素，制定合理的扑救方案，实现扑救力量的最优配置，实现灾后损失评估，系统为全省森林防火工作的管理及火灾预防和扑救指挥工作提供辅助决策。开发平台采用 ARCGIS8. 3 地理信息与 ORACLE8 数据库，系统开发完成后建立全省森林防火数据库。

四、德援人工造林项目信息管理系统

1999~2003 年，中德合作完成陕西延安造林项目。2001 年，随着工程的启动，省厅投入 20 名专业技术人员，开发完成德援人工造林项目信息管理系统，该系统基于 SYBASE 数据库平台。系统主要包括基础数据库建立、施工进程管理和财务报表管理三大部分。基础数据库包括小班档案信息、基础设施信息、林业机构的设置及人员配备状况、劳动定额信息、社会经济指标等；施工进程管理包括进程报表管理、项目情况查询；财务报表管理包括财务报表的生成、打印、接收、分析。整个系统管理信息设计全面、详尽，可操作性强，稳定性好。吴起、志丹、安塞县采用该系统管理德援项目后，可以实时了解项目各方面的进展情况，同时培训一批基层计算机应用人员，该信息系统的应用得到了德方的好评。

五、林地保护利用规划及林地落界管理信息系统

依据《全国林地保护利用规划大纲(2010~2020)》和《陕西省林地保护利用规划(2010~2020)》，规划院开发陕西省林地保护利用规划及林地落界管理信息系统。该系统采用先进的 GIS 技术与数据库技术实现林地规划、落界的地理空间信息与属性信息的数据管理。系统基于 ARCGIS9. 3、ACCESS 数据库平台，主要功能包括地图文档管理、小班区划、属性数据及图形拓扑检查、林地规划数据管理、数据导入导出、统计汇总、专题图制作等，应用该系统完成全省 107 个县(区)林地保护规划及林地落界工作，建立全省林地落界数据库。

第三节　林业资源数据库建设

一、森林资源连续清查数据库

森林资源连续清查从1979年开始，采用固定样地连续清查体系，用以掌握全省宏观森林资源现状及其消长动态。从1989年开始建立固定样地、样木属性数据库。森林资源连续清查每5年1次，间隔4年。全省布设国家样地6440个，省级加密样地1079个。样地数据库共7519条记录，字段根据调查期的样地因子设置。样木库记录数每期都在动态变化，字段根据样木调查因子设置。全省现有1989年、1994年、1999年、2004年、2009年5期连清数据。

二、陕西省荒漠化沙化土地调查数据库

陕西省荒漠化沙化土地调查从1994年开始，每5年1次，间隔期4年。2004年后普遍使用"3S"技术，通过建立解译标志、判读、区划、现地验证等环节进行调查。荒漠化沙化土地数据库主要内容包括地理信息库、属性数据库、图形数据库等，现有1994、1999、2004、2009年4期数据。

三、陕西省湿地资源调查数据库

1995~2003年，国家林业局(原林业部)开展全国湿地资源调查，陕西省第一次湿地资源调查是1999年进行的。2010年陕西省进行第二次调查，采用"3S"技术，通过建立解译标志、判读、区划、现地验证等环节进行调查。按照全国湿地管理信息系统要求，建立了陕西省湿地资源数据库。

四、GEF陕西省综合生态系统元数据库

按照中国-全球环境基金(GEF)土地退化防治管理与政策支持项目的要求，2007年5月，GEF陕西省综合生态系统元数据库建立。数据库现有1994年、1999年、2004年、2009年度的陕西省土地荒漠化与沙化资料、全省的气象、水资源资料及社会经济指标，覆盖全省的大比例尺地形图，SPOT5的卫星影像等元数据。

第六章　林业区划

第一节　国家重点公益林区划

一、概况

陕西省国家级公益林区划界定工作，从2004年开始至2012年结束，期间先后进行3次。

第一次，2004年5~7月，区划界定陕西省重点公益林总面积。

第二次，2005年12月，区划界定是从2004年界定的重点公益林总面积中，划分出实施天保工程以后，在天保工程区新增造林且未享受天保管护经费的重点公益林面积，以便将其纳入中央森林生态效益补偿范围。

第三次，2009 年 9 月，对符合《重点公益林区划界定办法》，但尚未划入国家级公益林的这部分森林，向国家林业局提出补充申报报告。

二、重点公益林区划界定、认定情况

第一次，2004 年 6 月，根据国家林业局、财政部《关于印发〈国家林业局、财政部重点公益林区划界定办法〉的通知》，陕西省林业厅、财政厅下发《关于认真开展重点公益林区划界定工作的通知》，制定《陕西省重点公益林区划界定实施方案》，全省开展重点公益林区划界定。成立陕西省重点公益林区划界定工作领导小组，在规划院设立区划界定工作办公室，各市、县(区)也分别成立相应的领导小组和办公室。

本次重点公益林区划对象是全省 1109.8 万公顷的林业用地，涉及全省 10 个市和省资源局、楼观台林场、国家级自然保护区共 122 县(市、区、局、场)。全省共区划界定重点公益林 439.5 万公顷，占林业用地面积的 39.6%。

2005 年 1 月，根据《国家林业局关于反馈重点公益林申报中不符合规定的区位及面积情况的通知》，陕西省林业厅上报重点公益林中，不符合标准的为 59.3 万公顷，认定省重点公益林 380.2 万公顷。

第二次，2005 年 12 月中旬，按照《国家林业局办公室关于上报天保工程区新增造林且未享受天保管护经费的重点公益林面积的通知》要求，本次调查区划结果，陕西省新增造林且未享受天然林保护工程管护经费的重点公益林面积 173.8 万公顷。

2006 年 9 月，西北规划院代表国家林业局，对陕西省上报数据进行现地核查。认定陕西省符合要求的面积为 131.6 万公顷。2007 年 2 月，《国家林业局关于落实天保工程区新增造林且未享受天保管护经费重点公益林面积的通知》，要求把新增造林面积落实到山头地块，为列入中央森林生态效益补偿奠定基础。

第三次，2009 年 9 月，《国家林业局、财政部关于《国家级公益林区划界定办法》的通知》对《重点公益林区划界定办法》进行了修改，形成《国家级公益林区划界定办法》。根据这个办法，全省进行补充区划界定工作，并向国家林业局提交补充申报国家级公益林的报告，本次共补充区划国家级公益林 282.3 万公顷。

《国家林业局关于国家级公益林补充区划审核结果的通知》中认定陕西省国家级公益林增补 277.4 万公顷，总面积达 657.5 万公顷。

第二节 陕西省林业发展区划

一、概况

林业发展区划是依据自然地理条件和社会经济条件的差异性，森林与环境的相关性，林业基础条件与发展潜力，以及社会经济发展对林业的主导需求等，对全国地域进行逐级划分，并从可持续发展的高度，明确各级分区单元的林业发展方向、功能定位和生产力布局，为现代林业发展构建空间布局框架。林业发展区划工作，是指导林业发展的基础性工作，林业发展区划是建设现代林业的迫切需要，是构建林业生态、产业和文化“三大体系”的重要举措，对建立和完善全国林业发展体系，正确引导林业发展走向，科学实施林业分类经营和分区施策，大力促进林业生态建设和产业和谐发展具有十分重要的意义。

2007年3月8日，国家林业局下发《国家林业局关于开展全国林业发展区划工作的通知》。通知阐述了开展全国林业发展区划工作的重要意义，提出全国林业发展区划的总体要求，明确全国林业发展区划的主要任务及工作机制，要求各省(区、市)组织开展林业发展区划工作。

2007年4月，省林业厅成立陕西省林业发展区划领导小组及其办公室，并组建工作组，制定林业发展区划工作实施计划，召开林业发展区划专题办公会议和全省林业发展区划工作会议，10月底完成陕西省林业发展区划初步方案，11月征求省林业厅有关部门、各市林业局和国家林业发展区划办公室对初步方案的意见，并对初步方案进行修改完善。2007年12月21日，召开区划方案论证会，2008年2月25日，召开区划成果审定会，2008年12月，区划成果编辑出版。

二、区划体系

为充分体现区划的战略性、基础性和指导性，反映其宏观控制作用和空间约束力，本次区划采用三级分类系统。

一级区划，反映对林业发展起控制作用的自然地理条件；

二级区划，反映林业主导功能；

三级区划，统筹谋划林业生产力布局，调整完善林业发展政策和经营措施。

一级区，为林业自然条件分区。旨在反映对中国林业发展起到宏观控制作用的水热因子的地域分异规律，同时考虑地貌格局的影响。通过对制约林业发展的自然、地理条件和林业发展现状进行综合分析，明确不同区域今后林业发展的主体对象，如乔木林、灌木林、荒漠植被；或者林业发展的战略方向，如开发、保护、重点治理等。

全国共划分10个一级区，陕西省涉及3个，即：Ⅲ华北暖温带落叶阔叶林保护发展区，Ⅳ 南方亚热带常绿阔叶林、针阔混交林重点开发区，Ⅷ 蒙宁青森林草原治理区。

二级区，为林业主导功能分区。在一级分区框架内，以区域生态需求、限制性自然条件和社会经济对林业发展的根本要求为依据，旨在反映不同区域林业主导功能类型的差异，体现森林功能的客观格局。

全国共划分为62个二级区。陕西省共涉及4个，即：Ⅲ 华北暖温带落叶阔叶林保护发展区，涉及2个区(Ⅲ.4 晋陕黄土高原防护经济林区，Ⅲ.5 汾渭谷地经济防护林区)；Ⅳ 南方亚热带常绿阔叶林、针阔混交林重点开发区，涉及1个区(Ⅳ.1 秦巴山地特用防护林区)；Ⅷ 蒙宁青森林草原治理区，涉及1个区(Ⅷ.6 鄂尔多斯高原防护经济林区)。

三级区，为林业生态功能和生产力布局分区。旨在反映不同区域林业生态产品、物质产品和生态文化产品生产力的差异性，并实现林业生态功能和生产力的区域落实。进行林业生态功能布局、林业生产力布局，分析区域优势和发展潜力，提出森林经营、保护和治理措施，完善区域林业政策，明确林业发展的科技需求。

三、分区系列

全省共划分11个三级区，详见表7-6-1。

陕西省林业发展区划分级分区表

表 7-6-1

一级区	Ⅷ 蒙宁青森林草原治理区 Ⅲ 华北暖温带落叶阔叶林保护发展区 Ⅳ 南方亚热带常绿阔叶林、针阔混交林重点开发区
二级区	Ⅷ.06 鄂尔多斯高原防护经济林区 Ⅲ.04 晋陕黄土高原防护经济林区 Ⅲ.05 汾渭谷地经济防护林区 Ⅳ.01 秦巴山地特用防护林区
三级区	Ⅷ.06-01 陕北毛乌素沙地南部防风固沙水土保持林区 Ⅲ.04-01 陕北黄土丘陵沟壑水土保持果树林区 Ⅲ.04-02 黄龙山桥山水源涵养一般用材林区 Ⅲ.04-03 渭北黄土高原水土保持果树林区 Ⅲ.05-01 关中平原绿化果树林区 Ⅲ.05-02 秦岭北坡关山水源涵养风景林区 Ⅳ.01-01 秦岭南坡中西部中高山生物多样性保护水源涵养林区 Ⅳ.01-02 秦岭南坡东部水源涵养果树林区 Ⅳ.01-03 秦巴低山丘陵水源涵养一般用材林区 Ⅳ.01-04 汉中盆地绿化护岸林区 Ⅳ.01-05 巴山中山水源涵养林区

四、三级区布局

(一)Ⅷ.06-01 陕北毛乌素沙地南部防风固沙水土保持林区

1. 区划范围和面积。本区涉及榆林市的定边、靖边、榆阳、横山 4 县(区)全部及神木县 12 个乡(镇)和米脂县飞地，共计 101 个乡(镇)，总面积 2865135 公顷，占全省土地总面积的 13.92%。

2. 林业生态功能定位。本区生态重要性高，生态环境较脆弱，土地沙漠化敏感，沙漠化控制功能极重要，盐渍化中度或轻度敏感，是定边、靖边主要水源地，无定河等河流源头，南部水土流失敏感。功能定位：北部以防风固沙、南部以水土保持为主，水源涵养为辅。

3. 林业发展方向。以营造防风固沙林为主，重点是保护治沙成果，确保现有植被面积不减少，以灌、草为主积极开展沙地治理，增加植被覆盖度，改善区域生态环境。同时加强湿地、内陆水源地保护和自然保护区建设。

4. 林业生态建设布局。以公益林建设为重点，公益林与商品林比例确定为 75∶25。北部主要营造防风固沙林，中部及河流两岸主要营造农田防护林，南部以水土保持林为主。商品林以经济林(果树林)为主。

(二)Ⅲ.04-01 陕北黄土丘陵沟壑水土保持果树林区

1. 区划范围和面积。本区涉及榆林的府谷、佳县、米脂、子州、绥德、吴堡、清涧县全部及神木县的 7 个乡(镇)，延安市的吴起、安塞、子长、延川、延长县(区)全部及志丹县 9 个乡(镇)，宝塔区 15 个乡(镇)。共计 15 个县(区)210 个乡(镇)，总面积

321.7255 万公顷，占全省土地总面积的 15.63%。

2. 林业生态功能定位。本区沟壑纵横，水蚀风蚀交错，土壤侵蚀极敏感，是黄河中游水土流失最为严重的地段，也是全国水土保持的重点地区，水土保持功能极重要。本区为生态环境脆弱区，生态重要性高。功能定位：本区以水土保持为主，提供经济林产品为辅。

3. 林业发展方向。以营造水土保持林为主，重点是绿化宜林荒山，巩固退耕还林成果，进一步提高林、灌、草覆盖率，有效控制水土流失，确保黄河生态安全；在适宜地区积极发展红枣等特色经济林。

4. 林业生态建设布局。以公益林建设为重点，公益林与商品林比例确定为 70∶30。公益林以营造水土保持林为主，重点营建生态经济林，造林树种最大限度的选择经济树种，加大栽植密度，在确保充分发挥水土保持功能的前提下，最大限度的取得经济效益；商品林以经济林(果树林)为主。

(三)Ⅲ.04-02 黄龙山桥山水源涵养一般用材林区

1. 区划范围和面积。本区涉及延安市甘泉、宜川、黄龙县全部及志丹县 2 个乡，宝塔区 5 个乡(镇)，富县 7 个乡(镇、局)，黄陵县 4 个乡(镇、局)，洛川县 2 个乡(镇)，咸阳市旬邑县 2 个乡(镇)，铜川市宜君县及耀州区 4 个镇、印台区 2 个镇，渭南市韩城市。共计 4 个市 13 个县(区、市)82 个乡(镇)，总面积 2226192 公顷，占全省土地总面积的 10.82%。

2. 林业生态功能定位。本区属黄龙山、桥山林区，是陕西省黄土高原上森林植被保存较好的地区，水源涵养和生物多样性维持功能重要，生态重要性高，生态环境较脆弱。功能定位：以涵养水源、保护黄土高原落叶阔叶林生态系统及生物多样性为主，水土保持、提供适量一般用材为辅。

3. 林业发展方向。以营造水源涵养林为主，重点是完善森林资源结构，提高林地生产力和利用率；兼顾用材林，在条件适宜地区发展特色经济林，加强自然保护区和森林公园建设，积极开发森林生态旅游资源。

4. 林业生态建设布局。以公益林建设为重点，公益林与商品林比例确定为 65∶35。公益林以水源涵养林为主，兼特用林(自然保护区林)，商品林以经济林(果树林)为主，其次发展用材林。

(四)Ⅲ.04-03 渭北黄土高原水土保持果树林区

1. 区划范围和面积。本区涉及延安市富县 6 个乡(镇)，黄陵县 6 个乡(镇)，洛川县 14 个乡(镇)，铜川市王益区、印台区 7 个乡(镇)，耀州区 9 个乡(镇)，渭南市白水县全部，咸阳市淳化、彬县、长武、永寿全部及旬邑县 12 个乡(镇)，宝鸡市麟游县、千阳县全部，陇县 10 个乡(镇)。共计 5 个市 15 个县(区)157 个乡(镇)，总面积 1258989 公顷，占全省土地总面积的 6.12%。

2. 林业生态功能定位。本区地处黄土高原，土壤结构疏松，塬边、沟坡水土流失严重，且有干旱、霜冻、干热风等灾害，土壤侵蚀中度或高度敏感，保持水土功能重要，生态重要性较高，生态环境较脆弱。功能定位：以水土保持为主，提供经济林产品和少量一般用材为辅。

3. 林业发展方向。以营造水土保持林为主，重点是保护好现有林，大力开展塬边、沟坡水土流失严重地段治理，提高林灌草覆盖率，控制水土流失；加快经济林基地建设，提高经济林产品质量，积极开展经济林果产品深加工；适当发展用材林，满足当地国民经济建设用材需求。

4. 林业生态建设布局。以公益林建设为重点，公益林与商品林比例确定为 60∶40。公益林建设以水土保持林为重点，兼顾农田林网建设；商品林建设以经济林(果树林)为主，其次发展一般用材林。

(五)Ⅲ.05-01 关中平原绿化果树林区

1. 区划范围和面积。本区涉及宝鸡市金台区、凤翔、扶风县全部及陈仓区 7 个镇、眉县 7 个乡(镇)，岐山县 12 个乡(镇)，杨陵区全部，咸阳市渭城、秦都、武功、乾县、礼泉、兴平、三原、泾阳县(区)全部。渭南市富平、蒲城、澄城、合阳、大荔县全部和潼关县 5 个乡(镇)，华阴市 4 个乡(镇、办)，华县 6 个乡(镇)，临渭区 27 个乡(镇、办)。西安市高陵、临潼、阎良、未央、灞桥、雁塔、莲湖、新城、碑林县(区)全部和周至县 13 个乡(镇)，户县 15 个乡(镇)，长安区 17 个乡(镇、办)，蓝田县 12 个乡(镇、办)。共计 5 个市(区)，37 个县(区、市)，451 个乡(镇)，总面积 2161453 公顷，占全省土地总面积的 10.50%。

2. 林业生态功能定位。本区人口稠密，城镇集中，自然、经济条件优越，是全国重点旅游区之一，水环境敏感，环境保护功能重要，湿地生物多样性极为重要；也是陕西省发展速生丰产林和花卉的主要布局区。区域生态重要性一般，生态环境稳定。功能定位：绿化、美化、环境保护为主，农田防护、提供经济林产品和用材为辅。

3. 林业发展方向。以平原绿化、美化为重点，积极发展速生丰产用材林、工业原料林和特色经济林；扩大苗木、花卉规模，增加品种，提高质量；加强农田林网建设和湿地保护工作，积极开发湿地旅游。

4. 林业生态建设布局。以发展商品林为重点，公益林与商品林比例确定为 35∶65。公益林建设主要以风景林，环境保护林为主，其次营造农田防护林，护路林、护岸林；商品林建设以发展经济林(果树林)为主，其次为短轮伐期工业原料林(纸浆林)和速生丰产用材林。

(六)Ⅲ.05-02 秦岭北坡关山水源涵养风景林区

1. 区划范围和面积。本区涉及宝鸡市渭滨区全部，陇县 5 个乡(镇)，陈仓区 11 个乡(镇)，眉县 3 个镇，岐山县 2 个镇。西安市周至县 9 个乡(镇、场、区)，户县 1 个镇 2 个管委会，长安区 8 乡(办)，蓝田 10 个乡(镇)。渭南市潼关县 3 个乡(镇)，华阴 6 个乡(镇、办)，华县 8 个乡(镇)，临渭区 1 个镇。共计 3 个市 13 个县(区、市)75 个乡(镇)，总面积 1212960 公顷，占全省土地总面积的 5.89%。

2. 林业生态功能定位。本区属渭河流域，森林以天然次生林为主，野生动物、植物种类繁多，东段土壤侵蚀较敏感，西段是关中主要水源地，水源涵养功能极为重要；本区域林业发展，直接影响着关中地区工农业生产及人民群众的生活；区域生态重要性高，生态环境脆弱。功能定位：水源涵养、保护生物多样性、保护环境为主，保持水土、一般用材为辅。

3. 林业发展方向。以营造水源涵养林、风景林为主，重点是保护好现有森林资源，提高林分质量和林地生产力，恢复和改善森林生态系统结构，全面改善境内生态环境质量，确保关中水源地安全；充分发挥区位优势，大力发展森林生态旅游；浅山地带发展特色经济林；关山林区发展一般用材林和特色林牧业。

4. 林业生态建设布局。以公益林建设为重点，公益林与商品林比例确定为 70：30。公益林建设以水源涵养林为主，兼特用林(风景林、自然保护区林)，商品林建设以经济林(果树林)为主。

（七）Ⅳ.01-01 秦岭南坡中西部中高山生物多样性保护水源涵养林区

1. 区划范围和面积。本区行政上包括宝鸡、安康、汉中、商洛 4 市所属凤县、太白、略阳、留坝、佛坪、宁陕 6 县全部，城固、洋县、勉县、镇安、柞水 5 县部分，共计 101 个乡、镇(林场)，以及辛家山林业局、马头滩林业局、太白局、太白山保护区、汉西局部分、龙草坪局、佛坪保护区、长青局和长青保护区、宁东局、宁西局、西北农林科技大学火地塘试验林场、牛背梁保护区，总面积 2136317 公顷，占全省土地总面积的 10.38%。

2. 林业生态功能定位。本区属汉江和嘉陵江流域，是陕西省森林资源集中分布区，亦是生物多样性集中分布区，生物多样性维持功能极为重要；地处汉江一级支流源头，是中国南水北调中线工程丹江水库的水源地，也是陕西省关中地区的水源地，水源涵养功能极为重要。区域生态重要性高，生态环境脆弱。功能定位：以涵养水源、保护生物多样性为主，保持水土、提供少量一般用材为辅。

3. 林业发展方向。以营造水源涵养林，保护生物多样性为主，重点是保护好现有林，提高林分质量，加快自然保护区群建设，兼顾培育大径级用材林，积极发展经济林、木本药材和森林生态旅游。

4. 林业生态建设布局。以公益林建设为重点，适当发展商品林，公益林与商品林比例确定为 75：25。公益林建设以水源涵养林、自然保护区林为主；商品林建设以发展经济林、一般用材林为主，适当兼顾薪炭林。

（八）Ⅳ.01-02 秦岭南坡东部水源涵养果树林区

1. 区划范围和面积。本区行政上包括商洛市洛南、商州、丹凤、山阳、商南 5 县(区)全部，镇安、柞水 2 县部分，共计 136 个乡、镇(林场)，总面积 1573298 公顷，占全省土地总面积的 7.64%。

2. 林业生态功能定位。本区地处丹江与洛河上游及源头区，是中国南水北调中线工程丹江水库的水源地，水源涵养功能极为重要；山阳南部、商南西南部、镇安大部、柞水西南部为石灰岩山地，土壤侵蚀敏感。区域生态重要性高，生态环境较脆弱。功能定位：以涵养水源、保持水土为主，提供经济林产品、用材为辅。

3. 林业发展方向。以营造水源涵养林为主，重点是保护好现有林，提高林分质量，恢复和改善森林生态系统结构；兼顾用材林、特别是速生丰产用材林建设，在条件适宜地区积极发展经济林，同时开发森林生态旅游。

4. 林业生态建设布局。以公益林建设为重点，适当发展商品林，公益林与商品林建设比例确定为 60：40。公益林主要发展水源涵养林和水土保持林；商品林主要发展经济林一般用材林，适当兼顾薪炭林建设。

（九）Ⅳ.01-03 秦巴低山丘陵水源涵养一般用材林区

1. 区划范围和面积。本区行政上包括汉中、安康2市中所属石泉、汉阴、汉滨、旬阳、白河5县(区)全部，宁强、勉县、汉台、城固、洋县、西乡、南郑、平利、岚皋、紫阳10县(区)部分，共计226个乡、镇(林场)，总面积2421773公顷，占全省土地总面积的11.77%。

2. 林业生态功能定位。本区属汉江流域，地处汉江支流的中游，是中国南水北调中线工程丹江水库的水源地，水源涵养功能极为重要；水土流失较严重，土壤侵蚀敏感。区域生态重要性较高，生态环境较脆弱。功能定位：以涵养水源、保持水土为主，提供用材、经济林产品为辅。

3. 林业发展方向。以营造水源涵养林为主，重点提高林分质量和林地生产力水平，恢复和改善森林生态系统结构，兼顾一般用材林，积极发展经济林和木本药材，大力发展林业产业。

4. 林业生态建设布局。以公益林建设为重点，适当发展商品林，公益林与商品林建设比例确定为55∶45。公益林主要发展水源涵养林；商品林主要发展一般用材林、经济林、速生丰产用材林和短轮伐期工业原料林，兼顾薪炭林。

（十）Ⅳ.01-04 汉中盆地绿化护岸林区

1. 区划范围和面积。本区包括汉中市勉县、汉台、城固、洋县、南郑5县(区)部分，共计67个乡、镇(林场)，总面积282454公顷，占全省土地总面积的1.37%。

2. 林业生态功能定位。本区城镇密集、人口稠密，生态环境稳定，生态重要性一般，水环境敏感，是陕西省发展速生丰产林和花卉的主要布局区。功能定位：以绿化美化，环境保护，护岸为主，提供用材，经济林产品为辅。

3. 林业发展方向。以汉中盆地绿化、美化和护岸林建设为主，重点是绿化、美化、香化人居环境，加强盆地周边水土保持林、汉江及其支流护岸林建设；兼顾速生丰产用材林，积极发展经济林，大力发展苗木花卉。

4. 林业生态建设布局。以发展商品林为主，公益林与商品林建设比例确定为30∶70。公益林建设以盆地周边水土保持林、汉江及其支流护岸林为重点；商品林主要发展经济林、速生丰产林用材林和短轮伐期工业原料林。

（十一）Ⅳ.01-05 巴山中山水源涵养林区

1. 区划范围和面积。本区行政上包括汉中、安康2市镇巴、镇坪2县全部，宁强、西乡、南郑、平利、岚皋、紫阳6县(区)部分，共计77个乡、镇(林场)，总面积1223633公顷，占全省土地总面积的5.95%。

2. 林业生态功能定位。本区主要为汉江流域，部分涉及嘉陵江流域。水热条件优越，树种繁多，植被具有许多过渡类型，水源涵养与生物多样性维持功能极为重要。区域生态重要性高，生态环境脆弱。功能定位：水源涵养、保护生物多样性为主体功能，水土保持、一般用材为辅助功能。

3. 林业发展方向。以营造水源涵养林为主，重点保护好现有森林资源，特别是常绿阔叶林，扩大森林资源数量，提高质量，实现森林生态系统的良性循环和健康发展；兼顾用材林，积极发展板栗、生漆、中药材、茶叶等特色经济林产品。

4. 林业生态建设布局。以公益林建设为主，适当发展商品林，公益林与商品林建设比例确定为 70 : 30。公益林主要发展水源涵养林；商品林主要发展经济林和一般用材林。

第七章 行业管理

第一节 森林资源连续清查与资源调查规划办法

一、森林资源连续清查办法

森林资源清查体系、内容、方法、技术手段、成果形式等，是随着信息技术的发展、数理统计在森林资源清查中的广泛应用、国家对林业建设和发展的要求以及管理实践的需要而逐步建立和完善的。

森林资源清查每 5 年复查一次，陕西省分别于 1986 年、1989 年、1994 年、1999 年、2004 年、2009 年进行了 6 次复查，每次复查，连续清查体系都能得到进一步优化和完善。

2009 年，按照国家统一命名，将“四五”清查称为第一次森林资源清查，建立固定样地为第二次清查，1986 年复查称为第三次森林资源清查，以此类推。

每次复查均制定了详细的森林资源连续清查体系(复查)实施办法。主要内容：复查任务、技术标准(地类、林种、优势树种、龄组、林分类型、所有制、四旁树)、技术方案(总体确定、固定样地数量、复查标准、复位方法)、外业调查工作(固定样地定位、设置、复查)、内业工作。

1986 年，第一次复查。在测树样地西南角测设面积为 160 平方米的扇形样方，对样方内够起测标准的林木(样木)挂牌标记，绘制挂牌林木位置图。

1989 年，第二次复查。对本省森林资源相对集中地西安、宝鸡、汉中、安康、商洛、延安地(市)和省属林业局，按每 4 个样地增加一个样地的原则进行加密，共增设样地 1079 个，建立了市(局)级森林资源连续清查体系。

1994 年，第三次复查。分别以样地 4 个角桩为起点，对样地进行复位、标记和挂牌，绘制样木位置图。

1999 年，第四次复查。采用地面调查与遥感调查相结合的方法，调查内容增加了荒漠化土地、沙化土地和湿地判读调查。遥感样地以固定样地为基础，按 2 千米×1 千米机械布置加密，判读样地为 102788 个。调查因子由 35 项增加到 48 项。

2004 年，第五次复查。对地类、林种进行了细化，对沙化、荒漠化和湿地的划分标准和程度进行了修订，增加了森林类型、事权等级、保护等级、商品林经营等级、群落结构、林层结构、自然度、生态功能等级、灾害类型、灾害等级、森林健康等级、地类面积等级调查。在样地复位上，全面应用 GPS 定位技术，回采样地西南角坐标。

2009年，第六次复查。调查因子增加到83项，增加内容为生物量因子调查、2米×2米小样方植被调查、造林地情况调查，细化了乔、灌木树种调查。在调查手段上，引入手持电脑(PDA)技术进行现场信息采集，“3S”技术全面引入森林资源调查体系。

二、资源调查规划设计办法

森林资源规划设计调查简称为二类调查。二类调查是经营调查，一般每10年进行一次。2004年以前，全省二类调查主要依据林业部《森林资源调查主要技术规定》和《陕西省森林资源二类调查工作方法》进行。

2004年开始，采用《陕西省森林资源规划设计调查实施办法》进行调查，调查技术有了全面改进，采用“3S”技术，利用具有高光谱特征、高空间分辨率的SPOT5航天遥感数据，目视判读区划土地类型；通过建立调查蓄积量与遥感因子、地理环境因子、林分因子之间的多元化回归模型，定量估测小班蓄积量。

实施办法的主要内容：调查目的与任务，范围与内容，等级与精度，技术标准，土地类型，森林分类，优势树种划分，龄级、龄组与生产期，立地因子，森林经营区划(区划系统、原则、方法)，调查方法(技术路线、土地类型、小班区划、小班蓄积量回归估测、总体蓄积量控制)，内业统计和成图。

2005年，陕西省林业厅根据《中华人民共和国保守国家秘密法》《科学技术保密规定》《林业科学技术档案管理办法》《国家秘密技术项目持有单位管理暂行办法》，结合本省森林资源经营管理实际编制《陕西省森林资源规划调查技术资料调查成果管理保密规定》。管理(保密)规定共14条，对调查成果、技术应用资料、SPOT5卫星数据使用版权、管理部门职责等做出明确的规定。根据国家林业局颁发的《森林资源规划设计调查主要技术规定》和《陕西省森林资源二类调查工作方案》的有关规定和要求，编制《陕西省森林资源规划设计调查检查验收办法》。检查验收办法对质量检查(检查形式、管理制度、精度要求)、成果验收(验收部门、验收程序、提供资料、成果出案)作出了明确规定。

第二节　森林经营方案编制的原则规定

森林经营方案是森林经营主体为了科学、合理、有序地经营森林，充分发挥森林的生态、经济和社会效益，根据森林资源状况和社会、经济、自然条件等编制的森林抚育、保护和利用的中长期规划，以及对生产顺序和经营利用措施的规划设计。

森林经营方案是森林经营主体和林业主管部门经营管理森林的重要依据。编制和实施森林经营方案是一项法定性工作，森林经营主体要依据经营方案制定年度计划，组织经营活动，安排林业生产；林业主管部门要依据经营方案实施管理、监督检查森林经营活动。

1986年2月，林业部制定《国营林业局、国营林场编制森林经营方案原则规定(试行)》。1987~1992年，陕西省按照此规程，对国营林业局、国营林场进行了一次森林经营方案编制；1993~1995年，对个别县的集体林以县为单位编制集体林森林经营方案。1996年以后，无论是国有林还是集体林，森林经营方案编制工作均处于停顿状态。

为积极推进森林可持续经营，指导各地开展森林经营方案的编制和实施工作，国家林业局于2006年11月21日印发《森林经营方案编制与实施纲要(试行)》。

陕西省按《森林经营方案编制与实施纲要》要求，编制《陕西省森林经营方案编制原则规定》，并于2007年4月下发执行。

《陕西省森林经营方案编制原则规定》分为15个部分：①总则；②编案单位和程序；③编案内容和要求；④森林生态系统分析与评价；⑤森林经营方针与目标；⑥森林区划与组织森林经营类型；⑦森林经营规划设计；⑧非木质资源经营与森林游憩规划；⑨森林健康与生物多样性保护；⑩基础设施与经营能力建设；⑪编案方法与公众参与；⑫编案成果；⑬编案审批；⑭方案实施、监测、评估与调整；⑮方案管理、监督与保障措施。

依据《陕西省森林资源可持续经营管理试点实施方案》，确定洛南县、彬县、佛坪县、陇县、韩城市以及延安市桥山林业局为全国森林资源可持续经营管理试点单位，要求试点单位在"十二五"期间，全面完成森林可持续经营规划，以及国有、集体和其他所有制森林经营单位的森林经营方案编制工作，建立以森林经营方案为核心的森林采伐限额管理制度，全面建立森林资源可持续经营管理体系。

第三节　飞播造林技术规程与飞播设计细则编制

一、飞播造林技术规程(GB/T 15162-2005)

受国家林业局委托，2003~2005年，由规划院、陕西省飞播造林工作站主持，西北规划院、四川省林业调查规划设计研究院协作，对原《飞机播种造林技术规程》(GB/T 15162-1994)进行修改和完善。《飞播造林技术规程》(GB/T15162-2005)修改完善后，于2005年3月23日，由中华人民共和国国家质量监督检验检疫总局、中国国家标准化管理委员会发布，2005年9月1日实施。

《飞播造林技术规程》(GB/T15162-2005)包括的范围、规范性引用文件、术语和定义、一般规定、飞播宜播地、播区选择、飞播树(草)种选择、飞播种子、飞播规划设计、飞播施工、成效调查、档案管理等内容与原《飞机播种造林技术规程》(GB/T15162-1994)相比，主要变化如下：

(1)对原规程的名称进行修改，将"飞机播种造林技术规程"修改为"飞播造林技术规程"。

(2)对规程包括的范围重新进行了规定，将飞播技术由单纯的造林拓展到营林领域。

(3)修改后的规程对飞播造(营)林、飞播、飞播造林、飞播营林、宜播地、播区作业面积、GPS导航飞播作业、航迹、接种线、有效苗、有苗样地、成苗面积、成效面积率、飞播用种处理、复播等术语进行定义。

(4)修改飞播南北分界线，将之与全国行政区划挂钩。

(5)增加飞播造(营)林的一般规定，对飞播造(营)林的内容、飞播条件以及生产组织、规划设计等提出要求。

(6)增加飞播宜播地和播区选择的规定。

(7)增加飞播树(草)种选择，规定飞播种子质量等级。

(8)对飞播规划进行修改和补充完善，增加了规划的任务、综合调查、规划的原则、规划的主要内容、规划成果等方面的规定。

(9)对飞播设计的任务、播区调查、技术设计、投资概算、设计成果及成果审批等方面进行补充完善和重新规定，增加设计图件采用地形图为地理底图编绘，增加播区地面处理图，同时，对各设计要素进行补充规定。

(10)增加播区标示、飞播监理、种子处理和 GPS 导航飞播作业质量检查的规定。

(11)修改和调整了播后管理的规定，提出飞播复播。

(12)修改和调整成效调查，规定造林小班和营林小班的合格标准，修改并重新规定播区成效评定标准。

二、飞播造林设计细则

为了贯彻执行《飞播造林技术规程》(GB/T15162-2005)，实现飞播造林调查设计工作的规范化、标准化，规划院以《飞播造林技术规程》(GB/T15162-2005)为依据，结合陕西实际与以往调查设计实践经验，于 2010 年制定《陕西省飞播造林调查设计技术细则》，作为国标规程的具体化和补充，也作为全省进行飞播造林调查设计工作的技术依据。

《陕西省飞播造林调查设计技术细则》包括总则、飞播造林调查设计的准备工作、飞播造林播区选择、播区地类区划及卫星影像图调绘、播区地类小班调查与专业调查、播区社会经济调查与专业调查资料的整理分析、播区飞播造林的初步设计、航向及接种线设置、飞播造林的技术设计、飞播设计资料的编制、飞播造林成苗成效调查办法、调查设计成果质量检查验收办法等内容。

“细则”对国标规程中的飞播规划、飞播设计、成效调查进行细化和补充，主要包括一下内容：

(1)阐述飞播造林调查设计的依据、目的、性质和基本要求。

(2)补充飞播造林调查设计准备工作的任务和内容。

(3)增加 TM 卫星影像图调绘区划方法和步骤。

(4)细化播区地类小班调查与专业调查的技术标准和内容。

(5)增加播区社会经济调查与专业调查资料的整理分析。

(6)增加播区飞播造林的初步设计和飞播造林的技术设计。

(7)增加飞播造林作业设计方案的编制提纲和飞播造林规划设计图件编绘技术要求。

(8)编制和细化飞播造林成苗、成效调查办法。

(9)增加飞播造林调查设计成果质量检查验收办法。

第四节　中幼龄林抚育办法

根据国家林业局《关于印发〈森林抚育补贴试点管理办法〉和〈中幼林抚育补贴试点作业设计规定〉的通知》。2010 年，省林业厅组织西北农林科技大学、规划院、宁西局、延安市黄龙山林业局有关教授和专业技术人员编制《陕西省森林抚育规程》《陕西省中幼龄林抚育补贴试点作业设计办法》《陕西省中幼龄林抚育补贴试点项目检查验收办法》(试行)。

第五节　荒漠化沙化及湿地监测实施细则编制

一、荒漠化和沙化监测实施细则

1994年，开展第一次沙漠化土地普查与监测，根据《全国沙漠化普查与监测技术方案》(试行)，规划院编制《陕西省沙漠化普查与监测技术方案》。

1999年，第二次监测，增加荒漠化土地监测。根据国家林业局《全国荒漠化监测技术方案》，规划院编制《陕西省荒漠化监测技术方案》。

2004年，全面采用"3S"技术开展荒漠化和沙化监测，对技术规程进行较大修改。根据《全国荒漠化和沙化监测技术规定》，规划院编制《陕西省第三次荒漠化和沙化监测操作细则》。

2009年，根据《关于第四次全国荒漠化和沙监测有关技术问题的通知》和《关于第四次全国荒漠化和沙化监测相关问题的补充通知》，规划院修订和编制《陕西省第四次荒漠化和沙化监测操作细则》。要求外业调查过程中，要用数码相机拍摄不同气候类型区、不同荒漠化和沙化土地的类型和程度的典型景观相片(全景和近景)，并登记拍摄位置的GPS坐标。

二、湿地资源调查与监测实施细则

1999年，根据《全国湿地资源调查与监测技术规程》，规划院编制《陕西省湿地资源调查与监测实施细则》。

2010年，根据《全国湿地资源调查技术规程(试行)》和《第二次全国湿地资源调查检查验收办法》，规划院编制《陕西省第二次湿地资源调查实施细则(试行)》。

第六节　林业工程检查验收办法编制

为配合林业建设工程项目的实施，规划院受上级或相关部门的委托，相继编制以下林业工程检查、验收办法和操作细则。

1992年，编写《陕西省人工造林实绩检查验收办法》。

1995年，根据《中德合作陕西省西部造林项目》进展，省林业调查规划院编制《中德合作陕西省西部造林项目检查验收办法》。

1995年，配合全省绿化灭荒工作编写《陕西省灭荒检查办法》。

1996年，配合省长江防护林体系建设工程编写《陕西省长防造林检查办法》。

1998年，配合黄河防护林体系工程建设编写《陕西省黄防工程建设实绩检查验收办法》。

2000年，按照国家林业局退耕还林工程与天保工程的进展编写《陕西省退耕还林(草)工程建设检查验收操作细则》和《陕西省天然林资源保护工程检查验收办法》。

2000年，起草完成《陕西省退耕还林(草)检查验收暂行办法》。

2000 年，起草完成《陕西省退耕还林(草)作业设计试行办法》。

2002 年，起草《陕西省天然林资源保护工程公益林建设作业设计办法》。

2002 年，起草完成《陕西省天然林资源保护工程核查验收办法》。

2003 年，编写《日元贷款陕西植树造林项目检查验收办法》。

2004 年，编写《陕西省 2005 年退耕还林省级复查补充规定(试行)》。

2004 年，编写《日元贷款陕西植树造林项目阶段性检查验收操作细则》。

第七节　获奖情况

规划院 1990~2010 年，共有 26 个项目获得国家级、省部级优秀工程设计与工程咨询、科技进步与科技成果奖，其中国家级 4 项(优秀设计银质奖、铜奖各 1 项)，省部级奖 22 项。

1991 年"陕西省林业调查规划院飞播队商洛质量管理小组"获全国工程建设优秀质量管理小组。

规划院 1990~2010 年林业规划设计获奖情况详见表 7-7-1。

1990~2010 年陕西省林业规划院获奖情况一览表

表 7-7-1

序号	获奖项目	获奖年份	奖级
1	陕西省漆树、华山松飞播造林试验	1990	省、部科技进步二等奖
2	陕西省三北防护林总体规划	1991	省优秀勘察三等奖
3	陕西省农业资料区划数据集	1991	省优秀科技成果三等奖
4	黄帝陵庙前区绿化	1995	省优秀工程设计二等奖
5	中德合作陕西西部造林项目总体规划	1995	省优秀工程设计二等奖
6	陕西省三北防护林工程总体规划设计	1998	省优秀工程设计一等奖
7	中德合作陕西延安生态造林项目可行性研究	1998	中国工程咨询成果三等奖
8	陕西省丹凤县国营流岭林场森林经营试验方案	1998	省优秀工程设计二等奖
9	比利时王国援助陕西省贫困地区社会经济综合发展林业项目建议书	1998	中国优秀工程咨询成果二等奖
10	陕西省三北防护林体系建设工程总体规划	1999	全国第八届优秀工程设计银奖
11	陕西省三北防护林体系建设第三期工程设计	1999	省第九次优秀工程设计二等奖
12	黄河中游和长江上中游陕西区段林业综合治理规划	1999	省第九次优秀工程设计三等奖

续表

序号	获奖项目	获奖年份	奖级
13	华山瓮峪公路可行性研究	1999	省优秀工程咨询二等奖
14	全球卫星定位系统（GPS）在陕西省飞播造林中的推广应用	2001	省农业技术推广成果叁等奖；省林业厅技术推广成果贰等奖。 省林业勘察设计院为参加单位
15	秦岭大熊猫走廊带可研	2003	省优秀工程咨询三等奖
16	日元贷款陕西植树造林项目设计	2003	国家林业局优秀工程设计一等奖
17	陕西植树造林工程	2004	全国优秀设计铜奖
18	中德合作陕西延安造林项目设计	2005	国家林业局优秀工程设计二等奖
19	陕西省湿地保护工程总体规划	2006	陕西省工程咨询二等奖
20	陕西省苗木繁育中心工程建设可行性研究	2006	国家林业局优秀工程咨询二等奖
21	金丝大峡谷国家森林公园生态旅游项目可行性研究	2006	国家林业局工程咨询三等奖
22	陕西省防沙治沙规划	2007	省优秀工程咨询二等奖
23	陕西省林业发展“十一五”和中长期规划	2007	国家林业局优秀工程咨询三等奖
24	陕西省天华山自然保护区总体规划	2008	国家林业局优秀工程咨询二等奖
25	陕西凤县嘉陵江国家湿地公园总体规划	2010	省优秀工程咨询二等奖
26	秦岭国家植物园“十二五”重点建设项目规划	2010	省工程咨询二等奖

第八篇　林业投资与管理

1990~2010年，是陕西省林业固定资产投资发展较快的时期。林业固定资产投资与财务、资金管理工作是林业行政管理中一项综合性工作。其管理的主要内容：林业发展计划与统计、林业项目与林业基本建设管理、林业年度生产计划和投资计划管理、林业固定资产投资、林业涉外经济管理、林业统计信息管理、林业专项贷款及财政贴息资金管理、林业财政支出管理与部门预算编制、林业税费基金政策以及财政补助资金管理、森林资源资产化管理、林业财务预决算报表编报、林业资金审计和林业重点工程建设资金管理稽查、林业财会人员继续教育培训等。陕西省林业厅发展规划与资金管理处为全省林业计划财务管理综合职能部门。其名称及职责范围随着不同发展阶段出现相应的变化。

第一章 林业计划统计

第一节 林业计划

一、林业生产计划

林业年度生产计划，包括营造林生产计划、木材生产计划。年度营造林生产计划包括造林面积、人工造林面积、飞播造林面积和封山育林面积计划指标；年度木材生产计划主要包括木材采伐量，以及依据木材综合出材率计算的商品材产量计划(不包括农民自用材和烧材)。年度木材生产计划中还单独列示人工林木材采伐量计划和人工商品林木材采伐量计划。省林业厅为完成全省年度造林绿化任务，按照国家和省委、省政府部署，下达全省年度营造林生产计划。按照中省确定的年度造林计划指标，在各市(区)上报年度建议计划的基础上，结合历年各市县营造林任务和投资计划情况，经综合平衡，确定各市、县年度营造林计划，并以正式文件下发各地。

1990 年，林业部启动长江中上游防护林体系一期工程，陕西省略阳、宁强、西乡 3 县被列为长江防护林一期工程启动县。1991 年，林业部增加森林采伐量计划指标，木材生产计划纳入森林资源总采伐量计划，全面实行木材生产按主伐、抚育伐分列计划。省政府下达全省森林采伐限额为 700 万立方米。其中商品材 274.53 万立方米，出材率 46.9%，折合木材产量 128.80 万立方米。农民自用材 78.53 万立方米，培殖业用材 113.47 万立方米，工副业烧材 35 万立方米，生活烧材 155.83 万立方米，其他 42.64 万立方米。从 1991 年起，由世界银行贷款安排的速生丰产林正式列入林业部林业生产计划指标。林业部要求继续清理林业固定资产投资项目，严格控制投资规模。继续贯彻执行林业部“八不安排”的规定和十项原则。严格控制社会集团购买力，对已确定停、缓建的项目，一律不得借故复工，坚决不搞楼、堂、馆、所。同年，国务院启动全国防沙治沙工程(1991~2050 年)。陕西榆林、神木、府谷、横山、靖边、定边、佳县和大荔县列入其中。

1992 年，依据《陕西省造林绿化规划纲要》以及林业部下达的“八五”期间造林绿化规划分年度实施计划编制林业生产计划。林业部下达的各项营林生产计划指标中新增人工造林核实合格面积、飞机播种造林核实有效面积，以及封山育林核实新封面积等 3 项指令性计划指标。陕西省在营林生产计划指标中增加了容器育苗指标，作为指导性计划下达。陕西省 1992 年下达的林业生产计划指标有：全省造林 26.67 万公顷，其中，人工造林 20 万公顷，核实合格面积 20 万公顷。人工造林中工程造林 6.67 万公顷(其中速生丰产林 0.33 万公顷)；飞播造林 6.67 万公顷，核实有效面积 6.67 万公顷；四旁植树 1.5 亿株；采伐迹地更新 0.67 万公顷(其中人工更新 0.47 万公顷)；封山育林面积 50 万公顷，其中当年新封 13.33 万亩；育苗面积 1.13 万公顷，其中，本年新育 0.80 万公顷(其中容器育苗 1 亿袋)；中幼龄林抚育 8 万公顷；低产林改造 2 万公顷，共 8 项。全省林产工业生产指标有：木材 55 万立方米(森工 20 万立方米，国营林场抚育间伐 17 万立方米，集体产材 18 万立方米)，人造板 1.95 万立方米，缝纫机台板 8 万块，软木砖 0.4 万立方米，软木纸 0.12 万立方米，软木橡胶制品 0.07 万立方米，林业机械制造 1.3 万台，栓皮 0.45 万吨等 8 项。同年，林业部启动部省联营基地建设项目计划。当年下达安康中幼龄林抚育基地造林计划 666.67 公顷。从 1992 年起，原木出口列入国家出口计划，林业部要求各省按照下达的出口原木生产计划所规定的数量、树种，统一组织生产、供货。严禁非林业部门到林区直接收购。当年林业部下达陕西省本省出口原木生产计划 1000 立方米，树种为青冈木。

1993 年，林业部大幅度下放营林生产计划的安排权。除造林合格面积、封山育林核实新封面积、当年新育苗面积、中幼林抚育面积、全民义务植树等五大类共 10 项指标继续予以保留外，其余计划指标全部下放一级管理。森工生产计划指标由 1992 年国家计委和林业部管理的 55 项减少到 21 项。森林总采伐量计划管理，由过去的 5 个分项指标改为林业部只下达森林总采伐量和商品材生产采伐量计划指标。并将其列为指令性计划进行管理，其他分项计划下放到省，实行总量控制，分级管理。5 月，林业部在 15 个省份开展农村能源专项经费薪炭林造林试点工作，下达 15 个省份当年薪炭林试点造林计划面积为 0.46 万公顷，其中，陕西省定边县 2200 公顷。

1994 年，林业部林业生产计划编制，由过去指令性计划为主，转向适应市场经济要求，以指导性计划为主，指导性和指令性相结合的计划制度。森工企业由过去的计划管理为主，转为以育林为基础，育林和森工协调发展计划管理。1995 年，陕西省编制林业生产计划主要围绕造林规划纲要的实施，抓工程造林、基地造林，抓良种壮苗的培育和中幼龄抚育管理。下达的林业生产计划指标有：全省造林 26.67 万公顷，其中，人工造林核实合格面积 20 万公顷，飞播造林核实有效面积 6.67 万公顷；人工造林中工程造林 6.67 万公顷；封山育林核实新封面积 13.33 万公顷；当年新育苗面积 0.8 万公顷；中幼龄林抚育面积 8 万公顷；全民义务植树 8000 万株；木材产量 106 万立方米；人造板产量 2 万立方米。林业部决定把南郑、勉县、丹凤、柞水、镇安、岚皋、平利、镇坪 8 县列入国家长江防护林建设一期工程县，至此，陕西省列入长防林建设一期工程的共 20 个县(市)。

1996 年 9 月，国家启动黄河中游防护林工程，规划到 2010 年造林 120 万公顷。陕西省榆林、延安、铜川、宝鸡、咸阳、西安和渭南 7 地(市)的 34 个县(市、区)列入其中。1997 年陕西省下达的林业生产计划指标有：造林合格面积 33.33 万公顷，其中，人工造林核实合格面积 23.33 万公顷，飞播造林核实有效面积 10 万公顷；人工造林中工程造林 10 万公顷，速生丰产林 0.33 万公顷；封山育林核实新封面积 13.33 万公顷；当年新育苗面积 0.8 万公顷；全民义务植树 8000 万株；森林总采伐量 600 万立方米，木材产量 106 万立方米；人造板产量 2 万立方米；松香产量 20 吨。

1998 年，是实现省委、省政府颁布《关于奋战四年实现全省绿化灭荒任务的决定》的最后一年。编制林业、森工生产计划以实现灭荒为中心，确保灭荒任务的全面完成。同时，搞好与三北、长江防护林工程“九五”实施计划衔接。1998 年，也是陕西省天林保工程启动年，龙草坪局成为首个试点单位。试点企业按照天保工程规划要求编报木材生产计划，人造板、松香、木片等主要产品产量计划，以及天然林保护公益林建设计划。1998年，更是陕西生态环境建设项目的启动年。国家安排神木等14个生态环境建设重点县，计划人工造林6.1万公顷，飞播造林1.2万公顷。9月，国家林业局将宁西、宁东、太白、龙草坪、汉西、长青等6个省属森工采育企业列入重点国有林区天保工程启动范围。10月，省政府下达天然林禁伐令，省属太白、宁西、宁东、汉西、龙草坪5个森工采育企业从11月1日起全面停伐，当年陕西省木材生产计划由年初的20.86万立方米，调减到18.6万立方米。国家下达森工企业天然林保护公益林人工造林1.17万公顷，封山育林3.5万公顷，森林抚育3.4万公顷，人工促进更新0.6万公顷。是年，国家启动第一批全国生态环境建设重点县，陕西列入第一批重点县的有榆林、神木、府谷、宝塔、子长、延长、甘泉7个县(市、区)，植树造林3.67万公顷，新建基本农田5640公顷，种草1.3万公顷，治理"三化"草地1.48万公顷。

1999年7月，国家启动"坡改梯"工程。靖边等15个县被列入国家"坡改梯"工程重点县，当年下达陕西省1999年改造坡耕地任务2.90万公顷。9月，国家林业局将宝鸡市马头滩林业局、辛家山林业局也纳入重点国有林区天保工程启动范围。12月，国家林业局确定陕西省退耕还林示范县数为29个。同年，陇县、黄龙、黄陵、韩城、彬县、宝鸡、宁强、安康、商州、永寿、蒲城、周至和铜川郊区13个县(市、区)列入国家重点地区生态环境综合治理工程。

2000年，陕西省退耕还林工程正式实施。6月，国家林业局将长安等34个县确定为退耕还林试点示范县。国家当年下达建设任务为退耕地造林(草)5.33万公顷，荒山荒地造林种草2.07万亩，种子基地13处，国有苗圃40处，种苗基础设施8处，项目前期工作及科技支撑。9月，国家林业局实施第二批重点地区生态环境建设综合治理工程，将周至等16个县(区)列为治理范围。计划植树造林(不含退耕还林)12107.8公顷，退耕还林、种草8144公顷，封山育林10909公顷。

2001年，陕西省退耕还林工程在34个试点县的基础上，扩大到43个县(市、区)，延安市13个县(区)全部纳入试点计划，成为全国唯一的退耕还林试点市。国家下达陕西退耕地造林(草)4.67万公顷，荒山荒地造林种草5.33万公顷。4月，省政府下达"十五"期间年森林采伐限额237.6万立方米。其中商品材35.1万立方米，折合木材产量16.5万立方米。农民自用材91万立方米，烧材111.5万立方米。10月，陕西省启动三北防护林四期工程，当年国家下达三北四期人工造林任务4.47万公顷。

2002年3月，日元贷款陕西植树造林项目启动。计划5年内在西安、宝鸡、咸阳、渭南、铜川、延安6市35县造林10万公顷。其中，人工造林4.5万公顷，飞播造林3.5万公顷，封山育林2万公顷，新建苗圃4处。2002年，陕西省退耕还林工程在3年试点基础上，转入全面实施阶段，实施范围扩大到96个县(市、区)。2002年，国家下达任务54万公顷，其中，退耕还林25.33万公顷，荒山造林28.67万公顷。同年，国家正式批复《陕西省天保工程实施方案》，2000~2010年，全省计划造林100.06万公顷。其中，人工造林27.47万公顷，封山育林22.4万公顷，飞播造林50.20万公顷。

2003年，国家下达陕西省营造林任务74.4万公顷，为历史最高。8月，国家林业局批复同意陕西省开展人工商品林采伐试点工作，当年省林业厅下达采伐木材产量1.19万立方米，涉及汉阴、勉县、宁强、丹凤、耀县、铜川矿务局林业总场6个县(区)及单位。

2004年，陕西省下达的林业生产计划指标：全省造林42万公顷。其中，人工造林31.37万公顷(退耕还林26.67万公顷，天保工程2.5万公顷，重点防护林093万公顷，其他1.27万公顷)；飞播造林10.62万公顷(天保工程)；封山育林本年新封2.03万公顷；义务植树8000万株；16个试点县(区)人工商品林采伐木材产量2.93万立方米。

2005年，榆林市全国防沙治沙综合示范区建设项目启动实施，计划2005~2010年，在定边、靖边、横山、榆阳、神木、府谷、佳县、米脂、绥德、子洲、清涧、吴堡12个县(区)完成造林示范0.4万公顷，封山(沙)育林0.5万公顷。同年，省林业厅下达人工商品林采伐木材产量计划1.97万立方米，涉及勉县、宁强、丹凤、石泉、麟游、陇县、旬邑、彬县、永寿、韩城、耀县、印台、宜君县以及铜川矿务局林业总场14个试点县(区)及单位。

2007年，陕西省造林生产计划全部为指导性计划：营造林面积20万公顷。其中，人工造林面积10.79万公顷，飞播造林面积2万公顷；封山育林新封面积7.2万公顷；本年新育苗面积1.03万公顷；全民义务植树8000万株；41个试点县(区)人工商品林采伐木材产量17.14万立方米。1月，陕西省正式启动生物柴油原料林示范基地造林建设项目，国家下达陕西省生物柴油原料林示范基地造林计划0.67万公顷。其中，城固等9县黄连木示范基地0.33万公顷；富县等7县文冠果示范基地0.33万公顷。

2008年，国家安排陕西营林生产计划及投资较上年有大规模增加。下达陕西省各项工程营林计划40.67万公顷(年初计划21.33万公顷，新增计划1.93万公顷)。省林业厅统筹安排各项营林建设任务。退耕还林工程以重点巩固和发展退耕还林成果为核心，荒山荒地造林重点安排退耕地周边造林；天保工程突出国有宜林荒山荒地造林；封山育林主要安排疏林；三北防护林四期工程突出沙地治理、重点安排河流两岸、主干道路两旁、直观坡面、城市周围、出入境口、旅游景区、村镇及矿区等人口聚集区及生态脆弱区绿化。

2009年，陕西省安排造林生产计划，继续实施大工程带动战略，稳步推进天然林保护、退耕还林、三北防护林四期等林业重点工程建设。当年，陕西省营林投资任务40.6万公顷(含2008年第四季度新增1.93万公顷)。其中，人工造林16.78万公顷，飞播造林面积8万公顷；封山育林15.57万公顷；本年新育苗面积1.07万公顷；全民义务植树8000万株；51个试点县(区)人工商品林采伐木材产量17.53万立方米。

二、林业投资计划

年度林业投资计划包括国家预算内林业基本建设投资计划和其他资金投资计划。林业基本建设投资计划包括房建、造林、育苗、中幼龄林抚育、成林抚育、低产林改造、林木良种、护林防火、森林病虫害防治、林业工作站、自然保护区、森林公园、林业调查规划设计、文化卫生教育、科学研究试验、营林机械制造与维修、林业水利设施等。中央级基本建设投资渠道有：林业部下达的中央预算内林业、森工基本建设投资，包括非经营性基金拨款，经营性基金贷款(拨改贷)、中央级基本建设储备贷款、中央财政专项拨款、方向调节税投资；中国国营林场开发公司下达的国家预算内(拨改贷)林业基本建设投资；三北防护林建设局安排的三北防护林专项投资，以及基本建设储备贷款。省级投资计划包括省(地方)统筹林业基本建设省级经营和非经营性投资、林业技术改造投资，以及省财政安排的财政专项资金计划。编制林业投资计划，一是按照国家部署，根据陕西省营造林和林业固定资产项目投资需求及储备情况，在前一年上报第二年全省林业投资建议计划。二是根据国家年度投资计划下达情况，在各地上报年度投资建议计划的基础上，结合实际，经综合平衡下达省级年度投资计划，指导各地开展营造林和林业固定资产投资项目建设工作。

1991 年，林业部围绕林业发展的总体目标，调整投资结构，在用好世行贷款、农行、工商行贴息贷款、农业发展基金、扶贫资金等，加快培育资源和发展多种经营的同时，国家预算内投资重点安排种苗基地建设、生态林业建设、森林保护体系建设、科技、教育和林业基础建设。

1992 年，国家预算内林业投资重点用于"四大"防护林体系建设、治沙工程建设、种苗基地、三防体系、科技教育和林业基础设施等项目的建设。投资安排和经济效益挂钩，新增投资要有新增任务和效益。国家预算内森工投资重点用于国有林区木材采运、林产工业和林区社会性设施等项目的建设；森工多种经营项目贴息贷款，以加快森工企业产品结构调整步伐为原则。

1993 年，陕西省林业投资计划编制重点是巩固现有资金渠道，狠抓落实。除国家预算内投资外，落实好农业综合开发资金、山区综合开发资金、老区开发资金、工业品和粮食以工代赈等各项资金的林业份额。积极争取各级计委、财政、金融等部门对林业的支持，增加地方投入；以多种方式吸引外资。国家预算内林业基本建设计划对陕西省三北防护林二期工程、长江防护林一期工程、平原绿化工程、治沙一期工程等林业重点工程建设投资，以及林木良种、苗圃、乡镇林业工作站、林业科技推广站、林业科研教育等基础设施建设投资实行重点倾斜；通过争取农业综合开发资金，适当加大对油茶低产林的改造、名特优新干果基地和花卉建设的投入；适当集中部分农业银行发放的林业贴息贷款、工商银行发放的森工多种经营贴息贷款，以及建设银行贷款和自筹资金，通过部属公司和省属事业单位，采取参股、控股、联营形式，与有关省份联合兴办经济实体，以推进全行业林业产业的发展。

1994 年，林业部安排投资与各省份 6 个方面工作情况优劣挂钩。与各省份林业生产建设任务大小及难易程度挂钩；与承担的重点林业工程任务大小挂钩；与各级党委、政府对林业工作的重视程度挂钩；与林业主管部门管理水平高低挂钩；与地方配套资金落实情况好坏挂钩；与林业投入产出效益挂钩。1994 年，投资结构将过去以育林为重点的投资结构调整为重点突出林业生态工程建设，重视林业基础设施建设，增加科技含量和强调投入产出效益为重点的投资结构。从 1994 年起，林业部开始安排陕西省森工企业社会性基础设施投资计划，重点解决饮水、医疗、学校、油库搬迁、危房改造等建设项目。

"八五"(1991～1995 年)计划期间，林业技术改造投资计划编制的原则和重点是：按照国家产业政策和"八五"林业技术改造专项规划，围绕调整林业产业和产品结构，增加新品种，提高产品档次和质量，加速产品更新换代，提高经济效益。"九五"(1996～

2000 年)计划期间，国家林业局安排年度基本建设投资计划，按照不同投资渠道分，国债投资主要安排天保工程、退耕还林工程、三北、长江流域等重点防护林工程、野生动植物保护及自然保护区建设工程、重点火险区综合治理项目、危险性森林病虫害综合治理项目和森林公园建设，以及国有林区公检法基础设施建设等。预算内投资重点安排森林保护项目、林业科技教育项目、调查规划设计项目和林业基础设施项目等。

1996 年，国家预算内林业基本建设投资计划，除三北防护林二期工程、长江防护林一期工程、平原绿化工程、治沙一期工程外，增加了黄河中游防护林工程造林投资。1997 年，林业基本建设投资以地方投资为主、中央补助为辅。技术改造计划重点安排"技术进步试点企业"和"林业局综合改造试点"项目。资金安排以灭荒为中心、以工程为重点，国家投资继续向重点生态林业工程、种苗工程、森林"三防"体系、林业基础设施和基层建设倾斜。严格控制固定资产投资规模。财政部安排专项资金用于生态国有贫困林场的生产发展。当年，陕西省 19 个贫困国有林场争取中央投资 310 万元。

1998 年，国家为扩大内需，拉动经济增长发行国债，林业投资增加了国债资金，逐渐加大对林业的投资力度。国债投资主要安排天保工程(公益林建设、森林防火、种苗工程、科技及其他)，退耕还林工程(种苗、科技及其他)，三北、长江流域防护林工程，种苗工程，野生动植物保护及自然保护区工程，重点火险区综合治理项目、危险性森林病虫害综合治理项目，以及国有林区公检法基础设施建设等。预算内投资重点安排森林保护项目、林业科技教育项目、调查规划设计项目和林业基础设施项目等。这一年，国家决定从 1998 年国家预算内基本建设非经营性基金中安排 15 亿元，启动第一批全国生态环境建设重点县，陕西省列入第一批重点县的有榆林、神木、府谷、宝塔、子长、延长、甘泉 7 个县(市、区)，总投资 9898 万元。其中，国家投资 6300 万元，地方配套 3598 万元，计划植树造林 3. 67 万公顷，新建基本农田 5640 公顷，种草 1. 3 万公顷，治理"三化"草地 1. 48 万公顷。

1999 年，林业投资计划紧紧围绕改善生态环境，通过不断调整和优化林业投资结构和强化林业资金管理，确保提高林业投资效益和重点林业工程建设质量。2000 年，陕西林业债券项目投资增加。国家林业局下达陕西债券项目投资计划 49868 万元。其中，天保工程 25199 万元，退耕还林工程 11319 万元，重点防护林工程 900 万元，种苗工程 12450 万元。是年，陕西省天保工程全面启动，国家将陕西 104 个县(市、区)和 8 个森工采育企业列入天保工程范围，全年下达天保工程投资 4. 2679 亿元。

2001 年，全省林业投资大幅增加。国家下达陕西省 2001 年国债投资计划 40668 万元；天然林保护、退耕还林工程中央财政专项资金 32032 万元。2002 年，国家林业局将退耕还林等林业重点工程实行"五到省"管理，建设任务和投资安排到县的分配权下放到各省。国家林业局重点把握资金使用方向和生态建设重点区域，加强林业生产和投资计划执行情况的监督检查。对于预算内投资，主要把握不得用于超标购置小轿车、超标准建设业务用房等方面，对国债投资，重点对投资方向(如种苗投资主要用于良种采种基地建设、林木种苗的检测储存等)和重点建设区域进行把握，保证投资用在最急需领域和区域。

2006 年，国家和陕西省编制林业投资计划的重点是确保林业重点生态工程建设需要，继续对发挥基础保障和先导作用的“三防”体系建设、科技教育等倾斜。国债投资和中央财政资金重点安排天然林保护、退耕还林、三北防护林、长江防护林、国家级自然保护区和湿地项目、种苗项目、重点火险区治理项目、危险性森林病虫害防治项目建设。预算内投资和财政资金着重用于封山育林、“三防”体系、林业科技教育、森林资源监督、调查规划设计、贫困林场、有害生物防治等项目建设。继续实施好森林经营试点、珍贵树种基地、生态定位站等建设项目，加强国有林区给水等公益性设施建设等。

2009年，国家林业局开始下达陕西省森林生态效益补偿(公益林补偿)投资计划。当年，中央财政落实陕西省天保工程区未享受天保管护费131.77万公顷，新增国家重点公益林地的生态效益补偿，落实资金9882万元。按照《中央财政森林生态效益补偿基金管理办法》规定，省级财政落实公共管护补助494.1万元。从2009年起，省财政每年拿出1000万元，在10个林改试点县开展集体公益林的生态效益补偿试点工作。

2010年，省林业厅积极争取林业投资，落实国家支持林业生态建设的各项优惠政策，积极鼓励和引导社会资金参与林业建设，拓展投资渠道。10月，亚行贷款秦岭生态和生物资源保护项目启动，计划投资9.05亿元人民币，其中，亚洲银行贷款4000万美元，GEF赠款427万美元。

三、林业固定资产项目管理

1991年2月，省发改委《关于执行基本建设项目单项工程明细计划审批制度的通知》规定：用地方预算内统筹投资、财政自筹投资、银行贷款投资、能源交通基金投资、部门和企事业单位自筹投资及专项资金安排的基本建设项目，执行基本建设单项工程明细计划制度。凡总投资在300万元(含300万元)以上的非生产性项目、总投资在500万元(含500万元)以上的生产性项目按隶属关系分别由建设项目的省级主管部门和地(市)发改委报省发改委审批并下达执行，各级计划主管部门下达的单项工程明细计划必须抄送同级审计、统计、物资部门和建设银行，以便审计资金来源、供应物资、统计完成和拨付建设资金。11月，省林业厅转发林业部《三北防护林体系建设计划管理暂行办法》规定：凡申请的建设项目必须符合国家经济政策、林业产业政策和林业行业规划的有关规定。总投资在50万元以下的小型建设项目，由省级林业主管部门审批，报林业部三北防护林建设局备案。总投资在50万元以上(含50万元)的建设项目，由有关省级和计划单列市林业主管部门分别报林业部三北防护林建设局初审或审批。其中总投资在100万元以下的建设项目，由林业部三北防护林建设局审批。总投资在100万元以上(含100万元)的建设项目，由林业部三北防护林建设局初审，报林业部审批。

1992年3月，省发改委下发《关于编制1992年基本建设项目单项工程计划的通知》，要求各地(市)、各省级部门在接到省发改委下达的正式计划15天内，对所有基本建设项目编制单项工程明细计划，并列出固定资产投资方向调节税的税率、税金。凡总投资在500万元(含500万元)以上的生产性项目和总投资在300万元(含300万元)以上的非生产性项目，报送发改委审定并下达。其余小型项目按隶属关系由各地市发改委，省级各部门审核下达。1993年，省经委转发国家经委《关于审核清理技术改造在建项目严格控制新开工项目的通知》，要求严格控制在建项目总规模，项目总规模不能超过本部门2年工作量。

1995年2月，省发改委92号文件规定：凡属省发改委审批立项的建设项目的初步设计(含初步设计阶段前后的总体规划、设计方案的技术设计等)和调整概算总投资，统一由省发改委负责审批；凡需报国务院各部、委审批初步设计和调整概算总投资的建设项目，其预审及申报工作一律由省发改委统一负责。4月，省农发行《关于基建技改贷款有关问题的通知》规定：林业基本建设贷款投向的重点是林业机诫、林产品加工项目，以及名特优花卉种植项目等；林业技术改造贷款投向的重点是林业企业的林产品加工，以及多种经营项目。5月，省建设厅《关于陕西省建设单位工程招标投标管理办法的通知》规定：省境内公有制企事业单位投资在30万元以上(含30万元)的新建、扩建、改建、技改和装饰建设工程项目施工(包括引进外资)均应按规定实行招标投标。

1999年1月，省发改委下发《关于基本建设项目设备招标管理工作的通知》，规定从1999年开始，省重点建设项目和大中型基本建设项目的设备采购必须通过招标方式择优选定；国有单位和以政府投资为主的基本建设项目，单台设备在10万元以上，同类设备在30万元以上的，都要实行招标采购。2月，省林业厅转发财政部《关于加强建设项目工程预(结)算竣工决算审查管理工作的通知》规定：对凡有国家财政性(包括预算内、外)资金安排的建设项目，必须经过财政部门(包括经财政部门委托的审查机构或中介机构)审查；对非财政性资金安排的建设项目，财政部门受政府或法人委托，可对项目进行审查。

2000年12月，省林业厅印发《陕西省种苗工程项目建设管理暂行办法》规定：项目设计必须由具有林业工程设计资质的单位承建，苗圃设计单位必须具有林业工程乙级以上设计资质，采种基地设计单位必须具有林业工程甲级设计资质。设计单位选择实行招投标制，省(市)中心苗圃、采种基地设计单位由省林业厅或会同省发改委审批；县(区)中心苗圃由地(市)林业主管部门或会同同级发改委审批，报林业厅备案。

2001年2月，省林业厅向各地(市)林业局、森工总公司、各有关县(区)林业局发出紧急通知，要求加快种苗工程设计审批力度。7月，省林业厅与省发改委印发《陕西省飞机播种造林(治沙)工程管理办法(试行)》，要求各地市林业局、发改等有关单位认真贯彻执行。

2002年1月，省林业厅下发《关于严格执行种苗工程建设项目设计文件的紧急通知》，要求省林业厅和各市(地)批复的项目设计方案，原则上一律不得变更，确需变更的，必须先提出变更申请，由原审批单位批准后，方可施工。对擅自变更设计内容的单位，各审批单位不得进行竣工验收；已验收的，不得发放验收合格证；对缺少建设内容，项目管理部门要督促建设单位限期补建；补建所需资金，由作出变更决定的单位予以解决。3月，省林业厅印发《陕西省天然林保护工程管理办法》，规定工程实施单位按上级批复的设计文件组织施工。工程设计有市级林业主管部门组织或招聘具有相应资质的设计单位进行设计。县级工程各项目设计文件，由地(市)级林业主管部门审批；省森工系统的作业设计文件由省森工总公司审批；省直单位的作业设计文件由省林业厅审批。天保工程设计文件一经批准，不得随意变更，确需变更的须由原设计单位提出变更，报原批准单位重新审批；同时规定：项目招标承包以县为单位进行。森林管护、人工造林、飞播造林后期管理、封山育林和种苗建设项目，均应纳入招标承包范畴，投资在20万元以上(含20万元)的，实施招标制；20万元以下实施承包责任制。3月，省林业厅、发展改革、财政厅、省利用国外贷款项目办公室印发《日元贷款陕西植树造林项目管理办法》，对项目组织机构、项目实施管理、贷款资金管理、设备物资采供管理、竣工验收与后评估、项目信息管理等做出规定。

2003年7月，针对省重大项目稽察办公室专项稽察全省11个市(区)中心苗圃、部分县级苗圃和省属苗圃发现的问题，省林业厅、省发改委联合下发《关于进一步加强种苗工程项目管理的通知》，要求林业部门和项目建设单位高度重视，严肃整改，确保专款专用，提高工程质量，搞好工程预算和验收。

2004年10月，省林业厅转发省发改委《关于转发国家发改委核报或审批的固定资产投资项目目录的通知》规定：目录中规定需报国务院审批的政府投资项目，原则上由国务院审批可行性研究报告。按照《国务院关于投资体制改革的决定》精神，固定资产投资项目，由国家发改委核报国务院核准或审批。使用中央预算内投资、中央专项建设基金、中央统还国外贷款5亿元及以上项目；使用中央预算内投资、中央专项建设基金、统借自还国外贷款的总投资50亿元及以上项目。国务院专项规定或经国务院批准的专项规定的，按专项规定执行。

2005年1月，省林业厅下发《关于对有关林业重点工程在建项目开展检查工作的通知》，对全省使用国债投资在建的自然保护区建设工程项目、森林重点火险区综合治理项目、林木种苗项目、危险性森林病虫害防治项目和重点工程科技支撑项目进行检查。检查工作由各市林业局和省林业厅业务主管处(局、站)牵头负责，主要检查工程项目程序执行情况和项目建设任务完成情况。3月，省林业厅下发《关于认真做好林业建设项目清理工作的通知》，对全省2000年至2004年，国家安排的森林重点火险区综合治理和森林公安基础设施建设项目、危险性森林病虫害综合防治基础设施建设项目、野生动植物及自然保护区基础设施建设项目、林木种苗基础设施建设项目、林业科技支撑项目、国有林区森工非经营建设项目等所有在建项目和已竣工项目进行了清理。

2006年6月，省林业厅转发国家林业局《林业固定资产投资建设项目管理办法》，对林业固定资产投资建设项目前期工作管理、项目审批管理、项目招标管理、项目建设监理、项目监督管理、责任追究做出规定。

2007年7月，省林业厅印发《陕西省林业建设项目设计变更管理规定》，规定林业建设项目重大设计变更和一般设计变更，未经批准的设计变更不得实施。建设项目重大设计变更包括变更建设地点的；变更建设性质的；变更建设单位的；变更招标方案的；变更建设内容、建设标准、建设规模导致项目主要使用功能发生变化的；单项累计调整金额超过批准项目概算直接费5%~10%的；单项工程投资变动超过该工程概算投资10%以上的。一般设计变更包括单项累计调整金额超过批准项目概算直接费3%~5%的；单项工程投资变动超过该工程概算投资5%~10%的。重大设计变更应按规定程序报省及省级以上主管部门审批；一般设计变更应按规定程序报市级林业主管部门审批，报省林业厅备案，厅直属单位统一由省林业厅审批。重大设计变更和一般设计变更以外的变更由项目建设单位负责审批。同月，省林业厅印发《陕西省林业建设项目竣工验收管理规定》，对林业建设项目加强管理，促进建设项目及时投产和交付使用，规范项目竣工验收。竣工验收范围为凡部分或全部使用中央及省级财政预算内投资(含国债资金),按基本建设程序由省级及省级以上林业主管部门审批、审核的林业建设项目(不含营造林项目)。竣工验收内容:经批准的项目可行性研究报告、总体设计或初步设计、施工图设计、投资计划文件;设备技术说明书、工程建设施工技术验收规范,竣工财务决算及审计报告,主管部门有关审批、修改、调整等文件。竣工验收权限:总投资规模2000万元以上(含2000万元)的项目,由国家投资主管部门、国家林业局或委托相关单位组织竣工验收,总投资规模在2000万元以下的地方项目,初步设计有省级林业行政主管部门批准的项目,由省级林业行政主管部门或委托相关单位组织竣工验收。总投资规模2000万元以上(含2000万元)的项目,初步设计有市级林业行政主管部门批准的项目,由市级林业行政主管部门或委托相关单位组织竣工验收。总投资规模在2000万元以下的省直属项目,由省林业厅或委托相关单位组织竣工验收。同月,省林业厅印发《陕西省林业固定资产投资建设项目管理实施细则》,规定大中型项目,即总投资为3000万元以上(含3000万元)的建设项目,必须编制项目建议书;小型项目,即总投资为3000万元以下的建设项目,可以直接编制项目可行性研究报告。省直属单位项目建议书、可研报告,报省林业厅审查后报国家及省级有关部门审批,市级项目的项目建议书、可研报告经市级林业局审核后报省林业厅审查,报国家或省级有关部门审批。符合下列条件之一的林业建设项目必须进行公开招标:①施工单项合同估算价在200万元(含200万元)以上的。②仪器、设备、材料采购单项合同估算价在100万元(含100万元)以上的。③勘察、设计、监理等服务的采购,单项合同估算价在50万元(含50万元)以上的。④单项合同估算低于上述3款规定标准,但项目总投资额在3000万元(含3000万元)以上的。同月,省林业厅印发《陕西省林业建设项目库管理暂行办法》,规定凡符合国家和省宏观调控政策及产业政策等相关要求,经过审查并符合条件的项目进入项目储备库。向国家及地方有关部门申请立项必须是储备库的项目。国家及地方有关部门已批准立项的项目,进入项目执行库。项目库实行自下而上逐级申报。每年2月底前,省林业厅编制下发年度项目申报指南。各级林业主管部门按照项目审查有关规定,对申报项目进行审查、审核,符合条件的,纳入本级项目储备库。向上级主管部门和地方相关部门申报立项的项目,必须从本级项目储备库中择优筛选。

2008年9月,针对2001~2005年,即"十五"期间,全省林业建设项目竣工验收工作过于集中、验收工作进展缓慢等问题,省林业厅下发《关于进一步加强林业建设项目竣工验收管理的通知》,要求简化林业建设项目竣工验收程序,提高项目竣工验收工作效率,保证项目竣工验收质量,已具备竣工验收条件的项目,必须在90天内办理竣工验收。

2009年7月,省林业厅下发《关于切实加快省直单位地震灾害恢复重建项目前期工作的通知》,要求省直单位切实加快灾害恢复重建项目前期工作,严格履行基本建设程序,落实好项目法人制、招投标制、合同制和监理制。9个地震灾害恢复重建项目实施方案,务必于6月底前编制完成。

2010年2月,省林业厅、建设厅、发改委、国土资源厅印发《陕西省国有林区棚户区改造项目实施细则》,规定棚户区新建住房基本户型建筑面积为50平方米,户型面积调整西安市区在90平方米以内，其他城区控制在80平方米以内。棚户区改造政府补助额度，以每户50平方米为标准核定。其中，国有林业局棚户区改造项目中央补助每户1.5万元，省级配套不低于每户1万元，企业自筹、职工合理出资部分由企业依据当地实际合理确定标准。国有林场危旧房改造项目中央补助每户1万元，省级配套每户1万元，不足部分由省级以下地方政府、国有林场和职工个人共同负担。4月，省林业厅转发省发改委《陕西省灾后恢复重建项目竣工验收办法》，规定灾后重建项目验收范围包括宁强、略阳、勉县、陈仓4个重灾县和南郑等36个一般受灾县中使用中央财政重建基金、各级财政资金、对口支援资金、社会捐助资金、外国政府或国际金融机构专项救灾资金等纳入恢复重建规划的项目。竣工验收程序分为初步验收、专项验收、竣工验收和固定资产移交。灾后恢复重建项目验收按照“谁审批，谁负责”的原则进行。9月，省林业厅下发通知，要求各市(区)林业局按照国家和省上要求，抓紧完成项目前期工作，确保各批次扩大内需投资项目地方配套资金，务必在9月底前100%落实到位。全面梳理排查2008年四季度以来扩大内需中央投资项目，对尚未开工项目要查找原因，采取措施，确保项目在9月底前开工建设。

第二节　林业统计

一、定期统计

定期统计报表是中华人民共和国成立以来行之有效的一种主要的调查组织形式，它是按照国家有关规定，自上而下统一布置调查任务，自下而上逐级按照统一要求提供统计资料的一种报告制度。定期统计报表要求以一定的原始记录为依据，按照统一的指标、分组、报送时间和报送程序填报。定期统计报表，按照填报周期不同，可以分为日报、周报、旬报、月报、半年报和年报。按照报送方式不同，可以分为电快报表和纸质报表。

1990~1999年期间，陕西省林业定期统计报表有年报、半年报和电快报，统计内容主要包括林业部门社会总产值、重点工程建设、林业生产情况、国营林场生产情况、森林火灾和病虫鼠害、林业系统工业总产值、主要产品产量、林业系统工业企业主要技术经济指标、林业系统道路实有量、林业系统主要设备实有量、林业系统人员与工资、工业企业价值劳动生产率、营林基建投资完成情况等。这一时期林业统计内容以林业系统工业活动为重点。

从1999年开始，国家实施西部大开发战略，陕西省全面实行禁伐政策，并大力实施林业重点工程。至2007年，陕西省林业定期统计报表仍然分年报、半年报和电快报，统计内容包括林业生产情况、林业产业总产值、分县造林情况、天保工程建设情况、退耕还林工程建设情况、三北及长江流域等重点防护林体系建设情况、经济林产品生产情况、林业系统野生动物及自然保护区建设情况、主要工业产品产量、林业系统从业人员和劳动报酬、林业系统固定资产投资和资金来源完成情况等。这一时期林业系统的重心转向重点工程营造林和野生动植物保护等生态环境保护与建设，林业统计以重点工程完成情况和保护区建设情况为重点。

2007~2010年，随着信息网络的不断发展，陕西省林业系统定期报表在原来基础上增加季报、月报，统计内容也发生了转变，并且系统地分为生态建设与保护、产业发展、从业人员和林业投资四大部分。同时，与系统外其他部门的联系日益紧密，配合省统计局、财政厅、国资委等部门完成的定期报表逐年增加。这一时期，国务院做出加快林业发展的决定，党的十七大提出建设生态文明的重大战略决策，林业被赋予四大地位和四大使命，林业进入生态建设保护与产业经济发展并重的新时期。2008年，国家林业局印发《林业及相关产业分类(试行)》，全面详细地梳理了林业产业包含的内容和分类标准，并落实到报表制度当中。2009年，全省实施重点区域绿化工程，造林绿化推进到人口聚集区；国家启动林业棚户区(危旧房)改造工程，解决林区一项重要民生问题。2010年，省政府下发关于加快推进核桃等干杂果经济林产业发展的意见，推动全省经济林产业的快速发展。这一时期林业的快速发展使得对林业统计的需求大幅提高，林业统计工作较前期明显活跃，呈现出效率不断提高、信息量大幅增加、数据质量明显改进、分析研判能力逐渐提升的发展趋势。

二、专项统计

专项统计是指为获取制定政策所需的数据依据或反映特殊情况而进行的一次性统计。专项统计主要包括国家或省上编制规划或制定政策需要而进行的统计、突发自然灾害时进行的受灾统计、工程项目检查验收时进行的完成情况统计及其他原因进行的专项统计。

1990~1999年期间，林业规划和工程项目相对较少，对专项统计的需求不高，这一时期的专项统计工作不多，主要以定期统计为主。1999年以后，随着天保、退耕还林等一大批林业重点工程的实施，林业工程项目数量快速增加，林业产业发展呈现多元化，各类发展规划编制需求加大，因此，对专项统计的需求也是急剧增加，专项统计已经发展到和定期统计同等重要的地位。

三、林业产业和产值结构统计分析

林业产业是一个涉及国民经济第一、第二和第三产业多个门类，涵盖范围广、产业链条长、产品种类多的复合产业群体，是国民经济的重要组成部分。“八五”计划时期，林业产业主要包括营林、林副产品生产、木材采运、木材加工、综合利用、林产化工、林机修造、森林旅游和多种经营等门类。到“九五”计划后期，退耕还林工程、天保工程、三北防护林四期工程、长江防护林工程、野生动植物资源保护和自然保护区建设工程、种苗工程，以及森林防火、森林病虫防治项目相继实施，林业产业规模继续扩大。“十五”计划以来，省级财政加大对核桃、红枣等五大干杂果经济林基地投资力度，2007年，启动集体林权制度改革试点工作，林下经济迅猛发展，陕西林业产业和产品结构发生了重大变化。

“八五”期间(1991~1995年)全省累计完成林业总产值1002219万元，平均每年200443.8万元。第三产业实现35004万元，占总产值的3.5%。“九五”期间(1996~2000年)全省累计实现林业总产值2383154万元，平均每年476630.8万元，比“八五”时期年均增长276187万元，增长137.8%。第三产业实现66914万元，占总产值的2.8%。“十五”期间(2001~2005年)全省累计实现5228817万元，平均每年1045763.4万元，比“九五”时期年均增长569132.6万元，增长119.4%。第三产业实现80676万元，占总产值的1.5%。“十一五”期间(2006～2010年)全省累计实现林业总产值9327707万元，平均每年1865541.4万元，比“十五”时期年均增长819778万元，增长78.4%。第三产业实现431074万元，占总产值的4.6%。详情见表8-1-1。

1990～2010年陕西省林业总产值结构表

表8-1-1　　单位：万元、%

年份	总产值	增速	第一产业	第二产业	第三产业
1990	110622	-	87410	18010	5202
1991	135991	23	109794	21800	4397
1992	166299	22	136667	24095	5537
1993	199334	20	159474	33727	6133
1994	239693	20	193339	38304	8050
1995	260902	9	206943	43072	10887
1996	302881	16	247243	42773	12865
1997	315032	4	256140	46719	12173
1998	341891	9	273034	56620	12237
1999	717987	110	626500	79324	12163
2000	705363	-2	628076	59811	17476
2001	812038	15	749161	46419	16458
2002	927978	14	871223	43154	13601
2003	1002535	8	943610	46490	12435
2004	1223148	22	1148878	56729	17541
2005	1263118	3	1184339	58138	20641
2006	1323724	5	1211552	90099	22073
2007	1675694	27	1528378	106640	40676
2008	1737556	4	1575833	114357	47366
2009	1977672	14	1711147	152064	114461
2010	2613061	32	2234046	172517	206498

第二章　物资供应与管理

第一节　管理机构

1990 年，省林业厅根据省政府清理、整顿公司的有关规定，就林业物资供应站与林产品经销公司事宜上报省编办。1991 年，省编办以陕编发〔1991〕010 号文批复，同意省林业物资站与省林产品经销公司分设，经省编办批准，省林业厅物资站为厅属事业单位，经费实行自收自支，编制 20 人。2003 年，省编办以“陕编办发〔2003〕21 号”文批复，省林业厅物资站加挂省民用枪支配售管理中心。2008 年 7 月 31 号，省编办下发《关于省林业厅物资站更名为省森林生态保护装备保障中心的批复》，将“陕西省林业厅物资站”更名为“陕西省森林生态保护装备保障中心”，加挂陕西省民用枪支配售管理中心。机构变化后的“陕西省森林生态保护装备保障中心”主要职能：森林病虫害防治专用物资的储备、调拨；森林防火专用物资的储备、调拨；承担国家林业局“陕西国家物资储备库”的任务；民用枪支(猎枪、麻醉枪)、弹药的储备、调拨、售后管理。不再承担陕西省林业系统物资供应职能。

第二节　物资供应与经营管理

一、物资供应

1993 年之前，物资供应依然秉承 1990 年前的计划管理制度，对主要原材料统一采购并发放。主要供应的物资品类有：板斧、刀锉、弯把锯、雷管、炸药、导火线、钢材、水泥和部分营林机械及劳动保护用品，猎枪弹具、金属材料及制品，包括铁丝、钢丝绳、钢丝线、轻化建材、轮胎、林业专用化肥、烧碱、火工产品、油毡、木材及人造板等。

1990 年前后，林业物资进货渠道主要对林业部门和省发改委下达的统配物资和部管物资按分配指标向专营部门申请。其中，由林业部物资局供货的有通用二类机电产品、燃料等。由林业部物资局和省发改委会分配，物资局及下属专业公司供货的有通用机械设备、金属材料、轻化建材、木材及人造板等。1991 年以后，随着市场经济逐步发展，计划性供应物资逐年减少。1994 年以后，陕西省林业厅物资站物资供应已完全市场化，林业物资需求单位采购物资也市场化，厅物资站不再承担物资采购、供应任务(表 8-2-1)。

1990~1993 年陕西省林业系统主要物资供应情况表

表 8-2-1

物资	1990	1991	1992	1993
林业专用设备(台)		52		
金属(吨)	611	923		
机械(台)	139			
轮胎(套)	327	1030		
木材(立方米)	557	9200		
林业专用工具(万把)	6.3	9		
水泥(吨)	3400	4010		
石油(吨)	271	111		
炸药(吨)	120	120		
雷管(万发)	40	20		
导火线(万米)	32	32		
各种化工原料(吨)	164	580		
林业专用肥(吨)	346			
弹带(件)		240		
弹壳火帽(万发)		114		
枪衣(件)		260		
机电(万元)			369	189
林业专用工具(万元)			223	520
钢材及金属制品(万元)			178	219
轻化建材(万元)			237	
木材(万元)				522
销售额(万元)	561	454	1007	1450

二、经营管理

陕西省林业物资的经营管理工作，1990~1993 年仍然执行林业部规定的物资购销计划，订购、分配、调拨管理，实行“五统一”的归口管理方法。1994 年以后实行市场经济，以前的经营管理模式发生变化，随行就市，灵活多样。物资管理部门则退出市场管理，不再承担计划经济时期的物资管理职能。

第三章　林业固定资产投资

第一节　自然保护区建设投资

1991~2000 年，即“八五”至“九五”时期，陕西省野生动物和国家级自然保护区项目建设累计投入 1138 万元。2001~2005 年，即“十五”时期，陕西省累计投入为 7897 万元，比“九五”计划时期 842 万元增长 378.85%。2006~2010 年，即“十一五”时期，陕西省累计投入为 13736 万元，比“十五”时期增长 73.93%。1990~2010 年，国家林业局先后批复 23 个国家级自然保护区建设项目已全面完工，并经省林业厅验收通过。到 2010 年，全省林业系统已建立国家级保护区 11 个，总面积 35 万公顷(表 8-3-1)。

1990~2010 年陕西省野生动植物及自然保护区建设项目投资情况表

表 8-3-1　　单位：万元

年份	项目	投资	
		合计	中央投资
1990	周至保护区一期工程	353	180
1994	牛背梁保护区一期工程	296	296
2000	长青保护区一期工程	842	505
2001	太白山保护区二期工程	1409	845
	牛背梁保护区二期工程	1245	747
	周至保护区二期工程	1293	764
2002	省珍稀野生动物研究中心二期工程	1679	1007
2003	长青保护区二期工程	829	497
2003	榆林珍稀沙生植物保护基地建设项目	856	513
	朱鹮异地繁育基地建设项目	586	351
2006	牛背梁保护区三期工程	870	696
2007	长青保护区三期工程	708	566
	太白山保护区三期工程	720	576
	朱鹮栖息地环境恢复与保护	59	59
	周至保护区三期工程	786	630
2008	天华山保护区一期工程	1160	928
	化龙山保护区一期工程	1360	1090
	朱鹮保护区栖息地恢复项目	85	85

续表

年份	项目	投资	
		合计	中央投资
2008	太白山保护区铁甲树、大爷海环境保护项目	78	78
	长青保护区大熊猫栖息地保护设施建设项目	85	85
	牛背梁保护区生态植被恢复项目	85	85
	秦岭大熊猫繁育基地建设项目	6954	5564
2010	子午岭保护区一期工程	786	629

第二节 林业有害生物防治投资

陕西省有害生物防治项目体系建设始于2000年，大规模投入建设从“十五”（2001~2005年）计划开始。投入重点是省、地（市）和重点县建成森林病虫害防治体系建设，以提高预防和防治工作能力为目标的森林病虫害防治基础设施建设工程，建立和完善森林病虫害防治监测预报系统，完善与国家林业局、省、地（市）、县森防站计算机网络和森林病虫害防治检疫标准站建设。“九五”时期，全省累计投入有害生物防治项目资金110万元（中央投资），主要用于杨树天牛工程、森林鼠害工程和美国白蛾防治。实施范围包括榆林、延安、铜川、渭南、咸阳、宝鸡、商洛、安康8地（市）。“十五”计划时期，全省森林鼠害、美国白蛾、杨树食叶害虫、杨树天牛治理工程、松蠹虫防治体系工程累计投入1815万元。其中，2001年投入450万元，2002年投入195万元，2003年投入450万元，2004年投入345万元，2005年投入375万元。“十一五”计划时期，全省林业有害生物预防体系基础设施项目累计投入4283万元，比“十五”计划时期增长135.97%。其中，2006年投入652万元，2007年投入796万元，2008年投入735万元，2009年投入1100万元，2010年投入1000万元。1990~2010年，全省累计完成林业有害生物防治投资22779万元（表8-3-2）。

2000~2010年陕西省林业有害生物防治项目投资情况表

表8-3-2 单位：万元

年份	项目	投资额	
		合计	中央投资
2000	榆林、延安、铜川、渭南、咸阳、宝鸡、商洛、安康8地（市）杨树天牛防治工程	110	110
2001	杨树天牛、森林鼠害工程和美国白蛾防治项目	450	300
2002	杨树天牛、森林鼠害工程和美国白蛾防治项目	195	156
2003	松蠹虫防治体系工程	450	250
2004	松蠹虫防治体系工程	345	269

续表

年份	项目	投资额	
		合计	中央投资
2005	松蠹虫等林业有害生物预防体系基础设施项目	375	300
2006	铜川市重大森林病虫害防治生物制剂厂建设项目	145	100
	松蠹虫等林业有害生物预防体系基础设施项目	507	427
2007	袭人胡蜂防控体系基础设施建设	220	200
	松蠹虫等林业有害生物预防体系基础设施项目	309	257
	铜川市重大森林病虫害防治生物制剂厂建设项目	267	107
2008	松蠹虫等林业有害生物预防体系基础设施项目	735	568
2009	松蠹虫等林业有害生物预防体系基础设施项目	612	462
	袭人胡蜂防控体系基础设施建设项目	268	188
	安康市有害生物防控体系建设项目	220	150
2010	安康市有害生物防控体系建设项目	250	200
	省苗木花卉基地有害生物检疫监管体系建设项目	750	600

第三节　森林防火建设投资

陕西省森林防火项目建设始于1999年，2003年开始实施重点火险区森林防火综合治理工程。“十五”计划时期(2001~2005年)，全省森林防火项目累计投入1927万元，比“九五”计划时期415万元增长364.33%。2001~2003年，期间，完成黄陵县、黄龙县防火基础设施及扑火装备购置，省森林防火办公室购置对讲机、小型移动电台、扑火工具等。以及省森林防火指挥中心建设，省太白局、宁西局、辛家山林业局、桥山林业局、黄龙山林业局专业消防队建设等。从2003年起，先后实施了延安市黄桥、铜川市焦坪、西安市黑河等重点火险区森林防火综合治理工程。“十一五”计划时期，全省森林防火项目累计投入9056万元，比“十五”计划时期2247万元增长303%。先后实施了商洛蟒岭重点火险区、延安市森林重点火险区、安康秦巴山区重点火险区、汉中市森林重点火险区、陕西省3市5县森林重点火险区，省太白风景林场森林防火体系项目、省国家级森林防火物资储备库、秦西地区国家级森林防火物资储备库、陕西省森林防火通信系统建设等工程项目。到2010年，除省国家级森林防火物资储备库项目、省秦西地区国家级森林防火物资储备库、省森林防火通信系统建设项目在建外，具他项目全部完工。到2010年，重点火险区建设项目覆盖全省62个森林重点火险县，项目覆盖率达57.94%(表8-3-3)。

1990~2010年陕西省森林防火建设项目投资统计表

表8-3-3　　　　单位：万元

年份	项目	投资额	
		合计	中央投资
1999	天保工程防火项目(黄陵、黄龙县防火基础设施及扑火装备购置；省森林防火办购置对讲机、小型移动电台、扑火工具等)	105	105
2000	省天保工程森林防火指挥系统及消防队建设项目(省森林防火指挥中心建设；建设省太白林业局、宁西林业局、辛家山林业局、桥山林业局、黄龙山林业局专业消防队。购置扑火机具、通讯设备等)	310	200
2002	森林防火项目(防火设备、灭火机具及基础设施建设)	320	160
2003	森林防火项目(防火设备购置)	560	280
2004	延安黄桥，铜川焦坪重点火险区项目(瞭望台、防火物资储备库等基础设施建设和风力灭火机、阻燃服、对讲机等仪器设备的购置)	1142	913
2005	西安黑河重点火险区项目(瞭望台、防火物资储备库等基础设施建设和风力灭火机、阻燃服、对讲机等仪器设备的购置)	225	180
2007	商洛蟒岭重点火险区项目42.15公顷(瞭望台、防火物资储备库等基础设施建设和风力灭火机、阻燃服、对讲机等仪器设备的购置)	220	176
2008	延安市森林重点火险区91.6公顷(火线监测预报系统、瞭望台、摩托车等火情瞭望监测系统，林火信息指挥系统，扑火装备、运兵车等扑火机具装备，物资储备)	921	737
2009	安康秦巴山重点火险区72.15公顷(新建瞭望塔5座，改建2座改建专业队营房240平方米、物资储备库150平方米；新建专业队营房600平方米，购置林火信息、通讯、交通运输和扑火机具等设备设施)	284	227
	汉中市森林重点火险区(森林防火地理系统，望远镜、瞭望塔、摩托车等火情瞭望监测系统，扑火信息和指挥系统灭火水枪、风力灭火机、GPS、发电机、运兵车等扑火机具装备，物资储备库等)	522	418
	陕西省三市五县森林重点火险区综合治理工程40.84公顷(新建瞭望塔5座、改建4座、新建专业队营房800平方米、物资储备库400平方米、购置林火信息、交通运输和扑火机具购置等设备设施)	649	519
	太白风景林场森林防火体系项目(新建瞭望塔2座、塔路6千米；新建专业队营房600平方米，仓库80平方米，车库80平方米；购置林火信息、通讯、交通运输和扑火机具等设备设施)	358	286
	陕西省国家级森林防火物资储备库项目(建设物资仓库、车库房、装卸坪及其配套设施等工程)	2022	2022

续表

年份	项目	投资额	
		合计	中央投资
2010	陕西省秦西地区国家级森林防火物资储备库（购置风力灭火机、灭火水枪、油锯、割灌机、发电机、扑火服装等专用物资及设备设施）	485	485
	宝鸡市航空护林站建设项目（改造跑道、滑行道、新建停机坪，航站综合楼，机降楼、食堂等房屋、购置地面保障特种车辆，地面通讯、导航、指挥系统等设备设施）	1802	1442
	陕西省森林防火通信系统建设项目（建设超短波基础通讯网络，应急通讯系统、建设通讯塔11座，购置相关通讯电台及配套设备设施）	1820	1456

第四节　林木种苗培育投资

一、基本情况

1999年以来，随着国家日益重视生态环境建设，林业重点工程的相继实施，以及城乡绿化美化步伐加快，林种结构调整得到高度重视，种苗需求开始呈现多元化，陕西林木种苗建设迎来了前所未有的发展机遇。在国家林业局的大力支持下，陕西省实施以基础设施建设为主的林木种苗项目，在全省范围内开展苗圃建设项目、林木良种基地建设项目和林木采种基地建设项目，建设省市县三级种苗生产基地，为林业重点工程提供良种壮苗。1999年以来，国家加大陕西省种苗工程投资力度，不仅专项安排了国债种苗建设项目、山川秀美种苗建设项目、重点防护林种苗项目，同时还在天然林资源保护、退耕还林等林业重点工程中安排了大量的种苗建设项目。

二、林木种苗项目投资

1999~2010年，全省累计建设种苗工程项目达297个，总投资达68043万元。其中，中央投资52578万元。按种苗建设项目类型分：①苗圃建设项目185个，建设面积2286公顷，项目总投资46707万元。其中，中央投资35981万元，地方配套10726万元。②良种基地建设项目46个，建设面积6957公顷，项目总投资13266万元。其中，中央投资9724万元，地方配套3542万元。③采种基地建设项目31个，建设面积160818公顷，项目总投资6295万元。其中，中央投资4869万元，地方配套1426万元。④林木良种繁育基地4个，建设面积177.5公顷，项目总投资1714万元。其中，中央投资925万元，地方配套789万元。⑤种质资源保护区4个，建设面积96.66公顷，项目总投资1620万元。其中，中央投资1293万元，地方配套538万元。⑥种子库14个，总投资1538万元。其中，中央投资1320万元，地方配套218万元。⑦检验室16个，总投资3885.5万元。其中，中央投资3118万元，地方配套768万元。种苗工程建设项目的实施，极大地改善陕西林木种苗生产基地的基础设施，有力地促进种苗生产的发展，有效地保障退耕还林等林业重点工程的顺利实施。

第五节 森工非经营性建设投资

1994年，林业部根据国务院《关于研究解决森工企业困难的会议纪要》精神，为改善省属重点国有林区基础设施条件，开始安排各省份森工企业社会性基础设施投资计划，重点安排饮水、医疗、学校、油库搬迁、危房改造等建设项目。国有林区森工非经营性基本建设投资是国家预算内非经营性基金拨款。1996年，陕西省启动实施国有林区森工非经营性基本建设投资项目。先后实施国有林区职工医院改扩建项目、林区职工饮水、电力系统整体改扩建和棚户区改造配套供暖等，为改善林区基础设施条件发挥重要作用。"九五"计划期间，国有林区森工非经营性基本建设累计投入435万元。其中，中央投资355万元，地方配套80万元。按类别分，危房改造160万元，给排水项目210万元，医院改扩建65万元。"十五"计划期间，国有林区森工非经营性基本建设累计投入1020万元，全部为给排水项目投入，比"九五"时期增长134.48%。其中，中央投资673万元，地方配套347万元。"十一五"计划期间，国有林区森工非经营性基本建设累计投入2717万元，比"十五"时期增长166.37%。其中，中央投资2048万元，地方配套669万元。按类别分，给排水项目1918万元，医院改扩建799万元(表8-3-4)。

1996~2010年陕西省国有林区森工非经营性建设投资情况表

表8-3-4 单位：万元

年份	项目	投资额		
		合计	中央	地配
1996	宁东局给水改造项目	30	30	
	宁东局危房改造项目	30	30	
	龙草坪局危房改造项目	20	20	
1997	宁西局危房改造项目	30	30	
	森工医院住院部改造项目	20	20	
1998	汉西局给水改造项目	100	50	
	森工医院住院部改造项目	30	30	
1999	太白局给水改造项目	40	30	10
	森工医院住院部改造项目	15	15	
2000	太白局给水改造项目	40	30	10
	宁西局危房改造项目	80	20	60
2002	省资源局办公楼给水排水工程	90	45	45
2003	省资源局办公楼给水排水工程	60	45	15
2004	省资源局办公楼给水排水工程	60	45	15
	宁东局旬阳坝地区给水改造工程	142	114	28
	汉西局给水改造工程	100	50	50

续表

年份	项目	投资额		
		合计	中央	地配
2005	太白局给水改扩建建设项目	298	149	149
	省资源局办公楼给水排水工程	270	225	45
2006	太白局局址给水项目	299	150	149
	长青局给排水设施改造项目	170	120	50
	宁西局给排水设施改造项目	181	140	41
	龙草坪局给排水设施改造项目	196	140	56
	宁东局局址给水项目	142	114	28
2007	汉西局林区职工饮水工程建设项目	172	138	34
2008	森林工业职工医院改扩建项目	448	358	90
	汉西局林区职工饮水工程建设项目	172	138	34
2009	宁西局国有林区职工饮水工程建设	365	292	73
	太白局国有林区职工饮水工程建设项目	221	177	44
	太白局职工医院改扩建项目	351	281	70

第六节　湿地保护区建设投资

陕西省建立湿地保护区始于1997年，国家级湿地保护区项目建设2006年开始实施。国家林业局先后对陕西省泾渭、红碱淖、瀛湖湿地保护与恢复工程项目予以批复。

2006年，全省湿地保护建设项目累计投入1925万元。其中：泾渭湿地保护区投资736万元(中央投资509万元，地方配套227万元)，建设面积3029.8公顷。神木红碱淖湿地保护区投资552万元(中央投资442万元，地方配套110万元)，建设面积1.26万公顷。瀛湖湿地保护与恢复工程投资637万元(中央投资500万元，地方配套137万元)，建设面积1.98万公顷，建设期为2006~2008年。

2008年，黄河湿地保护区投入812万元(中央投资650万元，地方配套162万元)，建设面积45950公顷，建设期为2008~2010年。湿地保护区建设内容包括湿地保护区内的湿地恢复与保护、退田还河损失补偿、实验区植被恢复、划界立标、生物多样性保护项目建设等。2008年，陕西省利用秦岭生态保护中央专项投资463万元(丹凤县丹江83万元，宁陕旬河89万元，洋县湑水河123万元，白河县汉江83万，石头河85万元)，实施丹凤县丹江、宁陕旬河、洋县湑水河、白河县汉江和太白县石头河等湿地保护项目。截至2010年年底，9个湿地保护区建设任务已全面完成。

第七节 林业公安派出所建设投资

陕西省林业公安派出所项目建设始于2003年。国家林业局2003年开始安排陕西林业公安派出所项目投资，用于完善林业公安派出所基础设施建设和更新装备等。当年下达陕西省秦巴西部重点火险区综合治理(森林公安)综合治理项目建设投资1046万元。其中，中央投资837万元，其余地方配套。实施范围包括汉中、安康市所辖21个县(区)及长青局、汉西局，包括4个森林公安局、18个森林公安分局、35个森林派出所，共57个项目建设单位，更新购置公安业务用车、通讯、刑事鉴定及防护器材等装备。

2004年，国家林业局下达陕西省中部森林重点治安区设施设备建设项目投资246万元。其中，中央投资197万元，地方配套49万元。实施范围包括省森林公安局，西安市、商洛市、宝鸡市森林公安局、派出所，以及宁东、宁西、太白省属林业局森林公安分局及下属派出所，太白山保护区、楼观台林场森林派出所等76个单位，购置警务通讯、勘查取证、警戒、防护器材等装备。从2007年起，陕西省启动实施森林公安基层派出所基础设施建设项目。

2007~2010年，国家累计批复下达陕西省200个森林公安派出所基础设施建设项目中央投资3858.5万元，建设规模64060平方米。其中2007年16个，投资305.6万元，建设规模5055平方米；2008年11个，投资232万元，建设规模3835平方米；2009年11个，投资187.9万元，建设规模3105平方米；2010年162个，投资3143万元，建设规模52065平方米。截至2010年年底，2003~2004年项目建设计划已全面完成。2007~2010年下达的派出所建设任务，已建成19个，在建22个。2010年底，省级配套20万元，市级配套274.6万元，县级配套1162.5万元。陕西森林公安派出所基础设施建设进展较慢，主要原因是新所址未确定；80%的派出所项目投资是2010年下达的，故开工率较低。

第八节 野生动物疫源疫病监测站建设投资

陕西省2005年启动实施野生动物疫源疫病监测站建设项目。省发改委后立项批复包括：省楼观台林场、朱鹮保护区、潼关、合阳、洋县、城固、咸阳、西安、神木、横山等10个国家级野生动物疫源疫病监测站建设项目。4月，国家林业局确定陕西珍稀野生动物抢救饲养研究中心、朱鹮保护观察站(朱鹮保护区)、潼关县森防站、横山县森防站、合阳县湿地监测站和榆林市动管站6处为国家级野生动物疫源疫病监测站。

2006年9月，国家林业局又确定城固县、咸阳市、西安市、神木县4处为国家级野生动物疫源疫病监测站，全省共建立10处国家级野生动物疫源疫病监测站，每个监测站项目国家投资40万元，地方配套5万元。建设内容涉及建设国家级野生动物疫源疫病监测站办公用房，购置监测站必要样本采集、保存贮藏、观测巡护设(装)备等。

"十一五"期间，全省新建国家级野生动物疫源疫病监测站10处。其中，省楼观台、洋县、榆林市、横山县、潼关县、合阳县、城固县7处国家级野生动物疫源疫病监测站共争取投资 315 万元。其中，中央投资 280 万元。

到 2010 年，全省 10 处新建国家级野生动物疫源疫病监测站已全面竣工验收。“十一五”末，全省已建成野生动物疫源疫病监测站、点 285 个。其中，国家级监测站 10 个，省级监测站 19 个，市级监测站 73 个，县级监测站(点)共 183 个，初步形成覆盖全省的野生动物疫源疫病监测网络。

第九节　国有林区道路建设投资

陕西国有林区道路多为 20 世纪 70 年代修建，重点国有林区道路始于 1958 年。林区道路建设初期，主要以获取最大木材产量设计布线，满足极具流动性的林场、采伐工队短期生产、生活需要。国有林区道路全部由企业自建、自营、自养，森工企业由局属公路养护队、基层林场划段养护。投资主要依靠国家投入，从木材生产成本中提取的更新改造资金和道路延伸费。

据统计，1990 年，全省新增林区道路 355 千米。其中，林道 325 千米，公路 30 千米。“八五”计划时期，全省新增林区道路 1627. 3 千米。其中，林道 1411. 3 千米，公路 216 千米。“九五”计划时期，全省新增林区道路 2843. 9 千米。其中，林道 2014. 2 千米，公路 829. 7 千米。

2001 年，全省新增林区道路 339 千米。其中，林道 249 千米，公路 90 千米。到 2010 年，全省国有林区道路实有量为 5630 千米。长期以来，林区道路为林区资源管理、林区职工及当地农民生产、生活以及林区经济发展做出重要贡献。

天保工程实施以来，由于道路建设资金匮乏，维修、养护措施难以落实，林区道路损毁严重，路况差、行车难。一是水毁严重。2002～2004 年，连续 3 年发生特大洪灾，冲毁重点国有林区各级道路 30 条，500 千米。二是路况差。由于连年水毁和年久失修，造成路基塌陷、路面坑洼不平，林区道路都降为简易公路，多数桥涵成为危桥。三是道路等级低。道路设计标准低，路窄湾急坡陡，除重点国有林区主干道路为Ⅲ级道路外，其余多为Ⅳ级或简易公路，95%林区道路为砂石和泥结碎石路面。四是日常养护难度大。在木材生产经营期间，森工采育企业、林场从木材生产成本中提取简维费，专项用于林区道路的维护。实施天保工程以后，国有林区全面停止了木材采伐，林区道路建设与维护未被纳入工程建设范围，国有林业局、林场无力解决道路建设资金。2010 年，省林业厅按照国家林业局和交通运输部的要求，组织各县区开展，林区道路补充调查工作，全省共采集国有林区道路有效里程 5630 千米。其中，纳入交通部道路建设规划里程 1055. 9 千米。

第十节　国有林区管护站建设投资

2006 年 12 月，陕西省启动省直国有林区管护站撤并整合及标准化建设项目。计划用 3 年时间，将森工系统 5 个采育企业下属管护站点，以及楼观台林场管护站，省治沙研究所红石峡林场管护站，由原来的 141 个撤并整合为 56 个。其中，资源局系统新建管护站43个（宁西局11个、宁东局11个、太白局16个、汉西局5个），龙草坪局改建4个；楼观台林场新建8个；治沙研究所新建1个。项目投资2405.1万元。其中，省财政补助1925万元，占80%；自筹配套480.1万元，占20%。配套资金主要由省林业厅结合林业重点工程建设统筹安排。2006~2008年，省直国有林区管护站撤并整合及标准化建设项目省级财政累计投入2450万元。到2010年，规划的新建52个，改建4个管护站全部竣工验收。陕西2006年启动省直国有林区管护站标准化建设以来，项目建设有效扩大了国有林区管护站标准化建设覆盖面，使林区职工生产生活条件得到了初步改善。

第十一节　国有贫困林场扶贫开发投资

陕西省实施贫困国有林场脱贫开发项目始于1997年。1997年，为支持贫困国有林场脱贫工作，财政部根据中央领导批示，设立中央财政贫困国有林场扶持资金，用于生态国有贫困林场的生产发展。为加大陕西贫困国有林场扶贫开发力度，省林业厅2000年组织编写《陕西省贫困国有林场扶贫规划》。

2006年3月，省财政厅、林业厅印发《陕西省国有贫困林场扶贫资金管理实施办法》，对扶贫项目的立项、实施和竣工验收，贫困林场扶贫项目开发重点，扶贫项目资金的使用管理做了具体规定。

2008年6月，省林业厅组织人员对延安、铜川、安康和商洛等市国有林场扶贫项目完成情况，扶贫资金的使用情况进行检查调研。

1997~2010年，全省贫困国有林场扶贫项目建设累计投入9270万元。其中，中央8960万元，省级150万元，市县160万元，先后安排了250个扶贫项目。

通过实施贫困国有林场扶贫开发项目，使全省国有林场的生产生活等基础设施条件得到了极大的改善。

第四章　林业财务管理

第一节　林业财务

一、林业部门预算编制

1998年，国家预算管理体制改革，省财政厅确定省林业厅直属事业单位为零级预算试点单位。零级预算就是按照当年定员定额和事业发展需求，从零开始，编制预算，不以上年预算数及其执行结果为依据。

1999年，省财政厅对预决算报表编制体系进行了重大改革，要求各单位从过去的按经费渠道分别编制预决算报表，转变为编制统一的部门预决算报表。新的部门预决算报表包括省林业厅机关经费、行政单位离退休经费、行政机关事业费、基本建设支出、林业科技三项费、支援不发达地区发展资金、林业事业费、科学事业费、天然林保护经费、森林工业事业费、事业单位离退休经费、住房公积金以及行政事业单位预算外资金收入等经费，全面完整地反映了省林业厅各项经费的收入支出状况，为增加预算的透明度，规范和加强预决算的管理打下良好的基础。

2000年以前，省级预算只包括基本支出内容，以计划文件形式下达。2000年以后，财政部改变传统的预算编制方法，以部门为单位编制独立完整的部门预算。林业行政事业费预算分基本支出预算和项目支出预算。基本支出预算是部门支出预算的组成部分，是行政事业单位为保障其机构正常运转和完成日常工作任务而编制的年度基本支出计划，其内容包括人员经费和日常公用经费两部分。项目支出预算是部门支出预算的组成部分，是林业行政事业单位为完成其特定的行政工作任务或事业发展目标，在基本支出预算之外编制的年度项目支出计划。

省级从2002年起人员工资、公用经费和社会保障费3项基本支出和业务费纳入了部门预算；把森林防火、林业有害生物防治、野生动植物保护等中、省财政补助资金(林业系统专款)作为年度追加预算下达；离退休经费、医疗费等社保资金和基本建设资金也作为年度追加预算单独下达。

2000年以前，林业财务决算报表是由手工填制、汇总。2000年开始启用财政部统一编制的部门决算报表软件，经过多年的应用调试和修改，决算报表软件完全替代了繁琐的手工报表，反映内容日臻完善。与部门预算分级管理相对应，部门预算内容包括本级预算单位的基本支出预算和项目支出预算。

二、林业资金管理

1991年8月，省林业厅转发林业部《三北防护林体系建设资金管理暂行办法》，规定三北防护林建设资金由中央预算内基本建设投资和支援经济不发达地区发展资金组成。其中，用于人工造林、飞播造林、封山育林、种苗生产、病虫害防治、抚育管护、林业科技推广、造林作业设计等营林生产的部分必须占85%以上。中央投资除用于营林生产外，还可用于基层林业工作站或管护、检查站建设补助。支援经济不发达地区资金除用于营林生产外，还可用于由林业部三北防护林建设局统一组织的造林检查验收、规划设计、良种基地建设、林业宣传和重点示范工程的必要设施。支援经济不发达地区发展资金可实行无偿、有偿使用形式。凡是以生态效益为主的项目，实行无偿使用；凡是有经济效益或有偿还能力的林业商品基地建设、林业资源的开发利用等项目，实行有偿使用。

1992年12月，省林业厅印发《陕西省林业有偿资金管理暂行办法》，对林业有偿资金来源与投向、借款条件与审批程序、借款管理与资金回收、占用费的分配与使用等做了具体规定(表8-4-1)。

1992年陕西省林业有偿资金占用费率表

表8-4-1　　单位：万元、%

借款类别	使用年限	使用费率
用于工业、交通、商业借款	一年、二年、三年	5.1、5.7、6.3
用于种植、养殖、文教、科研、旅游借款	一年、二年、三年	3.0、3.3、3.6

续表

借款类别	使用年限	使用费率
临时借款	半年以内	6.3
用于中外合资企业借款	一年、二年、三年	6.6、7.2、8.1
用于速生丰产林	十年	4.8

1993年9月，省林业厅转发财政部《关于部分地区财政部门反映三北防护林建设补助费能否抵顶林业基本建设投资的问题明确答复》，中央财政决定从1993年安排专项资金用于支持四大防护林体系建设。为了合理安排，有效使用，这项资金可以与原有渠道的有关资金统筹安排，但不能代替，更不能抵顶基本建设投资及其他有关用于防护林建设的资金。

1996年11月，省林业厅转发林业部《关于印发国家预算内森工(企业)非经营性基本建设项目及投资使用管理暂行办法的通知》，规定国家预算内森工(企业)非经营性基本建设项目的国家投资和企业配套资金要建立专门账户，专款专用。12月，省林业厅转发林业部《基本建设财务管理实施办法的通知》，对基本建设支出预算管理，建立基本建设资本金审核制度，执行基本建设财务管理制度，基本建设项目资金管理，基本建设投资信息管理，基建财务监督检查，基本建设财务管理及会计核算等做出具体规定。

1998年4月，省林业厅转发财政部《关于印发基本建设财务管理若干规定的通知》规定：各级财政部门是主管基本建设财务的职能部门，对基本建设的财务活动实施财政财务管理和监督。财政部门对基本建设财务的管理和监督，包括对国有建设单位的基建资金源头控制，资金运用的监督和工程预、结(决)算审核等财务活动的全过程；预算外的财政性资金包括法律、法规规定的行政事业性收费、基金和附加收入等。对建设项目使用财政性资金，不论采取何种管理形式，拨付数额大小，都要按照基本建设管理程序、年度基建计划，基本建设支出预算和工程建设进度办理拨款。12月，省林业厅转发国家林业局、财政部《贫困国有林场扶贫资金管理办法》规定，扶贫资金是扶持贫困林场发展生产、实现脱贫的无偿资金，必须专款专用，任何单位不得改变资金的性质和用途。对推广新技术，运用科技成果进行脱贫的项目予以倾斜。省级林业部门申请资金依据本省贫困林场脱贫规划，经同级财政部门同意，将贫困林场脱贫项目上报国家林业局。

1999年7月，省林业厅、财政厅转发财政部、国家林业局《重点地区天然林保护工程建设资金管理规定》，对天保工程建设项目内容，公益林建设项目的建设资金用途，投入商品林建设项目、转产项目的国家预算内建设资金作为国家资本金注入，以及天保工程项目列入年度基本建设预算，资金的拨付程序、会计核算，配套资金的落实，资金使用管理，项目竣工验收等做出规定。8月，省林业厅转发国家林业局《天然林资源保护工程公益林项目会计核算办法》《天然林保护经费会计核算暂行办法》，规范天然林资源保护工程建设项目和天然林保护经费的会计核算。

2000年，省林业厅下发的《陕西省退耕还林资金报账办法》规定：中、省给退耕户每亩退耕地年补贴的20元管护费；中省给退耕户按退耕还林(草)和宜林荒山荒地造林种草面积每亩补助的50元种苗费；地、县自筹资金和其他明确用于退耕还林(草)的资金也应纳入报账制管理；凡使用退耕还林(草)资金的单位必须在统一规定的专业银行设立专用账户，专人负责，实行专户专账管理；退耕还林(草)资金报账的依据是省上批准下达的退耕还林(草)项目实施计划，报账制工作由县级政府财政、林业部门具体负责组织实施；退耕还林(草)资金按照资金随项目走、分级管理、分级报账的原则进行核账；省上给退耕户按退耕还林(草)和宜林荒山荒地造林种草面积每亩补助的50元种苗费和每亩退耕还林(草)地每年补贴的20元现金补助资金，分别在县级林业、财政部门报账。省市县乡(镇)人民政府依据逐级认定的退耕还林(草)检查验收结果核报补助资金。2月，省林业厅印发《陕西省种苗工程项目建设管理暂行办法》，规定种苗工程项目资金由林业主管部门设立专户进行管理。省林业主管部门对省级中心苗圃建设资金，地(市)林业主管部门对地(市)、县(区)中心苗圃建设资金，均实行准报账制。苗圃施工设计方案批准后，先预拨总投资的80%作为启动资金，剩余资金根据项目建设验收情况核实拨付。

2001年2月，省林业厅针对国家审计署和省审计厅组织的天保工程资金使用情况的审计、检查以及对其他项目建设情况调查发现的问题，下发《关于切实加强林业重点工程项目资金管理的通知》，要求省林业厅下达的各项计划，各地(市)应在10天内制定和下达明细计划，将任务和投资落实到实施单位，超过10天即为延误。各类设计文件从明细计划下达之日起，必须在30天之内完成编制和报批工作，设计已经批准，各地(市)应按照国家和省上规定的比例，在5天之内将资金拨付项目主管部门和项目实施单位，超过5天即为滞留资金。3月，省财政厅印发《陕西省天然林保护工程财政资金管理实施细则》，对天保工程财政资金使用原则，开支范围、拨付手续及核算要求做了具体规定。8月，省财政厅、林业厅、监察厅联合下发《关于切实加强天然林资源保护工程专项资金管理的通知》，要求各级财政部门按照国家计划，落实天保工程的财政各项资金计划，原有用于各级国有林场的经费，要作为天保工程配套资金予以保留，不得以任何理由和方式停拨、滞拨、挤占、挪用；全省分解到县的《天保工程实施方案》批准后，各级财政部门要积极落实新增配套资金，并列入当年预算，中、省天保工程补助专项资金下达后，各级财政部门要做到文到即转、款到即拨、不得滞留；各级财政部门要设立天保工程资金专户，保证专项资金安全、高效运行，不得采用回流等方式挤占、挪用天保工程专项资金。12月，省林业厅下发《关于加强计划财务管理工作的通知》，要求厅机关各处室、局、厅直属各单位，严格按照基本建设程序办事，坚决维护计划的严肃性，实现计划财务工作规范化管理。12月，并举办有各市林业局、省直各单位及省属6个森工局采育企业的计财科(处)长、主管会计参加的计划财务制度培训班，邀请省发改委、财政厅、审计厅的有关工作人员和大专院校的教授进行授课。主要培训基本建设项目管理、新《中华人民共和国会计法》、WTO与财务管理、财经纪律、审计法规、重点工程资金管理政策制度及核算办法等。

2002年3月，省林业厅、发改委印发《陕西省天然林资源保护工程建设资金管理办法》，对天保工程资金计划管理、资金管理、监督与处罚等做出规定。3月，省林业厅、财政厅印发《日元贷款陕西植树造林项目财务管理办法》和《日元贷款陕西植树造林项目提款报账办法》，对项目财会管理、项目资金管理、流动资金管理、固定资产管理、财务报告、财务监督审计，项目管理机构及其职责、贷款支付流程、提款报账办法、项目招标采购等做出规定。4月，省林业厅转发国家林业局《林业重点工程资金违规责任追究暂行规定》，对擅自调整、更改工程投资计划和财政专项资金预算的；违规滞留、截留、抵扣资金的；转存、串用资金的；挪用、挤占、转移资金的；伪造、变造会计凭证、会计账簿及相关工程资料，编制虚假财务会计报告或者隐匿、故意销毁依法应当保存的会计凭证、会计账簿及相关工程资料、财务会计报告，虚报工程项目，虚列工程支出的；财务会计工作混乱，资金管理和会计核算不规范，不符合财经制度和法规的；对管理不善、滥用职权、玩忽职守、徇私舞弊，造成资金损失、浪费的单位和部门，规定了相应的制裁措施。11月，省林业厅针对厅直属单位林业资金审计稽查和清产核资中发现的国定资产、流动资产和会计核算管理方面的问题，下发《关于进一步规范财务会计管理工作的通知》。12月，林业厅转发国家林业局《林业重点生态工程建设资金管理规定》，对基本建设资金支出范围做出了具体规定。12月，省林业厅转发财政部《基本建设财务管理规定》，规定使用财政性资金的建设单位，在初步设计和工程概算获得批准后，其主管部门要及时向同级财政部门提交初步设计的批准文件和项目概算，并按照预算管理的要求，及时向同级财政部门报送项目年度预算，待财政部门审核确认后，作为安排项目年度预算的依据；建设项目停建、缓建、迁移、合并、分立以及其他主要变更事项，应当在确立和办理变更手续之日起30日内，向同级财政部门提交有关文件、资料的复制件；凡使用国家财政投资的建设项目，应当执行财政部有关基本建设资金支付的程序，财政资金按批准的年度基本建设支出预算到位；实行政府采购和国库集中支付的基本建设项目，应当根据政府采购和国库集中支付的有关规定办理资金支付；项目建设单位应当将应交财政的竣工结余资金在竣工财务决算批复后30日内上交财政。12月，省财政厅、省林业厅下发《陕西省天然林保护工程集体林管护事业费管理办法》，对天保工程集体林管护事业费使用原则、开支范围、拨付手续及核算要求做具体规定。

2003年8月，省林业厅在西安召开全省天保工程集体林管护资金使用管理工作座谈会，各市林业局主管领导、财务科长；厅直系统相关单位主管领导、财务科长参加会议。

2004年3月，省林业厅转发财政部《关于基本建设财务管理规定执行中有问题的通知》，要求各市林业局，厅直属各单位认真学习领会并及时转发所属单位。

2005年7月，银监局、省林业厅转发银监会、国家林业局关于下达天保工程区森工企业金融机构债务免除名单及免除额的通知，免除陕西省96户天保工程区森工企业金融机构债务免除额28207万元，其中免除所欠银行债务额27731万元(工行6656万元，农行21075万元)；免除所欠资产管理公司债务476万元(华融116.95万元，长城359.4万元)。按照国家有关规定，债务免除后，这些企业需按实际免除额转增企业国有资本金。8月，省林业厅、财政厅转发财政部、国家林业局《林业有害生物防治补助费管理办法》规定：林业有害生物防治补助费主要用于为防治林业有害生物，购置药剂、药械、工具的开支；除害处理的人工费补助；治理区发生检疫检验的材料费、小型器具费。林业有害生物灾害发生时，省级财政部门会同林业部门，联合向财政部和国家林业局上报补助费申请报告和防治预案。补助费专款专用，按照有关规定实行政府采购。

2006 年 3 月，省财政厅、林业厅印发《陕西省国有贫困林场扶贫资金管理实施办法》，规定了扶贫资金补助内容的范围。同时规定了省级可在林场扶贫资金总额中按不高于 1.5%的比例提取项目管理费，市(区)级以下林业局、财政局和林场不得再从林场扶贫资金中提取管理费。

2007 年 6 月，省财政厅下发《关于调整农业综合开发部门项目资金投入比例的通知》规定：从 2007 年度项目始，农业综合开发部门项目的中央财政资金与地方财政资金配套比例仍按财政部规定 1∶0.5 执行；农业综合开发部门项目省与市、县财政资金配套比例 0.8∶0.1∶0.1。其中国家级扶贫重点县取消县级财政配套，由此而减少的配套资金由省、市财政按 0.8∶0.2 负担。农业综合开发中型灌区节水配套改造项目省级配套 0.8 中，省财政承担 0.6，省水利厅承担 0.2。12 月，省财政厅、林业厅印发《陕西省天然林保护工程财政资金管理实施细则》，规定各级财政用于天保工程专项补助资金使用范围。由省林业厅、财政厅按照"实施细则"和财政部年初下达的天保资金预算控制指标，结合各设区市、县及省直属单位的申报情况，下达年度项目计划。12 月，省发改委、林业厅组织对全省 2005~2006 年国家下达的三北防护林四期工程中央投资及地方配套资金到位使用管理情况进行了检查。对检查发现的问题，省发改委、省林业厅联合进行通报。

2008 年 2 月，省财政厅、林业厅印发《陕西省完善退耕还林政策补助资金管理办法实施细则》，规定中央财政在原退耕还林政策补助期满后安排的用于解决退耕农户生活困难的补助资金标准为：长江流域及南方地区每亩退耕地每年补助现金 105 元，黄河流域及北方地区每亩退耕地每年补助现金 70 元；原每亩退耕地每年 20 元现金补助，继续直接补助给退耕农户，并与管护任务挂钩。各地可适当提高补助标准，超国家标准部分由各地自行解决。补助资金的补助期：还生态林补助 8 年，还经济林补助 5 年，还草补助 2 年。对 2004~2007 年到期的补助资金(包括 1999 年、2000 年、2001 年、2002 年退耕还经济林和还草，2003 年、2004 年、2005 年退耕还林还草)，由财政部根据国家林业局最新组织核查验收结果核定，按照完善退耕还林政策补助资金标准将停止轮次的补助资金，于 2007 年一次性补齐；对 2007 年以后到期的补助资金(包括 1999 年、2000 年、2001 年、2002 年退耕还生态林，2003 年、2004 年、2005 年退耕还生态林和经济林，2006 年退耕还生态林、经济林和草)，由财政部根据国家林业局组织验收结果，逐年核定。3 月，省林业厅召开全省林业系统涉农资金审计调查工作会议，会议主要内容是查找近年来林业资金管理中存在的主要问题及原因，安排部署今后林业资金管理工作及配合国家审计署对陕西省涉农资金的审计。厅直属系统各单位主要领导及财务科(处)长参加了会议。5 月，省林业厅下发《关于加强退耕还林工程资金管理的通知》，进一步加强计划的管理，强化资金监管。6 月，省林业厅转发财政厅《农业综合开发财政有偿资金管理办法》，规定有偿资金来源包括中央和地方各级财政投入的有偿资金，有偿资金占用费和银行存款利息收入。自 2008 年起立项的产业化经营项目，有偿资金不收取占用费。2007 年(含)以前立项的产业化经营项目，有偿资金占用费仍按合同规定收取。2007 年(含)以前立项的产业化经营项目有偿资金占用费收入扣除按规定提取的业务费后的余额，全部转作有偿资金本金。各级财政按不超过当年实际收取的本级有偿资金占用费收入的 10%，提取业务费。中央和省级有偿资金回收期限，自省财政厅与市(区)级、省直管县财政部门和省级农口部门签订的借款合同生效之日起，第5年开始回收，当年偿还50%，第6年全部还清。

2009年4月，省林业厅召开灾后恢复重建棚户区改造暨增收节支工作会议。厅直属系统各单位主要领导及财务科长参加会议。6月，省林业厅开展厅直系统专项治理“小金库”工作。治理内容包括违反法律法规及其他有关规定，应列入而未列入符合规定的单位账薄的各种资金(含有价证券)及其形成的资产。重点是2007年以来各项“小金库”资金的收支数额，以及2006年年底“小金库”资金滚存余额和形成的资产。6月，省林业厅印发《陕西省林业厅部门集中采购实施办法(试行)》，对省级林业单位使用财政性资金，包括财政预算内资金和预算外资金办理的部门集中采购人和使用人；部门集中采购申报与审批程序；部门集中采购方式；标的验收与资金结算；监督与处罚等做出具体规定。6月，省财政厅、林业厅印发《陕西省森林生态效益补偿基金管理办法》，规定森林生态效益补偿基金平均标准为每年每亩5元，其中4.75元用于国有和集体林业单位及个人的管护等开支；0.25元由省级财政部门列支，用于省级林业主管部门组织开展的公益林管护检查验收等开支。补偿基金支付给个人的，由个人按照合同规定承担森林防火、林业有害生物防治、补植、抚育等管护责任。公益林所有者或经营者为林场、苗圃、自然保护区等国有林业单位或村集体、集体林场的，补偿基金的支出范围为：对公益林管护人员购买劳务、建立森林资源档案、森林防火、林业有害生物防治、补植、抚育以及其他相关支出。7月，省林业厅转发国家林业局《国家农业综合开发部门项目管理办法林业项目实施细则》，规定农发林业项目包括林业生态示范项目和名优经济林花卉示范项目两类。并对资金使用范围做了明确规定。8月，省林业厅下发《关于抓紧开展扩大内需林业项目资金专项检查的通知》，专项检查的范围是截至2009年8月26日国家下达的扩大内需林业项目资金、地方配套资金的使用情况及项目实施情况。

2010年6月，省财政厅、林业厅印发《中央财政林业科技推广示范资金管理暂行办法实施细则》，对科技推广资金支持对象，资金使用范围，科技推广资金支持的项目必须具备的条件，科技推广资金的管理，项目竣工验收，项目年度绩效考评等做出规定。7月，省林业厅下发通知，要求各市(区)和厅直属各单位，对2008~2010年中央投资林业项目计划完成、项目管理和资金管理使用情况进行全面自查。

三、林业资产管理

1992年7月，省林业厅下发《关于提高国营森工企业固定资产单位价值标准的通知》，规定除宁西、太白局、西北林机厂的固定资产单位价值标准提高到1500元外；其余企业均提高为1000元。企业提高固定资产标准后，固定资产折旧分类仍按财政部、林业部(87)财农字第252号文件《关于农口企业利润上交或亏损补贴的规定》，即附表《森工企业房屋及专用设备折旧年限分类目录》执行。

1994年6月，省政府办公厅下发《关于进一步加强国有资产评估管理工作的通知》。1997年11月，省林业厅转发省国有资产管理局《关于规范行政事业单位国有资产处置行为的通知》，规定凡单台(件)价值(指购建时的原始价值)在5000元以下或一次性处置多台(件)价值累计在5000元以上，1万元以下的资产处置，由处置单位经技术鉴定后自行研究决定处置，按季报省林业厅审批；凡单台(件)价值在5000元以上或多台(件)累计价值达 1 万元以上的仪器、设备的处置，必须报省林业厅审核批准或报省国有资产管理局审核批准；行政事业单位的房屋、土地、车辆，无论其价值大小，发生处置行为一律报省林业厅审核，报省国有资产管理局批准；省森工总公司管理的事业单位资产发生处置行为，应先向总公司提出处置申请，随同总公司审核意见一并报送省林业厅。

1999 年 12 月，省林业厅转发财政部《关于企业国有资产办理无偿划转手续的规定》，规定省林业厅所属国有企业若发生管理隶属关系改变，组织形式调整和资产重组等情况，包括企业因管理体制、组织形式调整，改变行政隶属关系的；国有企业之间无偿兼并；企业间国有产权(或国有股权)的无偿划转或置换；组建企业集团，理顺集团内部产权关系；经国家批准的其他无偿划转行为，引起整体或部分国有资产在不同国有产权主体之间的无偿转移时，在省财政厅(省国有资产管理局)办理企业国有资产无偿划转手续。省财政厅(省国有资产管理局)在接到完整的资产划转申报材料后，经审查作出是否批准资产划转的决定，并发文批复。

2000 年 7 月，省林业厅印发《陕西省林业厅行政事业单位国有资产管理暂行规定》规定：①省林业厅行政事业单位国有资产包括固定资产、流动资产、专项资产、无形资产四大类。固定资产包括按现行会计制度规定单价在 500 元和 800 元以上(一般设备单价 500 元以上，专用设备单价在 800 元以上)，耐用期一年以上，在使用过程中能保持其原有实物形态的资产。单价不满 500 元和 800 元，但耐用期一年以上的大批同类资产；流动资产分材料和低值易耗品、货币资金、其他流动资产；专项资产包括专款专用、单独核算的款项或财产。②省林业厅属各行政事业单位将非经营性资产转为经营性资产，须向省林业厅提出书面申请，写明非转经的理由和情况，经省林业厅审查核实后，由省林业厅转报省财政厅批准。③凡单台(件)价值(指购建时的原始价值，下同)在 5000 元以下或一次性处置多台(件)价值累计在 5000 元以上，1 万元以下的资产处置，由处置单位经技术鉴定后自行研究决定处置，按季报省林业厅备案；凡单台(件)价值在 5000 元以上或多台(件)累计价值达 1 万元以上的仪器、设备的处置，必须报省林业厅审核或批准；省林业厅行政事业单位的房屋、土地、车辆无论其价值大小，发生处置行为一律报省林业厅审核，报省财政厅批准；省森工总公司管理的事业单位资产发生处置行为，应先向总公司提出资产处置申请，随同总公司审核意见一并报送省林业厅。

2004 年 7 月，省林业厅转发省财政厅《关于加强资产评估工作的通知》，规定国有资产占有单位发生改制、对外投资、合并、分立、清算、产权(股权)转让、资产拍卖、租赁、资产诉讼等行为时，必须依法进行审计、评估。同月，省林业厅转发省国有资产管理体制改革领导小组办、省工商局、监察厅《关于加强企业国有产权交易管理工作的通知》，要求企业国有资产产权转让坚持公开、公平、公正的原则，采取拍卖、招投标、协议转让等方式进行。企业国有产权转让达成协议后，产权交易双方应签订产权转让合同，产权交易机构应向交易双方出具产权交易凭证，产权交易双方凭转让合同和产权交易凭证办理有关权证的变更手续。9 月，省林业厅转发国家林业局《森林资源资产抵押登记办法》，规定森林资源资产抵押担保的期限，由抵押双方协商确定，属于承包、租赁、出让的，最长不得超过合同规定的使用年限减去已承包、出让年限的剩余年限；属于农村集体经济组织将其未发包的林地使用权抵押的，最长不得超过 70 年。可作为抵押物的森林资源资产；用材林、经济林、薪炭林的林地使用权；用材林、经济林、薪炭林的采伐迹地、火烧迹地的林地使用权；国务院规定的其他森林、林木和林地使用权；森林或林木资产抵押时，其林地使用权须同时抵押，但不得改变林地的属性和用途。

2007年10月，省林业厅转发省国资委《陕西省企业国有资产评估管理暂行办法》，规定企业整体或部分改建为有限责任公司或者股份有限公司；以非货币资产对外投资；合并、分立、破产、解散；非上市公司国有股东股权比例变动；除上市公司以外的整体或部分国有产权(股权)转让；资产转让、置换、拍卖；整体或部分资产租赁给非国有单位及个人；以非货币资产偿还债务；确定涉讼资产价值；收购非国有单位的资产；接受国有单位以非货币资产出资；接受非国有单位以非货币资产抵债；法律、行政法规以及国有资产监督管理机构规定的其他需要进行资产评估的事项，应当对相关资产进行评估。

2008年9月，省林业厅转发省财政厅《陕西省行政事业单位国有资产处置管理暂行办法》，规定行政事业单位国有资产处置应遵循公开、公正、公平的原则，出售、出让和置换的资产应当通过政府批准的产权交易机构采取拍卖、招投标、协议转让、电子竞价等市场竞价方式以及国家法律、法规规定的其他方式进行。行政事业单位处置国有资产应当严格履行审批程序，未经批准不得自行处置。行政事业单位国有资产处置收入，包括各类资产的出售收入、置换差价收入、报废报损残值变价收入等，属于政府非税收入，应按照非税收入有关规定，实行“收支两条线”上缴同级财政管理。

2009年10月，省林业厅举办全省森林资源资产评估资询人员培训班，培训学习森林资产评估准则、评估相关法规、评估程序及风险防范、林木、林地、景观资产评估，评估报告编制等。各市及省直属系统共100余人参加了培训。同月，陕西省林业厅委托西北规划院、北京中林资产评估有限公司对陕西森林资源资产价值进行评估。评估小组先后分赴榆林、安康两地部分县(区)进行实地抽样调查。

2010年10月，省财政厅、林业厅《关于印发森林资源资产评估管理实施细则通知》，规定森林资源资产包括森林、林木、林地、森林景观资产以及与森林资源相关的其他资产。森林资源资产评估项目实行核准制和备案制：涉及公益林的森林资源资产评估项目，无论权属，实行核准制。涉及国家级公益林的，由国务院林业主管部门核准或授权核准；涉及地方公益林的，省直单位由省级林业主管部门核准，其他一般公益林由所在市市级林业主管部门核准；国有商品林森林资源资产评估项目实行核准制。500公顷以上(含500公顷)由省级林业主管部门核准；500公顷以下由所在地(市)级林业主管部门核准；非国有商品林森林资源资产评估项目，实行备案制。500公顷(含500公顷)以上报省级林业主管部门备案；500公顷以下200公顷以上(含200公顷)报所在地(市)级林业主管部门备案；200公顷以下的报所在县(市、区)林业主管部门备案。

四、林业财会队伍建设

(一)陕西省林业厅直属系统财会人员基本情况

1990年，陕西省林业厅直属系统共有财会人员68人。其中：大专以上学历15人、高中(含中专)学历40人，初中学历12人，小学学历1人。按从事会计工作年限分：30年以上9人，21~30年14人，11~20年13人，5~10年18人，4年以下14人。到2004

年，省林业厅直属系统33个行政事业单位和企业共有财会人员280人。其中，男性108人，女性172人。按学历分，本科及以上学历31人，大、中专学历215人，高、初中学历34人。按会计或经济类职称分，初级职称72人，中级职称49人，高级职称5人。到2010年，根据对厅直属系统36个行政事业单位和企业财会人员信息统计，财会人员从业人数已达326人。其中男性121人，女性205人。按学历分：研究生10人，本科85人，大、中专学历231人。按会计或经济类职称分，初级职称78人，中级职称69人，高级职称23人。按职务分，有副处级以上职务16人，科级58人，其他252人。其中，310人有从业资格证，14人无从业资格证，2人从业资格证待发。

(二)林业会计队伍建设

1991年1月，财政部在全国实行财务人员会计证管理制度。同年3月，陕西省林业厅下发《关于会计管理有关问题的通知》，对厅属单位会计证审检和换证，以及会计工作达标升级和会计人员培训提出具体要求。

1992年2月，省林业厅印发《陕西省林业基本建设和事业会计报表评比暂行办法》，对提高全省林业基本建设和事业会计报表质量，会计内部控制规范化，会计信息化管理提出具体要求。6月，按照省财政厅、人事厅《会计专业技术资格考试暂行规定》要求，省林业厅组织厅属单位财会人员参加会计专业技术资格考试，提升业务能力。

1996年11月，省林业厅根据省政府《关于整顿会计工作秩序的通知》，以及省财政厅等5部门下发的《整顿会计工作秩序的实施办法》等有关规定，对省林业厅直属系统31户单位。其中，行政1户，事业14户，企业16户全部按规定进行了自查。对太白局、西北林机厂、楼观台林场、长青局、宁东局、龙草坪局、太白山保护区检查发现的问题，通过整顿进行纠正处理。根据《中华人民共和国会计法》《会计基础工作规范》的要求，从1996年开始，省林业厅每年定期举办厅直属系统财会人员继续教育培训班。1992年，省林业厅根据《陕西省林业基本建设和事业会计报表评比暂行办法》要求，对1991年各地、市国营林场、苗圃、林业事业费、营林资金(含育林基金)年度汇总会计报表进行了会审评比。按得分多少评为一、二、三等奖。一等奖为西安市林业局；二等奖为渭南地区林业局、商洛地区林业局；三等奖为汉中地区林业局、宝鸡市林业局。

第二节 林业税收

1987~1994年，国家税收制度改革，森工企业退出利改税，转为上交包干利。同时，对木材加工产品开始按加工增值额的14%征收增值税。

1994~2004年，国家建立以增值为主体的流转税体系，将农林特产税和产品税合并，改为农业特产税，规定在生产和销售两个环节各征收8%的农业特产税；重新开征所得税，对各类型的内资企业所得税，从1994年1月1日起，统一按33%的比例征收。这一阶段，为扶持林业发展，国家对林业实行税收优惠政策。财政部、国家税务总局《关于林业税收问题的通知》规定，自2001年1月1日起，对包括国有企事业单位在内的所有企事业单位种植林木、林木种子、苗木作物以及从事林木产品初加工取得的所有暂免征收企业所得税。2004年起，取消除烟叶外的农业特产品的农业特产税。农业税

2006年在全国范围内予以取消，林业总体税收趋于零。

1991年3月，省财政厅下发《关于对森工企业暂缓征收原木农林特产税的通知》，对宁西局、太白局、长青局、汉西局生产的原木暂缓征收农林特产税。7月，林业部转发国家税务局《关于中华人民共和国固定资产投资方向调节暂行条例实施细则的通知》，规定基本建设投资、更新改造投资、商品房投资和其他固定资产投资开征固定资产投资方向调节税。基本建设项目按实际完成投资总额计税；更新改造项目按其建筑工程实际完成投资额计税；其他固定资产投资按其实际完成投资总额计税。名优特经济林、中幼林抚育、林业种苗培育、造林和恢复森林资源工程、动植物检疫投资、森林开发、木材生产基地建设项目税率为0%；人造板制造，包括1.5万立方米以上刨花板，0.5万吨以上纤维板，1万立方米以上胶合板、林产化工项目税率5%；1万立方米及以下胶合板，1.5万立方米及以下刨花板，0.5万吨及以下纤维板项目税率为30%。11月，财政部《关于对陕西省龙草坪林业局暂缓征收原木农林特产税请示的批复》，同意省龙草坪林业局按国营森工企业暂缓征收原木农林特产税。12月，省林业厅转发国家税务局《关于林业系统征免土地使用税问题的通知》规定：①对林区的有林地、运材道、防火道、防火设施用地，免征土地使用税。林业系统的森林公园、自然保护区，可比照公园免征土地使用税。②林业系统的林区贮木场、水运码头用地，原则上应按税法规定缴纳土地使用税，考虑到林业系统目前的困难，为扶持其发展，在1991年12月31前，暂予免征土地使用税。③除上述列举免税的土地外，对林业系统其他生产用地及办公、生活区用地，应照章征收土地使用税。12月，省林业厅、财政厅、税务局文件通知，明确国营林场、国营苗圃育苗土地不交农业税；抚育林木、销售苗木和多种经营综合利用的收入免征所得税、城市维护建设税、教育费附加，经营收入不上交当地财政，以林养林、以苗养圃，扩大再生产，增强自我发展能力。

1992年1月，省林业厅转发国家税务局《关于对治沙和合理开发利用沙漠资源给予税收优惠的通知》，规定凡治沙地区为治沙而举办的企业生产的产品，除国家规定严格控制减免税的产品和行业外，经营发生困难时，按照税收管理体制的规定，报经税务机关批准后，可给予定期的减征或免征产品税或增值税的照顾；对治沙地区的农技站、排灌站的机耕与排灌收入，免征营业税；对企事业单位和个人转让自行研制并经有关部门鉴定认可的治沙科学技术研究成果以及科研单位提供技术咨询、技术培训、技术服务所取得的收入，暂免征收营业税和所得税；对通过治理沙漠而举办的种植业、养殖业所取得的收入，暂免征收所得税；对为综合开发、加工利用治沙资源所办的乡(镇)集体企业，在开办初期缴纳所得税有困难时，可酌情给予适当的减免照顾；对城市、县城、建制镇以外为治沙而建设的房产，免征房产税；对经治理沙漠而形成的土地，用于农业、牧业、林业生产的，免征土地使用税；对治沙工程的投资项目，按照《固定资产投资方向调节税暂行条例》的征免规定办理；除上述各条规定以外，其他与治沙和合理开发利用沙漠资源有关的税收减免问题，按照税收管理体制的规定办理。

1993年，省财政厅《关于对宁东、宁西等6户森工企业恢复征收原木农林特产税的通知》规定，经省政府同意，决定从1993年起，恢复对省属宁东、宁西、太白、汉西、长青、太白、龙草坪7户森工企业征收农林特产税。1994年5月，省政府《关于对农业特产收入征收农业税的规定》，对林业行业下列各项农业特产品收入征收农业特产税。包括苗木、花卉、中药材(动物药品不征农业特产税)；林木收入，包括原木、原竹、生漆、板栗、毛栗、花椒；木本油料(油桐籽、核桃、漆木籽)、棕片、芦苇、薪炭材等收入；食用菌收入包括银耳、黑木耳、香菇、蘑菇等收入。农业特产税税目、税率依照附表执行，并按正税征收10%的附加。农业特产税税目税率表中药材(动物药品不征)5%；苗木、花卉7%；林木产品原木、原竹8%；生漆10%；龙须草、木本油料(油桐籽、核桃、漆木籽、木本油料(油桐籽、核桃、漆木籽)、棕片、芦苇、板栗、毛栗、花椒6%；薪炭材7%；食用菌黑木耳、银耳、香菇、蘑菇8%。7月，省财政厅给安康地区行政公署的批复规定：鉴于宁西局生产和核算单位在宁陕县，应向宁陕县财政部门交纳生产环节和收购环节的农林特产税。

1995年1月，省林业厅转发财政部《关于对征收原木、原竹农业特产税问题的通知》，规定生产原木、原竹的林农、农村集体经济组织等非林业系统的单位、个人，按8%的计算征税。对收购上述生产者的原木、原竹的单位和个人，按8%的税率计算征税；对不是收购上述生产者生产原木、原竹的，不征收农业特产税。对生产、销售原木、原竹的森工企业、国有林场，征收生产环节的8%和收购环节的8%农业特产税；在“八五”期间基本维持原农林特产税和原产品税的减免政策。对国有林区138个森工企业生产、销售的原木，生产环节和收购环节合并，按10%计算征收农业特产税；1994年已按省(区、市)规定征收入库的原木、原竹农业特产税不予退库。未征收的，按本规定执行。1月，省地税局《关于森工企业、林场、苗圃所得税征免问题的通知》，对国有森工企业、林场苗圃从1995年底年以前征收所得税问题明确规定：国有森工企业、林场苗圃从1994年1月1日起执行《中华人民共和国企业所得税暂行条例》，细则及税收若干政策问题的规定，纳入所得税征收范围，按税法规定缴纳企业所得税。森工企业原则上以原承包单位为纳税人，但对已按独立核算原则征收所得税的按原办法执行。国有林场、苗圃按统一经济核算单位为纳税人，就地征收所得税。国有林场、苗圃的主业收入、综合利用项目收入，在1995年年底前暂免征所得税。主营业务、综合利用与多种经营项目另行规定。纳税人兼营主营业务、综合利用与多种经营的，其费用与损失要合理分摊。分摊办法按对事业单位征税的统一规定执行。5月，省财政厅、国税局、省地税局转发财政部、国家税务局《关于林业税收问题的通知》，规定国有森工企业以林区三剩物和次小薪材为原料生产加工的综合利用产品，在1995年内由税务部门实行增值税即征即退办法。生产上述综合利用产品的企业，应单独核算综合利用产品的销售额和增值税销项税额、进项税额，未单独核算或不能准确核算的，不得适用即征即退政策；“三剩物”包括：采伐剩余物(指枝丫、树梢、树皮、树根及藤条、灌木等)；造材剩余物(指造材截头)；加工剩余物(指板皮、板条、木材截头、锯末、碎单板、木芯、刨花、木块、边角余料等)。“次小薪材”包括：次加工材(指材质低于针、阔叶树加工用原木最低等级但具有一定利用价值的次加工原木)；小径材(指长度在2米以下或径级8厘米以下的小原木条、松木杆、脚手杆、杂木杆、短原木等)及薪材。森工企业所得税的纳税单位，在1994年和1995年原则上以原承包单位为纳税人，但对已按独立核算原则征收所得税的按原办法执行；以上纳税单位，年终一次缴纳所得税，同时对所缴纳税款超过原承包基数部分，由财政部门结算退库，对国有林场、国有苗圃的主业收入和综合利用项目收入，在1994年和1995年暂免征收所得税。

1994~1995年陕西省实行增值税即征即退的综合利用产品目录

表8-4-2

<table>
<tr><th>序号</th><th>产品</th><th>序号</th><th>产品</th></tr>
<tr><td>1</td><td>木竹纤维板</td><td>12</td><td>活性炭</td></tr>
<tr><td>2</td><td>木竹刨花板</td><td>13</td><td>栲胶</td></tr>
<tr><td>3</td><td>细木工板</td><td rowspan="3">14</td><td rowspan="3">长度在2米(不含2米)以下的板方材(仅指从造材截头及板皮中加工的板方材)</td></tr>
<tr><td>4</td><td>木竹板</td></tr>
<tr><td>5</td><td>地板块</td></tr>
<tr><td>6</td><td>木旋制品</td><td rowspan="6">15</td><td rowspan="6">木、竹珠，木、竹牙签，小胶合板，灰条子，木杂件，木竹皮、叶、根、锯末及其综合利用产品(草酸、锯末、炭棒等)，冰棍和雪糕棒，雪糕勺，竹碎料板，压刮板</td></tr>
<tr><td>7</td><td>水解酒精</td></tr>
<tr><td>8</td><td>糠醛</td></tr>
<tr><td>9</td><td>饲料酵母</td></tr>
<tr><td>10</td><td>针叶饲料</td></tr>
<tr><td>11</td><td>木炭</td></tr>
</table>

省财政厅《关于宁西林业局原木农业特产税纳税地点问题的通知》规定，从1994年1月1日起，宁西局应缴纳的原木农业特产税，90%上交宁陕县财政局，10%上交户县林业局。1994年户县财政局征收的宁西局原木农业特产税应分给宁陕县财政局的部分，从1995年财政决算中一次扣回，返还给宁陕县财政局。9月，省财政厅、国税局转发财政部、国家税务总局《关于农业产品征税范围注释的通知》，规定：林业产品是指乔木、灌木和竹类植物，以及天然树脂、天然橡胶。林业产品的征税范围包括：原木，是指将砍伐倒的乔木去其枝芽、梢头或者树皮的乔木、灌木，以及锯成一定长度的木段；锯材不属于本货物的征税范围；原竹，是指将砍倒的竹去其枝、梢或者叶的竹类植物，以及锯成一定长度的竹段；天然树脂，是指木本植物的分泌物，包括生漆、树脂和树胶，如松脂、桃胶、樱胶、阿拉伯胶、古巴胶和天然橡胶(包括乳胶和干胶)等；其他林业产品是指除上述列举林业产品以外的其他各种林业产品，如竹笋、笋干、棕竹、棕榈衣、树枝、树叶、树皮、藤条等；盐水竹笋也属于本货物的征税范围；竹笋罐头不属于本货物的征税范围。

1996年6月，省财政厅《关于对省直森工企业所得税问题的通知》，对省直森工企业1994年和1995年的企业所得税实行“先征后退”办法。1997年4月，省财政厅转发财政部、国家税务总局《关于原木农业特产税征免问题的通知》，规定省资源局所属的宁西、宁东、太白、长青、龙草坪和汉西局6个森工企业生产、销售的原木，生产环节与销售环节合并减按10%税率计算征收农业特产税。6月，省林业厅转发财政部、国家税务总局《关于国有农口企事业单位征收企业所得税问题的通知》，规定农口企事业单位从事农林产品初加工业取得的所得暂免征收企业所得税。农口企事业单位与其他企事业单位组成的联营企业、股份制企业从事上述各业的所得应照章征收企业所得税；上述政策外，国有农口企事业单位还可享受国家统一规定的其他企业所得税优惠政策。如遇有优惠政策交叉的情况，在具体执行时，可选择适用其中一项最优惠的政策，不能两项或几项优惠政策累加执行；免税的农林产品初加工业必须与其他业务分别核算。否则，应全额照章征收企业所得税；国有农口企事业单位从事工业、建筑、交通、商业及其他非种植、养殖和农林产品初加工业生产经营活动取得的所得应照章征收企业所得税。免税林木产品初加工业范围：通过将伐倒的乔木、竹(含活立木、竹)去枝、去梢、去皮、去叶、锯段等简单加工处理，制成的原木、原竹、锯材；通过利用林业"三剩物"和次小薪村为原料生产的综合利用产品，具体包括：木、竹刨花板，纤维板(含中密度纤维板)，纸浆(含固体纸浆)，细木工板(含复合板)，轻体板，压舌板，竹碎料板，木竹片，木竹地板块(含复合地板)，木旋制品，栲胶，针叶饲料，饲料酵母，木炭，活性炭，小木、竹制品，草酸，锯末，炭棒等。

1998年5月，省林业厅转发财政部、国家税务总局《关于制止越权减免所得税的通知》，规定企业所得税的减免必须依照税法的规定执行，地方政府不得超越税法和税收管理权限制订企业所得税优惠政策，不得越权减免企业所得税。5月，省林业厅转发财政部、国家税务总局《关于继续对废旧物资回收经营企业等实行增值税优惠政策的通知》《关于对废旧物资回收经营企业增值税先征后返的通知》，对废旧物资回收经营企业增值税实行先征后返70%的规定，在1998年底前继续执行。5月，省林业厅转发财政部、国家税务总局《关于继续对进口种子(苗)种畜(禽)鱼种(苗)和非盈利性种用野生植物种源实行税收优惠政策的通知》，规定在年底以前，对进口种子(苗)、种畜(禽)、鱼种(苗)和非盈利性种用野生动植物种源(以下简称种子)免征进口环节增值税。6月，省财政厅《关于宁东、宁西林业局纳税问题的批复》，规定对纳税人销售原木向购货方取得的全部价款和价外费用，除代垫费用外均计入销售金额征收农业特产税。6月，省林业厅转发财政部、国家税务总局《关于对国有森工企业减免原木农业特产税问题的通知》，规定1998年至2000年期间继续保留对国有森工企业的农业特产税优惠政策。对1996年至1997年享受农业特产税优惠政策的国有林区138个森工企业生产、销售的原木，生产环节与收购环节减按10%的税率合并计算征收农业特产税。对小径材(指长度在2米以下或径级8厘米以下的)免征农业特产税。对生产销售薪材、次加工材发生亏损的，报经省、自治区农业税征收机关核准后，可免征农业特产税。

1999年2月，省财政厅、地税局转发财政部、国家税务总局《关于对育林基金不征收营业税的通知》，规定林业企业从木材、竹材销售收入中提取的育林基金，以及林业部门按照国家规定从林业企业(包括森工企业、木材公司、国有林场、苗圃等，下同)集中的育林基金，是企业资金内部分配和部门之间的正常划拨。根据《中华人民共和国营业税暂行条例》及其《实施细则》的规定，不属于营业税的征税范围，不应征收营业税。8月，省林业厅对省上取消林地、林木补偿等四项收费提出异议，并备文报省委、省政府，说明应保留的依据，请求予以保留。

2001年5月，国家林业局转发财政部、国家税务总局《关于以三剩物和次小薪材为原料生产加工的综合利用产品增值税优惠政策的通知》，通知并规定"三剩物"、造材剩余物(指造材截头)、加工剩余物(指板皮、板条、木竹截头、锯末、碎单板、木芯、刨花、木块、边角余料等)、“次小薪材”、小径材、薪材的名称范围。5月，国家林业局转发财政部、国家税务总局《关于“十五”期间对国有森工企业减免原木农业特产税的通知》，对国有林区138个森工企业生产、销售的原木，生产环节与收购环节减按10%的税率合并计算征收农业特产税。农村税费改革试点地区，按国家统一规定的试点地区原木农业特产税税率执行。12月，省林业厅转发财政部、国家税务总局《关于林业税收政策问题的通知》，对森林抚育、低产林改造及更新采伐过程中生产的次加工材、小径材、薪材，经省级人民政府批准，可以免征或者减征农业特产税。12月，省林业厅转发财政部、国家税务总局《关于个人与用人单位解除劳动关系取得的一次性补偿收入免征个人所得税问题的通知》，规定个人因与用人单位解除劳动关系而取得的一次性补偿收入(包括用人单位发放的经济补偿金、生活补助费和其他补助费用)，其收入在当地上年职工平均工资3倍数额以内的部分，免征个人所得税；超过的部分按照《国家税务总局关于个人因解除劳动合同取得经济补偿金征收个人所得税问题的通知》的有关规定，计算征收个人所得税。个人领取一次性补偿收入时按照国家和地方政府规定的比例实际缴纳的住房公积金、医疗保险费、基本养老保险费、失业保险费，可以在计征其一次性补偿收入的个人所得税时予以扣除。企业依照国家有关法律规定宣告破产，企业职工从该破产企业取得的一次性安置费收入，免征个人所得税。

2002年2月，省人民政府关于同意对采伐国有林区原木的企业免征农业特产税的批复，同意从2002年1月1日起至2005年12月31日止，对采伐国有林区原木(包括小径村、薪材、次加工材)的企业停止征收农业特产税。3月，省财政厅、地税局转发财政部、国家税务总局《关于林业税收政策问题的通知》，规定对森林抚育低产林改造及更新采伐过程中生产的次加工材、小径材、薪材，经省级人民政府批准可以免征或者减征农业特产税。3月，省财政厅、地税局转发财政部、国家税务总局《关于对采伐国有林区原木的企业减免农业特产税问题的通知》，规定从2002年1月1日起至2005年12月31日止，对国有森工企业减免原木(包括小径材、薪材、次加工材)农业特产税的优惠政策，改为对采伐国有林区原木(包括小径材、薪材、次加工材)的企业减免农业特产税。对采伐国有林区原木的企业，生产环节与收购环节减按10%的税率合并计算征收农业特产税。6月，省林业厅转发省政府《关于农业税和农业特产税征收实施办法的通知》，对征收范围、征收环节、税目税率，以及农业特产税减税、免税作出规定。

2003年1月，省林业厅转发财政部、中国人民银行《关于将部分行政事业性收费纳入预算管理的通知》，决定将林业系统木材运输工本费、种子生产许可证工本费、种子经营许可证工本费、木材采伐许可证工本费纳入预算管理的行政事业性收费目录。1月，省物价局、财政厅转发国家计委、财政部《关于调整林木种子生产许可证和林木种子经营许可证工本费收费标准的复函》的通知，规定林木种子生产许可证和林木种子经营许可证工本费的收费标准由每证1.5元调整为每套10元(包括正本、副本各一本)。

2004年8月5日，省林业厅转发财政部、国家税务总局《关于天然林保护工程实施企业和单位有关税收政策的通知》，规定2004年1月1日至2010年12月31日，对长江上游、黄河中上游地区，东北、内蒙古等国有林区天保工程实施企业和单位用于天保工程的房产、土地和车船分别免征房产税、城镇土地使用税和车船使用税。

2005年12月29日，十届全国人大常委会第十九次会议决定废止《中华人民共和国农业税条例》，意味着农业特产税也要同时取消。

2006年2月17日，国务院第459号令废止《国务院关于对农业特产收入征收农业税的规定》。

第三节 林业资金稽查

一、机构建设

1999年10月，陕西省林业厅开始筹备设立省级林业重点工程资金稽查组织机构。2001年6月，省林业厅上报省编办《关于成立陕西省林业重点工程资金管理稽查办公室的请示》，同年6月，省编办《关于成立陕西省林业重点工程资金稽查管理办公室的批复》，同意成立"陕西省林业重点工程资金稽查管理办公室"，处级建制，全额拨款事业编制6人，主要承担全省林业重点工程资金的行政稽查职能。职能包括：开展全省林业重点工程资金使用和管理的稽查，拟定林业重点工程资金管理稽查规章制度，参与全省林业重点工程规划的编制，年度计划执行情况的检查及调研，承担全省稽查业务培训，配合国家和省级有关部门对全省林业重点工程资金使用管理情况检查、审计和调研。稽查办成立以后，省林业厅先后举办了两期全省林业重点工程资金管理稽查培训班。

2002年9月，在西安举办首期林业重点工程资金管理和稽查培训班，邀请国家林业局稽查办、省重大项目稽察特派办和省财政厅、审计厅等有关负责人和专家讲授，主要讲解林业重点工程资金管理的有关法规和资金稽查方式方法。各市(区)林业局、省林业厅直属单位主管领导和财务科长共80余人参加了培训。

2004年7月，省林业厅、发改委、财政厅、审计厅、监察厅以市(区)为单位，联合召开全省林业重点工程资金管理稽查座谈培训会，座谈汇报1998年以来，国家安排的林业重点工程资金的拨付到位使用管理情况。各市(区)林业局、发改委、财政局、监察局、审计局主管领导，各县区林业局主管领导和财务科长共200余人参加培训。

二、制度建设

2004年1月，省林业厅为贯彻国家林业局《关于林业重点工程资金稽查工作暂行规定》《关于林业重点工程资金违规责任追究暂行规定》《关于林业重点工程资金稽查工作规范》精神，印发《陕西省林业重点工程资金稽查暂行规定》，规定稽查范围为天然林保护、退耕还林、三北(长江)防护林、野生动植物保护及自然保护区建设等林业重点工程，以及种苗基地、外资项目、森林病虫害防治、森林公安防火、科技支撑、森林生态效益补偿基金、农村小型公益设施建设林业项目和国有林场扶贫等项目资金，包括中央和地方财政预算安排的林业建设资金，财政专项资金和地方配套资金。稽查内容为各级林业、计划、财政主管部门是否按规定下达工程投资计划和财政专项资金的预算。资金拨付单位是否按规定的期限和程序拨付资金，有无截留、滞留、违规抵扣资金等现象；资金使用单位是否按规定用途和计划下达的内容使用资金，实行专款专用；有无挤占、串用、挪用资金的现象和虚列工程资金支出、擅自调整工程投资计划、改变财政专项资金用途的问题；资金管理和会计核算是否按国家有关规定，实行专项管理、专户储存、单独建账、单独核算；有无转移或转存资金、账外设账和私设小金库等问题；资金的使用效益如何，有无损失浪费资金等问题。省林业厅资金稽查办在实际工作中建立一套稽查工作程序：即按照编制稽查实施方案，开展查前人员培训，核对工程投资计划，填制稽查工作底稿，归类整理发现的问题，起草资金稽查报告，下发稽查整改通知、追踪整改落实情况和稽查档案管理的程序和要求，稽查工作规范有序。

三、稽查监督

2001 年以来，省林业厅单独或与省级有关部门多次联合开展全省林业重点工程资金稽查活动。按照资金流向脉络，以中央投资的拨付使用管理为主线，在项目单位自查自纠基础上，采取座谈汇报，查看年度会计资料，实地了解工程实施情况等方法，对各年度重点工程资金到位使用管理情况进行联合实地抽查，稽查涉及资金总额 947482.71 万元，查出违纪资金 1697.3 万元，占全部稽查资金的 0.18%。

2001 年 11 月，省林业厅、财政厅、发改委联合抽调 20 余人，组成 4 个稽查小组，对延安、汉中、宝鸡、安康和商洛市林业局、财政局，以及 10 个省林业厅直属单位 2000~2001 年，天保工程资金进行就地稽查。稽查资金总额 50966.5 万元。从稽查的情况看，各单位在工程计划执行、资金拨付、使用和相关政策的落实、项目实施和管理方面做了大量工作，天保工程资金管理取得了显著成效。但在资金使用上还存在个别单位擅自调整投资计划；滞拨滞留工程资金；违规抵扣、挪用天保工程资金；扩大工程开支范围；会计基础薄弱、会计核算管理不规范等问题。

2002 年 5 月，省林业厅、财政厅、发改委下发《关于限期整改天然林保护工程资金管理使用中存在问题的通知》，省林业稽查办组织对整改情况进行了追踪整改稽。2002 年 4 月，省林业厅对 36 个县(区、局)2000~2001 年度天保工程资金使用进行了核查，涉及资金 116737 万元。12 月，省林业厅、财政厅、发改委、监察厅联合组织对全省 11 市(区)林业、财政本级及 45 个县(市、区)2000~2002 年度天保工程、退耕还林、三北防护林四期、种苗工程资金到位使用管理和计划执行情况进行了重点稽查。涉及资金 302724.90 万元。稽查发现市县财政、林业层层滞拨未拨项目资金 68462.01 万元，其他违规资金 191.77 万元。省林业厅就稽查发现的问题在全省进行通报，要求限期整改，并追踪整改落实。

2003 年 11 月，省林业厅组织对全省 10 市 20 个县(市、区)2001~2003 年天保工程、退耕还林、三北防护林四期、野生动物保护及自然保护区建设、种苗工程、以及森林防火和日元贷款造林项目资金到位使用管理和计划执行情况进行重点稽查。稽查涉及资金 26330.08 万元，查出违规资金 450.06 万元。

2004 年 4 月，省林业厅对 49 个县(区、局)2003 年度天保工程资金使用情况进行了核查。涉及资金 55401 万元，查出违规资金 1776.33 万元，其中滞拨资金 1590.64 万元，省林业厅将核查情况通报全省。7 月，省林业厅、发改委、财政厅、监察厅、审计厅联合抽调 16 人，组成 3 个稽查小组，对 11 个市区 1998 至 2003 年，天然林保护、退耕还林、三北防护林四期、野生动植物保护及自然保护区建设、种苗工程，以及森林防火、科技支撑、森林病虫害防治、贫困林场扶贫项目中央投资拨付到位情况进行稽查。稽查涉及投资265141.66万元。稽查发现滞拨未拨资金42497.85万元，占应拨资金的16.02%。在全部滞拨滞留资金中，市级林业部门滞拨2044.24万元；市级财政部门滞拨3852.57万元；县级财政部门滞拨36601.04万元。同年11月，省林业厅将联合稽查情况专题向省政府上报《关于我省林业重点工程资金拨付到位情况的报告》。

2005年4月，省林业厅对33个县(区、局)2004年度天保工程资金使用情况进行核查，涉及资金50799.8万元。8月至12月，省林业厅组织对全省10市10个县(市、区)1998~2004年天然林保护、退耕还林(种苗费)、三北防护林四期工程、种苗工程资金使用管理情况进行稽查。查出违规资金500.22万元。

2006年4月，省林业厅对36个县(区、局)2005年度天保工程资金使用进行情况了核查。核查涉及资金45818.8万元，查出违规资金499.4万元，省林业厅将核查情况通报全省。11月至12月，省林业厅组织对全省10市11个县(市、区)2004~2005年，天然林保护、退耕还林(种苗费)、三北防护林四期工程和森林病虫害防治项目中央国债投资使用和管理情况进行了稽查。稽查涉及资金15116.12万元，查出违规资金195.15万元。同年12月，省林业厅组织对23个厅直属单位1998~2004年，天然林保护、三北防护林四期、野生动物保护及自然保护区建设、种苗工程，以及森林防火、科技支撑和森林病虫害防治项目资金使用管理情况进行了稽查。稽查涉及资金92008万元，查出违规资金1207.99万元。省林业厅对存在的问题在全省通报。

2007年4月，省林业厅对37个县(区、局)2006年度天保工程资金使用情况进行核查。核查涉及资金46594万元，查出违规资金711.04万元，省林业厅将核查情况通报全省。

2008年4月，省林业厅组织对全省20个县局级实施单位2007年，天保工程资金使用管理情况进行省级复查。涉及资金42272万元，稽查发现违规资金348.96万元。省林业厅将核查情况通报全省。

2009年4月，省林业厅对22个县(区、局)2008年度，天保工程资金使用进行情况核查。核查涉及资金47479万元，查出违规资金265.4万元，核查情况省林业厅通报全省。9月，由省林业厅计资处、监察室、保护处、防护林站、天保办、防火办、退耕办、种苗站、稽查办等9部门组成5个检查组，对延长县、米脂县、印台区、凤翔县、淳化县、大荔县、长安区、宁强县、汉滨区、山阳县，宁东局、太白局、龙草坪局，直周至、天华山、化龙山保护区等16个县(局)级项目实施单位扩大内需林业项目资金进行专项检查。对检查发现的变更项目投资计划，滞拨滞留资金，地方配套资金落实差，会计基础工作和项目管理工作不够规范，项目实施进展缓慢等问题。省林业厅将检查情况通报全省，并追踪整改落实。

2010年4月，省林业厅对40个县(区、局)2009年度天保工程资金使用情况进行核查。涉及资金46965万元，查出违规资金440.7万元，核查情况通报了全省。10月，省林业厅计资处、监察室、稽查办，省资源局组成联合稽查组，对2008~2010年宁东、宁西等25个省直单位实施的灾后重建、棚户区改造、自然保护区、林木种苗、森林公安、森林防火、森林病虫害防治、森工医院改扩建、林业卫生院基础设施、秦岭大熊猫繁育基地，以及2009年国家林业局安排的林业基本建设情况进行专项督查。督查涉及10大类 78 个项目，计划投资 56042.61 万元，其中中央投资 25501 万元，省级配套 7103 万元，企业及职工自筹 23438.61 万元。截至督查之日，已开工项目 64 个，开工率 82.05%。已完工项目 30 个，完工率 38.46%。累计完成投资 18207.84 万元，占计划的 32.48%。存在的问题：个别单位没有按期开工建设，项目建设进展较慢；省级配套及企业自筹资金落实较差；个别单位项目管理不规范。2010 年 12 月，省林业厅对核查情况进行通报，并对整改落实情况进行追踪督查。

第四节　林业资金审计

一、机构建设

陕西省林业厅审计处于 1989 年 4 月筹建，6 月正式开展工作。省林业厅审计处是陕西省审计局设在省林业厅负责经济监督的派出机构，实行双重领导体制，行政受省林业厅领导，业务以省审计局领导为主。省林业厅审计处成立之初，配备 5 名审计人员，1990 年厅里给审计处增加了 1 人。到 1990 年底，厅属系统已建立审计机构 9 个。其中，处级 2 个(省林业厅审计处，省资源局监察审计处)，科级 7 个，中型以上企业全部建立了内部审计机构，基本形成了厅属系统内部审计体系。人员配备方面，有专职审计人员 26 人，其中高级会计师 1 人，高级工程师 1 人，会计师 9 人，工程师 4 人，经济师 1 人，助理会计师 5 人，会计员 1 人，技术员 1 人，毕业不久尚未评定职称者 3 人。职务序列构成：高级职称 2 人占 8%，中级职称 14 人占 54%，初级职称 7 人占 27%，无职称 3 人占 11%。专业职务构成为：财会专业 16 人占 70%，工程技术专业 6 人占 26%，经济专业 1 人占 4%。基本形成会计、技术、经济三师配套的审计队伍。

1993 年 3 月，省林业厅就成立社会审计组织专题报告省审计局，同年 6 月，省审计局批复同意成立陕西省汉信审计事务所。事务所实行有偿服务，自收自支，独立核算，依法纳税的事业单位，受省审计局管理指导；筹备工作及在职人员的配备、行政事务由省林业厅负责。其业务工作范围是接受林业系统企事业单位委托，依法独立承办审计查证和咨询服务等业务。

1994 年 3 月，省林业厅上报省编办《关于成立陕西省汉信审计事务所的请示》。同年 5 月 25 日，省批复同意成立陕西省汉信审计事务所，为省林业厅下属事业单位，不定级别，编制 5 人，经费实行自收自支，所需人员从厅机关分流人员中调剂解决。

1998 年 10 月 22 日，根据省林业厅《关于陕西汉信审计事务所更名的请示》，省财政厅下发了《关于更改陕西汉信审计事务所名称的函》，同意将“陕西省汉信审计事务所”更名为“陕西汉信会计师事务所”。

2000 年 8 月，陕西省审计厅取消省审计厅驻省林业厅审计处。

2001 年 6 月，陕西省林业重点工程资金管理稽查办公室成立后，省林业厅将原审计处职能转由省林业重点工程资金管理稽查办公室行使。

二、制度建设

省林业厅审计处成立后，先后制定《陕西省审计处职责范围》、“陕西省林业厅法定审计单位明细表”、《审计人员工作守则》、“被审单位基本情况表”、《内审工作中国家秘密及密级具体范围的规定》、《加强完善内审违纪资金管理办法》，统一印制审计通知书、审计结论和处理决定、审计工作专用文头纸和表格，为审计工作制度化、标准化、规范化奠定了基础。

1996 年 6 月 29 日，省林业厅印发《关于陕西省林业系统内部审计工作暂行规定》，规定了内部审计主要职责和工作范围以及审计监督职能。

1998 年 4 月 15 日，省林业厅下发《关于加强林业基本建设项目审计工作有关问题的通知》，规定审计监督范围。

三、审计监督

省林业厅审计处成立以来，围绕厅里中心工作开展财务收支、承包经营、专项审计、审计调查等各项审计活动，对维护财经法纪、加强管理、完善承包、提高效益等方面，较好地发挥了部门审计监督和服务的职能。

1990 年以来，省林业厅审计处累计完成审计项目 29 项，累计审计金额 85840. 24 万元，共查出违纪资金 1825. 76 万元，占审计资金的 2. 12%。省林业厅对这 29 个项目的审计情况单独向被审单位下发审计决定。

1990 年，省林业厅审计处对以下单位进行审计：①对动管站 1989 年财务收支进行审计。审计涉及资金 11. 31 万元，查出违规资金 1. 21 万元。审计结束后，省林业厅向动管站下发了审计决定。②对省飞播站 1989 年财务收支进行了审计。审计金额 262. 47 万元，查出违规资金 19 万元。包括将洛南县林业局 15 万元种子借款和丹凤县种子公司种子借款 4 万元挂经费暂存，虚列支出，纳入年终结算。审计结束后，省林业厅向飞播站下发了审计决定。③对省森工医院 1988～1990 年承包经营进行了审计。审计金额 706. 44 万元，查出违规资金 20. 56 万元。包括 1990 年专用基金提取支用不合理 9. 83 万元。1990 年在事业发展基金中列支卫生材料费 0. 19 万元，1988～1990 年应计入修购基金的固定资产变价收入 0. 55 万元计入其他收入，1990 年将职工煤气补贴 0. 54 万元计入补助工资，1989 年随意将业务支出 1. 45 万元转入待摊费用，1990 年将历年药品进销差价 8 万元转入事业发展基金。审计结束后，省林业厅向森工医院下发审计决定。④对太白局 1988～1990 年承包经营进行了审计。审计金额 15234. 7 万元，查出违规资金 119. 1 万元。包括：乱摊乱挤、多提成本费用 44. 95 万元；挪专项基金 74. 22 万元（1989 年用生产发展基金 39. 22 万元建职工住宅楼，1989 年用育林基金 35 万元弥补综合服务楼基建经费），财务管理不规范。省林业厅向太白局下发审计决定。

1991 年，省林业厅审计处对以下单位进行了审计：①对长青局 1988～1990 年承包经营进行了审计。审计金额 10337. 1 万元，查出违规资金 64. 39 万元。审计结束后，省林业厅下发了审计决定。②对宁西局 1988～1990 年承包经营进行了审计。审计金额 16449 万元，查出违规资金 88. 78 万元。审计结束后，省林业厅向宁西局下发审计决定。③对汉西局 1988～1990 年承包经营进行了审计。审计金额 1502. 9 万元，查出违规资金 51. 9 万元。审计结束后，林业厅下发了审计决定。④对龙草坪局 1988～1990 年承包经营进行了审计。审计金额 2032 万元，查出违规资金 5. 84 万元。审计结束后，省林业厅向龙草坪局下发审计决定。⑤对省林产品化工厂 1988～1990 年承包经营进行了审计。审计金额 3969. 8 万元，查出违规资金 57. 8 万元。审计结束后，省林业厅向林化厂下发审计决定。

⑥对省西北林机厂1988~1990年承包经营进行了审计。审计金额7534万元，查出违规资金21.58万元代报。审计结束后，省林业厅向西北林机厂下发审计决定。⑦对省林业技术推广站1990年财务收支进行了审计。审计涉及资金37.4万元，省林业厅下发审计决定。

1992年，省林业厅审计处对以下单位进行了审计：①对省防护林建设工作站、防虫站、规划院、林科所、推广总站1991年财务收支进行了审计。审计金额244万元，查出违规资金79.01万元，包括：林科所决算不实16万元；挤占专项资金3.98万元(防虫站1.68万元，林业站2.30万元)；以拨代支57.83万元(防护林队14.11万元，林业站18.84万元，防虫站24.88万元)；漏交三项基金1.20万元。省林业厅向有关单位下发审计决定。②对三北防护林工程建设区6地(市)50个县1991年，建设资金进行审计。审计金额1066.4万元，查出违规挤占工程资金12.75万元。其中，咸阳市林业局6.5万元，神木县瑶镇乡政府0.15万元，清涧县林业局3.5万元，延长县林业局0.6万元，彬县林业局2万元。省林业厅向有关单位下发审计决定。③对长江防护林工程4地市(包括略阳、宁强、西乡、镇巴、石泉、紫阳、安康、旬阳、白河、山阳、商州、商南12个县及2个启动辐射县)1991年，长江防护林体系建设资金进行审计。审计金额1261.5万元，查出违规资金20万元，包括把长防资金10万元拨给林机所用于购用容器育苗袋设备、用10万元为长防办统建办公用房。省林业厅向有关单位下发审计决定。

1993年，省林业厅审计处对以下单位进行了审计：①对省森林工业管理局1992、1993年预算外资金进行审计，审计金额4482.1万元，查出违规资金38.37万元，包括1992年预算外资金决算不实，漏报收入69.4万元，漏报支出48.1万元；外借育林基金38.37万元；欠缴能源交通建设基金、预算调节基金、农业基础建设基金536.6万元。省林业厅下发了审计决定。②对省林产品经销公司、省林业厅物资站1988年、1989年财务收支进行审计，审计金额1209.5万元，查出违规资金30.56万元，包括经销公司借用省厅育林基金30万元，罚款0.38万元，为分公司发奖金0.18万元。省林业厅下发审计决定。

1995年，省林业厅审计处对以下单位进行了审计：①对全省森工企业、市、县林业局、国有林场、木材检查站、林业派出所共304个被审单位1993年、1994年，育林基金收支情况进行审计。审计金额9866万元，查出违规资金1149万元，包括：挤占挪用488.14万元；层层拖欠、少交431元；扩大开支范围229.9万元；基层财务管理较差。省林业厅下发审计决定。②对省种苗站1993年、1994年财务收支情况进行审计。审计金额189万元，查出违规资金35.67万元，包括：挤占挪用34.15万元，漏交三金0.75万元，漏交房产税营业税0.54万元。省林业厅下发审计决定。③对咸阳市、宝鸡市及永寿、彬县、陇县、千阳、麟游、宝鸡、旬邑7县项目办中德合作陕西造林项目资金进行审计。审计金额8078万元。审计发现县级配套资金严重不足，管理费用支出较大，资金结余过多，给群众劳务兑现过低，工程结算及会计报账不及时，省林业厅下发审计决定。

1996年，省林业厅审计处对朱鹮保护区、太白山保护区、飞播站、省林业站财务收支审计。审计金额978万元，上述单位资金使用正常，未发现问题。

1997年，省林业厅审计处对本级和6个地(市)、18个县1995年、1996年三北防护林体系建设资金进行审计。审计金额1355万元。审计发现资金计划下达较晚，资金到位迟，国家投资萎缩，地方配套资金难到位，省林业厅下发审计决定。

2002年1月，省林业稽查办对太白山保护区原负责人进行离任审计。审计发现部分不符合规定报销票据6.85万元；扣承包人员及超休产假人员工资记入往来账户核算3.15万元；工程支出无验收证据，也无经手人，施工负责人在发票上签字报销61.38万元。审计结束后，林业厅下发审计意见书。

2003年8月，省林业稽查办对宁东局原负责人进行了离任审计。审计发现：

(1)挤占天保资金102.24万元。经审计组对2000~2002年6月有关一次性分流人员安置补助费列支情况审核：一次性分流人员共安置564人，人员安置补助费共列支1352.05万元，实际支付1296.40万元。企业为安置人员实际垫支资金为44.25万元(1999~2001年)，企业实际收到天保财政专项资金58.8万元，企业账挂“应付分流人员补助费”14.55万元，属于挤占天保专项资金，应将企业所挂补助费14.55万元转回天保工程挂账。

(2)宁东局在财政专项资金管理上扩大了天保财政专项资金的列支范围，2000年元月到2002年6月累计在养老统筹金中列支抚恤金、护理费、丧葬费12.59万元，职工、老干部药费9.6万元，退休职工生活津贴37.49万元，列支1999年1~4月一次性分流人员养老统筹金22.87万元，合计列支82.55万元；2000年元月到2002年6月在森林管护费中累计列支招待费5.14万元，以上两项合计87.69万元。

(3)会计基础工作不规范。在公益林建设中，局内部结算手续不健全，无发票支付企业苗木款两笔合计54.18万元。应按规定补办手续。审计结束后，省林业厅下发审计意见书。同月，省林业稽查办对宁西局原负责人进行离任审计。审计发现在天保财政资金中超范围列支5.02万元；未按财务制度规定程序核销流动资产损失66.31万元；宁西局在公益林建设项目人工造林和种苗建设工程未实施项目招投标，人工造林工程项目合同内容不完善。省林业厅对审计结果下发审计意见书。同月，省林业稽查办对汉西局原负责人进行离任审计。审计发现汉西局天保工程公益林建设资金未实行局级核算、会计原始票据不规范、住房公积金管理不规范。省林业厅下发审计意见书。

2005年8月，省林业稽查办对宁东局原负责人进行离任审计，审计发现将离退休人员药费35.94万元计入天保财政经费“养老统筹”户，其中2002年16.12万元，2003年19.02万元；将遗属人员生活费5.82万元计入天保财政经费“养老统筹”户，其中2003年5.01万元，2004年8.06万元。省林业厅下发审计意见书。

2006年8月，省林业稽查办对宁东局原负责人进行了离任审计。审计发现：2004~2006年在天保财政资金中列支离退休人员药费64.98万元；2004年在天保财政资金中列支审计厅罚款4.98万元；2005年在天保财政资金中列支西北规划设计院森林资源调查设计费27万元；2004年8月在天保公益林建设资金中，列支宁陕县粮食收储公司土地使用费11.98万元；在天保财政资金中和公益林建设资金中列支招待费1.6万元。审计结束后，稽查办下发了审计意见书。同月，省林业稽查办对楼观台林场(抢救中心)原负责人进行了离任审计。审计发现的问题有：

(1)工程建设滞后。2000 年，省林业厅批复抢救中心朱鹮异地繁育基地建设项目国债投资 351 万元，当年全部落实到位。截至 2006 年 7 月底，工程尚未开工建设，仅支付项目勘察设计费及评审费等前期费用 4.23 万元。

(2)购置固定资产未入账。2004 年 12 月，林场购置楼道门、不锈钢镜、单人床价值 0.55 万元，单项价值达到固定资产标准，但未记入固定资产核算。

(3)会计报销手续不齐全。审计结束后，稽查办下发了审计意见书。同年 12 月，省林业厅稽查办对佛坪保护区原负责人进行了离任审计。发现佛坪保护区有未经批准改变投资计划、人员经费挤占专项经费、未经批准扩大基建资金开支范围。审计结束后，稽查办下发了审计意见书。

2007 年 1 月，省林业厅稽查办对长青保护区原负责人进行离任审计。审计发现长青保护区有项目支出超资金预算，建设项目内容未完成；挤占项目经费；购置、处置固定资产手续不完善；会计报销手续不全等问题。审计结束后，林业厅下发了审计意见书。1 月，林业厅稽查办对长青局原负责人进行了离任审计。审计发现长青局存在购置固定资产手续不完善、会计报销手续不全等问题。审计结束后，林业厅下发了审计意见书。3 月，省林业厅稽查办对林业站原负责人进行了离任审计。审计金额 310.6 万元，查出违纪资金 8.05 万元。稽查办下发审计意见书。8 月，省林业厅稽查办对太白局原负责人进行离任审计。审计发现：①太白局 2005 年至 2007 年 6 月在天保公益林建设资金中列支退养人员(下岗人员)工资、公积金 129.41 万元；2006 年 4 月在天保公益林建设资金中列支终南林场护林总站旧房拆除工程款 0.8 万元；12 月列支终南林场护林总站办公楼工程款 58.43 万元，该工程不属于封山育林作业设计范围内的项目。2006 年 12 月在天保公益林建设资金中列支终南林场塘口护林点房工程款 12.24 万元，该工程不属于封山育林作业设计范围内的项目。审计结束后，省林业厅稽查办下发了审计意见书。2008 年 9 月，省林业厅稽查办对朱鹮保护区 2006～2007 年度财务收支进行审计。审计金额 1460.4 万元，查出违规资金 145.17 万元。审计结束后，省林业厅稽查办下发了审计意见书。2009 年 10 月，省林业厅稽查办对省林业信息中心原负责人进行离任审计。审计涉及资金 279 万元，查出单位违规资金 1.38 万元，审计结束后，稽查办发了审计意见书。

2010 年 3 月，省林业厅稽查办对飞播站原负责人进行离任审计。审计发现飞播站 2009 年 9 月支付职工绩效工资 19.70 万元列事业支出。2009 年 8 月支付退休职工津补贴 2.15 万元列事业支出。以上支出 21.85 万元没有附支出的绩效工资发放明细表和退休职工津补贴发放明细表，只有银行转账单，不能作为支出凭证。审计结束后，林业厅稽查办下发审计意见书。

第五节 林业基金

陕西省林业基金包括育林基金和森林植被恢复费两项政府性基金。2009 年 3 月，省财政厅转发财政部《关于公布 2008 年全国政府性基金项目目录的通知》规定：从 2009 年 1 月 1 日起，凡涉及新增、调整和取消政府性基金等政策，应严格按规定程序经国务院和财政部批准执行。财政部公布的2008年全国政府性基金项目目录中包括林业部门管理的育林基金和森林植被恢复费两项政府性基金。

林业系统政府性基金是根据法律、法规规定，为支持林业发展，征收的具有专项用途的财政资金。林业政府性基金包括基金、专项收费等形式，实行中央审批、分级管理，纳入地方财政预算，“收支两条线”管理。省林业厅负责管理和监督。林业基金专项用于林业部门组织的植树造林和森林资源管护支出。陕西省林业基金管理站负责全省林业基金征收使用管理工作。1992年10月，省林业厅《关于陕西省林业基金管理站的职责范围的通知》，明确陕西省林业基金管理站负责中央拨入林业基金使用管理和省级林业基金的筹集、征收和管理；负责编制林业基金预决算，指导地(市)、县开展林业基金管理工作。

一、育林基金

育林基金是取之于林、用之于林的专项基金。1990年以来，陕西省育林基金征收标准、征收范围、管理办法经过多次修改完善，育林基金征收量逐年增加，“九五”计划时期，全省育林基金征收量最大。实施天保工程，全面停止天然林采伐，育林基金征收量大幅减少。“八五”(1991~1995年)计划时期，全省征收(提取)12494万元，支出11326万元；“九五”(1996~2000年)计划时期，全省征收(提取)20420万元，支出20119万元；“十五”(2001~2005年)计划时期，全省征收(提取)2539万元，支出2455万元；“十一五”(2006~2010年)计划时期，全省征收(提取)986万元，支出793万元。

(一)征收标准和范围

1990年7月，省财政厅、煤炭厅、林业厅印发《关于地方煤矿企业提取坑木林建设基金、造林绿化费和育林基金的通知》规定：地方煤矿企业所属林场采伐林木，应提取育林基金。其中：国有林区原木每立方米15元；集体林区原木每立方米提取12元；国有、集体林小规格材和薪炭材均提5元。

1991年，陕西省市场协调委员会、省林业厅下发《关于取消代扣育林基金和改进征收办法的通知》规定：收购单位(包括木材公司、供销合作社、林产品经销公司等)随林产品收购代扣生产者育林基金的规定，从省政府《关于进一步搞活流通若干问题的决议》发布之日起(即7月20日)停止执行。由林业部门直接向生产者征收。按照财政部、林业部规定，集体林区育林基金征收范围和标准是：原木每立方米12元。其中，收购或组织采伐的单位交8元，生产者交4元；小规格材和薪炭材每立方米提取5元，其中由收购或组织采伐单位交3.5元，生产者交1.5元；毛竹按收购价的10%提取。其中，由收购单位交7%，生产者交3%。11月，省林业厅、水利厅《关于水利部门所属林木征收育林基金问题的通知》规定：凡在水利部门管辖的范围内，由水利部门出资在河(渠)道旁和水库周围植树成材后，需要采伐的木材，免征育林基金。

1995年，林业部规定：国有采运企业自采自销的木材，按规定标准计提育林基金计入生产成本，不开具育林基金原始凭证。对购入国有采运企业自采自销的木材，应视同已经缴纳了育林基金。

1996年3月，省林业厅、财政厅印发《陕西省育林基金专用收费票据管理暂行办法》，对育林基金专用收费票据的适用范围，票据的领用、清理收缴、年检等做出规定。

1997年1月，省林业厅、财政厅、物价局下发《关于加强育林基金征收和管理工作的通知》规定：育林基金改按销售收入一定比例征收(提取)。木材及其制品森工采育企业按19%提取，国有林场及非林业国有单位按15%提取；农村集体、个人按12%交纳(计提)；各种毛竹、楠竹、杂竹、小经竹及竹制品统一按10%交纳。林副产品按5%~10%征收。非林业国有单位、农村集体或个人在申请办理《林业采伐许可证》《木材运输证》时由县级林业主管部门征收，其他林副产品在出售时由县级林业主管部门征收或委托基层林业站征收。这一年，省林业厅、财政厅、省物价局先后对省境内蜂农进入林区养蜂酿蜜、平原林网树木、桐油、香椿、枣皮等征收育林基金的问题予以明确。即：蜂农进入林区范围内生产的蜜蜂在内，按10%征收育林基金。但未进入林区范围的蜂农生产的蜂蜜不得收取育林基金。平原林网树木采伐的单位和个人，应按照集体林育林基金的征收标准，由县林业主管部门或县林业主管部门委托的单位征收育林基金。桐油、香椿按10%在出售时由买方价外交纳育林基金。枣皮育林基金按售价的6%由经营者交纳。

2010年12月，省财政厅、林业厅下发《陕西省育林基金征收使用管理实施办法》，将征收标准调整：木材统一按销售收入的8%征收；各种毛竹、楠竹、杂竹、小径竹统一按销售收入的6%征收。

(二)育林基金管理

1997年1月，省林业厅、财政厅、物价局对育林基金管理权限做出新规定：育林基金按照先收后支、量入为出和专款专用的原则，实行统一计划，省地县分级管理的办法，执行预算外资金管理的有关规定，收入上缴财政，实行收支两条线管理。国有森工采育企业留用60%，按隶属关系缴省森工总公司或地市林业局30%，上解省林业厅10%；国有林场(圃)留用60%，上解地、市林业主管部门20%，省林业厅20%；省属国有林场留用80%，上缴省林业厅20%；集体林育林基金，县林业主管部门留70%，上缴地市林业主管部门20%，上缴省林业厅10%。4月，省林业厅转发财政部《关于建议纠正用育林基金平衡财政预算的便函》的通知规定：育林基金属预算外资金管理范围，各级林业部门应将育林基金缴入同级财政部门设立的财政专户，实行收支两条线管理。根据财政部《预算外资金管理实施办法》第21条规定：具有专门用途的预算外资金管理要专款专用，财政部门不得用于平衡预算。

1997~2010年期间，育林基金政策未发生变化。2010年12月，省林业厅、财政厅印发《陕西省育林基金征收使用管理实施办法》，对育林基金管理权限做了进一步调整。规定各级林业主管部门征收的育林基金按照省、市、县2∶2∶6的比例分成。即省级林业部门征收的育林基金全额上缴省国库；市级林业部门征收的育林基金20%上缴省国库，80%上缴市级国库；县级林业部门征收的育林基金20%上缴省国库，20%上缴市级国库，60%上缴县级国库。县级以上林业主管部门征收育林基金，必须使用省财政厅统一印制的《陕西省政府非税收入零星收款票据》或《陕西省政府非税收入一般缴款书》收费票据。县级以上林业主管部门征收的育林基金，采取集中汇缴方式。于月末汇总填制“陕西省政府非税收入一般缴款书”，按上述分成比例分别上解各级国库。县级以上林业主管部门应于每年12月15日前编制下一年度育林基金收支预算，报同级财政部门审核。申请使用上一级育林基金的，由使用单位提出项目申请，经同级财政部门汇总后报上级林业主管部门审核，财政部门审批。

(三)育林基金使用范围

陕西省育林基金使用范围，1997 年以前执行 1987 年财政部、林业部规定的国有林区森工企业育林基金使用范围。1997 年 1 月，省级林业、财政、物价部门对育林基金使用范围做出调整。国有林育林基金用于：①国有林区采伐迹地、低产林改造迹地、林间空地和荒山荒地的更新、造林支出。②森林抚育(包括中幼林抚育、母树林抚育)支出。③采种、育苗及种子源经营支出。④护林防火、森林病虫害防治等森林保护补助支出。⑤营林调查设计、检查验收，森林资源调查补助费支出。⑥营林生产设施、营林设备购置支出，营林道路及通讯线路的修建支出。⑦营林管理费补助、科学实验研究经费补助支出。第 5~7 项支出不得超过当年育林基金总支出的 30%。集体林育林基金用于：森林更新及造林支出(含荒山、荒地造林、丰产林、经济林、飞播造林等)；森林抚育支出(包括中幼林抚育、母树林抚育及封山育林等)；护林防火、森林病虫害防治经费补助支出；营林调查设计、造林检查验收、森林资源调查和扶持乡村林场补助支出；营林设施、设备购置、营林道路及通讯线路的修建支出；育林基金专管机构和专管人员(包括征收人员)的经费补助或奖励支出及育林基金征管业务培训和宣传补助支出。后两项支出不得高于当年育林基金总支出的 30%。

2010 年 12 月，省林业厅、财政厅对育林基金使用范围做了进一步明确，规定育林基金专项用于林业部门组织的植树造林和森林资源管护支出。使用范围包括：种苗培育、造林、森林抚育、森林病虫害预防和救治、森林防火和扑救、森林资源监测、林业技术推广、林区道路维护以及相关基础设施建设和设备购置等。任何单位和个人不得平调、截留或挪作他用。林业部门行政事业经费，由同级财政部门通过部门预算予以核拨，不得从育林基金中列支。

二、森林植被恢复费

陕西省征收森林植被恢复费始于 2003 年。森林植被恢复主要针对征用、占用或临时占用林地的企事业单位或个人征收的一种恢复森林植被的补偿金。2002 年，省财政厅、林业厅印发《陕西省森林植被恢复费征收使用管理实施办法》，规定凡勘查、开采矿藏和修建道路、水利、电力、通讯等各项建设工程需要占用、征用或者临时占用林地，经县级以上林业主管部门审核同意或批准的，用地单位应当按照本办法规定向县级以上林业主管部门预缴森林植被恢复费。

征收标准如下：①防护林和特种用途林地每平方米收取 8 元；国家重点防护林和特种用途林地每平方米收取 10 元。②用材林林地、经济林林地、薪炭林林地、苗圃地每平方米收取 6 元。③未成林造林地每平方米收取 4 元。④疏林地、灌木林地每平方米收取 3 元。⑤宜林地、采伐迹地、火烧迹地每平方米收取 2 元。城市及城市规划区的林地，可按照上述规定标准 2 倍收取。对农民按规定标准建设住宅占用林地，在“十五”期间暂不收取森林植被恢复费。森林植被恢复费征收实行分级征收、分级管理。

县级以上林业主管部门按照下列规定预收森林植被恢复费：①占用、征用或临时占用县级及县级以下单位林地的，由省级、市级、县级林业主管部门按照征收标准的 20%、20%和 60%分别预收森林植被恢复费。②占用、征用或临时占用市(包括杨凌示范区)级单位林地的，由省级、市级林业主管部门按照征收标准的20%和80%分别预收森林植被恢复费。③占用、征用或临时占用省级单位林地的，由省级林业主管部门按照征收标准全额预收森林植被恢复费(表8-4-3)。

2002~2010年陕西省森林植被恢复费征收情况统计表

表8-4-3　　单位：万元

年份	征收数		支出数	
	全省	省级	全省	省级
2002	2100	420		265
2003	4500	900		394
2004	6640	1320		759
2005	7835	1692		1535
2006	13200	2656		2165
2007	16000	3200		2861
2008	18810	3762		3843
2009	23250	4650		4622
2010	24000	4800		4735

第六节　林业行政事业性收费

一、基本情况

林业行政事业性收费项目，实行中省两级审批制度。国务院和省人民政府及其财政、价格主管部门按照国家规定权限审批管理收费项目。除国务院和省级人民政府及其财政、价格主管部门外，其他国家机关、事业单位、社会团体、以及省级以下(包括计划单列市和副省级城市)人民政府，均无权审批收费项目。林业行政事业性收费项目分管理费类、用工及其他收费类、罚没类、牌证照费类4种。

1991年，陕西省林业系统涉及收费项目14项，其中管理费类5项：森林植物检疫费、狩猎管理费、林区管理建设费、林政管理费、护林防火费；用工及其他收费类3项：义务植树、育林基金、预留森林资源更新费；罚没类2项：违反《中华人民共和国森林防火条例》罚款、违反《森林法》罚款；牌证照费1项：木材出境证工本费。

从1993年开始，中央和省上为减轻林农负担，相继降低了中央和地方林业收费项目的收费标准，逐步取消了涉及林农负担的一些林业收费项目。

二、林业收费项目及管理

1990年12月，省林业厅、省财政厅印发《关于林政管理费木材检尺费林区管理建设费征收管理办法》规定：林政管理费按木材每立方米1.5元收缴，竹材、商品薪炭材按每吨1.5元收缴，锯材、木制成品、半成品折算为原木材积计收。木材检尺费按木材每立方米1.5元收缴。林区管理建设费按木材每立方米9元收缴，竹材、商品薪炭材按每吨 8 元，锯材、木制成品、半成品折算为原木材积计征。

1992 年，省物价局、财政厅下发《关于发布林业系统林业行政事业性收费项目及标准的通知》，对全省林业系统林业行政事业单位收费项目及标准进行重新规定。

(一)收费项目及标准

中央管理的林业系统行政事业性收费项目及标准如下：收费项目：①野生动植物进出口管理费。凡进出口野生动植物或其产品、制成品的单位或个人，必须向濒危物种进出口管理机构申请办理“允许进出口证明书”，并交纳“允许进出口证明书”工本费和进出口管理费；每核发一份“允许进出口证明书”，不论是进口、出口或再出口，一律收取工本费 10 元；贸易性出口，按每次允许出口的总金额(合同额)计收管理费：《濒危野生动植物种国际贸易公约》或者国家规定的一类濒危野生动植物或其产品、制成品计收 7%；二类濒危野生动植物或其产品、制成品计收 6%；其他允许贸易出口的野生动植物或其产品、制成品计收 5%，其中人工养殖或栽培所获野生动植物或其产品、制成品，按以上收费标准分别递减 1%；非贸易性出口，按每次允许出口的只数、株数或件数计收管理费：“公约”或者国家规定的一类濒危野生动植物或其产品、制成品，每只、株或件计收 200 元；二类濒危野生动植物或其产品、制成品，每只、株或件计收 100 元；其他允许非贸易出口的野生动植物或其产品、制成品，每只、株或件计收 50 元。对进口、再出口的野生动植物或其产品、制成品，暂时免收管理费。对无证或不按证书规定进口、出口或再出口野生动植物或其产品、制成品的，按贸易或非贸易出口最高收费标准的 2 ~5 倍补收管理费。②森林植物检疫收费。调运森林植物、林产品的单位和个人，应主动向调出的森检部门申请检疫；森检部门根据有关法规和调入地区森检部门提出的检疫要求进行检疫，并收取检疫费。森检部门查核签发检疫证书的，只收取证书工本费。对违章调出的应施检疫的森林植物、林产品、在途中被发现后，由途中所在地森检部门补检，收取托运人 3~5 倍检疫费；在调入地被发现后由调入地森检部门补检，收取收货单位(或收货人)3~5 倍检疫费。从国外引进(包括赠送、交换)林木种子、苗木和其他繁殖材料，必须填报“引进林木种子、苗木检疫审批单”；每份收取手续费五角。未列入“森林植物检疫收费标准表”中的其他种类的应施检疫的森林植物、林产品，参照表内相应种类的标准收费。③证件费。规定林木采伐许可证 1.5 元；木材运输证 1.5 元；植物检疫证 1 元；允许进出口证明书 10 元；种子生产许可证 1.5 元；种子经营许可证 1.5 元(表 8-4-4)。

1992 年陕西省国内森林植物检疫收费标准表

表 8-4-4　　　　单位：元、%

种类	调运检疫			产地检疫	
	免费限量	收费起点额	按货值的百分比	收费起点额	按货值的百分比
苗木(包括花卉及观赏苗木)及其他繁殖材料	造林苗木及繁殖材料 10 株、根、花卉及观赏苗木 2 株	0.5	0.8	1	0.4

续表

种类	调运检疫			产地检疫	
	免费限量	收费起点额	按货值的百分比	收费起点额	按货值的百分比
林木种子	大粒种子 300 克，中粒种子 100 克，小粒种子 50 克	0.5	0.2	1	0.1
木材		1	0.2		
药材	1000 克	1	0.5	2	0.3
果品	2500 克	1	0.1	2	0.05
盆景	2 盆	1	1		
竹类及其产品	2500 克、5 株、根、小件	1	0.2		

（二）中央委托省收费标准

中央立项，委托省上制定收费标准的，按以下规定执行：①绿化费收费标准按省政府文件规定执行，即每棵树 1 元。②林地、林木补偿费的具体收费办法另行下发。③林政管理费，按省林业厅、财政厅、物价局、工商局联合下发文件规定执行，即由县以上林业主管部门向销售木材者（单位或个人）按每立方米 1.5 元收取。

（三）省管收费项目标准

省级管理的林业系统行政事业性收费项目及标准按以下规定执行：①狩猎管理费。按省政府文件规定执行，即凡国家收购的鸟类和其他野生动物及其产品，由林业部门按其收购价款的 5%～15%收取。②护林防火费。按省林业厅、财政厅、物价局联合下发文件规定执行，即凡生产销售木、竹材的单位和个人，按每立方米收取 2 元护林防火费交林业主管部门管理使用。③经营利用野生动物及其产品，或对国家、省重点保护野生动物进行野外考察研究、采集标本、拍摄电影、录像的，应当交纳野生动物资源管理费。④进入自然保护区科学考察、实习、采集标本、拍摄电影、录像的，应当交纳自然保护区管理费。⑤林区管理建设费。按省林业厅、财政厅、物价局、工商局文件规定执行，即林业部门向生产者按每立方米 7 元收取。⑥木材检尺费。按省林业厅、财政厅、物价局、工商局文件规定执行，即检尺单位向被检者按每立方米 1.5 元收取。⑦预留森林资源更新费。在集体林区实行预留森林资源，除房前屋后，自留地上的零星树木外，在木材销售中必须预留森林资源更新费，其比例可按木材销售收入的百分之六提取，由林业部门代管，资金所有权仍归林农或集体。⑧扣留木材保管费。对违反森林法规运输木材者，被木材检查站扣留期间，按当地国家收购价每天收取 1%的保管费。以上各项收费作为预算外资金管理，执行预算外资金管理的有关规定，纳入财政专户存储，收入严格按照财政部门规定的开支范围，不得挪作他用。

1993 年，省财政厅、林业厅、物价局转发财政部《陆生野生动物资源保护管理费收费办法》规定：经批准捕捉、出售、收购、利用国家Ⅰ级保护野生动物或其产品的，必须向林业部或其授权收购单位缴纳野生动物资源保护管理费；经批准猎捕、出售、收购、利用国家Ⅱ级保护野生动物或其产品的，必须向省、自治区、直辖市林业行政主管部门或其授权的单位缴纳野生动物资源保护管理费(表 8-4-5、表 8-4-6)。

1993 年 8 月 4 日，林业部《关于更改资金处置问题的复函》规定：更新改造资金是为了保证维持原有生产能力而依照有关规定提取的专项资金。根据财政部和原农林部的有关规定，不论采伐国有林或收购集体林的木材，均应提取“更新改造资金”，作为运材道路延伸，河道整治和有关的工程设施、小型设备购置、更新改造等维持再生产的投资，并计入生产成本。

1992 年陕西省国家重点保护野生动物资源管理费收费标准

表 8-4-5　　单位：元/只

种类	收费标准	种类	收费标准
大熊猫	100000	白鹳	5000
金丝猴	40000	黑鹳	5000
云豹	30000	朱鹮	100000
豹	30000	金雕	30000
虎	80000	白肩雕	30000
扭角羚	60000	鸨	30000

注：拍摄电影、录像，对国内单位每天收费 20 元，对国外单位每天收费 200 元。

1992 年陕西省自然保护区资源管理费收费标准

表 8-4-6

项目	规格	收费标准
科学考察	国内团体、国外团体或个人	0. 5 元/人次、15 元/人次
教学实习		0. 5 元/人次
采集植物标本	一级植物、二级植物 三级植物、三级以下植物	15 元/份、2 元/份 1 元/份、0. 1 元/份
拍摄影片或电视录像片	国内单位、国外单位 (一个摄像机为单位)	20 元/天、200 元/天

1994 年 3 月，省财政厅、林业厅印发《陕西省林业保护建设费征收使用管理办法》，规定除森工企业、农村集体和林农个人直接销售其生产的木材外，其他一切木材销售经营者均应交纳林业保护建设费。收费标准：原木按每立方米 5 元；材料、商品薪炭材、栓皮每吨 5 元；锯材、木制成品、半成品折算为原木材积计收。林业保护建设费作为预算外资金，实行财政专户储存，收支两条线管理。6 月，省林业厅下发《关于林业收费实行收支两条管理的暂行规定》，对省林业厅有关处(室)、事业单位直接收取或按规定比例收取的各项林业行政事业性收费，包括陆生野生动物资源保护管理费、野生动物出口管理费、林木采伐许可证工本费、木材运输工本费、植物检疫费工本费、允许进出口证明书工本费、种子生产许可证工本费等 8 项行政性收费，必须全部上缴财政，纳入财政

预算内管理；森林植物检疫费、绿化费、林地补偿费、护林防火费、林业保护建设费等5项事业性收费，不改变资金所有权，但必须纳入财政预算外管理。各执收单位取得的收费收入一律与本单位的经费、福利、奖金脱钩，取消一切形式的分成、提成和经费挂钩办法。1994年9月，省政府发布《关于陕西省征用占用林地及补偿费征收管理办法》，规定凡省境内经批准征用、占用林地从事非林业建设的单位和个人，都应按规定缴纳补偿费用。①林地补偿费：按实际征用、占用的林地面积计算。乔木林地一般按当地中等耕地单位面积平均年产值(下同)的2~3倍补偿，如属防护林地、特种用途林地应按3~5倍补偿，珍贵树种林地、经济林地按5~6倍补偿。疏林地按乔木林地的50%~70%补偿；灌木林地按乔木林地的40%~60%补偿；采伐迹地、火烧迹地，按乔木林地的30%~50%补偿；苗圃地按乔木林地的5~6倍补偿；未成林造林地按当年同等立地条件造林投资的2~3倍补偿。②林木补偿费：人工阔叶幼龄林(10年以下)按实际造林投资3~4倍补偿；中龄林(10~20年)按达到主伐期出材量实际价值(出材量和平均售价)补偿100%~150%；成熟林按出材量实际价值补偿50%~100%。天然林按人工林的80%~90%计算补偿，针叶树按阔叶树的1~2倍补偿。固定苗圃地苗木按当年苗木价值的1~2倍补偿。未达到盛产期的经济林木按实际投资的3~5倍补偿；有收益的经济林木按前3年平均产值3~4倍补偿。对发挥防护效益的灌木林参照人工幼林标准补偿。③森林植被恢复费：除采伐迹地、火烧迹地外，按被征用、占用林地整地、造林、培育(包括森林防火、病虫害防治、林地垦复、林木抚育等)全过程的重置价格缴纳。④安置补助费：根据征用、占用林地范围内需要安置的人口数，对每个需要安置的人口按照当地中等耕地单位面积平均年产值的2~4倍补偿。

1995年，省财政厅、物价局同意省林业厅在对木材加工企业实施过程中收取木材经营加工许可证工本费和木材经营加工许可证年检费。上述收费属事业性收费，收费收入按照预算外资金管理，实行财政专户储存，计划管理。

1996年1月，省物价局转发《国家计委管理司关于野生动物资源保护管理费有关问题的函的通知》规定：经营利用野生动物或其产品的的单位，应当向当地野生动物行政管理部门缴纳野生动物资源保护管理费。但是，驯养繁殖野生动物，如未利用其从事经营活动，野生动物行政管理部门不得收取资源保护管理费。

1997年1月，省林业厅转发财政部、国家计委《关于野生动物保护收费有关问题的通知》规定：①对出口的野生动物，只收取野生动物进出口管理费，不得再收取野生动物资源保护管理费；②对驯养繁殖的野生动物出口销售时减半征收野生动物进出口管理费，国内销售时减半征收野生动物资源保护管理费。

1998年2月，省物价局、财政厅转发国家发改委、财政部《关于第一批降低22项收费标准的通知》，规定下列林业收费项目自1998年1月1日起执行。①野生动物资源保护管理费。对中医药生产企业收取的野生动物资源保护管理费收费标准从按销售额的6%~8%，降低到1%~2%。②检验检疫费中，动植检运输工具检疫费。火车收费标准从每厢次20元降低到4元；汽车收费标准从每辆次10元降低到5元；集装厢收费标准从每厢次10元降低到4元。

1998年3月，省林业厅转发省政府《关于取消一批涉及企业负担收费项目的通知》，规定从1998年1月26日起，被取消的由省人民政府或省财政厅、物价局批准的收费项目(82项)；被取消的由各地市和各部门自设的收费项目(96项)停止执行，有关文件规定同时废止。被取消的由省政府或省财政厅、物价局批准的收费项目(82项)，包括林业系统木材经营加工许可证及年检费、木材检尺费、林地林木补偿费。被取消的由各地市和各部门自设的收费项目(96项)，包括林业系统木材经营加工管理费、林业资源调查费、绿化保证金、木材标准化审验费。同年11月，省林业厅转发国家林业局《关于公布取消第二批行政事业性收费项目的通知》，取消的第二批行政事业性收费项目共20项，分别涉及文化、公安、建设、旅游、广播电视、林业、口岸7部门，按照通知要求，植物检疫证费及允许进出口证明书费从1998年11月1日起停止执行。

1999年8月，省林业厅对省政府取消林地、林木补偿等4项收费提出异议，并备文报省委、省政府，说明应保留的依据，请求予以保留。12月，省林业厅转发国家计委、财政部《关于第二批降低收费标准的通知》，规定陆生野生动物资源保护管理费，对批准捕捉、猎捕国家重点保护野生动物或其产品，收费标准不降；对批准出售、收购、利用的国家Ⅰ级保护野生动物或其产品，由按其成交额的8%向供货方收费，降为6%，对受货方不予收费；对批准出售、收购、利用的国家Ⅱ级保护野生动物或其产品，由按其成交额的6%向供货方收费，降为4%，对受货方不予收费；对中医药生产企业收取的野生动物资源保护管理费收费标准仍按《国家计委、财政部关于第一批降低22项收费标准的通知》执行。

2000年4月，省政府《关于恢复征收征占用林地、林木四项费用有关问题的通知》，决定恢复对林地补偿费、林木补偿费、森林植被恢复费、安置补助费的征收。四项费用的征收标准按《陕西省征用占用林地及补偿征收管理办法》执行。

2004年12月，省财政厅、物价局《关于公布取消159项行政审批等收费项目的通知》，规定取消56项省级收费项目，包括林业部门木材运输证工本费、木材采伐证工本费、驯养繁殖许可证工本费、特许猎捕证工本费、猎狩证工本费5项收费。一律自2005年1月1日起执行。

2005年1月，省财政厅、物价局下发《关于公布2004年全省行政事性收费项目目录的通知》，林业部门纳入收费项目目录的林业项目有8项：①野生动物进出口管理费；②森林植物检疫费；③绿化费；④陆生野生动物资源保护管理费；⑤林权勘测费；⑥林地补偿费；⑦证书工本费(包括种子生产许可证、种子经营许可证、林权证)；⑧植物新品种保护权收费。

2007年12月，省财政厅、物价局《关于公布2007年度全省行政事业性收费项目目录的通知》规定，在财政部公布的2006年度全国行政事业性目录的基础上，根据2007年国家及陕西有关法律、法规规定，以及国务院及财政部、国家发展改革委，省政府及省财政厅、物价局批准设立、调整的行政事业性收费项目情况，对陕西目前正在执行的行政事业性收费项目进行了整理，编制了截至2007年12月31日全省正在执行的行政事业性收费项目目录。目录包括林业以下收费项目：①森林植物检疫费；②绿化费；③陆生野生动物资源保护管理费；④林权勘测费；⑤林地补偿费；⑥证书工本费(种子生产许可证、种子经营许可证、林权证)。

2009年12月，省财政厅、物价局《关于公布取消我省第二批16项行政事业性收费的通知》规定，从2010年1月1日起，在全省统一取消16项行政事业性收费，其中包括陕西省国家重点保护野生动物资源管理费。

第五章 林业投资

林业投资反映林业全部投入情况，包括各级财政投入、预算外资金以及各类林业项目贷款投入。陕西省林业投资主要有林业行业财政专项资金、国债资金、国有林场苗圃扶贫资金、育林基金、林业基本建设资金、林业技术改造资金，以及各类林业贷款资金，国外援助资金等。

1998年以来，陕西省随着实施天然林保护、退耕还林、三北(长江)防护林、野生动植物保护及自然保护区建设、种苗工程以及森林防火(公安)、病虫害防治等项目，各级财政对林业的投入不断增加，“十一五”期间全省林业行业投资大幅增加(表8-5-1)。

1990~2010年陕西省林业行业投资统计表

表8-5-1 单位：万元

年份	投资	年份	投资	年份	投资
1990	13734	1997	25854	2004	168159
1991	16368	1998	35613	2005	164119
1992	16315	1999	40207	2006	169517
1993	16670	2000	79664	2007	334104
1994	18405	2001	70042	2008	406382
1995	20080	2002	115483	2009	468484
1996	22182	2003	166234	2010	456318

第一节 林业重点工程投资

1990~2010年，陕西省先后实施了天保工程、退耕还林工程、三北防护林建设、防风固沙、野生动植物保护、自然保护区建设和湿地保护区建设等一大批林业重点工程，使林业建设实现飞跃式发展。详见表8-5-2。

1990～2010 年陕西省林业重点工程投资统计表

表 8-5-2　　　　单位：万元

年份	天然林保护		退耕还林		重点防护林		野生动物植物及自然保护区建设	
	投资	完成	投资	完成	投资	完成	投资	完成
1990					1050	1050	353	180
1991					1699	1699		
1992					1839	1839		
1993					1970	1970		
1994					2255	2255	296	296
1995					3011	3011		
1996					1781	1781		
1997					1863	1963		
1998	8210	7863			1759	1759		
1999	5135	5101	4411	4411	1793	1793	144	144
2000	28027	21446	18882	18882	1636	1552	842	505
2001	47228	34013	23887	52167	1973	2925	3947	2356
2002	70302	52022	50116	72837	5536	5700	1679	1007
2003	54828	49508	116637	148125	2193	2352	2271	2271
2004	49644	42864	153084	180333	1840	1405	185	178
2005	45276	41513	133316	158219	2130	1190	925	922
2006	43525	37585	121869	165326	1293	2168	870	696
2007	46542	40095	91879	76727	4419	4782	2354	2504
2008	53111	44372	286560	226971	15442	6247	1899	1891
2009	48696	54160	274278	236127	15556	23163	2327	1737
2010	43397	43850	236755	223977	23143	23194	1018	1240

第二节　林业基本建设投资

林业基本建设投资是各级政府预算内安排的用于林业基本建设的各类投入，包括国家林业局安排的中央林业基本建设投入和各级地方计划部门安排的林业基本建设投入以及林业部门企事业单位的自筹基本建设投入(表 8-5-3)。

1990~2010 年陕西省林业基本建设投资与支出统计表

表 8-5-3　　单位：万元

年份	投资	支出	年份	投资	支出
1990	4230	4107	2001	75715	73501
1991	3994	4237	2002	136926	121741
1992	3734	3815	2003	166967	161155
1993	3610	3685	2004	140074	136166
1994	4523	4311	2005	144024	143879
1995	5380	5375	2006	141416	141926
1996	5724	5700	2007	122614	134381
1997	7414	7622	2008	307081	314811
1998	19560	18761	2009	392231	400155
1999	36021	34313	2010	374356	374740
2000	80415	65503			

第三节　林业项目建设投资

“九五”期间，陕西省林业固定资产投资完成总额呈逐年增长势头，“十五”“十一五”期间大幅增长，增长的主要原因是其他投资中的工程造林投资出现了较大幅度的增长(表 8-5-4)。

1990~2010 年陕西省林业固定资产投资统计表

表 8-5-4　　单位：万元

年份	合计	建筑工程	安装工程	设备、工具、器具购置	其他费用	
					小计	造林费
1990	4267	1520	110	413	2224	1164
1991	4595	2049	23	613	1910	913
1992	4150	1427	77	428	2218	1033
1993	4182	1563	261	241	2117	931
1994	7220	3654	303	1127	2136	1114
1995	7181	2925	95	673	3488	1713
1996	9230	2464	97	2197	4472	2557
1997	9626	2291	455	1326	5554	3103
1998	20353	2769	239	487	16858	9774
1999	37363	3463	36	450	33414	22700

续表

年份	合计	建筑工程	安装工程	设备、工具、器具购置	其他费用	
					小计	造林费
2000	67376	3638		5984	57754	49421
2001	75306	12921	77	550	61758	63502
2002	131150	6613	227	2372	121938	101942
2003	165391	10112		908	154371	156944
2004	136166	9587	124	584	125871	119296
2005	144717	3873		2646	138198	122192
2006	148411	4027	100	6130	138154	124592
2007	137506	7784	372	242	129108	106786
2008	315111	6025	50	82	308954	249294
2009	401925	10484	37	151	391253	319403
2010	376174	20244		30	355900	307898

第四节　农业综合开发林业项目建设

陕西农业综合开发林业项目建设始于1990年。农业综合开发林业项目资金包括中央财政资金、地方财政配套资金、自筹资金以及采取补贴、贴息、有偿扶持等多种形式吸引的金融资金、民间资本、工商资本和外商等其他经过法定手段筹集的资金。农业综合开发林业项目有偿扶持资金由地(市)财政部门向省级财政部门统借统还。农业综合开发林业资金扶持范围包括：①土地治理项目，包括生态林建设等生态综合治理项目；②产业化经营项目，包括林业部门营造农田防护林、防风固树林、水土保持林、水源涵养林、用材林、薪炭林、各种经济林基地建设项目。国家规定，农业综合开发以3年为一期，滚动立项开发。

1990年，国家下达渭北旱塬农业综合开发林业项目投资452万元，在宝鸡市凤翔、千阳、陇县、宝鸡；咸阳市长武、淳化、旬邑、彬县；渭南市富平、韩城、蒲城、澄城县建设农田林网、经济林、示范林，完善乡镇林业站，科技推广及技术培训，苗圃建设。

1991~1995年，即“八五”期间，全省累计投入1280万元，建设任务包括略阳、西乡、宁强、镇巴、南郑、勉县、安康、旬阳、石泉、白河、紫阳、平利、岚皋、镇坪、商州、山阳、丹凤、镇安、柞水等县(区)营造长防林工程。

1996~2000年，即“九五”期间，全省累计投入13078万元，建设任务包括略阳等16个县(区)营造长防林；韩城、潼关、岐山、蓝田、黄陵、延川、礼泉、西乡、山阳县(区)名优经济林基地、木本油料；横山、定边、绥德、榆阳、府谷、大荔6县(区)治沙造田。

2001~2005年，即"十五"计划期间，全省累计投入4473万元。建设任务包括横山、定边、绥德、榆阳、府谷、大荔6县治沙造田；宝鸡、汉中、延安、商洛4市的白河、印台、富平、大荔、礼泉、眉县、镇安、城固、商州、延川县(区)等建设木瓜、柿子、柑橘、核桃、红枣、银杏、红豆杉等名优经济林基地建设。

2006~2010年，即"十一五"计划期间，全省累计投入8820万元，建设任务包括黄龙、勉县、洋县、富平、米脂、陈仓、临潼、合阳、洛南、临渭、蒲城、延川、山阳、杨凌、旬阳、岚皋、大荔、铜川市中心苗圃、省苗木繁育中心、宁东局等县(区)及单位建设核桃、茶叶、厚朴、柿子、红枣、石榴、元宝枫等名优经济林基地及苗圃基地建设。

第五节　林业棚户区(危旧房)改造

陕西省2009年启动实施重点国有林区棚户区改造工程，2010年启动实施国有林场危旧房改造工程。国家林业局、住房城乡建设部、发改委、国土资源部2010年印发的《国有林区棚户区改造工程项目管理办法》规定，重点国有林区棚户区改造工程基本户型建筑面积为50平方米，国家补助1.5万元，省级配套1万元，其余投资由企业和职工自筹。各省可根据实际在初步设计阶段将户型面积做适度调整。陕西省确定棚户区新建住房基本户型建筑面积为50平方米，户型面积调整西安市区在90平方米以内，其他城区控制在80平方米以内。

国家林业局、住房城乡建设部、国家发改委、国土资源部印发的《国有林场危旧房改造工程项目管理办法》规定，国有林场危旧房改造基本户型建筑面积为50平方米，国家补助1万元，省级配套1万元，其余投资由市、县、林场和职工自筹解决。

2009年3月，国家林业局对陕西省重点国有林区"2009年棚户区改造工程实施方案"和"陕西省国有林场危旧房改造2010年实施方案"批复以后，省级相关部门抓紧组织开展前期准备工作，及时完成规划编制、施工图设计和用地计划、建设许可等审批手续。省林业厅会同有关部门加快制定"陕西省重点国有林区棚户区改造工程实施细则"，完善项目建设手续，抓紧工程初步设计编报和审批工作。

2009年，国家林业局下达宁东、宁西、太白、汉西、长青、龙草坪等6个林业局棚户区改造工程投资8059万元，其中中央投资1750万元，省级配套1167万元，企业和职工自筹5142万元。计划改造1167户，建筑面积58350平方米。

2010年，国家林业局下达宁东、宁西、太白、汉西、长青、龙草坪，宝鸡市辛家山、马家滩8个林业局棚户区改造工程投资29733万元。其中，中央投资6000万元，省级配套4000万元，其余投资由地(市)、企业和职工自筹解决19733万元。计划新建2599户，改造1401户。截至2010年年底，2009年下达省林业厅直属单位1167户重点国有林区棚户区改造任务，除长青局外都已开工建设。其中，龙草坪局已完成主体建设任务。宁东、宁西、太白、汉西、龙草坪林业局累计完成投资5312.3万元，占计划的65.91%。

2010年，下达的4000户棚户区改造任务(新建2599户，改造1401户)，已完成初步设计编制和上报工作。太白、宁西局已开工建设，累计完成投资715万元，占计划的2.78%。

2010年，国家林业局下达陕西省87个国有林场危旧房改造投资44790万元，其中：中央投资7465万元，省级配套7465万元，其余29860万元由市、县、林场职工自筹解决。计划改造危旧房住宅总户数7465户，其中新建6138户，改造1327户。

截至2010年年底，2010年下达的国有林场危旧房新建6138户，改造1327户建设任务，已完成初步设计编制和上报工作。

第六节　油茶基地建设投资

陕西秦巴山区是国内14个油茶种植省份分布的最北端，在全国油茶产业区划中属较适宜栽培区。陕南地区种植油茶已有300多年历史，油茶在陕西大面积种植始于1970年代后期，曾开展大规模油茶籽点播造林，还在南郑县建设了“全国油茶品种示范园”。油茶种植面积最高曾达到2.67万公顷，在其发展过程中，因市场机制及规模效益等因素的制约，一直没有形成较为成熟的产业。据统计，截至2008年年底，全省油茶林面积近1.33万公顷，主要分布在安康、汉中和商洛三市的汉滨、汉阴、南郑、西乡、商南、镇安等县(区)。为加快油茶产业发展，缓解食用油安全，国家从2008年起启动实施油茶经济林基地建设项目。

2009年9月，国家林业局印发《全国油茶产业发展规划(2009~2020年)》，涉及全国14个油茶省区642个县(区)。陕西作为油茶产业发展的最北缘，汉中、安康、商洛市13个县区纳入国家规划范围，并将汉滨区确定为全国油茶产业发展重点县，从2009年起给予资金扶持。按照国家林业局要求，省林业厅2009年组织编制《陕西省油茶产业发展规划(2009~2020年)》，规划到2015年全省新建油茶林1.56万公顷，改造油茶低产林1.02万公顷，油茶总面积达到2.87万公顷。到2020年，全省油茶林总面积达到5.13万公顷。主要发展品种有金洲系列、秦裕系列、汉油系列等。

2009年，国家下达汉滨区油茶良种基地项目投资1002万元。其中，中央投资370万元，地方投资632万元。新建油茶示范林666.7公顷，良种基地22公顷。

2009年以来，国家累计下达陕西省油茶示范林基地建设总投资1830万元，其中中央投资850万元，地方配套980万元，营造油茶示范林0.23万公顷；在安康市汉滨区建设油茶良种基地22公顷，中央投资170万元。截至2010年年底，全省油茶总面积达到31.3万亩，油茶籽产量1.89万吨，茶油产量1809吨，产值17476万元，油茶加工企业达到7个。

第六章 林业贷款

第一节 基本概况

林业贷款资金分为国内贷款和国外贷款。国内贷款包括林业项目贴息贷款、林业治沙贴息贷款、森工多种经营贴息贷款、山区综合开发贴息贷款。1996~2000 年，即“九五”期间，陕西省国内林业贷款数额较大。2001~2005 年，即“十五”计划以后，国家将林业专项贷款由政策性贷款变为商业性贷款，陕西贷款落实率有所下降。国外贷款从 2001 年开始，包括日元贷款陕西植树造林项目和秦岭植物园亚行贷款项目。2001~2010 年，全省国外林业贷款累计 60262 万元。

1990~2010 年陕西省林业各类贷款投资统计表

表 8-6-1　　单位：万元

年份	合计	国内贷款	国外贷款
1990	1595	1595	
1991	986	986	
1992	2663	2663	
1993	6400	6400	
1994	3840	3840	
1995	5500	5500	
1996	16293	16293	
1997	19375	19375	
1998	27158	27158	
1999	18975	18975	
2000	17199	17199	
2001	6665	3964	2701
2002	12950	9930	3020
2003	10441	1000	9441
2004	8878	1500	7378
2005	5294	1100	4194
2006	6062	5000	1062
2007	8511	3950	4561
2008	22510	12573	9937
2009	21731	12200	9531
2010	8437		8437

1986年，国家为解决林业发展森林资源危机问题，探索林业投资体制改革途径而建立的由林业部门立项，农业银行组织发放的政策性专项贴息贷款。陕西省1986年开始发放林业项目贴息贷款。1987年发放森工企业多种经营贴息贷款。1992年开始发放林业治沙贴息贷款。

1994年，国家金融体制改革，政策性金融业务和商业性金融业务逐步分离。为了确保国家对林业扶持政策的连续性，中国人民银行决定，自1995年1月1日起，将原由中国农业银行组织发放的林业项目贴息贷款和治沙贴息贷款交由中国农业发展银行管理。新增林业项目、治沙专项贴息贷款纳入中国农业发展银行信贷计划。1994年底以前的林业项目、治沙专项贴息贷款余额不划转，继续由中国农业银行负责管理。

1996年，开始发放山区综合开发专项贴息贷款，用于部分县(市)山区综合开发示范工作。宝塔区、商南县确定为国家首批山区综合开发示范县；清涧县成为国家第二批山区综合开发示范县，凤县、凤翔、略阳、佳县、耀县、蓝田、岚皋、富县成为国家第三批山区综合开发示范县。

1998年，国家规定原由中国农业发展银行承担的林业、治沙和山区综合开发贴息贷款从1998年5月1日起划归中国农业银行管理。农业银行接受开办农业发展银行划转的业务，利率执行中国人民银行的法定利率，原定的林业、治沙和山区综合开发贴息贷款用途和政策不变，财政贴息政策不变。

1999年，中国农业银行、中国工商银行、中国银行、中国建设银行下发《关于改进专项贷款管理的通知》，规定商业银行依法开展业务，不受任何单位和个人的干涉，国有独资商业银行今后不再承办政策性贷款，原则上不再保留"专项贷款"形式。林业贴息贷款、治沙贴息贷款、山区综合开发贷款、森工贴息贷款继续保留，并执行到2000年12月31日止。经办银行由"九五"以前指定的中国农业银行、中国农业发展银行逐步放开为各类银行和农村信用社。上述保留的专项贷款，由有关商业银行按照信贷原则自主选择项目、自主发放贷款，各行业主管部门可以提出项目建议，但不得干预银行贷款。贷款规模可在1998年的基础上根据实际情况予以适当增加，商业银行要根据项目的具体情况，合理确定贷款期限。省林业基金管理站负责全省林业贴息贷款项目的立项审查、申报以及贴息资金的审核、申报与拨付。

2007年，陕西省启动集体林权改革试点工作，为使金融部门支持林业产业发展，省林业厅先后与省农村信用联社签订林权抵押贷款合作协议；与农行陕西分行签订支持集体林权制度改革与林业发展合作协议；与开发银行陕西分行联合出台《林权抵押贷款工作实施细则》，分别对贷款对象、用途和条件，林权抵押的范围，贷款程序，抵押评估和抵押率确定，贷款期限、利率和贷款贴息，贷款管理，抵押林权管理和处置等做了明确规定。

第二节　贷款投放

1986年，中国农业银行陕西省分行、省林业厅、财政厅下发《关于发放林业项目贷款的联合通知》，规定贷款主要用于开发性生产的资金需要，分为速生丰产用材林、经济林、中幼林抚育和多种经营四种贷款。贷款投向是支持营造速生丰产林，搞好现有的中幼林抚育，建立后备森林资源基地，扶持发展经济林和多种经营。贷款对象是国营林场、集体林场、林业专业户或承包户和在农行开户的国营森工企业及其所属集体经济组织。贷款用于发展林业生产过程中的生产性资金需要，包括育苗、造林、抚育管护所需的种苗、农药、肥料、劳务等生产费用，以及购置生产机械、兴建小型水利设施、修建简易林道，购置必要的运输机具等生产设施支出。对多种经营中的林产品加工和林区资源开发项目的生产设备贷款，要严格控制在下达的指标之内，项目的投资总额不超过60万元，建筑规模在300平方米以下，必须备足不低于30%~50%的自有资金，先用自有资金，后用贷款。贷款期限：抚育管理和营造经济林贷款一般控制在5年之内，最长不超过7年；营造速生丰产林贷款一般控制在7年或10年之内，最长不超过15年；多种经营贷款一般控制在2~3年之内，最长不超过5年。

1991~1995年，即“八五”期间，国家对林业贴息贷款的对象、用途和期限做相应的调整。一是中国工商银行信贷部、林业部计划财务司《关于印发部分省区森工企业多种经营专项贴息贷款工作座谈会会议纪要的通知》进一步明确森工企业多种经营专项贴息贷款的适用范围，除原规定的种植、养殖、采掘、加工和森工第三产业外，从1992年起，增加木片加工、竹材加工，以及森工企业多种经营相配套的运输业。从1992年起，森工企业多种经营专项贴息贷款的每一项目贷款总额，一般控制在100万元以内，对个别经济效益好的项目可以扩大到200万元左右，对于超过限额，项目效益显著的报林业部、工商银行总行审批。二是治沙贴息贷款执行中国农业银行、中国人民银行、林业部、财政部文件规定：①凡列入治沙工程规划区内，在农行开户的国营企事业单位及集体经济组织和农民个人均可申请此项贷款。②贷款主要用于项目区内以治沙为目的，确有经济效益和贷款偿还能力的造林、造田及改造低产田、种草及改良草场、种植药材及经济植物、开发利用水面合理开发生物和矿物资源、水土资源等经营性项目。③贷款优先解决治沙工程建设中种苗、肥药、汽油、柴油、木材、水泥等生产费用资金不足的困难；积极支持治沙工程单位购置生产机械、兴建小型农田水利设施；适当支持合理开发利用沙区资源的加工业发展，但对加工业项目的设备性贷款要从严掌握。对劳务支出和基本建设不能贷款。对滥垦、滥牧、滥采、滥挖破坏林草植被的坚决不予贷款。三是林业项目和森工多种经营贴息贷款执行。1995年，省林业厅《转发中国农业发展银行〈关于加强开发性贷款管理的意见的通知〉的通知》，规定林业贷款重点使用在林区，主要支持发展建立速生丰产用材林、经济林、进行中幼林抚育以及林业部门的多种经营。要通过若干年的投入，建设一批速生丰产用材林商品基地。治沙贷款以治理沙化问题为目标，但在项目选择上必须确保经济效益，沙水林田路综合治理，农林牧副渔综合开发。在区域上目标不变，仍使用在原定地区，在项目上可以支持农林牧副渔项目，进而改善生态环境，提高综合效益。贷款期限仍按原文件继续执行。四是林业部《关于在林业项目贷款中注意安排林业工作站项目的通知》，强调各省会同同级农业银行安排落实林业项目贷款时，注意安排乡(镇)林业工作站提报的项目。

1996~2000年，即“九五”期间，国家进一步调整林业专项贴息贷款的对象、用途和期限。一是1996年3月，陕西省人民银行、农发行、林业厅、财政厅转发中国人民银行、中国农业发展银行、林业部、财政部《关于加强林业项目贴息贷款和治沙贴息贷款管理的联合通知》规定：国营林场、集体林场、林业专业户或承包户和在农业发展银行(代理行)开户的国营森工企业及其所属集体经济组织可以申请林业项目贴息贷款和治沙贴息贷款，用于林业龙头企业以公司带基地、基地连农户的经营形式，立足于当地林业资源开发、带动林区、沙区经济发展的种植业、养殖业以及林产品加工业贷款项目；各类经济实体营造的具有一定规模、集中连片的工业原料林贷款项目；国有林场(苗圃)、集体林场(苗圃)、森工企业为保护森林资源、缓解经济压力开展的多种经营贷款项目；林农和林业职工个人从事的林业资源开发和林产品加工贷款项目。贷款期限：①营造速生丰产林贷款贴息期限为5年。②经济林和中幼林抚育贷款贴息期限为3年。③多种经营和人工种草、改良草场、种植药材等治沙项目贷款贴息期限为2年。二是1997年，省人行、农发行、林业厅、财政厅转发《中国人民银行、中国农业发展银行、林业部、财政部〈关于加强山区综合开发贴息贷款的联合通知〉的通知》规定，①贴息贷款对象：山区综合开发示范县(市)内，在农业发展银行开立账户，符合贷款条件的林业、农业、水利、交通等部门的国有企业，集体企业，各种类型的合资(合作)企业及从事山区综合开发的其他经济实体。②使用范围及用途：根据“九五”期间我国农村经济发展战略和山区综合开发示范的总体目标，信贷支持山区综合开发示范工作的指导思想，走以市场为导向，以经济效益为中心，以科技为保证，以“改土，治水，植树，修路，通电”为基本内容，农林牧副渔、“山水林田路电”统筹规划，一、二、三产业协调发展，因地制宜，综合开发，实现经济社会和生态效益的同步发展。③贴息贷款使用范围：仅限于国务院确定的山区综合开发示范县(市)。贷款期限确定为3~5年，最长不超过7年。其中：用于植树造林、建立速生丰产林基地的贷款期限为7年，发展经济林等种植、修建山区道路贷款期限为5年，改造中低产田、兴建中小水利设施，兴建和改善山区通电设施、开发山区资源为主的多种经营贷款期限为3年。

2009年，国家将林业贴息贷款重点支持领域调整为：重点支持各类经济实体营造的工业原料林、木本油料经济林以及有利于改善沙区、石漠化地区生态环境的种植业项目建设，加快用材林和经济林资源培育；大力扶持林权制度改革后农户和林业职工个人从事的营造林和林区加工等林业项目建设，积极推进集体林权制度改革；进一步扶持国有林场(苗圃)、集体林场(苗圃)、国有森工企业为保护森林资源，缓解经济压力开展的多种经营项目建设，重点地支持自然保护区和森林公园开展森林生态旅游项目建设；继续支持林业龙头企业以公司带基地、基地连农户的经营形式的林业项目建设。

第三节　财政贴息办法

1990年，林业部、财政部、中国农业银行、中国工商银行《关于调整林业项目贷款和森工企业多种经营贷款利息承担额的通知》规定：从1990年1月1日起，对林业项目贷款和森工企业多种经营贷款利息承担额(含以前年度贷款承担额)作相应调整，中央财政和地方财政各承担年利率的3.17%，其余由借款单位承担。

1992年1月，林业部、财政部、中国农业银行《关于调整林业项目贷款利息承担额的通知》规定：自 1993 年 1 月 1 日起，林业项目贷款利息承担额：中央财政和地方财政各承担 2.64%，其余由借款单位承担。1992 年以前(含 1992 年)发放的此项贷款未到期余额，仍执行原办法规定的利息承担额，即中央财政和地方财政各承担 3.17%。

1992 年 8 月，中国农业银行、中国人民银行、林业部、财政部《关于发放治沙贴息贷款有关问题的联合通知》规定：治沙贴息贷款中央财政和地方财政各承担年利率 3.17%的利息，其余由借款单位承担。今后，银行利率不论上调或下调，两级财政贴息比例均不做变动。中央财政贴息部分，根据农行实际发放贷款数额和时间，先由省市级财政垫付，每年 11 月底以前将全年财政贴息情况表报财政部审核拨还。地方财政部门根据农行实际发放贷款数额及银行收息证明，按年或按季将贴息资金拨给同级林业主管部门，由林业主管部门及时转拨给借款单位。

1996 年 4 月，财政部《关于森工企业多种经营贷款财政贴息有关问题的通知》规定："九五"期间每年发放的贷款，由中央财政和地方财政各按年利率 4%贴息，其余的利息由借款单位承担。贴息的年限为 3 年。中央和地方财政连续贴息 3 年，超过 3 年仍未归还的贷款，中央和地方财政一律不再贴息。对 1993 年(含当年)以前发放的贷款余额，中央财政从 1996 年起不再贴息。对 1994 年发放的贷款余额，1996 年再贴息 1 年；对 1995 年发放的贷款余额，在 1996 和 1997 年贴息。每年贷款余额的贴息由中央和地方财政各按年利率 2.38%贴息，其余的利息由借款单位承担。

1996 年，陕西省人民银行、农发行、林业厅、财政厅转发《中国人民银行、中国农业发展银行、林业部、财政部〈关于加强林业项目贴息贷款和治沙贴息贷款管理的联合通知〉的通知》规定：财政部门按林业项目贴息贷款和治沙贴息贷款的不同用途进行贴息。①营造速生丰产林贷款贴息期限为 5 年，②经济林和中幼林抚育贷款贴息期限为 3 年，③多种经营和人工种草、改良草场、种植药材等治沙项目贷款贴息期限为 2 年。林业项目贴息贷款的贴息，中央财政和地方财政一律各承担年利率 2.64%的利息。其余，由借款单位承担。治沙贷款的贴息，中央财政和地方财政各承担年利率 3.17%的利息，其余由贷款单位承担。林业项目贴息贷款和治沙贴息贷款在贴息期间，银行贷款利率不论上调或下调，中央财政和地方财政均按本通知确定承担的利率贴息，不再变动。按照同级协商双线上报的原则，由地(市)县林业主管部门负责汇总本地(市)、县以下林业单位提报的两项贴息贷款项目计划。并会同农业发展银行代理行和财政部门，经初审同意加注意见鉴章后，自下而上逐级双线申报。省林业厅直属单位和林业部在陕单位提报的林业项目贴息贷款或治沙贴息贷款项目计划，经当地农业发展银行代理行初审同意后，直接报省林业厅，并抄报省农业发展银行和省财政厅。

1997 年，陕西省人民银行、农发行、林业厅、财政厅转发《中国人民银行、中国农业发展银行、林业部、财政部〈关于加强山区综合开发贴息贷款的联合通知〉的通知》规定："九五"期间，财政部门在中国人民银行每年安排的山区综合开发贴息贷款的规模内，按实际贷款数额贴息。财政部门不分山区综合开发贴息贷款的用途，贴息期限一律 3 年。山区综合开发贴息贷款，中央财政和地方财政各按 30%的年贴息比例给予贴息，其余贷款利息由借款单位承担。山区综合开发贴息贷款在贴息期间，银行贷款利率不论上调或下调，中央财政和地方财政均按本通知确定的年贴息比例给予贴息，不再变动。

各示范县山区综合开发主管部门、财政部门务于每年的10月4日前将本年度的中央财政贴息资金申请报告，上报省林业厅和省财政厅。

2002年10月，财政部印发《林业治沙贷款财政贴息资金管理规定》规定：2001～2005年，即“十五”期间，中央财政对符合林业治沙贷款规定以及国家生态环境建设要求的以下项目给予贴息：①按照速生丰产林工程规划营造的集中连片的速生丰产林造林贷款项目；②林区农民为解决生活问题营造的经济林造林贷款项目；③在沙区开展的以治沙为目的从事种植业及其产品综合利用项目。地方林业企事业单位、农村集体经济组织及从事林业治沙工作的有关中央直属单位，凡是利用林业治沙贷款，进行符合上述贴息范围项目建设的，均可以申请中央财政贴息。在沙区开展种植业项目的其他经济组织和个人，也可以申请中央财政贴息。地方单位和组织等使用贷款的项目，中央财政按年利率2%给予贴息，地方财政应按规定给予贴息。林业治沙贷款的贴息期限一般不超过3年。林业主管部门申请的林业治沙贴息贷款项目计划，必须经同级财政部门审核同意后再报送银行，否则财政部门不予贴息。“十五”期间，在确定的贷款规模之内，林业治沙贷款贴息采取据实核拨的办法，即当年财政贴息按当年前3个季度和上年第四季度实际贷款额计算，当年第四季度实际贷款的财政贴息在下年拨付。

2005年5月，财政部、国家林业局印发《林业贷款中央财政贴息资金管理规定》指出，从2005年起，林业贷款中央财政贴息率根据中国人民银行规定的贷款利率变化情况适时调整。金融机构一年期贷款利率为3%～5%时，中央财政对地方单位和个人使用的林业贷款项目，按年利率1.5%给予贴息；金融机构一年期贷款利率为5%～7%时，中央财政对地方单位和个人使用的林业贷款项目，按年利率2%给予贴息；金融机构一年期贷款利率高于7%(含)时，中央财政对地方单位和个人使用的林业贷款项目，按年利率3%给予贴息；各类经济实体营造的具有一定规模、集中连片的工业原料林以及种植业林业贷款项目，中央财政贴息3年，其余林业贷款项目贴息2年。

2009年，省林业厅转发财政部、国家林业局《林业贷款中央财政贴息资金管理办法》规定：林业贷款中央财政年贴息率为3%；林业贷款期限3年以上的，贴息期限为3年；林业贷款期限不足3年的，按实际贷款期限贴息。对农户和林业职工个人营造林小额贷款，适当延长贴息期限。贷款期限5年以上的，贴息期限为5年；贷款期限不足5年的，按实际贷款期限贴息。农户和林业职工个人营造林小额贷款是指在贴息年度内累计额小于30万元的营造林贷款。贴息资金分年据实贴息，贷款期限1年以上的林业贷款，按全年计算贴息；不足1年的，按贷款实际月数计算贴息。

第四节　林业专项贷款

“八五”期间，陕西省累计落实贷款19389万元。“九五”期间全省累计落实贷款99000万元。“十五”期间为17494万元；“十一五”期间为33723万元。“八五”“九五”期间，贴息贷款重点支持以苹果、茶叶、花椒和蚕桑为主的经济林基地项目，包括渭北优质苹果、花椒基地；陕北红枣、山杏基地；陕南蚕茧、油桐、生漆、板栗基地等，形成了较大规模的集中产区，成为山区农村发展的支柱产业。“十五”以来，贴息贷款重点支持中幼林抚育和速生丰产林基地建设，各类经济实体营造的工业原料林、木本油料经济林以及有利于改善沙区、石漠化地区生态环境的种植业项目建设；扶持林权制度改革后农户和林业职工个人从事的营造林和林区加工等林业项目建设；扶持国有林场(苗圃)、集体林场(苗圃)、国有森工企业为保护森林资源，缓解经济压力开展的多种经营项目建设，有重点地支持自然保护区和森林公园开展森林生态旅游项目建设；支持林业龙头企业以公司带基地、基地连农户的经营形式从事的林业项目建设。

第七章　抗灾与重建

第一节　抗击自然灾害

1990年以来，陕西省内先后发生5次比较大的自然灾害。分别是1996年7月、1998年7月、2002年6月，2008年1月和5月。1996年7月，渭南、咸阳、铜川、延安等地(市)相继遭受特大冰雹、暴雨袭击。特别是7月12日，8级大风携冰雹、暴雨袭击了临渭、富平、蒲城、大荔、华县、华阴、合阳、长武、旬邑、宜君、富县等县，40分钟内降雨50毫米，冰雹直径5~8厘米，最大10余厘米，暴雨、冰雹来势之大，范围之广，雹块之猛，灾情之重，是陕西省历史上罕见的。暴雨和冰雹毁坏苗圃地130公顷，打毁新造幼龄经济林1.3万公顷、“四旁”树100万株、桥涵50多处，林业单位房屋倒塌40多间，部分仪器、设备和农药等遭淹报废。全社会林业直接经济损失逾1000万元。

1998年7月，陕西部分地区连降暴雨，降水量达250毫米以上，仅7月8日一天，秦岭林区降水量达150毫米以上，省属5个采伐局辖区内发生了近10年来最大的山洪和泥石流，关中、陕南地区及省林业厅直属的自然保护区、楼观台林场都发生了不同程度的水毁。据统计，全省林业系统水毁造成人员死亡6人，重伤20多人，冲毁林区道路600余千米，桥梁32座，涵洞320多道，形成危桥26座，塌方400多处；冲毁住房和工棚50处，面积6000多平方米；毁坏供水渠道、水管200多处；冲毁苗圃800公顷；毁坏林区生活通讯线路800多千米，造成交通、通讯中断，15000名职工、家属面临生活和饮水困难，正常的生产及保护工作难以继续，直接经济损失达1.85亿元。

2002年6月8~10日，陕西出现了一次全省范围的强降水过程，全省大部分地区遭受暴雨袭击，汉中、安康、商洛、西安市林业系统的部分单位，特别是地处秦岭林区的省资源局所属5个林业局，佛坪、长青、牛背梁、太白山4个保护区和市、县所属林业单位在此次暴雨洪水灾害中损失惨重。经各市、县林业局、省属各林业单位的调查统计，此次暴雨洪水导致2名职工死亡，1名职工失踪，全省林业系统的直接经济损失15510.64万元。其中：秦岭林区厅直属单位直接经济损失9519.94万元。市、县级林业系统直接经济损失5990.7万元。一是龙草坪小南坪林区2名职工被洪水冲走，大坝沟度假山庄1名职工被洪水冲走。二是林区道路损失特别严重。据统计，林区道路全部被冲毁的有303.98千米，部分路基毁坏有251.5千米；路面毁坏的有240620平方米；冲毁桥、涵230座；塌方71875立方米；道路挡土墙毁坏11120立方米。三是林业站、林业公安派出所受灾严重。全省共有6个木材检查站、2个林业公安派出所、8个基层林业站、2个护林站几乎全部房屋财产被洪水冲走或房屋大部分倒塌。全省林业系统共冲毁房屋595间，面积9951.28平方米，形成危房5460平方米；有14台套机械设备被洪水冲走，其中有80型和2105型集材机4台，大型带锯1套，抽水设备2套被洪水卷走。四是苗圃损失严重。全省有20多个苗圃不同程度受损，冲毁苗圃地16.8公顷，受灾苗圃面积156.1公顷，冲毁喷灌设施3套，大棚2座，供电线路4.5千米，生产道路28.1千米，围墙168米。受害苗木6221万株，容器育苗29多万袋。直接经济损失1347.4万元。

2007年12月，陕西遭遇50年来罕见的持续降雪低温天气，造成严重的冰冻灾害。据统计，省资源局所属林业局人工造林受损面积近0.47万公顷，需要补植补造面积0.43万公顷，苗圃损毁面积0.33公顷，苗木损失496万株，苗圃温室大棚损毁21900平方米，苗圃给水管道、供电线路和道路严重损毁，采种基地和母树林不同程度受损，损失折合人民币约计2233万元。

2008年1月10日以来，受新疆、内蒙古冷空气南下和高压槽前西南暖湿气流的共同影响，陕西出现一次持续时间长、范围广、强度大的降雪过程。这次降雪，是1957年以来，在陕西出现的一次罕见的降雪过程。西安、宝鸡、汉中和渭南部分县市降雪持续时间和降雪量均为有气象记录以来极值。这次降雪造成陕西林业系统173个国有林场、41个保护区、200多个苗圃采种良种基地、5个省直国有林业局受灾，直接经济损失17148.6万元。一是自然保护区直接经济损失3000万元。其中雪灾损坏房屋2053间，直接经济损失1000万元；损坏水塔8座，水管1200米，直接经济损失200万元；损毁道路35千米，直接经济损失350万元；损坏电线、电杆、变压器、无线通讯、太阳能等通讯电力设施1000多处，直接经济损失1350万元。二是苗圃采种、良种基地受灾面积达280公顷，直接经济损失5382万元。其中冻死冻坏苗木4300多万株，直接经济损失4736万元；温室大棚设施损毁32处，面积6300平方米，直接经济损失626万元；喷灌暗管冻裂2000余米，直接经济损失20万元。三是省直国有林业局直接经济损失2464.3万元。其中，雪灾损坏房屋9900平方米，直接经济损失672万元；冻坏冻裂给水管道2.58万米，直接经济损失477万元；损坏供电线路3.09万米，直接经济损失112万元；损毁道路35千米，直接经济损失195万元；温室大棚坍塌12260平方分米，冻死冻坏苗木1800万株、喷灌暗管冻裂800余米，直接经济损失894.1万元；损毁卫星接收器20余台(套)、摩托车11辆及其他设施设备，直接经济损失114.2万元。四是全省国有林场直接经济损失6302.3万元。其中，雪灾倒塌房屋1079间21704平方米，直接经济损失1519.3万元；压折损坏苗木2.33万公顷，直接经济损失1745万元；损坏输电线路136千米，直接经济损失544万元；损坏饮水管道359千米，直接经济损失78万元；损坏道路359千米，直接经济损失1795万元；损坏通讯线路250千米，直接经济损失500万元；损坏围墙1300米，直接经济损失19万元；苗圃大棚倒塌4个，损坏苗木70万株，直接经济损失70万元；受冻橘园10.67公顷，直接经济损失32万元。

2008年5月12日，汶川大地震，陕西林业系统受灾严重。据统计，陕西省10个市不同程度受灾，林业系统受灾人口7087人。损坏公共用房138817平方米，其中，倒塌5151平方米，出现中度、轻度裂缝133666平方米；损毁职工住房45790平方米，其中，危房43142平方米，中度、轻度裂缝2498平方米；损毁道路415.1千米；给水管线70.5千米，供电线路117.5千米，通讯线路115.5千米；围墙裂缝、倒塌5464米；桥梁裂缝2座，涵洞塌陷2座，电线杆裂缝25根，水管破裂360米，锅炉倒塌1座，锅炉房倒塌2处；温室大棚顶膜破裂12520平方米；损毁瞭望台13座，防火物资储备库1140平方米，专业队营房375平方米；损毁电脑、空调等办公设备6套(台)。林业系统造成直接经济损失22220万元。其中：职工个人住房损失6923万元，公共基础设施损失15297万元。陕西灾情以汉中、宝鸡市为重，其中略阳、宁强为全省重灾县。略阳县共损失基层林业单位房屋230间，损毁局机关综合办公楼3009平方米，损坏林区道路26千米，围墙640米，供水管道3.5千米，道路边坡、护坡垮塌2350米，造成直接经济损失1610多万元。宁强县垮塌房屋64间，损坏房屋265间，损毁林区道路6.5千米，损坏电力线路3.5千米，损坏防火瞭望塔2座，损毁围墙1200米，136户职工住房受损面积达9520平方米，造成直接经济损失1680万元。地处汉中勉县的陕西省汉西林业局，这次地震造成10处围墙倒塌，2180平方米办公室墙体扭曲、移动，50立方米水塔裂缝倾斜，庙坪、新店子2个林场道路塌方，交通中断，场部停电。宝鸡市这次受灾最为严重的市直单位，共有9栋楼房出现不同程度裂缝，54间平房倒塌，188间平房裂缝，1493米围墙倒塌，2座水塔裂缝，1座防火设施毁坏，2座桥梁裂缝，2座涵洞塌陷，25根电线杆裂缝，10余千米道路塌方。宝鸡市林业局中心站3080平方米办公楼震后出现地基下陷近20厘米，四楼主梁出现明显裂缝，已成危楼。

2010年7月18~24日，安康发生百年不遇的特大暴雨致使山洪暴发，泥石流及山体滑塌等山地灾害多点发生，灾害给安康林业生产造成重大损失，损毁林业育苗地212.67公顷、各类苗木3390万株；损毁各类林地4.06万公顷。倒塌房屋100间1800平方米、毁损房屋551间9918平方米；损毁林区道路390.6千米，供电线路32.5千米，供水管线29.2千米；直接经济损失达到6.2亿元。7月23~24日，延安桥山林区突降暴雨，林区两条主要河流沮河、南川河河水暴涨，造成2条主干公路黄畛公路、店焦公路中断，部分林场及管护站断电、断水、通讯中断，大部分林场房屋漏水，苗圃地、鱼池、防火通道、桥梁被淹或冲毁，直接经济损失达331.2万元。7月下旬，山阳县遭受50年一遇的特大暴雨侵袭，降水量超过100毫米的乡镇8个，最大降雨量达到150毫米，全县林果基地、经济林木、苗圃地、林区道路、职工住房、生产生活设施受灾严重，林业直接经济损失达到3247万元。8月，铜川市因连续强降雨造成重大损失。据初步统计，水毁苗圃地4公顷，冲毁定植大苗6万株、核桃嫁接苗5.1万株，毁坏容器苗819.36万袋，其他苗木34.17万株，186.17公顷花椒受灾；国有林场和苗圃有114间房屋漏水，31间房屋坍塌或成危房；倒塌围墙246米，50米围墙倾斜成危墙；护坡坍塌110米，裂缝20米；水毁河堤11200立方米，冲毁林区道路39.5千米、桥梁2座；毁坏香菇棒18万棒，水淹核桃烤炉1个。强降雨给林业造成直接经济损失3300余万元。

第二节　汶川地震灾后恢复重建

2008 年 10 月，根据国家发改委、国家林业局、环境保护部、农业部、水利部联合印发《关于汶川地震灾后恢复重建生态修复专项规划的通知》要求，省林业厅编制《陕西省地震灾后恢复重建生态修复实施方案》。

2009 年 5 月，省财政厅、发改委下达中央财政地震灾后恢复重建基金包干总数和分类控制数，明确陕西地震灾后恢复重建生态修复投资规模和建设任务。计划用 3 年时间，投资 11. 16 亿元，对略阳、勉县、宁强、陈仓 4 个重灾县和灾区 14 个省直单位林业灾害损失进行恢复重建。按照国家下达的中央财政地震灾后恢复重建基金包干总数和分类控制数，省上共安排全省林业灾后恢复重建中央专项资金 4. 545 亿元，涉及 127 个修复项目。其中，4 个重灾县 99 个生态修复项目，总投资 3. 195 亿元(其中陈仓区 45 个生态修复项目，总投资 8360 万元；宁强县 8 个生态修复项目，总投资 9090 万元；勉县 36 个生态修复项目，总投资 7600 万元；略阳县 10 个生态修复项目，总投资 6900 万元)；省属单位 28 个项目，总投资 1. 35 亿元。

灾后重建情况：

(1)陈仓区灾后恢复重建生态修复项目共 45 个，规划总投资 9901 万元，其中中央灾后重建专项投资 8360 万元。项目实施后，全区共完成林草植被恢复 1. 75 万公顷，恢复重建林木种苗基地 6. 9 公顷，新建林区供电线路 4 千米，恢复重建林区道路 70. 6 千米，新建各类林业业务用房 1. 515 万平方米，维修加固各类业务用房 1. 105 万平方米。

(2)宁强县灾后恢复重建生态修复项目共 8 个，规划总投资 9230 万元，其中中央灾后重建专项投资 9090 万元。项目实施后，共恢复林草植被 973. 3 公顷，恢复重建林木种苗基地 3. 3 公顷，新建林区供电线路 12. 8 千米，恢复重建林区道路 26. 65 千米，新建各类林业业务用房 0. 15 万平方米。

(3)勉县灾后恢复重建生态修复项目共 36 个，规划总投资 7600 万元。其中，中央灾后重建专项投资 7600 万元。项目实施后，全区共完成林草植被恢复 306. 67 公顷，恢复重建林木种苗基地 6. 67 公顷，新建林区供电线路 8 千米，恢复重建林区道路 23 千米，新建各类林业业务用房 1. 128 万平方米，维修加固各类业务用房 0. 56 万平方米。

(4)略阳县灾后恢复重建生态修复项目共 10 个，规划总投资 7400 万元，其中中央灾后重建专项投资 6900 万元。项目实施后，共恢复林草植被 3. 79 万公顷，恢复重建林木种苗基地 8 公顷，新建林区供电线路 4. 7 千米，新修瞭望塔 2 座，完成 6 千米供水管线，恢复重建林区道路 21 千米，重建大棚 550 平方米，新建各类林业业务用房 1059 平方米，维修加固各类业务用房 819 平方米。

(5)省林业厅直单位灾后恢复重建生态修复项目共 28 个，投资 1. 35 亿元，均为中央灾后重建专项资金。项目实施后，共恢复林草植被 0. 33 万公顷，恢复重建林木种苗基地 15. 97 公顷，野生动物栖息地恢复 0. 27 万公顷，新建林区供电线路 32 千米，恢复重建林区道路 249. 9 千米，新建各类林业业务用房 4. 74 万平方米，维修加固各类业务用房 3. 48 万平方米，恢复动物圈舍 5130 平方米。

2009年底，中央灾后恢复重建资金已全部拨付到位，灾后恢复重建生态修复项目有序开展。2009年3月，国务院总理温家宝提出，“灾后重建要加大力度，加快进度，力争在两年内基本完成原定3年的目标任务”。2010年，中纪委、中央抗震救灾资金物资监督检查工作领导小组《关于进一步加强对汶川地震灾后恢复重建项目和资金监督检查的通知》中，要求灾后恢复重建项目在2010年9月底前基本全面完成。截至2010年年末，全省地震灾后生态恢复重建127个项目已全部完工，累计恢复林草植被3.64万公顷，恢复野生动物栖息地0.34万公顷，恢复林木种苗基地38.84公顷，恢复各类房屋13.29万平方米，恢复林区水、电、路等基础设施513.53千米，恢复动物圈舍5130平方米，新建温室和大棚5970.7平方米，并进行防火、防虫设备购置，使全省受损森林生态系统逐步修复。

第九篇　林业法制建设与教育培训

改革开放以来，林业建设的法规体系不断完善。截至2010年，陕西省共制定颁布林业法规规章20部。其中，地方性法规13部，省政府规章7部，陕西省林业法治体系基本形成，有力地推进了现代林业法制建设。全省林业系统先后开展了“四五”普法、“五五”普法教育活动，加强了林业执法队伍培训，到2010年，全省近1万名林政执法持证上岗执法。在1990~2010年，陕西省有林业高等院校3所，中等林业学校3所，这些林业院校为陕西林业培育近3万名高素质人才的人才队伍，这支人才队伍成为助推陕西林业高质量发展的主力军。林业成人培训事业顺应时代发展需要，快速发展，不仅提高林业在职人员工作技能，也为林业发展储备知识型和技能型人才队伍。

第一章 林业政策法规

第一节 普法机构

1990年以前，为加强和推进林业法制建设，省林业厅在厅办公室设立了专门的法治工作班子，专门从事林业政策的调研、立法等工作。1990年7月30日，省林业厅成立实施《中华人民共和国行政诉讼法》准备工作领导小组，副厅长梁玉坤任组长，在林业厅办公室设立复议机构，专配工作人员3名，管辖林业行政处罚案件复议和应诉工作。

1993年12月30日，陕西省人民政府批准《陕西省林业厅“三定”方案》，设立政策法规处，为省厅专职实施法治建设、普法教育、法律委托、执法管理、行政复议等。

1994年法规处成立，有工作人员4名，主要工作职能：贯彻执行林业方针、政策和指导林业经济体制改革中的重大问题进行调查研究；组织起草林业法规，归口管理林业法制工作；组织林业普法宣传教育，监督检查林业执法工作；依法受理林业行政案件的复议工作。

2000年机构设置时，政策法规处予以保留，人员编制无变化，工作职能调整为：组织拟订全省林业法规、规章、政策，对有关法律、法规征求意见案提出修改意见；归口管理林业法制工作，协调监督林业行政执法；组织协调全省林业法制培训、宣传和教育工作；组织实施林业政策、法律、法规、林业经营体制改革等方面的调查研究；负责林业行业的行政处罚和执法稽查，受理承办行政复议和行政应诉案件；协助查处林业行政案件。

2010年，法规处有工作人员6名。主要工作职能：为从事草拟林业方面地方性法规、政府规章草案；负责厅机关规范性文件审核和备案工作；组织开展林业政策、法律、法规、林业经营体制改革等方面的研究工作；负责林业行政执法监督工作，协调行政执法中的重大问题；负责林业行政应诉、行政复议和执法听证相关工作；负责林业行政许可相关业务工作等。

第二节 法制建设

一、省级林业法规条例

1991年5月17日，陕西省七届人大第二十一次会议通过《陕西省森林管理条例》，2000年12月2日，陕西省九届人大第十九次会议修订；2004年8月3日，陕西省十届人大第十二次会议修正。

1991年11月29日，陕西省七届人大第二十四次会议通过《陕西省实施〈中华人民共和国野生动物保护法〉办法》，2004年8月3日，陕西省十届人大第十二次会议修正。

配合省农业厅起草《陕西省实施〈中华人民共和国农业技术推广法〉办法》，1995年

12 月 29 日，陕西省八届人大第十六次会议通过；1997 年 8 月 2 日，陕西省第八届人大第二十八次会议修正。

2003 年 8 月 1 日，省十届人大第五次会议通过《陕西省实施〈中华人民共和国种子法〉办法》，自 2003 年 10 月 1 日起施行，2004 年 8 月 3 日省十届人大第十二次会议修正。

2003 年 8 月 1 日，省十届人大第五次会议通过《陕西省实施〈中华人民共和国防沙治沙法〉办法》，自 2003 年 9 月 1 日起施行。

2006 年 4 月 2 日，省十届人大第二十四次会议通过《陕西省湿地保护条例》，自 2006 年 6 月 1 日起施行。配合省农业厅起草的《陕西省实施〈中华人民共和国农村土地承包法〉办法》，2006 年 9 月 28 日，省十届人大第二十七次会议通过，自 2007 年 1 月 1 日起施行。

2007 年 11 月 24 日，省十届人大第三十四次会议通过《陕西省封山禁牧条例》和《陕西省秦岭生态环境保护条例》，自 2008 年 3 月 1 日起施行。

2010 年 7 月 29 日，省十一届人大第十六次会议通过《陕西省野生植物保护条例》和《陕西省古树名木保护条例》，自 2010 年 10 月 1 日起施行。

二、陕西省林业规章

1990 年 6 月 15 日，省政府批准同意《陕西省木材检查站工作暂行规定》；1991 年 5 月 18 日，省政府发布施行《陕西省实施〈森林防火条例〉办法》；1991 年 11 月 20 日，省政府发布《陕西省关于开展全民义务植树运动的实施细则》；1994 年 9 月 8 日，省政府公布《陕西省征用占用林地及补偿费征收管理办法》；2001 年 7 月 14 日，省政府公布《陕西省实施〈中华人民共和国自然保护区条例〉办法》；2003 年，省政府〔2003〕4 号发布《陕西省人民政府关于实行封山禁牧的命令》；2004 年 11 月 4 日，省政府第 104 号发布《陕西省重点保护陆生野生动物造成人身财产损害补偿办法》；2007 年 11 月 24 日，省十届人大第三十四次会议通过《陕西省封山禁牧条例》（原规章自动失效）；2009 年 3 月 19 日，省政府第 139 号令公布《陕西省渭河流域生态环境保护办法》（省林业厅为主要起草单位）。

三、规范性文件备案审查工作

坚持规范性文件“有件必备、有备必审、有错必纠”的原则，把做好规范性文件审查备案工作作为依法行政的重要内容，加强监督管理，完善相关制度，突出重点环节，严格审查把关，确保规范性文件合法有效。为做好该项工作，起草《陕西省林业厅规范性文件审查备案管理办法》，对规范文件的起草、审核、发文、备案等环节进行规范；修订完善机关文件起草文头格式。将“是否属规范性文件”和“是否经法规处审查”作为厅公文制发的一道必备程序，政策法规处作为规范性文件监督机构，所有规范性文件草案经厅办公室审核后，统一交由政策法规处进行合法性、合理性和可行性审查，从源头上加强对规范性文件的管理；制作“规范性文件审查意见文书”。凡是送审的规范性文件均由厅政策法规处审查后，向起草单位出具书面审查意见，编号归档。未经法规处审查通过的规范性文件，不得提交厅长办公会议审议，更不得发布执行。几年来对省林业厅下发《核桃经济林基地建设项目作业设计办法》《核桃经济林基地建设检查验收暂行办法》《核桃良种穗条及苗木生产使用管理办法》《关于切实加强松脂采集管理的通知》等30多部规范性文件提出书面审查意见，并根据要求报省政府备案。

第三节 普法教育

一、“四五”普法开展的基本情况(2001~2005年)

“四五”普法依法治理工作从2001年开始。围绕“四五”普法规划确定的“两个转变，两个提高”的总体目标和重点普法对象，确立“加大力度、主动出击、巩固成果、扩大范围、普治结合、全面展开”的普法依法治理工作思路。

1. 制定规划，健全机构，层层落实普法依法治理任务。根据《陕西省依法治省五年规划》和国家林业局《林业系统法制宣传教育第四个五年规划》，制定《陕西省林业普法依法治理第四个五年规划》，每年认真制定年度普法依法治理计划，将普法任务进行分解，确定年度普法重点，层层下达，分层次提出切实有效的落实措施，做到“五年有规划，年度有计划，阶段有部署”。

2001年，机构改革后，省林业厅成立以主管副厅长为组长，法规处处长为副组长的“四五”普法领导小组，厅办公室、人事教育处、保护处、资源处等11个相关业务处室领导为小组成员，领导小组办公室设在法规处，法规处处长兼任办公室主任。

各级林业部门也及时调整普法依法治理领导小组，落实工作机构，将普法经费列入年度工作经费预算予以保障，保证了工作的连续性和正常开展。据统计，全省林业系统成立普法依法治理领导小组122个，有专兼职依法行政工作人员687人，为普法工作的顺利开展提供了可靠保障。

2. 认真组织开展“12·4”全国法制宣传日活动。充分发挥报刊、广播、影视等大众传媒的优势，大力营造宣传氛围，采取法律咨询、散发资料、出动宣传车、播放录像、墙报板报等多种形式，广泛展开宣传。据统计，宣传日活动中，全省共出动宣传车5000多辆次，散发各种宣传材料60万份，接待群众法律咨询4万多人次，张贴标语30万多张，悬挂横幅1000多条，电视台播放宣传栏目600多小时，报刊刊载有关宣传文章照片400多篇(幅)，出版法制宣传板报3000多块。

3. 坚持林业普法年度考试制度。认真组织全省林业系统干部职工年度普法考试，省厅普法办对全省各市的考试情况进行抽查巡视。同时将考试成绩登入林业职工“四五”普法合格证，并抄送有关人事组织部门及业务主管部门。据统计，每年参加普法考试的干部职工均达到95%以上，80%以上达到成绩良好。

4. 健全制度，确保领导干部学法用法工作落到实处。建立健全领导干部学法制度。按照省人大办公厅、省委组织部、省委依法治省办《关于加强领导干部学法用法工作的通知》精神，建立完善了领导干部学法制度。厅党组建立了理论中心组法制学习制度，制定学习计划，认真落实。省林业厅党组成员坚持带头参加集体学习，共举办法制讲座8次；组织全省林业系统领导干部进行法律知识培训，规定培训时间、参学对象、学习内容。组织干部系统学习全国“四五”普法教材《法律知识读本》《整顿规范市场经济秩序法律知识问答》等。

2003年，《中华人民共和国行政许可法》颁布后，陕西省举办培训班15期，培训科级以上领导干部1000余人次；坚持领导干部年度法律考试制度。按照省依法治省办公室的安排，每年都要组织处级以上领导干部进行法律知识考试，将普法考试成绩纳入干部职工的年度考核内容，并将考试成绩抄报人事、组织部门备案。

5. 抓林业行政执法人员的学法用法工作。把执法人员学法用法作为一项重要工作列入日程。省林业厅组织编写《林业政策法规汇编》《林业法律知识问答》《林业执法手册》等教材和参考资料2万多册，购买《全国林业职工法律知识读本》《中国法律法规数据全库》《防沙治沙法》《退耕还林条例释义》等学习资料1.5万多册(套)。“四五”普法期间，陕西省共举办各类林业法制培训班500多期，培训人员7000多人。陕西省6000余名林业行政执法人员，全部经过相应培训考核合格，并持有合法的《林业行政执法证件》。先后派出200多名法制骨干参加国家林业局、省政府法制办举办的法制培训班。

6. 面向社会广泛宣传林业法律法规，利用各种媒体，大力宣传林业政策法规。先后在西安人民广播电台“新闻直播间”和“法律咨询热线”等栏目开展法制教育，在《陕西日报》开辟“保护生物多样性 建设绿色新陕西”专栏，在《陕西林业》开办普法栏目宣传林业法律知识。与共青团陕西省委、陕西省青年志愿者协会、陕西日报社等单位联合组织“关注国宝，我为珍稀动物献爱心”大型公益活动，联合省农业厅、省环境保护局等部门在西安举办“环境保护生态教育展览”，参观人数达9000多人。“四五”普法期间，陕西省共组织大型活动20余次，利用广播、电视、报刊等媒体刊播宣传稿件万余件，仅2002年，省级广播、电视有关林业法规方面的报道就达1370多件。

7. 开展“送法下乡”“送法入户”活动。结合省政府组织的“科技之春”宣传月活动、植树节、爱鸟周、防火戒严期等时机，深入乡村大力宣传林业科技知识和林业法律法规常识，让公众了解林业的各项法律制度。长青保护区把有关法律法规、森林保护，以及森林防火知识拍成录像片，在保护区周边乡镇进行巡回播放。佛坪保护区将保护区范围内发生的林业案件整理编写《森林和野生动物案例汇编》，发放到保护区内的农户手中，在为老百姓讲解案例的同时，帮助他们提高法律意识。法规处组织人力编印《陕西省国家和省重点保护野生动物宣传挂图》，发放全省张贴宣传。通过宣传，公众遵法守法、爱林护林意识普遍增强。据统计，陕西省配合法制宣传深入乡村电影宣传1500余场，制作生态环境展板300余块，张贴《国家和省重点保护野生动物宣传挂图》《林业法律知识挂图》和有关宣传图4.6万余幅(条)，接待群众法律咨询5万余人次，散发宣传资料60万余份，建立固定宣传牌1300余块。

8. 加强对青少年的法制宣传教育。面向社会开展“关注森林，保护鸟类，给鸟儿安个家”活动，组织275名志愿者在太平森林公园安放200多个人工鸟巢；开展“我和动物有个约会”活动，组织青少年、小记者、学校兴趣小组和科普辅导员共同签署了《保护野生动物宣言》。佛坪保护区还在保护区的岳坝乡中心小学和龙潭村小学开展小学生生态知识竞赛活动，参赛学生达200余人，教育小学生热爱大自然，关爱保护森林资源，培养他们良好的生活习惯。认真做好抗击“非典”“禽流感”期间的法制宣传教育工作，积极向社会公众宣讲《中华人民共和国传染病防治法》《突发公共卫生应急条例》等法律法规。抓住时机，及时向社会大力宣传保护野生动物的科学常识，倡导科学文明的饮食习惯。

2006 年 5 月，省林业厅政策法规处党学军同志被中宣部、国家司法部授予“四五”普法宣传教育先进工作者称号。国家林业局授予陕西省林业厅政策法规处、佛坪国家级自然保护区岳坝森林公安派出所、横山县林业局为“四五”普法宣传教育先进集体；省林业厅政策法规处副处长谢君朝、安康市林业局普法办主任余兴弟、铜川市林业稽查队队长焦爱叶、韩城市林业局林政法制股股长冯诚为普法先进个人。

二、“五五”普法工作基本情况(2006~2010 年)

2006 年以来，省林业厅按照陕西省《关于在全省公民中开展法制宣传教育推进依法治省进程第五个五年规划》和国家林业局《全国林业系统法制宣传教育第五个五年规划》确定的各项任务，全面普及宪法、国家基本法律和林业法律知识，加大执法和执法监督力度，加强林业法律服务工作。

1. 健全机构。2006 年，“五五”普法开始，省林业厅根据省政府和国家林业局的部署，召开全省林业系统普法依法治理工作会议，对全省林业“五五”普法工作进行部署和动员。各市、各单位也结合各自实际召开了“五五”普法动员会。当年，省林业厅成立“五五”普法依法治理领导小组，主管副厅长高永民为组长，厅办公室、人事教育处等 13 个部门领导为小组成员，领导小组下设普法办公室，普法办公室主任由法规处处长兼任。各市、各单位相应成立“五五”普法依法治理领导小组。据统计，全省林业系统成立普法依法治理领导小组 136 个，有专兼职依法行政工作人员 680 名。

2. 制定规划，落实任务。按照陕西省第五个五年规划和国家林业局规划要求，制定《陕西省林业系统法制宣传教育第五个五年规划》。从 2006 年开始，认真制定年度普法依法治理计划，将普法任务进行分解，确定年度普法重点，层层下达，分层次提出切实有效的落实措施，做到“五年有规划，年度有计划，阶段有部署”。同时，把普法、依法治理作为年度目标责任考核和领导干部任期目标考核的重要内容之一，严格考核，保证了任务落实和责任到位。

确保领导干部学法用法工作落到实处。深入贯彻中组部、中宣部、司法部、全国普法办《关于进一步加强领导干部学法用法、提高依法执政能力的意见》，制定完善《林业厅党组中心组学习制度》《林业厅领导干部学法制度》《林业厅机关学习制度》等制度，坚持每年制定领导干部法律学习计划并认真落实。聘请法律顾问参与重大事项的决策，确保依法决策和管理。省林业厅党组成员坚持参加集体学习，系统学习邓小平理论、依法治国理论与实践、社会主义市场经济条件下的法制建设、行政执法与依法行政、中国的宪法法律制度、刑事法律制度、行政法律制度、国际商贸法律制度等法律知识。“五五”普法期间，省林业厅举办领导干部法制讲座 11 次。坚持领导干部年度法律考试制度。按照省依法治省办的要求，每年组织处级以上领导干部进行法律知识考试，将普法考试成绩纳入干部职工的年度考核内容，并将考试成绩抄报人事、组织部门备案。“五五”期间，领导干部参考率达到 98%以上。同时，按照国家林业局的安排，坚持林业普法年度考试制度。每年组织全省林业系统 3 万余干部职工年度普法考试，将考试成绩登入《林业职工普法合格证》，并抄送有关人事组织部门及业务主管部门。

结合陕西省林业行政执法实际，组织编写《林业政策法规汇编》《陕西省集体林权制度改革》《林业执法手册》等普法教材。对新到执法岗位的执法人员，坚持做到培训考试合格后发放《林业行政执法证》，把好“上岗关”。对其他执法人员，要求“五五”期间普遍进行1~2次的业务培训。按照省市县三级培训模式，多层面做好林业行政执法人员的培训。据统计，“五五”普法期间，陕西省共举办各类林业法制培训班500多期(次)，培训领导干部和执法人员1万余人(次)，10个市举办林业行政执法人员执法资格培训班30余期。陕西省9000余名林业行政执法人员，全部经过相关培训合格，并持有合法的林业行政执法证件。每年，省林业厅在各地、各单位组织执法人员学习培训的基础上，按照执法证号随机抽取10%的执法人员参加由省林业厅组织的统一闭卷考试，促进执法人员法律素质和理论水平的提高。

3. 开展“法律六进”活动。将“学法律、讲权利、讲义务、讲责任”主题活动与“法律六进”活动紧密结合起来，省林业厅机关和直属单位开展了建立普法制度、读普法书籍、搞专题活动、办宣传专栏、设普法网页等五项活动，广大林业干部职工的宪法意识和法治观念明显增强。

围绕《中华人民共和国公务员法》的颁布实施，组织省林业厅机关全体公务员认真学习《政务公开条例》《中华人民共和国保密法》《中华人民共和国行政许可法》等法律法规，强化责任意识；围绕全省集体林权制度改革工作，大力宣传《中华人民共和国农业法》《中华人民共和国森林法》《中华人民共和国农村土地承包法》《退耕还林条例》等法律法规，编写林改法律知识学习宣传材料，发放给林改农户，提高林区群众以法维权的意识；围绕治理商业贿赂工作、党员干部警示教育等活动，重点开展公务员渎职侵权犯罪方面的普法宣传活动，组织购买《渎职侵权犯罪案件立案标准宣传手册》和宣传挂图发放厅机关各单位和直属单位学习宣传。围绕北京举办奥运会，开展以“人文奥运、法治同行”为主题的奥运法制宣传教育活动；面对突如其来的汶川地震灾害，重点抓《中华人民共和国突发事件应对法》和防震减灾有关科学知识的集中学习宣传活动；结合建设和谐社会的要求，开展促进经济社会发展、维护社会和谐稳定方面的法律法规宣传教育。配合全省集体林权制度改革试点工作，编印《林改政策汇编》3册共6本5000余册，发送省、市、县三级党委政府。利用《陕西日报》、省广播电台“秦风热线”“现代新农村”等栏目宣传林改政策。据统计，全省发放林改公开信24万份，宣传资料10万本，写标语13605条，仅2009年中央林业工作会议和省委林业工作会议前后，省林业厅在中央、省主要媒体刊登专版、专题或者播放专题片32条(部)，为陕西省集体林权制度改革顺利开展营造良好氛围，为维护社会稳定发挥法律保障和法律服务作用。

第四节　林业行政执法

一、执法队伍

省林业系统林业行政执法分为3类，分别是法定的林业行政执法机关，法律、法规授权的林业执法机构和林业行政机关依法委托的组织三种类型。省林业厅通过下发委托文件委托行使部分林业行政处罚权，开展林业行政执法人员资格审定、培训考试和执法证件申领，开展林业行政执法监督检查，举办林业行政执法案卷评查，开展行政执法权清理整顿，下发文件通知规范执法行为等多种方式，加强对林业行政执法机构队伍的管理。

1990 年以来，省林业厅以公布实施的《中华人民共和国行政诉讼法》《林业行政处罚程序规定》等法律法规为依据，加强林业行政执法队伍建设，规范林业行政执法行为。1991 年，陕西省森林公安总数 1322 人。陕西省共有森防人员 348 人。其中，植物检疫人员 188 人。

1997 年，国家林业部根据《林业行政处罚程序》《林业行政执法监督办法》《林业行政执法证件管理办法》规定，开始办理林业行政执法证，省林业厅机关持证人员共 62 人。1997 年，省林业厅在陕西省林业系统发放陕西省行政执法证件，陕西省林业系统持证执法人员 4309 人。

2002 年，陕西省林业系统换发陕西省行政执法证件，新证自 2003 年 1 月 1 日启用。

2003 年，陕西省 4309 名林业行政执法人员全部换发国家局制发的林业行政执法证，新证自 2004 年 1 月 1 日启用。

2007 年，陕西省 7006 名林业行政执法人员全部换发国家局制发的林业行政执法证，新增持证人员 1205 名，新证自 2008 年 1 月 1 日启用。

截至 2010 年，经依法清理林业行政执法依据，明确执法主体，省林业厅共有法定机关 1 个，法律、法规授权的执法机构 11 个，依法委托的组织 15 个。

在对林业行政执法人员监管中，通过采取对持证人员抽查考试、年度案卷评查的方式，对抽查考试不合格人员注销证件、取消执法资格。2010 年，共抽查考试 454 人，对 31 名考试不合格人员注销林业行政执法证件，取消执法资格。同时，每年进行一次案卷评查，对执法人员在执法过程中的不规范行为及时纠错。

二、林业执法队伍培训

根据国家林业局《林业行政执法证件管理办法》，关于申领林业行政执法证前应当对林业行政执法人员进行培训且考试合格方可发证的规定，陕西省在历次换发、新增申领林业行政执法证前对全部人员进行培训考试，合格后换发、申领新证。结合陕西省林业行政执法实际，省林业厅里组织编写《林业政策法规汇编》《林业法律知识问答》《陕西省林业行政执法实用手册》等教材，作为培训资料。自 1997 年，开始办理林业行政执法证，陕西省共举办各类林业行政执法人员培训班 1500 多期(次)，培训领导干部和执法人员 2.2 万多人(次)，林业持证执法人员全部参加过一次以上的专业培训。

创建骨干队伍，推进规范执法。2012 年省林业厅组织各市县推选 1~2 名林业行政执法人员，专门进行强化培训，在陕西省林业系统建立起 210 多人的执法骨干队伍。其目的是以执法骨干为示范引领，带动促进全省林业行政执法人员的法律素质、执法水平不断提高，从而推进全省林业行政执法队伍规范化建设。

1997 年，举办两次林业行政执法证件申领业务培训和考试，共培训 4371 人次，其中 62 人拿到国家林业局制发的林业行政执法证，4309 人拿到陕西省行政执法证件。5~6 月，分 4 期在杨凌陕西省林业学校培训中心进行行政法学基本理论、森林法及实施细则、林政管理等法律制度及具体操作培训，省林业厅机关及直属单位执法人员、各市主管林业执法的局长、科长 278 人参加。同年 12 月，分 2 批在长安县和户县进行执法培训，省林业厅直属有关单位负责同志及执法人员 67 人参加。

1998年，陕西省共举办《中华人民共和国森林法》学习研讨班418期，培训陕西省各级林业执法人员4000多人次。组织101名处级以上干部和执法人员参加《中共中央法制讲座汇编》《股份制与股份合作制政策知识问答》等培训学习及考试，有效提高地林业行政执法水平。

1999年6月13日，在西安市灞桥区中国航天总公司四院航天科技交流中心对陕西省林业行政执法人员进行培训；同年8月在楼观台森林公园开展第二期执法人员培训。同年，组织林业厅机关100名领导干部和执法人员参加了《中华人民共和国宪法修正案》《中华人民共和国宪法》《中华人民共和国合同法》学习及考试活动。

2000年，邀请国家林业局政策法规司陈根长司长、王宏杰副司长，在陕西省林业工作会议和省林业厅职工大会上作《中华人民共和国森林法实施条例》辅导讲解，培训省林业系统干部职工及执法人员300多人次。同年举办《中华人民共和国森林法实施条例》辅导讲座，省林业厅直属各有关单位、森工总公司相关领导干部及执法人员90多人参加讲座。同年11月，在西安举办的全省林业法制工作座谈会，组织各市林业局、林业厅直各单位负责同志近50人参加。

2002年，组织陕西省林业系统普法培训86期，培训领导干部及执法人员4640人，其中省级培训9期，培训人员540人。

2003年，进行《退耕还林条例》《中华人民共和国农村土地承包法》等法律执法培训3期，共培训林业干部职工及执法人员200多人。同年，2次组织60名执法骨干参加由国家林业局组织的《退耕还林条例》《中华人民共和国行政许可法》培训。开展陕西省林业行政执法证件换发培训考试，组织培训9期，陕西省4309名人员参加培训考试并顺利拿到国家林业局林业行政执法证。

2004年，法规处组织开展5期《中华人民共和国行政许可法》培训班，林业厅直属单位、各市林业领导干部和执法人员360多人参加。

2006年10月，法规处举办全省林业行政执法规范化培训班，邀请国家林业局政策法规司、省人大法工委、江西省林业厅专家授课，陕西省60余名林业行政执法人员参加培训。

2008年，举办市级林业行政执法骨干培训班，对各市林业局、受省林业厅委托执法的厅直属各单位的法制工作机构主管法制工作的负责人及执法人员进行培训，并多次派员赴西安、宝鸡、安康、铜川、渭南等地指导并开展执法人员培训工作，全年共举办培训班8期，陕西省8200多名林业系统执法人员参加培训后完成执法证件换发工作。

2009年，在西安举办陕西省市级林业行政执法骨干培训班暨2009年度林业行政处罚案卷评审会，陕西省各市林业局和厅直单位40多名执法骨干参加培训。派人赴西安、宝鸡、汉中等地指导并开展林业执法人员培训工作，培训执法人员400余人。

2010年，组织开展陕西省林业执法培训交流及案卷评查活动，受省林业厅委托执法的事业单位、森林公安分局和各设区市林业局40多名执法骨干参加。

三、林业行政案件管理

根据《陕西省人民政府办公厅关于印发省林业厅“三定”方案的通知》，从1993年12月30日起，法规处代表林业厅管理全省林业行政案件的委托和行政审核、复议工作。

具体是协调监督陕西省林业公安机关查处破坏森林资源的重大案件；协调监督资源林政处等林业行政单位对违反森林法规行为实施行政处罚；委托省自然保护区和野生动物管理工作站等系统相关单位行使部分行政处罚权；管理陕西省林业行政案件的审核和复议等工作。

至2010年，经依法清理林业行政执法依据，明确执法主体，省林业厅有法定机关1个，法律、法规授权的执法机构11个，依法委托的组织15个。共有林业行政执法依据83件，其中法律9件、行政法规16件、地方性法规10件、部门规章40件、省政府规章7件。共有经清理确认的林业执法项目65项(其中行政许可24项、行政处罚19项、行政强制3项、行政确认3项、行政征收7项、行政裁决1项、非行政许可6项、其他2项)。林业厅依照上述法律法规和规章制度，督导查办7大类林业行政案件，分别是林业行政许可、林业行政确认、林业行政检查、林业行政处罚、林业行政奖励、林业行政征收、林业行政补偿及林业行政复议等。

随着1996年行政处罚法、1999年行政复议法及2004年行政许可法的先后颁布实施。2004年3月22日，国务院印发《全面推进依法行政实施纲要》，同年11月5日，国家林业局印发《全面推进依法治林实施纲要》，林业行政管理逐步走向规范化和法治化。

1. 加强制度建设，规范行政执法。2004年9月10日，为规范林业行政许可事项办理程序，省林业厅依据《中华人民共和国行政许可法》，结合林业生产实际，下发《陕西省林业厅行政许可事项办理程序规定(试行)》《陕西省林业厅行政许可公开制度》《陕西省林业厅行政许可监督检查制度》和《陕西省林业厅行政许可责任追究暂行办法》等4个规范性文件，全面规范林业行政许可事项办理程序，包括行政许可受理、申请材料的审查、审查核查程式、许可期限等；建立林业行政许可公开制度，规定林业行政许可应当向社会公开行政许可内容及其公开的方式；建立林业行政许可监督检查制度，按照“谁许可、谁监管、谁负责”的原则，规范林业行政许可监督检查的内容、程序、纪律制度以及撤销林业行政许可条件规定；建立林业行政许可责任追究制度，规范了林业行政许可违法违纪的具体情形和相关处理方法。为方便行政相对人，推出多项便民措施。在省林业厅办公楼设置便民公示栏和查阅触摸屏，在办公场所悬挂公告栏，公开公示有关许可项目的名称和办理条件、程序、提交材料等，印制了林业行政许可配套文书，公示行政许可的收费内容和批准文号，制作收费公示牌。

2. 加强检查，强化林业行政管理。2000~2004年，行政许可法颁布实施之前，省林业厅按照中省部署，先后进行3批行政审批制度改革。

2004年，结合贯彻《中华人民共和国行政许可法》，做好第四批行政审批改革工作。省林业厅保留林业行政许可项目24项，非林业行政许可项目6项。其中，行政许可项目依据国家法律、国务院行政法规设定的22项，依据地方性法规设定的2项。省林业厅对行政许可没有实行统一窗口管理，而是按照各相关业务处室的法定职责和业务分工由各业务处室具体办理。省林业厅法制机构按照执法监督检查制度，坚持每年组织开展行政许可法执法检查活动，对审批数量大、社会关注度高的一些林业许可项目，强化审批过程的跟踪检查。对社会影响面大的征占用林地审批项目，省厅实行“林地审批联席会议”审查制度，及时发现和纠正审批过程发现的问题，确保审批行为规范有效。

2010 年 9~12 月，省林业厅按照国家林业局要求，在全省范围内开展了林业行政许可实施情况专项检查活动。省林业厅直接检查 7 个林业行政许可承办单位、5 个县级林业行政主管部门和 6 个由国家林业局批准从事林业行政许可活动的被许可人。分别是省林业厅资源处、动管站、科教外事处、森防站、种苗站、国有林场站、防护林建设工作站 7 个林业厅林业行政许可项目承办单位；西安市长安区、宝鸡市凤县、渭南市华县、榆林市神木县、咸阳市武功县等 5 个县级林业主管部门；并受国家林业局政策法规司的委托，对陕西西延铁路有限责任公司、陕西榆林榆神高速公路有限公司、陕西片仔癀麝业有限公司、陕西强力鹿产品科技有限公司、西北农林科技大学、少华山国家级森林公园 6 个由国家林业局批准从事林业行政许可活动的被许可人从事林业行政许可活动情况开展专项监督检查工作。从检查情况看，省林业厅实施的林业行政许可项目，能严格按照行政许可法的规定进行，严格履行了公示和告知义务，在法定的期限内办理完结，行政审批基本做到了法规明确、制度完善、依据充分、程序透明、操作规范。

1996 年，国家颁布《中华人民共和国行政处罚法》。该法对行政处罚的基本原则、处罚种类和设定、实施机关、管辖和适用、决定和执行与法律责任作明确规定。原林业部《林业行政处罚程序规定》对林业行政处罚进一步作具体规范。依照相关法律法规，省林业厅的资源管理处、保护处、森林公安局等可以省林业厅名义承办相关重大林业行政处罚案件。同时，省林业厅委托省天保中心、稽查队、动管站、种苗站、森防站、林场站以及厅直属各自然保护区管理局，按照各自业务办理相关林业行政处罚案件。在实际工作中，林业行政处罚案件基本按照属地管理原则，具体案件由案件发生地的县林业局负责办理。省林业厅主要负责重大案件的督查办理、林业行政执法证的审核办理，以及全省林业行政处罚的检查监督。

2004 年 12 月 1~20 日，省林业厅抽调相关处室领导及人员共 15 人，分为 5 个考评小组，深入陕西省 10 个市及宁东、宁西、汉西、太白、龙草坪局，常青、佛坪、太白山、牛背梁保护区及楼观台林场等 10 个林业厅直各单位进行行政执法评议考核。共考评 10 个市近 50 个县(区)林业局、17 个森林公安局(分局、警察大队)、23 个森林公安派出所、18 个木材检查站、3 个林业工作站，查阅行政处罚案卷 650 余宗，召开座谈会 35 次，抽查基层林业执法人员 40 余人进行法律知识考试，走访群众上百人。通过考评，较为全面地了解和掌握陕西省林业行政执法的基本情况和存在的问题。

2007 年 5 月 11~30 日，省林业厅抽调相关处室 12 人分为 3 个检查组，重点检查省楼观台林场等 10 个厅直各单位及其所属森林公安分局、10 个森林派出所、3 个木材检查站。抽查宝鸡市、延安市、渭南市及所属 8 县(区)林业局 10 个森林公安局(分局)、12 个森林公安派出所、7 个木材检查站、3 个林场。共查阅林业行政处罚案卷 640 宗，召开座谈会 12 次，走访群众 20 多人，抽考林业行政执法人员 170 多人。执法检查中发现省属森工企业，林业行政执法全部委托森林公安分局承担，执法人员均为森林公安干警，执法人员素质高，办案能力强，基本做到主体合法、事实清楚、证据确凿、适用法律得当、程序合法，档案装订规范。也发现个别县(区)在林业行政执法中存在执法主体不合法、乱罚款、罚缴不分离、适用法律条款不准确、案卷文书不齐全等问题。

3. 开展案卷评查，加强执法监督。2008 年 9 月，省林业厅根据《林业行政执法监督办法》《林业行政处罚案卷评查标准》，制定《陕西省林业行政处罚案卷评查办法》，2009年，开始试行。当年11月19~21日，从每个市抽调10件2008年办结的林业行政处罚案卷，依据《林业行政处罚案卷评查标准》分组逐卷进行评查、打分并写出评语，每组组长对案卷进行讲评，肯定成绩，指出问题。随着不断的探索和完善，林业厅的林业行政处罚案卷评查已制度化。

2010年12月份，组织开展2010年度陕西省林业行政处罚案卷评查活动，受省林业厅委托执法的事业单位、森林公安分局和各市林业局法制机构在完成林业行政执法自查的基础上，对2009年办结的林业行政处罚案卷进行评查打分。及时发现行政执法中存在的问题，并给予指正。

第五节　林业行政案件复议

1990年7月30日，省林业厅以《关于设立省林业厅实施〈行政诉讼法〉准备工作领导小组的通知》批准设立实施《行政诉讼法》准备工作领导小组，副厅长梁玉坤为组长，复议机构设在厅办公室，配备3名工作人员。标志着省林业厅管辖林业行政处罚案件复议和应诉工作开始。

1993年12月30日，《陕西省人民政府办公厅关于印发省林业厅"三定"方案的通知》，批准设立省林业厅法规处，依法受理林业行政案件的复议工作就是其主要职责之一。

省林业厅行政复议案件受理程序是：

(一)案件受理登记

1. 行政复议案件应先到厅办公室进行登记，并向主管厅领导和厅长报告情况。

2. 厅法规处负责协调涉案业务处(室、局、站)和法律顾问，按照法定期限做好行政复议的各项工作。

(二)复议准备

1. 厅法规处按照行政复议案件涉案具体行政行为的业务归口，及时召集相关业务处(室、局、站)和法律顾问，通报案件情况，并根据办理案件的有关格式要件，提出办理案件需要准备的相关材料以及时限要求等。

2. 行政复议案件涉案具体行政行为相关的业务处(室、局、站)，应按照案件办理的有关格式要求和时限规定，准备办理案件所需的材料：①起草答辩书，对行政执法主体合法性进行申述，对具体行政行为的程序合法性进行申述，②准备证据资料：主要包括办理涉案行政行为法定的程序资料，包括书证、物证、视听资料、电子资料、证人证言、当事人的陈诉、鉴定意见、勘验笔录和现场笔录，以及其他支持该行为合法性的证据资料。

3. 法规处组织相关业务处(室、局、站)和法律顾问对案件的复议准备情况进行分析研究，完善和规范复议、应诉答辩资料以及证据材料。

4. 答辩资料和证据材料，经省林业厅主管领导和厅长审签后递送相关部门、单位。

(三)行政复议案件办理

1. 省林业厅为复议机关时，受理的案件由法规处负责办理，相关业务处(室、局、站）和省厅法律顾问协助，提供相关业务咨询和法律服务。

法规处对被申请机关按照法定程序进行调查取证后，依据《中华人民共和国行政复议法》及相关法律法规作出行政复议决定意见书，会商相关处（室、局、站）后呈送主管厅领导审核，提请厅务会审议。厅务会议审议通过后，印制行政复议决定书，经厅主要负责同志审签后递送相关单位和行政相对人。

2. 省林业厅为被申请复议机关时，被申请复议案件由林业厅法规处与被复议的具体行政行为相关处（室、局、站）共同负责办理，法律顾问协助做好法律咨询服务。被复议的具体行政行为相关处（室、局、站）负责起草行政复议答辩书，准备证据资料；法规处会商法律顾问，规范完善答辩内容，呈请林业厅主要负责同志审阅后，递送相关部门。

为防止和纠正违法或者不当的具体行政行为，保护公民、法人和其他组织的合法权益，保障和监督行政机关依法行使职权，1999 年，全国人民代表大会常务委员会根据宪法，制定《中华人民共和国行政复议法》，10 月 1 日起实施。为进一步发挥行政复议制度在解决行政争议、建设法治政府、构建社会主义和谐社会中的作用，国务院于 2007 年，制定出台《中华人民共和国行政复议法实施条例》。

省林业厅把贯彻《中华人民共和国行政复议法》及其实施条例、强化林业行政复议案件的办理作为加强林业部门自身建设，提升林业依法行政水平的一个重要途径，认真做好，扎实开展。一是组建行政复议专业机构。成立省林业厅行政复议办公室，设在厅政策法规处，处长兼任办公室主任。二是加强对复议工作人员的培训，努力提高业务素质。三是加强对下一级行政复议机关的指导和监督。各级林业部门通过建立健全工作制度，进一步畅通复议渠道，保护复议申请人的合法权益。四是规范林业行复议案件的法律文书。省林业厅根据《中华人民共和国行政复议法》的有关规定，结合办理复议案件工作实际，制定相关法律文书，明确有关工作纪律，行政复议行为得到有效规范。

2009 年，国务院法制办制定《行政复议法律文书示范文本》，省政府法制办制定《陕西省重大行政复议决定备案规定》，法规处及时进行转发，对进一步做好林业行政复议工作提出明确的工作要求。

1990~2010 年，省林业厅未受理过林业行政复议案件，也未被申请行政复议。

第二章　高等林业学校

第一节　西北林学院

一、发展规模

1979 年，西北林学院成立时，仅有林学系林业学专业，到 1998 年 5 月，实行院系调整，调整后变成了 4 院：资源学院、环境学院、林产工程学院、成人教育学院；两系：经济管理系，社会科学系；一部：基础课部。全日制本、专科在校学生由 1979 年的 210 人增长到 1998 年的 2048 人，增长近 10 倍。年招生规模由 1979 年的 120 人扩大到

1999年的840人，增长7倍。在校研究生由1979年的4人，增加到1998年的82人。

基础设施情况。截至1998年5月，固定资产5178万元，其中教学科研仪器设备总值1060万元，校舍建筑总面积13686平方米，生均5.8平方米；教室建筑面积14273平方米，生均6平方米，实验室使用面积25373平方米，教学条件得到改善。另外，建设教职工住宅30661平方米，教职工生活质量显著提高。

二、教学与专业设置

学校专业课根据国家教育部颁布的专业目录，结合学校教学实际设置专业。1996年，有林学、水土保持、沙漠治理等10个本科专业，森林旅游、园林、经济林等17个专科专业。

1989年，开始先后对公共课、基础课和部分专业基础课实行统考。1991年开展了课程评估试点，拉开课程建设的序幕。1992年，确定高等数学等11门院级重点课程建设。1993年，无机化学在全国林业学院统考中名列前茅。1996年，学校又确定大学英语等11门主要公共课、基础课和各专业骨干课程为院级重点建设课程。1996年，在总结前几年实践的基础上，制定《西北林学院1996~2000年课程建设规划》，提出到1997年底，20门课程达到院级优秀课程标准。1999年年底，30门课程达到院级优秀课程标准。1999年，有机化学在西北地区农林院校统考中名列第一。

1997年，对27门重点建设课程进行评估。其中，19门被评为优秀课程，对学生专业培养起到重要作用，推动学校的课程建设。

1995年，筹措8万元新建36座语音室。1996年，投资14万元建立64座语音室，1997年，投资30万元配备47台586微机，改善外语和计算机教学条件。

三、科学研究

建院以来，西北林学院承担各类不同层级课题研究328项。其中，国家攻关课题(含4级)41项，省部级重点课题35项，国家自然科学课题17项，推广课题70项，院内自上课题及其他课题100多项，累计投入研究经费1540万元。至1998年，科学研究成果共获奖174项(含外协获奖项目30项)。其中，国家级奖10项，省部级奖65项，地厅级69项(含个别授奖重复)；出版各类专著及教材136部，在国内外刊物上发表论文2397篇，发现树木新种(包括新变种)17个，昆虫新种150余种，获得国家专利6项。

1986年，西北林学院主持“岚皋县林业综合技术开发项目”，至1990年结束。项目结合该县产业优势，以林业、林产品加工与农业经济相结合的方法，对产业结构进行调整，推广杜仲快速育苗及丰产栽培和食用菌开发实用技术，食用菌生产由1万架左右发展到1990年的10万架，有800户贫困户靠发展食用菌解决了脱贫温饱问题；项目组协助该县开发利用当地产栎木建成地板条加工厂和油脂加工厂，实现产值150万元，使该县成为林业综合开发样板。1991年获陕西省科技进步二等奖，1993年获国家星火三等奖。

与此同时，西北林学院还确定安康地区紫阳县为学院科技承包县，协助紫阳县建立林产化工油脂厂，并结合紫阳县传统产业特点，针对茶、桑、蚕引入先进培育及加工技术；积极指导当地建立速生丰产林，推广农林复合经营模式，科学合理的经营飞播林，取得了明显的综合效益。1991年获得陕西省农村科技进步一等奖，1995年获得陕西省政府农业技术推广成果三等奖。

西北林学院主持“陕西黄土高原综合治理——淳化黄土高原沟壑区水土流失综合治理及其效益研究”项目，从1986年开始，以淳化县泥河沟42平方千米面积为试验示范区，经过5年攻关，总结出适于同类地区土地利用模式。①黄土高原沟壑区水土保持林配置类型和造林技术。②黄土塬区水土流失治理工程体系配置规律和工程规格设计标准。③小麦亩产300千克以上综合措施方案。④选育出西林2号核桃良种。该项目1991年获陕西省科技进步一等奖。

西北林学院课题组人员在核桃丰产栽培、病虫害防治、苗木培育、温床嫁接等方面取得了一系列应用技术成果，选育出6个优良新品种，在陕南、关中和黄土高原地区广泛推广，1996年获陕西省科技成果推广二等奖。

西北林学院课题组人员在杜仲栽培和综合开发利用方面取得多项应用性成果，并在秦巴山区建立了全国最大的杜仲示范基地，面积达2.67多万公顷。1998年获得陕西省科技推广一等奖。

1991年，西北林学院编写《陕西树木志》由中国林业出版社出版，1994年获陕西省科技进步一等奖。

四、教职工队伍

为加强师资队伍建设，西北林学院里通过选派教师到全国重点高校进修提高、参加助教进修班、讲习班，选派中青年教师强化外语学习后到国外深造，聘请外国教师来院执教，举办“高等教育”“教学心理学”读书班，计算机应用和政治理论培训班等多种途径，加强教师队伍的业务水平和思想政治素质培养，取得了显著效果。经过10余年的艰苦努力，师资队伍已经壮大起来。至1998年，师生比为1∶6∶8。教师中获硕士学位的46人，占教师总数的15.3%；获博士学位的26人，占教师总数的8.7%；来自综合院校、兄弟院校毕业的教师由1983年的37%提高到1999年的77%，教师的年龄结构趋于合理，教学水平和科研能力明显提高。截至1998年年底，学院教职工人数640人，专任教师300人。其中，教授21人，副教授62人，讲师161人，其他56人。

五、图书馆

1997年6月，西北林学院将原木工系实验楼改为临时图书楼，图书馆面积2370平方米。至1998年年底，学院图书馆藏书21万册，其中图书16万册(外文图书10616册)，期刊48998册(外文期刊23493册)，资料1.4万册(外文资料1000余册)，学生均享藏书107册。为了加快图书馆现代化建设，适应信息时代发展的趋势，1993年始图书馆建立“我国干旱半干旱地区主要经济林文献数据库”，系统收录1980年代到2000年，涉及我国干旱半干旱地区枣、柿、板栗等16个主要经济树种的期刊、论文、专利、标准文献的题录和摘要，累计库存1.5万条。1995年以来，购置计算机13台，打印机5台，其中激光打印机2台，光盘塔1台，计算机进入全国林业科技信息网络，实现了电子阅览，学院图书馆成为中国学术期刊检索咨询二级站。

六、实验室及实习基地情况

1992年4月，随着办学规模的扩大，19879平方米的实验楼竣工，学院实验室发展到47个。

1997 年以来，西北林学院狠抓实验室建设及管理体制改革，成立综合实验室，将原 47 个实验室合并成为 27 个，有效的提高了设备利用率和实验室管理水平。

1998 年，西北林学院有 10 个实验室通过省教委组织的实验室评估。实验室建设中，值得特别提出的是“陕西省经济植物资源开发利用重点实验室”。该实验室是 1997 年 3 月 17 日，由省发改委、科委、教委批准建立，主要任务是开展山区经济植物资源的深度开发和利用，变资源优势为经济优势，使经济植物产后增值，促进山区综合开发和林业的发展。“九五”期间，该实验室承担了 11 项科研任务。近 10 年来，实验室取得 17 项科研成果，其中获得国家级奖励的 3 项，省部级奖励的 7 项，获国家专利 4 项，成果转化(联办、转让、辐射推广等)兴办企业 6 家。

加强实践教学，注重能力培养。从建院开始，学校就十分重视教学实践环节，努力建设校内外的实践基地，至 1999 年，学校拥有火地塘教学实验林场、淳化教学试验站、榆林治沙试验站、渭河教学实验苗圃、金木工厂、杜仲公司和沙棘试验场等 7 个实践基地。并与有关林业局、森林公园、木材加工企业建立长期合作关系，共建固定实习点 15 个，促进了教学与科研、生产相结合。

七、历届学生情况

1990 年，西北林学院在校学生 1116 人，2000 年在校学生达 2465 人(表 9-2-1)。

1990～2000 年西北林学院学生情况统计表

表 9-2-1　　单位：人

年份	毕业生数量	招生数量	在校学生数量	毕业班学生数量
1990	297	352	1116	355
1991	—	52	123	6
1992	392	478	1285	298
1993	295	580	1567	411
1994	385	610	1776	591
1995	589	610	1781	576
1996	576	610	1805	553
1997	548	630	1887	536
1999～2000	522	940	2465	538

八、历任院长情况

1985～1999 年，西北林学院历任院长 3 人，副院长 6 人(表 9-2-2)。

1985~1999 年西北林学院历任院长、副院长一览表

表 9-2-2

院长		副院长	
姓名	任职时间	姓名	任职时间
王性炎	1987 年 3 月至 1991 年 12 月	刘福全	1985 年 2 月至 1993 年 12 月
李广毅	1991 年 12 月至 1997 年 12 月	李广毅	1988 年 12 月至 1991 年 12 月
陈存根	1997 年 12 月至 1999 年 9 月	刘与立	1991 年 12 月至 1997 年 12 月
		陈存根	1991 年 12 月至 1997 年 12 月
		王学权	1993 年 12 月至 1996 年 10 月
		彭友冬	1996 年 10 月至 1999 年 6 月

第二节　西北农林科技大学

一、筹建情况

1999 年 9 月，经国务院批准，同处陕西杨凌的西北农业大学、西北林学院、中国科学院西北水土保持研究所、水利部西北水利科学研究所、陕西省农业科学院、陕西省林业科学院、中国科学院西北植物研究所等 7 个农林科教单位合并组建西北农林科技大学，为教育部直属高等学校，由教育部、科技部、农业部、水利部、国家林业局、中科院和陕西省人民政府联合共建，日常管理以陕西省人民政府为主，重大事项管理以教育部为主，其他部门根据行业和区域发展需要，对学院给予指导、支持。

2004 年学校进入国家“985 工程”、2005 年学校进入国家“211 工程”建设序列。2007 年建立研究生院，由教育部与中国科学院、农业部、水利部、国家林业局等 16 个部委和陕西省共建。

二、学科专业设置情况

西农科大林学院设有林学系(林业研究所)、森林旅游系(森林生态研究所)、林业工程系(资源利用研究所)、园林系(风景园林设计所)和艺术系(装饰艺术设计所)等 5 个系(所)；设有国家秦岭生态定位研究试点站、国家林业局秦岭森林生态定位研究站、国家林业局黄土高原林木培育重点实验室、教育部西部生态环境重点实验室、陕西省林业综合重点实验室、陕西省经济植物资源开发利用重点实验室、西北林业研究中心、陕西省林业研究中心和陕西省红枣研究中心。风景园林设计所具有建设厅颁发的乙级设计资质。学院主办的《陕西林业科技》学术期刊，面向国内外公开发行。

林学院设有林学、园林、旅游管理、林产化工、艺术设计等 5 个本科专业，森林培育学、森林保护学 2 个博士点，森林培育学、森林保护学、林木遗传育种、森林经理学、野生动植物保护与利用、林产化学加工工程等 6 个硕士点和森林生态、森林植物 2 个学科方向。学院成人教育开设林学、园林等 2 个函授本科专业，林学、园林、经济林、森林旅游、花卉、森林公安等 6 个专科专业，并开办了林学自考专科和园林自考本科专业，在读学生1600余人。学院向全国各地输送林业高级专业人才5000多人，为我国林业建设做出了积极贡献。

三、教学实验基地情况

林学校设有秦岭火地塘教学试验林场、延安树木园、渭河试验站、南五台试验站、安康试验站、杨凌教学试验苗圃等6个教学实习与科研试验基地，面积2000多公顷。有各类教学科研仪器设备2196台(件)，森林动植物和昆虫、病理等教学科研标本50多万号。2001~2010年西北农村科技大学林学院学生情况见表9-2-3。

2001~2010年西北农林科技大学林学院学生情况统计表

表9-2-3 单位：人

年份	毕业生数量	招生数量	在校学生数量	毕业班学生数量
2001	330	567	1576	340
2002	535	814	2813	701
2003	422	645	2621	617
2004	656	573	2619	912
2005	/	36	36	/
2006	873	393	1825	697
2007	490	296	1164	263
2008	457	351	1401	341
2009	334	501	1551	357
2010	355	175	734	216

第三节　杨凌职业技术学院

1999年9月，经教育部批准，陕西省农业学校、陕西省水利学校和陕西省林业学校合并改制成立杨凌职业技术学院，为全日制普通高等职业院校。学院合并转型期按照分校区管理的基本框架，设水利系、农学系、林学系和公共课教学部四个教学单位，原陕西省林业学校教职工与林业相关的专业教师留在林学系，林学系在册职工99名。开设园林工程技术、林业技术、旅游管理、环境艺术设备、生态工程监理、中药制药技术、酒店管理、药物分析技术、城市绿化与管理、林果产品加工与检疫等10个专业。从事基础课教学的教师划归公共课教部。

2006年系部调整，学院开成六系一部的办学格局，原林学系分为生态环境工程系、旅游与管理系，原林学系部分资源与原农学系部分资源整合成立药物工程系。其中，生态环境工程系共计开设园林工程技术、林业技术、环境监测与治理技术、环境艺术设计、雕刻艺术与家具设计、城市水净化技术等6个专业；旅游与管理系共开设旅游管理、酒店管理、物业管理、应用英语等4个专业；药物工程系共开设药物分析技术、中药制药技术、生物制药技术、生物化工工艺、植物检疫、微生物技术及应用6个专业。

2009年系部调整，与林业相关的院系为生态工程学院、旅游与管理学院与药物工程学院，专业设置与2006年相比，生态工程学院增加环境艺术设计专业，旅游与管理学院增加了涉外旅游专业，药物工程学院增加药物制剂技术、石油化工生产技术2个专业。

2001～2010年杨凌职业技术学院林业专业学生情况见表9-2-4。

2001～2010年杨凌职业技术学院林业专业历年学生统计表

表9-2-4　　单位：人

年份	招生数量	在校生数量	毕业生数量
2001	473	755	216
2002	457	1123	471
2003	411	1207	511
2004	429	1177	341
2005	1243	2688	860
2006	1057	3390	1088
2007	1256	3384	1090
2008	1157	3393	1072
2009	1085	3516	972
2010	875	3034	1246
合计	8443	23667	7867

第三章　中等林业学校

第一节　陕西省林业学校

1987年9月10日，陕西省林业学校在杨凌新址复学。至1993年，共完成基建投资1050万元，占地面积9.17公顷，建筑面积27902平方米。1993年，陕西省林业厅批准投资200万元为“中国陕西西部植树造林恢复生态环境”工程建立教育培训中心（该项目1995年初建成）。至1999年，经过数次征地，校园总面积达到12.13公顷，建筑面积37882平方米，学校已具相当规模。

一、专业设置及教学

1. 专业设置及招生分配。1993年，新开设经济林专业。1996年，开设计算机及应用和森林旅游2个专业，计算机及应用专业学制4年。森林旅游专业招收具有2年以上实践经验的初中毕业生，学制3年。1997年，新开会计电算化、园林规划设计、市场营销3个专业，招收实践生，学制3年。其中，市场营销专业当年未招生。1998年，开设环境保护与监测、林果、荒漠化治理与开发3个专业。环境保护与监测，亦招收实践生，学制3年。林果、荒漠化治理与开发2专业当年未招生。1998年3月，省教委批准学校与西北林学院合办高职班，由学校组织教学，面向全省招收具有高中学历的职业中高、职业中专及普通中专学校的应届毕业生，学制3年。毕业后，发给大专文凭。当年，秋季首招园林规划与设计专业40名学生。至1999年，学校共开设有林业、野生植物栽培利用、经济林、园林规划设计、森林旅游、林业经济管理、会计电算化、计算机及应用、市场营销、环境保护与监测、林果、荒漠化治理与开发等12个专业，在校生规模达到2108人。

2. 联合办学和多层次多形式办学。1990年，经省发改委，学校与陕西省森林工业管理局联办陕西省森林工业技工学校，批准规模为在校生300人。先后开设营林、多种经营、林业、林机加工、林机维修、汽车驾驶与维修、财会等7个专业，学制2~3年，并在宁西局、西北林业机械厂设有分校。

1994年，学校与云南农村经济刊授联合大学联办陕西省教学点，开设社会林业、市场营销、林业经济管理等3个专业，面向全省招生，学校组织考前辅导，学员毕业后由云南自考办发给成人高等教育自学考试大专毕业证书。

1998年与西北林学院联办高职班，招收职业学校及中专学校应届毕业生，学制3年，由陕西林校组织教学。高职班学生毕业后由西北林学院发给大专毕业证书。同时，为解决山区县林业局(林场)对林业技术人才的需要，又先后为陇县、旬邑、千阳、凤县等山区县开办了3年制职工中专班和代培班，已有300多名毕业生走上了工作岗位。

为适应林业多种经营和市场经济发展的需要，林校还为本省和青海、宁夏等省份举办山楂、食用菌、丰产林营造、育种、果树栽培、场圃会计、种子检验员等短期培训班20多期。1991年和1992年，受林业部委托举办北方7省、区乡(镇)林业站长岗位培训班2期。1994年建立中德合作陕西西部造林项目培训中心，为项目举办培训班7期，1998年经陕西省林业厅批准，成立陕西省林业职业技术培训中心，主要承担全省林业岗位培训及各类短期技术培训。至合院前各类短期培训班共培训技术人员1000多名。

1999年，普通中专在校生659名(其中为四川、辽宁、安徽省代培80名)。陕西省森工职业技术学校在校生67名，陕西省森林工业技术学校在校生318名。学校已形成比较完善的以普通中专为主体，有职业技术教育技工教育与长短期培训相结合的中等林业职业教育体系，充分发挥办学效益。

3. 教学情况。1992年，学校开始招收林科(单录)班和不包分配班，为适应招生对象的变化，学校组织教师及时修订教学计划，适当增加基础课教学力度，删减部分专业课程重叠内容，增加实践性教学内容。两类招生形式，学制均为3年。

1993年，学校对传统林业专业教学模式进行改革，在该专业当年所招新生中试行“三一”分段制教学计划，其主要内容是在林业专业教学中，将四年学制分成两段实施，学生前3年在学校完成本专业所要求的文化、专业基础和专业课程的所有课堂教学、实验实习任务，最后1年下到林业基层单位参加一个周期的生产实践。在教学计划调整中，对部分内容重叠的课程进行删减，对过时的和一些在生产实践中应用很少的知识进行压缩，增添了实践技能知识和一些林业生产中急需的实践知识。

1995年5月，随着国家新工时制度(每周5天40小时工作制)的实行，原有的教学计划在总课时、周授课计划及实习安排等环节上的内容已不适应，学校及时组织有关教师对林业、林业经济管理、野生植物栽培利用、经济林等专业教学计划进行修订，总学时由原来的2800～3000学时压缩至2500～2600学时，课程调整压缩力度大，并增开了十几门选修课。

1996年以后，学校先后新开了计算机及应用、森林旅游、会计电算化、园林规划设计、环境保护、荒漠治理与开发等专业。

1998年，学校开办高等职业教育试点班，参照西北林学院园林专业教学计划组织教学。

4. 教学大纲及教材。1996年年底，学校16名教师承担全国普通中等专业学校15门课程教学大纲的编写任务。雷开寿任《造林学》教学大纲编写组组长，王鼎峰任《自然保护区规划设计》教学大纲编写组组长，莫翼翔担任《自然保护区管理》教学大纲编写组组长，李春茂担任《野生动物繁殖》教学大纲编写组组长；别智鑫担任《植物产品分析与检验》教学大纲编写组组长，刘粉莲担任《野生经济植物栽培》教学大纲编写组组长，康克功担任《野生植物保护》教学大纲编写组组长，张中社担任《野生植物调查》教学大纲编写组组长。赵建民、张君超、程建国、王云云、刘惠分别担任《林产品加工与利用》《野生植物繁殖》《药用植物栽培》《野生植物加工》《野生经济植物栽培》教学大纲的参编。刘卫斌担任《营林机械》教学大纲的参编。朱献图、杨宏祥分别担任《林业经济管理》《成本会计》教学大纲的参编。1997年4月，学校承担的多门课程教学大纲编写完成，并均已在6月通过审定。

1996年，康克功主编《珍稀动物资源保护》教材，并在本校野生植物栽培利用专业开始使用，1997年，陕西省农业广播电视学校林业分校委托陕西省林业学校编写教材，王忠信、刘粉莲、钱拴提编写《经济林植物育种学》，穆振华、张中社、康克功、赵俊侠编写《经济林病虫害防治》，以上两门教材均于当年由地震科学出版社出版。此外，雷开寿、刘克斌分别为陕西省林业系统工人技术等级培训编写《营林技术》《育苗造林》教材，郝乾坤、樊鸿章、雷开寿分别为榆林林校编写《土壤及地貌学》《沙区开发与利用》《干旱半干旱地区造林》教材。

1998年，编写校内使用教材5本，分别为魏天儒编写的《食用菌栽培学》，康克功、张中社、赵俊侠编写的《环境保护概论》，王云云编写的《林果产品加工利用》，别智鑫编写的《野生植物分析及产品检验》，刘卫斌编写的《植物产品加工与机械设备》。

二、科研情况

1. 科学研究。“山茱萸良种选育及丰产栽培技术研究”由李天葆、钱拴提主持，1995年获陕西省政府科技进步三等奖；“乙酰丙酸产品研制”通过了省林业厅、石化厅的鉴定，1992年，获陕西省首届科技成果交易洽谈会铜牌奖；由李天葆主持，山东省林业厅、林业部教宣司、广西壮族自治区林业厅、宁波林业学校等共同完成的“中等林业教育坚持林科教结合实践与研究”，1994年获陕西省林业厅科学技术进步三等奖；“雷寺庄林区食虫鸟类调查”和“大山雀、红尾鸲生态习性的观察及招引技术的研究”，通过陕西省林业厅鉴定。学校教师参与完成的科研项目有3项。其中“陕桐一号和陕桐二号泡桐无性系的选育”由陕西省林业科学研究所承担，学校王忠信为主持人之一，获陕西省科技进步三等奖；“三北防护林遥感综合调查研究—甘青宁类型区调查研究”(北京林业大学主持，黄自治、董建辉参加)获中国科学院科技进步二等奖；陕南栎类资源及其利用现状和未来预测(西北林学院主持，赵德怀参加)，获陕西省科技进步三等奖。由张君超独立完成的“月季品种选优及应用研究”、邓振义主持的“凤县林科教一体化实验示范基地”、莫翼翔参加的“4151”工程太白县南滩科技示范苗圃及韩城市科技示范县建设”(学校为科技依托单位)3 个项目 2010 年底基本完成。

2. 技术推广及科普项目

(1)水杉速生丰产林栽培技术推广及基地建设。由雷开寿等主持，全面推广林业部《造林六项技术措施》及当地行之有效的水杉引种栽培经验，进行技术组装。5 年来，在汉中平川，6 县(市)营造造生丰产林 687.6 公顷，四旁栽植 699.6 万株，栽后 5 年木材产值达 6237.2 万元，预计 10 年后可达 2.7 亿元。其中，仅林内间作创收即达 291.81 万元。在《陕西林业科技》发表论文 2 篇。1992 年，获陕西省林业厅科技进步一等奖，省政府科技进步三等奖。

(2)杉木速生丰产林营造技术推广。在杉木分布北缘地区采用“试验、示范、推广”相结合以及推广与辐射相结合的科学推广方法，经过 5 年多努力，共营造杉木速生丰产示范林 261.3 公顷，带动面积 2100 公顷，平均成活率 95.68%，平均保存率 90%。栽后 4 年，平均树高为 1.95~3.58 米，平均胸径 4.14 厘米，均超过了合同规定的指标，通过历年生长量调查测算，预计栽后 10 年，每公顷可获林木蓄积量 105 立方米，10 年累计产值 7438.2 万元，与当地杉木速生丰产常规造林技术比较，效益增加 133.3%。1993 年，获陕西省林业厅科技推广三等奖。

(3)凤县林业基地建设。为贯彻落实陕西省委、省政府“教育奠基、科技兴陕”的发展战略，陕西省林业学校于 1989 年与凤县人民政府签订了以发展苹果、花椒、食用菌、地膜玉米为拳头产品的为期 5 年的农业综合技术开发承包合同；以平木、红光、南星、岩湾、河口等乡镇为基地，辐射带动全县农业经济发展。抽调 14 名具有丰富实践经验的专业技术人员常驻凤县搞经济技术开发，有 64 名教师去基地进行技术推广服务，组织高年级学生 460 人次去基地开展技术咨询宣传活动；举办各类农民技术培训班 397 期(次)，培训农民 26000 人次，50 人达到技术员水平，5 年总产值 5000 万元，净增产值 1500 万元，净增收入 867.3 万元。仅平木乡科技示范基地的苹果、药材等收入，就使该乡人均收入增加 300 多元。先后有林业、土壤、森保、多经、果树、经济林等专业老师 30 多名深入基地调查，编制了平木乡农业经济发展 10 年规划，经陕西省农办组织专家鉴定，达到了国内先进水平，获陕西省政府科技推广成果三等奖。凤县基地承担了 11 个班级的生产实习任务，形成实习、教学、社会服务、生产实践相结合的体系，为秦巴山区脱贫致富闯出一条新路子。先后获得省市级 26 项科技承包、技术推广奖。“凤县林业基地建设”项目，1994 年，获陕西省政府农业技术推广成果三等奖。

三、师资队伍

到 1999 年，共有教职工 191 人。其中教师 84 人、教辅人员 26 人、行政干部 41 人，工勤人员 39 人。教师中，高讲 26 人、讲师 30 人、助讲 19 人，教员 9 人。教师的学历结构为本科 76 人、专科 7 人、中专 1 人。学校以中青年教师和全体教师实践能力的提高为重点，通过以老带新、出外进修、技术服务、参加科研推广、蹲点锻炼、指导教学生产实习、调查研究、帮助山区发展经济等办法加强教师培养工作，使教师队伍整体素质得到提高。1997 年和 1998 年，先后面向社会公开招聘优秀人才来校任教。至院校合并时，一批中青年教师已成为教学的骨干力量。

四、图书馆

陕西省林业学校从农林学校分出时，分给林校部分图书，大多是 20 世纪五六十年代的藏书。1991 年，图书楼竣工投入使用，建筑面积 1986 平方米。陆续添置了新的图书和设备。1992 年，开展“奉献一片爱心”捐书活动，先后收到陕西省林业厅、省森工局及本校等单位和个人捐赠的图书 1 万多册，充实馆藏。1999 年，图书馆藏书 14 万册，期刊报纸 560 多种。图书馆设书库、教师阅览室、学生阅览室、过期刊物存储室和资料室，有 8 名专职管理人员。图书馆实行全天开放(包括双休日)，基本满足了图书阅览及教学工作的需要。

五、实验室

1990 年前，学校着力于普通课及专业基础课实验室的建设，从 1991 年起，结合专业建设，重点充实专业实验室。1995 年，建成拥有 50 多台计算机的微机室。1996 年，建成加工中试实验室，1997 年，建成现代化程度较高的财会模拟实验室。至 1999 年，学校共建成物理、化学、土肥、测量、语音室、森保、造林育种、野生植物加工利用(包括中试室)、分析检验、食用菌、植物生理及植物、经营经理、微机室、财会模拟、气象观测场、天平室、电教室，绘图室等 18 个实验室。实验室仪器设备固定资产 170 多万。成立仪器室(隶属于教务科)，对实验室及教学仪器进行统一管理。

六、实习基地

1. 苗圃。1990 年，学校建成校内苗圃 1. 17 公顷，并为苗圃修建蓄水池，配备了喷灌、微灌设施。校内苗圃的建立，大大方便了学生的实习。1997 年，结合科研，建立以花卉选优及良种推广为主要内容的花圃，基本满足了林业、园林等专业教学实习的需要。

2. 树木园。校内外建有树木园 4. 2 公顷，栽植各类树种 302 种，基本能满足教学实习需要。

3. 实习工厂。结合野生植物栽培利用专业建设，为满足教学实习需要，创建校办“秦林化工厂”，以葡萄糖母液为原料生产乙酰丙酸。“乙酰丙酸研制及产品标准”，1992 年，通过由陕西省林业厅、陕西省石化厅主持的技术鉴定，1992 年，获陕西省首届科技成果交易洽谈会铜牌奖。1995 年，因市场滑坡和三角债等原因，工厂被迫停产。

4. 校外实习基地。1995 年以后，随着学校办学事业的不断发展，专业设置增多，实习班级越来越多，学校多方联系，先后与宜君县太安林场、耀县柳林林场、中富公司太白基地、周至县厚畛子林场、周至县老县城自然保护区、长安县南五台林场、陕西省楼观台实验林场、临潼县骊山风景林场、岐山县五丈塬林场、南郑县林业技术推广中心、镇坪县林业局、平利县林业局签订实习协议，结合实习，学生也给基地完成一定的生产任务，解决了一些生产难题。1995 年，“三一”分段制班级开始实习，该班级实习时间长，实习面广，必须结合生产进行，学校先后与南郑县黎坪林场、耀县柳林林场、铜川郊区焦坪林场、宜君县太安林场、户县中心苗圃、三原县雨田绿化公司、岐山县五丈塬林场、陇县关山、固关、八渡、咸宜关林场等签订以支持学校学生实习为主要内容的联合办学协议，学生结合实习完成部分林场的刺槐林抚育和核桃育苗等生产任务。

1990~2010 年陕西省林业学校学生情况见表 9-3-1。

1990~2010 年陕西省林业学校学生情况统计表

表 9-3-1 单位：人

年份	毕业生数量	招生数量	在校学生数量	毕业班学生数量
1990	62	120	505	69
1991	69	120	556	176
1992	175	280	659	137
1993	136	280	798	123
1994	123	288	955	192
1995	192	250	1014	316
1996	315	541	1238	317
1997	317	685	1593	261
1999~2000	426	574	1994	627
合计	1815	3138	9312	2218

第二节 延安林业学校

延安林业学校属县级建制，其行政主管部门为延安市林业局。主要教学任务是为延安及周边地区培养林业技术人才、管理人才和提供技术培训与科技服务。

1979 年 10 月首届学生入学时，学校仅有教职工 19 人，其中专任教师仅 6 人。当时，只设一个造林学(后改称林业)专业。从建校至 1987 年中专招生对象一直为高中毕业生，学制 2 年；1988 年以后中专招生对象改为初中毕业生和社会实践生，学制为 4 年或 3 年。1980 年中专生年招生数为 40~80 人，在校学生数为 120 人左右。

1986 年 8 月学校正式迁至延安市南郊柳林燕沟口。原校址占地 2.31 公顷，建筑面积 4061 平方米。1998 年 5 月学校与柳林村协商议定，租赁学校后山荒地 1.02 公顷，租期 40 年，经过平整绿化后改造成大型体育运动场，从而使学校的占地面积达到 3.33 公顷。至 2005 年 8 月前，学校建筑面积 15206.14 平方米，固定资产总额为 1272 万元。校园内有家属楼 2 栋，办公楼 2 座，办公室 32 间；三层教学楼 1 栋，教室 12 间，另外在礼堂侧面有 4 间大教室，共 16 间教室；四层学生公寓楼 1 栋，宿室 101 间，每间容纳 8 人，共可容纳 800 人。有 50 台容量的微机室 1 个；有设备较先进、标本较齐全的植物与测量、食用菌、经济林、植物生理、理化、病虫害防治、综合等 8 个实验室；图书室、阅览室各 1 个，多年累计藏书 1.3 万余册。大礼堂 1 个(餐厅兼礼堂)，大型库房 1 个；校园内建有设施较完善的体育运动场 1 个；在学校后山建有小型果园、苗圃、树木园等课堂观摩实习场所。

2001 年 11 月，延安市林业局利用学校旧校址的资源优势，在桃宝峪建成延安市中心苗圃，由林校负责管理，也作为学校的教学实习基地。基地占地面积 9.3 公顷。其中，培育苗木用地 8.35 公顷、生活实习用地 0.95 公顷，一切配套设施齐全，能足以保障学生的教学实习。

2002 年 12 月，经市委组织部批准，学校支部改为中共延安林校总支委员会，下设教务、行政 2 个支部，2005 年，有党员 45 名。

2005 年 8 月前，学校设有办公室、教务科、学生科、团委、总务科、保卫科、培训科，7 个职能科室。

林学校还组建有学生会、书画协会、“轩辕魂”文学社等社团机构，主要是以学生为主体开展活动，学校给予引导和支持。

学校开设专业：林业专业、经济林专业、水土保持专业和园林专业。2002 年，经省教育厅同意，增设印刷技术专业。2003 年，经省教育厅批复，增设旅游与饭店服务专业。

进入 20 世纪 90 年代后，招生量逐年扩大，1996 年中专、技工招生数合计达到 371 人。1998 年，在册学生数达到 1070 人。2005 年，学校教职员工编制 100 人，实有教职工 94 人。其中，专任教师 38 人，兼任教师 10 人，实习指导教师 4 人。教师中有高级讲师 14 人、讲师 20 人、实验师 3 人、助理讲师和助理实验师 11 人，教员 4 人。学历层次中本科 40 人、专科 11 人、中专 1 人；另外有在读博士 1 人、在读硕士 5 人；年龄结构中 30 岁以下 8 人、31~40 岁 25 人、41~50 岁 15 人、50~54 岁 3 人、55 岁以上 1 人。

至 2005 年，学校共开设 6 个专业中，除水土保持专业和旅游与饭店服务专业设立后因生源缺未招生外，林业、经济林、园林、印刷技术 4 个专业累计开办各类教学班 69 个，招收各类学生 3344 余人。

2005 年，经陕西省人民政府批准，国家教育部备案，由延安财经学校、延安教育学院、延安师范学校、延安农业学校、延安机电工程学校和延安林业学校等 6 所学校，整合组建延安职业技术学院。组建后的延安职业技术学院再没有设立林业方面专科。

27 年中，学校累计培养中专毕业生 2142 人，颁发中专毕业证的实践生 243 人，林业技工生 572 人，林业职工短训班及两户班学员 196 人，共计培养各类林业技术人才 3153 人。另外，学校还开展林业函授教育工作。

延安林业学校培养的毕业生和其他林业技术人才，有 85%以上都走向了延安市 13 个县(区)林业局、林业站、林场、林业科学研究所、苗圃、延安市林业局以及延安市市直 4 大林业局等林业单位，成为这些单位的领导和技术骨干，是延安林业战线上的主力军和生力军，有力地促进延安林业建设的又好又快发展。

27 年中，延安林业学校始终坚持理论与实践紧密结合的教学方式，保持“俭朴、勤奋、诚笃”的良好校风，有效地保证了教学质量。在大中专毕业生就业制度改革之后，学校围绕“以林为主，面向市场”的办学思路，求真务实，开拓创新，努力探索多层次、多形式、多渠道的现代职业教育办学模式。

1990~2008 年延安林业学校历年招生毕业生情况见表 9-3-2。

1990～2008年延安林业学校历年招生毕业生人数统计表

表9-3-2　　　　单位：人

年份	专业	班级类型	学制	招生数量	毕业生数量	在校生数量
1990	林业	90级		40	无	184
1991	林业	91级		40	52	224
	林业	91级技工班		52		
1992	林业	92级		40	40	277
	林业	92级技工班		53		
1993	林业	93级		40	52	370
	林业	93级技(1-2)		105		
1994	林业	94级(1-2)		80	92	358
1995	林业	95级(1-2)		95	93	460
	经济林	联合中专班		100		
1996	林业	96级1班		60	145	686
	经济林	96级2班		60		
	林业	96级技(1-2)		117		
	经济林	联合中专班		134		
1997	林业	97级(1-2)		90	40	952
	经济林	97(3)高中专		30		
	林业	联合技工班		114		
	经济林	联合中专班		72		
1998	林业	98级1班		47	80	1070
	经济林	98级2班		47		
	林业	98(3)实践班		59		
	经济林	98级(4)高中专		45		
1999	园林	99级(1-2)		122	456	938
	林业	99(3-4)实践班		120		
	经济林	99(5)高中专		30		
	园林	联合中专班		52		
2000	园林	00级(1-2-3)		150	299	871
	林业	00(4)实践班		52		
	林业	联合中专班		30		
2001	园林	01级(1-2-3)		94	251	734
	林业	01(4)实践班		20		

续表

年份	专业	班级类型	学制	招生数量	毕业生数量	在校生数量
2002	林业	02 级 1 班		37	214	583
	印刷	02 级 2 班		26		
2003	林业	03 级(春)		51	226	474
	林业	03 级(秋)		21		
	林业	03 级实践班		45		
2004	林业	04 级		24	294	212
	林业	04 级实践班		8		
2005	林业	05 级		16	63	165
2006	学校合并未招生			117	48	
2007	学校合并未招生			32	16	
2008	学校合并未招生			16	0	
累　计	4 个专业	69 个教学班		3344	3344	

第三节　榆林林业学校

1990 年以来，榆林林业学校进入发展的黄金时期。学校加强基础设施建设，先后修建成一号教学楼、实验大楼和东院二层办公楼。随着学校建设的发展，专业设置不断增加和调整。1994 年前，专业设置只有林果和林学两个专业。1995 年后，学校先后增设了经济林、治沙、野栽、水保、园林、计算机、文秘、工美、民航、机电、化工、采矿等专业。确立“绿色林校、能源林校、数字林校”三大建设目标，重点发展园林绿化、计算机应用、安装与维修，化学工艺等 4 个专业。均被省教育厅批准为省级示范专业。补充林科单录 3 年制实践生班和水保专业 2 年制高中专班，办学规模扩大，教学质量稳步提升。

1998 年，招生并轨改革后，实行市场化办学。从 2001 年开始，学制由 4 年改为 3 年。受当时开始并一直延续至今的“两高”扩招影响，学校长期以来面临生源不足的困难。为摆脱困境，提高办学活力，学校结合榆林发展能源经济的实际，积极调整办学思路，探索多途径、多形式办学之路。一是根据市场变化调整了专业设置，陆续增加园林、计算机、文秘、工艺美术、民航、机电、化学工艺等专业；二是 2002 年决定并开办高中教育；三是实施人才培养模式改革，开展校企合作、校校联合办学，拓宽毕业生就业渠道，先后与江苏吴江交通学校、江苏恒力集团、吴江市劳动与社会保障局、上海东方职业技术学院、天津园林学校、鄂尔多斯汽车产业园、陕西省委招待所、黄冈高考补习学校等多家企业和学校确立合作关系，实施 2+1 工学交替、顶岗实习人才培养模式；四是加强成人教育工作。

2001 年 10 月，学校开展中专后继教育、成人函授自考学历教育及技术培训等。经过10多年努力，学校成人教育工作由林学专业大专自考辅导单一形式发展为多层次、多形式、多专业、跨行业的教育模式。园林、林学、农学、园艺等35个专业，跨行业开展环保、调查与分析专业专(本)科教育。10多年来，毕业专本科学员1700多名；承办榆林市林业技术人员及退耕还林农民技能培训，培训学员4600多名。学校成为西北农林科技大学在陕北设立的唯一函授辅导站，被国家林业局认定为“林业行业关键岗位培训单位”、被省林业厅认定为“陕西省榆林林业技术培训中心”。

经过有益的探索，学校形成以中专教育为主，综合高中教育、林业技术培训为两翼，以函授、自考、中专后继教育为补充的“一主两翼三面”办学格局。同时，学校积极筹措资金，新建成二号教学楼、学生公寓楼、科教大楼和机电、化工、计算机等实训室，新建柳卜滩实习林场。2004年，学校获“省级重点中等职业学校”称号。

2006~2010年，即“十一五”期间，学校实施校园建设、实训基地建设、师资队伍建设、德育建设、招生就业等十大工程，完成塑胶操场、篮球场、网球场、活动中心、校园绿化硬化等项目，校园面貌彻底改观，实训条件根本改善，师资力量明显增强，办学规模稳中有升，为进一步发展奠定基础。

2009年以来，学校秉持大力发展职业教育的精神，积极调整办学方向，以示范校建设为目标，以提升内涵发展为重点，着力打造品牌学校。实施“双师”工程、重点专业建设工程、德育特色项目工程和数字化校园建设工程，加强了实训基地建设，强化以学生技能训练为主的教育教学改革。各项工作得到了上级的支持和肯定。2009年5月，加挂“陕西省榆林能源工程学校”校名。2010年1月，获省级“文明校园”称号。2010年3月，被确定为“国家级重点中等职业学校”，2010年6月，获“全国中等职业学校德育工作先进集体”称号。经过近40年建设，学校发展成为有教职工220人、教学班22个、在册学生3000多名、占地面积20.73公顷、建筑面积近8万多平方米、固定资产总值达1.7亿元、在省、市较有影响的职教名校。

1990~2010年陕西省榆林林业学校历年学生情况见表9-3-3。

1990~2010年陕西省榆林林业学校历年学生情况统计表

表9-3-3 单位：人

年份	在校生数量	招生数量	毕业生数量	学制	备注
1990	200	80	40	4	招初中毕业生
1991	278	80	40	4	招初中毕业生
1992	318	80	39	4	招初中毕业生
1993	340	100	79	4	招初中毕业生
1994	380	120	80	4	招初中毕业生
1995	503	202	80	4	招初中毕业生
1996	663	240	80	3、4	招初、高中毕业生
1997	786	220	101	3、4	招初、高中毕业生
1998	917	249	118	3、4	招初、高中毕业生

续表

年份	在校生数量	招生数量	毕业生数量	学制	备注
1999	962	260	215	2、3	招初、高中毕业生
2000	1023	344	286	2、3	招初、高中毕业生
2001	1169	450	305	3	招初、高中毕业生
2002	1048	304	326	3	招初、高中毕业生
2003	1472	722	266	3	招初、高中毕业生
2004	1920	756	174	3	招初、高中毕业生
2005	2085	384	219	3	招初、高中毕业生
2006	1820	605	613	3	招初、高中毕业生
2007	1746	574	582	3	招初、高中毕业生
2008	1605	652	554	3	招初、高中毕业生
2009	1918	762	415	3	招初、高中毕业生
2010	1609	563	435	3	招初、高中毕业生
合计		7747	5047		

第四章　林业成人教育

第一节　教育机构与职能

一、林业成人教育机构、人员情况

1987年，省农牧厅、林业厅根据农牧渔业部、林业部《关于农业广播电视学校开办林业专业的通知》精神，在全省林业系统首次招生。随后根据省编办、高教局、农牧厅《关于全省农业广播电视学校编制问题的通知》，省林业厅报请省编办批准，于1989年8月16日，省林业厅下发《关于成立省农业广播电视学校林业分校的通知》，正式成立了“陕西省农业广播电视学校林业分校”。为省林业厅所属副处级事业单位，业务上受省农广校直接领导。编制5人，暂时归科教处代管。

1993年1月，省林业厅任命杨玉霜为林业分校校长，林业分校正式分设办公。2001年11月，根据省林业厅的请示，中央农业电视学校省林业厅，同意将林业分校改建为陕西省林业广播电视学校(以下简称林广校)；2002年6月19日，陕西省教委复函省林业厅：“同意将陕西省农业广播电视学校林业分校改建为陕西省林业广播电视学校，其人、财、物继续由你厅管理，教学业务接受省教育厅的管理和指导”(陕教发函〔2002〕9号)。陕西省林广校正式成立。根据省编办批准，其编制8人。同时根据《关于成立陕西省林业厅培训中心的通知》依托学校成立了陕西省林业厅培训中心。2007年8月，省编办、中央农广校批准“陕西省林广校”更名为“陕西省林业教育培训站”，人员编制增加为13人。至2010年，有专职管理人员15人，专兼职教师712人，设有综合科、培训科、继续教育科、技能鉴定科等科室。

二、职能情况

林广校的主要任务是按照国务院及国家教委、国家林业局的安排，结合单位的人才需求，为行业内的单位培养技术骨干，同时加强生产单位人员的文化、生产技能培训，关键岗位培训，促进产业升级、技术革新改造，推动生产发展。

2007年，更名后的“陕西省林业教育培训站”主要职责：①拟定林业教育培训规划、计划；②组织开展林业系统成人教育工作；③承担林业系统干部职工政治思想、能力建设、作风建设的培训工作；④承担林业系统专业技术岗位培训，适应性培训工作；⑤承担林农骨干人才科技教育和技能教育。“陕西省林业教育培训站”是目前全省唯一的林业行业职工教育培训基地，是林业行业关键岗位培训基地和中央党校函授学院陕西分院林业厅教学站。陕西省林业行业特有工种职业技能鉴定站也依托该站建立。

第二节 培训情况

1989年，省农业广播电视学校林业分校成立，推动林业成人教育工作发展。1989年12月，省林业厅成立省林广校工作领导小组，由主管副厅长任组长，科教处处长任副组长，各有关处室为成员单位。1990年4月，领导小组就贯彻省教委、财政厅、农牧厅等11个省级部门联合发出《关于加强农业基础教育，加快发展农业广播电视教育的通知》。省林业厅决定增加林业分校人员编制、办学经费、提供办学教室等。将办学经费列入独立预算，购置录像机2台、收录机1台、电视机1台、照相机1台。林业分校针对培训工作的要求，建立和完善学校的规章制度，主要有《学员自学、收听、收视制度》《教学班暂时管理办法》《课程实验、学习管理办法》《课程辅导管理办法》《学员考试资格检查制度》《学员考试细则》《学籍管理办法》《教材、音像管理制度》等。这些制度在后来的教学发展中继续完善并遵守。分校对成立以来的学员学籍进行清查、登记、编号，做到每生建档、分类专柜存放，专人负责保管。

1990年，林广校增设了林业、财会2个专业，当年在陕西省招收学员1330人。其中，林业专业1007人，会计专业293人。其中，林业职工占66.6%，乡镇林业员占6.5%。分布在陕西省7个地、市和9个省属林业单位。分校下设22个教学点，共47个教学班。分为脱产学习班和不脱产学习班。在教学上采取了远距离电化教学方式，相继在省林校、宝鸡林业分校、榆林林校开办全日制脱产教学班，对脱产学习的学员制定统一的教学计划和组织教学活动。在教学的横向管理上采取五统一。即统一教学计划、统一教材与辅导材料、统一授课、统一考试，统一管理规范。纵向管理上做到与中央农广校和省农广校保持一致。1990年，根据林业会计专业需要，组织编写《林业企业会计》《林业场圃会计》《林业统计》等3种教材，印制314套1400多册。在声像教材上，先后为基层办学点购置、复制900多盘音像教材。

1991年制定印发省林广校《“八五”计划与十年(1991~2000年)规划》，使林业广播电视教育主动与林业经济建设发展同步。1993年，增设“市场营销专业”，当年招生100名。1994年，中专学历招收903人。其中，林业专业546人、“三计”专业(会计、统计、审计)210人、经济林专业90人、蚕桑专业57人。1994年的短期培训人数5041人次。其中，宝鸡林业分校举办德援造林工程技术培训班4期，培训196人。安康林业分校举办蚕桑、五倍子微粒病防治等短训班72期，培训4845人次。1994年年初，林业分校在西安召开会议，制定在陕西省林业行业定向招收有实践经验人员入学的决议。

1995年，林广校与省自考办、西北林学院联合开办高等教育自学考试林学专业大专班，当年招生800余人。同时开展实用技术培训计划，5次培训，学员达900人次。1995年，林广校下设2所县级分校，9个教学点，52个教学班。其中，标准教学班14个，占教学班总数26.9%，专兼职办学人员192名，责任教师12名，辅导教师132名。

1996年，林广校开办的专业增加汽车与拖拉机维修、企业经营管理等7个专业，面向生产一线和林业基层单位招收学员1350名。其中，中专学历1033名，大专自考生276名，使在校生规模达到3771人。同时，征得陕西农业广播电视学校同意，先后在陕西省林业学校、陕西森工技术学校宁西分校、延安林业学校招收脱产技工班学员260名，继续招收第二届林学专业大专自考生72人。林广校还分别在各办学单位开展了工人技术等级培训、区乡林业员岗位培训、各种适应性岗位培训共83期，培训1520人次。1996年，为贯彻林业部人事教育司、林业部林业工作站、中央农业广播电视学校联合发出的《关于对基层林业站职工学历和岗位培训教育的通知》及省林业厅《关于通过省农广校林业分校对全省基层林业站职工试行学历和岗位培训教育的实施意见》，决定对全省、区、乡林业站45岁以下，不具备中专学历，具有初中文化的林业员、林政员、林业资源管理员、营林员、检尺员等职工，在3年内进行中专学历教育；同时，对上述人员和已经具有中专以上学历，年龄在45岁以上的职工进行岗位培训，简称“双证教育”。从1996年至1998年，每年招收中专学历生800名，岗位培训学员1000名，争取提前2年完成林业部下达的“双证教育”任务。

1997年，林广校招收中专学历生846名，大专自考生276名，增开“森林旅游”专业。1999年，中专学历教育招生489人，继续教育大专班招生136人，高等教育自学考试林业生态环境管理专业招生33名。开设林业法规、森林资源一类清查短期培训班20期，培训1000多人次。2000年，招收中专学历生136名，中专后继续教育学历生199名。

2000年年底，陕西省已建成3所林业分校和8个地市教学工作站，拥有专兼职教师、责任教师、专兼职管理人员202人，陕西省拥有固定校舍面积8955.3平方米，教学设备118件(台)，卫星接收系统8座。中专班开设林学、蚕桑、经济林、市场营销、林业会计、“三计”专业等；大专开设高等教育自学考试林学专业。自建校以来，累计招收大、中专学员7500名，其中中专学员6300名，大专学员1200名。1996~2000年，即“九五”期间，陕西省各地林广校开展中、短期培训班200多期，培训人员1万多人(次)。

2002年，中专后继续教育林业专业招收注册学生1300人，当年举办3期培训班，培训工程监理人员200余人。2003年，招收林业专业硕士研究生50人，中专后继续教育林业专业注册832人。2004年，招收林业硕士研究生30人，招收大中专学历生400余人。举办“森林资源资产评估”、《中华人民共和国行政许可法》及“天然林保护工程技术培训班”，培训人员500余人。2005年，招收林业专业在职硕士研究生41人，招收大中专学历生132名，举办林业工程监理培训班2期，培训人员300人。确定设立林业行业省级培训基地，林业厅培训中心被确定为中日林业生态培训中心项目西部地区(干旱区)地方培训基地，成为全国五个地方培训基地之一。8月，国家林业局职业技能鉴定指导中心正式为省林广校颁发“鉴定许可证”和站长证书。12月，林广校8名专家参加由国家林业局职业技能鉴定指导中心组织的考评员培训，并取得了考评员资格，其鉴定的工种涵盖了林木种苗工、森林病虫害防治员、园林建植等10个工种。2006年招收在职硕士研究生20人，大、中专学历生183名，举办中日林业生态班2期、森林资源资产评估培训班1期、林业工程监理培训班1期，培训学员400人次。10月24~28日，举办西北片林业行政管理(县林业局长)培训班、11月28日至12月2日举办“干旱地区造林技术(退耕还林工程)培训班”。同时，组织人员重新编写教材，确保培训质量。

2007年8月15日，“陕西省林业广播电视学校”正式更名为“陕西省林业教育培训站”。文件同时规定其5项工作职能。中专后教育处于收尾阶段，当年招生130人，发放教材130套，共2000册。培训来自西北五省份及山西、内蒙古等省份学员88名。组织完成全省天保工程实施区富余人员培训的教材编写，对其开展“中蜂养殖”“食用菌养殖”“森林资源管护技术”“森林保护”等培训班4期，培训人员1200余人；举办“陕西省工程监理”培训班1期，培训120余人；举办“林业专业人才知识更新工程(‘653’工程)培训班2期”培训学员1200余人。

2008年，先后在省太白局举办中蜂养殖技术培训班；在宁西、宁东局巡回举办2期花卉栽培技术培训班；在龙草坪、汉西、太白局举办3期森林资源管护知识培训班；在太白、长青、宁东、宁西等林业局各举办1期天保工程实施区财务人员培训班。直接参训职工1570人，采取发放培训资料、光盘、科普书籍等方式培训6100人，收到了良好效果。2009年，举办基层保护站站长培训班一期43人；国家级保护区主任培训班1期38人；为全省自然保护区工作人员进行“自然保护区巡护检测员”职业资格技能鉴定，鉴定60余人。

2010年，开展“陕西省兴林富民工程核桃实用技术培训班”和“花椒实用技术培训班”，培训200余人。“中日技术合作中国西北地区林业人才培养项目集体林权制度改革(县级)培训班”1期，培训林改县林业局长48人；“国有林场改革与发展培训班”1期，培训县林业局主管国有林场的领导76人；鉴定景观设计师、自然保护区巡护检测员等工种200余名，办证300多本。

第三节　成人学历教育

一、高等学历教育

1995年，林广校与省自考办、西北林学院联合开办高等教育自学考试林学专业大专班，当年招生800余人。中专后继续教育大专班，高等学历教育的模式主要分在校学习和高等教育自学辅导考试。2003年，增加了在职林业硕士研究生班，当年招收在职林业专业硕士研究生50人。到2007年林广校改制，培养在职林业硕士研究生141人。高等学历教育至2008年停止招生。

二、中等学历教育

1989年，省农广校林业分校成立以后，即开展中等学历教育。中等学历教育先后有以下几个类型：①招收在校学习的中专生、在职职工，全日制脱产教学；②远程广播电视教育；③自学考试，招收的对象有在校的高中专毕业生，在职职工。1994年，制定在全省林业行业定向招收有实践经验人员入。1996~1998年，对陕西省区、乡林业站45岁以下、不具备中专学历，具有初中文化的林业员、林政员、林业资源管理员、营林员、检尺员等职工进行中专学历教育，培训人员2400余人。至2000年年底，共招收中专学员6300名。2007年，招收在校生后，省林广校停办，2008年，以后除在校学习的学生外，再没有招收学历教育的学生。

1990~2010年，陕西省林广校(陕西省林业教育培训站)，开设的专业涵盖了林业工作的所有工种、行业。直接培养大中专学历生1.1万人。联系培养农业推广硕士150人，培养基层林业技术人员2.23万人，辐射带动林农培训50万人(次)，为陕西林业建设培养大批实用性人才、提供了技术支撑和人才保障。

第四节　森工职业技术教育

省资源局系统(1990~2010年)先后参加后续教育1736人。其中，培养硕士20人，本科147人，大专498人，中专449人，职业技术教育622人，函授及远程教育990人。

一、教学管理

陕西森工职业技术教育结合森工实际和特点，先后制定《职业脱产或业余进行学习的有关规定》《脱产学习期间工资及福利待遇暂行办法》《教学管理制度》《学员考勤考核制度》《专兼职教师管理办法》《学籍管理制度》等。职工职业技术教育经费投入500多万元。为职业技术教育六大专业编写培训教材14章71节30多万字，并培训专兼职教师100多名。

二、成人教育

陕西森工农业广播电视学校陕西森工分校先后开设林业、财会、市场营销、会计、统计与审计等6个专业，共招收学员990余名。在6个教学点配备专业教学器材摄像机1台、彩色电视机6台、录放机6台、录音机6台和照相机2部，课桌椅子214套。

1992年以来，对系统内符合条件的职工子弟选送100多名到普通高校委托培养，选送20多名到中专学校委托培养。1995年以来，先后有230多人参加林学、经济管理和文秘等自学、函授大专班学习。

三、森工技校

1989年，陕西省森林工业管理局自筹资金150万元，创建陕西森工职业学校，教学和管理机构设在陕西省林业学校。1990年，成立陕西森工技校和宁西局、林机厂2个分校，先后开设林业机械加工、汽车驾驶与维修等专业，累计招生1108名。

第十篇　林业科技与外事活动

1990~2010年，陕西林业科技成果显著，累计完成科研课题132项，获国家林业部(局)省级科技进步奖13项，经验收评审的林业推广项目成果有61项获奖，编著出版《核桃低产林改造技术》等专著7部，为实现林业跨越式发展提供强大科技支撑和智力支持。截至2010年12月底，全省共有市级林业技术推广站(工作站、中心)11个，职工308人，其中，技术人237人。全省林业系统共有科技人员10162人。其中，正高级专业技术职务13人，高级专业技术职务610人，中级专业技术职务3134，初级专业技术职务6405人。与1989年末相比，科技人员总数增加了26.2%。加强了对外林业科技交流，先后有多批次国外专家来陕进行林业科技交流活动，国内相关专家出国学习培训，使陕西林业较好地融入国际林业科技之中，借助林学会这个平台，开展了许多学术交流和林业宣传活动，为陕西物质文明和精神文明建设，贡献了林业智慧。

第一章　科技机构

第一节　基本概况

1990年12月，陕西省林业科技工作会议作出《依靠科技进步 振兴陕西林业》的主题报告后，全省林业系统积极贯彻林业部和陕西省科技工作会议精神，总结交流近年来的林业科技工作经验，实施"科技兴林"纲要，有力地推动陕西省林业科技工作。1991年，省森工局召开森工系统首次科技大会，对科技兴林的任务和要求作了全面安排和部署。为充分发挥广大林业科技人员的积极性和创造性，推动全省林业科技进步，加快林业现代化建设，根据部省有关规定和通知精神，省林业厅及时发布《陕西省林业厅科学技术进步奖奖励办法》《陕西省林业厅林业技术推广成果奖励办法》。随后《林业部黄土高原林木培育重点开放性实验室》暨《陕西省林业综合重点开放性实验室》在杨凌陕西省林业科学研究所正式成立。这是林业部重点开放性实验室在陕西首次设立。

1995年12月，陕西省林业科学技术大会在杨凌陕西省林业学校召开，会议贯落实全国林业科学技术大会和陕西省科学技术大会精神，总结1991~1995年，即"八五"期间林业科技工作，部署1996~2000年，即"九五"期间林业科技进步工作，表彰奖励科技兴林实施中做出突出成绩的先进单位和先进个人。副省长王双锡到会为在科教兴林工作中涌现出的先进集体和个人颁奖并讲话。为贯彻落实《中共中央 国务院关于加速科学技术进步的决定》及部省科技大会精神，全面实施科教兴林战略，省林业厅制定印发《陕西省林业厅关于加速林业科技进步的实施意见》《陕西省林业科技"九五"计划和2010年发展规划》。

陕西省林业厅1996年，发出关于建立"陕西省林业厅跨世纪科技人才库"的通知，拟收录优秀青年科技人员30名。其中，5名为在国内林业科学前沿具有学术优势和先进水平的学术带头人，25名为在省内林业科学主要领域具有学术先进水平的学科带头人和骨干，以增强陕西林业科学研究、技术开发的后劲，加快林业学术、技术带头人的代际更新。

为贯彻落实《中共中央 国务院关于1997年农业和农村工作意见》精神和林业部《关于开展"农业科技年"工作的实施意见》的部署，省林业厅结合陕西省林业发展"九五"计划和科教兴林"4151"工程计划，紧紧围绕造林灭荒这一中心工作，组织广大林业科技人员深入农村、山区、沙区、林区林业生产第一线，积极开展送科技下乡活动。据不完全统计，此次陕西省组织上山下乡服务的林业科技人员达6522人次，举办各类技术培训班和技术讲座1164期，培训林农和技术人员24.37万人次，推广先进适用综合配套技术和科技成果50余项，完成推广面积9.93万公顷。

1998年11月4日，由省绿化委员会、省委政策研究室、省林业厅和省林学会联合主办的"跨世纪的陕西生态环境建设研讨会"在西安召开。参加研讨会的有国家林业局、省委省政府和有关部门及部分地县领导，中国工程院院士、中国科学院生态环境研究中心、中国科学院水土保持研究所、北京林业大学、西北大学、陕西师范大学、西北林学院、省科学院、省农业科学院、省林业科学院和省治沙研究所等单位的专家教授和林业系统的管理人员；西北五省份和内蒙古林业科研院所长也应邀参加了会议，与会代表共138人。会议主要围绕“跨世纪陕西生态环境建设”问题进行深入地研讨和交流，共提交论文38篇。会议期间，各位领导、专家和代表还参观陕西林业50年建设成就展览，出席省林业科学院成立揭牌仪式。省委书记李建国出席会议，省长程安东和国家林业局党组成员、中国林科院院长江泽慧分别在会上作重要讲话。

2000年3月12日至4月10日，省林业厅根据省委、省政府办公厅《关于开展第八届“科技之春”宣传月活动的通知》精神，开展为期30天的宣传月活动，主题是抓住历史机遇，发挥科技对林业生态环境建设的支撑作用，加快西部开发。

省林业厅印发《陕西省长江上游、中上游地区2000年退耕还林试点示范科技支撑实施方案》的通知。

2001年2月，厅党组研究决定：成立第四届科学技术委员会，厅长权志长任主任委员、何发理任常务副主任委员，赵秉政、郝福财、邹年根、郭道忠、赵忠、闫宏任副主任委员，王云芳等9人为常务委员，连文海为秘书长。印发《陕西省林业厅科学技术委员会章程》，决定编印《林业科技咨询》不定期内部刊物。并于10月召开第四届科技委全体委员会议，审议陕西省林业科技2001~2005年，即“十五”发展规划。3月，省林业厅同意在西北农林科技大学林业科学院建立陕西省林业研究中心，其隶属关系不变，并启用“陕西省林业研究中心”印章。6月，《陕西省林业厅加强与科技有关的知识产权保护和管理工作的若干意见的通知》下发各地市林业局等单位。6月14~15日，全国林业科学技术大会在北京召开，陕西省林业厅权志长厅长等参加。7月11日，林业厅党组扩大会议研究决定：调整厅科技工作领导小组。厅长权志长任组长，副厅长何发理、郝福财任副组长，阎宏等8位同志任成员。10月，省林业厅印发《陕西省林业厅关于加强林业科技进步为林业建设提供科技支撑的实施意见》，请各地市结合本地区、本单位实际，认真贯彻执行。11月5~9日，第八届中国杨凌农业高新科技成果博览会(简称“农高会”)在杨凌示范区举行，省林业厅组织5个展位参加农高会。12月，省林业厅印发《陕西省林业科技“十五”发展计划》，请各地市和各单位结合实际，提出落实“计划”的实施方案，并认真组织实施。

2002年2月，省林业厅印发《陕西省“十五”重点林业科技推广实施方案》，要求各地认真组织实施。3月7~8日，陕西省林业科技教育大会在西安召开。会议主要贯彻落实全国林业科学大会和全国林业教育培训工作会议精神，全面部署陕西省林业科技和林业教育培训工作。副厅长何发理在会上作《坚持实施科教兴林战略为实现林业跨越式发展提供强大科技支撑和智力支持》的主题报告，厅长权志长作总结讲话。各地市林业局长、科教科长、林科所所长、推广站站长，科技示范县林业局长，厅机关各处室负责人、厅直单位负责人和部分先进单位和个人代表参加会议。

3月20日至4月10日，根椐省委、省政府办公厅关于开展第十届科技之春宣传月活动的通知精神，省林业厅开展为期20天“科技伴您走向美好未来，林业定叫山绿、水清、天蓝”的科技之春主题宣传月活动。6月，省林业厅印发《造林绿化工程中树种选择的意见》，要求在林业重点工程建设中结合实际，贯彻执行。

根据省委、省政府办公厅关于开展第十一届科技之春宣传月活动的通知精神，省林业厅于2003年3月20日至4月10日，开展“科技之春”宣传月活动，主题是“科技为小康列车提速，林业为生态环境播绿”。3月，省林业厅向各市林业局、各项目主持及参加单位下达2003年，陕西省“十五”重点林业科技推广项目任务，并提出具体要求，确保项目的顺利实施。6月，省林业厅向国家林业局科学技术司报送2003年度重点林业生态工程科技支撑项目申报书，提出5项科技支撑项目。6月，省财政厅、林业厅联合发文，成立中国-全球环境基金防治土地退化陕西项目领导小组，副省长王寿森任组长、省林业厅助理巡视员阎宏任副组长，并成立项目办公室，办公室设在省财政厅。8月，省林业厅印发《关于对主要经济树种科技产业化发展情况进行调研的通知》。调查结果，全省经济林面积168.5万公顷。苹果、红枣、花椒、板栗、核桃、茶叶、猕猴桃、生漆等产品，品质优良，久负盛名，市场前景看好。11月5~9日，第十届杨凌农业高新科技成果博览会在杨凌举办，省林业厅组织13个厅属单位推选63个项目参加了展出。

2004年2月18日，省林业厅研究决定：成立陕西省林业重点工程造林质量检测中心，挂靠陕西省退耕还林工程管理中心；成立陕西省苗木、花卉质量检测中心，挂靠陕西省林木种苗工作站；成立陕西省野生动植物产品质量检验中心，挂靠陕西省自然保护区和野生动物管理站。明确各中心负责人和主要工作职责，检测中心的业务归口联系部门为厅科教外事处。由国家林业局、山东省人民政府主办的“2004年中国林产品交易会”9月19~25日在北京举办。省林业厅组织省林业技术推广站、省治沙所、省林机所等单位参加。

省林业厅向各市林业局、省资源局及厅直各单位印发《陕西省林业重点工程项目建设与林业技术推广“三同步”暂行管理办法》的通知，要求各单位结合实际贯彻执行。6月，省林业厅向国家林业局上报《陕西省林业科技推广类计划项目总结的报告》及15个单项项目的评估报告。7月，省林业厅向国家林业局上报《关于开展送科技下乡活动的总结报告》。11月5~9日，“第十二届中国杨凌农业高新科技成果博览会”举办，省林业厅组织了14个厅属单位，推选36个项目，23人参加，分4个展位展出。

2006年3月，省林业厅决定建立《陕西省林业科技项目库》。内容为科技支撑、科技推广、科技产业、科学研究、智力引进和其他项目。3月，省林业厅印发《关于进一步加强林业科技进步 全面落实科教兴林战略的实施意见》，要求各地市认真执行。3月，省林业厅印发了国家林业局《林业重点工程科技支撑项目管理办法(试行)》，要求各有关单位认真贯彻执行。4月，省林业厅召开第五届科学技术委员会第二次常务会，会议调整第五届科技委组成人员，修改有关奖励办法等。5月，陕西省“科技之春”宣传月活动组委会作出《关于表彰陕西省第十三届“科技之春”宣传月活动先进单位的决定》。陕西省林业厅获先进省级单位、省野生动植物保护协会获先进省级学会。7月，省林业厅印发《陕西渭北刺槐二元立木材积表检验外业工作办法》，要求各市林业局认真贯彻执行。

2007年4月，省林业厅印发《陕西省林业科技“十一五”发展规划》，要求各市林业局、厅直各单位认真贯彻执行。4月，省林业厅印发修订后的《陕西省林业科学技术奖励办法》。第十四届杨凌农高会开幕，省林业厅派出 1 个展位参加，并负责接待国家林业局和外省份林业厅局来陕西参加农高会人员。

2008 年 6 月，省林业厅转发《国家林业局关于印发“百县千村万户”林业科技示范行动实施方案》的通知。

第二节　省属机构

一、秦岭国家植物园(陕西省秦岭植物研究院)

秦岭国家植物园是由陕西省人民政府、国家林业局、中国科学院、西安市人民政府联合共建的国家级特大型综合植物园。

秦岭国家植物园位于西安市周至县境内，距西安市区 70 千米，总面积 639 平方千米。功能定位为生物多样性保护、生物多样性科学研究、生物多样性科学普及、生物多样性科学旅游。办公地址在西安市小寨东路 3 号。

(一)行政组织沿革

2001 年 12 月，经省编办批准成立陕西省秦岭植物园，同时加挂陕西省秦岭植物研究院牌子，为省政府直属正厅级事业单位。2003 年 1 月，经省编办批准，植物园内设 4 个机构，分别为办公室、规划建设处、科研开发处、植物分类研究所(《西北植物学报》编辑部)。人员编制 20 名，园(院)领导职数暂定 1 正 1 副。

2004 年 8 月，经省政府批准，将植物园由省政府直属事业单位改为省科学技术厅代管的事业单位。2005 年 8 月，经省编办批准，植物园改为省林业厅代管，正厅级规格和人员编制不变。其主要职责是：负责秦岭植物园的规划、建设、保护、管理；负责植物学、生态学、环境保护学等相关学科的研究；开展学术交流及国际合作；负责生物科学、生态科学等多学科知识的科学普及；负责园内观光旅游等社会服务；负责种苗基地建设与示范；负责园内生态系统的重建、恢复及园林示范；承办省政府交办的其他工作。2006 年 10 月，陕西省人民政府、国家林业局、中国科学院、西安市人民政府在北京召开会议，决定联合共建秦岭国家植物园。2008 年 9 月，经省编办批准同意将陕西省秦岭植物园更名为秦岭国家植物园。

(二)工作情况

一是编制完成秦岭植物园总体规划及各类可行性研究报告、环评报告、水土保持方案等相关文件，并分别报经相关部门批准实施。二是完成属地保护区内移民搬迁 865 户 2916 人。三是完成部分基础设施建设，建成田峪河至金牛坪主干道水泥路面硬化 17.45 千米、修建迁地保护区路网工程推出路基 30.1 千米、修建完成峡谷便道 5 千米、架桥 16 座、安装园区大门石牌坊 10 余座、建成峡谷观音寺、药师殿、茶社、卫生间等工程项目，田峪河景区大门、小超市和服务中心、金牛坪停车场等正在动工修建。四是完成植物园迁地保护区 480 公顷土地流转工作。五是争取到亚行贷款 4000 万美元和 GEF 赠款 500 万美元，并签订相关协议。六是加快植被恢复和景观建设。在迁地保护区沿新修道路两侧和丘陵坡面进行绿化，共栽植紫薇、国槐、栾树、银杏、龙柏等各类品种苗木 10 万多株，就地保护区成片恢复植被 2000 多公顷，栽植各类树木 30 余万株，造林效果明显。七是加快专类园建设。木兰科专类园存苗1800余株，有红霞、玉灯、紫霞、大花白玉兰、黄鸟、阔瓣含笑、鹅掌楸等11个品种。在木兰科专类园初见成效的基础上，又启动千屈菜科园、木犀科园、豆科园、棕榈园、杨柳科园、秦巴珍稀园等6个专类园建设。截至2010年，专类园苗木栽植面积10.7公顷，栽植各种规格和品种苗木3037株，建成苗圃9.73公顷。八是土地工作取得一定进展，完成迁地保护区480公顷土地流转工作和31公顷建设用地预审工作。九是省、市政府将秦岭国家植物园建设纳入2011～2015年，即"十二五"重点建设项目规划。十是加强项目包装和项目申报，积极抓住国家拉动内需的机遇，做好项目储备，编制秦岭国家植物园被子植物保护基本建设、裸子植物保护基地建设、秦巴山区珍稀濒危植物保护示范基地建设、森林重点火险区综合治理、天保工程、就地保护区自然保护工程、温室馆建设、古生物馆建设等项目，建立秦岭国家植物园项目库。

二、陕西省林业科学研究院

1998年9月9日，省编办决定，陕西省林业科学研究所更名为"陕西省林业科学研究院"，机构设置：业务部门设林业研究所(撤销造林经营研究室和树木育种研究室建制)；设资源保护利用研究所(撤销保护、利用室建制)；设林业科技信息研究所(撤销林业情报研究室建制)；设林业综合实验室。试验基地设：渭河试验站，南五台试验站，安康试验站，延安树木园(面积141.7公顷)。

1995年3月，林业部在陕西省林业科学研究所设立西北唯一的部属重点开放性实验室——黄土高原林木培育重点实验室。1997年6月，林业部开展第一次全国省属以上林业科研院所绩效考核，参加考核的55个研究院所中，陕西省林业科学研究所位列第20名，是西北地区唯一进入全国20强的院所。1997年7月，经陕西省科学技术委员会批准，在省林业科学研究所红枣课题组的基础上，成立陕西省红枣研究中心。

陕西省林业科学研究所从迁新址到1999年，先后承担攻关专题和林业部重点课题20多项，多项研究达到国际先进水平。承担林业部、省科委、林业厅、农办、三北防护林建设局和武功农业科研中心等部门下达的林业科研课题278项，其中森林培育类83项、林木育种类45项、经济林栽培类57项、森林保护类55项、森林利用及林产品加工类23项、森林基础科学类15项。先后编写《陕西主要造林技术》等专著，参编林业科技图书20部。通过正式鉴定的科研成果110项，有80项成果受到奖励，其中国家级奖4项、省部级奖38项、厅局级奖38项。

森林培育类，先后有10项成果获得省部级以上奖励。"塑料大棚容器育苗中间试验""渭北旱塬防护林营造技术开发研究""陕西黄土高原造林立地条件类型划分及适地适树研究中间试验推广"获陕西省科技进步三等奖；"黄土高原防护林体系示范林研究""汉江流域防护林体系建设技术及效益研究"获林业部科技进步三等奖。

林木育种类，对油松、云杉、白榆等10个树种进行种源试验研究，并对油松、华山松、落叶松的林分、家系进行选择研究。选育出截叶毛白杨和25，30，85号毛白杨优良无性系；杂交培育出"陕桐1，2，3，4号"泡桐优良元性系和"陕林1，2，3，4号杨树优良品种"。有11项成果先后获陕西省科技进步奖。其中，"油松三水平遗传变异配合选择和第二代无性系种子园建立技术研究"获陕西省科技进步一等奖。"陕西省白榆种源遗传变异和种源选择的研究”“陕桐1号”和“陕桐2号”优良无性系的选育；“杨树优良品种及丰产栽培技术推广”“油松无性系种子园建立和经营技术研究”“华北落叶松多层次遗传变异和选择研究”获陕西省科技进步三等奖。

经济林类，鉴定和审定优良油桐品系5个、猕猴桃新品种1个、枇杷良种7个、红枣良种2个。其中“陕西省油桐品种资源调查及优良品种选择”“柑橘早实丰产技术推广”“红枣丰产栽培及病虫害防治研究”“油桐丰产栽培技术推广”获陕西省科技进步三等奖。在陕西百万亩红枣、百万亩仁用杏、百万亩扳栗重大产业化中起到重要的科技支撑作用。

森林保护类，先后有11项成果获省部级奖励。其中“油松种实害虫防治技术研究”获陕西省科技进步二等奖；“赤眼蜂防治油松球果小卷叶蛾的研究”“油橄榄炭疽病防治技术研究”“沙柳木蠹蛾及灰翅筒天牛防治研究”“杨树蝉害防治技术研究”“三北主要林木害虫防治技术研究”“山楂灾害性病虫害防治技术研究”“主要造林树种害虫——松黄叶蜂防治技术研究”“泡桐丛枝病综合防治技术研究”分别获陕西省和林业部科技进步三等奖。在林地鼠害防治研究方面有突破性进展，研制出了十几种无公害灭鼠药品。其中“克鼠星1号”“克鼠星2号”、多效抗旱驱鼠剂(RAP)等，在陕西、新疆、云南、甘肃、湖北、安徽等省份大面积推广应用，鼠害防治效果达93%以上，林木保存率达98%以上，社会生态效益十分显著。

在黄土高原树木资源搜集与引种试验方面，收集保存乔灌木树种62科155属404种。其中，国家保护树种15种；国外引进20种；培育苗木122种、70余万株，其中76种为首次育苗，为黄土高原综合治理提供40多个栽培树种及栽植技术。

同时，在科技开发方面，1997年12月与西北林学院、陕西省林业学校联合创办杨凌园林绿化工程有限责任公司。1998年6月，成立陕西森大科技有限责任公司。

1999年9月，陕西省林业科学院有在职工人员185名。其中，科技人员132人。随之和西北农业大学等单位合并，成立西北农林科技大学。

三、陕西省治沙研究所

陕西省治沙研究所(以下简称治沙所)位于榆林市榆阳区，地处毛乌素沙地东南缘。陕西省荒漠化土地主要是境内的毛乌素沙地，通常称为榆林沙区，位于北纬37°22′~39°25′、东经107°15′~110°45′，属半干旱地带，总面积244万公顷，占毛乌素沙地总面积的47%，风沙危害严重，治沙任务紧迫而艰巨。治沙所成立于1960年，是以中国科学院1959年建立的榆林治沙综合试验站为基础组建而成。隶属关系几经周折，1994年恢复省管。主要研究任务是面向榆林沙区为主的全省荒漠化地区，开展以植物措施为主的综合治理应用研究与开发利用沙区资源的产业开发研究，为防治风沙危害，改善生态环境，促进区域经济和可持续发展，提供科学依据和先进的适用技术以及治理开发模式。

(一)机构与人员

1. 机构。内部机构设置为：办公室、人事教育科、财务科、后勤服务中心、产业开发管理办公室、科研生产管理科、荒漠化防治研究室、沙地生态林业研究室、沙地植被保护研究室、林业勘察规划设计室、沙产业研究开发中心、沙地经济林研究开发中心、红石峡沙地实验林场、红石峡沙地植物园(陕西榆林珍稀沙生植物保护基地)、红石峡森林公园、红石峡中心苗圃、樟子松良种基地和红枣良种苗木繁育基地。

2. 人员。1990 年，有职工 109 人。其中，科技人员 62 人，以后职工人数逐年增加，到 2010 年，全所有职工 119 人。其中，科技人员 71 人，有高级职称 29 人，中级职称 25 人，初级职称 17 人。国家级有突出贡献专家 1 人，省级有突出贡献专家 2 人，地级有突出贡献的拔尖人才 4 人，享受政府特殊津贴的 5 人，有硕士 10 人。

(二)科研条件

治沙所有办公楼 1 幢，建筑面积 4000 平方米。

1. 试验基地。有试验沙地 2500 公顷，内建沙地植物园 300 公顷，共搜集定植 45 科 167 个植物种(其中人工栽培 93 种)；有试验苗圃地 15.3 公顷，内建沙地树木标本园，共定植乔、灌、草植物 84 科 506 种。经过多年引种栽植试验，樟子松、油松、踏郎、花棒等 10 多个优良固沙植物种，已在生产中大面积推广应用；有樟子松良种基地 37.33 公顷，嫁接樟子松 9428 株，成活率达 96.6%；有红枣良种苗木繁育基地 168.73 公顷。

2. 图书资料。图书馆总藏书及各类中外文期刊 18373 册，建立科技档案 186 卷。植物标本室收存沙生、旱生植物标本 81 科 211 属 348 种，腊叶标本 728 份。

3. 仪器设备。主要科研设备有 35 台(套)，总值 20 万元。

(三)研究课题及成果

1990~2010 年，治沙所在沙荒大面积植树造林、沙地飞播造林种草及利用、沙地生态环境改善、沙地小流域综合治理、沙区立地分类和适地适树、优良固沙植物种选育、沙区生态经济型防护林与示范区建设、荒漠化土地治理技术研究与示范、沙漠绿洲建设、林木病虫害防治等方面，进行了广泛深入研究，取得了大批科研成果。已有 55 项进行验收、鉴定。其中：6 项达到同类研究的国际先进水平，20 项达到国内先进或领先水平。37 项获得科技成果奖励，其中：国家级的 3 项、省(部)级的 12 项、地(厅)级的 25 项。同时，圆满完成飞播治沙、矿区绿化、输气管道地段生态环境恢复、榆靖高速公路绿化设计等 8 项治沙绿化承包工程，举办全国飞播治沙讲习班 1 期，50 多人参加国际、国内治沙学术会议 20 次，在国内外学术刊物上发表科技论文 450 篇，与外单位合编科技专著 3 部。近年来，一些党和国家领导人，以及联合国、美国、俄罗斯、瑞典、澳大利亚、德国、日本、印度、以色列等 30 多个国家或国际组织官员，专家学者来所考察访问，给予榆林治沙极高的评价，治沙所也在国内外赢得较高声誉。

四、陕西省森林保护研究所

陕西省森林保护研究所(以下简称森保所)是省资源局下属森工事业单位，1976 年成立，地址位于西安市西关正街 233 号省林业厅大院内。

(一)概况与现状

森保所前身是陕西省林业机械研究所(以下简称林机所)。2007 年 9 月 21 日，经省编办批准，同意更名为“陕西省森林保护研究所”，县级建制。森保所的具体职责是：森林重大生物灾害控制技术研究；重大森林火灾预警与控制技术研究；天然林保育与可持续经营技术研究；林业生物质能源基地培育、保护与利用研究；经济林优质高产栽培技术研究；植保、营造林、果实采集机械研制及森林保护技术服务。

2010 年，森保所设党政办公室、财务科、人劳科、科研科、总务科 5 个职能部门，有专业技术人员 31 人，其中高级职称 4 人，中级职称 14 人，初级职称 13 人。

（二）主要完成的课题研究及技术服务

1990 年，完成“伐区剩余物资调查研究”课题，1991 年 1 月 12 日，通过省级科技成果鉴定，荣获省林业厅科技成果三等奖。1990 年，完成扶风县豆村苗圃喷灌工程。

1992 年，建成陕西省林机所蜂窝塑料薄膜育苗容器生产线，并经过验收投产。11 月完成太白局南滩实验苗圃喷灌工程。

1994~1996 年，承担并完成陕西中德合作造林项目苗圃喷灌及塑料大棚工程的部分设计和施工任务。完成宝鸡、千阳、麟游、永寿四县的大田喷灌工程。研制成功便携式植树挖坑机，并获得国家实用新型专利，专利号为 ZL022410392。

1995 年，完成陇县、陈仓区庙川苗圃、彬县、旬邑，千阳、麟游、永寿等县的大田喷灌工程、塑料大棚及微灌工程建设。研制成功 6MF-1 型双轮风力灭火机，并获得国家实用新型专利，专利号为 ZL952151197。研制成功果林多用机，并进行小批量生产。

1996 年，研制成功可更换电池两用喷雾器，并获得国家实用新型专利，专利号为 ZL962359068；研制成功高枝摘果器，并获得国家实用新型专利，专利号为 ZL962355283。

2001~2005 年，即“十五”期间，参与省林业系统种苗基地工程建设，先后为太白、宁东、汉西、常青林业局和西乡县、陈仓区、阎良区林业局等设计并建设智能温室、苗圃大棚及喷灌工程，实现产值 140 余万元；参与城市绿化工程建设，为西安市“大绿工程”、未央区北郊、长庆油田厂区及高新区枫叶绿洲 3000 平方米园林工程进行了绿化和喷灌工程规划设计。

2007 年，“花椒采摘机”由省科技厅批准立项，主要研制用电动采摘机械代替手工采摘花椒，该项目经省科技厅验收通过，同时获得省林业厅科技进步三等奖。

2010 年，“黄土高原经济林栽培技术研究”重点研究针对黄土高原自然生态环境的特点，在建园整地、品种选择、栽培保活、林粮套种、挂果期配方施肥、合理修剪和病虫害防治等方面提出综合技术方案，提高建园成活率、保存率，确保产量质量及提高商品率，为实现优质高产高效提供技术支撑。计划由省科技厅评审验收。“新型农林免耕播种机的研究和开发”由森保所和杨凌三多环保机械有限公司共同合作研究，主要是研究小麦免耕覆盖施肥穴播机、玉米灭茬覆盖免耕播种机系列和林业免耕机械育苗播种系列。由省科技厅专家组评审验收。

森保所与西北农林科技大学合作申报“花椒良种选育及丰产栽培技术研究”已经开始按计划在陕西渭北、秦巴山，甘肃陇南、秦安等地开展种质资源调查，并着手进行接穗和苗木引种，完成种质源的收集和种质源保存圃的建设。

五、陕西省林业技术推广总站

1993 年，根据陕西省人民政府办公厅陕政办发《陕西省人民政府办公厅关于印发陕西省林业厅“三定”方案的通知》将陕西省林业技术推广站改为陕西省林业工作站，原编制 20 人，精简为 15 人，县级建制，为全额拨款事业单位。

2001 年，根据省编办办公室《关于陕西省林业工作站加挂陕西省林业技术推广总站牌子的批复》，在陕西省林业工作站加挂陕西省林业技术推广总站牌子，实行两块牌子，一套班子，其他均维持不变。

2002年，经省林业厅批准，单位内设科(室)3个。推广科，设科长1名。负责科技成果储备和推广计划的编制、下达以及林业推广项目的管理工作，指导市、县林业技术推广工作。管理科，设科长1名。负责乡镇林业站建设和管理，并指导乡镇林业站开展业务工作；综合科，设科长1名。负责林业科普宣传、林农培训和全站后勤保障工作。

2005~2010年，分配自带编制转业军人3人，截至2010年12月底，全站实有职工18人。其中，正高级职称2人，副高级职称6人，中级职称2人，行政人员6人，工勤人员2人。

主要职能：保护辖区森林资源，促进林业发展；林业站建设与管理；工作人员培训；工作人员上岗证书核发；森林资源保护和野生动植物保护；林业科学技术推广与实验示范基地建设；林木多种经营、技术成果转让、技术培训、技术咨询、技术承包和信息传递等技术服务工作。

第三节 市属机构

一、市级林业技术推广站

陕西省原有(地)市林业(技术推广、工作)站(中心)10个，人员234人，负责本辖区内林业科普宣传、林农培训、林业新技术推广等工作，指导县林业(技术推广、工作)站(中心)和乡(镇)林业站业务工作。1996年以来，随着安康、榆林等6个地区撤区设市，原有的地区林业(技术推广、工作)站(中心)随着更名为市林业(技术推广、工作)站(中心)，1996年杨凌示范区成立，下辖杨陵区林业站为计划单列区林业站。

截至2010年12月底，全省共有市级林业技术推广站(工作站、中心)11个，职工308人，其中，技术人237人。各市级林业技术推广站基本情况详见表10-1-1。

2010年陕西省市级林业技术推广站人员基本情况表

表10-1-1 单位：人

市站	地址	站长	单位人数	技术人员	本科以上	大专	中学	高级职称	中级职称	初级职称
西安市林业技术推广中心	西安市长安南路农林巷7号	王小纪	29	23	9	13		10	8	5
渭南市林业技术推广站	渭南市林业大厦	王天社	29	19	12	8	4	5	7	7
咸阳市林业技术推广站	咸阳市秦都区沈兴南路3号	张雅维	17	17	10	2	1	1	5	1
宝鸡市林业工作中心站	宝鸡市中山东路7号	蔡宗科	33	27	16	10	6	7	10	
铜川市林业工作站	新区铁诺小区1#1-501	田宏峰	14	10	6	4	4	4	3	

续表

市站	地址	站长	单位人数	技术人员	本科以上	大专	中学	高级职称	中级职称	初级职称
延安市林业技术推广站	延安市宝塔区北关大砭沟(原广播电视局院内)	吕延明	32	25	3	10	10	4	7	
榆林市林业工作站	榆林市新建南路159号	张治来	60	48	16	32		10	17	
商洛市林业技术推广站	商洛市林业局院内	寇安民	7	5	2	2		2	3	
安康市林业技术推广中心	安康文昌西巷12号	曹席铁	38	33	15	16	7	9	14	
汉中市林业工作中心	汉台区陈家营什字	杨先亮	37	21	15	12	10	8	4	
杨陵区林业站	杨陵区康乐路6号农林局院内	焦普生	12	9	6	6		2	1	

二、市级林业科学技术研究所情况

（一）宝鸡市林业科学研究所

宝鸡市林业科学研究所始建于1979年，属地（市）级林业科学研究专门机构，为市财政全额拨款事业单位，科级建制，编制7人。办公地址：中山东路7号。截至2010年年底，编制人数16人，在编人数15人。林业科学研究所为面向全市林农服务的公益性事业单位，主要从事林业科学技术推广，引进新品种、新技术、新成果；宣传普及林业科技知识，培训基层林业科技人员；指导全市林业产业化开发、科技扶贫及服务等。1979年成立时，在林业大院前楼办公，拥有办公室10间，计160平方米，后经几次调整，截至1992年6月，拥有办公场所21间，计236平方米。2010年前，新建3层办公楼1栋，建筑面积525平方米。拥有各种自然科学和应用技术图书3000余册，森林植物及森林昆虫标本300余份。截至2010年年底，单位固定资产值42万元。

1985~2010年，承担国家、省、市级科研推广项目70项，获成果奖37个。其中，国家级1个，部省级15个，市级21个，在全国性学会刊物发表论文51篇。

（二）榆林市林业科学研究所

榆林市林业科学研究所1979年4月成立，正科级建制。1989年，升为副县级，全额拨款事业单位。全所占地面积约12公顷，固定资产220万元。苗圃地2处46.67多公顷，是集科研、推广、生产为一体的公益性林业科研机构，承担着全市林业重点项目的科研、推广和试验示范基地建设。2005年，经核定编制55名。2010年，全所下设，6个科室：办公室、研究室、营林推广室、财供科、试验苗圃、三北工程建设科。共有职工55人，其中，专业技术人员40人，正高级工程师1人，副高级工程师9人，工程师16人，助理工程师14人，管理人员5人，工勤人员10人。

主要职能：开展治沙和造林绿化等重大科研课题的研究；研究推广经济林、用材林、防护林等经济价值高、效益好的优良树种的丰产栽培技术；为造林、绿化引种驯化适生树种，指导试验示范基地建设；利用科研技术优势，承担绿化工程的施工和监理工作；指导全市三北防护林工程建设工作和防沙治沙工作；开展水土保持，环境保护、能源建设、农业综合开发等方面的林业科学研究；承办市委、市政府及市林业局交办的各项工作任务。

榆林市林业科学研究所先后承担国家、省、市科研项目80多项。其中，20多项获奖，承担重点绿化工程的规划设计和施工200多项，引进并培育定植优良树种280多种，国家1~3级濒危保护植物种20多个，共收集植物种107科，588种，建成苗木试验示范基地13.33公顷，创办全国第一所民办山地树木园——黑龙潭山地树木园，获得市政府科技一等奖，陕西省政府科技三等奖，并成功举办“中国植物学会植物园分会第十二次学术研讨会”。

(三)延安市林业科学研究所

林业科学研究所是1979年，延安地区唯一从事林业科学研究和技术推广专门机构。1997年，延安撤地设市后，更名为延安市林业科学研究所，为市林业局直属科级事业单位，编制41人，有专业技术干部28人，其中高级职称4人，中级8人，初级16人。

2000年以后，随着市级林业科研单位承担的项目逐年减少，市林科所工作的重点逐步转移到新技术的推广和应用方面。根据这一形势的变化，2004年12月，在全市事业单位机构改革中，经市机构编制委员会批准，延安市林业科学研究所及有关业务并入到延安市林业工作站，内部仍保留延安市林业科学研究所的牌子。

1998~2010年，延安市林业科学研究所先后承担国家科技部、国家林业局、陕西省林业厅以及国内有关院校和科研单位，在延安境内开展缺水型城镇绿地营建关键技术研究与示范、困难立地工程造林关键技术研究、农林生物质能源高效培育技术研究、中国森林生态网络工程体系建设研究、森林生态网络体系“点”的研究与示范、黄土高原水蚀风蚀复合区生态治理模式研究与示范、陕北地区退耕植被恢复技术示范建设、商品林定向培养高效利用技术研究、陕西省栎类高效培育技术研究、红脂大小蠹综合治理技术研究、陕北黄土丘陵区仁用杏良种选择与栽培技术等11项课题研究。

1997~2010年，市林业科学研究所获得各类科技成果32项，其中，省级成果奖9项；市级成果奖16项；省林业厅成果奖7项，获奖人数达到112人次。

(四)渭南市林业科学研究所

1990年，渭南地区林业科学研究所有职工13人。其中，高工3人。2002年，所内设项目组、业务组和办公室3个组(室)，有职工15人。其中，高工3人，工程师4人，助工3人，技术员2人。2008年底，由于机构改革，市林业科学研究所经渭南市编委会决定撤销，原工作人员进行分流。

近年来，渭南市林科所紧密围绕林业提质增效，积极开展林业生产各个环节适用技术的研究、试验、示范与推广工作，取得了一定的科研成果。在承担部、省、市级科技项目中，先后获得4项省级科技成果奖。其中，1998年，“苗木培育新技术推广”获省政府三等奖；2003年，“ABT与GGR系列研究与推广”获国家林业局科学技术司一等奖、“苹果、红枣高效栽培配套技术推广”获省政府三等奖；2004年，“红脂大小蠹综合防治技术研究”获省科技进步一等奖。

（五）咸阳市林业科学研究所

1981年7月，在咸阳地区中心苗圃基础上，成立咸阳地区林业科学研究所，1984年，更名为咸阳市林业科学研究所，为咸阳市林业局下属科级事业单位，现有育苗试验用地5.9公顷。主要职责：承担全市育苗、造林和森林科学化经营等方面的林业实用技术推广；林业资源综合性开发技术研究；参与全省林业科研及技术推广协作等。

2006年，根据咸阳市编制委员会通知，决定将咸阳市林业科学研究所由财政差额预算单位变为财政全额拨款单位。截至2010年年底，全所有职工38人，其中行政管理干部5人，技术干部13人（高级工程师3人、工程师6人、助理工程师4人），生产工人20人（技师2人、高级工10人、中级工5人、初级工3人）。

1990~2010年，咸阳市林业科学研究所共主持实施咸阳市和参与省级协作林业科研，技术推广及良种资源开发项目共26项。其中，获得省（部）级以上奖励的林业科研、技术推广及良种资源开发项目共7项。

（六）汉中市林业科学研究所

汉中市林业科学研究所前身是汉中地区园林站。1981年，更名为汉中地区林业科学研究所，科级事业单位。1996年，汉中地区撤地设市后更名为汉中市林业科学研究所。2005年，经市机构编制委员会批准，市林业科学研究所编制为45名。2008年，经市人事局审批，市林业科学研究所机构规格为科级，经费形式为财政全额拨款，编制员额45名。设置管理岗位4个，专业技术岗位32个，工勤技能岗位9个。主要负责开展林业实用技术研究，解决汉中林业生态建设中的技术难题。林木新品种，林业新技术的引进，示范和推广，林业新技术培训，宣传和普及。截至2010年底，市林业科学研究所实有人数45名。其中，高级工程师6名、工程师8名、助理工程师6名、技术员4名；技师1名、高级工12名、中级工5名、初级工3名。

汉中市林业科学研究所开展以下课题的科学技术研究：全光照喷雾扦插育苗技术、全营养轻基质网袋容器育苗技术、核桃温床嫁接育苗技术、中山柏生长规律研究、银杏良种选择及丰产栽培、杉木水源涵养工程造林、油茶良种选择和引进、山桐子育苗、引种油橄榄试验等。2010年被全国绿化委员会授予“全国绿化模范单位”。

（七）商洛市林业科学研究所

商洛市林业科学研究所成立于1980年，与商洛市核桃研究所为一套机构，两块牌子。截至2010年年底，编制17人，在岗职工13人。其中，正高级工程师2人，高级工程师2人，中级职称4人，初级人员5人。内设林业科研组、核桃科研技术推广组、核桃产业办、办公室。主要承担全市林业，特别是核桃科研、技术推广等工作，为商洛市林业科技进步和林业产业的发展做出重要贡献。

1999年以来，先后承担中省市科技项目15个，有8项鉴定为科研成果，6次受到国家、省、市奖励。引进先进技术5项，推广各项先进技术10余项。编写核桃科技书籍5本。

（八）安康市林业科学研究所

1991年3月，安康地区林业技术推广中心成立，为副县级事业单位。核定编制45

名。内设办公室、森林病虫害防治检疫站、林业技术推广站、林业科学研究所、林业勘察设计队。

2001年撤地设市，安康地区林业技术推广中心更名为安康市林业技术推广中心。2003年8月，市直林业事业单位机构改革，将市茶叶站、果业站、林业干部学校并入林业技术推广中心，核定编制40人，内设办公室、林业科学研究所、林业技术推广站、林业干部学校、林业勘察设计队(加挂市林业重点工程质量监督管理站)、茶果园艺技术推广站6个内设机构。

1991~2010年，在全市科技推广活动中，林业科学研究所主持完成项目及合作完成项目60余项，获奖项目26项。其中国家级奖励1项，省级奖励25项。

第四节　县(区)机构

一、各县(区)林业技术推广站基本情况

县级林业技术推广站(工作)站(中心)负责本县(区)内林业科普宣传、林农技术培训、林业新技术推广应用，指导辖区内乡(镇)林业站开展工作。1992年，经国务院批准宝鸡市高新区成立，下设高新区农业农村工作局，县级建制，林业技术推广工作是其主要职能之一，列入县级推广机构；1996年，杨凌示范区成立，杨陵区林业站列入市级站；随着撤县设市(区)的开展，临潼、华阴等县林业(技术推广、工作)站(中心)先后更名为区(市)林业(技术推广、工作)站(中心)。截至2010年12月底，全省103个县级林业(技术推广、工作)站(中心)，其中西安市9个、渭南市11个、咸阳市13个、宝鸡市13个、铜川市4个、延安市13个、榆林市12个、商洛市7个、安康市10个、汉中市11个，共有职工3521人(其中，技术人员2173人)。

二、各县(区)林业站(推广站)建设情况

2005~2010年，国家设备总投资1452万元。其中，林业技术推广中心站建设项目资金661万元，林业站建设项目资金791万元。

林业技术推广中心站建设项目，国家投资661万元。2005年，国家投资274万元，实施延安市、洛川县、甘泉县、咸阳市、乾县、永寿县、礼泉县、宝鸡市、陈仓区、凤翔县、扶风县等林业技术推广中心站建设项目；2006年，国家投资20万元，实施渭南市、合阳县、澄城县、临渭区等林业技术推广中心站建设项目；2007年，国家投资82万元，开展安康市、汉阴县、白河县、榆林市、米脂县、横山县、清涧县、铜川市、眉县等林业技术推广中心站建设项目；2008年，国家投资45万元，开展商洛市、西安市、灞桥区、周至县、富县等林业技术推广中心站建设项目；2009年，国家投资120万元，实施汉中市、略阳县、城固县、蒲城县、大荔县、石泉县、宁陕县、洛南县、吴起县等林业技术推广中心站建设项目；2010年，国家投资120万元，实施榆林、定边、南郑、麟游、凤县、兴平、长武、耀州、汉滨区、汉阴、宜川等林业技术推广中心站建设项目。

林业站建设项目资金791万元。2005年，国家投资108万元，开展安塞县、山阳县、南郑县等林业重点工程区林业站建设；2006年，国家投资108万元，开展定边县、

耀州区、宁陕县等林业重点工程区林业站建设项目；2007 年，国家投资 108 万元，开展旬邑县、凤县、岚皋县、潼关县等林业重点工程区林业站建设项目；2008 年，国家投资 157 万元，开展蓝田县、横山县、勉县、镇安县、彬县、黄陵县等林业工作站建设；2009 年，国家投资 190 万元，实施紫阳县、柞水县、佳县、永寿、岐山县、白水县、佛坪县、扶风县、吴起县等林业工作站建设项目；2010 年，国家投资 120 万元，实施宜君、千阳、汉台、长武、府谷、浦城、平利、洛川、洛南、临潼、黄龙、凤翔、宁陕等林业工作站建设项目。

1993 年开展林业站建设合格县活动，截至 2005 年，全省有 88 个县(市、区)林业站被评为全国林业站建设合格县(表 10-1-2)。

1993~2005 年陕西省林业站建设合格县

表 10-1-2　　　　单位：个

年份	数量	林业站建设合格县
1993	4	南郑县、洋县、城固县、勉县
1994	1	蓝田县
1995	4	安康市、平利县、留坝县、太白县
1996	4	户县、凤县、潼关县、临潼区
1997	3	岐山县、黄陵县、黄龙县
1999	1	
2000	4	长武县、淳化县、安塞县、洛川县
2001	5	长安县、耀县、临渭区、永寿县、宁强县
2002	21	吴旗县、甘泉县、宜川县、华县、大荔县、蒲城县、彬县、旬邑县、渭滨区、眉县、汉台区、略阳县、府谷县、横山县、汉阴县、宁陕县、紫阳县、岚皋县、商南县、山阳县、镇安县
2003	24	周至县、礼泉县、乾县、金台区、陇县、千阳县、凤翔县、佛坪县、西乡县、白河县、旬阳县、镇坪县、石泉县、丹凤县、柞水县、洛南县、华阴县、合阳县、富平县、印台区、志丹县、延长县、富县、定边县
2004	16	延川县、子长县、宜君县、韩城市、澄城县、白水县、泾阳县、扶风县、麟游县、镇巴县、榆阳区、靖边县、绥德县、米脂县、清涧县、商州区
2005	1	兴平市

第五节　乡镇林业工作站建设

一、乡镇林业工作站建设

1991 年，按照林业部“先搭架子，逐步完善”的要求，全省建立区、乡(镇)林业工作站 734 个。4 月 1 日，省编办和省林业厅联合转发了人事部、林业部《关于颁发〈农村基层林业工作站人员编制标准(试行)〉的通知》，全省区乡(镇)林业工作站，共核定编制3382名。富县、合阳县林业技术推广站被列为部省合建林业科技推广站(中心)。

1992年和1993年共招转区乡(镇)临时林业员1950名，使多年存在的临时林业员转正问题得以解决。

1996年7月10日，林业部通报表彰“九五”期间全国先进林业工作站和先进工作者。

2001年，太白县被确定为全国林业站建设示范县，2003年通过国家林业局的验收。8个乡镇林业站均加挂有“野生动物保护站”和“集体林管理站”牌子，形成以县站为中心，以乡镇林业站为框架，以村组护林员为基础的县、乡、村森林资源管护体系，全县102个村组全部都配备护林人员，8个基层林业站也全部配备了微机，县、乡林业站人员做到持证上岗，实现了森林资源和野生动、植物资源的微机化管理，为全省树立基层林业站现代化建设和管理的基本模式。

2001年，在深入调查研究基础上，就基层林业站存在的机构、经费等问题向省政府专题报告，经6月4日省政府常务会议研究形成纪要，对确需保留的林业基层站统一设为全额拨款事业单位，纳入所在县级政府预算内管理。

2002年，宁陕县在县乡机构改革中，将乡镇林业站单设，并制定《宁陕县乡镇林业工作站管理办法》，将乡镇林业站的人、财、物统一划归县林业局垂直管理，加挂森林资源管理站和野生动植物保护站的牌子，利用林业重点工程投资进行基础设施建设，改善林业站的工作条件，新建或改建办公用房，配齐办公设备和交通工具。

2003年，中共中央、国务院《关于加快林业发展的决定》中明确指出：“乡镇林业工作站是对林业生产经营实施组织管理的最基层机构，要充分发挥政策宣传、资源管护、林政执法、生产组织、科技推广和社会化服务等职能和作用”，充分肯定了乡镇林业站在整个林业发展中的重要地位。

2003年6月，省林业厅下发《陕西省林业厅关于加强基层林业站建设工作的意见》，并于8月专门召开全省天保工程集体林管护资金使用管理工作座谈会，会议要求各市在实施天保工程中要注重发挥基层林业站的职能作用，强调集体林管护费只能用于基层直接从事天然林资源保护工程管护组织和护林员方面的开支。

二、乡镇林业工作站管理

为了开展区乡(镇)林业工作站岗位培训，1992年编印《区乡(镇)林业工作站人员岗位培训教材》，培训基层林业站站长40名。1993年为各市培训师资20名。

1995年，林业部和中央农业广播学校联合发出“关于对基层林业站职工试行学历教育和岗位培训的通知”，全省计划3年完成中专学历教育800人，岗位培训1000人,。其中，有634人来自基层林业站。当年培训林业站站长110名，站员282名。

1996年，全省基层林业站职工参加林业广播学校学习达到1165人。

1997年，认真落实省林业厅《关于通过省林广校对基层林业站职工试行学历和岗位培训教育的通知》和《陕西省林业行业关键岗位持证上岗管理暂行办法》，到2000年实现乡镇林业站全员持证上岗。

1997年5月27~29日，在西安召开全省林业站工作会议，总结“八五”期间乡镇林业站建设和管理工作，有10个单位和个人介绍了建设经验，表彰12个先进林业站和6名林业站建设先进个人，研究部署“九五”期间林业站建设的总体目标和主要任务。省林业厅就落实省委、省政府《关于加快我省乡镇农业技术推广机构“三定”工作步伐的通知》和《陕西省乡镇机构改革实施意见》写出专题报告，及时反映基层林业站的实际情况和特殊性，为稳定乡镇林业站的管理体制起到了重要作用。

2001 年 11 月 1~2 日，省林业厅在黄陵县召开全省林业站工作会议，总结交流“九五”期间全省林业站建设的成绩和经验，部署 2001~2005 年，即“十五”期间全省林业站建设工作，并决定：授予蓝田县辋川乡林业工作站等 15 个林业工作站“全省先进林业工作站”称号；授予李新民等 16 名同志“全省林业站先进工作者”称号。

2002 年 9 月 7~16 日，省林业站委托北京林业干部管理学院举办 1 期市、县与部分乡镇林业站站长政策法规与岗位培训班，各市、县林业站站长(林技中心主任)和部分乡镇林业站站长共计 132 人参加培训，聘请国家林业局有关部门的领导和专家授课，进一步提高学员们的工作水平和业务素质，强化学员们的“法制意识和森林资源保护意识”。

2004 年 8 月，在宝鸡市太白县召开全省基层林业站建设工作座谈会，会议总结交流“十五”以来乡镇林业站建设的做法和经验，分析乡镇林业站建设工作面临的形势和任务，寻找差距和存在问题，提出进一步加强和改进林业站建设工作措施，到“十五”末全面完成林业站建设合格县的目标任务。

2005 年，商洛市、咸阳市对所有基层林业站站长进行集中培训，并对考核合格的 241 名林业站站长颁发岗位培训证书。

2006 年，国务院印发《关于深化改革加强基层农业技术推广体系建设的意见》，12 月 19 日，省政府下发《陕西省人民政府关于深化改革加强基层农业技术推广体系建设的的实施意见》。

2007 年 7 月 11~13 日，在榆林市召开全省林业站暨林业技术推广体系建设工作会议，会议由省林业厅阎宏副巡视员主持，高永民副厅长作重要讲话。会议总结全省“十五”期间林业站的成绩和经验，明确 2006~2010 年，即“十一五”期间林业站工作的基本思路和总体目标，对当前林业站建设做具体安排部署。国家林业局林业工作站管理总站副总站长米海生出席会议并讲话。

2009 年，为适应现代林业建设对林业站工作的新要求，全面掌握各级林业站的机构、队伍、基础设施、职能作用发挥以及辖区内乡村护林员队伍、乡村林场与其他林业经济合作组织等基本情况，熟悉辖区内的森林资源和社会经济状况，以及林业重点工程与林业产业发展等概况，根据国家林业局《关于开展全国林业站本地调查工作的通知》精神，结合陕西省实际，省林业厅制定《陕西省林业站本底调查工作方案》。

2010 年 6 月，省林业厅联合省人力资源和社会保障厅、省财政厅出台《对农民身份曾受聘在乡镇政府或林业站工作过的林业员发放养老补助》的相关政策文件。12 月，省财政厅落实 2010 年符合条件的 1360 人的省级养老补助资金 40. 89 万元。

截至 2010 年年底，陕西省有省站 1 个，市站 11 个(含杨陵区站)，县(市、区)站 103 个，乡镇林业站 1034 个。

第二章 科技队伍

第一节 科技人员

随着陕西省职称改革的不断深入，林业相关技术职称评定、职称管理逐步走上正轨，林业科技队伍进一步壮大。截至2010年年底，全省林业系统共有科技人员10162人。其中，正高级专业技术职务13人，高级专业技术职务610人，中级专业技术职务3134，初级专业技术职务6405人。与1989年末相比，科技人员总数增加了26.2%。其中，高级职称人数增加126.5%，中级职称人数增加53.2%，初级职称人数增加41.%。

第二节 技术职称评定

陕西省林业科技人员技术职称评定工作，经历了自1978年前的任命阶段、1980年起评定阶段、1986年后的改革阶段。随着国家开始建立社会主义市场经济体制，在继续实行专业技术职务聘任制度的同时，1994年，开始逐步推行与市场经济相适应的专业技术人员职业资格证书制度。1996年，省职改办就做好专业技术任职资格证书管理工作下发通知，从1996年9月1日起，对陕西省专业技术人员评审委员会评审职称获得高、中、初级任职资格，启用由人事厅统一印制的资格证书。资格证书实行分级发放和管理，高级任职资格证书由省职改办发放；中级资格证书由地市(职改办)和省级部门(职改办)负责发放；初级资格证书由市人事局(职改办)和省级部门、省级直属机构发放或委托有初级任职资格审批权限的县(市)区及事企业单位发放。为贯彻落实国家加快信息化建设的要求，引导专业技术人员学习掌握计算机知识，提高计算机的应用能力，适应科学技术发展和现代化管理的需求，从2003年1月份开始，陕西省普遍开展专业技术人员计算机应用能力考试，并作为评聘专业技术职务的条件之一。

1992年6月，经省职称改革工作领导小组批准，成立“陕西省林业厅工程技术高级职务任职资格评审委员会”，主要负责厅直属31个事业单位、12个企业单位，延安、安康、商洛、铜川市、杨凌示范区、韩城市等6个市(区)以及其他行业少数林业工程技术人员的技术职务评审工作。共涉及6大类29个专业及相关专业。

陕西省林业厅工程系列专业技术职务评审专业分类详见表10-2-1。

陕西省林业厅工程系列专业技术职务评审专业分类表

表10-2-1

分类	专业
森林培育类	森林培育、森林经营、林木种苗、林业有害生物防治、森林防火
调查规划类	林业资源监测和调查、林业规划设计、林业资源认证和评估、林业信息技术

续表

分类	专业
生态保护类	自然保护区、野生动植物保护及繁育、水土保持、沙漠化和荒漠化(石漠化)防治、湿地保护
景观绿化类	园林绿化、园林规划设计、森林(湿地)景观、花卉园艺、园林工程与建筑
林业产业类	木材加工和利用、林产化工、林业机械装备、制浆造纸
勘察设计类	林业建筑与土木、森林采运、林区道路工程、林区开发与规划设计、林业工程造价、林业工程监理

2001 年 10 月，经省人事厅同意，组建省林业厅工程技术系列高级专业技术职务任职资格评委库，择优选拔了 30 名相关专业专家进入评委库，此后根据人员变化先后 3 次对评委库人选进行补充调整。

第三章　林业科研与技术推广

第一节　林业科研成果

一、科研课题

陕西省林业厅 1990～2010 年共下达林业科研课题 315 项。其中，年结转课题 132 项，新上课题 183 项(表 10-3-1)。

1990～2010 年陕西省林业厅下达科研课题项目表

表 10-3-1　　单位：个

年份	课题总数	结转课题数量	新上课题数量
1990	13		13
1991	18	7	11
1992	12		12
1993	10	8	2
1994	20	9	11
1995	16	16	
1997	20	12	8
1998	34	15	19
1999	22	17	5
2000	18	13	5
2001	18	9	9

续表

年份	课题总数	结转课题数量	新上课题数量
2002	19	13	6
2003	4		4
2004	27	13	14
2005	16		16
2006	16		16
2007	15		15
2008	17		17
2009			
2010			
合计	315	132	183

二、课题获奖情况

(一)1990~2010年陕西省林业厅共计202项科技成果获奖

科技进步奖148项，特等奖7项，一等奖57项，二等奖65项，三等奖19项。推广成果奖54项，特等奖4项，一等奖22项，二等奖24项，三等奖4项。详情见表10-3-2。

1990~2008年陕西省林业厅获奖项目统计表

表10-3-2 单位：个

年份	科技进步奖				计	推广成果奖				合计
	特等	一等	二等	三等		特等	一等	二等	三等	
1990		1	3	3	7					
1991		3	4	5	12					
1992		5	8	6	19					
1993		5	8	3	16			3	1	4
1994		1	6	2	9		1	5	2	8
1995		1	3		4		2	1	1	4
1996	1	5	1		7	1	3	4		8
1997		3	7		10	1		3		4
1998		4	1		5		2	3		5
1999		2	1		3		2			2
2000		3	3		6			1		1
2001		2	3		5		2	1		3
2002		5	3		8					

续表

年份	科技进步奖				计	推广成果奖				合计
	特等	一等	二等	三等		特等	一等	二等	三等	
2003		3	3		6		1			1
2004		3	1		4		1			1
2005		4	3		7		2	2		4
2006	2	2	3		7		2			2
2007	2	1	3		6	1	3			4
2008	2	4	1		7	1	1	1		3
总计	7	57	65	19	148	4	22	24	4	54

(二)1990~2010年陕西林业先后获林业部、陕西省政府科技进步奖，省成果推广奖情况

其中，省政府科技进步奖共计70项：一等奖6项，二等奖26项，三等奖38项；林业部(局)科技进步奖共计13项：二等奖1项，三等奖12项。省科技成果推广奖共39项：一等奖4项，二等奖13项，三等奖22项。1990~2010年获林业部、陕西省政府奖励的林业科技进步项目(表10-3-3)。

1990~2010年陕西省获部省级奖励的林业科技进步项目统计表

表10-3-3 单位：个

年份	项目	主要获奖单位	奖励类别、等级	主要获奖人员
1990	杜仲优树返幼及快速繁殖方法的研究	西北林学院等	林业部科技进步三等奖	张康建等
	计算机工程造林施工设计系统的研建	西北林学院	林业部和省科技进步三等奖	王蓝、张康建等
	《陕西森林》	《陕西森林》编委会	省科技进步三等奖	张仰渠、张岂凡等
	陕西省黄土高原造林立地条件类型划分及适地适树研究中间试验推广	省林业科学研究所等	省科技进步三等奖	罗伟祥、韩恩贤、赵辉等
	紫穗槐的杀虫毒效与有效成份提取研究	榆林地区治沙所、延安大学	省科技进步三等奖	
	陕南栎类资源及其利用现状和未来预测	西北林学院	省科技进步三等奖	曲式曾、张文辉等
	杨树树皮中化学成份与溃疡病关系的初步研究	西北林学院	省科技进步三等奖	景耀、朱纬等

续表

年份	项目	主要获奖单位	奖励类别、等级	主要获奖人员
1990	杨树优良品种及丰产栽培技术推广	省林业科学研究所等	省科技进步三等奖	刘玉媛、符毓秦等
	旱莲繁殖技术研究	勉县城市园林站 勉县苗圃	省科技进步三等奖	
1991	从甜菜渣中提取果胶工艺研究	西北林学院	林业部科技进步二等奖	王姝清、孙润仓等
	毛白杨、河北杨多代循环繁殖方法及机理研究	西北林学院	林业部科技进步三等奖	张康建、孙长忠等
	马尾松疱锈病的研究	西北林学院	林业部科技进步三等奖	
	陕西省泡桐丛技病综合防治技术研究	省林业科学研究所等	林业部科技进步三等奖	郑文峰、奥恒毅筹
	美洲黑杨杂种无性系——陕林3号和陕林4号杨的选育	省林业科学研究所等	省科技进步二等奖	符毓秦、刘玉媛等
	岚皋综合科学实验基地	西北林学院	省科技进步二等奖	张康建、王蓝等
	陕西省油松松毛虫综合治理技术	渭南地区林业局等	省科技进步三等奖	
1992	Sjkd-1.5全托索式转弯集材索道的研究	宁西局	林业部科技进步三等奖	李德胜、党萌康
	陕西秦巴山区经济真菌资源调查及开发	汉中地区林业中心、陕西省微生物所	省科技进步二等奖	何建舟等
	油松种实害虫及防治技术研究	省林业科学研究所等	省科技进步二等奖	李宽胜等
	毛乌素沙地榆林沙区立地分类评价和适地适树研究	榆林地区治沙研究所、中国林业科学研究院林业研究所等	省科技进步二等奖	杨忠信、朱美益等
	水杉速生丰产林栽培技术推广及基地建设	省林业学校、汉中地区林业中心等	省科技进步三等奖	雷开寿、赵林祥等
	绿僵菌及其防治应用研究	西北林学院等	省科技进步三等奖	樊美珍等
	油松无性系种子园建立和经营管理技术研究	省林业科学研究所、陇县、洛南、双龙等种子园	省科技进步三等奖	薛崇伯、王亚峰等
	三北防护林主要林木害虫防治研究	省林业科学研究所等	省科拔进步三等奖	李宽胜、黄复生等

续表

年份	项目	主要获奖单位	奖励类别、等级	主要获奖人员
1992	杨树抗蛀杆害虫及抗虫速生林的经营技术研究	西北林学院、咸阳市林技站	省科技进步三等奖	杨雪彦、孙钦航
	山地柑橘早实早丰产技术推广	省林业科学研究所、安康地区林特局	省科技进步三等奖	朱平凤、张富成等
	陕西省延安，渭北丘陵及晋西北河北杨基因资源调查及利用	西北林学院	省科技进步三等奖	邱明光、翁俊华等
	野生扳栗改造综合技术推广	安康地区林科所	星火专项三等奖	陈德祥、陈余朝等
1993	杨树溃疡病综合防治技术	西北林学院、省林研所	省科技进步二等奖	杨俊秀、符毓秦等
	油松(含巴山松)生长及干形的研究与应用	西北林学院	省科技进步二等奖	毛绳绪、李玉明等
	花椒病害研究	西北林学院	省科技进步三等奖	曹支敏、田呈明等
	榆林风沙区立地条件类型划分及适地适树造林技术推广	榆林地区治沙所、陕西林技站等	省科技进步三等奖	李作舟、白益安等
	秦岭林区速生用材树种调查及适生立地条件的研究	省资源局，太白、宁西局等	省科技进步三等奖	李家俊、李广潮等
	杨树蝉害防治研究	省林业科学研究所、森防站等	省科技进步三等奖	胡忠朗、施德祥等
	枣树丰产栽培及病虫害研究	省林业科学研究所、森防站	省科技进步三等奖	李宽胜、李养志等
1994	陕西树木志	西北林学院	省科技进步一等奖	牛春山、马多士等
	黄土高原林业文献数据库的研建	省林业科学研究所	省科技进步三等奖	张良龙、于忠燕等
	巴山松木材解析特性，种的确立及其材性的研究	西北林学院	省科技进步三等奖	安培均、王宁等
	山楂灾害性病虫综合防治技术研究	省林业科学研究所、森防站	省科技进步三等奖	郑文峰、奥恒毅等
	落叶松叶蜂综合防治技术	西北林学院、省森防站、安康林业中心等	省科技进步三等奖	李孟楼、吴定坤等
1995	陕西秦岭林区森林主伐更新调查研究	省资源局，西北林学院，宁东、宁西、太白、长青、汉西、龙草坪局	省科技进步三等奖	陈东升、杨茂生等

续表

年份	项目	主要获奖单位	奖励类别、等级	主要获奖人员
1995	山茱萸良种选育及丰产栽培技术研究	省林校、龙草坪局，太白县桃川乡政府	省科技进步三等奖	李天葆、钱拴提等
1996	油松三水平遗传变异，配合选择和第二代无性系种子园建立技术研究	省林业科学研究所、资源局	省科技进步一等奖	王思恭、王亚峰、郭俊荣、陈东升等
	陕桐3号，陕桐4号泡桐优良无性系选育研究	省林业科学研究所	省科技进步三等奖	樊军峰、王忠信等
	陕西科技兴林“281工程”	省林业厅相关单位	林业部科技进步二等奖	
	毛白杨菌根生态学特性及应用的研究	西北林学院	林业部科技进步三等奖	王性炎、贺浪冲、吕居娴、李仲谨、王姝清等
1997	元宝枫开发利用研究	西北林学院、西安医科大学、西北轻工业学院	省科技进步二等奖	王性炎等
	陕西省长江流域防护林体系建设技术研究	省林业科学研究所、省防护林工作站	省科技进步二等奖	唐德瑞、李根前、赵秉伦、何景峰等
	7，14，25，30，85号毛白杨优良无性系选育	省林业科学研究所、蒲城、扶风、户县林业站(林业中心)、潼关县林业局	省科技进步二等奖	符毓秦、刘玉媛、高建设、符军、李均安、范忠法、郭治钧
	日本落叶松，华北落叶松多层次遗传变异和选择研究	省林业科学研究所、资源局，长青、宁东局、汉中局	省科技进步三等奖	王思恭、王子全、倪德、高郑生、符其芳
	主要造林树种害虫——松黄叶蜂防治技术研究	省林业科学研究所	省科技进步三等奖	李宽胜、李新岗、王鸿哲、孙文杰、同金侠
1998	淳化黄土残塬沟壑区开发治理与农业持续发展研究	西北林学院、省粮食作物研究所、淳化县政府	省科技进步二等奖	刘秉正、薛德志、朱清科、吴发启、赵忠、王忠林、张冀涛
	毛乌素沙地生态经济型防护林体系建设摸式研究	省治沙所、西北林学院	省科技进步二等奖	漆建忠、周心澄、杨忠信、李广毅、苏世平、党斌、王子玲
	秦岭太白红杉林群落学特征，类型划分和生产力研究	西北林学院	省科技进步二等奖	陈存根、雷瑞德、彭鸿、尚廉斌、刘建军、杨平厚、孙瑞生
	泡桐抗丛枝病品系选育及病原研究	省林业科学研究所、森防总站、蒲城县林木病虫防治站	省科技进步三等奖	郑文锋、奥恒毅、宋晓斌、张学武、任仿健

续表

年份	项目	主要获奖单位	奖励类别、等级	主要获奖人员
1998	黄土高原渭北生态经济型防护林体系优化摸式建设技术	省林业科学研究所、西北林学院、西北农业大学、永寿县林业局	国家林业局科技进步三等奖	罗伟祥、唐德瑞、宋西德、刘广全、候林
1999	黄土高原渭北生态经济型防护林体系优化式建设技术	省林业科学研究院、西北林学院、西北农业大学、永寿县林业局	省科技进步二等奖	罗伟祥、唐德瑞、宋西德、刘广全、候琳、周庆生、薛泉宏
	营林防火技术措施研究	省林业科学研究院、省防火办	省科技进步三等奖	韩恩贤、吴宽让、薄颖生、周新华、韩刚
	甘肃鼢鼠生物学及综合防治技术研究	省林业科学研究院	省科技进步三等奖	陈孝达、胡忠朗、韩崇选、杨学军、王明春
2000	林区无公害灭鼠技术研究与应用	西北农林科技大学	省科技进步一等奖	韩崇选、胡忠朗、施德祥、杨学军、王明春、杨清娥、师维新、王伟平、刘宝柱
	油松育种资源选择及促进结实技术研究	西北农林科技大学、陇县八渡林场、洛南县林业局、洛南县古城林场	省科技进步二等奖	郭俊荣、杨培华、谢斌、王亚峰、方存虎、陈建文、马养民
	秦巴山区良种批杷引种选种试验研究	西北农林科技大学、安康地区移民开发局、安康地区林特局	省科技进步三等奖	朱平凤、邓鼎满、吕宣革、李平
2002	软木地板及 PU 树脂系列软木制品	西安林产化学工厂	省科技进步二等奖	李大年、申玉龙、仇让洲、由凯锋、曾新德、甘启蒙
	西北黄土丘陵沟壑区防护林体系综合配套技术	西北农林科技大学	省科技进步三等奖	罗伟祥、宋西德、侯琳、马建军、辛占良、周庆生、姚顺波
	草履蚧可持续控制技术研究	西安市森防站，户县、周至县森防站	省科技进步三等奖	王小纪、高存劳、张军灵、王智国、侯引侠、郑有鹏、杨红军
2003	板栗保鲜贮藏技术研究	西北农林科技大学、镇安县林业局	省科技进步二等奖	鲁周民、吴万兴、张忠良、熊良虎、王照利、江海清、丁仕升、党育民、李文华
	太白山自然保护区森林经济真菌及生态特征	西北农林科技大学、陕西太白山国家级自然保护区管理局	省科技进步二等奖	杨俊秀、王吉忍、曹支敏、田呈明、王培新、吴重华、代拴发、李学林、胡崇德

续表

年份	项目	主要获奖单位	奖励类别、等级	主要获奖人员
2003	猕猴桃主要病害综合防治技术研究	西北农林科技大学、省森防站、西安市森防站	省科技进步二等奖	宋晓斌、王培新、梁英梅、张学武、马松涛、李有忠、高存劳、郑文峰、李鹏飞
	重点保护植物独叶草致濒原因中的种群结构及保护对策的研究	太白山保护区、西北大学	省科技进步三等奖	王志城、任毅、李智军、岳明、马亦生、张金良、李学林
2004	渭北旱塬抗旱造林技术应用与配套研究	西北农林科技大学、麟游县林业局、千阳县林业局	省科技进步三等奖	韩恩贤、薄颖生、韩刚、张伟兵、张晓鹏、白立强、杜文汉
2005	朱鹮拯救与保护研究	朱鹮站、中国科学院动物研究所、省动物研究所、动管站	省科技进步一等奖	路宝忠、丁长青、于晓平、王万云、曹永汉、卢西荣、翟天庆、席咏梅、张跃明、丁海华、常秀云
	84K杨引种与遗传改良研究	西北农林科技大学、西安市林技站、渭南市林业调查规划队	省科技进步一等奖	符毓秦、樊军峰、刘玉媛、高建社、王军、周永学、符军、刘永红、高存劳、杨栓海、李均安
	陕西重点保护野生动物资源及分布研究	省动管站	省科技进步二等奖	徐振武、冯宁、孙承骞、王万云、周灵国、卢西荣、雷颖虎、袁伟、曹永汉
	魔芋北移引种产业化技术及魔芋精粉标准研究	西北农林科技大学	省科技进步二等奖	吴万兴、张忠良、王照利、鲁周民、张秀华、李映丽、刘永军、张瑞、梁艳
	榆林毛乌素沙地荒漠化土地治理技术研究与示范	省治沙研究所、西北农林科技大学	省科技进步二等奖	漆建忠、麻保林、高保山、吕向荣、苏世平、党兵、薛智德、王子玲、李富国
	秦岭大熊猫主食竹的分类和分布规律研究	佛坪保护区、陕西师范大学、长青保护区	省科技进步三等奖	任毅、雍严格、田先华、党高弟、王学杰、叶新平、杜喜春
	秦岭山系大熊猫种群对不同生境适应性的研究	佛坪保护区、西北大学、长青保护区	省科技进步三等奖	雍严格、杨兴中、刘雪华、叶新平、金学林、赵纳勋、王学杰

续表

年份	项目	主要获奖单位	奖励类别、等级	主要获奖人员
2006	红脂大小蠹综合治理技术研究	省森防站、西北农林科技大学、延安市、渭南市森防站	省科技进步一等奖	李孟搂、李有忠、张跃宁、李健康、贺虹、刘宝柱、郭军成、李文爱、李莉、李鹏飞、王毅
	陕西省社会林业工程创新体系研究与实施	省林业技术推广总站	省科技进步二等奖	何发理、鲜宏利、王云芳、原双进、王树茂、高列萌、韩恩贤、谢君朝、曹智元
	太白山大熊猫栖息地调查与评价	太白山保护区	省科技进步三等奖	刘明时、田联会、李智军、代栓发、李先敏、李学林、马勇
2007	黄河中游黄土高原高效植被构建配置技术	西北农林科技大学、永寿县林业局、水利部沙棘开发管理中心	省科技进步二等奖	刘广全、孙升辉、王宏哲、王进鑫、赵鹏祥、常庆瑞、薛泉宏、李文华、马松涛
	陕西省鸟类资源调查与研究	动管站、国家濒危办管西安办事处	省科技进步二等奖	王万云、冯宁、徐振武、张志忠、周灵国、卢西荣、雷颖虎、袁伟、高学斌
2008	陕北黄土丘陵区仁用杏良种选择与栽培技术	西北农林科技大学、榆林市榆阳区林业局、吴旗县仁用杏开发公司	省科技进步二等奖	吴万兴、鲁周民、张忠良、李文华、朱序榆、马克忠、贺学林、张彦成、庞锁平
	红碱淖遗鸥种群动态监测与湿地保护技术研究	省动物研究所、动管站、榆林市林业工作站	省科技进步二等奖	肖红、、周灵国、王中强、雷颖虎、冯宁、胡彩娥、张治来、王艳、徐振武
	泡桐丛枝病研究	西北农林科技大学、省森防站、杨陵区森防站	省科技进步二等奖	杨俊秀、张刚龙、李莉、王培新、曹支敏、胡锦江、焦普生、史惠玲、高智辉
	秦岭大熊猫野外产子育幼洞穴分布及生态特征研究	佛坪保护区	省科技进步三等奖	雍严格、叶新平、赵德怀、刘新玉、赵纳勋、曹庆、雍立军

第二节 林业技术推广

一、技术推广项目

(一)项目管理

1985年，省林业厅开始将林业技术推广项目与科研课题分列计划。确定林业技术推广项目的程序是：由省市林业科研、推广、教学单位于前一年11月份向省林业技术推广站报送立项计划，省推广站本着技术上是否先进，生产上是否可行，环境是否适应，有无经济、社会、生态效益等情况进行审核，或组织专家进行可行性论证。项目经筛选、汇总后，申请列入推广计划；上级部门审查同意后，省林业技术推广站负责项目日常管理工作。1990~2010年，省林业技术推广站共管理有关部门下达的林业技术推广项目380余项。

(二)经费管理

对有关部门下达的林业技术推广项目经费，由省财政一次拨付到项目承担单位，按照相关管理办法进行管理。

(三)执行情况

1990~1995年(“八五”期间)，陕西省立项实施重点推广项目113项。其中，完成75项，建立各类示范样板点12多万公顷，辐射带动13多万公顷。在已完成的项目中，有67项获省、部级及林业厅科技进步或技术推广成果奖，取得直接经济效益20多亿元。

为贯彻林业部“科技兴林”和省政府《关于进一步加快全省造林绿化步伐的决定》精神，从1990年起，全省每年动员组织2000名科技人员，深入生产第一线，实行技术承包，将科技推广纳入生产计划，采取生产计划和科技项目相结合的“双向管理”“分级实施”办法，统一安排部署，统一实施，大力推广林木良种、新技术育苗、规范化造林、速生丰产林营造、防风固沙林营造、飞播林抚育间伐、低产经济林综合技术改造及主要林木病虫害综合防治等8大项组装配套新技术，计划每年完成6.67万公顷推广任务，即科技兴林“281”工程。

在陕西省各级领导重视和广大科技人员密切协作、共同努力下，工程实施5年，累计投入科技人员1.6万人次，投入山区开发、多种经营、育林基金等建设资金2500万元，滚动推广综合配套技术10大项，完成推广面积105.33万公顷，取得直接经济效益13.2亿元。科技兴林“281”工程，促使林业科技大规模进入生产领域，促使造林成活率、保存率、林木生长量、经济林产量与质量有了明显的提高。

科技兴林“281”工程于1996年获省林业厅科技进步特等奖，1997年获林业部科技进步二等奖。项目实施，加快了全省林业生产建设步伐，实现陕西省“八五”森林面积、蓄积量双增长。“八五”末，全省林业科技贡献率达到22.7%，成果转化率达到40%左右，均较“七五”末上升5个百分点。

1996~2000年(“九五”期间)，陕西省林业科技推广部门共组织实施重点林业科技推广项目120多项，新增研究与推广项目55项，争取投资770万元。其中，国家攻关专题或子专题5项，投入经费245万元；新增国家林业局重点科研课题4项，中试推广5项，国际先进林业科技引进项目 3 项，投入经费 132 万元和 28 万美元；省科委重点科技攻关和星火计划项目 8 项，投入 100 多万元；省林业厅下达科研课题 30 多项，经费 68 万元。经科技人员深入基层、抓点示范、联合攻关、不懈努力，全面地完成了各项任务。其中，5 个攻关专题顺利通过了国家林业局组织的专题验收，有 4 项被认定为科技成果；有 26 项通过了国家林业局、省科委组织的科技成果鉴定。其中，10 项达到国际先进水平，7 项达到国内领先水平，1 项填补了国内空白，取得林业科技推广成果 23 项。引进外国专家 9 批 10 人，选派培训考察 26 批 81 人，开展引智推广项目 4 项，引进国际林业先进技术 3 个，组织举办高规格的科技与学术交流会 3 次，引进造林树种、经济林木和灌木树种 7 个，建立美国黑核桃、俄罗斯大果沙棘、美国黄松及日本枇杷示范基地 9 处，营造引进示范林 533.33 多公顷。林业科技成果转化率达到 50%左右，林业科技贡献率由“八五”末的 22.7%提高到 29.2%。

围绕省委、省政府提出的“教育奠基、科技兴陕”“以开放促开发，以开发求发展”等战略方针，在总结“281”工程经验的基础上，陕西省林业厅制定了《陕西省林业科技“九五”计划和 2010 年发展规划》《陕西省科教兴林“4151”工程实施方案》，启动实施“4151”工程，即在全省按不同立地区域，分别推广良种繁育、ABT 生根粉和 Pt 菌根剂、节水抗旱、速丰林营造、沙地飞播造林种草与沙地植物利用、沙区针叶林营造、低产经济林改造、平原绿化抗病虫害良种、林木病虫害防治和林区森林防火灭火技术等 10 项组装配套技术，开发 10 项科技产业基地，建立 10 个林业生态工程科技示范县(林场、苗圃)，计划每年完成各类示范推广面积 6.67 万公顷任务，到 2000 年，共完成 33.33 万公顷，使山区和沙区人均纯收入翻一番。“4151”工程，集中林业新技术推广、经济林基地建设、产业化建设与林业科技示范区建设等多方面内容。为使该工程顺利实施，全省总结以往经验，采用推行了科技、生产、行政、财务“四位一体”的促成果转化新运行机制。陕西省实施 5 年，共组织科技人员 8.23 万人次，印发技术资料 109.17 万册(份)，举办各类技术培训班 1 万余期(场)，培训林农技术人员 163.57 万人次，建立林业科技示范点 400 余处，推广先进适用技术成果 50 余项，完成各类技术推广面积 50.13 万公顷，10 个经济林基地和产业化建设共完成经济林新建和丰产管护面积 70.91 万公顷，项目区人均收入翻了一番还多，显现了重要的辐射带动作用，形成了本省由单一技术指导型，向产前、产中、产后系列化全程服务的林业科技推广转化新格局。

2001~2005 年(“十五”期间)，全省认真贯彻落实《中共中央 国务院关于加快林业发展的决定》，按照《国家林业局关于加强重点林业建设工程科技支撑的指导意见》，围绕大幅度提高工程建设科技含量这一中心，努力促使工程建设由主要依靠投资规模扩大的外延式增长方式，向主要依靠科技进步和提高劳动者素质的内涵式增长方式转变。在国家林业局向全国推出的 100 项优秀科技成果中，结合天然林保护、退耕还林、三北防护林、平原绿化及绿色通道建设、野生动植物及生物多样性保护工程建设，重点筛选开展林木良种繁育、抗旱造林、经济林优质高产、飞播造林、速生丰产林营造、ABT 生根粉等绿色植物生长调节剂应用、防沙治沙造林、主要森林病虫鼠害综合防治、森林防火灭火、封山(沙)育林等 10 大项综合配套技术推广工作，计划每年推广 20 万公顷。

经过 31 个科技支撑项目单位，200 多名科技人员和广大林农的共同努力，5 年间，组织实施包括10大项综合配套技术在内的各类林业技术推广项目71项。其中，国家林业局重点林业技术推广项目、中试项目、科技支撑项目15项，省财政厅34项、省引智办10项、省林业厅10项，累计完成各类推广面积133.33余万公顷；开展欧洲大粒樱桃、美国大扁桃等引智项目基地建设4处，引进外国专家4人，先后派出推广管理及技术人员42人次，推广美国黑核桃、三倍体毛白杨、大扁桃、四翅滨藜等优良林木新品种18个，共取得林业科技成果45项，其中获省政府农业技术推广成果一、二、三等奖5项，有42项技术成果得到推广应用；建立乡级以上科技推广站(中心)1049个，技术推广人员6985人，开展林业职工继续教育4300余人，在读研究生109人，林业关键岗位培训3200人次，为林业生态建设提供了较全面的技术支撑和人才保障，使全省林业的科技贡献率由“九五”末的29.2%提高到33.5%，有力地促进了全省林业的跨越式发展。

2006~2010年(“十一五”期间)，为深入贯彻国家林业局《关于进一步加强林业科技工作的决定》《关于贯彻落实〈中共中央 国务院关于推进社会主义新农村建设的若干意见〉的实施意见》等有关精神，结合全省林业项目与产业带动发展战略、“三化一片林”建设、木本能源林建设以及退耕还林等工程建设巩固提高任务需要，促使全省造林绿化重点由偏远荒山逐步向人口居住密集城乡转移，推进城乡绿化一体化进程，建设“绿色陕西、生态陕西”，努力实现村庄绿化、生态县创建、森林城市建设、工程造林、全民义务植树五位一体造林绿化全覆盖的新格局。

从2007年开始，全省组织开展以抗旱造林、GGR生长调节剂、经济林丰产栽培、生物质能源林营造等林业适用技术示范推广为主要内容的“3152”科技入户推广工程，即每个市确定1个县(区)作为示范重点县，在全省抓100个科技示范点，扶持500个科技示范户，计划每年完成林业科技示范面积6.67万公顷，培训2万名林农或林业技术骨干。

经过5年实施，先后建立蓝田、黄龙、汉阴等科技示范县14个，科技示范点417个，科技示范户1380户，完成推广示范面积32.7万公顷，培训林农或林业技术骨干近30万人次。5年共实施中省各类林业技术推广项目70余项，累计完成各类林业适用技术推广示范面积2.22万公顷，使全省林业科技成果推广应用率从50%提高到60%，林业科技贡献率从33.5%提高到40%；取得林业科技成果10多项。其中，获国家级科技成果二等奖1项，省级科技成果二等奖2项、三等奖1项，厅级科技成果特等奖4项、一等奖2项。2006年，陕西省林业技术推广站在全国林业科技大会上，被授予“林业科技推广先进单位”称号并且作典型发言。

二、重点林业科技推广项目

1990~2010年，陕西省重点林业科技推广项目共118项。其中，1990~1995年，杨树优良品种及丰产栽培技术推广、渭北刺槐油松林抚育改造样板林建立、陕西省黄土高原造林立地条件类型划分及适地适树中间试验、榆林流动沙区飞播造林种草中间试验、红枣丰产及红枣烘干技术推广、杨树钻孔深栽造林技术、樟子松容器育苗技术、水杉速生丰产林栽培技术推广、花椒高产稳产综合技术推广、五倍子丰产技术推广、核桃良种及低产林改造综合技术等28项获省厅科技推广奖。

1996~2000年，苗木培育新技术、低产经济林改造综合技术、主要林木病虫害综合治理技术推广、陕西省花椒基地建设、国际检疫性害虫美国白蛾封锁扑灭技术推广、油松速生丰产林营造技术、杜仲综合技术开发、猕猴桃灾害性病害防治技术推广、板栗丰产示范园建设技术推广等23项获省厅科技推广奖。

2001~2005年，秦巴山地植被恢复综合技术试验示范、渭北旱塬高效生态复合模式示范应用建设、枣树良种丰产栽培技术示范、猕猴桃良种——秦香猕猴桃中试、美国黑核桃良种引种示范、枇杷良种及丰产栽培技术推广、西北黄土高原抗旱造林技术推广等26项获省厅科技推广奖。

2006~2010年，黄土高原节水抗旱植被恢复与优化配置模式示范、核桃嫩苗砧嫁快繁技术示范、狮子头等花椒良种及丰产栽培技术、生漆良种高效栽培技术示范、榆林毛乌素沙地低效防护林更新改造技术示范、三北防护林体系建设工程防沙治沙综合配套技术示范推广、元宝枫产业化技术推广、核桃综合配套丰产栽培技术示范、油茶良种引进及丰产栽培技术示范推广、花椒综合配套丰产栽培技术示范等6项获省厅科技推广奖。

三、项目成果获奖情况

陕西省林业厅对科技推广工作历来十分重视，每年都会对项目成果与效益进行评估，项目成果突出，效益明显的予以表彰。从1990~2010年，经验收评审的林业推广项目成果有61项获奖。

（一）国家奖励的成果奖

陕西省参与完成的项目中有4项林业科技成果获国家级奖励。其中，特等奖1项，二等奖2项，三等奖1项。详见表10-3-4。

1990~2010年陕西省林业获国家奖励的科技成果统计表

表10-3-4

奖类	等级	成果	主要研究单位	主要研究者	完成年份	鉴定年份	获奖年份
科技进步奖	特等奖	ABT生根粉系列的推广	中国林业科学研究院、省林业科学研究所等	王涛等	1993	1994	1994
	三等奖	魔芋栽培及魔芋精粉加工技术中间试验	省林业科学研究所等	吴万兴等	1995	1997	1997
	二等奖	绿色植物生长调节剂的研究开发与应用	中国林业科学研究院等	王涛等	1999		2002
	二等奖	陕西省社会林业工程创新体系研究与实践	中国林业科学研究院等	王涛等			2008

（二）部省奖励的成果奖

陕西省获得林业部奖励的科技成果1项。1996年，科技兴林“281”工程获得林业部“科技进步二等奖”。

获陕西省人民政府奖励的林业科技成果共32项（不包含国家级和林业部重复奖励的项目）。其中，科技进步奖项4项，二等奖1项，三等奖3项；科技推广奖28项，一等奖2项，二等奖9项，三等奖17项。具体情况详见表10-3-5。

1990~2010年陕西省人民政府奖励林业科技成果情况表

表10-3-5

奖类	等级	成果	主要研究单位	主要研究者	完成年份	鉴定年份	获奖年份
科技进步奖	三等奖	杨树优良品种及丰产栽培技术	省林业科学研究所等	刘玉媛等	1989	1989	1990
	三等奖	陕西省黄土高原造林立地条件类型划分及适地适树中间试验	省林业科学研究所等	罗伟祥等	1988	1988	1995
	二等奖	花椒高产稳产综合技术推广	渭南地区林业科学研究所等	郗忠立等	1991	1991	1993
	三等奖	榆林风沙区立地条件类型划分及适地适树造林技术推广	榆林地区治沙研究所等	李作舟等	1992	1992	1993
技术推广奖	三等奖	榆林流动沙区飞播造林种草中间试验	榆林地区治沙研究所等	漆建忠等	1987	1987	1995
	三等奖	红枣丰产及红枣烘干技术推广	咸阳市林业技术推广中心等	齐贺荣等	1990	1990	1994
	三等奖	柿树丰产园栽培技术推广	渭南地区林业技术推广站等	刘全成等	1993	1993	1993
	三等奖	板栗经营管理技术推广	西安市林业技术推广站等	樊长安等	1993	1993	1994
	三等奖	容器育苗造林技术推广	省防护林建设工作对等	杨靖北等	1993	1993	1994
	二等奖	核桃良种及低产林改造综合技术	省林业技术推广总站等	蒲淑芬等	1992	1993	1995
	三等奖	油桐丰产栽培技术推广	省林业科学研究所等	李龙山等	1993	1994	1994
	二等奖	ABT生根粉应用技术推广	省林业技术推广站等	蒲淑芬等	1994	1995	1995
	三等奖	苗木培育新技术	省种苗站等	谢君朝等	1994	1996	1996
	三等奖	林木良种化造林技术	省种苗站等	袁国成等	1994	1996	1996
	三等奖	速生丰产林营造技术	省国营林场管理站等	樊伯庸等	1994	1996	1996
	三等奖	低产经济林改造综合技术	省林业技术推广总站等	蒲淑芬等	1994	1996	1996
	三等奖	森林抚育及低产林分改造技术	省资源局等	陈东升等	1994	1996	1996
	二等奖	主要林木病虫害综合治理技术推广	省森防站等	施德祥等	1994	1996	1996
	一等奖	国际检疫性害虫美国白蛾封锁扑灭技术推广	省扑灭美国白蛾指挥办公室等	黄广文等	1996	1997	1997

续表

奖类	等级	成果	主要研究单位	主要研究者	完成年份	鉴定年份	获奖年份
技术推广奖	二等奖	陕西省花椒基地建设	省林业技术推广总站等	蒲淑芬等	1997	1998	1998
	一等奖	杜仲综合技术开发	西北林学院等	张康健等	1998	1998	1998
	三等奖	菜用香椿丰产栽培技术推广	西安市林业技术推广站等	高存劳等	1997	1997	1999
	三等奖	大荔县(红枣)高效农业示范区建设	西北农林科技大学等	李新岗等	1998	1998	1999
	二等奖	猕猴桃灾害性病害防治技术推广	西北农林科技大学等	宋晓斌等	1999	1999	2000
	三等奖	枣树良种及密植丰产栽培技术推广	省林业技术推广总站等	王云芳等	1998	2002	2002
	三等奖	全球卫星定位系统(GPS)在陕西省飞播造林中的应用	省飞机播种造林工作站等	王中会等	1999	2000	2002
	二等奖	板栗丰产示范园建设技术	省林业技术推广总站		2000	2000	2005
	二等奖	渭北五万亩核桃良种丰产示范园建设	西北农林科技大学等	高绍堂等			
	三等奖	陕北红枣良种丰产示范园建设	西北农林科技大学等	李新岗等	2000	2000	2002
	二等奖	干旱、半干旱地区丘陵山地集水、保水、储水和节水与密度控制技术示范	省林业技术推广总站等	原双进等	2003	2005	2006
	三等奖	GGR 绿色植物生长调节剂应用技术推广	省林业技术推广总站等	高列萌等	2005	2007	2007
	二等奖	秦巴山区植被恢复综合技术试验示范	省林业技术推广总站等	晏正明等	2005	2007	2007

四、部分林业技术推广项目

(一)水杉速生丰产林栽培技术推广

项目主持单位：陕西省林业学校、汉中地区林业工作中心等。项目参加单位：勉县、城固、南郑县林业局，洋县、西乡县林业站，汉中市园林站。

水杉是中国特有的珍稀树种。1987~1995 年，在汉中市推广造林地选择、实生大苗壮苗造林、合理密度、精细整地栽植、加强抚育管护等水杉造林技术，营造水杉示范林 686. 67 公顷，平均保存率达到 91. 1%，带动群众四旁栽植水杉 699. 6 万株，据测算，15 年生水杉可产材 15. 17 万立方米，总产值 2 亿元。该成果 1991 年经省林业厅组织评议，1992 年获陕西省林业厅科技进步一等奖。

（二）盐碱坝地栽柳技术推广

项目主持单位：榆林地区林业工作站。项目参加单位：子洲县林业工作站。

旱柳是陕北用材树种之一，在当地农村用途广泛，同时，它根系发达，固土能力强，对盐碱地有较强的适应性。1988～1991年，在盐碱坝地建立栽柳示范点75公顷，辐射带动2266.67公顷，成活率和保存率分别达到91.4%和86.4%，比当地一般造林平均提高5%～11.4%和10%～14%。3年生旱柳平均株萌生椽条5.8根，椽基径平均4.4厘米，椽长3.08米，主干平均高2.69米，平均胸径8.7厘米。1994年，获省林业厅技术推广三等奖。

（三）抗旱造林技术

项目主持单位：榆林地区林业工作站。项目承担单位：横山县林业工作站。

该项目是横山县推广统一规划科学造林、林草综合治沙、搭设沙障蔽造林、壮苗深栽、苗木泡水等抗旱造林综合技术。1987～1991年，共完成造林666.67公顷，辐射带动2万公顷；当年造林成活率80%以上，保存率90%以上，第5年林草覆盖度由原来的80%提高到85%，直接经济收入达850万元。获1994年，省林业厅技术推广三等奖。

（四）窒息灭鼠弹建厂生产及使用技术推广

项目主持单位：渭南地区林业技术推广站、韩城市农业经济委员会。项目参加单位：韩城市国营芝源林场、国营苗圃林木病虫防治检疫站。

鼢鼠是中国北方害鼠之一，它繁殖快、对幼林危害大。1987～1990年，在韩城市国营苗圃建立厂房，编写灭鼠弹的制作工艺流程和质量验收标准，生产窒息灭鼠弹3.33万枚，合格率达到99.8%以上。1989-1990年，在芝源林场推广防治，把握时间、判断有效鼠洞、及时准确投弹、投弹方法、效果检查等技术，投放灭鼠弹3.05万枚，防治面积0.22万公顷，防治效率达85.%1～86.7%。该成果填补了省内利用窒息弹防治鼢鼠方面的空白，为渭北黄土高原地区的鼢鼠防治工作起到了示范作用，1993年，获省林业厅技术推广成果三等奖。

（五）花椒高产稳产综合技术推广

项目主持单位：渭南地区林业科学研究所、宝鸡市林业科学研究所。项目参加单位：韩城市花椒研究所、宝鸡县林业站、凤县林业站。

1987～1991年，在宝鸡县、凤县和韩城市6乡镇12个示范村推广土壤管理、合理施肥、整形修剪、病虫害防治综合配套技术，共栽植花椒示范样板林27.35万株，辐射带动栽植花椒287.35万株，初果树、中龄树、老龄树株产椒分别达到0.3千克、1.1千克和1.3千克，平均增产率550%，总计产干椒65.99万千克，实现经济效益1055.8万元。1993年，获省科技进步二等奖。

（六）五倍子丰产技术推广

项目主持单位：安康地区林业技术推广站。项目参加单位：石泉县林特局、林业站、旬阳县林特局、汉阴县林业站。

1989～1991年推广五倍子树体修剪、倍林植藓、引放倍蚜虫、适时采倍、创造优良小生境等技术，建立示范样板林84.6公顷，增收五倍子95.27万千克，增加产值1905.4万元。1993年，获省林业厅科技进步二等奖。

(七)杉木速生丰产林营造技术推广

项目主持单位：陕西省林业学校。项目参加单位：安康地区林特技术推广中心、安康市林特局。

1988～1992 年，在安康地区推广杉木造林地选择、良种壮苗、全面细致整地、精心栽植、间作套种、抚育管护等配套技术，营造杉木速生丰产林 261. 33 公顷，带动 0. 21 万公顷，栽后 4 年平均树高 1. 95～3. 58 米，平均胸径 2. 05～4. 14 厘米，据测算，10 年后每亩立木蓄积量可达 7 立方米，总产值可达 7438. 2 万元。1993 年，获省林业厅科技成果三等奖。

(八)榆林风沙区立地条件类型划分及适地适树造林技术推广

项目主持单位：榆林地区治沙研究所、陕西省林业技术推广站。项目参加单位：榆林地区林业工作站、榆林地区林业局。

为加速改变榆林风沙区的自然面貌和生产条件，1988～1992 年，在风沙区推广营造林技术和抚育管护技术，营造示范林 673. 33 公顷，带动造林 0. 89 万公顷，在 3 年连续干旱的情况下，造林保存率达 76%～95%，比当地常规造林提高 20%。林草覆盖率由推广前的 35. 8%提高到 52. 2%。1991 年，种子、果品、饲料等产值达 709. 72 万元，经济效益和社会、生态效益显著。1993 年，获陕西省林业厅科技进步二等奖，陕西省政府科技进步三等奖。

(九)柿树丰产园栽培技术推广

项目主持单位：渭南地区林业技术推广站。项目参加单位：合阳县林业局、林技推广站、蒲城县林业站。

针对柿树生产中存在的管理粗放、产量低下、品种混杂、良莠不齐、病虫严重、加工技术落后等问题，1987～1992 年，推广主栽品种、蜡封接穗、科学造林、低产林改造、柿饼烘烤等技术，建立柿树丰产园 296. 87 公顷、带动 0. 14 万公顷。嫁接后，挂果比一般柿园提早 2～3 年，4～5 年生树共 107. 93 公顷，平均亩产 154 千克，总产 45. 72 万千克。清查柿树品种资源 24 个，确定了适合渭北旱塬生长的主栽品种 5 个，使栽培良种率由原来的 15%提高到 35%，推广蜡封接穗技术，使嫁接成活率由 40%～50%提高到 90%以上，推广柿树截杆堆封造林使造林成活率由 45%提高到 85%以上，编写了《柿树丰产栽培技术规程》和《柿树嫁接技术规程》，发表科技文章及论文 17 篇。1993 年，获省林业厅技术推广二等奖、陕西省农业技术推广三等奖。

(十)板栗经营管理技术推广

项目主持单位：西安市林业技术推广站。项目参加单位：兰田县、长安县、周至县、灞桥区林业站。

1988～1993 年，推广土壤管理、树体管理、林粮间作等多种技术措施组装配套，建成板栗丰产园 163. 53 公顷，1993 年亩产 117. 7 千克，产量 28. 8 万千克，产值 115. 48 万元。辐射带动 3033. 33 公顷，6 年共产板栗 300. 11 万千克，产值 1200. 44 万元，新增板栗产值 623. 72 万元，综合效益 1308. 34 万元，投入产出比 1∶6. 5。1994 年，获省林业厅技术推广二等奖、陕西省农业技术推广三等奖。

(十一)陕西省三北防护林体系建设扶风示范点

项目主持单位：陕西省防护林建设工作站。项目参加单位：扶风县林业局、县林业站、南阳乡政府、黄堆乡林业分站。

1989~1993年，推广体系布局、结构配置及营造模式等防护林营造技术，完成造林3300公顷，平均造林成活率96.4%，平均保存率92.3%。其中，人工造林1946.67公顷(用材林223.20公顷，经济林953.33公顷，丰产园11.33公顷，水保林740公顷，农防林29.80公顷，控制面积1986.67公顷，改造旧林网1533.33公顷)，飞播造林1353.33公顷，封山育林666.67公顷；刺槐林更新68.93公顷，建油松丰产林6.67公顷，育苗34.47公顷，产合格苗木673.7万株(其中容器苗245.3万袋)，建中型果库6座，小型果库500座。辐射带动全县完成造林9.93万公顷。截至1993年，示范点林木覆盖率山区达到了73.1%，原区达到了22.7%，林业直接产值1.2亿元。1994年，获省林业厅科技进步二等奖。

(十二)容器育苗技术推广

项目主持单位：陕西省防护林建设工作站。项目参加单位：咸阳市林业局、宝鸡市林业局

1991~1993年，在陇县、彬县、淳化等7县推广容器育苗技术和规范化造林技术，共培育容器苗1945.1万袋，容器苗造林3066.67公顷，育苗成苗率和造林保存率均在90%以上，辐射带动全省三北、6地(市)41个县(区)育苗6500万株，造林0.10万公顷，创直接经济效益6737.2万元。1994年，获省林业厅科技成果推广二等奖，省政府农业技术推广三等奖。

(十三)油桐低产林改造及桐果加工利用技术推广

项目主持单位：白河县林业技术服务中心、陕西省林业技术推广总站。

1985~1993年，在白河县推广土壤管理、合理施肥、老树更新、病虫防治等油桐丰产技术以及利用桐壳、籽壳土法加工生产磷酸二氢钾工艺技术，共完成油桐低产林改造1226.67公顷，辐射带动147.67公顷，亩产桐油36千克，总产桐油58.39万千克，产值700.78万元，生产磷酸二氢钾1.25万千克，加工桐籽40万千克，2年累计产值152.6万元。1994年，获陕西省林业厅科技成果推广二等奖，1995年，获陕西省农业技术推广三等奖。

(十四)核桃良种及低产林改造综合技术推广

项目主持单位：陕西省林业技术推广总站。项目协作单位：咸阳、汉中、安康市林业(林技)中心站，商洛、宝鸡市林科所、旬邑、勉县、宁陕、淳化、陇县林业站、商州区、山阳县果树(蚕果)站、宜君县林业局

1987~1993年，在陕西省秦巴山区商州、勉县、宁陕和渭北地区的旬邑、淳化、宜君、陇县等地推广西林1、2号、西扶一号、元丰、香玲、鲁光等24个适合本省的核桃优良品种，以及高接换优、疏除雄花、垦复扩盘、合理施肥、整形修剪、间作套种、病虫害防治等核桃低产林综合改造技术，建立核桃低产改造样板林2313.33公顷，辐射带动改造低产林5213.33公顷，建良种丰产园392.67公顷。改造3年后，挂果率达86.1%~91.8%，第3年平均亩产14.9~74千克，第4年亩产25.57千克，第5年亩产达26~70.7千克，6年共增收5052.4万元。1994年，获陕西省林业厅技术推广一等奖，1995年，获陕西省农业技术推广二等奖。

(十五)巴山松育苗造林技术推广

项目主持单位：西北林学院、汉中地区国营林场管理局。项目参加单位：南郑县黎坪、碑坝林场、留坝县火烧店、闸口石林场、勉县黑瘫子林场、西乡县龙池林场、汉中地区实验林场。

为更好地保护和发展巴山松，1986~1992年，共采集巴山松种子1244千克，育苗7.41公顷，产苗1600余万株，在8个林场共营造巴山松示范林673.33公顷，保存率为91.7%。参照中等立地条件下巴山松林分标准地资料，预计30年时每亩蓄积量可达15.26立方米，示范林总蓄积量可达15.39万立方米，加上2次间伐，总产值可达7706万元。1995年，获陕西省林业厅科技进步二等奖。

(十六)油桐丰产栽培技术推广

项目主持单位：陕西省林业科学研究所。项目参加单位：山阳县林业站、林特局。

1989~1993年，在山阳县推广浙选5、10、12号、贵州大米桐、等油桐优良品种，以及修台田梯地种龙须草防止水土流失、合理施肥、农桐间作、病虫害防治、适时采收等油桐丰产栽培技术，完成油桐丰产示范林72.00公顷，平均亩产桐油由1989年的16.87千克，提高到25.91千克，带动全县1.33万公顷油桐林亩产由原来的3.86千克提高到10.67千克，增加收入817.2万元。成果达到国内先进水平，1995年，获陕西省林业厅科技推广成果二等奖、陕西省政府科技推广成果三等奖。

(十七)ABT生根粉应用技术推广

项目主持单位：陕西省林业技术推广总站。项目参加单位：省长防办，西安、宝鸡、渭南、咸阳、铜川、榆林、延安、汉中、商洛、安康地区(市)林业技术推广(林业工作)站(中心)，榆林地区治沙所。

ABT生根粉是中国林业科学院研制的一种新型、无毒、高效、广谱型生根促进剂，具有补充根系生根所需外源生长素与促进植物内源生长素合成的双重功效，能促进不定根的形成和受伤根系的恢复。1992~1994年，推广应用ABT生根粉进行硬枝扦插育苗、嫩枝扦插育苗、播种育苗技术，应用ABT生根粉植苗造林、直播造林、飞播造林技术，在经济树种嫁接以及农业中的应用技术，4年来，共应用ABT生根粉处理苗木造林5.19万公顷。其中，示范点造林2.53万公顷，指导群众栽植各种林木2.65万公顷；处理种子完成飞播造林1.87万公顷；处理种条育苗900公顷。其中，示范点育苗555.75公顷，带动群众育苗344.61公顷；用ABT处理接穗嫁接经济林木36.67公顷，粮食、蔬菜种植应用4166.67公顷。扦插育苗成苗率平均提高16.72%，植苗造林成活率平均提高14.9%，飞播造林平均成苗率提高27.69%，嫁接成活率平均提高15.2%，农业平均亩增值46元。增加直接经济收入6519.38万元，1995年，获陕西省林业厅技术推广一等奖和陕西省农业技术推广二等奖。

(十八)盐碱滩地白刺造林治碱技术推广

项目主持单位：陕西省林业技术推广总站、榆林地区林业工作站。项目参加单位：定边县林业工作站。

白刺是干旱、半干旱荒漠地区重要的固沙、治碱树种之一。1991~1994年，在定边县推广白刺育苗技术、造林技术和抚育管护技术，完成示范造林386.67公顷，辐射带动造林766.67公顷。4年生白刺已形成冠幅1.06~4.05米、高0.43~1.28米的白刺沙包或沙带，大部分开花结果。示范林累计产白刺种子4.42万千克，产草306万千克，直接经济收益39.44万元，加上辐射带动，直接经济收益69.73万元。总结出一套从采种育苗到造林等一系列技术和幼林管护经验，并进行人工压沙、平茬复壮等试验。1995年，获陕西省林业厅技术推广三等奖。

（十九）陕西省科技兴林“281”工程

项目主持单位：陕西省林业技术推广总站。项目参加单位：省长防办、森防站、飞播站、种苗站、林场站、资源局以及榆林、安康、汉中、商洛、咸阳、宝鸡、延安、渭南、铜川市林业（林特）局。

“281”工程是省林业厅在“八五”期间组织实施的一项科技兴林工程，每年组织全省林业系统2000名科技人员，结合全省林业重大建设项目，开展技术承包和技术服务，生产计划和推广计划相结合，重点推广新技术育苗、林木良种化造林、主要林木病虫害防治、森林抚育及低产林改造等8项适用新技术成果，每年完成推广面积6.67万公顷。经过5年实施，共组织科技人员1.6万人次，参加林业工程指导、服务和实施，完成各类推广面积105.37万公顷，是计划任务的3.16倍，增加经济收入13.16亿元。1996年，获陕西省林业厅科技推广特等奖和林业部科技推广成果二等奖。工程子项目成果也相继获奖：陕西省林木种苗工作站承担的“苗木培育新技术推广”“林木良种造林技术”均获1996年度陕西省林业厅技术推广二等奖、陕西省政府科技推广三等奖，陕西省长江防护林工程建设办公室承担的“规范化造林技术”1996年获陕西省林业厅技术推广二等奖，陕西省国营林场管理站、省推广站、省森工局承担的“速生丰产林营造技术推广”成果获1996年度陕西省林业厅技术推广二等奖、陕西省政府科技推广三等奖，陕西省林业技术推广总站承担的“低产经济林改造综合技术推广”获1996年度陕西省林业厅技术推广一等奖、陕西省政府科技推广三等奖，资源局、陕西省国营林场管理站承担的“森林抚育及低产林分改造技术推广”成果获1996年度陕西省林业厅技术推广二等奖、陕西省政府科技推广三等奖，森防站承担的“主要林木病虫害综合治理技术推广”获1996年度陕西省林业厅技术推广一等奖、陕西省政府科技推广二等奖。

（二十）陕西省花椒基地建设

项目主持单位：陕西省林业技术推广总站、陕西省林业厅造林处。项目参加单位：陕西省防护林建设工作站，韩城市花椒研究所，富平县、澄城县、黄龙县、宜川县、耀县、蒲城县林业局、林业站、林技中心。

1989~1996年，在全省主要花椒产区推广良种壮苗、科学栽植、覆盖与追肥、整形修枝、病虫害防治等综合配套技术，完成高标准花椒基地建设3.84万公顷，期中新建丰产林1.61万公顷，丰产管护2.23万公顷，丰产技术推广3年后，平均株产干椒由0.15千克提高到0.38千克，新建丰产林平均保存率达89%，第3年挂果株率达86%，平均株产干椒10克；8年基地累计增产花椒2496.44万千克，增值3.49亿元。1998年，获陕西省林业厅科技推广一等奖，陕西省政府科技推广二等奖。

（二十一）国际检疫性害虫美国白蛾封锁扑灭技术推广

项目主持单位：省扑灭美国白蛾指挥部办公室。项目参加单位：西安市、宝鸡市、

咸阳市指挥部办公室，周至县、乾县、秦都区、武功县、杨陵区、雁塔区、兴平县、礼泉县、扶风县指挥部办公室

美国白蛾是一种食性杂、繁殖量大、适应性强、传播途径广、危害严重的国际性害虫。1984 年 8 月在武功县发现，1985~1986 年迅速蔓延，引起了各级领导的重视，国务院、中央军委办公厅、农牧渔业部、林业部、省政府、军区司令部相继发出了迅速扑灭的通知。13 年来，全面完成美国白蛾疫情普查任务，进一步掌握了美国白蛾的生物学习性和发生规律，总结出一套成功的扑灭美国白蛾技术措施和行政管理办法，全面完成了陕西境内扑灭美国白蛾的目标。动员各级干部和广大群众 120 万人次，连续查防面积 66.67 余万公顷次，营林措施治理 1.33 多万公顷次，药剂防治面积 53.33 多万公顷次，飞播喷药防治 0.67 万多公顷次。摘除卵块 23 万块，挖蛹灭虫 62 万多头，剪除网幕 100 多万个，捕杀成虫 93 万多头，1990 年路渠、林网基本扑灭，村庄农户有虫株率下降到 1‰以下。1997 年，获陕西省林业厅科技推广特等奖，陕西省政府科技推广一等奖。

（二十二）油松速生丰产林营造技术推广

项目主持单位：宝鸡市林业工作中心站。项目参加单位：宝鸡市马头滩林业局。

1991~1997 年，在马头滩林业局推广良种壮苗、适地适树、规划设计、全面清坡、细致整地、精心栽植、抚育管护等多项技术，完成造林 66.80 公顷，辐射带动 620.00 公顷。1996 年秋季调查，保存率 95.3%，幼林平均高 1.39 米，平均地径 2.8 厘米，林分平均郁闭度 0.4，测算两次间伐及到 33 年时主伐，合计出材 2.42 万立方米，收入 1584.64 万元，1998 年，获省林业厅科技推广二等奖。

（二十三）华山松人工幼林培育速生丰产林

项目主持单位：汉中市林业局。项目参加单位：宁强县林业局、红石梁林场。

从 1981 年起，项目组在红石梁林场沙河坝Ⅰ区选择经营条件好的 8~9 年生华山松人工幼林采取科学的技术措施，进行改造、培育。共完成速生丰产林培育面积 222.67 公顷，完成各作业类型总面积 986.67 公顷。其中，小片造林 19.73 公顷，稀疏林补植 82.60 公顷，松土除草、幼林抚育 224.40 公顷，幼林施肥 102.33 公顷，成林定株抚育 222.67 公顷，成林生长伐抚育 269.53 公顷；防治松落叶病作业面积 66.67 公顷。据测算，2005 年（30 年生）亩蓄积量为 18.26 立方米。在速丰林中设固定标准地 81 块，期中 15 块用于观测作业小班林分生长指标，66 块用于观测不同密度生长量和施肥试验，收集了大量华山松林分生长量数据，为开展华山松丰产林的生产规律和经营技术研究提供了宝贵资料。1998 年，获省林业厅科技进步二等奖。

（二十四）南抗 1、2 号杨丰产栽培技术推广

项目主持单位：陕西省林业技术推广总站。项目参加单位：城固县林业局、林业站。

1992~1997 年，推广科学选地、精心规划、精细整地、壮苗栽植、间作套种、以耕代抚、修枝抚育、病虫防治等技术，在城固县境内的汉江、湑水河沿岸成片营造南抗 1、2 号杨丰产林 217.2 公顷，四旁植树 15 万株，造林平均成活率 95.86%，幼林保存率 93.7%，据测算，10 年生南抗杨每亩立木蓄积量可达 28.8 立方米，总产值可达 5093.3 万元。辐射带动推广 8666.67 公顷，产值 8388.6 万元。1998 年，获省林业厅科技推广

二等奖。

（二十五）沙地综合开发技术示范

项目主持单位：渭南市林业局。项目参加单位：渭南市林业科学研究所、林业勘察设计队、林业技术推广站、森防站，大荔县林业局、森防站、沙苑林场。

1995~1999 年，在大荔县沙苑推广经济林优良适生品种与丰产栽培实用技术、矮化密植枣园丰产栽培与沙区经济林主要病虫害无公害防治技术等，建成红枣丰产示范园 15.53 公顷、梨园 0.67 公顷、杂果园 1.33 公顷、苗圃 0.67 公顷、月见草 3.33 公顷共计 21.53 公顷。指导建立标准化枣园 15 个，面积 71.20 公顷，示范带动周围群众建立杂果专业村 1 个，面积 28 公顷，低产枣园改造 1.09 万公顷，使产量提高 25%~30%，较一般枣园增产 15%~20%，示范园直接经济效益 87.13 万元。辐射带动枣园面积 7246.67 公顷，杂果园 2000 公顷，实施技术推广有效面积 1.38 万公顷，增产保产总值 2.92 亿元。建立和完善农田防护林网 1333.33 公顷。还举办各种培训班 15 期，培训技术骨干 600 余人，总结出沙苑地区 8 种 40 个模式类型和 15 种优化或组合模式。对引进、收集的枣树品种资源进行试验观察和测定，筛选出可以发展的品种 35 个，其中特优 15 个，优良品种 20 个，探索总结了良种枣树苗木快速繁育技术、低产枣园更新改造技术、沙区枣树病虫害防治技术等。2000 年，获陕西省林业厅科技推广二等奖。

（二十六）杜仲综合技术开发

项目主持单位：西北林学院、陕西省林业厅。项目参加单位：略阳县、宁强县、岚皋县、城固县、紫阳县、石泉县林业局。

1994~1998 年，在汉中、安康地区略阳、岚皋等 6 县推广杜仲壮苗培育技术、优质高效示范林营造技术、低产林改造技术、环剥皮再生技术等多项适用先进技术，营造杜仲示范林 5766.67 公顷，辐射带动 2.13 万公顷，产值达 1.75 亿元。杜仲育苗、低产林改造、环剥皮技术推广及杜仲系列产品开发直接经济收入 1.18 亿元，总经济效益 2.93 亿元。1998 年，获陕西省林业厅科技推广一等奖、陕西省政府科技推广一等奖。

（二十七）菜用香椿丰产栽培技术推广

项目主持单位：西安市林业技术推广站。项目参加单位：周至、户县、蓝田县林业站。

1994~1997 年，在周至县、户县、蓝田县推广菜用香椿采种育苗技术、科学造林技术、丰产管护技术、保鲜加工技术等，共育苗 34.87 公顷，大田矮化栽植 406.27 公顷，总产量达 203.58 万千克，总产值 814.32 万元。1998 年，获西安市科技进步三等奖；1999 年，获陕西省政府科技推广三等奖。

（二十八）猕猴桃灾害性病害防治技术推广

项目主持单位：西北农林科技大学、省森防站。项目参加单位：西安市、长安县、户县、周至森林病虫害防治检疫站，灞桥区农林局，眉县林业站。

1996~1999 年，在本省猕猴桃产区进行猕猴桃病害发生情况调查，筛选出猕猴桃细菌性溃疡病和根腐病两种灾害性病害，并对其发病规律进行观察和研究，根据以上良种病害发生特点和规律，研究其综合防治技术体系的构建，通过举办防治技术培训班，建立示范样板点 4 个，面积 266.67 公顷，带动防治 3.25 万公顷（次），实现灾害性病害的规模化防治，共新增产值1.46亿元，年均3322.8万元。1999年，获西北农林科技大学科技推广一等奖，2000年，获陕西省政府科技推广二等奖。

（二十九）大荔县（红枣）高效农业示范区建设

项目主持单位：陕西省林业科学研究院。项目参加单位：陕西省经济作物研究所、大荔县农业发展办公室、大荔县八鱼乡政府。

1994~1998年，筛选确定大荔县红枣产业发展的优良枣品种大荔水枣、冬枣和梨枣，试验总结枣树归圃育苗和酸枣接大枣技术，累计示范推广43.33公顷，平均亩产值4000元；总结推广枣树矮密丰产栽植模式及配套栽培技术，建立密植示范园173.33公顷，带动全县1000公顷密植园建设，期中140公顷挂果，平均亩产值2300元；总结推广了枣—粮、枣—经济作物栽培模式及综合配套栽培技术，建立间作示范园66.67公顷，推广3333.33公顷，有200多公顷间作枣园收入达亩1000元以上；改造低产间作示范园200公顷，辐射推广1.23万公顷，平均亩产值2300元。该项目累计新增纯收益4501.51万元，红枣间作和矮密园的投入产出比分别为1∶4.77和1∶1.61。1999年，获陕西省林业厅科技推广一等奖、陕西省政府科技推广三等奖。

（三十）枣树良种及密植丰产栽培技术推广

项目主持单位：陕西省林业技术推广总站。项目参加单位：咸阳市、西安市林业站，彬县、长武、泾阳、蒲城、大荔、高陵、阎良区、清涧县林业局、林技站、红枣所。

1991~1998年，收集省内外40多个枣树良种，在杨凌等地建立两种观察圃，通过对比试验，从中筛选出油枣、方木枣、大荔水枣、赞皇枣、蜂蜜罐等20多个特优品种，并培育良种嫁接苗1200多万株，推广壮苗建园、科学栽植、整形修剪、保花保果、病虫害综合防治等多项技术，建成密植园2.41万公顷，造林成活率93%，平均保存率86.2%。示范园第3年挂果率达90%以上，平均亩产170千克。到1999年，累计产鲜枣34477千克，新增产值5.17万元。2001年，获陕西省林业厅技术推广一等奖，2002年，获陕西省政府技术推广三等奖。

（三十一）全球卫星定位系统（GPS）在陕西省飞播造林中的推广应用

项目主持单位：省飞播站。项目参加单位：规划院、空军39897部队。

1997~1999年，在全省飞播造林中推广应用GPS定位导航系统技术进行飞播造林，完成185个播区18.97万公顷的飞播施工任务，播种准确率达到90.1%，超过部颁标准85%的5.1个百分点，减少地面施工人员80%，降低施工费用196.88万元，同时也减少人为因素、气象因素和地形条件对飞播作业的影响，增加飞播作业的主动性和灵活性，提高了飞行安全系数。2001年获陕西省林业厅技术推广二等奖，2002年获陕西省政府技术推广三等奖。

（三十二）板栗丰产示范园建设技术推广

项目主持单位：陕西省林业技术推广总站。项目参加单位：商洛市林业站、安康市林业技术中心、汉中市林业工作中心。

1997~2000年，在陕南城固、洋县、宁陕、汉滨、镇安、山阳6县（区）推广安栗1、2号，柞板11、14号，金丰、上丰等板栗良种，以及建园栽植技术、野生板栗园改造技术、栗园丰产管护技术等，完成示范园建设5.51万公顷，其中新建1.18万公顷，丰产管护9153.33公顷，辐射带动3.39万公顷。建园成活率93.16%，平均保存率86.3%，良种率97.5%。丰产管护当年平均亩增产6.5千克，第2年平均每亩增产15.2千克。累计增产板栗1559.99万千克，培育良种嫁接苗1920万株，实生苗7500万株，新增纯收益1.22亿元，投资收益率达139.24%。2001年获陕西省林业厅技术推广一等奖，2002年获陕西省政府技术推广二等奖。

(三十三)渭北五万亩良种核桃丰产示范园建设

项目主持单位：西北农林科技大学。项目参加单位：黄龙县林业局、韩城市农林局、宜君县林业局、合阳县林业技术推广中心。

1997~2000年，在渭北地区黄龙、宜君、韩城、合阳、澄城5县(市)推广核桃优质壮苗培育技术、良种示范园建设技术、示范园幼园管理技术、高接换头改造技术等，营建核桃丰产示范园5020.00公顷。其中，高标准示范园333.33公顷，带动发展2万公顷，直接经济收入1.44亿元，幼园产值0.5亿元，共创经济效益1.94亿元。2001年获杨凌示范区科技进步一等奖，2005年获陕西省政府技术推广二等奖。

(三十四)陕北红枣良种丰产示范园建设

项目主持单位：西北农林科技大学、陕西省林业厅。项目参加单位：佳县、延川县、清涧县林业局、枣业局、红枣技术推广站、林技站。

1997~2000年，从陕北枣区的56个当地品种和引进的30多个品种资源中，初步选出适合陕北栽培的红枣品种16个。其中，制干品种6个，鲜食品种5个，兼用品种5个，并对其结实习性和品质进行研究。在佳县、延川、清涧县推广良种苗木培育技术、园址选择和整地技术、“矮密丰”栽培技术，以及枣树丰产栽培系列技术，累计培育良种枣苗106.67公顷，建立良种示范园209.33公顷，辐射推广7973.33公顷，共8180公顷。其中，1446.67公顷挂果，第4年亩产鲜枣78千克；建立良种丰产基地1633.33公顷，平均亩产288.96千克，辐射推广5.33万公顷，第3年平均亩产219.3千克，累计新增纯收益1.2亿元。2001年，获杨凌示范区科技进步一等奖，2002年获陕西省技术推广三等奖。

(三十五)渭北旱塬高效生态复合模式示范应用建设

项目主持单位：陕西省林业技术推广总站。项目参加单位：陇县林业局、淳化县林业工作站、韩城市农林局。

2005~2010年，在项目区主要推广黄土高原渭北生态经济型防护林体系优化模式建设技术、抗旱造林综合配套技术、经济林丰产栽培综合配套技术等，对项目区及周边地区的工程造林起到辐射带动作用，形成多种群、多层次、多功能、多效益的复合经营模式，共完成高效生态复合模式示范推广面积7.28万公顷，造林成活率达87.3%，比对平均提高25%以上。示范推广及辐射带动面积直接形成经济效益110586.85万元，新增纯收入8.64亿元，投入产出比为1∶4.56。通过项目实施，一是筛选出适于渭北旱塬区推广的核桃+油菜(豆类、薯类)、花椒+小麦、红枣+豆类(薯类)林农复合立体经营模式和核桃+柴胡(板蓝根)、花椒+黄芪(黄芩)林药复合立体经营模式，既促进了林木生长，又增加了林地前期经济收益，同时达到了“以短养长、以长促短”的目标。二是筛选出适于渭北旱塬区的针阔混交、乔灌混交等造林模式，优化了树种配置。三是选用了适于渭北旱塬区生长的10个抗逆性树种和10个核桃、花椒、红枣优良品种，为渭北旱塬区农林复合经营树立了典型，并取得了显著的生态、经济和社会效益。2010年3月，通过陕西省林业厅组织的成果鉴定，同年获陕西省林业厅林业技术推广成果一等奖。

（三十六）干旱、半干旱地区丘陵山地集水、保水、储水和节水与密度控制技术示范

项目主持单位：陕西省林业技术推广总站。项目参加单位：吴旗县林业局、宝塔区林业技术推广站。

2001~2003年，在吴旗县、宝塔区进行丘陵山地集水、保水、储水和节水与密度控制技术示范，共完成示范推广任务1173.33公顷，造林成活率较一般造林提高20%左右。极大地带动了该县以至陕北地区退耕还林工程质量的提高，使吴旗县、宝塔区成为全国及全省退耕还林的示范样板。2005年4月，陕西省林业厅组织有关专家对该项目进行成果鉴定，专家一致认为该项目形成以下成果：一是筛选出陕西黄土高原区抗旱造林三大关键技术，即容器苗使用技术、ABT生根粉或GGR植物生长调节剂使用技术和地膜覆盖技术。二是形成一套完整的抗旱造林技术模式，即针叶树“抗旱整地”+容器苗+地膜覆盖，阔叶树“抗旱整地”+ABT生根粉或GGR植物生长调节剂+地膜覆盖。三是研究出ABT生根粉或GGR植物生长调节剂最佳使用浓度及主要树种浸泡时间。2005年，获陕西省林业厅科技推广成果一等奖、陕西省人民政府农业技术推广成果二等奖。

（三十七）秦巴山地植被恢复综合技术试验示范

项目主持单位：陕西省林业技术推广总站。项目参加单位：山阳县林业局。

2003~2005年，在山阳县选用油松、侧柏、栓皮栎等适生树种，采用覆膜造林、植物生长调节剂等系列抗旱节水造林技术，完成示范推广任务。在山阳县推广秦巴山区困难立地植被恢复技术277.13公顷，辐射带动1.15万公顷，实现秦巴山区困难立地造林一次成功。该项目的实施筛选出一套适合秦巴山区困难立地植被恢复技术模式：微爆整地+容器苗+富丽禾+GGR+地膜覆盖。这种技术模式的推广应用，解决了土壤通透性差、易板结、有机质含量低的黏土地和石质山地造林成活率和保存率的技术难题，并形成了关键技术。2007年，获陕西省林业厅林业科技推广成果特等奖、省政府农业科技推广成果二等奖。

（三十八）狮子头等花椒良种及丰产栽培技术

项目主持单位：陕西省林业技术推广总站。项目参加单位：韩城市花椒研究所、澄城县林业技术推广站。

2006~2008年，在渭南韩城市、澄城县推广‘狮子头’‘无刺椒’‘南强1号’等花椒良种及丰产栽培技术，完成示范面积74.67公顷，辐射带动5.76万公顷，造林成活率达92%以上，保存率达95%以上，3年挂果，5年示范园平均亩产花椒55.6千克(折合鲜椒222.4千克)。新增产值13.9亿元，新增纯收入10.9亿元。并选择出了‘狮子头’‘无刺椒’‘南强1号’3个优良品种；总结出陕西省渭北农耕地中等肥力、中等管理措施下，每亩留苗量2万株左右，提出花椒多主枝丛状形、自然开心形2种树形标准及整形方法、科学栽植、土水肥管理、整形修剪、病虫害防治等5大技术。并带动了周边的咸阳、延安、铜川、西安等市，以及山西、甘肃、河南等省。2009年获陕西省林业厅科技进步特

等奖，2011年获陕西省科学技术二等奖。

（三十九）GGR绿色植物生长调节剂应用技术推广

项目主持单位：陕西省林业技术推广总站。项目参加单位：榆林市林业工作站、延安市林业工作站。

2001~2005年，在陕西省推广绿色植物生长调节剂GGR及其应用技术，完成推广面积7.03万公顷。其中，育苗完成5666.67公顷，成苗率平均达85.2%，较对照提高了23.40%，造林完成6.46万公顷，成活率平均达89.3%，较对照提高了21.32%，采用GGR育苗，针、阔叶树平均每亩多产合格苗1200株，每株以0.5元计算，每亩平均增值600元，5666.67公顷共可增值5100万元。2007年3月陕西省林业厅组织有关专家进行成果鉴定。专家们认为：该项目紧密结合林业生产实际，选题准确，措施得力，技术先进，推广面积大，效益显著，达到了国内同类推广项目的领先水平。2007年，获省林业厅科技推广一等奖、陕西省农业技术推广成果三等奖。

（四十）黄土高原节水抗旱植被恢复与优化配置模式示范

项目主持单位：陕西省林业技术推广总站。项目参加单位：榆林市林业工作站、榆阳区林业工作站。

2005~2009年，在榆林市榆阳区推广节水抗旱造林综合技术，完成示范林186.67公顷。累计完成推广面积4.47万公顷，造林成活率平均达85.28%，较对照提高了28.7%，造林保存率平均达82.7%，较对照提高39.7%，项目实施共节约造林补植成本和新增收入1.26亿元，新增纯收入为9766.8万元，投入产出比为1∶4.45。陕西省林业厅2009年12月组织项目验收，2010年3月组织了鉴定。专家认为：一是首次在黄土丘陵沟壑区和固定、半固定沙地对提前整地、容器大苗造林、GGR处理根系、截干深栽、覆膜套笼5项关键技术进行了组装配套，并推广应用。二是探索出樟子松+杨树+紫穗槐、樟子松+长柄扁桃+紫穗槐等4种固定、半固定沙地优化配置模式；樟子松+沙地柏+长柄扁桃、侧柏+合作杨+紫穗槐等5种覆沙黄土地优化配置模式；沙棘+柠条、侧柏+桑树等4种黄土丘陵沟壑区优化配置模式。三是在黄土丘陵沟壑区应用了集雨滴灌节水营林技术。项目达到了同类国际先进水平。2010年，获陕西省林业厅技术推广成果特等奖，2011年，获陕西省农业技术推广成果二等奖。

第四章　林业标准化和科技示范县

第一节　林业标准化

《陕西省造林标准》自1989年拟定初稿以来，反复征求各地市林业部门及科研院所、教学单位专家的意见后，几经修改，1991年在全省各地试行。根据试行中的意见，进一步修改完善，省林业厅1992年3月10日厅务会议研究审定，决定从1992年起实施，陕西省植树造林及其成效检查将以本此“标准”为主要依据。

陕西省技术监督局于1993年发布《陕西省造林标准》。标准名称：陕西省造林标准。标准代号：GB61/T142-93。实施日期：1993-08-01。发布日期：1993年4月1日。

1993年1月，林业部发出《柿树优质丰产技术》行业标准通知：经我部批准，现作为推荐性标准发布如下：IY/T1081-93，该标准自1993年10月1日起实施。1993年2月，陕西省林业厅发出通知，要求各地市按行业标准实施。

1993年6月，林业部发出《栲胶检验方法》行业标准通知，经我部批准，现发布如下：上述37项标准自1993年12月1日起实施。1993年6月，陕西省林业厅通知各地市林业局、资源局实施。

1993年7月，林业部发出批准《林业资源与代码·国营林场名称和代码》等21项行业标准的通知、关于公布松香产品质量分等规定的通知。陕西省林业厅均予以转发。

1996年，林业部3号文件关于发布国有林区标准化苗圃等行业标准的通知，上述标准自1996年6月1日起实施。

国家林业局关于发布《营林产品分类代码》等18项行业标准的通知，以上标准作为推荐性标准自1998年12月1日起实施。

1998年11月28日，陕西省技术监督局在西安召开陕西地方标准《板栗综合标准》审定会。

1999年7月，国家林业局发布《森林土壤样品的采集与制备》等66项林业行业标准"；8月发布《红皮云杉人工林速生丰产技术》等25项林业行业标准。

2000年3月、11月、12月国家林业局分别发布《国有林区营造林检查验收规则》7项林业行业标准；《名特优经济林基地建没技术规程》19项林业行业标准和《公益林与商品林分类技术指标》林业行业标准的通知，按规定日期开始实施。

2003年5月，陕西省质量技术监督局下达2003年陕西省地方标准制修计划项目中，归口林业厅的有核桃标准等11项。

2003年8月，国家林业局发布《森林生态系统定位观测指标体系》等11项行业标准通知，11项林业行业标准为推荐性标准，自2003年12月1日起施行。

2003年9月，省林业厅转发《国家林业局关于印发〈数字林业标准与规范〉的通知》，要求各地贯彻执行。

2003年12月，陕西省质量技术监督局发布《原产地域保护产品 陕西苹果》等8项地方标准，内有元宝枫系列标准6项，系推荐性标准。

2004年11月，国家林业局发布《甲醛释放量检测用IM3气候箱》等24项林业行业标准，作为推荐性行业标准自2004年12月1日起实施。

2005年，国家林业局发布《滩地"抑螺防病林"营造技术规程》林业行业标准，作为推荐性行业标准自2005年2月1日起实施。

2006年2月，陕西省质量技术监督局发布《主要造林树种苗木质量分级》地方标准，并于发布之日起实施。

第二节　科技示范县(区)

林业部〔1994〕243号函第一批"全国科技兴林示范县"通知，命名榆林市为第一批全国“科技兴林示范县”。1995 年 5 月，省林业厅发文，要求榆林市林业局切实作好此项工作。为此，省林业厅成立科技兴林示范县建设领导小组，统一协调科技、生产、计划、财务等部门之间的联系，加强试验示范区建设。

林业部林科通字〔1996〕95 号文命名第二批“全国科技兴林示范县”，韩城市列为全国科技兴林示范县。

1999 年 1 月，省林业厅向国家林业局申报：渭南市建立林业科技示范市。

1999 年 12 月，省林业厅转发《国家林业局关于下达全国林业标准化示范县计划的通知》。韩城市大红袍花椒基地建设标准化示范县、陕西省榆林市大扁杏基地建设示范县。

2000 年 9 月 26~28 日，国家林业局在广西召开林业标准化示范县经验交流现场会。榆阳区林业局、韩城市农林局和省林业厅派员参加。

2001 年 6 月，陕西省林业厅申报示范县项目：陕西省吴旗县退耕还林(草)工程标准化示范县；陕西省佳县红枣基地建设标准化示范县；陕西省黄龙县核桃基地建设标准示范县；陕西省镇安县板栗基地建设标准化示范县。

2002 年 1 月，省林业厅转发《国家林业局关于下达第二批全国林业标准化示范项目计划的通知》。“吴旗县黄土高原林草植被恢复标准化示范县”项目已列入第二批全国林业标准化项目计划。9 月，国家林业局在河北省迁西县召开会议，省林业厅和吴旗县派员参加。根据国家林业局《关于组织第一批全国林业标准化示范县项目验收的通知》，12 月 18~19 日，省林业厅组织考核验收小组，分赴韩城市和榆林市榆阳区，对“韩城市大红袍花椒基地建设标准化示范县项目”和“榆林市榆阳区大扁杏基地建设标准示范县项目”进行考核验收，均已通过验收，并将验收结果报告国家林业局。

2003 年 12 月，省林业厅办公室转发《国家林业局办公室关于下达第三批全国林业标准化示范县项目的通知》。“户县平原绿化标准示范区”项目已列入第三批全国林业标准化示范县项目计划。

2004 年 8 月，省林业厅根据《国家林业局科技司关于对第一批全国林业标准化示范县(区、项目)进行复查的通知》，由原考核验收小组作为复查考核验收组成员，对“韩城市大红袍花椒基地建标准化示范县”和“榆林市榆阳区大扁杏基地建设标准化示范县”进行复查验收并通过。8 月 22~23 日，省林业厅组织专家评委会在吴旗县对全国第二批全国林业标准化示范县项目“吴旗县黄土高原林草植被恢复标准化示范县”进行考核并通过验收。9 月，省林业厅向国家林业局申报第四批全国林业标准化示范区项目为：陕西省略阳县杜仲丰产林标准化示范县。

2006 年 9 月，省林业厅向国家林业局申报 2006 年全国林业标准化示范区项目：陕西省横山县樟子松防护林标准化示范县，陕西省宁东林业局林木种苗繁育标准化示范苗圃。

2006 年 12 月，省林业厅对“陕西省户县平原绿化标准化示范区”项目进行考核验收，并将考核验收结果报国家林业局。

2007 年 7 月，省林业厅向国家林业局申报第六批全国林业标准化示范区计划项目：陕西省富县优质苹果标准化示范县，陕西省城固县柑桔产业标准化示范区。

2008 年 8 月，省林业厅向国家林业局申报陕西省佳县、山阳县、富平县和米脂县为“国家级林业科技示范县”。

第五章　林产品质量监督检验

第一节　质检机构

一、概况

随着改革开放的不断深入，经省编办批准，省林业厅于1994年在原省人造板产品质量监督检验站的基础上，投资筹建省林业工业产品质量监督检验站(以下简称质检站)。质检站为省林业厅直属事业单位，不定级别，编制6人，独立事业法人。1995年，首次通过陕西省质量技术监督局组织的计量认证和审查认可，其后通过多次扩项及例行评审由建站之初2大类14种产品增加到2010年9大类108种产品。

2008年，经国家林业局授权成立国家林业局林产品质量检验检测中心(西安)。2010年，有职工6人。其中：高级工程师1人、工程师2人，助理工程师2人，木工1人。

二、职能

承担林产品质量监督检验工作。检验范围为授权和计量认证的产品，主要有：

(一)原木与锯材

陕西省技术监督局授权质检站检验的原木有小径原木、造纸用原木、直接用原木坑木、锯切用原木、刨切单板用原木、旋切单板用原木、特级原木、杉原条、车立柱、小原条、直接用原木电杆、檩材、椽材、加工用原木枕木、短原木、木杆、阔叶树原条、次加工原木。检验项目有尺寸检量、材质评定、材积计算、产品标志、原木标志与号印、等级评定等项目。

授权检验的锯材有枕木、针叶树锯材、阔叶树锯材、管道木、橡胶木锯材、机台木、船舶锯材、毛边锯材、乐器用材钢琴锯材。检验的项目有尺寸公差、材积计算、缺陷限度、尺寸检验及材质评定等项目。质监站自授权以来原木与锯材的检验量甚少，1996年之前没有开展这方面的检验，1997年承担原木、锯材全国统一检查，抽查宁东、宁西、太白、龙草坪、汉西等国有林业局。

(二)木质工业林产品

陕西省技术监督局授权质检站检验开展的木质工业林产品的检验范围：各种进口、国产木材树种鉴定、红木及深色名贵木家具树种鉴定；各类人造板包括混凝土模板用胶合板、混凝土模板用竹材胶合板、胶合板、细木工板、装饰单板贴面人造板、中密度纤维板、刨花板、浸渍胶膜纸饰面人造板、硬质纤维板、竹编胶合板、纺织用木质层压板、刨切车厢胶合板、地板基材用纤维板、聚氯乙烯薄膜饰面人造板、热固性树脂浸渍高压装饰层积材、不饱和聚酯树脂装饰人造板、乒乓球拍用胶合板、航空用桦木胶合板、混凝土模板用浸渍胶膜纸贴面胶合板、室内用模压刨花制品等各类人造板材；各类木(竹)地板包括实木地板、实木复合地板、实木集成地板、强化木地板、竹地板、软木地板、地采暖用木质地板、体育馆用木质地板等各类木(竹)地板；木质门包括实木门、实木复合门、夹板模压空心门、建筑木门、木窗等各类木质门；木家具包括木质楼梯；甲醛释放量或含量的测定包括人造板及其制品甲醛释放限量、木家具中甲醛释放量、室内空气甲醛含量；软木产品包括软木地板、软木纸、软木砖、栓皮；原木、锯材、木线、木龙骨、旋切单板等；木材用胶粘剂；其他林业产品。

（三）提供社会服务

面向社会开展仲裁检验、委托检验、监督抽查、定期检验、市场抽查、生产许可证检验、验货服务及装饰工程材料验收等各类检验业务；为各类林业工业产（商）品的质量、计量提供检验保证，出具具有证明作用的检验结果。

第二节　质检站建设

建站之初检测项目少，仪器设备主要有：液压式木材万能试验机、电热鼓风干燥箱、穿孔萃取仪、恒温水浴锅、电子天平、电光分析天平等仪器。这些仪器可满足林产品基本项目的检验。随着林业工业的快速发展，新的产品标准相继出台，配置更新精密仪器设备，提高检验检测仪器设备的精度和量程，满足新形势下林产品质量安全监管的需要，陆续增添了新的设备仪器，主要是：滚动磨损试验机、恒温恒湿厢、显微镜、落球冲击试验机、人造板划痕仪、双工位滚动磨损试验机、微机恒温恒湿箱、邵氏橡胶硬度计、压缩回弹测试仪、电热鼓风干燥箱、电热真空干燥箱、系统显微镜、微机控制人造板万能试验机（2 台）、可程式恒温试验箱、地板导热规律分析仪、手动螺旋试验机、数字酸度计、电导率仪等。

第三节　质检工作

1994~2010 年，检验的产品主要有刨花板、细木工板、装饰单板贴面人造板、胶合板、混凝土模板用胶合板、混凝土模板用竹材胶合板、浸渍胶膜纸饰面人造板、浸渍纸层压木质地板、实木地板、实木复合地板、竹地板、室内木质门及木材的树种鉴定等，产品种类繁多、涉及面广，监督抽查覆盖全省范围内的经销代理商、零售商和生产企业等，通过对市场的监管，产品的合格率逐年提升。1994~2010 年质检情况详见表 10-5-1。

1994~2010 年陕西省林产品质检情况表

表 10-5-1　　单位：份、批次、%

年份	检验报告	委托检验	合格数	合格率	检验的产品类型及数量
		监督抽查	不合格数		
1994	108	8	50	46	人造板 108 批次：其中刨花板 32 批次，中密度纤维板 17 批次，装饰单板贴面人造板 30 批次，胶合板 29 批次
		100	58		

续表

年份	检验报告	委托检验	合格数	合格率	检验的产品类型及数量
		监督抽查	不合格数		
1995	120	14	58	48	人造板120批次：其中刨花板38批次，中密度纤维板25批次，装饰单板贴面人造板28批次，胶合板29批次
		106	62		
1996	125	13	62	50	人造板125批次：其中刨花板39批次，中密度纤维板27批次，装饰单板贴面人造板26批次，胶合板33批次
		112	63		
1997	128	18	68	53	人造板128批次：其中刨花板35批次，中密度纤维板31批次，装饰单板贴面人造板28批次，胶合板34批次
		110	60		
1998	130	30	68	52	人造板130批次：其中刨花板37批次，中密度纤维板31批次，装饰单板贴面人造板28批次；胶合板34批次
		100	62		
1999	135	45	75	56	人造板135批次：其中刨花板40批次，中密度纤维板31批次，装饰单板贴面人造板30批次，胶合板34批次
		90	60		
2000	200	90	130	65	人造板200批次：其中刨花板36批次，中密度纤维板39批次，装饰单板贴面人造板38批次，胶合板38批次，细木工板40批次，混凝土模板用胶合板5批次，混凝土模板用竹材胶合板4批次
		110	70		
2001	340	230	260	76	人造板250批次：其中刨花板49批次，中密度纤维板47批次，装饰单板贴面人造板46批次，胶合板47批次，细木工板48批次，混凝土模板用胶合板6批次，混凝土模板用竹材胶合板7批次。地板90批次：其中浸渍纸层压木质地板50批次，实木复合地板40批次
		110	80		
2002	400	310	320	80	人造板290批次：其中刨花板56批次，中密度纤维板55批次，装饰单板贴面人造板58批次，胶合板51批次，细木工板57批次，混凝土模板用胶合板，8批次，混凝土模板用竹材胶合板5批次。地板110批次：其中浸渍纸层压木质地板50批次，实木复合地板40批次，实木地板20批次
		90	80		
2003	450	350	390	87	人造板310批次：其中刨花板58批次，中密度纤维板60批次，装饰单板贴面人造板64批次，胶合板58批次，细木工板62批次，混凝土模板用胶合板，4批次，混凝土模板用竹材胶合板4批次。地板140批次：其中浸渍纸层压木质地板70批次，实木复合地板36批次，实木地板34批次
		100	60		

续表

<table>
<tr><th rowspan="2">年份</th><th rowspan="2">检验报告</th><th>委托检验</th><th>合格数</th><th rowspan="2">合格率</th><th rowspan="2">检验的产品类型及数量</th></tr>
<tr><th>监督抽查</th><th>不合格数</th></tr>
<tr><td rowspan="2">2004</td><td rowspan="2">460</td><td>360</td><td>400</td><td rowspan="2">89</td><td rowspan="2">人造板315批次：其中刨花板58批次，中密度纤维板60批次，装饰单板贴面人造板64批次，胶合板61批次，细木工板62批次，混凝土模板用胶合板5批次，混凝土模板用竹材胶合板，5批次。地板140批次：其中浸渍纸层压木质地板70批次，实木复合地板38批次，实木地板32批次。木材树种鉴定：5批次</td></tr>
<tr><td>100</td><td>60</td></tr>
<tr><td rowspan="2">2005</td><td rowspan="2">580</td><td>335</td><td>460</td><td rowspan="2">79</td><td rowspan="2">人造板375批次：其中刨花板70批次，中密度纤维板73批次，装饰单板贴面人造板75批次，胶合板71批次，细木工板72批次，混凝土模板用胶合板，8批次，混凝土模板用竹材胶合板6批次。地板200批次：其中浸渍纸层压木质地板120批次，实木复合地板42批次，实木地板38批次。木材树种鉴定：5批次</td></tr>
<tr><td>245</td><td>120</td></tr>
<tr><td rowspan="3">2006</td><td rowspan="3">670</td><td>430</td><td>520</td><td rowspan="3">82</td><td rowspan="3">人造板400批次：其中刨花板71批次，中密度纤维板79批次，装饰单板贴面人造板72批次，胶合板78批次，细木工板75批次，混凝土模板用胶合板15批次，混凝土模板用竹材胶合板，10批次；地板266批次：其中浸渍纸层压木质地板170批次，实木复合地板60批次，实木地板26批次，竹地板10批次；木材树种鉴定：4批次
公益免费检测，地板中甲醛释放量检测40批次</td></tr>
<tr><td>200</td><td>110</td></tr>
<tr><td>公益免费检测</td><td>40</td></tr>
<tr><td rowspan="4">2007</td><td rowspan="4">695</td><td>440</td><td>540</td><td rowspan="4">83</td><td rowspan="4">人造板405批次：其中刨花板76批次，中密度纤维板79批次，装饰单板贴面人造板72批次，胶合板78批次，细木工板80批次，混凝土模板用胶合板，11批次，混凝土模板用竹材胶合板9批次；地板279批次：其中浸渍纸层压木质地板176批次，实木复合地板66批次，实木地板28批次，竹地板9批次；木质门5批次；木材树种鉴定：6批次
公益免费检测，地板中甲醛释放量检测45批次</td></tr>
<tr><td>检测</td><td></td></tr>
<tr><td>210</td><td>110</td></tr>
<tr><td>公益免费检测</td><td>45</td></tr>
<tr><td rowspan="3">2008</td><td rowspan="3">780</td><td>500</td><td>620</td><td rowspan="3">85</td><td rowspan="3">人造板495批次：其中刨花板94批次，中密度纤维板97批次，装饰单板贴面人造板93批次，胶合板96批次，细木工板95批次，混凝土模板用胶合板，10批次，混凝土模板用竹材胶合板10批次；地板272批次：其中浸渍纸层压木质地板156批次，实木复合地板75批次，实木地板32批次，竹地板9批次；木质门6批次；木材树种鉴定：7批次
公益免费检测，地板中甲醛释放量检测50批次</td></tr>
<tr><td>230</td><td>110</td></tr>
<tr><td>公益免费检测</td><td>50</td></tr>
</table>

续表

<table>
<tr><th rowspan="2">年份</th><th rowspan="2">检验报告（份）</th><th>委托检验</th><th>合格数</th><th rowspan="2">合格率（%）</th><th rowspan="2">检验的产品类型及数量</th></tr>
<tr><th>监督抽查（批次）</th><th>不合格数（批次）</th></tr>
<tr><td rowspan="3">2009</td><td rowspan="3">705</td><td>456</td><td>586</td><td rowspan="3">83</td><td rowspan="3">人造板435批次：其中刨花板84批次，中密度纤维板87批次，装饰单板贴面人造板82批次，胶合板82批次，细木工板85批次，混凝土模板用胶合板，8批次，混凝土模板用竹材胶合板7批次；地板260批次：其中浸渍纸层压木质地板143批次，实木复合地板81批次，实木地板28批次，竹地板8批次；木质门5批次；木材树种鉴定：5批次
公益免费检测，地板中甲醛释放量检测50批次</td></tr>
<tr><td>249</td><td>119</td></tr>
<tr><td>公益免费检测</td><td>50</td></tr>
<tr><td rowspan="3">2010</td><td rowspan="3">805</td><td>520</td><td>675</td><td rowspan="3">84</td><td rowspan="3">人造板485批次：其中刨花板94批次，中密度纤维板92批次，装饰单板贴面人造板95批次，胶合板93批次，细木工板94批次，混凝土模板用胶合板，9批次，混凝土模板用竹材胶合板8批次；地板307批次：其中浸渍纸层压木质地板165批次，实木复合地板85批次，实木地板54批次，竹地板3批次；木质门7批次；木材树种鉴定：6批次
公益免费检测，地板中甲醛释放量检测60批次</td></tr>
<tr><td>285</td><td>130</td></tr>
<tr><td>公益免费</td><td>60</td></tr>
</table>

第六章　林业科技信息交流

第一节　科技信息交流

1996年，为配合“科技之春宣传月”活动，省林业厅组织撰写陕西全面实施科教兴林‘4151’工程”等宣传文章9篇，并在《陕西农民报》《陕西科技报》《中国林业报》和陕西科技教育广播电台刊登或播出；编印《林业科技推广》内部期刊4期3600多册，刊载各类技术、信息、经验资讯100余篇(条)，发行到乡(镇)林业站；对1991~1995年，即“八五”期间的21项重大林业科技推广成果进行整理汇编，印发1500多册推广到基层单位。“八五”林业科技成果推广成效显著，“ABT生根粉”在林业生产实践中得到广泛应用，培训林农和技术人员720人次，促进了林业科技“上山下乡入户”。

1997年，编发《林业科技推广成果汇编》1500册；编印《林业科技推广》内部期刊5000册发放到市、县、乡三级林业技术推广中心(站)。结合科技之春宣传月活动，印发技术资料300多份，技术咨询150人。

1999年，在第六届杨凌农博会和“3·18”科技之春宣传日活动中，开展送科技下乡活动，发放技术资料5000份，咨询林农2500人次，制作图文并茂的宣传牌6块，出售科普图书14种500多册。编印《林业科技推广》内部刊物4期3000册(份)，选编适用技术文章40多篇，各类技术信息80多条在《陕西农业》等刊物上发表，传递科技知识。组织编写《陕西十大林业重点推广技术》资料。

2000年，全年编印《林业科技推广》内部期刊4期4000册，内容包括育苗、经济林良种及丰产栽培、抗旱造林、植物生长促进剂、森林保护等实用技术和先进成果60多项，指导基层生产。协助北京科教电影制片厂，编写科教片《退耕还果》剧本，并对兴平、扶风、杨凌、城固等县的春季育苗工作进行了现地调研和技术指导，为全省提供种苗信息500多条。前往延安、扶风、眉县、大荔、汉中、安康、商洛等地开展送科技下乡活动，共制作技术展板6块，发放技术资料2.3万多册(份)。

2005年，配合国家林业局专家组赴杨凌、榆林、延安等地开展科技宣传和科技下乡活动，培训群众680余人，并现场解答群众生产中遇到的热点、难点问题，被“绿色时报”“陕西日报”、榆林电视台等媒体进行了长篇报道，反响很好。参加第12届杨凌农博会，通过技术成果展版、散发资料、技术咨询等形式，积极推广和宣传林业先进适用技术，组编展版6块，散发资料2000余份，接受群众咨询300多人次。编发《林业科技推广》专刊4期2000余份，为基层林业单位介绍了抗旱造林、育苗和红枣、大粒樱桃等经济林树种的丰产栽培技术。积极配合省绿化办，主动提供资料和照片，在南京举行的首届绿化博览会上，展示了省林业科技推广成果，被省绿化委员会授予“先进组织单位”称号。

2006年，组织科技人员赴咸阳开展了科技下乡宣传活动，向群众现场讲授了抗旱造林技术、苗木繁育技术，核桃、花椒丰产栽培技术等，并现场解答群众生产中遇到的难点、疑点问题，取得了较好的效果。结合春季造林，组织科技人员赴宝塔、宜君、陇县、淳化等县区进行技术指导、技术咨询活动。编发《林业科技推广》专刊4期2400册，重点向基层林业单位介绍了林业科技新知识、新技术，如花椒、板栗、核桃的栽培技术等。组织广大基层林业科技人员参加省林学会举办的“落实科学发展观，建设绿色家园”主题学术调研、研讨活动。

2007年，结合3月份在商洛举办的全省“科技之春”宣传月农村科普综合示范活动，制作核桃、板栗等林业干杂果经济林科技展板5块，宣传林业新成果、新技术10余项，现场解答群众提出的生产问题，发放核桃等丰产栽培适用技术资料800余册；派出科技下乡小分队3批16人次，前往商州、南郑、洋县、韩城等9市(县)田间地头，向260名群众培训了核桃、花椒等优质丰产栽培技术。编发《林业科技推广》技术资料4期5000余份，重点向基层林业单位介绍了油橄榄、大粒樱桃等国外引进的林木新品种、新技术；组织技术人员撰写了黄连木、文冠果、窄冠刺槐和大粒樱桃等优质丰产栽培技术宣传材料，发放相关技术资料8000余份，进一步普及了科技知识，推广了适用技术，提高了广大林农从事林业生产的技术水平。

2008年，组织西北农林科技大学及省内专家编辑出版《经济林优质丰产栽培新技术》一书，全面介绍花椒、红枣、柿子、核桃、板栗、扁桃、葡萄、桃、杏、李、樱桃、枇杷等最新推广的良种及丰产栽培技术。向基层林业站印发《林业科技推广》宣传平原植树“五步法”及核桃、板栗、油茶、仁用杏等育苗、造林、嫁接、冻害预防等林业实用技术23项。

2009年，参加全国妇联“送温暖、三下乡”陕西行，组织实施了第十六届“科技之春”宣传月等活动，分别于2月和6月在省林业厅门户网站刊登了省林业技术推广站关于下达2009年度“3152”林业科技推广活动计划任务的通知及《油茶栽培技术》文稿。

2010年3月25日，组织技术人员参加第十八届“科技之春”宣传月科普示范活动，通过发放资料，宣传讲解的方式向群众推广普及林业知识。一是制作核桃、花椒、红枣、柿子等科技展板5块，图文并茂的介绍省林业干杂果经济林的新技术、新成果。二是发放《核桃优质丰产栽培技术》《陕西省核桃生产管理作业年历》《经济林优质丰产栽培技术》等技术资料200余份，用于指导群众生产。三是现场解答群众提出的生产问题，帮助他们解决实际困难。围绕核桃产业发展和基层林业技术服务体系建设，为《陕西林业》推荐《核桃人工辅助授粉增产技术》《干核桃春季播种育苗技术》《浅议略阳县核桃产业发展思路》《汉中市乡镇林业站队伍状况的调查报告》等论文5篇，并在陕西林业信息网重点组织《核桃优质丰产栽培新技术》《花椒优质丰产栽培新技术》《红枣优质丰产栽培新技术》《GGR6号绿色植物生长调节剂应用技术》等技术稿件6篇。

第二节　编著科普书籍

1991年，《核桃低产林改造技术》出版，作者：蒲淑芬，原双进，高卫民，陕西科学技术出版社。

1994年，《柿树丰产栽培柿果脱涩保鲜技术》《龙须草栽培与加工》出版，作者：蒲淑芬等，陕西科学技术出版社。

1995年，《主要木本药材丰产栽培》出版，作者：蒲淑芬等，陕西科学技术出版社。

1999年，《林业推广学》出版，作者：张硕新，陕西科学技术出版社。

2004年，《花椒丰产栽培技术》出版，作者：蒲淑芬，原双进，马建兴，中国农业出版社。

2005年，《核桃栽培新技术》出版，作者：原双进，刘朝斌，西北农林科技大学出版社。

2007年，《良种核桃嫁接苗繁育技术》出版，作者：雷开寿等，西北农林科技大学出版社。

2008年，《经济林优质丰产栽培新技术》出版，作者：原双进、晏正明，西北农林科技大学出版社。

第七章　林业外事活动

第一节　交流与合作

1992年，省资源局副局长李俊杰、陈东升随省政府团组赴独联体进行森工经贸洽谈。

1993年10月14日，榆林靖边县劳模牛玉琴应邀随林业部团组，赴泰国参加世界粮食日颁奖活动。

1994年，陕西林业工程事务所周敬贫等5人，赴俄罗斯林业企业工作1年。8月23日，省林业厅副厅长何发理、洋县副县长李玉德、洋县朱鹮站饲养员刘义3人随林业部团组赴日执行出借朱鹮任务。

1995年3月6日，省林业厅产业处副处长王卫国等4人随国家科委团组，赴德参加德国95汉诺威森工及机械展览会。3月，楼观台野生动物饲养场副场长杨德夏和干部刘文旺随林业部团组，赴德国执行中德大熊猫合作协议。4月10日，省林业厅副厅长陈东升、省林业厅政治处处长阎树贵随林业部团组，赴德国参加大熊猫交接仪式。8月30日，省林业厅助理巡视员曹澄宇随中国技术进出口总公司团组，赴日进行德援造林项目协调工作。10月，省治沙所研究员屈秋耘等3人随省科协团组，赴日参加第三届国际沙漠学术会议并宣读论文。

1996年，动管站站长曹永汉随中国野生动物保护协会团组，赴美国参加国际狩猎大会。2月28日，省林业厅产业处副处长王卫国、太白局局长雷敬悟随省政府团组，赴香港参加1996年陕西省香港投资贸易洽谈会。6月17日，省林业厅产业处处长张乃堂等9人随国家科委团组，赴美国参加1996亚特兰大国际森林工业及森林机械展。8月14日，榆林靖边县治沙女杰牛玉琴应邀随林业部团组，赴美国参加防治荒漠化公约谈判。11月13日，榆林定边县治沙英雄石光银应邀随林业部团组，赴印度参加防治荒漠化公约非政府组织研讨会。

1997年，省林业厅副厅长陈东升随林业部团组，赴美国参加国际狩猎大会。3月3日，省楼观台林场场长赵斌建随林业部团组，赴德国执行中德大熊猫合作协议。7月8日，省林业厅计财处郭道忠随中国贸促会团组，赴法国执行经贸代表团任务。10月6日，省林业厅厅长钟高适等4人随省政府团组，赴日本参加朱鹮保护技术交流活动。

1998年9月4日，省珍稀动物抢救中心兽医马清义随国家林业局团组，赴美国开展合作研究。9月24日，省林业厅厅长钟高适、省野生动物保护管理站站长曹永汉随省政府团组，赴日本进行朱鹮合作交流。12月，应荷兰范林德公司邀请，以副厅长陈东升为团长的陕西省野生动物经营利用考察团对荷兰、德国的野生动物资源及利用情况进行了考察。

1999年，省动管站工程师傅文凯、洋县朱鹮站工程师席咏梅随省政府团组，赴日本执行赠送朱鹮任务。2 月 1 日，楼观台林场场长赵斌建随国家林业局团组，赴美国举办野生动物展览。7 月 27 日，省动管站工程师冯宁随国家旅游局团组，赴德国进行大熊猫繁殖合作研究。9 月 13 日，省林业厅厅长钟高适、动管站站长曹永汉随省政府团组，赴日本签署朱鹮保护备忘录。10 月 20 日，省林编室高工郑天欣随省文化厅团组，赴日本进行书画交流。11 月 29 日，省野生动物保护管理站工程师傅文凯随省政府团组，赴美国参加学术会议。

2000 年 3 月 6 日，省林业厅科教处副处长杜增宝随中国出口商品建设总公司团组，赴德国参加展览会并进行交流。3 月，佛坪保护区工程师汪铁军随国家林业局团组，赴荷兰进行大熊猫合作研究。4 月 17 日，省林业厅纪检组长杨蔚中、动管站高工袁伟随国家林业局团组，赴德国讨论大熊猫合作研究方案。7 月，省林业厅副厅长陈东升、动管站副站长卢西荣、长青保护区管理局局长麻奎太随省政府团组，赴意大利草签建立友好公园协议。9 月，佛坪保护区雍严格随省政府团组，赴美国参加大熊猫国际研讨会。9 月，省林业站站长王云芳、省林业厅科教处助调钱光宇随省科协团组，赴欧洲 8 国参加展览会。9 月 28 日，省林业厅副厅长陈东升等 3 人随国家林业局团组，赴日本出席赠送朱鹮仪式。11 月 10 日，省林业厅科教处主任科员李璞、省林业厅宣传中心工程师于军胜随省政府团组，赴日本进行绿化交流访问。12 月 15 日，以省人大副主任任国义为团长的陕西省植树绿化交流访日代表团一行 11 人，赴日本鹿儿岛等地进行友好访问。

2001 年 10 月 4 日，省林业厅保护处处长王万云、楼观台林场副场长杨德夏、工程师高更更随国家林业局团组，赴德国商谈大熊猫合作协议。10 月 15 日，动管站站长曹永汉随省林业厅团组，赴日本参加学术研讨会。11 月 13 日，省治沙研究所所长封斌、副所长麻保林随中科院团组，赴日本参加学术研讨会。

2002 年 3 月，省朱鹮站巡护员赵志厚随国家林业局团组，赴日本执行接送朱鹮幼鸟任务。4 月 1 日，省林业厅副厅长何发理随国家林业局团组，赴日本参加林业学术交流会。4 月 23 日，省珍稀动物抢救中心工程师贾康胜随国家林业局团组，赴日本参加大熊猫合作研究。8 月 21 日，省林业站站长王云芳随国家林业局团组，赴南非参加国际会议。9 月 12 日，省林学会副研究员谢斌随中国科协团组，赴俄罗斯进行交流访问。10 月 13 日，榆林市定边县治沙英雄石光银随国家林业局团组，赴泰国参加国际会议并领奖。10 月 27 日，省林业厅德援项目办总工温臻等 15 人随国家林业局团组，赴德国进行项目考察。10 月 28 日，动管站高工金学林随国家林业局团组，赴德国进行大熊猫合作研究交流。

2003 年，省林业厅保护处调研员徐振武、宁陕县林业局局长张守诚随国家林业局团组，赴美国参加国际狩猎大会。10 月，宁东局局长颜学录、西北林业机械厂厂长程建中随省外开办团组，赴欧洲进行经贸招商活动。

2003 年 3 月，动管站副站长雷颖虎随国家林业局团组，赴日本进行大熊猫合作研究。4 月 12 日，省林业厅保护处处长王万云随国家林业局团组，赴日本商谈朱鹮合作项目。7 月，森防站站副站长李有忠随国家林业局团组，赴美国进行中美林业合作项目考察。

2004 年 2 月 7 日，动管站工程师钟凌随国家林业局团组，赴美国执行接大熊猫回国任务。9 月 22 日，省林业厅组织省野生动物保护协会副秘书长常秀云、楼观台林场张军风 2 人，赴日本进行朱鹮保护交流。11 月 3 日，省治沙研究所副所长党兵随省水保所团组，赴日本参加学术年会。

2005 年 1 月 24 日，动管站总工袁伟随国家林业局团组，赴日本进行朱鹮保护交流活动。10 月 10 日，省林业厅厅长张社年随省贸促会团组，赴英国、西班牙进行经贸交流活动。10 月 27 日，省林业厅派遣省野生动物保护协会副秘书长常秀云，赴日本进行朱鹮保护交流活动。11 月，省林业国际合作项目中心总工温臻等 2 人随中国五矿集团公司团组，赴日本考察订货。

2006 年 1 月 15 日，省林业厅保护处处长王万云赴美国参加国际狩猎大会。11 月 4 日，省林业厅资源处副处长翟佳随国家林业局团组，赴法国参加国际会议。动管站站长卢西荣等 3 人随国家林业局团组，赴泰国参加国际会议。

2007 年 4 月 20 日，省林业厅副厅长孙承骞随国家林业局团组，赴日本进行 CITES 履约考察。6 月 5 日，省林业广播学校校长杜增宝随科技部团组，赴日本进行林业生态培训中心项目研修。11 月 22 日，朱鹮站站长丁海华随国家林业局团组，赴日本接送朱鹮。省动管站正高工张哲邻等 3 人随国家林业局团组，赴日本参加朱鹮放归国际研讨会。

2009 年 6 月 30 日，省林业厅厅长张社年、宁西局局长李团练随省外办团组，赴俄罗斯、捷克、罗马尼亚参加陕西经贸与投资合作洽谈。8 月 23 日，朱鹮自然保护区丁海华随国家林业局团组，赴日本进行中日朱鹮保护合作磋商。11 月 25 日，省野生动植物保护与自然保护区管理处副处长来国瑞、朱鹮保护区饲养员阎建设随国家林业局团组，赴日本接送朱鹮。12 月 8 日，省林业厅副厅长唐周怀随省政协团组，赴日本进行朱鹮保护交流活动。

2010 年 11 月 22 日，省林业厅副巡视员殷龙随省外办团组，赴韩国参加 2010 中韩绿色伙伴关系活动。

第二节　科技考察

1990 年 8 月 22 日，省林业厅副厅长梁玉昆、造林处处长胡东超、省种苗站站长何发理随省政府团组赴美国进行核桃技术考察。

1991 年 7 月 16 日，西北规划院书记李万杰、省林场站站长钱国禧、西北林学院副教授杨茂生随省政府团组赴美国进行景观林建设研究考察。9 月 25 日，省三北队队长杨靖北随天津市农林局和省政府团组赴美国进行果木考察。

1992 年，省动管站高工李焕芳随省科协团组赴日本进行自然保护区建设与管理考察。省种苗站副站长袁国成随省政府团组赴日本进行林木种苗考察。11 月 1 日，省林业厅法规处副处长谢君朝随省政协团组，赴法国进行环保考察。

1993 年 3 月 12 日，省绿化办副主任蒲立德随中国花卉协会团组赴新加坡、马来西亚、泰国和香港考察绿化。

1994 年 1 月 19 日，省林业厅造林处副处长陈辉随林业部团组，赴泰国进行流域治理考察。

1995 年 7 月 10 日，省资源局书记王子全等 4 人随省政府团组，赴日进行技术考察。5 月 8 日，省林业厅副厅长赵秉正等 7 人随省政府团组，赴美国进行林业考察与科技交流。

1997 年 6 月 30 日，省治沙研究所高工漆建忠随林业部团组，赴吉尔吉斯考察飞播造林技术。8 月 22 日，省治沙研究所高工屈秋耘随省政府团组，赴以色列考察荒漠治理与开发。8 月 25 日，太白山保护区管理局局长陈丕荣、佛坪保护区管理局副局长王学杰随林业局团组，赴印度进行国家公园和自然保护区管理考察。8 月 29 日，省森防站站长王培新随中国科协团组，赴美国进行森林保健技术考察。

2000 年 2 月 2 日，省林场站副站长任新理、太白山森林公园管理处副主任孙长海随国家林业局团组，赴新西兰、澳大利亚进行森林公园管理考察。3 月 3 日，动管站高工李焕芳随国家林业局团组，赴澳大利亚进行项目管理考察。8 月 1 日，省林业厅科教处主任科员王文随国家林业局团组，赴美国进行林业教育考察。

2001 年 9 月 9 日，牛背梁保护区管理局局长张长录随国家林业局团组，赴南非进行自然保护和管理考察。11 月 4 日，以省林业厅厅长权志长为团长的 6 人代表团赴美国进行生态环境保护建设考察。12 月 4~18 日，以副厅长郝福财为团长的陕西中德合作造林项目考察团一行 14 人，赴德国进行了管理考察与学习。

2002 年 9 月 1 日，省森防站高工王延伟随国家林业局团组，赴德国进行森林病虫害防治考察。9 月 3 日，以省林业厅科教处处长阎宏为团长的 15 人代表团，赴美国进行林业生态环境保护与建设考察。11 月 1 日，省林广校副校长唐周斌随国家农业部团组，赴德国进行远程教育考察。

2003 年 2 月 13 日，省林业厅办公室助调南整风随省信访局团组，赴法国进行社区管理和处理投诉考察。3 月，楼观台林场场长赵斌建随省旅游局团组，赴日本进行温泉旅游项目考察。10 月 31 日，省林业厅高工武建超随省外开办团组，赴澳大利亚进行人力资源开发与管理考察。

2004 年 7 月 13 日，省林业厅计财处助调呼向萍随国家林业局团组，赴澳大利亚、新西兰进行林木种苗执法考察。8 月 14 日，省林业厅组织以省政府办公厅副秘书长刘孝文为团长的 5 人代表团，赴英国、瑞典进行森林资源管理与经营考察。11 月 8 日，省林业厅副厅长郝福财等 15 人随省政府团组，赴南非、埃及进行油橄榄考察。11 月 15 日，省林业厅总工王建阳等 10 人随国家林业局团组，赴加拿大进行种苗行政执法和质量检验考察。

2005 年 1 月 1 日，省防护林建设工作站站长吕复杨随国家林业局团组，赴美国考察抗旱造林技术。1 月，周至保护区管理局局长何鹏举、太白山保护区管理局副局长王志诚随国家林业局团组，赴泰国进行大熊猫考察。8 月 7 日，省林业厅组织以厅长权志长为团长的 8 人代表团，赴南非、埃及进行野生动物考察。11 月 6 日，省林业厅组织以副厅长郝福财为团长的 17 人，赴巴西、智利进行天然林保护及人工林建设考察。

2006 年 5 月 9 日，省森防站总站副站长张跃宁随国家林业局团组，赴德国进行森林病虫害监测考察。8 月 30 日，省动管站技术员郝文江等 3 人随国家林业局团组，赴泰国进行大熊猫保护考察。11 月 29 日，省林业厅组织省林业厅副厅长高永民为团长的 7 人代表团，赴巴西、阿根廷进行天然林保护及人工林建设考察。12 月 11 日，省林业厅副厅长朱巨龙、楼观台林场场长赵斌建随国家林业局团组，赴德国、法国进行森林公安执法技能考察。

2007 年 3 月 15 日，省防护林建设工作站站长吕复扬随国家林业局团组，赴澳大利亚、新西兰进行抗旱造林考察。4 月 9 日，省森防站高工李莉随国家林业局团组，赴德国进行林业有害生物监测和森林经营考察。6 月 6 日，省林业厅组织以厅长张社年为团长的 6 人代表团，赴加拿大、韩国进行植物园建设考察。7 月 20 日，省林业厅派遣副厅长郝福财赴英国、瑞典，进行社区林业建设及林业可持续经营考察。8 月 8 日，省林业厅造林处处长马安平等 5 人随国家林业局团组，赴美国进行森林健康考察。8 月 10 日，省林业厅科教处处长郝怀晓随国家林业局团组，赴澳大利亚、新西兰进行 GEF 项目防治土地退化技术考察。9 月 20 日，省林业广播学校副校长唐周斌随国家林业局团组，赴澳大利亚、新西兰进行林业教育培训考察。9 月 21 日，省森林公安局局长马利民随国家林业局团组，赴瑞典、挪威进行森林资源执法保护考察。9 月 24 日，省林业厅总工王建阳等 7 人随国家林业局团组，赴莱索托进行中莱友谊林建设考察。10 月 21 日，省林业广播学校副校长王中会随国家林业局团组，赴日本进行森林组合制度考察。11 月 29 日，省林业厅计资处处长刘增祥等 6 人，赴巴西、阿根廷进行天然林保护及人工林建设考察。

2009 年 1 月 12 日，省动管站科长王伟峰等 3 人随国家林业局团组，赴泰国进行自然保护区管理考察。10 月 6 日，省林业厅科教外事处调研员李璞随国家林业局团组，赴美国、加拿大进行土地退化防治技术和政策考察。11 月 29 日，省林业厅科教外事处处长刘增祥随国家林业局团组，赴美国、加拿大进行生态恢复与保护考察。

2010 年 11 月 10 日，省动管站站长周灵国等 6 人，赴坦桑尼亚、肯尼亚进行野生动物保护及地方经济可持续发展管理技术考察。

第三节　出国培训

1995 年 11 月 26 日，省防护林建设工作站工程师辛占良随林业部治沙办和引智办组团的“中国防治荒漠化工程建设中高级人员赴以色列培训团”赴以色列进行培训，为期 1 个月。

1997 年 10 月 13 日，省林业厅、省人事厅组织由省林场站站长樊伯庸为团长的一行 16 人，赴丹麦森林与环境保护培训团学习培训。

1999 年 8 月 2 日，应加中经济文化中心邀请，陕西省林业厅森林经营与管理培训团一行 17 人在加拿大进行培训。

2001 年 8 月 2 日，由省林业厅、人事厅共同组织的林业培训团一行 21 人在人事厅副厅长杨宝珊、林业厅副厅长陈玉忠的带领下，在瑞典培训。

2005 年 1 月 15 日，省国有林场管理站副站长苟自军、治沙研究所副所长李杰随国家林业局团组，赴以色列进行流沙固定和节水技术培训。4 月 19 日，省动管站站长雷颖虎、西安市林业局局长袁志平随国家林业局团组，赴中国香港进行湿地管理培训。4月25日，省林业厅造林处处长范民康随省委组织部团组，赴澳大利亚进行培训。5月18日，动管站科长冯宁、合阳县林业局局长乔建国随国家林业局团组，赴中国香港进行湿地管理培训。9月4日，省林业厅科教处处长郝怀晓随省委组织部团组，赴德国进行中青年干部培训。9月10日，省国有林场管理站副站长孟海民、岚皋县林业总场场长祝理随国家外专局团组，赴澳大利亚进行旅游资源开发管理培训。9月18日，省动管站科长侯凌宇等4人随国家林业局团组，赴奥地利进行自然保护管理培训。9月20日，省林业厅组织省资源局产业处处长龚立群、退耕还林工程管理中心干部刘广振，赴日本进行林业技术研修。10月，省森林公安局科长王毅随国家林业局团组，赴德国进行森林公安执法技能培训。11月，省林业厅资源处处长崔汛随省委组织部团组，赴美国参加中青年领导干部第3期研修班。11月16日，省外专局、林业厅组织以省林业工作站站长王云芳为团长的21人，赴澳大利亚进行森林保护技术培训。11月17日，省林业厅干部石玉林、党学军随省外专局团组，赴中国香港、澳门进行引智干部培训。11月19日，省林业厅副厅长孙承骞随国家林业局团组，赴澳大利亚进行天然林可持续经营培训。11月26日，省外专局、省林业厅组织以省林业厅副厅长陈玉忠为团长的19人，赴意大利进行油橄榄栽培技术培训。

2006年5月8日，省林业厅办公室主任科员田瑞随国家林业局团组，赴美国进行政务信息培训。6月20日，省动管站朱增太随国家林业局团组，赴中国香港进行湿地管理培训。9月7日，省林业厅派遣省林业技术推广站高工刘毅，赴德国参加夏季国际培训班。10月11日，省林业技术推广站晏正明等3人随国家外专局团组，赴俄罗斯进行樱桃砧木资源与品种培训。12月9日，省林业厅派遣省林业技术推广站总工鲜宏利、高工邱蓉赴匈牙利，进行948项目人粒樱桃项目培训。

2008年，省林业厅资源处处长崔讯随国家林业局团组，赴德国进行森林资源调查与监测培训。

2010年11月15日，省林业厅政策法规处处长高卫民随国家林业局团组，赴美国进行建设现代林业森林法培训。

第四节　外国专家来陕

1994年5月3~6日，国际树木学会副主席、牡丹专家、意大利友好人士奥斯蒂博士及其助手维斯特芮克在中国林业科学研究院洪涛教授等陪同下，考察了延安万花山牡丹。9月21~30日，日本花卉专家丸山芳弘来陕进行花卉技术交流，先后在楼观台森林公园、西安植物园讲学、考察。9月29日至10月5日美国学者 Zsoit Debyecz Y 等一行3人来陕西考察自然保护区，先后考察了太白山保护区和西安植物园。1994年10月16~29日，应省林业厅邀请，美国林务局太平洋西北林区人材开发处德瑞得博士一行13人来陕进行林业考察与交流，先后在宁西局、太白森林公园、西北林学院、省林研所、省林业学校和延安、黄陵、永寿等地考察，并进行学术交流。

1995年5月4日，日本国绿色遣唐使第七次植树访华团一行27人，在团长神村浩的带领下，到榆林市牛家梁乡大伙场村治沙造林点上植树，省人大副主任任国义、省林业厅厅长钟高适、榆林地区行署专员施润芝、副专员贾建文等一同参加了植树活动。6月9~16日，省林业厅邀请国际鸟类保护联盟鹳、朱鹮、琵鹭专家柯德迩和德国Vogel鸟类公园专家布朗姆赴洋县考察朱鹮保护和栖地管理。6月26日至7月7日，新西兰格罗梅芬兰总公司的市场分析专家马塞尔·沃伊基和林业顾问尼尔·伍兹先生就泡桐材开发利用援助项目来陕进行为期12天考察，并向省林业厅提交“渭南地区泡桐资原与森林工业分析”的咨询报告。9月21~25日，美国“榆属植物遗传材料交换考察组”来陕进行考察，到西北林学院、省林研所参观并进行座谈。9月4~6日《联合国防治荒漠化公约》执行秘书长迪亚罗大使及其助手卡尔波马顿先生，由林业部治沙办主任慈龙俊等2人陪同，从乌审旗进入榆林考察荒漠化治理情况。12月13~15日，省林业厅邀靖日本环境厅自然保护局官员野生生物课课长辅佐世冈达男来陕访问，协商落实《中日合作保护朱鹮协议记录》事宜。

1996年4月6日至6月8日和1996年8月10日至9月20日，法国SECA公司的B.布斯凯、P.罗杰斯先生在林业部及陕西省有关人员陪同下于分2个阶段在陕为制定GEF项目保护区管理计划提供咨询，并赴佛坪、周至、牛背梁保护区工作。4月26日至5月5日，日本绿色遣唐使第八次植树造林访华团一行32人来陕，赴榆林市开展植树造林活动，省人大副主任任国义、省林业厅副厅长何发理陪同参加植树活动，王寿山副省长在西安会见，访华团。5月18~28日世界银行雷克·斯科比、沈苏珊、布鲁斯·拉格斯达尔及翻译组成的世行检查组，在林业部世行货款项目管理中心主任屈树业等陪同下，一行7人来陕，对执行项目的太白山、佛坪、长青自然保护区工作进行检查指导。

1997年3月9~30日，为GEF自然保护区管理项目提供长期咨询服务的美籍专家迈克米科于由闫峻先生陪同赴秦岭周至、佛坪、太白山保护区工作，同年10月10~30日，又赴周至保护区工作。4月27~29日，日本中国同人馆绿色遣唐使第九次植树访华团31人在团长田川出夫带领下，于到榆林市牛家良乡大伙场村参加植树活动。1997年4月17~19日，林业部邀请德国技术合作公司GTZ鲍曼傅士一行2人来陕考察省林校等林业职业教育情况。

1997年5月12~14日，林业部邀请以色列防治荒漠化专家3人到陕西榆地区考查交流。5月15日至6月7日，为GEF自然保护区管理项目提供长期咨询服务的美籍专家毕蔚林由陈康娟(翻译)陪同，赴秦岭地区长青、佛坪两个自然保护区提供咨询服务。同年9月27日至10月29日，再赴长青保护区为项目提供咨询服务。6月16日至7月11日，为GEF自然保护区管理项目提供长期咨询服务的美籍专家德克示，在长青保护区等地工作。

1998年4月25~30日，应陕西省人民政府外事办公室邀请，日本绿色遣唐使第十次访华团一行27人，由日本原官房长官二阶堂进的秘书前田终止率领来陕访问。4月26日，日本绿色遣唐使第五次来到榆林市牛家梁乡大伙场村植树造林，共建“中日友好治沙林”和“日本绿色募捐支援沙漠绿化林场”。4月28日赴延安参加植树活动，省林业厅副厅长郝福财陪同。王寿森副省长30日在省政府会见访华团。

2000年2月19~22日，应国家林业局邀请，世界银行咨询专家麦科米克先生、在华专家毕蔚林、世行项目经理沈苏珊及项目专家帕特尔，在国家林业局及省林业厅有关人员陪同下，参加国家林业局在陕西眉县汤峪太白渡假村召开的“林业持续发展项目保护地区管理部分社区共管研讨会”，并赴眉县营头乡考察社区共管示范大湾村。4月2~10日，应中国东西部投资与贸易洽谈会邀请，意大利兽医科学与脱氧核瑭核酸数据库的专家安娜·劳瑞桑娜女士来陕访问，省林业厅副厅长陈东升会见并座谈。4月20~22日，应国家林业局邀请，以韩国外交通商部开发协力科科长 ParK Kang Ho 为团长的西部地区项目可行性调查团一行5人，来陕考察中韩合作开展生态造林的可行性，省林业厅科教外事处处长闫宏等人陪同前往韩城市考察。4月26~30日，应陕西省人民政府外事办邀请，日本鹿儿岛县绿色遣唐使第十二次植树访华团一行26人，由日本鹿儿岛县立短期大学校长田川日出夫率领来陕并在延安、榆林市参加植树活动。5月5~8日，应中国科学院动物所邀请，德国美因茨大学动物研究所尤臣·马腾斯傅士来华进行学术交流，访问陕西太白山自然保护区。5月25日，为了答谢陕西省人民政府，日本国众议院议员栗原博久代表日本国环境厅长官向陕西省省长致谢，省林业厅厅长钟高适作陪。6月10日，瑞士藉林业专家 Bachmann 教授在国家林业局及省厅人员陪同下，赴宁东林业局考察。6月14~17日，应陕西省人民对外友好协会邀请，日本新泻县知事平山征夫一行8人于来陕访问，感谢省政府对日赠送朱鹮。6月25~27日，应西安交通大学校长徐通模邀请，美国明尼苏达大学尤道夫一行16人来西安访问，6月26日，程安东省长会见了代表团，并就大熊猫赴美之事进行了商讨，省林业厅副厅长陈东升等参加会见。6月27~30日，应国家林业局邀请，德方短期专家海宁格博士来陕进行林业教育培训方面考察。9月16~27日，应省林业厅邀请，美国农业部森林处西北地区人员开发和安全主管尔斯·狄瑞德博士一行11人来陕进行林业考察与交流，先后在西安、杨凌、渭南、延安、榆林等地考察。10月10~30日，应国家林业局邀请，世界银行项目咨询专家沈楠赴陕西周至、太白山自然保护区，对陕西“林业持续发展项目”和“自然保护区管理项目”有关工作进行检查评估。11月29日至12月1日，应国家林业邀请，俄罗斯自然资源部第一副部长库库耶夫为团长的俄罗斯林业代表团一行6人来陕访问，国家林业局和省林业厅有关负责人陪同参观考察。12月3~6日，应国家林业局邀请，日本环境厅政务次官河合正智为团长的代表团一行6人来陕，前往洋县朱鹮保护中心考察，省林业厅负责人陪同。

2001年2月15~18日，美国孟菲斯动物园副主任查理斯·布瑞迪在美国动物园与水族馆(AZA)驻中国办事处主任吕晓平陪同下，在佛坪自然保护区访问。3月7~13日，日本广岛绿色协力队东城宪治等一行6人，由陕西师范大学西北环境与发展研究中心副主任吴宏岐等陪同，赴延安、榆林进行林业考察和参加植树活动。3月1~15日，美国著名鸟类专家马尔柯姆·柯德迩博士来陕西洋县朱鹮站考察。3月23日，日中友好基金代成为住携300株上等梅花苗及园林专家来陕，在安康市举行捐赠仪式，省林业厅副厅长何发理参加该项活动。4月7~9日，应东西部洽谈会执委会邀请，南非市长代表团一行43人来陕访问，在西安与森工总公司、延安林业局等7家单位举行专项业务洽谈。4月22~24日应国家林业局邀请，日本富士技创株式会社董事长石田善一等5人来西安访问。4月25~30日，日本第十三次绿色遣唐使访华代表团26人在吉濑靖人团长率领下来陕，在汉阳陵和榆林、延安参加植树活动，郝福财副厅长陪同。6月17~28日，应省林业厅邀请，日本鸟类爱好者常山秀夫先生一行来洋县考察朱鹮保护情况。8月9日，日本京都府企划环境部地球环境对策推进室室长北川秀树先生来陕，在西安市长安区考察植树造林活动。8月26~27日，应国家林业局邀请，联合国开发计划署援助的"天然林保护工程能力建设"项目专家总顾问阿什·罗兰一行3人，在国家林业局和省林业厅有关人员陪同下，赴宝鸡市林业局及马头滩林业局考察天然林UNDP项目执行情况。9月24~27日，应国家林业局邀请，日本环境省自然保护局野生动物课黑田大三郎课长一行2人来陕，考察朱鹮保护合作事宜。10月21~25日，应国家林业局邈请，美国林务局官员GARY. MAN来陕，考察并评估佛坪森林保健项目示范点。

2002年3月18日"中国/GEF. OP12——防治土地退化合作规划"项目专家组来陕，在延安实地考察。5月2~5日，韩国40名各界代表及100名优秀大学生组成的代表团，在前驻华大使权丙铉先生率领下来陕，与西北农林科技大学学生在乾陵共同栽植中韩青年友好林，并进行联谊和交流活动，省长程安东会见代表团，厅长权志长、副厅长何发理参加会见。4月22~24日，澳大利亚国际农业发展研究中心项目办主任崔文博士一行，来陕，开展"中国西部地区可持续土地资源利用研究"实地考察。6月22日，在银川召开的中美蛀杆害虫研讨会美方人员来陕，在西安与省林业厅座谈有关病虫害发生及防治情况。

2003年1月21~26日，日本国际协力银行北京代表处委派张阳助理为组长的4名专家来陕，对陕西日元贷款植树造林项目(宝鸡)实施情况进行了中间监理，现场视察。4月3~5日，应国家林业局邀请，日中绿化交流基金事务局副局长田中正则一行2人来陕，在永寿县考察小渊基金项目实施情况。8月28日、9月2日、9月8日，应省林业厅邀请，澳大利亚可持续旅游合作研究中心(简称CRC)与长青国家级自然保护区管理局签订《中国陕西长青自然保护区生态旅游开发性协议书》，为作好项目可行性研究，CRC分3批派出执行主席特里·雷德西教援一行7人先后在西安、汉中、洋县、长青国家级自然自护区进行考察研究，副省长赵德全会见代表团。10月12~15日，由日本京都府知事山田替二为团长的京都府代表团，来陕访问，13日到长安区南五台山参加两省政府友好植树纪念活动，常务副省长陈德铭参加了植树活动。10月18~19日，中国国际科学技术合作协会组织欧洲专家和官员一行6人(德克·波蒂尔)来陕考察，全国人大常委、中国工程院院士王涛陪同，赴礼泉县考察退耕还林现场。11月23~25日，德国复兴银行欧亚银行局局长逻蓬堡一行7人，在国家林业局副司长章红燕陪同下来陕，考察安塞县中德合作二期造林项目。12月10~13日，日本国际协力银行北京代表处代表竹下昌孝和张阳来陕，对日元贷款植树造林项目进行中间监理，并赴灞桥区、临潼区现场考察并查看项目区造林水毁情况。

2004年3月3~10日，伊朗治沙考察团来陕，赴榆林市考察治沙和水土流失及流域治理情况。4月18~22日，日本国际协力机构中国事务所副所长加腾俊伸、专家渡边仪彦在北京林业干部管理院副院长朱延福陪同下来陕，赴延安市考察退耕还林等林业重点工程并与杨凌职业技术学院座谈，21日，副厅长陈玉忠主持在省林业厅举行的座谈会。4月28日至5月2日，应省外办邀请，日本绿色遣唐使第十六次植树访华团一行11人来陕，在榆林市、延安市植树造林。7 月 15~16 日，应国家林业局邀请，以日本外务省亚洲大洋洲局审议官西宫伸一为团长的日方代表团一行 10 人来陕，赴户县青联小渊基金项目点考察。8 月 11~15 日，应陕西省野生动物保护协会邀请，日本新泻县友好访问团和田胜彦一行 2 人，来陕到洋县进行访问。9 月 14~16 日，应国家林业局邀，美国林务局官员 Gary Man 一行 4 人来陕，赴佛坪进行森林健康项目区实地考察。10 月 20~22 日，日本小渊基金项目检查团宫城光仁一行 3 人，在旬邑县、永寿县进行项目检查。11 月 19 日，应省外办邀请，陕西、京都友好交流林项目实施的第二年，京都府组织环境团体和民间人士 20 名到西安市南五台山植树并捐款，省林业厅派员参加。

2005 年 3 月 14 日，日本京都环境保护网络北川秀树一行 4 人来陕，赴富平县考察植树造林项目，省林业厅项目中心负责人陪同。7 月 8 日，在省政府综合楼四搂，厅长权志长代表省政府，会见了以高野宏一郎为团长的日本佐渡市代表团一行 19 人，向代表团介绍了陕西朱鹮保护状况。8 月 8~17 日，澳大利亚可持续旅游合作研究中心执行主席来陕，赴汉中长青保护区工作。澳大利亚可持续旅游合作研究中心向澳大利亚对外援助组织申请 1 名志愿者、博士研究生克里斯汀·瓦兹来陕，到长青国家级自然保护区工作，工作期限 1 年(2005 年 10 月 5 日至 2006 年 10 月 4 日)。

2007 年 4 月 4~11 日，应 WWF 西安项目办邀请，英国 Naturetre K 旅行社代表 Mr. N. Thomas 一行 2 人来陕，赴秦岭朱鹮保护区进行考察并提供技术咨询服务。4 月 25~29 日，日本绿色遣唐使第十八次植树访华团在团长田川日出夫率领下一行 15 人来陕，到榆林市进行植树造林活动。澳大利亚志愿者 CIajre CIements 来陕，到陕西长青国家级自然保护区管理局开展志愿服务工作，期限一年(2007 年 7 月至 2008 年 7 月)。9 月 22~29 日，樱桃项目 KaroIy. HrotKo 博士一行 3 人来陕，在西安、杨凌、眉县、安塞、三原、安康等地考察樱桃生产情况。2007 年 10 月 17~19 日，美国农业部官员 CrooK 来陕，考察核桃生产和加工情况，省林业厅派员陪同。11 月 12~15 日，应省外办邀请，日本京都府立北桑田高校植树交流团由佐藤幸雄率领一行 25 人来陕，进行植树交流活动并在长安区华严寺附近种植友谊林。

2008 年 4 月 26~29 日，日本绿色遣唐使第十九次植树访华团在田川日出夫率领下一行 6 人来陕，赴榆林开展植树活动。6 月 27 日至 7 月 1 日上海合作组织成员国山区综合开发官员研修班，来陕参观考察，到蓝田县、富平县参观千亩优质核桃示范园、天然林保护工程和柿子杂果林等。10 月 16~21 日，美国孟菲斯动物园园长安德鲁及 3 位森林健康专家威拉德、万斯和苏珊一行来陕，对中美合作陕西佛坪县森林健康项目进行考察，省林业厅副厅长高永民陪同赴佛坪县考察。10 月 26~31 日，在北京举办的荒漠化和干旱土地经济开发政策与实践国际研修班成员来陕，赴延安、榆林市现场教学和考察，省林业厅科教处处长郝怀晓陪同并讲课。12 月 10~14 日，应国家林业局邀靖，日本国际协力机构(JICA)派遣高野宪一副部长为团长的森林及自然环境保护领域开发项目调查团一行 4 人来陕，到洋县朱鹮站收集相关信息。

第八章 林学会

第一节 基本概况

陕西省林学会是中国林学会下属的省级林业行业学会。也是陕西省科学技术协会的组成部分。本学会办事机构设在西安市西关正街233号，省林业厅院内。

学会的宗旨是：团结、组织广大林业科技工作者，遵守宪法、法律、法规和国家政策，遵守社会公德。认真贯彻党的基本路线和“百花齐放，百家争鸣”的方针，充分发扬学术民主，开展学术上的自由讨论；坚持实事求是的科学态度和优良作风；积极倡导“献身、创新、求实、协作”的精神，促进林业科技的繁荣和发展，促进林业技术的普及和推广，促进人才成长，促进科学技术与经济的结合，实施科教兴林和林业可持续发展战略，为社会主义物质文明和精神文明建设服务。

1999年机构改革中，学会被省政府授权承担以下职能：①重大林业工程项目的论证和评估；②林业科技、推广课题的论证和验收；③科技项目和科技成果的评审；④科技人员继续教育和科学普及；⑤林业优秀科技人员的评选和推荐；⑥林农技术培训及职业技能资格的评审。

陕西省林学会围绕林业科技及其相关林业工作开展以下业务活动：①开展学术交流，活跃学术思想，促进学科发展，组织重大林业科技问题的论证和考察活动，对林业建设的方针、政策和技术措施提出建议，进行科技咨询，为林业部门当好参谋；②办好学会主办的刊物，组织出版林业科技书刊；大力普及林业科学知识，传播科学思想和方法，推广先进林业生产技术，开展青少年科技教育活动；③开展民间国际学术交流，同国外林业团体和林业工作者的友好往来；④开展在职林业技术人员的继续教育工作；⑤发现林业科技人才，主动向有关部门推荐；对优秀的学术论文、科普作品、工作建议进行表彰奖励；⑥代表和维护林业科技工作者的正当权利，向有关部门反映他们的意见和呼声；⑦充分发挥学会的人才优势，开展林业科技咨询服务，接收委托进行林业技术项目论证、科技成果鉴定、专业技术职务任职资格评定、科技文献和技术标准的编写等活动。

1992年11月，陕西省林学会第七次代表大会在西安召开，选举产生了第七届理事会，常务理事12人(表10-8-1)。

1992年陕西省林学会第七届理事会常务理事情况表

表10-8-1

序号	学会任职	姓名	工作单位及职务
1	理事长	邹年根	省林业厅副厅长
2	副理事长	罗克修	省森工局局长

续表

序号	学会任职	姓名	工作单位及职务
3	副理事长	符毓秦	省林研所副所长
4	副理事长	许彭年	省林业设计院院长
5	副理事长兼秘书长	牛济群	省林业厅科教处长
6	副秘书长	阎宏	省林业厅科教处副处长
7	常务理事	李长朴	省森工局科教处长
8	常务理事	曹澄宇	省林业厅计财处长
9	常务理事	梁炬	省林业设计院副院长
10	常务理事	侯有刚	省林业技术推广站站长
11	常务理事	李天葆	省林校校长
12	常务理事	唐德瑞	省林研所高工

1997 年 3 月 6~7 日，陕西省林学会第八次会员代表大会在西安召开，参加会议代表 117 名，选举产生由 52 人组成的第八届理事会，并召开八届理事会第一次会议，选举产生了 20 名常务理事及理事长、副理事长、秘书长、副秘书长，后 5 次常务会议增补副秘书长 1 名(表 10-8-2)。

1997 年陕西省林学会第八届理事会常务理事情况表

表 10-8-2

序号	学会任职	姓名	工作单位及职务
1	理事长	何发理	省林业厅副厅长
2	副理事长	陈存根	西北林学院副院长
3	副理事长	李俊杰	省森工总公司副总经理
4	副理事长	符毓秦	省林科所所长
5	副理事长	刘志学	省林业设计院院长
6	秘书长	阎宏	省林业厅科教外事处处长
7	副秘书长	连文海	八届理事会第五次常务理事会增补并聘任
8	副秘书长	王云芳	省林业工作总站站长
9	副秘书长	杜增宝	省林业厅科教外事处副处长
10	常务理事	杨宏藩	省林木种苗站站长
11	常务理事	张利铭	省水保局局长
12	常务理事	陈全辉	省林业设计院副院长
13	常务理事	赵忠	西北林学院科研处处长
14	常务理事	施德祥	省森防总站站长

续表

序号	学会任职	姓名	工作单位及职务
15	常务理事	费新甫	省防护林站站长
16	常务理事	莫翼翔	省林校副校长
17	常务理事	唐德瑞	省林科所副所长
18	常务理事	郭天相	西北林业规划院院长
19	常务理事	郭道忠	省林业厅计财处处长
20	常务理事	曹永汉	省野生动物管理站站长
21	常务理事	崔铁成	西安植物园副主任

1997 年 12 月 31 日，省林学会八届理事会第二次常务理事会通过《陕西省林学会发展基金管理办法》。

1998 年，陕西省政府办公厅关于清理整顿各学会的文件精神，省林学会按文件要求进行了整改，并上交相关资料，申请验收。经省民政厅验收，保留陕西省林学会。1999 年，完成省林学会清理整顿工作，经陕西省民政厅审定省林学会为合格学会。

1999 年，根据《中国林学会高级会员管理暂行办法》，陕西省林学会决定建立高级会员制度。

八届理事会第五次常务理事会会议审议通过《陕西省林学会团体会员管理办法》，进一步规范学会管理。

2001 年，上报 2000 年度省林学会年度检查材料和社会团体年度检查报告书，经省民政厅审定年检合格；向各级学会推荐理事及委员候选人：为省青年科技工作联合会推荐理事 2 名，为中国林学会森林昆虫分会推荐委员 1 名，为中国经济林协会推荐理事 3 名，为中国经济学会推荐理事 1 名，为中国林学会杨树专业委员会推荐委员 1 名。

陕西省林学会八届理事会第五次常务理事会推选何发理理事长为中国科协六大代表人选，报省科协审定。2000 年底前收缴发展基金 7 万元，投资 4 万元在周至培育杨树良种苗木 10 万株，可创收 2.6 万元。

陕西省林学会八届理事会第六次常务理事会，研究通过《陕西省林学会专业委员会管理办法》。

2003 年 1 月 6 日，陕西省林学会第九次会员代表大会在西安召开，有 120 名代表参加会议，会议审议通过八届理事会工作报告、章程修改草案、财务审计报告，选举产生九届理事会理事 86 名、常务理事 30 名及学会理事长、副理事长，并聘请省林业厅厅长权志长为名誉理事长，授予邹年根名誉理事长称号(表 10-8-3)。

2003年陕西省林学会第九届理事会常务理事情况表

表10-8-3

学会职务	姓名	工作单位及职务
理事长	何发理	省林业厅副厅长
理事长	陈玉忠	省林业厅副厅长，九届理事会二次会议选举产生，九届理事会第八次常务理事会同意辞职
代理理事长	高永民	省林业厅副厅长，九届理事会第八次常务理事会决定
副理事长	阎宏	省林业厅助理巡视员
副理事长	王建阳	省林业厅总工程师
副理事长	郭道忠	省林业厅计财处处长
副理事长	赵忠	西北农林科技大学副校长
副理事长	苏印泉	西北农林科技大学院长
副理事长	莫翼翔	杨凌职业技术学院副院长
副理事长	党景中	省林业勘察设计院院长
常务理事	刘裕春	西北林业规划院院长，九届理事会第八次常务理事会增补
秘书长	连文海	省林业厅科教外事处副处长
秘书长	郝怀晓	省林业厅科教外事处处长，九届理事会二次会议选举产生
常务理事	唐德瑞	西北农林科技大学副主任
副秘书长	王云芳	省林业技术推广站站长
副秘书长	赵辉	省林业研究中心办公室主任
副秘书长	谢斌	九届理事二次常务理事会聘任
常务理事	曹永汉	省野生动物管理站调研员
常务理事	辛占良	省国际合作项目中心主任
常务理事	孙升辉	省林业研究中心书记
常务理事	雷瑞德	省林业研究中心主编
常务理事	杜增宝	省林广校校长
常务理事	封斌	省治沙所所长
常务理事	崔铁成	西安市植物园主任
常务理事	张利铭	省水保局助理巡视员
常务理事	赵德怀	佛坪保护区管理局局长
常务理事	杨宏篱	省林木种苗站调研员
常务理事	王培新	省森防站站长
常务理事	李大虎	省林业机械研究所所长
常务理事	袁治平	西安市林业局副局长

续表

学会职务	姓名	工作单位及职务
常务理事	吕复扬	省防护林建设工作站站长
常务理事	刘增祥	省林业厅计财处副处长
常务理事	房西文	省国营林场管理站站长
常务理事	陈辉	省天保中心副主任
常务理事	王永智	陕西德融科技信息发展有限公司

根据陕西省人民政府关于取消第二批行政审批项目和下放改变一批行政审批项目管理方式的决定将“森林资源资产评估机构资格审核”行政审批职能转移至陕西省林学会进行管理。

2005 年，省林学会九届第二次理事会审议通过《陕西省林学会会费管理办法》。

省林学会九届理事会第五次常务理事会，审议通过了《陕西省森林资源资产评估机构资格管理办法(草案)》以及《关于组织科技专家健康疗养的建议》。

2006 年 12 月 23 日，省林学会在西安召开各市学会秘书长会议。

省林学会九届理事会第十次常务理事会通过省环保局为常务理事单位，秦岭国家植物园，如有理事即为副理事长单位；通过《陕西省林学会常务理事管理办法》《陕西省林学会先进集体、先进个人评选办法》。

2008 年 2 月 22 日，陕西省林学会第十次代表大会在西安召开。选举产生了十届理事会，省林学会第十届第一次理事会 23 日在西安召开，新一届理事会审议通过了《陕西省林学会章程》，选举产生新的领导机构(表 10-8-4)。

2008 年陕西省林学会第十届理事会常务理事情况表

表 10-8-4

序号	学会职务	姓名	工作单位及职务
1	理事长	郝福财	省林业厅副厅长
2	副理事长	阎宏	省林业厅副巡视员
3	副理事长	沈茂才	省科学院副院长
4	副理事长	赵忠	西北农林科技大学副校长
5	副理事长	刘裕春	西北林业勘察设计院院长
6	副理事长	张长录	省森林资源管理局副局长
7	副理事长	刘建军	西北农林科技大学院长
8	副理事长	莫翼翔	杨凌职业技术学院副院长
9	副理事长	连文海	国家林业局驻西安专员办处长
10	副理事长	党景中	省林业勘察规划设计院院长
11	秘书长	郝怀晓	省林业厅科教处处长(十届三次常务理事会同意其辞职申请)

续表

序号	学会职务	姓名	工作单位及职务
12	秘书长	刘增祥	省林业厅处长(十届三次常务理事会会同意增补为秘书长)
13	常务理事	王卫国	省林业厅处长
14	常务理事	范民康	省林业厅处长
15	常务理事	崔汛	省林业厅处长
16	常务理事	王万云	省林业厅处长
17	常务理事	史世元	省林业厅处长
18	常务理事	徐华	省种苗站站长
19	常务理事	房西文	省林场站站长
20	常务理事	王培新	省森防站站长
21	常务理事	辛占良	省林业项目中心主任
22	常务理事	杜增宝	省培训中心主任
23	常务理事	封斌	省治沙研究所所长
24	常务理事	陈辉	西北农林科技大学
25	常务理事	雷瑞德	西北农林科技大学
26	常务理事	李思峰	西安植物园主任
27	常务理事	原双进	省林业站站长
28	常务理事	王俊波	省防护林站站长
29	常务理事	程建中	省森林保护研究所所长
30	常务理事	袁治平	西安市林业局副局长
31	常务理事	关克	省林业宣传中心主任
32	常务理事	王永智	德融公司董事长

第二节　会员及基层组织

2008年以前，陕西省林学会按《中国林学会会章》规定接收会员，凡符合中国林学会团体会员的单位和会员条件的个人，均可申请加入陕西省林学会。省林学会会员同时也是中国林学会的会员。团体会员和会员的接收由组织工作委员会进行审查、批准。

1997年，根据社会形势的发展需要，制定并经八届理事会第一次会议审定颁布了新的《陕西省林学会组织管理办法》，新办法将原来地(市)学会组改为地区分会，如单位学会会员人数超过100人，也可成立分会，将个人会费缴纳标准由3元/年提高到6元/年。

2000年，根据《中国林学会高级会员管理办法》，第一批接受88人为省林学会高级会员。根据省科协《关于陕西著名科技专家上网发布与入编光盘的通知精神》林学会第二批推荐王性炎、高绍棠、符毓秦3位专家上网；完善"陕西省林学会会员档案管理数据库"，通录入258名会员的档案(1996~1999年入会)；向陕西省青年科技奖领导工作委员会推荐2名省青年科技奖候选人，向中国林业青年科技奖评选办公室推荐3名中国林业青年科技将候选人。

2002年，完成会员重新登记工作，会员2966人，高级会员106人，为中国林学会推荐理事3名，为中国林学会林木遗传育种分会推荐委员2名，为中国地理学会沙漠分会推荐理事1名，为省科协"六大"推荐2名代表。

2008年，经陕西省林学会第九届第一次理事大会表决通过产生《陕西省林学会章程》。章程要求，个人会员应具备中级(含中级)以上专业技术职务任职资格或高等林业院校本科毕业从事林业工作3年以上，专科毕业从事林业工作5年以上，中等林业专业学校毕业从事林业工作7年以上；自学成才经考核达到上述水平的林业科技人员，从事林业管理工作并熟悉业务的领导干部；高级会员应具有高级以上(含副高级)专业技术职务或副处级以上(含副处级)职务的陕西省林学会会员；团体会员应是林业或与林业有关的具有法人资格的企业、事业单位及依法登记的有关学术性社会团体。学会对会员实行分级管理。根据《中国林学会章程》的规定，省林学会代发展中国林学会个人会员。受省林学会委托，市级林学会代发展省林学会会员。

截至2010年省林学会共有会员3680人。

第三节 工作委员会及专业委员会

省林学会历届理事会都设置工作委员会及专业委员会。1990年以前共设专业(工作)组织15个。2008年根据《陕西省林学会章程》，由理事会设立若干工作委员会，工作委员会协助理事会开展学会工作，主任由分管该项工作的常务理事担任，任期与理事会同期。学会的专业委员会是学会的分支机构，在理事会领导下开展工作，按照民政部《社会团体分支机构、代表机构登记办法》的规定进行登记，实行委员会制，设主任委员1名，副主任1~2名，委员若干名，由本专业会员民主协商推选，任期与理事会同。

第十届理事会审核通过的工作委员会主任如下：陕西省林学会组织工作委员会——郝怀晓、陕西省林学会科普工作委员会——原双进、陕西省林学会学术工作委员会——赵忠、陕西省林学会陕林科技编委会——郝福财；专业委员会主任如下：陕西省林学会森林生态专业委员会——刘建军、陕西省林学资源管理专业委员会——张长录、陕西省林学林木良种专业委员会——徐华、陕西省林学经济林专业委员会——李新岗、陕西省林学森林病虫害防治专业委员会——王培新、陕西省林学森林培育专业委员会——陈辉、陕西省林学森林经理专业委员会——党景中、陕西省林学森林防火专业委员会——马利民、陕西省林学森林公园及旅游专业委员会——房西文、陕西省林学林业教育专业委员会——杜增宝、陕西省林学防沙治沙专业委员会——封斌、陕西省林学园林专业委员会——李思峰、陕西省林学林业机械专业委员会——程建中、陕西省林学林业经济专业委员会——刘增祥、陕西省林学木地板及人造板专业委员会-靳林、陕西省林学木门专业委员会——靳林。

第四节 主要活动

学术活动是林学会的主要任务和活动方式，1990 年以后，随着社会各方面的发展，新技术的不断应用，省林学会开展的学术活动不断增加。

一、学术活动

1993 年，开展了陕西省林业科技优秀论文评选活动，参加陕西省第三届自然科学优秀论文评选；专业委员会和各地学会组也分别开展多种形式的学术活动，例如，“木材利用学术讨论会”“安全技术研讨会”“应用烟雾剂防治高树森林虫害”“低产板栗改造与早熟丰产技术推广”等活动。组织科技工作者赴外地进行科技考察和联谊活动，邀请外省林业同仁来陕进行参观考察。

1994 年，省林学会与省林业厅联合举办“陕西省三北地区提高造林质量学术讨论会”，会议交流 9 篇学术论文，评选出 6 篇推荐上报参加三北防护林建设局会议；受省林业厅的委托召开“榆林沙区科研课题论证会”，提出“榆林沙区综合治理开发、试验示范研究项目的论证意见”“化龙山自然保护区考察论证会”，向有关政府主管部门和社会各界发出“尽快建立化龙山自然保护区，保护化龙山生物多样性的呼吁”；经济林专业委员会和省林学会联合邀请省林业厅、西北农业大学、西北林学院、西北植物研究所、西北大学等科研、教学和管理部门的专家，对陕西省杜仲发展的现状，存在的问题及今后综合开发的前景与实现产业化的目标进行了研讨，并提出了建议，得到了省政府和有关部门的重视，省长批示、省政府办公厅召开专门座谈会研究，省农办为杜仲基地建设拨付专项经费，促进陕西省杜仲产业的迅速发展。

1995 年和 1996 年，组织并参加省科协承办的“陕西省第四届技术成果交易洽谈会新兴产业发展研讨会”，有 5 位林业方面的专家参加，提供的 8 篇论文在会上交流，提出的有关环境保护、国土治理方面的建议受到了省政府和西安市有关方面的重视；组织林木种苗工作者和科研人员，考察了南郑黎坪林场巴山松良种基地建设；向省政府提出“兴林养水、改善环境”的科学报告；配合中国林学会林木遗传育种分会和林业部沙棘管理办公室，在西安召开“荒漠防治及经济灌木遗传改良研讨会。

1997 年，开展“兴林养水、森林分类经营、森林资源资产评估”学术交流；“依靠科技进步，加快生态林业建设步伐”研讨会；专业学会举办安康、汉中地区松毛线虫频繁发生研讨；举办森工系统病虫害预报及检疫研讨班。

1998 年，举办“跨世纪的陕西生态环境建设研讨会”，提交论文 38 篇，向陕西省委、省政府上报《关于对跨世纪陕西生态环境建设的建议》的专题报告；渭南分会举办“关中平原生态环境与红枣产业化发展研讨会”；森林病虫害防治专业委员会举办银杏大蚕蛾防治技术研讨会；省林学会与省林科院联合主办的《陕西林业科技》，1998 年共出版 5 期，刊登学术论文 120 余篇。

1999 年，组织参与“中国西部生态重建与经济协调发展学术研讨会”，向会议推荐论文 22 篇；向省科协推荐陕西省第二届自然科学优秀论文 8 篇；参加，省科协组织的学会自身建设研讨会，提交论文《加强学会组织建设，开创学会工作新局面》进行交流；《陕西林业科技》全年出版发行4期，刊登论文综述130余篇；推荐西北林学院雷瑞德作为省科协代表团成员，参加了“′99中国科协首届学术年会”并提交论文；学会林木良种专业委员会、科普专业委员会、治沙专业委员会和省楼观台学会组，引进加拿大、德国、以色列和英国5名专家，在“种子园优质高产技术”“天然林经营管护技术”“沙区优良树种的选育及开发利用研究”“榆林毛乌素沙漠地荒漠化土地治理技术和示范”“大熊猫、金丝猴、金毛扭角羚的野外放养驯化技术”等提供技术培训和指导；接待日本林学会会长箕轮光博一行7人的日本林学会考察团。

2000年，参与中国科协第二届学术年会，省林学会有4人出席并提交生态环境建设方面的论文；参与“西北地区生态环境建设研讨会”，向大会推荐参会论文10篇，并有2人在大会上作报告。按照省科协关于西部开发科技论坛活动的安排，开展“让科学技术支撑起山川秀美工程专家谈”活动，收集论文和建议16篇，编辑出版《山川秀美工程专家论坛》；全年出版发行《陕西林业科技》4期，刊登科技论文96篇；全年开展学术交流活动10次，引进国外专家1人。

2001年，主办“中日生态环境保护与21世纪的森林经营管理国际学术研讨会”，研讨会由中国林学会、日本林学会和陕西省林学会主办，中国林学会第一副理事长江泽慧、日本林学会理事长太田猛彦等近200名中日学者参加研讨会，省林学会推荐7篇论文。其中，2篇论文作大会报告，会议期间在西安渭河皂三角洲栽植“中日友好林”，会后中日专家赴延安考察黄土高原生态环境建设；申报《关于跨世纪陕西生态环境建设的建议》参评第三届省科协优秀建议奖；组织5名林业科技工作者参加了省科协组织的全省科技工作者赴浙江、上海的科技交流与考察；学会组团赴美国考察生态环境保护和建设，考察学习林木种苗及引种栽培，森林管理、森林保护合作项目洽谈等；为“中国林学会第五届青年学术年会”推荐2篇论文；编辑会刊《陕西林业科技》4期，刊登论文103篇；编辑出版《林业重点工程专家论坛》论文集，录入论文23篇。

2002年，主办“第二届森林树木锈菌国际学术研讨会”，有60名中外专家学者参加研讨会。其中，国外专家46人，交流论文36篇；举办“西部生态环境建设研讨会”，邀请8名省内外专家在大会上做了学术报告，编印《西部地区生态建设研讨会论文集》；开展“林业可持续发展与森林分类经营学术研讨”活动，该项研讨会被列入陕西省2002年“学术金秋”活动，共征集论文39篇，经专家审稿，将29篇论文编辑出版《林业可持续发展与森林分类经营学术研讨会论文集》；组织20多名科技人员参加中国林学会主办的“WTO与中国林业应对措施暨林业重点工程项目高研班”。

2003年，主办“防沙治沙与灌木林建设研讨会”，开展优秀论文评选工作；组织20名科技人员，参加中国林学会举办“林业产业投资与项目经营研讨班”。参加省科协召开的“学会改革与发展研讨会”，积极向组织举荐人才，为中国林学会推荐11名学科带头人、24名科技专家。

2004年，编辑会刊《陕西省林学会通讯》4期；中国科协组织在海南省召开的“以人为本、协调发展”为主题的学术年会，省林学会2位同志，参加由中国林学会和中国造纸学会共同承办的主题为“资源保护和可持续利用”分会场会议，省林学会的，2篇论文参加交流。

2005年12月15日，在杨凌落实省长和国家林业局局长指示精神，由省林业厅、省林学会组织召开“袭人胡峰预防和控制技术专家研讨会”；组织上报9篇论文参加第九届自然科学优秀论文评选；组织9名科技人员参加了中国林学会在西藏举办的研讨会；组织3参加了“首届中国林业学术大会”；组织参加中国科协在新疆乌鲁木齐召开的以“科学发展观与资源可持续利用”为主题的学术年会，组织参加由中国林学会承办的主题为“生态安全与西部森林、草原、水利建设”第26分会场会议；组织3人参加在杭州召开的“首届中国林业学术大会”；编辑会刊《陕西林业科技》5期，刊登科技论文140多篇。

2006年1月，在榆林组织召开“相持阶段的陕西防沙治沙学术研讨会”，陕西省林学会防沙治沙委员会、省防护林工作站和省治沙研究所共同主办，共收集论文45篇，参加交流20多篇，最终17篇收进论文集；2006年11月13日，由省林学会主办、延安市科技协会和延安市林学会承办的以“落实科学发展观、建设绿色家园”为主题的学术研讨会在延安市甘泉县召开，共120人参会，大会交流论文80多篇，最终有56篇论文收进论文集；12月21~22日，参与主办“建设资源节约型、环境友好型社会”高层论坛，学会向大会推荐7篇论文，3位林业专家在大会做学术报告。

2007年4月27日，省林学会举办“生物质能源及其开发利用”科技知识讲座。各专业委员会全体技术人员200多人参加；参与主办“应对气候变化学术沙龙”，学会推荐雷瑞德教授等专家在大会做学术报告。省林学会与GEF项目办在安康市联合举办“防治土地退化学术研讨会”。70多位专家与会，8位专家发表演讲，会后编印《陕西省防治土地退化学术研讨会论文集》；全年发行会刊《陕西林业科技》4期，发表论文130多篇；编印《陕西省林学会通讯》4期。

2008年，完成《陕西省林业生态与经济协调发展问题研究》报告；组织参加了“推荐优秀调查研究报告”的活动，共推荐《如何使木材永续利用鼓起农民的钱袋子》《日元贷款植树造林项目成为咸阳林业发展加快的新亮点》《适时的人工点播是提高飞播造林成效的有效途径》《基于气象因子与咸阳市飞播造林期确定》4篇调研报告；组织参加“森林可持续经营与生态文明学术研讨会”，交流了3篇论文。9月，学会与GEF项目办在西安举办防治土地退化研讨会，来自西北及内蒙古6省份的40多位科技人员参会；学会与森林公园管理专业委员会在铜川的泰安森林公园召开全省森林公园建设和森林旅游发展技术研讨会，有70多名专家学者参加了此次研讨会，征集了18篇学术论文，并印制《全省森林公园建设森林旅游发展技术研讨会论文集》。

2009年6月，在安康举办集体林权制度改革研讨会，讨论通过《省集体林权制度改革研讨会建议书》并提交省林业厅党组审阅，并编印论文集。9月，延安市山川秀美建设研究会及延安市林学会在延安举办生态文明建设论坛，中国工程院院士、长安大学博士生导师李佩成教授，西北农林科技大学林学院副院长、生态专家刘建军教授应邀参加论坛，参会行业专家共44人，会后编印论坛论文；10月，承办第二届全国林业科普基地研讨会，中国科学院李大光教授应邀出席会议并作科普报告；当年发行会刊《陕西林业科技》4期，发表论文130多篇；经陕西省新闻出版局批准，《陕西林业科技》从2009年1月起，由季刊变更为双月刊；全年编印《陕西省林学会通讯》4期。

2010年，省林学会与日本生态文化恢复全球同盟在榆林市神木县共同举办中日陕北生态文化研究暨生态文明建设论坛，邀请来自海内外的30多位专家学者，以及各相关方面的代表共140多人参加，编印论文集；参加中国林业青年学术年会、中国杨树节、全球气候变化与碳汇林业学术研讨会、中国林学会森林公园分会第二次全国代表大会暨森林公园可持续发展学术研讨会。

二、林学夏令营

1993年，受省林学会委托，延安地区学会组承办，省生态学会、森工专业委员会参加的林学夏令营。

1995年，举办"陕西省林学会第十三届青少年林学夏令营"。营地设在天台山国家森林公园，得到了宝鸡市科协和市林业局的大力支持。营期5天，来自省森工系统、省林校、省林科所和宝鸡市林业局等8个单位29名学生参加夏令营。共采集森林植物标本70余种、200多份，撰写科技小论文及小建议30余篇，出刊营报3期。200多份，评选奖励优秀营员5名。

1996年，组织参加中国林学会在四川省举办的中国林学夏令营。

1997年，组织20名中学生参加中国林学会在北京举办的"我爱首都北京"林学夏令营。

1998年，组织190名青少年参加，以自然生态环境保护为主题的林学夏令营活动(3期)。

1999年，委托森工专业委员会并会同GEF项目办，在云南省和省牛背梁自然保护区举办84名营员参加的"'99林学夏令营活动。

2004年，组织82名中学生参加为期7天的中国林学会第二十届林学科技夏令营活动。

2006年7月16~21日，省林学会组织21名中小学生参加中国林学会在北京举办的以"树立社会主义荣辱观"为主题的第二十一届林学夏令营活动。

第十一篇　林业宣传与信息化建设

1990~2010年，林业宣传工作紧跟林业快速发展的步调，积极采取灵活多样的宣传形式，抓住机遇不丢手，实现宣传工作大跨步、有作为。宣传部门在不同的林业发展阶段，如封山育林、退耕还林还草、天然林保护、三北防护林建设、珍稀野生动植物保护、林权制度改革、防沙治沙和推进沙地绿化等诸多方面，采取纸质和电子媒体互动的多维效应，纸媒、视频、影像等方式，广泛宣传陕西林业发展成就，以及陕西林业涌现出的典型经验和模范人物取得明显成效。与中央和地方媒体还联手制作多部宣传陕西林业发展新面貌的大型专题纪实片，受到《人民日报》、新华社、中央电视台和《中国绿色时报》等媒体广泛关注。林业宣传部门自身建设也从弱到强，逐渐壮大，信息化水平得到不断提升，省林业厅门户网站覆盖全省林业系统，网络办公自动化已成常态，网络传媒的作用越来越强，林业信息宣传的多功能化和良好宣传班底已初步形成。

第一章　宣传机构

第一节　机构建设

1986年3月，中共陕西省林业厅党组决定，将科教宣传处改为科学教育处，将林业宣传的行政管理职能和业务工作授权给《陕西林业》杂志编辑室办理。1999年，为了加强宣传工作，省林业厅成立内设机构林业宣传中心，挂靠在厅办公室，专门负责林业宣传。2004年3月12日，根据省编办关于《陕西林业》杂志编辑室更名为陕西省林业信息宣传中心的批复，将《陕西林业》杂志编辑室更名为“陕西省林业信息宣传中心”（以下简称“宣传中心”），作为负责全省林业信息宣传工作的单位。根据文件规定，宣传中心主要职责：①贯彻执行国家和省上关于林业宣传工作指导思想和原则，拟定全省林业信息和宣传的年度工作计划和发展规划，并组织实施；②建设、维护、运行和管理林业信息网站；③负责全省林业信息的收集、分析、整理和传递；④组织开展林业宣传活动，承办林业展览；⑤采编和制作林业宣传稿件、图片和影视；⑥协助中央和省上各新闻单位做好林业专题采访和宣传报道工作；⑦承担《陕西林业》杂志的编辑、发行；⑧承担林业史志的编辑和各类年鉴资料的编撰。

第二节　队伍结构

1990年，《陕西林业》杂志编辑室在职职工5人，2004年，经省编办批准，原《陕西林业》杂志编辑室更名为“陕西省林业信息宣传中心”，明确了其工作职责，编制为7人。2009年，经省编办，将宣传中心编制调整为22人。

第二章　林业宣传

第一节　宣传活动

1990年，美国《时代》杂志刊登《向沙漠挑战》的文章，赞扬榆林地区造林治沙的成就。

1991年10月16~18日，省林业厅在西安召开陕西省林业宣传工作会议。厅长任国义在会上发表重要讲话；中国林业报社社长程厚印出席会议并在会上作2次讲话。会议期间交流林业宣传和林业报刊通讯发行工作经验，落实1992年林业报刊发行计划，讨论如何进一步做好今后的林业宣传工作。

1992 年春，陕西省电视台连续 7 次播放陕西省野生动物保护现状与评论，披露“鸟市”和野禽野味收购中存在的违法现象！此次宣传规模之大，影响之广前所未有，引起省市各有关方面高度重视，迅即联合采取行动，使这一违法事件蔓延势头得到有效遏制。

1993 年 10 月 8~9 日，省林业厅在西安召开全省林业“一报两刊”宣传发行工作会议，厅长钟高适、副厅长邹年根先后讲话，要求各级林业部门，加强领导，抓紧时机，扎实工作，把 1994 年《中国林业报》《中国林业》《陕西林业》杂志的发行工作搞上去，千方百计完成预定计划。会上还就省、地签订报刊发行合约与奖罚等问题进行商讨。

1995 年 10 月，联合国开发计划署电视中心记者杜别・海伦在榆林拍摄荒漠化危害专题片时，实地采访在沙漠腹地植树造林先进典型人物牛玉琴、石光银并向世界传播他们的治沙造林事迹。靖边县农民牛玉琴，1985 年起以家庭承包形式在毛乌素沙漠南部沙区种草种树，治沙绿化，用人挖、肩扛、驴驮等方法植树种草。在她的带动影响下，周围 1904 户家庭治沙种树 1000 多公顷，使毛乌素沙漠南部沙区大部份得到治理，沙区植被覆盖度达 40%以上，流动沙丘基本固定或半固定，有效地降低了风沙危害。1993 年，联合国粮农组织授予牛玉琴“拉奥博士奖”，联合国开发计划署还将牛玉琴的“治沙奇迹”拍摄成专辑电视片在公共电视网中播放，向世界各国推广并介绍。

1997 年，《中外交流》杂志专门以榆林地区防沙造林为“治沙大样板”向全世界宣布这一了不起的成果。

1999 年 11 月 12 日，《西安晚报》特稿部、摄影部和西安市林业局联合发起组织“秦岭生态环保世纪行”特别行动采访团，媒体记者从西安出发，先后到周至、户县、长安和蓝田等县(区)采访，期间采访团不间断地刊发大量的图片和新闻报道。

1999 年 12 月 14 日，《陕西日报》编发中共陕西省委常委栗战书的《公司十农户：实施山川秀美工程的成功尝试——西安兴昌公司在延川县刘马家圪塔村采取“以面换地”实施退耕还林还草的调查》文章。全文分刘马家圪塔村及刘世杰的基本情况、基本做法、取得的主要成效、企业效益预期和深刻启示 5 个部分，对全省实施山川秀美工程有颇多启发。

2001 年 3 月 26 日，为大力宣传林业建设在陕西实施西部大开发和生态环境建设中的重要地位和作用，省林业厅与陕西电视台联合在“秦之声”栏目举办陕西林业系统首届“绿色之春”秦腔演唱会。来自全省林业系统的 36 位秦腔爱好者从排练到演出历时 2 个月，精选、自编了戏曲节目和传统秦腔唱段。省人大副主任高宜新、省政协副主席朱振义、原副省长王双锡和省林业厅领导及厅机关、厅直各单位、参演地、市林业局干部职工 320 多人出席晚会观看演出。

2001 年 7 月 18~25 日，省委宣传部和林业厅联合组织“再造山川秀美新延安”新闻采访团，中央和省上 30 余家新闻媒体赶赴延安采访，重点报道退耕还林后出现的“绿色延安”新气象。1998 年，吴起县在全国率先实施“封山禁牧、植树种草、舍饲养羊、林牧主导、强农富民”政策，成为全国退耕还林第一县。吴起的山山峁峁被厚厚的绿色覆盖，山沟沟里也建起多处小水库，农民从广种薄收、漫山放牧的劳动中解放出来，转而发展绿色环保的第三产业。昔日的红色吴起已成为陕北的绿色公园，延安的山山岭岭郁郁葱葱，山川大地已经实现了由黄变绿的历史性转变。

2001 年 7 月，林业战线上的优秀共产党员杨文洲事迹报告会在西安举行，来自省委宣传部、省文化厅和省市林业部门等单位近 500 多名干部群众聆听了杨文洲同志先进事迹。随后，省林业厅专门组织林业战线的优秀共产党员杨文洲同志先进事迹报告团巡回报告活动。

2001 年 8 月 2 日，省林业厅召开纪念江泽民总书记“再造一个山川秀美的西部地区”重要批示 4 周年和朱镕基总理提出关于退耕还林“十六字”综合措施 2 周年座谈会。人民日报、新华社、陕西日报、陕西电视台、陕西人民广播电台等新闻媒体分别对座谈会进行了报道。厅长权志长向省内外新闻媒体介绍党和国家领导人关于生态环境建设的一系列重要指示，以及陕西林业建设发生的可喜变化和取得的巨大成就。

2001 年 10 月 30 日，2002 年度《陕西林业》宣传通讯工作会议召开，10 个地市林业部门负责人和通讯员约 50 余人参加了会议，副厅长朱巨龙参加会议并讲话。

2003 年 2 月 26~27 日，中央电视台第七套节目播出电视专题片《牛背梁观牛记》，该片真实记录了牛背梁国家自然保护区光头山典型的垂直森林植被和特殊地形地貌及羚牛的群体生活状况。

2003 年 4 月 2 日，由全国新闻工作者协会、WWF 和陕西省林业厅共同举办“关注秦岭——全国新闻大奖赛”出发仪式在西安隆重举行，来自全国 36 家媒体的记者齐聚秦岭，“关注秦岭”新闻大赛全面展开。此次新闻大赛中，记者在崇山峻岭之间穿梭 8 天，行程近 2500 千米，采写刊发各种稿件、摄影作品数百篇(幅)。

2003 年 4 月 22 日，由世界自然基金会(WWF)和陕西省林业厅共同举办的“秦岭——献给地球的礼物”庆典仪式在西安市隆重举行。庆典仪式上，WWF 中国项目负责人郝克明代表 WWF 向陕西省人民政府省长贾治邦、副省长王寿森和省林业厅厅长权志长颁发“认证书”，这是 WWF 向全球 50 多个国家颁发的第 83 份“献给地球的礼物”认证书，也是中国继“全国湿地”之后第二份“礼物”。

2003 年 7 月 14 日，中宣部、全国人大环境资源委员会和国家林业局发起组织，全国人大环资委副主任叶如棠，国家林业局党组成员、驻局纪检组组长杨继平率领国内 14 家新闻单位 60 多名记者，在陕西省开展“中华环保世纪行陕西行”采访考察活动，省林业厅厅长权志长、副厅长郝福财及有关部门负责人陪同。记者团赴延安市宝塔区、吴起县和榆林市榆阳区、定边县、靖边县、横山县等地采访退耕还林，考察三北防护林体系建设等林业重点工程。

2004 年 1 月 8 日，《陕西日报》刊发专版全面介绍和宣传全省天保工程建设成就。2004 年 1 月 10 日，省林业厅召开新闻单位迎新春座谈会，厅长权志长向新闻界通报全省上年度林业工作情况和 2004 年林业工作总体安排，副厅长朱巨龙主持会议并作总结发言。

2004 年 7 月 8 日，省林业厅与中央电视台西部频道联合制作《秦岭探访》大型系列报道，这是国内电视媒体第一次以全程穿越的方式完成对秦岭的全方位报道。经过 1 年多的策划和组织实施，采访摄制组人员兵分两路，从秦岭东西两端同时出发，最后在太白山顶会师。同步体验秦岭沿线的自然风光、地质地貌、民风民俗和社会经济发展。此次活动共拍摄录象带200多盘，首次采用卫星传输适时直播的方式，在中央电视台西部频道黄金时段播出。

2004年7月，中央电视台录制以太白山大熊猫为主要内容的科学考察报道，并在中央电视台1套节目连续播出6集专题片。

2005年8月5日，省委宣传部与省林业厅联合举办"秀美山川陕北行"新闻采访活动。新华社、《中国绿色时报》、《陕西日报》等10多家新闻媒体记者参加此项活动，通过深入采访榆林、延安、铜川和咸阳等9个市、县(区)，围绕陕西以退耕还林为主的生态建设作充分报道。

2005年9月17~30日，中央政策研究室、中央电视台、国家林业局共同组织的大型电视系列片《走三北》摄制组先后在陕北的榆林市、延安市，对近年来地区生态建设情况进行现场拍摄。

2006年3月12日，省林业厅门户网站"陕西林业网"正式开通运行，网站主要设有：林业动态、政策法规、重点项目、政务公开、资源保护、科技教育、林业产业、发展规划和党建政工等栏目，以图片、文字、视频等不同形式，对全省林业工作展开网络传媒宣传。

2006年9月19~27日，省林业厅组织"关注森林——绿色家园和新农村建设"大型新闻采访团暨"知名作家摄影家绿色采风"两项大型宣传活动。来自新华社、《中国绿色时报》、《陕西日报》、陕西电视台、陕西人民广播电台、《西安晚报》、《三秦都市报》等主流新闻媒体记者，以及著名诗人雷抒雁，著名摄影家陈昌玉、刘晓玲等20多人参加了此次采风活动。整个采风活动历时10天，采访团先后深入渭南、铜川、安康市6个县，对花椒、柿子、茶叶、蚕桑、森林旅游等林业产业，以及绿色家园建设情况进行广泛的采访报道。

2007年6月，朱鹮首次野外放飞。位于陕南秦岭深处的宁陕县寨沟村，首批经过人工繁育的26只朱鹮被异地放归大自然，这是首次野外放飞实验。国家林业局局长贾治邦、省长袁纯清在省林业厅厅长张社年陪同下出席放飞仪式。央视新闻频道、陕西卫视、西部网、陕视网进行长达40分钟现场直播；来自日本、中国香港及中央、省、市等20多家媒体的60位记者到场进行采访报道。

2007年7月20日，省林业厅在西安举行"2006年陕西秦岭大熊猫及其栖息地监测成果简报"新闻发布会，新华社陕西分社、人民日报驻陕西记者站、光明日报驻陕西记者站、陕西电视台、西安电视台等16家媒体应邀参加。

2007年9月，全国开展退耕还林系列报道宣传活动，陕西日报以《为三秦大地添秀美》《吴起县退耕还林带给我们的启示》等进行专题报道，在全国影响巨大，引起全社会的广泛关注。

2008年7月，陕西林权制度改革全面启动，陕西日报开设"聚焦林改"专栏，刊载了林权改革动态和好经验好做法，起到了良好的示范引导作用。同时，《陕西日报》在"纪念改革开放30周年——林业建设篇"栏目上，对天然林保护、三北防护林工程、林业生态建设等林业重点工程进行翔实报道。

2008年9月17日，全省林业宣传工作会议在西安召开。会议传达全国林业宣传工作会议精神；总结近年来陕西省林业宣传工作，安排部署2009年宣传工作任务；落实2009年《陕西林业》杂志征订发行工作。国家林业局宣传办公室副主任叶智应邀出席会议并讲话。会后成立林业宣传工作领导小组办公室，下发陕西省林业厅《关于进一步加强林业宣传工作的意见》。

2008年12月，《陕西日报》在“纪念改革开放30周年——林业建设篇”专栏上，以“陕西变绿了”为主题，对林业改革开放30年取得的重大成绩进行了报道。

2008年12月27日，陕西省集体林权制度改革工作在西部地区起到示范作用，《人民日报》头版以“陕西林改再造秀美山川”为题进行了报道。《人民日报》和新华社记者到集体林权制度改革试点县采访，《人民日报》内参刊登宁陕县集体林权制度改革工作经验和做法，引起国家领导人的重视。

2009年2月25~26日，中央电视台新闻采编农业组记者崔洪利等有关人员赴渭南对陕西防护林工程建设拉动内需情况进行了采访，在“新闻30分”栏目中进行报道。

2009年3月4日，创办第1期《舆情简报》，每月1期，搜集整理陕西省林业建设的报道，领导通过简报及时了解、掌握林业宣传的各种情况和问题。

2009年6月12日，省林业厅召开全省集体林权制度改革宣传工作座谈会，安排部署林改宣传工作。《人民日报》、新华社、凤凰网等驻陕媒体和《陕西日报》、省电视台、省广播电台、西部网、《华商报》等省内媒体应邀参加会议。省委宣传部和省委外宣办有关领导出席会议并讲话。

2009年6月22日，《人民日报》“实践与思考”栏目刊发《让绿色满三秦》的调研文章，并专门配发《走有特色的林改之路》评论员文章，详细介绍陕西集体林权制度改革取得的经验和做法。

2009年8月25日，新华社内参以《陕西走生态保护型林改之路富了林区群众》向高层领导反映陕西集体林权制度改革工作。

2009年9月，全省春季造林现场会后，陕西电视台以五集系列报道方式，集中报道了安康、渭南、榆林、宝鸡、西安等地的重点区域绿化工作。2009年9月7日、8日和14日陕西电视台年连续在新闻联播头条播放《陕西版图主色调由“黄”变“绿”》《林业产业成为农民增收致富的“绿色银行”》《我省退耕还林创下多个全国第一》，对林业工作进行深入报道。陕西电视台驻厅记者站(1998年经省广电厅与林业厅协商同意成立)在陕西电视台新闻节目中年均播发稿件百余条，发稿量位于前列，荣获2010年度“优秀记者站”。

2009年9月6日，9月9日《陕西日报》先后在报眼、头版头条，刊发《红色革命摇篮，绿色革命典范》《绿了三秦富了百姓——林业生态建设巡礼》文章对陕西省林业生态建设工作进行重点报道。

2009年10月5日，中央七套“绿色时空”栏目采访定边县种树能人杜芳秀后播出《播种绿色的人》。中央七套“绿色时空”是国家林业局与中央电视台合办的宣传林业的专题栏目。2010年，成立“陕西‘绿色时空’工作室”，由宣传中心负责管理，及时向“绿色时空”栏目组提供新闻线索和素材。

2009年10月13日，中央电视台焦点访谈以“绿水青山新吴起”为题，对陕西省退耕还林工作取得的巨大成就进行详实报道。自1990年代末，在国家政策的支持下，陕西省吴起县在全国较早实施了封山禁牧、退耕还林。10年过去了，这里的生态环境不仅得到了根本改善，农民还提高了收入。吴起县的植被覆盖率已经从退耕前的19.2%达到了70%以上。随着环境的改善，农民的生活也在提高。吴起县农民年人均纯收入由退耕前的887元达到现在的5000元以上，此报道在社会上引起较大反响和普遍好评。

2009年12月30日，凤凰网“投资陕西”专栏，以“关中平原的绿色明珠”为题，报道杨凌示范区林业发展取得的最新成就。

2009年底，陕西新闻广播“秦风热线”节目推出“回望十年话发展——西部大开发10周年厅局长访谈”系列节目。省林业厅副厅长陈玉忠于2009年12月28日，做客《秦风热线》，介绍西部大开发10年来以林业为主体的生态环境建设都给陕西带来哪些变化。陕西省是最早启动实施退耕还林的省份之一，通过退耕还林，陕西省生态环境得到明显改善，农村产业结构得到调整，农民收入稳步增加，森林覆盖率显著增长，尤其是陕北地区的生态面貌发生了很大变化，昔日的黄土高原已经披上绿装，山变绿了，水变清了，天变蓝了，群众的收入增加，基本实现了“国家要被子，农民要票子”的双赢目标。

2010年，陕西省“两会”召开的第一天，《陕西日报》以“陕西绿色向北推进400千米”为题在头版报眼位置对陕西省林业建设成就予以报道，引起各级领导和读者的广泛关注和好评。

2010年植树节前夕，林业宣传首次利用省政府新城广场电子大屏连续一周播放《春来了，植树去》《陕西一江一河变身绿色长廊》《陕西野生动植物保护成效显著》《一亩树林的作用》等宣传短片，号召大家积极参加植树活动，共建绿色陕西；同时，还首次利用手机短信平台，向手机用户发送关于积极参加植树造林活动的短信息，每年发送短信2000余条，极大调动各界参与植树造林绿化家园的积极性。

2010年4月，在“第四届全国网络媒体陕西行”活动中，人民网、新华网、中国广播网、新浪网、新民网、西部网、金号网等全国网络媒体在3天内共播发关于陕西省林业建设成就的稿件达30余篇，引起了社会的广泛关注与好评。

2010年，首届德源杯全国绿色生态动漫作品展开幕。为普及生态知识，弘扬生态文化，引领社会公众践行绿色生活方式，积极参与生态文明建设，省林业厅承办了“倡导绿色生活、共建生态文明”绿色生态动漫大赛，此次大赛吸引众多中青年动画、漫画艺术家和动漫爱好者的参与。共征集动画作品357件，选出优秀作品18件；漫画作品623件，选出优秀作品20件。评选出的作品反映了我国生态建设取得的重大成就，林业建设者为改善生态面貌所付出的艰苦努力，反映全社会对改善生态面貌的热切期待，也反映全国生态安全面临的严峻形势。

2010年，在陕西省林业工作会议期间，西部网对会议进行全程拍摄转播，实现陕西省林业会议的首次现场直播，社会各界特别是全省林业系统的广大干部职工，通过网络视频与参会代表同步学习会议精神。2010年10月15日，《人民日报》在头版显著位置刊发《山绿了 心定了 人富了——陕西林业10年发展纪实》一文，对陕西省近10年来林业建设取得的成就进行了宣传报道。《陕西日报》10月17日在头版头条原文刊登了该文章，新华网、新民网、网易、搜狐、陕西省人民政府门户网站等各大网站也相继报道了相关内容，引起了社会的广泛关注与好评。

第二节 影视宣传

随着时代前行脚步和科学技术快速发展，林业宣传手段亦日渐新颖、途径多样化；航拍这种新的传播方式更为宏观、直接，视觉冲击效果明显，山河大地之壮美，绿色植被之波澜，瞬间便一览无余！

2008年，首次航拍绿色陕西之《舞动陕西》。《舞动陕西》是陕西有史以来规模最大的一次航拍活动，利用航拍从空中感受了西部大开发10年来三秦大地由黄变绿的历史性转变，昔日尘土飞扬的黄土高原已经被绿色所覆盖，绿色已成为三秦大地的主色调。该纪录片用高视点聚集陕西全貌，用高速掠影般的视觉与色彩变幻展示了壮美的西部和大开发的速度，用优美的旋律舞动陕西的美丽，把一个发展的、充满活力的、朝气蓬勃的新陕西展示在全国观众面前。

2009年，首次联合中央电视台、陕西电视台拍摄《大秦岭》。纪录片《大秦岭》用高屋建瓴的视角、恢弘的气势、充满张力的画面、详实的资料、极具穿透力的解说词深刻挖掘并展现了秦岭奇绝的自然风光及秦岭水系对人类文明的重大贡献。同样展现了这座山本身具有的独特人文魅力，也充分展示了世世代代林业人如何参与保护秦岭野生动植物来实现人与自然的和谐，便于让更多的人了解秦岭，加入到保护秦岭的行列当中。《大秦岭》风光片在林区的拍摄工作，很好地宣传了陕西林业建设的成就。同一时期，省林业厅与陕西电视台合作，邀请媒体和文艺界名人赵忠祥、吴京安、高建群、胡蝶等，在《大秦岭》播出之前，录制播出“大秦岭开播”专题晚会。

2009年，专题片《绿染三秦佑民生》。专题片《绿染三秦佑民生》是一部全面反映陕西林业事业建设和发展的宣传片。片子围绕各项林业重点生态工程建设、林业产业发展、集体林权制度改革等内容，全面展示林业建设对于改善陕西生态环境，促进全省政治、经济、文化等方面协调发展所发挥的巨大作用，展示林业人在建设绿色陕西、生态陕西当中的精神风貌。

2009年，专题片《绿色丰碑——陕西退耕还林工程十周年记》。陕西省是全国退耕还林重点省份。1999年，省委、省政府审时度势，抢抓机遇，认真贯彻国务院“退耕还林（草）、封山绿化、以粮代赈、个体承包”的十六字方针，在全国率先开展退耕还林工程试点。从2002年开始，陕西全面实施退耕还林，一场轰轰烈烈的绿色革命席卷三秦大地。专题片记录了十多年来陕西实施退耕还林的蜕变，在全国退耕还林现场会上引起强烈反响。

2010年，纪录片《森林之歌》长达550分钟，摄制组花费长达4年时间。总长11集纪录片，除前3集总论外，其余8集各指向一片有地域特色、气候带特征的森林类型。其中第四集《家园——云横秦岭》主要讲陕西秦岭，主线以秦岭金丝猴的生活历程为切入点，以金丝猴赖以生存的红桦林为叙述主体，围绕着红桦林这一叙述坐标轴，展现它的生存环境，以及动植物生态链，建构一个动物与植物和平共生的神奇“家园”。“甲板”是一只12岁的成年雄性金丝猴。它所在的猴群，生活在秦岭山脉北坡海拔2000米的山谷中。“甲板”有8个妻子，他最宠爱的是最年轻的母猴“圆圆”。不远处，被扫地出门的流浪公猴组成了一个部落，“八字头”在其中最为强壮。他每天准备着，如何成为其他家庭家长地位的挑战者，一场争夺王位的战争一触即发。

2010年，纪录片《大漠长河》是继《森林之歌》后又一部生态文化力作。纪录片《大漠长河》以每集30分钟的容量，选取7个不同角度，通过一个个沙区人物的平实讲述，展现人与沙的博弈，呈现给观众极具视觉震撼力的大漠风情。2009年9月26日，央视第二摄制组一行5人在牛玉琴林地内实地拍摄2天。该片在2010年6月全部制作完成，并在中央电视台重要频道黄金时段播出。

2010年，6集电视纪录片《陕北启示录》。由陕西省委宣传部、陕西省林业厅、陕西电视台等部门联合摄制的大型电视纪录片《陕北启示录》于2011年7月7日在中央电视台十套“探索发现”栏目播出，该纪录片全面展示了陕北生态建设的可喜变化。《陕北启示录》是继省林业厅参与摄制《大秦岭》纪录片之后的又一鸿篇巨制，6月17日开始摄制，该电视片集中反映了陕北地区由黄变绿的可喜变化，特别是对退耕还林、防沙治沙和三北防护林建设进行了聚焦与深度剖析。从自然环境、民族命运、国家战略等方面深入探讨了陕北对共和国昨天、今天、未来可持续发展所做出的特殊贡献和伟大实践，其变化带给人们的深刻启示，特别是从绿色的角度讴歌了陕北这一特殊区域在改善生态环境、促进人与自然和谐发展的道路上所进行的科学实践。该电视片作为建党90周年献礼片在中央电视台和陕西电视台播出，深度反映了陕西林业建设新成就，充分展现了“绿色陕西、生态陕西”新形象。

第三章　报刊图书宣传

第一节　《陕西林业》杂志

《陕西林业》杂志是陕西省林业系统唯一公开全国发行的纸媒载体，16开本，双月刊，1989年9月复刊，逢单月出版，由《陕西林业》杂志编辑室编辑、发行。2002年6月《陕西林业》改版，由16开本改为A4版本。每年6期，逢双月出版，栏目设置卷首语、本期观察、工作指南、本刊特稿、封面故事、重点工程、决策参考、绿化论坛、图片传真、林业基金、三秦绿事、安全生产、科技之窗、森林防火、市县林业、绿色产业、市场信息、生态文苑、编读往来、林海短波等20余个栏目，每期刊发文章40余篇，照片50余幅，每期印数1.3万份。2009年对杂志编辑程序进行了细化，明确了编辑的具体分工，对稿件登记、稿件初审、期刊策划、编辑校对、版面设计、印刷出版、邮局发行等每一项工作都提出了明确要求，落实了责任。《陕西林业》杂志经过多年的出版发行，已经形成固定的读者群，为增加杂志的可读性、资料性、科普性，从2010年第1期开始，杂志新开设“廉政文化”“低碳经济”等栏目，充实了林业机械、市县林业等内容。《陕西林业》20年来富有成效地宣传陕西省林业建设事业中涌现出来的新成就、新经验、新典型、新思路、新举措，及时准确地宣传报道不同时段涌现出来的林业战线的先进事迹和人物，传播了一系列适用的先进林业科学技术。

第二节　林业图书

一、国家出版单位出版的陕西林业图书

（一）《陕西古树名木》

古树名木是特殊的森林资源，它将自然景观和人文景观巧妙地融为一体，具有一定文化载体特征。珍惜和养护古树名木，是陕西人民的传统美德，在人民群众中有许多保护古树名木的佳话流传，有的还传著史籍。但毋庸讳言，陕西古树名木遭损毁的事例时有发生。1999年，中国林业出版社《陕西古树名木》问世，唤起或加深了人们爱护古树名木的意识和行为，此书出版不仅填补了陕西古树名木专著的空白，而且将成为《中国古树志》一个分册，为陕西乃至全国的古树名木的保护做出了贡献，对陕西科教兴林，提高林业工作的专业化水平起到有益的启迪作用。

（二）《陕西古树名木神韵》

由中国林业出版社出版的大型画册《陕西古树名木神韵》是继《陕西古树名木》一书之后，再次向世人展示陕西古树风貌最具代表性的一部巨作。陕西省是华夏农耕文明的发祥地之一，历史悠久，古树名木资源极为丰富。2002年对散生古树名木和古树群进行初步普查，境内古树名木为60万余株，位居全国各省份同期普查范围数量之首，因其数量大、种类多、内涵深和形态美而颇享美誉。画册从历史、文化和艺术的视角，发掘陕西古树的五大特质，演化为五章，集中展现出陕西古树的精、气、神。此次寻访历时10月，翻越秦岭巴山、踏遍关中平原、驰骋长城内外，终将其中代表性古树寻觅拍摄。碍于篇幅所限，图集只能在众多的古树照片中，遴选出具有代表性的近300帧作品编辑而成。《陕西古树名木神韵》是融可读性、知识性、观赏性和艺术性为一体的大型精品画册。

二、省内出版单位出版的陕西林业图书

（一）《荒漠奇迹——榆林治沙实录》

榆林，全国防治荒漠化的一面旗帜。荒漠化被喻为“地球的癌症”。在当今世界还没有从根本上扭转荒漠化不断蔓延的良方，在全国荒漠化每年仍以1.39%的速度扩大的同时，榆林却以每年1.62%的荒漠化逆转速率在缩小，为中国防治荒漠化写下壮丽的篇章。近半个世纪来，榆林人以自己坚韧的意志、心血和汗水，在毛乌素沙地南缘的茫茫沙海中，探索着一条有中国特色的防治荒漠化的道路，一步步创造着属于中国、属于自己的奇迹。1997年，由陕西人民出版社出版《荒漠奇迹——榆林治沙实录》一书，这本书深刻总结了榆林治沙的丰富历史经验，记录了榆林治沙创业的艰辛历程，反映了沙区人民在中国共产党的领导下，克服重重困难，改善生态环境，建设美好家园的动人事迹。这本书的出版，对推动榆林治沙产生了积极的影响，榆林治沙的许多好经验、好做法，也值得各地在防治沙漠化工作中学习、借鉴。

（二）《陕西自然保护区》

自然资源和自然环境是人类赖以生存，社会赖以发展的物质基础。自然保护区是保

护自然资源和自然历史遗产及其生物多样性最主要、最有效的手段，也是人们观赏大自然的重要场所，从事科学研究的"天然实验室"。为让全社会都来关心自然生态环境和自然保护区建设，2004 年由陕西旅游出版社出版《陕西自然保护区》一书，该书采用通俗易懂、喜闻乐见、图文并茂的表现形式，介绍全省自然保护区建设情况，分别对全省已建和拟建的 41 个自然保护区进行全面介绍。根据各自然保护区特色，从各自然保护区的自然环境、动植物资源、自然风光及管理现状进行介绍，并对保护物种和保护意义进行系统阐述，目的是激发人们热爱自然，回归自然的情趣。

(三)《绿色奏鸣曲——陕西作家三秦林业巡礼》

2009 年，由陕西旅游出版社出版《绿色奏鸣曲——陕西作家三秦林业巡礼》，该书有《让绿色覆盖大地——专访陕西省林业厅厅长张社年》《宝鸡：一块神奇而美丽的绿宝石》《天高任鸟飞——延安市劳山林业局"飞鸟"战略促腾飞》《绿色终南的历史年轮》等稿件 12 篇，展示林业多年来的变化，本书彩色插图及内文配图均由省林业厅及各市林业局提供。

(四)《陕西林业大事记》(1949~1999)

为总结经验教训，提供历史借鉴，进一步搞好陕西的山川秀美工程建设，适应西部大开发对良好生态环境的需要，1999 年由陕西省旅游出版社出版《陕西林业大事记》(1949~1999)，该书遵循历史唯物主义的观点和实事求是的原则，以编年体的方法，记载西安解放以来陕西林业建设上的大事、要事、新事。凡有机关设置撤并、体制改革、政策法令、规章制度、重要会议、领导讲话批示、护林防火、良种选育、珍稀动植物保护、病虫害防治、领导干部任免、重大事故、先进集体、英雄模范人物、具有地方特色和首次出现或发生的事件以及陕西林业有关的全国性大事等，均按年月日顺序加以记述。

(五)《陕西省长江防护林建设技术与成就》

林业是生态环境建设的主体，改善生态环境是林业建设的首要任务。为充分发挥林业科技工作者的聪明才智，在西部生态环境建设中大显身手、大展宏图，实现江泽民总书记提出"再造一个山川秀美的西北地区"的目标，省林业厅 2000 年决定，由西安地图出版社出版《陕西省长江防护林建设技术与成就》一书，以期望对今后开展的生态环境建设有所帮助。本书共分 5 大部分：第一部分全面总结回顾了陕西省长江中上游防护林建设工程的历史，并对今后工作提出了建设性和方向性建议；第二部分系统地论述了陕西省长江中上游防护林体系建设技术和科学研究；第三部分系统总结了陕西省长江中上游防护林建设 10 年来的建设实践、成就和经验；第四部分整理收集了陕西省长江中上游防护林建设的管理办法、措施、法规和政策；第五部分整理收集了陕西省长江中上游防护林建设中涌现出来的先进典型和感人事迹。《陕西省长江防护林建设技术与成就》一书，是作者根据陕西省长江中上游防护林建设多年的生产、科研和管理的各个方面的实践，对该地区生态经济型防护林体系营造技术、工程建设最新成就、工程建设管理经验的全面总结，它根据国内外防护林建设动态、秦巴山区地形地貌特征、自然条件特征、自然灾害及水土流失规律、立地类型和影响植被建设的重要因子，按照因害设防、因地制宜、适地适树的原则，把现代林业科学技术和成果运用于工程建设实践中，以生物治理措施为主，将工程措施、农耕措施以及其他措施组装配套，提出了综合性的治理思路、治理方式和方法；是一部适合秦巴山区生态建设，科技含量高，操作性强，且非常实用的专著。

第四章　林业信息化建设

第一节　林业信息网络建设

一、林业专网建设

从2000年起，陕西省林业厅开始筹划森林防火、种苗工程、森林病虫害防治等信息化建设项目。2003年3月8日，经省林业厅厅务会议研究决定将上述项目中涉及计算机网络建设的资金合并使用，实施建设陕西省林业计算机综合信息系统工程。2004年5月份，工程启动建设，截至2005年8月，工程顺利竣工并投入使用，总投资近1000万元。工程涉及具体项目有：①办公楼综合布线，建设信息点600个，并设置内、外网信息点各300个；②中心机房建设，机房位于厅办公大楼11楼，机房面积约70平方米。机房内购置有路由器、交换机、服务器等核心设备，并配备了UPS设备、防火设备等；③办公楼监控系统建设，每层均铺设了监控线路，在进、出口处均安装有摄像头；④省、市及直属单位两级网络工程(专网)，工程涉及10个地市林业局和14个直属单位，网络采用数字电路方式连接，带宽为2M，并为每个市及直属单位配备路由器、交换机、服务器等网络设备；⑤省、市及直属单位远程视频会议系统工程，依托专网，采用先进的视频会议终端产品进行省、市及直属单位共24个单位之间的互联互通；⑥厅属区域网络建设，耗资40万元进行家属区综合布线工程，接入用户420余户，网络服务全覆盖并安排专人维护网络安全和处理网络及电脑故障。

二、林业视频会议系统建设

2003年，配合国家林业局完成全国林业视频会议系统省林业厅节点的建设工作。2005年3月底，陕西省林业厅在完成林业专网建设后组织建设全省林业远程视频会议系统。系统覆盖10个地市林业局及14个直属单位，采用宝利通品牌设备，由西安力维电子信息技术有限公司负责实施。2005年7月10日，工程全部完工，经过测试和试运行，整个系统运行正常。通过该系统，每年召开全国性视频会议10~15次，单位内部会议70~80次。2007年完成陕西省政府视频会议系统林业厅节点的建设工作，省应急办每天通过该系统进行应急点名及应急事件上报工作，每年进行应急点名230余次。

三、林业厅门户网站建设

陕西省林业厅门户网站由西安博达软件公司进行设计开发，2006年5月正式上线运行，域名为www. snly. gov. cn，是陕西省林业厅对社会公众服务和宣传的唯一官方网站。2008年，按照省政府省级部门网站绩效评估标准要求，林业厅网站进行改版升级工作，设有林业动态、政策法规、政务公开等10余个一级栏目；省内林业动态、国内林业动态、图片新闻等数10个二级栏目。栏目各具特色，图文并茂，内容丰富，为提升政府服务质量，宣传绿色陕西做出了贡献。此外，在政府信息公开栏目中开设相关栏目，维护信息添加内容自动更新，确保信息安全和主动公开、拟申请公开工作有条不紊地开展，信息化网络建设取得良好效果。

四、林业办公自动化建设

2009年11月，启动建设陕西省林业厅机关通用办公系统，部署在省电子政务综合服务中心。为此，省林业厅办公室购买内网办公专用电脑80台，领导专用手写签字板18台，耗资60余万，共有26个处室单位参与，开通内网专用端口100余个，系统操作培训2次，培训干部100余人。经过2个月的建设，2010年1月通用办公系统试运行，2010年6月正式在全厅上线运行，实现无纸化办公。办公系统的运行，大大提高了单位的工作效率，节省了大量的纸张和印刷费用，林业办公系统自动化实现了节能、环保和高效率。

五、林业应用系统建设

1. 2006年5月，陕西省林业厅门户网站开通运行。门户网站是陕西林业对外宣传和服务的窗口，是林业厅惟一的官方网站。

2. 2010年6月，陕西省林业厅机关内网办公系统正式上线运行。内网办公系统建成，使林业厅机关公文办理实现网络流转，提高了工作效率，节省纸张和打印所消耗的大量经费。

3. 2010年10月，陕西省网络森林医院建成开通。自开通首家网络森林医院以来，专家已发展到280人。其中，省级专家26人、市级专家47人、县级专家207人，并更新完善了301种病虫害名目和防治识别办法等基础数据信息。全省网络森林医院访问量达到60.89万人次，注册用户2383人，专家视频坐诊时间达到685小时，解答用户所提问题681个。林农足不出户就能得到专家的指导，面对面解决有关森林病虫害防治问题。

4. 2010年12月，陕西省木材运输管理系统建成运行。通过该系统，可在全省范围内实现办证点办证，样式统一，证件防伪。发挥木材检查站网络验证、行政处罚及各级林业行政管理部门木材运输信息查询、数据统计分析和办证点、检查站管理等功能，大大提高行政工作效率，规范木材运输证签发和木材检查站执法行为，提升木材运输管理工作，有效地保护生态建设成果。

第二节　林业信息化管理

一、林业信息化管理机构建设

2009年3月，省林业厅专门成立信息化与电子政务工作领导小组，厅长任组长，主管厅领导任副组长，厅机关各处(室、局)、厅直属各单位及各市(区)林业局负责人为领导小组成员，领导小组下设办公室，办公室设在省林业信息宣传中心，统一负责全省林业信息化建设的规划、实施和协调工作。

二、林业信息化管理制度建设

2010年12月，为了加强管理陕西省林业信息化工作，结合省厅信息化建设的实际情况，林业信息宣传中心先后制定完善《陕西林业厅门户网站管理办法》《陕西省林业视频会议系统管理办法》《陕西省林业厅办公网管理办法》《陕西省林业厅网络信息安全应急处置预案》《陕西省林业信息宣传中心机房管理制度》《陕西省林业信息宣传中心机房值班人员职责》和《陕西省林业厅政府信息公开制度》等制度和办法。

三、网络信息标准化管理

依据《全国林业信息化建设纲要》和《全国林业信息化建设技术指南》，结合陕西省实际，编制《陕西省林业信息化建设纲要》《陕西省林业信息化建设技术指南》和《陕西省林业信息化建设发展规划》，并按照省林业厅安排，编制《陕西省林业信息化示范省建设实施方案》。根据国家林业局“四横两纵、五个统一”的框架要求，涉及信息化基础平台、应用系统、数据库、基础设施、标准规范体系建设等方面的内容，建立覆盖全省林业系统的信息化体系，全面提高信息化应用水平，实现信息资源共享，提供全面、快捷、准确的信息服务，增强决策支持和应急处理能力。

第五章　森林城市创建与生态文明教育基地建设

第一节　国家森林城市创建

“关注森林活动”是1999年全国政协人口环资委、全国绿化委员会、国家林业局、国家广电总局等6个部委共同倡导，在全国范围内开展的一项推动生态文明建设的重要活动，活动主要是围绕林业生态建设问题，开展一系列形式多样的活动，特别是举办“中国城市森林论坛”和组织开展“国家森林城市”创建活动。

从2004年起，为积极倡导国家森林城市建设，激励和肯定在森林城市建设中成就显著的城市，为全国城市树立生态建设典范，全国绿化委员会、国家林业局启动“国家森林城市”评定程序，并制定《国家森林城市评价指标》和《国家森林城市申报办法》。由此拉开全国性的国家森林城市创建活动序幕。“国家森林城市”是指在市域范围内形成以森林和树木为主体，城乡一体、稳定健康的城市森林生态系统，服务于城市居民身心健康，且各项建设指标达到规定标准，并经国家林业局批准授牌的城市。“国家森林城市”是目前中国对一个城市在生态建设方面的最高评价，是最具权威性、最能反映城市生态建设整体水平的荣誉称号，也是评价一个地区林业建设成效的最高标准。现在全国已有96个城市获得此称号。

陕西宝鸡市于2009年荣获“国家森林城市”称号，成为西北地区最早、陕西省唯一获此殊荣的城市。2011年，陕西林业厅根据《国家森林城市评价指标》和《国家森林城市申报办法》，制定《陕西省林业厅推荐国家森林城市综合评定办法》，并根据国家局最新标准对评定办法进行修订。办法制定后，省林业厅积极推动在全省开展国家森林城市创建活动。目前，延安、西安、安康已经获得国家林业局批准正在积极地开展此项工作，预计陕西很快将会有3个城市获得国家森林城市称号。除获得批准正在创建的3个城市外，其他城市也在积极筹备创建工作。

第二节　国家级生态文明教育基地

2009年，国家林业局、教育部、共青团中央联合发出通知，开始启动国家生态文明教育基地创建工作，每年授予一批国家生态文明教育基地。原则上每年只授10个单位为“国家生态文明教育基地”。陕西已成功创建国家级生态文明教育基地3处，分别为定边县石光银英雄庄园、牛背梁国家级自然保护区和化龙山国家级自然保护区。

2009年，定边县石光银英雄庄园被国家林业局、教育部、共青团中央授予10家“国家生态文明教育基地”称号之一。石光银是中华人民共和国成立以来第一位全国治沙英雄。他从1984年以来，30多年在沙窝里拼搏，成功治理了1.67万公顷荒沙，在毛乌素沙漠南缘营造了一条长百余里的绿色长城。石光银英雄庄园位于定边县城东北7千米处，定海公路横穿而过。文化生态旅游区内，水泥路、柏油路、沙砾石路四通八达。城乡公交车半小时一趟，交通十分便利。可供观赏的景点有生态湖、养鸡场、脱毒马铃薯组培中心、十里沙移民村、马铃薯良种繁育基地、月牙湖、千亩樟子松育苗基地、千头良种奶牛场、千亩温室葡萄园区、狼窝沙治理区、石光银旧居、治沙造林展览馆、农家风情园等10多个景区。

2012年，牛背梁国家级自然保护区被国家林业局、教育部、共青团中央命名为“国家生态文明教育基地”。牛背梁自然保护区地跨长安、柞水、宁陕3县交界处，是目前全国唯一以保护秦岭羚牛为主的森林和野生动物类型的国家级自然保护区，森林覆盖率达90%以上，在“中国生物多样性保护行动计划”中被确定为40个最优先的生物多样性保护地区之一。牛背梁自然保护区蕴藏着众多的珍稀动、植物资源，是物种遗传的基因库。对秦岭而言，它具有一定的典型性及代表性，被誉为秦岭东部的绿色明珠，是陕西秦岭东段生物多样性最丰富的区域之一。牛背梁自然保护区建立了自上而下的宣教体系，并采取创办内部刊物、建立宣传网站、开放生物多样性展示馆、设立基层宣教室、举办专项宣传活动等方式，在生态文明教育方面做了大量工作，宣传成效尤为显著，受众已达百万人次。

2013年9月17日，国家林业局、教育部、共青团中央联合下发《关于授予首都经济贸易大学等13家单位为‘国家生态文明教育基地’的决定》，化龙山国家级自然保护区成功晋级为“国家生态文明教育基地”。化龙山是大巴山深处一颗璀璨的生态明珠，她孕育了浩瀚、古老的动植物种群，以生物区系和动植物种类的古老性、稀有性、丰富性、珍贵性、濒危性而闻名，是众多濒危、珍稀生物的著名避难所，素有“小神农架”之称、巴山屋脊之美誉。区内分布有闻名全球的中华鸽子树、红豆杉，繁衍、栖息着长序榆、油樟、豹、金雕等国家和陕西省重点保护动植物160多种。这里有醉人心魄的自然风光，万般妖娆的林水景致，古朴厚重的人文积淀。化龙山不但是开展生物多样性保护科学研究的理想场所，也是开展摄影创作、文艺采风、生态教育的理想基地。

第三节　省级生态文明教育基地

为进一步贯彻落实党的十七大精神，深入学习实践科学发展观，加快推进生态文明建设，普及全民生态知识，增强全社会生态意识，加快构建繁荣的生态文化体系，按照国家林业局、教育部、共青团中央《关于开展“国家生态文明教育基地”创建工作》(林宣发〔2009〕85号)的通知要求，省林业厅、教育厅、团省委于2009年决定联合开展陕西省生态文明教育基地创建工作，制定《陕西省生态文明教育基地管理办法》和《陕西省生态文明教育基地考核办法》。联合开展陕西省生态文明教育基地创建工作是开展生态文明教育的强有力抓手，每年授予一批省级生态文明教育基地。森林公园、湿地公园、自然保护区、自然博物馆、学校、青少年教育活动中心、风景名胜区等是开展生态文明教育的重要领域。陕西省已创建生态文明教育基地达到16处，分别为陕西牛背梁国家级自然保护区、陕西太白山国家级自然保护区、陕西通天河国家森林公园、陕西雅森体验教育有限公司、陕西化龙山国家级自然保护区、陕西长青国家级自然保护区、金丝大峡谷国家森林公园、陕西自然博物馆、延安劳山国家森林公园、延安市宝塔区南泥湾林场、神木县生态保护建设协会、西安市林木种苗工作站、陕西榆林红石峡森林公园、陕西观音山国家级自然保护区、陕西子午岭国家级自然保护区。其中，国家级3处、省级16处，平均每市1~2处。创建活动分三个阶段进行：①先申报“陕西省生态文明教育基地”的单位，由所在主管部门初审推荐，按照自下而上原则进行初评、推荐和申报工作。②省生态文明教育基地管理工作办公室受理各市级林业主管部门商同级教育行政部门、共青团组织推荐的申报材料后，负责组织有关方面专家和负责人组成评审委员会，对申报材料进行实地审核把关。③经过专家评审和实地考察，对评审委员会的意见进行汇总，并按程序上报审批。省林业厅、教育厅、团省委批准授予陕西省生态文明教育基地称号，颁发证书和牌匾。④获得陕西省生态文明教育基地称号的单位每年年底要向陕西省生态文明教育基地管理工作办公室提交书面总结报告。省生态文明教育基地管理工作办公室对基地进行抽查，对达不到规定的单位，提出整改意见；在规定的整改期内仍达不到要求的，报省林业厅、教育厅、团省委取消其省级生态文明教育基地称号。

第十二篇　林业机构

1990~2001 年，陕西林业机构数量增加较快，但职工人数呈逐年减少的趋势。2001 年底陕西省共有林业单位 2330 个，职工 35883 人，林业单位数量较 1989 年的 1504 个增加 54. 9%，职工人数较 1989 年的 42149 人减少 14. 9%。2001 年以后，随着机构改革不断深入，林业单位数量逐年减少，到 2010 年全省有林业单位 1647 个，较 2001 年减少 29. 3%，职工人数 36050，较 2001 年相比增幅不明显。虽然，陕西林业机构精简了，林业职工队伍人数减少了，但林业事业却没有因机构精简，人员减少而影响，相反，随着科技进步，以及林业人的科学、精细化管理水平的提高，职工队伍结构更趋合理、科学，陕西林业事业得到快速发展。

第一章　行业概况

1990年以后，随着陕西省行政区划调整及林业改革不断深入，渭南、汉中、安康、商洛、延安5个地区林业局随区划调整分别更名为渭南市林业局、汉中市林业局、安康市林业局、商洛市林业局和延安市林业局。1997年杨凌示范区成立后，设立杨凌示范区林业局。

1990~2010年陕西省林业系统全民所有制单位情况见表12-1-1。

1990~2010年陕西省林业系统全民所有制单位情况

表12-1-1　　单位：个、人

年份	全省林业单位		其中			
	个数	职工人数	林业制造业		其他林业单位	
			个数	职工人数	个数	职工人数
1990	1584	42310	20	14537	1289	20199
1991	1632	43473	22	15312	1342	20734
1992	1635	43833	25	15206	1346	20976
1993	1700	45044	27	16104	1428	22105
1994	1653	45309	32	16282	1377	21801
1995	1675	45465	36	15763	1373	21435
1996	1656	45594	34	15560	1349	22759
1997	1769	43889	36	13640	1507	23275
1999~2000	1872	38638	33	7942	1616	24571
2001	2330	35883	34	6045	1610	25072
2002	1840	38295	33	6130	1576	28138
2003	1839	38042	25	5666	1619	28098
2004	1713	37173	36	4369	1487	28446
2005	1765		26		1563	
2006	1747	36429	27	4371	1553	27788
2007	1735	36459	26	3071	1537	28449
2008	1708	35990	28	3321	1522	28371
2009	1682	34606	27	3147	1493	28534
2010	1647	36050	25	3768	1417	27102

2010年，国家统计年报：陕西省省属林业单位40个、职工人数4969人。其中，省林业厅直接领导管理的28个单位，计1439人。由省森林资源管理局领导管理有12个单位，计3530人。11个市(区)所辖1607个单位，计31081人。其中，林业单位以商洛市最多，有322个。职工人数以延安市最多，有6049人。杨凌示范区最少，仅有2个林业单位，计16人。2010年末陕西省林业系统全民所有制单位情况见表12-1-2。

2010年末陕西省林业系统全民所有制单位情况表

表12-1-2　　单位：个、人

省、市	全省林业单位		其中			
			林业制造业		其他林业单位	
	个数	职工人数	个数	职工人数	个数	职工人数
全省合计	1647	36050	25	3768	1417	27102
省林业厅	28	1439			13	2675
省资源局	12	3530	9	2906		
西安市	110	3122	1	19	88	2675
铜川市	47	868			38	778
宝鸡市	130	3170	2	339	109	2555
咸阳市	92	2021			78	1757
渭南市	94	2209			79	1912
汉中市	250	4260	5	105	227	3756
安康市	154	1780			134	1412
商洛市	322	3182	7	369	301	2468
延安市	256	6049	1	30	214	5429
榆林市	150	4404			135	3832
杨凌示范区	2	16			1	12

注：制造业包括林木竹材采运加工业。

2010年年底，按照国家统计年报分类规定，陕西省林业单位1647个(分类方法与前有所不同)分属于9大行业，以农林牧渔业为最多，有1471个，占86%；以建筑业为最少，只有1个单位，占0.1%。2010末陕西省林业系统全民所有制单位按行业分类情况见表12-1-3。

2010年末陕西省林业系统全民所有制单位按行业分类情况表

表12-1-3 单位：个

省、地（市）	农林牧渔业	制造业	建筑业	批发和零售及其他行业	水利、环境、公共设施管理、社会组织	卫生事业	教育事业	科学研究、技术服务和地质勘察业	公共管理
合计	1417	25	1	17	29	2	3	13	140
西安市	88	1		2	3			3	13
铜川市	38			1	2				6
宝鸡市	109	2		2	1		1	2	13
咸阳市	78								14
渭南市	79				3				12
汉中市	227	5		3	2			1	12
安康市	134		1	2	1			2	14
商洛市	301	7		2	2			2	8
延安市	214	1		1	9			1	31
榆林市	135						1	1	13
杨凌示范区	1								1
省资源局		9		1		1			
省林业厅	13			3	6	1	1	1	3

注：表中制造业包括林木竹材采运加工业

2010年底，按国家统计年报分类规定，陕西省36050名林业职工，分属9大行业，以农林牧渔业为最多，有27102人，占职工总数的88.4%；以建筑业为最少，只有9人，占职工总数的0.02%。2010年末陕西省林业系统全民所有制单位职工按行业分类情况见表12-1-4。

2010年末陕西省林业系统全民所有制单位职工按行业分类情况表

表12-1-4 单位：人

省、地（市）	农林牧渔业	制造业	建筑业	批发和零售及其他行业	水利、环境、公共设施管理、社会组织	卫生事业	教育事业	科学研究、技术服务和地质勘察业	公共管理
合计	27102	3768	9	452	696	582	270	579	2592
西安市	2675	19		32	130			88	178
铜川市	778			2	23				65
宝鸡市	2510	339		37	7		14	33	185
咸阳市	1757								264
渭南市	1912								297

续表

省、地（市）	农林牧渔业	制造业	建筑业	批发和零售及其他行业	水利、环境、公共设施管理、社会组织	卫生事业	教育事业	科学研究、技术服务和地质勘察业	公共管理
汉中市	3756	105		186	17			40	156
安康市	1412		9	17	7			13	322
商洛市	2468	369		51	10			28	256
延安市	5429	30		1	73				516
榆林市	3832						242	82	248
杨凌示范区	12								4
省资源局		2906		77		547			
省林业厅	516			49	429	35	14	295	101

注：表中制造业包括林木竹材采运加工业。

第二章　林业行政主管部门

第一节　省级林业行政主管部门

一、1990 年 1 月至 1993 年 6 月

省林业厅有行政处室 12 个(包括省绿化委员会办公室、省防火指挥部办公室)。厅长任国义。1990 年 1 月到 1993 年 6 月省林业厅厅级干部任职情况见表 12-2-1。

二、1993 年 6 月至 2000 年 7 月

1993 年 6 月 30 日，省八届人大常委会第一次会议，任命钟高适为陕西省林业厅厅长。

1993 年机构改革，1993 年 12 月 30 日省政府批准了林业厅机构改革方案，即省林业厅“三定”方案。

（一）指导思想

省林业厅的职能要适应建立社会主义市场经济体制的客观要求，按照"转变职能、理顺关系、精兵简政、提高效率”和"政企分开、政事分开"的原则，理顺林业资源配置和生态环境建设体制，把林业行政管理工作转变到统筹规划、掌握政策、健全法制、强化服务和监督检查上来。

（二）主要职责

省林业厅是省政府主管林业工作的职能部门，对全省森林资源的保护、利用、更新实施全面的管理和监督，进行林业生态环境建设的组织管理，保护森林资源安全，完善林业资源资产化管理体制，发展高产、优质、高效、持续林业，依法行使林业行政执法职能。主要职责：

1. 认真贯彻执行党中央、国务院和省委、省政府关于林业建设的方针、政策，研究提出全省林业发展战略、规划、计划，经批准后组织实施。草拟有关林业法规并组织实施和监督检查。

2. 组织指导全省义务植树、造林绿化、防沙治沙以及各类林业基地、各种重点生态工程的建设和林木种苗管理工作。

3. 组织指导全省森林资源调查、规划设计、动态监测，编制森林采伐限额并对执行情况进行监督检查；负责指导全省森林资源资产管理，代表国家管理省属林业单位的森林资源资产。

4. 审查和监督检查全省木材、松香(含松脂)、木本药材、野生动物及其产品和其他林产品的采伐、猎捕、经营、运输，对违犯森林法规的行为执行行政处罚。

5. 负责全省林地、林权管理，协调处理山林权属争议，审核征用、占用林地，监督检查补偿费用征收和林地的开发利用。

6. 负责指导全省国有林场、国有苗圃、集体林场和基层林业工作站的建设。

7. 负责指导全省森林公园和以森林景观为主的风景名胜区建设和管理，协调管理森林旅游业。

8. 负责指导、检查、监督和协调全省森林防火及森林病虫鼠害的防治、检疫、预测预报工作。

9. 负责建设和管理全省森林和野生动物类型自然保护区，特别是大熊猫、朱鹮栖息地等重点保护工程，指导和监督陆生野生动植物资源的保护、发展、开发利用，以及濒危物种进出口管理。

10. 指导全省林业公安工作和林业公安队伍建设，指导、协调、监督查处破坏森林资源的重大案件。

11. 负责全省木材采运、木竹加工、林产化工、林业机械、林区多种经营以及苗木花卉等林业产业的指导、协调和管理。

12. 负责审核和指导全省林业系统的基本建设和技术改造项目；指导和监督全省林业系统的财务工作，监督全省林业基金的管理和运用，筹集和管理省级林业基金。

13. 组织、指导林业宣传动员和林业行业精神文明建设。

14. 负责拟订全省林业科技发展规划，组织重大科研项目和科研成果的推广应用，统筹规划全省林业人材的培训，指导全省林业知识的宣传教育。

15. 管理有关林业方面利用外资、引进先进科学技术、开展国际交流与合作，以及本系统出访组团和国外来访等林业外事工作。

16. 配合省级有关部门，结合林业特点，指导开展水土保持、环境保护、农村能源建设、农业综合开发和扶贫等工作。

(三)机构设置

省林业厅原有行政处室12个(包括省绿化委员会办公室、省防火指挥部办公室)，这次机构改革调整为9个，精简25%。厅机关内设处室现定：

1. 办公室。协助厅领导组织协调机关工作，组织贯切实施厅机关各项工作制度；负责文秘、缮印、档案、信息、信访、保密工作；负责指导和宏观协调有关林业宣传监督工作；负责机关财务、房产和基建安排等后勤管理工作。

2. 造林经营处(省绿化委员会办公室)。研究拟订全省造林绿化、森林经营和管理方面的有关规程、规范；组织指导全省采种育苗、植树造林、森林抚育、封山育林以及防护林体系、治沙工程、西部恢复生态工程和用材林、经济林、薪炭林的建设和管理；对全省国有林场、国有苗圃和集体林场的建设及其育、造、抚业务进行行业管理；贯彻执行全民义务植树运动的方针、政策和法规，监督绿化费的征收、使用和管理；参与研究和指导全省水土保持、农村能源建设、农业综合开发等与林业发展相结合的工作。

3. 资源林政处。研究拟订全省森林资源调查、区划、规划设计的标准、规范和制度；组织指导全省森林资源清查、统计和消长动态监测工作；编制全省森林采伐限额和监督检查执行情况；管理全省林木、林地权属；指导陆生野生动物资源保护管理和开发利用；负责濒危物种的进出口管理；组织研究划定和审查建立森林与野生动物类型自然保护区，并实施行业管理；办理有关建立森林公园和以森林景观为主的风景名胜区的审批手续以及有关生物保护抢救工程的宏观管理；指导全省森林病虫鼠害的防治、检疫、猎捕、驯养繁殖，办理林特产品经营、运输证件的发放，对违犯森林法规行为实施行政处罚。

4. 林业产业处。组织编制全省森林工业的发展规划；指导和协调木材及其他林产品的经销，归口管理木材等林产品进出口和经销事宜；指导森工系统、国有林场系统、乡村组织和个人的林副产品市场建设；协调指导木材采运、木材加工和人造板、林产化工企业和林业生产经营机构开展森林旅游业务等第三产业和多种经营；研究和指导木材节约代用和资源综合利用。

5. 科教外事处。组织编制全省林业科学发展、专业人才培养和林业教育的规划、计划，拟订有关林业技术产品质量标准；制订全省林业科学研究和技术推广计划，并管理其推广应用成果；指导林业科技体制改革和技术服务；组织和指导全省林业教育改革和林业专业教育工作；办理林业对外援助、引进技术及其他中外合作交流等涉外事项。

6. 森林防火办公室。组织贯彻执行国家有关森林防火的方针、政策和法规；组织协调和指导各地、市、县有关部门应承担的森林防火工作；组织指导全省森林防火设施建设；负责火情监测，发布森林火险预报和森林火灾信息，对扑灭重大林火实施统一指挥。

7. 政治处。负责厅直属单位及厅机关的党组织建设和思想政治工作，负责联系和协调林业系统的工会、共青团、妇女组织建设和统战工作；负责厅机关和厅直属系统的劳动工资管理，办理全省林业系统和厅机关各类专业人员职称的评定、申报、审批工作。

8. 计划财务处。组织编制、申报和审查全省林业生产和基本建设的规划、计划及基本建设重点项目设计文件；汇集编制全省林业统计报表；组织筹集林业发展资金，指导林业基金的使用并实施监督管理；负责全省林业行业的价格管理；监督管理厅属单位林业生产建设、财务收支计划的执行；管理国有森林资源及厅直属单位的国有资产。

9. 法规处。对贯彻执行林业方针、政策和指导林业经济体制改革中的重大问题进行调查研究；组织草拟林业法规，归口管理林业法制工作；组织林业普法宣传教育，监督检查林业执法工作；依法受理林业行政案件的复议工作。

纪检、监察、审计机构的设置，按省上有关规定办理(林业厅设置派驻纪检组、监察室和驻厅审计处，纪检组、监察室一套机构，两块牌子)。

(四)人员编制和领导职数

省林业厅机关核定行政编制70名。厅领导职数4人(其中厅长1人，副厅长3人)，处室正、副领导职数20人(含机关党委专职副书记1人)。

1993年6月到2000年7月，省林业厅厅级干部任职情况见表12-2-1。

三、2000年7月至2005年8月

2000年7月5日，中共陕西省委研究决定：权志长任陕西省林业厅党组书记，免去钟高适陕西省林业厅党组书记职务，免去赵秉正、陈东升陕西省林业厅党组成员职务。

7月8日通知，经陕西省委组织部研究同意：陈玉忠任中共陕西省纪律检查委员会派驻省林业厅纪律检查组组长、陕西省林业厅党组成员；郭道忠任陕西省林业厅党组成员、省森林工业总公司党委书记、总经理。

7月11日通知，省政府决定任命：赵秉正为陕西省林业厅巡视员，陈东升为陕西省林业厅助理巡视员；免去赵秉正、陈东升陕西省林业厅副厅长职务。

2000年8月14日，收到陕西省人民政府办公厅文件(陕政办发〔2000〕66号)，陕西省人民政府办公厅印发了经省机构改革领导小组审核、省人民政府批准的《陕西省林业厅职能配置、内设机构和人员编制规定》的通知。

(一)职能调整

1. 取消职能。

(1)组织提报统配木材的分配资源，参与和协调统配木材的分配、调拨工作；管理非统配木材和松香(含松脂)的经销。

(2)对木材生产、木浆造纸林业产业的管理规划指导 林产品市场建设；对木材生产、木浆造纸、木本药材等林业产业的管理。

(3)配合有关部门做好农村能源发展、农村综合开发和扶贫等组织指导工作。

2. 划入职能。将原由省水利厅承担的在宜林地区以植树、种草等生物措施防治水土流失的政府职能，交给省林业厅承担。

3. 转变职能。将林地调查、定级、估价工作，交给事业单位承担。

(二)主要职责

根据以上职能调整，省林业厅的主要职责：

1. 贯彻执行党中央、国务院和省委、省政府关于森林生态环境建设、森林资源保护和国土绿化的方针、政策；研究提出全省林业发展战略、规划，并组织实施。

2. 负责组织实施《中华人民共和国森林法》等国家有关林业的法律、法规，依法管理和利用森林资源和林业用地；起草全省林业法规、规章并监督实施；负责全省林业行政处罚和执法稽查工作；开展普法宣传教育。

3. 审核、指导全省林业系统的基本建设和技术改造项目；管理、监督全省各项林业资金；负责全省林业基金的筹集、管理和使用；指导和监督全省林业系统的财务工作。

4. 负责植树造林、封山育林，组织实施天然林保护工程、退耕还林(草)工程、防护林体系建设工程、防沙治沙工程等国家生态建设重点工程；负责以植树种草等生物措施防治水土流失和防沙、治沙工作；组织指导全民义务植树，承办省绿化委员会的工作。依法实施对林木种子的管理，指导全省林木种子苗木基地建设。

5. 负责全省森林资源(含经济林、薪炭林及其他特种用途林)的管理；组织全省森林资源调查、动态监测和统计；审核并监督森林资源的使用；组织编制森林采伐限额，并对执行情况进行监督检查；监督林木、竹林的凭证采伐与运输；组织、指导林地、林权管理并对依法应由省政府、国务院批准的林地征用、占用进行初审。负责管理省级固有森林资源资产。

6. 组织实施陆生野生动植物资源、湿地保护和合理开发利用；在国家、省自然保护区区划、规划原则指导下，指导森林和陆生野生动物类型自然保护区和湿地的建设和管理；指导和监督濒危物种进出口和国家保护的野生动物、珍稀树种、珍稀野生植物及其产品出口工作。组织、指导全省森林病虫鼠害的防治、检疫。

7. 组织协调、指导监督全省森林防火工作，承担省森林防火指挥部的日常工作；指导全省森林公安工作和森林公安队伍建设，指导、协调、监督查处破坏森林资源的重大案件。

8. 研究提出全省林业发展的经济调节意见；监管全省国有林业资产；审批重点林业建设项目。

9. 指导各类商品林（包括用材林、经济林、薪炭林、药用林、竹林、特种用途林）和风景林的培育。

10. 负责全省林业科技、教育和外事工作；指导全省林业队伍建设。

11. 对省属森工企业进行宏观管理和指导监督；协调省属森工企业与省政府有关部门及市县人民政府之间的关系以及出现的重大问题。

12. 对全省木竹加工、林产化工、林业机械、森林旅游、苗木花卉、林业多种经营等林业产业实施指导、协调和宏观管理。

13. 负责林业宣传工作，指导全省林业系统精神文明建设，指导全省国有林场(苗圃〉、森林公园及基层林业工作机构的建设和管理。

14. 承办省政府交办的其他事项。

(三)内设机构

根据上述职责，林业厅设9个职能处(室、局)。

1. 办公室。负责厅机关政务工作；督促检查机关工作制度的落实，负责重要会议的组织和会议决定事项的督办；负责人大建议和政协提案的办理；负责文秘与公文管理、办公自动化、重要文件的起草、新闻发布和政务信息、机要、保密、档案、信访、保卫和接待工作；负责厅机关财务报账和资产管理等行政事务工作。

2. 人事教育处。负责厅机关及直属单位的机构编制、人事、劳动工资、出国政审及专业技术职务管理工作；承办厅机关及直属单位的领导班子和领导干部的考察、培养、选拔、交流、任免等具体管理工作；组织实施目标责任制及考核、奖惩工作；调查研究林业系统干部队伍建设状况，编制干部职工教育培训和人才开发计划并组织实施；指导林业系统职工培训教育工作；组织开展思想政治工作，指导精神文明建设；负责离退休人员的管理工作。

3. 政策法规处。组织拟定全省林业法规、规章和政策，对有关法律、法规征求意见案提出修改意见；归口管理林业法制工作，协调监督林业行政执法；组织协调全省林业法制培训、教育和宣传工作；组织实施林业政策、法律、法规、林业经营体制改革等方面的调查研究；负责林业行业的行政处罚和执法稽查，受理、承办行政复议和行政应诉案件；协助查处林业行政案件。

4. 植树造林处(省绿化委员会办公室)。拟定全省造林绿化、防沙治沙、森林经营方面的规划、计划，制定有关技术操作和管理规程、规范，并监督执行；组织实施全省采种育苗、植树造林、退耕还林(草)、封山育林和防护林体系建设工程、治沙工程、平原绿化工程、外援造林项目；负责对全省国有林场、苗圃、森林公园和集体林场的行业管理；负责组织实施退耕还林(草)的规划、项目实施和检查验收工作；组织指导全省森林病虫害防治检疫工作；组织指导城乡全民义务植树工作，承办省绿化委员会的日常工作。

5. 科教外事处。组织拟定全省林业科技发展规划，指导林业科学研究；负责重大林业科技攻关项目的组织协调和申报工作；指导林业适用技术的应用和科技成果的推广；指导基层林业科技机构的建设和管理；承担林业技术监督和有关植物新品种保护、管理工作；拟定全省林业人才培训和教育发展规划并组织实施。负责全省林业的对外技术交流、合作和智力引进工作；承担林业外事接待和出访组团工作；负责林业宣传工作。

6. 森林资源管理处。负责全省森林资源的保护和管理，实施国家天然林保护工程；组织全省森林资源调查、动态监测和统计；组织造林成果的检查验收；审核并监督森林资源的使用情况，负责对木材经营加工的管理，组织编制森林采伐限额、年度采伐计划和运输计划；监督林木、竹林的凭证采伐与运输；管理全省林木、林地权属，对依法应由省政府、国务院审批的林地征用、占用进行初审；负责森林资源资产评估机构及森林资源调查设计单位的资质认定，指导有关基层森林资源管护机构的建设和管理。督办和查处违反森林法律、法规的行政案件。

7. 发展计划与资金管理处。研究提出全省林业发展的中长期规划；统筹管理林业资金，监督全省林业资金的管理和使用；筹集和管理省级林业基金，指导地县育林基金的管理和使用；组织编制、申报和审查全省林业生产和基本建设的规划、计划及基本建设重点项目设计文件；研究提出全省林业发展的经济调节意见；汇集编制全省林业统计报表；指导和监督林业系统的财务工作；监管国有林业资产及厅机关和直属单位的资产，承办厅机关的财务报账工作。

8. 野生动植物保护处。负责全省森林植物资源、陆生野生动物资源、湿地资源和自然保护区的建设和管理工作；组织全省陆生野生动植物、湿地资源普查、专项调查，指导保护和监测体系建设；监督检查有关野生动植物保护法及法律、法规的执行情况；督办和查处违反野生动植物法律、法规的行政案件；组织实施国家濒危物种大熊猫、朱鹮等保护拯救工程；申报、审批、核发、办理国家和省重点保护野生动植物特许猎捕(采集)、驯养繁殖许可证、经营利用许可证和运输证明；承办省野生动植物及其产品的进出口业务。

9. 森林公安局(省森林防火指挥部办公室)。负责组织协调和监督全省森林防火工作，负责火情监测，发布森林火险预报和森林火灾信息报告，承担省森林防火指挥部的日常工作，对扑灭重大森林火灾实施统一指挥；组织指导全省森林消防队伍建设和设施建设。指导、协调全省森林公安工作，管理森林公安队伍。负责全省森林公安机关的思想政治工作和队伍建设；负责林区治安工作；指导监督全省破坏森林和野生动植物资源案件的查处；督办和参与重、特大森林案件的侦破；负责全省森林公安机关的装备建设和警用器械的管理。机关党委按党章规定设置。

纪检组、监察室按有关规定设置。

(四)人员编制

省林业厅机关行政编制47名。厅领导职数5名，其中：厅长1名，副厅长4名。总工程师1名(副厅级)。处级领导职数21名(含机关党委专职副书记1名)。

2002年3月，省编办批复设立陕西省林业厅西安铁路林业局，为省林业厅派出机构，业务上受省林业厅指导，机构级别与西安铁路分局内设处室级别相同，人员编制、经费等由西安铁路分局负责。

2006年12月，经省编办批准，离退休人员服务管理所由事业编制列入行政处室编制，更名为离退休人员服务管理处，核定行政编制6名。

2000年7月到2005年8月，林业厅厅级干部任职情况见表12-2-1。

四、2005年8月至2010年12月

2005年8月19日，省委组织部陕干字〔2005〕79号文，任命张社年为省林业厅党组书记，免去权志长的厅党组书记职务。9月29日，省十届人大常委会第21次会议决定。张社年任省林业厅厅长，免去权志长省林业厅厅长职务。

2005年8月23日，省人民政府陕政任字〔2005〕56号文任命高永民为省林业厅副厅长。此前的7月22日，省委组织部陕组干任〔2005〕152号文任命高永民为省林业厅厅党组成员。

2005年11月17日，省委组织部陕组干任〔2005〕201号文任命赵钰莹为中共陕西省纪律检查委员会派驻省林业厅纪律检查组组长、省林业厅党组成员。

2009年7月机构改革中，陕西省人民政府办公厅7月20日陕政办发〔2009〕106号印发，经省编办审核、省人民政府批准的《陕西省林业厅主要职责、内设机构和人员编制规定》。

(一)职责调整

1. 取消已由省政府公布取消的行政审批事项。

2. 加强保护和合理开发森林、湿地、荒漠和陆生野生动植物资源，优化配置林业资源，促进林业可持续发展的职责。加强全省湿地保护、荒漠化防治工作的组织、协调、指导和监督的职责。

3. 加强组织指导全省林业改革和农村林业发展，依法维护农民经营林业的合法权益的职责。

(二)主要职责

1. 负责全省林业及其生态建设的监督管理。贯彻执行党中央、国务院和省委、省政府关于林业及其生态建设的方针、政策，起草林业地方性法规、政府规章草案及发展规划并组织实施，负责全省林业行政执法工作，开展普法宣传教育。

2. 组织开展全省森林资源、陆生野生动植物资源、湿地和荒漠的调查、动态监测、评估和管理，指导全省林业生态文明建设的相关工作。

3. 负责全省造林绿化工作。拟订全省造林绿化计划，指导各类公益林和商品林的培育，指导植树造林、封山育林和以植树种草等生物措施防治水土流失工作。组织指导全民义务植树、造林绿化工作。承办林业应对气候变化的相关工作。负责林木种子的管理，指导全省林木种子苗木基地建设。指导林业有害生物的防治、检疫工作。负责陕西省绿化委员会的日常工作。

4. 承担全省森林资源保护发展监督管理的责任。组织编制并监督执行全省森林采伐限额，监督检查林木凭证采伐、运输，组织指导林地、林权管理，拟订林地保护利用规划并指导实施，依法承担应由省政府、国务院批准的林地征用、占用的初审工作，管理省属国有林区的国有森林资源，负责省属国有林区的国有森林资源资产产权变动的审批工作。

5. 负责全省湿地保护工作。拟订全省湿地保护规划，组织建立湿地保护小区、湿地公园等保护管理工作，监督湿地的合理利用。协调有关国际湿地公约在省内的履约工作。

6. 负责全省荒漠化防治工作。组织拟订全省防沙治沙和沙化土地封禁保护区建设规划，并组织实施。监督沙化土地的合理利用；指导建设项目对土地沙化影响的审核。组织开展重大沙尘暴灾害监测，制定沙尘暴灾害应急预案，指导沙尘暴灾害应急处理工作。协调有关国际荒漠化公约在省内的履约工作。

7. 负责全省陆生野生动植物资源的保护和合理开发利用。依法组织、指导陆生野生动植物的救护繁育、栖息地恢复发展、疫源疫病监测，监督管理全省陆生野生动植物猎捕或采集、驯养繁殖或培植、经营利用，监督管理野生动植物进出省境。负责濒危物种进出省境和国家保护的野生动物、珍稀树种、珍稀野生植物及其产品出省境的审批工作。

8. 负责省内林业系统自然保护区的监督管理。依法指导森林、湿地、荒漠化和陆生野生动物类型自然保护区的建设和管理，监督管理林业生物种质资源、转基因生物安全、植物新品种保护，组织协调有关国际公约在省内的履约工作。按分工负责生物多样性保护的有关工作。

9. 承担推进全省林业改革，维护农民经营林业合法权益的责任。贯彻执行国家和省政府关于集体林权制度、重点国有林区、国有林场等重大林业改革意见并组织实施。指导、监督农村林地承包经营和林权流转，指导林权纠纷调处和林地承包合同纠纷仲裁。负责退耕还林工作。指导国有林场（苗圃）、森林公园和基层林业工作机构的建设和管理。

10. 监督检查各产业对森林、湿地、荒漠和陆生野生动植物资源的开发利用。制定全省林业产业发展规划并组织实施；组织指导林产品质量监督。指导赴境外森林资源开发的有关工作。指导山区综合开发。

11. 负责全省森林公安和森林防火工作。组织、协调、指导专业森林扑火队伍的防扑火工作，负责省森林防火指挥部的具体工作。指导全省森林公安工作，监督管理森林公安队伍，指导全省林业重大违法案件的查处。

12. 参与拟订全省林业及其生态建设的财政、金融、价格、贸易等经济调节政策，组织、指导全省林业及其生态建设的生态补偿制度的建立和实施。编制部门预算并组织实施，提出中央、省级财政林业专项转移支付资金的预算建议，负责提出全省林业固定资产投资规模和方向及中央、省级财政性资金安排意见。按照规定权限，审批、核准全省林业规划内和年度计划内固定资产投资项目。编制全省林业及其生态建设的年度生产计划。监督管理全省林业国有资产和林业建设资金。

13. 组织指导全省林业及其生态建设的科技、教育和外事工作，指导全省林业队伍的建设。

14. 承办省政府交办的其他事项。

（三）内设机构

根据上述职责，省林业厅设10个内设机构：

1. 办公室。负责文秘与公文管理、办公自动化、重要文件的起草、政务信息及宣传、新闻发布、机要、保密、档案、车辆、安全、保卫、信访及接待等工作；指导全省林业生态文明和生态文化建设相关工作；负责机关财务和国有资产管理等工作。

2. 人事处。负责厅机关和直属单位的机构编制、人事管理工作；负责厅党组管理的领导班子考核和领导干部的选拔任用等具体工作；组织实施目标责任制考核工作 s 负责本系统干部教育培训工作。

3. 政策法规处。草拟本省林业地方性法规、政府规章草案；负责厅机关规范性文件审核和备案工作；组织开展林业政策、法律、法规、林业经营体制改革等方面的研究工作；负责林业行政执法监督工作，协调行政执法中的重大问题；负责林业行政应诉、行政复议和执法听证相关工作；负责林业行政许可相关工作。

4. 造林绿化管理处（省绿化委员会办公室）。拟订全省造林绿化、防沙治沙、森林经营方面的规划计划，拟订有关技术操作和管理规程、规范，并监督执行；指导以植树种草等生物措施防治水土流失工作；负责全省种苗、造林和营林质量管理工作；组织协调各项林业重点工程造林项目的实施，指导各类公益林和商品林的培育；组织指导全省林业有害生物防治、检疫和预测预报；拟订林业应对气候变化的政策、措施并组织实施；组织指导全民义务植树、城乡绿化、部门绿化工作；负责省绿化委员会的日常工作。

5. 科教外事处。组织开展林业科学研究和技术推广工作。指导基层林业科技机构及林业技术推广体系的建设和管理；负责林业标准化、林业技术监督、林产品质量监督和有关植物新品种保护、管理工作；管理监督林业生物种质资源、林业转基因生物安全；拟订全省林业专业技术人才及林农培训规划并组织实施；负责全省林业的对外交流、合作和智力引进工作；参与履行国际植物新品种公约、生物安全议定书。

6. 森林资源管理处（省木材行业管理办公室）。组织开展全省森林资源调查、动态监测与评价，发布相关信息；拟订全省森林资源可持续发展的政策措施和技术规程；组织编制并监督执行全省森林采伐限额和年度采伐计划，监督检查林木凭证采伐、运输，负责木材经营加工管理工作；负责林地林权有关管理工作；监督林地征用、占用和林地开发利用工作，承办依法应由省政府、国务院批准的林地征用、占用的初审工作；负责重点林区国有森林资源资产产权变动的审批。

7. 发展规划与资金管理处。编制全省林业及其生态建设的中长期发展规划并监督实施；拟订全省林业重点工程营造林生产计划和固定资产投资建议计划；负责各项林业资金及省级林业基金管理；编制和组织实施部门预算；指导建立和实施全省林业及其生态建设的生态补偿制度；监管厅直单位林业国有资产，组织开展全省林木资产评估工作；负责林业统计信息工作。

8. 野生动植物保护与自然保护区管理处。负责全省森林、陆生野生动物资源和湿地资源类型自然保护区的管理工作；指导陆生野生动植物的救护繁育、栖息地恢复发展；组织全省陆生野生动植物、湿地资源普查、专项调查，指导保护监测体系建设；监督管理全省陆生野生动植物猎捕或采集、驯养繁殖或培植、经营利用及其专用标识、疫源疫病监测；承办生物多样性保护及其履约的有关工作；监督管理陆生野生动植物进出省境；承担濒危野生动植物种国际贸易公约履约的有关工作。

9. 农村林业改革发展处。负责组织指导全省林业改革和农村林业发展工作；指导、监督集体林权制度改革政策的落实；组织拟订农村林业发展、维护农民经营林业合法权益的政策措施并指导实施；指导农村林地林木承包经营、流转及林权管理；监督林权纠纷调处和林地承包合同纠纷仲裁。

10. 省森林公安局(省森林防火指挥部办公室)。负责全省森林火情监测，发布森林火险预报和森林火信息，协调指导重特大森林火灾扑救工作；组织、指导、协调全省专业森林防火队伍的防扑火工作和森林防火设施建设；负责省森林防火指挥部的日常工作；指导全省森林公安工作，管理森林公安队伍；指导、协调、督促、承担全省破坏森林资源案件的侦破、查处工作；负责全省森林公安机关的装备建设和警用器械的管理；指导林区社会治安治理工作。

机关党委：负责机关和直属单位的党群工作。

离退休人员服务管理处：负责机关离退休人员服务管理工作，指导直属单位离退休人员服务管理工作。

纪检组、监察室按有关规定设置。

(四)人员编制

省林业厅机关行政编制71名。其中：厅长1名、副厅长4名，总工程师1名(副厅级)，处级领导职数25名〈含机关党委专职副书记职数1名)。

省森林公究局机关政法专项编制36名。其中：局长、政委各1名(副厅级)，副局长2名(正处级)，省森林防火指挥部办公室专职副主任1名(正处级)。

(五)其他事项

省森林公安局设立3个直属森林公安分局，使用政法专项编制。省森林公安局第一分局人员编制69名；省森林公安局第二分局人员编制63名，省森林公安局第三分局人员编制52名。

2005年8月至2010年12月，省林业厅历任厅级干部任职情况见表12-2-1。

1990～2010 年陕西省林业厅厅级干部一览表

表 12-2-1

职务	姓名	任职时间
党组书记、厅长	任国义	1990 年 1 月至 1993 年 6 月
	钟高适	1993 年 6 月至 2000 年 7 月
	权志长	2000 年 7 月至 2005 年 8 月
	张社年	2005 年 8 月至 2010 年 12 月
副厅长	梁玉昆	1990 年 1 月至 1990 年 8 月
	邹年根	1990 年 1 月至 1994 年 2 月
	钟高适	1990 年 1 月至 1993 年 6 月
	文正钦	1990 年 1 月至 19003 年 6 月
副厅长	何发理	1993 年 5 月至 2003 年 4 月
	赵秉正	1994 年 7 月至 2000 年 8 月
	陈东升	1994 年 11 月至 2000 年 8 月
	郝福财	1997 年 5 月至 2007 年 3 月
	朱巨龙	2001 年 5 月至 2008 年 6 月
	孙承骞	2002 年 9 月至 2008 年 6 月
	陈玉忠	2004 年 6 月至 2010 年 12 月
	高永民	2005 年 8 月至 2010 年 12 月
	唐周怀	2009 年 1 月至 2010 年 12 月
	干建阳	2009 年 6 月至 2010 年 12 月
	拓平	2010 年 4 月至 2010 年 12 月
	李嘉农	2010 年 4 月至 2010 年 12 月
总工程师	王建阳	2002 年 9 月至 2009 年 6 月
	范民康	2009 年 7 月至 2010 年 12 月
纪检组长	康喜宏	1990 年 1 月至 1993 年 6 月
	杨蔚中	1994 年 5 月至 2000 年 8 月
	陈玉忠	2000 年 8 月至 2003 年 6 月
	赵钰莹	2005 年 11 月至 2010 年 12 月
巡视员	赵秉正	2000 年 8 月至 2003 年 6 月
	郝福财	2007 年 3 月至 2008 年 3 月
副巡视员	曹澄宇	1994 年 2 月至 1995 年 12 月
	陈东升	2000 年 8 月至 2001 年 4 月
	闫宏	2002 年 9 月至 2010 年 12 月
	殷龙	2009 年 6 月至 2010 年 12 月
	白永庆	2009 年 7 月至 2010 年 12 月

五、其他厅级(副厅级)单位干部任职情况

(一)陕西省森林工业管理局厅级干部任职情况(表12-2-2)

1989~1995年陕西省森林工业管理局 厅级干部任职情况表

表12-2-2

姓名	职务	级别	任职时间
聂生富	党委书记	副厅级	1989年12月至1992年12月
王子全	党委书记	副厅级	1992年12月至1995年6月
罗克修	局长	副厅级	1989年12月至1995年6月

(二)陕西省森林工业总公司厅级干部任职情况(表12-2-3)

1995~2002年陕西省森林工业总公司厅级干部任职情况表

表12-2-3

姓名	职务	任职时间
王子全	党委书记(副总经理)	1995年6月至1999年9月
郭道忠	党委书记(总经理)	2000年7月至2002年11月

(三)陕西省森林资源管理局厅级干部任职情况(表12-2-4)

2002~2010年陕西省森林资源管理局厅级干部任职情况表

表12-2-4

姓名	职务	任职时间
郭道忠	党委书记、局长	2002年11月至2010年12月

(四)秦岭国家植物园厅级干部任职情况(表12-2-5)

2002~2010年陕西秦岭国家植物园厅级干部任职情况表

表12-2-5

姓名	职务	级别	任职时间
沈茂才	园长	正厅级	2002年6月至2010年12月
刘书龙	副园长	副厅级	2009年6月至2010年12月
崔汛	副园长	副厅级	2009年6月至2010年12月

(五)陕西省森林公安局厅级干部任职情况(表12-2-6)

2009~2010年陕西省森林公安局副厅级干部任职情况表

表12-2-6

姓名	职务	任职时间
马利民	局长	2009年4月至2010年12月
王卫国	政委	2009年4月至2010年12月

第二节　市(区)县(市、区)林业行政主管部门

2010年，全省11个市(区)：西安市、宝鸡市、咸阳市、铜川市、渭南市、延安市、榆林市、汉中市、安康市、商洛市、杨凌示范区均设有林业局。

2010年末，全省107个县(市、区)中，设林业局的有94个，设农林局的有11个，设农水局的有1个，设农村工作局的1个。西安市城三区(新城区、莲湖区、碑林区)未设林业行政主管部门 。各市、县(区)林业行政主管部门设置情况见表12-2-7。

2010年末陕西省各市(区)县(市、区)林业行政主管部门设置情况表

表12-2-7

市(区)林业行政主管部门	县(市、区)林业行政主管部门		
	林业局	农林局	农水局
西安市林业局	蓝田县、周至县、户县、长安区	高陵县、灞桥区、阎良区、临潼区	雁塔区
宝鸡市林业局	岐山县、凤翔县、眉县、扶风县、千阳县、陇县、太白县、凤县、麟游县、金台区、渭滨区、陈仓区	—	—
咸阳市林业局	三原县、礼泉县、乾县、永寿县、彬县、长武县、旬邑县、淳化县	武功县、泾阳县、秦都区、渭城区、杨陵区、兴平市	—
铜川市林业局	宜君县、耀州区、印台区	王益区	—
渭南市林业局	华县、潼关县、大荔县、合阳县、澄城县、蒲城县、白水县、富平县、临渭区、韩城市、华阴市	—	—
延安市林业局	延长县、延川县、子长县、吴起县、志丹县、安塞县、甘泉县、富县、洛川县、黄陵县、宜川县、黄龙县、宝塔区	—	—
榆林市林业局	定边县、府谷县、横山县、佳县、靖边县、米脂县、清涧县、神木县、绥德县、吴堡县、子洲县、榆阳区	—	—
汉中市林业局	勉县、佛坪县、镇巴县、南郑县、洋县、略阳县、留坝县、西乡县、城固县、宁强县、汉台区	—	—
安康市林业局	汉阴县、石泉县、宁陕县、紫阳县、岚皋县、平利县、镇坪县、旬阳县、白河县、汉滨区	—	—
商洛市林业局	镇安县、山阳县、洛南县、丹凤县、商南县、柞水县、商州区	—	—
杨凌示范区林业局	—	—	—

第三章　省属林业单位

第一节　省属林业事业单位

1990年以后，省属林业事业单位增加较快。1989年底省林业厅有直属事业单位20个，2010年底林业厅有直属事业单位30个。

一、新成立事业机构

1990年10月，经省编办批准，成立陕西省长江防护林工程建设办公室，事业编制3名，办公地点设在林业厅。

1992年6月成立陕西省林业基金管理站，事业编制8人，自收自支副县级建制。

1993年12月机构改革，成立林业厅机关后勤服务中心，处级建制，编制35人，4人全额，31人差额。

1994年3月，经省编办批准，成立省林业工业产品质量监督检验站，不定级别，编制6人，经费实行自收自支。

1994年5月，经省编办批准，成立陕西省汉信审计事务所，不定级别，自收自支编制5人。

1995年8月，经省编办批准，榆林地区治沙研究所恢复为陕西省治沙研究所，由榆林地区管理变更为由省林业厅管理，编制143人，县级建制。

1996年1月，依据省编办"关于省级部门机关离退休人员服务管理所对外挂离退休人员工作处"牌子的通知要求，设立省林业厅离退休人员工作处，与离退休人员服务管理所实行一套机构、两块牌子。

1996年7月，经省编办批准，成立陕西长青国家级自然保护区管理局，编制220人，为林业厅直属差额补贴县级事业单位。2000年3月改为财政全额拨款。

1997年5月，经省编办批准，成立陕西牛背梁国家级自然保护区管理局，事业编制90名，全额处级事业单位，同时撤销牛背梁国家级自然保护区管理局筹建处。

2001年1月10日，省编办同意成立陕西省林业国际合作项目管理中心，为厅直属处级事业单位，编制9人，经费为财政全额拨款。

2001年1月12日，省编办同意成立陕西省天然林保护工程管理中心，为厅直属县级事业单位，编制20人，经费为财政全额拨款。

2001年6月5日，省编办同意成立陕西省林业重点工程资金管理稽查办公室，处级建制，全额拨款事业编制6名。

2001年12月29日，省编办同意成立陕西省珍稀野生动物抢救饲养中心，为省林业厅下属单位，人员编制28名，经费为财政全额拨款。

2001年12月，经省编办批准，成立陕西省秦岭植物园，同时加挂陕西省秦岭植物研究院牌子，为省政府直属正厅级单位，编制20人。2005年8月改由省林业厅代管。

2003年3月31日，经省编办批准，成立陕西省退耕还林工程管理中心，为省林业厅直属县(处)级单位，人员编制9名，经费实行财政全额拨款。

2007年12月10日，根据省编办《关于省国营林场管理站加挂牌子等问题的批复》，批准在陕西省国营林场站加挂陕西省林业产业发展中心牌子，从陕西长青自然保护区管理局划转9名全额拨款事业编制，核定主任、副主任、总工程师职数各1名。

二、更名或改建事业机构

1993年12月，机构改革(三定)方案；

省防护林工作队与长江防护林建设工程办公室合并，改建为陕西省防护林建设工作站，编制由30人精简为19人，县级建制，全额拨款单位；

省野生动物资源管理站与省自然保护区管理站合并，改建为省自然保护区和野生动物管理站，编制由30人精简为23人，全额拨款单位；

省林业技术推广总站改为省林业工作站，由20人精简为15人，县级建制，全额拨款单位。2001年根据省编办文件批复，同意在陕西省林业工作站加挂陕西省林业技术推广总站牌子，实行两块牌子，一套人员，其他均维持不变。

1998年9月，经省编办批准，陕西省林业科学研究所更名为陕西省林业科学研究院。更名后，机构规格、人员编制、经费形式等维持不变。

2000年1月，经省编办批准，陕西太白山自然保护区管理处更名为陕西太白山国家级自然保护区管理局。更名后，机构规格、人员编制、经费管理形式等均维持不变。

2002年5月，省编办批准，陕西省农业广播电视学校林业分校更名为陕西省林业广播电视学校，编制由5人增加到13人，与林业厅培训中心合署办公。

2007年8月15日，省编办同意陕西省林业广播电视学校更名为陕西省林业教育培训站。

2002年11月，经省编办批准，陕西省森林工业总公司更名为省森林资源管理局，全额事业单位，副厅级建制，隶属林业厅领导，核定编制55名。其中，局长1名(副厅级)，副局长3名(正处级)。处级领导职数17名(含机关党总支书记、监察室主任)。2007年6月，经省政府审批，批准陕西省森林资源管理局列入参照公务员法管理范围。

2003年10月16日，省编办批准，陕西省林业勘察设计院加挂陕西省森林资源监测中心牌子。2007年1月27日，省编办批准，陕西省林业勘察设计院更名为陕西省林业调查规划院，保留陕西省森林资源监测中心牌子，原全额拨款经费形式、县级规格、328名编制等维持不变。

2004年3月12日，经省编办批准，《陕西林业》杂志编辑室更名为陕西省林业信息宣传中心。

2004年9月，经省编办批准，陕西省林业机械研究所更名为陕西省森林保护研究所，县级规格、50名全额拨款及90名自收自支编制维持不变。

2007年12月，陕西朱鹮保护观察站更名为陕西汉中朱鹮国家级自然保护区管理局，机构规格、经费形式、人员编制维持不变；

2007年12月12日，省编办批复，同意陕西省林产品开发贸易中心筹建处更名为陕西省林业产权交易中心，12名事业编制，自收自支经费形式维持不变。

2008年5月7日，省编办批复，同意陕西省林业厅物资站更名为陕西省森林生态保护装备保障中心，继续加挂陕西省民用枪支配售管理中心牌子，其他均维持不变。

2008年9月23日，省编办批复，陕西省秦岭植物园更名为秦岭国家植物园。

三、撤销事业机构

1997年5月，经省编办同意，撤销陕西牛背梁国家级自然保护区管理局筹建处。

1999年10月，撤销省林业科学研究院，并入西北农林科技大学。

2000年4月，撤销省林业学校，并入杨凌职业技术学院。

2000年8月，撤销陕西省汉信审计事务所，5名自收自支事业编制收回。

2001年4月，撤销陕西林业生态工程重点项目建设办公室。

2006年12月，撤销离退休人员服务管理所。

2010年年末省属林业事业单位情况见表12-3-1。

2010年年末陕西省省属林业事业单位情况表

表12-3-1 单位：人

单位	所在地	建立时间	职工人数	备注
陕西省防护林建设工作站	西安市	1981年2月	20	1990年10月经省编办批准，成立陕西省长江防护林工程建设办公室，事业编制3名。1993年12月机构改革，将省防护林工作队与长江防护林建设工程办公室合并，改建为陕西省防护建设工作站，编制由30人精简为19人，2010年年底实有编制20名
陕西省林木种苗工作站	西安市	1984年6月	25	1989年12月省编办批准为现名，1993年核定编制23人，全额拨款单位，县级建制。2007年8月，经省政府批准纳入参照公务员法管理，2010年年底实有编制25名
陕西省飞机播种造林工作站	西安市	1984年6月	12	1984年6月建立，县级事业单位，编制15人。1993年核定编制数10人，2010年年底实有编制11名
陕西省自然保护区和野生动物管理站	西安市	1993年12月	26	1993年12月机构改革，将野生动物资源管理站与省自然保护区管理站合并，改建为省自然保护区和野生动物管理站，编制由30人精简为23人，全额单位。2007年8月，经省政府批准纳入参照公务员法管理，2010年年底实有编制24名
陕西省森林病虫害防治检疫总站	西安市	1984年6月	20	1993年机构改革核定编制数16人，县级建制，全额拨款单位。2007年8月，经省政府批准纳入参照公务员法管理，2010年年底实有编制18名

续表

单位	所在地	建立时间	职工人数	备注
陕西省林业工作站(陕西省林业技术推广总站)	西安市	1975年	18	1993年12月机构改革，将林业技术推广总站改为陕西省林业工作站，由20人精简为15人，县级建制，全额拨款单位。2001年11月，加挂陕西省林业技术推广总站牌子，2010年年底实有编制18名
陕西省林业信息宣传中心	西安市	1984年6月	10	2004年3月，《陕西林业》杂志编辑室更名为陕西省林业信息宣传中心，核定处级领导职数2名，其他维持不变。2009年6月，经省编办批准，从省楼观台实验林场调剂差额补贴编制15名，调整后实有编制22名
陕西省林业教育培训站	西安市	1989年7月	13	2002年5月，陕西省农业广播电视学校林业分校更名为陕西省林业广播学校，编制13名，2007年8月，更名为陕西省林业教育培训站，2010年年底实有编制14名
陕西省国营林场管理站(陕西省林业产业发展中心)	西安市	1984年6月	26	1993年12月机构改革，核定编制16名。2007年6月增编军转干部1名。12月，经省编办同意，陕西省国营林场管理站加挂陕西省林业产业发展中心牌子，从陕西长青国家级自然保护区管理局划转9名全额事业编制，调整后人员编制由17名增加为26名
陕西省林业基金管理站	西安市	1992年6月	7	1992年6月经省编办批准成立陕西省林业基金管理站，事业编制8名，副县级建制
陕西省林业重点工程资金管理稽查办公室	西安市	2001年6月	8	2001年6月，成立陕西省林业重点工程资金管理稽查办公室，编制6名，全额处级事业单位，2010年年底实有编制8名
陕西省天保工程管理中心(陕西省林资源管理稽查队)	西安市	2001年4月	33	2001年4月，成立陕西省天保工程管理中心，编制20人，全额县级单位。2006年2月，经省编办批准，加挂陕西省森林资源管理稽查队牌子，从陕西长青国家级自然保护区管理局调剂11名编制，2010年年底实有编制34名
陕西省林业国际合作项目管理中心	西安市	2001年4月	11	2001年4月，撤销陕西林业生态工程重点项目建设办公室，成立陕西省林业国际项目管理中心，编制9名，全额处级单位，2010年年底实有编制12名
陕西省退耕还林工程管理中心	西安市	2001年4月	9	2001年4月，林业厅党组研究决定成立省林业厅退耕还林(草)办公室。2003年5月，经省编办批准成立陕西省退耕还林工程管理中心，编制9人，全额处级事业单位。2007年11月，省政府批准退耕还林工程中心参照公务员法管理，2010年年底实有编制10名

续表

单位	所在地	建立时间	职工人数	备注
陕西省林业厅机关后勤服务中心	西安市	1993年12月	35	1993年12月机构改革，成立林业厅机关后勤服务中心，处级建制，编制35名，4名全额，31名差额，2010年年底实有编制36名
陕西省林业工业产品质量监督检验站	西安市	1994年3月	4	1994年3月成立省林业工业产品质量监督检验站，编制6名，自收自支，不定级别
陕西省森林生态保护装备中心	西安市	1991年2月	24	1991年2月，经省编办批准与省林产品经销公司分设，县级事业单位，核定编制20名，经费实行企业化管理。2003年4月经省编办批准，加挂陕西省民用枪支配售管理中心牌子。2008年5月，更名为陕西省森林生态保护装备保障中心
陕西省治沙研究所	榆林市	1995年8月	119	原为榆林治沙研究所，1995年8月，榆林地区治沙研究所改变隶属关系，恢复为陕西省治沙研究所，编制143名，全额预算，县级建制
陕西省林业调查规划院	西安市	1951年8月	296	2002年5月，经省编办批准调剂8名全额编制给陕西省农业广播电视学校林业分校，调减后编制为337名。2003年10月，经省编办批准加挂陕西省森林资源监测中心牌子。2007年1月，陕西省林业勘察设计院更名为陕西省林业调查规划院，保留陕西省森林资源监测中心牌子。编制328名
陕西省楼观台实验林场	周至县	1935年	243	2009年6月经省编办批准，给省林业信息宣传中心调剂差额补贴编制15名调剂后编制315名
陕西省珍稀野生动物抢救饲养研究中心	周至县	2001年12月	26	2001年12月，经省编办批准成立陕西省珍稀野生动物抢救饲养研究中心，编制28名，全额县级事业单位
陕西太白山国家级自然保护区管理局	眉县	1966年	87	2000年1月，经省编办同意陕西省太白山自然保护区管理处更名为陕西省太白山国家级自然保护区管理局，2010年底实有编制100名
陕西牛背梁国家级自然保护区管理局	长安区	1997年5月	89	1997年5月，撤销陕西牛背梁国家级自然保护区管理局筹建处，成立陕西牛背梁国家级自然保护区管理局，事业编制90名

续表

单位	所在地	建立时间	职工人数	备注
陕西长青国家级自然保护区管理局	洋县	1996年7月	152	1994年12月，设立陕西长青自然保护区。1996年7月成立陕西长青国家级自然保护区管理局，编制220人，差额补贴县级事业单位，2000年3月改为财政全额拨款。2006年2月为森林资源管理稽查队调剂11名事业编。2007年12月，为陕西林业产业发展中心调剂9名事业编，调整后编制200名。2009年10月，经省编办批准，给陕西汉中朱鹮国家级自然保护区管理局调剂事业编制3名，调整后编制197名
陕西汉中朱鹮国家级自然保护区管理局	洋县	2007年12月	17	2007年12月，经省编办会批准，由陕西朱鹮保护观察站更名为陕西汉中朱鹮国家级自然保护区管理局，科级建制。2009年10月经省编办批准，从陕西长青国家级自然保护区管理局调剂3名事业编制，调整后编制20名
秦岭国家植物园	西安市	2008年10月	19	2001年12月成立陕西省秦岭植物园，同时加挂陕西省秦岭植物研究院牌子，为省政府直属正厅级事业单位，编制20名。2004年8月由省政府直属事业单位改为省科学技术厅代管事业单位，2005年8月改由省林业厅代管，2008年10月，更名为秦岭国家植物园
陕西省森林资源管理局	西安市	1959年1月	64	1995年6月，经省经济体制改革委员会同意，将陕西省森林工业管理局改建为陕西省森林工业总公司，为独立核算、自主经营、自负盈亏全民所有制企业。2002年11月，经省编办批准，更名为省森林资源管理局，全额事业单位，副厅级建制，核定编制55名。2007年6月，经省政府批准，省森林资源管理局纳入参照公务员法管理范围，2010年年底实有编制68名
陕西省森林工业职工医院	户县	1971年	323	1986年省编办核定差额补贴编制162人，2010年年底实有编制164名。
陕西省森林保护研究所	西安市	1976年11月	98	2007年9月，陕西省林业机械研究所更名为陕西省森林保护研究所，县级规格，全额50名，自收自支90名。2009年6月，经省编办批准给陕西省林业产权交易服务中心调整21名自收自支编制，调整后全额编制50名，自收自支编制69名

续表

单位	所在地	建立时间	职工人数	备注
陕西省林业产权交易中心	西安市	2007年12月	20	2007年12月，陕西省林产品开发贸易中心筹建处更名为陕西省林业产权交易中心，12名自收自支事业编制。2009年6月，从陕西省森林保护研究所调剂21名自收自支编制，调整后编制33名。与陕西省林产品开发贸易总公司实行“两块牌子，一套人马”

第二节 省属林业企业单位

1990~2010年，省属林业企业由1989年底的14个减少为13个。其中省林业厅直属企业3个，省森林资源管理局管理的企业10个。

一、新成立企业

1. 1993年3月，成立陕西省林产品贸易总公司，以股份制形式运作经营。2002年12月，林业厅党组研究决定，解散陕西省林产品贸易总公司依照股份制形式运作的经营管理体制，恢复省林产品贸易总公司全民所有制企业性质，由省森林资源管理局监督管理。

2. 1993年5月，经陕西省旅游局批准成立陕西省森林旅游公司，为林业厅直属企业。

3. 2001年7月11日，经省林业厅党组研究决定，成立陕西省林木种子公司(陕西省三秦林木种子有限公司)，为省林业厅直属企业。

二、更名改建企业

1. 1995年6日，经陕西省经济体制改革委员会批准，陕西省森林工业管理局改建为陕西省森林工总公司，为独立核算、自主经营、自负盈亏、具有独立法人资格的全民所有制企业。改建后原隶属省森林工业管理局的11个企业单位整建制转归省森林工业总公司管理。2002年11月，经省编办批准，陕西省森林工业总公司更名为陕西省森林资源管理局，全额事业单位，副厅级建制。2007年6月，经省政府批准纳入参照公务员法管理范围，原属省森林工业总公司管理的企业，由更名后的省森林资源管理局管理。

2. 2004年12月，陕西省林产品开发贸易中心筹建处更名为陕西省林业产权交易中心。

3. 2008年5月，陕西省林业厅物资站更名为陕西省森林生态保护装备保障中心。

三、改变隶属关系企业

2006年1月，经省政府研究决定，将西北林业机械厂下划给渭南市管理。

2010年年末，省属林业企业单位情况见表12-3-2。

2010 年年末陕西省属林业企业单位情况表

表 12-3-2　　单位：人

单位	所在地	建立时间	职工人数	备注
三秦林木种子有限公司	西安市	2001 年 7 月	20	2001 年 7 月 11 日，经省林业厅党组研究决定，成立陕西省林木种子公司，同年 10 月挂牌成立陕西省三秦林木种子有限责任公司，属林业厅领导
西安林化厂	西安市	1955 年 12 月	98	属省资源局领导
胶合板厂	西安市	1958 年 7 月	33	属省资源局领导。在册人员 236 名，其中在岗 33 名下岗 203 名
长青局	汉中市	1968 年 1 月	293	属省资源局领导
汉西局	汉中市	1958 年	242	属省资源局领导
龙草坪局	杨凌区	1980 年 8 月	138	属省资源局领导
太白局	太白县	1958 年	823	属省资源局领导
宁东局	长安区	1959 年	632	属省资源局领导
宁西局	户县	1966 年 2 月	625	属省资源局领导
林产品经销公司	西安市	1980 年 8 月	30	1980 年 8 月省人民政府批准成立，1984 年 4 月与厅物资站合署办公，1991 年 2 月经省编办批准与省林业厅物资站分设。属省资源局领导
省林业厅招待所	西安市	1975 年 8 月	8	1994 年 3 月，厅务会议研究决定将省林业厅招待所划归省森林旅游公司管理，招待所人员由森林旅游公司接管，保留招待所牌子与省森林旅游公司一并实行企业经营。2004 年 9 月与森林旅游公司脱钩，委托后勤中心代管
省林贸总公司	西安市	1992 年 12 月	25	1993 年 3 月成立，为省资源局管理的企业。在册人员 56 名，其中在岗 25 名待岗 31 名
省森林旅游公司	西安市	1993 年 5 月	4	1993 年 5 月，经省旅游局批准成立，为林业厅直属企业，具有独立企业法人资格，经营本国公民国内旅游业务

第四章　双重领导单位

第一节　省林业厅主管单位

一、纪检组(监察室)

1993 年 12 月机构改革后，陕西省编办、纪律检查委员会、监察厅联合下发《关于省纪委、省监察厅派驻省政府工作部门及直属行政机构纪检、监察机构编制问题的通知》，对省纪委、监察厅派驻省政府 27 个部门、直属行政机构的纪检组、监察室 106 名人员编制提出分配意见：林业厅设立的派驻纪检组、监察室人员编制 4 名，配组长、室主任 2 名领导职数，其职数计入部门处级职数总数。人员编制和职数的增减调整由省编办、省纪委、监察厅办理。

二、审计处

1993 年 12 月，省编办通知，省审计厅派驻到各部门的审计处受所在部门领导，业务以审计厅领导为主；林业厅审计机构人员编制 3 名，配处级领导职数 1 名，其职数和人员编制计入各部门处级领导职数总数和机关编制总数。审计人员经费预算，由所在部门编报和管理。审计机构的干部由所在单位管理。正副处长的任免及审计干部的配备，需征得审计厅同意。

2000 年 8 月，陕西省政府下发《陕西省林业厅职能配置、内设机构和人员编制规定》后，取消了审计厅派驻到林业审计处及相应职能。

三、森林公安局(森林公安处)

1997 年 5 月，省编办将省林业公安处由事业编制改为行政编制，列入机关序列，核定行政编制 13 名。2000 年 8 月，机构改革成立陕西省林业厅森林公安局，为林业厅内设机构，取消原林业公安处及相应职能。2002 年 9 月，陕西省林业厅森林公安局更名为陕西省森林公安局，从省政府下达的全省企事业公安地方编制中，调剂 10 名编制给省森林公安局。2007 年 1 月，将调剂的 10 名森林公安事业编制置换为行政编制，计入省林业厅机关行政编制总数。2008 年 4 月，省编办给森林公安局核定政法专项编制 36 名，明确省森林公安局仍为省公安厅十三处，加挂“省公安厅森林警察总队”牌子，正处级建制。

四、秦岭国家植物园(陕西省秦岭植物研究院)

2001 年 12 月，成立陕西省秦岭植物园，同时加挂陕西省秦岭植物研究院牌子，为省政府直属正厅级事业单位。

2003 年 1 月，经陕西省编办批准，省秦岭植物园内设 4 个机构，分别为办公室、规划建设处、科研开发处、植物分类研究所(《西北植物学报》编辑部)。人员编制 20 名。

2004 年 8 月，由省政府直属事业单位改为省科学技术厅代管的事业单位。

2005 年 8 月，经省编办批准，省秦岭植物园改由省林业厅代管，正厅级规格和人员编制不变。2008 年 10 月，更名为秦岭国家植物园。办公地址在西安市小寨东路 3 号。

第二节　国家林业局主管单位

陕西佛坪国家级自然保护区管理局，由国家林业局和陕西省林业厅双重领导，2010 年底实有职工 72 人。其中，管理人员 25 人，专业技术人员 19 人，工勤技能人员 28 人。陕西佛坪国家级自然保护区，位于佛坪县，主要保护对象为大熊猫及栖息地，总面积 29240 公顷。

第五章　国家林业局驻陕单位

第一节　国家林业局驻西安森林资源监督专员办事处

2002 年 10 月，中央机构编制委员会办公室批准设立国家林业局驻西安森林资源监督机构。2004 年 12 月 4 日正式揭牌，是国家林业局的派驻机构，授权行使有关行政职能，直接对国家林业局负责。其主要职责：监督驻在地区的森林资源和林政管理；监督驻在地区建立和执行保护、发展森林资源目标责任制，并负责审核有关部门执行情况的报告；承担国家林业局确定的和所驻省人民政府委托的有关部门森林资源监督的职能；按季度和年度向国家林业局和所驻省人民政府提交森林资源监督报告，监督范围为陕西省和山西省。办公地点设在西安市互助路 66 号。

第二节　西北规划院

西北规划院暨西北森林资源监测中心是以从事森林资源监测和林业调查规划设计为主的国家林业局直属单位，成立于 1955 年，办公地点设在西安市金花南路二号。主要承担陕西、甘肃、新疆、青海、宁夏、山西、四川、重庆 8 省份和新疆建设兵团的森林资源监测任务和技术服务工作。监测区域面积达 381. 33 万平方千米，占国土总面积的 39. 7%。1997 年 12 月，林业部通知将林业部西北林业调查规划院调整为司局级事业单位。

第三节　中华人民共和国濒危物种进出口管理办公室（国家林业局濒危物种进出口管理中心）西安办事处

2004 年，中央机构编制委员会批准成立中华人民共和国濒危物种进出口管理办公室（国家林业局濒危物种进出口管理中心）西安办事处，处级机构，核定编制 3 人，处级干部职数 1 人。2005 年，正式挂牌开展工作。办公地点设在西安市互助路 66 号。

第六章 设在省林业厅的单位

第一节 陕西省绿化委员会办公室

1993年12月，机构改革后，陕西省绿化委员会办公室与省林业厅造林经营处合署办公；2008年8月机构改革后，陕西省绿化委会办公室与省林业厅植树造林处合署办公；2009年7月机构改革后，陕西省绿化委员会办公室与省林业厅造林绿化管理处合署办公。主要负责指导全民义务植树、城乡绿化、部门绿化工作及省绿化委员会的日常工作。

第二节 陕西省森林防火指挥部办公室

1993年12月机构改革，陕西省森林防火指挥部办公室变更为陕西省森林防火办公室，为省林业厅的内设处室。2000年8月机构改革，重新恢复陕西省森林防火指挥部办公室，与省森林公安局合署办公。主要负责全省森林火情监测，发布森林火险预报和森林火灾信息，协调指导重特大森林火灾扑救工作，组织、指导、协调全省专业森林防火队伍的防扑火工作和森林防火设施建设，负责省森林防火指挥部的日常工作。

第十三篇　人　物

1990~2010 年，在林业战线涌现出许多英模人物，他们既是新时代林业行业的典型，更是新时代林业建设中的领军人物，在他们的身上集中体现了陕西林业发展的缩影，英模人物既是平凡的林业人，更是不平凡的时代英雄，从他们的身上就能够更好地感知陕西林业快速发展的信息。先进群体更是陕西林业的骄傲，也是陕西林业 20 年发展的见证者与推动者。

第一章　人物简略

杨文洲（1942~2000年），陕西省宝鸡市眉县人，中共党员，初中文化。太白山国家森林公园管理处原主任、原党委副书记。宝鸡市、眉县劳动模范，全国旅游系统先进工作者。

杨文洲，1958年7月参加工作，1973年1月加入中国共产党。2000年7月28日14时52分因患脑瘤医治无效，不幸逝世，终年58岁。经过10多年的艰苦创业，他把一个地处太白山北麓的县属小林场建成太白山国家级森林公园，把生命的全部献给了森林旅游事业。当地群众说，没有杨文洲，就没有太白山国家森林公园。

1977年4月至1982年8月，先后在眉县营头林场任工区主任、党支部书记、场长，开始了第一次创业。当时的场部十分偏僻，仅有10多间小平房，破烂不堪，房顶多处能望着天。他发动职工自己动手，做土坯，挖地基，和泥垒墙，盖起了新房。紧接着，又克服各种困难，盖起了一幢3层场部大楼。作为一场之长，他带领大家一边努力改善生活条件，一边积极想方设法扩大生产，提高效益。没有公路，他攀高沿低在杂草荆棘中勘查；爆破没有炸药，他带领大家买来硝酸肥料，自制炸药。一连几个月不下火线，用蚂蚁啃骨头的精神，修通了从山口到大岔的生产公路20千米。还与县民政部门联系，争取到8.7公顷耕地，进行多品种林木树种的科学繁育；克服种种阻力，钻深山勘察谋划，聘请专业技术人员论证设计，编制造林规划。从1975年起，每年春季带领职工上山植树，一连几个月吃住在山上。经过8年不懈努力，终于建成了万亩郁郁葱葱的油松林，受到了林业部和省上的表彰，也为今天红河谷森林公园开发建设奠定了重要基础。

1982年8月，眉县林业局调他到林产品经销公司担任党支部书记、经理，是杨文洲的第二次创业。当时这个公司是新成立单位，既无住房又无资金。他先在眉县体育场租赁地方，贷款开展业务，又积极与县城附近村、组和单位联系，在县城东关购得一块大垃圾坑。这个大垃圾坑一边紧靠公路，一边是大污水坑，另一边是3米多高的土崖，下面有八九个窑洞。他带领职工清运垃圾填平污水坑，将几孔窑洞整修作办公室。他们除经营本地木材外，多次到云南、广西、东北、甘肃等地调运木材，在西安、宝鸡设立了经销点。

1986年，杨文洲同志调任眉县汤峪林场场长兼党支部书记。不久，以守山伐木为主几十年的汤峪林场，因中低山林木已采伐殆尽，生产大幅度滑坡，效益直线下降。同时，县财政又停拨了林场的事业费，职工发不出工资，人心涣散，林场面临着生存危机。杨文洲同志感觉到身上的担子很重，他寝食不安，陷入了深深的思索之中：如果不开辟一条新的生路，继续靠伐木为生，那么将必然导致森林资源越来越少，不仅解决不了林场的生存问题，而且还将成为破坏生态环境、遗祸后世的罪人。在观摩外地创办森林旅游的启发下，他决定以森林风景资源为依托，创办森林公园，开发森林旅游。1988年，是杨文洲兴办森林公园的艰难起步阶段。为了筹措启动资金，在腊月23日家家户户准备过年的日子，他驱车千里，赶往宁夏银川，向国家三北防护林建设局争取资金。回程时，当车子行至甘肃省环县境内，有人拦车，加之车速过快，发生了车祸。当单位得到消息赶到环县时，杨文洲同志已昏迷了4个小时。经过医院全力抢救，虽已脱离生命危险，但他的伤势十分严重，诊断结果为：中度脑震荡、锁骨骨折和内脏消化系统紊乱。医生明确告知：出院后至少要疗养半年，否则会留下后遗症。但杨文洲同志放不下公园的工作，他只休息了13天就又匆匆地上了工地，忍着疼痛坐在石头上指挥施工。他的这种拼命的工作精神，深深地感动了三北防护林建设局领导，给予15万元最大的支持。在以后的10余年中，杨文洲同志一直拖着病残之躯为公园建设操劳奔走。筹集资金、宣传促销、编制规划、工程建设等，无处不留下了他辛勤的汗水，无一不凝结着一位共产党员对社会、对集体的责任感和对事业的执着追求。10多年间，杨文洲带领有关人员为踏勘景点，跑遍了太白山的沟沟峁峁，他陪同上太白山考察、采访和游览的有关领导和人士达3000多人次。

10多年来，在杨文洲和全体林场职工的共同努力下，太白山国家森林公园吸引社会投资建成29家宾馆，接待床位达3700张；形成吃、住、行、游、购、娱六大要素相互配套的森林旅游服务体系。驻地村民兴办各类旅游服务项目200余个，社会旅游从业人员2000余人。太白风景林场被林业部命名为“全国百佳林场”；太白山国家森林公园被陕西省授予“发扬延安精神先进集体”称号；连续多年被评为省、市旅游“创佳评差”先进单位、“文明示范景区”，2001年被国家旅游局、国家林业局分别评为“国家AAAA旅游景区”和“全国文明森林公园”。杨文洲先后被评为宝鸡市优秀共产党员、劳动模范，陕西省林业系统“优秀场长”，并当选为宝鸡市人大代表、政协委员，1999年又被评为全国旅游系统先进工作者。2000年4月，杨文洲似乎已经明白自己将不久于人世，他在弥留之际，还用颤抖的手描画着一个景点的建设蓝图，反复叮嘱死后把他葬在太白山。他离不开这座山，这座让他整整守了40多年的大山。他用自己宝贵的年华，换来了太白山旅游事业的发展，把一个濒临倒闭的县办林场，通过10多年的艰苦努力，建成了国家级森林公园、国家AAAA级旅游景区、全国文明森林公园。

牛玉琴　女，生于1949年，陕西榆林市靖边县人，中共党员。牛玉琴从1985年起，先后3次承包治理荒沙0.73万公顷，将昔日的不毛之地变成今天的塞北绿洲，在象征生命希望的绿色背后，是她用坚强的毅力和坚定的信念谱写了建设生态文明的动人之歌。1985年，她与丈夫张家旺一道承包造林后，人生的不幸降临在这个农村妇女羸弱的肩上，丈夫因治沙造林积劳成疾，4年内8次住院，7次手术，最后还是无法和癌魔抗争，于1988年5月，离开了人世。从此，牛玉琴拖着一家老小9口人，白天奋战在距家7.5千米的治沙战场上，晚上照顾着有精神病的公婆和年幼的3个儿子，巨大的生活压力没有阻挡住她植树造林的坚定信念。为了筹集造林种苗款，她变卖了家里唯一能够耕作的牲畜，变卖了这个贫困家庭奢望能够改善生活的鸡蛋，她向银行贷款、向个人借高利贷，她贷怕了银行、借怕了亲戚，借得自己一贫如洗、债台高筑，她硬是凭借着坚定的治沙信念，在与贫穷作斗争的过程中，累计投资560万元，使自己承包的0.73万公顷荒沙得到治理，当年的流动沙地变为固定和半固定沙地，林草覆盖率达到50%以上。

1993 年，在林地刚有一点微薄收入后，她做出一个惊人之举：自筹和借贷 2 万多元修建“旺琴小学”，后来她与镇党委多次在省城争取资金 190 万元，修建校办公楼 2600 平方米，现有在校生 4000 余名。她每年都要组织师生进行植树造林，在牛玉琴造林基地建立了学校的德育教育基地。1995~1996 年，2 年间，她多方筹集资金，为金沙村通电、打井 30 眼，发展水浇田 160 公顷，为 2 个村民小组安装自来水。

1998 年，她成立了靖边绿源治沙有限责任公司，建设了养殖场，形成了集饲料加工、种畜繁育、技术培训、饲养加工为一体的综合性企业和完善的社会化服务体系，带领周边村近万人脱贫致富。

2000 年，她投资 30 万元建设移民村，将县里南部山区 24 户特困户迁移到本村，并加入到了她的治沙公司，她还为本村 380 户村民安装了电话。

2003 年，她筹资修筑了 11 千米东坑镇至金鸡沙村的通村公路。1993 年，联合国粮农组织授予牛玉琴“拉奥博士奖”，联合国开发计划署还将牛玉琴的治沙“奇迹”拍摄成专辑电视片在公共电视网中播放，向世界各国推广介绍。腾讯网《“当代女愚公”牛玉琴代表：沙漠里发展生态旅游》、凤凰网《牛玉琴：大漠里的百万富婆》《中国绿色时报》《地球绿飘带：牛玉琴的小铃铛》《牛玉琴——沙海里扬起绿色的帆》《沙海里扬起绿色的帆——生态中国十大人物牛玉琴》等。

石光银　生于 1952 年，陕西榆林市定边县人，中共党员。1968 年，任海子梁公社疙瘩套生产队队长；1969~1980 年，任海子梁公社同心干大队队长；1981~1983 年，任海子梁公社南海子农场场长；1984 年，至今任陕西石光银治沙集团有限公司董事长。从 1984 年开始，二十几年如一日，坚持治理荒沙，先后承包治理荒沙累计面积达 25 万亩，被治理的荒沙林草覆盖率最高达 90%，最低也在 60%以上。栽植树木(乔灌)共计 4000 多万株(丛)，承包地荒沙已全部绿化固定。在毛乌素沙漠的南沿构建了一条长百余里的绿色长城，给沙区人民带来了显著的社会效益、生态效益和经济效益。为了能使治沙长久地坚持下去，他确定公司经营的宗旨是：治理荒沙，开发利用荒沙，走公司+农户+基地，治沙与脱贫致富相结合，依托林草资源发展畜牧业，突出奶牛业，实现产业带动，走集体致富奔小康的路子。他先后办起了新兴林牧场、秀美林场、生态林场、养猪养羊场、肉牛奶牛场、机械化挤奶站、饲料加工厂、机砖厂、绿色野菜食品厂、纯净水厂、育苗基地等实体。公司现有职工 88 人，固定资产 5752 万元，林木价值 1.2 亿元，年收入 1000 多万元。他在取得自身发展的同时，不忘帮扶困难群众，造福百姓。

1997 年、1998 年、2001 年，他坚持在定边县搞生态移民，建起了十里沙移民新村，从定边南部白于山区，迁来困难户 50 户，272 人。在他治理好的沙地上，无偿给每户划拨宅基地 3 亩，给每人划拨水地 3 亩，并打了井、盖了房、架通了供电线路。带领他们走出了贫困，走上了共同致富的道路。这些人在老家年均纯收入 200 多元，可移民后 2007 年人均纯收入达 2000 多元。据不完全统计，10 多年来，他帮扶了 300 多户，1000 多人脱贫。2003 年为了解决移民户及周边群众孩子上学难的问题，他自筹资金 110 多万元，建起了占地 18 亩的光银希望小学；2004 年他又垫资 500 多万元修通了 35 千米长的定边至海子梁的砂石公路，群众称之为致富路；2005 年，建起了使用面积 448.8 平方米石光银治沙展馆；2006 年，捐款 30 万元，给十里沙移民户改良土壤 66. 67 公顷；2006 年自筹资金 400 多万元，建起了林业技术培训中心；2007 年，自筹资金 1000 多万元，新建良种奶牛示范牧场，每年可为周边群众及陕北地区提供良种奶牛 300 多头。自办警务室：为使白泥井镇海子梁乡老百姓有一个安全的生产生活环境，2007 年 4 月，公司董事长石光银无偿给白泥井镇派出所提供警务接待室、警务调解室、民警办公室、辅警办公室、巡逻员办公室，共 11 间楼板房，建起了海子梁乡警务室。并自费进行了装修，院子硬化。配备了所用办公设施和交通、通迅工具。他自愿担任辅警，并表态力争将警务室办成为民排忧解难的“服务点”，掌握社情民意的“信息点”，发现处理问题的“执行点”，民警下乡工作的“落脚点”，宣传党的政策和法律法规的“宣传点”，群众致富信息的“收集点”和提高群众文化素质的“学习点”。用石光银的话说就是“我建警务室，为民保平安”。群众亲切的称之为劳模警务室。人民网、新华网、腾讯网、中国绿色时报、《陕西日报》各大媒体和陕西省林业厅门户网站报道了治沙英雄的事迹，如《石光银：敢叫戈壁变良田》《石光银：追随时代脚步的大漠英雄》等。他从青年开始，怀着为沙区人民锁住荒沙，拔掉穷根的强烈愿望和坚定信念，带领群众投身于治理沙漠的伟大事业之中。

杜芳秀　女，生于 1954 年，陕西榆林市定边县人，中共党员。1999 年，开始承包造林，2001 年 7 月，成立定边县秀海荒山治理有限责任公司。公司成立后一直将“退耕还林、封山禁牧、改善生态、多种经营、滚动发展、造福百姓”作为发展的宗旨，以建设秀美山川为目标，以防沙治沙和治理水土流失为核心，走“公司+农户”的经营路子，将公司和群众的利益紧密的连在一起，充分调动广大群众造林绿化的积极性。公司成立以来发展规模迅速，涉及范围由成立时的 1 个乡、7 个行政村、28 个自然村、431 户农户发展到现在的 7 个乡镇、35 个行政村、211 个自然村，1563 户农户。累计造林种草 13. 55 万亩，其中荒山造林 11. 883 万亩，退耕还林草 1. 667 万亩，建立采种基地 3000 亩，苗圃基地 200 亩。在山区修环山路 13 千米，在沙区修生产道路 30 千米，架设高压线 6 千米，低压线 3 千米，打生产井 12 口。同时还创办了黄酒加工厂。搜狐网《荒山播绿人——记治沙标兵、陕北农民杜芳秀》、网易网《陕西秀海荒山治理公司总经理杜芳秀：敢向沙漠要绿洲》、《陕西林业》杂志《治沙英雄杜芳秀》等均有报道。

张应龙　生于 1955 年，陕西榆林市神木人。陕西省神木县生态协会秘书长。他曾是一位公职人员，20 世纪 90 年代下海经商，为了一个生态梦想，抛去了一切顾虑，辞去了外企年薪 20 万元的优厚待遇，卖掉了房产，花光了积蓄，由一个商人逐步走入生态建设行列。从单枪匹马盲目热情造林治沙，走上以协会为纽带、基地为平台，吸引社会力量共同参与生态建设的路子。2004 年，在县政府的支持下，正式成立了神木生态保护建设协会，是陕西省第一个以治沙造林为主要内容的民间非盈利性公益组织，协会以保护生态、防沙治沙为宗旨。为了有效地宣传协会工作，吸引更多社会自愿者参与到生态保护中，协会开办了“神木生态网”网站和《神木生态简报》作为媒介，迅速吸引了很多生态环保自愿者。经过几年的努力，在家乡承包的 2. 85 万公顷荒沙地中，造林治沙 1. 08

万公顷，治理区植被覆盖度由原来的7%，达到现在的60%左右，昔日干涸水源地有水了，绝迹的飞鸟又回来了。在众多治沙模范当中，他的治沙办法更科学，治沙效果更突出。2007年，他被授予“陕西省防沙治沙先进个人”“陕西省十大感动我的人”和“第6届中国时代和谐新闻人物”荣誉称号，当选为神木县政协委员。媒体对张应龙防沙治沙事迹给予广泛关注，如人民网《张应龙：治沙让我回归快乐》、新华网《张应龙：“治沙硬汉”的快乐人生》《中国绿色时报》《从白领到治沙带头人：张应龙的“另类”成功路》、中国经济网《张应龙：“防沙”变“用沙”》、西部网《张应龙：为了心中那片绿》。

第二章　人物表

主要搜集整理1990~2010年被国家林业部(局)以及陕西省人民政府表彰奖励的先进群体(表13-3-1)。

第一节　先进集体

1990~2010年陕西省林业系统表彰情况统计表

表13-3-1

荣誉名称	表彰机关	表彰时间	获奖单位
全国森林防火工作先进单位	国家森林防火指挥部、国家林业局	1990	陕西省森林防火指挥部办公室、延安地区行政公署、户县人民政府、镇坪县人民政府、西北林业机械厂
		1998~2000	陕西省森林防火办公室、汉中市森林防火指挥部、镇坪县森林防火指挥部、太白县森林防火指挥部
		2001~2003	延安市森林防火指挥部、西安市森林防火指挥部办公、宁陕县森林防火指挥部办公室
		2004~2006	陕西省森林防火指挥部办公室、延安市森林防火指挥部、安康市林业局
		2007~2009	陕西省林业厅、商洛市森林防火指挥部办公室、延安市森林防火指挥部
		2010~2012	延安市森林防火指挥部、宝鸡市林业局、铜川市印台区林业局

续表

荣誉名称	表彰机关	表彰时间	获奖单位
三北防护林建设及治沙先进集体	全国绿化委员会、人事部、国家林业局	1991	韩城市、淳化县、榆林市(原地区)、长武县、榆阳区、宜川县、靖边县、黄龙县、麟游县
		1995	陕西省防护林建设工作站、延长县、榆阳区、韩城市、旬邑县、扶风县、延安市、淳化县、陕西省飞机播种造林站、吴堡县
		2001	延安市、榆阳区、韩城县、永寿县、千阳县、陕西省防护林建设工作站
		2005	榆阳区
全国治沙先进单位	全国绿化委员会、林业部、人事部	1991	榆阳区林业局、榆林地区、榆林市
全国防沙治沙标兵单位	全国绿化委员会、人事部、国家林业局、中宣部	2002	陕西省榆林市人民政府、陕西省榆林市榆阳区补浪河乡英雄女民兵连
全国防沙治沙先进单位	全国防沙治沙大会	2007	榆林市榆阳区
全国部门造林绿化300佳单位	全国绿化委员会、人事部、国家林业局	1994	西北工业大学、铁道部宝鸡桥梁厂、陕西彩色显像管总厂
全国部门造林绿化400佳单位	全国绿化委员会	1998	解放军84860部队、安康农业学校、渭河发电厂、延炼练实业集团公司、宝鸡有色金属加工厂、渭南市政府机关、西安公路交通大学、陕西汽车制造总厂
全国造林绿化先进单位	全国绿化委员会、林业部、人事部	1991	榆阳区林业局，榆林地区、渭南地区、延安市、白河县、户县、陇县、山阳县、南郑县、淳化县、西安飞机工业公司、陕西彩色显像管厂、中国人民解放军84860部队、共青团陕西省委青农部、陕西省林业勘察设计院飞播队、宁强县
		1996	陕西户县、韩城市、榆林市、延长县、南郑县、平利县、铁道部宝鸡桥梁厂、彩虹彩电显像管总厂
全国造林绿化“四佳”单位——百佳县(区)	全国绿化委员会、人事部、国家林业局	1995	延长县、榆林市、南郑县、平利县、韩城市
		1998	宜君县、略阳县、西安市雁塔区
全国造林绿化“四佳”单位——百佳乡(镇)	全国绿化委员会	1995	定边县郝滩乡、西乡县马踪乡、耀县稠桑乡、渭南市凭信乡、商南县曹营乡
		1998	岐山县安乐镇、神木县中鸡乡、长安县王莽乡

续表

荣誉名称	表彰机关	表彰时间	获奖单位
全国造林绿化“四佳”单位——千佳村	全国绿化委员会	1995	富县吉子现乡固险村、延安市枣园乡庙沟村、洛川县永乡乡韩家寨村、延长县交口镇董家河村、吴堡县薛下村乡砖窑山村、榆林市芹河乡蟒坑村、府谷县五家墩乡白云村、米脂县高渠乡高西沟村、西安市未央区汉城乡郭家村、西安市雁塔区鱼化乡周宋村、高陵县崇皇乡绳刘村、蓝田县大寨乡陶峪河村、略阳县中川乡垭河村、城固县二坚镇毛垭村、洋县八龙乡山后村、镇巴县大池乡瓦石村、旬阳县三岔河乡上厂村、白河县前坡乡胜利村、岚皋县洋溪乡下台子村、安康市城关镇文武乡陈家沟村、扶风县绛帐乡罗家村、太白县桃川乡骞坡村、宝鸡县周原乡张谢村、铜川市城区王乡店子坡村、宜君县哭泉乡麻庄村、郊区阿庄乡小庄村、耀县孙塬乡焦坪村、商州市洪门河乡小韩峪村、柞水县窑镇下窑村、洛南县李河乡张垣村、丹凤县寺坪乡白桑塬村、千阳县寇家沙乡白善坊村、乾县石牛乡朱家村、彬县车家庄乡枣林村、长武县洪家乡王东村
		1998	铜川郊区高楼河乡四兴村、耀县演池乡神湫村、紫阳县城关镇楠木村、旬阳县桐木乡岔园村、安康市恒口镇月南村、彬县龙高乡武家村、永寿县永坪乡杨家山村、旬邑县职田镇恒安洲村、黄陵县田庄镇田河村、志丹县张渠镇孟坬村、吴旗县薛岔乡薛岔村、宜川县集义乡峪口村、安塞县沿河湾镇高家峁村、千阳县张家原乡大湾岭村、凤县双石铺镇张家尧村、渭滨区神龙乡陈家村、太白县咀头镇李家沟村、横山县横山镇曹阳湾村、定边县盐场堡乡东滩村、府谷县碛塄乡碛塄村、榆林市马合乡麻生圐圙列村、澄城县庄头乡郭家庄村、华县瓜坡镇井沟村、韩城市西庄镇南强村、商南县富水镇黄土凸村、洛南县景村镇韩湾村、镇安县柴坪乡纸坊村、周至县马召乡熨头村、长安县王莽乡江村、户县蒋村镇白龙村、临潼县上桥乡陈刘村

续表

荣誉名称	表彰机关	表彰时间	获奖单位
全国绿化先进集体	全国绿化委员会、人事部、国家林业局	2001	眉县人民政府、南郑县人民政府、渭南市人民政府机关、延安大学、陕西省安康农业学校、长庆石油勘探局、榆阳区人民政府、洛南县人民政府
		2006	长安大学、西安绕城高速公路生态林带建设管理局、商洛市林业局、镇巴县人民政府、陕西省泾惠渠管理局、安康市林业局、杨凌示范区绿化委员会办公室
全国绿化模范单位	全国绿化委员会	2004	宝鸡有色金属加工厂、延安王家坪汽车联营运输公司、西安电子科技大学、陕西蒲城发电有限责任公司、西安咸阳国际机场
		2006	延安革命纪念馆、延安市劳山林业局、秦始皇兵马俑博物馆、陕西省桃曲坡水库管理局、安康市政府机关
		2008	空军工程大学、中共安康市委机关、陕西省体育训练中心、安康水力发电厂、陕西省商洛公路管理局、中共渭南市委机关、西安市丰庆公园管理处
		2010	安康市、志丹县、铜川市耀州区、凤翔县、石泉县、吴起县、横山县、陕西财经职业技术学院、宝鸡石油钢管有限责任公司、榆林学院、镇安中学、汉中市林业科学研究所、西部机场集团安康机场有限公司、西安曲江文化旅游(集团)有限公司大唐芙蓉园景区
全国绿化模范县	全国绿化委员会	2004	淳化县、山阳县
		2006	宝塔区、榆阳区、宜君县
		2007	千阳县、旬邑县、汉阴县、高陵县、柞水县
全国绿化模范城市	全国绿化委员会	2007	宝鸡市
全国退耕还林先进县	国家林业局	2007	陕西省吴起县
全国退耕还林先进单位	国家林业局	2007	陕西省退耕还林工程管理中心、延安市退耕还林工程管理办公室、榆阳区林业局、耀州区林业局、彬县林业局、略阳县林业局、柞水县退耕办
退耕还林工程2010年度阶段验收工作先进单位	国家林业局	2010	陕西省林业厅

续表

荣誉名称	表彰机关	表彰时间	获奖单位
退耕还林工程巩固成果工作先进单位	国家林业局	2010	陕西省林业厅
三北防护林体系二期工程建设先进单位	国家林业部	1996	陕西省飞播站
三北防护林体系建设30年突出贡献单位	国务院三北领导小组	2008	宝鸡市林业局、陕西省防护林建设工作站、榆林市林业局、铜川市林业局、渭南市林业局、永寿县林业局、神木县、子长县林业局、西安市灞桥区农业局
中德财政合作造林项目先进集体	国家林业局	2003	中德合作陕西西部造林项目办公室
陕西省三北防护林体系建设突出贡献单位	陕西省绿化委员会、省人事厅、省林业厅	2008	宝鸡市陈仓区林业局

第二节 先进个人

主要搜集整理1990~2010年被国家林业部(局)以及陕西省人民政府表彰奖励的先进(表13-3-2至表13-3-5)。

陕西省林业系统1990~2010年获国家森林防火指挥部、国家林业局表彰的全国森林防火模范、全国森林防火工作先进个人，共计30人(表13-3-2)。

1990~2010年陕西省林业系统森林防火先进个人统计表

表13-3-2

序号	姓名	工作单位	职务	荣誉名称	表彰时间
1	文正钦	陕西省林业厅	副厅长	全国森林防火模范	1990
2	黄东记	商洛市丹凤县桃花铺乡林场	护林员	全国森林防火模范	1990
3	苏波	延安市林业局防火办	主任	全国森林防火工作先进个人	1998~2000
4	吴宽让	陕西省林业厅森林防火办公室	调研员	全国森林防火工作先进个人	1998~2000
5	尹琦	省森林工业总公司森林防火指挥部办公室	主任	全国森林防火工作先进个人	1998~2000
6	李缠瑞	西安市蓝田县终南林场	场长	全国森林防火工作先进个人	1998~2000
7	张柱谦	延安市黄龙县人民政府	副县长	全国森林防火工作先进个人	1998~2000
8	冯继文	榆林市森林防火办公室	副主任	全国森林防火工作先进个人	1998~2000
9	张利聪	省森林防火指挥部办公室	副主任	全国森林防火工作先进个人	1998~2000

续表

序号	姓名	工作单位	职务	荣誉名称	表彰时间
10	朱云	龙草坪林业局	工程师	全国森林防火工作先进个人	1998～2000
11	肖素文	白水县林业局	副局长	全国森林防火工作先进个人	1998～2000
12	张玉川	宝鸡市马头滩林业局防火办	主任	全国森林防火工作先进个人	1998～2000
13	苏成智	汉中市洋县林业局防火办	主任	全国森林防火工作先进个人	1998～2000
14	胡斯良	商洛市商南县双山林场	场长	全国森林防火工作先进个人	1998～2000
15	赵志荣	商洛市森林防火指挥部	副总指挥	全国森林防火工作先进个人	2004～2006
16	李军	咸阳市森林防火指挥部办公室	主任	全国森林防火工作先进个人	2004～2006
17	陈涛	宝鸡市森林防火指挥部办公室	副主任	全国森林防火工作先进个人	2004～2006
18	刘明时	太白山国家级自然保护区管理局	局长	全国森林防火工作先进个人	2004～2006
19	姜经济	渭南市林业局	副局长	全国森林防火工作先进个人	2004～2006
20	贺仲岐	榆林市榆阳区林业局	副局长	全国森林防火工作先进个人	2004～2006
21	张长录	陕西省森林资源管理局	副局长	全国森林防火工作先进个人	2007～2009
22	谢文治	延安市森林防火指挥部	副指挥	全国森林防火工作先进个人	2007～2009
23	王凯	宝鸡市森林防火指挥部办公室	主任	全国森林防火工作先进个人	2007～2009
24	郝战平	渭南市华县林业局	局长	全国森林防火工作先进个人	2007～2009
25	韩彧	西安市森林公安局	局长	全国森林防火工作先进个人	2007～2009
26	支林魁	陕西省森林防火指挥部办公室	副主任	全国森林防火工作先进个人	2010～2012
27	文林	咸阳市森林防火指挥部办公室	副主任	全国森林防火工作先进个人	2010～2012
28	段宝权	渭南市华阴市林业局	局长	全国森林防火工作先进个人	2010～2012
29	席新文	汉中市勉县森林防火指挥部办公室	主任	全国森林防火工作先进个人	2010～2012
30	程平西	西安市蓝田县终南林场	场长	全国森林防火工作先进个人	2010～2012

1990～2010年陕西省林业系统三北防护林建设、治沙先进个人统计表

表13-3-3

序号	姓名	工作单位	职务	荣誉名称	表彰机关	表彰年份
1	杨蔚中	铜川市林业局	局长	三北防护林建设先进个人	国务院三北防护林领导小组和林业部	1991
2	王久富	延安市枣园乡庙沟村	党支书	三北防护林建设先进生产者		
3	赵秉正	榆林市委(原地委)	副书记	全国防沙治沙劳动模范	全国绿化委员会、人事部、林业部	
4	石海源	榆阳区委	书记			

续表

序号	姓名	工作单位	职务	荣誉名称	表彰机关	表彰年份
5	闫克俭	延安市林业局	副局长	三北防护林建设先进个人	国务院三北防护林领导小组和林业部	1995
6	何发理	陕西省林业厅	副厅长			2001
7	费新普	陕西省林业厅	处长			
8	康文伟	榆林市林业局	局长			
9	麻保林	省治沙所	工程师	三北防护林建设先进生产者		
10	田俊良	永寿林业局	局长			
11	柳富仓	陇县麻家台乡田家岭村	农民			
12	姜水利	蒲城县高阳镇安家七组	农民			
13	罗清军	延长县黑家堡镇杨家湾村	农民			
14	石光银	定边县海子梁乡四大壕村	农民			
15	牛玉琴	靖边县东坑乡金鸡沙村	农民			
16	郭修明	铜川市印台区红土镇惠家沟村	农民			
17	石光银	定边县海子梁乡四大壕村	农民	“治沙英雄”	全国绿化委员会、人事部、国家林业局、中宣部	2002
18	牛玉琴	靖边县东坑乡金鸡沙村	农民	全国防沙、治沙标兵		
19	李俊治	榆林市林业局	干部	三北防护林建设先进个人		2005
20	韩海祥	横山县林业局	干部			
21	刘玉军	靖边县林业局	干部			
22	杜芳秀	定边县秀海荒山治理有限责任公司	经理			
23	刘玉军	靖边县林业局	工程师	全国防沙治沙先进个人	国务院三北领导小组	2007
24	石光银	定边县海子梁乡	农民	三北防护林建设突出贡献者		2008
25	牛玉琴	靖边县东坑镇金鸡沙乡	农民			
26	杜芳秀	定边县秀海荒山治理有限责任公司	经理			
27	王志兰	定边县荣兰荒漠治理有限公司	经理			
28	赵文忠	陕西圣安房地产公司	经理			
29	张振明	延安市林业局	干部			
30	王耀生	渭南市临渭区林业局	干部			
31	秦喜柱	榆林市榆阳区林业局	干部			
32	孟建民	宝鸡市林业局	主任			

续表

序号	姓名	工作单位	职务	荣誉名称	表彰机关	表彰年份
33	党黑谋	西安市林业局	科长	三北防护林建设突出贡献者	国务院三北领导小组	2008
34	李向阳	宝鸡市陈仓区林业局	副科长			
35	王万胜	渭南市林业局	干部			
36	秦新安	咸阳市林业局	干部			
37	苗宏义	铜川市林业局	干部			
38	刘建军	延安市林业局	工程师			
39	梁芳民	彬县林业局	干部			
40	冯国春	定边县林业局	干部			
41	艾先福	白水县林业局	干部			
42	史惠玲	杨凌区林业技术推广站	副站长			
43	吕复扬	陕西省防护林建设工作站	副站长			
44	张社朝	陕西省防护林建设工作站	副站长			
45	张应龙	神木县生态保护建设协会	会长			

1990~2010年陕西省林业系统绿化造林、飞播造林先进个人统计表

表13-3-4

荣誉名称	表彰机关	表彰年份	获奖人
全国绿化奖章	全国绿化委员会	1990	姚毅、孙振海、王寿森、王登高、陈仁田、潘生权、王致文、陈永明、徐行、李海鹏、张文献、和启孝、田文杰、石光银
		1992	郝景帆、宁长珊、张峰山、杨蔚中、朱序弼、张建棠、张烈鹏、马文祥、李重烈、王保京、孙志荣、王景舟、魏生春、李培德
		1993	文兴茂、周振伟、顾林祥、曹玉过、张万春、胡润泽、唐建文、吴前进、张方、杨宏顺、许广有、薛筱勤、戴惠茹、王晓宏、史自力
		1994	张光中、盛平想、邹文丁、郭国才、张峰、张安林、郭忠记、陈锦华、刘铭周、周连山、陈鸿猷、郝福财、李建林、刘广英、赵剑兵
		1995	张选、贾金华、何启泽、刘挺、王友发、田宏峰、范仲金、仇有兴、江崇华、张永全、许继学、段军浩、陈继荣、张清海
		1997	傅启芳、王俊儒、崔占鳌、汪全智、张春民、刘希乾、赵建国、胡德慧、问国政、齐军智、吴圣地、侯友刚

续表

荣誉名称	表彰机关	表彰年份	获奖人
全国绿化奖章	全国绿化委员会	1998	徐占华、孙志明、贾双武、朱聿平、施俊生、杨省民、白纪亮、卢巴曹、胡清俭、孙钦航、徐登奎、严引仙、杨平安
		1999	雷云城、张九皋、陈双全、王振民、王信维、吴民强、杨兴国、丁仕升、袁治平、李斌贤、张辉农、奂斌贤、窦民生、王海浪
		2000	马瑞金、袁庆升、叶伯成、王忠厚、姚文彬、康文伟、王德文、雷忠永、候军科、张会彬、吴福茂、张孝民、杨生勤
		2002	刘天毅、马根成、李宏超、韩大发、时元斌、王明志、王志雄、薛建堂、门世斌、南清平、师合林、陈新海、王宏元、刘安仓、姚永锋
		2003	杜芳秀、王宏海、邢维勤、袁晓东、马丙寅、雷民康、刘平运、王恩社、张根忙、李瑞支、高如祥、郭加水、蒋金科、姚开林
		2004	吕学斌、刘兴宏、任明星、寇森林、孙峰、董金贵、韩智存、何会民、刘六一、何俊明、郭宏科、郑双武、侯有成、武忠贤
		2005	范社忠、郭创贤、卢力群、田俊良、王焕有、薛治安、刘忠生、曹虎林、王海鳌、朱序榆、朱明全、刘升康、雷向阳、董根堂、牛万虎
		2007	彭兆成、刘炜、陈建文、田德顺、冯刚平、韩周理、周明清、陈庆、吕复扬、李俊治
		2008	姚引良、孙晶明、刘建明、郭兆国、宗世新、张建芳、刘有社、张守诚、魏鹏文、辛占良、武建书、权力军、寇旭、李建设、胡建设
		2009	刘定东、张国俊、高鹏、刘勇锋、李毅、王培新、乔建国、王喜成、刘国富、向建明、王正运、孙满成、刘晓阳、李愈善、赵全义
		2010	马赟、胡晓波、欧阳海霞、王湛鸿、刘汉卿、王万胜、梁振山、张应龙、刘福平、高长地、张伟、陆海、李来运、马世华、惠振江、卢益民、杜振良、杨鹏辉、张德顺、惠存虎、白永恒、李泱凡、吴宗凯
全国造林绿化劳动模范	全国绿化委员会	1990	杨吉荣、邱军、吴守约、李补源、罗占奎、赵明礼、漆建忠、庚焕朝、孙继高
全国治沙劳动模范	全国绿化委员会	1990	赵秉正、石海源

续表

荣誉名称	表彰机关	表彰年份	获奖人
全国绿化先进工作者	全国绿化委员会、林业部、人事部	1996	石光银、吴前进、周振伟、何启泽、盛平想、郝福财、胡润泽、唐建文
		2001	田洪峰、杨兴国、袁治平、王信维、王俊儒、王友发
		2006	刘兴宏、惠存虎、刘忠生、康文伟
全国治沙英雄	全国绿化委员会、人事部、国家林业局	2002	石光银
“中国生态贡献奖”十大英雄模范人物	全国绿化委员会、国家林业局、中国绿化基金会	2009	牛玉琴

1990~2010年陕西省林业系统退耕还林先进个人统计表

表13-3-5

序号	姓名	工作单位	职务	荣誉名称	表彰年份
1	罗琦	陕西省退耕还林工程管理中心	副主任	全国退耕还林先进个人	2007
2	薛九富	延安市退耕还林工程管理办公室	主任		
3	陈春风	紫阳县林业局退耕办	主任		
4	孙玉明	宝塔区退耕办	主任		
5	雷成全	洛川县退耕办	主任		
6	李连生	麟游县林业局	局长		
7	高海银	定边县林业工作站	站长		
8	郑国才	宁强县退耕办	工程师		
9	周丹军	丹凤县退耕办	主任		
10	王桂珍	印台区退耕办	主任		
11	周明清	蓝田县林业局	副局长		
12	张忙趁	澄城县林业局	局长		
13	闫文智	淳化县林业局	书记、副局长		
14	李文荣	甘泉县高哨乡退耕办	主任		
15	李增泉	榆阳区麻黄梁镇十八墩村	农民	全国退耕还林优秀农户	
16	楚志茂	蓝田县华胥镇上许村	农民		
17	刘杨清	凤县平木镇白蟒寺村	农民		
18	孟天毅	石泉县熨斗镇先联村	农民		

续表

序号	姓名	工作单位	职务	荣誉名称	表彰年份
19	陈宪富	西乡县峡口镇白岩村	农民		
20	张恩德	商南县富水镇谢家店村	农民		
21	党联合	富平县峪岭乡漫町村	农民		
22	曹建勋	礼泉县昭陵乡肖山村	农民		
23	李育秘	子长县李家岔镇石家湾管委会贺家湾	农民		
24	张霁霄	陕西省退耕还林工程管理中心	总工程师	全国退耕还林工程2008年度阶段验收工作先进个人	2009
25	赵彦斌	陕西省林业调查规划院	总工程师		
26	仝小林	延安市退耕还林工程管理办公室	副主任		
27	田红俊	商洛市林业局	科员		
28	高建	咸阳市林业局	工程师		
29	惠振江	榆林市退耕还林办公室	副主任	全国绿化奖章——退耕还林突出贡献	2010
30	卢益民	渭南市林业局造林科	科长		
31	杜振良	商洛市林业局退耕还林办公室	副主任		
32	杨鹏辉	宝鸡市林业局	副局长		
33	张德顺	安康市林业局	副调研员		
34	惠存虎	咸阳市林业局	局长		
35	白永恒	铜川市退耕还林领导小组办公室	主任		
36	李泱凡	汉中市林业局	副局长		
37	吴宗凯	吴起县退耕还林工程管理办公室	主任		
38	薛平和	陕西省森工医院	科长	1994~1996年度林业系统优秀财会人员	1997
39	李铁英	陕西省森林工业管理局	科长		
40	卢从祥	陕西省林业厅	处长		
41	陈玉兰	汉中市林业局	干部		
42	罗平章	铜川市林业局	干部		
43	蔡巧云	咸阳市林业局	干部		
44	侯云林	安康地区林业局	干部		
45	白世荣	镇安县林业局	干部		

大事记

1990年

1月9日 省物价局、林业厅、供销合作社联合发出《关于栓皮生产、经营和价格问题的通知》。

1月16日 副省长王双锡率省上12个委、办、厅、局负责人到省林业厅召开省政府现场办公会，专题讨论陕西省林业发展的有关问题。

2月21日 全省地市林业局长会议在西安召开。副省长王双锡书面讲话，题为“增强生态意识，加快造林步伐，在陕西省形成一个全社会办林业的大气候”。

3月1日 汉中市汉台区褒河乡发生了猎杀世界珍禽朱鹮的严重事件，受到国务院办公厅的通报批评。

3月7日 省林业厅、发改委、经委、经贸委和工商行政管理局联合发出《关于加强松香管理的通知》。

3月7日晚 省人民政府召开电话会议。副省长王双锡代表省政府要求全省人民迅速动员起来，抓住有利时机，迅速掀起春季植树造林热潮。

4月5日 靖边县东坑乡金鸡沙村农民牛玉琴、定边县海子梁乡大壕村农民石光银，在治沙造林、绿化祖国的事业中做出突出贡献，获全国绿化奖章。

4月5~7日 林业部在成都召开大熊猫保护工作会议。陕西省6个先进集体和10名先进个人受到表彰奖励。

5月5日 省人民政府召开紧急电话会议。副省长王双锡在电话会议上要求各级政府要把国有山林定权发证工作列入工作日程，组织力量，扎实细致工作，在6月底完成发证任务。

6月16~19日 全国妇联、林业部在西安联合召开了“全国三八绿色工程”工作会议。

6月下旬 林业部在西安召开北方14省份国有林定权发证工作座谈会。

11月5~8日 大西北生态环境问题与对策学术研讨会在西安召开。陕西省政协主席、陕西省生态学会名誉理事长周雅光、陕西省人大副主任韦明海、陕西省人民政府特邀顾问林季周和青海省顾问委员会副主任马万里等出席会议。

12月28日 省七届人大常委会第十八次会议通过《陕西省城乡集市贸易管理条例》。其中规定：国营林场生产的木材，在完成计划调拨任务后，持林业主管部门的证明，允许上市交易。集体经济组织生产的木材、农民自留山和个人承包集体的林木，持县林业管理部门的证明，允许上市交易。农村居民采伐自留地和房前屋后个人所有的零星林木，持村民委员会证明允许上市交易。严禁私人进入林区倒卖和贩运木材。国家和省重点保护的野生动物、植物及其制品，禁止上市交易。

是年　中共中央政治局常委、国务院总理李鹏在省长白清才陪同下，视察了延安市宝塔区三十里铺果园。

是年　美国《时代》杂志刊登《向沙漠挑战》文章，颂扬榆林地区治沙造林成就。

1991 年

1 月 11~16 日　全国林业厅局长会议在西安召开。林业部部长高德占、副部长蔡延松及陕西省委、省人大、省政府、省政协领导牟玲生、余明、王双锡、董继昌以及西安市委市政府的领导出席了开幕式。

1 月 20 日　省高级人民法院、人民检察院、林业厅、公安厅、工商行政管理局转发最高人民法院、最高人民检察院、林业部、公安部、国家工商行政管理局《关于严厉打击非法捕杀、收购、倒卖、走私野生动物活动的通知》的通知。

2 月 15 日　楼观台林杨森林公园闻仙沟吊桥因游人过多而严重超载，致一侧扶手钢绳断裂，桥面倾斜，166 人翻落桥下，伤 144 人，死亡 22 人。这次特大伤亡事故是由于楼观台林杨管理混乱，纪律松弛，工作懈怠，工作人员玩忽职守和领导失职造成的。经过对事故原因和责任调查核实，周至县人民法院以重大责任事故罪，判处李宏良有期徒刑 5 年；判处姬孝荣有期徒刑 3 年，缓刑 3 年。经省监察厅批准，省监察厅驻省林业厅监察室决定：对负有重要责任的 4 名领导干部分别给予行政撤职、记大过、记过、警告处分；对负有直接领导责任的另 4 名干部给予相应的党纪、政纪处分。

3 月 3~6 日　省政府在西安召开了陕西省农口系统工作会议。在 5 日的大会上，副省长王双锡代表省政府与各地市的专员、市长分别签订了“陕西省造林绿化目标责任书”，明确了各地市“八五”期间应达到的各项林业生产指标。

3 月 9 日　省人民政府召开电话会议。副省长王双锡要求今年的造林绿化要声势大、人数多、栽的多、质量高。

3 月 12 日　全国绿化委员会、林业部、人事部在北京人民大会堂联合召开全国植树造林表彰动员大会。陕西省有 15 个先进单位和 9 位劳动模范受到表彰。

3 月 15 日　陕西省第七届人大常务委员会第四次会议决定废止 1982 年 1 月 4 日通过的《陕西省森林保护管理暂行办法》。

5 月 7 日　汉中地区中级人民法院在佛坪县公开审理一起非法猎杀大熊猫、倒卖大熊猫皮案件。主犯喻明李、郭法平被判处死刑，缓期 2 年执行；郑昌科被判处无期徒刑；其他 5 人分别被判处 2~7 年有期徒刑。

5 月 17 日　省七届人大常委会第 21 次会议通过《陕西省森林管理条例》。自即日起施行。

6 月 7 日　千阳县人民法院召开全县宣判大会，对非法持枪在门台山打死国家Ⅰ级保护动物金钱豹的罗耀峰、魏永智，分别判处有期徒刑 3 年和 1 年。

6 月 9~10 日　国务委员、国家科委主任宋健在副省长姜信真陪同下，视察了榆林地区的治沙工程。

6月19日 中共中央政治局常委、书记处书记李瑞环在眉县视察汤峪森林公园。

6月27日 省人民政府发出《关于下达“八五”期间年森林采伐限额的通知》：国务院核准陕西省“八五”期间年森林采伐限额为700万立方米(林木蓄积量)。

7月3~6日 全省国营林场工作会议在西安召开。省长白清才到会讲话并向陕西省荣获林业部表彰的23个国营林场、20名局(场)长和99名先进个人颁发了奖状。

8月29日至9月1日 国务委员陈俊生在副省长王双锡、林业厅厅长任国义陪同下，考察了神木、榆林、横山、靖边等县的造林种草治沙工作。

11月19日 省委书记张勃兴到林业厅检查工作。

11月20日 省人民政府发布《陕西省关于开展全民义务植树运动的实施细则》。

11月29日 省七届人大常委会第24次会议通过了《陕西省实施〈中华人民共和国野生动物保护法〉办法》。决定每年4月11日为陕西省的“爱鸟节”，9月为陕西省“野生动物保护法宣传月”。

12月13日 陕西省暨西安市隆重纪念全民义务植树运动开展十周年大会，副省长王双锡到会并讲话。

12月26日 副省长王双锡出席全省长江防护林工程建设领导小组会议并讲话。

是年，陇县八渡林场油松种子园的种子，被陕西省林木良种审定委员会审定为良种，成为国内第一个通过审定准予推广使用的良种。

1992年

1月17~21日 省林业厅在西安召开了全省地市林业局长会议。副省长王双锡在会上发表了题为“深化改革，转变机制，增强林业自身活力”的讲话。

3月3日 陕西省绿化造林表彰动员大会在西安召开。副省长王双锡到会讲话并给受表彰的50个造林绿化先进单位、40名造林绿化先进个人颁发获奖证书和奖品。

3月11日 省人民政府召开春季造林电话会议，副省长王双锡作了动员讲话。

3月下旬 省文物局、省林业厅和黄陵县联手在黄帝陵首倡用飞机防治古柏群中的侧柏毒蛾害虫，飞防93.33公顷，杀虫率达85%以上。

7月2日 省人民政府召开全省劳动模范和先进集体表彰大会。省林科所罗伟祥和太白局武彦斌被授予陕西省劳动模范，西北林业机械厂被授予先进集体。

8月4~7日 中国科学技术协会和中国林学会发起组织的“沙地开发利用国际学术研讨会”在榆林召开。

8月4日 《绿色沧桑》首发式在榆林举行。林业部科学技术委员会主任、全国治沙暨沙业学会理事长董智勇出席首发式并讲话；全国政协委员陈舜瑶、农业部原副部长刘培植，三北防护林建设局局长李建树等出席首发式。

9月19日 中国共产党党员、陕西省飞机播种造林工作站站长、高级工程师余志立和中国共产党党员、省林业厅宣传干部武士堂，在陕北出差路经安塞县砖窑湾时发生车祸，不幸遇难。

9月23~26日 省林业厅在西安召开全省地市林业局长座谈会，副省长王双锡到会并讲话。

10月28日　省森林防火指挥部在西安召开第七次扩大会议，副省长王双锡到会讲话。

10月29~31日　省林业厅在宝鸡召开全省首次封山育林座谈会。

11月1~12日　由世界银行4名外籍专家和中方6名专家组成专家组，分两路对太白山、周至、佛坪、牛背梁、洋县朱鹮自然保护区进行考察，就陕西5个自然保护区能否加入全球环境基金(GEF)生物多样性项目示范点和投资项目内容进行评价。

1993年

2月15日　副省长王双锡到林业厅现场办公。

3月1日　省绿化委员会第十一次全委扩大会议在西安召开。

6月9日　中共中央总书记、国家主席江泽民到洋县智果村视察汉江防护林，赞扬这里的水杉林造得好、管得好。

6月13日　中共陕西省委、省人民政府、省军区作出《关于授予榆林市补浪河治沙女民兵连“治沙英雄女民兵连”荣誉称号的决定》。

6月30日　省八届人大常委会第一次会议，任命钟高适为陕西省林业厅厅长。

10月15日　全国“三八”红旗手、三北防护林二期工程劳动模范、陕西省劳动模范、著名治沙能手牛玉琴在泰国曼谷荣获联合国粮农组织亚太地区办事处颁发的“优秀林农奖”(即拉奥博士奖)。10月20日下午，中共陕西省委常委、副省长徐山林在省政府黄楼接见了牛玉琴。

1994年

3月5日　省绿化委员会第13次全体(扩大)会议在西安召开。

3月6~8日　省人民政府在西安召开全省林业工作会议，副省长王双锡主持会议并讲话。

3月12日　省委常委、省纪委书记李焕政、省委常委、副省长徐山林、省委常委、省公安厅厅长艾丕善、省人大副主任任国义、省政协副主席董继昌、梁琦和省军区副司令员任靖林在西安市北门外参加义务植树。

4月22日　在安徽合肥召开的全国城市园林绿化工作会议上，宝鸡市获全国园林绿化先进城市称号。

6月22~24日　国务委员、国家科委主任、国家环境保护委员会主任宋健和林业部副部长沈茂成，在副省长范肖梅和省林业厅副厅长何发理陪同下，考察佛坪国家级自然保护区、长青局大熊猫栖息地、洋县朱鹮保护观察站。

8月18~20日　林业部部长徐有芳在省林业厅厅长钟高适、副厅长赵秉正陪同下，视察榆林治沙工程。

9月3日　林业部发出《关于表彰全国经济林建设先进县和国家第一期油茶低产林改造项目先进县的通报》。韩城市、洛川县获得经济林建设先进县的光荣称号。

9月8日　陕西省人民政府令第4号公布《陕西省征用占用林地及补偿费征收管理办法》，自发布之日起施行。

9月25日 全国林业名特优新产品博览会在北京农业展览馆开幕。26日，江泽民总书记在林业部长徐有芳陪同下参观陕西展示厅时，省林业厅厅长钟高适向总书记介绍陕西省林业系统生产的产品和秦岭林区情况。29日，李鹏总理在部长徐有芳陪同下参观陕西展示厅时，省林业厅副厅长赵秉正向李总理汇报陕西林业产业发展情况。

1995年

3月1日 在全国绿化委员会第十四次全体(扩大)会议上，陕西有36个村、5个乡、5个县被授予全国造林绿化“千佳村”“百佳乡”“百佳县”荣誉称号；宝鸡市副市长陈继荣等13人被授予“全国绿化奖章”。

3月4日 下午1点多，秦岭腹地的凤县平坎乡银母寺一组，因一妇女烧地边草引发了森林火灾。平坎乡党委书记、乡长田建国闻讯后，立即带领几名干部赶赴火场扑救。正当大家奋力扑救林火时，突然一股大风卷起高7~8米的烈焰，将他和一位年仅15岁的少年吞噬，壮烈牺牲。3月31日，《陕西日报》以“秦岭忠魂”为题在一版向全省人民报道了党的好干部、人民的好儿子田建国的事迹。并配发《学习田建国，争当好公仆》的社论。同日，中共陕西省委、省人民政府也作出《关于开展向田建国同志学习活动的决定》。

3月11日 正在安康调研的中共陕西省委书记安启元在安康地委书记谈俊琪的陪同下，到安康香溪洞“长防林”基地和数百名干部参加“长防林”工程造林活动。

3月12日 省委常委、省纪委书记李焕政，省人大副主任任国义，副省长巩德顺和省直机关干部千余人在西安市南二环植树绿化。

3月23~25日 陕西省林业公安工作会议在汉中召开。

3月25日 省人民政府追认扑救森林火灾而牺牲的田建国、沈来学为革命烈士。

4月27日 应德国政府邀请，陕西省将一只10岁的雌性大熊猫“艳艳”送往德国柏林动物园，进行为期5年的合作繁殖研究。

4月28日 省林业厅、省工商行政管理局联合发出《关于对林区和重点产材县的木材经营、加工单位实行木材经营、加工许可证的通知》。

5月17日 中共中央政治局常委、全国人大常委会委员长乔石，在省委书记安启元、省长程安东陪同下，视察太白山国家森林公园。

5月19~23日 省政府在延安召开陕西省绿化灭荒工作会议。国家绿化委员会办公室在会上宣读了国家绿化委员会和林业部给会议的贺信；省长程安东、副省长王双锡在会上分别作了讲话。

6月15~17日 根据全国政协的统一安排，全国政协委员、原林业部副部长蔡延松和全国政协委员、贵州农学院教授、中国著名的生态专家周政贤一行到榆林视察三北防护林建设和沙区治沙工程。

7月5日 由国家计委农村经济司林业处、林业部计划司长远处、三北防护林建设局组织的三北防护林建设投资机制调研团，在黄龙山林业局考察三北防护林建设情况。

8月11日 中共陕西省委、陕西省人民政府发出《关于奋战四年实现全省绿化灭荒任务的决定》。

8月25~26日　林业部部长徐有芳考察太白山国家级森林公园和宝鸡市绿化工程。

8月　由省绿化委员会、省林业厅和西安基督教青年会组织的由中、日、韩三国青年组成的青年国际生态夏令营于8月中旬在太白国家森林公园举行为期4天的活动。

9月4~6日　应林业部邀请，《联合国防治沙漠化公约》秘书处秘书长迪亚罗大使一行，在林业部缪荣兴司长、省林业厅副厅长何发理的陪同下到榆林沙区考察。

10月28~31日　陕西省林业产业工作会议在眉县汤峪召开。

10月　联合国开发计划署电视记者杜别·海伦一行在榆林拍摄荒漠化危害情况和牛玉琴、石光银的治沙造林事迹。

12月13~15日　省林业厅在杨凌林校召开陕西省林业科学技术大会。林业部给大会发来了贺电，副省长王双锡出席会议并讲话。

12月23~25日　陕西省青年营造黄河防护林二期工程竣工表彰暨三期工程动员大会在西安召开。会上表彰奖励了59个先进集体、55名先进个人。

是年　国务院批准陕西省"八五"期间(1991~1995年)年消耗木材总量为815.6万立方米。据统计，5年全省年平均采伐量为535.85万立方米，没有突破年度采伐限额。

是年　省委、省政府命名表彰的有突出贡献专家中，有陕西省林校的雷开寿、省林科所的刘玉媛、榆林治沙所的屈秋耘。省林业系统获国家有突出贡献表彰的专家还有省林科所的符毓秦、罗伟祥；获省政府有突出贡献表彰的专家有省病虫害防治站的奥恒毅和西安林化厂的李大年。

是年　省审计厅、省林业厅在全省范围内进行育林基金联合审计，查出违纪违规资金1050万元，约占审计总金额9866万元的11%。

1996年

2月29日　国务院副总理姜春云在人民大会堂主持召开全国绿化委员会第十五次全体会议。

3月7~8日　全省地市林业局长会议在西安召开。省人大副主任任国义、副省长王寿森到会并讲话。

5月10日　中共陕西省委、省人民政府决定，授予已达到国家规定的消灭宜林荒山标准的汉中市为"全省造林灭荒第一市"、韩城市为"全省造林灭荒第一县"光荣称号，并分别给予物质奖励。

5月16~17日　陕西省绿化灭荒工作暨表彰会在汉中召开。

6月　省飞播造林工作站被林业部评为三北防护林体系二期工程建设先进单位。

7月1日　江泽民总书记在北京人民大会堂接见全国优秀共产党员、治沙劳动模范牛玉琴，并合影留念。

8月6日　国务院批复陕西省人民政府、国家计划委员会、财政部、林业部：一、积极帮助长青局选好转产项目，做好使用世界银行全球环境基金赠款项目的准备工作，尽早选定项目，抓紧办理有关手续，尽快使捐赠资金到位。二、陕西省人民政府尽快落实长青局转产的配套资金，争取早转产，早得益。三、长青林业局目前存在的职工生活困难和子女就业问题，陕西省、市、县人民政府要通盘考虑，尽快解决。四、陕西省人民政府和国家有关部门要加强对长青林业局各项转产资金的管理，防止截留、挪用和流失，对违纪者要严肃查处。

9月3~17日 治沙劳动模范牛玉琴应《联合国防治荒漠化公约》政府间第九次谈判会邀请，前往美国介绍治沙经验。

9月12日 中国野生动物保护协会、中国民族旅行社、日本将来世代国际财团、日本芬里希梦株式会社共同举办的“大熊猫之友”活动在西安市南门举行。

11月8日 经省政府同意，省林业厅颁发《陕西省陆生野生动物及其产品经营、加工许可证管理暂行规定》，自发布之日起施行。

11月17~20日 伊朗伊斯兰共和国建设部副部长瓦格罕率代表团一行7人，在林业部有关部门领导陪同下来陕西考察林业建设方面的流域治理和荒漠化治理情况，并探讨在上述领域开展长期科研合作的可能性。

12月9日 治沙劳模石光银应邀赴印度海德拉芭参加“关于执行联合国防治荒漠化公约南南与南北合作亚非全球非政府组织研讨会”返回北京时，林业部部长徐有芳接见他，并请他在全国林业厅局长会议上介绍经验。

1997年

2月22~25日 全省地市林业局长会议在西安人民大厦召开，省人大副主任任国义、副省长王寿森到会并讲话。

4月9日 省野生动物保护协会第三届代表大会召开。省人大副主任任国义、副省长王寿森被推选为新一届理事会名誉会长，钟高适当选为会长。会议还对全省野生动物保护工作先进集体和个人进行表彰奖励。

4月 省委书记安启元，省长程安东先后检查榆林市的防沙治沙工作。

5月28~31日 林业部在杭州召开全国第三次森林病虫害防治工作会议。省政府副秘书长黄广文在会上汇报了陕西省扑灭美国白蛾的情况。

6月 中共中央政府局委员、国务院副总理姜春云检查榆林防沙治沙工作。

8月17日 省长程安东在黄龙县检查林业工作时指出：“长期以来，黄龙县在造林绿化、森林管护、防火防害、森林资源开发和核桃、花椒绿色产业开发等方面作出了一定成绩。应在绿字上做文章，依山致富，不光富民还要富县。”“成为我们古都西安的绿色屏障，成为我们陕西的一叶肺”。

8月29日至9月1日 国务院在陕北召开全国治理水土流失、建设生态农业现场经验交流会。传达贯彻江泽民总书记、李鹏总理关于治理水土流失、建设生态农业的批示，国务院副总理姜春云在会上讲话，省委书记李建国、省长程安东及中央有关部门的领导刘济民、刘江、陈耀邦和部分专家、学者出席会议。

会议结束的第二天，林业部在延安召开全国林业厅局长座谈会。林业部部长陈耀邦就传达贯彻江泽民总书记、李鹏总理关于建设生态环境的批示和国务院陕北会议精神作安排。

9月9日 由西北林学院、日本大学药学部联合发起的首届国际杜仲学术研讨会在西安召开。来自国内11所大学、4个研究所和日本7所大学的专家、学者以及两国企业界代表和国内杜仲产区代表共100多人出席会议。

10月11~12日 省委书记李建国视察商南县清泉乡水井沟石坎条田上的茶园(500亩)和县茶叶站。

12月17~18日 全省林业生态工程建设工作会议在西安召开。

是年 以省野生动物保护协会会长、省林业厅厅长钟高适为团长的陕西省朱鹮保护友好交流团一行4人赴日本石川县，参加石川县庆祝中日邦交正常化25周年纪念活动。

是年 《陕西省志·林业志》出版。

是年 《中外交流》杂志，向世界宣布榆林地区为“治沙大样板”，成果惊人。

1998年

3月11日 省人民政府在西安召开全省绿化委员会电视、电话扩大会议。会议由省委常委、副省长贾治邦主持，省委常委、省纪委书记李焕政和副省长王寿森分别讲话。

4月7日 省林业厅和延安市政府联合召开新闻发布会，宣布今年3月在黄龙山林区发现国家Ⅰ级保护动物褐马鸡。

4月13日 共青团中央、全国绿化委员会、国家林业局联合发出《关于命名表彰“全国青年绿色文明园”的决定》。共命名“全国绿色文明园”45个，其中有大荔县青少年鲁安红枣示范园和洛川县青年苹果技术协会南贺苏科技示范园。

5月15日 省人民政府召开法制工作会议。省林业厅被评为推行行政执法责任制先进单位；谢君朝被评为省法制工作先进个人。

5月15日 全国绿化委员会《关于表彰全国造林绿化“四佳”单位和部门造林绿化“400佳”单位的决定》，陕西荣获全国造林绿化“四佳”的千佳村31个，百佳乡(镇)3个，百佳县(区)3个，“400佳”单位8个。

8月4日 省委、省人民政府在省委礼堂召开座谈会，隆重纪念江泽民总书记1997年8月5日关于“再造一个山川秀美的西北地区”的重要批示发表一周年。

8月8~16日 由省政协副主席朱振义为组长、省政协经济委员会副主任、省林业厅厅长钟高适为副组长，省林业、农业、水保、环保、轻工等部门人员参加的“建设山川秀美陕西”考察团一行23人，对榆林、延安两地市贯彻江总书记批示，植树种草、绿化荒漠，建设生态农业情况进行调查。

8月20日 省人民政府印发《关于发布〈陕西省地方重点保护植物名录〉的通知》，第一批共59种。

10月22日 省计划委员会、财政厅、中国民航西北管理局、兰州军区空军政治部和省林业厅联合召开陕西省飞播造林40周年总结表彰大会。

10月28日 省长程安东签发《关于实施天然林资源保护工程立即停止省属森工企业采伐天然林的命令》。

11月1日 省林业厅根据省长程安东关于立即停止采伐天然林的命令，组织了督察落实领导小组，深入5个采育企业，进行全面动员，举行封锯仪式，拉开全省天保工程的序幕。

11月2~6日 省绿化委员会、政策研究室、林业厅和林学会联合在西安召开了“跨世纪的陕西生态环境建设研讨会”。省委书记李建国出席会议，省长程安东、中国林业科学研究院院长江泽慧分别在会上讲话。中国工程院关君蔚、山仑院士，中国科学院冯宗炜研究员和13位到会专家、教授先后发言。

11月5日 省林业科学研究院成立典礼在杨凌举行。国家林业局党组成员、中国林业科学院院长江泽慧出席并指导检查工作。

1999年

3月4日 副省长王寿森带领省政府办公厅、发改委、财政厅、劳动厅、中国农业银行陕西省分行、中国工商银行陕西省分行等部门领导来省林业厅现场办公，专题研究实施天保工程有关问题时指出：天保工程资金一定要专款专用。

3月22日 国务院召开全国森林防火工作电视电话会议后，省政府召开全省林业工作电视电话会议。

4月5日 彬县太峪乡南庄村农民因上坟烧纸引燃杂草酿成火灾，火魔立即吞噬了马莲山幼林区。县消防中队指导员王天奇率官兵赶往现场灭火时，被烧成重伤，经抢救无效而牺牲，年仅29岁。5月25日上午，在彬县为他举行隆重追悼大会。

5月18日 副省长王寿森召集有关部门负责人，与中国工程院副院长沈国舫院士座谈黄土高原生态环境建设与农业可持续发展问题。

5月26~28日 省野生动物抢救饲养研究中心工作人员连续4次紧急出动，在眉县、丹凤县和周至县马召镇，成功抢救国家Ⅰ级保护野生动物羚牛3头，国家Ⅱ级保护动物毛冠鹿1只。

8月5~9日 中共中央政治局常委、国务院总理朱镕基在省委书记李建国、省长程安东和国家林业局局长王志宝等陪同下，考察陕西治理沙土流失，改善生态环境和黄河防汛工作时强调，黄河中上游各省份应采取退田还林(草)、封山绿化、个体承包、以粮代赈等措施，动员广大人民群众，大搞植树种草，改善生态环境，为根治黄河奠基，造福子孙后代。

8月8日 国家林业局局长王志宝和副省长王寿森到林业厅现场办公。王志宝传达了朱镕基总理关于“退田还林、封山绿化、个体承包、以粮代赈”的指示精神，并对陕西当前和今后一个时期的退田还林规划工作进行了全面安排部署；副省长王寿森对下一阶段的林业工作提出了具体要求。

8月23~25日 国家林业局副局长李育材到榆林、延安，就深入贯彻落实朱镕基总理视察陕西时的指示精神进行调研之后，与副省长王寿森到省林业厅现场办公。

9月11日 西北农林科技大学成立大会在杨凌召开。中共中央政治局常委、国务院副总理李岚清到会并作重要讲话，国家教育部部长陈至立在会上宣布组建决定。省委书记李建国、省长程安东出席成立大会。西北农林科技大学是由西北农业大学、西北林学院、陕西省农业科学院、陕西林业科学院、西北水土保持研究所、西北植物研究所等合并组建。

9月17日 经教育部批准，由3所省级重点中专学校合并的杨凌职业技术学院正式成立。学院按省农业学校、水利学校和林业学校分设3个教学区、52个专业。

9月上旬　5年一次的全国范围的荒漠化监测工作在陕西启动。

9月　省妇联召开绿色"十佳"表彰大会，命名华县杏林镇杏林村秀美山川的女标兵——李斌芳为"三八红旗手"。全国妇联授予她"三八绿色奖章"。

10月19日　《西安晚报》报道：靖边县农民牛玉琴近日被全国各族妇女"双学双比"竞赛领导小组授予"全国十大农民女状元"称号。

11月7日　全国人大常委会副委员长何鲁丽率领全国人大代表团视察延安市宝塔区山川秀美工程，变化之大，使他们深受感动。

11月26日至12月1日　副厅长陈东升率省林业厅林政处、公安处有关人员，会同延安市人民政府、国家林业局和省上有关部门赴桥北林业局，对甘肃省反映桥北林业局和尚塬林场越界在庆阳地区平定川林场砍伐天然林一事，进行深入细致的调查。

12月1~2日　省委、省政府在西安召开了全省经济工作会议。省委书记李建国在会上讲话，省长程安东安排部署了下一年经济工作。会议指出，在全面启动西部大开发打好山川秀美工程第一战役中，重点是主攻陕北黄土高原丘陵沟壑区植树种草和秦巴山区天然林保护，加快关中平原绿化步伐。

是年　陕西朱鹮的繁殖工作又有重要进展，截至6月共繁殖成活65只(人工繁殖成活28只，野外繁殖成活37只)。至此，这一世界濒危珍禽的数量已由发现时的7只增加到202只。

是年　在科技部、农业部、水利部、外经贸部、国家林业局、全国供销合作总社和陕西省人民政府共同举办的第六届中国杨凌农业高新科技成果博览会上，省林业厅荣获优秀组织奖和先进展团奖，省森防站和林机厂获优秀参展奖，省楼观台实验林场参展的"优良观赏竹种"获后稷金像奖。

是年　省野生动物资源普查工作从1997年1月开始到1999年12月结束，全省资料汇总到2000年8月完成。紫阳县在野生动物资源调查中，首次发现国家Ⅱ级保护野生动物——藏酋猴(又名四川断尾猴)，为陕西省又增添了一个新物种。

2000年

1月20日　省人民政府作出《表彰奖励治沙绿化先进工作者石光银的决定》。

2月21日　日本驻华大使馆援助陕西朱鹮保护项目获得通过。副省长王寿森出席了在日本驻华大使馆举行的签字仪式，获得援助资金73831美元，用于朱鹮饲养中心扩建笼舍和购置必要的设备、器材。

3月3日　国家林业局首批公布"中国名特优经济林之乡"，陕西省的洛南县为核桃之乡、礼泉县为苹果之乡、韩城市为花椒之乡、略阳县为杜仲之乡、镇安县为板栗之乡。

3月28日　省政府办公厅发出《关于解决省属森工采育企业实施天然林保护工程返乡职工落户问题的通知》。

4月8日　陕西省人民政府印发《关于恢复征收征占用林地林木四项费用的通知》。

4月19日　国家林业局确定陕西省镇安县、清涧县为"全国经济林建设示范县"。

6月13~14日　全省林业局长会议在西安召开。

6月17~23日 “西部大开发建设绿色家园”考察采访团来陕，考察陕西省治沙造林、水土流失治理情况。

7月7日 省委7月5日研究决定：权志长任陕西省林业厅党组书记，免去钟高适陕西省林业厅党组书记职务，免去赵秉正、陈东升同志陕西省林业厅党组成员职务。

8月15日 省人民政府发出《关于切实加强天然林保护管理的紧急通知》。

8月21日 省林业厅发布《关于停止天然林商品性采伐的通告》。

9月29日 省林业厅批复同意“宁西林业局部分职工(两批95名)集体带资调往西安京西制药厂”，为加快天保工程步伐，合理分流和妥善安置富余职工作了良好的尝试。

10月9~13日 国家林业局副局长李育材一行来陕考察，对吴旗县的退耕还林进行调研，并参加了全国科技示范点揭碑仪式。

11月20日 省退耕还林(草)工作会议召开，副省长王寿森在会上讲话。

11月29日 俄罗斯建设部部长一行6人，由国家林业局国际合作司司长曲桂林陪同来陕进行林业考察，副省长王寿森会见并宴请客人。

12月15日 省政府办公厅印发《陕西省退耕还林(草)种苗生产供应暂行办法和检查验收暂行办法》。

2001年

1月9~12日 国务院退耕还林(草)检查组来陕西省合阳、耀县两地检查指导工作。

3月12日 为隆重纪念全民义务植树20周年，省级六大班子成员在西安市“三园”(即动物园、植物园和园艺博览园)参加义务植树活动。

3月15日 国家环境保护总局、国家林业局、中国科学技术协会在北京共同主持召开“陕西生态省规划”大型专家评审会。省林业厅厅长权志长赴京参会。

3月21日 省林业厅决定：4月11~17日，在全省开展“爱鸟周”20周年纪念活动。

4月2日 全省林业工作会议在陕西宾馆召开，副省长王寿森到会讲话，厅长权志长作题为“抓住机遇，突出重点，努力实现我省林业跨越式发展”的报告。

4月9日 国家林业局授予省太白山国家森林公园“全国文明森林公园”称号。

4月12日 省林业厅与省工商行政管理局联合发出《关于停止生产销售一次性木筷的通知》。

4月25日 澳大利亚政府旅游预测委员会主席弗兰克·摩尔爵士一行4人来陕考察。就陕西省长青、太白、佛坪国家级自然保护区建设和引进技术资金开发以大熊猫保护为主题的生态旅游项目进行交流会谈。省长程安东会见并宴请摩尔爵士一行。

4月26~28日 国家经贸委、财政部、人民银行、国家林业局有关负责人赴省楼观台林场、户县涝峪林场、宝鸡县坪头林场和省太白林业局，对天保工程实施后，国企负债及固定资产闲置状况开展调研。

4月 由省林业厅牵头，省发改委、农业厅、粮食局、山川秀美办抽调专业技术人员109人，赴全省10地市50个县的97个乡镇，对1999年、2000年退耕还林(草)情况进行复查。

6月11日 副省长王寿森前往汉中市处理佛坪自然保护区与当地林权纠纷问题，林业厅有关领导和相关处室负责同志参加。

6 月 23 日　新华社《国内动态清样》和《陕西内参清样》刊登《治沙劳模石光银竟毁疏林地 400 亩》的报道，省林业厅非常重视，按照国务院、国家林业局和省委、省政府领导的批示精神，立即组成联合调查组，对报道中反映的问题进行认真调查。并将调查结果报省政府及国家林业局。

7 月 4 日　根据省委决定，为深入学习杨文洲先进事迹和无私奉献精神，林业厅组织“林业战线上的优秀共产党员——杨文洲先进事迹报告团”活动。

7 月 10 日　省人大常委会召开检查评议省林业厅工作动员会，省委副书记、省人大常委会副主任范肖梅在会上作动员讲话，省人大常委会副主任刘枢机、高新宜，副省长王寿森出席会议并讲话。

7 月 31 日　全省地市林业局长会议在西安召开。

8 月 2 日　省林业厅召开纪念江泽民总书记“再造一个山川秀美的西部地区”重要批示 4 周年和朱镕基总理提出关于退耕还林的“十六字”综合措施 2 周年座谈会。《人民日报》、新华社、《陕西日报》、陕西电视台等新闻媒体分别对座谈会进行报道。

8 月 17~21 日　国务院西部办农林生态组副组长秦玉才一行到延安市，就落实朱总理关于在延安市扩大退耕还林(草)有关批示进行考察。

8 月 22~27 日　省委副书记、省人大常委会副主任范肖梅到榆林、延安视察退耕还林(草)工作。

9 月 4~10 日　省人大常委会副主任刘枢机、高宜新，农业与农村工作委员会主任冯波、环境资源委员会主任杨锡平分别带队赴有关地市，对全省林业工作进行检查指导。

10 月 18 日　《陕西省人民政府贯彻国务院关于进一步推进全国绿色通道建设的实施意见》发布。

10 月 23 日　副省长贾治邦主持召开会议，研究推广吴旗县山川秀美工程建设经验。

11 月 10~15 日　省长程安东到延安、榆林考察退耕还林(草)工程实施情况。

2002 年

1 月 16 日　按省长程安东、副省长王寿森的批示精神，省林业厅与省山川秀美办组成联合调查组对耀县在退耕还林方面存在的问题进行调查处理，并将有关情况报省政府。

1 月 23~24 日　省政府在西安召开全省退耕还林工作会议。副省长王寿森讲话，林业厅厅长权志长、省财政厅副厅长王树汉发言。

3 月 4 日　省林业厅从洋县调运 30 对朱鹮到位于楼观台的省野生动物抢救饲养研究中心进行饲养。

4 月 11 日　省编办同意，设立陕西省林业厅西安铁路林业局，明确该机构的主要职责、级别、人员编制、经费来源等。

5 月 2~5 日　韩国前驻华大使权柄铉先生为团长由各界代表及百名大学生组成的韩中友谊林植树访问团来陕开展植树活动，与西北农林科技大学百余名师生在乾陵共同栽植了99颗象征中韩友谊的柏树，并举行中韩友谊林揭牌仪式。5月4日下午，省长程安东会见了韩国植树访华团代表。

6月8日 全省大部分地区遭受暴雨袭击，汉中、安康、商洛、西安林业系统的部分单位，特别是地处秦岭林区的省森林资源管理局所属5个林业局，佛坪、长青、牛背梁、太白山4个国家级自然保护区和市、县所属林业单位在此次暴雨洪水灾害中损失惨重。

6月17日 全国绿化委员会、人事部、国家林业局在人民大会堂召开全国防沙治沙表彰大会，授予石光银"治沙英雄"光荣称号。陕西省一批防沙治沙先进集体和个人受到大会表彰。

6月19日 全国绿化委员会、国家林业局在北京联合召开学习治沙英雄石光银先进事迹座谈会。

7月16~20日 全省平原绿化工作会议在西安召开。

8月3~4日 省委、省政府在吴旗县召开全省退耕还林现场会。中央农村工作领导小组办公室、水利部、国家林业局、国务院西部办、国家粮食局、中国科学院的有关领导莅临会议。代省长贾治邦、国家林业局副局长李育材、省委副书记袁纯清出席会议并讲话。

8月16日 国务院总理朱镕基、副总理温家宝来延安，对延安退耕还林工作予以充分肯定，并就进一步做好这项工作提出要求。朱镕基指出："我三年重回故地，绿化有了很大进步，生态环境有了很大改善，你们做了很大努力。""现在看起来，这个政策贯彻的很好，取得了一定成效。另一方面，这里生态还很脆弱，起码要坚持10年，才会大有成效。要继续退耕还林，封山绿化，承包到户。只要把这个政策落实了以后，一定会再造一个秀美的革命圣地。"

9月16~23日 由全国政协副主席钱正英率领的全国政协视察团一行33人，来陕西省商洛市、宝鸡市视察天保工程实施情况。省政协主席安启元、副主席朱振义、国家林业局副局长雷加富、省林业厅厅长权志长等陪同检查。

9月22~23日 由农业部、水利部、国家林业局、国家水土保持局和陕西省人民政府共同举办的"加强生态建设，再造山川秀美座谈会暨陕北水土保持生态建设示范区启动会议"在延安召开。

11月27~30日 省科协、环保局、林业厅、农业厅、经贸委、水保局、科学院共同举办的"陕西省环境保护和生态建设教育展览"在陕西省历史博物馆举行。

12月5日 全省林业局长座谈会在西安召开。

2003年

2月22日 全省林业局长会议在西安召开。会上，省林业厅与各市林业局签订了"陕西省天然林保护工程森林资源管护和公益林建设目标管理责任书"。

2月23~27日 国家林业局、西部开发办、国家计委等部门组成联合调查组赴延安、榆林地区对退耕还林(草)政策措施执行情况进行检查。2月27日，省政府办公厅就联合调查情况召开座谈会。

3月10日　省绿化委员会组织召开了各级绿委主任、委员和市县领导及林业局长参加的全省春季造林绿化电视电话会议。副省长、省绿化委员会主任王寿森讲话。

3月15日　省林业厅与省水利厅联合召开全省渭河沿岸造林绿化动员会。该工程在堤岸30~50米范围内，营造数百千米的绿色屏障。

3月28日　佛坪县发生森林火灾。佛坪县袁家庄镇塘湾村关山因当地农妇张佘巧迷信驱鬼烧香引发森林火灾，在扑救中，县林业局局长彭永安等10位同志壮烈牺牲，7人负伤。中共中央政治局委员、国务院副总理回良玉、省委书记李建国、省长贾治邦等分别作重要批示，副省长王寿森、省林业厅厅长权志长亲赴火灾现场组织指挥扑救，处理善后事宜。国家林业局副局长马福一行代表国家林业局亲临佛坪、汉中慰问死难者家属和受伤人员。省财政拨付150万元专项资金用于伤员救治及有关事宜。4月25日，中共陕西省委作出《关于开展向佛坪县"3・28"森林灭火英雄群体学习活动的决定》。4月26日，《陕西日报》发表题为"人民利益高于一切，危险时刻挺身而出——向佛坪"3・28"英雄群体学习"的社论。5月15日，省厅发出向"3・28"森林灭火英雄群体学习的通知。6月12日，省政府批准授予彭永安、王兴军、梁晓军、史国胜、杨晓祥、李信强、刘超、刘炜、李宗玉、冯振娥10人为革命烈士荣誉称号。

3月29日　陕西省政府召开全省森林防火紧急电视电话会议，副省长王寿森传达了国务院和省委、省政府主要领导同志关于做好当前森林防火工作的重要指示，通报了陕西省近期发生森林火灾的情况，部署当前森林防火工作。

3月31日　省林业厅在西北饭店主持召开柞水县人民政府与牛背梁国家级自然保护区管理局林权移交会，举行国有林地林权证颁发仪式。

4月1日　陕西省人民政府发布《陕西省人民政府关于实行封山禁牧的命令》。

4月1日　国家林业局、中国国际经济技术交流中心和联合国经济计划开发署(UNDP)项目专家组成的三方评审会，对宝鸡市马头滩林业局的"天然林保护工程社区参与综合能力建设项目"执行情况，进行了为期3天考察评审，专家组对陕西省项目取得的成绩给予充分肯定，对项目执行情况表示满意。

4月2日　全国新闻工作者协会、WWF和陕西省林业厅共同举办的"关注秦岭——全国新闻大奖赛"出发仪式在西安隆重举行，省政协副主席张生朝出席活动，省林业厅厅长权志长致词，来自全国32家新闻媒体的记者参加本次活动。

4月10日　零时至20日零时代号为"春雷行动"的严厉打击破坏野生动物资源违法犯罪活动在全省全面展开，并取得显著成效。

4月12~16日　全球环境基金(GEF)项目专家组抵达陕西进行实地考察。

4月14日　副省长王寿森在西安会见GEF防治土地退化项目考察组。5月，省政府批准成立了中国/GEF防治土地退化项目领导小组，副省长王寿森任组长，下设项目管理办公室，办公地点设在省林业厅。

4月22日　"世界地球日"，WWF和陕西省人民政府在西安隆重举行"秦岭——献给地球的礼物"大型庆典活动。

5月14日　国家林业局批准同意在陕西省珍稀动物抢救饲养研究中心实施"陕西省朱鹮异地繁育基地"建设项目。工程建筑面积2190平方米，总投资额预算586万元。

6月13~16日　国务院副总理回良玉一行在宝鸡、咸阳、杨凌农业高新技术开发区视察有关农业和退耕还林、林业苗圃基地建设情况。

6月24日　陕西省质量技术监督局专家评审通过《陕西省飞播造林技术规程》。

6月30日　公安部授予陕西城固县森林公安局曹汉东为全国公安系统优秀人民警察荣誉称号。

7月8日　省政府向国务院上报《关于开展人工商品林采伐试点的请示》。8月14日，国家林业局批复省人民政府，同意陕西省在汉阴、勉县、宁强、丹凤、耀县、铜川矿务局开展人工商品林采伐试点工作。

7月14日　全国人大环境资源委员会副主任叶如棠，国家林业局党组成员、驻局纪检组长杨继平率14家新闻媒体60多名记者来陕，开展"中华环保世纪行陕西行"采访考察活动，记者团赴延安市宝塔区、吴旗县，榆林市榆阳区、定边县、靖边县、横山县等地采访退耕还林，考察三北防护林体系建设等林业重点工程。

7月25日至8月21日　省委、省政府、林业厅联合调查组，对旬阳县桐木乡在退耕还林清查整改中发生农民服毒自杀事件进行调查。在向省委、省政府提交调查报告的基础上，省林业厅向国家林业局上报了《关于旬阳县桐木乡在退耕还林清查整改中发生农民服毒自杀事件调查情况的报告》。

8月1日　陕西省实施《中华人民共和国防沙治沙法》办法和陕西省实施《中华人民共和国种子法》办法，经省十届人大常委会第五次会议审议通过并颁布。

8月2日　大熊猫"雪雪"顺利产下幼仔并成功存活，实现全省大熊猫人工繁育零的突破。

9月4日　国家人事部、国家林业局联合授予榆林市林业局、宝鸡市林业局、淳化县林业局和韩城市雷寺庄林场"全国林业系统先进集体"荣誉称号；授予省林业技术推广总站王云芳、龙草坪林业局何学明、延安市林业局谢文治、西安市现代化苗圃仝建博、汉中市林业局张宝成、镇坪县林业局黄新义、渭南市林业局雷民康"全国林业系统先进工作者"荣誉称号。

9月4日　省绿化委员会审定，授予刘兴宏等47人为"陕西省绿化先进个人"；西安电子科技大学等29个单位为"陕西省绿化模范单位"；西安等5个城市为"陕西省绿化模范城市"；山阳等9个县(区)为"陕西省绿化模范县"。

9月10~16日　由国家林业局、劳动部、社会保障部等六部委组织的国有林场改革与发展调研组来陕开展调研。

9月13日　全国政协人口资源与环境委员会主任陈邦柱、巡视员卫宏，国家林业局宣传办公室副主任曹清尧到省楼观台林场视察。

9月27~28日　国务院在京召开全国林业工作会议。副省长王寿森代表陕西省政府作题为"实施退耕还林工程，再造三秦秀美山川"的典型发言，厅长权志长及全国林业先进集体、个人和劳模代表盛平想、谢文治、雷民康、牛玉琴、石光银等同志出席会议。

10月13日　副省长陈德铭同日本京都府知事山田启二在长安区南五台参加纪念两省府缔结友好20周年友好林揭碑和植树活动。

10月18~19日　全国人大常委、中国工程院院士王涛率国际科协组织的中国–欧盟荒漠化治理专家考察团一行11人来陕考察，副省长王寿森、厅长权志长会见了考察团一行。

10月20~25日　西北五省(区)野生动物保护委员会陕西年会(2003年)在西安召开。王寿森副省长及国家林业局保护司、国家林业局濒危物种进出口管理中心西安办事处和中国野生动物保护协会负责人到会并致贺辞。

11月21~27日　全省林业局长座谈会在西安召开。

12月4日　国家林业局驻西安森林资源监督专员办事处揭牌仪式在西安举行。国家林业局资源司肖兴威司长主持会议，国家林业局驻西安森林资源监督专员办负责人谭光明致辞，国家林业局副局长李育材、陕西省副省长王寿森、山西省林业厅厅长杜创业、陕西省林业厅厅长权志长分别讲话。省直机关和新闻媒体100余人参加揭牌仪式。

12月4~6日　省林业工作会议在西安召开。省委副书记袁纯请主持会议，省长贾治邦讲话，副省长王寿森作工作报告。应省政府邀请，国家林业局副局长李育材到会并讲话。省人大常委会副主任高宜新、省政协副主席田源、省军区副司令吕学泉、省纪委副书记陈有德等领导同志出席会议。

12月25日　中国科学院院士、野生动物保护专家马建章，东北林业大学野生动物资源学院院长吴建平等20多位专家教授一行来陕，到野生动物抢救饲养研究中心考察朱鹮异地保护及放归自然，对朱鹮科研实验中心项目进行评审。

2004年

2月16日　省委、省人民政府向全省印发关于贯彻《中共中央 国务院关于加快林业发展的决定》的实施意见。

2月21~25日　国家林业局副局长李育材一行来陕视察安康退耕还林、森林防火等工作，厅长权志长陪同。

3月21~31日　省林业厅与省公安厅联合成立“候鸟二号行动”领导小组。厅长权志长担任组长、公安厅副厅长雷鸣放担任副组长，省森林公安局、保护处、法规处、宣传中心，公安厅刑侦局、治安管理局、交通管理局为成员单位。

4月11日　中国野生动物保护协会秘书长陈俊生赴汉中参加“爱鸟周”活动。

5月26日　“2004年中国森林旅游博览会”在宝鸡开幕，来自全国31个省、市、县(区)代表、国家林业局及中央10个部(委)领导参加大会。

6月5日　第32个世界环境日来临之际，西安杨森制药公司300余名职工及其家属，到省珍稀野生动物抢救饲养研究中心捐赠2000美元和8432元人民币，向野生动物献爱心。

6月14日至7月6日　省政府先后召开专题会议，研究全省果子狸养殖业遭受“非典”冲击后的善后处理问题，决定对全省养殖户养殖的1.4万余只果子狸全部放生，并给予一定的经济补偿。

7月8日　省林业厅与中央电视台西部频道合作，联合制作《秦岭探访》大型系列报道。节目首次采用卫星传输适时直播的方式，在中央电视台西部频道黄金时段播出。

7月8~27日　省林业厅稽查队对扶风县冀东水泥有限责任公司违法占用林地案进

行督查。违法当事人被处罚311.135万元，并责令限期补办林地手续。

7月9日 国家林业局下发《关于同意陕西省开展人工商品林采伐试点的批复》，批准勉县、宁强、丹凤、石泉、麟游、陇县、旬邑、彬县、永寿、韩城、耀县、印台区、宜君县，以及铜川矿务局林业总场开展人工商品林采伐利用试点工作。

7月20~21日 全省林业局长座谈会在西安召开。

8月22~24日 省政府召开全省自然保护区建设工作座谈会。

9月20日 西安汉港有限公司董事长兼总经理蒋智广在省珍稀野生动物抢救饲养中心捐资6万元人民币冠名认养陕西第一例人工繁殖成活的大熊猫幼仔"阳阳"。

9月22日 经国家林业局批准，中国鸟类环志中心在洋县华阳镇开展了朱鹮野化放飞试验并获得初步成功。

10月9~10日 省天保工程建设工作会议在西安召开。会议由省政府副秘书长刘孝文主持，副省长王寿森讲话，国家林业局驻西安专员办、西北规划院、省政府办公厅、发改委、财政厅、劳动与社会保障厅派员参加了会议。

10月29日 联合国教科文组织人与生物圈计划(MAB)执行局第十八次会议，批准佛坪国家级自然保护区加入联合国教科文组织世界人与生物圈保护区网络。

11月4日 经省政府第19次常务会议通过，代省长陈德铭签署第104号政府令，颁布《陕西省重点保护陆生野生动物造成人身财产损害补偿办法》，该《办法》自2005年1月1日起施行。

11月15日 经国家劳动和社会保障部、国家林业局及省劳动厅和社会保障厅批准，在陕西省林业广播电视学校基础上成立"陕西省林业行业特有工种职业技能鉴定站"。

11月18日 国家林业局作出《关于重奖为林业发展做出重大贡献的科技工作者的决定》，陕西省治沙研究所研究员漆建忠获"林业科技贡献奖"，并获10万元奖金。

12月20日 佛坪国家级自然保护区管理局国有林与佛坪县岳坝乡部分村组集体林权确定界工作全面完成。佛坪县人民政府当日向佛坪国家级自然保护区颁发了林权证。

12月23日 国家林业局召开"全国林木种苗质量年活动总结大会"。省林业厅、安康市林业局、镇安县林业局被评为先进单位；徐华、王曦、王忠厚获先进个人荣誉称号。

2005年

1月8日 经基层推荐、专家评审，省林业厅厅长办公会议决定：太白山、楼观台、金丝大峡谷和天华山国家森林公园列为"亮点"森林公园。

1月18日 来自世界45个国家的400名国际友人在省珍稀野生动物抢救饲养研究中心举行亲穆仪大师国际中心关爱大熊猫活动。并为2003年人工繁殖的大熊猫冠名"亲穆仪"。

2月1日 国家林业局命名陕西凤县为"中国花椒之乡"、镇坪县为"中国核桃之乡"、平利县为"中国漆树之乡"。

2月2日 省林业厅、卫生厅、财政厅联合印发了《陕西省关于对果子狸养殖户进行补助的实施方案》，对妥善处理因"非典"造成的果子狸养殖业遗留问题解决创造了条件。

3月4~6日　由省林业厅，内蒙古、宁夏自治区林业厅(局)和杨凌示范区管委会共同举办“2005年中国杨凌林木种苗暨园林器械交易会。”

3月5日　西安花卉市场检疫发现外来危险性林业有害杂草(加拿大一枝黄花鲜切花)。3月18日，省林业厅发出紧急通知，在全省开展对加拿大一枝黄的查处工作。普查结果表明，加拿大一枝黄花在全省10市及杨凌区都有发现，西安、汉中、渭南、延安发现有种植，其中西安植物园、汉台区气象局、城固县柳林镇、崔家山镇、龙头镇等地数量很大，都采取喷洒除草剂和人工铲除方法进行除治。约有80多万株被铲除，收缴15万株加拿大一枝黄花鲜切花。

3月29日　省林业厅印发《关于落实省长陈德铭有关油橄榄试栽植等问题批示的情况报告》，首次引进油橄榄6个良种6200多株成品苗木，试验建园7.2公顷。

4月1日　国家林业局下发《关于确定第一批陆生野生动物疫源疫病监测站点实施单位的通知》。确定陕西珍稀野生动物抢救饲养研究中心、朱鹮保护观察站(朱鹮自然保护区)、潼关县森防站、横山县森防站、合阳县湿地监测站和榆林市动管站为国家级野生动物疫源疫病监测站。

4月12日　中央机构编制委员会办公室批复，决定成立中华人民共和国濒危物种进出口管理办公室(国家林业局濒危物种进出口管理中心)西安办事处。省林业厅党组成员、副厅长孙承骞兼任西安办事处主任。

5月10~16日　国务院西部开发办副主任段应碧率国务院西部开发办、国家林业局有关司局负责人来陕，对退耕还林工程进行深入调研。

5月11日　省珍稀野生动物抢救饲养研究中心金丝猴“庆庆”顺利产仔。这是省珍稀野生动物抢救饲养研究中心在人工饲养条件下成活首例。

6月4日　省长陈德铭前往楼观台国家森林公园、省珍稀野生动物抢救饲养研究中心考察，解决饲养研究中心工作中存在的困难和问题。

6月20日　省第三次沙化和荒漠化监测结果向社会公布：全省现有荒漠化土地面积298.8万公顷，占全省总面积的14.5%，与1999年相比，减少12.6万公顷；沙化土地面积143.5万公顷，占全省总面积的6.9%，与1999年相比，减少2.1万公顷。

8月5日　省委宣传部、省林业厅联合举办“秀美山川陕北行”退耕还林建设采访报道活动。新华社、《中国绿色时报》、《陕西日报》等10多家新闻媒体参加此项活动。

8月16日　省人民政府审定的《陕西省处置重特大森林火灾应急预案》发布施行。

8月19日　省委组织部任命张社年为省林业厅党组书记，免去权志长厅党组书记职务。9月29日，省十届人大常委会第21次会议决定。张社年任省林业厅厅长，免去权志长省林业厅厅长职务。

8月22日　省林业厅、财政厅联合下发《〈陕西省重点保护野生动物造成人身财产损害补偿办法〉实施细则》，为全省开展重点保护野生动物造成人身财产损害补偿工作提供具体办事程序和操作依据。

9月8日　全省绿色家园建设现场会在旬邑县召开。

9月15日　经省政府同意，省林业厅制定的《陕西省处置重大林业有害生物灾害应急预案》，作为《陕西省突发公共事件总体应急预案》部门预案下发各市执行。

9月17~30日　中央电视台、中央政策研究室、国家林业局共同组织的大型电视系列片《走三北》摄制组先后在榆林市、延安市，对近年来陕北地区生态建设情况进行现场拍摄。

9月21~23日　国务院西部开发办在延安召开了全国退耕还林“五结合”现场会。

9月26日　全国绿化委员会、国家林业局、江苏省人民政府在南京主办首届“中国绿化博览会”室内展。省绿化委员会、省林业厅参展并荣获首届中国绿化博览会组委会室内布展特别奖。

10月10日　省科技厅、省林业厅在西安组织召开“陕西省社会林业工程创新体系与实施”项目成果鉴定会。专家组一致认为社会林业工程评价指标体系达到国内先进水平。

10月31日　省人民政府成立陕西省防沙治沙工作领导小组，副省长王寿森任组长，领导小组办公室设在省林业厅。

11月8日　国家林业局局长贾治邦作出重要批示，针对胡蜂伤人事件，要求采取有效措施。近几年陕西安康、西安、商洛等地连续发生胡蜂伤人事件，造成715人受伤，36人死亡。对此省林业厅联合公安、卫生、农业等部门，制定《胡蜂控制技术方案》紧急下发有关市县，积极开展有效的综合治理。

12月8日　国家林业局公布全国第六次森林资源连续清查成果，陕西省林业用地面积1071.87万公顷，森林覆盖率32.55%。

12月21日　省政府同意，颁布《陕西省重大沙尘暴灾害应急预案》。

12月26日　国家林业局副局长赵学敏来陕，与副省长王寿森一同为国家濒危物种进出口管理办公室西安办事处揭牌。

2006年

1月23日　根据省政府省属企业属地化管理的通知要求，原属省森林资源管理局系统的西北林机厂正式移交渭南市政府管理。

2月27~28日　全省林业工作会议在西安召开。

3月12日　省林业厅门户网站“陕西林业网”正式开通运行。网站设有林业动态、政策法规、重点项目、政务公开、资源保护、科技教育、林业产业、发展规划、党建政工等栏目，形式以图片、文字、视频为主。

4月2日　省人大第十届常委会第二十四次会议通过《陕西省湿地保护条例》，于2006年6月1日正式实施。

4月9日　以“关注鸟类，关注人类，预防禽流感”为主题的全国暨陕西第25届爱鸟周在西安秦岭野生动物园举行。

4月11日　陕西省野生动物抢救饲养研究中心被确定为国家级重点野生动物疫源疫病监测点之一。

4月15日　建设部在人民大会堂召开《国务院关于加强城市绿化建设的通知》颁布五周年暨表彰城市园林绿化先进大会，陕西宝鸡市被授于“国家园林城市”荣誉称号。

6月6~18日　国家林业局重点工程资金稽查办对榆林市榆阳区、靖边县、宝鸡市陈仓区“十五”期间三北防护林四期工程资金和农业综合开发资金进行了稽查。

6月10~11日 由国家林业局、陕西省人民政府共同主办的“秦岭大熊猫保护与发展研讨会”在陕西省召开，会议对大熊猫秦岭亚种的发现给予肯定，并一致通过“秦岭大熊猫保护行动计划纲要”。

6月11日 由浙江大学生命科学院教授方盛国领导的课题研究组认定，秦岭大熊猫种群约在1万年前产生分化后，在进化力作用下与四川大熊猫遗传分化发生了较大变异，已发育成一个新亚种，并命名为“秦岭亚种”，是一个古老和原始的新亚种。这项作为国家“973”项目的标志性研究成果，通过科技部专家组的鉴定，得到国际动物学界的公认。

8月8~9日 全省林业局长座谈会在宝鸡省苗木繁育中心召开。

8月29日 按照省长批示，省林业厅对陕北地区，重点对靖边、横山、榆阳3县(区)发展“白皮旱柳”进行认真调查研究，确定将旱柳发展列入三北防护林项目予以实施。

8月30日 国家林业局公布全国第七次森林资源连续清查成果。2004年全省森林资源连续清查结果：全省林地面积1227.56万公顷，占全省土地总面积的59.60%；全省森林面积767.56万公顷，森林覆盖率37.26%；全省活立木总蓄积量为36144.16万立方米。其中：森林蓄积量33820.54万立方米，占总蓄积量的93.57%；与1999年相比，林地面积净增155.78公顷，森林面积净增97.17公顷，森林覆盖率提高4.71个百分点，全省活立木蓄积量净增2721.81万立方米。

9月19~27日 省林业厅主办“关注森林——绿色家园和新农村建设新闻采访团”大型宣传活动。新华社、《中国绿色时报》、《陕西日报》、陕西电视台、陕西人民广播电台等10家新闻媒体记者，以及著名诗人雷抒雁，著名摄影家陈昌玉、刘晓玲等参加采风活动。

9月28日 太白县人民政府、省太白局林权证颁发工作会议在太白县召开，会上由太白县人民政府向省太白局颁发了林权证书，解决省太白林业局与太白县长达43年的林权争议。

10月10日 陕西省政府、国家林业局、中国科学院、西安市人民政府在北京联合召开了共建“秦岭国家植物园”会议，决定联合共建秦岭国家植物园的机制，成立协调委员会，办公室设在陕西省林业厅，由省、局、院、市按1∶1∶1∶0.5的份额筹措植物园组建资金，按照高起点、高标准、高品位的建设思路，打造中国的绿色品牌，树立绿色中国的国际形象。

10月10日 根据省委办公厅《关于编纂〈中国二十世纪图鉴·陕西卷〉的通知》，省林业厅经过一年的努力，搜集整理了《中国二十世纪图鉴·陕西卷》1906~2000年陕西林业大事要事，林业图鉴人纲共分：清朝、中华民国、中华人民共和国和人物4部分，上报《中国二十世纪图鉴·陕西卷》编纂委员会。

12月16日 国家林业局在北京召开《中国林业年鉴》创办20周年表彰会，授予省林业厅“中国林业年鉴贡献奖”。

10月24日 省人民政府办公厅转发省林业厅关于林业产业发展规划纲要的通知。

2007年

1月11日 省政府决定，全省农村实施以庭院绿化、村庄绿化、路渠绿化和一村一片林(即“三化一片林”)为主要内容的绿色家园建设。

2月4~6日 全省林业局长会议和全省林业系统纪检监察工作会议在西安召开。

2月19日至3月24日 佛坪国家级自然保护区连续发现10头死亡羚牛。国家林业局野生动物疫源疫病监测总站专家和省动管站专家前往佛坪自然保护区进行调查。通过解剖羚牛尸体分析，认定羚牛死亡原因为自然死亡。

3月19~23日 国家林业局退耕办负责人对《国内动态清样》第99期反映的宝鸡一些退耕农户6年未见补助款等问题赴宝鸡进行调查并予以妥善处理。

4月8日 陕西向北京奥林匹克森林公园捐赠的楸树、白皮松等大规格优质苗木运抵北京。

4月 温家宝总理访问日本期间，代表中国政府向日本国赠送1对朱鹮。1998年江泽民主席和2000年朱镕基总理曾分别向日本赠送朱鹮1对(“友友”“洋洋”)和1只(“美美”)，这是陕西朱鹮第3次以“中日友好使者”的身份赠送日本人民。

5月 国家能源办确定在陕西建设能源林0.67万公顷。

5月18日 省政府下发《关于推进集体林权制度改革的意见》。

5月25日 省政府办公厅转发省林业厅关于实施“三化一片林”绿色家园建设工程意见的通知。

5月28~30日 国家林业局在西安召开全国西北六省、区(西藏)集体林权制度改革座谈会。贾治邦局长出席会议并讲话。

5月 《中国陕西鸟类图志》编纂出版发行工作顺利完成。

7月15日 省委书记赵乐际视察省楼观台林场。

7月20日 省林业厅在西安举行“2006年陕西秦岭大熊猫及其栖息地监测成果简报”新闻发布会，新华社陕西分社、《人民日报》驻陕西记者站、《光明日报》驻陕西记者站、陕西电视台、西安电视台等16家媒体应邀参加。

8月20~21日 湿地国际-中国办事处、陕西省林业厅主办的红碱淖湿地及鄂尔多斯高原遗鸥保护与可持续管理研讨会在榆林市神木县召开。

9月 中央宣传部、中央文明办、全国绿化委员会、国家林业局联合评选首批全国“绿色小康县”。咸阳市旬邑县被评为全国“绿色小康县”；旬邑县职田镇车村、丈八寺镇谈村被评为全国“绿色小康村”；刘治贤等30户村民被评为全国“绿色小康户”。

10月12日 省林业厅召开新闻发布会，公布镇坪县农民周正龙10月3日在镇坪县神州湾一处山崖旁，用数码和普通胶片照相机拍摄到的野生华南虎照片，其中2张正式对外公布。此后，国内外各界专家学者和社会公众对野生华南虎照片真实性引发质疑，提出对华南虎照片进行二次鉴定。11月上旬，国家林业局组织专家对陕西镇坪华南虎进行综合调查工作。

10月10~12日 全国退耕还林效益监测会在延安召开，国家林业局退耕办总工程师杜纪山主持会议。

11 月 21 日　《陕西省封山禁牧条例》和《陕西省秦岭生态环境保护条例》经省十届人大常委会第三十四次会议审议通过，于 2008 年 3 月 1 日起施行。

2008 年

1 月 10 日　佛坪国家级自然保护区管理局通过与当地政府及村民的多次协商，居住在佛坪保护区缓冲区内的 11 户 57 位社区村民，陆续搬离三官庙地区。

1 月　在北京召开的中国国际林业博览会，铜川宜君选送的有机核桃经过专家的审核和综合评比，被评为 2008 北京奥运推荐果品干果一等奖。

2 月 21~22 日　全省林业局长会议和全省林业系统纪检监察工作会议在西安召开。副省长姚引良到会讲话，省委、省政府办公厅和有关厅局领导参加会议。

3 月 10 日　按照国家林业局森林公安局统一部署，全省组织开展以禁种铲毒为主要内容的林区禁毒专项行动。

3 月 12 日　商洛市林业局为纪念毛泽东主席对商洛专区指示每户种 1 升核桃发表 50 周年开展纪念活动。

3 月~6 月　全省开展的雨雪冰冻灾害森林资源损失调查评估。经调查评估，全省 69 个县级单位受灾，受灾面积达 12. 29 万公顷，森林资源损失 5233 公顷，损失价值合 70036. 72 万元。

4 月 5 日　全国人大常委会副委员长华建敏一行在省人大常委会副主任赵德全的陪同下视察省楼观台林场。

4 月 7 日　国家濒危动植物种质基因保护中心在省楼观台挂牌成立研究基地。

4 月 10 日　国家林业局与陕西省人民政府签订“2008 年度美国白蛾防治责任书”。

4 月 16 日　全国人大常委、中国科学院院士、北京大学校长许智宏一行来陕西长青国家级自然保护区考察。

4 月 24 日　全国政协副主席陈宗兴视察秦岭国家植物园，副省长朱静芝、省政协副主席张生朝、秘书长姚毅，秦岭植物园园(院)长沈茂才陪同视察。

5 月 6~7 日　省长袁纯清赴长青国家级自然保护区考察调研。

5 月 12 日　14 时 28 分，四川省汶川县发生特大地震，陕西汉中、安康、宝鸡震感强烈。地震造成陕西林区部分道路塌方，交通中断，汉西林业局、宁东林业局、太白林业局倒塌围墙计 1240 米，损失较为严重；办公楼、家属区面积 3850 平方米墙体不同程度扭曲、移位、断裂；50 立方米供水塔裂缝倾斜；庙坪、新店子两个林场道路塌方，交通中断，场部停电，经济损失约 1226 万元。

5 月 16 日　省林业厅紧急拨付 70 万元和 500 顶帐篷运送灾情较重的汉中、宝鸡林业系统用于救灾。

5 月 28 日至 6 月 8 日　亚行官员对陕西秦岭生物多样性保护与示范项目和秦岭国家植物园亚行贷款与 CEF 赠款项目进行评估。6 日，省发改委召开了陕西秦岭生物多样性研究与保护亚行评估总结大会，签署评估备忘录，标志着亚行贷款和 CEF 赠款国际重要程序的完成，为亚行贷款谈判奠定良好的基础。

5 月 30 日　省总工会向省汉西林业局捐赠价值 20 余万元的抗震救灾物资。

5月30~31日 国家林业局国际合作司和三北防护林建设局邀请部分外国使节和国际组织负责人，赴榆林市定边、榆阳、绥德等县区，考察三北防护林工程建设情况。

6月10日 在宁陕县异地野化放飞的朱鹮，经过1年的野外生活，2对自然配对成功，通过2个多月的产卵孵化和育雏期，成功出飞2只幼鸟并开始独立生活。

6月12日 国家林业局邀请德国驻华公使、联合国粮农组织驻华代表以及世界自然基金会、森林趋势、德国GTZ公司等国际组织项目官员，对陕西省三北防护林工程建设情况进行考察。考察团一行先后参观陕西定边县杜芳秀荒沙治理、石光银沙地治理，榆林市植物园，绥德县龙湾黄土丘陵沟壑区综合治理，延川县延水关等造林现场。

6月27日 山东省林业厅援助佛坪国家级自然保护区20套合计400平方米的活动板房运抵佛坪；世界自然基金会组织支援陕西帐篷150顶和汽油发电机、应急灯、衣服、消毒药品、器具等一批价值25万元的救援物资送达。

6月29日 陕西省新闻办召开新闻发布会，陕西省政府新闻发言人、省政府办公厅负责人徐春华，省公安厅新闻发言人、副厅长白少康，省监察厅新闻发言人、副厅长岳崇应邀发布“华南虎照片事件”调查处理的有关情况。经过监察、公安机关艰苦细致的工作，确认周正龙拍摄的“华南虎”照片是一个用老虎画片拍摄的假虎照。周正龙已被公安机关以涉嫌诈骗罪报请检察机关批准逮捕。经省政府批准，省监察厅决定撤销省林业厅作出的“经鉴定周正龙提供的华南虎照片是真实的”和“对周正龙奖励两万元”的行政决定，对省林业厅和镇坪县13名相关公务人员作出严肃处理。

6月 经过调查评估，汶川大地震波及陕西林业69个受灾县(区、局)森林资源直接经济损失达23.59亿元。

7月2日 省政府召开全省美国白蛾防治工作会议，落实防治任务和目标。

7月25日 全省集体林权制度改革座谈会在户县召开，陕西省副省长、省林权改革领导小组组长姚引良参加会议并讲话。

8月13日 省长袁纯清一行对山阳县的林改试点工作进行调研。

8月14日 全国林业行业培训师资格培训班在西安举办。

8月20~27日 国家林业局组织中国林业科学研究院及有关专家对陕西美国白蛾防治工作进行了现场检查验收，未发现任何虫态。

9月16日 全省林业宣传工作会议在西安召开。

9月18~20日 陕西省飞机播种造林50周年总结表彰大会在榆林市召开。会议对全省50年来的飞播造林进行全面总结，对17个飞播造林先进集体和51个飞播造林先进个人进行表彰奖励。

9月25日 国家林业局亚洲开发银行贷款项目西北三省份(陕西、新疆、甘肃)林业生态发展项目“技术援助”正式启动。

10月7~10日 全国大熊猫及其栖息地巡护与监测技术研讨会在长青国家级自然保护区召开。来自国家林业局野生动植物保护司、国家林业局调查规划设计院、WWF北京代表处和四川、陕西、甘肃省林业厅的官员、科研院所专家及全国主要大熊猫保护区科研监测技术人员参加了会议。

10月17日 中国赠送韩国朱鹮交接仪式在西安咸阳国际机场举行。

10月28日　胡锦涛总书记视察榆林市榆阳区小纪汗林场治沙点，登上沙丘实地了解当地治沙造林和生态建设情况，并指出“榆林的实践表明，只要依靠科学，长期奋斗，就一定能够有效遏制风沙侵蚀，营造良好生态环境”，“希望同志们把这件利在当代、造福后人的实事办好，为建设祖国西北绿色生态屏障作出不懈努力。”

10月28日　全国第一个防沙治沙展览馆-定边石光银防沙治沙展览馆建成。该馆建筑面积601平方米，使用面积448平方米，收集了石光银、牛玉琴、杜芳秀、李守林、王志兰等人的治沙造林先进事迹。

10月28日　国际荒漠化和干旱地区经济开发政策与实践国际研修班，非洲14国官员一行25人赴延安、榆林考察。

11月11日　国家林业局在西安召开西北地区集体林权制度改革座谈会。国家林业局局长贾治邦、省委副书记王侠出席会议，国家林业局副局长张建龙主持会议。

11月12日　中国“人与生物圈国家委员会”接纳陕西省秦岭植物园为中国生物圈保护区网络成员。

11月20日　首届中国枣业大会在河北保定市召开。陕西延川骏枣荣获首届中国枣业大会金奖。

11月27日　省海外联谊会和省野生动植物保护协会联合主办“弘扬生态文明，关爱秦岭大熊猫”万人签名活动，向社会各界发起倡议，呼吁用爱心温暖秦岭大熊猫。

11月27日　省林业厅组织举行了两只(7月28日、29日出生)大熊猫宝宝冠名认养活动仪式，西安杨森制药有限公司捐赠20万元人民币，并对2只大熊猫幼仔冠名“杨杨”和“森森”。

11月28日　中国科学院国家科学植物园体系建设工作会议在北京召开。会议确认：秦岭国家植物园、西双版纳植物园、华南植物园、北京植物园和武汉植物园为国家五大核心植物园。

12月17日　国家林业局发布公告，撤销陕西兴平市美国白蛾疫区。至此，在陕肆虐了25年的美国白蛾害虫，实现彻底扑灭。

12月27日　省集体林权制度改革工作在西部地区起到示范作用，《人民日报》头版以“陕西林改再造秀美山川”为主题进行报道。

2009年

2月3日　省委、省政府印发《关于贯彻〈中共中央、国务院关于全面推进集体林权制度改革的意见〉的实施意见》。

2月3~4日　全省林业工作会议在西安召开，副省长姚引良出席会议并讲话。

3月6日　全省渭河近堤绿化林带建设现场会在咸阳市召开，副省长姚引良出席会议并讲话。

3月18日　国家林业局批复陕西省重点国有林区2009年棚户区改造总户数1167户，总建筑面积58350平方米；总投资8059万元，中央投资1750万元，省级配套1167万元，企业和职工自筹5142万元。

3月19日　省林业厅厅长张社年、副厅长高永民一行，赴西北农林科技大学出席林业科技战略合作协议签字仪式。

3月20日　省绿化委员会根据省委领导指示组织省级主要领导同志和参加全国“两会”的代表进行义务植树活动。省委书记赵乐际，省长袁纯清，省政协主席马中平，省委常委宋洪武、夏龙祥、胡悦，省人大常委会常务副主任杨永茂，副省长姚引良和机关干部职工200多人在西安浐灞生态区种植景观树。

4月3日　全国绿化委员会、国家林业局、中国绿化基金会联合主办的“生态中国颁奖典礼”在中央电视台1号演播大厅举行。牛玉琴入选“中国生态贡献奖”十大英雄模范人物。

4月28~30日　国家林业局局长贾治邦一行在副省长郑小明和林业厅厅长张社年的陪同下视察榆林、延安防沙治沙、防护林建设情况。

5月7日　全国绿化委员会、国家林业局正式授予宝鸡市“国家森林城市”称号。9月23日，省政府对宝鸡市荣获“国家森林城市”予以通报表彰，并奖励100万元。

5月20日　宁西、太白、宁东、汉西、龙草坪、长青局及省森工医院7个单位，纳入陕西地震灾后生态恢复重建计划，中央财政安排灾后生态恢复重建包干资金8030万元（含森林公安局派出所业务用房恢复重建补助800万元）。

5月　根据国务院下发的《省级政府防沙治沙目标责任考核办法》精神，省政府办公厅制定《市级政府防沙治沙目标责任考核办法》。这标志着防沙治沙工作纳入到行政领导目标责任考核范围。

6月5日　省财政厅、林业厅印发《陕西省森林生态效益补偿基金管理办法》。

6月22~23日　中央在北京召开建国60年来首次林业工作会议。副省长姚引良，省林业厅厅长张社年参加会议。

7月20日　省政府办公厅下发《关于印发省林业厅主要职责内设机构和人员编制规定的通知》。

8月6日　省委召开林业工作会议。省委副书记、省长袁纯清出席会议并为林改试点先进县颁奖，省委副书记王侠讲话，副省长姚引良作工作报告。

8月11~12日　省委书记赵乐际深入镇安、宁陕等县专题调研国有林场和集体林权制度改革工作。

12月30日　省林业厅与中国农业银行陕西省分行在西安举行农行陕西分行支持集体林权制度改革与林业发展合作协议签字仪式。农行陕西分行在未来5年里，提供300亿元的援信额度，支持陕西林业产业发展。副省长姚引良出席签字仪式。

12月30日　省林业厅、林业调查规划院利用MODIS卫星影像数据，制作的《2000~2009年陕西林业十年发展图解图册》正式完成。

2010年

1月7日　省政府印发《陕西省人民政府关于加快推进核桃等干杂果经济林产业发展的意见》。

1月17~20日　省委书记赵乐际赴陕南对紫阳、佛坪两县的集体林权制度改革进行调研。

1月25~28日　以吴晓松为组长的国务院办公厅督查组一行9人，来陕西督查林改工作。省政府办公厅党组成员、纪检组长刘曙阳和省发改委、林业厅领导陪同。

2月2日　全省林业工作会议在西安召开。省政府办公厅纪检组长刘曙阳主持会议，省林业厅厅长张社年作工作报告，副省长姚引良出席会议并讲话。西部网首次对会议进行现场直播。

4月10日　陕西省林业厅、陕西省野生动植物保护协会、陕西观鸟会、陕西省动物学会、世界自然基金会共同举办的“陕西省第二十八届‘爱鸟周’活动暨鸟类摄影展启动仪式”在陕西省自然博物馆开幕。

4月20日　省政府下发《陕西省人民政府关于建立省核桃等干杂果经济林产业发展工作联席会议制度的通知》。

4月21日　宝鸡市林业局技术人员在海拔1000米的眉县营头林场开展《宝鸡珍贵动植物》调查时，发现分布有黄色花药领春木，在植物(树木)志书中未见记载。

5月　省林业厅科学技术委员会评选出2010年度陕西省林业厅科学技术进步奖4项，特等奖“木本植物木质部栓塞恢复与限流耐旱机理研究”；一等奖“核桃优质丰产栽培配套技术研究”“圈养大熊猫对竹种取食选择及代表竹种营养成份分析”“朱鹮自然迁移扩散及其保护措施的研究”。林业技术推广奖2项，“黄土高原节水抗旱植被恢复与优化配置模式示范推广”评为特等奖，“渭北旱塬高效生态复合模式示范应用建设”评为一等奖。

5月　中韩两国政府就“中韩合作陕西荒漠化治理项目”在北京举行签字仪式。该项目由韩方提供无偿援助100万美元，中方配套100万美元，在陕西吴起县实施荒漠化治理示范项目，项目建设期为2010~2012年。陕西省林业厅与国家林业局签署项目管理责任书。

6月17~19日　国家发改委、财政部、水利部、农业部、国家林业局五部委在商洛柞水县召开了全国巩固退耕还林成果联席会议第一次会议暨现场会议。

6月19~21日　国家发改委、国家林业局、财政部、国土资源部、水利部、国务院扶贫办和农业部组成调研组来陕，赴安康市就重点生态地区退耕还林进行调研。

6月至7月　国家林业局派出10个小组对延安市第一周期兑现期满的9.09万公顷退耕还林地进行了阶段验收，总体效果良好。

7月5日　省林业厅组织召开“陕西省商品林评估价值参考表”评审会。国家林业局西北林业规划设计院、中国农业银行陕西省分行、省农村信用联社及林业厅相关处室专家参会。7月8日，省林业厅下发《关于印发“陕西省商品林林木评估价值参考表”的通知》。

7月15日　陕西省秦巴地区优质核桃科技示范基地建设现场会在商洛山阳县召开。国家科技部、省科技厅、林业厅、西北农林科技大学及全省核桃产业县副县长参加会议。

7月18~24日　安康发生百年不遇的特大暴雨致使山洪暴发，泥石流山体滑塌等山地灾害多点发生，灾害给安康林业生产造成重大损失，损毁林业育苗地219.3公顷、各类苗木3390万株；损毁各类林地4.07万公顷；倒塌房屋100间1800平方米、毁损房屋

551 间 9918 平方米；损毁林区道路 390. 6 千米，供电线路 32. 5 千米，供水管线 29. 2 千米。直接经济损失达 6. 2 亿元。

7 月 23~24 日　延安桥山林区突降暴雨，河水暴涨，造成两条主干公路中断，部分林场及管护站断电、断水、通讯中断，大部分林场房屋漏水，苗圃地、鱼池、防火通道、桥梁被淹或冲毁，直接经济损失达 331. 2 万元。

7 月 29 日　《陕西省古树名木保护条例》《陕西省野生植物保护条例》经陕西省第十一届人大常委会第十六次会议通过，2010 年 10 月 1 日起正式施行。

7 月　省林业调查规划院完成《陕西省“十二五”采伐限额》编制并获国务院正式批准。全省“十二五”期间年采伐限额为 631 万立方米。

8 月 6 日　国家林业局局长贾治邦来陕西调研林业生态建设及集体林权制度改革工作。省委书记赵乐际前往驻地看望调研组一行，副省长姚引良、省林业厅厅长张社年陪同调研。

8 月 12~13 日　全国三北防护林体系建设现场会在榆林市召开，国家林业局局长贾治邦出席会议并讲话，国家林业局副局长祝列克作工作报告，国家林业局总工程师姚昌恬、省政府秘书长秦正出席大会。国务院办公厅、国家发改委、财政部以及三北地区 13 个省(自治区、直辖市)、新疆生产建设兵团林业部门和部分重点建设县有关负责同志近 300 人参加会议。

8 月 13 日　全省林业局长座谈会在榆林召开。

8 月　铜川市林业建设因连续强降雨造成重大损失。初步统计，水毁苗圃地 4 公顷，冲毁定植大苗 6 万株、核桃嫁接苗 5. 1 万株，毁坏容器苗 819. 36 万袋，其他苗木 34. 17 万株，186. 67 公顷花椒受灾；冲毁林区道路 39. 5 千米、桥梁 2 座。强降雨给林业造成直接经济损失 3300 余万元。

9 月 7 日　省林业厅与日本大分县九重町签署《关于生态环境保护合作的协议》。

9 月 9 日　省林业厅、财政厅、国土厅、农业厅等部门出台《关于举家进城落户农村居民退出宅基地、承包地实施办法》，对举家进城落户农村居民退出承包林地如何处置做出具体规定。

9 月 15 日　省委书记赵乐际、常务副省长娄勤俭在省委会议室专题听取全省林业工作汇报。

9 月 17 日　中国经济林协会命名商洛市为“中国核桃之都”。

9 月 26 日　省财政厅、林业厅下发《关于印发〈森林资源资产评估管理实施细则〉的通知》，对评估范围、评估机构和人员、核准与备案、监督管理、责任追究等方面进行了规范。

9 月 28 日　省林业厅和开发银行陕西省分行联合出台《林权抵押贷款工作实施细则》。

9 月 28~29 日　省林业厅、西北农林科技大学、商洛市人民政府联合主办的第二届商洛核桃节在商州举办。

9 月 30 日　省委书记赵乐际赴榆林市，对北部地区的防沙治沙、林业产业发展进行调研，实地查看了榆阳三北防护林建设示范区，看望全国“治沙英雄”石光银，参观了吴堡县光大枣业公司。

10 月 19 日　全省秋冬造林绿化现场会暨陕西西大门绿化工程启动仪式在宝鸡市举行，副省长姚引良讲话并宣布绿化工程启动令。

11 月 5 日　省林业厅、陕师大生命科学院与化龙山自然保护区管理局在上竹保护站举行“西北濒危药材资源开发国家工程实验室——化龙山药用植物资源保育基地”“陕西师范大学化龙山国家级自然保护区生物多样性研究实习基地”挂牌仪式。

11 月 5 日　省发改委主办的“秦岭生态保护项目专家评审会”在西安召开。会上太白山自然保护区申报的“黑虎关-点兵场区域生态廊道建设项目”顺利通过评审。

12 月 20 日　国家林业局、日本国际协力机构中国事务所(JICA)、陕西省林业厅在西安召开朱鹮保护现状及对策研讨会。

12 月 28 日　省记协组织《陕西日报》、陕西广播电台、陕西电视台、《当代陕西》、《三秦都市报》、《华商报》、《西安日报》、《西安晚报》和西部网等 8 家媒体，评出“2010 年陕西十大新闻”。其中，“陕西全面完成集体林权制度主体改革”列为第四。

12 月　咸阳市秦都、渭城、永寿、长武、淳化、旬邑 6 县区完成主体林改任务并通过省级验收，长武、旬邑 2 县被省委、省政府授予“陕西省集体林权制度改革先进单位”。

12 月　根据国家林业局的安排，陕西今年完成 103 棵森林生物量建模样木采集工作和 23 个 10 千米×10 千米遥感样地调查工作。

附　录

一、地方性法规

陕西省实施《森林防火条例》办法

（1991年5月18日 陕政发〔1991〕85号发布施行）

第一条　根据国务院《森林防火条例》（以下简称《条例》）的规定，结合本省实际，制定本办法。

第二条　本办法适用于本省境内除城市市区以外的所有森林、林木和林地火灾的预防和扑救工作。

第三条　森林防火工作实行"预防为主，积极消灭"的方针。

所有在林区活动的人员都必须认真遵守《条例》中有关预防森林火灾的规定。对在森林防火期内进入林区作业的人员，必须建立审批和检查制度，实行严格管理。

第四条　各地区（市）和森林防火重点县（市、区）（以下简称重点县，名单详见附录）都要划定林区界线、森林防火责任区和重点火险区，确定森林防火重点单位，建立森林防火责任制度，定期进行检查。

第五条　本省地方各级森林防火指挥部按照《条例》第七条规定的职责进行工作。

各级森林防火指挥部办公室应履行下列工作职责：

（一）贯彻执行国家森林防火的方针、政策，监督检查《条例》和有关法规及本办法的实施；

（二）组织森林防火宣传教育，提出森林防火措施，经指挥部审定后组织实施；

（三）管理森林防火检查站和护林员，组织开展森林防火检查，实施森林消防监督，办理人员入山审批手续，检查落实野外用火管理规定；

（四）制订森林防火科学研究计划，推广先进技术，组织培训森林防火专业人员；

（五）组织起草并实施本地森林防火基础设施的建设规划，检查有关单位防火设施及设备的维护管理情况；

（六）坚持防火值班，及时掌握火情动态，拟订扑火预案，根据指挥部的部署组织扑救森林火灾；

(七)配合有关部门检查处理森林火灾案件；

(八)负责森林火灾统计，管理森林火灾档案；

(九)办理本级森林防火指挥部和上级森林防火办公室交办的工作。

第六条　预防和扑救森林火灾，保护森林资源，是每个公民应尽的义务，在林区应当建立军民联防制度，组织有关单位和驻军积极参加预防和扑救森林火灾。

凡接到扑救森林火灾命令的单位和个人必须迅速赶赴指定地点，投入扑救。残疾人员、老人、孕妇和儿童不能参加扑救森林火

第七条　各地区(市)和重点县要根据实际情况，制订森林防火基础设施建设规划。较大的森林防火基础设施建设项目，要经计划部门审核平衡后，列入基本建设计划，实行项目管理。

第八条　森林防火资金包括各级财政拨款、森林防火费、育林基金和林政费的一部分，主要用于基层森林防火的嘹望、通讯、交通等设施的建设和灭火器械等设备的购置与维修，不得挪作它用。

第九条　每年的十一月至翌年的五月底为全省的森林防火期。每年二月至四月底为全省的森林防火戒严期。各县(市、区)的森林防火期、防火戒严期由县级森林防火指挥部按照当地实际情况确定。每年临近防火戒严期，由县级人民政府发布实行戒严的布告。

第十条　大面积造林(含飞机播种造林)应设置防火隔离带或防火林带。

第十一条　各地要按省森林防火指挥部会同有关主管部门作出的规定，购置、使用森林防火专用车辆和无线电通讯设备，并使设备保持完好状态，不得挪作它用。

第十二条　县级森林防火指挥部对下列火灾除迅速组织当地军民进行扑救和立即报告直属上级森林防火指挥部外，还应同时报告省森林防火指挥部。

(一)本省与邻省(自治区)或相邻地市交界地区发生的危险性大的森林火灾；

(二)过火面积在三十公顷以上的森林火灾；

(三)过火十二小时、明火尚未扑灭的森林火灾；

(四)威胁工厂、仓库、铁路、桥梁等重要建设设施和居民区的森林火灾；

(五)造成一人以上死亡或者三人以上重伤的森林火灾；(六)需要省上动员各方力量支援扑救的森林火灾。

第十三条　林区单位对过火面积十公顷以上、过火六小时后尚未扑灭明火的森林火灾，除迅速组织扑救外，应立即逐级报告地区(市)森林防火指挥部。

第十四条　发生森林火灾，应当查明起火时间、地点、原因、肇事者、受害森林面积和林木蓄积量、人身伤亡及其他经济损失等情况，并按《条例》第二十九条规定建立森林火灾档案。

森林火警由乡(镇)人民政府组织调查；一般森林火灾由县森林防火指挥部组织调查；起火点不明的，由上一级森林防火指挥部指定或组织有关单位调查。灾。

第十五条　各级森林防火机构应当按照森林火灾统计报告表的要求，进行森林火灾统计，报上级主管部门和同级统计部门。

第十六条　对森林覆盖率在13%以上或者经营森林面积在五万公顷以上的县(市、

区)、森林覆盖率在10%以上的地区(市)以及森林覆盖率在20%以上的县级以上机关所属林业企事业单位,连续三年无森林火灾的,由省森林防火指挥部审核,报国家森林防火总指挥部批准给予奖励;对符合《条例》第三十一条规定条件的有功人员,由县级以上人民政府给予奖励。

对在森林防火工作中做出突出成绩的先进单位和个人,县级森林防火指挥部每年组织一次评选奖励,省森林防火指挥部每三年组织一次评选奖励。

第十七条 森林防火工作人员依法行使职权,任何组织和个人不得阻挠干预。对围攻殴打森林防火人员,构成犯罪的,由司法机关依法追究刑事责任;尚不够刑事处罚的,由公安机关依照《中华人民共和国治安管理处罚条例》有关规定处理。

第十八条 森林防火工作人员有失职、渎职行为,情节轻微的,由其主管机关酌情给予行政处分;情节严重,构成犯罪的,由司法机关依法追究刑事责任。

第十九条 违反本办法第八条规定,挪用、私分和贪污森林防火专用资金的,由其主管机关负责追回款项,并视情节对单位负责人和直接责任者给予行政处分或经济处罚;情节严重,构成犯罪的,由司法机关依法追究刑事责任。

第二十条 违反本办法第三条、第十一条以及违反森林防火管理的其他规定的,依照《条例》第三十二条、三十三条、三十四条的规定处理。

第二十一条 本办法由省林业厅负责解释。

陕西省实施《中华人民共和国自然保护区条例》办法

(2001年7月14日 陕西省人民政府令第69号发布)

第一条 为实施《中华人民共和国自然保护区条例》,结合本省实际,制定本办法。

第二条 本办法适用于本省行政区域内自然保护区的建设和管理。

第三条 自然保护区的建设和管理应当坚持全面规划、保护优先、科学管理、合理利用、持续发展的原则。

第四条 鼓励社会团体、民间组织、个人捐赠投资,参与自然保护区的保护工作。

第五条 县级以上人民政府应当加强对自然保护区工作的领导,把自然保护区的发展规划纳入当地国民经济和社会发展计划。

第六条 县级以上人民政府环境保护行政主管部门负责本辖区内各类自然保护区的综合管理工作,主要职责是:

(一)组织实施国家有关自然保护区的法律、法规和方针、政策;

(二)组织有关部门制定自然保护区发展规划;

(三)对自然保护区建设和管理工作进行监督检查;

(四)会同有关部门开展自然保护区科学研究工作;

(五)会同有关部门查处破坏、侵占自然保护区的违法行为。

第七条 省环境保护行政主管部门除履行本办法第六条所列职责外,负责省地方级自然保护区评审委员会办公室的日常工作；组织有关自然保护区行政主管部门制定全省自然保护区管理技术规范、标准。

第八条　县级以上人民政府林业、农业、水利、国土资源等有关行政部门在各自的职责范围内，主管有关的自然保护区，主要职责如下：

(一)负责主管的有关自然保护区的规划编制、建设和管理工作；

(二)依法设立有关自然保护区的管理机构，制定主管的有关自然保护区的保护和管理措施；

(三)监督检查主管的有关自然保护区管理工作；

(四)组织查处破坏、侵占主管的有关自然保护区的违法行为。

第九条　具有下列条件之一的，应当建立自然保护区：

(一)符合《中华人民共和国自然保护区条例》第十条规定的；

(二)重要的水源涵养地；

(三)具有重大科学和文化价值的地质剖面、奇特的地质景观、典型的地质灾害等自然遗迹；

(四)经省人民政府批准，需要予以特殊保护的其他自然区域。

第十条　根据自然保护区的典型意义、科学上的重大影响或特殊研究价值，自然保护区(点)分为国家级、省级、地市级和县级。

第十一条　申报建立自然保护区，县级以上人民政府或有关自然保护区行政主管部门应当进行调查论证，编制可行性研究报告。

第十二条　申请建立自然保护区应当按照下列程序申报审批：

(一)建立国家级自然保护区，由自然保护区所在地设区的市人民政府(地区行政公署)或省有关自然保护区行政主管部门提出申请，经省地方级自然保护区评审委员会预审后，由省环境保护行政主管部门提出预审意见，经省政府同意后，报国务院批准；

(二)建立省级自然保护区，由自然保护区所在地设区的市人民政府(地区行政公署)或省有关自然保护区行政主管部门提出申请，经省地方级自然保护区评审委员会评审后，由省环境保护行政主管部门进行协调并提出审批建议，报省人民政府批准，并报国务院环境保护行政主管部门备案；

(三)建立地市级和县级自然保护区，由自然保护区所在地的设区市人民政府(地区行政公署)、县级人民政府提出申请，经省地方级自然保护区评审委员会评审后，由同级人民政府批准，并报省环境保护行政主管部门备案；

(四)跨行政区域的自然保护区，由有关行政区域的人民政府共同提出申请，按照本条第二项规定的程序申报审批。

第十三条　新建自然保护区的配套工程建设项目，应进行建设项目环境影响评价，并办理有关环境保护审批手续。

第十四条　自然保护区按照《中华人民共和国自然保护区条例》第十六条规定的方法命名。

第十五条　自然保护区按照国家规定分为核心区、缓冲区和实验区，必要时可以在自然保护区的外围划定一定面积的外围保护地带。

第十六条　自然保护区的范围、界线以及功能区、外围保护地带的范围和界线，由批准建立自然保护区的人民政府确定，并予以公告。

自然保护区管理机构应当根据批准建立自然保护区的人民政府公告的自然保护区范围和界线，设置明显标志和界桩。

任何单位和个人不得擅自移动或者破坏自然保护区的标志和界桩。

第十七条　自然保护区的撤销及性质、范围、界线的调整或者变更，应当按照建立自然保护区的申报程序，报原批准建立自然保护区的人民政府批准。

自然保护区功能区划的调整方案，须经有关自然保护区行政主管部门审核同意，并报同级环境保护行政主管部门备案。

第十八条　自然保护区管理机构在不影响自然保护区的自然环境和自然资源的前提下，可以在实验区开展参观、旅游活动。

在自然保护区实验区开展参观、旅游活动，必须制定切实可行的方案，按规定报主管部门批准。

进入自然保护区参观、旅游的单位和个人，应当服从自然保护区管理机构的管理。

第十九条　在自然保护区引种繁殖动植物或者采集动植物标本、种源，应当按照国家有关规定办理审批手续。

第二十条　在自然保护区的实验区和外围保护地带不得建设污染环境、破坏资源或者损害自然景观的生产设施或其他项目，已造成污染和损害的，应当限期治理。

第二十一条　违反本办法第十三条规定的，按照国家《建设项目环境保护管理条例》的有关规定予以处罚。

第二十二条　违反本办法第十六条第三款规定的，由自然保护区管理机构责令其改正，并可以根据不同情节处以100元以上5000元以下罚款。

第二十三条　违反本办法第二十条规定，逾期未完成限期治理任务的，按照《陕西省实施中华人民共和国环境保护法办法》的有关规定予以处罚。

第二十四条　当事人对行政处罚决定不服的，可以依法申请行政复议或者提起行政诉讼。

当事人逾期不申请行政复议，也不向人民法院起诉，又不履行行政处罚决定的，由作出行政处罚决定的机关申请人民法院强制执行。

第二十五条　本办法自发布之日起施行，陕西省人民政府1988年9月发布的《陕西省自然保护区管理暂行办法》同时废止。

陕西省秦岭生态环境保护条例

《陕西省秦岭生态环境保护条例》已于2007年11月24日经陕西省第十届人民代表大会常务委员会第三十四次会议通过。

第一章　总　则

第一条　为了保护秦岭生态环境，维护秦岭水源涵养、水土保持功能，保护生物多样性，规范秦岭资源开发利用活动，促进人与自然和谐相处，实现经济与社会可持续发展，根据国家有关法律、行政法规，结合本省实际，制定本条例。

第二条 在秦岭生态环境保护范围内从事植被、水资源、生物多样性保护以及开发建设等活动适用本条例。

秦岭生态环境保护范围，东西以省界为界，南北以秦岭山体坡底为界。具体范围由秦岭所在地设区的市人民政府据此提出方案，报省人民政府批准并公布。

第三条 秦岭生态环境保护坚持统筹规划、保护优先、科学利用、严格管理的原则。

第四条 省人民政府全面负责秦岭生态环境保护工作。

秦岭所在地设区的市、县(市、区)、乡(镇)人民政府负责本行政区域内的秦岭生态环境保护工作。

第五条 省人民政府设立秦岭生态环境保护委员会。秦岭生态环境保护委员会的主要职责是：

(一)组织编制秦岭生态环境保护总体规划；

(二)审查涉及秦岭生态环境保护的有关专项规划；

(三)调研秦岭生态环境状况，提出秦岭生态环境保护政策的建议；

(四)协调秦岭生态环境保护工作；

(五)督促检查秦岭生态环境保护工作；

(六)省人民政府规定的其他职责。

秦岭生态环境保护委员会主任由省长担任，其成员、办事机构及工作规则由省人民政府规定。

第六条 秦岭所在地县级以上人民政府的发展和改革、环境保护、国土资源、林业、水利、农业、建设、交通、旅游、公安等相关部门，在各自职责范围内，共同做好秦岭生态环境保护工作。

秦岭的自然保护区、风景名胜区、森林公园、动植物园、国有林场等的管理机构，做好其管理范围内的生态环境保护工作。

第七条 秦岭所在地县级以上人民政府应当将秦岭生态环境保护纳入工作目标责任制，由上级人民政府考核并予以奖惩。

第八条 秦岭所在地设区的市、县(市、区)人民政府根据秦岭生态环境保护工作需要，在特定区域可以组织综合执法。

第九条 省人民政府以及秦岭所在地设区的市、县(市、区)人民政府应当将秦岭生态环境保护纳入国民经济和社会发展规划，并将秦岭生态环境保护资金纳入财政预算。

省人民政府和秦岭所在地设区的市人民政府应当建立专项资金，用于秦岭山区基础设施建设，支持秦岭山区因地制宜地发展对生态环境有益的各类产业，改善当地人民群众的生产生活条件。

第十条 省人民政府应当根据国家有关规定建立健全生态环境补偿机制，依法对秦岭生态环境保护地区给予经济补偿。

第十一条 建立多种投融资渠道，吸引国内外资金用于秦岭生态环境保护。鼓励社会组织和个人捐助、资助秦岭生态环境保护工作。

第十二条 科技、林业、农业、水利、环境保护等有关部门应当鼓励和支持秦岭生态环境保护的科学研究，加强生物多样性保护、水土保持和生态恢复等科学研究工作，推动科技成果在秦岭山区的应用。

第十三条 报刊、广播电视、新闻出版以及文化、教育等有关单位应当加强秦岭生态环境保护的宣传教育工作，提高公民对秦岭生态环境保护的意识。新闻媒体应当加强对秦岭生态环境保护的舆论监督。

第十四条 鼓励企业、事业单位、社团组织、个人参与秦岭生态环境保护工作。

制定涉及秦岭生态环境保护的有关专项规划以及按照规划进行的资源开发等建设项目，涉及当地居民切身利益的，应当征求当地居民的意见。

第十五条 各级人民政府及相关部门对秦岭生态环境保护做出突出贡献的单位和个人应当给予表彰和奖励。

第二章 生态环境保护规划和生态功能区划

第十六条 秦岭生态环境保护委员会应当组织发展和改革、环境保护、国土资源、林业、农业、水利、建设、交通、旅游、公安等有关行政主管部门编制秦岭生态环境保护总体规划，报省人民政府批准实施。

秦岭生态环境保护总体规划应当包括生态环境保护的长期目标和近期目标、保护的重点区域、主要任务、治理措施等内容。

第十七条 秦岭开发建设应当遵循先规划、后建设的原则。涉及秦岭开发建设的各类专项规划须经环境影响评价，并与秦岭生态环境保护总体规划相衔接。

须报省人民政府批准的涉及秦岭开发建设的专项规划，应当经秦岭生态环境保护委员会审查后，报省人民政府批准。上级人民政府认为下级人民政府批准的专项规划不符合法律、法规规定和秦岭生态环境保护总体规划要求的，可以责成其改正或者依法予以撤销。

县级以上人民政府及其有关部门对不符合规划要求的建设项目不得办理相关手续。

第十八条 海拔2600米以上的秦岭中高山针叶林灌丛草甸生物多样性生态功能区为禁止开发区；海拔1500米以上至2600米之间的秦岭中山针阔叶混交林水源涵养与生物多样性生态功能区为限制开发区；海拔1500米以下的秦岭低山丘陵水源涵养与水土保持功能区为适度开发区。

秦岭所在地设区的市人民政府可以根据秦岭生态环境保护的需要，在适度开发区划定一定区域的建设控制地带，并报省建设行政主管部门备案。

第十九条 秦岭生态功能区的禁止开发区内，不得进行与生态功能保护无关的生产和开发活动。

秦岭生态功能区的限制开发区内，严格限制房地产开发和对生态环境影响较大的工业项目。

秦岭生态功能区的适度开发区内，应当采取有效措施减少各类开发建设和生产活动对生态环境的负面影响。适度开发区内的建设控制地带不得建设有污染的工业项目，严格限制房地产开发。

第二十条 省发展和改革行政主管部门提出秦岭所在地的产业发展政策和方向，应当符合秦岭生态环境保护总体规划的要求。秦岭所在地的县域经济发展规划，应当与秦岭生态环境保护目标相结合，优化产业结构，发展特色优势产业。

第三章 植被保护

第二十一条 秦岭所在地各级人民政府应当采取天然林保护、封山育林、退耕还林、植树造林和预防火灾、防治病虫害等措施，提高森林覆盖率，改善秦岭的生态环境。

第二十二条 按照天然林优先保护的原则实施秦岭植被保护。当地人民政府应当制定、落实天然林保护的优惠政策和措施，做好天然林的保护工作，不得变更国家划定的秦岭天然林范围。

第二十三条 县级以上林业行政主管部门应当根据生态保护的要求，制定封山育林长期规划和年度计划，报本级人民政府批准后组织实施，并报上一级人民政府林业行政主管部门备案。

县级以上人民政府应当明确封山育林区域四至、封育期限，设置界桩、标牌，并向社会公布。

第二十四条 封山育林区内禁止下列行为：

(一)开垦、采石、采砂、取土；

(二)采脂、割漆、剥皮、挖根及其他毁林行为；

(三)损坏、擅自移动界桩、标牌；

(四)法律、法规禁止的其他行为。

第二十五条 秦岭25°以上的坡耕地应当逐步退耕还林(草)。

鼓励在25°以下的坡耕地进行退耕还林(草)；没有退耕的，应当修建梯田或者采取其他水土保持措施，防止水土流失。

第二十六条 秦岭所在地各级人民政府应当采取多种措施植树造林，将植树造林成活率纳入考核目标。秦岭所在地的单位应当根据当地人民政府的要求，组织完成义务植树的任务。

省人民政府应当拨出专款用于秦岭的飞播造林。

第二十七条 防护林和特种用途林禁止经营性采伐。

列入国家天然林保护工程范围内的天然林和坡度在46°以上的森林以及秦岭山系主梁两侧各一千米及其主要支脉两侧各五百米以内的森林，严禁采伐。

第二十八条 省林业、农业行政主管部门应当依照各自职责制定秦岭湿地、天然草场保护的长期规划，并监督实施。

第二十九条 秦岭所在地县级以上水行政主管部门应当合理规划，采取措施，控制区域水土流失面积，减少水土流失。

在秦岭进行建设活动的单位应当制定水土保持方案，报县级以上水行政主管部门批准后实施。

第三十条　秦岭所在地各级人民政府应当建立林区防火责任制，制定森林防火应急方案，落实防火责任，做好森林防火工作。

县级以上林业、农业行政主管部门应当加强对病虫害和有害生物的监测，及时通报病虫害和有害生物发生信息，采取措施做好病虫害的防治工作，防止有害生物的侵入。

第四章　水资源保护

第三十一条　省水行政主管部门会同有关行政主管部门和设区的市人民政府，编制秦岭水资源保护和开发利用的专项规划时，应当与秦岭生态环境保护总体规划相衔接，经秦岭生态环境保护委员会审查后，报省人民政府批准。

第三十二条　在秦岭调度水资源，建设水电站、水库等，应当符合秦岭生态环境保护和水资源开发利用规划，保障江河的合理流量和湖泊、水库以及地下水的合理水位，维护生态平衡。

第三十三条　秦岭所在地各级人民政府应当采取措施，保护植被，涵养水源，防止水资源枯竭和水质污染，保证饮用水水源安全。

第三十四条　建立秦岭饮用水水源保护区。饮用水水源保护区分为一级保护区、二级保护区。必要时，可以在饮用水水源保护区外围划定一定的区域作为准保护区。水源保护区的划定可以与其他功能区重叠。

秦岭饮用水水源保护区的划定，由秦岭所在地设区的市人民政府提出方案，报省人民政府批准并公布；跨设区的市饮用水水源保护区的划定，由有关的市人民政府协商提出方案，报省人民政府批准并公布。

秦岭饮用水水源保护区由所在地县级人民政府设置标牌、界桩。

秦岭饮用水地表水、地下水的水源一级保护区、二级保护区、准保护区的禁止行为依照《陕西省城市饮用水水源保护区环境保护条例》的规定执行。

第三十五条　禁止使用不符合国家规定防污条件的运载工具，运载油类、粪便及其他有毒有害物品通过地表水水源保护区。禁止运输危险化学品的车辆通过饮用水地表水水源保护区；确需通过的，应当采取有效安全防护措施，报公安部门依法办理有关手续，并通知水源保护区管理机构。

第三十六条　环境保护行政主管部门应当严格控制秦岭所在地重点水污染物排放总量，制定的重点水污染物排放总量应当与水体功能容量相适应。设区的市、县(市、区)环境保护行政主管部门应当根据上级行政主管部门下达的重点水污染物排放总量控制计划，拟定本行政区域重点水污染物排放总量控制实施方案，并报上一级环境保护行政主管部门备案。

第三十七条　环境保护和水行政主管部门应当加强秦岭水质状况的监测，发现重点水污染物排放总量超过控制指标或者超过水体功能容量的，应当及时报告当地县级以上人民政府，县级以上人民政府应当采取措施组织治理。

第五章　生物多样性保护

第三十八条　省林业行政主管部门会同农业、水行政主管部门根据野生动植物种类、分布情况和秦岭生态环境保护总体规划，制定秦岭生物多样性保护规划，加强对秦岭生态系统多样性、物种多样性、遗传基因多样性的保护。秦岭生物多样性保护规划经秦岭生态环境保护委员会审查，报省人民政府批准实施。

第三十九条　秦岭所在地县级以上人民政府及相关部门应当加强对秦岭野生动植物及其生息环境的保护。省野生动植物行政主管部门对列入国家和省重点野生动植物保护名录的野生动植物，应当采取保护措施，必要时建立繁育基地、种质资源库或者采取迁地保护措施。

第四十条　秦岭所在地县级以上人民政府依照有关法律法规的规定，应当在国家和省重点保护野生动物主要生息繁衍的地区和水域，国家和省重点保护野生植物物种的天然集中分布区，具有特殊保护、科学研究价值或者代表性的湿地以及集中连片、面积较大的天然林区，重要的自然遗迹，建立自然保护区或者种质资源保护区。

其他区域可以根据实际情况建立野生动植物保护点或者设立保护标志。

第四十一条　禁止任何单位和个人进入自然保护区的核心区和缓冲区内开展生产经营活动。在自然保护区的实验区开展旅游活动应当符合自然保护区管理要求，由自然保护区管理机构提出方案，经秦岭生态环境保护委员会审查后按规定报其行政主管部门批准。

第四十二条　在秦岭禁止以下危害野生动植物的行为：

（一）非法猎捕国家和省重点保护的野生动物，非法采集、采挖国家和省重点保护的野生植物；

（二）在国家和省重点保护的野生动物主要生息繁衍地使用污染其生息环境的农药；

（三）采集、破坏国家和省重点保护野生动物的卵、巢、穴、洞；

（四）损坏保护设施和保护标志；

（五）擅自引入外来物种；

（六）法律法规禁止的其他危害野生动植物的行为。

第六章　开发建设生态环境保护

第一节　矿产资源开发生态环境保护

第四十三条　省发展和改革、国土资源行政主管部门根据秦岭矿产资源的分布情况和生态环境保护总体规划，依照法定权限编制秦岭矿产资源开发规划，经秦岭生态环境保护委员会审查后，报省人民政府批准。

在秦岭新建、扩建、改建矿产资源开采项目应当符合秦岭矿产资源开发规划和生态环境保护要求。

第四十四条　禁止在自然保护区、风景名胜区、森林公园、植物园、重要地质遗迹保护区、重点文物保护区勘探、开发矿产资源。

第四十五条　矿产资源开发单位应当采用先进技术和工艺，提高资源综合利用率，减少污染物的排放。

矿产资源开发单位不得采用国家明令淘汰的落后工艺或者设备。已建成的项目采用落后工艺或者设备，对生态环境有严重影响和破坏的，由县级以上人民政府依照管理权限责令限期改造、停产或者关闭。

第四十六条　因矿产资源开发造成生态环境破坏和地质灾害的，开发单位应当依法承担治理和赔偿责任。

开发单位不履行治理责任或者治理不符合要求的，由有关行政主管部门组织代为治理，所需费用由开发单位承担。

第四十七条　在秦岭进行矿产资源开发的单位应当按照《中华人民共和国环境影响评价法》进行环境影响评价，根据环境影响评价文件要求，项目建设单位应当编制生态环境治理方案，经县级以上环境保护行政主管部门会同其他有关部门审批后实施。

在秦岭从事矿一资源开发的单位应当提取环境治理保证金，用于本单位生态环境治理方案的实施。环境治理保证金按照企业所有、专款专用、专户储存、政府监管的原则管理。具体办法由省人民政府制定。

第四十八条　在秦岭进行矿产资源开发实行生态环境综合治理补偿制度，开发单位应当缴纳生态环境综合治理补偿费，用于水系破坏、水资源损失、水体污染、植被破坏、水土流失、生态退化、土地破坏等方面的生态环境综合治理。生态环境综合治理补偿费纳入财政预算管理。具体征收标准和管理办法由省人民政府制定。

第二节　交通设施建设生态环境保护

第四十九条　在秦岭进行交通设施建设应当符合秦岭生态环境保护总体规划的要求，秦岭道路建设应当避免或者减少对生态环境的破坏。

第五十条　在秦岭进行交通设施建设应当落实环境影响评价文件提出的各项生态环境保护措施，不占或者少占林地，对建设周期长、生态环境影响大的建设工程实行工程环境监理。

施工单位应当搞好道路两侧绿化，并对取料场、废弃物堆放场进行有效治理，不得向河道、湖泊、水库等水体倾倒废弃物。

第五十一条　在秦岭进行交通设施建设时应当采取措施，保护秦岭生物多样性和水源涵养功能。

交通设施建设应当采取修建野生动物通道等防护措施，减少对野生动物栖息环境的影响。

第五十二条　自然保护区、风景名胜区、森林公园内的道路设计方案应当经省有关行政主管部门审核。

第三节　城镇乡村建设生态环境保护

第五十三条　秦岭所在地市、县人民政府编修城镇、乡村总体规划，应当与土地利用总体规划和秦岭生态环境保护总体规划相衔接，落实秦岭生态功能区的禁止开发区和限制开发区的管理措施。

第五十四条　严格控制在秦岭进行房地产开发。在秦岭生态功能区的限制开发区和设区的市人民政府划定的建设控制地带从事房地产开发，须经设区的市人民政府审批后，报省建设行政主管部门备案。

第五十五条　秦岭城镇乡村建筑物及环境设施的设计和建设，应当与当地生态环境相协调。

第五十六条 在秦岭进行房地产开发和建设其他商业性项目，应当按照规定程序报批，并进行环境影响评价，不符合环境影响评价要求的，不得建设。

第五十七条 秦岭所在地县级以上人民政府应当根据经济社会发展状况和秦岭生态环境保护的需要，制定移民搬迁规划，有计划、有步骤地组织实施，做好移民的安置工作。

第五十八条 在秦岭的城镇应当逐步建立、完善生活污水处理、生活垃圾无害化处理、供排水等公共设施，在秦岭的农村推广和普及使用沼气，人口相对集中的村庄应当加强生态环境保护和公共卫生管理，统一规划建设生活垃圾、污水排放等收集处理设施。

第五十九条 秦岭生态功能区的禁止开发区、限制开发区和设区的市人民政府划定的建设控制地带不得新建、扩建宗教活动场所，其他地方扩建、改建宗教活动场所应当符合秦岭生态环境保护和城乡建设规划的要求。

第四节 旅游设施建设生态环境保护

第六十条 秦岭所在地设区的市人民政府应当依据秦岭生态环境保护总体规划，编制本行政区域秦岭旅游专项规划，经秦岭生态环境保护委员会审查，报省人民政府批准后实施。

第六十一条 在秦岭从事旅游开发，应当按照旅游专项规划，制定旅游开发和旅游设施建设方案，依法报设区的市以上人民政府有关行政主管部门审批后实施。需要建设索道的，应当依法进行环境影响评价，并报省人民政府批准。

第六十二条 秦岭的旅游景区、景点应当科学设计，与当地生态环境相协调，合理利用生态资源和旅游资源。

对有损自然生态环境和景观的旅游景点和设施，县级以上人民政府应当责令其限期关闭或者拆除。

第六十三条 秦岭所在地县级旅游行政主管部门应当对乡村旅游统一规划，合理布局。乡村旅游经营集中的地方，应当对生活垃圾和污水统一处置。

第六十四条 秦岭的旅游景区、景点应当加强公共卫生管理，对生活垃圾分类收集，专人管理，统一处理，禁止随意弃置和堆放。

进入秦岭的人员、游客不得随意丢弃废弃物污染环境。

第六十五条 秦岭的旅游景区、景点应当优先选择电能、太阳能、风能、水能、天然气、液化气等清洁能源；旅游观光车及其他服务设施应当符合环境保护要求。

第七章 法律责任

第六十六条 违反本条例第十九条第一款规定，在秦岭生态功能区的禁止开发区内进行与生态功能保护无关的生产和开发活动的，由县级以上人民政府予以取缔，对单位处五十万元以上二百万元以下罚款，对个人处五万元以上二十万元以下罚款；造成植被破坏的，应当承担治理费用；构成犯罪的，依法追究刑事责任。

第六十七条 违反本条例第二十四条第(一)项、第(二)项规定，致使森林、林木受到毁坏的，依法赔偿损失；由县级以上林业行政主管部门责令停止违法行为，补种三倍毁坏的树木，可处毁坏树木价值一倍以上五倍以下的罚款。

第六十八条 违反本条例第三十五条规定，使用不符合国家规定防污条件的运载工具，运载油类、粪便及其他有毒有害物品通过地表水水源保护区的，由县级以上环境保护行政主管部门处一千元以上一万元以下的罚款；通过饮用水地表水水源保护区运输危险化学品，未向公安部门申请领取危险化学品公路运输通行证的，由县级以上公安部门责令改正，处二万元以上十万元以下的罚款，构成犯罪的，依法追究刑事责任。

第六十九条 违反本条例第四十四条规定，勘探矿产资源的，由县级以上国土资源行政主管部门责令停止违法行为，予以警告，可并处一万元以上十万元以下罚款；开发矿产资源的，由县级以上国土资源行政主管部门责令停止开采、赔偿损失，没收采出的矿产品和违法所得，可并处一万元以上十万元以下罚款。构成犯罪的，依法追究刑事责任。

第七十条 违反本条例第五十条第二款规定，向河道、湖泊、水库等水体倾倒废弃物的，由县级以上水行政主管部门责令停止违法行为，排除阻碍或者采取其他补救措施，可以处一万元以上五万元以下的罚款。

第七十一条 违反本条例第五十四条规定，未经批准在限制开发区或者设区的市人民政府划定的建设控制地带内进行房地产开发的，由县级以上建设行政主管部门责令拆除，恢复原状，处以五十万元以上二百万元以下罚款。

第七十二条 违反本条例规定的其他行为，法律、法规已有处罚规定的，按照其规定执行。

第七十三条 依照本条例第六十六条和第七十一条规定对单位处一百万元以上罚款，对个人处十万元以上罚款，应当告知当事人有要求举行听证的权利。

依照本条例其他规定对单位处五万元以上罚款，对个人处三万元以上罚款，应当告知当事人有要求举行听证的权利。

第七十四条 当事人对行政处罚决定不服的，可以依法申请行政复议或者提起行政诉讼。

第七十五条 国家工作人员在秦岭生态环境保护工作中违反本条例规定，有下列情形之一的，对直接负责的主管人员和其他直接责任人员依法给予行政处分；构成犯罪的，依法追究刑事责任：

（一）应当编制规划而不编制规划或者编制规划弄虚作假的；

（二）违反规定审批开发建设项目的；

（三）不履行法定程序和职责的；

（四）其他滥用职权、玩忽职守、徇私舞弊的行为。

第八章 附 则

第七十六条 本省行政区域内的巴山生态环境保护活动参照本条例规定执行。

第七十七条 本条例自 2008 年 3 月 1 日起施行。

其他地方性法规

1990~2010年，陕西省制定出台的地方性法规除上述3部外，还有7部，现介绍如下：

一、《陕西省森林管理条例》(1991年5月17日，陕西省第七届人民代表大会第二十一次会议通过，2004年8月3日，陕西省第十届人民代表大会常务委员会第十二次会议修正)。

二、《陕西省实施〈中华人民共和国野生动物保护法〉办法》(1991年11月29日，陕西省第七届人民代表大会常务委员会第二十四次会议通过，2004年8月3日，陕西省第十届人民代表大会常务委员会第十二次会议修正)。

三、《陕西省实施〈中华人民共和国防沙治沙法〉办法》(2003年8月1日，陕西省第十届人民代表大会常务委员会第五次会议通过)。

四、《陕西省湿地保护条例》(2006年4月2日，经陕西省第十届人民代表大会常务委员会第二十四次会议通过)。

五、《陕西省封山禁牧条例》(2007年11月24日，经陕西省第十届人民代表大会常务委员会第三十四次会议通过)。

六、《陕西省古树名木保护条例》(2010年7月29日，经陕西省第十一届人民代表大会常务委员会第十六次会议通过)。

七、《陕西省野生植物保护条例》(2010年7月29日，经陕西省第十一届人民代表大会常务委员会第十六次会议通过)。

二、政府规章、规范性文件

陕西省关于开展全民义务植树运动的实施细则

(1991年11月20日 省政府发布)

第一条 根据第五届全国人民代表大会第四次会议《关于开展全民义务植树运动的决议》(以下简称《决议)和国务院《关于开展全民义务植树运动的实施办法》(以下简称《实施办法》)，结合本省实际，制定本细则。

第二条 本省县级以上人民政府均应按照《实施办法》的规定，成立绿化委员会，统一领导本地区的义务植树运动和造林绿化工作。委员会的办公室设在同级政府的林业行政主管部门，负责本地区义务植树和造林绿化的指导、协调和督促检查工作。

乡镇人民政府、街道办事处和绿化任务较大的机关、团体、企业事业单位成立绿化领导小组，负责本地区、本部门、本单位义务植树活动的宣传发动、组织协调、安排部署、督促检查和评比奖励工作。

第三条 凡居住在本省的中华人民共和国公民，男十一岁至六十岁，女十一岁至五十五岁，除丧失劳动能力者外，每人每年均应义务植树三至五棵，或者承担相应劳动量的整地、采种、育苗、抚育、管护以及栽绿篱、铺草坪、建花坛等义务劳动，劳动量一般按一个工作日计算。具体任务和指标，由县级绿化委员会安排。

对十一岁至十七岁的青少年，应当就近安排力所能及的劳动，使他们通过参加义务植树活动，养成爱劳动和爱护花草树木的优良品德。

第四条 各级人民政府要按照"因地制宜，讲求效益"的原则，制定义务植树的总体规划、区域规划和年度实施计划。

各级绿化委员会应当切实组织和推动本地区内各部门、各单位，通过各种形式，广泛深入地宣传全民义务植树、绿化祖国的重大意义，贯彻《决议》和《实施办法》，落实义务植树和绿化工作任务。

人口集中的城镇，当地绿化委员会要制定十年、五年的中长期阶段性义务植树规划，确定年度绿化工作的奋斗目标，并且采取切实有效的措施，认真做好选点、划片、验收等工作，确保计划指标的完成。

第五条 城市的义务植树，要按照城市总体规划的要求，编制义务植树长期规划和年度计划，并要做到责任明确，措施落实。

第六条 农村义务植树的安排和规划，应与村镇规划的要求和当地的地形、地貌及气候特点相结合。重点搞好“四旁”绿化和农田防护林、水土保持林、防风固沙林的建设。

第七条 各部门、各单位都要结合环境治理，制定切实可行的义务植树规划，采取有效措施，积极组织本系统、本单位人员参加义务植树。对当地人民政府和绿化委员会分配的任务，应当积极负责，主动设法，包干完成。

第八条 全民义务植树任务随同国民经济计划一并下达。乡镇人民政府，街道办事处、村(居)民委员会以及各单位，均应按照参加义务植树的人数、种植计划，作出具体安排。

第九条 义务植树，可以采取多种形式。有条件的地方要建立义务植树基地，或者有计划地安排各单位群众到国营林場、国乡合作林场、乡村林场造林，或者参加重点造林绿化工程。

第十条 各地和义务植树任务较大的部门、单位，都要按照造林绿化设计的树种，有计划的培育苗木。现有国营苗圃和集体苗圃，应当加强经营管理，发挥示范作用。各地、市要建立中心苗圃，负责选育良种苗木，并向所辖县(市、区)和有关单位普及育苗知识，传授育苗技术，推广先进经验。每个乡(镇)要办好一至二个骨干苗圃，培育速生、优质、适宜当地生长的壮苗。凡有条件的机关、团体、企业、学校等，都要积极自办苗圃，做到自己培育树苗，自己造林绿化。

第十一条 对义务植树营造的林木，其所有单位或者管护单位应当根据情况建立专业管护组织，或者确定专职人员，划分责任区，建立管护责任制，确保成活成林。没有成活的，限期补栽或补交绿化费。

乡(镇)、村、街道和义务植树面积较大的单位，可以结合当地实际情况，发动群众制定爱林护林的乡观民约。

新造幼林，在郁闭前要实行封育。

第十二条 全省公民都有保护林木花草和绿化设施的义务，有制止和检举破坏林木花草及绿化设施行为的权利。

第十三条 义务植树的林权属，按土地所有权和使用权确定。各单位庭院中种植的树木、花草，归本单位所有；城镇公共地段种植的树木，归城建、园林部门所有；在交通沿线、风景游览区、名胜古迹区、水库周围及水种工程用地上种植的树木和花草，归经营管理单位所有；在国营林场、乡镇林场、国乡合作林场种植的树木、归林场所有；在乡镇、村集体土地上种植的树木归乡镇、村集体所有；没有明确经营管理单位的，由当地政府指定的单位、部门所有，或者按种植者、管护者双方协议，合同规定办理。

第十四条 义务植树所需资金，依照财政部、全国绿化委员会、林业部联合发布的《全民义务》植树和国营企业、事业单位造林绿化资金的使用管理办法》办理。参加义务植树的单位和个人的交通费，由各单位自理。各级绿化委员会的活动经费，由同级财政安排解决。

第十五条 凡属下到情形之一，视为完成了义务植树任务。

(一)一个单位属两个以上绿化委员会管辖，已经完成其中一个绿化委员会按单位总人数分配的义务植树任务的；

(二)在职人员在本单位或户口所在地一方完成了义务植树任务的；

(三)单位或个人为义务植树提供一定数量的树种、花种、苗木及有关材料，经当地绿化委员会认可折抵义务植树任务的。

第十六条 各单位对有植树义务的公民都要建立义务植树登记卡制度。义务植树登记卡由各乡镇、各单位按要求据实填写，并于每年十二月底前统计汇总，呈报各级绿化委员会。

第十七条 对于没有完成义务植树任务或者谎报、虚报绿化成绩的单位，要追究领导责任，并由当地绿化委员会按每棵树不超过一元的标准收取绿化费，绿化费由街道办事处、乡(镇)政府负责征收，纳入预算外资金管理，专项用于全民义务植树和国家、集体的绿化建设。绿化费的使用，由当地林业、城建(园林)部门提出计划，报所在县(市、区)绿化委员会审定。

第十八条 国内有关企业、事业单位、机关、团体和个人以及海外侨胞、外国人、外国组织捐赠的绿化造林资金、物资和图书资料，要建立档案，实行专管；并可按照捐赠人的意愿安排，植纪念树、造纪念林，或用于风景游览区、名胜古迹区的绿化建设。

第十九条 对于积极参加义务植树、开展绿化活动并取得优异成绩的单位和个人，对于保护绿化成果作出贡献的单位和个人，各级人民政府要给予表扬奖励。每年植树节过后，各县(市、区)绿化委员会可以组织辖区内各单位开展一次绿化奖章评选活动。

第二十条 对于不积极组织开展义务植树活动，或者不积极履行植树义务的单位，要责令其采取措施，限期完成义务植树任务，并可予以批评教育或通报。对于有植树义务而无故不履行的公民，由所在单位批评教育，责令限期补栽，并可按年处以三至五元的罚款。

对于盗伐、滥伐、毁坏林木，破坏绿化设施的单位和个人，要按照《中华人民共和国森林法》第三十四条、第三十七条规定处理；后果严重，触犯刑律的，移请司法机关依法追究刑事责任。

第二十一条 本细则执行中的具体问题，由陕西省林业厅负责解释。

第二十二条 本细则自发布之日起施行。

陕西省人民政府关于实施天然林保护工程立即停止省属森工采育企业采伐天然林的命令

（陕政发〔1998〕56号）

为了贯彻《中华人民共和国森林法》，落实党中央、国务院关于根治水患，加快生态环境建设的重大战略部署，确保实现我省经济与社会的可持续发展，决定在全省实施天然林保护工程和立即停止省属森工采育企业采伐天然林活动。为此，特发布命令如下：

一、省属太白、宁西、宁东、汉西、龙草坪等5个森工采育企业从1998年11月1日起，停止一切采伐活动，全部转入实施天然林保护工程。其他林区的禁伐令待后另行发布。

二、上述禁伐林区所涉及的宁陕、太白、佛坪、留坝、勉县、户县行政辖区内的5个省属森工采育企业作业范围内的产地木材交易市场立即关闭，并对木材经营加工单位进行清理整顿，取缔一切山场经营与加工。

三、外运上述禁伐区已采伐的木材，必须持有省政府林业行政主管部门核发的木材准运证，否则以违法论处。

四、各地所持本年度的“林木采伐证”，凡未采伐的，一律作废。禁止任何单位和个人乱砍滥伐林木，违者必须坚决依法查处，严惩不贷。

此令。

陕西省省长 程安东

1998年10月28日

陕西省人民政府关于实行封山禁牧的命令

（陕政发〔2003〕4号）

各市、县、区人民政府，省人民政府各工作部门、各直属机构：

为了巩固退耕还林(草)成果，加快生态环境建设步伐，实现生态、经济、社会可持续发展，省政府快定在全省实行封山野)牧禁牧。特发布命令如下：

一、封山禁牧的区域是，榆林市、延安市、铜川市、咸阳市各县、区的全部行政区或；西安市、宝鸡市、渭南市各县、区的渭河以比地区；汉中市；安康市、商洛市各县、区的林业用地(包括退耕还林还草地)；西安市、宝鸡市、渭南市各县、区渭河以南地区的林业用地。从2003年4月1日起实行封山禁牧。

二、在封山禁牧区域内，严禁放牧(主要指羊)，严禁毁林开荒，严禁非法砍伐林木、侵占林地，严禁毁林采种、非法采脂、剥皮、挖根和乱挖野生苗木，严禁非法狩猎和野外用火，严禁非法采石、采矿和取土，严禁损坏、移动生态建设标志和设施。

三、封山禁牧后，各地要抓住国家实施西部大开发的机遇，采取人工造林、封山育林相结合的方式，加快退耕还林(草)的步伐，提高退耕还林(草)的质量。要大力调整农业和农村经济结构，依托资源，面向市场，发展区域特色经济，努力增加农民收入。要加快建设高标准基本农田，为解决好群众长远生计创造基础条件。要加快农村基础设施建设，着力开发再生能源，改善群众生产生活条件。要推行人工种草、秸杆利用、舍饲养畜，改进畜牧业生产方式，大力发展畜牧业。对生产条件差、生存环境恶劣，居住分散、边远的人口，要与扶贫开发相结合，坚持有土安置的原则，有计划地实行移民搬迁，确保退耕还林退得下、还得上、稳得住、能致富、不反弹。

四、各级政府要把封山禁牧工作到入重要议事日程，认真研究，周密部署，精心组织实施。要运用群众喜闻乐见的宣传形式和手段广泛宣传，教育群众，提高认识，自觉实行封山禁牧。要界定区域，设立标志，健全管护制度，落实管护责任。各级林业部门要坚持造林与管护相结合的原则，履行职责，依法加大管护工作力度。对因监管不力使封山禁牧工作流于形式的，要追究林业行政部门的责任。各级农畜行政部门要加强技术指导和服务工作，全力推行舍饲养畜。各级水利行政等有关部门要立足本职，搞好服务，促进封禁牧工作顺利实施。

陕西省省长　贾治邦

2003年3月10日

其他政府规章、规范性文件

1990~2010年，陕西省发布的林业行政规章规范，除上述3条(部)外，主要涉林的还有23条(部)，现目录如下：

一、《陕西省征用占用林地及补偿费征收管理办法》(1994年9月8日，陕西省人民政府公布)。

二、《中共陕西省委、陕西省人民政府关于奋战四年实现全省绿化灭荒任务的决定》(1995年8月11日)。

三、《陕西省重点保护陆生野生动物造成人身财产损害补偿办法》(2004年11月4日，陕西省人民政府发布)。

四、陕西省人民政府《关于切实加强天然林保护管理工作的紧急通知》(陕政发明电〔2000〕6号，2000年8月15日)。

索　引

（本索引以林业重要地名、人名、河流、场矿，以及林业关键词进行编排，该标目多次在文中出现的，以首次出现页码）

按词条编排(关键词)

五、中共陕西省委、陕西省人民政府《关于印发〈陕西省山川秀美工程规划纲要〉的通知》(陕发〔1999〕19 号)。

六、《陕西省退耕还林(草)检查验收暂行办法》(陕政办发〔2000〕138 号，2000 年 12 月 15 日)。

七、《陕西省木材检查站工作暂行规定》(1990 年 6 月 15 日，陕政办函〔1990〕67 号)。

八、《陕西省关于开展全民义务植树运动的实施细则 》(1991 年 11 月 20 日，陕西省政府发布)。

九、中共陕西省委、陕西省人民政府《关于印发〈陕西省山川秀美工程规划纲要〉的通知》(陕发〔1999〕19 号)。

十、陕西省人民政府《关于恢复征收征占用林地、林木四项费用有关问题的通知》(2000 年 4 月 8 日，陕政发〔2000〕15 号)。

十一、《陕西省人民政府关于制止毁林开垦和乱占林地切实加强森林资源保护工作的通知》(1998 年 10 月 9 日，陕政发〔1998〕53 号)。

十二、《陕西省退耕还林(草)检查验收暂行办法》(陕政办发〔2000〕138 号，2000 年 12 月 15 日)。

十三、《陕西省退耕怀林(草)试点粮食供应暂行办法》(陕政办发〔2000〕125 号，2000 年 11 月 15 日)。

十四、《陕西省退耕还林(草)种苗生产供应暂行办法》(陕政办发〔2000〕138 号，2000 年 12 月 15 日印发)。

十五、《陕西省退耕还林(草)试点资金报账制暂行办法》(陕政办发〔2000〕125 号，2000 年 11 月 15 日)。

十六、《陕西省重点保护陆生野生动物造成人身财产损害补偿办法》(2004 年 11 月 4 日，陕西省人民政府令第 104 号发布，自 2005 年 1 月 1 日起施行)。

十七、中共陕西省委、陕西省人民政府《关于贯彻〈中共中央国务院关于加快林业发展的决定〉的实施意见》(陕发(2004)5 号，2004 年 2 月 16 日)。

十八、中共陕西省委办公厅、陕西省人民政府办公厅《关于认真学习贯彻〈中共中央国务院，关于全面推进集体林权制度改革的意见〉的通知》(陕办字〔2008〕68 号)。

十九、中共陕西省委、陕西省人民政府《关于贯彻〈中共中央国务院关于全面推进集体林权制度改革的意见〉的实施意见》(2009 年 2 月 3 日，陕发〔2009〕3 号，2009 年 2 月 3 日)。

二十、陕西省人民政府《关于加快推进核桃等干杂果经济林产业发展的意见》(陕政发〔2010〕2 号)。

二十一、陕西省人民政府《贯彻国务院关于进一步推进全国绿色通道建设的实施意见》(陕政发〔2001〕60 号)。

二十二、陕西省人民政府《关于推进集体林权制度改革的意见》(陕政发〔2007〕17 号)。

二十三、陕西省人民政府《贯彻国务院关于完善退耕还林政策的意见》(陕政发〔2008〕2 号)。

后　记

根据省政府办公厅《关于开展续修地方志工作的通知》(陕政办发〔2000〕131 号)，省林业厅承担《陕西省志・林业志》(1990~2010 年)编纂任务，成立省林业局史志编撰委员会，组建工作班子，多次召开编撰会议，拟定编写大纲，讨论编写意见，商榷编写思路，开始续修工作。2016 年 7 月，始成初稿，送省地方志办公室初审，后依据省志办初审意见，进行修改完善。2020 年 4 月 30 日，省林业局邀请相关专家对《陕西省志・林业志》(1990~2010 年)进行评审，经专家组讨论，提出评审意见，并通过评审。根据初审建议和评审意见，编写人员反复修改，提炼加工，字斟句酌，对志书中部分章节进行调整、删减、合并、修改。于 2020 年 6 月形成终审稿，经省林业局审查后，报送省地方志办公室终审。

2020 年 6 月 29 日，省地方志办公室在西安主持召开《陕西省志・林业志》(1990~2010 年)终审会。终审会由省地方志办公室副主任武军主持，省地方志办公室主任雷湛，省地方志办公室二级巡视员李保国、二级巡视员张世民；省志处处长王莹，一级主任科员李军，省志出版发行处一级主任科员党亚丽；省林业局局长党双忍、副局长刘保华，办公室主任朱建军，人事处处长田瑞，规财处处长陈宝林，法规科技处处长杨君，信息宣传中心副主任赵侠、高伟；陕西太白山国家级自然保护区副局长何晓光等参加评审。经过评审，通过《陕西省志・林业志》(1990~2010 年)终审，同时提出具体完善意见。根据终审意见，编写人员对终审稿进行完善和打磨，形成审验稿，2020 年 8 月提交省地方志办公室审验。省地方志办公室省志处对审验稿提出进一步完善意见。经编写人员再行完善和修订后，提交出版。

本志编纂工作由省林业局史志编撰委员会办公室组织实施，各部分编写分工：全志书总编纂、统稿，凡例、概述、各篇无题小序，修改与图、照、表布局安排，贾冰、何晓光；第一篇森林资源，樊伯庸、魏保飞、蔡永胜、王俊明、宋柄轩等；第二篇森林资源保护管理，李平民、樊伯庸、黄刚、蔡永胜、袁伟等；第三篇造林绿化，杨宏藩、杨锋、华志军、辛娟等；第四篇国有林场，樊伯庸、高根虎、郭馥灵、董剑锋等；第五篇森林工业，樊伯庸、魏保飞、王怀智、龚立群、蔡永胜等；第六篇林业产业，樊伯庸、魏佳谊、杨瑞峰、杜军；第七篇林业调查规划，杨宏藩、王燕娥、王华青、葛安新、吕江鱼等；第八篇林业投资与管理，樊伯庸、封苏平；第九篇林业法制建设与教育培训，李平民、王海燕、党学军、高伟；第十篇林业科技与外事活动，杨宏藩、刘毅、李红娟、窦延光等；第十一篇林业宣传与信息化建设，贾冰、焦国锋、周媛；第十二篇林业机构，樊伯庸、封苏平；第十三篇人物篇，附录，何晓光；大事记，樊伯庸、吕旭东。

《陕西省志・林业志》(1990~2010 年)编纂工作，从 2012 年 8 月开始，整个编纂工程得到省地方志办公室的大力指导，尤其是省志处王莹处长，李军、党亚丽科长等亲自参与志稿的修改工作。《陕西省志·林业志》(1990~2010年)编纂工作历时8年，六易其稿，共计13篇277节，大事记未单独成篇但属正文，全志160多万字，附表299个，附照371张。

本志编纂工作，得到全省林业系统及有关部门、事业机构、企业单位和人员大力配合支持。相关专家、学者参与其中一些重大问题研讨，帮助审阅志稿内容，提出许多宝贵意见或建议。为此，谨向所有组织、参与并给予配合支持的单位和个人，一并致以敬意，并表示由衷感谢！

由于编纂人员知识水平与资料所限，本志难免存有疏漏、错误之处。凡不当处，敬请读者批评指正。

编　者

2020年8月